天台宗典編纂所編

續天台宗全書

口決2　檀那流Ⅰ

春秋社

續天台宗全書（第Ⅱ期第六回配本）口決2　檀那流Ⅰ　解題

玄旨五箇血脈〔増補〕　五巻

Gen-shi-go-ka-kechi-myaku.

〈撰者〉 明記なし。

〈異名〉 五箇血脈。

〈成立〉 明記なし。

〈底本〉 叡山文庫真如蔵本。慶長五年（一六〇〇）永伝相承五通切紙写本。

〈校訂者　利根川浩行〉

巻頭『玄旨五箇血脈』五巻は、檀那流の拠り所とされる口決切紙であるが、総題とした『北谷秘典』十七巻には欠けており、今回叡山文庫真如蔵本により増補した。

〔一〕天台灌頂玄旨

この五通は恵光院流五箇相伝といわれ、『天台灌頂玄旨』とされる。五箇相伝を『天台灌頂玄旨』というのであるから、これが玄旨灌頂の基本であろう。

本文の「一言三諦・鏡（一心三観）・智（一心三観）・鏡（一言一心）・智（一現）」・「刹那成道」・「半偈成道」および末尾「註云」の中、天台山の石塔に安置された智者大師の口決などについては、後出『一心三観血脈秘伝鈔』に詳しい。

〔二〕一心三観血脈（三句血脈）

三句血脈とは、『内証仏法血脈譜』の発端である常寂光土第一義諦、霊山浄土久遠実成、多宝塔中大牟尼尊をもって三句とし、これに法報応の三身を充て、三身即一の仏から一言の玄旨を相伝することを示し、且つ恵光房流の相承を授けるとされている。この血脈が檀那恵光房流血脈の基本である。

〔三〕一心三観　慈恵

これは「一心三観伝」とも言われ、『顕戒論』および『法華長講文』について、衆生の一心と三観修観について、慈恵大師の理解するところを簡潔に記述したもので、後出『一心三観血脈秘伝鈔』では「慈恵大師の書賜うところの血脈は一心三観伝これなり」とある。

〔四〕一心三観記　覚運

檀那覚運の記であり、伝教・慈覚の一心三観釈を相伝する。

〔五〕鏡像円融口決

この口決は、「鏡像円融の義は口決に非ずんば解せず」という『守護国界章』からの一句によって一心三観を重々に口決相伝したものの一つであり、「これは天台宗の玄旨」と示される。けれども、むしろそれは帰命壇において三面の鏡により事々円融の極意が事業によって示される所に特徴がある。

北谷秘典　十七巻

Kita-tani-hi-ten.

〈撰者〉明記なし。
〈異名〉北谷秘伝。北谷秘曲。
〈成立〉明記なし。
〈底　本〉身延山身延文庫蔵、日意本。
〈対校本〉身延山身延文庫蔵、日朝本。
その他は、各巻の書目後に記載。

（**校訂者**　利根川浩行）

本書は、檀那流の嫡流とされる、恵光坊流に伝わった口決文献十七巻を編集収録したものである。身延文庫蔵本二種は、合綴本のため各種書名を標記し収録した。収録文献は目次によって一覧出来る。なお、日朝本の『天台灌頂玄旨血脈聞書』と『入壇儀式』は収録していない。

一、北谷秘典　一心三観血脈秘伝鈔

〈異名〉血脈秘伝鈔。玄旨秘伝鈔。天台玄旨血脈見聞。
〈成立〉明記なし。
〈底　本〉身延山身延文庫蔵、日意本。
〈対校本〉㋑身延山身延文庫蔵、日朝本。
㋺日光天海蔵、天文二年（一五三三）長泉書写一冊本。
㋩叡山文庫戒光院蔵、寛文元年（一六六一）寂阿書写一冊本。

本書は、前書『玄旨五箇血脈』の注釈書である。恵光院の相伝血脈に五箇ありとして、五箇血脈各々について、その本文を明示しながら師説をもって解釈が示され、時には私説も散見される。成立年時は不明ながら、奥書識語によれば、嘉元二年（一三〇四）に相伝し、同四年に清書したとされる。なお末尾の対校本に記される伝祐の名は本文中にもあり、所住の奈土昌福寺は現存する（千葉県成田市）。

二、北谷秘典　五箇条

本書には、五箇条・八項目の口伝が収められている。第1には、妙解・妙行の上から解行一致を説き、第2には、天台における正しき一心三観についての口伝。第3には、法華が同居・方便・寂光の三土に説法されるとする口伝。第4第二条は、『守護国界章』に基づく鏡像円融三諦の解釈。諸経論の鏡喩や一心三観義が簡潔に説示されている。次に第5第三条「天台宗

難論義違文会通口伝」は、恵心流口伝書『天台相伝秘決鈔』(続天全口決1、五六六上~八上)に全文が収録されている。ここに「迹門の理を以てこれを論ぜば。爾前四教八教の当体皆一乗の妙理也。本門事円を以てこれを論ぜば。釈迦一代の教。皆久遠成道の説也。観心の重を以てこれを論ぜば。八万教法悉く心源自体観心無窮の名用也。」とあり、昔・迹・本・観の四重、事勝理劣の志向が窺える。また第6第四条には、「大いに三諦を云はば。中は相即。空は円融。仮は互具也。…(中略)…複疎三諦とは。中道の上の所立三諦也。…(中略)…所詮。円融の三観は是れ従因向果。複疎は従果向因の無明の本法の観也。恵心流に還成三諦と云事。」とあり、恵心流口決まで言及されて、円融三諦・複疎三諦の口伝が説示されている。第7は、一心三観三観一心の同異についての口伝であるが、ここに「私云。定仙」とある。また師説として血脈伝来の事が述べられている。第8第五条には、「不動三摩地一心三観」についての口伝と三種慈悲について簡潔に説示されている。

三、北谷秘典　八箇条

本書には、一心三観・一念三千の同異や五種三諦・茗荷・竹林・神僧古徳の差別・無作三身・両種一心三観など多岐に亘る口決が纏められている。第三・五条の識語には「此書者澄豪御筆…定仙示之」「此書澄豪御筆…経祐」とある。また第七条には、「師云。天台宗の学者。只観心分のみを聞き教門の道を捨つ然る可からず。」とあり、跋文に「予定厳。生年十歳之時。先師室に入て…既三十四年。…彼は筆端を禁ずと雖も。…後日の自身菩提廃忘に資せる為。師講に随いこれを詮せしめ了る。」とある。ここで先師とは経祐を指すか。これらの資料から、澄豪から伝えられた口決文献が、定仙―経祐―定厳と相承され、定厳によって記録された様である。また、定厳の師経祐については、『檀那門跡相承資并恵心流相承次第』(逢善寺蔵写本)に「三塔九院とは…(定仙は定林坊に居住)経祐此の坊にて学問せり。定仙に手六合と云ふ箱あり。定師の示に依て。経祐初度二度義科宗要伝業打ち聞く。皆是れ経祐の書留る処の聖教也。両流(恵光・竹林)は一向口伝に留めて紙面に聖教を載せる所無し。経祐より已来。首尾有りて後昆に残せり」とある。なお第六条「可修一念三千次第」は、『性類抄』巻下「小巻物」(続天全口決1、三七五上~三七八下)に全文が見られる。またその奥書には正応元年(一二八八)一言院照空書写、永仁元年(一二九三)書写の識語がある。恵心流の所説が多くみられるが、当時、恵檀両流兼学の実態を示すものといえよう。第八条には、四句成道・証道八相・被接断位・本迹同異の四箇大事を記す。

四、北谷秘典　九箇条

本書の第三条には「妙法二字即我等衆生心色事　定厳」とあ

り、「後日師云」「師云」また文中に「定仙禁之」「定仙被仰」ともあり、経祐の説を定厳が記録したもの。また第七条は細目七項目からなり、第八・九条を含め一心三観口伝が纏められている。第七条末には「此書。於康楽寺…経祐在判」とある。

五、北谷秘典　十一箇条

本書第一・二条は「鉄橛書」で、第一条には、根本法華＝般若心経＝我等が心法。陰密法華＝阿弥陀経＝己心の弥陀。顕説法華＝法華経＝万法本覚の三身。と配当され、「三種の法華一体不二」「常行堂の宝冠阿弥陀。引声阿弥陀経等現前」という三種法華事が示される。第三条「本地三身」は、恵心流文献『大和庄手裏鈔』「15本地三身事」（続天全口決1、八三下～）に類似している。この点ついては、『檀那門跡相承資并恵心流相承次第』に「又北谷虚空蔵の尾に大師房の定誓律師と云人あり。東陽相承の流也。当流に少し恵心流の聖教相交る此故也。」とあるのが参考になる。第六条「明静鈔」第八条「五部血脈」など種々検討が必要。

六、北谷秘典　鉄橛書　北谷八箇

鉄橛とは、鉄の棒杭もしくは銜（くつばみ）のことで、他流や未達の者が伺い見たり容喙したりすることを許さぬ秘典の意味らしい。第五条題下には、厳吽とある。厳吽の行跡は、口伝に依る法門相承の悪しき面の一例と云われる。『檀那門跡相承資并恵心流相承次第』には、はげしく厳吽（玄吽）を批難しているが、それは本来の檀那相承のものと異なったものであったらしいこと。厳吽の手に入れた他流の聖教が立川流ではなかったかも知れないけれども、その周囲で悪法門が混入し始めていることなどが考えられる。また第八条第5項「天台大師御制戒詞」は、観心門重視の当時にあって、止悪門を述べた詞である。

七、北谷秘典　鉄橛書　四箇条

本書は、身延文庫日朝本には収録されていない。第一条「常修常証等四句事」のみ西教寺正教蔵本『鉄橛書』を用い対校した。四箇条それぞれは独立した内容で、常修常証常満常顕の四句を解釈する第一条。『摩訶止観』第一の金口祖承事を中心に解釈する第二条。八相成道および証道八相についての相伝を示す第三・第四条の構成となっている。なお文末に荒神・四重秘釈送船偈が付記されている。

八、北谷秘典　鉄橛書　七箇条

本書は、先ず第一条において一心三観口伝を示す。中でも石塔安置一心三観に触れられている特徴がある。また第二条（一）摩多羅神事では「常行堂の本尊は宝冠の弥陀。此弥陀を不二大日と云。故に摩多羅神と大日と一体……此弥陀生死の重病に沈む時薬師如来と云。……山王の二字は。色心の二字と云事をこれを思合す可し。」とあり、摩多羅神を中心に大日・弥

陀・薬師の三仏及び山王神道を結び付けた檀那流独自の法門が見られる。また第三条中にも阿弥陀・薬師に関する口伝が説示されている。第四条は、題下に厳吽とあり、前六北谷八箇の第五条と関係するか。この項目のみ別本の日意・日朝本を追加対校した。また第六条（五）「三通脈譜辻合事」や第七条に「薄墨中道を以て船中の中道口伝とは云うなり」とあり、所々に特徴ある口伝が示されている。

九、北谷秘典　三箇条

本書冒頭の「涌出品菩薩見聞」には無作三身を中心に特徴ある口伝が示されている。ただ第五と注記されているが、関連する他本は見当たらない。他の二箇条は、「鏡像円融口伝」と「一心三観記覚運聞書」がある。後者には「毘沙門堂の明師法印」とか「北谷相承本無生死頌」といった記述もある。

十、北谷秘典　金夷書　十帖之内

本書は、「被接断位事」「円教断惑事」「大通智勝仏事」の三項目。観心を至極とする「四重被接」などが説示される。金夷とは銕の解字で、鉄橛と同趣の標目であろう。

十一、北谷秘典

本書は三箇条から成るが、撰者・成立年時等は不明。第一条は「鏡像円融一心三観見聞」目次の注記に第四とあるが関連本は不明。第二条「三句血脈見聞」には、「伝云。此血脈をば門跡には三句の血脈と号す。…又門徒の一義に。…別口伝云々」とある。門跡とは檀那・恵光院流・門跡方を指すか。とすれば、この聞書は住侶方の手に成るものであり、門徒の一義とは檀那・竹林坊流等の余流あるいは、又方、と呼ばれる枝流の義を述べたものか（『日本大師先徳明匠記』仏全一一一参照）。第三条「一心三観聞書」〈三帖〉には、「法華経に四要品有り。方便品は発大心の名字。安楽行品は修大行の観行已後。寿量品は感大果。観音品の三十三身十九説法は裂大網。」とあり、法華四要品と止観の大意五略との関連を明かす。

十二、北谷秘典　〔十六箇条〕　他不見抄

本書は、第五項文中に「清水寺の妙談集の内口伝」とあるも不明。「相伝云」「口伝云」「師云」「精云」「口決云」「示云」「伝云」「私云」などによって記述される。

十三、北谷秘典　〔十箇条〕

本書は、第一条は「一心三観伝　慈恵」についての注釈である。第二条「止観大底之事」では、「一義云」「伝云」として解説されているが、文中に「道範阿闍梨の鈔云」とあり、顕密両宗の行者について、特に密宗に関した部分に見られることから、東密の道範の何某等の鈔が依用されたとも考えられる。また「心師相伝云」には安然『普通広釈』が多く依用されている。また第六条「灌頂面授口決」は塔中秘伝の私記であり、後

半には「行儀次第」も付せられている。第七条「常行堂口伝」は、正しく本尊や勧請神についての口伝が詳細に記述されている。第八・九条は一心三観の見聞・私見聞であり、第十条は玄旨五箇血脈の大意が示されている。

十四、北谷秘典　秘密独聞鈔

〈撰者〉恵光院永弁述(底本のみ記載)。運海作(『恵光院流口決集』巻下No.3参照)。

〈異名〉秘密聞書鈔。秘密独聞抄。妙密独聞鈔。

〈成立〉明記なし。

〈底　本〉叡山文庫毘沙門堂蔵、二冊写本。

〈対校本〉㋑叡山文庫真如蔵、二冊写本。

㋺身延文庫蔵、『北谷秘典』日意本。

㋩身延文庫蔵、『北谷秘典』日朝本。

㊁日光天海蔵、寛永十九年(一六四二)書写一冊本。

撰者は、底本には恵光院永弁述とあるが、後出『恵光院流口決集』巻下No.3の注記によれば運海作となる。運海は、『元応寺列祖帳』(写本)によれば、伝信(興円)―慈威(恵鎮)―道崇(光宗)―豊信(恵澄)―慈明(運海)、または光宗―運海と相承する。黒谷流元応寺第五世で、正安三年(一三〇一)生まれ明徳元年(一三九〇)元応寺に九〇歳で入滅している。著述・書写には、密教文献を含め多数有る。

本書の内容概略は目次一覧を参照。収録項目は諸本間に出入りがある。今回諸本により九十六項目を収録した。内容は非常に多岐に亘っている。どこまでが運海の説述か判らないが、顕・密・戒・記を相承した運海でこその内容で、檀那流の重要書の一つである。

十五、北谷秘典　一心三観秘要集

本書の撰者定仙は経祐の師である。『日本大師先徳明匠記』によれば、住侶方としては、澄豪―円輔―祐円―公性―尊恵―弁長―禅雲―定仙と継ぎ、門跡方としては、円輔―弁長―禅雲―定仙と継いでいる。本書末尾の奥書識語に、「又御本云。康永二年(一三四三)癸未七月十八日。四条の錦の小路東洞院御宿所に於て、綾の小路殿御本を申談ず。不慮之外これを感得す。」とある。綾小路殿の名は『檀那門跡相承資幷恵心流相承次第』に、「経祐の入室の弟子に船橋の右京の律師澄賢と云人あり。……澄賢の弟子賢智下野法印。住山六年の時き。御門跡綾の小路殿に。件の嫡流相承して下り。上総八幡の学頭として門跡相承と号す。」と見える。また「定仙に手六合と云ふ箱あり。定師の示に依て。経祐初度二度義科宗要伝業打ち聞く。皆是れ経祐の書留る処の聖教也。」ともある。

本書の内容は、奥書識語に「この書は天台大師己証。一心三観。一念三千。乃至初め凡夫の色心より終り極果の種智に至っ

て。三諦三観一如三千の法法塵塵の当体。無作三身の全体なる処ありのままにこれを注す。」とあり、また「恵光院代々の明匠が、この書をもって生死の出没の要路となした」旨が記述されてあり、恵光院流における重書である。また『北谷秘典』の所々に定仙の説述が多々あり、これらとの比較検討を要する。

十六、北谷秘典　雑雑聞書鈔　亦云山中抄

本書には、成立に関する記述は見当たらない。妙法大意事より印信血脈等事まで、二十六項目の事書がある。いずれも「師云」として師説の口伝が説示されるが、例えば「12定教不定教と云事」には、松井の法橋〔長耀・竹林（坊流）〕の異義が示され、檀那流の恵光坊流と竹林坊流との相違が知れる。また「22摩訶止観修行の事」には「示云。永弁」とあり本条は、澄豪の弟子永弁の手に成るもの。また「25無作三身之事」には「門跡相伝に見たり」とあり、末尾に「私云。門跡相伝の秘蔵なり。…定仙承之御坐也」とある。

十七、北谷秘典　五両一箇大事口伝

本書は、檀那流の重大事口伝である五箇大事・両箇大事・一箇大事の三項目について、口伝が記述されている。まず五箇大事とは、一名別断位。二四句成道。三証道八相。四一心三観。五本地無作三身であり、両箇大事とは、一心三観・無作三身であり、一箇大事とは、覚悟真要である。末尾に日意による跋文があるが、撰者・成立等は不明。門跡の義・宝地房の私記が見られ、僧名として皇覚・井坊（維覚か）が記されている。

参照：大久保良順稿（1）「天台玄旨帰命壇灌頂について」（『伝教大師と天台宗』所収、吉川弘文館刊）、（2）「玄旨帰命壇灌頂」（雑誌『天台』四号所収、中山書房刊）、（3）「『北谷秘典』と『鉄檝書』」（天台学報第三十六号）、（4）「秘密独聞鈔について」（天台学報第二十号）。牧野和夫著『中世の説話と学問』（和泉書院刊）。

（利根川浩行）

紅葉　故有要　五巻

Kō-yō.

〈底　本〉日光輪王寺天海蔵、書写年不明五冊本。

〈対校本〉「紅葉」巻末を参照。

（**校訂者**　利根川浩行）

『紅葉　故有要』とは、『紅葉　筥秘決』に「答。紅葉と云うは。隠顕也。実には故有要也云云此の書殊に天台の要を集故也」（本書、三七三上）とある。紅葉は天台宗義の要諦を意味するもので、または「故有要」と表記され、特に「紅葉」は即ち中道と解釈し、檀那恵光院流独自の口決相伝として最重要書である。今回日光輪王寺天海蔵本を底本として、一山王七社影響巻、二宗満集、三赤山影響秘奥密記、四筥秘決、五手箱の五巻を収録した。いずれも、檀那流正嫡・恵光院流澄豪（一〇四九～

一二三三)の口決書とされる。

澄豪は、定珍撰『先徳明匠記』に、「覚運―遍救―清朝―(隆範―)澄豪…」と継ぐ。そして、「澄豪と申は。恵光房の大律師。東塔北谷八部尾なり。凡そ檀那流は。澄豪より繁昌し。恵心流は。忠尋より繁昌するなり。何れも四人の上足御座す。」とあり、澄豪には、(1)智海(毘沙門堂流・林泉坊流・西谷義)、(2)永弁(恵光嫡流・安居院)、(3)順耀(西塔南谷大上)、(4)長耀(松井法橋・竹林坊・安居院流)の四人とも、あるいは、①弁覚―明雲、②智海(林泉房)―明禅(毘沙門堂)、③永弁(恵光坊)―智海(林泉房)、④長耀(松井房)―静厳、とも継ぐ四人の上足がいる。また恵心・檀那両流については、檀那流の『一心三観血脈秘伝鈔』に、「血脈相承に恵心・檀那の二流有り。恵心は。大和庄を以て門主と為し。檀那は。恵光院を以て長者と為す。両門入心頗る異なりと雖も大道只一概也。」(本書七上)といわれ、檀那流においては恵光院がその正嫡である。

一　紅葉　山王七社影響巻　(二十五箇条)

〈**撰者**〉大日本国天台山東塔恵光院澄豪(一〇四九~一一三三)記。

〈**成立**〉大治三年(一一二八)記録(永弁奥書)。

本書の成立は、永弁の跋文に「大治三年(一一二八)…深更に臨で燈の辺りに影の如くにして現ずること有りき。見れば是れ山王七社なり。時に澄豪胡跪合掌して白言。幸哉…山王告言。…疑いあらば問へと。(澄豪)喜悦の余り天台の宗旨并に義科の本源を問奉るに。明鏡に向うが如し。誠に滅後の釈尊なり。仍記録畢」とある。さらに「恵光院の影響の間に。山王七社形を現して故律師に授く。紅葉の中の影響の巻と云う。伝燈の器無きに依て堅く封して徳大寺の宝蔵に納め訖」とある。跋文後には、徳大寺に秘蔵された「紅葉影響巻」のその後の伝承を記し、「観応元年(一三五〇)…多武峰優婆塞尊雅…書写畢」とある。

本書の内容は、天台一家の宗旨義科の本源を山王に問うてこれを筆録した二十五箇条(目次参照)から成る。第一条を例にとりながら、本書の構成とその要旨を記す。

①〔条目〕「第一。天台一家の宗旨は。本門寿量の果分の久遠の条」

②〔問〕「問。天台一家の宗旨は本迹二門や否や」

③―1〔答。山王天気云〕「答。山王天気云。汝未だ知らず哉。」

③―2〔天台一家の宗旨〕天台一家の宗旨は。本門寿量の五百塵点劫の仏の上に。…湛然常住なる」

③―3〔自心の常寂光の宗旨〕自心の常寂光の本理の三千の大毘盧舎那を宗旨と為す。此を除く他に悉く宗教也焉」

④〔澄豪白言〕「澄豪白言。…(以下経論及び天台列祖の文を引く)『妙楽・伝教・慈覚・智証曰く。』…已上」

⑤〔宗旨再説・本源〕「然れば則ち（以下澄豪私云か？）天台一家の宗旨。本門の長寿なり。本門の長寿は事中の遠寿たる五百塵点の仏には非ず。…本地難思の境智たる自心の常寂光の一念三千の遮那は本迹倶泯して…故に『妙楽云。』還て本理の一念三千に帰す〇無始無終の一念三千の本理の毘盧遮那已上天台の長寿の宗旨かくの如し。」

⑥〔仏意を問う〕「仏意に合すや否や」

⑦〔山王天気の答〕「山王天気云。深く仏意に合へり云云」

以下、第二「宗旨の四教の条」から第二十五「菩薩義の条」まで、ほぼ上記の①〔条目〕②〔問〕③—1〔答。山王天気云〕③—2〔天台一家の宗旨〕③—3〔自心の常寂光の宗旨〕④〔澄豪白言〕⑤〔宗旨再説・本源〕⑥〔仏意を問う〕⑦〔山王天気の答〕という構成となっている。要するに、天台の宗旨義科の本源は、みな自心常寂光にあることを説示している。

二　紅葉惣録　宗満集　(九十二算)

〈**撰者**〉恵光院澄豪(一〇四九～一一三三)撰。永弁注(対校本)。

〈**異名**〉宗満抄。

本書は、檀那流「宗要集」の口決を伝える重要書である。

本書の撰者は、恵光院澄豪の撰述を永弁が注記したもの（澄豪から永弁への秘書の伝授については『四、紅葉筥秘決』『五、紅葉手箱事』の跋文参照）。永弁については、前掲『十四、北谷秘典　秘密独聞鈔』の撰述者ともされる。

本書の内容は、一住上寿命算より九十一二乗通力算までが目次に示される。これに冒頭文章途中から記される〔四教四門算〕があり、計九十二算より成る。巻尾にある〔九十二〕自受用有為無為事は、六十六自受用有為算の補記と思われる。また奥書識語に見える「宗要一帖」が本書を指すのであろう。

本書巻頭には、「青苔・祖師伝・夢枕・紅葉手箱・宗旨伝・無題・三種伝・探抄・未再治・論疏・小草子（小双紙か）」と特徴ある記事が見える。これらは、山家大師・慈覚大師・山王院・五大院・御廟大師の説とともに、主たる依用の文献として屡々記述されている。また特に注意される人物名・地名・要語などを列記しておこう。四「椋時披露」。椋は『先徳明匠記』阿弥陀坊抄作字事に「林泉坊智海弟子」とある。十「豪精云。山家代々の相承の秘曲あり。言を陰し意を顕はにして。入門計り申せと責めしに。立（竪）者立てず（ば）略題に処す。御廟の相承とは是也」・十二「宗義（道暹釈）云。…観智未熟の秘伝は。吉田に焼たりと矣…御廟相承の云。観智未熟也。…御堂の立義に。（三井）寺朝賢（聖寂坊）。観智未熟は一家の釈に在り。澄豪九体の丈六も照（賞か）罰全く無し。今始めて（の）事なれとも。寺門の者は。此れ体の事を申すとて略類（題か）に処す。彼寺の者称美しけり。言は顕（はにせずの）秘文とは

是也矣」・十三「宗義（道暹釈）云。修性は是れ陰顕也已上」・二十五「御廟の大師。源信には具不具と授け矣。覚運には有空を授くと矣」・三十七には「三種伝云。…澄豪探題の時。寺の朝賢…（以下十二と同趣旨）」・四十「智海法印探題せる法城寺にして。寺の立者。五重の精の後。…哀れ山門の立者ならば斯くは有らじと云云」・五十四「未再治の時は。除の算」・五十九「久遠成道の脇の算にして除の算也」・八十六には「智海相承」「永弁相承」「知礼の説云」「道邃座主」「行満座主」「智度和尚」等が見られる。また「五大部には…」が多数あり、指示される文献は、玄義・釈籤・疏記・止観・弘決等と、三身義・三周義・十如是義・四種三昧義など義科を示す場合がある。九十一には「功徳品の下也。檀那。観音品下也。恵心矣」とある。また奥書「西薗寺入道……良信」も注意が必要。巻末に別本識語を参照翻刻した。別本『宗満集』と恵心流相伝『宗円集』との関係は検討を要する。

三　紅葉　赤山影響秘奥密記　（十四箇条）

〈**撰者**〉比叡山恵光院澄豪（一〇四九～一一三三）記。

本書は、冒頭に「比叡山恵光院澄豪記」とあるように、檀那嫡流恵光院澄豪の口決書とされる。奥書に「事濫觴如山王影向密記　兵部卿親王道尊雅」とあり、『山王七社影響巻』と一具となるものであろう。澄豪が伝承し、かつ自説を記した口決等を納めた「紅葉手箱」と、兵部卿親王道尊雅との関連については、以下の記述が参考になる。先ず『山王七社影響巻』の奥書には、「兵部卿親王　迹（ママ）尊雅公　観応元年（一三五〇）十一月二十八日。多武峰優婆塞尊雅本名少将内供奉。観音の示現に依り之を送りたまえり。仍て同法を挑び書写し畢ぬ。法印経禅宗尊親王　兵部卿御尊親王　優婆塞尊雅」とある。また『紅葉惣録　宗満集』の奥書には、「青苔　紅葉　籥颯　西薗寺入道太政大臣実兼。左大臣禅師并に愚身の為に。持明院殿に直奏し奉る。密に徳大寺経蔵之正本を申し出す。義科十六帖。宗要一帖。要を抽き写し畢ぬ。西薗寺風竹薗院中将内供奉尊賀（雅か）。玉泉沙門権律師良信に伝う」とある。

本書の内容は、十四箇条（目次を参照）から成る。

内容構成は、1妙法蓮華経首題密記を例にとる。

①【澄豪白言。】妙法蓮華経の首題奥蔵如何

②【赤山告言。】昔し薄伽梵告曰。妙法蓮華とは。阿弥陀如来の密号たり已上

③【澄豪白言。】阿弥陀如来亦は観自在如来と名く。亦は妙法蓮華と名く。蓮華部本尊なり。是故に観自在尊の手に蓮華を持るは妙法蓮華なり。極楽九品蓮台も妙法蓮華の八葉の中台なり。具には大楽金剛不空真実三昧耶経の如し

④【神明許言。】善哉善哉。誠に所言の如し

以上①〜④のように、【澄豪】と【赤山・神明】との問答形式と成っている。以下の条目においても、ほぼ同様な構成となっている。なお、注意要語には天台・妙楽の依用文の他に、8「叡山の相承云」。10「唐坊先徳云」・「無量寿命決定王如来」・「有「山王院の私記」・「山王院の御経蔵真言」・「都率先徳云」・「伝云」・「勝範座主云」・「天台宗」・「安然和尚曰」。11「妙楽四人の弟子の中の道暹の云」・「一念三千の自心寂光なり」。14「智証大師云」等がある。

四　紅葉　筥秘決

本書は、まず「紅葉口決」として紅葉書の相伝について口決が示される。それは澄豪制作の大事（義科・宗要の法門）を納めた筥についてであり、中には一心三観の秘典が収められているとする。この筥は方寸の筥（四重・四大・四蛇）であり紅葉の筥とされる。次に「紅葉疏事」について、一得名正説事、二法喩合論事、三因縁由来事の十二字口決とされる。紅葉書については「紅葉というは、隠顕也。実には故有要也云云此書殊に天台の要を集故也。」と簡潔に示され、「此書の本意。専ら檀那の己証を述せらる。檀那の己証とは中道をもって本となす。故に別して紅葉の書と名く也」とし、「此書の由来。忝なく赤山明神。恵光院に御影向有りて。澄師に伝受したまへる処の法門也。」とある。またこの書の相伝について永弁が正しき伝受者であること、あるいは、長耀には紅葉書の相伝はなく大方の法門計りであり、智海は委細伝受しているという一義も示される。また奥書識語には、公海・智海の詠歌や光乗（＝光宗）〜尭恕までの相伝者名が見られる。なお底本奥書に月山寺・昌福寺・千妙寺などが見え、関東天台への本書の伝播も窺える。

五　紅葉　手箱

本書には、紅葉手箱事・紅葉古口決・故有要箱（対校本では、故有要相、または紅葉相・朱葉相）の三通が収録されている。まず、「紅葉手箱事」は、寂円房（播磨阿闍梨円栄）の由来書きによれば、この手箱は、澄豪が遠江名越に配流された所より、弟子永弁の許へ遣わしたもので、義科・宗要の秘蔵秘書などがその内容で、その箱の目印として紅葉の絵が書かれており、これを紅葉の手箱というとされる。次に、「紅葉古口決」は、帯青黄葉―初秋―華厳・阿含・文云―口決。帯黄紅葉―中秋―方等・般若・文云―口決。純一落葉―終秋―法華・涅槃・文云―口決の順を追って紅葉の図絵をもって口決される。次に、「故有要箱（＝相）」は、紅葉の葉の図絵で、内容は古口決と同じである。

参照：硲慈弘著『日本仏教の開展とその基調（下）』（三省堂刊）、大久保良順稿「天台口伝法門の成立と文献化」（浅井円道編『本覚思想の源流と展開』所収、平楽寺書店刊）。

（利根川浩行）

宗要口決　一巻

Shū-yō-ku-ketsu.

〈**撰者**〉明記なし。

〈**異名**〉宗要類題口決集。類題口決。

〈**成立**〉明記なし（貞和四年(一三八四)以前の成立か）。

〈**底　本**〉叡山文庫密厳閣蔵、文亀二年(一五〇二)奥書一冊写本。

〈**対校本**〉叡山文庫真如蔵、元和二年(一六一六)奥書一冊写本。

（**校訂者**　末広照純）

本書は、恵光坊一流の宗要について相承してきたものを運海(一三〇一〜一三九〇)が書写したもので、八十一の算題について口決したものである。

本書の成立は、運海の書写した貞和四年(一三八四)以前の成立とすることになる。記家の重鎮、金山寺道光上人光宗(一二七六〜一三五〇)の弟子であり、運海自身記家系の人物であるとともに、『北谷秘典』所収の『秘密独聞鈔』の作者とも目されている。その系譜は、光宗が『渓嵐拾葉集』に第二九「三種法華事」に、静明―心聡―空観―光宗―運海―貞算とあり、これは恵心流系の系譜である。その他に、台密の系譜に穴太、葉上流等に光宗―運海の名があるが、通常に檀那流の系譜とされるものは、覚運―遍救―清朝―澄豪―永弁―円輔と相承し、門跡系(公性方)は、祐円―公性―尊恵―恵尋―恵顗―興円―恵鎮―光宗と相承し、運海等に至る系譜であることからすると、本書の成立の時期は、恵鎮(一二八五〜一三五六)撰『宗要白光』との関係を考えれば、恵鎮より光宗―運海と相承する中での『宗要口決』であると思われる。

運海の行跡は、師光宗が記家の名匠よろしく、多くの法門にかかわっていた事から、運海も、多くの台密の書籍を書写しており、八十才にして『恵光院流五箇大事』の書写にかかわる等、八十をすぎて恵光房流系の書写に本書を含めてその名を残し、明徳元年(一三九〇)元応寺にて入滅するまで、その活動はなされていたようである。

本書の内容については、八十一の算題のほとんどが、『宗要白光』(天全十八)にあり、その「問」の部分は全く『宗要白光』と貞舜(一三四九〜一四二二)撰の『宗要柏原案立』(大正蔵七四)とも同じ算題を扱う処も多い。算題の始めは各流において種々の義があり、本書は『宗要白光』が「超中二果」の中で示すごとく、北谷の辺りの算題の始めは「三惑同時断」とすると云うように、三惑同断より始まる北谷系の口決であると思われる。

本書の形式は、始めの「三惑同断」が義目八箇を挙げる以外、他の算題は義目四箇で統一されている。その内容も多くを述べず、四箇の義目を簡潔に示し、これをもって口決とするごとくである。そこには「伝於一言」の意もあるのかもしれない。

参照：『天台書籍綜合目録』（法蔵館刊）。『正続天台宗全書目録解題』（春秋社刊）。大久保良順稿「秘密独聞鈔について」（天台学報第二十号）。牧野和夫著『中世の説話と学問』（和泉書院刊）。

（弘海高顕）

恵光院流口決集　上下二巻

E-kō-in-ryū-ku-ketsu-shū.

〈撰者〉道存僧都。

〈異名〉上巻　口決。相伝鈔。私聞書。

下巻　秘曲深深鈔。摩訶止観口決。止観口決鈔。

上巻**〈底　本〉**叡山文庫天海蔵、書写年不明一冊写本。

〈対校本〉叡山文庫真如蔵、書写年不明一冊写本。

下巻**〈底　本〉**妙法院門跡蔵、明暦四年(一六五八)尭恕書写奥書一冊写本。

〈対校本〉㋑西教寺正教蔵、正保二年(一六四五)書写奥書一冊写本。

㋺西教寺正教蔵、万治二年(一六五九)書写奥書一冊写本。

㋩叡山文庫真如蔵、書写年不明一冊写本。

（**校訂者**　末広照純）

本書は、恵光院流口決集の名が示す通り恵光院流の口伝を類聚したものである。対校本叡山真如蔵本の上巻の扉書は『相伝鈔』で内題が「私聞書」、下巻は『摩訶止観口決』とあり、それぞれ上下巻に充当している。この上下巻はそれぞれ単独で伝わっていたものを、今回恵光院流口決集とある底本叡山天海蔵本を上巻とし、唯一「恵光院流口決集下」とある妙法院本によって上下二巻として翻刻した。上巻は四十六箇条あり、「6系図事」には「当流ノカサシルシニハ。被接ノ法門。名別義通。判摂ノ五品。正修止観ノ三種ノ止観也」と恵光院流口決の特徴や「37宗大事」においては七箇口伝のうち弘仁三箇口伝を恵心流三箇といい、慈覚大師相承の四箇大事を檀那流相伝の法門と恵心流との対比もみられる。下巻は摩訶止観の口決六十八箇条からなる。「摩訶止観口決」といわれる如く止観の口決のみで、ほかに玄義・文句の口決は見当たらない。したがって原形が上下二巻の形態であったのかは明らかでない。

編者道存僧都については、生没年不明である。『日本大師先徳明匠記』に「恵光院　門跡方」として、澄豪―永弁―円輔―弁長―禅雲―定仙―経祐―定厳―康覚―大円―了豪―道存と相承次第を示しているが、本書上巻「6系図事」には、清朝恵光院門跡は公性・尊恵にて止ぬとある。一方の住侶方は、定仙―経祐―定厳と相承し、定厳から康覚、また了豪にも相伝された。その法門を予に付すとある。予とは本書を類聚した道存のことであろう。本書に黒谷戒家の恵鎮の仰せがあるが、恵鎮

（一二八一～一三五六）の自叙伝である『閻浮受生大幸記』（続天全史伝2）に、永仁三年（一二九五）十五歳にして西塔院南尾戒上坊大進阿闍梨道超の坊に入室、その時の修学を好む同法に式部法印（于時竪者）道存ありと記されている。恵鎮と道存の関係はその後も続き二十三歳にて恵鎮が遁世するときも多年の往好により道存供奉にその趣を密かに語っているという。『尊卑分脈』には二階堂時藤が正安三年（一三〇一）八月八日に出家し、道存と称した記がある。ただこの二書ともに道存の対校註に道孝とある。この場合恵鎮と同法といわれる道存或いは道孝は別人かも知れない。また、本書上巻「40三句血脈ノ事」に「口授。応永六年（一三九九）三月二十一日始之」とあるが、この条目のみ「示云」ではなく「師示云」「師云」として書かれている。さらに師の傍注に定厳とある。はたして応永六年まで定厳が生きていたかは明らかでない。恵鎮と同法の道存としても少し無理がある。恐らく、この「口授。応永六年」とある「40三句血脈事」は後世の挿入かと思われる。上巻底本奥書には道存は本書の他に戒談抄があると記されている。つまり「檀那流相承秘伝抄には種種雖有之。宗要最極には宗満集一巻。明鏡抄。戒談抄此等也。智光抄同流の秘書也。其の内戒談抄と云は南尾之戒上坊道存法印の談。恵光坊流の祖師の中にも殊に勝れたまへり」と。

下巻は『北谷秘典』にある明静抄、口伝抄なども引かれる。また、『己心立行抄』の抜書きが「25止観解行共明敷事」から「59入住功徳今無所論事」までおよそ下巻の半分を占めている。他には口伝抄、光義存談抄、恵光院秘決、恵残抄、渓嵐、宝地坊の口決なども引かれ恵光院流の所依とした抄書が知れる。また上巻の口授の応永六年に相応するように下巻には「恵鎮上人仰云」とか「光宗仰云」などがあること、更に運海作と傍注する『秘密独聞鈔』が引かれることから、道存以後に恵光院流の口決が挿入されたと思われるものも多々あるようである。

（末広照純）

恵光房雑雑　十巻

E-kō-bō-zō-zō.

〈撰者〉明記なし。

〈異名〉雑雑抄。雑雑口伝　恵光院。

〈成立〉明記なし。明応四年（一四九五）以前（巻四・五・七奥書）。

〈底本〉叡山文庫真如蔵本。

〈参考〉叡山文庫天海蔵本。

（校訂者　清原恵光）

本書は、檀那恵光房流に相伝された種々様々な口伝を収集筆録したものである。本書内題には『雑々抄』とある。この書名『雑々抄』は諸本あるようで、『天台書籍綜合目録』を参照する

と、例えば恵心流俊範・静明・心賀等を中心とした諸説が三河良意によって纏められている「伊賀抄」系統の典籍がある。あるいは『台祖密目』(仏全二、二四四上)に見られる順耀撰『常伝抄』があり、または心栄相伝のもの、また論義の問要類として纏められた典籍が数種あるようである。ただし内題に「雑雑口伝」や「恵光院」とあるものは他にはないようである。

本書の撰者は、明記なく不明である。

成立は、第一巻6序の六段と云事に「建武四年(一三三七)只今の時。即聞即悟し時也。」とあり、これ以後の成立となる。また書写奥書は第一が「享禄三年(一五三〇)」であり、第四・五・七は「明応四年(一四九五)」であり他巻にはない。第一巻と他巻では書写年時が異なる。また第四・五には「執筆城源之」とある。なお、第八12一心三観相承口伝の一紙事の文中注記に「永享二年(一四三〇)三月日」とあるが、後世の書き込みであろう。また、記録される人物から見てみると、先の第一巻6「序ノ六段ト云事」には、「一所聞者。今師の祖承は後より前に向かうと云て。弁鎮・円吽相対して…」とあり、また「相州当所」とか「四祖承者。弁鎮止観明静と開る言下に…」とある。この内、弁鎮については、『檀那門跡相承資并恵心流相承次第』(康暦二年(一三八〇)什覚注記(逢善寺蔵写本))に「相州秋葉弁鎮と云人有り」とあり、円吽については、『天台相伝秘決鈔』(永和二年(一三七六)明弁注)のNo.35「三十三、法華経ニ心経・阿弥陀経ヲ添ル事」の中に「私云。此の事は源と恵光房流の相伝也。其の後北谷円吽田舎にて対面の時。……其の後円吽北谷に登山。予に対して先師玄吽云く…」(続天全口決1、五五四上)とある。弁鎮・円吽ともに玄吽の弟子に当たるようで、本書中に「弁鎮・円吽相対して」とあるに矛盾はない。また後述のように『等海口伝抄』(天全九、貞和五年(一三四九)類聚成立)が参考にされたとすると、本書はおおよそ十四世紀中頃以後の成立であろうか。なお検討が必要である。

本書の調巻は、目次を参照。各巻の条目数は、第一(十九条)・第二(五十五条、四十九条以下欠落)・第三(三十六条)・第四(十四条)・第五(二十四条)・第六(十七条)・第七(二十二条)・第八(十六条)・第九(十九条)・第十(二十二条)である。一定の構成をもって纏められた文献ではないようである。

本書の内容について、おおよそ注意される語彙要語や人物名・典籍名などを列記してみる。

第一巻は、全体を通じて「師云」として師説をもって記述されている。中でも注意される語彙要語を列記してみると、当流・竹林房辺・当流御義・弁鎮・円吽・相州当所・如来禅・祖師禅・法華宗・天台宗・八舌鎰・三通血脈・草継本・檀那流相

伝・竹林房相伝・薄墨中道諸神習合・鉄橛・恵心流義（私云）などが挙げられる。

第二巻は、「口伝仰云」が主としてあり、蓮実坊和尚云・皇覚義云・蓮実坊御義・私云・教時問答・教時義・妙義集・己心中記・檀那御釈（一実菩提偈）・杉生口伝云・恵心御釈観心略要集・愚心雑用集・宗要集伝授口決偈皇覚・皇覚義云・仰云などが挙げられる。

第三巻は、「口伝仰云」が主として記述され、己心中記・私云・学生式は八巻の文・円頓菩薩戒師資相伝事・三箇大事・鏡像七処口決事・都率先徳・文口伝・義口伝・大恵云・碑文云・義云・慶増（慈覚大師第五代付法）・四教問答釈云・御廟大師私記云・口伝御義云・蓮実坊和尚云・阿弥陀経略記・観心略要集・正行最略摂（抄か）・宗旨宗教事・当流名目・師仰云・相生法橋・禅宗などが挙げられる。

第四巻は、先ず即身成仏義についてが示され、三業即身成仏事（『等海口伝抄』天全九、三九七下）・三処即身成仏証拠事（『等海口伝抄』天全九、三九七下）・円多羅義集・東陽御房・黒谷僧都御義云・仰云・古中納言法印御房・義云・法華教主事・口伝仰云・東陽和尚一巻書（『等海口伝抄』天全九、三六四下）・覚大師秘記云などが挙げられる。

第五巻は、「口伝仰云」をはじめとして、仰云・当流口伝・蓮実坊和尚御義云・義云・私云・御義云・一義云・教学相承血脈・六重本迹・千観義科目録事・三処即身成仏事・東陽和尚云・観心遊心口決云・皇覚御口伝也・恵心即身成仏義私記・千観即身成仏義私記・安然即身成仏義私記・蓮実坊和尚云・範源大納言法印御房云・俊範佐法印御房云・六種四教事・師物語云・大和庄法印御房・後鳥羽院御前などが挙げられる。

第六巻は、恵心流との関係が特に注意されるところである。例えば、以下の部分は、『等海口伝抄』や『天台相伝秘決鈔』との関係を考慮する必要があろう。教門至極（『等海口伝抄』天全九、四五九下～六〇上）・調直定事（『等海口伝抄』天全九、四二五上）・三種法華（『等海口伝抄』天全九、四七九下～および『天台相伝秘決鈔』続天全口決1、五四九上～）などは明瞭に援用関係が認められるだろう。さらに当流深秘口伝・治国利民宗・一伝云・私云・仰云・上東門院・長豪・嘉陽門院・俊範・口伝仰云・俊範法印御義云・師物語云・当流口伝・東陽和尚口伝なども恵心流との関係が認められる。さらに五重一心三観事・法曼流習・梨本相伝・三昧流・青蓮院相伝・口決云・智泉坊自筆・円多羅義集云・蓮実坊云・願蓮坊（『等海口伝抄』天全九、三五一下）・仁寿殿御本尊・慈鎮和尚御義云・東寺辺・三昧流習・境智不二妙解…（『天台相伝秘決鈔』続天全口決1、五四〇下）などが挙げられる。

第八巻は、「口伝仰云」をはじめとして、種々の相伝が含ま

れているようである。義云・法華教主事（七種）・山王三国法華宗鎮守事・山王御名号・顕密内証義云（続天全神道1、一三四下～五上）・三宝輔行記云・五大院口決云・一行口決云・一山三塔即一心戒蔵事・恵心御記云（『山家要略記』続天全神道1、一二二下）・戒体・私云・戒家の心・戒法門・口伝云・四句成道・証道八相・先師祖師口決・秘教四重壇法門・一心三観相承口伝一紙事（『河田谷傍正十九通』天全九、一〇二上）・成運法印・永享二年（一四三〇）三月日・被接断位口伝事・蓮実坊和尚・閉眼口決・当流習・止観第六見聞・蓮実坊和尚云・四箇大事・灌頂戒口決事・受戒伝授次第・授仏性戒儀（『河田谷傍正十九通』天全九、一〇九上）・義云・口決云・一義云・己心三仏などが挙げられる。

第九巻は、また恵心流との関係を検討する必要がある。口伝云・草木成仏口伝・鏡像円融事（『天台相伝秘決鈔』続天全口決1、五一三上）・法華宗伝記・兜率釈・観心誦十二部経法・正観妙観・当流一義・口伝仰云・義云・心地教行法云・蓮華因果法門事・三箇大事大綱口決・第三重惣付属事（『天台相伝秘決鈔』続天全口決1、五四一上～下）・心賀法印・一海阿闍梨・治国利民行儀法・一時礼拝行事・諸宗浅深次第・有義云・伝法要偈・四句成道・証道八相・東陽和尚・一心三観付法文口伝・当流六識修行・本理大綱集云・当流学者・二重三身事・三重三身事・義科注文などが挙げられる。

第十巻は、また種々の説示が纏められている。霊応伝第二（道宣律師釈）・口伝云・私云・菩提集云（覚超釈）・覚源深（障）理論云・口決云・兜率先徳釈云・六即義私記云（恵心兜率清書）・諸教超過法門・斟定私記云（五大院）・黒谷僧都御釈・観心要記云（黒谷僧都御釈）・恵心釈云（発起宿善）・発起宿善釈云（恵心）・略伝三徳事・塔中口決・諸宗超過法門・略伝三徳口決・師云・本仏事釈云（山王院御釈・顕密一如本仏）・義云・心要釈・天台真言両宗不同事などが挙げられる。

以上のように記述の次第は、特に基本となる構成をもって整理・類聚されたものとは考え難い。さらに恵心流義との直接関係は、一・二の例を挙げると、明弁注『天台相伝秘決鈔』No.29血脈事（続天全口決1、五四〇下）に「雑雑接（抄か）第七終云」として「境智不二妙解。寂照同時解了。深当仏祖一言。仍許印可処也。」とある。これは本書の第七巻終りに同文が見える。また同じく『天台相伝秘決鈔』No.29血脈事（続天全口決1、五四一上）には「雑雑抄第九云。第三重頌付属事」とある。これは本書の第九No.8「第三重惣付属事」があり、ほぼ同内容が見られる。さらに、『天台相伝秘決鈔』No.9法華伝記事（続天全口決1、五一三上）には「已上一海の相伝雑雑集第九」とある。これはまた本書の第九No.2「鏡像円融事」の後半部分が引用されていると見られる。その他、『河田谷傍正十九通』（天全九）や『等海口伝抄』（天

全九）など、細部に亘って検討すべき内容がある。

なお、本書テキストとして、叡山天海蔵、二冊写本（第一・九巻欠本）がある。今回参考文献としたが、底本の叡山真如蔵本との比較研究も今後必要である。

（藤平寛田稿、清原恵光校閲）

――・――・――・――・――

闢邪編

Heki-ja-hen.

〈撰者〉 菩薩沙弥光謙（一六五二〜一七三九）撰。

〈成立〉 元禄二年（一六八九）春二月仏涅槃日（自序）。

〈底本〉 叡山文庫池田史宗蔵、元禄十一年（一六九八）長谷川刊木版一冊。

（校訂者 利根川浩行）

本書は、玄旨帰命壇を中心とした口伝法門に対して、痛烈な批判と撲滅を謀った書であり、従来より中古天台の終りを決定づけた文献として周知されている。

撰者は、霊空光謙である。十四歳に出家。十七歳にて比叡山に登り天台教観を究め、二十七歳にて妙立慈山に師事し旧学を廃し、趙宋四明天台学を鼓吹する。三十四歳沙弥となり、のち安楽院（四分兼学の律院）の住持を命ぜられ、その後、東叡山・日光山にも律院を建てるなど、興学弘律の生涯であった。

本書の成立および内容は、光謙自身の序文に述べられている。まず題名の闢邪とは、邪説をひらきしりぞける意であるが、「闢邪とは、玄旨帰命壇の邪説を闢するなり。……余初めその説を伝え、後にその妄を悟る。……その義意全く正旨に非ず。故に今一一これを論じて以てその非を弁じ集て一書と成す。凡て十三篇」とある。その十三項目は、七仏通戒偈・雪山偈・南岳偈・起滅再岸・鏡像円融三諦・忽現一燈・花水説法の以上七箇が玄旨の公案であり、観無生懺悔・鼓三観・生死本際・至不至二境・不現像鏡・題号如来の六箇が帰命の公案である。また、教行証弁が附せられている。また巻頭に天台座主公弁親王の序文、巻末に凌雲院義道の跋文が付せられている。

本書は、直接檀那流の文献ではなく、玄旨帰命壇に対しての批判書であるが、従来木版本のみで活字翻刻がされていなかったため、今回とくに翻刻収録した。

（利根川浩行）

参照：末広照啓稿「円頓戒律紛争史一班」（山家学報第九号）・「続円頓戒律紛争史一班」（山家学報第十二号）。

次回第七回配本は「顕教4　法華玄義伊賀抄　上」を刊行予定

JN294199

續天台宗全書　口決2　檀那流Ⅰ　目次

紅　葉　**五卷　澄豪記**　……311

引用文註　略號

（天玄）一～五　……『天台大師全集』**法華玄義**一～五
共通、舊版『佛教大系』法華玄義
（天文）一～五　……『天台大師全集』**法華文句**一～五
共通、舊版『佛教大系』法華文句
（天止）一～五　……『天台大師全集』**摩訶止觀**一～五
共通、舊版『佛教大系』摩訶止觀
（卍續）……舊版『大日本續藏經』
（大正藏）……『大正新脩大藏經』
（傳全）一～五　……新版『傳教大師全集』
（佛全）……舊版『大日本佛教全書』
（續天全）……『續天台宗全書』

『續天台宗全書』編纂趣旨

1　天台宗全書刊行の目的は、天台宗の教学・歴史を学ぶに必要な典籍を網羅し、出来得る限り研究の便に供するにある。けれども、天台宗開創以来一二〇〇年に亙って伝えて来た諸寺の宝庫に所蔵されている書籍は極めて多く、『續天台宗全書』数百巻の刊行を必要とするほどであり、これに中国天台さらに経典の注釈書を加えると、なお多くの刊行が必要となろう。このような大規模な出版計画は、短期間に完成し難い。今回の刊行は前『天台宗全書』(昭和十年～十二年発刊)に続くものとして計画したものであり、一応第1期十五冊・第2期十冊合わせて二十五冊とした。第2期完成後は、第3期第4期と継続する予定である。

2　編纂の基本方針は、入手された中で最も重要と思われる書籍の刊行を主とし、貴重珍稀な写本と重要希少な木版刊本を選択したが、すでに刊本が流布する書であっても重要と認められる書については採択した書もわずかながらある。編纂上、諸典籍を顕教部・密教部・論草部・口決部・円戒部・法儀部・神道部(山王神道)・史伝部・寺誌部・修験部・悉曇部・雑録文芸部の十二に分けた。刊行順序は、出来るだけ成立の古い書籍から出版するのが望ましいが、その順序に従えなかったものもある。

3　明治以来、活版印刷によって流布した書籍については、天台宗の根本経疏であっても重複を避けて選択採用しなかった書籍が多い。すなわち、前『天台宗全書』はもちろん、『大日本校訂縮刻大蔵経』(縮蔵)、『大日本校訂訓点大蔵経』(卍蔵)、『大日本続蔵経』(続蔵)、『大正新修大蔵経』(大正蔵)、『大日本仏教全書』(仏全)、『日本大蔵経』(日蔵)、『伝教大師全集』『智証大師全集』『恵心僧都全集』『慈眼大師全集』『群書類従』『続群書類従』等の中に収められる書籍は、原則として省略し採用しなかった。

4　書籍の翻刻には、厳密なる校訂のもとに確定本が作られる必要がある。異本の対校には出来る限り努めて訂正注記した。

凡例

使用文字

1　翻刻に当たり、原則としてすべて正字に統一した。しかし正字であっても、さして用いられない文字の場合は、通用の旧字体を用い、また別体字は生かして用いた。固有名詞は俗字・異体字でも使用した場合がある。

返り点・送り仮名は原典を尊重しながら表記統一を行い、句点「。」と中点「・」のみを適宜に付した。

傍注は、原則的に右側の行間に記した。

〔表記例〕

岳嶽天台五臺山。辯辦辨總綜燈灯。以レ邑ヲ爲レ氏。
（凡例2c 辨總㋑[ナシ]）（凡例2c 「㋑子孫因）

「潁川ハ郡ノ名。」〔在リ二豫州一ニ秦ノ所レナリ置也〕
（凡例3b （潁カ））（凡例2b 「」㋺[ナシ]）（凡例2b ㋺㋩）（凡例3a 豫州㋺許州ノ西）（凡例4b ㋩[朱] 有潁河）

「謂フ二照了ノ分明ナル體達ノ無礙一ナルヲ。」法華ト花儼經。
（凡例3a 「」㋑照了分明。取二譬ヲ於日一體達無礙）（凡例3b （ママ））

寂澄筆跡名蹟示迹也
（凡例1）（凡例4a イ大師傳也）

〔　〕および「 は対校本の挿入

（　）は参考注記（本文中では対校注記）

「　」『　』は範囲指示

2　**脱字・加文の注記**（表記例参照）

2a　脱字・脱文、加字・加文の場合の挿入・注記。

2a　対校本は㋑・㋺・㋩等を用いて表示し、各書目末にその対校本の所蔵処と種類を明記した。

2b　底本に長脱文ある場合は、〔　〕を用いて本文中に対校本加入文を加入して㋑・㋺・㋩等で出典の対校本を表示した。対校本に長脱文ある場合は、脱文相当を「　」で囲み、対校注を[ナシ]で表わした。（例）「」㋺[ナシ]

2c　対校本加入字の傍注は、「㋑㋺㋩□□□などとした（原則的に短文）。対校本脱字の傍注は、本文の横に相当脱字を小文字で指示し、[ナシ]で表わした。（例）辨總㋑[ナシ]

3　**校異文字の注記**（表記例参照）

置き換え字・文（文字が対校本で異なる）の場合の傍注。

3a　3文字までは、本文の横に相当文字を小文字で指示し、続けて傍注した。（例）傳㋺傅

4文字以上の場合は、相当文を「　」で囲み、傍注した。

（例）「」㋑□□□□

3b　（ママ）（□カ）は、異読文字の校訂者注。

4　**原典注の表記**（表記例参照）

原典に記されている傍注等の表記。

4a　底本および対校本に元来ある短文傍注は、あるままに印刷してあり、○のないイが付されている場合がある。

4b　[朱]は朱書き、[押]は付紙、[裏]は裏書、[頭]は頭注を示し、長文注記の場合は2字下げて本文同様に印刷した。

朱書は[朱書]、付紙は[押紙]、裏書は[裏書]、頭注は[頭註]

北谷祕典　十七卷五册

身延山身延文庫藏、日朝・日意收集書名。およそ、十七卷五册、別に日朝番外本。轉寫本名「北谷祕傳」「北谷祕典」あり。合纂本のため各種書名を收錄。

玄旨五箇血脈　五卷

〔一〕天台灌頂玄旨　一卷
〔二〕一心三觀血脈　一卷（三句血脈）
〔三〕一心三觀傳　慈惠　一卷
〔四〕一心三觀記　覺運　一卷
〔五〕鏡像圓融口決　一卷

〔次書目「血脈祕傳鈔」が註釋する五箇血脈の本文をここに增補。〕

〔一〕天台灌頂玄旨　極祕藏極祕藏。自一人之外不可傳之 天台御自筆　永傳

天台灌頂玄旨

文殊ノ利劍ハ。通シテ二六輪一ニ。切ヨ斷ス十二ノ生類一ヲ。下シテ二一刀一ヲ軔（敕カ）フルニ二萬方一。自然ニ由ヲ出テ二三諦一明ナリ二見聞覺知一ニ。示ニ此ノ一現三際一ヲ不レ如ニ二一言一ニ。若シ未達ナリトモ者。開ニ二一頌一ヲ三般ニ同ク無シレ不コトレ通セ。知生佛自ラ一現ナル。謂ニ是ヲ一言ノ妙旨一ト。一教玄義有リ三此ノ智與ト二是ノ境一。早ク失ヨ三三際之言一ヲ矣

一言三諦　刹那成道 半偈成道　智者記

鏡 一心三觀　智 一心三觀　鏡 一言一心　智 一現

夫レ一言ノ妙法者。四教圓畢ニシテ離ル二絕學無爲ノ三諦一ヲ。現前圓明ナル是ヲ謂ニ二一言ノ三諦一ト。諸佛ノ定光三昧。十方賢聖ノ通門ナリ。百億ノ教行モ從ニ此ノ一現一生シ。三四ノ流轉モ從ニ此ノ妙用一起ル。當レ知。見與ニ不見一中際本來所具ノ三諦也。示ス二眼前ニ一現一ヲ。法然トシテ具足シテ離ニ見聞覺知一ヲ。只在ニ一肘一ニ。故ニ劫劫ニモ不レ勞セ。刹那ニ住ニ究竟ノ本位一ニ。皮肉筋（キン）骨ハ冥シレ智ニ。

一念ノ心慮ハ薫レス境ニ。我心直ニ遍二シ迷悟一ニ。五體全ク收ム二三千一ヲ。廣狹雖レ遮ルト眼ニ。宜レク住二一現一ニ。開テ兩眼ヲ覗ミル二五塵ノ境一ヲ時キ者。應ニ隨緣眞如ナル。閉テ二五根（眼イ）一住スル二無念一ニ時キ者。當ニ二不變眞如一ナル。故聞テ二此ノ一言一ヲ萬法茲ニ達ス。一代ノ修多羅含ム二一言一ニ。佛界ノ智者ハ。九界ヲ爲レ境ト。九界ノ智者ハ。佛界ヲ爲レ境ト。境智互ニ冥薫シテ凡聖常恆ナル。此ヲ謂二刹那ノ成道一ト。解スレハ二三道卽三性一ト。諸惡儵タチマチニ眞善ナリ。是ヲ名クル二半偈ノ成道一ト也

註云。此一言記者。安ニ置天台山石塔一五百羅漢常來守護云云

予延暦二十三年（八〇四）甲申七月二十二日。於ニ天童山一傳レ之。將來宜レ瞻カヘリミヘシ二一機一矣

慶長五年（一六〇〇）庚子八月

永傳了

法印秀舜示

二

〔二〕 一心三觀血脈　惠光房流也。極祕藏祕藏。自一人外不レ可レ傳　永傳

天台宗相承一心三觀血脈（三句血脈）
（傳全一、二一五。內證佛法相承血脈譜）

常寂光土第一義諦　謹案普賢經云。（大正藏九、三九二下）時空中聲卽說ニ是語一。釋迦牟尼名ニ毘盧遮那遍一切處一。其佛住處名ニ常寂光一

靈山淨土久遠實成　又案法華論云。（大正藏二六、九下）我淨土不レ毀而衆見ニ燒盡一者。報佛如來眞實淨土。第一義諦之所（攝カ）接故（大正藏九、四二下）

又案法華壽量品云。然我實成佛已來久遠若レ斯（同、四三下）

又云。於ニ阿僧祇劫一。常在ニ靈鷲山一

多寶塔中大牟尼尊　又案法華論云。（大正藏二六、九下）同一塔坐者。示下現化佛（「非化佛カ）法佛報佛等皆爲上成ニ大事一故

南岳惠思大師―天台智者大師―章安灌頂大師
縉雲智威大師―東陽惠威大師―左溪玄朗大師
荊溪湛然大師―瑯琊道邃大師―傳教大師
慈覺大師―慈叡（惟尙 承誓）―理仙―慈惠大師―覺運（檀那 僧正）
遍救（靜慮院 僧都）―清朝（功德院 法橋）―隆範（靜慮院 阿闍梨）―澄豪（惠光院 大律師）―永弁（同房 法印）―圓輔（同房 大僧都）

公性(惠光院僧正)─尊惠(同房僧)─惠尋(求道上人)─素月上人(惠顗)─傳信和尚
祐圓(覺恩房律師)─公性(惠光院僧正)
慈威和尚─光宗上人
弁長(慈悲房豎者)─禪雲(定林房阿闍梨)
運海
定仙(同房律師)─經祐(豎者)─定嚴(法印)─靜什(法印龍實房)─勢範(律師圓照院)
定祐(權律師)─尊祐(法印)─祐鑁(法印)─祐照(法印)─祐海(法印)
祐舜(法印)─定俊(法印)─堯海(法印)─快尊(法印)─秀舜(法印)
永傳

〔三〕一心三觀　慈惠　永傳

一心三觀傳　慈惠

夫一心三觀者。傳教大師顯戒論ニ云。(傳全一、三三五)和尚憐ミ愍シテ我ヲ一一心三觀ヲ傳ニ於一言一ニ。菩薩ノ圓戒授ク於至心(信カ)一ニ云云　就ニ此一心一有ニ元初之一念・根塵相對之兩種一(傳全四、二五八。長講法華)又云。一心三諦境。一心三觀智。一行一切行。恆修ニ四三昧一云云　約シテレ位ニ謂イハレ之ヲ者。名字觀行爲ニ境一心三諦一ト。相似分眞爲ニ智ノ一心三觀一ト云云

問。若爾ハ。約シテニ凡聖ニ何ンカ用ルニ境智ヲ一耶

答。約シテレ修ニ論レハニ凡觀ヲ一者。就ニ境界ニ令ムレ觀ニ一心三諦ヲ一。故ニ名字觀行ノ位也。約セハニ聖觀ニ一者。令ムレ浮ヘニ智ノ三觀ヲ於心上ニ一。故ニ相似分眞ノ位也。橫論者。境智本來不二而衆生一念之心具也。故約レハニ修德ニ一者。是謂ニ三諦ト一。論ニ性德ヲ一者。卽チ三身ナリ。只是境智一心也。寶塔品疏ニ。(天文四、一九一九下～二〇上)釋ニ本覺無作三身ヲ一云。觀心解者。依レ經ニ修レハ觀ヲ與ニ法身一相應シ。境智必ス會ス。如ニ塔來テ證ルカレ經ヲ。境智既ニ會レハ則チ大報圓滿ス。如ミ釋迦(丁與カ)多寶同ク坐ルカニ一座ニ。以ニノ大報圓滿ルヲ一故。隨テレ機ニ出レ應ス。如ニ分身皆集ルカ一。由ニ多寶出ルニ一故ニ。則チ三佛得レ顯ルルコト。由カレ持レ經ヲ故ニ。卽チ具ニ三身ヲ一云云　又云。(同、一九四八下)次ニ其有能護ヨリ下。第三四行ハ能持ツニ此經ヲ一。卽チ是供ニ養スルナリ三佛ヲ一云云　上ノ多寶釋迦分身ハ卽チ法報應ナリ。此三身ハ卽チ空假中ノ三觀也。次釋ニ此ノ經ヲ一者。行者ノ身本來性ニ妙法蓮華具足シテ。修ニ顯ス三佛ヲ一。是故ニ無作三身也。本門之師ノ三身ト者。直ニ弟子所具ノ三身是也。六凡四聖併三佛ノ所具ノ無作ノ九界。故弟子

增進之益。其意在レ之。今三觀ノ機ハ。何ゾ可レ隔ニ境界一ヲ耶。卽身成佛ニ求ンニ何ノ行一ヲカ矣

于レ時當ニ天暦八年（九五四）八月二十一日一。一心三觀傳授依文云。境（天文五、二五七上。文句）旣無量無邊。常住不滅。智亦如レ是。釋云。（天止三、一九〇。弘決）無始色心本是理性妙境妙智。而隨レ妄轉不レ覺不レ知。今旣聞レ名知ニ陰卽是一。卽ニ四陰心一而能成レ觀。釋云。（天玄二、三七五。釋籤）智旣是心。境亦是心。旣俱是心。俱是法界。釋云。（天止一、三七六。止觀）觀行卽是者。若但名乃至如下蟲食レ木偶得レ成レ字。是蟲不レ知中是字非字上。旣不ニ通達一。寧是菩提。必須ニ心觀明了理惠相應一云云　甚銘ニ心符一畢

永傳了

法印秀舜示

〔四〕　一心三觀記　覺運　永傳

一心三觀記　覺運

夫聞ニテ一心於一言一ニ。覺ニ一言於一心一ニ。只眼目異耳。諸法ト者。幽玄ニシテ而難レ悟。習學ノ者ノ淺智ニシテ而無レ窮ムルコト。親リ雖レ覩ミルト一現ヲ。不レ聞ニ是深法一ヲ。功勞徒ニ厽ウツモル矣　如ニシ蟲ノ食カレ木ヲ矣

傳敎大師云。傳於一言者。是兩種ノ一心三觀也。止一云。（天止一、三七六）心觀明了ニシテ理惠相應ス。心觀明了ト者。三觀明了也。理惠相應ト者。境智相應之一現ノ一心三觀也。如ニ南岳ノ心要幷ニ天台ノ一言記一ノ（已上傳敎）

次。彼理惠相應ノ兩種ノ三觀之外ニ。慈覺復立ニタマフ兩種三觀一ヲ。所謂ル己心中記ニ云。（天止一、三四三。止觀）以ニ無緣智一ヲ緣ニス無相ノ境一ニ

問。慈覺所立之前念爲境後念爲智之三觀ト者自己ナリ耶

答。起レリ從ニ師傳一。慈覺ノ三觀ト者ハ。爲ナリレ令シカレ持タ行者ノ心一ヲ。傳敎ノ三觀ハ者。爲ナリレ令シカレ得セ法體一ヲ。修觀與ニ法體一互ニ不レ可レ違ス。然レハ則チ前念爲境ト者。先ツ於ニ前念空諦ニ觀ス假中一ヲ。故ニ前念空諦ニ有ニ三諦一。假中亦如シレ是。以レ是ヲ爲ニ前念爲境ノ三諦一ト。後念爲智ト者。彼能觀智炳然三觀カ故ニ云ニ後念爲智ノ三觀一ト。故ニ前念後念皆一心三觀也。境ト者智之德。智ト者境之德ナリ。境智本來不ニシテ相ヒ離一レ而モ不二ノ法也。

聞二此一言一ヲ達スルヲ是ノ一現一應二レ名ニ居寂光一ト。（ア土カ）釋云。若境若（天玄二、一二五。釋籤）智同ク在二理心一（一カ）云云 智既是心。境亦是心。既俱是心。俱是法界ナリ。心心雙照ス。有二可不可一云云 已上慈覺

于レ時弘安七年（一二八四）甲申正月一日　經祐在御判

深祕二于心肝一可レ爲二了種一。不レ可二聊爾一不レ可二聊爾一

法印秀舜示　永傳了

〔五〕鏡像圓融口決　永傳

鏡像圓融口決

示云。凡ソ圓融ノ三諦ト者。明ハ喩二卽空一。像ハ喩二卽假一。鏡ハ喩二卽中一。復イツハ云二三諦ノ質スカタ一ト者。中ト者相卽。空ト者圓融。假ト者互具也。色心諸法無障無礙ニシテ而圓融自在ナリ也。其體自レ本空ニシテ無レ障。故ニ是ノ鏡（像イ）ノ圓明ニ浮萬法。依正二法功德。其體空ニシテ無（イニ無）レ障。而モ彼此不二相ヒ妨一ケ。則チ第一義空之德也。權大乘之所談者。就二諸法ノ本性一明二第一義空ノ理一ヲ矣 今於二隨緣生之當體一所ノレ論二三諦一也。而圓融ノ三諦ト者。爲下不レ知二心性眞如之法體一ヲ者上ノ。付二一念心起之境一ニ。用テ二三諦卽是ノ法門一ヲ令ムレ觀レ之。從レ之欲スルレ元ニ付ケント心源一ニ廢立也。故ニ理觀ノ三諦ト者。尤雖レ似ルトレ巧ナルニ。猶是レ非二無作本性ノ三觀一ニ

問。本性心源ノ三諦ト者何ン

示云。空觀ト者。離二實有之執情一ヲ。立二空無性ノ信心一ヲ。住二無念寂靜一ニ。次。假觀ト者。雖二諸法空ニシテ無一ト障。不レ止トトマラレ空一ニ。假ニ如二影像一ノ而存スニ本性之有一ヲ。常在靈山ト云云 次。中道ト者。不レ止二二觀ノ法體一ニ。而モ於二此二法一ニ住スルニ觀惠ヲ於絕待一ニ是也。破ルコト二二觀之執一ヲ不レ如シカ二中道觀一ニハ。破ルコト二中道ノ執一ヲ亦在二空假ノ二觀一ニ。互三觀圓融シテ（爾イ）只可レ浮フ二一心一ニ

問。三觀ノ正體ハ。行者ノ所期ヲ宜クヘシレ示。就レ之山家ノ云。鏡像圓融喩ハ。非レハ二口決一ニ不レ可レ知 云云 意何ン

示云。是天台宗玄旨。只在リ二此ノ一段一ニ。所謂ル明喩卽空。像喩卽假。鏡喩卽中トナリ。此等常ノ所談ハ是レ分喩也。正キ口決ト者。謂ク鏡ニ所ノレ浮影ト事是 鏡ト事是 鏡影共ニ事法ニシテ而互具ノ

法體也。是云喩者。無有是處

問。何時浮此影耶

示云。非今始浮影。只本有之鏡中本具三千法。是云不變眞如。而隨緣生之時。所具萬像顯影浮應云隨緣眞如

問。三寸鏡上浮一尺面何

示云。大小融卽無妨礙。天月光浮一滴之露。一粒芥子收須彌。一身一念具三千。一身一念遍法界。半日經五十小劫。皆事事互具理理相卽。更不可疑也

古德雖禁於筆傳。予悲將來粗註之。宜撰一機矣

永傳了

法印秀舜示

(底　本)叡山文庫眞如藏、慶長五年(一六〇〇)永傳相承五通切紙寫本

〔**玄旨五箇血脈　終**〕

一、北谷祕典

㊄北三十六帖內

一心三觀血脈祕傳鈔〔惠光院〕

（表　紙）血脈祕傳鈔
（對校本）玄旨祕傳鈔

（新目次追加）

天台無二宗。自入日域已來。朝野遠近機列圓滿海。都鄙貴賤皆往自受法樂。其功遍由三觀預三身故也。然付此三觀三身相傳。血脈相承有惠心・檀那二流。惠心以大和庄爲門主。檀那以惠光院爲長者。兩門入心頗雖異大道只一概也。今付惠光院相傳血脈有五箇。一玄旨。二三句。三慈惠。四檀那。五鏡像圓融口決。一玄旨血脈者。號天台灌頂玄旨血脈。天台者。能弘大士居所。灌頂者。圓宗詮度也。意謂以師範前佛智水灌「後佛弟子」頂。乍提父母所生肉身。住三身覺滿位義也。玄旨者。三觀玄微深有所以。故名玄。如來出世元旨也。故名旨。血脈者。自靈山嘉會上至于今。師資相傳凡聖不同雖有之云云　金口唱言不改轉。譬如四性後胤。子孫雖隔不移轉云云　師云。此血脈者。圓宗祕曲也。「故如何者。」我本師智者大師御在世。此血脈書二紙二卷告補處灌頂言。一卷奉納我塔中。一卷付屬汝。師資相承利後世云云　依之智者大師趣煬帝請之日。金陵示滅之朝。全身迎取天台佛隴之西南角造削石塔廟龕。奉納之時。章安走鶴林不違聖言一紙入塔中。依之五百羅漢常影向給云云　此塔名敕塔故者。鶴林之日敕使來封塔戶。其後每年仲冬二十四日。又任先例敕使來開戶奉供。然全身如故不失及五百三年。五百三年以後不見給。

凡依上來事號勅塔也

次。一卷一紙者。章安示智威。智威示惠威。惠威示玄朗。玄朗示湛然。湛然示臨海縣龍興寺西庇極樂淨土院方丈瑯琊道邃和尚。此和尚哀震旦斷機學般若印篋自造石塔奉納天童山。于時生身羅漢來供花鳥樹如懸栖。嚴重不思議事也。于此本朝大師山家高祖。當湛然御入滅三十年。遂渡唐入龍興寺西庇訪天台法味。道邃和尚知山家秀發。還登天童山取出石塔中血脈。當處奉付屬山家。山家此事書顯戒論。和尚憐愍我一心三觀傳於一言申給。「和尚者。道邃和尚也。」（傳全一、三五。取意）憐愍者。知秀發又憐越國求法。取出血脈。一心三觀傳於智者大師自作一言記云事也。不知此等眞實義。於此一言他門學侶等雖致異論。都不當事也。一言者。今所云玄旨血脈也。凡此一言記文言微妙。浅智難悟。一字含諸義如如意寶珠。

故若書此義理者。語互遍含。義入局局。雖然爲將來如形注淺彼。

1〔天台灌頂玄旨〕

天台灌頂玄旨　私曰。首題得名如上來注云云

文殊利劍。通六輪。切斷十二生類。

㋩傍註私云。賴。寂光大師義記云。文殊利劍大通六輪○云云卽大通佛見。異本歟イ

師云。文殊利劍者。一心三觀也。六輪者。六道也。凡三觀智劍雖遍十界三千。一家說法正在初心。故令蒙六道衆生。設圓頓三千觀門。故云六輪也。十二生類者。十二因緣卽三觀所治法也。衆生者。有衆多生死。故名衆生。然衆多生死者。卽三世兩重十二因緣也。此十二因緣纏縛衆生令流轉。若此離十二因緣名出離生死佛。然如何出生死。謂全非敵對斷除斷惑。卽以體達名

斷也。如何カ體達ルニ。謂ク十二因緣卽三觀ト達スル也。如何カ達スヤ。謂ク初八九煩惱者卽空諦。(大正藏三二、四八二中。緣生論)第二第十業者卽假諦。(同前)餘七皆是苦者卽中道也。(同前)夫十二因緣ト者。自リ色心出來タル。若シ値ヌレハ妙經ニ無始ノ色心卽チ是レ本來ノ妙境妙智也。所出ノ三世兩重ノ十二因緣ト者。本有常恆ノ三觀也。故ニ妙經ノ意。以ニ我等カ無始已來ノ色心流轉ノ〔十二因緣〕ヲ全ク境智相應ノ一心三觀ト申也

下シテ一刀ヲ敕フルニ萬方ニ自然ニ由ナヲ出テテ三諦ニ明ナリ見聞知覺ニ

師云。一刀ト者。境智一言ノ利刀也。此ハ下ナリ凡夫ノ心田ニ。萬方ハ者。惣シテハ十界ノ依正。別シテハ者六凡二十五有也。如來如實知見三界之相 云云 (大正藏九、四二下。壽量品)知見ト者境智。三界ト者卽萬方也。自然由出三諦ト者。境智照覽ノ前ニハ一切國土依正皆不言ハ不ルニ思ハ三諦ノ妙法也。非實非虛非如非異 云云 (同前)如來ハ能知見シテ照スコト三界。非二乘偏空ノ如ニ。非外道凡夫等ノ賴緣ノ異ニ。非權教ノ菩薩ノ偏假ノ異ニ。只タ亦如亦異非如非異ト見給也。如來如實知見三界之相。非實非虛非如非異ト云ヘル說ニ。今所ノ辨スル十七文字ノ義理ハ符合スル也。一刀ト者知見。萬方ト者三界。三諦ト者非實非虛非如非異也。能能思之。但今ハ三諦門也。彼ハ久成品ノ三身門也。凡ソ取リ寄ハ雖各別ナリト。三諦三身大隨無背コト。故ニ引之。見聞知覺ト者。六塵ノ境也。「學ニ一字」攝ル香味觸ノ三境ヲ也。法法塵塵全ク三諦ト顯現シ。心心全ク法界。事事全ク實相也。諸法實相可思之。妙樂云。顯ヌレハ解脫之理ヲ依報正報常宣妙法無非常住。(天文五、二七〇〇上)玄文云。一切國土依正卽是常寂光。(天玄一、三五一)又云。六根者六靜寂門 云云

示此ノ一現ノ三際ヲ不如一言

師云。一現一言者。差別者能觀法體ト可得意也。聞能觀曰一言。見ルヲハ法體ヲ云一現ト也。依之檀那血脈云。聞テ此一言ヲ達ル是ノ一現。甚深ノ事也 已上

私云。自下一刀至不如一言文點稍不審也。下シテ一刀ヲ敕フルニ萬方ニ自然ニ由ナヲ出テテ三諦ニ明ナリ見聞知覺ニ。示スコト此ノ一現ノ三際ヲ不トレ如一言ニ可讀歟

師云。三際ト者。三諦ノ實際ト云事也。非三世ニハ空實際・假實際・中實際也。若聞テ境智一言ヲ於法法ニ見一現ノ三

諦ヲ一也

若シ未達ナレトモ者。開ニ一頌ヲ三般同ク無レ不ニ通知一

師云。上根上智ノ者ハ。聞テニ一言一即徹ニ洞スルコト三千一。「磁石ノ如レ吸レ鐵。」全ク重テ不レ待ニ四重ノ圖目一ヲ。雖レ然是故說教多（天止二、四七一。弘決）附下根ノ故ニ。此ノ玄旨者。正ク令レ蒙ニ未達ノ下根一ニ。開クニ一頌一ヲ一頌ト者。下ノ四重ノ圖也。三般ト者。非スニ三般若一ニハ三根ノ機也。意ハ謂ク只境智ト云時。上根ハ得入スレトモ中下ハ難入。若開レハニ一頌一ヲ非ニ中下ノミニ上モ得レ入コトヲ。故ニ云ニ三般同無不通知ト一也

生佛自一現ナル謂ニ是ヲ一言ノ妙旨ト一

師云。以ニ九界一ヲ爲ニ部主ト時ハ。以ニ生界一ヲ爲レ智。以ニ佛界一ヲ爲レ境。境智相應ス。以ニ佛界一ヲ爲ニ部主ト時者。以ニ佛界一ヲ爲レ智。以ニ生界一ヲ爲レ境。境智相應スル也。卽此阿鼻ノ依正ハ「全ク處ニ極聖ノ自心ニ。毘盧ノ身土ハ不トレ逾ニ凡下ノ一念一ヲ云ヘル」（大正藏四六、七八一上。金錍論）意也。下文云。佛界ノ智者九界ヲ爲レ境。九界ノ智者佛界ヲ爲レ境。境智互ニ薰シテ凡聖常恆ト云ヘル。意ヲ引上テ此ニ序スル也。〔本迹二門ニ各雖レ有ニ十界并境智一。佛界ヲ爲スハレ智ト。迹門始覺ノ意。九界ヲ爲スハレ智ト。〕本門本覺ノ意也。「至レ下ニ委ク可レ云レ之」

一教ノ玄義有リ此ノ智ト與ニ是ノ境一

師云。一教ハ法華獨一ノ教也。玄義ハ三諦ノ玄微也。故ニ云レ玄ト。深ク有レ由故ニ云レ義ト。凡ソ法華一部二十八品ノ大綱ハ。只境智ノ妙法也。本迹二門ニ各雖レ有ニ境ト智ト境智不二トノ三義一。迹門ハ論スニ始覺轉迷一ヲ。故ニ約シテ惠ノ能ク破惑一ニ面ニハ立ニ智門一ヲ。本門ハ談スルニ本覺卽德一ト。故ニ約シテ理ノ不能斷結一ニ面ニ立ニ理門一ヲ。若本迹不二ナレハ境智不二也。故ニ大智ノ文殊ハ居シテ序品ニ發ニ起シ此經一ヲ。大理ノ普賢ハ出ニ經末ニ流ニ通ス此典一ヲ。證前起後ノ寶塔品ニ二佛住シ一塔ニ表ニ境智不二ノ淵源一ヲ。此ノ境ト智ト不二トハ何物ソ乎。卽チ我等衆生自ニ無始一至テ于今ニ所ノレ受生死ノ色心也。千草萬木動靜也。以ニ此ノ生死ノ色心一ヲ全ク境智ト達スル也。多寶ハ已入滅ノ佛。此死也。釋迦ハ未入滅ノ佛。此生也。生ニ有レ動動ハ智也。死ハ寂體也。寂ハ又理也。動靜ノ二ツヲ當ツル色心ニ時ハ。心ハ動也。色ハ寂也。故ニ多寶ハ我等カ世世ノ死ノ相。釋迦ハ我等カ生生ノ貌也。二佛

坐一塔者。卽生死。卽死生。生死體一。不生不滅之大涅槃也。若約理智者。釋迦我等四陰心體。心有動轉用。故釋迦說法。多寶我等色陰體。色寂也。故多寶不說法也。若得此旨者。不動我等色心全釋迦多寶也。又普賢文殊也。委下可論之。故知。本迹二門不出境智。故云一教玄義有境智

早失三際之言

師云。境智不二云三諦三觀不思顯。只三諦三觀者。令入境智不二覺悟眞要本法方便也。故門跡二箇大事上有一箇大事口傳也。若爾徹致境智本法尚三諦云重失云事也

問曰。玄旨序誰人說乎。若智者御自作。撰號序始可置如何

答。師曰。傳敎御作也

一言三諦　刹那成道　半偈成道　智者記

師曰。一言者。境智不二一言也。三諦者。境假諦。智空諦。不二中道也。刹那成道者。若入妙經室人者。須臾刹那登果海同佛位也。依之。提婆品說龍女成道時節云。於刹那頃發菩提心得不退轉（大正藏九、三五中）云云　又云。於須臾頃便成正覺（同前）云云　記八釋海中眞身成道云。一念坐道場。成佛不虛也（天文四、一九九六下。文句）云云　凡妙經成道雖有長短。准敎本意者。以短爲正。故釋云。雖實敎中「有長有短。若依實道定短」爲正（天文四、一七〇二下。文句記）云云　修禪院護摩堂日記曰。不經「三企頓滿薩埵之行。不越一念直進菩提之」果。三身究竟無有過上。虛空爲座成於正覺。一家所期實在是果（大正藏七四、二八一中。法華宗義集參照）云云　今刹那成道注事者。非隨經文次第。首刹那言居故云云也

問曰。今所云刹那成道者何位耶

答。師云。一切圓滿行者入名字卽時。唱體分成道。成道一念一刹那。或多念不定也。今且置多念。付一念一刹那言之者。所云體分一刹那成道者。全與妙覺同等也。但論明晦事。約事用邊。此依宿

習厚薄於體分成道處機類分。若宿殖深厚人者。當名字所唱體分成道處斷事惑。或入初住入妙覺如龍女等。若無多殖人者。雖斷理惑於事惑修行待也

又師云。名字體分成道。一切皆一念一刹那也。故體分成道者一切皆同等也。於用成佛論久近。此眞實義也。今所注刹那成道者。約體分成道。只卽身成佛也。於用成道者。非圓成道本意。體分成道者。無作本覺三身也。半偈成道者。住三千妙觀。入一實境界者。三千性相上。或一迷不立。皆以佛果威儀振舞。圓頓妙戒外更無諸惡。仍諸惡莫作諸善奉行。眞源當此體分成道處圓滿。故半偈者。諸惡「莫作諸善」奉行也。下文解三道乃至眞善云意。全同諸惡莫作文也。然彼半偈者雖藏教說。三藏教法門爲經王意。言底挾圓戒也。三藏意。事戒事惡善惡相隔故。法界唯一善難立。然住三千妙觀思惟一實境界前。(天止一、一一二。止觀)純一實相實相外更無別法故。法性大善外。自本無一惑。依之諸善奉行任運也。諸惡莫作天然也。故半偈本意無作三身時。顯刹那成道。又名半偈成道也。此隨無作三身德相所號稱也。智者記者。後人所置也。〔智者滅後贈號故也。〕後人者。誰人乎難知。或又章安。又乃至傳教歟

〔一。傳祐私案。此義誤歟。贈號者。常人沒後官進事也。既智者大師煬帝對談時。被下敕號也。何滅後贈號耶。釋帝銘禪師爲智者分明見〕

鏡 一心三觀　智 一心三觀　鏡 一心一言　智 一現

師云。付此四重有二口傳。一曰。前三重迹門。後一重本門。今且置此義。二曰。付此四重有二意。一四重皆通迹門。二第三第四互本迹。第一第二限迹門。然付迹門銷四重。夫鏡一心三觀名字觀行。智一心三觀相似分眞〔也〕已上。豎廢立 雖然名字觀行境智不二。相似分眞境智不二也已上。橫廢立 此橫豎中。行者自行廢立修行「畢二義也」豎廢立教門也 仍

非行者修觀故。以橫廢立互住前住上令境智不二修行圓實事也

一義云。橫廢立。以竪爲大段所建立也。謂名字觀行。境之家境智不二。相似分眞智之家境智不二也。仍二廢立寄合成修行方軌。若一闕不可也。此義可〔祕〕也。何故名境智「之一心」三觀乎。名字觀行二位。縱所觀境雖圓融。未斷惑故於能觀大段三觀有微細次第。若有次第者。名字觀行「一心三觀」不可名歟云處。隨所觀境圓融能觀智立一心三觀名。故知名字觀行名一心三觀者。功由境故名境一心三觀也。次。相似分眞二位。斷惑位故。行者情執半晴。一心法界易融。仍三觀一心俱起如明鏡像一處宛然。仍不假境圓融功。能觀心三觀一時並起。故名智一心三觀也

次。一言一現者。互住前住上。聞能觀鏡智不二方一言也。依此一言所達境智本法一現也。云一言一心不云三觀事者。一言一心者。三觀一心云事也。故者一言卽三觀故也。第一第二三觀注事者。無一言語故也。凡境字書鏡事者。名字觀行隨三諦理圓融三觀與一心名。三諦如鏡。能觀智。如所浮像。凡境智所浮也。隨智所浮以義書鏡字也。第三鏡者。以師口傳譬鏡。意謂依師緣鏡知境智不二。爾者爲弟子師所浮。故聞處望弟子所浮名鏡也。第四智一現者。行者自智力也。若以釋言之者。稟承南岳鏡一言。以南岳爲鏡。以天台爲像。證不由他智一現。天台自解佛乘處也。凡四重共約心法論之。一心之上寂照名境智不二本法也。（天止四、三九三。止觀）仍雖現非眼見境智。只約心眼觀見。一諦三諦谿爾開明。如臨淨鏡遍了諸色。（同、一二九）不加功力任運分明分名一現也。於念念中止觀現前意也。止觀者鏡智也。現前者一現也。第九識淸淨理智不二本法心地無疑覺處名智一現也已上迹門 次。約本門意言之者。

凡本門自聞外無修行也。仍不可論第一第二。故只存第三第四。從知識聞本地難思境智處一言無作三身。聞即所達本地境智一現無作三身也。此現見即眼前也。以我等無始色心令達本地難思境智故也。現見色心萬像動靜外無別境智也。色心幷動靜既眼見法也。仍境智目前顯現。何待修證乎。故色心境智動靜理惠一言開。不運二行十界依正皆以性德圓滿海法爾羅列聖衆也。故向無始色心見釋迦多寶。趣草木動靜看普賢文殊云云雖然聞此口傳上又立返迹門可修行也。捨佛成佛口傳可思合也

問。妙覺有一心三觀乎

答。約豎時。名字觀行境一心三觀。相似分眞智一心三觀。妙覺境智不二一心三觀云云雖有此傳。凡血脈。面於妙覺位者無沙汰也。雖然妙覺有觀見照覽德。故以此可名一心三觀。但非觀察斷惑觀。可思之

問。何故不云智一現一心乎

答。約迹門者。第三第四皆可有一心言。望本門者。第三第四皆不可有一心言。然以一言一心顯一現一心詮迹門。以一現顯一言本門意「可合得意。」所詮影略互顯巧顯深義。能能可思之。一言一心云迹意。一現云「心不云者」本意也

夫一言妙法者。四教圓畢離絶學無爲三諦。現前圓明是謂一現三諦

師云。夫者。發端言辭也。一言妙法者。妙法二字即我等色心。妙心法色也。一言妙法云。一言境智云事也。四教圓畢者。擧能詮教。離絶學無爲三諦者。出所詮理。意境智不二本法出過四教能詮所詮故爾云也。又一義云。一言妙法者。法華開會圓。四教乃至三諦者。爾前帶權「爾云曰能詮」所詮三諦也。此義雖可以上義爲詮。其故二箇大事上有覺悟眞要口傳上。四教三諦法華圓取入不

可レ苦。能能思レ之

諸佛定光三昧。十方賢聖通門ナリ

師云。定光三昧ト者。擧ル三世ノ諸佛内證果海ノ眞德ヲ也。定光ト者。寂光ト云事也。三昧ト者。内證三身三德也。諸佛ノ寂光内證ハ只境智不二ノ本法也。通門ト者。自ニ境智冥合ノ色心ニ垂ルニ三土ノ依正ヲ。門ト者。爲ニノ三土ノ出生ノ處ナル故ニ云レ門ト也。顯戒論云。稽首十方「常寂光。常住内證三身佛。實報方便同居土。大悲」示現大日身ト釋シ給フ。卽チ此意也(傳全一、二五)

百億教行モ從ニ此ノ一現ニ生シ。三四流轉モ從ニ是妙用ニ起ル

師云。教行雖レ廣ト不レ出ニ一心三觀ヲ。一心三觀又境智不二也。故ニ自ニ境智不二ノ半滿ノ諸教出生ス。十二纏縛ノ流轉自ニ我等色心ニ起ル。色心何物ソ乎。本有境智是也。仍テ百億ノ教行ハ擧ニ能治ノ良藥ヲ。三四ノ流轉ハ出ニ所治ノ重病ヲ。能治所治全境智不二本法ノ體也。煩惱卽菩提。生死卽涅槃也

當レ知見與ニトノ不見ニ中際。本來所具ノ三諦也

師云。開ニテ眼目ヲ見レハ假。閉ニテ兩眼ヲ不レハ見空。開閉ノ中際ハ中道也。此ノ見・不見・中際ノ三ハ。本來任運ノ具德也。又見ト不見ト中際トハ。不レ可レ得レ意也。見ハ隨緣ノ中閒ノ處ニモ本來具ニ三諦ヲ。不見・中際ノ處ニモ自レ本具ニストノ三諦ヲ云事也。中際ト者。非ニ中閒ニ。只見ル處ノ際不見ノ其ノ際其ノ中ト云事也。「塵塵法法」皆三諦也

示ニ眼前ノ一現ヲ。法然具足シテ**離ニ見聞覺知ヲ。只**タ**在**リ**一肘ニ**

師云。約シテ眼前現見ノ法ニ示ス境智不二ノ一現ヲ。三諦法然トシテ具足スル也。離見聞覺知ト者。見聞覺知ニ無ニ更ニ有コト障礙ニ。色聲香味觸常ニ三諦也。離ト者。於ニ六塵ノ上ニ更ニ離ルコトニ有情ニ也。只在一肘者。親リ在ト眼前ニ云事也。又云。一肘ト者。胸中ノ方寸肉團心眼也

故ニ劫劫ニモ不レシテ勞。刹那ニ住ス究竟ノ本住ニ

師曰。約ニ眼前ノ境界色心ニ達ニ境智不二ノ本法ニ者。不レ經ニ多劫ノ苦勞ヲ須臾ニ住スル究竟大覺ノ位ニ也。所レ云究竟ノ本位ト者。理卽所具ノ究竟卽也。卽チ名字卽ノ所證也。一切ノ圓頓行者必ス刹那ニ唱ニ體分不生ノ成道ヲ也。此法華圓教天台一宗ノ所期也。依レ之義眞和尚云。不レ經ニ三祇ヲ『頓滿ニ薩埵之行ヲ。不レ越ニ一念ヲ直進ニ菩提之果ヲ。三身究竟「無レ有ニ(大正藏七四、二八一中。法華宗義集)

過上一。虚空為レ座成二於正覺一。（等カ）一家所期更（實カ）』在二是果一云云」當下刹那體分成道ノ時上。同時ニ盡ニ萬惑ヲ一入二第六究竟即一ニ人有レ之。此又圓宗正意ノ機也。地體彼ノ義眞ノ文ヲハ大用ノ成佛ニ取レ釋ニ短促ノ機ヲ一也ト可レ得レ意也。三身ト者内證三身。虚空ト者寂光也。能能可レ思レ之

皮肉筋骨ハ冥レ智ニ。一念ノ心慮薫レ境ニ

師曰。皮肉筋骨ハ。我等カ一色也。智ト者。四陰心也。不レ動ニ我等カ色心ヲ一。全ク本有ノ境智ハ難思ノ理智也。依レ之釋云。無始色心「本是理性妙境妙」智（天止三、一九〇。弘決）已上所ノ牒スル十二字トイハ。上ノ六字ハ境發スル智ヲ意。下ノ六字ハ智冥レ境ニ相也

我心直ニ通ニ迷悟ニ。吾體ニ全ク收ム三千ヲ

師曰。我心ト者。我カ一念ノ心也。我カ心自性空ニシテ不レ礙ヘ往來ヲ。周ニ遍シテ萬法ニ歸ニ一念ニ。十方在二方寸一ニ。迷者。則チ九界也。悟者。則チ佛界也。凡聖在二一念一ニ故ニ云レ遍ト二迷悟一ニ。吾體トハ者。我カ五尺ノ形骸ナリ。以レ之為二萬法ノ惣體ト一。三千何ソ不レ趣二一色四心一乎。故云ニ全收三千ヲ一也

廣狭雖トモ遮レ眼ヲ。宜ク住ニスル一現ニ

師曰。大小實有ノ境來テ我カ圓融照覽ノ眞眼ヲ雖レ障ト。念念圓解心心相續シテ。為ニ彼不レ被レ障。宜ク可レ住ニス一現ノ境智ニ也。普賢經云。大乘因者。「諸法實相。大乘果者。亦諸法實相。念念相資不離大乘。」大乘者。諸法實相云云

開ニ兩眼ヲ一覩ルニ五塵ノ境ヲ一時ハ者。應ニ随縁眞如ナル一。閉ニ五眼ヲ一住スル二無念ニ一時者。當ニシ二不變眞如ナル一

師曰。以二眼目五根ノ開閉ヲ一。配ニ二種ノ眞如ニ一也。見ノ字并立ツル事ハ者。随フ二能見ノ兩眼ニ一也。今問。以テハ二兩眼ヲ一者可レ見ニ色塵ヲ一。何カ故ニ見二五塵ヲ一云乎。答。地體ハ開クト二五眼ヲ一雖モ可レト云。現見ノ法ハ。眼根所照ノ親シキカ故ニ且ク擧ニ兩眼ヲ一。或ハ又眼根居ル二初ニ一故ニ且ク眼ト云歟

聞二此一言ヲ一萬法茲ニ達ス。一代ノ修多羅含ニ二一言ニ一

師云。萬法雖ニ廣大ナリト一以二境智不二ノ本法ヲ一為ニ根本ト一。故ニ聞テ二此ノ一言ヲ一諸法立處ニ達ス。法華經ト者。本有ノ境智不二ノ一乘也。開シテ二境智ノ一乘ヲ一説ク二四時三教ヲ一。四時三教雖レ廣ト。不レ出二八箇ノ醍醐ノ一教ヲ一。八箇雖トモレ久ト。在ニ我等カ刹那ニ一。刹那所在ノ妙法何物ソ乎。即チ色心境智本法也。故ニ以ニ二一

念境智一ヲ開ス二四教五時一ヲ。故ニ云ニ一代乃至含一言一ト也
佛界ノ智ハ者。九界ヲ爲レ境ト。九界ノ智ハ者。佛界ヲ爲レ境。境
智互ニ冥薰シテ凡聖常恆ナル。此謂二刹那成道一
師云。一實寂光ノ前ニハ。十界三千ノ依正皆列ニ圓滿ノ嘉會一ニ。
自受法樂無二間斷一者也。故ニ佛界歸ニ九界一之時ハ。以二九
界一ヲ爲レ智ト。九界歸ニ佛界一ニ之時ハ。以ニ佛界一ヲ爲レ智ト。生佛
二界互ニ爲ニ能所一ト更互ニ受ニ法樂一ヲ。只此二界更互ノ惣別一
念三千ノ妙法也。法界雖ニ廣博一ト不レ出ニ一箇ノ三千一ヲ。三千
雖ニ衆多一ト不レ出ニ依正ノ二法一ヲ。依正雖ニ重重一ナリト不レ出ニ色
心一ニ。色心雖ニ衆多一ナリト只一箇ノ境智不二ノ本法也。（天文五、二一五五上。）誰曉ニ十
方法界唯有ニ一佛一ト云　住ルヲニ境智本法ニ號ニ自受用佛一ト云（文句記）
此自受用境智ノ前ニハ。法界無ニ二佛。只獨一無伴ノ本佛ノミ
也。住レハ二此ノ妙覺觀一ニ即チ名ニク内證覺滿ノ成道一ト。此即チ刹那
成佛也。凡ソ迹門十四品ノ意ハ。九界ノ衆生住シニ佛ノ知見一ニ。
轉ニ九界一ヲ入ニ佛界一ニ故ニ。佛界ヲ爲レ智ト。九界ヲ爲レ境ト也。此
始覺門ノ機ナル故ニ。以テ二名字已上ノ五即一ヲ爲レ正ト上ニ轉スル也。
此ノ内證ヲ佛雖レ談レ之。於テ二九界ノ處一ニ住スル二佛知見一ニ處ヲ取ル

也。「全以ニ九界ノ色心一ヲ内證佛トハ不レ說カ也。迹門眞身ノ成
道」以レ之可ニ思擇一也。本門十四品意。立ニ返テ理即九界一ニ
於ニ邪見薄地ニ論ニ本來ノ事本覺ノ三身一ヲ。是レ本覺門ノ機ナル
故ニ。以ニ理即一ヲ爲レ正ト。向ニ本地難思ノ境智ニ也。理即ハ
勝タルコト究竟即ニ可レ思レ之。此時以ニ九界一ヲ「爲レ智ト也。凡ソ迹
門ノ意ハ以ニ佛界一ヲ爲ニ内證一ト。以ニ九界ヲ」爲ニ外用一ト。故ニ約ニ
住上ニ正ク論ニ法門一ヲ。穢土ヲ攝スル淨土ニ也。本門ハ以ニ九界一ヲ
爲ニ内證一ト。佛界ヲ爲ニ外用一ト。淨土ヲ攝ニ穢土一ニ。立ニ返テ住前一ニ
說ニ法門一ヲ也。迹門ハ九界爲ニ生界一ト。佛界ヲ爲レ佛ト也。然ト
云テ全ク於ニ九界一ニ不レ論ニ佛ノ義一ヲ。本門ノ意ハ爾前迹門ニ所レノ
不レ云論スル三身圓滿ノ義一ヲ。是秀句也。佛界ハ始覺九界ハ本覺
也。能能可ニ思ニ擇之一

解レハ二三道即三性一ヲ。諸惡　儵タチマチニ　眞善ナリ。是ヲ名ニ半偈成道一ト
也

師云。「煩惱・業・苦ノ三道即チ般若・解脫・法身ノ三德也。」
障體即チ德ナリ。不レ待ニ轉除一ヲ故ニ。不レ動ニ苦道一ヲ即チ法身。
不シテ改ニ煩惱道一ヲ即チ般若。不レ息ニ業道一ヲ全ク解脫自在ノ德

也。依レ之釋云。陰入界苦卽是法身。「非ㇾ顯現故名爲ニ法身一。婬怒癡性卽是般若。無レ所レ可レ照性自明了。業行繫縛卽是解脫。」不ニ斷レ縛卽脫一也。（回ハ文）凡ソ立ルニ諸戒ヲ一本意ハ爲レ息ンカニ三道ヲ一也。三道旣ニ三德也。仍テ「三道トシテ可ニ休息ス一法モ無カレ之」故ニ。乍レ提ニ三道ヲ一諸惡莫作諸善奉行也。煩惱苦ハ境智ノ本法。業ハ事ノ妙用也。本地ノ三身ト無始ノ三道也。迷時ハ流轉ノ迷法。悟時ハ當體果德ノ妙用也。仍名ニ半偈成道ト一。良ニ有ニ所以一也 已上

此血脈トハ者。大唐貞元二十一年七月二十二日。於ニ天童山ニ一傳教大師傳給也。仍テ宗ノ眼目也。能能守ニ護セヨ之一。今問。天台山ノ石塔ヲ前ニ常ニ來ル五百羅漢尊者ハ誰人ソ乎。答。臨平山圓通梵老云。天台山五百尊者。於ニ靈山會上ニ聞ニ一乘ヲ一同入ニ祕藏一。普明如來被ニ授記一五百品ノ尊者也 已上 爲レ報ンカニ法華ノ恩ニ一。「石塔ニ所レ納ル血脈ニ影向ル」也。靈山ノ一乘ハ卽チ境智ノ妙法也。所入ノ祕藏又境智不二ノ本法也。玉ヲ移レ玉何ソ乍レ證ニ理惠相應ノ妙法ヲ一。境智不二ノ石塔ニ不ニ影向一乎。況ヤ天台山卽チ靈山也。「石塔全ク多寶塔也。所ノ納境智ハ全ク釋迦多寶也。」此レ大師所證自解佛乘ノ妙體也。況ヤ復大師ノ全身ハ多寶如來也。每年所立ノ敕使ハ冥ニ表スニ釋迦開戶ヲ一。甚深不思議ノ事也。能能可レ思レ之。〔信州相傳ニハ卷物也〕

2〔一心三觀血脈〕（三句血脈）

二者。三句血脈トハ者。出タリニ內證佛法ノ血脈ヨリ一。彼ノ血脈トハ者依テニ傳教大師ノ仰ニ一。御弟子二人シテ或ハ成リニ筆受者ト一。或ハ清書仕テ「籠テニ二箇ニ一」結スニ三句ヲ一。三句ハ亙ルニ三身三觀ニ一。仍テ後人錄レ之傳ニ別紙ニ一。後ノ人何人不レ知レ之

常寂光土第一義諦 ○

靈山淨土久遠實成 ○

多寶塔中大牟尼尊 ○

師曰。普賢觀ハ證スニ第一ノ句ヲ一。法華論幷ニ壽量品ノ二箇ハ證ニ第二ノ句ヲ一。最後ノ論文ハ證ニ第三ノ句ヲ一也 云云 已上 三「句眞身開應身合廢立也。二句ハ內證。第三」句ハ外用也。故ニ初二ノ

二句ハ寂光ノ境智。第三ノ句ハ且ク三土ノ外用也。凡ソ內證ノ境智冥合ノ時ハ。起用ノ應身ヲハ攝二境ノ法身ニ一也。故ニ釋迦牟尼名毘盧遮那ト說也。釋迦ト者應身也。毘盧ハ法身也。釋迦ヲ名ルハ二毘盧ト一者。應ヲ攝二法身ニ一相也。第二ノ句ハ智惠報身也。所ノレ云淨土ハ又寂光土也。報佛ト者自受用也。常在ノ文又自受用土也。（天文五、二三七七下。文句記）據二常在之言一。卽屬二自受用土一。釋可レ思レ之。第一義諦之所攝故ト者。寂光內證ノ前ニハ以レ理爲レ正。故ニ以レ智望シテレ理ニ云二所攝ト一也。〔靈山ト者。靈者。靈智ノ故ニ以レ智爲レ本。山ト者。不動ノ心性實體不ルヲレ動名二靈山ト一也。〕第三ノ句ハ起用應身也。成二大事一ト故ト云其ノ意也。於テ二塔中ニ一雖レ有ルト二二佛一。今ハ且ク取テ二大牟尼ノ方ヲ一顯二應身ヲ一也。凡ソ三句各各八字也。每二三句一擧二身土ヲ一。一一ノ句ノ上ノ四字ハ所依ノ土。下ノ四字ハ能依ノ身也。爾者第一ノ句ハ。理ノ寂光。第二ノ句ハ。事ノ寂光也。〔第三ノ句ハ。理智不二ノ寂光也。（以下21行㋺㋩插入）當流ニ二重ノ境智冥合ノ外ニ。三重ノ冥合ト者。今ノ三句ノ文是也。不レ可二口外一。能居ニ又有二三身一。第一ノ句ハ理。第二ノ句ハ智。第三ノ句ハ事也。塔中ニ座ルハ二二佛一境智冥合也。多寶佛ト者。所居寶塔ノ外ニ無レ之。五百由旬ト者。我等五陰所成父母果縛ノ依身ヲ指シテ五百由旬ト名クル也。サレハ文句ニ。寶塔ヲ安ル塔內ニ別ニ本尊無レ之 云云 寶塔卽チ全身ノ舍利也。此ノ全身ハ我等五陰所成ノ依身未タルヲ二分散セ一。名テ二於三身ニ一有二二ノ廢立一。一者。眞身開應身合。二者。眞身合應身開 云云 初法身自受用報爲二法報二身一。他受用ト應身トヲ合シテ爲レ應也。次法身自受用合爲二法身一。他受用報ヲ爲二報身一。應身ヲ爲二第三ト一也。三句ノ中ノ二句ハ眞身開。後ノ一句ハ應合ノ意也。第一第二ハ寂光境智。第三ハ三土外用也。第一色法ハ寂光ノ境。第二心法ハ寂光ノ智也。能居所居也。色法ノ應身ハ所居也。心法ノ報身ハ能居ト成ル也。第三色心ハ和合ノ上ノ外用也。外用ノ三土ハ。實報ハ他受用。方便ハ勝應。同居ハ劣應也

尋云。內證境智冥合ノ時。三土外用ト被レ云應身ハ。境智實ニハ何身ニ屬ル耶

答。起用ノ應身ヲハ境法身ニ攝スル也。故ニ釋迦牟尼名毘盧遮那ト說也 云云 第一句ニ普賢觀ノ文ヲ引ク事ハ。外用ヲ第一ノ法身ニ攝スル心ヲ顯ス也。故ニ釋迦牟尼等 云云〕

凡ソ付二三身一ニ。境智不二・境智相・境智用ノ三ノ差別有レ之。境智不二ト相傳スル時ハ。相用ヲハ攝二色境一ニ。色境ハ應身ナル故也。乃至色心用ノ時ハ。不二ヲハ攝シレ色ニ。相ヲハ攝スルレ用ニ也。境智不二ト者。一言內ノ相傳也。色心相ト者。以二四大ヲ一名二法身一ト。以レ心ヲ名二報身一ト。四大所成ノ形色ヲ名二應身一ト也。色心用ト者。釋云。就レ境爲二法身一。「就レ智爲二報身一。起レ用爲二應身一也。（天止四、一三一。止觀）」色心不二ハ三如是也。色ハ相如是。心ハ性如是。不二ハ體如是也。付二三身ニ法身ニ二ノ廢立有レ之。謂ク不二法身・色法身ナリ。應身ニ有リ二三ノ廢立一。色應身・相應身・用應身。報身ハ只心也。一ノ廢立也。能能思レ之。若約二不二ニ時ハ。第一句ハ不二。第二句ハ智。第三句ハ境也。約レ相ニ時ハ。第一句ハ境色。第二句ハ智心。第三句ハ相也。約レ用ニ時ハ。第一句ハ又境色。第二句ハ智心。第三句ハ用也。不二ノ時ハ。相用ヲ攝二境色一ニ。相ノ時ハ。不二ヲハ攝ス二境色一ニ。「用ヲハ攝レ相ニ。」用ノ時ハ。不二ヲハ又約ニ境色ニ相ヲハ入レ用ニ也。此等ノ廢立無盡也。或カ云。色心相ハ三如是門也。凡ソ三句ハ。以テ二大旨ヲ一當ニ三身ニ事如レ此。雖レ然。一一ノ句ノ下ニ皆含二三諦三身ヲ一。第一ノ句ハ法中論三ノ三身。壽量品云。如來如實「知見三界」（大正藏九、四二下十三行）等云云第二ノ句ハ報中論三ノ三身。經云。然我實成佛已來（同、四二下八行）云云第三ノ句ハ應中論三ノ三身。經云。出二釋氏宮一。去二伽耶城一（同、四二中十行）云云付テ二無作三身ニ有ト二三重一。卽チ三句是也。壽量現文ハ約シテ二三世益物一ニ說クナリ。第三ノ句ハ事成ノ應ノ無二起作一也。「只是一向約二始覺一事成大用無二起作一。」此時ハ。未タスレ顯二我等カ卽身成佛一ヲ。第二ノ句ハ。始覺冥本覺無作三身ニテ。若得ツレハ二佛界ヲ一者。還テ同二九界ニ相也。此時ハ九界ノ卽身成佛稍ヤ顯ル也。雖レ然尙引カヘテ二始覺ノ佛界ヲ一說ク故ニ。尙モ我等カ不レ及ハ處有レ之。第一ノ句ハ。唯本覺無作ノ三身ニテ。捨テ二佛界ヲ一一向約シテ二九界ニ一論二三身ヲ一。此時ハ我等カ卽身成佛無ト二殘ル處一顯ル也。凡ソ經ノ現文ハ專ラ雖レ說ト二第二第三ヲ一。壽量顯本ノ今意ハ以二第一ヲ一爲二素懷ト一也。本地難思ノ境智ト者。我等カ無始ノ色心也。聞二各各ノ無始色心難思ノ境智一。〔捨二佛果一空二此見一時〕面面ニ增道損生セシ也。此事本覺無作三身經文「言少少」也。凡ソ大器ハ晩成シ。大音ハ聲ヘ希ナル風情ナル故ニ。甚深肝要ニ成ヌレハ不レ用二多言ヲ一也。故ニ無作ノ三身三觀ノ祕曲ヲモ一

言ト習也。依レ之如來如實知見。乃至〔「㋺三界之相〕無有錯謬ノ閒〔㋩文イ〕ニ含シニ衆
義ヲ振ニ萬意ヲ也。故ニ常〔常㋺非〕寂光者非〔者非㋺[ナシ]㋩非〕レ遠ニ。不レ動〔不動㋺[ナシ]〕ニ無始ノ色心ヲ
〔「㋺不動〕卽寂光也。色心不二五陰和合ハ常也〔常也㋩[ナシ]〕。常卽法身。光卽般
若。寂卽解脫也。於ニ寂光ニ無ニ身土ノ別ニ謂イハクヘル卽チ此〔此㋺是〕也。
凡ソ全シテ第一ヲ卽ニ第二ニ。全シテ第二ヲ卽ニ第三〔三㋥二〕ニ也〔「㋺是〕。故ニ約シテ深
義ニ「言〔「」㋺云ヘル〕レ之時。」第三句處ル眞實寂光ニ也。豈離ニ伽耶ニ「別〔「」㋩〇〕（天文五、二二九一下。文句記）
求ニ常寂光ヲ（光[ナシ]カ）。非ニ寂光外別有ニ娑婆ニ（「文カ）。故ニ於ニ第三句ニ深ク
可レ顯ニ妙法ノ本意ヲ〔常㋺[ナシ]〕也。多寶塔中ノ一心三觀ト云〔云㋥[ナシ]〕事。自レ此〔此㋺是〕
起ル也。寶塔ハ全體我等カ色陰也。二佛ハ〔「㋩心〕我等カ四心ノ動靜
也。我等カ提ケ五尺ノ身ヲ身中ニ納〔納㋩約〕ニ動靜ノ心法ヲ。當體不レ動
之卽妙法ナル處ヲ顯トシテ寶塔顯現スル也。從地涌出ト者〔「㋩妙〕。我等カ
色心不ルレ値〔不値㋺[ナシ]〕ニ妙經ニ時ハ〔「㋺不合〕。土中ノ塔婆。値レ經ニ時ハ。空中ノ寶塔
也。依レ之空ヲハ寂光ト釋シ。大地ヲハ無明ト判〔判㋩釋〕スル也。又寶塔ト者。
我等衆生ノ無始流轉ノ形也。二佛ト者。無始流轉ノ閒ニ所レ受ノ
生死ノ色心也。然ルニ此ノ塔自〔自地㋺地ヨリ〕レ地涌出シテ。住ニ虛空ニ「有ニ深キ〔「」㋺深有由〕
所ユ以ヘ也。」我等自〔自㋺[ナシ]〕ニ無始〔「㋺ヨリ〕世世生生ノ閒。於ニ胎內ニ色心具
足シテ自リ母ニ產サン門〔門㋺內〕ニ生ス。以ニ產門〔門㋺內〕ヲ爲ニ大地ト。腰ヲハ當ル地大ニ故

也。處スルコト虛空ニ者〔者㋺事〕ハ彼ノ產門〔門㋺內〕出生ノ色心全ク寂光ナル故也。
如レ此生死流轉ノ色心。產門〔門㋺內〕出生ノ義ノ外ニ。更ニ無ニ別ノ妙（天止三、三四一。止觀）
法ニ也。純一實相實相外更無ニ別法ニ（天止一、一二二。止觀）。或ハ起是法性起。滅是
法性滅。能能可〔可㋩[ナシ]〕レ思レ之
凡ソ無作三身ト者。九界ノ形色ハ法身。九界ノ念慮〔慮㋑盧〕ハ報身。九
界分分ニ施ニ威德〔德㋺儀〕ヲ所レ起用ハ應身也。故ニ多寶ハ無始ノ色陰。
釋迦ハ無始ノ四陰〔陰㋺㋩心〕。分身ハ無始ノ各各ノ用也。不レ動〔不動㋺[ナシ]〕ニ無始ノ色
〔「㋺不動〕心ヲ全ク多寶釋迦ナリ。不レ改メ無始ノ作用ヲ卽チ十方分身如來（天止四、
一三一。止觀）也。我等カ色心用ノ三字〔字㋺㋩事〕ノ外ニハ。全ク無ニ二佛分身ニ也。就レ境
爲ニ法身ニ。就レ智爲ニ報身ニ。起レ用爲ニ應身ニ〔起用爲㋩〇〕卽其意〔其意㋺㋩是〕也。只〔只㋺但〕天（天止三、
一九〇。弘決）台ノ玄旨ハ以ニ境智ヲ爲ニ至極ト。故ニ本地難思境智。或ハ〔「㋩文〕無始（天文五、二四一二下。文句記）
色ノ「身本是理性妙境」〔「」㋺心乃至妙境㋩心〇〕妙智云云無始ノ色ハ。法・寂・境〔境㋥[ナシ]〕ナリ。無
始ノ心ハ。妙・光・智也。若住ニ此觀念ニ人者〔者不待㋺[ナシ]〕ハ。不レ待スニ大タ用ノ（大正藏九、
〔「㋺事不待〕來ンコトヲ。「不シテ起タタニ于座ヲ」〔「㋺文〕法身顯現セン。故〔故㋺[ナシ]〕ニ無量義經云。雖レ
三八八中）未レ得レ修〔「」㋺座不起〕ニ行六波羅蜜ニ。六波羅蜜自然ニ「在レ前云云」〔「」㋺現在㋩現在云云〕若
約シテ非情ニ談セハ三身ヲ〔「㋩者〕。何草木ニ不ンレ具ニ動靜ヲ〔㋺況イ〕。爾者〔爾者㋺然〕ハ。動ハ報
身。靜ハ法身。何草木ニ不ンレ具レ用ヲ。障子ハ塞フサキレ風ヲ。衣服ハ障フレ

寒ヲ。皆是レ應身如來ノ全體也。樹上ヘノ動轉スルハ（スルハ㋺シタレハ）釋迦如來ノ說法。花（花㋑華）大虛（虛㋺雲）ノ寂靜ナルハ多寶如來ノ不說也（「㋺㋩法）。塵塵二佛ハ法界ノ妙法。自然ノ寂光。天然ノ境智也。此位ヲ名ケ二性德圓滿一ト。號二法爾羅列ノ聖衆一ト也

（以下23行㋺㋩挿入）又多寶ハ。已入滅ノ佛是死也。釋迦ハ。未入滅ノ佛是生也。生ニ有レ動卽智也。死ハ是寂ノ理也。動靜ノ二ハ色心ノ二法也。心ハ動。色ハ寂也。多寶ハ我等世世ノ死相。釋迦ハ我等生生ノ生（生㋺ナシ）ノ形也。二佛一塔ニ座（座㋩坐）スハ生死一體ノ心也。卽チ不生不滅ノ大涅槃也。若約ニレハ理智一ニ。釋迦ハ我等カ四陰心體。心ニハ動轉ノ用有リ。而ルニ釋迦ハ說法シ。多寶ハ我等色陰ノ體。色卽寂靜ノ形也。故ニ多寶不說法也。得ニレハ若（若㋺ナシ）此旨（㋺心）一ヲ我等色心不レ動。全ク釋迦多寶ノ二佛也

又於ニ法華ニ二三大士ト云事有リ。文殊・普賢・觀音。此卽チ境智不二ノ三菩薩也。果位ニテハ三如來也。法華讀誦スレハ境智相應ノ觀心。因果不二ノ妙行ト達スル也。其故ハ。文字ノ所依ノ紙ハ是普賢ノ理。一一ノ（「㋩也）文字ハ是文殊ノ智。紙ト（「㋩也）文字ト相應シテ末代ノ利益ヲ成ス。此觀音（觀音㋩是智）也。紙ハ行者色法。文字ハ行者ノ心（心㋩四）智。經（㋩神歟）ハ我等色心和合ノ人體也。又妙法ハ是心。蓮華ハ是色。經ハ色心和合ノ體也。自ニ無始一以來タ妙法ハ心法。蓮華ハ色法。移ニシ十界經卷一ヲ書寫スルヲ天台宗ノ血脈ト名ク。今ノ三句ノ血脈深奧在ニ此事一ニ。第一ノ句ハ妙法ノ血脈。第二ハ蓮華ノ血脈。第三ハ經ノ血脈ナリ。此三句卽チ法華首題ノ名字也。能能納テニ心府（府㋩腑）ニ不レ可レ出（出㋩ナシ）ニ口外一ニ

私云。上古ハ三句ノ血脈ハ。一通（一通㋩ナシ）ヲ聖教一帖ニシテ。題號ヲハ性宗血脈ノ口傳ト書ケリ。此義（義㋩趣）相承ノ目錄ニ見タリ。「然ルニ（「」㋩雖レ然何次第此ノ内ニ書入）予如レ此聖教一帖ニ誌レ之（爲ニ一帖一也。先聖ハ何モ少シテ爲ニ一帖一云云）。本ヲ見合閒。任レ本模レ之。後覽ノ人ハ。往昔如ニ相承一聖教二帖ニ書レ之可レ持レ之トヘリ」（㋺本は屛裏書）

（以上23行㋺㋩挿入）

3〔一心三觀傳　慈惠〕

三。慈惠大師所ニ書賜（賜㋺給）一血脈者。一心三觀傳是也

（傳全一、三五。顯戒論）菩薩圓戒授ニ於至心（信カ）一

師云（云㋩曰）。圓戒者。圓頓戒也。至心ト者。授クトニ至誠心一ニ云事也。

大唐貞元十九年歟。於臨海縣龍興寺西庇極樂淨土院ノ方丈ニ。當テ二月二日初夜ノ二更ニ授ニ此戒ヲ也。圓戒ト者。證ヲ得無作三身ヲ上ノ妙用ノ威儀也

就此一心ニ有元初之一念・根塵相對之兩種

師云。此一心ト者。一心三觀ノ一心也。然ルニ有元初・根塵ノ二ノ者。圓頓行者妙解成滿ノ後。値テ二境ニ失ニ解了ヲ。立返テ凡心ニ有淺深。若シ一念微細ニ起ル時ニ覺悟シテ之ヲ。所ノ起ス微念ヲ卽チ三諦ト照ヲハ觀ストニ元初ノ一念ヲ云也。若シ微念ノ起ル時ニ卽チ不シテ覺悟セ出テテ麁迷ニ後。麁念ノ迷心ヲ照スヲハ三諦ト觀ストニ根塵相對ノ一心ヲ云也。今所レ云兩種ハ。爲ノ一心三觀カ所治ノ心也。意ハ此一心三觀ノ所治ニ有ト二樣云事也。凡ソ此ノ兩種ヲハ耽リ下障ニ中道ヲ「微細ノ無明上ニ。復耽ル現行」麁欲ノ無明ニノ釋ニテ可レ得レ意也。此ノ釋ハ。進テ名字觀行ニ起スト二ノ無明ヲ云也。故ニ尤モ一心三觀ノ所治ニ可レ有レ二ツ也。然ルニ有ル人。元初ハ住上ノ所觀。根塵ハ住前ノ所觀ト云ヘル事ハ僻事也。報塵ト者根塵也。報ノ字ハ定仙先德ノ書キ謬リ也。有レ恐レ故ニ不レ改レ之也。能能可レ思ヲ擇之ヲ

又云。一心三觀智。一行一切行

師曰。傳敎法華長講ノ文也。本文ニハ一心三諦境。一心三觀智ト有ル也。今不ニ引副ヘ事ハ。或ハ所覽ノ本ニ無キ歟。又後ノ人書落タル歟。又引ク智ノ一心三觀ヲ上ハ境可レ有條勿論ノ故ニ。不シテ煩ク文ヲ略レ之歟。凡ソ四三昧ノ行儀雖トモ異。四行皆一心三觀也。一心三觀ヲ觀スレハ四行皆被レ修セ也。故ニ云フ恆修四三昧ト也

就境界ニ令レ觀ニ一心三諦ヲ

師曰。付境ニ一心三觀「二義有レ之。」一義ハ如レ上。一義云。名字觀行ノ間ハ依テ境界ノ催スニ修觀スル故ニ名ニ境ノ一心三觀ト云。此ノ一義符ヲ合ス今文ニ。但今ノ文ヲモ如ク上ノ來レ得レ意無レ失也。又如ニ今ノ義ノ得レ意不レ苦歟。能能可レ思レ之

境智本來不二

師曰。此ハ互ニ住前住上ニ釋スル境智不二ノ修行ヲ釋也。無動寺ノ不動夢中ニ告テ檀那ニ云ク。境本來ナレハ智亦本來ナリ境智不二也。若欲レ修ニ一心三觀ヲ者。當處守ヲ護境智ヲ云云

都率僧都云。天台卽身成佛ハ在ニ境智不二ノ心源ニ云云

故約ニ修行一者。是謂三諦。論ニ性德一者。卽三身

師曰。迹門修行ノ時ハ。境智不二三諦也。本門性德ノ事ハ本覺ノ前ニハ。境智不二ノ無作三身也 云云

寶塔品疏釋ニ本覺無作三身一

師曰。門跡ニハ一心三觀ハ自ニ安樂行品一事起テ。至テ觀音品一ニ入眼ス。第三安樂行ノ下ニ云ニ一心安樂行一 云云 安トハ者中。樂トハ假。行トハ空也。以ニ衣座室ノ三ヲ一釋ニ安樂行ノ三字ヲ一。（大正藏九、三八下）況ンヤ身ハ中。口ハ假。意ハ空也。觀音品云。（大正藏九、五八上）眞觀淸淨觀 中 廣大智惠觀 空 悲觀及慈觀 假 也。次ニ無作三身者。寶塔品ニ表示シテ至テ久成品一ニ入眼ス。多寶ハ法身。釋迦ハ報身。分身ハ應身也。壽量品云。（大正藏九、四二中）出釋氏宮 應身 成佛已來 報身 如來如實知見 法身（同前）（同、四二下）此品ニハ攝シテ三土ノ迹ヲ歸スト寂光ノ本ニ說カ故ニ應報法ト說也

依レ經修レ觀與ニ法身一相應

師曰。妙法ト者。諸佛全身舍利ナルカ故ニ名ニ法身ト。行者修觀ノ妙智ハ報身。所ノレ云音聲ハ應身。經ト與ニ行者一和合スル者境智冥合也。爾レ者。經ト者多寶普賢。行者心品ハ釋迦文殊。所出ノ音聲ハ十方分身彌勒大士是也

能持ニ此經一卽是供ニ養三佛一

師曰。妙經者何物ソ乎。迹門十四品ニハ說ニ三諦ノ妙理一。本門十四品ハ詮ス三身ノ義理ヲ。然ルニ二佛分身ハ。三諦三身全體也。故ニ持ニ此經一者。能ク持ツナリ三佛ヲ。能ク持ハ三佛ヲ持ニ自身ノ三佛ヲ也。如何カ我等カ三佛ナル乎。謂ク無始ノ色質者多寶。心法ハ釋迦。起用ハ分身也。以ニ此色心用ノ三ヲ約ニ修行ニ者。名ニ三諦ニ。約ニ性德ニ者。號ニ三身ト也。

行者ノ身ニ本來性德妙法蓮華具レ之。修ニ顯三佛一是故無作三身也

師曰。如何カ行者ノ身ニ本來具ル妙法蓮華一乎。謂ク妙法ト者。我等無始已來ノ生死色心也。又蓮華卽然也。華ハ色。蓮ハ心法也。此ハ譬喩ノ蓮華也。自レ本以ニ我等色心ヲ名ニ蓮華ト。鳩尾ノ下巨穴ノ上ニ有リ八分ノ肉團一。此卽チ最初伽羅監ノ形色也。其ノ形如ニ圓鏡ノ。筋脈相分テ如ニ蓮華ノ。此ノ肉團ハ我等色心和合ノ始。境智冥合ノ源也。此等ノ妙法ハ不レ値リシハ知識經卷ニ昔ヨリ具シテレ之。本來不可思議也。以レ此名ニ無作ト。非ニ

天人修羅造作。非佛菩薩所作。無誰造作故名無作也可思之今奉値妙經顯自身本來三身。此即無作三身也。或文云。凡人胸間有伽利陀心。體有八分。男仰女覆。以爲妙法蓮華經也云云伽利陀心者。八分肉團也。此肉團色心和合。境智冥合。本覺如來也。即第九識。理智清淨。全體寂照。法體妙法根源。寂光本土。理智兩佛本源也。然以此妙旨合多寶塔。五尺身相多寶塔也。水輪所住二佛。巨闕上所和合八分也色心也。色多寶。心釋迦也。多寶出現後。釋迦合彼事者。父母精血前落後。我心託之深「旨也。胎內胎外。所施分分妙用。皆自彼八分「根」源出生。出生妙用。十方分身也。今寶塔品意。攝妙用歸體。轉九界入佛界。不變眞如故。召集十方分身也。盡還集一處（大正藏九、三二下二五行）文還字思之。自色心本源出生恒沙用還歸本源相也。若准密教意。寶塔品八葉九尊成道也。中央所耀寶塔中臺也。中所住二佛兩部大日也。坐一床者。二部冥合相也。所坐蓮華。八方八葉。八方羅列諸佛八葉諸尊也。又多寶塔五大也。二佛理智不二識大也。凡六大法性宛然也。寂光何隔境界乎。若三輪意者。塔婆無始流轉形。二佛無始生死體也。多寶無始已來死。釋迦生生世世生也。二佛住一床者。表不生不滅大般涅槃也。釋迦並多寶者。表不生生。多寶並釋迦者。表不滅滅。即生滅故。多寶並釋迦。即滅生故。釋迦並多寶者也。即滅生故生不生也。即生滅故滅不滅也。即生死不生不滅。故二佛住兩處者。流轉生死昔相。兩佛住一塔者。證得涅槃今形也。生死浮沈之境只在之。凡上來諸義。煩惱即菩提。生死即涅槃相如白日。爾者。疑網盡斷破。即身登妙覺閣臺者歟

本門之師三身者。直弟子所具三身是也（大正藏四六、七八一上。金剛錍）

師曰。此十方諸佛歸凡夫一念相也。毘盧身土不越凡下一念即此也

六凡四聖併三佛所具ノ無作ノ九界ナリ

師云。是十方三世ノ生界歸ルニ佛界ニ相也。阿鼻ノ依正處極聖自心形也。四聖者。言惣意別也。四聖中ニ取ニ三聖ヲ一也。故ニ云ニ所具ノ無作九界ト一也

故弟子增進之益深意在レ之

師曰。佛界歸ニ九界ニ一故ニ十方ノ諸佛住ニ生死海ニ一。三世不斷ニ下リ二九界ニ趣ニク佛界ニ一。「趣ニ佛界ニ一」故ニ我レ同ニ佛知見ニ一。三世不斷「上故同ニ」師ノ無作ノ顯本ニ一。弟子ノ得益寄テニ釋尊顯本ニ一。顯ニ十界本地難思ノ境智ヲ一。故ニ人天修羅ハ預リ二其益ニ一。「菩薩菩薩」悉ク得ルニ法身ノ記別ヲ一者也

今三觀機。何可レ隔ニ境界ニ一乎

師曰。上來九界ハ歸レ佛。佛歸レハ生ニ卽チ一念三千ノ妙法也。三千雖ニ廣博ナリト一。全ク一箇ノ色心。一箇ノ境智也。今住ルニ境智不二ノ妙觀ニ一人。何ノ境界カ隔ン二彼三千妙觀ニ一乎

卽身成佛ニ求ニ何行ヲカ一

師曰。卽身成佛ノ妙行ノ根本ハ。只在リニ此境智不二ノ三觀ニ一。若離ニ三觀ニ一別ニ有ニ卽身成佛ノ方軌一者。無レ有ニ是ノ處一リ。依レ之山王院授決集云。莫レ謂コト下煩ク「修シテニ萬行ヲ一證セント中無上佛果ヲ上。我一心三觀。融ニ通萬品ニ一皆爲ニ一心ニ一。心與レ性合シテ更無ニ分別ニ一」卽是眞如ナレハナリ云

境旣無量無邊〔常住不滅。〕智亦如レ是

師曰。三千三諦妙境有レ之。故三千三觀妙智可レ有レ之者也。故云ニ境〔旣〕無量智亦如是ト一也

予先年之比。詣テニ慈林寺ノ御堂ニ一。奉レ訪ニ卽身成佛肝要ニ一。藥師如來現ニシ僧形ニ一。以テニ左右手ヲ一開ニ兩方扉ヲ一。誦シテ曰ク。卽身成佛方軌ト者。境旣無量無邊。智亦如レ是也ト唱テ如レ本又入リ給。「夢中乍レ云」不思議ニ覺ユル事也

心觀明了理惠相應

師曰。心ト者。一心也。觀ト者。三觀也。明了ト者。一心三觀ノ德也。理惠相應ト者。境智不二ノ一言ノ妙旨也

4〔一心三觀記 覺運〕

四。檀那血脈者。一心三觀記是也

(天止一、三四三。止觀)**以二無縁智一縁二無相境一**

師曰。止一云。常境無相。「常智無縁。以二無縁智一縁二無相境。無相之境相二無縁之智一。智境冥一」〔而言二境智一〕。故名二無作一也 文

前念爲レ境。後念爲レ智

師曰。智ハ境之德。境ハ智之德。故ニ前念爲レ境ノ處ニモ有レ智。此ハ境ヵ家ノ智ニテ。境ノ一心三觀也。〔後念爲智ノ處ニモ有レ境。此又智ヵ家ノ境智。智ノ一心三觀也。〕全ニ前念ノ境ニ後念ノ智不レ動。後念ノ智卽チ前念ノ境也。故ニ前念ハ境ノ一心三觀。後念ハ智ノ一心三觀ナリ。前念ニモ境智。後念ニモ境智也。以ニ前念境智ヲ爲ニ所觀一ト。以ニ後念境智ヲ爲ニ能觀一ト。若シ前念ニ無クハ智者。後念ヲ不レ可レ起。後念ニ無クハ境者。前念ヲ不レ可レ照。甚深ノ事也。能能思ニ擇之一

慈覺三觀者。爲レ令レ持ニ行者心一。傳教三觀者。爲レ令レ得ニ法體一。修觀與ニ法體一互不レ可レ違

師曰。一義云。慈覺ノ三觀ハ智ノ一心三觀。傳教ノ三觀ハ境ノ一心三觀也。一義曰。不レ爾。師弟共ニ存ニ二種ノ三觀ヲ給也。然ニ傳教ノ御相傳ハ。且ク約ニ法門大ナル道理ニ論ニ境智法體ヲ。慈覺ハ令ニ彼ノ法體ノ境智ヲ行者ノ心ニ令ニムト住持セ云事也

聞ニ此一言ニ達ニ是一現。應レシ名レ居ニトス寂光土一

師云。聞ニ能觀一名ニ一言。見ニ所觀ノ法體一名ニ一現。安ニ住境智妙法一卽居ニ寂光土一本意也。我等ヵ色心ヲ不シテレ動。全ク自性天然ノ寂光也。「寂光ノ一言能能染ルニ心中ニ。一切國土依正卽チ是常寂光也。國土動靜寂光也。」色心ノ二法卽チ寂光也。正報不レ出ニ色心一。色心卽チ境智ノ寂光也

若境若智同在理心。智既是心。境亦是心 云云

師云。已上二箇之文一心之中ノ境智也。當ルニ慈覺ノ一心三觀ニ。理心トハ者。全文ニハ一心也。一心卽理心也。故ニ以レ義ヲ書ニ理心一ト也

已上四箇血脈ハ。互ニルニ一心三觀無作三身ニ。一心三觀ハ。迹門ノ一念ノ成佛ノ法也。令ニ衆生ヲ惣シテ付ニ涅槃ノ眞際ニ別シテ非ニスニ苦勞シテ修行一。故ニ云ニ劫劫モ不レ勞。刹那ニ住ニ究竟ノ本位ニ。無作三身ハ本門本來成佛ノ法也。出ニ過シテ轉迷開悟ノ談ヲ。直ニ入ニ性德圓滿海ニ也。自レ聞外ニ無ニ修行一事本覺ノ

重也。雖ニ本門ト第二第三重ハ。可レ論ニ修行一者也。凡ソ約シテニ時代次第ノ列様如ニ上來一。若シ出サンニ血脈ヲ時ハ。五箇ノ中ニハ先可レ出ニ三句ヲ一者也

5〔鏡像圓融口決〕

五。鏡像圓融ノ血脈者。此又顯ニ二箇ノ大事一深義也。此ノ血脈ハ雖ニ檀那ノ御筆ナリト一。實事ハ故豎者筆歟

師曰。鏡像圓融ノ譬ト者。自宗獨リ不レ取レ之。大唐ノ法藏法師以ニ十面鏡一懸ニ十方一。影ト與レ影互ニ相ヒ移シテ。事事圓融ノ法性奉レ授ニ則天皇后ニ一。皇后依レ之立處ニ覆ス性ニ云云。或ハ又造ニ八角ノ燈爐一八角ニ懸ニ明鏡一中ニ立ニ燈火一。燈火移テ八面ニ一。彼此ノ影互ニ相ヒ移テ。毎レ鏡重重無盡。影ト火ト宛然也。以レ此知ル一心ニ具ニ萬法ヲ一云云「都率僧都曰ク。」密室ノ道場ノ東西ニ懸ケ兩面圓鏡一。中ニ懸ニ本尊一立ニ燈火一。行者ヲシテ令レ安ニ住中ニ一。然シテ後ニ見レハ之者。一一ノ鏡ニ行者本尊燈火宛然也。此上ニ東ハ移リ西ニ西ハ移リ東ニ。互ニ相浮テ重重無盡也。

行者ハ九界。本尊ハ佛界。鏡ハ一心也。燈火ハ依報也。以レ之知ヌ介爾ノ心ニ具ニ三千ヲ一事更ニ無レ疑者歟。凡ソ兩面一燈ト傳フル也。或ハ又傳教渡唐之日。道邃和尚ニ白銀圓形ノ覽鏡一面ヲ授タマヘリ最澄ニ一。御首ヲ並ニ傳教ニ師弟ノ御影ヲ件ノ鏡ニ移給フ。其ノ時御影于レ今不レ失給ハ。宛然トシテ御座ス。彼ノ鏡ハ山上ノ重寶ニシテ。納ニ御經藏ニ一云云今ノ傳ニ云。鏡モ事法也。影モ又事法也。事法ニ浮テ事法ヲ法性難思ノ妙法也。事事圓融シテ更ニ無レ疑。此ノ外ニ無レ法純一實相也。何ゾ「隔ニ鏡影ヲ一」別シテ求ニ實相ヲ一乎。加レ之。大梵ノ因陀幢ニハ顯ス三千界依報正報ヲ一。帝釋ノ鏡ニハ現ス大虛像ヲ一。一尺ノ鑑ニハ浮ニ五百丈色像ヲ一。寸面ニ移ニ尺ノ龍顏ヲ一。方丈ノ室ニ入ニ無數億千ノ凡聖ヲ一。一滴ノ水。草葉ノ露ニ。宿シ五十由旬ノ日月ヲ一。半日ニ經ニ五十小劫ヲ一。一時ニ滿ニ百歲ヲ一。一菩薩處安ニ置スル衆多ノ佛剎等ヲ一。皆是法性圓融ノ當體也。若離ニ此等ヲ一別ニ有リト互具ノ法一云者謬リ甚キ也。互具ノ妙法ハ眼前也。日夜ニ雖レ見レ之。不シテ知ニ是ノ深法ヲ一。徒ニ設テ疲勞ヲ一求ハ法性ヲ一大僻見ノ人也。既ニ諸法實相也。何疑ン此等ノ法ノ互具圓融ノ當體ナルコトヲト云事。若シ住スルニ

此道理ニ人者。向テ澄メル水ニ見ニ互具一ト。見テ瓔珞ヲ住スル相卽ノ妙法ニ者也。凡ソ無作三身・一心三觀。離テ我等色心「依正ヲ外ニ」全ク無レ之故ニ。相卽互具ノ妙法ハ。鏡像ノ圓融ノ意也。此ヲ譬喩ト云者。返返ス背ニ圓宗一ニ。凡ソ當體ノ鏡像圓融也。如レ此「得レハ意者。」譬ノ外ニ無レ法。故ニ知ヌ。世間ノ花菓蓮華。又全分當體ノ蓮華也。凡ソ己カ道疎略ニシテ疑フ法性ノ妙理一。三千ノ義理ヲ能能心地ニ不レ浮故也。依報正報皆妙法。皆寂光也。聞テ此等ノ法ヲ何ソ起ン疑念ヲ乎。若爾者。不レ待ニ十面八面兩面一燈祕決ヲ一。直ニ向テ一面ニ授ニ互具當體ヲ一。彼ノ譬喩卽當體ト云事。非ンハ口決ニ者難レ知リ。仍テ師資相承深有ニ所以一者也

（以下6行㋩なし）
凡ソ上來五箇血脈感ニ得之一事ハ。自レ非ニ宿殖甚厚一ニ者。實以難レ得。本寺本山ノ明僧尚以不レ聞ニ其名一。況於テ田舍邊。然ニ乍レ居ニ「邊鄙境ニ」」膚ニ受レ之事。豈非ニ無始曠劫ノ善苗ニ哉。仰願ハ靈山海會無數聖衆伏シテ乞。妙法鎮守山王七社。「殊北谷守護赤山明神。於ニ此等法一增ニ威光一。及末代末世利益盛者也」

（以上6行㋩なし）

（以下對校㋺本奥書）
南無山王七社知見納受

以上檀那嫡嫡相承脈符。以ニ深奥口傳一所レ載ニ紙面一也。不レ可レ處ニ聊爾一云云

御本云　應永三十三年（一四二六）甲辰（丙午カ）極月十三日

御本云　文安二年（一四四五）乙丑　六月八日

（以上對校㋺本奥書）

御（御㋑㋩舊）本云
于レ時嘉元第二暦六月一日。「於ニ武州慈林寺一」傳レ之。同四年（一三〇四）至ニ二月二日一清書了。先德雖レ禁ニ筆跡一粗鑒明所レ錄レ之也

（以下對校㋩本奥書）
御本云　應永三十三年（一四二六）丙午　極月十三日

御本云　文安二年（一四四五）乙丑　六月八日畢

（以上對校㋩本奥書）

師曰。代代相傳云。三周聲聞在ニ迹門一ニ諦觀相應修行也。入ニ本門ニ住ニ佛相觀一ニ。得ニ增道損生益一ヲ。然ニ本門ヲ自レ聞外ニ無ニ修行一。有ニ何故一論ニ佛相觀增道益一乎。此ヲ云ニ本門ニ有ニ住迹顯本・住本顯本二一。然ニ諸聲聞聞ニ住本顯本。

本地難思境智一。立二返住迹顯本ノ迹一二修行スル也。凡ソ佛ハ趣二應化ノ大段一二。正クハ顯二住迹顯本ヲ一底ニハ詮二住本顯本ノ深旨一。所化ハ聞テ二玄旨ノ住本顯本ノ境智ヲ一。立二還テ諸ノ大旨一二〔令二修行二〕者也。若約二滅後一二者。不レ聞二本地三身ヲ一聞二迹ノ十如ヲ一。修行人假令有ハレ之者。此人又諦觀也。若聞二本門ノ三身ヲ一令二修行一者。又如二增道損生ノ一立二返住迹ノ分一二可レ修二佛相觀ヲ一也。能能可レ思二擇之一。自リレ聞外ニ無二トレ修行一云者。住本顯本ノ重事。本覺無作三身圓滿ノ重也 云云

「天台玄旨血脈見聞」

「私云。已上五箇脈符之見聞」

(以下對校㋺㋩本)
御本云 文保丁巳（一三一七）仲冬「二九之金烏。」於二下總州船橋安養寺坊中一令二書寫一畢。「隨喜泪餘袂者哉」
(以下6行㋩なし)
御本云 永正十二（二カ）年乙亥（一五一五）極月十四日。於二下總國大須賀保內奈土昌福寺一蒙二法印傳祐悲愍一寫レ之畢
天文二年（一五三三）癸巳夷則（七月）二十二日。於二下總州香取郡木內庄田部鄉西雲寺一蒙二法印俊覺御悲愍一寫レ之畢
求法長泉
爲レ得レ意私入
(以上6行㋩なし)
內證相承血脈云。常寂光土第一義諦。靈山淨土久遠實成。多寶塔中大牟尼尊 文 內證相承血脈ト云ハ。根本大師御歸朝ノ後。四宗ノ血脈ヲ記シテ桓武天王叡覽二被レタル備御釋也。其ノ四宗ト「云ハ天台・眞言・禪・律ノ四箇ノ血脈也。」其ノ中ノ天台宗ノ元祖ヲ出ス時。常寂光土 ○ 大牟尼尊ト書タル也。是ハ依二一經一論ノ文一二書ク也。常寂光土ト云テサテ末ニ大牟尼尊ト云ハ普賢經ノ文也。釋迦牟尼「佛名二毘盧遮那〔遍一切處〕一。其佛住處名二常」寂光一ト云文（大正藏九、三九二下）也。第一義諦 ○ 實成ト云ハ依二ル法花論ノ文一二也。彼ハ常在靈山我淨

土不毀ノ文ヲ釋ス時。報佛如來眞實淨土。第一義諦之所攝故 文(大正藏二六、九下。法華論)
付レ夫此ノ一段ノ文ヲ三身ト習也。先常寂光土第一義諦ト云ハ法身也。三諦ノ中ニハ中道也。其名レ土者一法二義ト釋シテ。(大正藏三八、五六五上。維摩略疏)法身ト寂光ハ身土不二ニシテ一體也。故ニ寂光ヲ出ス處カ卽チ法身也。サテ(サテ㋩偖)靈山淨土久遠實成ト云ハ。自受用報身也。壽量品(品㋩ナシ)ノ敎主ハ。久遠ノ自受用也。三諦ノ時ハ空諦也。(「㋩者)サテ(サテ㋩偖)大牟尼尊ト云ハ。應身假諦也。心(心㋩意)ハ天台宗流傳(傳㋩性)ノ源ト云ハ。三身卽一ノ久遠實成ノ佛果ト云事也 云云(云云㋩本云) 聖敎ノ中ヨリ見ニ出「之」卽書ニ出之ニ」(「」㋩故ニ爲ニ心得ニ私ニ書レ之也) 云云

「權大僧都俊覺(華押)」(「」㋩ナシ)

(以上對校㋺㋩本)

(以下對校㋩本追記奧書)

本云 萬治第二曆(一六五九)中夏下旬初日書二寫之一

山門西塔北谷榮泉院天政

以二天政雅僧所持本一於二播陽斑鳩寺佛性院學窓一遂二寫功一了

寛文元(一六六一)辛丑歲十二月十六日

沙門寂阿

(底　本)身延文庫藏、『北谷祕典』合ノ一、「血脈祕傳抄 惠光院」日意本

(對校本)㋑＝身延文庫藏、『北谷祕典』合ノ一、「血脈祕傳抄 惠光院」日朝本

㋺＝日光天海藏、「血脈祕傳鈔」天文二年(一五三三)長泉書寫奧書一冊本

㋩＝叡山文庫戒光院藏、「玄旨祕傳鈔」寛文元年(一六六一)寂阿書寫奧書一冊本

〔一、北谷祕典　一心三觀血脈祕傳鈔　終〕

二、北谷祕典　五箇〔條〕

北三十六帖內

1 一 妙解上修行皆化他事
2 一心三觀事
3 三土說法華事
4 二 鏡像圓融三諦
5 三 天台宗難論義違文會通口傳
6 四 圓融三諦口決 幷複疎
7 一心三諦與ニ三觀一心一同異事
8 五 不動三摩地一心三觀
（既存目次改訂）

1 一 妙解上（イ无）修行皆化他事

口傳云。妙解者。不起本法。不起本法者。皆是大乘俱緣實相ノ修行ナリ。妙行者。恆修四三昧ノ行。鎭ニ解ノ位ニ元付テ作手有處也。是ハ解行一致ノ意也。必須心觀明了理惠相應。（天止一、三七六。止觀）

又云。我身ハ是元來ノ佛。本有ノ覺體ト。名字ニ解深立澄ヌレハ。佛果菩提トモ別ニ無レ之。當體卽理。更無所依ト。（天玄一、五一七。玄義）名字ニ解立シテ一一ノ當體皆是眞諦。又於名字中通達解了。信心領納ノ上ハ。（天止一、三七四。止觀）無ニ可レ欣之處一。無ニ可レ厭之處一。然閒タ於ニ我身ニ心卽佛ト解立スル上ハ。此心ハ無ニ改轉一。故ニ任レ心ニ不レ進不レ退。無思無念。作手居處也。如ナルレ此處ニ發スルニ貪瞋癡心一。皆是化他。我三毒俱ニ佛法ト解スル他ハ。皆墮ニ隔別ノ情一ニ。偏ニ墜ス留テニ其物一ニ成レ著之閒。是ハ片落タル衆生也。所詮。執心ヲ作與ニ不作一不同。無ニ子細私一モ法體也。中道トモ。俗諦常住トモ。前代未聞止觀トモ。此等法門皆一也云云 如レ此一切皆佛ナルヲ。（大正藏三七、二〇九上。觀經妙宗鈔）毫釐（鼇カ）差異有レ之皆邪見。以情分別一切皆邪（離カ）。無情分別一切皆正可レ思レ之。所詮。本門果海法爾トシテ邪正有レ之。（天玄四、三六〇。釋籤）法爾ノ捨邪歸正有レ之。法爾ノ理リニ有ニ此德一。故ニ云テニ物理本來性具權實。無始薰習或實或權。（實イ權　權イ實）鎭ニ上リ鎭ニ下ル。是體內ノ權實上從ニ諸佛一下至ニ螻蟻蚊虻（虻イ无）等一ニ皆各有レ諺。此ヲ迷者カ見ノ時ハ。有ニ隔別ノ情一暗シニ萬法融通之旨一ニ。覺者カ見ノ時ハ。一心自在萬法無失ナレハ。法界融通シ恆修ニ四三昧一也。（大正藏七五、）其菩

（三七六下。敎時義）薩界常修常證無始無終。自受用（有報カ）身常滿常顯無始無終文

「此等甚深ノ大事云云」（「」㋑ナシ）

2　一心三觀事

口傳云。付テ二一心三觀一雖二重重子細有一レ之。先云ハ二天台宗ト一。天台ノ御用心己證可レ沙二-汰之一。不ハレ爾可レ云二惠文宗トモ一又南岳宗トモ一。然ハ天台宗者唯一心三觀ナリ。傳敎大師遇二道邃和尚一相承之時。傳二一心三觀傳於一言一。付レ之異義雖レ有レ之。正相傳ノ義。造境卽中是ヲ習二中道ノ一言一ト也。其故ハ天台己證者開章止觀。開章止觀者。圓頓者。初縁二實相一造レ境卽中。無レ不二眞實一。繫二縁法界一一二念法界一。一色一香無レ非二中道一矣（天止一、九五～六）妙樂受二此中道一。中道卽法界。法界卽止觀。止觀不二。境智冥（㊄體イ）一矣（同、九六。弘決）此初二。止觀明靜。前代未聞矣（同、二〇～一。止觀）止觀者所聞ノ體。明靜者用。所以二所聞ノ體ト者止觀。止觀者中道ナル故二。正一心三觀體ト者。中道卽止觀也。此ヲ云ヒ二此之止觀一（同、六〇）。天台智者說己心中所行法門トモ一。云二天眞獨朗トモ一（同、三〇）。此宗大事爰本二治定シ畢ヌ。而二一心三觀者。初住已上二境智一體ノ處二可シト二建立一云云故二初從二此佛菩薩一結縁。還於二此佛菩薩一成就（熟カ）ト云テ（天文五、二一五一下。文句記）。可レ隨二下種モ初住已上二此分モ可レ有レ之。然而當流ニハ。從二觀行卽一可レ建二-立一心三觀一也。此一心三觀ノ手本也。依レ之玄文ニハ（天止三、三五一。止觀取意カ）。聖師難レ得故二以二凡師一爲レ聖矣（二カ）云モ二巧安止觀五百一十四番ノ安心一ト（天止三、三八三。取意）。凡師依二通相一也。所詮。一心三觀者。以二初隨喜品十乘一爲二手本一ト故二。當流ニハ以二五品不退一是依レ他不レ退也。住トハ二造境卽中ノ處二如レ云二一微塵具十方分一ト（天止三、二〇六。止觀）。每レ向二萬境一二無レ非二中道觀一二。萬事無二子細一左手有處也。仍テ唱モ二念佛一ヲ不二相違一。識經モ不レ違也。云下天台從二南岳一相傳給（給㊄タマフ）様ヲ上。當レ知。南岳唯授二天台圓頓之理一。約レ行須下以二漸不定一助上矣（天止一、九一。弘決）天台ノ相承旣圓頓之理。圓頓之理者卽中道。中道者卽一心三觀也。不レ堪二此觀一時。助行二用二漸次・不定一。次第禪（「漸次者カ）門。不定者六妙門也。止觀者圓頓止觀。如レ此行人始終ノ十章正觀十法無レ非二止觀一。體悉明靜也。云ハ二止觀一部一ト只一心三觀也。如レ此得レ意上ハ萬善萬行ナル故二聊モ無二相違一。止觀ノ一部ハ以二此意一可レ見レ之。止觀第五正觀章者。宣二

此意一也。開章以前ニ云二ハ止觀明靜一ト只釋レ之粧也

3　三土從（從㋑說）法華事（「土說カ）

義云。先ツ同居法華者。六道ノ凡心皆傾ニ法塵一（「㋑有ノ）ニ。衆生ヲ鹿苑ニ說レケハ空ト。所化ノ機ハ取ニ但空ノ證一ヲ。方便土說法華者。於ニ般若ニ說ニ諸法皆空ノ義一ヲ成ニ冥成別人一ニ。一分萌ニ中道妙理一ヲ。方便土ハ是寂光ノ因分。菩薩所居土也。方等ハ彈呵教。二乘同學シテ被ニ彈呵一內機被レ云ニ蜜（蜜㋑密）成通人一也。法華ハ開ニ會スル三乘ヲ一佛乘一ト。是ハ空假ノ二法ヲ中道ニ開會スル貌也。法華ハ中道ナル故也。是ハ寂光土ノ說。唯佛與佛ノ所居也。記（「㋑九（天文五、二二四三上））云。法定不レ說。報通ニ二義一。應化定說。若其相卽俱說俱不レ說矣山王院云。法定不說報通二義應化定說者。別教意也。若其相卽俱說俱不說者。圓教意也矣淨名疏（大正藏三八、五六六下。維摩略疏）云。法身無緣（無カ）冥資ニ一切一。不說而說（「是カ）卽法身說法矣

4　二　鏡像圓融三諦（傳全二、二六六。守護章取意）

尋云。鏡像圓融三諦者。非ニ口決一者難レ知。資師相承誠

有ニ所以一哉矣口決者如何

仰云。鏡像圓融譬者。諸經論ニ說レ之。大論ニ擧ニタリ兩面鏡譬一。華嚴ニハ擧ニ十面譬一顯ニ無盡燈ノ義一ヲ。是レ相卽互具義。十面者。燈燈（燈カ）爐ヲ造ニ十角一ニ。每ニ其角一各各ニ置レ鏡十面也。燈（大正藏三二、五七六下參照）爐ノ中ニ樞レセハ火面面ノ鏡移（寫カ）ル故ニ。互具相卽ノ義分明也。起信論ニ擧ニタリ四種大鏡一ヲ。唯識論ニ擧ニタリ鏡喩一ヲ。非一非異名ニ阿梨耶識一矣此等皆異。一家所立ノ鏡像ノ譬ハ。是ヲ非ニ口決一者難レト知云也。其口決者。鏡中ニ像ヲ移（寫カ）*ニハ非。鏡ノ我ト像ヲ持タルニ喩也。像ヲ持タルト（「㋑我ト）者。每レ鏡移*テ見レハ之。樣樣ノ像ヲ移*ス鏡不同也。善物ヲ移*ス鏡ヲハ祕藏シテ持レ之。惡物移*ヲハ人忘テレ之不レ持也。各各ニ我ト持タル像鏡ニ譬ル事ハ。十界三千ノ萬法法體。法體宛然トシテ寂靜不ニ片落一。一心體ニシテ有ルカ。十界ノ體ヨリ緣起シテ。十界ノ像有レ之。萬德圓備シテ不ニシテ片落セ一寂靜ナレハ。無レ可レ受レ生モ。故不生不滅也。爰ニ生死流轉直（直㋑止）也。十界ノ心心片落シテ。偏强ニ起ル十界緣起トモ云フ。如ナルレ是時。起獄（㋑地歟）心偏强ナレハ。生ニ地獄一ヲ。餘界准レ之可レ知。是地獄心ト云ヘルモ天心ト云モ。元來心ノ體分ノ萬德ニシテ。是ヨリ緣起スル法也。是レ鏡已

像持也。是レ圓融至極法門ニテ有レ之也。如レ是談スルヲ云ニ俗諦常住一トモ。持ニ元品無明一ヲ給也。黒（イ墨）白分別ハ是也。是ヲ云ニ無沒無起無明一ト。無沒無起者。不レ立ニ道理一ヲ有任ニ分別スル也。是ヲ云ニ元初一念一トハ也。初一念心異ニ木石一（大正藏八、八二八下。仁王經）是也。如レ是分別スル見（識カ）カ起リヌ。第三念已去ニ付テ道理偏强ニ起レリ。是ヲ云ニ執情一ト。約シテニ人年一ニ論レハ之。七才已後若十五已後ノ見ヲ云ニ執情一ト。如レ是執情分別ノ第九識ノ「（「」イ无）體分ノ法界。圓備スル法界體性。一念三千ノ」體分ノ上ノ用タルカ故ニ。少シモ體用不ニ相離一セ。云レモ體トモ云レ用ト。十界各各ノ體分ノ上ニ面面ノ用有レ之。是ヲ五大院自迷自起ノ法門トモ云也。無レ樣モ一念三千ノ觀也。只心是一切法。一切法是心ト者是也。（天止三、二九〇。止觀）打任タル鏡像ノ譬ハ。鏡移レ*像ヲ。大論ニ華嚴・唯識等ノ譬ハ。皆以レ鏡像ヲ移ス也。一家ノ鏡*像ノ譬ハ。非ニ普通ノ義一ニ。故云ニ非口決等。然唯識等非一非異等。界章ニ破シテレ之。一乘獨圓。動靜無礙。鏡像圓融喩。（傳全二、二六五〜六。取意）非ニ口決一者難レ知文是體分ノ十界カ緣起スレトモ緣起スルト。體分ニ教化スルト。不同ニテコソ有レトモ。只同シ物也。片落シテ緣起スルヲ引擧テ持ヲ。云ニ一念三千觀一ト。平等ニ同時ニ浮テ持ツヲ。高尚者高尙。卑劣者卑劣ト云レ之。法華平等大會（慧カ）ト者是也。鏡像圓融口決如レ此。傳教大師。於ニ唐土一從ニ道邃一口ニ決シ鏡像圓融三諦一時ハ。以ニ事鏡一ヲ移レ像御覽シテ相傳シ給（イタマ）ヘリ（イ御經藏有レ之）*

尋云。抑モ惠心ノ御釋ニ圓鏡云云　羅什奉レ授ニ鏡像法門一。寸鏡ニ移ス尺像ヲ云云*

尋云。別教性眞如ト者。其相不審。萬法ノ念ト云フモ無ニ形像一。其意可ニ其義門得レ意耶

仰云。此ハ能尋タリ。實敷（宜カ）ク大事ヲ請取ハ如レ此。性眞如觀者。唯識論ニ擧タリニ鏡像ノ喩一ヲ。云ニ非一非異一○等喩ニテ可レ得レ意也。其ノ喩ノ意ハ。鏡ノ中ニ浮フレ像ヲ。是鏡與トハレ像別法ナレトモ而又鏡中ニ浮カ故ニ又非ニ別ノ法。鏡ノ上ニ浮フル法ナル故ニ。云ニ非一非異等一。是ノ鏡ハ像ノ浮レトモ。全ク不レ被レ障レ像ニ。鏡ニ無ハレ疵無ニ障礙一モ鏡ニテ有レ之。此鏡ハ何モ無ク只明キラリト皎カル鏡也。取テニ此ノ鏡ノ方ヲ云ニ性眞如一ト。云ヘルハニ萬物ヲ生スト。鏡ノ中ニ浮フ處ノ像ト云ヘル物ハ。此眞如ノ理內ニ有ル委法。此委法ヨリ生ニ一切ノ法一ヲ。別教ノ眞如生スルハ一切法ヲ眞如ノ性本ヨリ無ニ別法一故ニ。不レ可レ出レ之。此眞如理內ニ有ル像ノ中ヨリ生スルニ一切法一ヲ。唯識論ニハ立ニ十種ノ眞如一ヲ。圓滿眞如不增不減眞如等此也。仍テ

似二タル眞如觀一故ニ以ノ外ニ下リタル物也

尋云。弘一（天止一、三二七）ニ。以レ事喩レ法皆是分喩。於レ中鏡喩其意最親矣解釋ハ。今ノ鏡ノ各各ニ像ヲ持タル義ニハ不レ可二相叶一歟如何。今ノ釋ノ意ハ。鏡ノ中ニ遍レ體（鏡是カ）二明。遍レ明是像ト釋スルカ故ニ。普通ノ鏡ト定聞タリ

仰云。是モ殊勝ニ尋タリ。普通ニ此定ニ料簡スル也。若此定ニ料簡スルハ。非一非異等云ヘル唯識所立ヲ一家所破ニ可レ同。仍テ可レ得レ意樣ハ。遍鏡是明。遍明是像矣（天止一、三二七。弘決）鏡ノ全體ハ明。明ノ全體ハ像ト云ハ。我像ヲ持タル鏡ナルカ故ニ云二遍明是像一ト。全ク移ルレ明ニ*鏡ト像トハ不レ可レ得レ意。鏡ノ全體ハ。明ニ鏡ノ像ニテ。我ト持タル像ト可シレ得レ意。文言少シモ不トモレ替。二ノ料簡ニテ有レ之。普通ノ料簡ナラハ。山家ノ大師ノ所破ニ可レ同。唯識論ノ非一非異等者。鏡像ニ全ク無二不同一乎（傳全一、三五。顯戒論）

問。一心三觀傳於一言矣意如何

仰云。境智一心三觀。但シ境智ト者。人ノ思ツル境智所緣ノ色聲等境界ニ有二三諦ノ理一。智者。能觀ノ智ニ觀二達レハ三觀一ヲ。境智ノ一心ト云也。其ヲハ境智宗ト破レ之。境智一言者。今所レ云。實心繫實境者。直達ノ觀是也。境者。本有不生三界萬境ノ本心也。智ト者。此本心ヲ其任ニ照見ス。三止三觀寂而常照ノ止觀也。境智倶絕・境智同體ノ相ヲ云二一言一ト也。此ノ一心ノ貌カ亡泯三千ノ形チ。雖亡而存ノ形。此等ノ貌チ歷歷トシテ不動不退ナルヲ名二中道一ト。是號二一心三觀一ト。而菩薩圓戒授於至心者。如レ此直二達スル一心三觀一ヲ上ニハ。三千ノ依正宛然トシテ於二心法一聊不二片落一。欲心瞋心等體體物物悉本有法然タル體ト直達スレハ。擧足下足併テ戒行也。仍テ三千ノ威儀・六萬ノ細行。一モ不レ破レ之。是ヲ云二圓頓戒一ト

普通廣釋（五大院釋）乘戒一體矣是時諸惡莫作等ノ義ハ成立ス。斥ハレ之迹門ノ意也。而ニ云コトハ二一心宗ト三觀ノ理ヲ委ク不シテレ云。三千一心ニ持タル計ソト云者。一心宗ト破レ之也

問。天台心ハ但爲レ斷二煩惱一ヲ。又云レ不レ斷口傳有レ之乎

義例云（云㋑ナシ）（大正藏四六、四五三上）。大師口決純爲二治病一。爲三復更有二餘心要一耶。答。諸皆治レ病。唯有二一偈（偈㋑傳）一。師常教誡言。實心繫二實境（實境㋑ナシ）一實緣次第生。實實（實實㋑實文）（注カ）迭相霔自然入二實理一（「云カ）釋（曰カ）云。心若繫レ境。境必繫レ心。心（心㋑ナシ）境相繫名（「〇カ）迭相霔（注カ）。卽是心霔（注カ）二於境一境霔（注カ）二於心一。

境境含相霆。（〔心心カ〕（念念カ）（注カ））如レ是次第刹那無レ間。自然從ニ於觀行相
似一入ニ分眞證一。（眞□カ）故云ニ入實一矣 是直行也。一家ノ己證也。天
台眞言甚深祕藏也。弘二云。雖レ繋雖レ念不レ出ニ法界一。（天止二、四一一）雖レ
止雖レ觀寂照同時矣 是ハ專ラ如レ此可レ得レ意也
（天玄五、三三九。玄義）義云。但除其執不除其法ト者。（病カ）迹門ニ十重顯本ノ中ノ前四破
廢開會ノ四重尚帶スルカ二迹ノ情ヲ一故ニ。顯ス二但除其執ノ義ヲ一。住本
顯本ノ時ハ。不レ除ニ執情ヲモ一。即チ今ノ義例ノ釋ハ分明。是レ正シキ
天台ノ己證。住本顯本ノ義也。此文ハ。碩德ノ中ニモ相傳ノ人
無レ之。宿習開發ノ故ニ忽ニ相ニ傳之一。偏ニ山王大師ノ冥助。此
等ハ住本顯本ノ相也。但除其執ハ。迹門并ニ四重ノ顯本ニ可レ
有レ之。能能可ニ分別一云云

5　〔三〕天台宗難論義違文會通口傳

一家天台意ハ。立ニ四教五時ノ法門一。釋ニ釋迦一代教法ヲ一給フ
也。然聞。常途ノ教相ニ所ハレ云。背テ地位配立ニ三藏三企（企〔イ〕祇）中ニ
判シ三不退ヲ一。或ハ頂法位發無漏ヲ（〔イ〕中）云ヒ。或ハ通教乾惠地ニ論シ
斷惑ヲ一。或ハ外凡ニ判シ内外義味ヲ一。或ハ内凡ニ判ニ外凡聖位ヲ一。

或ハ聖位處ニ釋ニ内外凡義味ヲ一。〔或ハ凡夫位ニ判ニ聖位ヲ一。（イ）或ハ
見思斷ノ處ニ論ニ無明斷ノ義味ヲ一。〕或ハ斷塵沙ノ處ニ判ニ斷無
明ヲ一。或ハ斷無明ノ處ニ判シ斷見思塵沙ヲ一。或ハ引テ小乘ノ文ヲ
證ニ大乘義ヲ一。或ハ引ニ大乘文ヲ一論ニ小乘義味一。或ハ引ニ華嚴
文ヲ一證ニ阿含一。或ハ引ニ阿含文ヲ一釋ニ華嚴義ヲ一。或ハ引ニ爾前文ヲ
釋ニ法華義ヲ一。或ハ引ニ法華文ヲ一論ニ爾前義味ヲ一。或ハ引ニ爾前
文ヲ爲ニ迹門證據ト一。或ハ以ニ迹門ヲ一證ニ爾前義ヲ一。或ハ引ニ迹門
文ヲ證ニ本門義ヲ一。或ハ引ニ本門文ヲ一證ニ迹門義ヲ一。皆是跨節ノ
本意ヲ顯得シテ。立還テ無窮ニ釋シ給ト可レ得レ意也。所以ニ本
意・機情ノ二重證タリ。始自ニ華嚴一終至ニ般若乃至涅槃一マ
テ具足ルカ故ニ。莬トモ角トモ無窮自在ニ釋シ給。一切ニ無ニ相違一
事也。爾前迹門乃至觀心ト。四重ニ各別ニ論ル事ハ。機情門ノ
時ノ事也。佛意内證ノ照見スル前ニ是ヲ云ヘハ。釋迦一代五時教
法。悉ク三千具足ノ妙用。權實不二ノ法體ナルカ故ニ。權ノ處ニ備レ
實ヲ。實ノ處ニ具ニ足權ヲ一。權實二法一法ヲモ不ニ闕減一者也。サ
レハ以ニ迹門理ヲ一論レ之者。爾前四教八教當體皆一乘妙理
也。以ニ本門事圓ヲ一論レ之者。釋迦一代教。皆久遠成道之說

也。以觀心重論之者。八萬教法悉心源自體觀心無窮名用也。然閒。迹門云。一代教法皆迹門也。本門云。十方三世橫竪無礙。皆觀心自體也。大小乘各別思之。迷悟未晴已前事也。一念破打。法法體相應並立思時。設引螻蟻蚊虻無盡注聲雖判本迹觀心旨。不可相違事也。佛意內證前。見思卽無明。見思斷處判無明斷義。無明卽見思。無明斷處論斷見思之義。斷塵沙處判斷見思義。或論斷無明義味也。外凡內凡聖位三重機前各別。佛意內證前。一切無窮自在。外凡位處判內凡義。或論聖位義也。或斷惑處卽不斷惑。未斷惑處論斷惑義味也。能觀三身體。圓融非三非一妙體。所治三惑融一體也。然閒。見思云。必定不留見思。見思云。卽備塵沙無明。塵沙無明卽見思有之也。三千具足見思。三千具足塵沙無明也。煩惱卽菩提法體。非可簡煩惱。菩提卽煩惱者。菩提非可求。生死卽涅槃自體。

三世常住法味。苦果生死當體非可猒。涅槃卽生死法體。涅槃常住理非可願。生死三千具足生死。涅槃常住法體隔事無之。涅槃三千具足涅槃。生死涅槃常住源底隔事無之。天台一宗所詮。觀心法體繫眼。而釋教相續故。機情門成二法隔處打捨。水處三千具足釋火體。火體處釋水道理也。教相前重重述釋。尋當體源三藏三賢四善根當體卽三千具足體。小乘三藏處而釋後三大乘義味。又圓教中三千具足圓。判三三藏之義給也。法體無隔重紀明。雖三藏四教具足三藏也。雖圓教四教具足圓教也。一家天台意。引小乘經文爲四教證據給事有之。爾前四教八教三千具足四教八教無隔。本迹二門三千具足本迹隔爾前四教八教事無之。華嚴處卽餘四時具足也。兼但對帶開會五重種分別事。且一段機情登機情得悟淺深隨日事也。眞實佛意內證照驗前リ論之。五時各具足五時也。天台法門。如此無

窮ノ法門也ト可レ知。違ニ常途ノ經文ニ有レト之云事無レ私事也。自レ本一家本意。可レ違ニ常途法門ニ敎相也ト得ハレ意。相違スレハ可レト有ニ相違一得レ意。不ニ相違一者サソト得テレ意。無窮ニ可レ得レ意也。從ニ佛意ノ方一論レ之日ハ。三藏三賢。乍ニ三賢一三千具足ノ三賢。乃至三千具足七聖也。通教ノ乾惠地。乍ニ乾惠地一三千具足。乃至第十地三千具足ノ佛地也。別教十信。乍ニ十信一三千具足。乃至十地等覺妙覺モ如レ此。顯ニ法華跨節ノ本意一釋レ之時。一塵ノ報色ヲ受ル衆生ニ至マテ非ニト三千具足ノ衆生ニ云事更ニ無レ之。返返一家天台學者。難論義違文ノ請ニハ。有ニ子細一。無窮釋義也ト可レ得レ意也 云云

6 四 圓融三諦口決 幷複疎

(天止一、三二七。止觀)

明喩ニ卽空。像喩ニ卽假。鏡喩ニ卽中一事

(同前)

弘云。於レ中鏡喩其意最親 矣

口傳云。大ニ三諦ヲ云者。中ハ相卽。空ハ圓融。假ハ互具也。色心ノ諸法ハ。無障無礙ニシテ圓融セリ。是則體體融妙ナレハ。如ク鏡ノ浮ニルカ萬像ヲ一者ハ。無ニク明德一者全ク不レ可レ浮。又依正二法ノ功德モ。其體無障ナル故ニ。圓融スルニ無ニ妨礙一。卽チ第一義空ノ德也。三千之假諦モ此心ノ所（在イ內）造ノ法ナル故ニ。本性一如之能造融妙ナル故ニ。事法ノ圓融ハ在ニ此德一ニ。然レハ則チ空假自ニ本性一一物ニシテ。隨緣生時ハ。森羅之法法。十界形體ニ顯ルル時ハ。此心空ハ歸シテニ事法ニ被レ云レ心事ノ性具也。此事滅スル時ハ。歸シテニ本（變カ）性ノ心ニ事ニ心ノ性具也。如レ此修具性具三世常恆ノ不返隨緣ノ空假ノ二法也。此空假ヲ法然自德之空假也ト乘居タル所ヲ稱カニ中道ト故ニ。三觀不ニ相離一自然ニ此言前ヘニ融卽圓融ト（イ卽圓融）謂タル者歟。爰以。中道爲シテレ鏡ト令レ浮ニハ空像ヲ一云モ無ニ相違一者也。三諦圓融ノ謂レ宛然タル者也。故ニ此圓融三諦者。爲ニレ不ルレ得（得イ彼）ニ圓融之法體ヲ敎ニ此法ヲ。付テニ所緣境界ニ凝シニ三諦卽是觀ト。蕩シニ三乘之隔情ヲ一。爲レ令レ住ニ三世一（イ一念）念圓融ノ本覺心ニ一也。故ニ不レ聞ニ此圓融三諦ヲ。隔テニ十界ヲ。凡聖隔テニ自他ヲ。隔ツルニ能所ヲ。慢堅ク結テ被レ縛ニ三惑ニ流轉ス。自ラ具シテニ三千ヲ住スルニ此圓融ノ觀ニ念ハ。卽チ唯佛與佛ノ覺悟ノ觀ナル故ニ。首楞嚴經云。（大正藏十九、一一一下）一切衆生從ニ無始一來迷レ己。爲レ物失ニ於本心ヲ。爲レ（轉カ）物所レ縛故。於ニ此中一觀レ大觀レ小。若能轉レハ物則同ニ（是カ）如

來一矣　決五云。（天止一、四五〇）（二カ）一切衆生由レ觀三己心不レ異二佛心一故
得ニ成佛一矣　妙行心要云。（佛全33、一一六上）（諸佛カ）若人信ニ解惣在一念一速疾（得カ）
成佛。猶如レ反レ掌。（ㇾ哉カ）身ハ雖レ在ニ夢中一ニ心常ニ遊ニ覺前一ニ。位理
卽底下ニシテ解高出ニタリ究竟一ニ矣
問。此圓融三觀ノ上云ニ複疎ノ三諦一事如何
示云。止一云。（天止一、四九九〜五〇一）隨自意下　心意識非レ一故立ニ三名一。非レ三故說ニ一性一。
若知レ名則性只非レ性。（ㇾ非名カ）非レ名故不レ三。非レ性故不レ一。非レ
三故不レ散。（亦カ）非レ一不レ合。（ㇾ故カ）不レ有。（ㇾ不合故カ）不レ散故不レ空。非レ有故
不レ常。（不カ）非レ空故非レ斷非レ常。（非常⑦カ）若不レハ見ニ常斷ヲ不レ見ニ一（ㇾ終カ）
異一ヲ。若觀レハ意ヲ則攝ニ心識一ヲ。（ㇾ者カ）一切法亦爾矣　弘云。（天止一、五〇〇〜一）若知名
非名下。惣有ニ六句一。複疎釋。（ㇾ重カ）此六並ニ是レ雙非雙照。假名
及レ性ニ皆不レ可レ得。若寄ニ此文一立ニ三觀一者。非レ一立レ三（一底⑦）
假也。非レ三說レ一空也。（ㇾ此カ）名非レ名性非レルハ性ニ中也。餘五准レ
此。於ニ複疎一能達ニ心性一。方是不可思議三諦妙境。若觀下
明ニ立名之意一。（明⑦カ）意能遍造故但觀レ意則攝ニ一切一矣　止五云。（弘カ）
故云ニ法性清淨不合不散等一。（天止三、三八九。弘決）卽是境中一念三千離ニ四性
計一ヲ。是故ニ略シテ云ニ不合不散一。合謂一念。散謂三千矣

又云。（同前。止觀）破法遍者。法性清淨不レ合不レ散。言語道斷心行所（處カ）
滅矣
示云。複疎三諦者。中道ノ上ノ所立三諦也。以前ノ圓融三諦
者。因緣所生ノ緣起ノ法ノ上ニ立レ之。而今複疎ハ中道觀ノ上ニ
立ルニ。彼ノ圓融ノ三諦時。雖レ通ニ一分ノ心源一ニ。只無念寂靜
之時相ヨ應スレトモ與ニ中道觀一。向ニ事事諸法一ニ時。猶被レ下ニ念
想執情一ニ。如レ本歸ニ凡夫ノ意根一不レ立ニ三諦卽是ノ觀門一
故ニ。爲レニ之カ重テ用ニテ俱破俱立俱是法界之觀門一ヲ欲レ建ニ心
源ニ廢立也。仍テ一念心性眞如之解了ヲ立スル上ハ。複疎ナルカ
故ニ中道觀ノ上ニ立ト云也。心性者。第一義空ノ一理トノミ執スル
上ニ。爲レ破シカ此所見ヲ三諦ナルカ故ニ。替ルニ非三非一一ト也。以前ノ
圓融ノ三諦ハ緣起ノ法ノ上ニ立ル故ニ。不レ云ニ非三而三等一。而ニ
不レ得ニ一分解了ヲ時。云ニ俱破俱立等一。觀ルカニ三三九諦一猶
是圓融三諦ノ域也。爰以。如ク前前ニ云カ玉篇ニハ裏ノ衣ト。弘（天止一、五〇〇）
云。複疎重釋矣　弘三云。（天止三、三九五、十一行）疎通シテ知遠矣（疏カ）（遠底⑦達）是通達ノ義也。仍
於ニ複疎一能達ニ心性一等云ヘリ。（天止一、五〇〇。弘決）（ㇾ此カ）所詮。圓融ノ三觀ハ是從因向
果。複疎ハ從果向因ノ無明ノ本法ノ觀也。惠心流ニ還成三諦ト

云事也
義云。複疎三諦觀ハ。令ルレ達ニ心源本法一ヲ故。彼ノ觀成ルハ元ヨリ付ク本法無作心源一ニ處ヲ。還テ成ニ心源一ヲ三諦ト云也。此意ナラハ。複疎卽可レ云ニ還成一トモ歟。又異也ト云義有レ之 云云

7 一心三觀與ニ三觀一心一同異事

示云。替也。常學者一物ト云。凡ソ三觀一心者。迹門ノ意。從多歸一ノ意也。一心三觀者。本門ノ意。果位法門從一出多ノ意也。本法無作ノ事事ノ乘居タル觀門也

尋云。此兩觀有ニ勝劣一乎

示云。此兩觀如ニ前ニ云一カ。本迹二門意也。迹門意ハ。昔ノ諸法ハ。機根萬差ナルカ故ニ。今此自ニ三觀法一各各施シテ敎フレ之。然レハ三觀一分ヲ開ヨリ出八萬ノ法門一ニ。其法ヲ今於テニ迹門一ニ彼ノ歷歷ノ三觀法ヲ令ニ於一心ニ（令㋑念）融通一者開會也。開ハ三觀。會ハ一心也。故ニ三觀一心ハ是圓融三觀也。彼無量義經ニ說トクニ一法出生無量義一ト是レ開ノ意也。一法者說ニ此三觀一也（能能可レ思ニ合之一）

次一心三觀者。本門意者。彼迹門三觀卽一心ト開會シ了ヌレハ。能觀所觀忽ニ絕シ打ヨリ向諸法一ニ。境旣無量無邊智亦如レ是ニシテ。本覺無作ノ一心ニ。本覺ノ三觀歷歷トシテ。浮ニ迹門一ヲ令ニ開會一セムル。十界三千ノ法體法然ノ理體ト令ルレ存一心也。歷然ハ三觀也。故云ニ一心三觀一ト。仍テ彼ノ無量義經法華一部ノ序分ナル故。說ニ一法出生一ト言ノ下ニ含ニシ迹門會入意一ヲ。說ニ無量義一ヲ言下ニ含ニル本門無作觀一ヲ也。彼疏九云。（天文五、二二八四下）一身卽三身名爲レ祕。三身卽一身名爲レ密ノ釋料簡。此等ノ深義能可レ令ニ思案一。更亘レ及ニ筆端一。是一代ノ法門唯含レ之。天台學者不レ知レ之者。非ニ其仁一歟。玄旨ノ口傳ヲ不レ聞シテ此等深義ニ不レ可ニ覺知一也（深祕深祕也）

私云。定仙

師云。物語云。血脈傳來事
三句血脈者。傳敎之注制レ之 云云 玄旨者。道邃所傳 云云
爰傳敎大師授ニ慈覺一。日本名僧傳云。弘仁最法師授ニク付法ノ書一ヲ（三句血脈）同八年三月十三日。於ニ淨土院一。臨終之剋所傳法門等ハ。三德祕藏之義。止觀心要。圓敎三身。蓮華因果。己身寂光等也 云云 取意

後日仰云。一心三觀肝文
弘五云（本門意 實相）（天止三、一九〇）無始色心本是理性妙境妙智（迹門修得 唯識）而隨レ妄轉不レ覺不レ知。今既聞レ名知二陰卽是一卽二四陰心一而能成レ觀矣已上條條深義之法門等。一心三觀血脈傳受之時隨レ承注レ之。先代未レ聞今始聞レ之。偏宿善開發之期至歟。未來成佛之種子此時必定。然則碎二身於恆沙一豈報二此恩一耶。後學者不レ可二聊爾一不レ可二聊爾一

8　五（五イ无）不動三摩地一心三觀
（天文一、五一下）
觀二己心高廣一（「之カ）扣二無窮聖應一（「之カ）（應イ无）（大正藏七五、三八七上。教時義）諸佛內證契二會法性一。故觀二法性一諸佛自應。是依他力

尋云。諸佛內證契會法性等釋意ハ。可二自然流入自智力不退一ナル。何依二外護力一云二依他不退一乎

仰云。此法門據二大論一。所レ言若非如所行五種金剛神捨離シテ（「㊄捨離）令二所行退文一（失カ）。當流祕藏法門焉若初住已上ハ可二自智力不退一ナル。住前未證凡位故加護給。觀成後ハ。必不レ依二他力一。行者一念心性本性ノ三諦也。卽不動明王云。（天止三、二四三。弘決）心性不レ動假立二中名一。亡二泯三千一假立二空稱一。雖レ亡而存假立二假號一文　山王院云。（惠全三、五三二。教觀大綱參照）心性不動明王之體。亡二泯三千一卽大智劍。雖レ亡而存取二大悲索一。是名二一體三寶一文　山王大師云。（院歟）心性不動假名二法身一。亡二泯三千一假名二報身一。雖レ亡而存假名二應身一云云（云云イ文）　五大院云。（山王カ）（大正藏七四、三九五中。漢光類聚參照）（五大カ）圓教初心八魔永避。大聖明王能所（能所イ所能）二加護一文

口傳云。不動三摩地一心三觀者。所詮不レ過二生死二字一。謂三觀直體明王云。不動名提持分明也。明謂三觀。王謂心王。萬法ハ皆一心ノ法王ノ一ナレハ一心。一心三觀者。只生死起滅二法。〔梵字〕寂照二義。〔梵字〕二字此則水火二也。〔梵字〕則自二〔梵字〕一（ママ）生シテ。還滅唱二〔梵字〕一（ママ）者。法界體性智本不生直體自レ此有ヲ起用一名爲二〔梵字〕一（〔梵字〕イ〔梵字〕）。本不生故云（故云イ无）。起是法性起。（天止三、二四一。止觀）滅是法性滅○以二法性一繫二法性一。以二法性一念二法性一。常是法性無下不二法性一時上。（同、二九〇。止觀）云二只心是一切法。一切法是心一トモ是也。前念滅レハ〔梵字〕（ママ）。後念生ハ〔梵字〕（ママ）。生滅俱ニ以レ〔梵字〕爲レ體。卽云二體分不生一云二先代未聞止觀一是也。不動尊者爲レ二顯レ之自二體分不生ノ處一（「イ之）隨緣不變ノ二法顯レ體ヲ提持シテ名二來

全體也。不者定。不變眞如。無爲事。卽事而中。無思無念無雖（離歟（離歟イナシ））造作。故名無作法體。無移改全分撰（本ノママ）法當體止德。而提觀德。動者惠。隨緣眞如。治生產業皆與實相。（天止一、三二五〜七。止觀）當卽空卽假卽中。並畢竟空。並如來藏。並實相。非三而三。（「知一念カ）合散宛然惠。三千在理同名無明。（天玄四、三四九。釋籤）三千果成咸稱常樂。（「〇カ）三千無改無明卽明。三身並常俱體俱用。果海上立行觀德。而提止德。不動止觀妙法トモ。皆自阿字出生之處二義。故云寂而常照名觀。法性寂然名止（觀）是也。萬法己己當體有冥顯事。法性自爾。非作（作イナシ）所成。（天止三、二〇六。止觀）如一微塵具十方分（分イ界）。如此得意（矣）□□（缺字）澄シテ行住座（座イ坐）臥語嘿ノ諺。併何物カ非不動非妙法云物有之。故今經ニテハ云諸有所作常爲一事ト。（方便品）（大正藏九、七上〜中。）涅槃經ニハ云復有一行是如來行。（大正藏十二、六七三中）故十界衆生上自諸佛下至蠢動。含靈所作所念（「イ含）皆悉如來行也。此云一事云一行。一心三觀本有無行行儀也。此信解心領納シテ生スル時ニハ。必有相ノ不動不可作（作歟（作歟イナシ））執心ヲ。法界悉ク不動。法界悉ク妙法。止觀爲如此不解機。是ヲ顯シテ法云定惠。顯尊形名不動。付キ尊形名不動。付尊形謂之者。所謂。彼火焔ハ（ママ）動（空）動（不）也。前流冷水（ママ）（ォカ）不動ノ假動也。立盤石中道此依報也。又云正報者。不動體ハ中道。大智劍空。大悲索假也云云 齒牙上下。兩眼開閉。垂辨髮戴蓮華。青黑形左右童子像赤白二色。此等ノ上可准知之。（天文二、九五六下。文句記）火炎向空。理趣（數感滅カ）悉消。衆流入海（水カ）法爾（趣カ）不留（無停カ）（矣）可此意

尋云。於テハ諸佛菩薩利益衆生以慈悲爲本。爾者（者イ其）慈悲相貌如何

仰云。於慈悲有三種慈悲。天台妙樂御釋此事不委悉。而ヲ慈覺大師委釋之給フ。其釋意者。衆生緣慈悲ハ。使衆生斷塵沙惑得假諦ノ悟。法緣慈悲。使衆生斷見思得空（空イ之）悟。無緣慈悲。使衆生斷無明得中道悟也云云

一義云。衆生緣者。大悲菩薩入地獄度有緣衆生是也。法緣慈悲者。於如ナル法界衆生不簡キラハ有緣無緣說法救苦是也

一義云。法緣者任運ノ義。譬如修羅琴自鳴天鼓任鳴。無

縁者佛菩薩爲レ諺。利益衆生ヲ爲レ事ト。迹門ノ意ハ。對二實迷一發二此慈悲一也。本門意ハ。於二十界本有ノ上一ニ。其菩薩界常修常證ノ方ニテ向二此慈悲一也。體分不生重同二本門一邊モ可レ有レ之。尚本門ハ對レ迹本ナレハ待對法ニシテ有也。〔有㋑者〕體分者迹ヨ〔「㋑云〕本ヨト〔云㋑无〕云沙汰無レ之。不レ立下云二迷ヨ悟一ヨト分上モ。於二萬法未分重一ニ三世常恆ニ起二是慈悲一。是レ圓頓行者本意也。宗鏡録〔大正藏四八、五二六中〕云。不レ了二同體大悲一〔大㋑不〕。墮二愛見妄想一〔「之カ〕矣

〔二、北谷秘典　五箇條　終〕

三、北谷秘典　「八箇條」〔「二㋑八箇㋺八〕　北三十六帖內

（この巻のみ㋺本（西教寺正教藏）を追加對校。）

（既存目次改訂）

1　〔「㋑㋺一〕一心三觀・一念三千同異

問。於二止觀十章一ニ。第七正觀章ハ本迹二門並テ有レ之トレ可レ云耶

答。傳云。本迹二門並テ立スル也。壽量云〔大正藏九、四二下〕。如來。如レ實知二見

三界之相一。無レ有二生死若退若出一。亦無二在世及滅度者一。（斯カ）
非レ實非レ虛。非レ如非レ異。不レ如三三界見二於三界一。如レ此（天止四、一二九）
之事。如來明見無レ有二錯謬一 矣 正觀章下ニ引二此文一ヲ云。止（觀カ）
名ニ佛知一（止カ）觀名ニ佛見一。於ニ念念中一止觀現前 矣 此文ハ釋迦
如來如實知見是本門也。次下ニ不如三界見於三界ト者。界
如三千ノ法也。是ハ於ニ本門一開ニ發スル佛知見一上ニ以ニ界如
三千ヲ立行スル也。是習ニ本迹一致ト也。安（安⑪案）ニ住シテ佛知見ニ方
便品ノ實相ニ照スニ當是當體也。界如三千ノ法ヲ立ルニ佛知見ノ
解ノ上ニ樣ヲ可レ習也。佛知見者。以ニ本門佛知見ヲ照ニ方便
品界如三千法一也。不如三界見於三界是也ト者。見於三界
者所觀境也。以ニ佛知見ヲ照スニ三千法ヲ。無シテニ一分モ情モ照スヲレ
之云ニ見於三界等一ト也。立行ハ本門ノ始雖レ有レ之。本門ノ佛
知見與ト方便品ノ界如三千ト。此二ノ立行約シテニ有レ之上ニ習ニ
本迹一致ト也。分別功德品ノ立行置テニ本迹ノ上ニ釋レ之也。記（天文五、二五九四下）
十云。若有女人等者。此中只（祇カ）云ニ得聞是經如說修行一。卽淨（⑦イ經ニ云）
土因不レ須三更指ニ觀經等一也。問。如何修行。答。既云ニ如
說修行一。卽依レ經立レ行具如下分別功德品中直觀ニ此土一。四

土具足上。故指佛（此カ）身卽三身也 矣
尋云。迹門所談ノ界如三千與ニ本門所談ノ界如三千一ト同ト
可レ云耶
仰云。別也。迹門ニ立ニ能所一事事ノ邊ハ別也。有ルカニ境與レト見（⑦經歟）
二法一故也。雖云。是法住ニ法位一。世間相常住 矣（大正藏九、九中）記四云。（矣⑪カ）
世間相常住者。問。位可ニ一如一ナル。相ハ云何カ等シカラン。答。位（天文二、九八三下）（ア〇カ）
據ニ理性一決不レ可レ改。相約ニ隨緣一。緣有ニ染淨一。緣雖ニ染
淨一同名ニ緣起一。如ニ清濁波濕性不レ異。同以ニ濕性一爲レ波。
故以（ア皆カ）爲レ相。況（ア〇カ）世間之稱亦通ニ因果一（ア染淨カ）故也 矣
傳云。此釋（ア如カ）既ニ釋スニ清濁二一ト此ハ穢キタナキ釋也。故ニ迹門所立ノ
界如三千ノ法ハ。雖ニ法ノ具德一トハ不レ云ニ當體卽法一トハ事事ノ
方ノ差別也。本門無作三身者。界如三千ノ法。當體卽法也。
我等本心ト釋迦彌陀本心。螻蟻蚊虻ノ本心ト全同也。此等ノ
法門ハ。古法印ハ出レ火之程ニ詰合テ落居スル也。十二十度能
能詰合セテ大事法門ハ細コマヤカ來也
尋云。一心三觀・一念三千不同ハ如何
傳云。師云。一心三觀者。次第ニ卽シ已テ方成ニ今卽一ト。心地ノ

融スル所ニ與ルニ一心三觀ノ名ヲ一也。次一念三千者。心地融シ已テ。三界三千萬法無レ能モ無シテレ所モ。己己トシテ觀智倶絶之處ニ。只心是一切法。一切法是心ニテ有ルヲレ之。一家己證三千妙境トハ云也。此位ニハ空トモ假トモ不レ可レ云。觀卽心地カ周遍法界ノ己己ノ處也

尋云。一心三觀・一念三千ノ不同ヲ聞タリ。若シ如レ此異ト云者。一向ニ同シ邊ハ不レ可レ有レ之歟

答。可ニ同邊一〔「回有歟〕也。玄文第二卷ニ立タリニ五種三諦ヲ一。前四種ハ。卽異ニ一念三千ニ一也。第五不思議三諦ハ。卽同スルニ一念三千ト一也。一念三千者指ニ法體一也。不思議三諦者。是モ卽法ノ己己タル當體也。此邊ハ不レ可レ替。故ニ心鏡(境カ)義ニ引テニ中論ノ文一結釋セリ

尋云。五種三諦相ハ如何

仰云。五種三諦者。易解・得意・圓融・複疎。是ハ約ニ機情一ニ施ニ設之一。易解者。以ニ教相一分ニ別セリ三諦ノ形一ヲ。得意ノ三諦者。行人妙ニ解スル圓ノ三諦一也。圓融ノ三諦者。妙解ノ上ニ云フ圓〔圓イロナシ〕三諦圓融シテ無二無別三ノ心地有レ之。是ハ令〔令回合〕テレ寂ニ心地一落止也。爲レ引ニ直サンカ心地一令〔令回合〕レ寂云下非ニ一二三一而一二三上〔而一二三イナシ〕ト也。圓融三諦ノ時ハ。約レ如明レ空一空一切空。轉〔轉回點〕レ如明レ相一假一切假。就レ是論レ中一中〔中イナシ〕一切中ト云テ。經ニテ三諦一ニ云レ空ト時ハ。假中皆空也。云レ假ト時ハ空中皆假也。云レ中ト時ハ。空假悉ク云カニ中道一ニ故ニ。三諦一諦ノ意也。云ニ圓融ノ三諦一ト名ハ。三諦圓融シテ無二無三ノ意也。是ヲ非シテ云ニ非一二三一トハ也。圓融ノ三諦ノ時ハ。空假中ノ三諦ヲ一一ニ擧テレ之釋ルカニ一諦ノ義ヲ一故ニ。複疎ノ三諦時ハ。一一非シテレ之盡クニ非一二三一也。斥テ下云ニ一諦ト一義ヲ上而一而三トハ。三諦ノ形歷歷トシテ有トハレ之釋也。是ハ複疎ノ三諦マテハ約ニ行人一ニ非說〔非說回施設〕スル也。此上ニ云テニ不縱不橫名爲實相。唯佛與佛究竟此法一ト〔此回之〕。此ノ不縱不橫ノ三諦是ヲ釋ニハ唯佛與佛ノ內證一トハ。細ク分ニ別之一時。施ニ設スル行人一ニ時ハ。複疎ト名レ之。佛ノ內證ノ本性三諦ノ有ノ任ナル聊カ可レ有ニ不同一也。玄二云〔(天玄一、五〇九～五一二)〕。分別令レ易レ解故名(明カ)ニ空假中一。得レ意爲レセハ言コトヲ空卽假中ナリ。約明〔「回如〕〔圓融〕レ空一空一切空。轉(點カ)レ如明レ相一假一切假。就レ是論レ中一中一切中。非ニ〔複疎〕一二三一而一二三。不縱不橫名爲ニ〔佛內證〕其相〔其回實〕一。唯佛與〔唯回與〕レ佛究ニ竟此法一矣

２　二　一心三觀口傳

示云。今經釋尊出世本懷名立一實圓經。此教大師己證呼曰圓極頓證。經云妙法。釋云止觀。妙法止觀我心性本法法與機不相好。心源自體有任持自性可生物解之德。此云止觀明靜先代未聞。唯獨自明了。故是本來諸佛內證(大正藏九、五二上)大師己證(同、四二中)。我等本有名號也。今經云如來一切所有之法。如來祕密神通之力。諸有所作常爲一事(同、七上〜中)。皆是自心己心妙法止觀也

示云。本妙理普賢實相者。我等本有十義。橫竪果滿本位也。故十法成就大士。但點遠本。本妙自彰文點。普賢無作遠本。迹妙智文殊諸法者。元來我等本有五法。五相成就誓促也。自體相剋相生法體法爾自受法樂也。故明一法出生無量義之旨

生死本際者。止觀不二義中道法界全體故云一現

茗荷者。曰鈍根草。鈍者。定心不動也

竹林者。殊三諦歷歷顯事故束定惠二法持一心。故三諦分明也。此竹林茗荷者。賜神僧於天台云傳教將來竹也。輪圓者。萬法圓備體也。圓者。名無闕減法界惣體也深染心符

尋云。一心三觀・一念三千其差別。如何可存知候乎

後日示宗大事何事如之。此故釋尊出世成道。大師狐(孤カ)耀光於震旦東土

一心三觀者。於前後次第法立三名義。建立教於捨劣得勝。從果向因破爾前帶權教。宣不變眞如之理。覺得十界常住之旨

次一念三千者。斥彼爾前迹門之處諸法卽實相也。當位卽妙。不改本位故事事當體不落不傾押談實相。是從果向因修行無作行也。然此尚存機淺深。故此上又立觀心法體。其法體者。三藏次位乍三藏通教次位其任。別教乍別教。圓教乍圓教。外道六十二見其任。十惡其任。五逆不偏强。下從無間上至毘盧遮那果海。高高卑卑。當位當位。無窮德用之處也。故寶積經云。一切諸法皆名神變。今經宣如來祕密神通之

力一ヲ。如レ此之時ハ。此捨彼取之義全ク無レ之。捨ルレ之處。取レ之處ニテ（〔底〕取）。無用無用ノ之義也

傳云。付二神僧古德之差別一ニ。傳二四教於神僧一ニ。三觀訪二捨（於カ）古德一ト云事。一家天台己證體體不別直顯也。所謂神僧者山王也。御體ニ顯（㊀題）二神僧形一神者。俗形頂上寶冠是也。僧者。僧形御體著衣是也。此則チ本迹不二・眞俗一體・迷悟不二ノ道理。色法ニ顯著ニ示タマヘリ。天台奉レ値二此神僧一傳二得四教一ヲ。謂ク俗諦假諦六道妄有。藏通二教ノ捨離法也。僧形ハ眞諦法性。別圓二教ノ中道也。如レ此四教ヲ顯スレ本ニ。是則チ三觀也。俗形ハ生ノ貌。假諦ハ恆沙ノ法門也。僧形ハ滅ノ形。眞諦ハ法ルレ空ニ內心中道法性。不變常住ノ妙理也。然者。山者色體。五陰形竪ノ三觀也。故ニ山王者。色心不二ノ名號。本有自性ノ山王。卽チ我等五陰ノ色心是也。如レ此法法體體無レ非二四教三觀ノ法門一ニ。三智（心王）。三觀。三身（山色）。三體

次古德者。山王垂迹。第二轉形也。是則チ釋尊本覺之處。乃至一切諸法ノ事ニ天然顯二常住一ヲ。所謂只今生ルル生而卽チ其貌老相死相也。遍身薄墨色ハ。顯二有爲無常ノ焰色一ヲ。面赤色ハ。十界愁歎也。此心ハ。六道ハ自業自得果。受苦ノ貌。是亦本有也。古者本義。德者自身天然ノ生德也。二乘ハ厭二ヒ無常一ヲ悲二生死一ヲ貌ナリ。是亦本有也。菩薩ハ悲二衆生ノ受苦一ヲ色。其ノ菩薩界ハ常修常證。無始無終ノ本有也。佛ハ斷シテ二一念ノ無明一ヲ捨ルニ二法見一ヲ元付ト。一念不生ノ本心ハ用心ノ貌也。如レ此色法ノ體ニ顯スハ。生與レ死トハ空假也。古德ハ本有ノ十界也。本有ハ中道也。故ニ言二法界一者須レ云二十界卽空假中一矣（天止三ノ二七一。弘決）顯二得スルヲ此妙旨一ヲ云二三觀ヲ傳ト古德一ニ也

傳云。付キ二中堂庭前ノ竹一ニ。天台大師モ於二天台山一ニ自リ二古德一傳フ二竹・茗荷一ヲ。自ラ知レリ二事事諸法卽三諦三觀事一ヲ。但シ竹林ハ可レ然。茗荷ハ何意耶。所謂一心三觀・一心三諦事法不思議 矣（矣㊀コトハ）非二見聞覺知ノ分一ニ。只理卽無知ノ處カ表二示スル本有不思議ノ三諦三觀一コトヲ也。而理卽ハ。定ンテ無分別ノ體ナレハ。茗荷ヲ名クニ鈍根草一ト。故ニ中ニ植二茗荷一ヲ。邊外ニ植レ竹ヲ。竹ハ顯二照スルハ三觀智一ヲ智ヲ爲レ面ト。天台山如レ此。其後。本朝ノ傳教爲リテ二天台ノ再誕一ト渡唐シ。天台一宗極レ之。登テ二彼山一ニ攬二昔ノ古跡一ヲ給フ時。又古德現シテ奉レ授二茗荷・竹林一ヲ。劇示スニ吾守一

護汝ヲ一時。令ミ著レ衣ヲ具コ足之一。如ク二天台山ノ一植ニ竹林・茗荷ヲ一。安コ置シ彼古德ヲモ一。久成釋尊本覺如來ト恭コ敬之一。所詮。事理（理㋺□）不思議在ニ於茲ニ一。但シ自レ唐所ノ二具足スル一古德トハ。白色ニテ非ニ白色ニ一。似ニ黑色（黑㋺墨）ニ一非ニ黑色（黑㋺墨）ニ一。今山上ニ手白猿在レ之。此卽チ彼古德ノ子孫也。於ニ此猿ニ一不思議事多レ之。仍テ難ニ稱計シ一。此事隨分祕典（典㋺曲）也（「㋑㋺一流）（能可ニ肝心ニ一〔㋑㋺也〕）

傳云。付ニ鏡像圓融ニ一譬ルニ二一心三觀ヲ一用ニ勿（㋺本ノママ）（笏カ）見ヲ一。方寸ノ銀鏡ハ一心ノ形也。以ニ此明鏡ヲ一譬ルニ心遍明ニ一也。但シ自ニ道邃和尙一副レ鏡ヲ。桂木勿（笏カ）見十二傳得レ之。十二ノ智光ヲハ。爲シテ二十二入體ト一持スル也。修得成滿スル時。一心ノ彌陀ノ體ニシテ心元來有ニ照了覺一。其覺體ハ顯ルル二十二光佛ノ智惠一也。此彌陀治スレハ二十二神將ト也。生死病被レ云。藥師十二光佛ハ。下テ顯ルル二十二神將ト一也。傳テ三心王心數無ニ別體一。傳ニ心鏡心處ノ勿（笏カ）見不ニ二ト一。惣一切十二攝レ之。可レ思レ之

後日示云。於ニ法華ニ一習ニ二一字ノ有ニ兩種ニ。所謂是ノ一字也。諸法皆悉ク是ノ一字也。次ニ習ニ忍ノ一字ヲト。所以ニ諸敎不レハ顯ニ忍ノ實義ヲ一說ニ未顯眞實ヲ一。法華ハ宣ニ忍ノ至極ヲ一。故ニ云ニ正直無上道トモ一。示ニ一代超過經トモ也

問。何忍義

答。一切衆生當體。自モ不レ知レ他。他モ不レ知レ自。自ハ不レ知レ自。他ハ不レ知レ他。無始本來自受法樂シテ自體顯明ナル。然レハ有情非情忍忍無作ノ三身ヲ作ケル一心三觀ト如來行也。如レ此道理ヲ始テ得ヲハ。云ミ初住ノ始得ト無生忍益ヲ一也。非ニ始テ可レ得レ意法ニハ。無始法爾ノ天然トシテ如レ此在トレ之開覺スルヲハ。云ニ本門ノ窮源。妙覺如來。覺前實佛ト也。如レ此一切諸法・無作三身・一心三觀ノ時ハ。所居國土皆寂光土也。此云ニ法界道場ト一。云ニ自性無妨ト一。故ニ非情ハ不レ妨ニ有情ヲ一。有情ハ不レ礙ニ非情ニ一。所座無礙自在ナレハ。云ニ虛空爲座トモ一也。所レ向皆法界ナレハ。心外全無ニ別佛法一。世界ニ無ニ二主一。心王是面面ノ主也。如レ此之處ニハ豪（毫カ）釐モ不レ可レ有レ疑。法體隔ニ須彌一無レハ疑。三世一心ニシテ不レ可レ得也。十方目前ニシテ無ニ一塵ノ隔モ一。法法無レ難無レ癖クセモ任ニ居タル處カ實ナル也。當所本妙ノ言在レ茲。依レ之經ニハ。（大正藏九、五四下）得ニ是忍ヲ一已眼根清淨矣忍義未得之時ハ。迷悟各別ナルカ故ニ眼根不清淨也。如レ此得ニレハ忍

義一。眼耳境智悉清淨也。是ヲ强テ云時ハ。云ニ佛知トモ佛見覺
悟一トモ也。仍テ此非ニ强成（盛カ）一任運如レ此

後日師示云。血脈者。普通人不レ辨ニ甚深所謂一。血者。能化般若ノ智水心宗。脈者。所化器神要也。系圖者。以ニ彼能治智惠ノ系筋一貫ニ所化增進菩提明珠一。境智相應留贈ニ後賢一。共期ニ佛惠（會イ）法一也

又示云。都率內院安ニ置此法門一云事。止觀二法ハ元來爲シテニ諸佛本佛一ト佛佛相傳。必ス補處菩薩ハ生ニ都率天一ニ故ニ。示ニ一切法常住之義一。資師契會師弟相連シテ於ニ佛佛出世會上一廣可レ弘ニ此法一由來也。能化佛ハ皆名ニ定光佛一。所化機ハ皆名ニ定光菩薩一。故以ニ安位一被ニ菩薩名一。此卽チ無生忍ノ位也。故云ニ不退一ト。又不レ盡ニ筆端一。能能可レ聞ニ口傳一

尋云。抑モ此法ノ修行人ハ誰人耶

仰云。槃特是其證人也。面ハ鈍人ニシテ而達ニ佛法ノ深意一。故ニ振舞ハ定惠不二ノ行體也。非ニ實ノ鈍人一ニ此レ助ニ佛ノ化儀一種種行儀在レ之（深可レ思レ之）

山門建立記云。桓武天皇御宇延曆四年乙丑最澄和尚登ニ比叡山一。同七年戊辰比叡山立ニ根本中堂一乘止觀院一云云

此ハ玄旨ノ年號ニ相叶也

內證佛法血（血イナシ）脈譜云（傳全一、二三六）。大唐貞元二十一年歲次乙酉當ニ日（大カ）本國延曆二十一（四カ）年一ニ當レ酉（乙酉カ）ニ云云此ハ血脈相違云云

3　三無作三身事

先ッ本地者。卽チ實修・實證・本實成之處也。是レ性德三身ノ顯修矣

問。其相如何

答。先ッ法身者。九界之性。隨緣生體並（並イ曰幷）非情草木。悉皆法身當體也。爰以三身義ニ云ニ有佛無佛性相常然一云云道邃消レ之。有佛者九界。無佛者森羅云云（云云イ文）故無作者。此法身之體。應用遍ニ三世一法然常恆之理ニシテ。而不レ可レ云ニ始テ起作一。無終之體ナル故云ニ無作一ト。爰以經ニハ（大正藏九、四三下）。常在靈鷲山〇天人常充滿云云故法身之體卽應身也。然則九界應同之利生是名ニ應身一。此理三千周遍之理體是稱レ法。故釋ニハ（天文五、二一四四下）。三世化導惠利無彊（疆カ）云云而今日說法卽昔說法。昔說法今日

說法也。只利ニ我等所具ノ九界群類一者。自受法樂ノ說法也。仍テ約ニ內證之見ニ者法身。約ニ對機之見ニ者應身也。故法應相卽炳然被ニ驗知一。爰以宗師釋ニハ。(天文五、二二六三上。文句取意)爾前云ニ應用一(身カ)隨緣卽(則カ)有量。來ニ法華一者。應用不斷卽無量云云深可レ存ニ此旨一。爰以於ニ今經本迹二門一者。爲ニ凡夫未熟之機一唱ニ始成正覺一說レ法。於ニ迹門一令レ證ニ無生忍一。證ニ三世了達ノ悟ヲ一時。顯ニ如來無作之三身ヲ一。弟子本有ノ性德三身卽チ師ノ三身一如ニ互具スル也。增道損生之益在ニ一座ノ內一。自然流入薩般若海ノ無作ノ悟成レ之。已上法報(報イロナシ)應三身之相卽互具是也。於ニ報身一者。智惠之性體也。悟ニ彼法應之本源一只在ニ此報身之所成一。此報身者。卽觀法之了知所成之壽命也。此智惠從本實成以來三世常住ノ壽命ニシテ。三世ノ衆生ノ心ノ上ニ全如ニ三身相卽如來一也。然則一心三觀者。顯ニ此三身ノ體一。是迹門因分也。彼ニ三身至ニ本門一ニ無作果德也。然則迹門卽本門。本門卽迹門。本迹只不思議一也。一花開者。天下皆春ナリ。(天止一、四五〇)如來三身顯者。三世衆生悉悟ナリ。爰以テ決五(二カ)云。一切(諸佛カ)衆生由レ觀ニ己心不レ異ニ佛心一。故得ニ成佛一

云云觀無量壽經云。(大正藏十二、三四三上)諸佛如來是法界身。入諸(一切カ)衆生心想之(之ナシカ)中云云(云云イ文)

後云。此書者澄豪御筆云云後學尤可レ仰云云(云云イロ之)
補(付カ)弟一人之外不レ可レ授レ之。深執レ之。定仙示レ之

4　四　一心三觀事

問。一心三觀有ニ兩種一耶

答。傳教立ニ兩種一心三觀一給。兩種者。境智兩種一心三觀也。法華長講(長底イ帳)云。(傳全四、二五八)一心三諦境。一心三觀智。一行一切行。恆修四三昧矣

問。此兩種ヲハ約位之時何分別(「イ耶)

答。名字・觀行ノ二位ハ境智一心三觀。相似・分眞ハ智一心三觀也

問。爾者。智一心三觀者不レ可レ修レ之歟

答。約位之時ハ雖レ然圓實ノ正義ハ境智不二ニシテ十法界具ニ一念一也。尤モ初隨喜品之時。十法成乘觀可レ有レ之。四教義十一云。(大正藏四六、七六〇中)從ニ初隨喜心一。修ニ一心三觀一矣弘六云。(天止三、從レ初

(六四七) 已來三諦圓修矣

問。於ニ一念中一ニ何ノ境智兩種一心三觀ヲ可レ得レ意可ニ境智ヲ分別一耶

答。慈覺大師ノ己心中記云。(佛全24、一〇一上。天台法華宗境智一心三觀文) 一心之中(「如カ)何分ニ別(別ナシカ)境智一。答(日カ」)。前念爲レ境。後念爲レ智等矣

問。前念爲境。後念爲智ト者意如何

答。前念爲境者空諦也。是空ヲ爲シテレ境ト是空卽假中ト說ヲ釋ニ後念爲智ト一タマヘリ。前念ノ境中ニ三諦有ヲレ之爲ニ境ノ一心三觀一ト也。仍テ境ハ所照。智ハ能照也

問。傳於一言者何一言耶

答。境智相應ノ無我ナル處ヲ傳ニ一言一ト

問。其相幷ニ依文ハ何耶

答。所レ言依文ハ明白釋ルコトニ一心三觀ノ相一。六卽義中ニ釋ニ初隨喜品之處一。(天止一、三七六。止觀) 必須心觀明了理惠相應矣 必須ノ心ハ一心。心觀ハ三觀。明了ノ理ト者境一心三觀。仍テ云ニフ智一心三觀一ト耳

問。此境智何カ分ニ三觀一乎

答。後念ノ境智照ニ前念ノ妄想一ヲ無レ非ニ空假中一ニ云云 毘沙門堂經海大納言法印 無動寺助法印ニ習ニ一心三觀一之時。習ニ得テ境智相應ノ道理一分ニ別セリ傳於一言一ヲ。(天玄二、一二五) 此時落居シテ取(取底ナシ)ニ血脈一給。釋籤第三云。若境若智同在一心矣 慈覺大師己心中ノ分別ハ此一心三觀ヲ悉ク釋明也。是則。故信解本地難思境智ト者。境智無始無終本覺無作ノ三身ノ法體法爾ノ相卽ノ(天文五、二二八四下)境智也。本門ノ意ハ。以ニ無作ノ三身一爲ニ顯本正意一。是卽。(同、二二八六上) 一身卽三身名爲レ祕。三身卽一身名爲レ密 乃至 佛於ニ三世一(同、二二七一下) 等有ニ三身一。於ニ諸教中一祕レ之不傳矣 本地三身。此品詮量通明ニ三身一。若從ニ別意一正在ニ報身一矣 是又智ノ一心三觀ヲ約ニシ相似已後ノ高位一程。我等カ所觀不レ能敷ト思フ處ニ。無作ノ顯本之時ニ此境智宛然トシテ今始ヨリ冥合シテ不レシテ妄。凡夫一念ノ心當體ナルカ故 堆（ウツタカク）思ツル妙覺果滿ノ自受用身。如來一代諸教中ニ祕シテ不レ傳處ノ本地ノ三身ト云フ。只我等カ一念ノ介爾ノ心ノ當體也ト得ハレ意。本覺ノ三身非レ外ニ隨緣眞如ニシテ。我等カ依正二報無作三身ノ妙體也。凡聖各別ノ思ハ妄情習。十法界ハ皆悉無作三身ノ妙體。而ニ佛界ノ十如ハ全

具九界。其中相性體ノ三如是ハ本來ノ三身。體者本有ノ法身。性者本有ノ智。境與智冥合シテ不二而二ナル故ニ本有報身。相如是ハ本有ノ慈悲。是則本有ノ應身。三千世界本有ノ十如ノ三身ノ體ハ不二而二。我等ガ一念ノ當體ナル故ニ。通シテ萬境振舞處ハ一心三觀。如是解知スル處ヲ云菩提心ト。迹門ハ理ノ一心三觀。本門ハ事ノ一心三觀。雖然迹門ノ一心三觀ニ捨テテ九界ヲ。極位普現色身位ニ叶ト習也。若得始覺還同本覺ノ理有之。毘盧身土ハ不逾凡下ノ一念是理也。是則在纏ノ一心心者名固。本覺歸畢ヌレハ一身卽三身。觀者。我等ガ一身ノ當體卽三身ト觀也。法界無作ノ一體絕能念所念。無念ニシテ念想兼雜スル事無之歸本覺三身也。此時出纏眞如被云。如是知テ行スル圓頓戒體任運ニ叶極位。爰本ニ被云一行一切行事ハ有之

5　五　一心三觀事

相傳云。傳テ生死ノ二字ヲ云一言ト。謂以云前念爲境。後念爲智。前念爲境卽三諦也。後ニ前念ヲ照ス三諦ト後念ハ心三觀也。於此一念生死ト謂モ有之。一念起ル處ヲ假諦ト立ツ處ハ空諦ナレハ。起滅シテ卽生死ノ二法也。就之有雙非雙照ノ謂者中道也。凡ソ於諸法剎那剎那皆悉ク生死二法宛然ナレハ。三諦亦宛然トシテ俱體俱用也。然則。起是法性起。滅是法性滅矣本有ノ生死法然ノ二法。三世常恆ノ三諦也。如此三世一念ノ三觀置ケリ鼻端。此念令メテ增長滿シテ法界遊心ノ高廣ヲ。觀レハ境既無量無邊智亦如是ト。觀道不違萬法者亦同ク無シ違ト現體。此時絕三諦念位無念之一現。如此練觀者。煩ク雖不構坐禪入定儀。三世之法法網念者。法界三昧之道場ニシテ。於現體現體可存念念相應諸波羅蜜故圓實ノ觀行ハ。易行之中ノ易行。頓悟之中ノ頓悟也。爰以授決集云。莫謂煩修萬法證無上佛果我一心三觀。融通萬品皆爲一心。心與性合更無別心。卽是眞如矣

長講云。一心三諦境。一心三觀智。一行一切行。恆修四三昧矣　祕藏記云。夫一切諸行ハ執空或執有。爲除空執說有。爲除有執說空ト。爲除空有病「說非

有非空。（空カ）（有カ）」是稱二中道一ト言ハ（「尚カ）留二中道一二。爲レ除二其言一ヲ又中道（「說カ）不可得。（「是不可得カ）入二阿字門一見者。不可得亦（「不可得カ）於レ茲絕レ言。是一切（是ナシカ）諸法本不生不可得義　已前義勢可レ思二合之一

又慈覺私記云。三諦三觀只是不思議俱用。（佛全24、一〇一上。天台法華宗境智一心三觀文）十界互具三千世閒依正宛然本來如是（一切功德具足カ」）矣　抑モ（智カ）圓戒者（「俱體カ）三止三觀也。仍テ傳教御釋。（世閒ナシカ）一心三觀傳二於一言一。（傳全一、三三五）菩薩圓戒受二（授カ）於至心一（信カ）矣　彼圓戒者三觀ノ修行ナル故二。菩薩戒疏云。（大正藏四〇、五六五下～六上）圓戒體者。不起而已。起卽性無作假色也　矣　法華云。（初カ）是法住法位世閒（大正藏九、九中十行。方便品）相常住　矣　教時義一云。（大正藏七五、三七六下）理ハ常平等。常平等故常住ノ法位。事ハ常差別。故常住隨レ緣起テ（常差別故常從カ）。常平等卽是常差別。常差別卽是常平等。起法性起滅法性滅。常是法性無レ非二法性一　矣

此書澄毫（豪カ）御筆　云云　不レ可二聊爾一。聊爾（「不可カ）　經祐

6　六　可レ修二一念三千一次第（續天全口決1惠心流I、三七五上～八下參照）　自行作法

經云。佛所成就第一希有難解之法。（大正藏九、五下十行。方便品）唯佛與佛乃能究盡諸法實相。「所謂諸法」（「」ナシ）〇本末究竟等　云云　一切業障海等（大正藏九、三九三中十行。觀普賢經）矣　實相必諸法。（大正藏四六、七八五下。金剛錍）諸法必十如。十如必十界。十界必身土　矣　十界ハ衆生世閒也。大論云。（大正藏二五、六〇九下カ）衆生無上佛是也　矣　仍テ衆生世閒ニハ取二佛界一ヲモ。身ハ五陰和合シテ成レ身故也。十界ノ衆生俱二五陰所レ成身也。土ハ國土世閒也。此國土世閒二有二十種差別一。釋云。（天止三、二六九。弘決）前九正當二今文世閒義一也　矣　八與二上品寂光一（同前）不同。九諸土惣對二寂光一不同ト者。寂光鏡ノ面ノ上二所レ浮諸土差別セル（則有カ）隨緣眞如世閒義也。釋云。（天玄一、五一九～五二一。玄義）又云一法界具二九（云ナシカ）法界一。卽百法界千如是。束爲二五差一。一惡。二善。三二乘。四菩薩。五佛。判（判㋑則）爲二二法一。前四是權法。後一是實法。細論各具二權實一。且依二兩義一　矣　籤云。（天玄一、五二二）細論各具權實且依（從カ）兩義者。相卽如二向所レ說。且依二九界爲レ權佛界爲レ實　矣　然二迹門ノ意ハ。自二佛界十如一施コ出ス九界十如一ヲ。次開二九界ノ十如一顯ス二佛界十如一ヲ。三重ニハ廢二九界十如一成二佛界十如一ヲ。此レ迹門ノ至極也。是則チ森羅萬法三千世閒ノ諸法歸二不變眞如ノ一理一也。釋云。（天文三、一一二五下。文句記）今日已前從二寂光本一垂二三土迹一。（迹㊦釋）至二法華會一（華㊦界）攝二三土迹一。（土㊦ナシ）歸二寂光本一　矣　又釋二境妙一時。以二二諦境三諦境等一譬二轉日一。以二一諦境一譬二不轉日一。是

卽チ一切諸法住シテ中道一（一底ナシ）實諦ノ法位ニ世閒相常住也。位（天文二、九八三。文句記）據ニ理性ニ決不レ可レ改矣。唯一實性無空假中ノ文是也。迷ノ諸法歸ニ入ルヲ法身ノ一理ニ一心一心識ノ不變眞如。一實性之外ニ煩惱菩提・生死涅槃・成佛不成佛ノ不同モ更無レ之也」次本門意ハ自ニ佛界ノ十如ニ施ニ出シ迹中ノ佛界ノ十如ヲ。次ニハ開ニ迹中ノ佛界十如ヲ顯ニ出シ本中ノ佛界ノ十如ヲ。第六重ニハ廢ニ迹中ノ佛界十如ヲ。成ニ本中佛界ノ十如ヲ。於ニ本門ニ雖レ有ニ三意ト。倶ニ不レ出ニ佛界ヲハ。一切衆生皆本因佛也。爾者。百界千如ノ三千世閒其義難レ成。然ニ本果妙之時ハ。四眼融入皆名佛眼ニテ。釋云（釋云イナシ）果上ニ以ニ佛眼佛智ヲ照レ之。卽唯佛無生ニテ有レ之也。然ヲ此本果妙ノ中ニ。四眼二智之照用。本因ノ行行一モ無ニ闕減ニ故ニハ。百界千如三千世閒ノ萬法果中ノ所具ニ歷歷トシテ有レ之。此本因妙者。隨緣眞如緣起常住ノ時。歸スルニ不變眞如ノ一理ニ萬法ヲ眞如ノ全體ニテ取出也。金錍論云。（大正藏四六、七八二下）萬法是眞如。由ニ不變ニ故。眞如是萬法。由ニ隨緣ニ故矣眞如是萬法由隨緣故ト變時（「時カ）。三千世閒諸法一念心歷歷トシテ眞如ノ全體ニテ備レ之也。（大正藏七五、三七八中～下。取意）教義云。若約ニ一切一心識

義ニ。卽約ニ眞如隨緣之義ニ。且設（設ロ說）ニ衆生本來（成カ）之佛ニ。此中具有ニ煩惱菩提生死涅槃ニ云云 衆生本成佛ト達ル上ヘ。果中ノ十界果上ノ三千世閒ナレハ被レ云ニ一切法佛法ト也。經云。如來。（大正藏九、四二下。壽量品）如レ實知ニ見三界之相ニ。無レ有ニ生死若退若出ニ。亦無ニ在世及滅度者ニ。非レ實非レ虛。非レ如非レ異。不レ如ニ三界見ニ於三界ニ。如レ斯之事。如來明見無レ有ニ錯謬ニ矣 如來ハ二種三界百界千如三千世閒ノ法ヲ。一一ノ當體皆眞如ノ全體ニテ一切法佛法也ト見御ス。凡夫二乘菩薩等ノ無ニコトヲ妄見ニ說ニ無有生死若退若出ニトハ。如來明見無有錯謬ト者。當知一切悉是（大正藏四六、九五三中。法華三昧懺儀）佛法心是也。於菩提中見不淸淨。於解脫中而起纏縛矣此一切法ハ悉佛法ニテ有ルヲレ之。我等妄見顚倒シテ見ニ不淸淨ニト起ニ纏縛ヲ也。如來ハ此十界三千ノ法。皆隨緣ノ佛法也ト照ニ見之ニ給（給イ玉フ）也。然我學佛智如佛用心ニテ。衆生ノ如佛如一如無二如レハ。只心是一切法。一切法是心ニテ。我所具三千。如來所具三千。如來一體ニシテ無二也。界外ニ不レ可レ求。我一心（天玄四、三五九。釋籤）是三千所具ノ佛界也。釋云。平等大會常鑒（（慧カ）「ロ相）ニ法界ニ。亦由ニ理性九權一實ニ。實（實イ之）復九界權亦復然。權實冥。百界一念矣平

等常鑒法界者。能化ノ如來ノ照見也。是卽本果妙ノ意也。亦由理性九權一實。是ハ本因妙意也。本因妙之時ハ。以本願故。(大正藏二六、十九上。法華論)衆生界未盡願。非究竟故。言未滿。非謂菩提。不滿足故ト云テ。圓融圓滿ノ果中ニ十界十如權實ノ諸法具足。仍十界ノ性倶ニ眞實也。此權實冥シテ百界一念ナル。是權實不二門ノ意也。約レハ二迹門一ニ。(天玄一、四九一。玄義)若有衆生無二佛知見一。何處(處㋺所)論レ開。(有[ナシ]カ)當レ知佛之知見蘊在衆生云テ。佛ノ知見本ヨリ蘊ニ在セリ衆生ノ一念ノ心一。權實相冥シテ百界一念ナレハ生佛無レ所レ隔也。受潤不二之時。(天玄四、三六〇。釋籤)云テ三物理本來性具ニト權實一。無始薰習或實「或權。(「」(底)㋑[ナシ])權實」由レ薰。理恆平等。遇レ時成レ(成㋑或)習行願所レ資等。所化衆生受ニ潤スル能化利益一相也。衆生元ヨリ具ニ權實性一。故ニ能化ノ如來ノ權實ノ利益ヲ受ル也。約レハ二本門一ニ。衆生卽本覺ノ如來無作三身也

觀音本願云。不還本覺捨大悲云云(云云㋑矣)或釋云。一念情生卽墮ニ異趣一。(大正藏九、四二下。壽量品)無始以來於ニ今日一無レ有ニ異法一。故名ニ正(正㋺[ナシ])等覺一云云如來。如レ實知ニ見三界之相一。無レ有ニ生死若退若出一矣(天文五、二三二〇上。文句記)釋云。有五住習(集カ)名レ退。有ニ二死果一名レ出矣五住二死之

退出無レ之。法華論云。(大正藏二六、九中)謂常恆清涼不及(及㋺變)義故矣此不及(及㋺變)義故ト者。非云十法界當體卽(卽(底)理)理更無(無(底)㋑[ナシ])所依ニテ。(「不變眞如カ」)得レ體ヲ佛法ナル處ヲ云ニ不變(變㋑及)義故一ト也。降三世ノ隨身ノ蛇瓔珞。是卽チ惡當體佛界ナル手本ナル也。果上以ニ佛眼智(智㋺佛智照)一之唯佛無生ト者。十界當體卽理ニテ其性眞實也

大日經義釋ニ釋レ經。(續天全密教1、十九上)一切有情色心實相。從レ本已來。(㋑㋺(以下(底)第三卷末まで缺丁))大日如來平等智身等文云ニ(云㋺[ナシ])衆生卽本成佛一事。本門正意也。又大日如來者。三千世間ノ異名也。是一切法佛法ト云誠證也。此心ハ。眞言・天台和ヨ合(和合㋺和會)シテ其意ヲ可レ云事也。十不二門ハ。雖ニ迹ノ十妙終一ト。云ニ本迹十不二門一ト。和シテ本迹二門ニ釋スル文也。其中ニハ。本門ノ意モ有レ之。又迹門ノ意モ有レ之。本迹不二ノ意モ有レ之。隨レ應可レ得レ意事也。豎ニ次第淺深シテ云時ハ。一切一心識ハ隨緣(緣㋑[ナシ])眞如第九識。一心一心識ハ不變眞如第十識也。仍テ不變眞如ハ深也。教時義ニ如レ此釋レ之。起信論幷釋摩訶衍論ヲ引證スル也。此ハ尚迹門意也。本門意ハ。釋云。(天止三、二七一。弘決)一家圓義。言ニ法界一者。須レ云ニ十界卽空假中一。初後不二方異ニ諸教一文圓融十界三諦卽是ノ法ニテ初

後不二也。此義當レ異ニ諸教一也。隨緣眞如ノ義不レ談ニ諸教一故也。此十界空假中ニテ初後不二也ト云者。以ニ十界一分ニ別スル三諦一ニ時ハ。空ハ二乘。假ハ菩薩。此假觀ニ能緣ハ菩薩界。所緣ハ六法界也。空假ニ具足スル佛界ハ中也。佛界十法界者約ニ中道一（「曰皆）分別スル也。又一一ニ可レ具ニ三觀一。又十界皆空皆假皆中也。玄二云。（天玄一、五一八）若十數依ニ法界一者。能依（從カ）證ニ所依一卽入空界也。十界界隔者。（「卽カ）假界也。十數皆法界者。卽中界也云云 隨緣眞如時。三諦歷歷トシテ十法界初後不二也。此時ハ一心一心識ヨリモ一切一心識ハ深シ。（大正藏十四、五三七上十六行）其故ハ淨名經中ニ歎ニルニ佛功德ヲ時。喩ニ（踰カ）於（不カ）須彌一（理高カ）云云 大師釋タマフニ此文一ヲ。（大正藏三八、五七七下。取意）須彌槃石（盤固高カ）固遠也。如ニ法性無動之理一。無上ノ佛（佛カ）智顯レ之（有顯理之カ）有レ功。故云ニ（言ニ逾カ）喩於須彌一 文 此釋正一切一心識ノ隨緣眞如。一心一心識ノ勝タリト二不變眞如ニ一見タル文也。壽量品記云。（天文五、二三五八上）以レ對ニ性得無ニ功用一故。故修名レ過。若爾初住已上亦名ニ分過一（言殘カ）○ 然識惑在且名爲（爲曰又）レ復。又讓ニ極地究竟名一レ過 云云 非ニ釋私一ニ宣給一。此意ハ仁王經ノ中ニ。（大正藏八、八二六下）超ニ度世諦第一義諦之外一。爲ニ第十一地一 文 世諦第一義諦之外超ニ度シタル佛果一位。是隨緣心也。

第一義諦者不變眞如也。此第一義諦ニ超度スル修德佛果。隨緣眞如有功用之邊ハ不變眞如ニ勝タル也。仁王維摩經等ノ意。經ノ面ハ隨緣眞如（「曰不變眞如歟）ト二種ノ眞如ノ實義可レ不レ顯レ之。然今ノ法華ノ以レ心ヲ立還テ見レハ不變眞如。或ハ隨緣眞如也 山家釋云。（傳全二、五六七）不レ具ニ隨緣一故。緣起不レ足故。（卽カ）教有ニ權實一故 文 隨緣眞如之實事。菩提心爲レ因。大悲爲ニ根本一。方便爲ニ究竟一云ヘハ。此實義ハ孤（孤イ曰狐）リ本門ノ所談ニテ有也。又迹門意。（天玄四、四一〇。玄義）佛相卽無有一異。三佛具足無有闕減ト談レトモ之。但開ニ會シテ所說法一。未レ會ニ能說之如來一。三身一身ニテ法報卽應身。應身卽法報トマテハ（ハ曰ヲ）也。仍テ一近故。二淺深不同故。三被拂故ト云。以レ三於（於曰故）簡ニ迹三身一ヲハ也。況迹門ハ理圓也。廢ニ九界十如一顯ニス佛界十如一云トモ。猶顯ニス一切衆生皆成佛道之理一計也。（天文五、二二八四下～六上）一身卽三身名爲レ祕。三身卽一身名爲レ密。又昔所レ不レ說名爲レ祕。唯佛自知名爲レ密。（「○カ）佛於三世等有三身ニテ。（文カ」）衆生ノ相性體ノ三如是。如レ次法報應ノ三身ニテ。本地無作ノ三佛顯本爲事圓ニテ。隨緣眞如ノ事事相卽衆生ノ當體本覺如來ナル義ニ不レ及也釋云。聞㆓於長壽㆒(天文五、二四一二下。文句記)開通無礙。信㆓一切法皆是佛法㆒云云此信一切法皆是佛法(遠カ)ト云ヘル。三千世間ノ諸法隨縁眞如之全體ニテ。一切衆生草木國土悉皆本來無作三身ニテ我一念ノ心也。只心是一切法。一切法是心ニテ。我一念ノ心卽三千世間也。三千世間卽我一念心也。生佛一體無二也

釋云。故至㆓止觀㆒(天止三、二七一。弘決)正明㆓觀法㆒。並以㆓三千㆒而爲㆓指南㆒。乃是終窮究竟極說文 一念三千ノ觀卽佛體ニテ有也。天台一宗ノ奥源也。靈佛・靈菩薩・天童・惡靈(靈㋺[ナシ])・邪神・夜叉・羅刹。都一切有足無足魚鳥蚊虻等。草木國土悉實相眞如妙體。三身一身本佛也。若爾者。何ノ惡靈邪神カ惱㆓亂セン我心㆒ヲ。魔卽法界也。化(化㋺佛)道何遠ラン。一心一念卽無作ノ三身也。幸哉。今稟ケテ㆓人身㆒遇㆓一乘無二ノ教法㆒ニ。無量劫來癡惑所レ覆。不レ知㆓無明卽是明㆒。今開㆓覺之㆒(「文カ)。始知㆓衆生本來常住(成カ)ノ佛也㆒ト(大正藏十七、九一五上。圓覺經)(也[ナシ]カ)。生死涅槃ハ猶如㆓昨夢㆒。悅哉。生㆓父母㆒。其恩爭報謝。願依㆓此一念三千之觀門㆒。父母師長都ハ。法界衆生同ク顯サン㆓我性法身妙理㆒。南無三觀三身一身卽三佛一體阿彌陀佛云云

7 七 觀心口決

師云。凡ソ天台宗ノ出離生死者。唯以㆓觀心㆒可レ爲㆓指南㆒。然則如來今日一代施化之方便者。直爲㆘不レ叶㆓實相觀心㆒機㆖構㆓五時八教善巧㆒タマヘリ。而天台亦探㆓佛意㆒爲㆓末代惡世我等衆生㆒。談㆓因縁等四種釋㆒釋㆓四教三觀法㆒給也。而彼四種中。因縁・約教・本迹三ヲハ令㆓深觀心作用㆒ニ可レ任(㋺住歟)㆓一念之觀心㆒矣

問。玄二云(天玄一、六六五。取意)。迹門大教興爾前大教廢。本(「門カ)大教興迹門大教廢。觀心大教興本迹共廢 文(文㋺云云)取意。廢彼作用意如何

師云。非㆓棄捨義㆒任待觀心者。件(クタン)ノ三種法門ハ。皆此廣海ニ觀心ノ作用ニシテ歸㆓任觀心一味ノ波㆒云レ廢云レ立也

問。住㆓觀心㆒行者。不レ可レ用㆓事相諸行㆒歟

師云。可レ用㆓諸行㆒也。但可レ異㆓小乘等ノ行㆒ニハ。謂㆓事理不二ノ而諸行㆒也。止五云(天止三、三九二～四。取意)。或ハ教ヲ(文字カ)爲レ門。如㆓大品四十二字門㆒是也。或觀ヲ爲レ門。大論明レ緣㆓諸法實相㆒是也。或智爲レ門。法華云㆓其智惠門㆒是也。或理爲レ門。大品明㆓無生

即佛是也。依教門通觀。依觀門通智。依智門通理。理（理㋑㋺通）爲門復通何處。教觀智等諸法門悉依於理。能依是門。所依何得非門。雖無所通究竟邊（遍カ）通。是妙門也。三門置之。但說教門。（「○カ）今不思議一境一切境。一心一切心文

文句十云。（大正藏三四、九二二下。觀音義疏取意カ）一心稱名者。有事一一心有理一心者。請觀音中。繫念數息（「息カ）十不亂名一念。歸憑更無（「無カ）二念。名事一心。理一心者。達此心。衆（衆㋺ナシカ）自他共無因（不可得カ」）。無心無念定（定㋺空）惠相應能稱皆不得。名理一心文 又云。（同、九二三上。觀音義疏取意カ）問。一心稱名今生有無一分利生如何。答。一心稱名有事理心。稱之無不蒙益。若不爾者。如向鏡皆見影。望各（谷カ）（各㋺呑）閉口。豈得影響云云（觀音〔㋺稱〕念謂之）

止五云。（天止三、一〇八）仍前六重依修多羅以開妙解。今依妙解以立正行文 又四種三昧義。誦經○（○㋺ナシ）供佛等行。皆是諸行悉三因佛性修行。事理相應行尤可用之也（已上文大旨以爲令用心也）

問。抑就觀心不變・隨緣如次約本迹二門相。如何可存之耶

師云。諸文釋有其意。先不變不二觀者。止一。（天止一、三七二）一念心即如來藏理。如故即空。藏故即假。理故即中。三智一心中具不可思議文（同、三四二）又云。常境無相。常智無緣。以無緣智緣無相境（「無相之境無緣之智カ）。境智（而言境智カ）冥一其體不二文 起信論云。（大正藏三二、五七七下）所謂心性○（○ナシカ）常無念。故名不變。以不達一法界心（心ナシカ）。忽然念起（「故心不相應カ）名爲無明文 止五云。（止三、二九〇）若從一心生一切法者。此則是縱。若心一時含一切法者。此則（即カ）是橫。縱亦不可橫亦不可。只（秖カ）心是一切法。一切法是心。故非縱非橫。非一非異。玄妙深絕。非識所識。非言所言。所以稱爲不思議（「可カ）境。意在於茲（此カ）文 此等文意。諸法言（言㋺實）相中道不二妙境迹門眞如妙典尤相應歟云云

次。而二觀者。前覺佛菩薩更非他本覺無作十界互具。令（令㋺合）浮我一念心上（鏡像譬意可思合之）依之智證大師釋云。（佛全27、一〇六〇上四行。些些疑文カ）釋迦如來久遠成道。皆在衆生一念心中文 弘決五云。（天止三、二〇七）又復學者縱知內心具三千法。不知我心遍彼三千。彼彼三千互遍亦爾文 達（「㋺磨）悟性論云。衆生導諸佛。諸佛導衆生。迷時導衆生。悟時導諸佛云云（諸文廣可見合之）所詮以彼文釋意。圓宗學者事理而二不二修行用心也。是本迹二門妙

行大旨也。親謂レ之。深成隔ニ情妄一為ニ不二一如究竟旨一。令レ歸ニ十界融卽本性一也

次。本門而二妙覺者。迹門十界融卽悟了ヌレハ。諸法ハ元來隨緣眞如。本性本有ノ十界三千法體法然無作ノ體ナレハ。萬（天文一、五一下）法依正不レ住ニ本法一。住ニ三世常恆直達法界ノ念一也。只觀ニ己心高廣一。扣ニ無（〓之カ）窮聖應（本ママ）一。有處念也。次云生ハ法性生。滅ハ法性滅。但信ニ法性一。（天止一、三七六。止觀）不レ信ニ其諸一　文（㋺等）常不レ可レ妄（忘カ）ニ此觀一穴賢穴賢

問。圓意國土衆生五陰之三千世閒ノ法外ニ全ク無ニ餘法一。卽（㋺而）ニ於此法一ニ失ニ四土簡別一。隨緣不變眞如妙體トモ謂レ之。唯佛唯佛（唯佛㋺與）境智覺滿ノ寂光也ト可レ得事如何

師云。實佛法者只仰取レ信。法門名目許ヲ雖レ轉レ口ニ實於ニ諸法現體一ニ明明存レ之。申ヨ披凡聖因緣一ヲ學者ハ希ナル者也。爰ニ於ニ我等六識所緣一ニ能能尤可レ開ニ不審一。先ツ法界ハ情非情ノ五形五根本體也。謂以ニ木火土金水一ヲ卽成スルヲ器世閒（世閒等㋺）等一ヲ（世界卽土）名ニ法界非情一ト。雖レ多ト諸法一不レ出ニ五行一ヲ。五行卽地水火風空ニシテ。此空此五大緣起緣生スルヲ名ニ有情一。五陰能生ナレハ顯ニ六根六識一。十二緣生三世ニ無レ絶コト相生相剋シ只無ニ別法一。此國土・五陰・衆生ノ三世閒。無始本來ノ生死ノ體也。而出ヨ氣遍法界ノ風大一ニ入氣亦歸ニ身中風大一ニ。法界ノ水大遍ニ我身一ニ。謂レ之身中水大歸ニ法界ノ水一ニ。法界ノ火大遍シテ我身一ニ煖レ之。身中火亦死スレハ歸ニ法界一。皮肉骨死歸ニ法界大地一ニ。如レ此相生相剋シテ三世生死本來法然也。故衆生・五陰・國土ノ三千世閒法。以ニ此五行等一ヲ為ニ根本體一ト。而此五形三千法相ノ生可レ云ニ隨緣眞如法一ト。此五行相剋シテ歸ニ本法一ニ云ニ不變眞如一ト。此五行ハ。法界モ一大モ闕テハ器界三千更不レ可レ有。又衆生ハ此一大モ闕ハ。衆生ノ依身モ全不レ可レ有。又生ルモ一藏四藏具ヨ足之一。一行ニ具ニ四行一ヲ。死テ四藏歸ニ一藏一。四行ニ各具ニ五行一。五藏四大五陰都テ互ニ不ニ相離一法也。仍テ於ニ生死事法一親タリ。事事互具法體爭カ疑ハンレ之耶。此五形有ニ我身中一ニ時成ニ五藏一

肺・心・肝・脾・腎（鼻 舌 眼 身 耳）（金 火 木 土 水）。此五藏如レ次（商 徵 宮 羽 〔角〕）形トテ鼻舌眼身耳五根

又同如レ次成ニ皮・肉・筋・骨・髓（伏平 夏黄 春雙 土用 多盤）五體一ヲ。彼云ニ六識所成衆生一トハ也。此六根六識ハ本性不相離ノ法ニシテ一根ニ悉ク五根具足スル者也。至ニ六根清淨位一ニ互融スルコトモ本性互具ノ故也

抑モ四種佛土ノ中ニモ。同居ハ是彼ノ五形所成ノ國土。卽三界娑婆界也。自レ是外ニ無ニ餘土一。此土ヲ爲レ體ト分ニ三土ノ別一ヲ事。只斷惑證理ノ機ノ感見ニ得レ之。三千世閒ノ中ニモ國土世閒ハ惣體也。衆生ノ五行ノ中ニモ地大殊ニ大主也。故迷ノ衆生死時。五大歸ニ本性大地一。境心ハ託ニ在生ノ妄執業境一。隔ニ生六趣一生ニ六趣界一ニ。然則チ悟ル時。身ハ法界ノ境ヲ爲ニ所依一ト。心法界唯心ヲ爲ニ能依一ト。境智冥シテ色身（心カ）不二ノ妙體ニシテ。死ハ歸ニ不變眞如一ニ。生ハ歸ニ隨緣眞如一ニ也。本有ノ無作ノ生死。非ニ滅現滅生死也。故一心三觀所作故也。彼生身得忍菩薩。分段身捨不捨深義相可レ思レ之云云

授決集云。（佛全26、三八八上）莫レ謂下煩修（行カ）ニ萬法一證ント中無上佛果上。我是（是ナシカ）一心三觀（「〇カ）融ニ通シテ萬品一皆爲ニ一心一。心與レ性合更無ニ分別一。卽是眞如 文 可レ思ニ合之一 金錍論云。（大正藏四六、七八五下）諸法必十如。十如必十界。十界必身土 文 可レ思ニ合之一

私云。此五行法門已前條粗申レ之

師云。諸法根本事相體尤可レ然之由。我仰ノ閒注レ之處也。凡ソ內ノ五形外五形。法界五智五大法身ノ事。顯密雖レ異。謂ニ其實體一者是同。不レ遑ニ委注一仍略レ之

問。三道卽轉ニ三德一觀相如何。是血脈傳受已前口傳也

師云。天台宗ノ學者。只聞ニ觀心分一捨ニ教門ノ道一不レ可レ然。仍テ共ニ可レ存ニ教證二道一ヲ也。然レハ則チ謂ニ教道一者。眞如法界唯心三觀修得ニ觀達スルニ。此三觀卽三身ノ體ナレハ。或ハ得ニ事三佛一。是可レ有ニ三智一。一空智二假智三中智ナリ。是名ニ不思議智一切種智一ト。以ニ此智一ヲ觀ルニ我心直（直㊀眞）體一ヲ亦可レ有ニ三道一。一苦道。是心造形卽我身也。二業道。是有ニ我心一惡業也。三煩惱道。暗ニシテ我心ニハ不レ令レ見レ佛。然ヲ觀ニ此三道ノ本源一ヲ。以ニ空觀ノ智一ヲ成ニ法界唯心ノ觀一ヲ。破シテ隔網一暉スニ大覺大智明一ヲ。以ニ假觀ノ智一ヲ觀ニ我心一惡業性。其業體卽達ニ本有常樂ノ功德一。此無明ノ業ハ。色心ノ二法卽空假ノ二觀ナレハ。境智ノ悟リ成レ之。第三中觀ノ智ハ。彼ハ境智色心ノ法ヲ達ニ法然一ト如レ是觀者也。如レ是觀成レハ顯ルニ法身・般若・解脫三德一。忽チ隨ニ行者ノ意樂一ニ成ニ事三身一ヲ。指要鈔ニハ。（大正藏四六、七〇六下～七上。取意）若心（心ナシカ）不レ立ルハニ陰等爲レ境ト。妙觀就レ何顯。故離ニ三道一卽（「㊀卽）無ニ三德一。如ニ煩惱菩提生死卽涅槃一 文 又云。（同、七〇七中）的シク示ス圓觀

須指三道是三德。故於陰等觀不思議也文 弘五云。（天止三、四八五。取意）在無明時法性不滅。無明法性其體一故文（此等可思合之）凡此三德智達本覺三身全（「回成）我所具佛體也。三世諸佛即在衆生心具。在心具時被云性具佛。至覺滿可被云修德佛。心佛及衆生是三無差別皆我所具覺體也。可修性一如

問。三觀即三身教證了達上境智冥合悟事。尚不審如何

師云。觀之可名眞修行。謂以境者情非情萬法法身妙體也。智者如之一切種智。即報身智惠也。就此觀有無相・無緣。無相者。境智冥合絕能觀所觀念。法身平等無所可分別無相。（「回也）無緣者。自體顯照境外無智境智不二也。依之淨名廣疏云。如但境文 止一云。（天止一、三四三）無相之境相無緣智（「回之（智境カ））境智冥一而言境智。故名無作。（「理カ）是名不思議文 決集（「授カ）云。（佛全26、三六三下）圓頓直修即智（「即境カ）。理照不二。體恆照。觀無出入文（無緣智〔回緣〕無相境）次。無作觀者。我心涉三世浮一念。此一念者委謂之

者。一心可有三。一此心且據外緣色。二且據內心性。三此心且具前色心二。而色質者是法身。體內心性般若。相即解脫也。此三法圓融不相離。只在我當體一身故也。與心性法爾不二三世一念（回本ノママ）不漏一塵。今始無所可觀照。趣法體法爾垂居處可云無作觀也。授決集云。（佛全26、三八八上）莫謂煩修萬行證無上佛果。我一心三觀。融通萬品（「推ヵ撿四運併無生カ）皆爲一心。心與性合更無分別。即是眞如文如先 爰以繫緣心於法身行住坐臥開眼閉目常無忘。時時節節存念漸開發。常住妙法惠眼心上令顯現所具佛身。更不可疑。心即上求菩提心故。此心思（思回忽）如先佛覺心。萬法我有心是法界慈悲自薰故。下化衆生心普利九界群類文

問。如此執直達法界成佛法華實相如何可存知耶

師云。止一云。（天止一、一五三〜四）勝天王般若（勝ナシカ）（「○カ）云。惣持無文字。文字顯惣持。此指俗諦可證（說カ）。淨名云。文字性離即是解脫。即說

是無說文。次(決カ)云。眞如之理實不レ可レ說。今(「○カ)三止觀亦復如レ是。惣持卽是不思議俗。(天止一、一五三～四。弘決)此俗亦非ニ文字可キニレ說。亦假(「○カ)ニ諦(俗カ」)文字ニ說レ之。(「○カ)文字是色法。色法卽實相。實相既無レ別。說卽是無說云云。以ニ此等文ニ可レ得レ意者也。就レ中。法華說文可レ見レ之。所詮。實相眞如ハ。雖ニ無形ニ顯ニ言說ニ。文字體敎ニ化衆生ニ令レ發ニ覺悟心ニ。是稱レ經ト我等導師也。勸發品文可レ見レ之云云

一心三觀口決

予定嚴。生年十才(十⊖十七)之時。入テニ先師室ニ長大之際隨遂チク(逐カ)既ニ三十四年。全不レ値ニ于他師ニ唯學ニ此一流之法門。同天台玄旨血脈ニ了。仍テ彼口決觀心之用意等。累年運日隨承レ之。雖ニ彼禁ニ筆端ニ。爰ニ定嚴給。愚鈍爲レ資ニ後日自身菩提廢忘ニ。隨ニ師講ニ令レ詮(詮⊖註)レ之了。是不レ可レ及ニ他見ニ。尤叵ニ露顯ニ者也

8

八(八⊖ナシ) 四箇大事　一、四句成道　二、證道八相　三、被接斷位　四、本迹同異

傳云。四句成道者本出タリ。所謂以ニ十方臺葉ヲ互ニ爲ニ主伴ト(「⊖作)ニ四句成道也。此座臺上ハ本高也。十方ノ葉上葉中ハ迹下也。次。十方葉上葉中ハ本下也。此座ノ臺上ハ本高也。此座ノ十方臺上ハ本迹俱高也。十方ノ葉上葉中ハ本迹俱下也。是レ四句成道ノ根本也。然ルニ今家ハ四十二位相對シテ作ニ四句ヲ也。意ハ初住ヲ爲シレ本ト。妙覺ヲ爲ルレ迹ト之時ヲ。云ニ本下迹高ト也。妙覺ヲ爲シレ本ト。初住ヲ爲ルレ迹ト之時ハ。本高迹下ノ句也。本門ノ初住ヲ爲シレ本ト。迹門ノ初住ヲ爲ルレ迹ト之時ハ。俱ニ初住ハ下位ナレハ。本迹俱下ノ句也。「本迹ノ妙覺ハ。(「」⊖ナシ)俱ニ初住ハ下位ナレハ本迹俱下ノ句也。」本迹ノ(迹⊖覺)妙覺ハ。俱ニ高位ナレハ本迹俱高ノ句也。然ルニ本ヲ爲ニ法身ト迹ヲ爲ニ八相ト。迹ハ約シニ外用ニ。本ハ約ルニ內證ノ法身ニ也。惣シテ四句成道ハ。如來ノ化他ノ相ヲ爲レ顯也

尋云。從ニ初住內證法身本ニ垂ニ妙覺ノ迹ニ所以者何(何⊖如何)

答。內證證ニ得法身本ヲタニモ了レハ。被ニ妙覺加ヲ作ニ妙覺振舞ニ。等覺菩薩爲ニ所化ト。斷(斷⊖ナシ)ニ最後品無明ニ也

尋云。若爾ハ。等覺菩薩直值ニ妙覺ニ可レ斷ニ最後品無明ニ。何ソ下位初住ノ菩薩依テレ被レ加ニ作妙覺ニ斷ニ元品無明ニ乎

答。此事師弟契リ至ニ開悟之時ニ不レ絕事顯タリニ此一句ニ。意ハ

初住ノ菩薩ハ。昔シ至ン二觀行ノ位一ニ時。値二此人一ニ下種結緣セン。弟子ハ勇猛精進ニシテ速ニ至二等覺ノ位一ニ。師懈怠ニシテ退シテ作二六道ノ凡夫一ト。而等覺菩薩爲スルレ斷ムト二最後品無明一ヲ時。一ノ礙有レ之。其故ハ斷二最後品無明一ヲ證コトハ二妙覺ノ理一ヲ。必値テ二最初結緣ノ本師一ニ可レ有レ之道理也。依レ之還テ尋レハ二我等師一ヲ輪二廻セリ六道一ニ。此時弟子ノ等覺ノ菩薩。入重玄門シテ致(到カ)二師ノ處一ニ勸テ二佛道因緣一ヲ。種種ニ誘二引シテ之一ヲ。令レ至(至㋺カシ)二初住一ニ。其時。師依二弟子敎一ニ契二當シテ初住無生ノ位一ニ。內證得二中道法身ノ本一ヲ。然閒進ムニ二上位一ヘ時剋久故。初住菩薩作二妙覺極佛ノ授職灌頂一ノ時。件ノ本師ノ弟子。等覺ノ菩薩斷二盡シテ最後品無明一ヲ。證スルハ二妙覺無累解脫一ヲ。此ヲ云二本下迹高成道一ト也。故ニ釋シテ云二還於此佛菩薩成就故一ニ。此意高野大師モ宣タマヘリ畜(蓄カ)レハ二能弟子一ヲ師弟俱ニ至ト二佛果一ニ。次。本高迹下成道者。上能兼下ノ道理ナレハ。妙覺如來垂テ二下位ノ迹一ヲ利ルコト二衆生一ヲ如レ常。次。本迹俱下者。從二本門初住一ニ垂シ二迹門妙覺ノ迹一ヲ可レ有レ之也。次。本迹俱高者。本迹ノ利益俱ニ高位ヲ爲レ本ト。垂二高位ノ迹一ヲ云二本迹俱高一ト也

尋云。是ハ凡ソ四句分別義也。約二行者ノ一心一ニ如何作二四句成道一耶(耶㋺乎)

答。此レ卽チ是ノ法門ノ眼目也。迹ハ八相像ナル二應身ノ成道一ニ。本ハ法身約セリ二內證法身理一ニ。然ルニ應身ノ八相ハ。立ツ二一念起ル一ニ上ニ。一念起ル者無明ノ一念也。故ニ行者所起ノ一念ヲ云レ迹ト。一念不起不生寂滅本分ヲ云レ本ト。此時ハ雖二初住ノ不生ノ理ハ下位一ナリト被レ云レ本ト。二住已上ハ至テモ二妙覺一ニ外用ノ方ヲハ皆取二垂迹一ト。無明ノ上ノ儀式是也。次。一心不生ヲ妙覺高尚シ一念無明ノ迹ヲ皆下ス也。是本高迹下ノ句也。此兩句ハ或ハ下シ二不生心一ヲ一念無明ヲハ高二尚シ妙覺一ト。或卑二劣シ迹一ヲハ高二尚ス本一ヲハ。於テ二煩惱與二菩提一二法上ニ立二高下一ヲ也。本迹俱下者。無明ノ一念モ。一心不生ノ體モ。俱ニ下ス也。是ヲハ捨テ二煩惱一ヲ取二證ムト本心一ヲ向處ノ情執俱ニ煩惱ノ分域故ニ被ルレ下也。本迹俱高者。煩惱ノ迹モ。不生法身ノ妙覺ノ本モ。俱ニ居カ二一位一ニ其體不生平等也。無下可二卑劣ス無明上モ。無下可二高尚ス本身上モ。故云二本迹俱高一ト也

所詮。此四句成道ハ習二本迹俱高ノ一句一ト也。然ハ所詮ハ。佛

果圓備（㋺滿）ノ位ニモ書ニ顯シテ無明煩惱有トレ之。菩提・煩惱ノ體不二ノ妙旨ヲ明也。雖レ有ニト無明煩惱一無ニ通用一。諸惑相應ノ道理ニテ。九界ノ念念心心皆有レ之也。如レ此習傳大事ハ。只我等モ與ニ妙覺一同體ノ身ニテ。行住坐臥ノ作業落ニ居スル佛果ノ利生方便ノ妙體トレ也。一切衆生皆本迹倶高ノ一句ニ攝在レ之。然ハ我身ヲ不レ可レ卑ニ迷ノ凡夫一ト。妙覺極佛ノ出ル化他門ニ形トレ可レ知レ之也。若爾者。鎭ニ法界皆救ノ思ヒ。不レ可レ有ニ廢退一也。故ニ云ニハ四句成道ハ無作三身ノ比翼トレ此意也。可レ思レ之。
尤可レ祕可レ祕

（對校㋺本奥書）

江州栗太郡芦浦

正保三年（一六四六）八月吉日

觀音寺　舜興藏

〔三、北谷祕典　八箇條　終〕

四、北谷祕典

九箇條（條㋑ナシ）　㊦北三十六帖内

1 觀心重
2 十法界不同
3 妙法二字即我等衆生心色事　定嚴　一心三觀我色心玄
4 本迹同異
5 案位勝進二重開會
6 案位勝進益一人事
7 一心三觀　類聚
　1 一心三觀
　2 一心三觀最要
　3 一心三觀
　4 經得證據事
　5 一心三觀修行用心
　6 一心三觀口決
　7 若境若智同在一心矣　籤三
8 一心三觀祕藏記
9 一心三觀口傳

1 觀心重

觀心重者。夫レ十界三千依正二法ノ當體。當體ハ不レ消ニ各用一ヲ所得ノ心源法體也。觀心法體ト云時ハ。爾前・迹門・本門三重ニ待對處全ク無レ之。爲下於ニ本迹未分ノ心源己己處一衆生ヲ令中ンカ相應上。三世十方諸佛ハ出ニ來忍界〔界㋑无〕同居一ヨリ也。一念不起ノ本心法體ヲ發俱ト見辨スレハ。十界横竪ニ無レ障。各只有任（ママ）ナル心源法體ナリト達ニシ心源法體一ヲ。行者前ニハ。春花。秋紅葉。冬枯木。各所レ施一用ナリ。一用ハ全〔全㋑餘〕分相ニ應心源一ニ無レ隔處也。三世諸佛ノ五時說教ハ建ニ立衆生一念起上一。所以不レ立ニ一念一モ重ニハ。凡夫ノ淺深迷悟高下全不レ立也。起ニ一念一上ニ分ニ別シ善惡〔惡㋑无〕二法一ヲ。論ニ佛菩薩ノ高下一ヲ也。心源法體之重ニハ。善惡モ非レ可ニ分別一ス。只踏得ニ心源法體ノ重一ニ。行者ノ前ニハ。臥處モ心源自體。起處モ心源自體。去來俱ニ不思議ノ心源自體也。此前ニハ釋尊一代ノ五時說教モ。始自ニ得道ノ夜一。終ニマテ泥洹ノ夕一ニ。所說ノ音聲ハ當體卽心源自體〔體㋑然〕也 乃至 現ニ三身相貌一ヲ處無レ疵無レ失也。無窮心源ノ自體也。下ハ自ニ無間炎ホノヲ一上ハ至ニマテ有頂雲上一ニ。各不レ消ニ各用一ヲ。無窮心源ノ自體也。凡ソ觀心不思議ノ重ニハ。非レ可レ分ニ一念トモ三千一トモ。雖レ爾三千依正ノ二法ハ。各用ヲ心源ノ重ニ宛然ト存也。所詮。觀心ノ重ヲ爲ニメ云顯一カ。爾前・迹門・本門ト三重ニ設也

2 十法界不同

果海十界。本有十界。眞如十界。迷妄十界。相似十界。悟他十界也〔「㋑是〕。果海・本有・眞如・悟他ハ。佛果上ノ事也。相似十界者菩薩界。普現色身十界是也。迷妄十界者迹門分也。斷迷開悟ノ十界ナリ。而〔而㋑故〕ニ又實業十界トテ有レ之。地獄界所具十界也。是ハ皆成レ失

尋云。佛果所具ノ九界者。物ヲ不レ謬者難レ得レ意事也。有ニ何道理一如レ此立乎。凡ソ云ニ佛果ノ所具一ヲ知ヌ。無ニ疵失一聞タリ。若如ニ迷妄一ノ此ニ有ラハ疵。難レ云ニ佛果ノ所具一ト。若シ無レ疵云者。九界ノ名ハ名ニタリ一迷一スルニ。得（故カ）ニ無レ疵只一佛界ニテ可レ有レ之。何立ニ佛果ノ所具一ヲ耶

傳云。此事實難レ晴事也。雖レ然任ニ當家ノ相傳一ニ可レ得レ意樣ハ。迷妄十界者。其界界各別ニシテ隔歷不融也。故ニ我等ノ

外佛界有之。佛界外九界妄染法有之難執也。而悟中十界迷執妄外無之。但除其執不除其法故。（大正藏七五、四九七中。菩提心義抄）除十界各別執情知十界一心。互具互融此云悟中十界也。故云迷則三道流轉。悟則果中勝用。於其取佛果有九界樣能能可知也。所以十界三諦三諦理。此十界身身共名不可得。各各慮知即三觀也。六道與菩薩雖出假・賴緣假不同俱假諦。（天止三、二七一）二乘空諦。佛界中道也。爰以止五云。言法界者。須云十界即空假中。方異諸教矣天台意。萬法云三諦三觀也。殊云十界三諦三觀。諸教無之故云方異諸教。而聞九界中上空假故。佛果所具九界不謬物。譬如刀長人持時成物益不損人。小童持之時切手損身也。佛果所具時。長人持譬之。小童持迷妄十界云云九界一念起假。九界性空寂空。九界眞空冥寂中道也能能可思惟之而佛果上九界頗有思合之處。佛界所具九界心。能能可知之。所以六道云賴緣假。約迷立時事也。云悟中

十界時。六道有出假利生本也。其故。地獄懺悔滅罪法華道場。燈燃猛火即一心三觀智光。墮罪衆生色心。妙境妙智色體無相法身也。苦受逼迫報身也。膨張爛壞彼應身也。堪然無相心中道觀。寒熱慮知報身智體。如此怖一切衆生令得菩提方。饒益有情戒應身。餘界准之可得意也。惣一心三觀鉤九界如此得意也。其上云就境爲法身。就智爲報身。（天止四、一三一。止觀）起用爲應身。或云皮肉骨即三身。眞言三妄執即三身也。大日等立之此等道理也。若無六道出假方便無之者。三世諸佛依何斷惑證理可證無上菩提乎。眞言無閒地獄即不動明王化。或地藏化身也。其所以者。何胎金兩部依善惡而與大日名。胎藏者。地獄等五道趣。金剛界。天二乘等法式也。天台云三諦三觀。不動火焰火生三昧。是衆生燒煩惱薪。是亦眞言懺悔滅罪道場也。根本大師。無作三身爲體。此體現用時。顯六道。或經法身流轉五道名（傳全二、五一一。守護章）爲衆生矣又云。法身體遍諸衆生。客塵煩惱爲覆藏。（佛全31、一九七下。自行念佛問答）

不レ知三我心有二如來一。流二轉五道一無二出期一矣 根本大師自隨（自④ナシ）（意觀法集）十法界衆生皆發心修行矣（大正藏七五、三七六下。教時義）其菩薩界。常修常證無始無終。自受用身。常滿常顯無始無終文 此等思案ハ。惣當家習ナリ。三世諸佛ノ地獄トハ此等心也。如レ此得レ意時ハ。地獄ノ破戒心ハ。饒益有情戒。餓鬼慳貪ノ貪體ハ卽覺體。貪卽菩提心。畜生愚癡ハ還テ同二本覺一貌。修羅ノ瞋恚・恚癡亦復然形。於二人閒八苦一八相成道ノ基。天上五衰ハ五輪ノ成就。五相成身ノ體。二乘ハ猒三離生死一。佛道修行ノ本源。生死卽涅槃ノ因緣。菩薩ノ大慈大悲ハ普門示現資二四弘一。如レ次四土不二ノ方軌。佛果圓滿處ハ圓頓行者ノ一心一念ノ體也。如レ此得レ意時ハ。何界ニカ過有レムレ之。何界有二ム疵曲一耶。從來如レナルヲ此。凡夫妄リニ不レ知レ有レ之。見二テ其全體一ヲ後ハ無二迷悟一之處二。妄謂二迷悟一ト。三魔顯ハレテ後ハ十界ノ體併ラ自受法樂ニシテ一切皆佛法。是ヲ云二皆緣實相（相④ナシ）ノ修行一ト也。我等カ心外ニ知ハレ有トレ之。萬法隔歷シテ皆無明也。故ニ悟中ノ外ニ無二迷妄一。迷妄ノ外ニ無二悟中一。只心是一切法。（天止三、二九〇。止觀）一切法是心矣 只一法（④於）有二深執一ヲ名二迷妄一ト。除レ執名二悟中一ト。但除二其執一不レ除二其法一文是也。（大正藏七五、四九七中。菩提心義抄）性德但是善惡法門故不レ可レ斷。（天止三、二七二。弘決）又佛本不レ斷二性惡法一故性惡若斷。普現色身從レ何而立。（大正藏四六、四五〇下。止觀義例）可レ思レ之。此法門ハ三身相卽與二金錍論三重事理一可レ思レ之。是レ血脈以後ノ法門不レ可レ輒 云云

3 妙法二字卽我等衆生心色事　定嚴

後日師云。天台宗最要肝心者。法華妙法卽我等心色。此心ヲ空體者。無障無礙德用畢竟第一義空。假ハ全ク空ノ體ナレハ。此心ヲ不レ被レ閉二五根一。住二法界唯心一ニ時ハ。卽空無障礙也（能能可レ案二此旨一）而ニ風ハ動レ物ヲ。水ハ潤レ物。土生レ物。鳥飛レ空ヲ。都テ情非情ノ萬物ハ各成二其功能一ヲ。皆是心所成也。是法爾不思議ノ功用。一心ノ作用也。故妙者不思議ノ言ト天台ハ被レ釋此謂也。凡ソ非レ形而生レ形。雖レ空亦諸法能生也。然則生二シ今ノ五陰一ヲ。我心ノ所造ハ此卽十二緣ノ初無明心ナル。有緣ノ父母愛念ヲ爲レ緣ト。各諸法隨緣生セル體體也。此時一念强起ノ無明心。偏隔シテ永ク忘ルルコト二本性ノ迷悟一如ノ妙心一ヲ。爰諸佛爲下散二シ隔忘一ヲ令レ達中法性一如ノ妙心上ヲ所ノ說

給經。名妙經也。萬法具一心故合十界凡聖兩種。仍此心起六凡種名一念無明。此心發四聖種謂本覺心。故本有十界宛然。三世諸佛二智境界也。依之金錍論云。不(「若カ)立唯心一切大教全爲無(大正藏四六、七八二下)用。不許心具圓頓之理即(乃成カ)徒施矣

授決集云 智證 陰生土三惣在一心二(色カ)法之上。故宗教(佛全26、三八三下)文句云不出色心。色心者。我一身上外(「也カ)(「内カ)色心也。除此外更無一(「之カ)切(物カ)。依與(與㊂カ)正圓融本(元カ)在一處。莫覓於外。若爾顚倒分別非(「絶カ)法華之旨矣

觀法集 慈覺 一代聖教源爲觀心。妙法正體在己心故。學者雖多徒數他寶(「自無半錢カ)。於觀心法如聾如瘂。一切衆生皆成佛義。名教纔存行證將滅ト 此等可思合（トイ文） 抑圓融意。非情草木皆有心。故草木知春生花葉。夏住位。秋紅葉果位。冬表死位。如此相名草木所具心所作。加之涅槃鶴林悲相。爭可云草木無心耶 已上妙法即身云事如斯

次觀法者。無別風情。只被一心所生情非情法體。故

弘決釋不思議境。如華嚴云。心如工畫師造種種五陰。一切世間中莫不從(從イ徒)心造(天止三、二四〇。止觀) ○一心一念遍於法界(天止三、二七〇。弘決)(身カ) ○當(天玄三、一八八。釋籤)知皆是(秪カ)一心矣 如此十界三千法皆悉一心所生。故離心諸法不生。離法智心不覺(覺イ立)。明色心不二妙法也。仍今經妙法不依他。即我色心(「イ等)即空假二諦。境智冥合報法二身。此謂法然自體存念云中道行也。如此得意者。三觀非他有我一念。三身非外有我身分。無作事三觀。無作事三身也。然則以我五陰身冥法界全體一理法身。放(放イ施)我一念心薰凡聖一如報身智 已上法字體粗如斯。今文回云 故三世諸佛出世說此妙法(心色)。令悟衆生妙法給云圓頓速疾法華即身成佛一心三觀。而値明師聞(キ)此一言存此一念。雖刹那即全佛果智體。故被(被㊀ナシ)云即身成佛被云刹那成佛一心三觀此口決也。此念更無妄(妄イ忘)念失。念念相續修觀之者。現身證無生忍更不可疑。可悲我三業散亂。於法不可不審(「イ爲)。此圓宗肝要也。仍如來四十餘年之間。小機輒不堪此三觀故

祕不說之。至法華。十界卽性相體三如是也ト三觀說一言給時。三周輩令開悟者也。如來既四十餘年之際祕之給。況末世淺機輙不可許之。此條。當世者。難轉言不信知。最極者。無法威驗。只如食木蟲。若知者。爲未得謂得情。同上慢輩。此等相傳能能可有斟酌。定仙深禁之云云

後日師云。複疎三諦者。相生流專爲深祕云云

師云。複疎三諦者。定仙被仰。相生流以外被己證ト義勢趣。中道所〔イ上〕立三諦云云 此條。今傳強無相違。凡圓融三諦者。繫緣法界令觀之。而複疎觀已前圓融三諦時。雖達一分心性。只無念寂靜時。雖相應中道觀。向事事諸法時。猶被引本念相執情。不立三諦卽是觀門。故爲之令聞俱破俱立俱是法界觀門。令達本法心源廢立也。故釋。(天止一、三二六。弘決取意) 複疎非三而三者假矣依文等下書之 非三者指心性。心性者第一義空一理執上。爲破此見所立三諦故。立替非三而三也。仍此觀本意得一分解了上重爲練之所

用複疎者〔者イ也〕。玉篇云。裏衣云云 弘云。複疎重釋(天止一、五〇〇)矣 疎者弘云。疎通知達(遠カ)(卍續二ー四、一五〇丁右上。捜要記カ)文可見正文 是通達義也。又云。複疎能達心性(天止一、五〇〇。弘決)等云云 是以達心性義云複疎三諦也已上。相生同之 今所論〔論イ詮〕複疎觀者。凡止觀一意。圓融時繫緣法界一念法界觀。蕩諸法隔情令相應寂靜妙觀者也。第五卷正觀一念三千觀法者。心性解了分明。每向事事諸法全法體解了無失念自在。立一念三千大旨也。故正觀章前。被云三千諸法果海全體ト此趣也。仍前六重自色心諸法令尋入心源。自〔一卷〕正觀章自心性眞如法體向事事諸法者也。然則前止觀者。諸法推見實相欲元付法體。〔五卷〕後止觀者。彼法體解了上尚妄情競起時。彼能觀執推見之。故能執見成還歸迷理。眼境一念三千只任元事事本位。境智法然相稱住諸法如是中道念乘居者也。依之止(弘カ)云。法界只是三諦異名矣(天止一、三二四。弘決)止一云。心意識非一故立三名。非三故說一性。若知名非名(天止一、四九九〜五〇一)則性只(亦カ)非性。非名故不三。非性故不一。非三故不

散。非レ一故不レ合。〔ㇾ不合カ〕故不レ有。不レ散故不レ空。非レ有故不レ常。不レ(非カ)空故不レ斷。若不レ見二常斷一終ニ不レ見二一異一ヲモ。若觀レ意者。則接二心識一。一切(切イ心)法亦爾 矣 弘云。若知二名非レ名(同、五〇〇～五〇一)下。惣有二一(六カ)句一。複疎重釋。此六並是雙非雙照。假名及(及イ无)性皆不(不イ无)レ可レ得。寄二此文一〔ㇾ若カ〕立二三觀一者。非レ一立レ三假也。非レ三說レ一空也。名非レ名。性非レ性中也。餘五准レ此。於二複〔ㇾ此〕疎一能達二心性一。方是不可思議三諦妙境。若觀下立名之(カ)意。意能遍造ス。故但觀レ意ヲ則攝二一切一 文 玄三云。非三非(不明)而三複疎 矣(矣イ无) 取意

問。椙生流ニ云フ還成三諦其體如何

師云。複疎ノ觀成トハ元ニ付ク心源一ニ處ヲ云歟。仍テ複疎還成(〔ㇾイ卽)歟」

問。凡ソ如レ此三觀義理幽玄ニシテ。彌我等所觀全ク難レ及。而於二今卽一被レ云二刹那成道一心三觀一。（空白）

肝要云何カ可レ得レ意耶

師云。刹那成道ノ一心三觀者。天台ノ玄旨只在二此事一ニ。凡ソ九箇三諦者。爲レ令レ知二三諦名相卽體一ヲ也。而ヲ今傳ノ血脈。鏡三觀與二智三觀一境智三千ニ見レハ。實ニ甚深ノ義理含レ之者也。今委謂レ之者。此兩箇ノ三觀者。互ニ互ニ因果一ニ。謂以境(境イ鏡)一心者。緣因佛性。是ハ自リ境因一叶二智果ニ境發智一箇ノ三觀也。次智一心三觀者。了因佛性。是自リ智因一叶ニ(正カ)境果ニ智發境一箇ノ三觀也。次鏡ノ一言一心ハ。性因佛性。是ハ彼境智不二冥合ヲ收ムル一言一心ニ意也。仍テ於二彼ノ兩箇一者。鏡ノ一心三觀ナレハ緣因佛性コソ三諦ニハ假諦。三身ニハ應身。萬境ヲ爲レ鏡浮二空中萬像一ヲ。一體三觀三身ノ妙體也。故ニ凡聖如レ是一如含レ之。次智一心三觀者。了因佛性ナレハ。空諦ニシテ報身智也。此智ヲ爲レ鏡浮二假中萬像一ヲ。是亦三觀三身妙體也。仍テ凡聖ノ性具ニ本來含レ之故ニ。境ノ字ハ鏡ノ字ナル故存シ二此深意一ヲ給歟。已上兩箇ハ。凡聖情非情ノ色心ノ二法ハ相性ノ二法ナレハ。空假二諦ハ二重ノ境智冥合シテ。唯佛與佛ノ內證只收ニ此兩箇一ニ。迹門ノ三觀ハ。此空觀相卽ノ三觀。本門ノ三觀ハ。此假觀相卽ノ三觀ノ意也。仍テ妙經一部モ皆含セル二此兩箇一ニ者也(卽迹門 本門)(門イ无)

次ニ第三鏡一言一心者。萬境ハ自心隨緣生ノ法ナレハ境(假色)卽智(心空)空卽境ニシテ。而二不二妙法之二字ナリ。卽法報體也。是ヲ聞ニ

一言ニ直ニ浮ニ我心ニ是中道觀也。故ニ三文（文イ千）ニ皆各置ニ一心ノ言ニ卽一心也 已（イ上）三箇ハ專迹門大旨也 第四ニ智一現者。上件三諦者成畢ヌレハ。始覺ハ歸ニ本覺ニ。本迹雖殊不思議一ニシテ住ニ絶待本法ノ一現ニ體也 已上本門大旨 凡ソ此四箇ノ御筆ノ内ニ三千ノ法體モ皆收之。三世諸佛究竟覺滿ノ妙體モ。悉ク含之給ヘリ。仍テ本迹二門ノ正體也。自是外ハ尚不可求ニ深法ヲ。此玄旨ハ卽三世諸佛ノ覺悟門。一切衆生ノ滅罪道也。聞之一念ハ染ニ心腑ニ。第八頼耶藏ハ永劫不失之佛種ニシテ。終ニ可成ニ佛果ヲ也。只今聞之一念ハ。卽入ニ無上三昧ニ一念ナル故ニ。名ニ遮（刹カ）那成道一心三觀ト也（續天全口決1、一下）

心要云。了ニ一心三諦（一[ナシ]カ）名字卽佛。觀念相續名（名[ナシ]カ）觀行卽佛。六根淸淨相似卽佛。從ニ初住ニ至ニ等覺ニ分眞卽佛。唯佛與佛究竟卽佛。卽故初後皆是。六故簡藍（監カ）文可ニ思合 又六卽義成佛 可見ニ合之 三周聲聞聞ニ此三觀ニ。如來一言ニ卽身成佛セル 可思ニ合之 我等理卽ノ凡夫向ニ此玄旨ニ存ル彼三觀本法ヲ一念卽究竟ノ佛心ナル故。此介爾（刹那）有心卽具三千ニテ。三世諸佛智光モ全一如ニ融シ。九界依正卽我境界也。金錍論云。阿鼻依正全處ニ極聖之自心ニ。毘盧身土不逾ニ凡下（下イ夫）之一念ニ矣（大正藏四六、七八一上）

住ニ此三觀ニ者。如法修ニ觀之ニ事可然。若（若イ[ナシ]）不堪之者。此三觀ヲ行住坐臥不ニ妄（忘カ）失ニ。就境觸緣可存ニ一理（理イ現）念ヲ。是則境旣無量無邊智亦如是ノ。觀尤不可ニ妄（忘カ）失ニ。如此者ハ。若此生ニ縱ヒ雖不成ニ觀解ニ。此三觀德染ムニ第八識（識イ[ナシ]）羅耶藏識ニ。故ニ此了因種子ハ不朽。未來ニハ必ス可成ニ成佛種子ト也。然則。彼三周聲聞王子結緣ノ時。聞シニ今此妙觀ヲ于今不失。同ク悟ニ三觀ニ也 可思ニ合之

後日師云。本門無作ノ三身事 大旨如ニ先先ニ 無作者只一理（理イ現）體也。此時ハ雖不可呼ニ三觀ノ名ヲ。從ニ已前ノ圓融ノ三觀ニ被レタル成體ナル故。隨本呼名也。眞實法體ハ。色心ノ二法ハ卽境智冥合也。然ヲ以ニ三觀ヲ令達ニ本法ニ了レハ。只無作ノ境智也。三世一念ニシテ住スルニ一理（理イ現）ニ時。無始劫來ノ妄隔情此一念ニ卽チ解ケ。念念相ニ應シ諸波羅蜜ニ居ルニ不動轉之心王ニ時。不轉セ歷緣妄情三道ニ自然被伏也。然則。風ハ吟ルニ枝ヲ法然觀卽相應。波ハ動巖ヲ實相ノ悟薰發故。生ハ隨緣眞如之生。境智冥合ノ妙體。死ハ不變眞如之死。理性一如異ナリ。此觀提クルニ

朝夜ニ可レ云ニ妙行ト一。此觀一分モ解了スルヲ可レ稱ニ妙解ト一。此念至テニ一期ノ終焉ニ不ニ妄(忘カ)失セ一。來生ハ歸(歸イ隔)コト二無生ノ理ニ一更不レ可レ疑 云云 卽身成佛義云 慈覺 (不明)人雖レ知レ路。若不ニ擧動一。終無ニ至期一。雖ニ音喧トレ耳ニ。若不ニ勤修一。終無ニ修證一。請フ能觀ニ己心何以カ談ニ他取捨一 矣 尤可ニ修觀一者歟

4 本迹同異

傳云。於ニ本迹二門ニ一有ニ同ノ方一有ニ異ノ方一也。實相ノ理ハ眞如ノ體ト同也。迹門ハ不レ談ニ事相ノ隨緣不思議ヲ一。本門ハ談ニ事相ノ隨緣當體卽法ト一。此ハ異邊也。所詮。迹門ハ一念ヲ爲レ門ト。開ニ此門一見ルニ不生寂滅處ヲ一己心ノ妙法ノ心王也。本門ハ一念不起ノ本心不生ノ心地ヲ爲レ門。見ニ所レ起無量ノ念念心心塵塵法法當體是直體(體イナシ)ト一也。其故ハ。迹門ハ說テニ諸法實相ト一從ニ諸法ノ門一進テ元ヨ付實相ノ心地ニ故也。本門ハ談ルニ實相ヲ一故ニ。實相ヲ爲レ門ト尋ヨ出テ諸法ノ門ニ一門體卽チ見ルニ妙法ト一也。意ハ。迹門ハ捨テテニ煩惱ヲ一取ニ菩提ヲ一。猒ニ生死ヲ一談ニ涅槃ヲ一故也。本門ハ捨ニ菩提涅槃ヲ一取ニ生死煩惱ヲ一也。釋スハニ若貪體卽覺體名本覺理ト一此意也。此則チ本迹ノ起盡同異ノ口傳如レ此。慈覺大師釋(隨意觀法集カ)云。十界衆生發心修行己心佛(「成歟)ヲ是大(爲經カ)意也。故妙經ニハ。諸有所作常爲ニ一事一 矣 (大正藏九、七上～中。方便品)

5 案(案イ安)位勝進二重開會

先。案位開者。十界三千ノ依正二法當體ヲ歷然トシテ一法用ヲモ不レ消シテ。談ニ當位卽妙・本位不改ト一也(天玄一、六〇七。釋籤)(天玄二、二二五。釋籤)。談ニ當位卽妙・本位不改(不改本位カ)ト一時ハ。押テニ法華已前四教八教ノ法體ヲ一不思議妙法ト云テ。全分改ニ三教ヲ一歸ルニ第四圓理ニ一道理無レ之。〔イ三教當體卽眞如自體也。轉ニ四味一別歸ニ醍醐一道理無レ之。〕前四味當體卽不思議妙用也。案位開者。不レ消ニ十界三千ノ依正二法一一ノ用ヲ一。本自眞妙用ニシテ爲レ顯ニカ無レ失無レ疵處ヲ一。今所レ云案位開ノ時ハ。三藏三賢外凡當體乍ニ三賢外凡ノ法體不思議眞如自體 乃至 七賢七聖斷惑證理ノ位ヲ乍ニ其ノ位ニ不思議妙用。通乾(「教カ)惠外凡亦以然也 乃至 以ニ第十地ノ一念相應惠ヲ一斷ニ餘殘習ヲ一成佛スル處モ。乍ニ其當體一眞如妙用也。別教十信等 乃至 妙覺極聖ノ各當體當體。全不レ捨ニ一

切一法性ノ淵底也。凡ソ以ニ案位開意一ヲ云時ハ。界如三千ノ法體宛然トシテ一法モ不レ消。能能可レ得レ意也。以ニ迹門ノ意一ヲ得レ意者。十界三千依正二法「不變眞如妙理無レ障備カレ之〔「」イナシ〕故ニ。不レ得ニ三千依正二法」當體當體一ヲ。全分不レ動不シテレ消ニ界如三千依正二報各用一ヲ。談ニ三世常住ノ妙用一ヲ也。今本門ノ意此ヲ云時ハ。三藏乍ニ三賢一當體當體常住妙用 乃至 圓敎ハ乍ニ圓敎一談ニ法體不思議妙用一也。本迹二門俱ニ案位開ノ時ハ。雖レ談ニ當位卽妙一所詮ハ。事理二重替目也

次。勝進開者。改テニ九界ノ迷情一ヲ歸シニ第十ノ佛界一ニ。轉シテニ三藏一ヲ歸ニ第四圓一ニ。改ニ四味ヲ歸ニ醍醐一ニ。大段可レ得レ意樣ハ。案位開ノ時ハ。斷見思ノ行者ヲハ乍レ其レ。斷塵沙行者ヲハ。乍レ其不レ消ニ法體ヲ置。斷無明ノ行者ヲハ。乍ニ斷無明一ニ不レ改ニ其斷位一ヲ談ニ當體不思議自體ヲ一也

6　案位勝進益一人事

先。案位開・勝進開。一人事ニテ非ニ別事一ニハ。鹿苑證果ノ聲聞經ニ四味調停一ヲ後。聞テニ開權妙法一ヲ相ニ應シテ心源ノ自體一ニ。立還テ見レハ。我等自ニ廣劫一以來依レ轉ニ六道生死一ニ處カ。眞實ニ法性眞如ノ妙理。十界融卽妙體所レ達。不トレ可レ消ニ十界三千各用一云ニ案位開一ヲ也〔「底位開〕。眞實ニハ不レ相ニ應衆生一念心中ノ法然自覺不思議ノ妙理一ニ以前ニハ。迷悟遙ニ隔タリ。凡聖實ニ各別也。六道ノ凡心傾タルニ有法塵ニ衆生ヲ。鹿苑ニ敎レハ空ト。又還テ打捨テテ有ノ執情取リニ但空ノ證一ニ一偏ニ沈ム也。然閒。平等法界海ノ自體自體タル中道ノ妙理ニ元付ケント思召カ故ニ。方等ニ彈呵シテ破シニ空執一ヲ。聲聞內證ニ一分ノ被レ云ニ密成通人一ト萌ニ中道ノ妙理一ニ也。般若冥成別人又以〔以イナシ〕如レ此。終ヒニ法華迹門說キ下不レ隔ニ諸法實相ノ理一ヲ處〔處イナシ〕ヲ上給フ時。三重ノ無明盡レ之雖レ達ニトレ心性中道ノ融通一ニ。未レ窮ニ色體常住妙用一ヲ。第三本門時。聞テニ廢〔發カ〕迹顯本三如來者永異諸經（天文五、二二五一下。文句）ノ無作ノ顯本一ヲ。廢ニ爾前迹門ノ執情一ヲ歸ニ久遠本理一ニ。尙雖レ云トモニ發迹顯本三如來者永異諸經一ト。本迹待對シテ敎相ノ重ニシテ未レ達ニ本迹不二心源一ニ。然閒。本迹待對ノ重ヲハ。云レ非ニト心源法體ノ重一ニハ也。但シ本迹待對シ。發迹顯本三如來者永異諸經ニ名處〔處イ字〕ヲ說ヲ聞テ。言ノ下ニ相應處ハ觀心ノ重也。何ニモ爾前・迹門・本門ト三重ニ

擧ルコトハ。不レ出二迷悟對判ノ重一ヲハ也。心源自體ハ本迹不二ノ法體ニ一念發倶ト相應シテ。立還テ再ヒ思ヘハ。廣劫多生之間流二轉スル六道生死一ニ。妄體卽本心至極ノ妙用也。生死二法ノ一心妙用。有無二道ノ本覺眞德是也。然間。雖レ受二十善帝王ノ生一不レ可レ喜。底下ノ我等カ父母ノ生ヲモ不レ可レ歎。又朝ニ生二春花下一ニ。夕ニ死シテ雖レ交二色深秋紅葉一ニ。愍歎コト一切不レ可レ有レ之。朝ニ生處生モ不思議ノ心源自體。夕ニ死處死モ不思議ノ心源自體也。施二一念無窮妙用一ヲ時。朝ニハ現レ生ト夕ニハ顯レ死ト也。然レハ所生生ハ不生ノ生也。所死死ハ不死ノ死也。施二隨緣眞如ノ妙用一ヲ三世不斷ノ顯二心源自體各三千一ノ妙用一ヲ。如レ此得レ意日ハ。設ヒ生テハ雖レ受二大日覺王瓔珞細軟膚一ヲ不レ可レ喜。又死ハ八萬由旬阿鼻無間責（責イ炎）ニ雖トモレ折二骨髓一不レ可レ歎。生ハ生ナレハ生處ニ不レ留。死ハ不死ノ死ナレハ死處ニ不レ傾。生處モ無クレ疵。死處モ無レ失。三世諸佛出世成道ノ本意ハ。只是此ノ心源自體生死二法ノ一心妙用ナルコトヲ爲レ令レ知二一切衆生一ニ也。天台一宗ノ一大事因緣。何如レ此法門乎。證道八相・四句成道・蓮華因果・常寂光土義等種種口傳相承法門モ。只所詮指二鹿目（メ）一ヲ處ハ此法門也。此心源自體ハ。衆生ニ爲レ令レ知。華嚴トモ或ハ阿含方等般若トモ。或ハ法華涅槃等儀式。只是偏ニ爲レ辨二此本一ヲ也。倩（ツラツラ）制二レハ心於一處一ニ無二事一トシテ不レ辨。所以ニ十界三千ノ依正二法ハ當體一心自體也ト云事ヲ。欲レハ知ントレ之。閑テ散心一ヲ以二心眼一見レ之。八萬由旬ノ山。峨峨タル高山須彌。漫漫大海 乃至 江河鐵圍草木樹林。只一心ノ上ニ浮者也

7　一心三觀〔類聚〕

1　一心三觀

傳云。云二一心三觀一ト一心ヲ云二無我一ト事。當流相傳ニハ。元品無明ト者只云レ我事也。此ノ我在テハ二第八識一ニ雖レ無レ失。我癡我見我愛我慢ノ四煩惱カ第七識ニ迷出。第六識ニ出テテ障フ二萬法一ヲ。此レ分別ノ我ヲ爲ニ對治一センカ置二一心一ニ也。然レハ實無中圓（天止五、二一八。）（止觀）一心定相ト道理尤爾ナリ。爰以云下此理元是如來藏中不思議法。雖（雖イ隨）ニ心取著一成レ外成レ小。汝等所レ行是菩薩道。平等法界方寸無レ虧ト上（天止五、一二一。弘決）。只是釋二スル無我一ト也。傳敎大師。釋二一心

三觀傳於一言ト給フ一言ハ。有ニ無我ノ一言一ニ。雖ニ無我ト而三諦宛然也

難云。無我ヲ爲セリニ本意一ト。何ゾ只云テニ一心一ト不レ止而開ニ三觀一耶

答。止觀心要ハ。最初ニ分ニ別ス此事ヲ一。殊雖ミ無我ヲ爲トニ本意一ト。衆生ハ難レ悟故開ニ三觀一也

傳云。云ハニ三觀一ト只生死二法也。生ハ假。滅ハ空。云モレ生ヲ從ニ中道實相一生。云モレ滅ヲ又歸スニ實相理一ニ。故ニ生モ滅モ中道也。故ニ常住ニシテ不生不滅也。而云ニ空ハ畢竟不生一ト只迷者前事也。此生死二法ハ無始本有ニシテ未來永永不ニ斷絶一法也。故ニ止觀本意ニ出立ハ。造境ノ機ハ直ニ止メ。爲ニ其ニ不レ堪者一前六重ノ章ヲ用。正觀ノ章ニ入テニ本理一心一ニ得テニ三千具足一コトヲ。立還テ經テニ萬法一ヲ見ヨト教フル也。其萬法ヲ見ルトニ三諦一ト云ハ是也。藏通二教ノ意ハ。六道賴縁ノ假ト云テ。其ヲ捨テテ入レ空ニ。別圓ノ出假ハ。非ニ別物一ニ全ク其ニ經テ行也。今三觀ト云モ。只萬法ヲ三諦ト釋スル也。止觀ヲ妙解ノ外ニ立スト人思ハ不レ然事也。行住坐臥歩歩聲聲三諦法也。其ヲ有リノ任(ママ)ニ三諦ト照スヲ止觀行ト名ク。此外ニ事新シク取リ立テテ行ト云事無レ之

2　一心三觀最要

一心三觀者。生死二字ニ落居スル也。傳於一言者是也。元品無明ト者我體也。於ニ諸法一ニ起ニ我執偏執一ヲ在ニ第八識一ニ名ニ無沒無明識一ト。從レ此起ニ四煩惱一也。生死ノ根源ハ元品無明也。飜(飜イ翻)シテニ此我體一云ニ無我一也

求云。小乘ノ意ハ。破ニ四倒一ヲ觀ニ苦空無常無我一ヲ也。何ゾ純圓一實ノ圓頓修行ノ一心三觀ノ一心三觀カ同ニ小乘ニ無我行乎」

答。云カニ無我ト卽無我ニテ有也。我ハ自在義也。同ニ大自在體一ニ不レ同ニ小乘無我一ニハ。互ニ塵塵法法ニ皆是具ニ足一念念生滅一是也。生者假。滅者空。義自ニ中道一理上一生滅也。小乘ノ入空入假ハ。今ノ一心三觀ハ觀體也。常世間ノ人。賴縁假ノ外ニ云レ立ニ圓融三諦一ヲ事無レ謂事也。此體ハ卽チ今日ノ圓融三諦。無始本有(一ニカ)ノ妙觀(三諦カ)智也。爰以止九云(天止五、二一八)。又觀ニ禪心一卽空卽假。雙照(適カ)ニ三諦一三諦而不レ動ニ眞際一。名ニ隨縁止一。通ニ達藥病一稱心當會。名ニ卽假觀一。又深觀ニ禪心一。觀(觀カ)禪心卽空卽假卽中無レ二無レ別(別カ)。名ニ無分別止一。達ニ於實相如來藏第

一義諦無㆑二無㆑別名㆓卽中觀㆒。三止三觀於㆓(在カ)一念心㆒。不㆑前不㆑後非㆑一非㆑異。爲㆑破㆓(三ナシカ)二邊㆒名㆑一名㆑中。爲㆑破㆔二偏著㆓生滅㆒名㆓圓寂滅㆒。爲㆑破㆓次第三止三觀㆒名㆓三觀一心㆒。實無㆓中圓一心定相㆒。以㆓此止觀㆒而安㆓其心㆒矣 決云。(天止五、二一八)故後結云㆓在㆓一念㆒。(「心カ)爲破二邊名一(「名カ)中等者。三諦之體本無㆓一三中邊之異㆒。約㆑(教ナシカ)教破㆑二故名㆑一。爲㆑破㆑邊故中。(「名カ)爲㆑(「破カ)偏故名㆑圓。爲㆑破㆓生滅㆒故云㆓寂滅㆒。爲㆑破㆓次第㆒故名㆓一心㆒。妙理實無㆓如㆑是等別㆒云云 元ヨリ付㆓此文㆒傳フ㆓傳於一言㆒トハ事也。(天止一、三七一。止觀)一念心卽如來藏理等 文 是也。(天止四、一八四。取意カ)圓雖㆓三觀㆒初(從初觀中カ)修㆓中道㆒矣 元來生滅法也。中道法性ノ一理ハ此死生彼起也。故ニ初修㆓中道㆒空假法體故止觀行者修ヨ行ス之㆒。生死二法ハ空假也。尤事事(事底ナシ)不相卽ノ義被㆑タリ得㆑意。諸法ノ念念生滅ハ眼前也。云㆓前念爲境後念爲智㆒ト諸法起成㆓此念㆒也。(佛全24、一〇一上。境智一心三觀文)

決五云。(天止三、二四三)心性不動等 矣

求云。其ニ取レハ一心ニ足ヌ。三觀ハ無用如何

答。如㆑此爲㆓不㆑堪之機㆒立。三觀一心ニ到行者ニハ無㆑用也。複疎三諦モ爲㆑知㆓圓融㆒重雖㆑立。本圓ニハ不㆑過也。爲ニハ㆓一佛乘ニ不㆑叶之機㆒ノ開㆓四諦法輪㆒トモ。其樣ニ立一心三觀事也。隨テ心要ニモ空ヲ爲㆓初門㆒ト行者有㆑之 云云 今次文。尤念念此死生彼ニ立㆓三諦㆒ヲ也。如㆑此無我ノ云㆓妙解妙行㆒ト也。妙解ノ外ニ無㆓妙行㆒也。依文ハ是法住法位世閒相常住(大正藏九、九中。方便品) 文 釋ニハ。(天文三、九八三下。文句記)相約隨緣等 文 生死妄法卽一心三觀者。一家釋也。法位者。眞如法性中道理也。此法位ノ(㋑位イ)上ノ生滅ノ故ニ被㆑云㆓常住㆒ト。他經中ニハ如來妙色身三諦也。一切法常住是也。祕藏ノ法門也。(天文五、二四一二下。文句記)若但只信事中遠壽等是也。氷水譬事事不㆑相ヨ卽常理㆒。尤被㆑云事也。本門體是也。今一心三觀本門意也

3　一心三觀

先ツ一心三觀ハ。一心三觀傳於一言ト云事ヲ。何樣ニ傳ヲ云㆓一言㆒ト耶ト云處ヲ爲㆓大事㆒ト也。當流相傳ニハ。無我ノ一念ヲ云㆓一心三觀傳於一言㆒ト也。所以ニ佛法者。以㆓無我㆒ヲ爲㆓眞實㆒ト。有我ハ皆無明。我ハ元品無明ト傳ヘシ此意也。故ニ唯無我ノ一念ニテ有ト敎フル也。(續天全口決1、一上)而テ三觀開演ノコトハ一心三觀法難㆑悟故也。心要。問。諸法寂滅相。不㆑可㆓以㆑言宣㆒。有㆓何所以㆒

而說止觀(「耶カ)。答。一切諸法本是佛法。今人意鈍。玄覽則難(弘　九カ)(天止五、二一二)矣機不堪故開(「イ開)二法三法等云此意也。止八云。此理(天止一、三七一)元是如來藏中不思議法等云(云イ文)。又止一云。一念心即如來藏中(理カ)「不思議法等」(「不思カ)矣止九云。三止三觀在一念心(天止五、二一八)。非前(不カ)非後非一非異○實無中圓等云(不カ)。即三無我寂滅相也 諸文准之可思

疑云。大乘至極云常樂我淨四德。若爾同小乘心(心イナシ)如何」

答。小乘爲破外道計常樂我淨故無我等也。其上不云常樂我淨今云無我。諸法無執著。爲破元品無明無我也。此無明云(云イナシ)我。常樂我淨云無我也。云無我無無明也

傳云。生死二字傳云傳於一言也。所以先念爲境後念爲智云。先念境即三諦也。後先念照念心三觀也。於此一念生死謂有。一念起處假諦。一念亡處空諦。起滅生死二法也。法體雙非雙照處也。一切非情草木香乃至生類啼聲。皆生死謂。初開處假。謝空。雙非雙照中。法體事體皆常住也。惣此三諦理。於塵塵法法三諦備。起是法性起。滅是法性滅文(天止三、三四一。止觀)是也。起是法性起者假也。滅是法性滅者空諦(諦イ體)。其實不起滅者中也。如此諸法三諦。無始無終本有常住也。生死二法傳實被云事也。此十重顯本中。住本顯本重云事也。如此一切三諦妙觀解知。自所知三觀妙智也。故別構道場至三觀觀念等不可云。如此解知心タニモ不亡自一心三觀行者也。解行一徹是也。今(今イナシ)止觀修行。易行中易行者。如此直不云顯存此旨謂也。慈覺私記云(佛全24、一〇一上。境智一心三觀文)。三諦三觀只是(智カ)不思議俱體俱用。十界互具三千世間依正宛然文意三諦三觀本來無作中空假宛然。空假亦爾。故云俱體俱用。如此本來三諦三觀故。血脈事事不相即者。實本門至極覺タリ。又圓頓戒者。即是三止三觀行(授イ受)也。何者傳教御釋。一心三觀傳於一言(傳全一、三三五)。菩薩圓戒授於至心文(大正藏四〇、五六五下～五六六上)其圓戒者。三觀修行故。菩薩戒疏云。圓戒體者。不起而已。起即性無作假色(色底イ也)矣或義云(初カ)。全性而起還法性住文(卍續六四、四三〇丁左上。元照羯磨疏)(依カ)心無心止ナン。又心起三觀一切准之。可

知云云

4 經得證據事

經云。(大正藏九、九中)是法住法位。世間相常住文 記四云。(天文二、九八三下)位據理性決不可改。相約隨緣。緣有染淨。緣雖染淨同名緣起文 緣起體ハ。生死而常住也。常住ハ中理也。此生死卽涅槃。雙非雙照(照イ本)三諦宛然也。起是法性起等此意也。又他經云。妙色身等矣 抑モ義勢生死二法ト云事被云。正一家釋中何カ有ト云。玄五ノ最實位妙下約生死二字釋事可見之。已上

5 一心三觀修行用心

凡一心三觀者。唯佛與佛之內證。道場所得之妙法也。妙樂大師云。(天止一、一二二。弘決)一心三諦爲所(所イ本)莊嚴。一心三觀爲能莊嚴。至此位時。外用自在。故云莊嚴矣 以智一心三觀照境一心三諦。此謂也

問。三觀ヲモ云一心ト。境智差別如何

答。三諦法在一心之條無異義。是以解釋云。(天止三、四五一。止觀)如此三觀實在一心法妙難(解カ)。(天止五、一二一。弘決)隨心取著成外成少トモ。三諦ノ法ハ實ニハ雖在一心ニ。依心ノ取著ニ體外ニ被施設日。空假二法成權智所照義有之。此時三千諸法緣起スル也。說忽(忽イ忍)然而起ト是也

問。圓家修行ハ一行一切行。今一心三觀行ハ如何攝一切行耶

答。正觀芥爾心ト者。卽チ無記微弱一刹那ノ心。此心尙具三千ヲ。說麁强心豈不攝三千耶。能修ノ心ニ具三千ヲ。所得ノ行ニ亦具三千ヲ。一花ニ具三千ヲ。一香ニ具三千ヲ。故雖一行一切萬行莫不コト滿足セ。故止觀行者。信心淺(不本カ)ト不可云三千具足ト心也。供具雖微少ト不可思議三千具足ノ供物也。故大師釋云。(天玄一、一二九三。玄義)欲免貧窮可(當 勸カ)學三觀ヲ。欲免上慢可(當カ)聞六卽ヲ矣(ア若カ) 一心三觀行ノ前ニ無一體モ所殘。豈非免貧窮具足福惠耶。若爾者。何行不妙願不滿足。頓悟頓證不可有疑歟

問。如義勢者。是理具也。燒香散花等事ノ行ハ。豈具一切行ヲ。供梅(ア梅イ)一枝ヲ諸枝是殘レハ。餘准可知。何益難從不知圓宗ノ談起。圓宗談ハ全ク事理各別ト云事無之。理

內所具法必法具事相者也。其體雖無闕如。地前凡位非唱見。所及但非謂無迷悟。雖有迷悟差別法體不異（天文二、六二五。文句記）○理（理㋑現）無所存遍在於事文圓宗義云。理在事者。非物如在倉。良由事卽理故。事當體・事卽是理故。事當體便曰無差文決云。又復學者（天止三、二〇七）○互遍亦爾矣彼彼三千云。卽事法。此法非云具三千耶

因難云。弘決。不知我心遍彼三千云（天止三、二〇七。弘決）釋不得其意。（同前）內心具三千一句。爾前迹門所明不變眞如。具萬法云義（同前）勢故可知之也。說三界唯一心心外無別法等是也。（同前）不知我心遍彼三千一句。隨緣眞如故人不知之也。彼彼三千互遍亦爾一句。本迹雖殊不思議一意也。止一（五カ）云。（天止三、二九〇）一切法是心（迹門不變眞如具三千法）只心是一切法（本門隨緣眞如遍彼三千）圓宗意談事理不二。若爾理心具三諦云事可然。其理事具三諦如何

答。三千諸法緣起此云假諦。三千諸法緣滅此云空。其法雙非雙照宛然此云中道。緣起諸法是法性緣起知見。卽事當體三諦具足無異義

問。於緣起事法三諦具足之條可然。於一念起心如何三諦具足耶

答。念念心生卽假。滅卽空。雙非中道。前念後念更無殊」

問。念念生滅心是卽三諦。行人修行其相貌何耶

答。今所云三諦者。諸法實相也。如此證智。一切惡可留違理。故心法生瑕瑾。故一切善可修。順理故資助心法。故山家顯戒論云。（傳全一、三三五）一心三觀傳於一言。菩薩圓戒授於至心矣所謂一心三觀者妙解。菩薩圓戒者妙行也。止觀修行人於善者。雖一毛端不可不修之。一行一切行故。於惡者雖一微塵（了者カ）不可不止之。一斷一切斷故。不爾者非三觀。不爾非菩薩圓戒。破法遍章可思之。凡一花一香供物皆三千具足。己心取出具三千供物也。一句一偈轉經念佛。具三千。己心ヨリ出生妙行也。能具所具具三千法。（大正藏七五、四九五上。菩提心義抄）一一塵塵供莫非具三千信心。祕密五供養文云。我今所獻（奉カ）諸供具。一一諸塵皆實相。實相周遍法界海。

(法界底ナシ)法界即是諸妙供。供養自他四法身。三世常恆普供養。不受而受哀(納カ)初受。自他安住祕密藏文是レ止觀修行ニ通用セル故ニ載レ之。不レ可ニ聊爾一ニス。然ルニ菩薩圓戒義云。雖レ知ニ前念具ニ三千法一不レ知ニ後念具ニ足三千一矣弘決文符合。菩薩戒ハ在ニ意地一ニ。此云ニ三觀一ト。三觀ハ出ニ身口一ニ。此云ニ菩薩淨戒一ト。又三觀ハ在ニ意地一ニ。即チ是レ戒體ナリ。三觀ハ出ニ身口一ニ。是其戒相ハ三業相應矣是レ即チ戒法ノ三業ノ起用ハ。是レ其行相也

6　一心三觀口決

良以露命易レ消。生涯不レ幾。無始已來。流ニ浪生死一。依ニ元品一念一。其一念者。介爾一念也畢。此念慮。當體三諦。即是妙理即三千諸法也。亦無作三身ハ妙體ナリ。所謂。如如理・如如智・如如用。是レ無作三身ト云。如レ是知聞歷レ森カ(ママ)諸四生變易。但作ニ法性起滅之觀一ヲ。更不レ起ニ餘念一ヲ。法性本淨ニ生死一ヲ由ニ慮ニ元妄念一。妄念即二空體。凡聖更無レ由。能能可レ觀ニ察之一ヲ。悲哉。我等無始已來不レ知ニ此由一ヲ。至ニ于今一ニ沈ニ輪(淪カ)生死一ニ。可レ觀ニ見之一ヲ。可レ斷ニ苦輪海一ヲ。願クハ冥顯三寶ノ知見。我カ誠心必生令ニ妄念焚燒一セ。乘ニ正觀寶車一ニ出ニ三界火宅一矣

問。昔智者大師。於ニ大蘇法華道場一ニ。觀ニ己心即三諦一ト悟ニ萬法於一心一ニ。其樣如何

答。此事今正可レ明レ之。更不レシテ交ニ餘念一ヲ聞レケ之。耳ニ雖レ聞不レハ入ニ心性一ニ。聞トモ如レ不レ聞。穴賢穴賢。夫レ智者大師。道場ノ開悟得脫ハ即チ一心三觀。一念心即空即假即中ト云是也。釋迦一代諸教。更不レ過ニ三諦三觀一ニ。十界十如併三諦即チ是ナリ。故ニ一念即十界ナルヲ。止觀委明レ之。往可レ見。今明ニ肝要一ヲ更ニ廣ク不レ檢ニ文釋一ヲ耳

問云。一心三觀者其樣如何

答。一心者有ニ二義一。羅耶ノ一念ヲ云ニ一心一ト。根塵相對ノ一念ヲ云ニ一心一ト。三觀者此二種。一心ヲ隨ニ行者ノ根性一ニ。何ソ一心ニテモ觀ニ即空即假即中一ト。故云ニ一心即三觀一ト也。此二ノ一心三觀ハ。止觀共ニ明レ之。所謂一念八識(イ也)心即如來藏理等是也。又根塵相對一念六識心起等矣是先德相傳也

問。一念心即如來藏理ノ文。何必ス羅耶ノ一念乎。根塵相

對一念有何

答。不爾。天台妙樂御釋。六識皆置根塵相對言。打放不云一念。爾慈覺大師。正受今文八識元初一念釋タマフ。其文明今亦非可論之。所詮。明一心三觀云事。易解故略多言事肝要。羅耶(イ一耶)一念卽空卽假卽中觀。無明一心卽三觀也。根塵相對一念心卽空卽假卽中觀。六識卽三觀也

問。行者卽坐(イ无)繩床觀一念心性之時。三觀念慮有之乎

答。不爾。正觀法正體。更雖念想寂而常照照而常寂之天然體。卽三觀有之非念想也

問。圓頓行者入觀用心何

答。安心可有之。三觀時尚不立三觀名字。又云一心事皆是初門也。正觀體無云一心三觀事也。直所(イ无)落居法性法界體以無緣智緣無想(イ相)境。何於此有無明三觀云念乎。云三觀假立事也

問。此義不審多之。一家觀法本是一心三觀。何觀法云一心云三觀事無之耶。又傳教大師。從日域凌(イ渡)遙蒼波入唐朝。値佛隴寺邃(道カ)和尚。宣一心三觀傳於一言等此事何

答。汝習文不修觀。故作此不審。余苟送年累日觀心性無明一念。云三觀初門取寄計也。正向實教(イ相)觀之時。以無緣智緣無相境。法界雖然(宛カ)亡能緣所緣。以法性觀法性。能觀所觀共卽第九識眞如法性體也。此時云無明物有。云一心事有之。又亡念慮卽空卽假卽中思無之。唯一法性觀也。故取寄。六識八識隨行者根性雖立之。正觀體第九識也。是能依六識所依九識云。能依八識所依九識云也。初門置無明觀法性。正觀之時但觀法性不動無明也。決五云(天止三、三三七)。但指無明卽是法性。但觀法性不觀無明矣。我年來如此修觀。若僻(イ依)事思引止觀。第五巧安止觀文幷弘決文得之。歡喜涙難押

問。第九識觀法何文明之乎

答。常境無相。常智無緣文。(天止一、三四三。止觀)妙樂大師御釋。本末能釋

也。智證大師。正第九識釋タマフ
問。傳教大師。宣三一心三觀傳於一言。菩薩圓戒授於至
等一（等㋑心）等何
答。其事相傳別ニ有レ之。今不レ載。余苟修觀シテ以得レ意示レ
（汝カ）海。更以此修觀シテ汝カ可レ得レ意心性也。又傳ニ餘人一ニ移ニ法
門一ヲ事ハ不レ可レ有レ之。聞法スラ尚結ニ得脱縁一ヲ。何カ況ンヤ（ㇷ不カ）至レ
志欲レ聞者ニ無ニク是非一祕レ之乎。當世祕スハレ之非ニ祕藏法
門一ニ。只貧賤物ノ故也。悲哉痛哉
７　若境若智同在ニ一心一　矣　籤三（天玄二、一二五）
慈覺大師己心中記。分明此一心三觀釋シ明給也。是則。故　記九
信ニ解本地難思境智一　矣　（天文五、二四一二下）境智ハ無始無終本覺無作ノ三身。
法體法爾ノ相卽境智也。本門ノ意ハ。以ニ無作三身一ヲ爲ニ顯
本ノ正意一ト。是則。一身卽三身名爲レ祕。三身卽一身名爲レ（同、二二八四下。文句）
密　乃至　佛於ニ三世一等有ニ三身一。於ニ諸教中一祕レ之不レ傳　文（同、二二八六上）
本地三身。此品詮量通明ニ三身一。若從ニ別意一正在ニ報身一（同、二二七一下）
釋タマフ樣。又智ノ一心三觀ハ約ニ相似後ノ眞位一ニ。方ニ我等
衆生カ不レ所レ觀歟ト思處。無作顯本之時ハ。此境智宛

然トシテ。從來冥合シテ不レ可（可㋑相）レ離。凡夫ノ一念心ハ當體ナルカ故ニ。
貴キ思ハ。妙覺果滿ノ自受用身如來ト被レ云。一代終窮極說ニ
所被從本地無作三身。唯我等カ一念介爾ノ心當體也ト得レ
意。此本覺三身非レ外ニ。隨緣眞如ノ我等カ依正二報ノ無作
妙體ナリ。凡夫聖人各別ノ思ハ。妄情ノ十界ハ悉ク無作三身ノ妙
體ナリ。本門意ハ。於レ事十界依正ハ歷歷トシテ三千世間ノ本
有ナリ。然ニ佛界十如ニ全（ㇷ㋑本有）具ニ九界一ヲ。其中ニ相性體三如是ハ本
來ノ三佛。體者。妙境是法身。性者。本有妙智。鎭ニ冥ニ妙
境一ニ。不二而二。是本有報身。本有慈悲ハ是應身。三千世
間ハ本有常住也。其中ニ佛界本有ノ十如ノ三身ノ體ハ不二而
二ニシテ。我等カ一念心ノ當體ナルカ故。境智相應ノ一心三觀。迹
門ハ理ノ一心三觀。本門ハ事ノ一心三觀。毘盧身土不レ逾ニ凡（大正藏四六、七八一上。金錍論）
下一念一此理也。是則在纏ノ時ノ一心三觀。觀者名レケ因歸ニ
本覺一心三觀一ニ也。觀者觀ニ我等一念卽三身當體一ト也。觀
者法界ノ無作ト一體ナリ。無ニ能念所念一覺ニ無念一ヲ。無三レハ念相
兼ニ雜事一ヲ。歸ニ本覺三身一ニ。是則卽身成（成㋑之）佛ナリ。一念三千ト一
心三觀トハ。行一事也。迹門ハ不二。本門ハ而二也

此書。於ニ康(康㋑唐)樂寺一十八道授法次不レ求傳ニ此書一。當流頗思合。聊無ニ差異一。以ニ宿習一所レ催。拭レ涙甚了。因ニ種子一實以殖ヘリ　經祐 在判

8 一心三觀祕藏記

夫圓宗頓教者。以ニ一心三觀ヲ一爲ニ一大事ト一。是レ智者大師ノ密意。如來ノ佛種也。就テレ之可レ分ニ五種詮表ヲ一。第一性德一心三觀。第二修德一心三觀。第三修性不二一心三觀。第四俱體俱用一心三觀。第五自身當體一心三觀

① 約ニ性德ニ一者。只是理性也。位ハ理卽。言說思量ハ叵レ及。本有不思議法然全體也(也㋑内)。是名ニ理性三千ト一。此處ニ有ニ卽空卽假卽中一心三觀一

② 次。修德者。變ヨ造ルコト三千ニ從ニ理性三千一起シ。一一ニ變ヨ造諸法一ニ。此位ニ有ニ三千ノ卽空卽假卽中一心三觀一

③ 次。修性不二者。於ニ妄想戲論ニ各謂テ實ノ諸法ヲ疑ニ修性不二觀法ヲ一。於ニ事事諸法ニ致ニ我執ヲ一契ヨ當理性卽空卽假卽中ニ一。顯ヨ現ルニ諸法ヲ一悟ニ自性融卽旨ヲ一。是レ名ニ修性不二一心三觀ト一。是以指要云(大正藏四六、七一七下)。性具三千若體若用。本空假中常ニ自ラ相攝ス。故ニ一塵(微カ)ニ本含ニ法界ヲ一。芥子ニ納ニ須彌ヲ一。無始無終(明カ)ニ強ク生シテニ隔礙ヲ一。順レ性ニ修レ觀卽空卽假卽中也。自在(⌐則カ)ニシテ(成カ)體用顯現シ成就スル。自ニ本(性カ)ノ空假中一故(故㋑カ)性淨解脫也。修性ノ(⌐淨カ)空假中實惠ノ解脫。起用空假中ハ方便解脫也。雖ニ修二性二(一カ)ニ一。皆以ニ空假中ヲ一故則成ニ念(合カ)ノ義ヲ一(⌐矣カ)

④ 次。俱體俱用一心三觀者。法華已前諸教未レ明ニ一心不二融妙俱體俱用ヲ一。至テニ今經ニ萬法唯心之開會分明ニ顯現ルニ。每每擧ルニ一法ヲ。此一法成リレ體餘法成ルレ用ト。擧ニ餘法ヲ此法成ルレ體ト。如レ此互ニ成ルニ體用ト全無ニ勝劣一。三觀觀惠如レ此

問。圓融至極ノ一心三觀ハ。俱體俱用ニシテ無ニ勝劣一者。以ニ何觀一爲ニ初門ト一可レ成レ觀ヲ哉

答。以ニ空觀ヲ一可レ爲ニ初門ト一。凡夫之習著ハ空有ノ諸法ト故流ヨ轉ス生死ニ一。爲レ蕩ニ此執一先用ニ空觀ヲ一。而ニ三諦ハ何ヲ爲ニ經體ト一否。謂レ之相待門日ハ。中ヲ謂ニ經體ト一判シ用麁ヲ立ニ體ノ中ヲ一故也。絕待門日ハ。三諦俱ニ爲ニ經體ト一。謂以絕シ判麁體用之義。而モ三諦一觀體ナル故ニ。以レ此爲ニ妙經ノ體ト一。凡ソ四教ノ觀門自レ淺至レ深ニ。自ニ三藏ノ空門一次第證入ノ觀ハ。

至マテ二今相待ノ入證一ニ以二心法空門一爲コトレ妙ト深案レ之

問。俱體俱用ノ法圓ノ至極ナラハ。或擧二色法一ヲ或擧二聲等一ヲ可レ成二觀法一ヲ。何强ニ用二心法妙一ヲ耶

答。下界衆生ハ迷ヘリ二心法之源一ニ。是故ニ諸法中ニ殊ニ以二心法一ヲ爲シ二觀境一ト。或ハ妄心卽滅シ二始末不二之悟一ヲ也。故ニ玄文第二ニ。三法妙中ニ説二心法妙一ヲ觀レ之時。（天玄一、六一六。取意）佛法妙太高。衆生法妙太廣。於二初（學カ）心一爲レ難。從テハ二觀道一易レ成。殊用二師分法妙一明師察レ之

⑤次。自身當體三（「一心カ）觀者。唯佛與佛究竟ノ妙體ハ。一切衆生卽チ身ノ本覺當體也。是則チ妙法因果卽チ身ノ內證寂光在レ之。非二聲聞緣覺ノ所一レ知。況ヤ凡慮非ハ二口決一ニ不レ可レ知。宜レ問二明師一矣

本書云。彼ノ妙法因果ハ卽チ身ノ三身內證ハ自身寂光ノ事ト傳ヘ聞ク。日本名僧傳云。弘仁八年三月敎（「圓敎カ）ヲ授二三身一。蓮華因果。常寂光土義ヲ。法師寂光大師敬悲喜。大師最澄大悅レ之曰。自レ唐將來ノ奧藏ハ旣入二汝心一ニ。圓敎旨歸莫レ過二於此一ニ。能ク流傳シテ傳燈（傳登イ本）法燈不レ絶云云

9　一心三觀口傳

傳云。一心三觀者。諸佛出世本懷。衆生開悟直道。天機秀發妙法。終窮究竟極説。一家天台己證。多寶塔中相承矣

此ノ一心三觀ノ源底ハ。佛祖不レ示レ之。賢聖モ不レ傳レ之。今ノ此經ニハ宣二諸法寂滅相一。不可以言宣ト。（大正藏九、十上。方便品）言語道斷心行處滅。涅槃經説トシテ二四不可説ヲ一宣二不説ノ一字一ヲ。爰元天台宗（宗イ本）示二佛祖不傳妙一ヲ。禪家立二敎外別傳不立文字一ヲ。然ニ一心三觀者。己證一念不起之處。雖レ然行者一念心ニ無作本來三諦名義歷歷。所謂ル一（「イ一心）心不生當體中道也。依レ之釋ニ一心不生萬法無失一ヲ。（天止三、二四三。弘決）無失名二中道一ト矣 不生者一心不動之義。故心性不動假立中名。空者萬法一心ニシテ不二亡泯（同前）之義。一心外ニ法界ニ無二他物一。心外無二餘空一也。故云二亡泯三千假立空稱一ト。假者一心法卽法界惣體。法法己己當體無作諸法也。諸法ハ假也。假者十界天然不思議俗諦也。故云二（同前）雖亡而存假立假號一。如レ此三諦名義似二各別一ナルニ。法法體自レ元無二敵對一。無二敵對一一心性ナリ。一心性ニ一三非レ

異。如レ此得レ意時。今止觀ニ雖レ無レ所レ向而言上顯レハ此ヲ。天台宗云ニ一心三觀一ト。禪家ニハ云ニ達磨法一ト也。天台禪家替事。彼宗向ニ諺下一存ニ棒唱(喝カ)一。此宗不レ爾。直示ニ法體一ヲ也。雖レ然一心三觀以ニ思念一ヲ不レ可レ觀ニ空假中一ヲ。境智冥法界ナレハ一心遍ク照ニスル法界一ヲ。法界ハ只法王一ナリ。無ニ二三形一。所レ向卽チ法界心外全ク無ニ別ノ佛法一。一心三諦境。一心三觀智。立行然サテ居レハ。一行卽一切行ニシテ。微微少善モ歸ニ廣大一乘一ニ。一塵法界ハ一色一香無非中道也。如レンハ此不レルニ思恆修四三昧。然ルニ手ニ不レ執レ卷ヲ常ニ讀ニ此經一ヲ。口ニ無ニ言聲一遍ク誦ニ衆典一ヲ○心ニ不ニ思惟一普ク照ニ法界一ヲ。故一一事相ハ皆是眞實也。無ニ惟造作修行一故。卽事而眞。此云ニ無作三身。常寂光土義。蓮華因果法門一ト也。今此天台宗ハ。法法不レ別レ之處ニ建ニ立此宗一也。一心自在法界融通ノ故。方丈室內卽法界道場也。如レ此解了シテ不レ進不レ退。此ヲ云ニ卽身成佛一ト。今經說ニ如來祕密一ヲ。釋ニハ。於ニ諸教中一祕レ(天文五、二二八六上。文句)之不レ傳。此等ノ(「文カ)行人萬法無レ隔。地獄佛界一物。此云ニ塔中口傳一ト。南岳心要釋ニ(續天全口決1、一下)雖言初後無二無別一ト。妙樂大師判ニ

(大正藏四六、七八一上。金錍論)阿鼻依正全處極聖自心一ト。雖下或從ニ經卷一或從中知識上得悟之時。行無ニ師保一(「㋑我)獨朗自知矣爰ココモト元云ニ證不由他一ト。無師獨悟。天眞獨朗。唯獨自明了。然ニ二十三付法藏ハ。顯ニ師一途相承一。尚心外立ニ能所一ヲ。塔中口傳ハ既ニ天台奉レ値ニ己心所具大牟尼尊ノ無作三身一ニ相ニ傳一心三觀一ヲ故。約レ事時ノ正法ハ當初從レ地涌現ノ寶塔也。約ニ己心無作三身一相ニ傳一心三觀一ヲ。約ニ己心一時。我身則チ法界塔婆不二寶塔也。既指ニ己心一ヲ云ニ寶塔一ト。豈於ニ己身一ニ立ニ三世一ヲ論ニ時節一ヲ乎。修行ノ時。到リニ道場開悟スル剋一ニ。乘ニ居法界一心處一云ニ多寶塔中一ト。此時。己心釋迦顯現授ニ(「㋑所具)一心三觀圓頓戒一ヲ也。授者ハ得也。所座ノ釋迦多寶二佛ハ境智二法也。一座卽一心。樹下應身ハ境智冥合體。境智ハ法報ノ二身。此二身冥合シテ有ルヲニ起用一云ニ應身字釋相應一ト。此時ハ無ニ在世滅後ノ異一。云ニ靈山一會現前未散一ト。靈山衆會顯ニ現己心一ニ。柔(大正藏九、四三下)和 慈悲 質直者 事理和融正行六度也 (「則カ)皆見ニ我身一。在レ此而說法 己心釋迦顯現給也 此意也。所詮。釋迦如來ノ久遠成道ハ皆在ニ衆生一念心中一ニ。故自ラ不レ奉レ値ニ己心ノ釋迦一ニ者。不レ可ニ開悟得脫一ス。壽量

品。亦無ニ(大正藏九、四二下)在世及滅度者一矣以ニ此等道理一ヲ云ニ多寶ハ己心所具ノ大牟尼尊一ト也。本朝高祖開悟之時者。心性佛ハ爲ニ我能(能㋑ナシ)化一ト。心性所具ノ菩薩ハ爲ニ我能引導之人一ト矣萬法寂靜ハ己心ノ佛而起ニ慈悲用一ヲ。有下厭ニ生死一ヲ心上。己心所具ノ二乘ハ。迷心有レ之六道故ニ。十界互具一念三千。一心ニ具ニ萬行一ヲ開ニ覺己心一ヲ矣能能可レ思レ之。此事ハ一宗肝要。祕密甚深ノ大事也。見性得果法門ハ豈過レ之乎。資師(師資カ)相承血脈在レ之。然ニ境三諦者。法身所具ノ三身。智三觀者。報身所具ノ三身ナリ。法身理ナレハ境。報身智ナレハ惠。智冥(〔境カ〕)合。函蓋相應ノ應身如來也。此天台云ニ必須心觀明了理惠相應一(天止一、三七六)也。又若境(天玄二、二二五。釋籤)若智同在一心釋可レ思レ之。雖ニ如レ此聞レ之。不修不行ニシテハ宛同ニ畜(畜㋑玄)生ニ聖人垂レ教ヲ意ハ在ニ修行一ニ。釋ヲ能能肝心シテ莫ニ懈怠一莫ニ懈怠一。不レ爾焉得悟待ニタン何時一云云

師云。一家大事ハ雖ニ甚深祕藏一ト。依ニ汝ノ遁世之志一ニ深哀レ汝授レ之。努努不レ可ニ口外一不レ可ニ口外一

〔四、北谷祕典　九箇條　終〕

五、北谷祕典　十一箇條　北三十六帖內

1 一 鐵橛書

三種法華事

傳云。摩訶者。大多勝三義也。是レ即チ三諦也。三諦ト云ヘル事ハ。摩訶止觀ノ題名ヲ妙樂大師消レ之釋云。題名是惣等矣（天止一、十二。弘決）委可レ見レ之 般若ハ。智體也。波羅蜜者。到彼岸也。（「イ義）心經者。心王體心法ヲ説ク故是體也。三世ノ諸佛ノ内證。惣一切衆生ノ一心性ヲハ有ノ任ニ説ルカ二此經ニ一故ニ名ニ根本法華一ト也。擧ニトシテ修行ノ人一ヲ。觀自在菩薩。（「イ之）行深（深イ源）般若波羅蜜等矣 所詮我等カ心法ハ智體也。有ニ照了分別一ノ故也。是智惠ノ主也。是ヲ名ニ法王一ト。十方ノ三世ノ諸佛ノ得道得果ト云事。皆行ニ此（此イナシ）般若智體一ヲ故也。佛ト者覺也。覺ト者智體ノ謂也。彼ノ般若部ノ經ニ十六空十八空二十空等散在シテ説レ之。只我等カ心法ヲ説タル也。三世諸佛モ依ニ此經一得道シタマフカ故ニ名ニ根本法華一ト也。仍テ次下ニハ三世諸佛依般若波羅蜜ト説キ。餘處經文ニハ。般若ハ三世諸佛ノ智母等矣 是則チ第六意識心王體ナレハ彌陀・觀音ノ全體也。故ニ云ニ根本法華一ト也。山家於一佛乘者根本法華等云ヘルハ是也。心法ト者萬法ノ根本ナル故也。次。阿彌陀經者陰密法華也。是三字即三諦也。報身智體也。經ニ過十萬億佛土有世界等云テ。阿彌陀ノ淨土ヲ遠遠ト量事ハ。偏ニ是爲ニ厭離穢土欣求淨土ノ機一ノ也。是ハ別教ノ佛也。隨テ立ニ九品ノ淨土ノ種一ヲ是レ付文ノ一筋也。唯心淨土ニテ。無作三身住寂光土妙法蓮華ノ全體ハ。實修實證眞實ノ談也。雖レ然是ヲハ押陰シテ彌陀ヲモ淨土ヲモ遠遠ト西方ニ置テ令ニ機縁ヲ欣慕一也。是レ則チ心外ニ存ニ彌陀一ヲ故也。又佛ノ所説モ四悉檀ノ化儀有レ之故也。今ノ本意ハ己心彌陀。自受用報身。第六意識。無作三身ヲ開覺スルヲ開ニ佛知見一ヲト云也。淨土ハ。豈離伽耶別求淨土（天文五、二二九一下。文句記取意）等云云 當知身土一念三千（天止三、二七〇。弘決）故成道時等釋。此即一念坐道場（天文四、一九九六下。文句）。成佛不虚也矣 今經ヲ云ニ顯説法華一ト「事（「イナシ）ハ一經ノ面明白也。既題名ニ妙法蓮華一ト。萬法本覺ノ三身ナル」事顯然也。又四十餘年未顯眞實矣（大正九、三八六中。無量義經）仍テ十二卷ハ一部ノ三種ノ法華一體不二ヲ顯ス故也。常行堂ノ寶冠阿彌陀。引聲阿彌陀經等眼前也。全ク無ニコト不審一也。故ニ三種法華ノ修行ハ。我等カ語默動靜身口意ノ三業ノ振舞。不レシテ覺無作ノ立行也。一切ノ色心萬法併ラ三種ノ法華ノ修行也

尋云。分別說三者。（傳全二、一七一。守護國界章）隱密法華矣阿彌陀ヵ分別說三ノ義如何　口傳云。阿彌陀者三諦也。又云二無量壽一ト也。釋云。無者卽空。量者卽假。壽者卽中矣惣（釋尊也）先德○三諦者三乘ノ所學也。是所觀ノ體ナレハ。各根性不同ニシテ用二三人修行一ニ也。故ニ三諦卽三乘ト得レ意也。隨レ說二四敎一ヲ仍分別說三ノ義分明也。又ハ方等部也。舍利弗ヲ爲二對告衆一ト說二彈呵一故也云云

於二本迹兩段一生死自在事

口傳云。迹門者。心法爲レ面ト。是智門也。善惡因果生佛道理分別得行ノ位也。故ニ文殊出テ經始ニ決二四衆疑網一ヲ。是以二智惠一ヲ爲レ本ト。故宣タリ二一法出生無量義一ト。其故ハ心法具二無盡ノ德義一ヲ。次本門者。所謂色法爲レ面ト。是ハ境也。不レ立二二法分別ノ義味一ヲ。無二高下卑劣ノ相一。萬法ハ皆一心本妙ノ處也。故ニ說二從多歸一旨一ヲ。凡ソ生死者。生ハ心法ヨリ出𬼀生無邊衆生一。死ハ無邊ノ衆生ヲ惣合ニ眞如ノ一理一ニ。如レ此得レハ意。本迹兩段差異ハ。只云レヒ一ト多ト云モ不レ異。此從一出多。從多歸一ノ貌也

尋云。本迹兩段差別常同常差別旨（差(イ)ナシ）ハ聞タリ。雖レ然於二生死一自在ナル意未レ聞如何　口傳云。我等ヵ心法ハ。於ハ二常同ノ邊一ニ。自他彼此ノ差別無レ之。心ト云時ハ。法界悉ク一心性ニシテ全ク無二他心一。色ト云時ハ。法界面面差異有レ之。所以地獄餓鬼乃至佛界ハ天地ノ色心也。此ハ差別門也。常同ト云時ハ。心法ハ法界ノ惣體。悉ク一心性ニシテ無二自他一。是云二本覺トモ妙覺一トモ。妙覺ト云時ハ。理卽ヨリ至二于等覺後心一皆妙覺也。是ハ卽ノ邊也。常差別ノ時ハ。五十二位ノ差別有レ之。此ハ六邊也。法界ノ面面ノ衆生得レ形立二其身一執レ我ヲ差別自他等也。此ヲ云ヘハ一念三千也。迷悟ノ二也。此迷悟ノ二法ハ。本有ノ本法ニシテ一モ無レ失事也。無二迷トシテ可レ捨無二悟トシテ可レ取。其故ハ迹門ハ心法ノ惣體也。此ハ常同也。本門ハ色法事相差別ノ法體也。此差別門也。本迹兩段ヲ分𬼀配ル開合一ト此常（「(イ)常）同差別門也。故ニ五大院ハ。（大正藏七五、三七七上。敎時義）衆生迷故成多衆生。諸佛覺故會成一體（佛カ）矣如レ此得レハ意。於二生死一非二可レ厭處一。於二涅槃一非二可レ樂體一。任運生死涅槃モ自然ノ涅槃也。非二二物相

合ノ涅槃生死一ニハ也。如ニ紙燭譬一。善惡ノ二法ハ法界薰習ナレハ。善惡果報隨レ時ニ不レ留メ故也。生ハ死ヨリ來。死ハ生ヨリ來。是ヲ眞密益トモ法身冥資トモ云也

四句成道事

口傳云。四句成道者以外大事也。以ニ本爲法身・迹爲八相ノ文一ヲ習レ之也。（天玄四、四六五。釋籤）而（イ无）常ノ論義ニ爲ニ難義一ト事ハ。初住本下迹高與ニ妙覺本高迹下一兩句ヲ爲ニ難義一ト。此無ニ相違一ト習時ヨリ證道ノ八相・四句ノ成道。一家ノ實證ノ跨節・證道ノ實義トハ被レ云。所以ニ先云ニ迹本一有ニ兩義一。一ニハ佛ヲ爲レ本ト。衆生ヲ爲レ迹ト（此迹門也）二ハ衆生ヲ爲レ本ト。佛ヲ爲レ迹ト（此本門也）而ニ迹門始覺ノ時ハ。四句成道ハ引レ機故ニ符ニ順ス教門一ニ。多言ノ故ニ釋シテニ初住妙覺唯得兩句一ト。凡聖高下ノ差異有レ之。有始有終ノ故ニ上ニ有ニ佛果ノ終一。下ニ有ニ所得始一。故ニ無ニ（ア上カ）二句一下ニ無ニ二句一。次本覺門ノ時ハ。萬法皆自受法樂ニシテ無始無終ノ故ニ。上ニ無ニ佛果ノ頂一モ下ニ無ニ無間ノ趺一モ。故ニ萬法皆可レ有ニ四句一。元來六道流轉ノ衆生ヲ爲ニ本地法身一ト。諸佛ヲ爲レ迹ト。故ニ初住妙覺皆四句有レ之。始覺成道ハ。判ニ高下尊卑一ヲ。本覺成道ハ。無ニ高下卑劣義一。只皆無作成道。今日モ三身說法也。時時ニ成道シ。剋剋ニ說法ス。無ク下非ニ成道一ニ云時上。無下非ニ說法一ニ云時上。如レ此得テコソレ意本有本覺ノ無作ノ三身モ被レ得。三千世間依正宛然。自受法樂無ニ間斷一。故ニ修行モ鎭ニ增進シ。（大正藏十二、六七三中。涅槃經）復有ニ一行一是如來行トモ被レ云。諸有所作常爲一事モ無ニト不審一被ニル治定一セ。（大正藏九、七中。法華經）若間斷有レ之不ニト成道一云時有リトレ之云者。難レ云ニ本有本覺一トハ。眞如常住ノ義不審也云云

二

2 鐵橛書

傳教大師御誕生時持經本尊事

口傳云。彼御持經本尊ト者。大師ノ生生世世御持經本尊也。其持經ト者。斷悟ノ二字ヲ書テ水精ノ軸ニ[illegible]字ヲ散（スカシ）タマヘリ。又軸ヲ宮殿ニシテ奉レ納メ藥師如來一ヲタマヘリ。然ニ斷字ヲ斥迷ト書タリ。斥迷ト書テハ斥（タタス）レトモ迷ヲ斥（キラウ）レトモ迷ヲ讀也。故ニ是ハ斥（キラヒ）レ迷ヲ迷ヲ斥（タタシ）明メテ。證（セウ）スルレ悟ヲ意ナル故ニ。迹門斷迷開悟ノ意也。作（サ）手（テ）。悟ノ字ハ。篇ハ立心（リッシン）ニ。作（ツクリ）ニ吾字也。故ニ吾カ心ト書タル也。故ニ是レ本

門十界ノ衆生。己己ト皆吾ト及ヒ人ト等ラ寄セ。主ヲ分別シテ。面面ニ皆立テテ我執ヲ。居ルニ其吾我心ニ心悉ク不シテ改レ體ヲ。即チ法然本有ノ自受法樂ノ覺體也ト談スル意也。本門ノ眼ヲ開テ。立歸テ再ヒ見レハ之。爾前迹門ノ諸教乃至蠢動含靈（マ㋑ニ）マシサンサイ等ノ心心壽（喜カ）怒（哀カ）愛樂造次顚沛ノ諺。面面ニ皆ナ無作ノ法爾ノ振舞ナレハ。一トシテ可レキコト改無レ之。皆是自受法樂ノ體也ト顯ヲ名クル幽微ノ實本トハ也。故ニ一代諸教ヲ習ヒ極ル時ハ。忍ノ一字ト口傳スル也。可レ思レ之云云。仍テ斷悟ノ二字即チ本迹ノ經旨ナルカ故ニ。別シテ六萬九千三百八十餘字ヲハ不レ書タマハ之。但シ書タマヘル二斷悟ノ二字ヲ計也

作手軸ノ中ニ。奉レタマヘル籠ニ藥師ヲ事ハ。藥師如來ト者。即チ法華ノ體ナルカ故也。壽量品ニ説トシテ醫師ノ譬ヲ。又捨レ藥ヲ往ト二他國ニ云ヘル。即是レ釋尊ヲ云ヒ父ト。法華ノ體ヲ云フ藥ト。其故ハ法華ト者。即是レ（是㋑无）中道實相ノ體ニシテ治スル一切衆生ノ生死煩惱病ヲ妙藥ナル故ニ。法華體即チ藥師如來ニテ有レ之也。依レ之藥王品之（大正藏九、五四下取意）中ニハ。以ニ法華ヲ一切衆生不老不死ノ妙藥也ト談説スル也。東方ノ藥師如來ト云ヘル即是レ證ニ得シテ法華中道實相ノ妙藥ヲ。明（明㋑以）レ之治ニ一切衆生ノ世出世ノ病ヲタマフ故ニ號スル藥師如來トハ也。仍テ藥師如來ノ內證ノ體ハ即チ法華ノ體ナル故。以ニ東方ノ藥師ヲ即チ法華ノ中道實相ノ妙藥ノ體カ顯テ事ニ。治スル衆生ノ世出世ノ病ヲ體也トハ習也。爾シカラ者一切衆生ノ成佛ト云ヘルハ。皆證ニ得ルヲ法華ノ體ヲ云カ故ニ。一切衆生ノ成佛ト者。皆成ルカ藥師如來ト故也ト習レ之。仍テ以ニ此意ヲ以ニ藥師ヲ即チ持經ノ軸ノ中ニハ奉レタマヘル籠也

作手軸ニ散スカシタマヘル事ハ。𑖮ハ即チ阿彌陀ノ種子也。阿彌陀ト者。空假中ノ三諦也。三諦ハ即チ法華ノ體也。依レ之法華略釋云。（大正藏五六、一八三中。法華經略祕釋。取意）淨妙國土現ニ阿彌陀佛（平等）身ヲ（佛㋑无）。五濁世界號ニ觀世音菩薩ト。名曰一切灌頂觀自在菩薩智印。若聞ニ此名ヲ讀誦思惟。設化諸欲猶如ニ蓮華ノ。客塵不レ染。疾證ニ無上正等菩提ヲ。此菩提（薩カ）以ニ𑖮字ヲ爲ニ種子ト。又𑖮字名爲ニ懺悔ト。若人持ニ此𑖮字ヲ念誦。能ク除ニ一切（一切㋑无）災禍疾病ヲ。命終彼（後カ）必生ニ極樂上品蓮臺ニ。法華廣略無邊。皆含ニ藏此𑖮字ヲ。故念ニ持此字ヲ得誦一部法華功德矣 又天台釋云。始從ニ妙蓮經ヲ終至ニ作禮而去ニ 文 一一所説之妙理。皆是阿彌陀法門 文 又五大院釋云。迹

門胎藏界。本門金剛界。[梵字]字一字含一切法文仍[梵字]字法華本迹法體故。御持經ノ軸ニハ散スカシタマヘル也。如レ此口傳スレハ卽阿彌陀ト習フ時ハ。法華卽阿彌陀ノ體ニシテ一切衆生ノ成佛皆阿彌陀也。藥師ト習フ時ハ。法華卽藥師體ニシテ一切ノ諸佛皆藥師也。故ニ當家ニハ一尊諸尊ト習也。仍テ法華卽觀音ト習時ハ。皆觀音也。釋迦乃至一切ノ佛皆悉爾也云云

次本尊ト者。卽チ南無佛ノ三字也。南無ト者歸命義也。凡夫（夫イ先）常途ニ歸命ト云ヘルハ。以ニ行者ノ命ヲ一歸レスル佛ニ云フ也。是レ卽チ偏ニ重レシテ佛ヲ可レキ奉ル二己カ命ヲモ一思ニ住スルヲ云也。然ニ命ト者。命根果（可歟）得ノ義ト云ヘリト云意ハ。可軌可得ノ義ト云テ成ルヲ。物軌可得義トハ云也。故ニ衆生ノ出入息卽チ命根ニシテ。爲ニ一身一ノ可軌可得ノ體ナル故。命根ハ可得義トハ云也。（已上常途歸命義也）

作手正今ノ大師ノ御持尊ニ。用テ二南無佛ノ三字ヲ一歸命佛ト云ヘル三字ヲ爲ニ本尊一トタマヘル事ハ。卽チ是一切衆生ノ心法本有ノ三身ト。三世ニ顯テ二出入ノ息一ト成テ二衆生ノ命根一ト。以下時時ニ出テ二歸外ニ一。時時ニ入ヲ中歸内ニ上。持ニ面面ノ依身一爲レ能ト。故ニ三世ニ衆生ノ命根ト。歸レシ外ニ歸レル内ニ處ノ息ノ體ハ。卽チ心性本有ノ三身體ナル故ニ。指シテ二心性ノ三身ノ體ヲ一云ヘル二歸命佛一トハ也。是ヲ無量壽次定來トモ云也。歸命本覺心法身○還我頂禮心諸佛ト云ヘル此意也。仍テ今ノ御持尊ト者。卽是レ大師自ラ以二己心本有ノ無作法然三身一爲シテ二本尊一ト給ヘル事ヲ顯シテ。以二南無佛ノ三字ヲ一爲二本尊一トハ給ヘル也。然ニ持經ノ軸ニ奉レ籠（以カ）ニ藥師ノ尊形ヲ一給ヘル事ハ。顯シ二經ノ體卽佛體一ナルコトヲ。書テ二南無佛ト一云リ二文字一爲ニ本尊一給ヘル事ハ。顯シ二佛體卽經體一ナルコトヲ給ヘリ。故ニ持經ハ卽チ以レ經ヲ顯レシ佛ヲ。持尊ハ卽チ以レ佛顯レ經ヲ習也。當家ニハ天台ハ以レ法習レ佛。眞言ニハ以レ佛習レト法口傳スル也。以ニ此口傳一彼大師ノ御持經モ本尊モ可レ得レ意也（意イ知）

意難云。以レ何得レ意。南無佛ノ三字ハ卽チ御持尊也ト云事ハ難レ知。斷悟ノ二字ト及南無佛ノ三字ハ持經。尊形ノ藥師ハ持尊ト存シ給ヘルニモ有レラン之。サレハ常人ハ。皆彼ノ南無佛ノ三字ヲ持經ト云ヒ。尊形ノ藥師ヲ持尊ト云也。爾者如何イカン

口傳云。此不審非也。既ニ云ニ南無佛一ト上ハ何ソ非レト佛不審致レサン之耶。加レ之。持經ニハ書ニ斷悟ノ二字ヲ一水精ノ軸ニシテ持給ヘル上ハ。何ソ又此外ニ尚持經有レト之云ン耶。世閒ノ人ハトモ

云ヘ。當家ノ口傳ハ如レ此尤（イ最）無レ疑事也

3 三本地三身　（『大和庄手裏鈔』に類似文。續天全口決1、八三下〜）

尋云。圓教意轉二煩惱業苦三道一成二法身般若解脫三德一時。法身ハ轉シ二色法一ヲ。餘ハ轉二心法一ヲ。尚云二法身一ト時ハ。萬法無レ漏コト皆法身體。然而對當ハ一往歟。實事ハ轉レ色成二般若一ト可レ有レ之（「イ歟）

師云。一家意ハ不レ談二色心各別一ハ。只心是一切法。一切法是心也。云二色法一處。智モ宛然。故只是於二一法一有二三義一。是色心不二ノ上ノ對當也。雖レ似二一往ナルニ一不二之上ニ論レ之。此ハ所詮以二無作三身義一可レ得レ意。此レ則チ傳教大師所二傳受一三箇大事ノ中ノ圓教ノ三身也。先法身者。萬法體己己法體カ本來無作ノ云二法身周遍法界一ト。雖レ有二形相貌一而其相顯著。次報身者。彼法身己己ノ當體ヲ押テ得レ意也。即萬法一心得レ意。其上ハ（其イ云）長短等形ヲ互ニ相照ス。此レ即チ心カ照レ心ヲ。故ニ自受用身自體顯照智也。次應身者。於二萬法體一成二一切衆生依怙一方ヲ皆是慈悲利生應身也。此レ即チ萬法當體不動不變ハ法身。自體顯照ハ報身。利益衆生ハ應身。故ニ云二一身即三身。三身即一身一トモ。云二本地無作三身一トモ也。法報遍故應體亦遍トモ。自體遍トモ此也

尋云。本地三身者歷二萬法一無作三身也ト者。如二上云一。凡夫。本門壽量中ニハ何義ト見タル耶。有情非情倶ニ云二フ實ニ無作三身ナリケリト一事。經分明ナラハ彌可二信仰一。爾前經中（中陰經）云二一佛成佛觀見法界等一（道カ）。如レ此明白說相モ有レ之。何況ヤ成佛ノ手本ナル今經中ニ何可レ無カル耶。又經ニ萬法一雖レ見タリト二無作三身ナル事一。不レ及二筆見一歟。又界如三千ノ法門ハ。尤（イ最）可二本門至極指南一ナル。而ニ此理本門壽量說ニ全ク不レ見。此等不審如何

師云。此條不審。雖レ似二各別一ト落居只一致也。惣圓宗至極ノ談。事理色心本迹者非二各別一。一家ノ立行本意不二立行也。而隨二衆生根性不同一分二各別一也。故ニ本迹地體一物ト得レ意不レ苦事也。所以迹門云二理圓一事談シテ二萬法不變一理一開レ之得脫スル者有レ之。故ニ界如三千法門元ヨリ付テ皆眞如一理一。故ニ云二理圓一也。而ニ悟二此界如三千ノ法門一

時。情非情無不具足之。經既云諸法實相所謂諸法等故也。次本門云事圓本門也。別改體不易色。故至本門別建立界如三千法門。中中似各別。故迹門既其相法體顯然上。押其體云當所本然云事也。故無作三身以之可得意。十界既云本來。顯無作三身非外故本文事新非改體。所(所イ可)說之如此迹門本迹被云一體。所詮云本迹不同隨機入門分之尚疑云。本門自迹門法門外建立之勿論也。然開迹顯本故。亦云此法卽無作何無之。隨可云歟覺於釋尊從本來三身了。又云如來祕密神通云無作三身體法爾。此事尚幽覺也

師云。十界互具彼彼三千互融者自他共許。若爾。迹門時談界如顯萬法互具樣。故本門壽量面先付教主論開迹顯本。此無作三身也。諸法無作三身自開。所以十界中佛界三身已無作。澄(證カ)不互餘云者。(天止三、二〇七。弘決)彼彼三千互遍亦爾義又不可有之耶。仍談釋尊無作三身。顯餘一切諸法無作三身也。共界如三千法門故。然云如來如實知見三界之相等。如來如實知見三界所有萬法。無不無作三身照見也

師云。當流云。一字三句傳釋尊三時成道者是也。謂瑜祇經三身體卽[梵字]二空點報身實報土。[梵字]中。[梵字]假。從寂光本垂三土迹可知之。可祕可祕

四

4 圓頓止觀相貌

(天止一、九五。止觀)初緣實相。造境卽中。無不眞實矣 實相者。三千十界(千十イナシ)萬法緣當體本有體分不生也。卽中者。此中者萬法圓備境智未分不生處云中也。眞實者。是云本來本法不生不滅體分不生事也。繫緣法界一念法界者。今文從初緣至止觀。爰下摩訶止觀本意有之(天止一、四一〇。)也。而第一繫緣法界一念法界。妙樂大師。(弘決取意カ)繫緣法界觀。一念法界止矣 至第二釋(同、四一一。止觀)繫緣法界一念法界。繫緣是止。一念是觀。是前後相違。又多武峯先德。第一

九識。第二ハ六識ト消釋シタマフ事也。是レ當家ノ相傳ニハ。第一第二釋意少シク異也。第一ハ止觀肝要三處ヲ云フコト有レ之。其一也。是體分不生。無念一念也。仍テ約レ得ニ第九識一全ク佛果知見ヲ不レ違。豪(毫カ)釐モ之閒是第九識也。第二ニハ修大行下也。行者從因至果ニシテ置ニ能念所念一自ニ六識一傳相貌也。仍テ約ニ第六識一云云

傳云。繫緣法界是止矣止者意ハ緣者止ヲ書レ緣也。其故ハ云フレ止有ニ觀德一也。萬法雖ニ其體各別一ト同一法性也。照レ之云ニ繫緣法界一。又一念法界是觀矣念者照了分別也。觀德也。同一法性ナル諸法無禮相ニ應シテ當體當體ト照レ之一念法界也

尋云。繫緣法界一念法界矣爾者。立ニ繫緣一立ニ一念一。二重ニ言不同如何。此文ヲ止觀・觀止ト打替配スル事如何

傳云。妙樂大師。義例ニ其意分別也。(大正藏四六、四五二上)卽チ釋ニ此意一曾テ(曾イ簡)餘皆對ニ治病止觀一。實心繫實境等矣(衍句カ)實心繫實境等矣繫緣法界。謂實心者。萬法圓備一心不生心也。境者。所緣萬境智旣是心。境亦是心是也。萬法ハ一心ノ全體ト。一心ヲ遍ニ滿セリト法界ニ打向處ヲ云ニ繫緣法界一ト也。一念法界者繫緣法界ニテ。一心不生ナル一念ノ心內ニ。而十界三千ノ萬法歷歷タリ。此云ニ法界一ト。而ニ以ニ此二句ヲ分ニ別コトハ止觀一ヲ。寂照同時ノ法ナレハ。繫緣法界ノ意ニモ。一念法界ノ處ニモ。止觀二法宛然ナリ。止觀不二境智冥一ノ故ニ。然而以ニ二句ヲ當ニ止觀・觀止一ニ。不二止觀菟モ角モ當ルニ無ニ相違一云云(天止一、九六)

尋云。一色一香無非中道矣所以者何

師云。一色一香無非中道者。先擧ニ色法一也。(同、一一二)色法ハ至レ境不レ至レ境。然復己界等ヲ例ニ色法一。陰入皆如ト者。如ハ是生佛ノ根源(「イ心源)自體指レ之云レ如ト。(同前)無苦可捨。無明塵勞卽是菩提者。地體自ニ迷方一實ニ執有ニ苦ノ無明等一也。佛智ノ方ニテハ地體從因無ニ迷悟一。何ソ曰レ迷何ソ可レ云レ悟。而閒無明塵勞菩提也。付レ夫迷者カ思ツル迷法ト押テ無明等一。不レ動シテ見ニ中有ノ覺體一ト也。全體迷ヲ不レ懸レ目ニ退。是レ己心所行ノ法門自受法樂觀ナリ。是ハ元ヨリ付スル體分一行者ノ行體也　能能可レ思ニ案之一

尋云。煩惱卽菩提。生死卽涅槃矣爾者何可レ得レ意耶

師云。苦道ハ有待質礙色身。於ニ此身ニ我等自ニ無始一橫

計シテ謂有ニ生滅一。而ニ其體無染淨諦ニシテ全ク無ニ分別一。無ニ分
別一故ニ是名ニ無記一。無記故色法全體與ニ本有理一無ニ無別（分カ）一。
故ニ止觀大意（止觀義例カ）云。當知一切由レ心分ニ別諸法一。何曾自謂ニ同
異一矣（大正藏四六、四五二上）。此意也。法身ノ理其體ハ無分別。中道ノ理ヲ名ニ無記化
化禪一ト此謂也。故ニ彼此同シク無分別ニシテ平等法界ノ全體ナレハ。
云ニ生死卽涅槃・苦道卽法身一ト也。云ニ煩惱卽菩提一自ニ迷
方一付タル名也。而其煩惱體本來不生ノ法ニシテ。其實體無レ
之。云ニ菩提一ト指ニ萬法未分ノ中道法界一ヲ云也
尋云。本覺ト云時ハ。迷悟二性俱有ト云者。本有ナラン迷法ヲハ
可レ云ニ本迷法一ト。何云ニ本覺成道義一耶
傳云。本覺時ノ迷悟（迷（イ）悟）者。本有ノ迷法ハ九界。悟者佛界也。物
理本來性具（天玄四、三六〇。釋籤）。權實無始薰習或實或權ノ處ノ體分ノ十界ヲ云ニ
眞如十界一ト。是本有九界也。然モ而皆作ル金ヲ。十界雖レ有ニ
十質一俱ニ金體ニシテ非ニ可ハレ捨法一。心性元來實相ナレハ云ニ本覺一ト
無レ失。體分不生者。十界ノ質各別ナル處カ習ニ己己一全體ナル
處ハ皆一ノ金不レ異方ハ被レ呼ニ不變眞如一。乍レ有ニ金體一而十
質ハ隨緣眞如只一法二義也。云ヒ二隨緣一ト機ノ自ニ迂廻道情

意一迹門ノ時ハ。十界ノ事事ノ惡キ物ヲ善金藏收レハ之。萬法皆
被レ呼ニ眞如一。若出ニレハ金藏ヲ被レ云ニ無常法一ト談シテ之。不レ限ニ
二乘等心ニ一。十界三千ノ諸法ハ皆歸シテ入實相ノ一理ニ常住ノ
法ト談レ之。依レ之經ニハ云ニ是法住法位世閒相常住一ト（大正藏九、九中）。住法
位ト者。歸ニ入實相一理ニ也。是住捨情一法二義ナレトモ。以ニ
不變方一敎レ之。次ニ本門意ハ。此萬法ノ當體カ必ス不レトモ住ニ
法位一ニ。今事新不レ可レ云。萬法己己隨緣シテ成ニ地獄ト乃至
成ニ菩薩佛一ト。隨緣有ニ十質一。其當體己己ノ自體。金ノ地獄ハ
金ノ體故。事事當體不レシテ動金體ナレハ。云ニ常住眞如一ト云ニ隨
緣眞如一ト也。如レ此機本迹ト傳フル前コソ被レ立ニ隨緣トモ不變一トモ。
被レ云ニ本門トモ迹門一トモ。次第勝進ハ爲ニ迂廻道ノ機一ト也。今止
觀行者ハ不レ爾。直ニ行ニ無作本體ヲ故ニ二法未分ノ重ト。一家
體金ノ十界ノ質ニテ無レ難無レ疵。是レ云ニ二法未分トハ也。云モ
本迹雖殊不思議一一ト。如レ此傳フル機カ得ニ本門無作三身ヲ
已レハ非ニ別物一。迹門ノ心ノ實相ノ金藏ニ收メテ云ニ眞如一ト。云ヘル實
相ト當體カ己己ノ自體元來眞如ト知レハ之。本迹ハ雖ニ入門異ト
立還再ヒ見レ之。只體分不生ノ全體也

尋云。塔中口傳者。指二今文何意一正相承シタマフ耶

口傳云。雖言初後無二無別矣付レ之有二兩義一。初緣實相初寂而常照後止觀。煩惱卽菩提。生死卽涅槃。世間出世閒苦集滅道。地獄佛界如レ此。惣シテ云二此事一ヲ旁以二當流本意一ヲ。仍略レ之。爲レ違二漸次止觀一初後無二無別也。謂ク歸戒ヲ爲レ初。實相爲レ後。漸次止觀ニ如レ此立テ二初後一。漸次ニ修行シテ雖二初後一ト。圓頓止觀ハ云二初後不二一ト也。此ノ初後ノ所レ顯十界ノ初後也。初者地獄。後者佛界。故ニ漸次ノ止觀。歸戒。禪定。無漏。慈悲。實相。所以ニ歸戒者四惡趣行相。禪定者人天作業。無漏者二乘所證空理。慈悲者平等無緣菩薩界。實相者眞空冥寂佛界也。漸次止觀ハ隔ヿ歷シテ初後ニ雖ニ各別ナリト一。圓頓行者ノ前ニハ。（大正藏四六、七八一上。金剛錍）阿鼻依正全處ニ極聖自身一。（心カ）毘盧身土者（者[?]カ）不レ逾二凡下之一念一。（ヿ矣カ）故ニ向テ二初後無二無別一ニ。十界互具。一念三千。一心三觀。一心一念遍於法界。一心具二萬行一。開覺己心ニシテ作サテ手有處也。傳ニル初後不二一ヲ時ハ。顯二一心三觀モ一念三千モ十界互具一モ也。此圓頓行者。極大祕藏。穴賢穴賢。不レ可二口外一

一義云。一切法初後也。是ハ不漏惣萬法皆一法ニ二義ノ故ニ互二諸法一可レ云二初後一（流轉還滅　流轉還滅）

尋云。凡ソ以二此文始終一ヲ爲二圓頓止觀指南一ト云條分明ナリ。而旣今無明塵勞卽是菩提。偏（邊カ）邪皆中正。煩惱卽菩提。生死卽涅槃等矣（天止一、一二一二。止觀取意）然彼相待止觀者。云二無明卽法性。法性卽無明一。有テ二何ナル替目一彼ニテハ斥ヒ二相待止觀一ト。今ハ此等文ヲ爲ニ一家ノ己證一ト耶

傳云。其替目ハ。相待止觀ハ無明卽法性者立二煩惱卽菩提一ト也。共ニ一心ヨリ起ル故ニ等立也。今ノ初緣實相等雖二言同一ト。此レ旣ニ萬體己己ニシテ。無明ハ無明。法性ハ法性。菩提ハ菩提ノ（ヿ(イ)煩惱ハ煩惱）當體ニシテ。三千ノ諸法寂然ニシテ無シテ二難節一。無レ疵云處ヲ云二絕待不思議觀一ト也。而今至レ云二偏（邊カ）邪皆中等一者。無明モ法性モ偏（邊カ）邪モ己己當體無二難節一。非レ云トニハ改二無明偏（邊カ）邪一ヲ。當體本有ナレトモ寄レ言ニ之時ハ。無二曲節一當體ノ中ト僞リニ呼出ス計也。依レ之假立中名等釋可レ思レ之。法性ハ法性當體任其自體。無明ハ無明當體ニシテ無レ疵無レ失中道也。無明法性一體異名也。而其當位分明也。崑崙山玉云云

5 還歸本理一念三千事　五

還歸本理一念三千者。意達ニ心源法性ノ重ニ窮ヌレハ。無始曠劫已來流轉スル處。六道凡心當體全分法性淵底其宗（玄歟〔歟イナシ〕）極地ニシテ。各別ニ佛果トテ無ニ高求處一故。遙ニ十信乃至妙覺ハ。修行ノ一念破打ト法體ニ相應シテ。立還テ昔ノ理即ノ有ノ任ノ凡夫ノ處ニ還ル故。還歸本理一念三千ト釋スル也。所以ニ理即來也。故ニ等覺一轉入于妙覺ト者。意ハ圓頓行者等覺ニテ修行シ登テ。一念破打ト明ス法體重ニ相應スルソト云ヘハ。即チ本理理即ニ歸スル故ニ等覺一轉入于妙覺トモ釋スル也。所以ニ理即乃至分眞ト登テ。却テ本理ニ即チ還ルカ故一轉ト云也

相待判麁・絕待開麁事

相待妙者。待對教相ニシテ名タリ二淺深高下權實ヲ分別ルニ。故ニ一同ノ法門也。絕待妙者。押テ爾前四味八教當體ヲ名タリ二一乘實相ノ法ト開會スルニ。故ニ開麁顯妙者一途法門也。但シ一口傳云。絕待妙者不レ立ニ開會一ヲ。相待妙重ニ立ニト開會一ヲ云事有レ之。所以待對シテ四教八教ノ權法ヲ一乘ノ法トモ云ヒ。實相ノ妙理トモ開テ。二理ニ判スルヲ何ニモ被レ屬ニ相待妙重ニ也。次。絕待妙者。獨一法界故名絕待ト云テ。立ル二獨一法界心源重ニ法門也。心源法體ニ十界三千依正二法ノ名用一法モ不レ消。宛然トシテ存處ヲ押テ獨一法界ト釋スル也。故ニ教前ニ一往開麁ノ絕待妙ト建立スル也

八教中圓與二法華圓一不同事

法華以前八教中ニハ。十界三千依正二報當體ヲ一乘實相ノ法體トハ不レ明。法華一乘實相ノ明ニ界如三千之旨ヲ。述ニ一切衆生皆成佛道ノ理一ヲ也。爾前ニハ。雖レ明ニ三諦一不レ明ニ三千具足之旨一ヲ。今法華ハ明ニ三諦一ヲ處ニ即チ界如三千自體悉ク具足スル也。而ニ今法華一乘ノ三諦ヲ云時ハ。空ヲ云ヘハ即チ是三千具足空也。假ヲ云ヘハ即チ是三千具足ノ假也。中ヲ云ヘハ即チ是三千具足ノ中道也。然聞。一切衆生ニ具ニ足スト三諦ヲ云ヘハ。必三千法體宛然ト存スル也

爾前衆生成佛與ニ法華成佛一事

爾前ニハ不レ談ニ十界三千ノ法體具足スル成佛ヲ一也。法華ノ時ハ。具ニ足シテ界如三千法體ヲ一。一法ヲモ不シテレ消論レ得ニ成佛ヲ一也

四種佛土事

一家天台ノ意ハ。不レ限二同居ニ一三千具足ノ同居ナレハ。界外ノ三土モ無レ隔。乃至寂光モ寂光ニ不レ留三千具足寂光也。同居モ四土具足ノ同居。寂光モ四土具足ノ寂光也。前三土モ一邊ニ不レ留土ナリト可レ得レ意事也

本迹二門三身事

先。迹門三身者。始覺始成三身也。次。本門三身者。無始無終本來常住無作三身也。迹門意ハ。酬二萬行萬善ノ修因ニ一。今始テ盡テ二三惑源底ヲ一得二道スト一法性ノ淵底ヲ一談スル也。本門意ハ。明シ二三世常住本佛無作三身ヲ一非二今始成佛ニ一。天台法體圓融ノ自體ニシテ談二本有無作三身也ト一。今始テ一念法體相應スルハ。迹門始覺ノ所談也。本門壽量無作ノ顯本ノ日ハ。無近無遠顯法身常住ト云テ。不レ立二遠近ノ説ヲ一。法體法爾ノ無作三身ニテ有レ之也。無作三身ト者。下ハ從二無間炎一上ハ至二有頂ノ雲上ニ一。無レ隔各當體當體併ラ無作三身ニテ有レ之也。本門壽量ノ時。從（從イ說）二五百塵點久遠本佛ノ重ニ一用事ハ。爾前迹門之間始ニトシテ天人修羅一。至二三五七九ノ機ニ一。釋尊ハ。今日出二釋氏宮ヲ一。菩提樹下ノ始覺果滿ノ法體ニ相應スト深ク信スルカ故ニ。止二其執近思ヲ一。無作法體ノ重ニ爲レ令二相應一。且顯二五百塵點事成ノ本ヲ一也。眞實無作本有ノ三身。實ニハ五百塵點之當時ニ成佛トノミ非レ可レ云。五百塵點トモ云齊限ヲ存セハ。全ク非ニト無作三身ニハ一可レ得レ意也。無作三身ノ重ニハ。成佛ノ成ノ字モ全ク不レ可レ有レ之。何ニモ成リタカラスル前ニハ不レ出二迹門ノ域ヲ一也。佛意内證ノ日ハ。始ノ自二華嚴一終至二涅槃ニ一所レ述教味。併ラ一乘實相法體ニシテ。一音說法トシテモ不レ相二應三諦即是ノ法體ニ一事無レ之。一念一心ノ當體。即チ三千具足ノ妙法自體ナルカ故ニ。釋尊一音說法下ニ三千法體宛然トシテ。步步足下ニ恆ニ所レ踏ニ常寂光大地一。昨日今日臥處ハ蓮華世界漸（漸イ海）也。眼所レ浮法身相好也。音聲ニ所ハ唱鎭ニ自受用說法也。三千法體宛然トシテ三世ニ各一用一用ヲ所レ施。三世不斷慈悲也

境智慈悲三種三身事

境者法身無相境也。智者自受用無念智體也。慈悲者應身也。無緣慈悲一法也。所以法身境與二自受用智一冥合シテ從（從イ設）一筋ナル處。所レ垂慈悲ハ是應身體也。一家天台ノ本意ハ。三

千法體各境智慈悲ノ三種ヲ具足ス。天台ノ法體圓融ノ自體也。然閒。螻蟻蚊虻ノ色心ニ至マテモ非レ弱。無作境智慈悲三身ナル故ニ。心源法體ノ重ヲ明レハ。萬法擧テ現ニ一心ニ妙用ヲ事也

六

6 明靜鈔（天止一、一五二。止觀）

問。諸法寂滅相不可以言宣矣爾者何云事耶

答。常途經論配立。不變眞如寂滅湛湛タンタンタル處ヲ云ニ寂滅ト也。今ハ不レ爾。三千十界依正二法。當體未レ分レ隨緣眞如・不變眞如トモ。生佛ノ根源境智未分不生處ヲ云ニ諸法寂滅ノ相ト。不可以言宣者。如レ此體分不生處ヲ以ニ九界言語ヲ不レ可レ宣。以ニ眞如言說ヲ可レ說レ之。而ヲ今有ニ所以ニ對レ機說ニ止觀ヲ耶ト問也。得ハ意（得⑴問）。對機說法ハ卑劣ト思合ス疑也。答意趣如レ問。一切諸法ハ本是佛法ナリ。體分不生ノ法體ナリ。最上根不レシテ聞ニ一句ヲ達ニ分心源ヲ如ト雖レ無ニ或從知識或從經卷之義ヲ悟人ノ爲ニ不ルカレ叶レ機說ト也。但シ如レ此非レ云ニトニハ止觀ハ一向爲ニ鈍機ト。一句ノ下ニ承當セル人亦開章以前等ノ機ハ上根也。所詮。聞與ニ不聞ヲ不同ナリ。不聞ヲ對ルハ聞ニ上根ナリ。

又聞テ一句ヲ傳ニ解行ヲ望レハ之傳機ハ下根ナリ。此等所望不同也。而ニ云コトハ開章已前止觀ニ開章以後止觀ノ釋ニハ不レ見。當流ニ相傳マテハ如レ此云也。但シ妙樂ハ前六重ノ妙解ノ重ニテ。不レ經ニ妙解位ヲ悟ニ不思議境ヲ機自是一途ト釋レ之給フ也

傳云。諸法寂滅相ナラハ隨緣不變兩眞如也。所謂諸法者。隨緣眞如。寂滅。不變眞如。雖ニ名相二ト（ㇳ者カ）卽チ體無二無別也。意（意⑴悉）不變者。圓頓行者ノ寂滅無念ノ心。隨緣行者ノ觀智觀察ノ智體ナリ。故釋。不變眞如故名爲レ心。隨緣眞如故名爲レ性。成ニ隨緣不變ニ一念寂照ノ心法無來。雖ニ言語道斷ヲ備ニ照用修成ノ觀德ヲ。故ニ被レ云ニ止觀妙法心性妙覺本覺トモ。能能可レ思レ之

尋云。體重ニハ。可レ有ニ言說云法義ヲ耶

仰云。餘流人體ノ重ヲハ。一言モ不レ說。地體不レ被レ說。何度云レ說者。說ニ用重ヲ云也矣（矣⑴丙）此義不レ被レ得レ意。萬法未分惣體體重トハ云也。體ノ重ハ超タル說不說ヲ法ニシテ。亦說不說ノ分有レ之。體重一向不レ被レ說云者。墮シテレ偏ニ雖レ云レ體トハ。此等ノ重ヲハ能能可ニ思案ス云云　地體ハ一家天台ノ體者。全シタルレ

用ヲハ體。又全レシタル體用ナリ。倶ニ不相離ノ法也云云説不説倶鎮ニ整トトノヘルコト萬法未分ナル處是云レ體ト。相ニ分隨緣・不變一。不變方ハ不レ説。隨緣方ハ被レ説ト云者。同シク此拭體ノ重ヲ得レルコト意不レ可レ爾。何レモ不ニ片落一不二而二。萬法圓備ノ處ヲ云レヘハ體トハ。説不レ説何レモ不レ闕備也。故ニ當流相傳今圓頓止觀ハ。境智未分不生ノ上ニ建ニ立ト之一傳レ之

尋云。爾也。以ニ最上乘ノ教一被ニ最下根機一。若許レ之者。可レ有ニ機教相違失一歟

師云。即聞即悟シテ直達法體無作三身ノ重也。而滅後人皆鈍。以ニ最上乘教一委悉ニ分別シテ令レ悟レ之。祕教中ニ説テ。（大正藏十八、五四下。大日經）甚深無相法。劣惠所レ不レ堪。爲レ應ニ彼等（等㋑土）一故。兼存ニ有相説一矣爲ニ鈍根機一以ニ有相説一教レ之。其有相法非ニ別ノ物一故。無相甚深ノ法ハ。顯ニシテ事相一教ルニ直（直㋑通）ニ不レ入ニ無相之處一劣也。此法ヲ顯レシテ事ニ令ハレ悟ラ只同事也。顯密雖レ異其宗一ナル故於ニ一山ニ弘ニ兩（兩㋑内）宗ヲ一者。入門差別也。顯宗ニ以ニ迹門一心三觀法ヲ一本門ニ顯ニ無作三身佛一。密宗ニ以ニ五相成身佛ヲ一顯ニ六大無礙法一。於ニ此事ニ一互ニ可ニ有相無相二種ヲ行一。今止觀ハ。如レ此爲下直不レ入ニ心源法體ノ重一鈍機上。止觀二一法ヲ委細ニ（天止三、七四。弘決）分別談レ之。如レナラハ此無ニ機教相違ノ失一故。然圓頓教本被ニ凡夫一此也

尋云。前止觀後止觀有ニ差別（別㋑異）一耶

答。開章已前ノ直達法界行人。不レ假ニ外（解カ）智思量一ヲ。最上根者也。是自是一途機也。而ニ自是一途者。大意五略下有レ之。當流相傳ハ。違ニ開章以前ノ方一ヘモ也。開章以後ハ。傳ニ解行證一ト故ニ假ニ解知思量一。依ニ或從經卷或從知識ノ物一。是則チ可レ下ニ對治疾雙立止觀一トモ。是下根人也。大意如レ此

傳云。止觀自レ元幸會修多羅矣故ニ一代諸教全泯合ス。所以華嚴經者。實報華王砌盧舍那報身ノ粧イ。謂レヘハ機ヲ厚殖善根凡夫ハ大根性人也。此等過去大乘結緣厚故ニ被レ云ニ頓大利根一。不レシテ經ニ權教ノ之席一ヲ直ニ悟ニ法界唯心三無差別法門直顯實相一。是則チ先代未聞ノ下ニ悟下直達界人ノ不レシテ踏ニ妙解ノ莛一直ニ開ニ覺ト己心所行ノ法門全一上也。故ニ明靜ノ止觀ヲハ。云ニ根本止觀一ト。華嚴ヲハ云ニ根本法華トモ根本止觀一トモ。止觀法華ハ名字不同ニシテ其意一也。明靜止觀ヲハ云ニ諸

法寂滅相不可以言宣一ト。華嚴ヲハ(了云ニカ)寂滅道場始成正覺。名義體相順法門也。次。前六重ヲハ隱密ノ止觀。意ハ止觀本意ハ一念三千一心三觀ニテ有ヲレ之。不シテレ出ニ言說一隱ニ密之一。皆是立テテニ佛法妙解一。或被攝名別義通等ノ法門立レ之。爲四妙行一念三千鹿苑以後ニ彈ニ呵洮ニ汰二乘一立ニ被攝等配立教門一。本意ヲ尋見レハ。被攝ハ調ニ心シ衆中二理二無也一ト。名別義通ハ界內界外一ナル方便也。是モ法華ノ心土不二ノ諸法實相ノ調心方便ナレハ也。是云テニ隱密法華一ト妙解隱密ノ止觀ト全一也。次。法華時ハ。云テニ唯佛與佛乃能究盡等一。(天止三、一九〇。弘決)十如實相法門ヲ無レ憚顯說ス。是則チ止觀正修止觀ノ時。無始色心本是理性妙境妙智トモ。(天止三、二九〇。止觀)或只心是一切法。一切法是心トモ。(天止三、二七〇。弘決)一身一念遍於法界トモ。(天止三、二七一。弘決)故至ニ止觀一正明ニ觀法一。並以ニ三千一而爲ニ指南一。乃是終窮究竟極說トモ。放レ手ヲ顯說スル一也。故ニ法華ハ顯說法華。正修止觀顯說止觀也。然後。涅槃經時叶ニ寂滅靜不變之理一。證ニ涅言不生。槃言不滅。寂滅無言ノ理一。是天台法輪停轉シテ歸ニ元意之處一ニ被レ立ニ旨歸章一ト。故旨歸菩提音妙境也(此四十可レ聞ニ祕口傳一)如レ此得レ意時コソ。爲レ弘ニ宣法華一替ニ名字一立ニ止觀等一被レ得。而止觀ニモ云フニ萬法寂而常照一ト。(傳全二、一七一。守護國界章)不レトハ出ニ止觀二法一。法華ヲハ根本大師。妙法之外更無ニ一句餘經一也トテ。諸教卽妙法ト云フ。可レ有ニ何差別一耶。所以妙者。不可思議。(天玄一、二七～三一。玄義)言レ法者。界如三千。止者。寂ノ義言語道斷法。觀者。照義所照ノ體。一念ハ止ノ三千。妙法ノ二字ハ卽止觀ノ體也。止觀卽チ我等カ心妙法卽行內證。無常常住俱時相卽。隨緣不變一念寂照等。於我等衆生ノ一念ノ上立也。爰下ニ打向テ所レ行行。觀ニ己心高廣一扣ニ無窮聖應一。餘處ノ解釋等可レ思レ之

尋云。因ニ止觀二法ハ行者能觀智一。爾者。此止觀觀法如何。亦所觀境(境㋑ナシ)如何

師云。止者假佛見。觀者佛知也(了空カ)。此ノ空假知見ハ持ヲニ一念ニ一云ニ一心三觀一ト也。是名ニ絕待止觀。獨立止觀。先代未聞トモ一。所觀境ハ三諦法界ノ境。而ニ止觀ヲ名ニ成能觀一ト。相貌經テニ萬法ヲ一觀ニ通スルヲ唯一法性一ト云ニ止ノ成能觀貌一ト。是ハ不變眞如亦觀カニ成能觀ヲ一姿ハ。歷ニ萬法ヲ一當體當體照ニ法性本性ヲ一云フニ觀ノ能觀一ト也。但シ此止觀二法不變隨緣於ニ萬法未分之

體不生ノ重ニ建二立スレハ之一。止モ可ニ觀ノ全體一ナル。〔(イ)觀モ止ノ全體ナルヘシ。〕且從テ二面立ル邊一ニ。止觀ハ如レ此。觀ノ止如レ此。止觀互ニ具ニ觀智ノ貌一ニ。能能可レ思二惟之一云云。故ニ萬法ハ元來鎭ニ止觀全體也。草木國土等モ自ニ無始一來不レ退修ニ止觀行一。我等衆生螻蟻蚊虻蠢動含靈所有情非情。日日夜夜時時剋剋歷ニ行住坐臥（臥(イ)ナシ）六緣六作所爲一。併ラ止觀行體如レ此。不ニ聞解一之閒ハ。不ニ加樣ニ鎭行一ケリト。如來行ヲ押陰シテ成ニ徒物一ニ也。自レシテ聞ニ此旨一ヲ菟振舞角振舞。止觀行體ナレハ。實相外ニ更ニ無ニ別法一。故ニ圓頓行者ハ。不レシテ覺不退ノ觀法ナレハ。頓ニ悟ニ圓理一ヲ不レシテ捨ニ分明ノ色身一ヲ直ニ契二當ル寂光本理一。是正行者。妙解之德分也。穴賢穴賢。不レ可レ廢二退此解一。如レ此修行スレハコソ功德遍ニ法界一。一行一切行。恆修四三昧ナレハ。萬法無作三身本來ノ覺體。其菩薩界ハ常修常證無始無終。自受法樂ハ常（當(イ)常）滿當顯無始無終等行儀。卽事而眞。無思無念（念(イ)ナシ）無ニ誰造作一。故ニ名ニ無作ノ行一。三千世閒依正宛然。自受法樂無ニ閒斷一。故（能能可レ思二案之一）

尋云。我等元來行ニスルヲ如來行一ヲ不レコトハ知レ之依レ妄ニ也。爾者。依レ妄ニ雖レ不レ知レ行ニ如來一。法體ハ不退得法ナリ。亦佛智モ鎭ニ照覽シ給フ。何于レ今不ニ成佛一流ニ轉六道一ニ耶

答云。以ニ我功德力。（大正藏十八、四八中。大日經）如來加持力一及以ニ法界力一普供養而住ト。何ニモ感應道交シテ可ニ成佛一也。如レ難ノ行者雖レ不レ知レ之。法體佛智ノ方ヨリ令ニヨカシト成佛一云者ハ。墮ニ他句一。又不レ依ニ佛法界力一ニ成レト佛ニ云者。墮ニ自句一ニ。然閒。成佛得道ハ不思議因緣和合シテ。修得顯現能能可レ止レ心

尋云。止觀修行人心地ノ用心如何。經ニ六塵六作ノ境一所レ起心念何ヲ云ニ無明一ト。何ルヲ云ニ正行者ノ心地一ト哉

師云。無ニ別樣一云ニ但除其執不除其法一ト是也。於ニ見聞覺知前一ニ只有ノ任ニ見ニ聞之一無レ失。以情分別一切皆邪。無情分別一切皆正トテ。於ニ我執一ニ成レ過也。一心不生萬法無レ失。無レ失名ニ中道一。止レ心可レ信レ之

示云。於ニ止觀一有ニ四筋一。謂迹機・本機・本迹機・本迹未分機也。迹機者。心爲レ門迷ニ色心不二一。本機者。色ヲ爲レ門迷ニ色心不二一。本迹機。（〔一〕者カ）定惠均等ニシテ色心不二。迹門實相ヲ云ニ心實相不變一。本門實相ハ色實相隨緣。是ハ皆本迹分レテ

二法分別ノ修行ノ故ニ。非二止觀ノ本意一ニ。故ニ斥二ヘリ縦亦不可
横亦不可一ト。本迹未分機者。直達己心所行者ナルカ故ニ。只
所レ向皆法爾ニシテ心外ニ無二別法一無二義味一無二ト思重一打向。
只心是一切法。一切法是心。作二本有一處カ止觀本意。大師
己證ニテ有也。義勢相分タリ。取捨可レ有二人心一ニ。從レ本止
觀ハ習レ逗二ト衆機一故ニ漏レシテハ機ヲ背二ク大師御本意一ニ

7 止觀修行大意 七

傳云。止觀ハ大師ノ己心所行ノ法ナル條。自他共許ス。然而當
流ニハ只習二一句一ヲ也。意ハ（意ハ㋑无）妙解妙行ト立ルニ。解行起盡ハ尚附
文ノ止觀非二眞實一ニ。大師ノ己證モ附文ハ攝レ機ニ故也。然ニ大
師。元意ノ止觀ハ機法共ニ絶シ。迷妄更ニ忘（本ノママ）シテ只天然處無二一
句言説一モ之處。己ト只照ス任ニ立レ言ヲ可レ爲二本意一ト。故ニ止觀
云ク六處元意ハ口傳有レ之。云二ヘトモ六處一ト尚對スル二附文一ニ言也。
元意外元意。是獨朗ノ止觀也。上根ノ人ハ不レトモ聞二止觀一ト己ト
天眞獨朗也。然而我獨朗止觀ニ不レ知レ得レタリトハ之。得ニレハ我獨
朗一ヲ不レ照向二解行一ト機ハ下根也

尋云。先代未聞止觀ハ。元意止觀歟
答。是ハ解行ト開スル二章段一ヲ。對スル二下機一ニ時ハ。可レ云二元意一トモ。然
而尚釋シ二顯シテ止觀明靜ノ體一ヲ有リ二持セントレ機ニ義味一處ハ尚附文ノ
元意也。㋑〔非二元意ノ〕上重一ニハ。此則チ止觀ノ用心也（此止觀大事不レ及二多言一）
也所詮。攝レ機附文ノ方ハ。元意ノ上言句也。離レ機ヲ忘スル二能
所一ヲ自體顯明ノ元意ハ。止觀行者。落居セル大師ノ本意也。故ニ
附文ノ止觀ハ可レ依二法華ノ現文一ニ。元意止觀可レ顯二未分ノ法
華一ニ。如レ此云レ之者。止觀一部ハ併成二レリ法華ノ大意一ト。當
流ニハ不レ依二法華一ニ義有レ之也。其ハ少シ立惡キ也。云レ依ト無二
相違一上ハ。存二センレ云不レト依義一ヲ耶。其上。道場所得ノ體ヲ釋スル二
己心所行止觀一ト也。此事ニハ惠心ノ御言有レ之。止觀一部ハ法
華名字ヲ替タリト定給ヘル上ハ。不レ可二聊爾一御言也。其ヲ末
學何不レ依二此御言一耶。以二此大綱一ヲ可レ見二止觀一部一ヲ
故ニ。傳ニハ止觀一部ハ皆有想（有㋑色）ノ止觀・六識止觀ナルト被レ傳レ之。
解行ニ三諦三觀一念三千ノ數ヲ擧ルハ附文ノ上事（コトハサ）ナル故也。止
觀ハ逗二衆機一故ニ。一部ノ始終ヲ見二テ六識有想ノ止觀一ト。元意
九處達二自心ノ本源一者。可レ有レ之。見二テ八識一念ノ上三千一ト

元ニ付未分ニ人モ可レ有レ之。見テニ九識圓備ノ智體。自受用果海ノ本分自體ハ顯明ノ體一ト。徹ニ自心ノ源底ニ機モ可レ有レ之。又見テニ不落一部ノ言句ヲ當體ノ法ト文字ノ上ニ直ニ徹ニ通スル元意不生トニ者モ可レ有レ之。努努不レ可レ定ニ一義一云云

傳教述

五部血脈　是名ニ頂戴牛頭法門一納ニ叡山寶藏一

8 本無生死論 〔八〕

一人相傳要法

(傳全五、三六〇～三六二。生死覺用鈔)

伏以生死二法者。一心之妙用。有無二道者。本覺之眞德。所以心者。無來無去之法。神者周遍法界之理也。故ニ生時無レ來。死時無レ去。無來無去之心施ニ妙有之用一(妙〔ナシ〕カ)。心卽現ニ六根之體一。以レ之名レ生。周遍法界之神施ニ空之德一。神卽言(亡カ)ニ五陰之身一。指レ之曰レ死。則是無來之妙來。無生之眞生。無去之圓去。無死之大死已。生死體一。空有不二。如レ是知見。如レ是觀解。心佛顯現(體顯カ)。生死自在。哀哉。六道衆生。悲哉。三界凡夫。雖ニ生徒(全カ)ニ生生一故不レ知(「生本意カ)。雖ニ死徒死死一由(故カ)不レ覺(「死由來カ)。本有無作。生死無レ始無レ終常住。有無心體。非レ斷非レ常。若云レ離(「無去來カ)レ生。三世諸佛。出テニ世間ヲ一不レ可レ利ニ(可㡳イ〔ナシ〕)益衆生一。若云ニ止(「離生カ)レ死(「者カ)。十方如來入ニ於涅槃一。不レ可レ受ニ寂滅之樂一。故勿レ欲レ住ニ生死一。難レ忍ニ輪廻之苦一。故存勿レ欲レ(勿欲カ)離ニ生死一ヲ。難(「免カ)ニ斷見之咎一。故ニ終(終〔ナシ〕カ)ニ悟ニ一心之體一。早離ニ二見之咎一。或除ニ自他共無因之四計一。或愈(逾カ)ニ作止住滅之四病一ヲ。是生死自在之法藥修治也(「則カ)(修治也〔ナシ〕カ)。是則臨終正念祕述(術カ)也。行者(行者〔ナシ〕カ)常(能カ)思念勿レ怖(恐カ)ニ生死一矣(「偈言カ)

生死二法	一心妙用	有無二邊(道カ)	圓融眞德
心本周遍	無去無來(無有去來カ)	亦無生滅	無相湛然
心絕假用(施カ)	現六根體	心施空用	亡五陰身
「生時無來(「〔ナシ〕カ)	死時無去」	生是眞生	死是圓死(滅卽圓滅カ)
生死體一	空有不二(中カ)	迷假謂生	迷空謂死
空假二用	唯一心體	「三諦一體(「〔ナシ〕カ)(體イ諦)	非三非一
而三而一	不可思議」	「三各定三(「後出＊カ)(具カ)	俱體俱用」(前出＊」)
入有非有	入空非空	體用同時	畢竟常樂(能至カ)
一切諸佛	不離生死	「不取涅槃(「〔ナシ〕カ)	而取涅槃」
「道法俱施(「〔ナシ〕カ)	常樂我淨」	三界衆生	依生死見(不離二見カ)

沈沒六趣　「欲(㇆因カ)出生死　欲取涅槃　不得涅槃」
無作生死　本無始終(無始無終カ)　圓理(融カ)有無　非斷非常
汝(行者カ)能觀之　不恐(畏カ)生死　「生死本淨(㇆因カ)　人迷觀苦」
〔欲出生死(傳全五、三六二)　不見生死　欲得涅槃　不執涅槃〕
迷(唯カ)除此(執カ)見　當至佛地

一念成佛義

五部血脈　是名ニ頂戴牛頭法門一納ニ叡山寶藏一

一人相傳要法

(傳全五、三五七～三六〇。一念成佛義)夫曠劫多生之閒。修ニ無量願行一待ニ正覺於未來一者。權敎權門之施設。明ニ萬行圓明(德カ)之性一談ニ自身本覺(心カ)之理一。期ニ成佛於一念一者。法華圓經實說也。所以妙法者心性也。夫尋ニ心性一者。本來空寂。離ニ長短方圓之表一。絕ニ靑黃赤白之相(㇆相カ)一。故指ニ心性之妙法一亦名ニ法身一。心性者。體空寂。自レ本已來有ニ照了(㇆理カ)分別之德一。故指ニ心性一亦曰ニ本覺一。是(是㋑ナシ)無漏妙心者。本性一如而含ニ萬法一。故云ニ具足道一。一心妙法者。雖レ遍ニ萬法一其體淸淨不レ妄不レ變。故以ニ妙法之心性一喩ニ空華(蓮カ)一也。如レ是解如レ是知見名ニ成佛一顯ニ本覺法身一。不レ假ニ修證(㇆證カ)一心性佛體。不レ經ニ時節一故今經說ニ須臾聞之卽得究竟阿耨菩提(㇆多羅三藐三カ)一。他經唯在(㇆說カ)心垢滅。取證如反掌。故妙樂大師釋云。當レ知身土一念三千。故成道時。稱ニ此本理一。一心一念遍ニ於法界一。智覺禪師判(云カ」)。若了ニ自心(㇆得カ)一能順ニ佛旨一。頓超ニ等妙二(二〔底〕ナシ)覺之表一。然皆(背カ)大聖之實語。執ニ方便權門一求ニ心外佛一了(勿助カ)耶。妄本實悟ニ心性之正體一故稱ニ正覺一。明了ニ自身之妙現(現㋑理)一。是名ニ妙覺一。當知乘(今カ)ニ一心妙覺之寶車一。一念施(施㋑詣)ニ直至道場之一切自(面目カ)一。三界遊戲。四州自在。〔故說ニ乘(傳全五、三五八)是寶乘直至道場嬉戲快樂自在〕無礙一。今旣示ニ心性本覺之理一。汝早住(㇆得カ)ニ成佛道之思一。若不レ信ニ此語一必墮(㇆應カ)ニ惡道一故。故經說當來世惡人。聞佛說一乘。迷惑不信受。破法墮惡道。若欲レ得ニ成佛一謹信ニ此語一矣(㇆偈言カ)

對機施權法　假證無量劫　妙法深祕(圓滿カ)敎　顯心法身佛
一念須臾閒　謂指衆生心　直說妙法理　以心性本覺
爲無作實佛　所謂心性者　眞空冥寂理　遠離諸形色
無相絕名言　住常樂法位　畢竟法無動　心能有妙用
本有照了覺　故名本覺理　〔心能含萬法(傳全五、三五九)　亦名具足道

心雖遍諸法」體相本淸淨　以千(八カ)葉心華(蓮カ)　顯妙法蓮華
指凡夫一念　爲如來藏理　「如是知見者」(「ヒ〻カ)則是名成佛
顯本覺眞佛　唯在我一念　覺心性佛體　凡(取カ)證須臾閒
如(知カ)三千一念　一念遍三千　當知諸如來　三德祕密藏
不知(出カ)我一念　遍不縱不橫　體達一念心　能順諸佛心
頓超等妙覺　正語(悟カ)眞(實カ)言性　名曰正妙覺　若人求菩提
當誓求此經(法カ)　是諸佛內證　若人能通達　「乘一心寶車」(「ヒ〻カ)
一念至道場　遊戲於三界　自在於十方　我今從圓(說カ)乘
解脫畢竟(究カ)理　亦(示カ)本覺法身　汝達(速)信此法　當卽身成佛
於未來世中　聞心(此カ)不信者　如經中所說　必當墮惡道

掌中書　玄文切合　傳教述

五部血脈　是名㆓頂戴牛頭法門㆒納㆓叡山寶藏㆒

一人相傳要法

迹門十妙(佛全24、一七五上。三大部切合玄義參照)　破迷入空　本門十妙　入空出假
觀心十妙　不入不出(中)　五字(章カ)大意　卽顯此意
不思議故　體卽是常　可思議故　只是限名
修入實相　二乘成佛　卽是宗用　法華一乘

卽是敎一　故一一妙　結了不二　一卽是三
三諦宛然　三卽是一　法法眞如　故則經云
唯佛與佛　是故釋云　前佛後佛　體則一體

掌中書　文句切合　傳教述

五部血脈　是名㆓頂戴牛頭法門㆒納㆓叡山寶藏㆒

一人相傳要法

四重淺深(佛全24、一七五上。三大部切合文句參照)　因緣約教　本門迹門　文持觀心
一一文中　四重具足　教門卽三　因緣四悉
第一義空(窮)　迹門修入　五十二位　位位斷迷
本門隨緣　具德法門　一一本佛　隨緣眞如
眞其(其イ言)以中　果海一佛　修顯迹門　各別本無
本門常住　觀心由文　本迹雖殊　不思議一
三門因一　入文爲證　從始妙字　終至而去
四重各別　因觀心極　教門假立　衆生卽佛
是則本用　極中大用　此卽爲足

掌中書　止觀切合　傳教述

五部血脈　是名㆓頂戴牛頭法門㆒納㆓叡山寶藏㆒

一人相傳要法
（佛全24、一七五下。三大部切合止觀參照）

圓頓略顯　示佛機一　不立階位　故云諸緣
雖緣不二　故立寂照　機敎二並　迷故悟入
故立迹門　故機入筋　機成妙位　顯究竟卽
依修多羅　假立次位　心念一融　敎門一破
門門已破　心月白淸　本來淸淨　更無垢穢
是則白仰　晳ヌカラ（ケウ）爲情强　假立敎位　塵塵卽佛
卽是隨緣　隨緣卽如　三心卽一　一卽三心
卽是三佛　淸淨法身　心穢不動　卽是中義
智光圓滿　卽是報身　卽是空立　隨緣遍界
三種世閒　卽是假立　是爲應身　妄想卽位
不住不留　卽空是體　本來圓滿　平等體性
卽名法身　果德三身　豈有本無（豈有本無㋑无）　故序中云
說己心中　所行法門　一念三千　觀心爲極
心地卽一　章章卽三　一三一徹　顯成此位

9　九　心源自體ニ形色相貌宛然事

心源法體ノ重ニ無二ト相貌一云事ハ。權宗權門ノ所談也。尋ニレハ心源法體重一ヲ。緣ナル柳ノ色。紅ナル紅葉ノ色。各不レシテ消二一用一ヲ全分心源ノ自體也。然閒春花櫻梅桃季（李カ）。秋紅葉散亂スルニ。三千ノ色各山我我（峨峨カ）タル嵐ニ識（値カ）ヒ。須彌鐵圍ノ枯木ノ色。各各乍ニ其相貌ヲ存一シ。心源ノ不生ノ法體不思議ノ當體ト可レ得レ意也。故ニ天台ノ觀心ノ重ハ。超ニ過スル諸宗一ニ事ニテ有レ之。心源自體ハ何ナル物ソト尋ネハ。春花秋紅葉體。冬枯木ノ體是也。行住坐臥ノ四威儀當體。語默作作六作緣。是皆自心源ノ自體也。而明ニレハ心源法體ノ重一。須彌鐵圍大海江河及草木柳枝千枝萬葉ニ開顯相貌。是皆心源自體也。故ニ法體不生ノ重。三千相貌宛然ト存スル事（「㋑也）。觀心證道ノ實義也

佛意機性（性㋑情）不同

佛意內證ノ之前ニハ。爾前迹門ニ明ニシテ本地三身一ヲ可レ云也。機情門之時ハ者。待ニテ四十餘年ノ調停一ヲ法華本門壽量之時。始テ明ニス本地無作ノ三身一ヲ也。佛意內證之前ヲ以云レ之時ハ。四味ニ始テ（初カ）得レ之。華嚴以前ニ不レ斷二一毫惑一ヲモ。凡夫處ニテ明ニ本地無作三身一ヲ也。所以ニ自受用果中勝用之處ニハ。螻

蟻蚊「虻（イ无）」ノ色心ハ。無作三身ノ法體也。螻蟻蚊」虻ノ所居ハ。卽是常寂光ノ自土也。螻蟻蚊虻ノ恆ノ所生ハ。蓮華因果也。佛意內證ノ前ニハ。昨日ハ聞ニ無作三身ノ說法ヲ。今日ハ見ニ無作三身ノ相好ヲ者也

四十二位未分重事

四十二位ヲ分別スル事ハ。於ニ衆生一念起上ニ分ニ別スル迷悟ノ境ヲ事也。觀心至極心源自體ノ重ニ全ク無レ分ニ別四十二位淺深ヲ。心性法體ノ重ニハ何ソ論ニ四十二位階級ヲ耶。但シ一念起心作用ノ重ニ。論ニ四十二位淺深ヲ處ヲ押テ。作用卽體ト達得ル前ニハ。從ニ一念起心ノ重ニ外ニ全ク天然法體圓融無作自體ハ無レ之者。心源法體ノ重ヲ能能得レ意。論ニ四十二位ノ階級ヲ說。外凡內凡聖位ト二重（イ位）ニ分別スル外ニハ全ク無レ之者也

六卽未分一心不生獨一法界事

六トモ卽トモ二重ニ分別スル事ハ。何ニモ衆生一念起心ノ一性無性三千宛然トシテ法體ノ重ヲ爲レ令レ達所レ說也。眞實ニハ。一性無性三千宛然ノ重ニ不レ可レ分ニ別六卽ノ淺深ヲ事也。玄文ノ二句ハ敎相ノ重。止觀ハ觀心ノ重トハ云ヘトモ。止觀トモ分ニ別スル二法ノ境ヲ事ハ何ニモ機情門ニ立事也。法體不思議ノ重ニハ。一法モ尙不レ存說ニ三千ヲ耶。但シ不レ立ニ三千ヲ事也。法體不思議ノ重ニモ。三千依正二法宛然ト存ナル耶。天台大章ノ疏ノ起リモ。實ニハ圓頓敎味ヲ敎味ト蒙ニト凡夫ニ云ヘハ。何ニモ改テ迷悟ヲ爲レ明ニ法體不思議無作自體ヲ也。如レ此得ハ意本迹未分ノ徹ト可レ得レ意也

四敎未分一心不生心源法體事

分ニ別四敎ヲ事ハ。留ニ機執情ニ爲レ令レ知ニ法體不思議ノ重ヲ也。心源法體ノ重ニ立ニ四敎淺深ヲ。打ニ界內界外方時ヲ道理一切無レ之者也。但シ達レハ心源法體不思議重ニ。雖ニ四敎ト一切無レ疵無レ失不思議四敎也。一心不生ノ重ニモ四敎モ三觀モ不レ消皆存スル也。心源不思議自體ヲ用テ三世不斷ニ鎭ニ施者也。然閒春花秋紅葉枯木。各當體天然ノ不生圓融ノ自體也

10　＋一切衆生皆成佛道事

一切衆生皆成佛道者。爾前四味三敎所談ニ非ス。法華本迹

二門奥源ノ重ニ存スル處ノ法門也。所以ニ法華迹門ノ時。談シテ開會之旨ヲ述ニ諸法實相ト。十如實相之相貌説顯ノ時者。無下一衆生トシテ隔ニ眞如妙理ヲ事上。十界衆生悉ク遂ニ皆成佛道之本意ヲ。本門之時者。自受用顯照智體。十界無レ隔。一衆生トシテ論ニ自受用果海ヲ事無レ之。十界各別ノ思ハ。迷悟（悟イ情）（情カ）ノ前ノ事也。心性ノ一理ヲ達得スル時。十界三千妙理一妙ニシテ。全ク無レ所レ隔也

迷悟二法譬ニ月空地下ニ事

九界衆生ノ三千法體融妙ニシテ自受用果中自體不レ見事。譬如ニ從レ下見月一空光用悉霧也。心源自顯照ノ智體達前ニハ。法界悉果中勝用ナル事ヲ。譬如レ從ニ月空一見テ下地ヲ霧ノ當體悉光用也。秋十三夜ノ月光用ノ前ニハ。霧ノ當體悉光用ニシテ。全ク霧ノ外ニ無レ光也

三菩薩卽無作三身事

觀音卽無作應身。文殊卽無作自受用報身。普賢卽無作法身自體也。但シ此無作三身ハ。本ヨリ所ニ垂迹一三身有レ之。爾前迹門ノ三菩薩ハ。卽チ始覺三身。今所レ云以ニ三身ヲ無作三身ト得レ意時ハ。束テ十界ヲ三菩薩ト習也。所以ニ佛界ハ普賢菩薩卽法身也。菩薩界ハ與ニ六道一文殊卽報身也。二乘界ハ卽觀音慈悲應身體也。作手本有ノ法體ニ負スル無作ノ名言ヲ者也。凡ソ無作三身者。天然法體。圓融自性。無思無念。無誰造作ナル處ヲ名ニ無作三身ト也。仍テ解釋云。卽事而中。（天玄二、一〇八。玄義）無レ思無レ念無ニ誰造作一。故名ニ無作ト矣所詮。天台一家ノ本意ハ。以ニ本門壽量證道ノ實義ヲ爲ニ肝心ト。故ニ人天ノ所作ニモ非ス。佛菩薩ノ造運スル處ニモ非ス。無非（非イ作）本有ノ處ヲ名ニ無作三身ト也。本地無作三身ト云事。爾前迹門之間全分不レ云事也

十一
11 法華卽身成佛勘文

我身三身卽一佛ニテ説トシテ有コトヲレ之。如相（一是カ）。性。體。力。作。因。緣。果。報。本末究竟等矣初ノ如是相ハ者。我像是ヲ云ニ應身如來トモ解脱トモ假諦トモ資成軌トモ也。如是性者。我カ心性ノ體不レ動心是云ニ報身如來・般若・空諦・觀照軌ト也。如是體者。我身直體是云ニ法身如來・中道・法身・眞成軌ト也。此三如是カ不ルレ知レ有コトヲ我身ノ上ノ三德究竟體ノ之時ヲ云ニ衆

生一ト。又云二凡夫迷妄一トモ。是ヲ知二我身ノ上一ニ時ヲ如來ト云。又云二聖人覺悟一トモ。是三如是ヲ爲レシテ本ト。自レシテ是七如是ハ出來也。此十如是ヲ云二十界一。此ヨリ百界千如三千世閒法門出來也。如レ是雖二多法門成㆑ト之。都只一ノ三諦ニテ。三諦ヨリ外ニ全ク無二別法門一。其故ハ百界者。只一ノ假諦是也。千如者。空諦也。三千世閒者。皆中道實相也。仍テ百界千如三千世閒多法門ハ。惣シテ只我一身所具色心相ナレハ。此外更無二他物一。此三諦外ノ法界無二一物一。此云二三身究竟トモ三德圓滿一トモ。雖二萬法廣一不レ出二我身所具色心實相一。如レ是知レ之云二卽身成佛一。凡ソ此初三如是モ中三如是モ終三如是モ只有カ二一ノ三諦一ニテ故ニ云二本末究竟等一。本者初三如是。末者終三如是也。究竟者。云三阿鼻依正不レ隔レ之。凡夫一念不レ捨レ之。畢竟建ヨ三立ス遮那ノ土身一ヲ。身者三身。土者四土不二寂光土也。云二等覺一轉入于妙覺一是也。只流轉還滅ヲ有任ニ悟レ之體ナレハ。始ノ三如是ハ本覺如來也。悟レ本末ナレハ終ノ三如是ハ始覺如來。若得始覺還同本覺ノ故ニ云二本末究竟等一トハ也。如レ是悟也。立還見レレハ之。生佛互ニ自利利他之義有レ之

故ニ。悟性論ニハ。衆生導師諸佛。諸佛導師衆生。是名二平等一。若迷時佛度二衆生一。若悟時衆生度レ佛。何以故。佛自不レ度。皆由テ二衆生ヲ度一スルニ故。諸佛ハ以二無明一ヲ爲（了以カ）レ母。貪愛ヲ爲レ父。無明ト貪愛皆衆生別名矣我等悟二本三如是一自リレ此顯處本覺佛ナレハ。我身ハ妙覺佛ニハ能生ノ母也。妙覺佛ハ我ニハ所生子也。而ヲ佛出世シテ。（大正藏九、十四下）其中衆生悉是吾子矣是ハ互ニ有二父子ノ義一。雖レ然且依二智惠一說給フ者也。我等ハ妄（忘カ）ニ本覺ニ不レ知二本覺一トモ。佛ハ以二智惠一ヲ敎レ之給フ故ニ。三世諸佛皆以二智惠一ヲ爲レ母。以二愚癡一ヲ爲レ子。故文殊ハ三世諸佛以爲レ母者。文殊ハ智惠惣體ナル故ニ如レ是云也。夫尋二法性源一ヲ。我身ハ本覺是如レ親。佛ハ末如是如レ子。而本末平等ニシテ一體ト知レレハ之。凡夫賢聖人平等無二高下一也

〔**五、北谷祕典**　十一箇條　終〕

六、北谷祕典　（內題）鐵槶書　北谷　〔㋑八箇〕

1　一、一度聞ハ二一家ノ法門ヲ一於二生死ニ一全ク得ルニ自在ヲ一事

口傳云。是モ以二薄墨中道ヲ一可レ得レ意也。然ニ一家ノ法門ニ以二萬法悉一多自在ノ法體ト談スルヲ一爲二宗旨一。仍テ此ノ道理ヲ得レ意於二生死ニ一全ク無レ煩ヒ。所謂ニ萬法一多自在ノ體也ト云事ハ。實相眞如ノ妙理ハ。（圓覺經ノ說也）雖二天眞獨朗ノ法體也一ト。隨緣緣起ノ時。淸ルヲ成レ天ト。濁ルヲ成レ地ト。天地二義相ヒ分タリ。然ニ天ハ主テレ陽ニ主ルレ智ヲ。是ハ一切衆生ノ本有ノ心法ノ體カ。事ニ隨緣緣起シ顯ルレ天ト也。サテ地ハ主テレ陰ニ主ルレ境ヲ。是ハ一切衆生ノ心性ノ本有所具ノ色法ノ體カ隨緣緣起シ起レ地ト也。故ニ天地ノ二義ハ。是レ我等カ無始已來ノ心性ノ本有所具ノ色心二法ノ事ニ顯ルル形也

故ニ天ノ七曜ハ。卽チ我等カ心法ノ體ノ顯レテニ七曜一ト。主テニ五智五藏等ニ一持テニ命根ヲ一居タル也。是卽チ我等カ命根ハ。五形相生シテ持ツレ之。若シ五形相剋シテ一モ失ハレ之。命不レ可レ存事也。故ニ天ノ七曜卽一切衆生ノ命根トモ云也。仍テ有レ生者ハ。必ス皆面ニ備ニ七穴ヲ一。注云。兩眼兩鼻兩耳（兩耳㋑ナシ）一口也云云　七穴ハ卽チ是主ルニ天ノ七曜ヲ一。其旨如レ常ノ。故ニ一切衆生ハ皆生シテ。出ル七穴ハ

即チ是主ルニ地ノ七草ヲ一也。サレハ天地ヲ主ル衆生ナレハ。即チ是色心二法ト顯レテ。十界ノ形聲面面不同也。死ノ歸レ一ニ時ハ。即チ心法ハ歸ス本有ノ天ニ。色法ハ本有ノ地ニ歸ス。五大悉ク歸ルニ本有ノ五大ニ也。仍テ眞如常住本法カ即チ三世ニ隨縁シテ出レ多。十界ノ依正カ顯ルルヲ云レ生ト。三世ニ縁滅シテ。歸シテ一ニ歸ルヲ二本有ノ天地ニ云レ死ト。故ニ生死二法ハ。一心ノ妙用ニシテ三世ヲ上テ歸レ一ニ。三世ヲ下テ出レ多ヲ。一多（一多イ亦）自在ナル形也。故ニ生死即自在ナリト云也。如レ此覺知スルヲ云ニ我爲法界（界イ於）法自在一トハ也。故ニ心性眞如ノ妙體ト時時隨縁シテ出テ。多ハ顯ルルニ衆生一ト。面面顯ルルヲ二國土世間一即チ云レ生トモ云ニ流轉一トモ也。法華ニハ名レ之。一法出生無量義トモ。從一出多トモ。施權トモ。垂三土迹トモ。諸法トモ。文殊トモ云也

サテ心性眞如ノ妙體カ時時縁滅シテ。歸ルヲ二心性本有ノ天地ノ一體ニ一。云レ死トモ云ニ還滅一トモ也。法華ニハ名レ之。從多歸一トモ。開權トモ。歸寂光本（本イ即）トモ。實相トモ。普賢トモ云也。故ニ三世出レ多。三世歸レ一ニ。流轉還滅スル處ノ生死ノ二法ヲ即チ妙法ノ體トモ云也。其故。三千法法差別ナルヲ云レ法ト。三千悉ク天然不思議ノ法

然本有ノ不生妙體ナルヲ云レ妙トハ。故ニ出レ多ニ三千ノ法法ト顯ルル法ハ。歸シテレ一ニ倶ニ一眞如ナル妙也。故ニ三世ニ生滅去來スル處ノ十界三千ノ生死無常ノ當體ヲ押ヘテ。即チ全體ハ妙法蓮華ノ體也ト明スルヲ。諸佛出世ノ本懷トモ。衆生成佛ノ直道トモ云也

サレハ六道衆生ノ。死此生彼スル無常遷變ノ當體ヲ即チ法華ノ二十八品體トモ云也。故ニ我等ハ三世常恆ニ時時出入息ノ體即一多自在ノ中道法性薄墨ノ體ニシテ。三世ニ出レ多垂ニ三土ノ迹ヲ一。歸レ一歸スルニ寂光ノ本ニ體ニテ有レ之也。所謂出息ハ流轉シテ出ニ三土（土イ世）一形也。是ヲ云ニ一法出生無量義トモ。諸法如來ノ文殊トモ一也。サテ入息ハ即還滅シテ歸ニ寂光ノ一土ニ形也。是ヲ云ニ從多歸一トモ一。實相如來ノ普賢トモ云也。仍テ出入處ノ息即中道實相ノ妙法蓮華ノ體也。依レ之經ニ。出入息利乃遍他國（大正藏九、十六下）云ヘルヲハ。解釋ニハ。他國ト者。同居・方便也ト釋セリ。是即チ約ニ出入ノ息一出ルニ三土ノ他一義ヲ釋スル也云云 故ニ當家ノ口傳ニハ。圓教ノ至極ヲハ三藏教ニ極メ。一家ノ觀心ノ極メヲハ數息觀ト習極ムト口傳スル也。其故一家ノ眼ヨリ立還テ見レハ之。三藏教ニ萬法皆生滅無常ト談ル。即チ圓教ニ。萬法皆ナ一多自在ノ不住不留ノ中

道體也ト云ヘル法門ハ極タリ。數フル二息ノ出入ヲ一數息觀ニハ卽チ薄墨中道ノ妙觀ヲ極ムル故也

尋云。難云。以二出入息利乃遍他國ノ文ヲ一今ノ法門ノ誠證トセン事不審ナリ。其故見ニ解釋ヲ一約シテレ譬ニ釋ストレ之見タリ。解釋可レ思レ之。如何

口傳云。解釋且ク敎門一途ヲ釋也。經釋既ニ敎門ヲ爲スレ面ト。譬喩體ニテ說ケル故ニ云也。然閒。經ノ實義ハ不レ然事也。直ニ法ノ體ト存給ヘル也

尋云。萬法ハ皆一多自在ノ法體ニシテ。三世ニ流轉シテ出レ多。三土ニ還歸スルヲ歸レ一ト云テ。今經ニ有ニ其證據一耶

口傳云。二處三會ノ說是其ノ證也。委クハ下去テ可レ見レ之 云云

2 二、我心自空罪福無主。觀心無心。法不住法之事

傳云。此文普賢觀經ノ文也。所結法華能結普賢全ク一徹(大正藏九、三九二下)也。其故ハ法華ニハ深達罪福相(相㋑想)(大正藏九、三四下)ト云ヒ。普賢ニハ云ニ罪福無主一ト。云三深ク達ストニ罪福ノ相一ニ者。罪ハ謂ク六道。福ハ謂ク四聖也。此ノ六凡四聖ノ體ハ自心本ヨリ空ナレハ。無レ主ト云意也。然トモ又十界十如權實因果ノ相歷歷タル處ヲ相ト云也。サレハ提婆品ノ深達罪福相等ノ文ヲハ。或ル一師ノ傳ニハ。卽身成佛ノ偈ト被レ云事有リ 云云 貴哉。此偈ノ文ハ。龍女卽身成佛ノ文。現證明證ノ肝(カン)要也。委クハ如ニ餘紙ノ一

3 三、二處三會之事

口傳云。虛空會ノ時ハ。攝諸大衆皆在虛空(大正藏九、三三下。寶塔品)ト云テ。引ニ靈山會上ノ衆ヲ一。登リ二虛空ニ一攝取シテ。出テテ二同居多ニ一流轉スル機ヲ。歸スル二寂光ノ一土ニ一形ナルカ故。是還滅シテ歸レ一ニ。上上去去ノ形也。サテ虛空會ノ儀式訖テ。寶塔閉レ扉(トホソ)ヲ。覆ニ穢土穢機ヲ一ニ。下ルニ本ノ靈山會ニ一。又流轉シテ出ニ三土ノ多ニ一。下下來來ノ形也。仍テ法華ノ二處三會ノ說法ノ儀式ハ。併ラ流轉還滅ノ相ヲ示シ給ヘリ。深ク可レ思レ之 云云

尋難云。一切衆生皆死スル時ハ。心法ハ歸レ天ニ色法ハ歸レ地ニト云事如何。天地ハ是世閒ノ事法也。何以レ之云ニ色心所歸ノ體ト一乎

口傳云。世閒ノ天地ハ是レ心性眞如ノ妙體ニシテ。本有トシテ形タルニ

天地二義一ノ故。隨緣緣起ノ時ハ。淸ルヲ成レ天。濁ルヲ成レ地ト。天地ノ二字ト顯タル形也。故ニ世間ノ天地卽チ是全ク法性本有ノ天地ノ體ヲ事ニ顯タル天地ナルカ故ニ。世間ノ天地ハ用。法性ノ天地ハ體也。故ニ死歸天地ト云ヘルハ。歸スルヲ二世間ノ天地體一ニ所形顯セルト二法性ノ天地一ニ云也。サレハ衆生ノ死スル時。空目ツカフト云テ見ルレ天ヲ事ハ。法爾トシテ顯トシテ下心法ノ體カ可レ歸ニ彼ノ世間天一ニ。法性ノ天モ可レ歸事上ヲ見ルレ天ヲ也（也㋑之）

又重口傳云。天者陽也心也智也。地ト者。陰也色也境也。然ルニ法性ノ體ハ。三世常恆ニ寂照同時ノ體也。故ニ法性寂然ノ體ヲ法性ノ地ト云ヒ。寂而常照ノ體ヲ法性ノ天ト云也

又口傳云。凡ソ一家ノ意ハ。萬法悉中道實相ノ薄墨ノ體也ト云事ハ注レ之。薄墨ノ義如レ前注レ之云云 中道卽法界。法界卽止觀等釋シテ。中道ト者。卽法性ノ體也。法界ノ體ナレハ卽チ無我ノ體也。無我ハ卽チ自在ノ義也。然ニ先法界。（天止三、二七一。弘決）一家圓義言ニ法界一者。須レ云ニ十界卽空假中一。初後不二方異ニ諸經一ト釋カ故ニ。十界三千ノ事事法法品品差別ナルヲ法界トハ云也。故ニ中道ト云ヘルハ。事事差別スル體體不レ漏ニ一法一ヲモ。當體全是ナルヲ云カ故ニ。法界悉中道實相ノ體也トハ云也。然ルニ法界悉ク實相也ト云コトハ。三千悉眞如緣起ノ法法ルカ故ニ。事事ノ當體當體曲ユカメルハ曲ル任。直ナヲシキハ直任ニシテ。悉ク皆法界遍滿ノ本有ノ體トシテ。併ラ非ニ虛妄一ニ。故ニ眞如トモ實相トモ云也。然ヲ一家所談ノ中道ノ體者。其體三千十界ノ法法カ故ニ。不レ留ニ一法一ニモ。三千法法無ニ取捨スル處一。當體全是ナルヲ云カ故ニ。中道ハ卽チ無我自在體トハ云也。其故先ツ我者。墮（墮㋑隨）テ二取捨一是非ノ上ニ每レ對ニ境境一ニ立テ二寄主一ヲ。見レ板時ハ留テレ板ニ。卽チ起ニ板ノ見一ヲ。見レ疊時ハ留テレ疊ニ。卽チ起ニ疊ノ見一ヲ。乃至於ニ一切色心ノ諸法一ニ悉ク寄主分別シテ。起シテニ見計一ヲ留ニ一法一ニ。墮（墮㋑隨）テ二一法一ニ起シテニ四煩惱一ヲ。不ルヲニ自在ナラ一云レ我ト也。然ニ六道生死ノ凡夫乃至二乘等マテモ。皆悉ク起スニ四煩惱一ヲ也。所以ニ先ツ地獄衆生起ニ四煩惱一ヲ事ヲ云ハハ。洞然猛火ノ苦ニ被レ責メ。全ク無ニ餘之猛火ノ苦一。知レ之計レ之。實ニハ苦體也ト寄主ヲ立テテ。起スハニ苦ノ見一ヲ我見也。サテ苦カ執レニモ之。免レ之離レト之云フイトナミヲ思フハ曾テ無レ之。只住シテニ猛火ノ苦ニ一悲ミ居タル無キニ捨離ノ思一。故ニ我愛也。サテ地獄所レノ有衆生（㋑人ノ）面面此苦ハ。又爲ニシテレ我餘ノ苦也ト云事ヲ非ニ分別一マテモ。唯無ニ

餘念一爲レ我カ苦ニシテ責レ我苦也トノミ知レ之。執ルハレ之我慢也。サテ猛火ノ體無主ニシテ。不住不留ノ無我自在ノ體ナル事ヲモ不レ知レ之。又可レ離レ之方便ヲモイトナミヲモ不レ知レ之。但シ非レ計レ苦執レ苦ニ起レ我ヲ。是偏ニ愚癡ノ體ナルカ故ニ我癡也。是ヲ地獄ノ衆生所ノ起四煩惱トハ云也。乃至人天等ノ住スルニ果報ニ依テ耽フケツテ二果報ニ不レ猒レ之。當體モ皆是四煩惱ノ體也。例ハ可レ知レ之ヲ云云〔㋑也〕然ニ彼十界ノ四煩惱ノ體ハ。全體刹那モ不レ留法體ナル故ニ。四煩惱ノ當體ハ即チ不住不留ノ自在ノ體也。故ニ今止觀行者ノ前ニハ。地獄モ地獄ニテ不レ留。乃至佛界モ佛界ニテ不レ留。昨日モ昨日ニテ不レ留。今日モ今日ニテ不レ留。明日モ明日ニテ不レ留也。乃至念念悉ク刹那ニ不レ留。生モ生ニテ不レ留。即歸スレ寂ニ。歸寂ニテ不レ留。即忽亦生ス。故ニ三千十界依正二法。悉ク不住不留ノ法體ニテ。時時ニ還滅シテ歸レ一。時時ニ流轉シテ出レ多ニ。一多自在動靜無礙ノ法體ルカ故ニ。中道無我體トハ云也

仍テ三千十界ノ生滅無常ノ依正ノ當體。悉ク皆眞如ノ緣起滅〔㋑緣〕ニシテ。其體不住不留一多自在ノ中道無我體ナルカ故ニ。當家ノ口傳ニハ。十界三千ノ諸法ヲ悉ク皆不留ノ二字ト習也。是レ三奉ノ血脈ノ口傳也。不レ可ニ口外一事也。故ニ圓頓行者ノ前ニハ。六道ノ生死流轉ノ事體ヲ不レ覺。自ラ中道實相妙行妙證ナリ。故ニ此旨ヲ聞解スル處ニ聞ヤヲソキ。即チ無始已來ノ生死流轉悉ク自受法樂常修常證ノ行體ナリト開キ。刹那ニ唱ルニ成道ヲ一也。故ニ只今於ニ道場ニ口コ傳シテ塔中ノ三觀ヲ一。受ルニ定光ノ記莂ヲ一處ニ。即チ速ニ無始已來ノ十二因緣悉ク切斷シテ。忽ニ生死流轉永ク止リハテテ。再ヒ不レ還ニ三途ニ。故ニ云ニ刹那成道トモ一。眞實ノ圓乘下種トモ云也。指シテレ之文殊ノ利劍通六輪十二類トハ書キ給ヘリ。貴事也。

サレハ一家ノ學者ノ正キ圓乘下種ノ時分ヲハ。塔中口傳ノ時ト習也。圓乘下種ノ人ハ。不トレ可レ墮ニ惡趣ニ云テ可レ思レ之 云云

尋云。佛界モ不レ住不レ留〔㋑本ママ〕體也ト云事如何

口傳云。始覺修成ノ及垂迹示現ノ佛ハ。皆帶シテニ果縛ノ依身ヲ一歸シテレ滅ニ不レ留故也

4 四、不留二字之事　正自在不レ留ニ生死一事

尋云。三千悉不留ノ二字ト云ヘル誠證如何
口傳云。普賢觀云。我心自空。罪福無主。觀心無心。法不（大正藏九、三九二下。取意）
住法矣可レ思レ之　又山ニ有レ之五部ノ血脈　家釋ニ萬法
悉不住不留ノ體也ト釋シ給ヘリ（天止一、三八四。止觀）　又等覺一轉入ニ于妙覺一。
智光圓滿不ニ復加一レ增矣（天文二、九五六下。文句記取意）　又火焔ハ昇レ空ニ理數ハ咸ク
滅スル。衆流ハ入レ海。法爾不レ留云云（大正藏十四、五四七下。維摩經）　又釋云。從無住本立一
切法矣　一家ノ解釋ノ大旨ハ。皆萬法ハ不住不留體也ト釋スト見
タリ。仍テ當家ニハ以テ不留ト云ヘル二字ノ口傳ヲ爲ニ最大事ノ口
傳ト給ヘル也云云

5　五、鐵橛書　　嚴吽

三世諸佛得悟ノ時節ハ皆寅時ノ事幷（鑰）匙事
口傳云。於ニ諸佛ノ成道一ニ皆有ニ初中後夜ノ三時ノ成道。是
則チ約シテニ自行ニ論レ之時ハ。斷ニ見思塵沙無明ノ三惑ヲ一。顯スニ三
諦三軌ヲ一。因ノ三觀ハ開ニ果ノ三身ト一。唱ニ三身四土ノ成道一事ヲ
表ス也。所以ニ見思斷盡シテ空智開發シヌレハ。同居・方便ノ成
道ノ兩佛也。斷ニ塵沙ヲ一假智開發シ。斷ニ無明ヲ一中智開發スト
云トモ。未レ盡ニ無明ヲ一方ハ。實報土ノ分證報身ノ成道也。又ハ中
下ノ寂光。分證法身ノ成道也。斷ニ盡無明ヲ一中智究竟スルヲ究
竟ノ成道。究竟ノ寂光。法身ノ成道也。又ハ初中後ノ三時。次（「イ報身」）
第ノ三智三身三土ト次第スル方ハ。惣シテ是別教次第ノ成道也。
是レ別教四教ノ意也。然間。三時ノ成道同ク於ニ菩提樹下ノ一
座ニ。面ハ劣應一佛ニシテ。而一夜ノ中ニ唱レ之方ハ。於ニ同居ノ一
土ニ一身卽一座ニ唱テ三身ノ成道ヲ。故豈離ニ伽耶ヲ一別求ニ常（天文五、二二九一下。文句記）
寂光ヲ（光因カ）。非ニ寂光ノ外ニ別有ルニ娑婆ノ理（理因カ）。故ニ是ハ圓教ノ四土不
二。三身卽一體ノ一念ノ成道也。仍テ是ハ惣シテ四土於ニ一念ニ
不二セハ。三身於ニ一身ノ常寂光土ノ法身成道也云云　又ハ卽チ
斷ニ三重無明ヲ顯ニ中道ヲ形也。已上三時ヲ對スルハ三惑三重
無明等ニ。且ク附シテ次第門ニ約レ豎ニ論ルニ一筋ヲ也。若約ニ不思（云カ）
議ニ之者。實ニ三時ノ名ハ横ニ斷シテ三惑等ヲ。顯ニ三智三身等ヲ
可レ得レ意也。三惑一體三智不二ナルカ故也云云　次ニ約ニ化儀ニ
論レ之。三時成道ハ。卽チ唱テ實報已下ノ三世ノ迹成道ヲ可ニ利
他ノ事ヲ表ス也。華嚴ノ三重ノ成道可レ思レ之云云　所謂三時ノ成
道ノ中ニ云フ後夜ノ成道ノ時。諸佛ノ覺リ極ル也。其故ハ。後夜者

寅ノ時也。寅時ハ卽チ法爾トシテ。定惠相應。陰陽和合ノ時也。故ニ三光和合シテ一體。定惠不二ノ明星天子モ此時出現シタマフ也

〔六、虛空藏之事〕

然ニ明星者。虛空藏ノ垂迹也。虛空藏ト者。中道實相ノ第一義天ノ名也。所以ニ中道ノ理ヲ名レ空ト名レ天ト事。其體本來圓明ニシテ。爲レ物ノ不レ被レ染。不レ留ニ一法ニモ。本來清淨三世常住ノ自在無礙ノ法體ナルカ故ニ。與ニ虛ノ名一ヲ。仍テ虛空藏菩薩ハ者。自ラ證ニ得シ中道實相第一義空ノ藏理ヲ一畢テ。又趣テレ地ニ誓レ令（令底合）下ニ一切衆生ヲ開カ中彼ノ己心本有ノ妙法中道第一義空ノ藏理ヲ上御座ス。故ニ其名號ニ虛空藏ト一也。然ニ中道實相ノ虛空藏理ノ體者。色心不二・定惠一體。止觀不二・境智冥一ノ法體也。故ニ虛空藏菩薩ノ爲レ含（合カ）下ニ法界ノ衆生ヲ開テ自身平等本有ノ虛空藏門戶ヲ一歸入セ中藏理ノ體ニ上。自ラ現シテ三光天子一體。定惠不二ノ明星ト一。提テ八舌匙ヲ一處シ法性法然ノ第一義天ニ一給フ也。但以ニ明星三光天子一體・定惠不二ノ體ト云フ事ハ。是當體ハ雖ニ星宿ナリト一。光用宛カモ並ニ日月ニ一勝ニ衆生ニ一。

故ニ其體ハ卽チ日月ニシテ而非ニ日月ニ一。星宿ニシテ而非ニ星宿ニ一。卽チ日月和合シテ定惠相應シ。理智不二・境智冥合シテノ上ノ體ノ故ニ。其名ヲ號ニ明星天トニ書タル日月星トハ也。仍テ卽シテ名言ニ卽チ顯ル日月星宿ノ三光一體ノ義ヲ星也。日月ハ定惠ノ二法也。注云。約ニ日月ニ論ニ定惠ヲ事ハ二意有レ之。如ニ義抄一云云 星ハ卽チ定惠不二ノ體ナリ。又三光卽於ニ法性ノ第一義天ニ一。本有ノ三軌顯現スル形也。サレハ三光ハ卽チ三諦三身也云云 故ニ寅ノ時ハ。是レ陰陽和合・定惠一體ノ時ニシテ。三光一體・定惠不二ノ明星天子。自ラ持ニ八舌匙カキヲ一出ニ現シテ法性中道ノ第一義天ニ一。開テ一切衆生ノ自心實相ノ虛空藏ノ門戶ヲ一。令ル入ニ藏理ニ一時節ナル故ニ。三世諸佛ノ得悟ハ。皆此時ニ極ル也。故ニ楞伽經ニ說トシテ釋迦ノ成道ヲ一。明星出時額（豁カ）然トシテ大悟スト云ヘリ。仍テ三世諸佛ノ成道ハ。皆ナ虛空藏ノ力也。故ニ釋尊後夜ノ成道ノ時モ。鼻端ニ現ニ[梵字]字ヲ一遂ニ成道ヲ一。唵字者。寶生尊ノ種子也。虛空藏菩薩者。寶生尊ノ垂迹也。故ニ唵字ハ卽チ虛空藏菩薩ノ內證ノ智體也。仍テ依ニ虛空ノ告ニ一現ニ虛空藏尊ノ種子ヲ一。住シテ中道虛空藏三昧ニ一。寅時ニ唱ニ境智冥合ノ自受用ノ成

道ヲ給フ也。注云。虚空藏告テ云。深意有之歟云云 是境ハ（天文五、二二五六。文句）發智ヲ爲報。智ハ冥境ヲ爲受ノ形トハ習也。故ニ顯密雖異其旨同之。故ニ如此可得意合事也云云 凡ソ天台大師。後夜坐禪シ給ヒテ。明星漸ク出ル時節。降伏シテ天魔ヲ額（豁カ）然トシテ大悟シ給ヘル事モ是故也。天台・眞言雖異ト。同ク後夜寅時ニ遂灌頂ヲ。禪家ニ勤坐禪ヲ事モ皆此故也。然ルニ明星非他ニ。卽チ我等カ本有ノ覺藏顯タル事ニ形也。凡ソ諸佛ノ成道ト者。皆自身平等本有ノ一體ノ三軌不二ノ定惠也。注云。是云三光一體ノ明星之顯テ法性第一義天ニ。止觀不二・境智冥一ノ覺體ト開發スルヲ云カ成道トモ得悟トモ故ニ。皆悉ク自心法然ノ明星出現ノ時。成道ノ義ハ有之也。然ニ諸佛成道ハ皆明星出現ノ寅時ト被云也。若爾者。諸佛ノ成道者。只是開クニ自心法然ノ虚空藏ヲ名付ル。故ニ一切衆生ノ成佛ト云ヘル。皆ナ是ノ義ナルヲ虚空藏尊ト云也。一佛一切佛此心也

〔七、匙事〕

夫ニ取テ彼ノ明星ノ所持ノ匙（鑰）八舌ナル事ハ。表スルニ八音ノ體ヲ也 已上（已イ以）其故ハ說法雖亙ニ六塵ニ。此土ハ耳根利ナル故ニ偏用聲塵得道ト云テ。此土ノ衆生ノ耳根ハ最利依ニ四辨八音ノ說法ニ得道スル故。爲ノ開ンカ耳根最利衆生ノ本有覺藏門戶ヲ匙ナルカ故ニ表ニ八音ノ說法ヲ八舌有之也。サテ匙カキノ體ハ。以曲爲其體事表ニ無明邪曲ヲ也。其故ニ衆生ノ成佛者。必ス是轉ニ無始已來ノ無明ノ闇ヲ成ニ法性ノ明ト云カ故ニ。得ニ智惠ノ明ヲ。若不依ニ無明ニ者。依何ニ生ニ法性ノ明ヲ乎。依之諸佛ノ覺體ハ。皆無明ヲ爲父ト。貪愛ヲ爲母ト出生ストテ云。仍テ無明ヲ轉シテ卽開テ智惠ノ明ト。此智冥スル理ニ成佛トハ云カ故ニ。無明ノ體カ卽開ク令ンセントシテ行人通藏理ノ智惠門戶ヲ能開ノ匙ニテ有之故ニ。明星所持ノ匙ハ。以曲ルヲ爲其貌ト也。故ニ成ル一切衆生ノ導師ト諸佛菩薩ハ。皆以（以イナシ）明星所持ノ匙カキヲ令開衆生ノ本有ノ覺悟ノ藏ヲ給フ也。サレハ傳教大師御所持ノ八舌ノ匙ト云ヘルモ。卽チ明星所持ノ匙ヲ傳ヘ給ヘル也。其故ハ尋レハ彼匙ノ根源ヲ者。智者（智者イナシ）自ラ於天台山ニ親マノアタリ感得明星所持ノ匙ヲ。以之至御入滅ノ期ニ。隋（隋イ隨）ノ開皇十七年仲冬二十四日ノ未剋ニ。擲ナケテ本朝比叡山ヘ給ヘル處ノ御匙カキ也。是則チ爲令ンカ未來ニ再ヒ於東土ニ弘通シ一乘ヲ以彼ノ匙ヲ開衆生ノ覺悟ノ藏也。故ニ大師

再ヒ出在（世カ）シテ現ニ傳教大師ト。叡峯開闢之時。自ラ地ヨリ堀ホリ出シテ。彼御匙ヲ以テ渡ニ震旦ニ。我昔説給ヘル教籍ヲ安置シ給ヘル御經藏ヲ開テ。披ヨ見シ彼ノ經書ヲ給ヒテ。得ニ一乘法華ノ宗旨ヲ。以歸ニ本朝ニ。化ヨ度シ像末ノ衆生ヲ給ヘル也云云然ニ倩以。夫陳隋ノ先代ニハ顯ニ智者大師ト。開ヨ宣シ法華於震旦ニ。以ニ八舌匙ヲ開キ衆生ノ藏悟（覺カ）ノ藏ヲ。桓武近代ニハ現シテ（御カ）傳教大師ト。弘ヨ通シ一乘於日域ニ。以ニ圓匙ノ八舌ヲ開キ法界之藏ヲ給ヘリ。是則チ内證ハ朗ニ住シ法性虚空ノ藏ニ。外用ハ偏ニ顯テ中道第一義天ニ。現シ三光未分之導師ト。以ニ覺藏能開ノ八舌ヲ三世ノ化道ハ惠利無形也。深ク可レ思レ之云云

尋云。八舌ノ匙ヲ約ニ明星ノ内證ニ時モ。實ニ其體無明也ト可レ云歟如何

口傳云。明星ハ。卽チ轉ニ無明ヲ成シ智惠ノ明ヲ給ヘル天子也。故ニ所持ノ八舌ニ是開キ自心ノ藏理ノ門ヲ畢。又穿ウカツニ一切衆生ノ無明ノ堅關ヲ。可レ開ニ智惠ノ明門ヲ匙ナルカ故ニ。約スル能化ノ明星ニ者。卽チ中道ノ智體也。圓體ノ金鉀ハ斷ナルコトニ四眼ノ醫カ云ヘル。可レ思レ之云云サテ約ニ所化ノ衆生ニ者。實ニ無明體也。其旨如レ前云云是則チ約スル能化ニ時ハ。無明卽明ト開ケタル修得ノ匙ナルカ故ニ其體ハ智惠也。約スル所化ニ時ハ。未ル無明卽明ト開ノ性德ノ匙ナルカ故ニ其體無明也。三千在レ理同名ニ無明（天玄四、三四九。釋籤）三千果成咸稱ニ常樂ト釋スル此意也。仍テ明星所持ノ匙曲ル事ハ。無明卽明ト開タル修得ノ匙也ト云ヘトモ。可レ成ル性德迷情ノ覺藏ノ能開ノ法ト匙ナルカ故ニ。其貌カ曲ル也。實ニハ卽チ正直圓明ノ體也云云又無明ト法性ハ倶ニ本有常住ノ法ナル故ニ。（イ）〔修德果滿ノ時モ彼ノ本有ノ無明ノ邪曲其體〕法然ノ法體ニシテ。全ク不レ可レ改レ之。愛染明王ノ師子ノ冠。降三世ノ地蛇ノ瓔珞等可レ思レ之云云故ニ修得果滿ノ明星所持ノ匙ナリ。其體尤可ニ邪曲ノ貌ナル也。仍テ邊邊ノ意有レ之。不レ可レ偏ヨ執レ之云云

仰（口傳イ）云。今天台ノ灌頂ヲ晦日寅時ニ遂レ之事ハ。何ヲモ寅時ハ。雖ニ陰陽和合定惠未分ノ時也ト。晦日寅時ハ。是レ合ニ譬（譬イ扇）ノ際ニテ三光ヲ得ル時。陰陽和合ノ義分明ニ定惠相應シテ。中ハ不レ惡義義歷歷タル時節ナルカ故也云云

6〔八、〕鐵橛書

1　分作二分供養事

尋云。分作二二分一。（大正藏九、五七下。觀音品）一分奉二釋迦牟尼佛一等 矣 爾者顯二何事一耶

口傳云。此ハ顯ス三衆生ノ心性卽無作ノ三身ニシテ可キヲレ顯二果德三身一也。其故ハ者。先無盡意ト者。卽チ是一切衆生ノ本具ノ第六識ノ體也。其故ハ華嚴經ノ中ニハ。心如工畫師造種種五陰トモ云ヒ。解釋中ニハ。（天止三、二七一。止觀）介爾有レ心卽具二三千一トモ云テ。我等所具ノ第六意識心王ノ體ニ。十界三千ノ無盡ノ依正具二足シテ之一。萬法ノ惣體無盡ノ事。譬ハ如シ二如意寶珠一ノ。具二足シテ萬法ヲ一隨レ用ニ留ス二種種ノ寶ヲ一事（事㋑㋪）無盡ナルカ故ニ。今經ニハ。或ハ云ヒ二無價寶（裹カ）珠一トモ。或ハ說ニ龍女ノ一嚢ノ珠一トモ。或ハ名ル二衣內ノ繫珠一トモ。王頂ノ明珠トモ。無盡意ノ瓔珞一トモ也。皆是說ク二衆生ノ所具ヲ一。依レ之永嘉眞覺大師云。（大正藏四八、三九五下。永嘉證道歌）道ハ則心藏無價（珍カ）ノ珠。無價（珍カ）ノ珠ハ。用ニ無盡一利物應レ機ニ終不レ悋（悋カ）等 云云 故ニ今ノ經ノ意ハ。指ニ第六ノ意識心王ノ體ヲ一名ニ無盡意一トハ也。多寶佛ノ寶塔ト云ルモ。卽チ無盡意ノ體也。寶塔者第六識ノ體ナルカ故ニ（故ニ㋑故也）。三觀ノ寶財豐ニシテ無レ盡云カニ多寶ノ塔一トハ故ニ。多寶ノ塔卽無盡意ノ體ナリ。サレハ無盡意（意㋺㋪）菩薩トハ云ヘルハ。卽チ是ノ事ニ證ヨ得シ自身所具ノ無盡ノ法體ヲ給ヘル菩薩ルカ故ニ。得テ二無盡意ノ名ヲ一成テ二普門品ノ對告衆一ト。顯ニ一切衆生ノ開覺自身ノ無盡意藏ヲ一可レ顯ニ本有ノ三身ヲ一也。亦ハ無盡意菩薩ト者。卽チ是レ一切衆生所具ノ無盡意ノ法體ノ全體ヲ顯ス事ニ體也ト可レ得レ意也。仍テ約シ而二ニ。約スニ不二一ニ。二ノ意可レ有レ之也 云云 故ニ今ノ觀音卽チ受ニ無盡意ノ瓔珞ヲ一給フ事ハ。卽チ表シテ開コトヲ二覺自身ノ第六意識ノ無盡意ノ珠ヲ一。以テ顯シ三一切衆生ノ成佛ハ皆可レ開二コトヲ覺ス自身所具ノ無盡意ノ體ヲ一給フ也。作サテ手受ニ瓔珞ヲ一畢テ。分テ二二分ニ一供ニ養シ釋迦多寶ニ一給フ事ハ。表シ開コトヲ二覺自身ノ寶藏ヲ一畢テ。唱ル二境智冥合ノ成道ヲ一事ヲ以テ。顯シ二一切衆生ノ境智冥合ノ成道ノ相ヲ一タマフ也。所以ニ釋迦ハ卽チ報身也智也。多寶ハ法身也境也理也。仍テ無盡意ノ瓔珞ヲ分テ二二分ニ一奉ルハ二二佛ニ一。表下セル己身所具ノ第六意識卽境智冥合ノ體ト開ケテ二契テ本有ノ境智ニ一唱中ルコトヲ自受用ノ成道ヲ上也。故ニ無盡意菩薩ノ瓔珞ハ。表ニ衆生所具ノ第六意識無盡意ノ法體ヲ一。釋迦多寶ハ表シ三衆生所具ノ無盡意ノ法體ニ所ヨ具トモ境（㋑無盡意ノ體ト給也。）智ノ二法ヲ一。觀音受レ之タマフ事ハ。表ミ一切衆生ノ可ニ開覺ス一。

無盡意ハ是所證ノ三身一體ノ眞如ノ法體也。釋迦多寶ハ所證ノ眞如ノ法體ニ所レ備ル境智ノ二法。法報二身ノ體也。觀音ハ能證ノ人也。作手（サテ）觀音證二此ノ法體ヲ一畢テ。開二覺スル妙法蓮華ノ無盡意ノ體ヲ一能覺ノ人トシテ。現二三十三身ヲ一。立テ二一念三千ノ行ヲ一。起二慈悲ヲ一。於二十方界ニ一施二シ無畏ヲ一タマヘハ。卽チ是表下境智冥合ノ成道ノ上ノ施二應身ノ慈悲利生ヲ一タマフ相上也。故ニ分作二分等云ヘルハ。卽チ表セル二一切衆生ノ本具ノ三身成道ノ相ヲ一也ト口傳スル也

2　以二觀音ヲ一卽習フ二一念三千ノ法門顯セル事ニ菩薩也一ト事

口傳云。觀音ノ行體ハ。卽チ一念三千ノ法門カ顯レ事ニ給ヘル形也。其故ハ。地獄モ佛界モ全體一心所具ノ本法ニシテ無二其ノ隔一故ニ。佛界ト及八部・執金剛等云爲シテ二前後ト一。於二其中閒ニ一示シ二三十三身ノ形聲ヲ一タマフ也。是レ卽チ一念所具ノ三千ノ法體ヲ顯スレ事ニ質（スカタ）也。故ニ觀音（觀音イ无）ノ立行ハ卽一念三千ノ同體慈悲ノ立行也トハ習也。所詮。一身ノ上ニ普ク示二現スル十界ノ形聲ヲ一當體カ。一念三千ノ理ヲ顯スレ事ニ體ニテ有レ之也

尋云。如レ此得レ意前ニハ。妙音ノ普現色身又以同前也如何

傳云。實ニ爾也。然ニ今ハ此土ノ耳根ハ利故。以二觀音ヲ一爲ニス此土相應ノ能化菩薩一ト意ニテ。此土行者ハ所修ノ一念三千ノ行體ノ本ト云也

3　意識ハ卽以二寶塔ヲ一爲レ體ト事

口傳云。我等所具ノ第六識心王ハ。是レ三千三諦ノ寶財豐ニ備レテ之。其體質ハ五輪塔婆ノ形也。故ニ一切衆生ノ第六意識心王ノ體ヲ指テ。名二無盡意一トモ云二多寶佛塔一トモ也。サレハ今經ノ時。涌（涌イ踊）現スル處ノ寶塔者。一切衆生所具ノ意識ハ心王ノ體カ全體顯レテ事ニ周遍法界ノ形也。地ヨリ涌（涌イ踊）出スト云ヘルハ。地ト者。玄（天文五、二一五四下。文句）宗ノ極地矣　仍テ心性眞如ノ極地ヨリ隨緣緣起シテ。顯セル五輪寶塔ノ形ヲ一質也。是ヲ云フ二法界緣起一トハ也。作手（サテ）處ル虛空ニ事ハ。此ノ五輪寶塔ノ體ハ。全體周遍（遍イ无）法界ノ惣體ノ五大ナル事ヲ顯ス也。又大地ト者。是無明ノ體也。故ニ我等所具ノ無始ノ無明ノ體ヲ全ウシテ。卽チ顯二ス意識心王ノ寶塔ヲ一事ヲ表ル也云云　然ニ今經ニ題シテ二見寶塔品一ト置二ク見ノ字ヲ一事ハ。三周得悟ノ聲聞聞テ二三周ノ說法ヲ一。開テ二第六意識心王當體卽チ中道實相妙法ノ塔婆也ト云悟ヲ一。叶二初住無生ノ位ニ一時。事ニ見ルカ二己心所具ノ意識心王ノ

塔婆ノ體ヲ一故ニ。云ニ見寶塔一トハ也。サレハ置ニ見字ヲ一事ニ尤有ニ子細一事也ト口傳スル也。仍テ三周ノ聲聞。開テノ二中道實相ノ悟ヲ一上ノ所見ノ法體ナルカ故。三周五段ノ事訖テ後ニ寶塔涌（涌㋑踊）現スル也。但シ云テ二寶塔ト一與ニ寶ノ名ヲ一事ハ。意識ノ塔婆ノ體。無盡意ノ寶財具ニ一足シテ之一。無量（無量ノ㋑ナシ）ノ莊嚴備レタル之故也。多寶佛ト者。三觀ノ寶財豐ナルカ故ニ名ニ多寶ト一云ヘルモ。可レ思レ之。解釋釋シテ欲レ免ニ貧（天玄一、二九三。玄義取意）窮一當學ニ三觀一。不レハ具ニ三諦三觀ノ妙法ヲ一分（分㋑貧）窮ノ體也ト釋セリ。今ノ意識ノ塔婆ハ。三千三觀ノ寶財ノ莊嚴具ニ一足之一。何ソ非ニ寶塔ニ一哉 云云

尋云。我等カ意識心王ノ法體ハ。三千十界ノ惣體ナル故ニ。定マレル形不レ可レ有レ之。何ソ云ニ其體五輪塔婆ノ形ナリト一哉

口傳云。第六意識心王ト者。心性ノ了別識是也。凡ソ心性ト者。以ニ三千世閒ノ依正色心ヲ一爲ニ其體一ト。然ニ三千ノ依正面面ニ形色差別セリト云ヘトモ。惣シテ得ニ其法體ヲ一時ハ。不レ出ニ五大五輪五字五行等一ヲ。所以ニ尋ニレハ五大五字等ノ本體ヲ一。法爾トシテ地大ハ方形。乃至風大ハ半月也。故ニ三千ノ諸法廣ト云ヘトモ。尋ニレハ其法體ヲ一以ニ五大五輪ヲ一爲ニル其體質ト一故ニ。惣スヘテ法界ノ諸法ハ。於ニ一心ニ一三千世閒ノ（㋑三千世閒ノ）惣體ナル心法カ卽チ五輪塔婆ノ形ニテ有レ之也。サレハ文殊ノ化身ナル蒼頡作ニ文字一時ニ。意ト云文字ヲハ意如レ此書テ五輪塔婆ノ形ニ作レルレ之也。仍テ寶塔ト者。全體是第六ノ意ノ字ノ形ニテ有レ之也。サレハ一切衆生ノ成佛ト云ヘルハ。皆是見ニルヲ第六意識ノ寶塔ノ體ヲ一云也。故ニ當流ニ。圓人所修ノ觀境ナレハ尤以ニ第六意識心王ヲ一スヘキ也ト云テ。六識ヲ爲シレ心ト。六識所觀ヲ終ニ見ルヲ二六識ノ寶塔ノ體ヲ一云ニ止觀ノ本意一ト也。故ニ一家ノ立行ハ。我等カ第六意識全體ヲ不レシテ改卽チ顯ニス法界塔婆ノ體一ト。故ニ卽身成佛ノ宗ト云也ト口傳スル也。在世ノ二乘ハ被ニテ彈呵一ヲ冥成別人ノ中道ノ悟カ一分萌テ。至テニ迹門一ニ六識還生シテ遂ニル成佛ノ本意一ヲ。是レ其義也

尋云。寶塔ハ是五輪五大也。仍テ是ハ色法也。若爾。何云ニ意識心王ノ體也一ト乎

口傳云。此難ニ非也。今ノ涌出ノ寶塔ト者。意識心王ノ全體カ顯ニタル事ノ五輪寶塔ノ體一ト質也。故ニ是ハ心法ノ全體カ顯ニタル色法一ト也。是則チ心性ノ法體カ全體五輪塔婆ノ形ナル故ニ。顯ニルル色法一ト時モ又顯ニタル五輪塔婆形一ト也。全性起修ト云ヘル此意也

尋云。寶塔ニ釋迦多寶二佛並坐シ給ヘル意如何

口傳云。寶塔ハ。是我等カ心法顯タル二色法ノ五大五輪ト一形也。作手（サテ）二佛ハ住シレ之給ヘル事ハ。我等カ心法ノ依コ託セル心所具ノ色法ニ一形也。是即チ心性所具ノ法身ハ自受用ニ住シテ。心性所起ノ寂光法界ノ體。境智冥合函蓋相應シテ。與ニ自眷屬一互テニ三密門トニ一自受法樂スル形也。高野ノ大師ノ解釋ノ中ニ見タリ。二教論傳云。蒼結（頡カ）作ルハニ文字一ヲ。文殊ノ内證ノ智ヨリ發スルレ智ヲ形也。文字ハ智體ナルカ故也。又ハ智冥スルレ智ニ形也。文殊ノ智カ成シニ文字ノ智體ヲ一契カニ文字ノ智體ニ一故也

又口傳云。大地ハ自ニ[illegible]字一生ス。江河萬流ハ自ニ[illegible]字一生ス。金玉珍寶日月星辰大珠光明ハ自ニ[illegible]字一生ス。五穀五草衆華開敷自ニ[illegible]字一生ス。所以ニ[illegible]字ハ[illegible]字ヲ爲レ體ト。[illegible]字ハ風大也。萬法ハ皆依ニ風大一ニ生長スル也云云 作手（サテ）人天長益顔色滋味端正相貌福德高貴ハ自ニ[illegible]字一生ス。已上一切衆生ノ心性ハ即チ五輪自性ノ體質ル貌也。又彌勒所持ノ寶塔。毘沙門所持ノ寶塔モ。即衆生ノ第六意識ノ寶塔也。然ニ彌勒ハ住スニ北方一ニ。即チ釋迦ノ補處ナル形也。作手（サテ）毘沙門住ニ北方一事ハ。北方ノ釋迦ノ外部ノ天ナルカ故也。仍テ毘沙門ハ彌勒外部ノ天也云云

4　佛神事

傳云。餘流ニハ於ニ佛神一ニ作ルニ本迹一ヲ。三佛ハ本。神ハ迹ト云也。此ハ非ニ當流ノ義一ニ也。當流ニハ以テニ山門建立一ヲ習ニ四句成道一ヲ時。作ニ本高迹下ノ句一ヲ。坂本ノ山王ヲハ云ニ本高一ト。山上ノ三佛ヲハ云ニ迹下一ト也。餘句准レ之可レ知レ之。以ニ此道理一ヲ本覺ト者其體ハ何等耶。一切衆生是也。示コ同スル之ニ神ナレハ云ニ本高一ト也。佛ハ斷迷開悟ノ始覺ノ利益有レハレ之下ニ迹スト下一也。

尋云。止觀行者常用ノ心ハ。眞實如何

以ニ道理一ヲ可レ得レ意。以レ情不レ可ニ疑難一云云

傳云。得ニテ非レル智ニ智一ヲ。行シテニ非ルレ行ニ行一ヲ。向フニ不向ニ處一ヲ云ニ止觀行者一トハ也。非智ノ智ト者。非ルニ師保ノ智一ニ生得ノ智也。非行ノ行ト者。不ルレ依ニ他教一ニ生得ノ行ヲ云也。向不向處ヲ者。止觀行者トテ別ニ定テニ方處一ヲ非レ行ルニ止觀一ヲ。只天然トシテ自體圓明ナル。此即チ止觀行者也。實ニハ捨テニ生佛ノ見一ヲ叶レ道ニハ。是此宗ノ大旨也

5　天台大師御制戒詞云（この詞イ後出二七一頁上＊）「御本ニ有レ之」（「」イ无）

固守戒律不行婬　雖及死門不妄語
雖療治不飲酒　常唱佛名不多言
常好閑處不交衆　永捨私貯不好利
起卑下心不憍慢　雖得利不可談論
衣隨求得不好色　食隨求得不美食
住平等心不辨親疎　學佛教更不遊戲
昵善友不語惡友　親道心者不近狂人
設及打捶（捶イ擲）不發瞋　設雖餓死不肉食
雖沈病床不臥解帶　非智者邊不構坊（坊イ房）室
面目無窮不貪華當（華當イ喜富）　歸依無極不敢喜樂
成不善行不語其人　說不善法不語他人矣
修行佛法仁常可レ見ニ此文」云云

〔六、北谷祕典　八箇條　終〕

七、北谷祕典　鐵橛書　四箇條

1　鐵橛書　常修常證等四句事
2　鐵橛書　金口祖承事　止觀第一
3　金夷橛書　八相成道事
4　證道八相事
荒神
四重祕釋送船偈

（既存目次改訂）

鐵槭書

1 常修常證等四句事

義云。我等慈悲利生三千三觀修行ハ常修也。依此修行證レハ本有ノ自受用身ノ覺體ヲハ常證也 已上菩薩界 サテ證本有自受用身智ヲ畢テ覺體圓滿シテ無餘常滿也。如此叶ヌレハ果滿ノ位無始已來ノ所作行行悉ク佛果ノ萬德莊嚴ノ體ト顯タルヲ云常顯ト也 已上佛界 尋云。爾者。此四四句互十界ノ依正具足耶 口傳云。爾也。先約有情論之。我等ハ飢來レハ齧飯ヲ。寒來レハ求衣ヲ常修也。因テ茲即チ喰飯著ハ衣常證也。食飯著衣即チ安穩快樂ニシテ。前キニ願ヒ飯ヲ著衣ヲ求ムル所願悉ク滿足スルハ常滿也。サテ前ニ願ヒ食ヲ求シ衣ヲ本誓心ヲ爲因ト。食之著シテ之顯セルハ安穩快樂ノ形ヲ則チ常顯也。又過去ノ五戒等ノ修因ハ常修也。「依彼戒善ノ因受クハ今ノ人界ノ依身ヲ常證也。」依彼過去ノ戒善ノ因今人界ノ依身可具足程ノ五陰六根等悉ク成就シテ之無キハ所闕減スル常滿也。サテ如此今所ノ受人身ハ。依過去ノ戒善ノ修因顯タル處ノ果報ノ身ナル方ハ常顯也。乃至於地獄界論ハ之者。約シテ修因感果論之事ハ准前「可論之。若約之」火炎遮眼見テ之悲ハ可燒我ヲ猛火也ト常修也。見トヤ遲キヲ即チ速燒之。可苦受逼迫恐所存成就シテ不ハ違苦患餘身即常證也。サテ於テ彼地獄可受程ノ苦患ハ悉ク滿足シテ更ニ無キハ毫末モ所殘常滿也。サテ非異人作惡。異人受果報。自業自得果。衆生界如是ト云テ。（大正藏十七、三六中。正法念處經）依テ先世ノ殺生等ノ業因即チ顯シ今生ノ果報ノ依身ヲ。過去十惡五逆等ノ所作行行悉ク顯シテ熾燃ノ猛火ト逼ルハ身即チ常顯也。餘界ハ恐可准之 云云 已上 是ハ約次第得意也。若約不次第論之。我等カ一念所起ノ貪瞋等ノ心ハ即是體生也。生ハ即チ所作ノ義ナレハ常修也。サテ即シ貪瞋等ノ心ノ生即チ成就得ルハ三毒ノ體ヲ常證也。即シテ所起ノ貪等即三毒ノ體可具足スル程ノ「ホシシネタシ」等云ヘル體德悉ク滿足セル之方ハ常滿也。所起ノ貪等ハ其體現起ノ法ニシテ顯了ル方ハ常顯也。次約依身論ハ之。我等カ依身ハ即當生也。即所作ノ義ナル常修也 云云 其旨准前可知之 云云 次約依報草木等論之。是モ次第不次第ノ「二義可有之。

先約次第」論之。松竹等始生常修也。生畢成就得松竹等體常證也。於成就處松竹等體枝葉根莖色貌等悉滿足方常滿也。其體歷歷分明現起當體常顯也。次四句同時得之者。松竹等當體生是常修也。是體既成就得松竹等體質常體有之方常證也。餘二句。准有情可知云云 又十界行住坐臥動轉去來所作事業。皆悉常修也。覺大師釋中。十界衆生發心修行「求己心佛爲經大旨。故妙經云諸有所作」常爲一事云此意也。サテ動轉去來處當體面面受己分己分果報。地獄成就得地獄依身體事德行 乃至 佛亦然方面面常證也。サテ十界悉己己可成就得程依身成得之。滿足之無不具足之常滿也。其體面面現起顯了常顯也。乃至草木准之可知云云

然而尋我等貪等體。卽眞如全體法緣起「ホシシネタシ」等顯「一說一說」法體有之也。佛種從緣（大正藏九、九中）起等云此意也。仍萬法悉眞如一理。板疊牛馬六畜乃至三千依正。併是眞如隨緣常顯法體也。故所云常修常證等四句者。只是於眞如隨緣「一理一理」法體上所備四句故。卽是於常顯一句上同時是足處可四句可得意也

尋云。於松竹等始萌出體未具足技葉等故。常證・常滿二義無之歟如何

傳云。此報無下卑劣也。其故三千悉同時一念法體。只心是一切法。一切法是心理文明上。何一法一心同時具足常修常證等四句法有之耶。仍可得意樣。松竹等體。悉剎那生滅法體也。「然（二重記載）而眞如全體剎那剎那緣起滅當體故。其體相續常云也。故於松竹等始萌出處生一剎那同時可具足四句也。所謂其體生常修也。」サテ始萌出時分可成得程林松等體質分齊。成得之故常證也。サテ始萌出一剎那時分。可具足程體質形色等分齊不殘之成滿之故常滿也云云

尋云。如今義有情六根不具。草木等枝葉減

少ナルハ。常滿ノ義無レ之歟如何
傳云。此難ハ非也。有情ノ六根不同ナルハ〔同㋑具〕先世ノ戒善有二闕減ノ
失一故也。仍テ六根ノ不具ノ衆生モ可レ酬キ二先世ノ所修ノ業因一ニ
程ノ果報ヲハ㋑〔悉滿足シテ感二得之一也。故ニ己分ニ可レ得程ノ果
報ハ〕滿二足スル之一ヲ故ニ。常滿ノ義無トハレ之不レ可レ云事也。サテ〔サテ㋑〕
〔然而〕草木ニ枝葉ノ多少等有レ之事ハ。是モ法爾トシテ於二眞如ノ理一ニ可レ
顯二長短大少〔小カ〕枝葉ノ多少等〔多少㋑ナシ〕ノ草木一ニ德義有テレ之。面面全ウシテ〔「㋑全修〕
眞如ノ位ノ事事ニ縁起スル故ニ非レ難事也〔「㋑何〕。全性起修在性トモ
云ヒ。性不レ移〔不㋑無〕常修〔㋑下㋑上〕宛然也云云〔也云云㋑也トモ云ッ乎〕可レ思レ之云云
尋云。何故四句ニ悉ク置二クノ常ノ言一ヲ耶
傳云。萬法悉ク眞如隨縁體體トシテ三世常恆ニ有二〔有㋑ナシ〕修證顯滿ノ
德用一故ニ云レ常ト〔「㋑俱〕也
尋云。一心〔一心㋑正〕ハ只今始如何〔始如何㋑眼前〕。境界ノ常〔常㋑當〕體ハ修證顯滿ノ果〔果㋑四字〕ナル事如
何引當テテ作〔作㋑依〕レ之耶〔耶㋑乎〕
口傳云。萬法皆無作三身ナレハ。〔大正藏七五、三七六下。教時義參照〕其菩薩界常修常證無始無
終。自受用身常滿常顯無始無終也。此レ火箸ハシノ一法ニシテ作レ
之。火箸ハ成二リ人ノ依怙一ト被レ傳〔傳㋑使〕能有レ之。是レ無縁慈悲菩薩

界ノ常修也。此〔此㋑ナシ〕修ト者名〔名㋑ナシ〕二行體一ト云〔云㋑體〕者。行ノ作サ遷流トテ諱イミナ也。次
證者自在ノ義也。手ニ執テ使フ時モ無レ煩。又只打置タル時モ無レ
煩。取捨共ニ無レハ二相論〔論㋑諍〕一無主也。無主〔主㊦生〕ナレハ自在ノ證體也。次
常滿者。一法ナレトモ萬法無二闕減一三身四智體中ニ圓滿ナル也。
次常顯者。當體卽自受用身ノ體顯〔體顯㋑自體〕明ニシテ火箸ト各〔各㋑名〕相ヲ存シテ
不シテレ交二餘物一ヲ名二乘〔乘㋑垂〕體一ト也。互ニ萬法一ニ如レ此我等カ色心ノ全
體元來無作三身ナレハ。別シテ雖レ無二求レ上厭一レ下。又任〔任㋑住〕運拔
苦自在〔在㋑然〕與樂トテ鎭ニ有二修證顯滿ノ義一事也。雖レ爾念佛讀經
競〔競㋑徒〕事ト云コト〔「㋑事〕不レ可レ有レ之。是〔是㋑其〕モ皆修證〔證㋑ナシ〕顯滿ノ義也。斥前〔前㋑落〕テハ皆
失也。道理必然偏立成レ失云云㋑〔只斥二フ心外實有ノ執心ノ上
見一ヲ計也。今行體ハ〕心內所具ノ無作三身ノ妙用ナレハ。諸ノ諺ハ
皆法爾自己ノ振舞。法性ハ自ラ爾ナリ。非二作所成心地一讀經ハ
滿二陀羅尼一ヲ。又可レ爲二學文〔文㋑問〕一ヲモ也。此土〔土㋑時〕ハ淨土モ穢土モ十方モ
上下モ一切ノ萬法分明ニ可レ有レ之。一家ノ法門ハ。常證常差〔同歟〕〔證㋑同〕
別トテ〔「㋑萬法〕一法モ不レ闕。一邊ニ不レ可レ留。仍可〔可㋑ナシ〕二口傳一云云
古人ノ云ク。無爲ニシテ自ラ坐ス。「强テ非レ坐ニ」〔「」㋑非强坐〕○等云云
此只在〔在㋑有〕ニ任テ當體全是也。是ヲ云二無相ノ立行一ト。夫ヲ不シテレ爾。

讀經搔(搔イ騷)眠ハ惡ト思フ分別。得行是非ノ義味。皆惡キ(〔イ可)偏見也。一家得道ハ無覺不成ノ成佛也云云何モ無修無證トハ乍レ云鎭ニ常修常證可レ有レ之。故ニ鎭ニ欣レ上ヲ猒レ下ヲ方モ可レ有レ之。我等互具ノ故ニ〔欣猒下ノ方モ可レ有レ之。我等(〔イ十界)十界互具ノ故ニ〕欣猒ノ方ハ二乘等也。無證無得ニシテ本有ノ心地有ル之佛果ノ心地也。又非行非座(座イ坐)ノ下ニ。歷ニ善惡無記ニ可レ行ニ止觀ヲ相ヲ廣釋シテ。意ニ(意イ之)央堀等ヲ擧タリ。能能(能能イ下)可レ見レ彼云云(ここまでイ對校)

問。諸經ニ我モ上卽。我上卽ト云事如何

答。法華ハ惣領ノ王。諸經ハ諸ノ小國ノ如レ王ノ。法華ハ丈夫ノ經。涅槃ハ女房ノ經。說ニ佛性常住ヲ故ニ。建立ノ經ヲ樂ム者ニハ。說ニ擬宜ノ經ヲコシラヘ。引レ經ヲ樂ム者ニハ說レ譬ヲ引レ經ヲ。彈呵ヲ樂ム者ニハ說ニ方等ヲ。方等ハ大乘故以ニ後三大乘ヲ呵スニ三藏ヲ也。鹿苑十二年ヨリ卽チ有ニ彈呵ヲ也。大般若經ハ明ニ法開會ヲ故ニ。法華開會ニハ尚劣也

妙　胎　法　金　蓮華　不二　一心三觀

日　理　月　智　星　事　三變寶珠

「一念三千

「世價寶珠

無作三身　無作慈悲

鐵橛書

2 金口祖承事 止觀第一

傳云。金口祖承者。自ニ釋尊ニ傳ニ迦葉ニ。自ニ迦葉ニ乃至祖祖傳レ之。依レ之止一ニ列ニタリ二十三ノ附法藏ヲ。妙樂受レ之。(天止一、六一。弘決)金口祖承ハ從レ前向レ後ニ。今師ノ祖承ハ從レ後向レ前ニ文從レ前向レ後ニ者。金口ノ言ヲ爲レ本。至ニ傳敎慈覺ニ乃至我等相承是也。但シ祖祖ノ言隨レ時ニ不定也。從レ後向レ前ニ者。天台ヲ爲レ本ト得ニ先代ノ祖師ノ心ヲ也。然ニ大師ハ以ニ止觀二法ヲ攝ニ萬法ヲ攝ニ諸行ヲ。故ニ祖祖皆言ハ同ク云ニ止觀ト。其ノ義同ク云レ得ニ寂照ノ二德ヲ。以ニ一家ノ開悟ヲ一ニ同シテ先代ニ得ル故證レ後向レ前。於レ之異義有レ之。自餘餘流ニハ金口ノ祖承ハ敎學ノ附法。今師ノ祖承ハ云ニ內證ノ血脈ト。金口ノ附法藏ヲハ云ニ權宗ノ血脈ト也。當流ニハ不レ然。金口祖承之外ニハ無ト塔中內證ノ附法ニ習レ之相傳也。從ニ釋尊ニ已來ノ祖祖ハ皆名ニ塔中

相承ノ附法ト一也。故ニ當流ノ相承ハ異ル二餘流ノ相傳一ニハ直授ナリ云云
成佛種子ヲ下セリ二此時一ニ可レ有二口傳一故顯二直示宗旨一ヲ禪宗ニハ。云ニ赤
肉團上有無役(位)直(眞カ)人。常出(従カ)入面門ト一此也。故直授天台。直授
灌頂乃至直授嚴吽等矣不レ知二此口傳一ヲ附法次第ハ。久シク
設ケ云ニ權乘血脈ト一之條ハ不レ知二一家ノ相傳一ヲ也。自餘ノ血
脈ハ一師直授皆以二此旨一可レ知。返返可レ祕レ之。不レハ知二
此口傳一不レ可レ見二此書一。可レ墮二大罪一ニ故ニ誡レ之。能能可レ
恐二佛ノ知見冥ノ照覽一ヲ也云云
次。付二託事附法約行一ニ謂レ之。附法者。玄文ノ觀心。入心成
就ニシテ攝二一代ノ教法一ヲ。諸ノ法門准レ之可レ知。託事者。文
句ノ觀心。法華ノ字字句句依報正報名字體等。境境體體差
別スル處ヲ。皆心地ニ引入テ云テ二當體卽理更無所依一ト(天玄一、五一七。玄義)成二諸法
實相ノ觀一ヲ也。約行ト者。止觀ノ意ハ。一部始終悉ク勸レ行ヲ言
也。其ノ行ト者。觀行五品修行也。故ニ妙樂ハ。止觀ヲ所二用ヒ
明セル一時造リ二輔行記一ヲ給ヘリ。輔行ト者。齊クルレ行ヲ意也。今ハ止觀
心要ナル故ニ。書二託事附法一ヲ置テ不レ論也
次。唯識觀・實相觀ト者。就レ之唯識觀ト者。初心ノ觀。實相
觀ト者。後心ノ觀ト云義有レ之。唯識初心實相觀成ト云人有レ
之。雖レ然此流ニハ。唯識實相ト云モ。一義ト云モ。二義ト云モ。
無二相違一也。所以ニ止觀ハ。云テ二然圓頓教本被凡夫一ト(天止三、七四。弘決)。凡夫ノ
種類不同ナレハ。心外ニ存レ境ヲ成レ觀ヲ有レ之。事理不二・色心
一體ノ機モ有レ之。心外ニハ不レ存ル境ヲ機ニハ全修二實相境一ヲ也。
又一家ノ本意ハ。初縁實相造境卽中ノ實相觀ヲ雖レ爲ト二本
意一ト。聞レ之得ル人ハ直達根性ナレトモ。無始横計過去ノ舊業有テレ
之。境智各別ノ念不レ絶。縁レ之實相觀ハ直ニ雖レ成。爲カレ之
且ク心外ニ與ヘ二四運推檢ノ觀一ヲ。伏二麁强ノ念一ヲ。令メテレ知二不思
議ノ理一ヲ。此理ヲ爲レ境ト。發二無縁ノ智一ヲ修レ觀ヲ也。此時ハ約二
一人一ニ。雖レ然今ノ唯識觀ハ。不レ同二法相宗所立ノ唯識觀一ニハ。
所以ニ彼ハ心外ノ境ヲハ云二惡妄法也一ト。永ク分二虛實一ヲ也。今ノ
唯識觀ハ。必ス不シテレ違二心外ノ境惡妄ノ法一トハ(天止三、二九一～二。弘決)。其境ヲ四運推
檢シテ。但離二横等四句執一竟。還歸二本理一念三千一スル也
次又云。就二煩惱卽菩提生死卽涅槃一ニ言レ之者。爾前迹
門ニハ。煩惱ヲ爲二惡物一ト。菩提ヲ爲二善物一ト。捨劣得勝スル也。本
門壽量ノ觀心至極之時ハ。菩提ヲ爲レ惡ト煩惱ヲ云二善物一ト。其

故ハ三世常住ノ佛種ト者。煩惱ヲ云二根本種子一ト。依レ之當流ノ口傳依二密宗ノ意一ニ者。祕祕中深祕ハ還テ同スニ淺略一。小乘權門迹門ニハ菩提ヲ云二大切物一ト。本門至極大乘ノ實義ハ。煩惱ヲ云二善物一ト。若シ永ク斷ハ佛種長短ナシ。故ニ成佛之時ハ。以二煩惱ヲ一爲二菩提一ト。又五藏黃帝經云。生者菩提。死者涅槃 矣 此時モ生者。下下來來出假利生。饒益有情ノ形也。下化應同ノ相ナリ。死ト者。上上去去ノ涅槃。還二虛空佛性中道第一義天一ニ貌也。自受用身ノ上冥下契ヲ。常ニハ上冥二法身一ニ。下契ト二應身一ニ思コトハレ之尚教相也。實ニハ死ハ歸二虛空ノ本分一ニ云二上冥一ト。生ハ下リ二下地一ニ云二下契一ト。故ニ圓覺經ニハ澄ルヲ成レ天濁ルヲ成レ地。天地一物上下不二一ト契當スル處ヲ。自受用身ノ覺體トハ云也

又圓頓止觀ト云時。不二動染一可レ思二合之一

尋云。止觀修行ノ人現得二感大果一耶

仰云。止觀行者ハ。色心實相ニハ依正不二ノ達理ヲハ無二少ノ不審一。雖レ得レ之正得コトハ二實報ノ大果ヲ一臨終之剋也。如二玄旨口傳一云云 依レ之大論云。修觀法久臨終之時。決定入二實報土一ニ云云 此分隨分祕藏云云 又云。就レ心ニ造二依正一ヲ。常ニハ五陰國土ヲ云二依正一ト此依正モ云二一心ノ造作一ナリト。當流ニハ不レ爾。於二五陰一ニ色陰ヲ爲二依報一ト。四陰ヲ爲二正報一ト。此五陰ノ依正誠ニ一心ノ作也。是ヲ云二心造ノ依正一ト也。此依正ノ四陰ハ歸シレ天ニ色陰ハ歸レ地ニ。是ハ尚從來ノ事。本ノ依正我色我心ノ二法 矣 又就二三世九世一ニ。華嚴經ニ云。說二三世九世一ヲ。所謂過去ニ三世。現在未來各三世也。此云二九世一。是上ニ立二平等世一ヲ。此ハ教相ノ說也。正ク約二行者ノ心地一ニ時ハ。云二三世トモ九世一トモ。尚是妄情ノ分別。一多橫竪ノ差別也。平等之時。三世九世十世古今歸二當念一ニ。而出二過諸世一ニ如レ此得レ意時ハ。無量モ非二無量一ニ。卽指二一刹那一一念卽是無量劫也。於二一念一ニ三分明ナリ。於レ其又可レ有二九世一。前念ハ過去ノ未念。未念ノ前ニ有二當未ノ念。當念未念又如レ此。實ニハ三句ハ倶ニ非二當流ノ實理一ニ。只以二一心平等ヲ出二過スルヲ三世一ヲ爲二本意一ト也

傳云。當流ニハ。止觀ハ逗二衆機一中ニ。以二然圓頓教本被凡夫ヲ一定機。餘流ニハ。止觀ヲハ習二入テ圓教ノ至極一ニ。以二止觀一ヲ高ク置爲二本意一ト。是ハ迹門ノ對治病之義。相對ノ止觀非二本佛行

因ノ止觀一ニ。我等カ流ニハ。圓頓止觀ヲ習ヿ入前三教ニ。是云ニ本佛行因ノ止觀一ト。所以ニ本門壽量ノ三身ヲハ。云ニ三身ト計リ不レ云ニ無作ノ三佛一ト。三佛ト者。尙對ヿ判凡聖迷悟一ヲ。是非ニ止觀一非ニ常住一。三身ト者。佛ニ不レ留レ執衆生モ不レ爲ニ卑劣一。平等ニシテ無ニ高下一而モ三身也。幾度モ取レ佛捨レ凡。爰知ヌ。被ハレ縛ニ凡聖一ニ非ニ止觀行者一ニ。早ク捨ニ成佛望一ヲ以ニ精進波羅蜜ノ願一ヲ。具ニ於ニ盡未來際一ニ不レ捨ニ菩提行一ヲ。此則チ止觀ノ行體本佛ノ威儀也。餘流ノ人ハ。云ニ圓ノ三身ト計一。不レ知ニ三身ノ體一ヲ。只思レ佛ト捨ニ三藏ノ教主一ヲ。進ミテ登ニ別圓一ニ又捨レ之取ニ圓三身ノ佛一ヲ。是ハ捨劣得勝ノ法門。非ニ壽量ノ窮源一ニ。我流ニハ從勝歸劣ノ法門ナレハ。無作三身ヲハ爾前迹門ニ習イ。本地三身ヲハ極ニ三藏已下ノ等流一ニ也（天文五、二三三上）。故ニ壽量品ノ疏ハ。證ニハ本地ノ二如來一ヲ引ニ成論ノ乘如實道來成正覺（天止四、一〇六。弘決）ノ小乘淺近ノ文義一ヲ顯レ圓ヲ。引證シテ顯レ歸コトヲ淺近一ニ也。教彌實ナレハ位彌下。教彌權ナレハ位彌高矣。六卽ハ歸ニ理卽一ニ。妙覺ハ歸ニ初住一ニ。十章ノ旨歸ハ歸ニ大意ノ五略一ニ。五略ハ歸ニ歸大處一ニ。以ニ是筋一ヲ可レ見。有ニ此口傳一故不レ知レ之。見ニ此書一者。義ヲ縱ニ定レ之者其罪甚云云。如レ此止觀ノ機ヲ逗ニ衆機一ニ。口傳ニハ習ニヒ附法藏一ニ顯ニ止觀元宗一ヲ。下ニ擧ニ大乘ノ師ノ佛菩薩一ヲ。大覺世尊ヲ爲ニ元師一ト。其下ノ附法ニ。大乘ノ相ハ且不レ見一向擧ニ小乘ノ得悟一ヲ。是則チ止觀ヲ極ルニ小乘ニ意也。凡ソ止觀ト者。高キハ高ク。卑劣ハ卑劣ナリ。迷人ハ口說テ意ニ不レ行セ。可レ恥可レ恥

金夷橛書

3 八相成道事

傳云。於テハ穢土ニ說ニ五時教一ヲ事。從ニ寂光ノ本一垂ニ三土ノ迹一ヲ。攝ニ三土ノ迹ヲ歸ニ寂光ノ本ニ意也。八相成道モ以同レ之。生天ノ住ルニ中道義天ニ至ルニ寂光ノ理土一ニ。下天ハ自ニ寂光本理一垂ニ三土ノ迹ヲ也。託胎出胎ハ是應ヿ同ル同居ノ凡俗ニ也。出家ハ出ニ三界ノ火宅一ヲ引テ同居ノ衆生ヲ歸ル寂光ノ本ニ始也。降魔ハ永ク棄テ同居ノ火宅ヲ。引ニ衆生ヲ令レ歸ニ中道ニ也。成道ハ三身圓滿本覺ノ佛ヲ令レ知ニ衆生ニ也。轉法輪ハ說ヿ顯シテ出世成道ノ本意ヲ。衆生ト俱ニ開ニ佛知見ヲ說歸ニ寂光ノ本一ニ。卽チ是出世ノ本意也。說ヿ顯ヲ布教ノ元意ヲ云ニ實說ト也。入涅槃幷ニ

涅槃經ハ。究ニ竟シテ菩提一ヲ後ニ還テ示ニス無常一ヲ也。然ハ八相成道ヲ顯説ス轉法輪ハ。此即チ應ニ同スル生死一ニ始也。又從本垂迹攝〔レ迹〕歸レ本也。不變隨緣ハ不變ノ威儀也。故ニ云ニモ應身必八相一ト。大方ハ出世成道必具ニシ八相一ヲ。可レ見ニ轉法輪ノ相一ヲ道理也。然ニ大ニ自雖レ有ニト不同一。此趣ハ可レ同レ出ニ穢土一ニ。佛ハ大旨ハ如レ此云ニハ淨土一ト寂光淨土ヲ爲レ本ト。故ニ穢土ニ垂迹スル儀式ハ少少無キ事モ可レ有道理也。又云。此法華跨節ノ意ニテ。如レ此云也。但シ應ニ同シ衆生一ニ出世成道シ。又從本垂迹。攝迹歸本スルハ迹門ノ意也。本門跨節ノ意ニテ云者。此八相カ無作ノ應體ニテ。隨緣不變。不變即隨緣也。本迹二門ノ義ハ。倶ニ證道八相ニテ可レ開ニ會之一也。又云。抑モ應ニ同スル生死一ニ三十二相ハ。同ニシ輪王ノ相一ニ。託生入滅ハ。永ク同ニスル生住異滅一ニ事ハ。偏ニ淺略凡夫ノ永現ト計リ尋常ノ人ハ思ヘリ。實ニ顯ニ本覺本有ノ窮源一ヲ。其故ハ始覺者。四智究竟三身圓滿ノ佛果也。本覺者。六道輪迴ニ四生沈沒セル凡夫也。成道應化シテ同ニスル凡夫一ニ事ハ。始覺還同ニ本覺一ニ也。應ニ同スル衆生一ニ豈ニ非ニ無作ノ應體一ニ耶。存ニレハ此意一ヲ。妙音觀音ノ普現色身ハ。還同本覺ノ色質也。於ニ法華ニ本門三世常住ノ旨既ニ顯テ。後ニ涅槃雙林入滅ニ示ニスハ娑婆ノ無常一ヲ。即チ本覺常住ノ理ヲ顯ス也。乍レ説ニ如來常住無有變易一ト示ニ非滅現滅ノ相一ヲ給ル是也。故ニ法華ノ我常在此娑（大正藏九、四二中）婆世界ノ文。尤可レ思ニ合之一事也。常在靈山ノ文。豈ニ指ニ同居ノ外ノ淨土一ヲ耶。又云。此事又必シモ不レ可レ存ニ此一邊一ニ。機緣無量ニシテ淺深ノ義門多途也。只示ニ無常一ヲ令ハ出ニ三界一ヲ淺ク云ト思ヒ習ス筋モ可レ有レ之也。雖ニ本門ノ窮源大乘ノ深理一ナリト。執セハ之必可レ成レ失也。可レ思レ之。爾前當機益物ノ説ハ。不レ説ニ是旨一ヲ。本門ニハ釋尊ノ外ニ無ニ別ノ佛法一。故ニ皆具ニト八相一ヲ立レ之可レ有レ之也

4　證道八相之事

傳云。四句成道ハ約ニ七位一ニ。證道八相ハ約ニ六即一ニ。取テモ約ニ六即一ニ即チ理即ニ在レ之也。其故ハ。教道ノ八相ハ修德ニ立レ之。證道ノ八相ハ約ニ凡位一ニ故也。所詮。一相ハ具ニ諸相諸法一ヲ。倶起融妙ノ處ニ立ニ證道ノ名一ヲ。然ニ我等父母和合ノ以前ハ生天也。和合シテ下ニ種子一ヲ下天。赤白有ハ胎內ニ託胎也。所生ハ出

胎。出二父母ノ家ヲ一成二沙門ト一出家。降シ二惡心ヲ一伏ハ二妻子眷屬ヲ一降魔。一期ノ事ハ成道。晝夜ノ言語ハ轉法輪。歸ハレ死ニ入二涅槃一也。然ニ我等カ身有二八相八苦一是也。依レ之傳教大師釋。所迷八苦ハ能成八相矣八苦ト者。生死二字ヲ爲二始終一餘苦有レ之。八相生死爲二始終一。其中開ノ餘相有レ之。當流證道ノ八相三字ニ習ヒ傳タリ。三字ト者證者見也。但此口傳證者ノ見ナラハ圓頓至極ニ云證道ノ八相ト云ヘルハ。未證者不レ可レ見レ之難有レ之。夫ヲ相傳ニ證道不レ可レ違二證者ノ見一ト。直ニ於二凡夫ノ上一ニ可レ令ムレ見レ之也。證者見ノ外ニ三字ノ傳被レ示。一實證ノ見。二證悟ノ見也。是只證者見ノ義ト一同也。正相傳ハ二習二凡夫見一ト故ニ引ヨ二合セ然圓頓教本被凡夫一ト給ヘリ。此ノ三字ノ傳ハ雖レ不レ可レ載二紙上一ニ。依二甚深ノ志一ニ傳レ之畢。華（大正藏四六、五七四上。四念處取意）嚴經ニ於二一塵中一即八相成道文　一塵者即一念也。一念者煩惱也。於二我等所起ノ煩惱上一ニ所レ唱成道也。然ニ證道ノ八相可二邪邪ノ凡夫ノ上ノ所見一ナル。違ハ二證者ノ見一ト別教ノ法門也。仍テ不レ可二他見一ス

尋云。一切衆生皆唱ト二證道八相ヲ一云者。不レ可レ在二一迷ノ衆生一歟

答。爾也。迷者爾前迹門也。或ハ本門。或ハ觀心ノ至極ノ時ハ。煩惱菩提終ニ清淨也。故ニ一切衆生依二業體ニ一輪ヨ二迴スル二十五有ニ一事ハ。解脱應身饒益有情ノ形也。所レ受諸ノ苦道ハ即法身也。所起ノ煩惱ハ種智般若ノ智光也。萬法全ルハレ體ヲ報身。全ルハレ體ヲ法身。全ルハレ體ヲ應身ト釋タマフ也。此意也。能能可レ染二心腑一ニ也矣

荒神　文云　御本有レ之

（傳全四、三三七。荒神式參照）

本體眞如住空理　法身大日　寂靜安樂無畏者　報身

境智慈悲利生教　應身　運動去來名荒神　矣

（佛全16、一七二下。法華文句要義聞書參照）

文云。諸魔荒神本是普賢自身清淨云何作障文

四重祕釋送船偈

第一重　（大正藏七五、四九四下～五上。菩提心義抄參照）

如彼三世中　諸佛菩提等　修行五供養

我今亦如是

第二重

淨心爲塗香　萬行爲妙華　功德爲燒香

果滿爲飯食　智惠爲燈明　供養自心中
心王大日尊　心數曼荼羅　三界唯一心
心外無別法　自心自供養　色心不二故
第三重
五供養諸塵　六大所和合　大曼陀羅身
顯形等諸佛　手印表示等　三摩耶法身
眞言色聲中　文字句義等　法曼荼羅身
供養自心佛　四處威儀等　羯磨四法身
我今四法身　諸佛同一體矣
第四重
我今奉獻諸供具　一一諸塵皆實相
實相周遍法界海　法界卽是諸妙供
供養自他四法身　三世常恆普供養
不受而受哀愍受　自他安住上蜜（祕密カ）藏矣

（底　本）身延文庫藏、『北谷祕典』合ノ三、「北谷祕典四箇條」日意本
（對校本）㋑＝西教寺正教藏、『鐵檝書』の內、「1常修常證事」部分のみ對校

〔七、北谷祕典　四箇條　終〕

八、北谷祕典　七箇條

「北〔回〕三十六帖內」〔⑴之〕

(旣存目次改訂)

1 一心三觀

傳云。一心三觀者。先明二生死大事ヲ一祕術ト可レ得レ意。所謂。空者離レ生ヲ義。假者留二迷死一義。中者生死明二一心ノ體一ナリト義也。意著レ有之時染レ生。依レ之用レ空之時ノ生ノ有レ滅スル也。不レ知二本有ノ假一ヲ畏レ死ヲ故用二假觀一ヲ之時留二迷死ニ一也。如レ是似トモ二空有二法別ナルニ一。一心ノ上ノ相德也。是レ則チ中也。是ヲ云二一心三觀出離門一ト也。斷二滅シテ生死體ヲ一不レ同ヲ二二乘ノ沈空ニハ一明。只生死ノ本源ハ一心ノ德許也。可レ思レ之

尋云。於二之一心三觀一何可レ分二修性一乎

答。性德一心三觀者。理卽ノ位也。所以。一切衆生四威儀六作ノ振舞。卽チ一心三觀也。然而我一心三觀行ナリト者云事不レ聞不レ知。理性ニ相卽シテ三觀具也。(天止一、三七一。止觀) 一念心卽如來藏理等是心也。次。修德一心三觀者。名字ニ聞レ之。觀行ニ修二得之一。相似・分眞・分證也。因ノ三觀。果ノ三智トテ。修觀成就シ。住前住上ニ三智一心ニ證發スル也。是云二修德一心三

觀一ト也

尋云。於レ之何分二事理一心三觀一耶

答。於レ之偏偏心有レ之。住前ハ理具ノ一心三觀。住上ハ修得顯明ナレハ事ノ一心三觀ノ義有レ之。不レ可レ違レ之ヲ。然而一流祕典。理ノ一心三觀者。一切衆生現存ノ之閒ノ一心ヲ卽チ談二スル三觀一ト。於レ之雖レ有二ト知不知ノ別一。未レ云二理一心三觀一ト。一切衆生ノ內心所具ノ一心三觀ナレハ。云二都率內院安置一ト也。其故。小乘權門ノ時ハ。正シク都率天ニ在レ之。大乘眞實ノ談ハ三界モ自心ニ在レ之。然ハ一切衆生ノ體ハ卽チ都率天也。衆生ヲ天ト云コトハ。事體卽無ナル故也。此故ニ密敎ニハ於二身體ノ上一ニ作テ二三界一ヲモ作二諸天處一ヲモ也。而ニ一切衆生ハ主トシテ二一心一ヲ。此心ニ或時ハ被レ使。或時ハ又從テレ之晝夜十二時ニ守レ之。此故云ヘハ二衆生ヲ一心三觀ノ主一ト菩薩也。菩薩ノ本名ナレハ衆生ヲ云二薩埵一ト。故大日經疏云二（大正藏七五、四六九中。菩提心義抄カ）一切衆生本有薩埵一ト。是ヲ云二諸大薩埵常住守護一ト也。是ノ義ノ時ハ。一切衆生ノ一分ノ慈悲ヲ云二妙法體一ト。妙法ナレハ三觀也。妙法慈悲同體ナルカ故也

次。事一心三觀ト者。沒後顯レ之也。意ハ一切衆生實ニ成二就ナリ閉眼ノ後一也。存レ身存レ意之閒ハ。佛菩薩二乘ナレトモ。喜樂交雜シテ煩惱有レ之。正ク命去閉レ眼ヲ時。諸苦自ラ除ケリ。心ハ同二大虛一ニ。色法ハ歸二土地一ニ。顯二寂滅體一ヲ時。大覺圓明如來トモ云レ之。又被レ云二大安樂一トモ。然モ我等カ骨體ハ燒トモ不レ燒。尚存ルト二白骨一云處ハ。常卽應身如來也。如レ此照見スルハ假觀ナリ。五陰六根白骨ニ寂ナレハ。無相寂滅法身如來也。故中道觀也。思二諸見寂滅卽法身一ト中觀有レ之。骨ノ體或ハ在二樹下一ニ。或ハ塚閒。或ハ荒野。故ニ（放カ）白光ヲ照二無邊色法一ヲ。此卽チ報身如來。智光圓滿ノ形ハ自體顯照之處也。自受用身ノ智體ハ。空惠也。照見スレハ空觀也。依レ之道暹（不明）云。常卽應身。寂卽法身。光卽報身矣　如レ此佛法大事顯二明ムル三如來ノ體一ヲ故。人死スレハ不レ簡二善惡一云二聖靈一ト也。聖者三聖ナリ。靈者一靈。心性靈廟不思議也。至ヌレハ二此位一ニ値レトモ苦不レ苦。相シテレ樂ニ不レ樂。無レ苦無レ樂。卽大安樂也。涅槃ノ寂滅ノ爲樂ノ意是也。天台ハ引二此文證一ヲ一心三觀也。雪山童子ノ身施シモ二畜鬼一ニ。聞カハ二此理一ヲ速ニ爲レ證カ二大安樂ノ妙果一ヲ。仍テ此三聖靈骨置レ之處皆淨土ナリ。淨土者非レ外ニ。只離二妄

念。其處無主云淨土也。三世諸佛出世靈山。聖靈住處故也。一進無常。一無主地。一不猒遠離境界。一安置前佛入滅三聖屍骨處故也。佛出世以前。靈山云死陀林。出世以後名靈山也。惣佛。依正二法共離念斷望爲清淨。資命食事乞食也。隱膚衣。人離欲纏死人身絹布。女人月水具等也。其代三千大千世界糞雜衣納彼等也。御袈裟。細細取集故也。無欲衣諸佛大法衣。然畫像木像自至供養。可供養有緣無緣。白骨是云事一心三觀成生得脫如旨。此天台被書佛祖不傳也。於無石志趣離及死不可口外事也。此云斷惑證理作法來生所至用心也。眞實。云極樂歸白骨之處也。往生者。至白骨處任凡夫欲。以捨此往彼意且云往生也

尋云。向白骨安置之處可作何觀。滅三世流轉生死罪乎

答云。於此觀念有知不知別。如此習得行者。迎有緣白骨時。從過去遠遠以來。我生生世世祖祖迷死迷生。其迷體體卽三如來生死也。所詮。我自今以後。佛生死也。古前佛生死也。前佛後佛體一也。作思惟時。三世罪障急顯。果中勝用出世利生功德也

尋云。石塔安置一心三觀者。意如何

答。不知餘流。當流天台山有石塔。天台御骨安置也。而天台現存理觀成就前立證知シタマフ。沒後事一心三觀屍骨此骨。一心三觀本體也。依之五百羅漢常住守護此塔也。而五百羅漢者。在世形如常。今五百獮猴也。此獮猴禮石塔證得。或是獨覺云也。依世閒四季轉變明生老病死。見山野塚閒白骨得空理也。但今傳一色事有之。所謂安置一切衆生屍骨處皆釋尊御骨也。然五百羅漢現獮猴護之。久遠成道皆在衆生故也。如此云時。羅漢者。滅盡證無餘涅槃。待無歸無者。皆可得羅漢名。若爾者。五道衆生待死歸無。此則羅漢也。法門相

傳ノ後ハ。解釋經論任テ二石理ニ一可レ檢三合之一。凡ソ唯識本頌ニ定タリ三己心ニ無ト二證據一。權宗尚然リ。況於二實大乘一ノミ耶。其上宗旨ハ大綱ニ恐レ心少少ノ細目ニハ不レ可レ滯

尋云。一心三觀者。心ノ上ニ立二三德一。然ニ心者無色無形也。離色離形之處也。何於二色法ノ白骨ニ一成ニ二一心三觀一耶

答。心ハ色心ノ主。事理ノ惣體。仍テ心顯タルレ事ニ白骨ハ從ヘテレ本ニ於二事法ノ上ニ一成二一心三觀一也。例如下我等カ一體六根自リ二父母婬心一成ルカ上。是豈ニ非三從レ心造二出スルニ色法一乎。仍テ非レ難ニ所以ニ心如工畫師等 云云

示云。傳ノ義ニハ。雖レ談二理一心三觀事ノ一心三觀一ヲ。唯授一人相傳甚深ノ奧義也。努努不レ可二先(「背カ)軌ノ誡一ニ歟

尋云。一心三觀ノ一ハ對ルレ二ニ一歟

答。常ニハ一心三觀者。圓融三諦三觀。是開三會スル別教次第隔歷三諦三觀一ヲ能開ノ法ト云也。而今傳ニハ。先立テレ陰ニ立テレ陽ニ被レ云二二法未分ノ一一ト。然ハ一心三觀沙汰ノ日ハ。不レ可レ分三別生佛迷悟善惡一也。以二分別一尋レ之難レ之事也

尋云。一心三觀傳於一言ノ一言者何一言耶

答。於レ之無我生死境智理惠等ノ一言也。天台妙樂先德釋義等ハ分明有レ之。雖レ然當流正相傳ニハ習二以心傳心ノ一言一也。爲レ陰カ二此一言一ヲ在二多ノ一言一歟

尋云。所レ言以心傳心ノ一言ハ言語一言歟

答。常ニハ然也。實ニハ習二無言ノ一言一也

難云。既云二一言一ト何云二無言ノ一言一ト耶

答。云カ二一言一ト無言ニテ有也。故ニ於テ二傳ニハ一言ヲ無言ニ傳ト被レ書。心ハ一ト者無ノ義也。故ニ被タリレ點セ二一言（コトハナシト）一。爰無ニ立二此宗ノ不傳ノ妙旨一ヲハ也。能能可レ思レ之

尋云。一切衆生當體見タル二事理ノ一心三觀一ト。經ニハ何ナル處ソ耶」

答。釋尊是也。其故ハ釋尊ノ昔因行於テ二威音王佛ノ所一ニ立テテ二不輕ノ行一ヲ一切衆生ヲ禮セシ二皆當作佛一ト是也。解釋ニハ判二即五（天文一、二五〇一下。文句記）佛性皆在衆生一ト。依二此行一ニ合ス二六根淨一ヲ。知ヌ但行禮拜ノ處觀ル行位也。依二其行一ニ得二六根淨功德一。故法印ノ深義ハ。習フレ有ト二不輕品一ニ也。即一心三觀是也。然一切衆生ヲ見レハ二一心三觀ノ行者一ト。能見ノ我モ一心三觀ノ行人也。能所體一ニシテ自他平等也。法界悉三觀ノ行者ナレハ。行如來行人也。一心三

觀觀之卽行是如來ト者此意也。仍每レ向二衆生一可二恭敬一。自受法樂モ此等也
尋云。修二行シタラン一心三觀ヲ一時ヲハ。可レ名レ何カ耶
答。一心三觀成就之時。雖二衆生面面ノ名ハ不同一ト。惣名ハ云二定光菩薩一ト。三觀轉シテ證二得三智一心一ト之時可レ名二阿彌陀一ト。故阿彌陀來二迎スレハ衆生一ヲ。一心三觀修行ノ佛迎ルナリ二一心三觀性德ノ凡夫ヲ一。修ト性ト名異ナレトモ。一心ノ體ハ一也。然ハ以レ心助レ心。以レ心照レ心。以レ心迎レ心。可レ得レ意。一心自在ナレハ成レ能成レ所。更無二妨礙一也
示云。心還照レ心。心還迎レ心義ヲ云二四字口傳一ト。所謂鏡像圓融ノ自影自浮ノ四字是也
尋云。鏡像圓融ノ時。桂勿(笏カ)見副二銀鏡一相傳スル所以者何
答。元來彌陀ノ體ヲ習二一心三諦三觀一極故ニ。鏡ノ體ハ彌陀ノ內證動靜無礙ノ一心三諦也。不可得ニシテ不レ被レ取故ニ勿(笏カ)見ヲ云ヘハ。三觀ノ智彌陀ノ光用十二光佛也。理智定惠一雙サウ相傳スル也。此一心三觀出離ノ智光也。其智光何ソヤ照二何物一。所以可レ照二十二因緣流轉ノ衆生一心三觀ノ行者一ト也。此十二勿(笏カ)見ヲ傳敎大師門弟傳給ヘリ。仍安置處散在ス。但御經藏ニハ勿(笏カ)見八枚與二方寸銀鏡一被レ納レ之。又以レ之可レ顯二大小一多ノ義一也。寸ノ鏡ニ浮二尺ノ影一ヲ。豈非二一多自在大小不二已心遍法界一耶
尋云。白骨ノ所ヲ一心三觀至極ト習在二所以一歟
答。佛ノ眉間ノ白毫ノ光ハ白色也。白骨表二出離ノ所ナル事一ヲ也。佛ハ死ヲ三世常恆ニ懸レ眼ニ給ヘル因緣也。先諸佛ノ利益衆生出世成道必以レ死ヲ利スルレ人ヲ事佛ノ本意(「若聊爾者カ)ナレハ。兼テ放二白毫一ヲ也」
示云。一師相傳ノ大旨如レ此。有二山王大師御罰一。永劫ニ可レ受二無間苦一ヲ。此上無二所存一也。以レ之當流ニハ頂上明殊(珠カ)佛果ノ覺悟ト相傳スル也。依二多年甚深一ニ傳レ之處也。且爲二同生佛國ノ芳契一也。縱在處雖レ隔二雲路一。此法門相傳之後不レ可レ有二一斥隔一。偏ニ世世生生成二善友一互ニ蒙リ二利益一ヲ。此法門自二今日一外ハ先代ニハ未二口外一事也。法門無盡ナレハ。不レ知二餘流等ニ有レシヲハ之。一流傳如レ此。仍可レ祕レ之

2 鐵槭書

（一）摩多羅神事

傳云。大旨同二壇檄次第一。然摩多羅神者梵語。翻二之大多勝一。卽大日ノ我覺本不生出過語言道。（大正藏十八、九中。大日經）實無是成佛ノ體也。所以ニ大ト者定。六大ヲ大ト云事皆是ノ義也。日者惠。六識ノ德方ヲ名ク故云二遍照金剛一ト。金剛ハ惠ノ義也。此神ハ不レ住レ天ニモ不レ住レ地ニモ。只住セリ二一切衆生ノ正直ノ心性一ニ。而其體周遍法界ノ神體ナレハ。山野河海邊皆一切盡大地此神住處也。打鼓ハ謂ク發心開修行示菩提悟涅槃入呼引也。舞ハ卽檀戒忍進禪惠方願力智ノ所證ノ法。自受法樂ノ當體當處本妙ノ諺也。十波羅蜜ハ卽戒定惠ノ三學也。戒定惠皆萬善萬行攝レ之。故行之十二人ノ堂僧ハ表ス二三世十二因緣皆自身所具ニシテ。十二因緣不コトヲレ絕。其振舞ハ全體摩多羅神。丁禮多童ト儞子多童ト也。如レハ此全三諦三觀振舞也。常行堂ノ本尊ハ寶冠ノ彌陀也。此彌陀ヲ云二不二大日一ト。故ニ摩多羅神ト大日ト一體トハ被レ云事也。以二此故一傳教大師我山建二立常行堂一ヲ給事ハ。實ニ貴キ事也。其故ハ可レ聞二一佛二明王ト云事一ヲ云云　此彌陀沈二生死ノ重病一時云二藥師如來一ト。十二光如來ハ垂迹被レ云二十二神將一ト。像二十二時十二月一ヲ。一切衆生ノ色體常住ヲ顯シテ守護シタマフ也。山王ノ二字ハ。色心ノ二字ト云事ヲ可レ思二合之一也。法門タニ一ツ能能習ヌレハ一切ノ法門ノ破ルルト云事此也。色體ト者。我等カ十二骨等三百六十小骨。能能止テレ意可二思合一。心體ト者。彌陀ハ妙觀察智ト被レ云。我等カ心體ノ智惠三世常恆ノ妙法ヲ顯ス。倩ラ思合スレハ此十二光佛與二彌陀ノ本佛一。一體不二ノ色心卽妙法ノ全體ヲ中道實相ト振舞故也。故ニ一心ハ元來清淨ニシテ寂照。此ヲ云二中道一ト也。其一心ハ本來清淨ニシテ而モ寂ナル方ヲハ妙トモ定トモ云。其一心ハ本來清淨ニシテ而モ照ノ方ヲ惠トモ法トモ云也。此清淨ノ念念併常修常證ナレハ本因妙也。此念念悉ク常滿常顯スレハ本果妙也。念念皆修因習果也。故ニ此ヲ云二蓮華三昧不二因果ノ清淨ノ法門一。故妙ハ一念。法ハ三千ナレハ。以二一念ノ緯イト一ヲ織ル二三千ノ文アヤ一ヲ。故ニ諸法ト者。色法ノ三千也（如カ）（也善惡可レ思二合之一）諸法者心法ノ一念也。實相ト云時ハ皆悉實相也。（天玄一、一二七。玄義）諸法ト云時ハ皆悉三千也○口傳是也。如レ是治生產業。皆與二實相一不相違背トモ。（大正藏九、五〇上。法師功德品）治世語言皆順正法トモ。（「資生業等カ）本經ノ實說誰カ疑レ之乎。爾者。摩多羅神振

舞。十二人堂僧管絃歌舞ハ。生死ヲ爲シテ二始終一於二其中閒一
一切有情非情善惡ノ事併持遊。此卽チ本因本果ノ妙ノ。其菩
薩界常修常證。自受法樂常滿常顯ノ法ヲ修行スル形也。證道
八相可二思合一大事也。今ノ法華一乘實說唯獨自明了。餘
人所レ不レ見。止觀行者ノ念念併明靜ノ德義也

尋云。彼常行堂ニハ。本尊ヲ中閒ニ立。此神體ヲハ丑寅ノ角ニ立
給由如何。又今經ニ有二證據一耶。又神者何神ソ乎

口傳云。彼神ノ住處ヲ云二國寮一ヤト。經云。周二給一國一矣(大正藏九、十二下。譬喩品)釋
受レ之。寂光土矣(天文三、一二四五下。文句記)神是本。佛是迹也如二餘口傳一所以佛者。尙
衆生ヲ懸レ目ニ。利生應用ノ上ニ名ル故ニ迹也。彼ノ神ハ。佛法ノ
氣分一モ無レ之。打レ鼓ヲ六度也口傳可レ聞萬善行行ハ不レ出二
此六度一ヲ。振舞ハ是本迹不二而二ノ妙法ノ全體也。手ノ開合
悉ク生死ノ[梵字]・[梵字]也。三十七尊可レ思レ之。此皆無作本覺ノ立
行。此振舞畢竟シ了ヌ。仍テ摩多羅神者。定惠未分ノ中道也。
丁禮多ハ假諦也。爾子多ハ空諦也。是無作三身也。經文云。
如來祕密神通之力矣(大正藏九、四二中。壽量品)釋云。一身卽三身名爲レ祕矣妙樂。(天文五、二二八四下。文句)
初釋約二三身法體法爾相卽一等云云(同前、文句記)可レ思レ之又彼神ハ天照アマテル
太神也。天照アマテル太神ト讀也。天ノ逆鉾以成レ國ヲ之時。海底ニ大
日印文有レ之云云故ニ弘法釋ニハ。國ヲハ名二大日本國一ト。神ヲハ
號二天照太神一ト矣日本記(紀カ)云。伊奘諾尊(尊カ)云。山ノ鹿カセキ野ノ麞クシカ
無レ不レ爲ストイフコト破二我骨髓一。草木土石皆無レ不レ分二我肉一ヲ。
有ルハレ天ニ爲レタリ神。有ルハレ地ニ爲レタリ生。神ト生ト和合スル是我兒也

意云。萬法皆莫トレ非トニ大日遍照一云事上云文也。天地等云云

尋云。文義被レタリ云。於二經文證人一ニ如何

口傳云。妙莊嚴等云云二童子水火ノ神變卽定惠寂照也。
相構相構可二深祕一可二深祕一

(二) 垂迹利益事

傳云。和光垂迹ハ。示二同スル凡夫ニ一。本地幽微スルコト遙ニ。機感輒
難二相應一シ故。垂下シテ付レ機至レ感故也

尋云。何故立物忘量乎

傳云。衆生ノ迷ニ出コトハ本地ノ宮ヲ。依二生死ノ二法一ニ也。佛ハ生
死卽涅槃ト開二覺之ヲ一故ニ。彼流轉ノ凡夫ヲ生益スル貌ナリ。故ニ能
化ノ垂迹モ忘レレ之。所化ノ機モ忘ルトニ生死ヲ一教說云云

尋云。何故ソ淨衣白色先達脫レ之乎

傳云。善惡二法ハ像ル二白黑一ヲ。捨二穢惡無明ノ體一ヲ向コト二自善法性ノ寂光一ニ白也。脫テ二淨衣ヲ一與二先達一事ハ。卽チ捨テ二分段質礙ノ依身ヲ一成ト二眞實法性ノ身一ヲ云處ヲ表示スル也。沐浴ノ事ハ洗コ二除無始罪垢一ヲ懺悔也

尋云。何故垂迹ノ御殿井壁皆赤色乎

答。此利益形ハ可レ行二生死卽涅槃ノ行一ヲ因緣ノ形ナル故。修行體赤色也。如レ此表示也

尋云。鳥居ハ何事ヲ表示耶

答。口傳 云云

尋云。何故名二大明神一乎

傳云。大明心法故名二大明神一也。心法者智惠體也。種子橫竪可レ思コ二合之一

尋云。何名二種脫一乎

口傳云。本地寂光ハ誠種垂和光ノ迹故也。釋云。種脫出沒利於偏增 矣

3 鐵槶書

（一）習二藥師十二神及七千夜叉卽一念三千體一ト事

口傳云。以テ二藥師ノ引ヲ一具コ二足シ十二神及七千夜叉等ヲ一給ヘル體ヲ。卽チ一念三千ノ體ヲ顯シレ事ニ給ヘル形也ト習事ハ。晝夜守護ノ日月光。十二時守護ノ十二神將。念念守護ノ七千夜叉ト云テ。藥師ノ一身カ卽日光月光乃至七千夜叉ト顯テ。卽シテ二藥師一身ニ一卽シ二七千夜叉ニ一。卽ス二七千夜叉ニ一卽チ藥師ノ一身義ヲ事ニ歷歷ト顯シ給ル故ニ。一念三千ノ體ヲ顯シレ事ニ給ヘル佛也ト習也。然ニ藥師一身（一念）卽日光月光乃至七千（三千）夜叉ト顯シ給ヘリト云事ハ。藥師如來ノ體ト者。卽チ法華中道實相ノ妙法ノ藥體ナリ。經文。明二練方藥一。善治二衆病一 矣（大正藏九、四三上。壽量品）法華中道實相ト者。一切衆生ノ一念ノ心性ノ體是也。故ニ一念ノ心性。妙法ノ體ヲ終ニ證得シテ。自ラ治シ二三道三毒ノ病ヲ一畢テ。又以レ之治ニ他ノ世出世ノ病ヲ一號ス二藥師如來一ト。故ニ彼ノ心性ノ妙法卽チ藥師如來ト顯ルル時。無始已來ノ心性所具ノ十二因緣ノ全體カ顯テ二果中勝用一ト。顯ルル二十二神將ノ體一ト也。故ニ十二神將卽チ藥師ノ內證妙法ノ所具十二因緣ノ法體カ顯ルレ事ニ體ナル故。藥師一身所具ト云也。又藥師如來內證中道妙法者。定惠力莊嚴。（大正藏九、八上。方便品）以此度衆

生ト云テ。中道實相ノ體ニ本ヨリ定惠ノ莊嚴具ニ足シテ之ヲ一（定惠卽寂照二德止觀二法也）以テ益スルレ他ヲ功能有レ之。故ニ藥師如來自心內證中道妙藥ノ趣ニ利キ他ニ給時。彼ノ中道所具ノ定惠ノ體ハ卽レ事シテ縁ニ起シテ。顯ルル二日光月光乃至七千夜叉一ト也。其故ハ十二神乃至七千夜叉。其數雖レ多レ之。其體不レ過ニ日夜十二時ノ守護ニハ一。日夜卽定惠二法也。故ニ日光月光乃至七千夜叉。其體只是主ニテ定惠ノ二法ニ一。藥師如來ノ內證中道所具ノ定惠ノ二莊嚴ノ體ナル故ニ。皆悉ク藥師ノ所具也トハ云也。仍テ十二神將及ヒ七千夜叉體。卽チ是藥師一念心性法體（心性法體中道ナリ）具足給。三千妙體カ顯ルレ事ニ形故。卽チ藥師一念ノ心性卽チ（七カ）一千夜叉。卽チ七千夜叉卽藥師一念。故以ニ藥師一念三千體ヲ一顯シテレ事ニ以レ之爲シテレ軌ト。顯シニ一切衆生ノ一念卽具三千ノ妙體ナル事ヲ一給フ佛御ス故ニ。我山ノ高祖根本大師ハ。表ニ一念三千體ヲ一山ニ建ニ立三千坊ヲ一。弘ニ一念三千法門ヲ一給フ。叡山根本大師ハ。中堂本尊ニ用ニ藥師如來ヲ一給也（深可レ思レ之云云）

口傳云。此重尚我等衆生ト藥師如來ヲ各別置論レ之故。機ト法ト相分上差別門ノ一筋也。約ニ正圓宗實義ニ一。機法未分。

天然法爾。體分重論レ之時。十界悉我等心性法體ナル故。釋迦彌陀藥師等一切佛菩薩ノ全體ハ。是レ我等一心ノ作因（用歟）也。仍テ藥師者。我等一心妙法ノ體。全體事縁起益レ他形也。爾者。我等一心ノ法體也。藥師ハ一心ノ作因也。故ニ一心全體ニ顯シ藥師如來ヲ一。一心所具ノ無始已來ノ十二因縁體。卽チ十二神將七千夜叉ト顯ル也。迷ハ則チ三道ニ流轉セリ。悟ハ則チ果中ノ勝用ト云此意也。如レ此得レ意時。自心中臺ノ體ハ諸佛菩薩四方四智用也。以ニ世天ヲ一爲ニ中臺ニ一ト。佛菩薩等聖衆ヲ爲ニ曼陀羅眷屬一ト此意也。禮懺文。如ニ金剛界大曼陀羅一幷是法佛。現證菩提。內眷屬。毘盧遮那互體ト云。可レ思レ之云云

尋云。中道所具定惠二法ハ卽チ顯ニ十二神將等ヲ一ト云。十二因縁ノ體ハ卽チ顯ニ十二神將等ヲ一云。其儀（義カ）相違歟如何

口傳云。不ニ相違一也。其故十二因縁卽我等心性所具三千法法隨一也。然ニ三千廣云レ不レ知ニ定惠寂照二德ヲ一。仍テ十二因縁卽チ是定惠二法性ナル故不ニ相違一事也

（二）天台大師習ニ法華體一也ト事

口傳云。天台大師藥王菩薩垂迹也。然ニ藥王者。法華卽藥（王カ」）

體。全體顯タルレ事ニ體也。故ニ其名號ニ藥王ト一也。仍テ過去世法華體ハ顯レ二藥王菩薩ト一弘ニ通シ自體ヲ一。現在世ニハ顯レ二天台大師ト一弘ニ通法華ヲ一也。故天台說己心中所行法門ト云。宣ニ內證ヲレ開ニ悟法體ヲ一。卽チ法華弘通シ給ヘルニキ有レ之也。仍テ止觀法華其體一也ト可レ得レ意也 云云

口傳云。如レ此得レ意前ニテハ。日本ノ傳敎大師モ卽法華體ハ顯レ事ニ給ヘル體也ト可レ得レ意也。三世常恆ノ妙藥。利樂有情ノ義。暫モ不レ廢形也

(三) 傳敎大師御誕生ハ正月八日事

口傳云。傳敎大師ハ。本地藥王菩薩ノ垂迹。天台大師ノ御再誕トシテ。弘ニ通シテ法華於日域ニ一。(大正藏九、五四下。藥王品) 利ニ益像末ノ衆生ヲ一給フ大士也。然ニ法華ト者。此經則爲ニ閻浮提人病之良藥ニ一。若人有レ病得レ聞ニ是經ヲ一。病卽消滅。不老不死ト說テ。其體卽チ藥師如來也。藥師ハ則チ四方ノ中ニハ形トテ二東方ニ一。四季ノ中ニハ主トリレ春ニ給ヘリ。故ニ正月ノ初ノ七日ハ。卽チ主トル二七佛藥師ニ一。七種ノ若菜ハ。是レ七佛藥師ノ全體卽チ顯ル二七種ノ藥ト一。若菜卽法華ノ良藥ノ體也。故ニ正月ノ初ノ七日ニ一天四海同取レ之服レハ。上君臣ヨリ下至マテニ萬民ニ悉病患消滅スル也ト。閻浮提人病之良藥ト說ケル尤貴事也。是卽チ無始已來三世常恆ニ法華實相ノ體顯テ二七佛藥師ト。七種ノ若菜ト一。成ニ閻浮提人內ノ病之良藥ト一。利ニ益スル衆生ヲ一形也。其取テ七種若菜。冬ノ陰氣ニ不レ被レ侵。何ツモ其色綠ナル事ハ。表ニ法華ノ體。三世常住ニシテ無始無終不老不死ノ良藥。種智還年ノ妙藥ナル事ヲ一也 云云 仍テ傳敎大師ハ以ニ法華ノ良藥ヲ一出テ像末代ニ一治シ他ノ病ヲ一給フ大士ニテ御ス故ニ。藥ヲ爲ル前ト意ニテ主ル二七佛藥師ニ一。正月初ノ七日及七種ノ若菜ヲ爲レ前ト。以レ之正月八日御誕生アル生ニ有也。於ニ春ノ季ニ一主トルレ春ニ藥師ノ像。及ヒ法華經ヲ御手ニ持テ生シ御ス事。誠ニ有ニ子細一事也。以ニ三草二木ヲ一習ニ隨緣不變ノ一事可レ思ニ合之ヲ一也 云云

(四) 西方彌陀ハ本。東方ノ藥師ハ迹ト習事

口傳云。阿彌陀ハ是法華ノ中道實相ノ體カ顯タルレ事ニ形也。然ニ中道ノ體ハ。本ヨリ是レ治スル二一切衆生ノ三道三毒等ノ病患ヲ一良藥ナルカ故ニ。趣ニ化他ニ一治ニ他ノ世出世ノ病ヲ一故號スル二藥師如來ト一也。故ニ衆生ノ妙法ノ體ハ修ニ顯テ。無始ノ十二因緣卽十二光

佛妙體顯處自證體云阿彌陀。自證顯上趣化他十二光佛卽現十二神將。治他病方名藥師也。故彌陀自證體云本。藥師化他垂迹體云迹也。仍一切衆生自行內證成道皆云阿彌陀。化他垂迹成道皆可號藥師也

(五)阿彌陀四十八願。藥師十二大願事

口傳云。藥師者。卽是衆生十二入十二因緣體卽顯西方彌陀十二光佛體。十二光佛卽現十二神將主十二時願治衆生十二入十二因緣等病患給佛故。立十二大願也。作手彌陀願四十八願事。四方四季互具足故。於四方各具十二時也。然妙法(法[ナシ]カ)觀察智遍於三身云。(天玄三、六三一。釋籤)阿彌陀妙觀察智者。其體遍四方四智惣一心體也。故阿彌陀。卽四方十二時惣一心。以令斷四方衆生十二因緣煩惱願給故。其願四十八也習也云云

尋云。釋迦五百大願故如何

(缺答文)

---

4 鐵橛書　嚴吽(嚴吽㋑㋺[ナシ])　(以下㋑㋺對校)

この項目のみ㋑本『北谷祕典』合ノ四「北三十六帖之内十四」日意本。㋺本『北谷祕典』合ノ三「金夷橛書、一心本有生死等ノ六箇」日朝本を追加對校。

(一)一心本有生死事

口傳云。澄成天濁成大地云。生死涅槃。實事無實事(事㋑㋺體也)。只悟法界心法皆一心也。法界色法皆大地也。故佛悟無(無㋑㋺[ナシ])自他差別。(「㋑㋺無)法界一心故。(「然カ)衆生自他差別。是本有常(常㋺[ナシ])同常差別之俗諦常住謂也。金剛般若經云。應無所住而生其心 矣(大正藏八、七四九下)(矣㋑㋺[ナシ])今經云。世閒相常住 矣(大正藏九、九中。方便品)只四大「分離地大」(「」㋑㋺離テ地大ハ)歸本(本㋑㋺[ナシ])大地。心法本歸大天(大㋑㋺本人)也。彼四大和「合四大身從」(「」㋑㋺身候)方寸。心法假託方寸四蛇車。歷陰陽四季轉變情非情色心相剋相生更無止。鎭生(鎭生㋑㋺[ナシ])鎭滅。佛以如此。故玄旨序起再(㋑㋺滅ノ」)岸。破能所還能所(「㋑㋺歸) 矣 五大院云。(大正藏七五、三七七上。眞言宗教時義)衆生迷故成多衆生。諸佛覺故會成一體(佛カ) 矣(不明) 心王論云。蒼海漫漫一味無差。一風動時千波亂起。亂起時濕性不分。一眞(「㋑變)隨妄。値(値㋑㋺假)成衆生。衆生雖多。眞如不別 矣 隨法法(法㋑㋺[ナシ])體畢竟時二法未分。雖生佛一體其法體有(有㋑㋺[ナシ])寂照二德(㋑㋺有之」)。今經次第顯其法儀。本迹二段建立之。所謂從一

出多。從多歸一矣能說教主云分身散影利益無廢退。釋尊惣體一念貌也。分身別體三千差別也。故經云。(大正藏九、三三中。寶塔品)釋迦牟尼佛所分之身。百千萬億那由他恆河沙等國土中諸佛。來集於此矣如此得意時。悟不悟只生死恐與不恐不同也。故不可隨不可怖。隨之令墮惡道。怖之令觀妨礙矣爰知。知不知共心法爾成惡施無窮一周一周也。故云善訓不善以惡故惡朽不惡以善故。故實體知不知善惡共佛衆生皆法爾差別也。死歸天地云處。會成一體也。至果海中會成一體(大正藏七五、三七四中。眞言宗教時義)矣生面面出顯成多衆生故也。經色心諸法鎭流轉還滅○法爾生滅暫時不留。鎭流轉三世還滅。故六祖云。(大正藏五一、二二七上。景德傳燈錄參照)百千法門無過方寸。恆沙妙德惣心源。一切戒行定惠門。卽是自己。無三界可出。無菩提可求。人與非人性相平等。是名身心正遍知矣只緣起・凝然二眞如。生死無可怖。涅槃無可樂。生死涅槃無實體故也。圓頓者。初緣實相(天止一、九五～一二二)○「陰入皆如無苦可捨。無明塵勞卽是菩提無集可斷。」邊邪皆中正。無道○等矣可見之。只當處當念卽眞實也。其又無實體無所留。應無所住而生其心(大正藏八、七四九下。金剛般若經)矣圓覺經云。(大正藏十七、九一五上)始知衆生本來成佛。生死涅槃猶如昨夢矣不留生。「不留死。」不留涅槃。不留煩惱。不留佛。不留衆生。(傳全五、三六〇)只當處本妙一心心源施無窮妙用。故生死二法一心妙用。(生死覺用鈔參照)(天文四、一五七四下。法華文句)有無二有本覺眞德矣迷則三道流轉。悟則果中勝用矣生從死來。死從生來也。生與死。苦與樂。一切二法。皆知與不知差別。取捨「有人心」無取捨實體也。以此心能可安心。生死全體如此治定。一切法門心易也。三世不增不減條。大地草木生滅不增不減譬以可思合之。又燈紙燭譬云云

尋云。如此口傳色心二法共成佛言可有之乎

口傳云。地體一家本意。無覺不成成佛也。煩惱卽菩提「生死卽涅槃」此法華肝要止觀體格也。仍本迹兩段心成佛與色成佛之條。玄旨面亦釋義經文分

明也

(二) 一念三千證據事

尋云。於ニ今經ノ何處一念三千ノ誠證見レ之乎

口傳云。方便品十如實相ノ法門是也。其故ハ一念三千ト者。十界互具十如具足ノ義ヲ以爲ル地盤ト故也云云 又說トシテ六根淨ノ人ノ相ヲ十界依正悉ク現スト身中ニ云ヘル。是則チ一念三千ノ理ヲ顯ル事ニ質也。當知身ト土ト一念ノ三千ナリト釋スル故ニ。陰生土ノ三。各三千具足ノ法體也。故ニ依テ觀行ニ卽ノ一念三世ニ不增不減之條。大地草木生滅不增不減譬ヲ三千ノ修行ニ叶ヒ相似ニ畢。事ニ顯ル五陰ノ身體卽チ三千具足ノ妙體ナル相ヲ故也

尋云。今經ノ意ハ。說ニ十界三千ノ法法悉ク一念法體ナリト。故ニ十界三千ノ法法ハ。一念三千ノ三摩耶形尊形也ト云也。爾者。今經何處ニ十界悉ク一念三千三昧耶形及ヒ尊形トハ說ケル乎

口傳云。譬喩品ニハ。譬如ミ長者有ニ一大宅一等說キ下テ擧タルニ（大正藏九、十三下）所有ノ禽獸蛇蜂等ノ群類ヲ。卽チ此等ノ惡法全體一念所具ノ法體也ト顯レ之。遍邪皆中正ク體也ト顯ス之意也。故ニ禽獸蛇蜂等ノ群類ノ形色。卽チ是レ一念所具ノ三千ノ法法三昧耶及尊形也。作テ手擧ニ此等ノ惡法ヲ。餘ノ善法悉ク皆被ルルカ例故ニ。善法ヲハ別不レ擧レ之也。仍テ譬喩ノ說文ニ分明ニ十界三千悉一念三千ノ三昧耶及尊形トハ云也ト說タル也ト口傳スル也。自受用身ノ尊形可レ思レ之也

尋云。於ニ本門ノ經文ニ無レ之歟如何

傳云。迹門ニ既ニ說タル之故ニ本門ニテハ不ニ別シテ說レ之。十如實相ノ法門モ迹門ニ事ヘタル訖ヲ故ニ。本門ニテハ不レ說レ之。至テハ本門ニ迹門ノ所說ヲ卽チ本有ト開顯スル計也云云 然而又強アナカチ勘ハ之。本門ニモ不レ說レ之非ス。所謂ル妙音觀音所說ノ色心十羅刹女ノ十種ノ鬼形。妙莊嚴王ノ邪見ノ惡形等。是卽善惡悉一念ノ法體。眞如隨緣ノ形色ト顯ス意也。此等ノ善惡ノ形色。是レ一念所具ノ三千ノ法法ノ形色也云云

尋云。出尊形佛ト者如何

口傳云。有ニ三種口傳一云云

釋迦塔中 久遠實成壽量品

法界森羅等云云 祕藏祕藏

(三) 普賢・彌勒一體事

口傳云。普賢・彌勒ハ俱ニ是理也定也止也。文殊ハ智〔㋑㋺惠也〕也觀也。故ニ序品ノ時ハ示シテ鈍根ノ相ヲ對シテ文殊ノ智ニ致ス疑問ヲ也。鈍〔鈍㋑㋺ナシ〕ハ是定也。定〔定㋑㋺ナシ〕ニシテ物ヲ理ハリ分別スル義無レハ之卽理也。仍テ在ニ序品ニ彌勒ト被レテ云與ニ文殊ニ相對〔對㋺值〕シテ問答決疑シ顯ニ境智不二ノ妙法ノ體ヲ。在テハ經末ニ普賢ト被レテ云勸ヨ發シ今經ノ實相ノ體〔體㋑㋺ナシ〕ヲ給フ也。一經ノ妙體ハ不レ出レ境〔境境㋑㋺境智〕ヲ。境體咸明靜也。故ニ理體ノ普賢・彌勒。智體ノ文殊・舍利弗等〔等㋑㋺ナシ〕爲シテ大將ト助ヨ成〔成㋑㋺發〕スル此經ノ體ヲ也云云

(四) 五千起去事

尋云。今經ハ談シテ十界界成〔界成㋑皆㋺皆成〕ヲ平等大會ノ經ナレハ。云ニ上慢邪見等類也ト一機ヲモ不レ可レ漏レ之事也。然ニ何ソ五千上慢ノ類漏レ之乎〔乎㋑㋺耶〕。爾者如何

口傳云。佛惠ノ化道三世ニ無レ窮故ニ。佛教〔教㋑㋺ナシ〕モ無レ廢ルコト。所化ノ機モ三世ニ不レ盡也。仍テ今經ノ時ハ。如我昔所願。今者已滿足（大正藏九、八中。方便品）○皆令入佛道ト說テ。十界悉成佛ストモ云ヘトモ。猶未來佛化モ無ニ廢退〔「㋑㋺事〕一。所化ノ機モ無レ盡。盡未來際常恆ニ可レキ興故ニ。顯シテレ待コトヲ此一段ノ化儀〔儀㋺機〕事訖ヘテ又可レコトヲ興ニ佛化一ヲ。佛モ漏シテレ座追ヒ立〔立㋑㋺起〕ヨ之ヲ。五千ノ類モ自ラ退レ座ヲ也。是レ卽チ久遠實成ノ昔ヨリ。乃至盡未來際常恆不變ニ法華ノ利益ニ無ク廢スル事〔事㋑㋺ナシ〕ヲ。預ルニ此益ニ所化ノ機モ不ニ窮盡一事〔事㋑㋺ナシ〕ヲ顯ス事ノ形也ト口傳スル也

(五) 妙法蓮華經〔經㋑㋺ナシ〕題名事

口傳云。妙法蓮華ト云ヘル題名ニ卽チ具ヨ足セリ三身三土三諦三觀三道三德等ノ一切ノ三法ヲ。所謂ル妙ト者心法也空也。然ニ云ルレ空ト事ハ。妙者不思議ノ言語道斷。言ハ亡〔「㋺可〕ヨ泯シテ三千ヲ一法モ不ルレ存處ヲ呼フレ妙トハ。故ニ且ク云レ空ト也。空ナレハ卽チ報身也智也般若也。卽シテ三道ニ則チ三德。卽ニ三德ニ卽チ三道ナル故ニ。般若卽煩惱道也。空ナレハ又方便土也云云 次ニ法ト者。三千形色宛然ナルヲ法〔法㋑㋺ナシ〕ト云也。仍テ法ハ卽色法〔法㋑㋺ナシ〕也。假也。慈悲也。應身也。解脫也。業道也。同居土也云云

次ニ蓮華ト者。色心一體因果不二ノ法體也。仍テ空假ノ色心ヲ一心ニ具足スル故ニ。是ハ中道也。法身也。實報土〔土㋑㋺ナシ〕寂光土〔土㋑㋺ナシ〕也。理也。苦道〔道㋑㋺ナシ〕也云云 然ニ八軸ノ妙典雖レ廣レ之論〔論㋑㋺謂〕ニ所詮ノ法體ヲ不レ出ニ三千三諦三身三土三德涅槃ノ理ヲ。故以ニ妙法蓮華ト

云ヘル名ヲ爲二一經ノ首題一ト給フ也。「然所レノ云三諦三觀三身三土等者。」只是我等カ色心及依正二報ノ體ナル故ニ。妙法蓮華ト云ル題名ハ。是一切衆生ノ色心ノ名號。三千世間ノ本有ノ名字ニテ有レ之也。故ニ一色一香一塵一衆生トシテ非ルコト二妙法蓮華ノ體一ニ無レ之也。仍テ我等カ行住坐臥語嘿作作ノ振舞。言音悉ク法華讀誦ノ修行也

傳云。惠心流ニモ妙ハ心。法ハ色法。蓮華ハ妙法色心ノ全體カ顯タル事ニ形也ト云フ一ノ口傳有レ之。其旨今ノ口傳ト同レ之。此等ノ法門ハ一筋ノ取寄也。仍テ似タル違ルニ解釋一ニ邊可レ有レ之。然ニ解釋モ且ク一筋ヲコソ釋タマヘ。又如レ此云取寄マテヲモ佛意ト遍ク存給ヘルト口傳スル也

（六）心地修行云事

尋云。心地修行ト云ヒ。觀心修行ト云ル。其不同有レ之乎

口傳云。不同也。其故ハ心地修行ト者。我等カ色心ハ卽チ是レ本有法界ノ天地陰陽ノ法體カ三世ニ顯テ。衆生ノ色心ノ二法ト事ニ顯タル形也。爾者。周遍法界ノ法體天本有ノ陽體ハ。「顯シ二緣起ノ十界ノ心體一ト。周遍法界ノ法體地本有ノ陰體ハ。」緣起ノ

顯ルル衆生及ヒ草木土地「等色體一ト也。世天地ト云ルモ。卽チ彼ノ法體ノ天地カ」顯タル事ニ形也。故ニ周遍法界ノ天地ノ體カ緣起シテ。顯タル色心ノ諸法一ト時。顯ルヲ色心和合ノ事體一ト。名二衆生ノ生一ト。色心和合ノ事體カ緣起シテ還テ歸ルヲ法體ノ天地體分一ニ。名二衆生ノ滅一ト也。爾サレハ者。一切衆生ノ死スル時ハ。必ス色分カ歸シ二法體ノ地一ニ。心分カ歸ス二法體ノ天一ニ也。衆生ノ死スル時。空目ソラメ仕ト云テ。必ス見レ天ヲ事。心法カ去テ可レ歸二本有ノ天一ニ先相ノ現ル形也。仍テ生死二法ハ。只是法體ノ起滅。眞如ノ流轉還滅。一多自在ノ不住不留ノ妙用ナルカ故ニ。生佛ノ色心ノ其體ハ。周ク是眞如法界ノ天地所起ノ一分ナルカ故ニ。全ク高下ノ勝劣不レ可レ有レ之。若爾ハ。何ッ捨レ凡取レ聖。猒二生死一求二涅槃ヲ一乎。故ニ心地修行ト云ヘル今所レノ云三千世間ノ起滅ハ。只是本有法界ノ天地ノ緣起緣滅シテ。法然天有ノ自受法樂ノ流轉還滅ノ妙體ナレハ。一法トシテモ無レ可レ猒。無ト可レ欣云心地ニ安住シテ。生佛ノ見計全ク絕ヘ畢ハテテ。無二一步シテモ可レ進處一。無シテ可レ退處一。默シテ止レ手。作手有處ノ行體ヲ云二心地修行一ト也。故是色心ノ諸法卽法體ノ天地法爾ノ定惠。本有ノ陰陽法然ノ止觀也ト照スレ之行

體ナレハ。色心不二一多自在ノ未分ノ重ヨリ。入機ノ行體也。是ヲ於ニ生死ニ全得ルニ自在ヲ行體トハ（「㋑㋺也）云也。作手觀心修行ト云ハ。我一念ノ心性ヲ爲レ境ト。三千三諦ヲ妙境也ト觀ルレ之也。仍テ是「心法爲レ門」（「」㋑㋺爲ニ心法ヲ門ト」）ト入ル機ノ修行ノ手立也。但シ觀心ノ法體ノ重ト云ハ。觀心修行ト云ニハ少シ異也。其故ハ觀心法體ノ重ノ行體ト云ヘルハ。三千事事ノ法法ニ塵塵悉ク法體法然不思議ノ中道ニシテ。當體全是ノ妙體也ト照レ之行體ナルカ故ニ。是ハ（「㋑㋺也）果海隨縁眞如ノ觀行。色心不二ノ一念三千ノ立行也。仍テ此ハ（此㋑㋺是）與ニ心地修行ト云ルト同重ノ體也（「㋑㋺行）
（以上㋑㋺對校）

5　鐵橛書

（一）文殊・普賢・觀音事

傳云。普賢ハ體 法身 文殊ハ相 報身 觀音ハ用 應身 此三佛ハ有ハニ迹門ニ始覺ノ三佛也。有ハニ本門ニ本覺無作ノ三佛也。普賢ハ萬法ノ惣體故ニ云ニ中道實相ト。文殊ハ三世諸佛ノ智惠ノ惣體故ニ云ニ三世父母ト。普賢ハ理非造作ノ天眞ノ妙體。文殊ハ證智圓明ノ獨朗法體 云云 此妙智二德ヲ和合スルヲ名爲ニ觀音ノ大慈大悲ト。喜怒愛樂（哀カ）ハ皆同體大悲ノ貌ナレハ。此ハ應身也。此三身ハ只我一心ノ德ナレハ。非ニ中道實相ニ乎。仍テ非レ可レ求レ外ニ。所以ニ我一心ハ元來淸淨ニシテ寂照ス。寂照同時ノ體ハ妙法也。一心元來妙法ナルカ。而モ念念相續ノ三千慮想鎭ニ起滅スレハ。常修常證。無始無終ノ本因妙也。一心ハ本來起滅ノ當體不レ留ニ一念ニ。無ハニ定相ニ常滿常顯。無始無終ノ本果妙也。念念倂習因習果也。此三佛ハ一念三千果海上ニ倶體倶用ノ行得ノ人也

尋云。此三佛ヲ何體ニ配ニ當一念三千ノ立行ニ乎

傳云。普賢 一念 實相三千常住ノ法體緯ハ以テ文殊ノ諸法差（三千）別ノ五色ノ糸ヲ織リ出也。觀音ハ慈悲ノ體。諸法與ニ實相ニ寄合テ成ニ本迹不二ノ義ヲ故ニ。以ニ觀音ヲ爲ニ法華ノ體ト。三十三身者。一念三千ノ妙行也 可レ祕可レ祕

尋云。此三佛一念三千ト云口傳ハ可レ爾。雖レ爾三佛ノ中ニハ。以レ何一念三千ノ三摩耶ト可レ定耶

口傳云。觀音也。其故ハ一念三千ハ假諦ノ法門也。觀音ハ既ニ境智相應ノ慈悲ノ體也。故釋。一家觀具 假諦也 等 矣 何ソ千

手ノ菩薩界ノ一體ナルハ一念也。頂上ノ彌陀ハ本佛界ノ體也。又頂上ニ有二十一面一。十面ハ表ニ十界ヲ三千也。一面ハ菩薩界ノ惣體一念也。手ノ內ニ皆有レ眼。故云二千眼一ト。亦皆手ニ法螺・獨髑・白拂・弓箭・鈴杵・佛具等持レ之。是表ニ治生產業皆與實相不相違背一ヲ三千ノ貌也。故ニ一念三千ノ三摩耶ハ此菩薩也。十一面モ例可レ爾也

尋云。普賢文殊ノ三摩耶聞竹林名荷（著カ）也。觀音ハ如何

口傳云。柳是也。動靜無礙。横竪自在ヲ顯也。此寂照一體也。止觀行者ハ尤此可レ爲レ尊也 云云

尋云。觀世音ノ三字ハ。訓ニ何イカニ可レ讀乎。又我等カ根塵相對ノ邪邪心念ハ卽チ觀音ナル事如何

口傳云。觀キクニ世ノ音ヲ讀也。如レ次。觀空。世假。音中。兩卷ノ疏等ニ見タリ。經ニ。眞觀清淨觀（大正藏九、五八上。觀音品）○等矣故本門無作三身ノ體也。萬法卽三諦三身ナル事分明也。六根六塵皆觀音也。一心ハ自在無窮ノ德用也。故ニ云二觀自在一ト云云

尋云。云何必モ法華ノ敎主習ニ報身一ト耶

口傳云。法華敎主ヲ習ニ報身一ト事ハ。智惠ノ惣體ノ命根也。此命根ハ世世番番ニ相續シテ。無始無終。常滿常顯。妙用無窮ノ利生也。法華三世常住ノ法體也。故ニ自受用報身。一念三千出尊形佛ト口傳スル也。惠心流ニハ報身云云觀音ハ報身ノ補處也。報身ノ智ハ心法ヲ移シ得ル假諦ナルカ故ニ觀音ハ假諦也。妙法・彌陀・觀音一體異名也。仍テ三世ノ利益ハ同一體ノ釋可レ思レ之

尋云。出尊形佛者如何

口傳云。有二三ノ口傳一。釋迦塔中久遠實成壽量品法界森羅諸法云云祕藏祕藏

（二）獨一無伴菩薩事

傳云。多眷屬ノ菩薩ハ。尙心外ニ存ニ能所一ヲ。欣求猒離ノ思未レ免レ之。自他彼此ノ故也。次ニ獨一無伴者。元來無レハ自他差別一。別ニ不レ具ニ足心外ノ他類一ヲ。一心卽法界ナレハ立ニ絕待無作ノ願行一ヲ。顯ニ本門仲（沖カ）微一ヲ經文。此旨分明也。可レ見レ彼云云

口傳云。是レ卽一多自在ノ事ニ振舞人達也。無ニ別ノ子細一一念三千ノ立行也。獨一無伴ト者。一念法界一念多眷屬者法界三千是也

尋云。所化中ニテ一念三千ノ表事被レ云能所相對如何可レ得レ意乎

口傳云。彼彼三千互遍亦爾也。色心一體故也。釋尊ハ一念。地涌ノ菩薩ハ三千也。其故ハ以ニ本化ノ弟子ノ多類ヲ一顯ニ伽耶應身ノ一身ニ卽シテ無作三身ヲ一故也。何ノ諸法カ非ニ三身相卽ノ覺月ニ一。一花開天下皆春也云云又地涌ノ菩薩ノ中ニテ云ハハ之。單己無眷屬ハ一念。餘ノ五萬乃至一萬等ノ眷屬ヲ持タル菩薩ハ三千也。是レ能所不二一多自在無礙ノ德ヲ顯也。以ニ此口傳ヲ一爲ニ大綱ト一可レ見ニ一經始終ヲ一也云云又云。眞言ノ中臺大日ハ一念。四方立相ノ曼陀羅ハ三千也。心王大日心數曼陀羅ノ文是也。在世ニハ釋尊一念三千ノ義ヲ顯說シ給ヘリ。滅後ニハ藥王ノ垂迹タル天台ノ所說也。一念三千大日異名釋可レ思レ之云云

(三) 地藏・虛空藏同體事

傳云。在テハレ天ニ名ニ虛空藏ト一卽法性也。在テハレ地ニ者名ニ地藏ト一卽無明也。法性ノ天ハ虛空明星ト現シテ。一切衆生爲レ開ニカ法性虛空藏門戶ヲ一。持ニ八舌鎰ヲ一住レ天ニ給ヘリ。是故ニ天台モ明星出時。豁然大悟シタマヘリ。仍テ地藏ト者。無間地獄ノ能引導ノ菩薩也。故ニ三世諸佛ノ本師ハ。地獄ソト習事當流有レ之可レ聞ニ口傳ニ一也所詮。法性ト無明ハ爲レ顯ンカニ一體不二ナルコトヲ一也。烏ハ地藏ノ化身ト云。人ノ常意也。仍テ日輪ニハ住レ烏。是レ法性卽無明ヲ顯也。月輪ニハ住レ菟。月ハ無明ノ體ナレハ無明卽法性ノ故也。菟ハ白色卽法性。烏ハ黑色卽無明也。知ニ定惠二法ヲ一也。可レ思レ之云云

6　鐵槭書

(一) 性惡當體行止觀事

傳云。此ハ於ニ十界ハ皆本有常住ト治定シテノ上ニ立ニ此法門ヲ一也。所以ニ地獄界モ常住也。佛界モ常住也。如レ此共皆常住也。仍強ニ莫下進ニ佛道ヲ一猒コト中地獄界ヲ上ハ。此ハ皆斥落タル偏頗ノ念ナレハ。全非ニ圓頓止觀ノ機ニ一。夫圓頓機者。不レ改ニ阿鼻ノ依正ヲ一。不レ捨ニ凡夫ノ一念ヲ一。建ニ立遮那身土ヲ一。於ニハ此處ニ一。不レ可レ猒ニ地獄界ヲモ一不レ可レ輕カロシメ。不レ可レ樂ニ佛果ヲモ一不レ可レ貴。只十界本有ノ四惡趣ハ。其當體本妙也。四聖ハ其當體本

妙也。何モ互ニ無ニ高下一モ無ニ勝劣一モ。高下尊卑ハ引落タル愚迷ノ上ノ事ナレハ非ニ沙汰ノ限一ニ云云

尋云。如レ此不レ可レ畏ニ地獄ヲ之處ハ。爾者瞋來時ハ。惡キ任ニ可レ切ニ斷人一ヲモ歟如何

答。爾也。但一念不生ノ上ノ瞋恚ナラハ可レ切。地獄ヲ畏レ。欣ニ淨土一ヲ。生ト佛ヲ隔テ善惡因果ノ心有テレ之。罪ノ輕重ヲ論スル位ナレハ。不レ可レ切レ之。此旨ヲ能能止ルコト心可レ思ニ入之一。穴賢穴賢可レ恐可レ恐 云云

尋云。本有ナラハ畏ニ地獄ヲ願ニ佛果ヲ之處ナレハ。法爾トシテ如レ此嫌ルルレ之。還テ是可レ偏ナル如何

答。爾也。法體法爾ナラハ不レ可レ畏。不レ可レ隨。又可レ畏可レ隨。此四句只有ノ任ニ可レ有レ之。返返能能於ニ此等重一ニ可レ有ニ斟酌一。惡クシテハ可レ落ニ惡見一者也

(二) 二明王口傳事 付ニ圓頓者文一

傳云。生死即涅槃者不動尊也。煩惱即菩提者愛染明王也。仍可レ聞ニ口傳一 云云

(三) 一心三觀依文事

傳云。餘流人ハ依ニ中論四句偈一ニ云云 當流ニハ法華長講云。(傳全四、二五八)一心三諦境〇等 云云　止一云。(天止一、三七六)必須心觀明了等 矣　(籤二カ)玄三云。(天玄二、一二五)若境若智〇等 云云

(四) 六即即一念三千事

口傳云。六即ト云カ一念三千ニテ有レ之。六即然ニ。「三千一念」(天玄一、二九三)欲レ免ニ貧窮一当レ學(勸カ)ニ三觀一。欲レ免ニ上慢一當レ勤(聞カ)ニ六即一 矣 貧窮者。三觀ノ法財貧也。故ニ爾前雙立ノ三觀ハ。三諦次第シテ不レ知ニ圓融ノ三諦一ヲ。故名ニ貧窮一ト。至ニ法華一ニ次第即已方成今即シテ證ニ明三觀於一念一ニ。心源開悟スル位ヲ名ニ多寶一ト。一心三觀ノ法財ニ豐ナル故ニ一心三觀ノ行者ヲ云ニ多寶一トモ云ニ長者一トモ也。其故ハ我等カ心法ハ。元來不生不滅ノ體ハ。三世常住ニシテ爲レ物ノ不レ被レ穢。十世古今。當念ニシテ絶ニ古來ノ相一ヲ。爰本ニ心法ノ德義トシテ三觀ノ德ヲ備タリ。此云ニ法體法爾三諦三觀一ト。此三觀ヲ一念一心ニ開悟スレハ。法界ノ色心全ク非ニ心外ノ法一ニ。心外ニ全ク無ニ餘法一。無ニ餘法一故ニ無ク可レ進ニ佛果一ヲ。無シ可レ退ニ地獄一ヲ。生死涅槃ハ一心ノ德義ニシテ。善惡ノ二法不ニ相離一。此ヲ廣シテ云ヘハ一念三千。略シテ云ヘハ一心三觀也。根本大師。一心

自在。法界融通矣此ハ心外ニ不レ求ニ他物一實悟也。惣在一(天玄四、三四二。釋籤)念一念別分色心三千矣妙法止觀爾也。隨聞一句ノ一句ト者。世間相常住ノ一句也。亙ニ六卽一 口傳可レ聞レ之云云

(五) 三通脈譜辻合事

口傳云。都率安置者。天ト者空也。此過去千佛ノ智體ヲ慈尊(報身)移得タマフ當體也。次。石塔安置者。心性不動。當體(法身)金剛堅固ノ石塔卽チ中道也。次。止觀心要者。未來弘通ノ血脈也。當知。(天止一、一四七。止觀)止觀諸佛之師ト云テ。過去千佛ハ皆悟ニ此止觀一以ニ止觀ヲ一爲レ本ト。故ニ至テニ盡未來際永劫ニ一可レ弘ニ通此止觀ヲ一。故ニ此弘通ノ血脈也。仍テ直授直授相連ス。大概如レ此云云

7 鐵橛書

薄墨中道事

口傳云。薄墨中道ト者。萬法皆薄墨ノ中道也ト口傳也。其故ハ先黑白ノ二色ハ。是主ルニ善惡ノ二法ヲ色也。故ニ四惡趣ノ修因ヲハ云ニ黑業ト一。人天已上ノ修因ヲハ云ニ白業ト一也。然ニ薄墨ノ色ハ。黑色ニシテ非ニ黑色ニ一。白色ニシテ非ニ白色ニ一。卽チ是レ黑白一體ニシテ善惡不二ノ色也。故ニ善惡未分ノ中道實相ノ法體ニテ有レ之也。然ニ又薄墨ハ是生死無常ノ色也。故ニ三千十界生滅無常ノ依正二法。悉ク皆薄墨色ニテ有レ之也。所謂ル三千諸法廣ト云ヘトモ。不レ出ニ六大ヲ一。六大ハ卽チ色心二法也(五大色法 識大心法)然ニ先ツ識大ノ色薄墨ナル事ヲ云者。一切衆生ノ一生ノ閒ノ出入ノ息ハ。卽チ是レ意識ノ體ニ顯タル色形也。故ニ一切有情ハ。皆以ニ出入ノ息ヲ爲ニ命根ト一持ニ依身ヲ一也。爾者(サレハ)。識大託ニ依身ニ一輕ハ出入ノ息不ニ斷絕セ一。識大若去ヌレハ命根卽斷絕スル也。然ニ彼ノ意識ハ顯レテ識ト成ニ出入ノ息ト一時ハ。其色卽チ薄墨也。是豈非ニ一切衆生ノ心法ノ色皆薄墨ナルニ乎。次。地水火等ノ五大色皆薄墨ナルヲ事ト云者。雲霞煙霧水上ノ煙其色皆薄墨也。然ニ雲霧ハ是レ地大ノ精氣。煙ハ是レ火大ノ精氣。霞又風大ノ色薄墨ナル事ハ。不レニ云自ラ分明也。故ニ六大ノ體ハ皆悉ク薄墨ノ色。若爾者。六大所成ノ三千ノ諸法ハ。悉ク皆生滅無常ノ法ニシテ。其色皆薄墨也ト云事分明也。爾者(サレハ)。國土ニ滿ル非情草木等モ。請聚シテ所レノ起精氣皆薄墨ノ色也。故ニ時時ニ流轉シテ。出レ多ヲ

時還滅シテ歸ルレ一ニ。生滅去來ノ三千ノ法法。其ノ體悉ク皆墨白(黑カ)不二ノ薄墨ノ色ニシテ。而其體ハ悉ク中道無我ノ體ナルカ故ニ。萬法悉ク薄墨ノ中道也ト云也。爾サレハ者。猿ノ色薄墨ナル也。三千十界生死無常ノ法體ハ卽チ中道實相ノ薄墨色ナル事ヲ事ニ顯タル形也。其體ハ畜生ナル方ニテハ。先ツ畜生ノ當體薄墨ノ中道ナル事ヲ事ニ顯タル形也ト可レ云也。所詮。名薄墨ノ中道ナル事ハ。一家ノ中道ト云レハ其體ハ非ニ別ノ物一ニ。只是三世常恆ニ刹那モ不レ住トトマラ。生滅去來スル處ノ三千ノ事事ノ法法カ。不レシテ動ニ其體一ヲ。當體全是ト談スルカ故ニ。生死無常ノ事事ノ法法ノ外ニハ。全ク中道ノ體トテ無レ之也。故ニ尋ニレハ中道ノ體一ヲ。悉ク皆以薄墨ヲ爲ニセル其色一ト生滅無常ノ三千十界ノ法法ノ體ナルカ故ニ。名ニ薄墨ノ中道一ト也。仍テ萬法悉ク非ニ生滅無常ノ法一ニト云事無レ之。生滅無常ノ諸法ノ其色非ニコト薄墨一ニ無レ之。以ニ薄墨一ヲ爲ニ其色一ト故ニ。三千ノ諸法悉ク論ニ其體一ヲ時ハ。動靜無礙ノ中道自在ノ體ナリ。論ルニ其色一ヲ時ハ。生死無常ノ薄墨ノ色ナル故ニ。三千悉ク薄墨ノ中道也ト云也。爾サレ者ハ我等カ二六時中ニ出入スル處ノ。息ノ體卽薄墨ノ中道ノ體也。故ニ生ト生スル衆生ノ無ニ出入ノ息一衆生ハ。一人シテモ無レ之。仍テ

一切衆生悉ク皆三世。無ニク廢退一不レシテ覺ヘ。自ラ修ニシテ中道ノ妙行一ヲ居タル也。爾サレハ者。我等カ生ル時ハ。入息ニ始リ。死スル時ハ。出息ニテ終ル。卽チ是中道ノ妙行ニテ生シ。中道ノ妙行ニテ死スル也。若爾ハ。生死ノ二法ハ倶ニ中道無我ノ自在ノ妙行ナル故ニ。可レ欣生モ無レ之。可レ猒死モ無レ之事也。依レ之。(天止一、九五)初縁ニ實相一造レ境卽中等矣是則十界ノ生死ハ悉ク中道ノ妙行ニシテ。苦トシテ可レ猒フ事無レ之故ニ云也。一文ノ前後能能可レ思レ之云云然ニ又萬法悉ク以ニ善惡未分ノ薄墨一ヲ爲ニ其色一ト事ハ。生滅シ去來スル處ノ三千ノ法法ハ悉ク論ニレハ其法體一ヲ。常恆不變眞如ノ妙行ニテ。善惡未分ノ獨一法界ノ中道實相法界遍照ノ體ナル故ニ。其色ハ卽チ善惡不二ノ薄墨ノ色ニテ有レ之也。傳教大師於ニ船中ニ習ニハンニハ天台一ヲ習ニト中道一ヲ示ニ覺大師一ニ給ハ是也。仍テ以ニ薄墨ノ中道一ヲ船中ノ中道口傳トハ云也

尋云。生滅ノ去來諸法善惡未分ノ體也ト云事如何

傳云。善惡ノ二法ハ。只是凡情ノ約束也。於ニハ法體一ニ善惡差別無レ之。依レ之普賢觀經ニハ。我心自空。罪福無主等矣(大正藏九、三九二下)罪福ト者善惡也。然ハ立ニ善ノ宰主一ヲ二法異名也ト執ルハ。凡情ノ

約束也。法體無主ナルカ故ニ善惡差別無レ之也。故云ニ觀心無（同前）心法不住法一トハ也。爾者サレハ。我等ハ執レスル苦ト地獄等ノ苦ヲモ眞空冥寂ノ佛眼ノ前ニハ。常住涅槃快樂ノ體也。又我等ハ執レスル生ト人閒ノ果報ニモ。天人ノ思ニハ如ニ糞穢ノ一厭ヘリレ之。於テニ一ノ兩ノ體ニ一人閒及六欲天ノ感見不同也云云仍テ滅レ力或計レ善或執レ惡ト有レ之法體ハ。本ト三世ニ未分ノ體也。雖ニ未分ナリト一而モ又善惡ノ二法コソ本ヨリ宛然トシテ。動靜無礙ナル故ニ。或ハ成ニ地獄ト一或ハ成ニ佛果ト一也云云

尋云。如ニ今口傳ノ一者。萬法皆薄墨三諦也ト可レ云也。然ニ何ソ必シモ薄墨ノ中道ト云乎

口傳云。三諦共ニ薄墨ト云事。不レ可レ廢レ之。然ニ薄墨ノ中道ト云事。先ツ約シテニ萬法ノ惣分ニ一云レ之也。空假ハ卽チ中道ノ法體ノ上ノ用也。仍テ空假ト云ヘルハ二法相分タル用ノ重也。故ニ今ハ先ツ約シテニ未分ノ二法萬法ノ體分ニ一。萬法悉ク薄墨ノ中道ノ體ナル義ヲ成ル故ニ。於ニ中道ニ與ニ薄墨ノ名ヲ一也云云

尋云。薄墨中道誠證如何

口傳云。今經云。出入息利乃遍他國（大正藏九、十六下。信解品）薄墨也矣長行及偈頌兩處ニ說ク云云

大日經云。阿字第一命。薄墨也遍ニ於情非情一矣（大正藏七四、三〇八下。授決集）

相應經（瑜祇カ）云。出入隨ニ命息一不レ見ニ身與一レ心一矣（大正藏十八、二五八上）

又天台禪門口決（不明）ニハ始終本末俱立數息觀。於息風立八風氣以ニ數息觀一根源釋給ヘリ云云

又壽量品如來壽量云。是其誠證也

一校畢

〔八、北谷祕典　七箇條　終〕

九、北谷祕典　三箇條

北三十六帖内

1 涌出品菩薩見聞　第五

此品ニ深ク習事有者。始覺ノ大地破裂シテ顯ハスト本地ノ聖體ヲ習也

尋云。付ニ此ノ涌出品ノ菩薩ニ有ニ佛ノ深意。故爲ニ本門ノ序品トニ耶

答。是又祕事中ノ祕事也。其故ハ五大卽五行也。此四大士ノ菩薩。從地涌出スル事ハ。是レ表ニ四大ヲ也。始覺大地ト者卽チ地大。上行ト者火大。上カミヘ行カ故也。無邊行ト者卽チ空大也。虛空無邊故也。淨行ト者卽チ水大也。水ハ清淨ノ故也。安立行ト者卽チ風大也。風大ハ國土ヲ安立スルカ故。依之倶舍ニハ。安立器世間。風輪最居下。其量廣無數矣（大正藏二九、五七上）此四大士ノ菩薩ハ全體四大也。サレハ草木成佛ノ證人出之也。草木ト者。被生ニ四大ニ。故ニ此四大ト者。全是中道也。於ニ此四大士ニ者。表スルニ中道ノ修ニ現起スル相ヲ也。サテ有ニ深習事。謂ク一切衆生ノ出生スルコト二親腰ヨリ涌出ス。此ノ腰ト者。卽チ是地大也。我等衆生ノ五尺ノ形骸ハ。全體五輪塔婆ノ形貌也。腰ハ卽チ當ルニ地大ニ。一切衆生從ニ伽羅藍增長シテ表ストシテ出胎スル事ヲ。爲ニシテ四大ヲ上首ト。從地涌出スル也

尋云。於ニ此涌出ノ菩薩ニ有ニ孝養父母之謂ヒ。其相貌如何耶

答。是又大事也。既ニ所生ノ子卽チ四大士ノ菩薩也。能生ノ父

母豈非ニ境智二佛ノ佛身一ニ耶。依レ之眞言ニハ。是ハ胎金兩部ノ大日ト云也

（一）一。無作ノ三身ノ口傳ノ名目ニ云。色心起用トモ云ヒハタ事理智トモ云也。サレハ色心二法ヲ分ツ時ハ。色ハ法身。心ハ報身也。此色心和合シテ。起ニ應用應色一ヲ也 云云

（二）一。於ニ色法一ニ法身・應身ヲ分ツ不同有レ之。能能爰本ヲ可レ得レ意也。先三重ノ品ナ有レ之。其三重ト者。應體・應用・應色也。內證ノ三身ノ時者。三身共ニ應體ノ一法身ト被レ云也。於ニ此應體一ニ攝ニ應用應色一ヲ也。外用ノ三身時者。應色攝ニスル應體一ヲ也。應體ハ法身位ニ攝ニ應用應色一ヲ。其ノ證據ニハ。深（大正藏九、三五中。提婆品）達ニ罪福相一。遍照ニ於十方。（丁矣カ）微妙淨法身。具レ相三十二。以ニ八十種好一。用莊ニ嚴法身一。此卽應體法身ノ位ニ具ニスト應色一ヲ云事也。又應色ニ具ニ應用應體一ヲ者。是又非レ無ニ證據。依ニ普（大正藏九、三九二下）賢觀一。謂。釋迦牟尼名ニ毘盧遮那遍一切處。其佛住處名ニ常寂光一 矣 釋迦牟尼ハ應色。毘盧遮那ハ應體法身ナリ。此法身ヲ攝ニシテ釋迦一ニ釋スルカ故ニ。應體ト攝ニ應色一ニ云ナリ。應體ヲハ譬ニ虛空一ニ。應用ヲハ譬ニ遍雲法界一ニ也。應色ヲハ譬ニ大少ノ雨ノ逾一ナルニ

（三）一。法身說法等事

問云。云何ナル處カ法身ノ說法ニテ有ル耶。又松ノ風波ノ音等ヲ說法ト云歟。如何

答。於ニ草木一具ニ三身一ヲ故ニ。松風浪音ハ。是草木所具ノ應身口輪ノ說法也。サテ法身說法ト者。見ニ松ノミトリ一ヲ。見テ櫻梅ノ花ノ莊イツクシキ一ヲ。心ニ保美ノ念ヲ發ス。是則チ法身說法ノ直體也。サレハ以ニ無緣ノ慈悲一ヲ此等ノ法門ニ思入テ可レ入レ眼法門ナリ

尋云。法身ノ說法ハ可レ然。報身ノ說法其相貌如何

答。約ニ智惠一ニ可レ作ニ其相貌一ヲ也。於ニ草木國土土地瓦礫一ニ各各ニ備ヘ照了ノ德一ヲ致ニ慮知ノ念一ヲモ者。皆是報身ノ德也。惣シテ付テ十界衆生ノ依報正報一ニ。都テ無レ非ニ無作ノ三身一ニ。サレハ於ニ草木叢林土地瓦礫一ニ照了分別ノ功能ヲハカスル。是全體報身ノ智惠カ現起スル相也

（四）一。無作ノ三身事

尋云。其相如何

答。無作三身ノ事。大概如レ前。雖レ然於ニ森羅萬像一ニ本有ヲ不レ改處ヲハ云ニ無作一ト。然トモ本有本法トシテ不動ナル處ハ。是法身

也。然ニ此萬法照了分別ノ功能ヲ提クル方ハ。智卽報身也。經ニ此萬法一ニ各各凡凡ニ爲二一切衆生一。成二ル依怙一ト方ハ應身也。先於二此應身一ニ可レ作二一端一ヲ。其故ハ千草萬木ノ爲二一切衆生一ノ成レ薪ト成レ菓ト。衆生ノ身命ヲ助テ。日日夜夜無レシ不二ト衆生依怙一ナラ。此等ノ謂ヲ以テ。十界衆生ノ依正二報ニ一分モ無二闕減一可二造立一也。此等ノ法門眞實眞實不レ可レ出二口外一ニ貴法門也。今如レ此目出三身三觀ヲ觸フレ耳ニ。心性ニウエナラウ事。偏ニ是非二宿習薄一。卽チ至レ今ニ三界ニ流轉スル事。是レ併ラ三身三觀ノ法體ヲ依レ不レ知也。是ヲ相傳スルニハ。是ノ全體ハ若得始覺還同本覺ノ正體ニテ有也。解了雖レ然色心ハ不二自在一也。此ノ不自在ノ處ヲ自在無礙ト成ス事ハ。是レ打カタフキ思二惟ニ此法一ヲネムコロニ可レ致二修行一ヲ也。世閒ノ人不レ知レ之。カカル三身三觀ヲ相傳スル處ヲ至極トシテ。無ト行云テ候事。更ニ不レ被レ感レ心ヲ事也。聊カ以不レ可レ及二反(返カ)答一事也云云

2 鏡像圓融口傳

凡ソ付二鏡像圓融一ニ有二十面・八面・兩面・一面ノ不同一。夫十面ト者。大唐法藏。華嚴ノ十十(重重カ)無盡ノ義ヲ爲レ奉レ示二シ則天一ニ設ル處ノ鏡像譬也。以二十面ノ鏡一ヲ懸二十方一ニ。令二其行者一ヲ令レ案(安カ)二是中一ニ。其時ノ行者ノ影ハ一時ニ浮二フ十面一ニ。面互ニ浮テ重重無盡也。則天應レ之ニ領二シ事事圓融一ヲ給フ。次ニ八面ト者。作二八角燈爐一ヲ懸二テ八面ノ鏡一ヲ中ニ案(安カ)二置一燈一ヲ。影互ニ映徹シテ無盡ナル事亦如レ上。已上華嚴宗ノ所用也。次兩面ト者。都率ノ己心中記ニ見タリ。建二立密室道場一ヲ東西ニ懸二二面ノ鏡一ヲ。中ニ挑二テ一燈一ヲ。卽チ安二置ス行者本尊一ヲ。于レ時此等ノ影東西相移テ重重也。仍テ介爾モ有レ心卽チ具二三千一ヲ何疑レ之哉云云(大正藏四六、七一八中)謂ク鏡如二一心一像如二三千一。指要抄云。心鏡本明(鑑カ)ナリ三千(之カ)像本ヨリ具足(足シカ)矣思レ之

次一面ト者。尤一家ノ鏡像圓融ノ本說。從二大論一事起ル。但論ト釋ト其意少別ナリ。論ノ意ハ。約レ像ニ說二ク三諦一。是レ明鏡ニ所レノ浮像ノ上ニ論二三諦一ヲ。因緣所生ノ法上ニ示二卽空假中ノ三諦一ヲ也。一家ノ釋意ハ。以二明鏡像ノ三一ヲ譬二三諦一ニ給ヘリ。已上此等ハ。譬喩分喩ニシテ。不レ顯二圓宗所立ノ鏡像ノ元意一ヲ者也。不レル顯サ事ハ讓ル二師資ノ口決一ニ故也。其元意ト者。如二今ノ血脈一ノ

當體ノ鏡是也。凡ソ顯二此當體一ヲ事於二一面一ニ無レ不レ足。鏡像ノ元意ハ。只顯マテ二當體一ヲ也。何必モ莊ク二道場一ヲ懸二多面一ヲ哉。若不レ動二一面ノ鏡像一モ得レハ二法性互具ノ當體一ヲ。上來十面八面。皆亦是眼前現見ノ法性互具。事事相卽ノ全體也。故ニ寸ノ鏡浮二尺ノ瀧(龍カ)顏一ヲ。尺鏡ハ移二五百丈ノ色像一ヲ。帝釋ノ圓鏡ニハ浮二閻浮ノ儀式一ヲ。大梵天ノ因陀幢ニハ顯二三千世間ノ依正一ヲ。皆法性互具。事事相卽ノ道理也。既ニ云二諸法實相一ト。何ソ彼等相入之外ニ求二法性一。難思之互具哉。仍テ具ナル次第如二血脈一ノ。此法門ハ是レ上來所說ノ一心三觀無作三身ヲ入眼スル玄旨也。已上上來ノ五箇ノ血脈ノ譬如レ此

3　一心三觀記　覺運聞書

諸法者幽玄ト者。十界三千ノ諸法ナリ。指テレ之云二諸法一ト。諸法雖レ多ト不レ出二三千依正一ヲ。雖二三千重重ナリト一不レ出二十界ノ依正一ヲ。十界依正又不レ出二色心ノ二一ヲ。此色心ノ二ハ。是諸佛內證ノ理智冥合セル衆生ヒ(本カ)地ノ境智也。彼本地ノ內證全ク在二眼前一ニ。其旨幽遠ナレハ。權門ノ執ハ。覺者ノ實ニ難レ悟リ。三千ノ諸法ノ所說ノ權實ハ。全ク從二此色心境智ノ妙用一起ル。境智無二ナレハ鎮ニ二佛並座ス。境智而(諭カ)二ナレハ常恆ニ普賢文殊各別也。故ニ知。楞伽百八問答。愉闍十五ノ章段。華嚴瓔珞四階深因。大集大品廣場至道。日藏月藏祕密ノ玄門及鶴林一味ノ趣已上雖二諸法ノ所詮區一ナリト。全ク從二鷲山無二ノ境智ノ本法一出タリ。仍テ淺智ノ者ハ誠難レ窮者歟。故ニ[經]云二以信得入非己(○カ)智分一ト(大正藏九、一五中。譬喩品)。或ハ淺識不解等云ヘリ

傳敎・慈覺ノ師資三觀同異ノ事。門徒一義云。傳敎ノ三觀ハ。境ノ一心三觀。慈覺ノ三觀ハ。智ノ一心三觀。今實義ノ傳ニ云ク。傳敎ノ三觀ハ。於二三千諸法動靜色心ノ上一ニ談シ二妙境妙智一ヲ。又於二彼彼色心用動靜用ノ上一ニ示二本來無作三身一ヲ。是レ智者所詮ノ一現ノ大綱也。然ルヲ慈覺大師閣二曠博ノ諸法一ヲ。且ク元ヨ付テ一心一ニ爲二行者修觀ノ示一ニ妙境妙智ノ本法一ヲ給也。是置テ二佛・衆生二法一ヲ取二心法妙一ヲ意也。彼ノ己(ア曰カ)心中記全文云(佛全24、一〇一上。境智一心三觀文)。問(ア曰カ)。一心之中何(ア如カ)分二境智一。答。前念爲レ境後念爲レ智矣彼答ハ爲ン類レ問ニ。爲ン違レ問。答ハ順レ問也。今付テレ之既ニ問ス二一心之中一ト。若答ヘハ二此問一ニ於二此一心ノ中一ニ可レ分二境

智二法ヲ一。既ニ問ヘルニ二一心ヲ一以ニ前後二念ヲ一答畢ヌ。是レ以ニ二心ヲ一答ニ一心ニ一。豈非ニ問答乖角スルニ一耶。答。一心之中ノ一心ハ。是レ非ニ念念之中ノ一心ニハ一。色心相對スル時。置テニ色一心ヲ一。只約ニ心ノ一法ニ一前後ヲ分ニ境智ニ一問也。答者可レ見。又彼全文云。(同前)後(「若カ)念觀レ智照ニ前念妄想一 文 此文意ハ。卽シテニ前念妄ニ一起ニ後念ノ妙智ヲ一也。凡ソ以ニ今生ノ終ヲ一爲レ空ト。後生ノ始ヲ爲レ假ト。彼ノ中閒ヲ爲ニ中道ト一。然ニ行者可ニ用意一樣ハ。一期ノ終ノ閉眼後。不レ移ニ彼ノ後生ニ一。於ニ其中閒ニ一開テニ種智ノ性海ヲ一住ニ内證果海ニ一。印持決定シテ可ニ念言一者也。是爲ニ臨終要期ノ願ト一。若シ此願決シテ通ニ佛意ニ一者。彼ノ正命終ノ一念ニ雖レ不レ起ニ現起用心ヲ一。酬テニ彼ノ平等ノ願力ニ一不次不ルニレ思。自然任運ニ於ニ彼死有ト生有ノ中閒ニ一。可レ住ニ佛界平等ノ中道ニ一者也。傳ヘ聞ク毘沙門堂ノ明師法印一期修行。只在ニ此一道ニ一

云云 已上 大段用レ意如レ此

凡ソ遠ク不レ可レ期ニ死有生有一。於ニ念念前後之像ニ一可レ起ニ此念ヲ一者也。謂ク前念之後不レ起ニ後念妄ヲ一。於ニ二念之中閒ニ一住ントニ種智ニ一 云云 若住スレハニ此用心ト一。晝夜十二時一時トシテ無レ漏ルルコトニ其用意ニ一。面密ノ行體ハ此所ニ立ス。此レ卽チ正ク行者ノ行體ヲ招入タル形也。凡ソ當念ノ死ハ普賢。後念ノ生ハ文殊ナリ。故ニ最後命終ハ。是レ入リニ普賢ノ願海ニ一入ニ普賢三摩耶ニ一故也。迷テニ普賢ノ理ニ一徒ニ謂レ死ト。迷テニ文殊ノ智ニ一空ク謂ヲモフレ生ト。生ハ是レ文殊ノ妙智妙假。死ハ卽チ普賢ノ妙理妙空。故ニ前後ノ中閒ハ。空假不二。妙體ハ理智冥合ノ本法也。(生死覺用鈔)(傳全五、三六一)二佛並座ノ深意ハ偏ニ表レス之ヲ。故ニ北谷相承本無生死ノ頌云。迷レ假謂レ生。迷レ空謂レ死。「生死不二」(「」空假二用カ)。唯一中諦矣重テ能能可ニ用意一事。以ニ正命終ノ一念ヲ一普賢三昧ノ妙理ト云事。相構テ染ニ心腑ニ一不レ可ニ亡失一者也。今慈覺所立三觀ハ三觀ノ肝心也。故ニ一切衆生ノ命終ヲ歸ニ‐入スト普賢多寶ノ内證ニ一可レ思也。多寶已入滅佛說事可レ思ニ‐合之一。至ヌレハニ命終ニ一只妙境ノ寂體ノミ存テ能照ノ智亡ス。是レ歸入内證之後。法界一理ナル相也 已上 甚深不思議也。穴賢。不レ可レ出ニ口外一。出離生死祕術至テレ此ニ入眼ス。能能可ニ思擇スル一者也

境ト者智之德。智ト者境之德トハ。權宗談スニ理智各別ト一。故ニ全ク不レ可レ存スニ此等義一。今實宗所談ノ境智ト者。本來不二ノ

法故ニ。最モ互ニ可レ爲レ德ト。非ニ權宗ノ智一ニハ。境ヲ爲レ體智ノ故ニ。又非ニ權宗ノ境一ニ。智ヲ爲レ體ト境ノ故ニ。若境ニ無ニ智ノ德一者。不レ可レ簡レ智ヲ。智ニ(無カ)不ニ境ノ德一者。不レ可レ緣レ境ヲ。既ニ作ニ能緣所緣一ヲ。知ヌ互具其德ト云事。門跡ニ擇處ノ二重ノ境智冥合ト者。卽チ從ニ此等ノ義一ニ起ル。二重ノ境智冥合ト者。如ニ彼自受用有爲無爲等算一ノ

問(聞カ)此一言達是一現ト者。此言ハ染ニ心腑一ニ不レ可ニ亡失一。其義勢ハ如ニ彼ノ玄旨四重ノ下聞書一ノ。應名居常寂光土ト者。本結大緣寂光爲土ト云テ。(天文三、一三五九下。文句記)圓頓ノ機ハ。最先初心ノ淺淺ノ位ハ。住ニ最極後心甚深之位一ニ。是卽位ハ。理卽ハ底下。解ハ高ク出ニト究竟一云ヘル卽チ此意也。刹那成道ノ法ノ本意ハ卽是也。同在理心ト者。(生知妙悟決カ)(傳全五、二一八)全文云。同在一心矣今云ニルハ理心一ト理心卽是レ菴摩羅ノ異名ト云テ。理心者第九識ト釋也。然ニ境智不二ノ一心ハ。中道ナレハ云ニ理心一ト也。凡ソ一心三觀一念三千ハ。是レ佛眼種智ノ德也

口決云。圓頓行者以ニ中道佛眼一ヲ爲ニ初心入觀要路一ト。故ニ知。一心三觀ノ一心ト者。非ニ我心一ニモ非ニ人心一ニモ。又非レ離ルルニモ自他一ヲ。是諸法所依ノ中道ノ一心ナレハ。何ソ取分テ云ニン我心他心一ト哉。既ニ十界同一性ノ心ナレハ。又還テ可レ分ツニ自心一トモ。可レ云ニ他心一ト者也。故ニ以レ屬ニ質内之心一ニ一心三觀ト不レ可レ被レ得レ意者也

〔九、北谷祕典　三箇條　終〕

十、北谷祕典

金夷書

（内題）北谷祕典　十帖之内

1 被攝(攝イ接)之斷位事

傳云。被攝(攝イ接)義ノ大旨ハ。如ニ本抄ノ所詮一ノ。當流ニハ被攝(攝イ接)ヲハ。止觀行者ノ爲ニト理觀成就ノ一云也。其理觀者。煩惱卽菩提。生死卽涅槃也。兩理交際須レ安(安イ案)(處カ)ニ一攝(攝イ接)一矣（天止二、四六八。止觀）此兩理ト者。空中合論也。界內界外ノ理也。令ミ深觀レ空卽見ニ不空一（天止二、四七〇。弘決）ト者。空理ヲ深ク觀シテ卽(卽イ定)見ニルト不空中道ノ理ヲ一定タリ。此約ニル止觀ノ大旨ノ觀心ノ時ハ。空理ト者無明也。此無明ヲ深ク練觀スルニ卽チ見ニルト不空理ヲ一云ヘルハ。無明卽法性ノ意也。空中ヲ主付ルニ界內外ニ故ニ顯ニ界內外不二ノ理ヲ一也。無ニ別子細一。一念ノ無明ヲ卽チ顯ニ中道法性ノ理ト一云ニ被攝(攝イ接)ノ斷位ト一也。此法門ニハ被攝(攝イ接)ヲハ不レ爲ニ大事ト一。斷位ハ何樣ニ斷惑シ。可レ到ニ何ナル位ニ一耶ト云事ヲ爲ニ祕曲ト一也。顯スニ其斷位ヲ有ニ四重一。爾前ノ被攝(攝イ接)ハ菩薩斷シテ無明ヲ一到ニ證道位ニ一也。二迹門ニハ。〔云ニ〕汝等所行是菩薩道ト一。二乘所證ノ空理ノ無明ヲ云ニ中道不生ノ菩薩ノ位ト一也。三本門ノ時ハ。始覺閒隔ノ無明ヲ談シテ本覺本有ノ妙體ト一。斷位ヲ置クニ妙覺ノ位ニ一也。此等ハ在世ノ被攝(攝イ接)ノ斷位也。四〔約ニ〕滅後ノ止觀行者ノ觀門ニ一時ハ。釋シテ然圓頓敎本被凡夫ト一（天止三、七四。弘決）。不レ改ニ六識龕强ノ凡夫ノ妄念ヲ一。當處本妙ノ重カ打ニ開テ自受用圓滿ノ智體ト一。父母所生ノ薄地底下ノ處ヲ。不レ進不レ退明セルニ實相心地ノ妙位ト一也。此ヲ云ニ止觀被攝(攝イ接)ノ斷位ト一也。惣シテ止觀一部ハ。顯スニ煩惱卽菩提・生死卽涅槃ノ妙旨ヲ一。始終皆被攝(攝イ接)ノ斷位也。加レ之一家ノ本意ハ。不レ限ニ止觀ニ一玄義・文句モ顯スニ被攝(攝イ接)ノ

位也。如此詮要。我等只今指居被攝(イ接)境界發四煩惱當體明止觀二法寂照二德法性體時。一念間斷惑證理也。眞實剎那間斷位可現前也。越此上祕曲不可有之。爲成理觀釋(天玄二、一五八。釋籤)。約證道故文(天止二、三一五。弘決)此意也

尋云。被攝(イ接)有空中二論假論無之歟

一義云。假論攝(イ接)空理云云　一義云。攝(イ接)中道。當流云(天止二、三一五。弘決)諸法先熟藏理易明。被攝(イ接)行者。假諦不沙汰之(天止一、三七一。)也。其故假諦理。先熟故也。藏理者。釋藏故卽(止觀)假是假諦也。故被攝(イ接)成就(就イ熟)乃成三諦一心具足也

尋云。諸法先熟者。攝(イ指)何處云先熟耶

答。此被攝(イ接)大事也。爾前被攝(イ接)者。方等般若菩薩也。此菩薩者。實二乘也。出止宿草庵方二乘也。入聞寶炬陀羅尼方菩薩也。此人阿含時證果者也。而此等菩薩。三藏昔三企(企イ祇)之間。趣利他化度衆生事。共假諦出假理也。指之云諸法先熟等也。本迹二門可如此。約滅後止觀行者得意。不値止觀以前。輪廻六道生死。受衆多生死間。或成父母。或成知識。或成妻子。或成眷屬約束。衆生結緣處。饒益有情形。衆生濟度假諦門開覺。指之云藏理易明也。圓教意。談化他自行也。是殊被攝(イ接)大事也

尋云。寶炬陀羅尼者何者耶

答。先德一心三觀異名釋給(給イ玉)

尋云。四重被攝(イ接)中何爲正意(正イ本)耶

答。爾前義立。本迹觀心本意也云云　眞實爾前・迹門・本門三種斷位義立。觀心斷位爲本意。一家正意。以觀心爲至極故也。甚深甚深

2　圓教斷惑不斷惑之事

仰云。本迹二門斷惑不同也。迹門始覺修成。從因至果斷惑也。本門本覺本有斷惑也。始覺本覺手本。(大正藏七五、四五四上～中。菩提心義抄)貪體卽覺體名本覺(ㇾ理也〇カ)。若覺貪卽菩提名始覺也(矣)是

其手本也云云本門ニ貪瞋癡ノ體。不レ改レ體ヲ卽本覺本有ナルカ
故ニ。改レ之捨レト之云義無レ之也。法法塵塵ノ體質ハ其ノ任ニシテ
其ヲ聽テ佛也ト談スルカ本門トモ被レ云也。昔シ有リシ法ナレハ。非レ云ニハ
本ト。久成ナレハ非レ云ニハ本ト。欲心瞋心等ノ念想ノ情。萬法森羅
事事ノ其已成ル法ヲ本トシテ。形ヲ少シモ引直シ療ツクロウコト無クレ之。本有ノ
體ハ天然ノ體ナルヲ談シニ本覺一トモ。本有本門トモ云也。如レ此觀
智ナレハ。最上ノ根機ニテ有也。天台一家ノ立行ノ實義ハ是也。本
門ヲ事圓ト云是也。事事法法不改體一心法ト談也。天台已
心中ノ法ハ。一念三千ノ立行是也。只心是一切法。一切法是
心トハ是也。貪體卽覺體也。不レ動ニ貪煩惱ノ當體ヲ一談スルヲ二覺
體一ト云ニ本門一トハ也。迹門ノ機ト者。此定ニ不レ明理觀ヨリ傳也。
貪體ハ其ノ任ニテ不レ論レ之。理觀ヨリ落チ傳ヘキト談ルレ之故ニ。若
覺ニ貪體卽菩提一ト名ニ始覺一ト也ト云テ。貪體カ菩提ト顯ルヲ釋ニ始
覺一ト也。故ニ斷惑ト云ハ。迹門モ談ニシテ但除其執不除其法一ト。執
情計リ除レ之也。本門ノ十重顯本ノ前四重。破廢開會ノ四。
尚ヲ帶ニ迹ノ情一ヲ。故ニ可レ云ニ但除其執不除其法一ト也。住本顯
本ノ時ハ。不レ可レ云ニ但除其執一ト。念念執情ノ欲心瞋心。色

不レ改レ之當體卽本覺ノ體也ト談也。始覺本覺ノ手本也。同
法華ナレトモ本迹ノ所談ハ各別ナル本體ハ是也。是ハ本迹ノ大綱也
難云。於ニ理觀一ニ傳フ相貌尤（尤イ最）不審也。何樣可レ云哉。不レ除ニ
執情一ヲモ有リノ任ノ貪瞋癡ノ體ハ本覺ト云ヘル貌如何。又何處ニカ但
除其執ト云ヨリ外ニ不レト除レ執ヲ云ヘル釋有レ之耶
仰云。理觀ヨリ傳フル機ト云ヘル理觀ト者。欲心瞋心等ノ事法ハ。其
任ニテハ不レ明。欲心等ノ妄心妄想ハ。打拂テサテ安コ住シテ一空
界一ニ。作サ手テ見ルニ二本心一ヲ事事法法不レト可レ捨レ之體達スル也。打コ
拂テ妄想一ヲ安コ住スト一空界ニ云理觀ニ落立テ。其ノ上テ得ニテ事事ノ
萬法ノ體一ヲ後。其ノ上ニ本門觀モ無ニ差別一。本迹一體ト覺知スル
自體ノ上ニハ。無ニ動轉一事也。事觀事圓ト者。貪瞋事事ノ妄心
其ノ任得ニ本覺ノ體一ト也ト云ヘルハ。本覺ノ體ト。三千世間ノ萬
法ヲ一心ニ圓備シテ。少（少イナシ）シモ不ニ偏强一ナラ。サラリト備レ之故ニ。事
圓トモ本覺トモ云也。本覺トハ只心是一切法。一切法是心ニシテ。
有レハ二萬法一一心ノ當體ニテ。本有常住ノ法ナルヲ云ニ本覺一ト（云イナシ）也。此ハ
不レ斷ニ執情一ヲモ歟。サテ何ノ處ニカ不レト除ニ執情一ヲ釋ルト云ヘル事ハ。
圓頓直達觀ノ意也。妙樂大師ノ一處ノ解釋中ニ。問答シテ判レ

之。卽チ義例云（大正藏四六、四五三上。取意）。問。大師ノ口決ハ。純ラ爲レ治レ病ヲ。自餘諸宗皆以テスニ對治ヲ一。止觀ノ對治ハ能治也。然ニ天台大師常ノ教訓ノ御言ニハ。實心ヲ繫ニ實境一ニ。實境ト者此心境也。實心ト者。此心境宛然ナル處ニ安住スル也。少シモ不シテレ行レ前。高尚ナルハ高（彌カ」）尚シ。卑劣ナルハ卑劣（「彌カ）ナルヲ止觀トハ云也如何

仰云。此事ハ神妙ニ尋タリ。殊ニ習事也。但佛ノ照タマフ黑白高下ト。衆生ノ分別スル黑白高下トハ。誠ニ同事也。然ニ佛見ヲハ不レ名ニ執情トハ。衆生ノ分別ヲ名ニ執情一ト也。其故ハ。佛ハ本ヨリ安ニ住シテ體分ノ第八識ニ。其上ニ白モ黑モ分別シ給カ故也。只是第九識ノ德ニテ如レ此分別シ。持テ不ニ斥落一分別ル也。仍テ不レ名ニ執情一ト。衆生ハ未レ達セ體分ノ第九識ニ。實心ヲ繫ル實境ニ故ニ。始テ白モ黑モ分別高下モ思慮スルカ故ニ名ニ執情一ト也。衆生ハ思レ白ト妄レ黑。思ハ高ト妄シテ卑ト。偏强偏墮ニシテ斥落カ故ニ云ニ執情一也。旣ニ情ノ分別ナレハ一切皆邪ナリ。離レ情ヲ分別スルヲハ一切皆正也。無念ト者。非レ無ニ理情正覺ノ覺也。圓頓直達ノ行者ハ。不レ違ニ佛知佛見ノ照覽ニ體達スル也。仍テ是レ別ノ事也。作手（サテ）本門ノ重ニ。不レ除ニ執情一ヲモ云ヘルハ。此ノ欲心瞋心等ノ黑白分別不改ノ體也ト達スレハ。不レ除ト云也。釋スルニ貪體卽覺體名本覺ト此意也。迹門ニハ打ニ拂テ此妄心ヲ一。其上ニ見ニ本心ヲ一故ニ。若覺貪卽菩提名爲始覺ト釋スル也。作手（サテ）云ニハ執情一ト。又七歲已前ノ嬰兒ノ見ハ非ニ執情ニ。又十四歲以前ノ非ニ執情ニ等云二義。止觀ノ第四ニ釋レ之。七歲以前嬰兒ノ見ハ。白ハ白ト見。黑ハ黑ト見テ。白レハ善トモ黑レハ惡トモ付テ道理ニ存レ之義無レ之。故ニ七歲以後十五歲以後ノ見ヲハ釋セリニ執情一ト。仍テ此配立ノ時ハ。有ノ任ニ黑白分別スル非ニ執情ニ也。嬰ト者女子。兒ト者男子也。七歲以後若十四歲以後ハ付ニ道理ニ分別スル故ニ。此ヲ云ニ執情トハ也。多種ノ異說有テレ之。成スル道理ヲ上ニ成シテレ業ヲハ引ニ生死ヲ也。不レ爾分別ハ。不レ引ニ生死一也。元品無明ト者。此一念ノ黑白分別也。故ニ元品無明ヲハ佛モ不レ斷レ之也。無明十二因緣ハ爲ニ俗諦一ト。此ハ以ニ無明ヲ云ニ俗諦一ト也。不レ斷レ之故ニ云ニ俗諦常住一ト也（大正藏三八、五九八下一行。維摩略疏）。佛モ黑白分別宛然ナルカ故ニ。元品無明ハ不（「不カ）レ引レ生ヲ也。但有微習能牽生ト釋スル也（大正藏三〇、八一二中。瑜伽論カ）此心也。第二念以去ヨリ成レ業ヲ感ニ生死一ヲ也。故ニ大論ニハ刹那雖（雜カ）染。不レ能ニ煩（傾カ）動一所レ修梵行等判ニ此意一也。初刹那ノ分別ニ

不レ感ニ生死一ヲ也。我等カ念念ニ元品ノ無明ヲ起シテ居ルト云是也。是安ニ住シテ九識本心ニ無トハ分別一被レ云ニ只點一法トモ也。然ニ又不動不退本退本心ノ上ニ。分別照用有レ之。故ニ二諦宛然トモ釋也。不動不退等云ヘル此心心ノ分別ハ。不レ改レ體ヲ押テ果滿ノ當體ナル故ニ。云ニ不動不退ト也。果滿ト云ヘル本地ノ當體ハ。佛果ノ上ノ德義ナレハ云ニ果上ト也。非ニ酬ヘル因ニ果ニハ也。云ヘルハ不動不退ト可レ有ニ二ノ意一也。第九識ノ本心ヲ果ト云ヘル前ニハ。第九識ノ德用ニテ慮知分別スレハ。云ニ不動不退ト也。此三千ノ慮知慮想カ不レ斥(本ノママ)前宛然トシテ云ニ不退ト也 云云

3　大通佛之事（天玄一、六二）

玄云。夫理絶ニ偏圓一。寄ニ圓珠ニ而談レ理。極非ニ遠近ニ。託ニ寶所ニ而論レ極 矣

籖云（同、六〇）。法譬ニ二周略而不レ序（敍カ）。且寄ニ宿世一以爲ニ興致一。法譬二周得益之徒。莫レ非ニ往日結緣之輩一 矣

問。此序ノ意ハ。釋ストニ法華ノ因緣説ヲ見タリ。爾者。序者可レ互ニ三周ニ。何釋ニ因緣説計一耶

師云。習事也。一代ノ教法ハ起レルニ因緣説ヨリ也。爰以妙樂大師（同前）。且寄ニ宿世一以爲ニ興致一 矣 興致ト者。一代教ノ起リト云事也。先大通佛ト者。指ニ心地不生ノ體ヲ也。不生ノ一理ハ大ニ通ルニ諸法ニ故也。智勝ト者。境智不二ノ處也。今ノ釋ニ。理ハ絶ニ偏圓ヲ寄ニ圓珠ニ而談レ理ト云ヘル意ハ。本地不生ノ體ハ雖トモレ絶ト言語ヲ。今云ニ寄圓珠一以ニ寄字（字㋑宗）ヲ得レ意。説相ノ面ハ非ト實ニ聞タリ。然閒。大通佛ハ指ス我等カ本理ノ一念ヲ也。云ハ大通結緣ト寄テ圓珠ニ談ニ絶理ヲ。所談ノ理ヲ實事ト聞タリ。今説相ノ面ニ大通佛十六王子ノ覆講法華ハ實事ト聞タリ

尋云。爾者十六王子ノ覆講ト者。何樣ニ可レ得レ意耶

師云。大通ト者。法身本地不生ノ體也。法身ト者境也。十六王子ハ（智㋑境）智也。智者四智也。四智互ニ具故ニ四四十六也。境智不二之處ヲ云ニ大通ト也。我等所具ノ法身ノ體ヲ名ニ大通ト。我等所具ノ智ヲ名ニ十六王子ト。惣シテ法華一部ヲハ不レ習ニ心外ノ法トハ也。全ク一部ハ心中ノ法也。如レ云カニ（「〇カ）若但只信事中遠壽。（〇カ」）（天文五、二四一二下。文句記）何能令此諸菩薩等。增道損生。故信解本地難思境智。以至一生ト

止一云。說己心中所行法門良有ㇾ以哉(也カ)矣(天止三、二七一。弘決)
師云。大通智勝佛者。十界十如顯ㇽㇽㇾ事ニ形也。且ク寄ニ宿世一以爲ニ興致一矣 一代ノ教ノ起ト者此意也。只四味三教ヲ(天玄一、六〇。釋籤)爲ニ己心ノ大通十六王子一ト也。依ㇾ之法譬二周得益之徒莫ㇾ(同前)非ニ往日結緣之輩一矣
尋云。若爾ハ因緣說ヲ可ㇾ置ㇾ始ニ耶
義云。利根者不ㇾ用ㇾ之悟カ故ニ爾也
師云。衆生ノ最初結緣ハ。限ニ一乘ニ歟。論義ニ先此ノ法門ヲ口傳也
傳義云。結緣ハ亙ニ諸教一ニ。下種ハ限ニ法華一ニ也。結緣亙ニ諸教一ニ者。佛法ハ非ニ沙汰ノ限一ニ。詩歌ノ下種ト云ハ限ニ法華一ニ也。遊ヒ戲モ是ヲ爲ㇾ緣ト可ㇾ見ニ本地不生ノ體ヲ一也。不ㇾ可ㇾ簡ニ所緣ヲ一。然閒。結緣ハ亙ニ諸教一ニ。下種ハ何ニモ不生ノ體ナレハ。結ニ緣ス大通佛一ニ。故ニ云ㇾ限ニ法華一ニ也。大通卽法華ノ體ナル故也
傳云。大通結緣ト者。今モ可ㇾ有也。卽チ見テニ不生ノ體ヲ一云ニ結緣ト一也。見思未斷之程ハ。退シテニ流轉生死一ニ。爰以釋玄一ニ。流轉五(天玄一、六三〜四。釋籤)趣。耽下障ニ中道一微細無明上故失ニ於大志一。復耽ニ現行麁欲無明一。忘(忘イ妄)ニ本所受一矣 譬喩品云。先因ニ遊戲。來入ニ此宅一矣(大正藏九、十四中)
疏五云。理性本淨非ニ三界法一。因ニ無明一故而起ニ戲論一有ニ生死一。故云ニ先因遊戲來入一。(天文三、一三〇五下)此宅也矣(此宅カ) 然ニ三周ノ終ニ說ニ大通佛ヲ一事ハ。所顯ノ體カ故ニ三周ノ終ニ說ㇾ之テ十界十如ヲ顯ㇾ事ヲ形ナリ。故ニ釋。三千在ㇾ理同名ニ無明一。三千果成咸稱ニ常(常カ)樂一。(天玄四、三四九。釋籤)三千無ㇾ改無明卽明。三身並成俱體俱用矣 三千果成スルニ顯ニ大通一ニ也。三千在理ノ時ハ。被テㇾ覆ニ無明一ニ有ニ大通一ニ也。非ニ今昔ニ故ニ云ニ本覺ト一也
傳云。下種ト者。習ニ大通ト一事ハ。以ニ眞言一得ㇾ意也。六識ヲ當テニ五智一ニ說ケリ。四智ニ具ニ四智ヲ一樣ニ並テ可ㇾ得ㇾ意也。第九識ヲハ云ニ法界體性智法身一也。當レリニ今ノ大通一ニ。其外ノ四智ニ各(各イ)各具ニ四智ヲ一故ニ十六王子也。牟利曼荼羅經云。(大正藏七五、五四一中。菩提心義抄取意)第九識顯法界體性智。身業盧遮那佛。口業普賢菩薩。又名正法(金剛カ)輪身。意業不動明王。又名教令(令イ合)輪身。第八識顯大圓鏡(鏡イ境)智。身業阿閦佛○前五識成所作智。身業不空成就○釋給(給イ玉)也(矣カ)。
五智(智イ)者。法界體性智中央。南平等性智。修行。東大圓。發心。西妙觀察。菩提。北成所作。威儀

師云。今ノ壽量ノ本門尙示以前ノ本門ト者。先本迹二重竪ニ破（被敷）立スル上ノ（上イカ）事也。所以ニ前十四品ハ迹門。後十四品ハ本門ト定テ。立還テ尙此ノ本門ハ。對治ノ本ト云テ習ニ迹門ノ中ノ本門一ト也。此上ニ云二テ幽微ノ實本二ト不レ立ニ塵劫ノ時節一ヲ。又打ニ聞大小ノ方時一ヲ擬宜シテ。非三慮知分別造作迷悟シテ對ニ判スル善惡惡愛ノ本門一ニ。而ニ發迹顯本ノ三如來者。云ニテ永異諸經一ト言ノ下ニ。事ノ諸法森羅萬像千草萬木。併ラ當體當體都テ心源ノ自體ニシテ無レ隔。法法塵塵朗ニ一心ニ通徹シテ。超ニテ作止住滅ノ四相一ヲ相ニ應スル法法本來ナル法ノ旨一ニ之處ノ本心自體ノ本門也。本覺ト云モ尙立ニル覺ノ義一ヲ故ニ。非ニ至極幽微ノ本一ニ。觀心ノ重者是也。然後ニ立還テ再見レハレ之。所ノレ打ニ方時一ヲ三百塵劫モ五百塵劫モ皆幽微ノ實本也。然閒。大通佛者。通ニシテ彼ノ法法塵塵情非情一ニ皆大通佛也。所以ニ大通ト者。知ニヨリ萬法ハ一心法ノ外ニハ無レト之別ニ所ノレ隔法一切ニ無レ之。大通佛ト者。本名ニタリ一心ノ全體一ニ。一心全體無爲無事天眞獨朗ノ只有ノ自心ノ通作是也。（也イカ）然閒取レ之捨レ彼義全無レ之。所詮。大ニ通ニケル（カヨイ）諸法ノ境一ニ境佛也。爲ニタル法界通佛一故ニ云ニ中道法界一トモ云ニ大通一トモ也。廣（廣イ塵）弁ノ相傳也

義云。大通者法王也。十六王子者四門也。大ニ通ト者。一切衆生ハ從ニ四教四門一入ニテ契當中道實相ノ理一ニ。能通ノ門門不同ナレトモ所通ノ理ハ只一心法王ノ一也。大通トモ十六王子トモ色心トモ妙法トモ止觀トモ。此等ノ二法。體（大通）用（十六王子）替目也

（「」イカ）「私云。本ハ各各一帖宛在レ之。少故四帖ヲ一帖シ書也。日意」

〔十、北谷祕典　金夷書　終〕

十一、北谷祕典

北三十六帖內三帖在レ之

1 鏡像圓融一心三觀見聞　第四　（對校㋑本缺文）
2 三句血脈見聞
3 一心三觀聞書　三帖　（對校㋑本缺文）

1 鏡像圓融ノ一心三觀事

仰云。是又境智相應ノ一言ニ習合也。仍テ中モ以ニ鏡像圓融ヲ一爲ニ至極一事。當體鏡像ト云事也。其故ハ又如ニ前示一

尋云。當體ノ鏡像圓融ノ一心三觀ト云事。其相貌如何

答。是又大事カ中ノ大事也。非下可レ云ニ聊爾一ニ事上ニ可レ祕事也。其故ハ最初伽羅藍ノ位ノ圓ナル處ハ全是圓鏡也。而此體無礙ナレハ空。然モ其色體相貌ナル方ハ假也。爰以鏡像圓融ノ一心三觀ト云事卽チ是也。サレハ明鏡像ノ三。歷然トシテ鼻ヲ並テ有レ之。故ニ云ニ當體鏡像一ト也。或多寶塔中ノ一心三觀。鏡像圓融ノ一心三觀等。入門少モ替樣ナレトモ。落居スル重ハ全ク一也。乃至鏡像圓融ノ一心三觀時。我等カ長大五尺形骸一念ノ心ニ當テテ造ル事サキノ如ニ多寶塔中一ノ。所以中有ノ位ヲ中道ト云事尤モ有レ謂。其故如何ナレハ。岩盤石鐵塔ヲモ不レ斥。微細ノ色心トシテ而モ有テニ其貌一不レ礙レ物ニツト徹（トウス）レ之。卽チ是中道ノ理ノ無礙自在ナル處也。サレハ大覺世尊此位ヲハ不ニ留給一。是又全體中道ノ體ナルカ故ナリ。指シテニ此位ヲ一云ニ不變眞如一トモ。此不變眞如ヨリ隨緣眞如ノ用ヲハク時節。色心和合シテ成ニ伽羅藍一ト也。サレハ宗門法門ノ中ニモ。父母未生前ト云ハ。指ニ中有ノ位ヲ一歟。中有ノ位ト者。卽チ中道第九識之當體也。色心和合シテ被レ云ニ伽羅藍一ト位ハ。卽チ無分別之體。而モ色心歷然トシテ有レ之。故云ニ第八識一ト。此伽羅藍已後六根ノ相貌未レ出程ハ。成ニ我執一ヲ。此位ヲハ云ニ第七識一ト。既ニ六根現形スル位ヨリシテ云ニ第六識一ト也。自ニ伽羅藍一至ニ三十餘一ニ者。是隨緣眞如ノ盛ナル相也。三十餘ヨリ至ニ死後之後一ニ者。不變眞如ノ現形スル相也。我等衆生ハ。鎮ニ不變眞如・隨緣眞如ニ被レ移。全

體雖最後ノ體ナリト。彼ト移生住異滅之四相ニ思フ是ヲ即迷ト云也。カカル宗ヲ一言ニ傳フルカ故ニ云境智相應之一言ト也。サレハ傳教大師。一心三觀傳於一言。菩薩圓戒授於始心（至信カ）ト釋給ヘル。是レ即チ迷悟眼前ナル處ヲヒネリナヲス計也云云

一面上三目ノ事　此摩醯修羅ト者。即チ第八識體也。色究竟天ト者。即チ我等衆生ノ色心和合スル伽羅藍ノ位ヲ表シテ。顯色究竟天ノ天主ト。此位者迷初ナルカ故ニ。此摩醯修羅ト者。表スル一念ノ心迷ヘル相ヲ彼コニアラハレテアル也。サレハ色界ノ色ト。色心ノ色トハ全ク一也ト可得意也。此ノ天主ノ面上ノ三目ト者。全體是三諦ナルカ故ニ如此釋シ給ヘリ

2　三句血脈聞書

傳云。此血脈ヲハ門跡ニハ號ス三句ノ血脈ト。傳教御在唐之剋。德宗ノ貞元年中七月二十二日。於天童山ニ窮メテ於智者ノ觀門ヲ入灌頂之神祕ニ畢ヌ。于時大守（國守護）陸（リク）淳（人名）歎シテ大師ヲ言ク。最澄闍梨。身ハ雖有異域ニ。機ハ源ト同シ。天機秀發ニシテ。探リ灌頂ノ神祕ヲ畢ヌ云云即チ所云灌頂ノ神祕ト者。彼ノ玄旨ノ血脈是也。然ヲ歸朝之後。彼ノ玄旨ノ意ヲ。以二十四字ヲ。結顯シテ三句ニ。令備ヘ後生ノ龜鏡ニ給也。此ヲ則被戴（載カ）ニ彼ノ內證佛法ニモ。又門徒ノ一義ニ。內證佛法ノ血脈ニ始テ書キ載（載イ戴）セ給ヘルヲ。後ニ書出シテ別口（口イ相）傳云云是ハ次傳也。以已前ノ義ヲ爲口傳ノ最祕ト。已上三句ノ閒ニ注ス五箇ノ文ヲ。不出二經一論ヲ

初ノ普賢觀ハ。證ス第一句ヲ。次論文並壽量品二文ハ。證ス第二句ヲ。次論文ハ。證ス第三句ヲ。普賢觀ノ文意ハ云。門跡ノ約束於佛身ニ有一身二身三身四身五身等ノ不同。一身ノ廢立ハ。出タリ涌出品ノ記ニ。彼コニ云ク。誰曉十方法界唯有一佛矣（天文五、二一五五上。文句記）一佛ト者。是本地難思ノ理智冥合ノ本佛也。此時ハ。十界ノ正體。皆是妙法性海ノ聖衆。毘盧遮那本佛ノ體也。十方依報ハ。悉ク（一切カ）寂光淨土砌也。仍テ釋云（玄文）。十界ノ衆生皆是毘盧遮那。十方國土依正即是常寂光土（土因カ）文（天玄一、三五一。玄義）若爾者。法法皆法身也。塵塵悉ク寂光也。仍テ十方法界之閒。併テ寂光法身ノ境界也。此外更無別ノ身土。故ニ經ニハ。說キ十方佛土中唯有一乘法ト（大正藏九、八上十七行。方便品）。祖師ハ。釋ス純一實相（天止一、一一二。止觀）。實相外更無別法ト。荆

溪ハ。（天文五、二一五五上。文句記）十方法界唯有一佛ト判給物ヲ哉。一乘法性及一佛。皆是理智冥合ノ覺悟ノ心要ノ異名也。法界唯有ノ理智冥合ノ眞身。一身ト得レ意時ハ。法界ノ妙用ヲハ。理智之中ニハ攝スルトモ。何ニカ傳レ之攝スルト理ニ云也。仍テ釋迦牟尼佛ト條（牒カ）シテ說クハ。名ニ毘盧遮那ト。一身門之時。應身ノ用ヲ攝スル法身ノ理ニ事ヲ說也。虛空ハ寂光也。故ニ以ニ空中ノ聲ヲ說ニ此眞身ヲ也。已上一身門如レ此

次。眞應二身門ノ時ハ。翻シテ彼一身門ノ理用ノ攝（攝㋑接）屬ニ法身理攝ニ應身ノ用ニ也。故深達法身之理。卽備ニ相好ト云テ。事ヲ寄テ法身ノ理ニ成スル應身ノ相好ヲ也

次ニ三身ト者。迹門ノ意ハ。以レ所レ契ニ本有之理ヲ云ヒ法身ト。以ニ能開始覺之智ヲ名ク報身ト。已上二身內證也。從ニ此ノ內證ニ所ノ垂ルル外用ヲ名ク應身如來ト也。　次ニ本門ノ意ハ。本有ノ處ニモ三身修德ノ處ニモ三身ナリ。以ニ彼ノ智ヲ名ニ報身ト有有（有有㋑有）ニ二ノ意。一ハ酬因曰報ノ自受用身。二本覺顯照ノ自受用身。彼酬因曰報ノ自受用身ト者。權宗爲レ本ト。義分又互ニルコトヲ迹門ニ言イハハ第八識ニ有ニ染淨ノ種子。依レハ惡緣ニ其ノ染種子增長シテ成ル生死ノ根ト。依レハ知識經卷ノ緣ニ淨種子增長シテ成ニ道後ノ眞如ト。眞如ハ是法身ノ理也。彼ノ第八識ノ中ノ淨分轉シテ成テ報身自受用ノ智惠ト契ヨ當本有ノ理ニ云ニ酬因曰報ノ自受用ト也。依テ因位ノ增長ニ果位ニ感スル理智冥合ヲ故也。此（㋑此）ノ自受用ヲ談スル樣ハ。權宗及迹門。其義分似タリ稍同キニ。故但與法（天文五、二二五一下。文句記）華迹門義同矣雖レ同ト非ニ全同ニハ只似同ノ同也。彼權宗所談ノ自受用智。第八識ノ中ノ淨分薰習シテ。契ヨ當スト法性身ニ云邊ハ。實ニ雖レ同ト今迹門ニ。但此淨分卽從ニ法性ノ理內ニ不レ云ニ薰發スト。故其ノ智體有爲無常ニシテ不レ同ニ法華迹門ニ。況ヤ又雖トモ理智相應スト不レ云ニ不二トハ。譬如下三光住シテ一處ニ其ノ體別ナルカ上。故ニ不レ及ニ迹門不二境智ニ者也。亦迹門ノ理智冥合翻シテ之得レ意。第八識ノ中ノ淨分ノ智ト云フ方ハ誠ニ義分少シ雖レ互ト權宗ニ。還テ此淨分ハ卽第九識中大智惠光明遍照法界ノ德ヨリ緣起シタルソト云ヘハ。彼外ノ智ソト談スル法相ニハ超タル也。況ヤ自レ本理內緣起ノ智惠ナレハ。冥合ノ後ノ成ニ不二ニ也。故又不レ同ニ權宗ニ。迹門ノ意ハ。第八識ノ中ノ淨分ノ智惠ノ種子薰習增長シテ成ニト極果理智冥合ヲ云故。報身壽命金

剛前有量。金剛後無量。或ハ有爲功德滿等且釋スル也。以二此ノ酬因曰報ノ自受用ヲ一爲二迹極果一ト故ニ。乍ラレ談シ二始本冥一理智冥合ト一ハ。終ニ不サレ覺二始覺ノ睡ヲ一。故ニ守護章ノ。有爲ノ報佛ニハ攝スルト二迹門ヲ一モ當流ニハ傳也。既ニ對二本地無作三身ニ一有爲報佛等尤モ（尤㋑云最）廣ク可レ指二迹門以前ヲ一。何ソ限二權宗ニ一哉

次ニ本覺顯照ノ自受用ト者。亦ハ名境發智爲報自受用ト。是卽且ク本門ノ自受用也。此自受用ハ只取二本覺本理ノ理內ノ常恆不變ノ理智冥合ヲ一云二自受用ト一也。只是本來ノ理智冥合也。非二始テ冥合スルニ一ハ也。凡ソ二箇ノ報身ハ。出タリ二道暹ノ釋ニ一。若望二本覺顯照ニ一時ハ。彼ノ酬因曰報ヲハ。可レ攝二他受用ニ一。且ク祕二本覺顯照ヲ一時。立二彼ノ酬因曰報ヲ一名二自受用ト一也。道暹釋云。酬テ二其往因ニ一名爲レ報。（卍續五八、十六丁右下。涅槃疏私記取意）此卽他受用報身也。本覺顯照名爲智惠ト此卽自受用如來也矣已上本迹對當ハ且ク教門一途ノ約束也。　若雖二迹門也一約ス二證道ニ一時ハ。最モ迹門ニ立二本覺顯照自受用ヲ一出離生死ノ觀法ノ根源ト可二習定ム一者也。迹門文殊ト口傳スル入眼偏ニ在レ之ニ。能能可二思擇ス一者也」

次ニ四身ト者。上來三身ニ加二分身ヲ一。於二分身ニ一有二三重一。一爾前分身。二迹門分身。三本門分身。於二本門分身ニ一有レ二。一各識門ノ分身。二ニハ平等門分身。於二平等門分身ニ一有レ三。一佛界分身。二ニハ十界分身。三ニハ草木分身也。一一義理如二分身ノ算ノ一

次ニ五身ト者。上四身ニ加二化身ヲ一。無二別ノ義一仍略レ之。次法華論文ハ。第一義諦之所攝故ト者。攝字如何　義云。常寂光土ノ前ニハ。以レ理ヲ爲レ正ト。望メテ二此ノ理ニ一智且立二所攝一也。次又論文皆爲レ成二大事一故ト者。事字如何　義云。起用應身ノ事用ノ事也。又云。大事小事事也。已上五箇注文大綱如レ此

次。付二麁字ノ三句ニ一示二口決ヲ一者。凡ソ定二法法體ヲ一不レ出二色心不二・色心相卽・色心用ノ三ヲ一。一代五十年能詮教法。只詮ス二此三箇ヲ一。然ルニ四味三教ニハ。是談シ二妄法ト一。三法體性都テ無キ處ヲ名二不可得眞如實相ト一也。色心無常ノ說ハ般若教ニ置ク手也。然ルニ開シテ二四味三教ノ麁ヲ一。顯二醍醐一實之妙ヲ一時。彼ノ爾前所詮三法不レ動二其當體ヲ一（當㋑之）。全ク法華所詮ノ實相也。色心ノ外ニ無二別ノ眞如卽身成佛ノ極說一。從二此事一起ル故ニ。

佛ハ唯佛與佛乃能究(究㋑窮)盡ノ法ヲ。將(將㋑牒)ニ諸法實相一ト。訓シ下釋スニ其諸法實相ヲ一如是〇體等上ヲタマヘリ(天玄一、五〇五～。玄義)。荊溪云。相唯在レ色。性唯在レ心(天玄四、三四二。釋籤)。體「力作縁義」(「」底〇㋑ナシ)兼ニ心色(心色㋑色心)一等云云 明知。彼爾前所詮ノ色心ヲ法華實相ト說クト云事ヲ。諸法實相者。意ハ先ツ簡ニ異スル爾前ニ一也。我四十餘年間。說シニ有爲無常ト一色心諸法ハ。卽チ實事ハ無爲常住ノ實相ソト。先ツ簡異シテ置給也。故ニ以ニ諸法實相四字ヲ一開ニ四十餘年ノ說一畢ヌ。此四字法華ノ肝心哉。能能可ニ思案ス一者也。然ルニ彼色心ヲハ。何ニト實相トハ開會スルソト云ニ。開會妙境妙智ト也。此色心不二及色心用ハ。是境智不二妙境妙智用ナレハ。三諦三身ノ法體也。以ニ彼ノ三種ノ三法ヲ一爲ニ今ノ三句一ト。先付ニ色心用ニ一消ニ三句一者。第一ハ妙色妙境。第二ハ妙心妙智。第三ハ起用妙用也。以ニ此廢立一弘決六ニハ(天止四、一三一。止觀)。就レ境爲ニ法身一。就レ智爲ニ報身一。起レ用爲ニ應身一也ト釋シ給也。以ニ色心相ノ三ヲ一消ニ三句一者。色心ハ如レ前。相ハ第三ノ句也。今付レ之ニ色心相ナリ。相卽色也。故六祖ノ云。相唯在レ色(天玄四、三四二。釋籤)矣

〔問。〕今何ソ色外ニ實相ト云耶

答。口決シテ云ク。色心ノ色ハ。能造ノ四大種也。相唯在色ノ色ハ。擧ニ所造ノ色ヲ一攝スルニ能造ヲ一也。所造ノ色ト者。顯形二色是也。次ニ付ニ色心不二ニ一消ニ三句一者。三句如レ次ノ不二色ノ心不二智境也。凡ソ三法一一不レ漏ニ二法一。不二之時ハ。相用ヲハ攝レ色ニ。相ノ時ハ。用ヲハ攝シレ相ニ。色ヲハ攝ニ不二一ト。用ノ時ハ。相ヲハ攝シレ用ニ。不二ヲハ攝レ色ニ。故ニ法身ニ有ニ二ノ圖一。不二法身・色法身ナリ。應身ニハ㋑〔有ニ三廢立一。色應身。相應身。用應身。報身ハ〕只一途也。謂ク心報身也。三身廢立以如レ此。但三箇ノ三法中ニハ。色心不二ハ諸法ノ肝心也。故ニ境智相應ノ一言ニ。傳ニ諸佛ノ內證ヲ一畢ヌ。且ク三身門如レ此。次。付ニ四土ニ一消ニ三句一者。初二ノ二句ハ寂光。第三句ハ事ノ三土也

尋云。有ニ何故一寂光ニ立ニ二句一耶　口傳云ク。於ニ寂光ニ一有ニ事理ノ不同一。故第一句ハ理寂光。第二句ハ事ノ寂光也

難云。事土ニ有ニ三土一。何故立ニ一句一攝レ之耶　傳ヘニ云ク。寂光是諸法極理也。極理ハ肝心ナレハ最モ委細ニ沙ニ汰之一。圓頓行者ニ有レ便。故ニ如レ此立也。事三土ハ外用ナレハ。必如ミ彼非ニ肝要一ニ。故ニ立テニ一句一攝レ彼無ニ不足一者歟

尋云。事理寂光如何　答。事理寂光。寂光色質。寂光蓮

華ト者。如ニ四土不二算一ノ。今略レ之
尋云。華藏世界常寂光。其體一歟二歟　答。他門ノ義ニハ華藏世界ハ實報土ト云也。雖レ爾ト門跡ニハ一ト習也
疑云。處處ノ釋ニ判ニ華藏世界一實報土ト釋ス如何　答。於レ此有ニ口傳一。又如ニ四土ノ算一ノ。凡ソ蓮華是諸法極理寂光ノ色質也。故ニ淨名髻中ニ蓮華ヲサシハサテ臥ニシ寂光空室一ニ。靈山寂光ノ砌ニハ。雨ニ四種曼陀ノ蓮華一ヲ。(擱カ)閣ニ種種華草一ヲ。首題ニ置ニ蓮華一最有レ由物也。已上三句各兼ニ依正一。一一句上ノ四字ハ依報。下四字ハ正報。故ニ約ニ三身四土ノ依正一ニ如レ此口傳也 已上初重義
次。傳ヲ云ハハ。三句是三重ノ三身也。第一〔句〕ハ。第三ノ唯事本覺ノ無作三身。第二句ハ。第二重ノ始本冥一ノ無作三身。第三句ハ。初重ノ無起作ノ無作三身ナリ。無起作ノ三身ハ。應中論三ノ三身。始本冥一ノ三身ハ。報中論三ノ三身。唯事本覺ノ三身ハ。法中論三ノ三身也 已上二重義
次。以ニ鏡(境カ)智不二一ヲ對ニ三句一ニ有ニ順逆二傳一。逆ノ傳ハ。如ニ上ノ謂一如レ次。不二智境ノ廢立也。次ニ順ノ傳ト者。三句如レ次ノ。境智不二ノ廢立也
疑云。以ニ應身第三句一ヲ號ニセシ不二一事如何　答。從ニ理智二法一起ル處ノ用ナレハ。用ヲ名ニル不二一ト也。譬ハ如下以ニテ鐘木ノ二一ヲ出中一聲上ヲ云云
尋云。今ノ順傳ハ。其義只是マテカ如何　口決ニ云。此血脈ノ深義始テ爰ニ顯ル。爲レ顯ニ深義一ヲ。不二ヲ置ニク第三一ニ也。爾者。順傳ハ深義入門也。凡ソ三句血脈口傳。若シ恭人切ニ責(責イ青)レハ自ヲ。彼ノ三重ノ三身ニ云合スルマテヲハ。縱ヒ授レトモ之ヲ。順ノ相傳以後ハ。守ニ付法ヲ可レ示ニ一人一ニ者也
尋云。其深義如何　最極口決云。三句即一句也。言ハ三句俱ニ只詮ニ一法一。一法者。理智相應ノ一也。謂ク第一句ハ。本有理智冥合。第二句ハ。能成所成ノ理智冥合。第三〔句ハ。〕事之相即ノ理智冥合。已上此義上ノ三重ノ無作三身ヲ三身俱理智冥合ソト入眼シタル計也
サテ始本ノ配當ハ。彼此尚一也。尚ヲ是殘ニ深義ヲ置ク。傳ニ云。三句即一句ノ義。尚ヲ未ニ入眼一。尚ヲ存ニ始本一ヲ故也。今謂ク三句皆是本有ノ理智冥合也。第一モ本有也。乃至第三モ本有

也。寂光ノ二字卽色心也。色寂心光也。爾者。不レ動二父母所生ノ色心一ヲ。全ク是レ寂光也。靈山ノ二字又是色心也。山ハ色。靈ハ心也。又是不レ動二我等色心一。全ク靈山也

次。寶塔三(二カ)佛又是色心二法也。色ハ多寶。心ハ釋迦。故知。必我等色心。全ク是レ妙境妙智也。釋迦多寶也。爰以弘決五云(天止三、一九〇)。無始色心本是理性妙境妙智矣可レ思二合一也。諸法雖レ多ト不レ出二色心二一ヲ。色心ノ言最少也ト云トモ悉攝二諸法一。故法界常寂也。法界ノ靈山也。法界ノ寶塔。法界ノ二佛也。全ク此レ法界ハ不レ出二現前五陰一。一現ノ深義只指レ之。俱ニ本有ニシテ同ク法界也。眼前ノ色心卽チ寂光。卽チ靈山。卽チ寶塔二佛也。此二佛ハ。妙法二字知見ノ二也。已上三句深義無二殘所一。甚深甚深。珍重珍重

3　一心三觀聞書（三帖）

凡ソ眞實修行道念用意事。非レ可レ云二聊爾一ニ。又サレハトテ打捨ヘカラス。能能可レ尋レ之。善財ハ南ニ求メ。常帝(啼カ)ハ東ヘ行ク。方便ノ行スラ如レ此得タリ。何況ャ於二眞實如來內證骨目一ニ耶。然ルニ若夫透(トウ)得(トク)シテ生死一ヲ。欲レ歸二天台之關(セキ)一者。先可レ達二祖師元意一ニ。元意ト者。是法華ノ所證。大師ノ己證。止觀ノ心要。是レ三千ノ本ヨリ不レ動有ラン二何止一カ。三千本ヨリ不レ暗可レ有二何覺一カ。凡ソ諸法實相ノ前ニハ。千草萬木何者カ非二眞如一ニ。サレハ自リ二松風清月一至マテ二合掌開(閉カ)目一ニ。皆悉ク止觀ノ本法透得シ。無下非ストニ要路一ニ云事上。雖レ然行者。亂レ二萬境一ニ不レ住二心地於一境一ニ者。難レ成二觀法一。故ニ無レ簡中ニ立二簡境一ヲ。無レ要中ニ立二肝要一ヲ。實ニ是レ如來出世ノ本懷。只仰テ知二生死浮沈之境一ヲマテナリ。一心若シ驗(アキ)ラメハ。萬境一處ニ無得ナラン。凡ソ一心三觀ト者。止觀ノ骨目。大師ノ己證也。就レ中ニ。先經ニ還テ可レ悟二深義一ヲ

止觀ハ是法華三昧ノ異名也。サレハ法華一部ノ神(シン)ヲヌイテ。止觀十軸ノタマシイニ宣タリ。於二彼止觀一ニ有二發心一。有二修行一。乃至有二歸大處一。初發心ト者。六卽中ニハ名字。彼名字ノ菩提心ト者。八九識先德ノ諍イナレトモ。任二一義一ニ者九識也。其故ハ。値テ二知識經卷一ニ聞二心具ノ三千一ヲマテハ。タマタマ雖レ帶(滯カ)二タリト六識一ニ。此ノ三千。全ク本有也ト知ルニナレトモ第九識解

了也。此解了全ク不レ劣ニ妙覺智惠一ニモ。サレハ代代ノ傳ニ云ク。至極ノ寂光ノ智本ヲ。直チニ名字ヘ引下シテ。不シテレ移親速ニ住ニ本法一ニ云云 次。修大行ト者。觀行ノ妙行也。付レ之。抑モ所觀ノ境ハ。八九識ノ中ニハ何ソヤト云尋アリ。付ニ惣別ノ二ノ意一ニ。初ニ惣ト者。何モ有下不レ相ニ違九識所觀一ニ之邊上モ。謂ク(但カ)唯觀理具ト云ヘリ。理具豈非ニ九識一ニ耶。(天止三、二四〇。弘決)但觀理具ト云ヘルハ。只觀ニ九識一ヲ云釋也。或ハ八識トモ見タリ。如レ下。次ニ六識トモ見タリ。謂ク雖ニ可レ思有レ處。一ノ卷ノ專在慮知。或ハ根塵相對等ノ釋。或ハ五識五意識定是今境等ノ文是也。如レ此大師ハ。何ソ不ニト行イ給一釋シ給ヘリ。付テレ其ニ釋ハ兩向ニ見タリ。付テレ之何カ本意ト云ニ。雖レ有ニ異義一。今傳ニハ第八識ト云也。次ノ別ノ意ハ。云ク何モ雖レ無ニ相違一。前ハ以ニ第八識一所觀トスルヲ爲ニスル止觀ノ本意一ト歟。設ヒ釋ハ雖ニ無盡也一ト。以ニ不思議境ノ判釋一ヲ爲ニ今家ノ通徹一ト。文文句句ニ雖レ宣ニト觀心一ヲ。以ニ正觀一ヲ爲ニ己證ノ本懷一ト。彼ノ不思議境ノ之初メニ。立ニ簡境用觀一ヲ。論ニ觀行之所託一ヲ。雖レ判ニ五識五意識等一。尙ヲ彼ハ思議境也。不思議境ノ簡境觀ヲハ。如レ下讓ニルト下ノ正釋一ニ。然ルヲ移ニテ正釋一ニ。宣ニノフル思議境・不思議ノ二境ヲ一中ニハ。付ニ初ノ思議一ニ有レ二。一ニハ引ニ正法念經一ヲ。一心生ニ六道ノ依正一ヲ。藏通ノ分齊歟。但シ以ニ藏教一ヲ爲レ正。其故ハ。阿含部ノ經ナルカ故ニ。通ヲ攝レ之ニ事ハ。事ニ擬ニ分齊一ヲ也。次ニ引テニ華嚴一ヲ云ク。心如工畫師造種種五陰等。是一心生ニ十界五陰一ヲ。然ルニ彼心如工畫師ヲハ。第八識無明心ト餘處ニ釋シ給ヘリ。是レ別教ノ心也。是ノ初メノ正法念經ノ心ハ。「六識ナル故ニ」(重複記載)六道ノ依正等云ヒ。次ニ華嚴ノ心如工畫師ノ心ハ。第八識ナルカ故ニ。十界五陰ヲ造立ストス。是故ニ有ニ高下一。誠ニ有ニ淺深一。如レ此二經ヲ引畢テ移ニ不思議境ニ時。上ニ擧クルニ二經ヲ一中ニ。初ノ正法念經ヲハ打捨テテ。直ニ引ニテ第二ノ華嚴ノ文ヲ心如工畫師等釋ス。豈是非ニ不思議境ノ所緣境ノ第八識ト云ニ耶。加レ之。重テ引ニ攝論ノ法性依地無明依地一(天止三、三二一。弘決)破シ二家偏執ヲ。我正義ヲハ法性ヲ爲レ因。無明ヲ爲レ緣ト釋シ給ヘリ。是以テニ(眞妄カ)心亡和合ノ識一ヲ非レ爲ニ觀境ト耶。(眞妄カ)心亡和合識ヲハ。起信論等ノ中ニハ第八識ト立タリ。依レ之ニ釋ニ云ク。所謂不生不滅與生滅和合非一非異。名阿梨耶識ト云イ。(大正藏三二、五七六中。起信論)此文ト上ノ法性ヲ爲レ因無明ヲ爲レ緣ト釋ハ。(天止三、三二一。弘決)全ク一也。敢テ不レ可レ致ニ諍論一ヲ。既ニ立テテニ十章一ヲ宣ルニ己心ノ修行一ヲ事。文文句句何モ然ト云ヘトモ。取リ分テ宣ニル己心本懷一ヲ時ハ。專ラ在ニテ正觀ノ下一ニ宣レ之ヲ。サレハ於ニ止觀一ニ者。可レ存ニ通論別論ノ二意一ヲ。若從ニヘル通論一ニ時者。止觀一部之文無下非ニト開權之妙觀一ニ云事上。雖レ然若從ニ別論一ニ時ハ。決五釋ニシテ不思議ノ三千一ヲ云ク。（天止三、二七一）故至ニ止觀一正明ニ觀法一。並以ニ三千一而爲ニ指南一。此乃（乃是カ）終窮究竟極說。故序中云ニ說己心中所行法門一。良有レ以也（矣）既ニ以ニ本懷正觀ノ第八識一ヲ。觀境ノ正トスルカ故ニ。從ニフル止觀元意・大師ノ本意一ニ時者。可レ答ニ第八識一ト也。已下ノ三略准レセヨ之ニ

然ニ於ニ法華經一ニ有ニ四要品一。方便品ハ發大心ノ名字。安樂行品ハ修大行ノ觀行已後。壽量品ハ感大果。觀音品ノ三十三身十九說法ハ裂大網。サテ歸大處ハ。何ト云トナラハ一二ノ傳アリ。一ニハ謂ク攝ニス壽量品一ニ。眞實義云。寶塔品ノ師弟安在虛空之儀式。是歸大處歟。歸大處之釋ニ云。師弟共ニ安ニ住シ祕密藏一。住ニスト寂光ノ極位一ニ云云　是如來並ニ三周聲聞住ニ在虛空一ニ事ハ全體似ニタリ彼歸大處一ニ。其故ハ虛空ハ寂光ナルカ故ニ已上如レ此。故ニ止觀一部ハ。只宣ニタル法華ノ五品一ヲ也。サテコソ止觀法華一體異名トモ被レタル云。然ルニ安樂行ノ時。行ニスルソト何物一ヲ云ヘハ。釋ニ云ク。安樂之二字ハ。佛果內證ト云云　以ニ此釋意一ヲ思ニ。安樂行ノ行者ハ。行ニスル佛果內證一ヲコサンナレ。彼內證ト者何者ソ耶ト云ニ。卽チ三德祕藏之妙理。卽チ寶塔品ノ儀式也。サレハ以ニ寶塔品之儀式一ヲ。我等カ修行用心ノ直體ト可レ得レ意コサンナレト云時。多寶塔中ノ相傳ト云事起ル也

尋云。若シ寶塔品カ歸大處ナラハ。此品可レシ在ニ觀音品等ノ末一ニ。何故ソ有ニ迹門ノ閒一ニ耶　答。此品ハ。證前起後ノ品ニシテ。通ニ迹門一ニ亙ニタル本門一ニ。サレハ本迹一致ノ品也。本迹一致ハ。卽チ是諸佛內證也。若觀音已後品ニ置レカハ之者。單ニ限ニル本門一ニ。置ニカハ法師已後（前歟）一ニ者。但限ニ迹門一ニ。故ニ不レ聞ニ不二ノ義一。迹門ノ正宗終テ至ニ流通之中一ニ起ニ此品一事。兼テ前後ヲ顯ニス不二一ヲ由也。次ニ於ニ法華一ニ有ニ二（二一カ）處三會一。初後靈山。中閒ハ虛空也。迹門之末至ニ寶塔品一ニ。構ニヘ三變淨土儀式一ヲ會上登ニ虛空一ニ事ハ。是迹門之意。九界ノ妄法ヲ轉シテ歸ニスル佛界之寂光一ニ由也。寶塔從レ地涌出スルハ。三周聲聞迹門ニ來テ斷ニ無明之大地一ヲ。顯ニス初住之聖體一ヲ姿也。釋尊ニ擧ニ風指一ヲ開レ扉ヲ

事ハ。扉ハ是レ元品無明。指ハ是レ妙覺朗然ノ不二境智冥合ノ相也。然ルニ來テ此品ニ多寶涌現シ。分身來集スル事ハ。至ニ本門一ニ無作ノ三身ヲ事相ニ顯ス遍法界一ヲ事ヲ表也。凡ソ爾前迹門ノ意ハ。雖レ談ニスト三身一ヲ。立テ淺深一ヲ。法身ハ唯佛與佛境界。報身ハ地住已上ノ所見。全ク非ニト六識境界ニ高ク上テ（判）。只應身計ヲ凡夫ノ所見ナルト云テ。全ク於ニ我等カ感見ニ不レ示ニ三佛ノ圓印一ヲ。然ルニ迹門ノ一段ノ化儀ヲ終ヘテ。機緣本法ニ熟シ。可レ感ニ本有ノ三身一ヲ之時剋可ニ到來一事不レ久。故ニ爰ニ三佛ヲ構コトハ會上ノ感見一ニ。至テ本門一ニ。爾前迹門ニウツタカク云ヒシ處ノ法身報身ヲ。無ク念モ凡夫菩薩等ノ一念ニ引下シ。於ニ法界有情非情ノ上一ニ。顯下ス可ニ顯然一ス事上ヲ也。如レ此三身。始テ至ニ本門一ニ不レ顯ハサ。本來ノ三身ナレハ。三世常恆ニシテ鹿苑十二年ノ砌ニモ。宛然シテ不レ去。然ルニ衆生ノ機緣不レ熟レハ。於テ爾前迹門諸教ノ中一ニ祕シテ不ストイフレ説レ之。依レ之釋云。佛於ニ三世一等有ニ三身一。於ニ諸教中一祕レ之不レ傳。（了矣カ）可レ思レ之（天文五、二二八六上。文句）

問。何故ソ衆生無ニ左右一不レ信ニ無作ノ三身一ヲ耶　答。マツケハ至テ近キカ故ニ不レ見レ之。三身アマリニ輒ク備タルカニ一心一ニ故ニ。中中返テ不レ信レ之也

傳云。三身三觀ハ是法華一部ノ源底。生死ノ所要也。然ルニ各主ツカサトル處ノ功能有リ。三觀ハ明ラメニ生死ノ二字一ヲ。三身ハ知ニ無始ノ振舞一ヲ

〔十一、北谷祕典　三箇條　終〕

十二、北谷祕典〔十六箇條〕　北三十六帖內

他不見抄　上下二帖

他不見抄　上

1 一、本迹六重事

相傳云。玄一ニハ。以二テ蓮華ノ六喩一ヲ釋スルニ。迹門ノ三喩・本門ノ三喩在レ之。玄七ニハ六重本迹アリ。迹門ニ三重アリ。施權・開權・廢權ナリ。本門ニ三重アリ。施迹・開迹・廢迹ナリ。本門ハ且ク閣ク(擱カ)。付二テ迹門ノ三重一ニ云ハハ。權ト云ハ九界也。實ト云ハ佛界也。法華已前ニ。九界ノ十如ノ妄想改テ得ニヨト佛界ノ十如實相一ヲ說クハ爲實施權也。法華ニ說二テ諸法實相一ト破二シテ九界ノ妄法ノ情一ヲ。顯下スハ具二スル九界各各ニ皆佛界一ヲ事上ヲ開權顯實ト云也。次。開シ已レハ俱實ナリ。無二シ權トシテ可レコト論ス義當二ト於廢一ニ云ハ。廢權立實也

口傳云。廢權ト云ハ。聞二テ諸法實相一ト破二權ト思ヒ妄法ト思ヒツル情執一カ。終ニ一實相不變眞如ノミト得レ意也。故ニ九界ノ十如ヲハ廢シテ。立二ル佛界ノ十如一ヲ也。九界ノ衆生皆佛也實相也ト知見スル故ニ。一分モ九界ノ性相ヲハ不レ見。只一佛也ト知見スル。故ニ立二ツ佛界ノ十如一ノミ也。是ハ不變眞如ノ法門也。是ヲ名二クル蓮華ノ因一ト也。又是性常住ノ法門也。迹門ノ法門ハ不レ融(融㋑限)レ之。縱ヒ談スレトモ二一念三千一ヲ。理造ノ一念三千ニシテ。談二シテ理內ノ諸法實相ノ一念三千一ヲ不レル知二十界ノ常住一ヲハ也云云

2 一、猶只今日一番上ノ所談ト云事

口傳云。佛成道ニ有二本迹ノ成道一。迹佛ノ成道ハ。只今日一番ノ成道也。本佛ノ成道ハ。五百塵點ヨリ以來世世番番ノ成道也。然ルヲ本佛ノ成道ト云ハ。談二ル教門一ヲ時ハ。過去ノ諸佛燈明迦葉等ノ佛モ皆釋迦成道シ給佛也。是ヲ世世番番ノ成道ト云ト習也。今ノ口傳ニ習傳セル證道ノ成道ト者ハ。十界ノ衆生各各ノ當體皆八相成道ノ佛ト習ヲ。世世番番無始無終ノ成道トハ云

也。先ッ釋尊ヲ。無始ヨリ以來タ成道シ給ヘル佛トレ以テ習ヲ口傳トレ可知ル。若只佛界ノ八相成道計リ成道ト云ハ。何ニ久遠劫ヨリ佛成リ給ヘリトモ。改メテ二凡夫ヲ一成タリトレ佛ニ云ハ。豈ニ無ン二成道ノ始メ一耶。故知ヌ。無始無終ノ成道ト云ハ。十界ノ當體。是法住法位世間相常住（法華經方便品。大正藏九、九中）云云 本迹無作ノ三身ナル無始無終ノ成道ヲ云也

記（文カ）九ニ（天文五、二二二四上）。故知寄無始無終無近無遠。顯法身常住矣然ヲ無作ノ三身ト云ハ。法中論三ノ佛ニテ法身ノ中ニテ論スル二三身ヲ一也。故ニ釋尊モ五百塵點ノ佛ト云テ。只佛界計ノ成道ヲ云ハ本佛ト云トモ應迹ノ成道也。其五百塵點ノ成道ヲ本佛ト云ヒ。今日一番ノ成道ヲ迹佛ト云也。故ニ記（文カ）云（天文五、二二二四下）。有始有終有近有遠。論其應迹ト云ヘリ。何ニ遠ク五百塵點劫ノ昔ヨリ成道セリト云トモ。對シテレ近ニ論シレ遠ヲ。有リレ始メ有ルレ終リ。機ノ前ニ現スル應迹成道ト云故ニ。開シテ二九界ノ權ノ十如ヲ一顯スト二佛界ノ實相ノ十如ヲ一云ハ。已ニ九界ノ外ノ佛界ナル故ニ。今日一番ノ成道トハ云也

3　一、蓮華因果重重口傳事

口傳云。付テ二迹門ニ一云時ハ。九界ハ因蓮華也。佛界ハ果蓮華也。付テ二五時ニ一云ヘハ。前四時ハ因蓮華。第五時法華ハ果蓮華也。付テ二四教ニ一云時ハ。前三教ハ因蓮華。圓教ハ果蓮華也。凡ソ付テ二本迹ニ一云時ハ。迹門ハ因蓮華。本門ハ果蓮華也。凡ソ蓮華因果ノ法門ハ。三箇大事其隨一也。其法門ハ廣縛（博カ）也。餘帖ニ注レ之云云

4　一、一緣二緣開顯事

口傳云。一緣トハ。迹門ニハ靈山始覺ノ機計リニ對シテ說ク。故ニ一緣ノ開顯トハ云也。本門ニハ過去地涌涌現ノ機ニ亘シテ隨緣・不變ノ二種ノ開顯アリ。故ニ二緣ノ開顯ト云也云云

5　一、二ノ脈ト云事

相傳云。煩惱即菩提ハ。迹門ノ不變眞如ノ意也。煩惱即煩惱ハ。本門十界常住ノ意也。此二ノ法門ハ一ニシテ而モ二也。都テ一モ不レ可レ闕ス云云 已上 清水寺ノ妙談集ノ內口傳也云云

6　一、鏡像圓融譬口決事

私問云。明ト者喩二即空ニ一。像ト者喩二即假ニ一。鏡ト者喩二即中ニ一意如何

師云。傳云。大ニ習ニハ二三諦ノ質ヲ一。中ハ相即。空ハ圓融。假ハ互具也。色心諸法無礙ニシテ圓融自在ナルハ。其體自レ本空無生ノ

故也。然レハ則。若無ン鏡ニ明ノ德一者不レ可レ浮フ二萬像一ヲ。是法爾本來諸法互具ノ謂レ也。仍テ華嚴ノ帝網互ニ浮レ影ヲ。顯ニ事法互具ノ德一ヲ。更ニ不レ可レ疑。爰以我カ心ノ鏡ヲ懸レハ二法界一ニ。三千ノ法法凡聖因果刹那ニ浮コト二我心一ニ是法界觀也。又己心ヲ收メ二胸ノ間一ニ。法界ヲ收ニ二一念一ニ時ハ。三千ノ凡聖浮フ二己心一ニ也。作ニ此觀一時。已覺・未覺皆ナ盡ク我カ心ノ十界十如也。以前ノ法界觀ハ。隨緣眞如ノ觀。今ノ己心ノ觀ハ。不變眞如ノ理具ノ觀也。此迷コトハ二隨緣・不變互具ノ妙理一ニ。只偏ニ被レテ暗マ二無明一念一ニ。不シテレ聞ニ此理一ヲ。「於テニ諸法ノ鏡一ニ」（「」イ无）我心法ノ堅令レ隔。起スニ我見等ノ諸邊邪一ヲ。故ニ色心不ニ相應一セ。自身ノ九界ニ永ク停。沈ニ輪ス（論カ）自身ノ六趣一ニ。故ニ失フ二境智不二ノ本位一ヲ。萬像ハ只性具ニテ。而モ不ニ現前一セ。如シ不レ磨レ鏡ヲ。故ニ我等無始已來。以テ二此心性ノ三觀一ヲ。不レ磨ニ此鏡一ヲ。三千ノ萬像于レ今不レ顯。全ク於ニ鏡像圓融一ニ者。是謂フレ譬ト者。不レ聞ニ此口決一者也。只諸法眼前ノ用用互具ノ當體也ト令ニ口決一セ（不歟）實義也。弘云。（天止一、三二七）於レ中鏡喩其意最親 云云 廣ク可レ見。仍テ若致ニ一念疑念一ヲ觀ニ察之一者。現身ニ令コト二證得一更ニ不レ疑。指要ニ引ニ義例一

云。（大正藏四六、七一二下）唯有ニ萬鏡一觀ス二一念心一（念イ无カ）。故ニ知。若無ンハ二此解一（解イ譬）如何知ン三心具ニ足コトヲ（於カ）諸法一ヲ（境カ）。若不ハレ知レ具ヲ。直ニ觀セハレ心ヲ（「但カ）何殊ランニ藏通一ニ（藏通カ）。聲聞何曾テ不レ云ハ二觀心一ト。縱ヒ知ニトモ心體是中一ナリト。若不レ云レ具ト未レ殊ニ（異カ）別教教道一ニ矣 妙行心要云。（佛全33、一一六上）若人得レ解コトヲ二惣在一念一ヲ。速疾成佛。猶如レ反カレ掌ヲ（「哉カ）。身ハ雖レ在ト二夢中一ニ。心ハ常ニ遊ニ覺ノ前一ニ。位ハ理卽ノ底下ナレトモ。解ハ高ク出タリニ究竟一ニ（覺カ）。以テ二反（反イ返）觀ルレ俗ヲ（「故カ）。始終在ニ一念一ニ。觀ニ此一念一ヲ故ニ。是行須臾滿 矣 可レ思ニ合之一

又師云。凡ソ相傳ト者。必シモ非ニ先代未聞ノ法一ニハ。是令ルレ聞カ（聞イ无）ニ深義一ト計也。彼三周聲聞皆觀行。今經ニテ令メレ聞ニ眞是聲聞眞阿羅漢ト給シニ。悟ニ本有十界眞實ナルコトヲ一。能能可レ定レ思ニ合之一 云云

7 一、淨名室內室外事

精云。以テノ何故ニ設ルヤ二淨名ノ室內室外一ヲ（「イ耶）。有ニ深意一事也。又以テ二何故ヲ一不ト説ニ三藏一ヲ云ヒ。又說ト云。二說有レ之耶。心地ニ引當テテ。此ノ說不說ノ處ヲ可レ得レ意如何

傳云。淨名ノ室ト者ハ。一念不起ノ室也。此室ニハ必ス備ニル衣座一ヲ

也。室内ニハ三千ノ床ヲ立ト云ハ。是一念三千ヲ表セル也。此レ即チ全ク表セル二一心三觀ヲ一也。方丈〔文④等〕室ニ三萬六千床立也。若不レ然者。不レ被レ云事也。室外トハ情念起ル是也。サレハ室内ニモ對シテ念起ノ聲聞ニ説ケル法トハ。室外ノ説法ト云也。三藏情念起ノ處ニ説ケル教〔教④故〕也。故ニ是ヲハ室外ノ説ト云也。室内ニハ但明ス摩訶衍義ヲ一。室外ニハ兼テ明ト三藏義ヲ一云ハ此意也。淨名ノヤマイヲ訪ヒ。遺スル二二乘ニ事ハ。今懷キレ恥ヲ六識忙然ト成テ。室内ノ令レ入ニ情念不起ニ料也。詮シテ室内ニ説トモ二三藏ヲ室外ノ説ト云也。對シテ起念ノ人ニ云故也。室内説法トハ。摩訶衍ノ法門也。此レ則チ以テ二一念不起ノ體ヲ云也。以レ之諸文相違可ニ落居一者也。一念不起ノ人ニハ。花不著無著ノ故也。懷情念起ノ二乘ニハ花著也。六識妄情故也。所詮。室内トハ指ス心性不動ヲ也。故ニ一心三觀一徹ノ法門也云云可レ祕レ之。可レ祕レ之

8　一、山家大師。一心三觀傳於一言。菩薩圓戒授於至心事

傳云。問。其一心三觀ト云ヘトモ。菩薩圓戒何ソ世間學者不ニ沙汰一事也如何　答。是實ニ一流ノ相承祕事也ト云ヘトモ。

依レ有ルニ志深一申ニ此義勢一ヲ。末代祕藏龜鏡ナリ。止觀行者。於ニ三業ノ行一ニ身口名ク二十五方便一ト。意業ヲハ名ク止觀一ト。身口ノ戒ヲ以テ發ニ意業ノ止觀一ヲ。是レ圓不思議ノ戒定惠也。故ニ三世ノ諸佛。修シテ頓極頓證ノ戒定惠ヲ成佛シ給也。在ルハ身口意地ニ云ニ止觀ト。意業ノ身口ニ出タルヲ戒ト云也。故ニ山家大師得ニ此旨一ヲ給テ釋シ給ヘル也。末代ニ講ニ止觀一ヲ者ノ。名計リハ止觀ノ行者ニシテ體ハ非ニ其儀一ニ。我流ノ相承。一心三觀圓戒ノ者。譬ヘハ如ニ鳥ノ二翅一ノ。如ニ車ノ二輪一ノ。一ヲモ闕ツレハ不レ可レ有事也。如レ此得レ意。行住坐臥ニ修レハ。其カ止觀ノ行者ニテ有レ之也

尋云。經文ニ見タルニ其旨一歟（大正藏九、八上二三行～。方便品）　答。是祕藏事也。昔ヨリ相承スル也。文云。佛自住大乘。如其所得法。定惠力莊嚴。以此度衆生矣定惠ト者。佛意地ハ能嚴。佛ノ身口ハ所嚴也。今ノ止觀ノ方便・正行ハ。所嚴・能嚴如レ此。可レ祕可レ祕云云

示云。一心三觀ノ血脈ノ依文中ニ。三學一體ト相傳スル。釋云。（傳全一、三七〇。學生式問答）虛空不動戒。虛空不動定。虛空不動惠○矣可レ思ニ合之一。三業相應一心三觀ノ修行ニ。菩薩圓戒ヲ不レ傳。向ハンニ彼ノ觀法ニ事。甚以不レ可レ知ル也云云

他不見抄　上

他不見抄　下

（以下㋑本落丁。ただし上下巻の間に、表紙に「沙彌正信之」と書かれた別本小冊の『他不見抄』下巻が合綴されている）

9　一、一念三千口決事

說文廣事。止五ノ不思議境ハ。皆一念三千ノ法門也。其中ノ肝要ヲ申サハ。當知身土一念三千ノ釋ト。（天止三、二七〇。弘決）只（秖カ）心是一切法。一切法是心ノ釋ト云（同、二九〇。止觀）。章安大師ノ心要ニ。三千ハ只是一念ノ心ト釋シ給フ。此等ノ文釋カ肝心ニテ云也。當知身土一念三千ト云ハ。身土ハ皆衆生ノ隨テ果報ニ不同ニ侍（ハンヘ）レハ。有リ十界三千ノ差別モ。有ルヲ此十界三千ノ差別一。一念心起テ釋ルヲ此差別ヲ名クニ中十界（事歟）ト。一念心ノ不レ起處ニ三千性相宛然トシテ常住ナルヲ。不思議ノ一念三千トハ習也。還歸本理一念三千ト云ハ。本理ノ一念三千トハ。衆生ノ理具ノ一念三千也。一一修具無非理具ニシテ。修具ニテ理具ノ一念三千カ成ル修ノ諸法トハ也。如レ此修性一體ニシテ觀レハ。理モ本來ノ三千也。修モ本來ノ三千也。（以上㋑本落丁）迷テ此ノ修ノ三千ニ。理ノ三千不レ明。故ニ修ニ起シテ一念心ヲ觀レハ三千ノ諸法也ト。成道ト云ハ無ニ別ノ事一。只本理ノ一念三千ヲ。其ママニ照シテ修一念三千迷悟共ニ常也ト知也。此一念三千ノ法門ハ。大師己心所行ノ法門ヨテ。諸ノ釋義ニ都テ無ニ出給事一。只止觀ノ第五ノ正修止觀不思議境ノ中ニ。釋シ此一念三千ヲ給ヘリ。故ニ止（弘カ）五云。竝ニ以ニ三千ヲ而爲ニ指南一。（天止三、二七一）乃是終窮究竟極說ナリ。故ニ序中云ニ說己心中所行法門一。良有レ以也ト釋給ヘリ。此文ハ祕文也。一心三觀ヨリモ一念三千ノ法門ハ高（高㋑奇）シト。當流ニ習ニ此文ヲ也。又一念三千ハ。都テ此ノ五卷ノ不思議境ヨリ外ニハ無ト釋スル事ニ習ハ此文也。又餘流ノ人ハ。前六重ノ止觀ヨリモ高シト習モ。

此文ニテ云事也。所以ニ大師ノ終窮究竟ノ極説一念三千也ト説キ給ニ。カカル不思議境ノ法門ヲ。前六重ニハ已ニ不レ釋セ。不思議境ニ釋シ給ヲ以テ可レ知。止觀ヲ高ト云事如何

口決云。此一念三千ハ十界十界ノ當體ニ本來照也。是ヲ事事相卽ノ隨緣眞如トハ云也。今一念三千ト云ハ。十界ノ衆生ノ於テ二高下ノ其ママ一ニ取ナラサヌ處ニ論スル二一念三千ノ法門ヲ一故ニ。六道ノ惡事ト善事ト差別ニテ。而モ一法ナレハ事事相卽ト云フ也。此一念三千ノ觀ト云ハ。已ニ斥キラテ二縱橫ノ三千ヲ一明シツル二只心是一切法。一切法是心ト一上ハ。一度ニ知ル二事事相卽ノ一念三千ヲ一ト。後ハ每ニ念念一始テ三千也ト觀ル事ハ有ルマシキ也。都テ一分モ行者ノ私ノ念ニテ作ル二三千ヲ一事。只刹那刹那ニ起ル念ヲ。都テ私ノ念ト不レ思。置ク二法界同時ノ念ニテ一也

口傳云。能能可ニ用心ス一事也。適一念三千ヲ觀ル人ハ。又此一念三千ヲ數タルヲ能トシテ心ヲツヤシテ無二所得一也。一心尚不レ執。況ヤ執ニ著セン三千ニ一耶。故ニ行者ノ所觀ノ時始タル一念三千ノ樣ニ思フ執心カ惡キ事也。只法界ノナリクセニテ安ニ住スル一念三千ニ一也。所以ニ一念三千ノ體ヲ云時ハ。十界カ無レハ二闕減一因果都テ無ニ闕ル事一。付テハ二修行ノ觀法ニ一。本因ノ時ハ觀ル二一念三千ヲ一ト也。果海ノ處ニテ一念ノ外ニ向テモ二三千ニ一無用也。故ニ釋シ二一念三千ノ觀門ヲ一給事ハ。實ニハ迷悟凡夫ノ前ヘニ具ニ足十界三千ノ因果ヲ一。爲レ知ンカ二法界常住ナル事ヲ一作リ給也。成ヌレハ二果海ノ一心ト一。一念ノ外ニ無ク曲クセモ無シ二迷悟モ一。何ナル故ニカ煩クン可キ二作リ上ル一耶。此道理ヲ能能可ニテ二得意一有也。故ニ行者ノ最實事ノ肝心ニハ。本因本果ヲ並テ修行スル也。並テ修行スルト云ハ。一念ニ三千ヲ具足スル事ヲハ。地體不シテレ忘而三千ニ不レ落。一念ニテ可レ置ク。若一念ニカタマリテ有（立④失）ラハ二執著ノ心一。三千ノ觀ニテ破セヨ二著執ヲ一。著執破ナハ。不レ可レ立ス二三千ヲ一モ。一念ノ外ニハ二物ヲ不レ可レ犯ス。故ニ一念ナル時モ。三千カ全體一念ニテ。一念モ不レ少カラ。三千モ不レ多カラ。一念ハ本果也。三千ハ本因也。因果具足シテ一多自在ナレハ。一念三千無キレ煩也云云如レ此口決ハ。唯獨自明了シテ。餘人ノ所レ不レ見法門也。可レ祕可レ祕

且ク付テレ心ニ分ニ別セハ境智ヲ。能觀ノ智ハ一心三觀。所觀ノ境ハ一念三千也。（天止一、一二三。止觀）尋レハ之止觀ノ二字也。（同前）法性寂然名止ハ。一念三千本有ノ境也。寂而常照名觀ハ。一心三觀本有ノ智也云云

云何カ分ニ別一心ノ中ニ境智ヲ一。慈覺御釋ニハ。(佛全24、一〇一上。一心三觀文)前念爲レ境。後念爲レ智ト矣。如ニ此釋ノ一ナラハ。以テ二前後ノ二念ヲ一分ニ別境智ヲ一スルトヤ可レ思フ。然トモ此釋ハ。付テ二一念ニ一前念トハ念始歟。後念トハ念ノ終歟。故ニ非ニ二念ニ一。一心一念ニ止觀具足シ。寂照同時也。故ニ境智一心也。一心寂然ナル體ニ。本來三千具足セルヲ具足ト知ルカ。有ル二常照ノ一心三觀ニテ一也。所以ニ一念ノ心ニ具レハ二三千ノ諸法ヲ一假諦也。具レトモ二三千ヲ一無レ相モ無レ體モ。只一念ナレハ空諦也。此一念ノ心ニ。備ヘテ二空有ノ二德ヲ一。本來常住ナレハ中道也。故一心三觀一念三千只一心ノ境智也云云

10　一、十不二門中七不二事

一。色心不二ト者。釋ニ云ニ惣在一念ト。別ニ分ニ色心ヲ一云云尋レハ二一切善惡ノ色心ヲ一出タリ二一念ヨリ一。其ノ一念ト云フハ。色心不二ノ一念也。此不二ノ第九識淨菩提ノ一念。遍ニ造スル萬法ヲ一十界ノ形チ也。十界ノ心。有ノ色ト法ト。一法ノ上ニ色心二法宛然也

二。內外不二ト者。內ト者八識也。此內性ノ三千ト。外ニ顯ルル三千ト。本來一體也ト習也。先ニ色心ト被レ云ハツルハ。今ハ外ノ法ト習フ也。色コソ外法ナレハ。心ハ內トコソ云ハルルトモ。心モ衆生ノ六識ニ被ニ分別一セルハ心ヲハ外ト云テ。衆生ノ非レ所レ知ル。指レ性ヲ內ト云也。外心ヲハ一念無念也ト悟テ。內體ノ三千卽スル假中也ト觀ナリ。外ノ色心ト。內ノ心性ト。一體二無也云云

三。修性不二ト者。修ト云ハ智也。性ト云ハ理也。性ニ三千具足スレトモ。智カ不レハ修セ不レ知ラ(不知イ本)。智カ修シテ返テ照レス性ヲ。故ニ修性不二ニシテ然トモ常住ナリ。性ニ三千具足スレトモ。取テレ修ヲ不レ入レ性ニモ。修ニ三千歷然ナレトモ。不レ出サ二一(一イ本)性ノ三千ヲ一モ。然トモ修ニハ有ニ順逆一。逆ハ六道。順ハ四聖也。此修性ニ有ニ三因一。修ニハ有レ二。性ニハ有レ一。修ニ二ト者。了因緣因也。性ニ一ト者。正因也。正因ハ。法身中道也。了因ハ。報身空也。緣因ハ。應身假也。此三因ニ。各具レハ三因ヲ一九因也。三諦九諦三身九身也。此性ト修ト一如也。波卽水。水卽波也云云

四。因果不二ト者。衆生ハ因也。佛ハ果也。衆生ハ心因已ニ具ス二三軌一。三軌ト者。眞性軌ハ法身也。觀照軌ハ報身也。資成軌ハ應身也。故ニ衆生ニ已ニ三身如來也。故ニ衆生ニテ有ルニ無ニ不足一。何故ニカ求ント二佛果ヲ一云ハ。是ヲ得ル意樣ハ。此ノ具足ノ因ニ迷テ。

衆生ノ外ニ求レ佛ヲ也。此ヲ悟リ得ツルハ。但衆生卽因(佛歟)卽果也。故ニ因果不二也。三千在レハ理ニ同ク名ニ無明ト。理ト云ハ。衆生ノ一念ノ迷心理也。故ニ迷ノ前ニハ。佛モ無明ト被レ云也。其故ハ。衆生ノ外ニ別ニ非ルレ求ルニモレ佛ヲ也。迷ノ心卽佛ト思モ邪見也。故ニ迷ノ心ヲモ不レ取。因果而二不二ナル佛ヲ不ルニレ知。皆無明ト云ヘリ。(天玄四、三四九。釋籤)三千果成咸稱常樂ト云ハ。此因果不二而二ノ所ヲ悟リ得レハ。地獄モ畜生モ本有ノ勝用ナルハ。皆常樂ト云也ト云云

五。染淨不二門ト者。染ハ煩惱。淨ハ菩提也。煩惱ハ菩提ノ煩惱也。菩提ハ煩惱ノ菩提也。法性カ無明法性ヲ造ルヲ迷ノ煩惱ト云。無明ノ法性カ應スルヲ衆緣ニ悟ノ菩提ト云也。故ニ煩惱モ本有也。菩提モ本有也。故ニ不二也

六。依正不二ト者。依ト云ハ土也。正ト云ハ身也。身土不二ト習フ也。釋云。(天玄四、三五三。釋籤)已證遮那一體不二ナルコトハ。良ニ由ルト無始ノ一念三千ニ云事(了矣カ)。已ニ一念ニ有リ三千。三千一念ナルハ非ニ身土不二ニ。若シ一念ノ故ニ三千依正不二ナラハ。無シヤト生佛不同云ニ。然トモ釋云。諸佛ノ本體ハ。非シテ遍ニ而モ遍シ。衆生ノ理性ハ非レ局ニ而モ局ル云云故ニ所ヲ局ル云ヒ衆生ト。所ヲ遍スル佛ト云ニ。生佛ノ不同ナリ。然トモ一念三千ナレハ。一一ニ遍ス法界ニ。一塵ノ身土ニ法界ノ身土也。故ニ釋云。(天玄四、三五三。釋籤)塵身與ニ法身一量同(同イ等云)。塵國與ニ寂光一無レ異云云

七。自他不二ト者。自行化他不二ト云也。三諦ハ自行化他ニ分別スルハ。空中ハ自行。假ハ化他也。自ニ具スル三千ヲ故ニ益スレ他ヲ。又具スル三千ヲ故ニ預カル利益ニ。故ニ釋云。(天玄四、三五五。釋籤)衆生由ルカ理具ノ三千ニ故ニ能ク感ス。諸(了イ佛)由カ三千理滿スル故能應ス云云衆生モ具スル三千ヲ故ニ欣レ佛(佛イ也カ)顯ニ三千ヲ故ニ利スル衆生ヲ也。如ニ鏡ト影トノ。衆生具シ可キレ浮レ鏡ニ德(德イ性)ヲ。鏡ニ具ス可レ顯ス衆生ノ影ヲ性ヲ上。故ニ向ヘハ必ス移ス也云云

11 一、草木國土三身事成用云事

口傳云。今ノ事成ノ用ト者。非ニ應迹ノ事成ト云ニハ。十界ノ衆生ノ當體ハ無作三身ナル故ニ。事事森羅萬像ヲ皆事相成道ノ三身如來ニテ無作三身ノ用也ト云フ也。記(疏カ)九云。(天文五、二二八四下)神通之力者。三身之用也(了矣カ)。神者天然不動〔之理。〕卽法身也。草木ハ森羅萬像ニテ。天然不動ノ體ニテ。三千常住ナルヲ法身トハ云也。無(同前)壅ヨウフサカル卽不思議惠ナルハ報身也ト云フ。無壅卽不思議ノ惠ト云ハ。草木森

羅ノ第九識ノ智惠ハ。無方無壅ニシテ。春ハ花サキ。秋ハ菓ナル無分別ニシテ。四季ノ轉變ノ用アリ。故ニ報身不思議ノ惠ト云也。力ト(同前)者(是カ)幹用自在ノ法(法ナシカ)卽應身也ト云ハ。草木國土ノ事法ニテ。風吹ケハナヒキ。都テ物ニ應シテ。無念無心ニテ自在ナル有德。是レヲ應身ト云也。故ニ十界三千ノ依正。皆ナ無作三身ノ體用也。故ニ動不動。皆神通變化ト被云也。弘一ニ。引テ大神變經ヲ云。(天止一、二六九。弘決取意)佛爲ニ商主天子ノ現シ十八變ヲ。天子言ク有過タルコト之ニ耶。于時佛告ク文殊ニ。廣ク說シメト神通ノ相ヲ。文殊。一切草木國土。依正二法。動不動。皆神通ノ具ナリト說キ給也云云

12 一、還歸本理一念三千云事

口傳云。等覺一轉入于妙覺ト云事ヲ。能能可得意。本理ノ一念三千ヲ可明ス事也。先ツ我等ハ。無始本有ノ無作ノ三身ニテ有ルヲ。一念ノ無明ニ被レテ隔。忘レテ本有ノ佛體ヲ。起ス九界ノ妄法ヲ。又夢ノ內ニ發シ上求菩提ノ大願ヲ。成ルト覺ノ佛ニ得ル也。而ニ元品無明ト云フ物カ難シテ斷。等覺ノ菩薩。當位ノ智力ニテハ難斷。故ニ入重玄門ト云テ。還テ前經上リツル下位ヘ還下テ。借リテ諸位ノ力ヲ斷ストハ元品ノ無明ヲ云也。今マ圓敎ノ佛ハ。不然。無始無明ノ有リシ程ハ。等覺ノ上ニ有ト妙覺ノ佛果思ツレ。斷ツレハ元品無明ヲ。萬法一心ニテ。本ノ凡夫ノ地ヨリ外ニ無ト別ノ妙覺ハ知見シテ。理卽ノ凡夫ニ還(〔還カ)歸本理トハ云也

(以下㋑本小冊『他不見抄』合綴本)口決云。本有ノ妙覺忘テ不變ノ理ヲ迷ヒ轉メテ。又一念ノ無明ヲ卽チ破テ歸ルヲ本有ノ理ニ。等覺一ト轉シテ入ルトハ于妙覺ニ申ス。故ニ等覺一轉シテ歸ルト理卽ニ口決スルハ是也云云 理卽ノ一念ニ三千ノ相性歷然トシテ備タルヲ忘テ始メテ修シテ一念三千ノ觀法成佛スト云ヒタルハ非ニ外ノ成道ニハ。只本有ノ理卽ノ外ニハ無カリケルソト所得モ□ヲ□□□□一念三千トハ云也

13 一、生死結緣卽菩提結緣事

口傳云。慈覺大師云。無作三身住寂光土。三眼三智知見九界。垂迹施權後說妙經。令昔恩者皆成佛道ト宣ヘタマフ也。昔恩ト者。生死輪廻ノ閒。父母男女ト成テ結シハ緣ヲ。有ルヲ生死ノ情緣ニテ達スル生死卽涅槃ト。無作三身ノ前ニハ生死結緣。爭テ菩提結緣ナレハ。十界ノ衆生皆結緣ノ人也ト習也。久遠成道ト云事モ是也。故ニ新成妙覺ノ佛モ顯本ト云ヒ。又云フ新成妙覺ト名字ヲ此ノ前ニハ有ルマシトモ習也。是ヲ慈覺御釋云。令昔

恩者ト有レハトテ何ニ下シテ生死ノ結縁トハ見タリト云フ二不審一ヲハ。慈覺ノ今ノ釋ノ依文ニ。梵網經云。故六道衆生皆是我父母ノ文ト(大正藏二四、一〇〇六中)。心地觀經云。有情輪廻生六道。猶如車輪無始終。或爲父母爲男女。生生世世互有恩ノ文トヲ引キタマフ(大正藏三、三〇二中)。故ニ生死ノ結縁ト被レタリ得。今日已前從寂光本垂三〔土〕迹ト者。今日已前ト者。法身地照機ヲサス也。寂光土ニテ鑑カカミレテ機ヲ。實報土・方便土・同居土ト下ルヲ垂三土迹ト云也。攝三土迹歸寂光本□□□□□□□□□□迹ヲ今ハ同居・方便・實報土ト上リテ歸テ二寂光ノ本ノ都ヘ一令ムルヲレ成二佛セ萬萬衆生一ヲ。後說妙經令昔恩者皆成佛道ト宣ヘタマフ也 云云

14　一、一代說教在二衆生一念一事

示云。釋尊一代ノ說五十年ノ教相。四教八教ノ根元ハ皆衆生ノ一念無明ノ心ヨリ出タリ。故ニ妙樂大師云。十不二門云。一(天玄四、三三二)期縱橫不レ出二一念三千世間卽空假中 文 我等一念無明ノ心ニ三千卽空假中ノ法門ヲ以テ。四教トモ五時トモ說キタマフ也。故ニ四教義一云。問云。四教ハ從レリ何ニ起ル。三觀ヨリ起ル。三觀從レ何ニ起ル。返テ從ニ四教一起ル。教ト觀トハ從レ何ニ起ル。從ニ一心一起ト云ヘリ(大正藏四六、七二四上。取意)。(以上㋑本小册『他不見抄』合綴本)爰知ヌ。一代聖教可レ說ク四教三觀ハ。我等カ一念ノ無明ノ心ニ本來具足セルヲ。佛ノ自在ニ取出シテ說キ給ヘリ。サレハ成佛ト云ハ。一念無明ノ心ノ。三千卽空假中ヲ悟ルヲ。成佛ト云也。山王院ノ大師ハ。釋迦如來。久遠成道。皆在衆生一念心中ト釋シ給ヘリ(惠心全集三、五四六。教觀大綱)。止觀云。此三千在ニ一念心ニ一 云云(天止一、二七一)(觀㋑五)決云。纔サムニ一刹那三千具足 矣(同前)是等ノ文釋ハ。皆三千世間ノ法門ハ。衆生ノ一念ニ具足スルト云也。如レ此一念ノ心ヲ悟得ヌレハ。卽身成佛ト云也

問云。無明ノ一念ハ。諸法ノ本トナル故ニ。釋迦久遠ノ成道モ。一念ニヲサマリ。四教三教モ。一念ヨリ起ルト云。何トシテカ一念ノ心悟テ可ニ卽身成佛スル一耶

答。已ニ三千卽空假中ノ法門一念ニ有ト知リ竟レハ。念念ニ妄ミタルコト無クシテ。念ニ不ニ染著一セ。善惡ノ念モ。善惡ノ人(人㋑心)モ不レ著。然モ無閒ニ善惡無記ノ三千犯ヲハ。一心三觀ニテ可レ照ス。一念ノ心體無ニレハ性惡一卽空也。惡ノ體性ニ(「㋑無)三千ノ諸法具足スルハ卽假也。萬法常住ニシテ本來有無ノ二道ヲ備タレハ卽中也。非ニ我カ一念ノミ然ルニ一。法界ノ依正亦如レ此。卽空ノ故ニ融通無礙也。卽假ノ

故ニ三千宛然也。相性常住也。如レ此知ヌレハ。生死自在也。法界同體也。一念ノ心生ヌレハ。法界ノ諸法生ス。一念ノ心息ヌレハ。法界諸法滅ス。我三觀ヲ修行シヌレハ。同時ニ法界モ修ニスル三觀ヲ一也。地獄モ餓鬼モ果中ノ證用ナレハ。惡業所感ノ苦果モ無ク。佛モ菩薩モ同體ノ無明ナレハ。善業所得ノ菩薩モ無シ。然モ無量ノ依正ハ終日ニ常住也。故ニ圓頓ノ行者。善ト惡トシテ二念モ不レ染マ不レ捨テ。其ママニテ莫レ煩。此ヲ成佛ト云也 云云

相傳云。問。一念ニ迷ヘハ凡夫也。一念ヲ悟レハ佛也トハ聞トモ。何ニ行テカ一念ヲ一悟ト云事ハ不レ聞如何　答。一念ノ體。自レ本ト三諦ニテ有ル上ハ。卽空假中ニテ佛也。如レ此不ルレ知ラ已前ハ凡夫也。知リヌレハ佛也。一度知テ後。亦煩ク立チ還テ念ニクセヲ付テ。此ハ空也假也中也ト計ハカライモテアツカウヲ名ニケ思議ノ三觀一トモ。念ノ其ノママニ犯セテ煩ヒ無ク無レクテ曲クセ。一度ヒ三諦一念ノ得ツレハ悟ヲ。三諦トモ一念トモ迷トモ〔迷イ起〕悟トモ不レシテ付ニケクセヲ一。不思議ノ境ト云フ也

問。我等カ臨終正念ノ用事ニテ。最後ノ一念ニ。三諦三觀ノ境智具足シテ。無ニキ前後一時。留ニンスル生死ノ流轉ヲ一事ニテ有レハ。尤モ可レ得レ意事也如何

答。前念爲境後念爲智ノ釋ハ。（佛全24、一〇一上。圓仁一心三觀文）尚ヲ思議ニ下テ行者ノ修行ノ重也。不思議境智一心ト云時ハ。境智具足シテ無ニ前後一也。故ニ不レ付ニ念念煩ヲ一本來ノ知ルヲニ三諦也一ト。聽テ三觀ト觀スル故ニ。諦觀ハ一念也ト得レ意也。念ノ犯ルヲ〔犯イ起〕此念ハ迷也ト知テ。後モ迷ノ念ニ三諦具足シヌレハト得レ意。照セニ卽空假中一トハコソ。前後ノ二念ニテ分ニ別スレ境智ヲ一ハ。都テ迷悟善惡ヲ不ニ沙汰一セ。犯ルニ〔犯イ起〕一念一不レ動セニ當念ヲ一三諦也ト一分モ不レ向ハ迷ニ。直ニ照セハ境智一心ニテ有ル也。能能可レ祕可レ祕

15　一、雙非雙照事

傳云。雙非雙照ト者。中道ノ名也。空ト假トハ。雙テ照シ雙非スル故ニ雙非雙照ト云也。空ト有トノ一法ハ。中道具足ノ法ナル故ニ。一念ニ有ニ雙非雙照一 云云

口決云。一念非レ空ニ。此一念萬法具足ノ故也。萬法非レ有ニ。收メテ一念ニ一都テ顯ス相貌ヲ。故ニ是ヲ云ヒ雙非ト雙照ト云也。所以ニ一念非ト空ニ云フ處ヲ。ヤカテ照シ萬法ノ有ヲ一萬法非ストレ有ヲ。萬法非ストレ有ニ云處ニ。聽テ照スニ一念ノ無ヲ一也。故ニ中道ト云

也

16 一、自受用身事

私云。十界三千ノ依正。各各ニ皆常住ニテ。自利自證スルヲ自受用身ノ如來ニテ云也。常修常證ニテ常住ノ修行也。故ニ一分モ捨テテ此身ヲ替テモ非ニ成佛スルニ。當體成佛也。十界皆佛ナレハ。無ニ能化所化ノ不同一故ニ自受用身也。立テテ自他ノ不同一ヲ。我身ノ外ニ釋シテ衆生ノ迷ヲ利益スルヲハ應身。他受用身ノ重ニテ云時ハ。都テ迷情ニ不レ下ラ。當位卽妙ニテ無ニ一分迷一モ。故ニ作リ田ヲ取レ菜サイヲ。世間治生産業皆與實相等。皆自受用ノ重ニテ。面面各各ノ本有ノ心根ヲ其ママニテ。佛體ト顯ス故ニ自ラ受用ホシイママ也ト云也。是祕藏ノ法門也。非ニ聊爾ニ也云云

他不見抄　下

（「」イナシ）「私云。山王利生歟。不思議ニ相ニ傳之一。可レ祕可レ祕」

〔**十二、北谷祕典**　他不見抄　終〕

十三、北谷祕典〔十箇條〕

北三十六帖内七帖

北谷祕典　十帖之内

1 一心三觀傳　慈惠

2 止觀大底之事

3 心性之事

4 止觀之事

5 佛神之事

6 灌頂面授口傳　（この條目イナシ）

7 常行堂口傳

8 多寶塔中一心三觀見聞　第三　（この條目イナシ）

9 一心三觀私見聞

10 五箇大意示事　（この條目イナシ）

都合七帖

1 一心三觀傳 慈惠

和尚〇傳於一言ト者。相傳如ニ玄旨一。菩薩圓戒授於至心ト（信カ）者。是ハ半偈成道ノ形也。至心ハ（信カ）至極ノ心也。言ハ天台ニ有ニ圓頓ノ三學一。一心三觀ハ惠。無作三身ハ定。圓頓戒ハ戒也。此中ニ圓頓戒ハ。卽チ本地法身ノ振舞。中道極ノ境界也。仍テ經云。定惠力莊嚴。以此度衆生（大正藏九、八上二四行。方便品）矣 能莊嚴ハ是定惠。所莊嚴ハ圓頓戒也。故ニ於ニ多寶塔中（中イ无）ニ説ケリ。是名ニ持戒行頭陀者一ト。（同、三四中十七行。寶塔品）圓頓一實ノ戒ハ。至ニ第三重ノ本覺ノ無作三身ニ悉ク入眼ス。彼半偈成道卽チ是也。元初報塵ト者。報塵ハ根塵也。書寫之時誤テ書ク報ニ。有レ恐故不レ改レ之

尋云。所レ云就此一心ノ一心ハ能觀ノ心歟。所觀ノ心歟

答。就此一心ト者。指ニ上ノ一心三觀ノ一心ヲ一也。知ヌ能觀也ト云事ヲ。故ニ文ノ意ハ。就テ此一心ノ所觀ニ判ニ有レ二事ヲ一也

尋云。名字・觀行ノ初心ニ。如何觀ニ元初ノ一念ヲ一耶

口決ニ云。本結大緣寂光爲土ト云テ（天文三、一三五九下。文句記）。名字解了ノ時。全ク住ニ至極寂光ニ。以ニ彼住ニ寂光ニ爲ニ圓頓ノ下種ト。故妙行心要云。身雖レ在ニ夢中ニ。心ハ常ニ遊フ覺前ニ。（佛全33、一一六上）位ハ理卽ノ底下ナレトモ。解ハ高クシテ出タリ究竟ニ矣 是甚深ノ文也。解了形如レ此。雖レ爾一毫未斷ノ行者ナレハ。立還テ起レ迷ヲ有ニ麁細ノ不同一。若シ迷心微細ニ起ル時。ツト驚テ二念ト不レ繼ス。本ノ解心ニ立還ル行者。觀ルト元初一念ヲ云也。次。於ニ細念ノ處ニ不レ驚。至テ麁强ノ心ニ又本解ニ立還ル者ヲ云レ觀ト根塵相對ヲ

尋云。於ニ名字・觀行ノ行者ニ。起ニ麁細惑ヲ本據如何

答。高祖釋ニ大通結緣者。退大流轉ノ由ヲ云ク。（天玄一、六四。釋籤）耽下障ニ中道一微細無明上故失ニ於大志一。復耽ニ現行麁欲無明一。亡（忘カ）ニ本所受一矣 是則明文也。今口決ニ可ニ思合一

又云。一心三觀智等者。是法華長講ノ文也。彼全文ニ云ク。一心三諦境。（傳全四、二五八）一心三觀智 矣 今ノ所引ニ略ニ初句ヲ事ハ。是雖レ有ニ異義一。多クハ書寫之時脱落ト云ヲ。爲ニ門徒ノ實義一約修初凡觀ト者。（凡イ取）修ハ豎也。（竪カ）豎ノ字ヲハタカシト讀。豎ノ字ヲハタツト讀ム。（論カ）仍テ義一也。故ニ修字ヲ書ク也。衆生一念之具也ト（了心カ）者。是卽チ彼ノ圓頓ノ行者ノ日用ノ用心也。謂ク行者五尺ノ形骸ハ。卽チ寶塔也。行者ノ胸中ノ方寸ハ。是レ二佛所座ノ床也。此肉

圓ノ一心ニ詮二ス此心一ヲ。有二靜散（定カ）ノ二德一。卽チ是レ寂照也。寂ハ多寶。照ハ釋迦也。故ニ一念所具之境智ト云也。横竪之中ニハ。以二横ノ廢立一ヲ爲二行者入觀之最要一ト。其ノ肝要ハ。今所レ示形骸。寶塔一心ノ寂照ノ二佛卽チ是也。多寶塔中ノ血脈ノ肝心卽チ是也

約二修行一ニ是謂（「者カ）三諦ト者。是迹門ノ諦觀相應之修行時ハ。彼一心內ノ寂照用三ヲ三諦ト取向ヒテ觀也。故ニ云二是謂三諦一ト。若約二本門ノ佛相觀一ニ者。可レ爲二三身一ト也。故ニ先達ノ釋云。衆生心性本有常住。三世不改名爲二法身一。衆生心性本覺本明。十方圓通名爲二報身一。衆生心性不レ守二自性一。隨緣現レ益名爲二應身一矣　今謂ク法身ハ多寶。報身ハ釋迦。應身ハ分身也。故ニ我等カ以二一心ノ寂照ノ用一ヲ說二ク彼ノ寶塔品三佛一ト（天文四、一九四八下。文句）也。爰ヲ以テ彼寶塔品ノ本書ニ供養三佛ト釋シ給ヘルヲ。道暹受テ供養自身三佛也ト判セリ。（卍續四五、一三五丁左下。文句輔正記）甚深殊勝ノ釋也。論性德者。卽三身只是境智一心也ト云ヘル卽チ是也。寶塔品疏。釋本覺無作三身等者。無作三身ノ樣卽チ如二次上一。凡ソ門跡ノ一箇相傳ノ經ノ立處。口決スル事有レ之。他門ニ云ク。一心三觀ハ安樂行品。無作三身ハ壽量品ト云ヘリ。今謂ク一心三觀ノ立處ハ安樂行品。入眼ハ觀音品。無作三身ノ立處ハ寶塔品。入眼ハ壽量品也。安樂行品ノ身口意ノ三安樂ハ三觀也。觀音品云。眞觀（大正藏九、五八上）清淨觀中　廣大智惠觀空　悲（悲㋑非）觀及慈觀假觀也　寶塔品ノ釋迦・多寶・分身ノ三佛ハ。卽チ壽量品ノ本地無作ノ三身也。壽量品云。（大正藏九、四二中〜下）出釋氏宮應身　成佛已來報身　非如非異法身　是ハ法華論ノ配當。仍テ大師雖下引レ釋二此廢立一給上。非二實事ノ本意一ニハ。已上於二此三身一ニ有二附文・元意ノ配當一。附文ノ配當ハ。如二彼ノ論文一ノ。次。元意ノ配當ハ。云ク如來如實知見等能照報身。所照三界之相法身也。次上ニ所レ說。或說己身等及出釋氏（大正藏九、四二下八行。壽量品）宮ハ。從二境智冥合二身一垂處ノ起用（「㋑妙用）。卽是分身也。以上。然我實成佛已來者。卽チ是又能照所照三身也。故ニ釋云。能（天文五、二二七二上）成卽報身。所成卽法身。能所合故應身（法報合故能益物カ）矣　今謂ク。此等ノ能成所成ト者。是寶塔品ノ三佛也。釋迦ハ能成報身也。多寶ハ所成ノ法身也。故ニ釋迦開二テ塔婆一ヲ居二ス多寶半座一ニ。三世益物ノ應身ト者。卽チ分身也。三世益物ノ分身ハ。是レ第一重ノ無作三身。能成報身ハ。第二重ノ始本冥一ノ無（「㊦起）作三身。所成ノ

法身ハ。即チ第三重本覺ノ無作三身也。此本覺三身ハ。即チ三界ノ依止也。故ニ我等ハ即チ釋迦ノ本地法身也。山王院本佛事。可レ思二合之一。故口決云。釋尊己證天月即我等衆生云云行者身本來性妙法蓮華乃至無作三身也ト者。言ハ性德ノ三身ノ修ニ顯ス處ヲ無作三身〔底三〕ト釋給也。是ハ三重三身ノ中ニハ第二重ノ始本冥一ノ無作ノ三身也。サテ以上ノ本覺無作三身ト者。第三重ノ唯本覺ノ三身也

次ニ本門之師三身者乃至三身是也ト。(〔者カ〕)是ハ九界所具ノ佛界也。次。六凡四聖乃至無作九界ト者。是ハ佛界所具ノ九界也。凡ソ寶塔品ノ虚空會之儀式。即チ是レ法界平等門ノ前ニ。三千之性相擧テ歸レ一ニ相也。靈山一會ノ間。三佛及二界八番。此ノ間ニ盡ス二十界ノ種類一ヲ。此即チ十界ノ衆生也。所居ノ虚空是常寂光也。雖二一會之種類異一。所居之虚空ハ是一也。雖二十界各別也一ト心性之寂光彼此全ク一也。故ニ佛界ハ歸シ二九界一ニ。九界ハ即ス二佛界一ニ。彼ノ寂光ハ即チ是レ境智ノ本法。萬法ノ本極法身ノ本地身也。釋迦顯本即チ顯ス二彼本法ノ境智一ヲ。故ニ信解本地難思境智ト云ヘル即チ是也。何ソ此本法釋尊

獨リノ本地身ナラン哉。即チ爲ニモ我等衆生ノ又本地身也。既ニ彼彼(〔其カ〕)ノ本地身一ナレハ。聞テ二釋迦〔迦(イ)尊〕ノ顯本一ヲ。一會ニ得二增進ノ益一ヲ。故ニ增進之益。甚意在此ト云ヘル思レ之。不レ改二父母所生ノ色心一ヲ。全ク是レ妙境妙智ナレハ。境智ノ本法在二於眼前一ニ。故ニ云二何(〔可カ〕)隔境界耶一。知ヨリ二色心境智ト外一ニ。全ク無〔無(底)ナシ〕二即身成佛之義一。故云二即身成佛求何行一ト

次。依文ノ中無始色心等ノ文ハ。是レ本迹不二ノ依文。智既是心。境亦是心。或若境若智同在一心等ノ文ハ是迹門ノ依文。一色一香無非中道等ハ是本門ノ依文也。境既無量無邊。或ハ就境爲法身等ノ文。隨レ時ニ何重ニモ可二引來一者也。但〔但(イ)何〕シ今依文ニハ若境若智。或就境爲法身及一色一香等文不レ載レ之。彼ノ無始色心ノ文。至マテヲ二妙境妙智一ニ。本覺法身處而〔而(イ)ナシ〕而隨妄轉及不知迷眞起妄 已上理即 今既聞名知陰即是ト者 名字即 即四陰心以後ハ觀行已上也。次。心觀明了理惠相應ト者。境智ノ橫ノ廢立實義也。又豎ニモ可レ消一代說敎ノ所詮偏ニ在リ二此文一ニ

北谷祕典　　十帖之內

2 止觀大底之事

尋云。正修止觀ノ行者。信ニ知煩惱卽菩提一後。縱ヒ雖レ作レ惡不レ可レ有ニ其咎一歟

一義云。諸惡莫作諸善奉行ハ。七佛ノ通戒佛法ノ土地也。雖レ信ニ知ト一切法（法㋑ナシ）悉是佛法ノ旨一ヲ努努莫レ犯ニ性戒一ヲ。佛本（大正藏四六、四五〇下。止觀義例）不レ斷ニ性惡法一故。性惡若斷。普現色身從レ何而立 矣 已達ノ後ニハ現ニ三昧一故ニ。雖レ趣ニ惡門一ニ更（更㋑ナシ）不レ可レ有レ咎。依レ之顯密ノ高祖ノ中ニハ。於ニ惡法無礙ノ人一ニ皆見レ體歸スルニ瑜伽一ニ行人見タリ。未達ノ凡夫ハ不レ可レ叶事也。若犯ニ事相ノ戒品一ヲ者。罪障迷シテレ心ヲ迷レ執彌ヨ起ナン。善惡ハ隔異串習ノ法カ故ニ。若犯ニハ性戒一恐怖ノ思ヒ責テレ心ヲ正念難レ起。世俗ノ善惡尚以不レ辨。況ヤ出世甚深ノ境界哉。若堅ク守ニレハ戒品一ヲ甚安穩也。若心安穩レハ正念易レ住。正念不レ亂發ニ生實智一ヲ。身ニ守ニ持戒行一ヲ。口ニ唱ニ名號一。意ニ想ヘルニ實相一ヲ者。此故也。於ニ遮戒一悉難レ持レ之。於ニ性戒一ニ者相構莫レ犯 云云 廣釋云。須ニ十（大正藏七四、七七七中）善ノ性戒一向莫レ犯。若有レ因者許スレ犯ニ遮戒一ヲモ 矣 凡ソ信知ノ之後作ルニ惡法一ヲ人ハ。觀力ノ功用忽チ發シテ雖レ不レ墮ニ惡道一ニ。犯戒之咎尚ヲ留テ。生死不レ得（得㋑同）ニ出離一。諸道ノ昇沈ハ。由カニ戒ノ持毀一ニ故也。一色一香無非中道ノ觀法ハ。名字卽ノ位也。十法成乘ノ妙觀ハ。觀行卽ノ初心也。此等尚退失ノ位カ故ニ。久昇ニ沈ス五道一ニ。雖レ立トニ信知一ヲ作レ惡ヲ故也。我等未レ進ニ名字ノ初カ初一ニ。尚居スニ理卽ノ最中一ニ。信知ノ旨尤モ淺シ。犯戒ノ感報難レ免者歟。可レ思ニ合之一

一義云。不レ可レ有ニ其咎一。所以ニ圓頓ノ至極ハ不斷惑ノ卽身成佛也。其ニ取テ迹門觀ハ止テニ妄想戲論一ヲ歸ニ不變眞如ノ一理一ニ。故ニ此分齊ノ觀力ニテ若趣ハレ惡ニ可レ成ニ生死ノ障偏（偏㋑隔）一ヲ也。本門觀者。三千果成咸稱常樂。（天玄四、三四九。釋籤）三千無改無明卽明ト云。我身卽チ本覺遮那ノ佛ニテ。三千依正元來體具ニ微妙功德一ヲ故ニ。於ニ已生ノ惑一ニ不レ欲ニ斷除一。於ニ未生ノ惡一ニ不レ欲レ不レ起。只此身卽チ全體遮那也ト觀レハ。已生未生所有ノ煩惱。悉ク自然ニ成テニ眞如隨緣ノ功德一ト。全ク不レ成レ妨ヲ。依レ之妙樂云。（天文一、一九六下。文句記）本觀ニ理是一。不レ觀ニ染除一。染體自虛本虛名レ滅ト。圓人ノ斷惑者。非ニ敵對斷除ノ之惑一ニ只遣ルニ偏計所執一ヲ也。所

料金受取人払郵便

郵便はがき

101-8791

534

神田支店
承認

1804

差出有効期限
平成23年12月
10日まで
（切手不要）

千代田区外神田
二丁目十八―六

春秋社

愛読者カード係

（フリガナ） **お名前**	（男・女）	**歳**	**ご職業**
ご住所 〒			
E-mail		**電話**	

※新規注文書 ↓（本を新たに注文する場合のみご記入下さい。）

ご注文方法 □書店で受け取り □直送（宅配便） ※本代＋送料210円（一回につき）			
書店名	**地区**	**書名**	冊
			冊
取次 この欄は小社で記入します			冊
			冊

ご購読ありがとうございます。このカードは、小社の今後の出版企画および読者の皆様とのご連絡に役立てたいと思いますので、ご記入の上お送り下さい。
ご希望の方には、月刊誌**「春秋」**(最新号)を差し上げます。　**＜ 要 ・ 不要 ＞**

〈本のタイトル〉※必ずご記入下さい

●お買い上げ書店名(　　　　地区　　　　書店)

●本書に関するご感想、小社刊行物についてのご意見

※上記感想をホームページなどでご紹介させていただく場合があります。(諾・否)

●購読新聞
1. 朝日
2. 読売
3. 日経
4. 毎日
5. その他
(　　　　)

●本書を何でお知りになりましたか
1. 書店で見て
2. 新聞の広告で
(1)朝日 (2)読売 (3)日経 (4)その他
3. 書評で (　　　　紙・誌)
4. 人にすすめられて
5. その他

●お買い求めになった動機
1. 著者のファン
2. テーマにひかれて
3. 装丁が良い
4. 帯の文章を読んで
5. その他
(　　　　)

●内容
□ 満足　□ 普通　□ 不満足

●定価
□ 安い　□ 普通　□ 高い

●装丁
□ 良い　□ 普通　□ 悪い

●最近読んで面白かった本　(著者)　(出版社)

(書名)

㈱春秋社 **電話:**03(3255)9611 **FAX:**03(3253)1384
振替:00180-6-24861 **E-mail:**aidokusha@shunjusha.co.jp

詮。只以二改心ヲ一名二斷惑一ト。名二成佛一ト也。山王院ノ。諸教ノ(佛全25、三一九上。法華論記)中。斷惑成佛ハ。只是遣ルト二偏計所執一釋シ給ハ此意也。故云二染體自虛本虛名滅一ト也。明來時闇不レ去。明與レ闇合而動靜在レ之。任知二煩惱即菩提一ト。如ク二彼ノ明現時不レカ去。同成テ二淨功德一ト不レ動二九界ノ迷情一ヲ。照二果德ノ德用一ト。故二云二本觀理是不觀染除一ト也。是名二大煩惱斷一ト。又云二不斷惑ノ即身成佛一ト也。但强二好テ非レ作レトニハ罪 云云 捨テテ二隔異ノ思ヲ一莫レ恐二其罪一ヲ。淨名經云。但除其執(病カ)不除其(其ナシカ)法ト。(大正藏十四、五四五上)但除二善惡隔異ノ執ヲ一非レ斷二其ノ惑一。仍歷緣對境ノ時。於二競ヒ來ル惡法二不レ可レ恐。南岳ノ風波ノ譬。大論ノ鉤(魚歟)眞(眞イ魚)ノ意可レ思コ合之一 云云

傳云。此事非レ論二。諸ノ法門ハ。顯密二宗ノ行者ノ實證也。只引コ向我心地ニ一可二思量一事也。蜜(蜜イ密)宗ノ中ニハ。立二中院東院ノ二種ノ機根一ヲ。中院ノ機者。我即毘盧遮那。我即法身。即聞即悟シテ速二登二中臺大日ノ位一二。東院ノ機ト者。雖レモ聞二我即法界。我即毘盧遮那ノ理一ヲ。根機聽純(マヽ)ニシテ忽二不レ得二開悟一。經テ二發心修行菩提涅槃ノ位一ヲ。後二至二中臺ノ功德二也。中院東院ノ差別。只且ク利鈍ノ不同也。是レ即身成佛ノ機也。於二中院ノ機一二者。非二沙汰之限一二。今尋ル處ハ。取テ二東院ノ機一二。三毒即大日淨圓ニシテ。是三德ナリト起(起イ成)シテ二信心一ヲ後。所行ノ貪瞋等ハ。成二生死ノ障隔一ヲ哉不レ成哉不審也

道範阿闍梨ノ鈔云。蓮華三昧ノ意。三毒五欲自性清淨ニシテ。即三身五智ノ悟也。仍テ行人尚可レ行二此意一ヲ耶　答。已證ノ智者ハ。於二此三毒十惡一二成二不思議ノ解脫一ヲ。未練ノ行者ハ。實相ノ觀門未練ノ故。若犯二其罪一ヲ身心顚倒シテ成二輪廻ノ業一ヲ。努努不レ可レ犯二其性戒一ヲ 云云 眞言・止觀ノ廢立・入門雖レ似レ異ルニ。行人實證ハ安心是ト同者也。今經。須臾聞之。(大正藏九、三一上十行。法師品)即得究竟阿耨菩提者。當二祕教ノ中院ノ機頓證一二。故二安然。以二此文一ヲ對二上上ノ機根一二給ヘリ。開示悟入佛之知見ト者。當二東院ノ機一二悟コ入シ住行向地ノ次位一二。入カ二妙覺極位一二故也。付二此ノ機一二一切ノ諸法悉ク是佛法ナリト令二信知一セ。信知ノ分齊ハ。可レ有二淺深一。歷緣對境ノ時。貪瞋等ノ念競ヒ起トモ。信心ハ力强ク。妄法ハ力弱シ。縱ヒ雖レ向二諸ノ惡法一二。不レ可レ成二出離ノ障隔一ヲ。妄法ノ薪。還テ可レ增二信知ノ智火一ヲ。(天止三、一一七～八)風增二求羅一猪磨二金山一ヲ者此也。止五云。當以レ觀觀レ昏。即レ

昏而朗。以止止散。卽散而寂。如猪揩（揩底ナシ）金山。衆流入海。薪熾於（於底ナシ）火。風益求羅耳矣 弘云（同前）。當以下正明設觀。（「〇カ）成不思議止觀大綱也。如猪下。爲依解起行（行イ門）立譬。（「矣カ）觀力未成。所照未暢。觸境成照。其用轉明。若妄心執强。信知力弱。行者可求思慮。猥莫犯性戒。至信智（知カ）妄心强弱者。他人在外非可計。以我心可識量也

心師相傳云。假令妄心强。信智（知カ）弱。若有巧方便安心者。不可成出離障隔。其故弘決（止觀カ）第二（天止二、五八）引西施因緣。西施痛胸顰眉。隨顰彌增愛敬。隣女人見之又顰眉。隨顰彌現惡相矣 隣女愚人。隨煩惱眉顰。彌增惡相見タリ。覺大師後念心。以前念心爲所緣境釋給。縱前念雖作惡。後念心修觀。前後心成功德法門也。止觀一部每卷勸觀念。十乘十境以觀心爲元意。文句因緣・約教・本迹・觀心。玄義七番共解。五重各說廢立。皆以觀心爲本意。就中已達人。別不用觀法開悟一

心本源。更無可觀。故住上立三眼四智不立觀名。不立三智四眼觀智自在故也。凡夫心使無明曲故。爲直此諂曲心。未證（「底於歟）位用觀法也。未斷一毫惑。凡夫歷緣對境時。無惡不造。輪廻生死閒。無咎不受。釋迦大師愍此迷徒（徒イ境）調機根。於一圓說頓悟妙文。靈山八箇年說法。雖述出世本懷。大悲善巧化道。遠鑒滅後機緣。或顯四依弘經大士。或生大師先德。弘通頓入觀門興行一實妙行。若夫一實慈悲。非我等涯分者。釋尊忍界出世無由。若夫圓頓妙行。非未證妄路者。大師己證法門爲何。當知。一乘教法。是長智燈。濁水明珠也。密宗中。說無行阿闍梨法。以不行爲行。以不到而到得。瑜伽行人。以無行爲行。別不用觀法修行也。然明初心方法。著三密甲冑。爲對妄執怨敵云云（天玄三、五九六。玄義） 天台釋已達人行相給。心不思惟普照法界等矣 或籤八（天止三、七四。弘決）。一塵（同前。釋籤）則（卽カ）足何別（「須カ）思惟云。於觀法正機然圓頓教

本被凡夫ト云云。故ニ假令未證淺智ノ行人。信智(知カ)ハ弱ク。妄執ハ強トモ。以ニ巧方便ヲ趣ニ向セ惡法ニ者。更ニ不レ可レ成ス出離ノ障隔ヲ。而今向テレ惡ニ修觀スル事ハ。已達ノ行者ノ所修ニシテ。未練ノ行人ハ。不トレ可レ有ニ此義一云事ハ。非ニ實大乘ノ廢立ニ。背ケリニ顯密二宗(途イ)ノ施設ニ。專ラ是レ遮情淺略ノ門。全ク非ニ究竟終窮之說ニ。攝大乘論ニ云。方便善巧ナラハ。在トモレ行コトニ殺生等ノ十種ノ作業ヲ。而無レ有レ罪。生シテニ無量ノ福ヲ。速ニ證トニ菩提ヲ云ヘリ。(大正藏三一、四二六下)決定毘尼(尼イ㐧)論云。若無ニ方便一菩薩ハ。恐レヨニ貪ノ所犯ヲ。若シ有ラン方便一菩薩ハ。不トレ畏ニ瞋ノ所犯ヲ云ヘリ。廣釋云。(大正藏七四、七七七下)如ンハレ欲ルレ隔(隔イ斷)ント婬欲ヲ。勇猛精進スルニ。惑心彌增シテ。不レ能ニ正觀一。爲ニ止ンカ執(狂カ)念ヲ。行セヨニ放捨等ヲ。譬ハ如下鉤レ魚ヲ。魚ハ強ク鉤ハ弱シ。急ニ引ケハ(能釣損)失ウレ魚ヲ(失魚カ)。緩クハニ鉤ノ緒(緒底ㇳイ繩)ヲ定テ得中其〔魚〕ヲ上。一切准知セヨ。智者ハ犯トモレ罪ヲ。如シテレ畫(エカク)(書カ)カニ流ノ上ニ。隨テ〔犯ニ隨レ〕滅ニ。(大正藏七四、七六五中二八行。廣釋)尙如シニ隨テレ畫(書カ)ニ〔隨レ〕散カ矣又云。仁王云。(同、七六五下二行〜)魔自在方便ト者。於ニ非道ニ而行ニ佛道ヲ。四魔所ナリレ不レ動。以テレ行ルヲニ四魔自在ノ方便ヲ。雖レ起トニ三毒十惡五逆ヲ。皆成ニ佛道ヲ。不レ破ニ戒品ヲ矣(同前)無行經云。貪欲卽是道。瞋(恚カ)癡亦復然矣(同前、六行〜)若人求ニ佛道ヲ。莫レ壞コトニ貪恚(恚カ)癡ヲ。若シ斷シテニ貪瞋癡ヲ。欲レ求ニ諸ノ佛道ヲ。是人去コト佛道ヲ。(同前、九行〜)譬如ニ天與レ地。信スルニ此說ヲ者ハ。皆成ニ佛道ヲ。貪欲卽是(非カ)道ルコト。(同、十行〜)譬ハ如ニ天與レ天(地カ)。信ルニ此說ヲ者ハ。皆墮ニ地獄ニ 止觀引レ之 又云。(大正藏七四、七六五下二五行〜)昔和須密多發願シテ利スレ人ヲ。吸ハンニ我口(合我カ)ヲ者ハ。得ニ大辨(ㇷ大カ)才ヲ。我合レ胸者(モノ)ハ。得ニ大智惠ヲ。執ニ我手ヲ者。得ニ福聚ヲ。嫁(嫁イ婬)ニ我身ニ者ハ。得ニ大菩提ヲ。此ハ婬ヲ爲レ戒ト。昔シ釋尊。盜テニ慳人物ヲ。得ニ大施會ヲ。令(令イ合)レ增ニ其福ヲ。此ハ盜ヲ爲レ戒ト。非レ犯ルニ盜戒ヲ。(同、七六六中十一行〜)當レ知。三毒十惡皆爲ニ戒行ト。又云。如下文殊師利。以ニ智惠劍(劍底イ鈎)ヲ殺中害ス在纏一切ノ如來妄執ノ右臂ヲ上。能殺所殺。皆眞如實相(實ㇳカ)ナルコト。如ニ大虛空ノ。無レ不ニ自在ニ(自他故カ)。如ニ大虛空藏。若人見レ尊。取ニ用ルニ一切有主。所攝之物。六分之一ヲ。不レ得ニ盜罪。能取所取。皆是眞如ルコト。如ニ大虛空ノ。無ニ能所一〔故。如ニ〕觀〔世〕自在ニ。定惠男女〔二根〕和合シテ。能生スニ諸佛之子ヲ。能合所合皆是眞如。如ニ大虛空ニ。無ニ著脫一〔故能〕深ク觀ニ行ヲ此理ヲ。名テ爲ニ已善ノ持戒ト。未ダ深ク觀ニ行此旨(理カ)ヲ。名爲ニ未善ノ持戒ト矣

止二云。凡ソ觀門置手ハ。鎭ニ引ヘテニ色心實相ノ念ヲ。不レ顧ニ涯

分。無氣意。懸中院機。只一度入果海（海イ満）位可去也。此一言諸門至要也

尋云。妄強信弱位。可用巧方便安心者。何樣巧方便耶。又安心作法如何　答。付祕教付止觀各有巧方便安心。更向佛印未傳其巧方便之安心。對明師受此章。莫散在因外。因三處止觀アリ

傳云。於止觀在三意。一。開章已前被上根機不傳妙解妙行。直取付法體修行也。體重非行重論之。是云自受用重也。故雖開章已前一分下也。向法有任處不落所迷。開悟而修行直曲也（天止一、九五。止觀）　尋云。其證如何　答。圓頓者。初緣實相造境卽中文是也（同、一一二）　難云。無明塵勞卽是菩提矣如何　答。行者意使非云。所詮。煩惱卽菩提。不動釋顯無作體樣也。生死煩惱懸目。飜此迷非云得菩提涅槃

二。前六重以妙解止觀。落情念也。此向斷迷開悟修行也。此機元付實相體也。弘四云。一心三觀。以照持犯矣（天止二、五四八）是存戒持犯也

三。第七正觀。妙解上修行也。起貪瞋癡煩惱卽隨起成觀釋於念念中止觀現前此意也

3　心性之事

傳云。此二字攝萬法也。一心者不變眞如也。性者隨緣眞如也。依之傳教大師。隨緣不變故名爲心（性カ）。不變隨緣故名爲性（心カ）釋給（傳全一、六〇五。一心戒文）。心者理在絕言也。而眞如也。性者萬法也。自性天然不動之處也。故諸緣起體。本來本有隨緣眞如也。性德兩眞如ナレトモ體一物也

尋云。於一心何處名心。何處可名性耶　答。水不變也心也。波隨緣也性也。一念起性也。其一念無色無形心也。所詮。一心如是故備萬法也。只心是一切法性也。一切法是心是心也。悟心性超佛祖本迹俱絕。皆是大乘俱緣實相修也。能能可思之

4 止觀之事

傳云。對治病ノ時ハ。止テ昏散ヲ爲ニ止觀ト。不レ存シテ機法ヲ離ニ絕スル能所ヲ時ハ。昏散ノ外ニ無ニ明靜一モ。無ニ寂照一モ。無ニ洞朗一モ。只茫然トシテ指居タル處カ妄テ情ニ。當處本妙ナレハ指レシテ之自レ外眼ヲ觀也照也明也。誰カ無ニ兩眼一。兩眼開閉ノ當體止觀也。是卽チ所引法門之處也。毫釐モ止觀有ト云ハハ。義味ニシテ非ニ止觀ニ。離ルルハ止觀ヲ止觀也。越タルハ寂照ヲ寂照也。絕タルハ明靜ヲ明靜也。爰本ハ非ニ言ノ所言一ニ。非ニスン神ノ所覺ニ。玄妙深絕ニシテ不可思議也。故ニ急ニ急ニ相ニ應シテ之ニ轉シテ。速ニ可レ發ニ天然之志ヲ也

因尋云。行者修行ノ志シ成シタラハ。何樣ナル心本ノ時。我ハ可レト元ニ付眞實（實㋑言）ノ理ニ知レ之耶（耶㋑云云）

答。此事一流祕藏也。一人相傳ノ法門也。然ルニ有ニ所存一談ニ申之一也。所詮。眠心是也。此心妄ニシテ善惡ノ二念ヲ發スル念也。此ヲ名ニ無記（記㋑起）心一ト。此心時中ニ來ラハ。不レ可レ猒。不レ可レ治。不レ可レ恐。只在ルニ可レ任ス。依レ之唯識論ニハ。無記（記㋑起）緣ニスト眞如ヲ矣是レ無記（記㋑起）心ヲ云テ睡心一ト。當流ニハ付マテ諸事ニ朦朧タル心ソト被レ示タリ。殊ニ當流ノ祕事也。所詮。昏ノ當體寂也 云云

5 佛神之事

傳云。餘流ニハ於ニ佛神ニ作ルニ本迹一ヲ。三佛ハ本。神ハ迹ト云也。此ハ非ニ當流ノ義ニ也。當流ニハ以テ山門建立ヲ習ニ四句成道ヲ時。作ルニ本高迹下ノ句ヲ。坂本ノ山王ヲハ云ニ本高ト。山上ノ三佛ヲハ云ニ迹下一ト也。餘句准レ之可レ知レ之。以ニ此道理ヲ本覺ト者。其體何等ソヤ。一切衆生是也。示ニ同スル之一神ナレハ。云ニ本高ト也。佛ハ斷迷開悟ノ始覺ノ利益有レハ之下スニ迹下ト也。以ニ道理ヲ可レ得レ意。以レ情可ニ（「不レカ」）疑難一ス 云云

尋云。止觀行者常用ノ心ハ眞實如何

傳云。得ニ非レ智ニ智一。行ニ非レ行ニ行ヲ。向フニ不レ向ニ處一云ニ止觀行者トハ一也。非智ノ智ト者。非ニ師保ノ智ニ生德ノ智也。非行ノ行ト者。不レ依ニ他ノ敎一ニ。生得ノ行ヲ云也。向不向處ト者。止觀行者トテ別ニ定テ方處ヲ非レ行ルニハ止觀ヲ。只天然トシテ自體圓明ナル此卽チ止觀行者也。實ニハ捨テテ生佛ノ見ヲ叶レ道ニハ。是此

宗ノ大旨也云云 委クハ如シレ注ルカニ(注イ住)餘帖ニ云云

6 灌頂面授口決 唯授一人相傳 塔中祕傳私記之（この條目イナシ）

師云。莊コ嚴シテ一屋ニ四方幷ニ八方ニ懸レ幡ヲ。中ニ立テテ檀(壇カ)ヲ。檀ノ上ニハ安コ置スル釋迦ノ像。若ハ法華經ヲ一部也 又安コ置ス十二佛ヲ。彌陀十二光佛是也。當流ニハ盡シテ十二因縁ヲ四方ニ安コ置ス之ヲ。過去二因・現在五果・現在三因・未來兩果ト配分シテ可レ安レ之ヲ。從ニ過去一至ニ未來ニ廢立ハ流轉ノ相也。如レ此次第シテ談ルハ成佛ノ義ヲ。迹門ノ從因至果ノ意也。此時モ三道ヲ顯スニ三身三德ト也。是ハ過去ノ二因ヲ爲レ初ト故也。付レ之。可レ有ニ本門ノ意一。所謂ル未來ノ兩果ノ後。亦起ス無明行ヲ。是レ從果向因ノ義也。本迹二門共ニ有ニ流轉還滅一。流轉ノ十二因縁ハ。黑色ノ檀供十二種可レ供レ之。是又三道有レ別。三所ニ黑色供レ之。流轉ノ三道是也。十二因縁卽三因佛性ナレハ。供コ養スル因ヲ意也。是則チ流轉順流ノ供養ト云也。又以ニ白色十二種ヲ可レ供ス。是還滅門ノ意也。此時ハ三德祕藏體三身圓滿ノ如來ナル故ニ。三處ニ別ニ可レ供コ養三身ヲ也。又佛供ノ燈明・燒香・散華。一一ニ可レ有レ之也。故ニ化城喩品ニ。說クニ妙法蓮華ノ十二因緣ト故也。是ヲハ因果不二ノ供養トモ。迷悟一如ノ供養トモ。色心不二ノ供養トモ。十二圓滿定光ノ供養トモ云也。十二因緣一一ニ可レ有ニ布施一 口決

次ニ。高座ニ先敷ニ吉祥草ヲ。サテ屋內ニハ。茅莛八枚可レ敷レ之ヲ。同居八葉ハ吉祥ナル意也。高座ノ下ニ敷テ吉祥草ヲ。可レ凝ニ數息觀ヲ也。次。高座ニハ敷ニ天衣ヲ三銖ノ衣也。可レ凝ニ如幻觀ヲ也。次ニ。高座ニ盡シテ蓮華ヲ可レ敷レ之。可レ凝ニ次第三觀ヲ。次。登高座。虛空會ノ意也。如レ次四教ノ成道也。四座各各ナルハ竪ノ儀式也。一屋ノ內ニ唱ハレ之。四教ノ成道同時ノ意也」

次。入道場用意ハ。入ル時。師ハ前。弟子ハ後。是則チ師ハ前佛。弟子ハ後佛ナル出世形也。從ニ道場ニ出ル時ハ。弟子ハ前キ師後ナルヘシ。是則チ弟子引コ導スル師ヲ意也。入道場ハ表ニ從因至果ヲ。出道場ハ表スルニ從果向因ヲ意也。共ニ一屋ノ內ナル事。能所不二。師弟一體。因果一如ノ意也

次。堂內勤行事

南岳大師。於ニ大蘇ノ道場ニ。爲ニ天台ノ。示シ給ヒシ普賢ノ道

場ノ作法是也。教令修行ノ法ト者。法華懺法是也。是則チ一心三觀ヲ事ニ行スル行法ノ次第也。閑ニ澄シテレ心ヲ。不ニ高聲ナラ一。師弟倶讀レ之也。次ニ。不具足誦可レ有レ之。天台ノ御釋ニ安樂一品ト釋給ヘリ云云　讀誦ノ後。可レ有ニ座(坐カ)禪一也。是一心三觀ノ觀法也。但シ人人ノ義不同也。可トモレ誦ニ玄旨ヲ一云ヘリ。亦ハ可レ修ニ數息觀ヲ一。深祕ノ觀法ハ。是レ返ルニ淺位ニ意也。三藏卽圓觀ナル故也。故ニ止觀第二ニ修ニ四三昧ヲ一下ニ。圓ノ一心三觀ニハ出ニ數息觀ヲ一。可レ思レ之ヲ

次。立華事

右ニハ以ニ柳枝ヲ一立レ之。左ニハ水瓶ニ入レ水ヲ可レ立レ之也。柳ハ以レ動ヲ爲レ義ト。是智惠動作ノ義也。水ハ澄清ヲ爲レ德ト。是表レ實ヲ義也。一檀(壇カ)ニ雙立スル事ハ。一心ニ定惠具足スル意也。又檀(壇カ)ハ者檀也。實相ノ心地ヲ爲レ檀ト也

次。面授相傳事

三重一心三觀一念三千ノ文義證也。次。一百三十一(圓頓章百三十三字カ)字決レ之。釋云。(天止一、九一。弘決)當知。南岳唯授ニ天台一云云　口云。三世十方諸佛通傳ニ言語ト習フ故也。內證ノ法華トモ。根本法華トモ是ヲ云也

名字　定光佛 定光菩薩　假名實名等

表白　懺法ノ初ニ可レ讀レ之

夫以。難レ受人身也。難レ値佛法也。縱ヒ生トモニ人間ニ一聞コトニ法音ヲ一希也。縱ヒ聞トモニ法文ヲ一聞コトニ妙法ヲ一亦難シ。然而ニ今弟子某甲宿因多幸ニシテ成ニ寶塔一會ノ儀式ヲ一。善緣相資テ摸シテニ鷲峯開顯ノ道儀ヲ一。王子結緣ノ種子今已ニ顯レテ入レリニ玄旨灌頂ノ室ニ一。故ニ我等須臾ニ唱ニ四教ノ成道ヲ一。刹那ニ遂ニ出世ノ本懷ヲ一。諸佛ノ妙旨ヲ傳ニ半偈ニ一。十二ノ妙法ヲ顯スニ一身ニ一。是則チ卽身成佛也。刹那成道也。半偈得道也。證大菩提也。若我等歷緣對境シテ雖レ感ニ凡身ヲ一。是三身ノ出世饒益有情ノ形也。何ソ非ニ四攝利他ノ行ニ一耶。旨趣雖レ深ト啓白言略セリ。委旨奉レ讓ニ影向三寶ニ一焉

次。山王供養

口云。二十一社可レ捧ニ幣帛等ヲ一也。必ス可レ施ニ般若心經ヲ一云云

次。廻向　所修功德廻向云云

次。四弘云云　次。願以此功德云云

別本云 次。行儀次第

先。一七日加行。每日三時懺法。每日ニ法華經一部。餘行ハ隨レ意也

檀(壇カ)樣書口決 後日私記レ之

莊ヨ嚴道場一如レ常。高座ハ如ニ問答講ノ作法一ノ。壇前ニ置ニ法華經一部一。教主釋尊。彌陀像。天台影幷山王。摩都(多カ)羅神 已上

法樂心經也 東方ニハ十六王子。西方ニハ八方作佛也。供物ハ燒香・燈明等如レ意。次。十二因緣ヲ四方ニ懸レヨ之ヲ。所詮只是也

次。入道場儀式

先。師可レ入ニ道場一ニ。次。弟子可レ入。入リ畢テハ。師弟共ニ禮拜三反。可レ唱レ之。其詞ハ。檀(壇カ)樣ノ書ノ奧ニ有レ之。所謂。南無歸命頂禮。當檀(壇カ)斷數懺悔。懺悔發露涕泣。常恆修證。南無歸命頂禮。當檀(壇カ)卽妙。自體顯本。常恆顯滿 以上三反

次。佛像禮　次。大師禮　次。山王禮

次。摩多羅神禮　次。十六王子禮

次。八方作佛禮 各三反　次。十二因緣ヲ可ニ頂禮一ス 各三反

是ハ生死順流流轉門ノ意也　次。逆禮 各三反 是ハ生死ノ順流ノ還滅逆流スル意也　次。佛前惣禮　次。著座。可レ凝ニ數息觀一。是三藏成道也　次。如幻觀。通教ノ天衣爲座ノ成道也　次。次第觀。別教ノ蓮華座ノ成道也　次。一心三觀。圓教ノ虛空爲座ノ成道也。登高座ハ結跏趺坐也

次。表白 如レ上

次。可レ誦ニ玄旨書一　次。可レ頂ヨ載(戴カ)ス此書ヲ一 三反　次。法華讀誦 可レ開ニ題名ヲ一也　次。誦ニ不具足偈ヲ一 安樂行品也

次。惣釋如レ常。惣釋後ハ默然ナルヘシ

此時師。下座シテ燒香・散華シテ。可レ三ヨ禮ス今ノ行者ヲ一。然後。

師登高座 金二打

可レ相ヨ傳心要ヲ一。其時合掌シテ可レ誦ニ華嚴經ノ若人欲了知等ノ文幷ニ無始色心之釋。亦圓頓者等ノ釋ヲ一。行者モ受ヨ取テ之一以ニ言語ヲ一可レ誦レ之ヲ也

次。授記作佛 行者實名等 如レ前

其後。行者下テ高座ヲ一。向テ師ニ燒香・散華シテ。可ニ三禮一ス。可レ唱ニ願我在道場。香華供養佛等ヲ一也。然後ニ。師ハ後ニ。弟子ハ前キニ。可ニ出堂一ス也。出ム時ハ。還向テ堂內ニ一可レ致ニ三禮ヲ一。然

後。外陣ニテ一切業障海云云願我生生見諸佛云云和光同塵
結緣初云云
願以此功德云云惣シテ道場懺法聲名(明カ)助音伽陀等。外陣可レ
有也。黑白十二種ノ供物ハ。流轉還滅ノ供養也。順流ノ供養
布施ノ白色ハ。還滅果供養也。以二此供養一一切衆生同時成
佛也
佛供。摩多羅神御前ニ置レ之
黑白ハ供二十二因緣一也

無明行過去二因東　識名色六入觸受現在五果南
愛取有未來三因西　生老死未來兩果北

口云。書テ二此十二因緣ヲ一如レ此可レ懸二四方一ニ也。初八九煩惱
第二第十業　餘七皆苦
摩都(多カ)羅神ハ。神カトヨ歩ヲハコフ皆人ノ願ヲミテヌコトソナキ
シツシリニ。シツシリニ。ササラサニ。ササラサニサ
檀(壇カ)樣次第口決
私云。本ハ四帖也。爾開一帖ニ書也　日意

7 常行堂口傳

口傳云。常行堂者。建ヨ立ル鎭護國家天子本命ノ道場ヲ靈舍也。所ヨ以ヘ名二クル常行堂ト一者。於二常在靈山常寂光土一ニ常ニ行スル二無作ノ三身一ヲ堂ト云事也。天子本命トハ者。於テ二無作天然之理一ニ叶ヒ二天地人ノ三諦一ニ給ヘル叡慮ト云事ナリ。佛法王法我山ニ並テ。爲ル二眞俗相應靈道場一ト云事也。王字(字イ子)可レ習レ之也云云
故付テ二常行堂一ニ習ヒ二極ヌレハ本地垂迹一ヲ。三世諸佛ノ內證ノ外用。釋迦一代ノ說敎ノ元意不レ過レ之。天台大師。道場開悟ノ德。又納レ之。我等カ出離生(イ死)ノ要路。境智ノ眼目。本迹ノ骨髓。過テ二此重一ヲ不レ可レ有二深法一。深義ハ浅略ニ還テ。習ヒ極ムト云事。只此重也。常行堂ノ本尊ハ。阿彌陀風流局ニ奉二安置一。勸請神ハ摩多羅神是也。神或ハ約スル二始覺門一ニ時ハ。云二阿彌陀ノ化身一ト。或ハ云二荒神一ト也。約スル二本覺門一ニ時ハ。萬法根本。本命元神ト云也。荒神トハ者。釋尊成道ノ砌ニ。對シテ二舍利弗一ニ我カ兄カミト云タマヘリ。但シ一堂ニ本地垂迹並テ奉ル二安置一ス事ハ。惑智一體。能所不二ノ故也。阿彌陀トハ者。佛界卽能觀ノ三觀也。阿者空也。彌者假也。陀者中也。摩多羅神者。九界卽所觀ノ

三諦也。摩者大義。空也。多者假義也。羅者中義也。爰以解釋云。(天玄二、一五四。玄義)但點法性爲眞諦。無明十二因緣爲俗諦矣眞諦者。佛界法性本有阿彌陀是也。俗諦者。三惑具足元品無明摩多羅神是也。故眞俗相應・惑智一體・能所不二道場云也云云

口傳云。付之可分本迹二門。先迹門意者。習其體時。阿彌陀佛界。習一心三觀教主。摩多羅神九界。習三惑具足元品無明也。故三智具足阿彌陀施用。則空假二智顯觀音勢至。中智顯阿彌陀也。三惑具足摩多羅神吐用。則見思塵沙顯丁禮・儞子。無明顯摩多羅神云也。爰以密嚴經云。(大正藏不明。續天全神道1、一二〇上。山家要略記。傳全四、二三七。觀心無作念佛)我心月輪眞如法性。依煩惱障不能顯現。理顯名觀。智顯名勢。理智(理所カ)不二。彌陀佛身。不隨(從カ)他方。來迎引攝矣我心月輪眞如法性者。佛界居唯心淨土己心阿彌陀是也。依煩惱障不能顯現者。九界潤三土生死元初一念無明也。無明者。摩多羅神是也。理顯名觀。智顯名勢。理智不二。彌陀佛身者。生佛一如・本迹不二・境智一體。己心本法。不出無明卵(カイコ)處云也。無明體性本有一動不動。云法性全體也處。不隨他方。來迎引攝云也。故始覺門機。以三觀斷三惑。叶本不生理時。煩惱卽菩提。生死卽涅槃覺悟心要云也。但雖斷惑不敵對斷除斷惑。以體達斷斷惑云也。是則煩惱九界也迹也(イ)〔神也〕。菩提佛界也本也佛云也。此時。佛正面建立之。神傍可奉安置也。斷惑智水爲面。始覺轉迷爲部主故也。迹門大旨如是云云

次。本門意者。彌陀九界也迹也。摩多羅神佛界本(「也カ)云也。此時。神正面建立之。佛傍可奉安置也。所以者何。阿彌陀者。一心三觀始覺教主故也。摩多羅神者。本覺無作已成姿故也。爰以解釋(イ云」)。(天玄四、三四九。釋籤)三千在理同名無明。三千果成咸稱常樂。三千無改無明卽明。三千並成(常カ)倶體倶用矣三千在理同名無明者。理卽九界。本覺體。流轉根本。元品無明。摩多羅神是也。三千果成咸稱常樂者。五卽佛界。始覺體。自體顯照。自受用阿

彌陀是也。三千無改無明卽明。三千並(常カ)成俱體俱用者。法法塵塵境智ノ二法。無作三身始本冥一ノ眼目ト云事也。故ニ惠光院ニ。無作三身ハ還テ垂迹ニ習ト云ハ。只此重也云云復次ニ。神ノ御姿ハ俗形ニ御座ス。裝束帶ニ著シテ冠リヲ持テリ歌(言イ歌)鼓ヲ。身ニハ打業卽解脫ノ鼓ヲ。口ニハ詠シ煩惱卽菩提ノ言ヲ。意ハ提テ苦道卽法身ノ觀ヲ。打本迹不二ノ序品ノ大法ノ鼓ヲ舞給也。只是出生死斷破ノ法ヲ。表シ不ル出無明ノ淵底ヲ處給也。又二童子御座ス。左ヲハ云丁禮多童ト。打ウチ懸カケトシテ青地ノ綿ヲ。ヘイレイヲ著セリ。右ヲハ云爾子多童ト。打懸トシテ赤地ノ綿ヲ。ヘイレイヲ著セリ。互ニ起テ舞フ時ハ。丁禮多童ハ。持テ名荷(茗カ)ヲ。シシリシニ。シシリシト詠ス歌ウタヲ。是ハ梵語ノ理(理イナシ)體惣持語也。爾子多童ハ。持テ竹葉ヲ。ササラサニ。ササラサト詠ス歌ヲ。是ハ梵語ノ智惠惣持語也。サテ舞者。天地人ノ三重ノ祕曲也。(丁カ)禮多童打ハ本門無作ノ三身寂而常照ノ鼓ヲ。爾子多童起テ。舞フ迹門一心三觀照而常照ノ曲ヲ。故ニ迹門ノ身子聲聞ハ。一心三觀ノ管絃歌舞ノ言ノ下ニ。詮ニ本門無作三身ノ仲美(沖徹カ)ヲ。本門ノ妙音大士ハ。無作三身。伎樂歌詠ノ言ノ内ニ。調フ迹門一心三觀ノ祕曲ヲ。故知。迹門ハ一心三觀舞。本門ハ無作三身舞。本迹不二ハ始本冥一ノ舞也。又左ハ地也理也定也。右ハ天也智也惠也。サテ天地和合。理智不二。定惠不二。本迹不二ノ人ハ。摩多羅神是也。所詮。打ニ十界ノ鼓ヲ施ス十波羅蜜ノ德ヲ。是則チ舞ニ本地無作ノ各各己己(各各己己イ己己各各)ノ體ヲ給也。故ニ十二月末ニ。七日ノ閒。十二人ノ堂僧。以桂ノ爵。勤行ス十界ノ態ヲ。是則チ舞フ法報應無作ノ三身ノ祕曲ヲ也。十二人堂僧者。十二光佛是也。勤行ノ法ハ。十二因緣ノ法也。以テ十二流轉ヲ次ク十二光佛ニ。是則チ境智不二座。一兩佛所表也。故ニ且ク釋迦多寶ヲ約ニ迷悟ニ。可顯ス本有覺悟ノ知見ヲ。卽チ釋迦ノ智ヲ離開シテ。約ルニ能觀ニ在リ便リ。多寶ノ理ヲ分離シテ。對ルニ所觀ニ在リ次。故ニ以テ釋迦二智ヲ顯ス多寶ノ三理ヲ。始本不二。體分不生成道ト云也。今十界衆生同時ニ。開覺シ九界卽佛界境智不二ト時。釋迦多寶座シテ於一塔ニ。顯ニ一切衆生本分不生ノ成道ヲ給也。釋迦ハ。始覺ノ智而二九界。多寶ハ本覺理不二佛界也。故ニ能觀ノ三智ヲ。云阿彌陀ト。所觀ノ三諦ヲ。摩多羅神ト云也。阿彌陀ト者。釋迦ノ異名。摩多羅神者。多寶ノ異名也。座一兩佛又不レ出ニ我等カ五尺形骸ヲ處ヲ。深ク可レ思レ之。又カツラ(桂)ノサク(爵)ヲ以テ令ルニ勤行セ一事ハ。以ニ佛界ノ香一ヲ。薰シテニ九界一ニ。令ルニ斷惑證理セ一。境智一體不二ノ故也。爵八枚。漢竹七本。名荷(茗カ)。根本大師自ニ道邃一傳レ之ヲ。サク八枚ナル事ハ。八宗八葉法華根本也。漢竹七本ハ。七佛藥師法華ノ體也。竹ハ中カ虛ウツケテ殊ニ三觀ニ親シ故。竹ノ中虛タルハ空也。枝葉ハ假也。提テニ虛葉ヲ一常住ナルハ中道也。我等ノ心。本ヨリ不ルレ虛カ故ニ沈スニ輪(論カ)六道一。心本虛タルカ故ニ證ニ得ス四聖ノ菩提一ヲ。證カニ菩提ヲ一故ニ無レ病。無レハ病藥師也。法華ノ體ハ藥師ト云事。能能可レ習レ之也云云名荷(茗カ)ハ。提テニ鈍相ヲ一三諦殊ニ親シ。所以者何。理體不思議ニシテ無ニ分別一故也。故ニ中堂前ニ植ヘニ交ヘ漢竹名荷(茗カ)ヲ一給ヘル。利鈍一體。境智不二法ヲ顯レ事ニ給由也云云

口傳云。常行堂ノ風流ノ局者。迹門意ハ。第八識元初一念元品ノ無明也。本門意ハ。三身ノ所居方寸ノ肉團也。又常行堂ノ三字卽三觀也。常ノ字ハ故(ヿ字カ)ハ中也。行故ハ空也。行體不定故。堂ノ故(ヿ字カ)ハ假也。存立故是卽空假中三觀相應。境智冥合ノ座道場ト云事也云云

口傳云。於ニ諸寺諸山一ニ大法會ノ砌リニ用ヒルニ舞童樂人一事。是レ又以ニ一念三千無作覺體一ヲ。舞フニ天長地久御願圓滿ノ祕曲一ヲ也。天者。陽也智也報身也。地者。陰也境也法身也。御願圓滿者。陰陽和合。境智不二ニシテ萬法出生ス。起用應身。卽御願圓滿人是也。拍ハヤセハ天長ト舞ニ地久ト。拍ハ地久ト舞フニ天長ト。如レ是舞人ハ天長ク地久クシテ(久〔イ〕長)。函蓋相應シテ。生スニ萬物一ヲ。生スニ萬物ヲ一者人是也。陰・陽・人ノ三。是又我等カ舞フニ不出一念ノ境智ヲ一處ヲ天地人ノ三重ト云也。爰以外典。老子一成(生カ)二。二成(生カ)三。三成(生カ)萬物矣 一者陰陽不分處。二者陰陽二ニ分レ。三者陰陽和合シテ生スニ萬物一ヲ。生ニ萬物一者。人是也。外典ニ如レ是淺淺ト云ヘトモ。思ヘハ底ニ含ルニ深義ヲ一者也。故ニ靈山八箇(ヿ年カ)又不レ出レ之。靈山ハ地也。虛空ハ天也。三周聲聞。寶塔分身。地涌千界。二萬八萬ノ大士ハ人是也。又地ハ境法身。空ハ智報身。天地和合ハ起用卽應身。天地人三重無作三身トハ是ヲ云也。不スニ此三重ノ祕曲一ニ者。由カレ何ニ可レ滿ニ御願一ヲ哉。左右示屋(マヽ)。陰陽ノ二。定惠ノ二法也。能能可レ思レ之也云云

口傳云。垂迹多分ハ示ニ畜生之狀一給ヘリ。人多ク是ヲ思ヘル

樣。示同愚癡之衆生。但爲令結緣利益思。不爾。畜生愚癡之手本也。愚癡故無明也。無明卽法性悟行。極九界昔舊里云也。只是法性之至極。示不出無明之淵底處也。諸人於垂迹。祈現世當生。利生新。討罰嚴重也。所以者何。三千覺滿示本地難思境智。自受法樂。無閒斷故也。故於理體殊背。故討罰嚴重也。於理體殊順故利生新也。又諸神明前。愚癡者衆多事。是自受用身。自體顯照。三千直體幽玄。無思量分別由也。是又三千衆生住不退地。三千衆生發菩提心。我等衆生也。既如來趣半半念給。我等以慮知心無分別可立行也。故殺愚癡者進菩提道。到涅槃理也。所以者何。至極凡夫唱體分不生成道。五尺形骸遍滿法界。故背此道理。何生劣相哉。爰以覺大師御釋云。（日藏四〇、五八二下～三上。諸佛掌中要決取意）釋迦不貴。我不劣。然大師隨自意語者。釋迦名劣。凡夫名勝。所以者何。釋迦向修德。我住本分。如是云。凡夫還唱體分不生。如來歸用分給也。又不輕大士禮拜行可思之云云

口傳云。諸人垂迹御前。用淨衣浴水事。付之可有顯密不同。密教略之。顯教所談。淨衣表斷惑修善三千直體。白善至極。浴水者。法性一理三千理水也。故淨身。身三轉成應身德。淨口。口四轉成報身德。淨意。意三轉成法身德。如是功德刹那之閒。冥薰我心。成心地不可得。體分不生成道云也。或此功德。死有生有中閒成三身圓滿德。五尺形骸。可遍滿法界者也。可思之。故如法道場。用浴水事此謂也。今行人。以浴水可沐浴手足遍身也。故用行水時。先普賢身相等文唱三度。三ヒサク酌可懸身也。以三諦理水淨三惑由也。又文殊師利等文可唱之。一心三觀智水故也。文殊一心三觀教主。普賢無作三身教主也。本迹教主不可有勝劣。隨行者根性不同也云云

如是方便施權信知受持。〔云云〕直體本有眞實。止

觀行者ト云也。爰以御廟御釋云。敎雖ニ八萬四千一所詮唯在ニ五字一云云 五字者。方便爲究竟ノ五字是也。不レ可ニ口外一云云 只以ニ智惠一可ニ思量一ス。以ニ愚癡一不レ可レ量レ之。大聖金言不可思議故也。或人師釋云。迷ノ前ノ是非ハ。是非倶ニ非ナリ。悟ノ前ノ眞妄ハ。眞妄倶眞如ナリト云。如レ是得レ意。於ニ本地垂迹一不レ致ニ非禮一。圓頓行人ニテ有也。故ニ於レ佛ニ致ニ不信一。於レ神ニ不レ可レ致ニ非禮一。能能得レ意可レ有神德事也云云

口傳云。迹門ノ意ハ。捨ニ一念起一取ルニ不起本心一ヲ。一念起ルハ元品無明故也。不起本心ハ法性一理故也。本門意ハ。捨ニ不起本心一取ニ一念起一。元品無明卽チ理卽本覺ノ體ナル故ニ。於ニ起念一ニ。無ニ卑劣ノ思一シ。於ニ不起本心一。無ニ貴勝念一シ。三惑具足元品無明ノ故。能能可レキ糺ニ明ス先達一ニ者也。雖レ禁ト筆端一。爲ニ自見一所レ注也。不レ可レ及ニ他見一云云 不レ可ニ口外一。不レ可ニ口外一

8 多寶塔中ノ一心三觀見聞 （この條目㋑ナシ）

仰云。此多寶ノ從レリ地涌出スル事ハ。表ニ無明之大地破裂シテ顯ルヲ法性之聖體ヲ也。サテコソ多寶塔ト者。卽チ是我等カ表スニ五尺ノ形骸之色體ヲ。多寶ト者卽心法也。サレハ寶塔ノ曜ニ虛空ニ事モ尤有ニ所表一也。其故ハ我等カ腹ト者。卽チ水輪之體。此レ虛空之相也。此ノ水輪之上ニ有ニ巨闕一。此巨闕之上ニ。鳩尾骨之下ニ則チ有ニ八葉之肉團一。此肉團之上ニ住スニ心法一。此多寶ト者全體心法也。多寶ノ所座ノ蓮華ト者。又是レ全體此レ八分肉團也。此ノ多寶塔中ノ相貌。無始已來備リニ一切衆生ノ色心二法ニ。我等カ五尺ノ形骸方寸ノ一念ニ雖ニ所具ニ。不レ値ニ知識經卷一ニ故ニ卽チ不レ覺ニ悟之一ヲ也。今從テニ知識經卷之勝緣一ニ一言ニ被レ示レ之時。己心卽是ノ解了取證ハ如レ反レ掌。サレハ是レ全體若得始覺還同本覺ノ意ニテ有也。然ルニ釋尊。强ニ至ニ寶塔品一ニ顯シニ種種ノ奇特一ヲ。致ニ無盡之振舞一ヲ事。セメテモ顯ニ此等ノ不思議一ヲ相也。多寶法身。釋迦報身。分身應身也。此ノ三佛ニ各三身有ト云ヘトモ。且ク三佛トカタトテ顯ニ三身ノ相貌一ヲ事。偏ニ是我等カ我性ノ一念ノ一心三觀。五尺形骸無作ノ三身ナル事ヲ爲ニ表示一セン如レ此振舞タマフ也。誠ニ貴キ事也

二一〇

釋迦多寶並座スルハ。表二境智冥合色心不二一ヲ。分身ト者表二
顯報用一ヲ事也。我等カ方寸ノ心中ニ。顯二レテ八分ノ肉團一ト。色心
和合シテ。慮知分別報用ヲハクコトハ。是レ釋迦多寶境智冥合
ヨリ分身ノ起二應用應色一ヲ之由也。サレハ此方寸ノ心中ト妄
心ノ前ニハ思レトモ之。如レ此解了ノ前ニハ。三佛三身三德三諦三觀
之全體也。仍テ顯二スカカル目出タキ處一ヲ事ハ。是レ依二法華一乘
之本迹二門ノ敎相一ニ。カカル不思議ヲ覺悟スル也。値二ハ此法華
一乘之妙文一ニ。又是非二一世ノ宿習一ニ。過去久遠ノ宿習也。今
十方三世ノ諸佛菩薩ノ三世常恆之利益ノ應用ニ被レ扣。自
然ト佛道修行ノ念ヲモ運。起二猒離穢土之心一モ。卽チ是レ諸佛菩
薩ノ內薫密益之應用ニシテ。非レ浮二我等カ一念ノ心一ニ耶。依レ之
故コトサラ事ノ修行貴ク。釋尊ノ御恩被二思知一目出貴キ也。依レ之
經云。每ツネニ自作是念。以何令衆生。得入無上道。速成就佛
身矣（大正藏九、四四上三〜四行。壽量品）每ノ字ニ可レ懸レ心ヲ。仍テ如レ此觀法卽チ十界ノ衆生ノ全
體ヲ押ヘテ云也。サレハ螻蟻蚊虻ノ色心卽無作ノ三身ナル上ハ。
非レ可レ輕レ之。又佛界トテモ非レ可レ重レ之。雖二釋尊之悟也一ト。
非二無作三身一ニ者。不レ覺二悟之一ヲ。雖二螻蟻蚊虻ノ迷一ナリト。非二

無作ノ三身一ニ者ハ不レシ迷。故ニ如何イカントナレハ。於二此無作三身一ニ是レ
全體迷惑流轉ノ根本。覺悟不生ノ深底也。此故ニ。一切衆
生ニ各十界具ス。十界衆生ニ有リ二無始ノ古業一。若シ無二地獄ノ燈
燃猛火炎一者。不レ能レ燒二無始以來之古業一ヲ。若不レ被レ閉二
紅蓮・大紅蓮之氷一ニ者。無始之古業ヲ如何カ償ツクノハン。又無二餓
鬼之飢饉之苦患一者。一切衆生ノ慳貪之業ヲ如何カ可レ酬
耶。サレハ地獄者。全ク是レ無始已來ノ古業ヲ燒盡スル業障懺
悔ノ道場也。乃至餘ノ九界ノ當體モ。如レ此可レ得レ意也。サレ
ハ地獄ハ。卽チ所居ノ寂光土也。受苦ノ衆生ハ。卽チ能居身無
作三身。苦受逼迫之聲。是レ所說ノ法ノ一心三觀也。地獄ハ
寂。炎ハ光也。能居身又如レ此。旣ニ地獄モ寂光。受苦ノ衆生モ
三身ナル上ハ。地獄モ一乘也。餓鬼モ一乘也。乃至佛界モ一乘
也。仍テ如レ此觀スル前ニハ。捨テテ二何迷一ヲ證二何菩提一ヲカ。依レ之
經ニ。（大正藏九、三一上）須臾聞之。卽得究竟阿耨菩提等云ヘル卽ノ字可レ思レ
之。成佛ト云ヘハトテ。必ス見苦物ヲ吉ク見ナヲシタル處ヲ非レ
云二成佛一ト。只地獄ハ地獄ノママニテヲキ。餓鬼ハ餓鬼ノママニテ。
其汚穢不淨ノ當體ヲハタラカサスシテ。三諦三觀無作三身ト

云ヒ極タル也。サレハ卽得ノ字ニ力〔㊦カ〕カアル也。常人如レ此不レシテ云而二隔異情ニ留テ。不レ得レ意ニ其法體ヲ事無下也云云

如ニ却關鑰開大城門一。此卽チ擧印也。寶塔印トハ是云也。或ハ者水所生也 私云。上ノ印ハ合掌ノ印歟

不動ノ印トモ云也。卽チ胎藏大日ノ印。灌頂ノ印也。最後一人ニ可レ授レ之。穴賢穴賢

9　一心三觀私見聞

師云。傳敎大師ノ御釋ニ。一心三觀傳於一言ト云事可レ思レ之云云 於ニ此文一有ニ多義〔㋑異〕一。或ハ無我一言。或ハ生死ノ一言等ト云也

當流ノ口傳ニハ境智相應ノ一言也

一。先本迹二門ノ大段ノ正意ヲ可レ得レ意。其故ハ。迹門ハ以ニ斷迷開悟ヲ一爲ニ正意一ト。故ニ土中金ノ如ク。何事ヲモ理ノ不思議不變眞如ニ云レ入ト也。本門ハ。本有本法ノ直體ヲヲサヘテ。無作ノ三身ト談レ之以レ事ヲ爲レ面ト也。依レ之無量義經ニハ。雖未（大正藏九、三八八中）得修行六波羅蜜。六波羅蜜自然在前矣普賢觀云。念念（心心カ）（同、三八九下二三行）相次。不レ離ニ大乘一。大乘者諸法實相（同、三九二中二行）（〔ア〕因カ）矣此等ノ文意ハ。只衆生ノ當念當體ヲヲサヘテ。全體三身也ト判シ給ヘリ。配ニルル色心〔㋑心〕ノ二法ニ一時ハ。迹門ハ心法。本門ハ色法也。依レ之迹門ニハ。論ニ斷迷開悟ヲ一事ハ。明スカニ此一心三觀ノ悟ヲ一故如レ此相傳スル也

二一二

一。以ニ八識ヲ一爲ニ所觀之境ト一事アリ可レ習レ之

有一義云。八識一念ト云事ハ。何ナル念ノ相貌ソ耶。我等カ當體ノ一念ニアラスト云事歟。ハタ元初流轉ノ之初メヘヤルコトカト云不審ヲハ。只於ニ我等カ一念ニ一造ニ六識七識八識トモ一也。其故ハ。先ツ六識ヲハ分別識ト定メ。七識ヲハ執我識ト定メ。八識ヲハ定ニムル無分別識ト一也。初メ初一念ワレト雖レ緣レ境ヲ。未レ辨ニ何物ソト一位ヲハ。云ニ第八識ト一。第二念ニ何物ソト思フ我執ヲ留ムル處ヲ。云ニ第七識ト一。第三念ニ六識ノ情走リ互テ板疊タタミ等ヲ分別スル處ヲ第六識ト云也。サレハ觀ルカニ最初ノ一念ヲ卽チ有ルニ元品ノ無明ニテ一也。此故ニ觀ルカニ根本ノ一念ヲ。穿ニ大地ヲ一顯ニ千草萬木ノ枋マスヘニ一也云云

師云。相傳云。此義モ被ル云樣ナレトモ尙モ不審也。今ノ當流ノ相傳ニハ以ノ外ニ替レリ。此家ノ實義ニハ。以ニ最初伽羅藍ノ位一

爲二第八識一ト也。此ノ伽羅藍ノ位ハ。色心和合ノ位ヒ。無分別之體也。故ニ取二テ此位一ヲ爲二スト所觀之境一ト云事也。此云色心ハ全體是レ境智冥合色心不二ノ（「(イ)之）故也。サレハ此ノ色心和合スル處。是レ又無明法性含藏ノ直體也。依レ之ニ觀二スト此之識一ヲ云フ事モ此謂也

サテ以二三重ノ相傳一ヲ一心三諦ノ相貌ヲ可レ得レ意也。所謂法然所有ノ十界（父母未生前之位伽羅藍已前ノ第九識ノ當體卽チ中有ノ境也）性惑本有ノ十界。色心和合ノ初。卽チ元初際ノ伽羅藍之位ヒ。第八識ノ當體也。心法所生ノ十界。現形六（六(イ)只）根無發出生ノ已後。卽チ第七第六識等ナリ。有二ト流轉之始一メ云事モ此意也。最初伽羅藍之位ヲハ。第八識ト定カ故ニ。爲二流轉之初一ト。一期之報命盡テ死スル處ヲ。爲二迷ノ終一ト也

尋云。以二第八識一ヲ爲二スル初一念一ト事尤可レ然。サテ其上ニ立二三觀ノ之相貌ヲ事。如何可レ得レ意耶

答。口傳之義也。卽チ一心三觀爰本ニ可レ顯レ問也。謂ク中有ハ中道ノ體。此中ヨリ色心之用ヲ起シテ。色心和合スルハ是假ノ體也。サテ一期之報命盡テ死スル處ハ。是レ空ノ用。卽チハテ也。ハタ色ハ中。心ハ空ノ色心和合スル假也。サレハ生スルニ全ク是假。死スル時ハ全ク是空也。サテ我等衆生無始已來。鎭（トコシナヘ）ニ三諦三觀之當體也。然者。依二一念無明之迷心一ニ如レ此面ヲ出ス當體ヲ不レ知也。依レ之妙樂大師ノ解釋之中ニ。雖レ生スト徒ニ生シテ。不レ知二生之始一ヲ。雖レ死スト徒ニ死シテ。不レ知二死之終一ヲ等判給ヘリ。卽チ此意也

尋云。於二最初伽羅藍之位計一ニ有二色心和合ノ體一。長大現形之身ニハ。無二伽羅藍和合之體一歟如何

答。是レ又口傳ノ義也。能能可レ祕事也。謂ク。我等カ心中（ムネノウチ）。鳩尾骨ノ下。巨（キヨ）闕之上ニ。色心和合シテ全ク伽羅藍之體一分モ不レ替。サレハ指シテレ之。云二境智一トモ止觀一トモ。云二定惠一トモ。云二坐禪一トモ。云二寂光一トモ。云二妙法蓮華一トモ也。智證大師。八分肉團ヲ釋シ給フハ。卽チ是也。又云。八葉白蓮一肘間トモ。歸命本覺ノ文。可レ思二合之一。爾前迹門ノ意ハ。カカル目出タキ當體ヲ直ニ不レシテ云。唯佛與佛ノ境界ニ讓リ。理性ノ不可見ニ是ヲ云レ入也。今無作ノ三身顯テ見レ之。寂光ト者。別ニ遠ク不レ可レ尋レ之ヲ。只我等カ五尺（尺(イ)釋）ノ形骸方寸ノ一念也。五陰ノ身卽是色陰ハ

寂。餘ノ四陰ハ光也。又八分ノ肉團ノ上ニ心法住セリ。此心法ヨリ起スハ二一切念ヲ一即智ナルカ故ニ光也。サレハ色心ノ二法ヨリ外ニ無二萬法一。明ムル二此一心ヲ一即チ至極ノ寂光ヲ悟ルニテ有也

10　五箇大意示事（この條目㋑ナシ）

但還示二其大意一。彼ノ玄旨ニハ。談シテ二本迹ノ大綱ヲ一。宣二刹那半偈ノ成道ヲ一。　三句ニハ。顯二三種ノ法界ヲ一。盡二色心實相ノ祕決ヲ一。寂光・靈山・寶塔。皆是色心ノ二法也。寂光ハ遍二法界ニ一。故ニ色心モ又法界ニ遍ス。色ハ寂。心ハ光也。靈山又色心也。色心遍二法界ニ一。故ニ十方悉ク靈山淨土也。故ニ法界悉ク塔婆ニシテ。無作多寶出コ現ス道場ニ一。　次。慈惠ノ血脈。就二境智ニ一示二横竪一。　次。檀那血脈。分コ別師資相承ヲ一。分ツ二法體修觀ノ差別ヲ一中ニモ。前念爲境。後念爲智ノ下ノ。重重ノ口決尤大切也。不レ可レ亡コ失之一。　次。鏡像圓融ノ口決ニハ。當體譬喩ノ口決尤甚深ナル者歟。已上五箇血脈。檀那一流嫡嫡北谷相承ノ骨目也。惣シテハ山王知見。別シテハ赤山鎭護。最優長ノ流也。於二カイ分一ニ其ノ相承有レ憚。雖レ爾リト値フ二此眞文ニ一事。偏ニ是山王大師ノ冥助歟。甚深甚深。珍重珍重

〔十三、**北谷祕典**　十箇條　終〕

十四、北谷祕典

祕密獨聞鈔　目次

上卷

（以上新目次）

十四、北谷祕典

祕密獨聞鈔　上

回八〔惠光房流。隨二血脈一授與注レ之。唯授一人〕

㊂〔惠光院二箇內上〕〔隨二面授一注（注㊂註）之唯授一人相傳也〕イ㊂

惠光院永弁述（對校本に撰號なし）

（各本書名）底祕密聞書鈔、イ祕密獨聞抄、㊂妙密獨聞鈔

1 大師臨終行相之事

弘決一云。至二石城一。謂二徒衆一曰。大王欲レ使二吾來一。吾不レ負レ言而來。吾知レ命在二此一。故不二前進一。於二石像前一口授二遺書一云。蓮華香爐犀節如意留二別大王一。願芳香不レ窮。常保二如意一。索二三衣一命二掃灑一。令レ唱二法華・觀無量壽二部經題一兼讚嘆竟。時吳州侍官等二十五人。見二石像倍大一光明滿レ山。又索二香湯一漱レ口竟。說二十如・四不生・十法界・四教・三觀・四悉・四諦・六度・十二因緣一。一法門攝二一切法一。吾今最後策觀談玄。最後善寂。吾今當レ入。時智朗請云。伏願慈悲賜レ釋二餘疑一。不審何位。沒レ此何生。誰可二宗仰一。報曰。汝懶レ種二善根一。問二他功德一。如二盲問一レ乳。蹶者訪レ路。告レ實何益。雖レ然吾當三為レ汝破二除疑惑一。吾不レ領レ衆必淨二六根一。以損レ己益レ他。但位居二五品一。生二何處一者。吾諸師友並從二觀音一皆來二迎我一。問誰可二宗仰一者。汝不レ聞耶。波羅提木叉是汝大師。四種三昧是汝明導。教二汝捨二重擔一。教二汝降二三毒一。教二汝治二四大一。教二汝解二業縛一。教二汝破二魔軍一。教二汝調二禪味一。教二汝折二慢幢一。教二汝遠二邪濟一。教二汝出二無為坑一。教二汝離二大悲難一。唯此大師。可レ作二依止一。從二捨擔一下即是十境。故知若不レ示二人境觀一不レ任二依止一。於是教二維那一曰。人命將レ終聞二鐘磬聲一增二其正念一。唯長唯久氣盡為レ期。云何身冷方復響レ磬。哭泣著レ服皆不レ應レ為。言已跏趺唱二三寶名一如レ入二三昧一。即其年十一月二十四日未時端坐入レ滅。「滅後祥

瑞等具ニ如ニ別傳一ノ。卽是住ニ觀行ノ位ノ首楞嚴定ニ而入滅也。五品之言」彌ヨ可レ信也。然モ大師生存ニ常願ヘリ生ニ兜率ニ。臨終ニ乃云ニ觀音來迎スト。當レ知軌リ物ニ隨ヒ機ニ。順シテレ緣ニ設コトレ化ヲ。不ルコトヲレ可ニ一准ス矣

同云。（天止一、六八）大師俗姓ハ李氏。項城武津人也。兒童時因レ夢ニ梵僧ニ勸令レ入レ道。又數夢ミ僧訓以ニ齊戒一。時見ミ朋類讀ニ法華經一情深ク樂重。先未ニ曾誦一。因從レ他借。於ニ空塚中一ニ『獨自看レ之。無ニ人敎授一日夜ニ悲泣。復恐ニ塚是非人所居一。移ニ託古城一鑿レ穴居止。晝則乞レ食夜不ニ眠寢一。對レ經流レ淚頂禮不レ休。其夏多レ雨土穴濕蒸。擧身腫滿。行止不レ能。而忍心對レ經心力彌壯。忽覺ニ消滅一平復如レ故。又夢下普賢乘ニ白象ニ來摩頂而去上。昔未レ識文自然解了。所レ摩之處自然隱起有レ如ニ肉髻一。因レ茲所レ誦法華等經三十餘卷。十年之中ニ誦聲不レ輟。因下讀ニ諸經一見レ讚中禪定上。復更ニ發心求ニ善知識一。値ニ惠文禪師一稟ニ受禪法一。晝則驅ニ馳僧事一。夜則坐禪達レ曉。精勤動レ障。乃反觀ニ心源一求不可得。遂動ニ八觸一發ニ根本禪一。因見ニ三生行道之處一。得ニ此相一已精進彌甚。夏竟受レ歲。將欲レ上レ堂乃感嘆曰。昔佛在世九旬究滿證道者多。我今空過法歲虛受。內愧深重放レ身倚レ壁ニ。「背未レ至レ壁」朗然復悟ニ法華三昧一大乘法門境界明了。通明背捨並皆成就。從レ此以後辨悟旣多。所レ未レ聞經不レ疑自解。故今文云。大小法門朗然洞發』矣

私云。出ニ此ノ兩文一事ハ。大師臨終生存御修行ノ之相存ニ知之。若爲ニ我等一有ハ益爲レ生ニ欣樂ノ心一ヲ也。縱雖レ無ニ道心ノ者一見ニ知之一爲レ令メンカレ生ニ佛法修行ノ之相種一ヲ也。予門流輩。以ニ此〔二〕文一ヲ生存ト臨終ヲ可レ爲ニ肝要一ト也云云

2　靈鷲山事

弘決一云。（天止一、三六～七）鷲頭者。說文云。此鳥黑色多レ子。山形似レ鳥故以名焉。又其山側有ニ屍陀林一。鷲食レ屍竟多居ニ此山一ニ。故以名レ之。又多聖靈所居故名ニ靈鷲一ト。亦名ニ鷄足一。亦名ニ狼迹一。增一三十一。佛告ニ諸比丘一。此山久遠同名ニ靈鷲一。更有ニ餘名一。汝等知不。亦名ニ廣普山・白墡山・仙人山一ト矣

私云。凡ソ佛ト者。依正共ニ無主無著也。於テニ無主處一ニ說

無著執ノ法門ヲ。而ニ靈山ハ雖レ有リト多ノ義。多聖靈ノ所居ナルカ故ニ於テ彼處ニ無ニ王民ノ望一。故ニ清淨ノ處ナレハ三世諸佛於テ此山ニ說法利生シ「タマフ」而已

3 天台山之事

決一云。天台者。天者巔也。元氣未レ分混而爲レ一。兩義既判テ清而爲レ天ト濁而爲レ地ト。此本俗名且依ニ俗釋一。台者星名。其地分野應ニ天三台ニ故以名焉。有云。本名ニ天梯一。謂其山高可ニ登而昇レ天。後人訛轉故云ニ天台ト一。又章安山記云。本稱ニ南岳ト一。周靈王太子子晉居レ之。魂爲ニ其神一。命ニ左右公一改爲ニ天台山ト一也

私云。和漢ノ聖法皆依正人法相應ノ義アリ。「而ニ元氣一心也。」天地ニ分テハ止觀也。三台ハ境ノ三諦也。應ルハ之ニ三觀智也。卽事而眞ノ山也。實ニ貴キ事也。又分野ト者。一義云。高山ノ最頂ハ萬木普ク無レ之野也。是ヲ云ニ分野ト一也〔云云〕「一義云。外郭ヲ分野トハ云也。住ニ此ノ山ニ一立ニ一心三觀一心三諦ヲ。依正相順ノ故也」

4 叡山事

傳云。此ノ山ハ鎭護國家ノ勝地ニシテ〔王ノ〕叡慮ニ相叶山ルカ故ニ叡山トハ云也。又於テ此山ニ建ニ立スルハ三塔ヲ三諦ノ巔也。或又應ニ三台ニ意也。三台ト者。所詮ハ空假中ノ三諦也。三塔ノ本尊又三諦三身也。可レ思ニ合之一云云

同示云。此ノ叡山ハ三國一體ノ山也。靈山・台山・叡山ト云ハ「同體異名」也。此ノ三ノ名互ニ可ニ通用一也。〔靈山モ。頻婆沙羅王ノ相ニ叶叡慮ニ。師檀ノ儀不思議也。豈ニ不レ名ニ叡山ト耶。漢土ノ〕台山又相ニ叶陳隋二代ノ王慮ニ。是又當ルニ叡山ノ義ニ。〔我朝ノ叡山又以如レ此ノ。〕何モ諸佛出世ノ〔勝〕地。一大事ノ因緣ヲ開ク山也。故ニ西天ノ於テ靈山ニ說ニ法華ヲ我淨土不毀ト云ヒ。漢土ノ台山ニモ弘ニ通シテ法華經ヲ一。開ニ會シテ諸師ノ異解異執ヲ立ニテタマヘリ一乘妙法ノ實相ノ義。本朝ノ我山モ異ニ餘山ニ安ニ置シ三身ヲ。三諦三觀三千ノ法ヲ弘通シテ。出世ノ本懷皆成佛道ノ宗旨ヲ談ル也。故ニ台山叡山我淨土不毀ノ處也。又此ノ三ノ山ハ徹ルニ金輪際ニ故ニ有ニ金剛座。坐シテ此ノ座ニ佛ハ正覺ヲ成タマヘリ。故ニ釋迦・天台・傳教ハ三山ノ根本敎主。一體異名ノ佛也。釋迦ハ報身智覺ノ佛也。大師ヲハ智者ト云。根本大

師又傳敎ト云。知ヲ一體ノ佛ナル條無レ疑者也。可レ祕レ之。又名ニ鎭護國家ノ山ト事ハ。此ノ山自ニ帝都ノ丑寅也。鬼門ノ方也。此ノ方ニ安ニ置シテ法華ヲ帝都ヲ祈リヌ。是卽其ノ意也。又於テ此ノ山ニ建ニ立スルハ三塔ヲ三身也。立ルハ九院ヲ三三九身也。三諦ノ心也。於ニ一山ニ「分ツ三塔ヲ」依報ハ三土卽〔寂光〕一ノ土ナル心也。於テ一體ノ佛ニ釋迦・彌陀・藥師ト名字替ヘタルハ。〔一身卽三身。三身卽一身ノ故也。依正相順シテ。〕一身卽三身。三身卽一身。一土卽三土。三土卽一土ノ意也。〔於ニ此山ニ〕安ニ置スル三千ノ衆徒ヲ〔事ハ表ニ示スル一念三千ヲ也。〕一山ハ一念也。三千ハ三千ノ法也。能居ノ身卽三千人ナレハ。所居ノ山モ三千本居ノ處也。山ハ卽是三千不退ノ地也。衆徒ハ三千發菩提心ノ「衆徒也。於レ此ニ修學成佛スルハ三千」衆生得授道記三千果成ノ心也。故ニ經ニ。三千衆生住不退地。三千衆生發菩提心。三千衆生得授道記 矣（大正藏九、三五下。提婆品取意）又三聖居シテ山頂ニ猷ニ女人ノ境界ヲ。從因至果斷迷開悟始覺迹門ノ心也。山王權現ノ居タマヘルハ山下ニ。從果向因本覺本門不斷道心也。故ニ不レ猷ニ道俗男女畜生類等ヲ也。サテ斷道ノ山頂ニ令レ居ニ兒童ヲ事ハ。

煩惱卽菩提・生死卽涅槃ノ心也。山下ニ不ルコトハ猷ニ女人ヲ〔事ハ本有煩惱〕・本有生死ヲ顯ス也。〔ケニモ和光同塵ノ利益可レ思レ之。又ハ〕始覺ノ煩惱ハ無ニ流轉相續ノ義。本覺ノ煩惱ハ有ニ流轉相續ノ義ノ也。能能可レ思レ之。又約ニ佛神ノ二義ニ。佛ハ無染淸淨ノ故ニ無ニ女人ニ。神ハ和光同塵ノ故ニ不レ猷〔ニ女人ヲ〕也。此時邊邪皆中正也（天止一、一一二。止觀）。而煩惱卽菩提・生死卽涅槃ハ始覺ノ開悟也。邊邪皆中正無道可修ハ本覺門ノ神祇ノ開悟也。又於ニ此山ニ上下「相對シテ論ニ四句成道ヲ。以レ心ヲ可レ知也 云云 於テ山ノ上下ニ」論ニ四句ヲ。下還テ成レ上ト迹還テ成レ本ト。上下平等本迹不二ノ義。此山ノ建立ノ義ニ顯レタル也。又此ノ山ハ去ルコト帝都ヲ五里也。五百由旬險難ヲ表スル也。過ニ此五里ヲ至リ山城ニ至ル帝都ニ。斷シテ五住ノ煩惱ヲ「至ニ寶所ニ心也。又於ニ此ノ山ニ有ニ十界ノ相ニ。有ル破戒ノ僧ニ地獄界也。常ニ」以レ飢ヲ爲レ食ト餓鬼界也。有ニ愚癡ノ僧ニ畜生也。立ル〔惡行〕惡僧ヲ意ハ修羅也。住ニ山下ニ好ニ愛敬ニ人界也。住シテ山頂ニ祈ルハ出世ノ愛欲ヲ天界也。又五戒ヲ持ツ是也。一向住ニ自行門ニ猷ニ離萬事ヲ修ニ學佛法ヲ凝ラス無常ノ觀念ヲ聲聞界也。世間事ヲ思惟シ甚深ナルハ緣覺也。強ニ事トスルハ化他ヲ菩薩也。利物爲レ懷故也。一生不退ニシテ精進結界ノ佛道ヲ求ルハ佛界也。如レ此十界僧一山ニ居住スレハ。十界互具〔一心〕一念十界三千ニ居スル形也。又寂光淨土也。故ニ歸二入スル此ノ山一ニ者ノハ速ニ入ル淨土ニ者也。卽身成佛トモ云也。〔可レ祕可レ祕。穴賢穴賢 云云〕

5 戒壇院之事

傳云。戒壇院者。佛成道所謂妙法輪轉シタマフ也。土ノ體也。此ノ三國ニ相傳シテ建二立スル戒壇ヲ一也。〔此〕戒壇者土壇也。此ノ土壇中ニ最祕法ヲ藏メタマヘリ。其ノ祕法ト者。一二ノ正經兩卷ノ祕要也。一二ノ正經ト者。法華涅槃同味同時ノ經也。兩卷祕要ト者。天台ノ御釋全肝文也。此ノ一二兩書ノ所在カ生身ノ佛ノ所居ニテ有也。於テ二此ノ處ニ一受戒スルカ眞實ノ成佛也。戒覺卽身成佛トモ此等ヲ云也。一切聖教ノ中ニ以レ之云レ爲ニ尊極一ト。以レ之傳レ之可レ拜二見此ノ書ヲ一也。此事不レ可二口外一。能能可レ祕レ之 云云 家嫡相承ノ大事也。唯授一人ノ附法ノ經書也〔可レ祕可レ祕〕

6 頭北面西事

傳云。世間ニハ只隨ニ時宜ニ然也ト思ヘリ。無念ノ事也。是ハ依正相順ノ故也。所謂ル以ニ四方ヲ配ルニ四種ノ法ニ時。東ハ發心ノ故ニ當レ背ニ。南ハ修行ノ故ニ修レ足ヲ立ニ行地ニ也。西ハ菩提也。故ニ是向フ三菩提ノ妙果ニ意也。北方ハ涅槃方也。涅槃ハ顯ス空理ヲ。頂上ハ表レ空ヲ故ニ相ニ應ル空理ニ心也。「又右脇臥右ハ智惠也。左ハ定也。智惠ノ上ニ安ニ置定ヲ心也。」〔若爾ハ我等モ住ニ此心ニ「常ニ頭北面西教相ニ應空理ニ心也。〕若爾ハ我等モ住ニ此心ニ」常ニ頭北面西右脇臥「ナルヘシ。」顯密一同ノ法門也 云云

尋云。迦葉最後ニ見ト如來ノ瑞相ヲ云ヘリ何相ソ耶

答。見ニ兩足旋輻輪ノ相好ヲ也。是ハ一代諸教ノ終ニ不思議法トテ被レ示ニ只行重ヲ也。聖人垂教意在修行ノ釋（天玄一、二四一）可ニ思合一歟。受レ教無レ行教ニ無レ益也。行モ無レ證行ニ不レ開レ德ヲ也。能能學シ能能可ニ修行ス事也 云云

7 天台宗行軌事

示云。祖師被ニ定置一上ハ無ニ異論一。或ハ三時或ハ六時ニ可レ

行ニ法華懺法一ヲ也。故ニ大師最後ニ示シタマヒシモ二智朗禪師一ニ。波羅提木叉ハ是汝カ師也。四種三昧ハ汝カ明導也。故ニ持戒可レ修ニ四種三昧一ヲ也。サテ行法儀軌ニハ六根懺悔法是也。於テニ此ノ行儀一ニ有ニ懺悔稱名禪門ノ三意一也。所謂勸請懺悔是也。發願ヲ釋ルニ一心不亂正念往生矣稱名念佛モ「有ヘキ」也。經段ニ。常好坐禪ト說ケルハ（大正藏九、三七中）心地修行理觀モ有ヘキ也。然レハ末代學者此宗ノ志シ有ン者ハ。先ツ修シ「五悔一ヲ」。然シテ後六字ノ名號ヲ唱ヘ。或時ハ「常好」座禪シテ可キレ祈ニ往生一ヲ也。不レ違ニ父母一ニ孝子也。不レ違ニ背師資遺戒一ニ是孝弟〔子〕也。吾カ大師モ内證ハ釋迦ノ再誕ト乍レ云示ス二凡夫一ニ云時ハ因位ニ有ニ修行一「也。先聖」如レ此。況ヤ末代ノ我等ヲ耶

尋云。如レ此儀軌ヲ爲レ本ト「ヘシト」云事有リ二證據一耶

答。雖レ非ストレ可キレ求ニ證據一ヲ。爲ニ末代ノ一尤可レ有ニ證據一也。可トレ用ニ五悔一ヲ云事ハ。止觀ノ第七ニ修シテ二五悔一ヲ助トニ一心三觀一ヲ釋タマヘリ。可レ見レ之。六字ノ名號ヲ可トレ唱云事ハ（天止一、四一一。止觀）。止觀ノ第二常行三昧ノ下ニ。正向西方專念彌陀トモ云。步步聲聲念念唯在阿彌陀佛等判タマヘリ。心地修行ノ段ハ一家ノ本意ナレハ。〔別シテ〕非レ可ニ出レ之也。所以ニ宗ノ掟ニ如レ此有トモレ之。我等難レ成ニ此ノ行一ヲ事ヲ。何様ニモ先業ノ所感ト覺知シテ願ハ。安ニ住シテ正念一ニ行ニ五悔一ヲ唱ニ名號一ヲ凝ニ心地一ヲ。一期ノ大事ヲ遂ケント祈リニ三寶一ヲモ可レ祈ニ神明和光一ニモ也。サレハ古德等。何レカ不レ祈ニタマハ後生菩提一ヲ耶。何況我等ヲ耶。能能可ニ思案一也

（對校㊁本この位置に№90二十八品體達大事あり）

8　於ニ眞俗兩事一ニ可レ持レ意事

示云。先法門ノ淺深ハ閣レ之ヲ。常ニ意地ニハ可レ有ニ慈悲ノ心一也。不レ可レ論ニ親疎一ヲ也。無ニ慈悲一時ハ眞俗共ニ不ニ成就一セ也。サレハ一代ノ諸經ト者說ニ佛心一ヲ。佛心ト者。「大慈悲心是也矣故ニ觀經云（大正藏十二、三四三下）。佛心者。大慈悲心是也矣朝夜遠近ニ」以ニ慈悲一ヲ萬事ヲ成就スル也。故ニ當流ノ口傳ニ一代ニ理ルト二慈悲ノ二字一ヲ決スルハ此意也。本朝ニコソ以ニ三種ノ神祇一ヲ帝位ノ爲レ寶ト〔ナレ〕。漢土ニハ以ニ慈悲一ヲ說ニ一偈一ヲ納ニ王頂一ニ王位ノ重寶トスル也。所以ニ（大正藏九、五八中。普門品）。具一切功德。慈眼視衆生。福聚海無量。是故應頂禮矣此ハ正ク釋尊ノ口言也。不レ及ニ翻譯一書也。於テレ之ニ習事有レ之

9　當途王經事

傳云。觀音品ヲ大師ハ當途王經ト釋タマフ也。其故ハ此品ヲ（天文五、二六六二上）號スル二當途王經ト一事ハ。周ノ穆王乘シテ二八疋ノ駒ニ一天ヲ飛行シテ遊戲シタマフ等云ニ。詣シテ二靈山淨土ノ説法華ノ砌ニ一宿習深厚ノ故也。佛向レ王ニ云ク。汝佛ノ國ノ人「ナリヤ。」王答テ云。吾ハ漢ノ國王也。其時佛以テ二慈悲ヲ一成ニ漢語ヲ一也。具一切功德。「慈眼視衆生。福聚海無量。是故應」頂禮ト（大正藏九、五八中）説タマヘリ。是釋迦ノ直語矣〔非ス二翻譯ノ言ニ一。王受ニ此偈ヲ一染ニ肝心ニ一歸テレ國ニ王頂寶トセリ以レ之〕爲ニ重寶ト一。職位王子ノ初冠「シタマヘル」時。汲テ二四海ノ水ヲ一灌キレ頂ニ。〔此冠〕内ニ以ニ四句ノ偈ヲ一示タマヘリ。職位ノ王ノミ傳レ之ヲ。餘ノ王子不レ傳レ之ヲ故ニ云ニ當途王經ト一也。臣下〔大臣〕公卿等迄モ不レ知レ之ヲ也

又一義云。梵語ニ薩達磨分陀利伽素多覽ト説タマヘル。譯者四句ノ偈ト「云下ニテ口傳スルモ有レ之。」凡法華觀音同體ト云ヘル其モ不レ可レ有ニ相違一也。然ニ此文此事世間ニ流布セル事ハ。自ニ秦始皇ノ時一始レ之。其故ハ秦王愛ニタマヘル兒童ヲ名ニ慈童ト一。鐘愛無レ限御氣色無レ並ヒ。所愛ノ餘リニ不レ事ニ國家ノ政ヲモ一不レ致ニ神事ノ禮ヲモ一。既ニ不レ及ニ祭禮再拜ニ一開ニ亡國ノ因縁一興起セリ。公卿内内僉儀有レ之。如何トシテ此ノ童ヲ失ント相謀時。折節此ノ慈童越タリ二王ノ御枕ヲ一。見ルニ二法ノ全文ヲ一宣タリ二死罪ト一。仍テ爲レ擬ニ死罪ニ一。其ノ時「王敕シテ云。」罪科難キレ遁上者不レ及レ力。雖レ然ト留テ二死罪ヲ一可レ被ニ流罪ニセ一「〇云云」（以下60行㋭㋑本なし）〔其時罪科難レ遁〕敕定依レ難レ背キ配所ヲ定ムニ鐵懸（縣カ）山ト一。「夫尋ルニ二彼山ヲ一」去ルニ帝都ヲ一事一七日。其路間ニハ不レ耀ニ日月衆星ノ光一不レ知ニ晝夜ノ別ヲ一。狐狼野干ノ栖ナレハ不レ聞ニ人音信ヲモ一。貴賤高下住ニ彼所ニ一「不レ見ヨ分」其相貌ハ實ニ淺猿（あさまし）處也。罪人ノ所居ト乍レ云現身ニ處ニ黒暗地獄ニ一不レ異。就レ之仰レ天ニ伏レ地ニ喚トモ不レ叶閒只任レ足ニ行路也。爰ニ秦王流刑ノ時召テ二慈童ヲ一汝ヲ愛セシ事如レ守ニ心神ヲ一。雖レ然停ニ死罪ヲ一尚以背ニ法全ニ一。何況復停ニ流罪ヲ一耶。就レ其ニ爲レ扶ニ身命ヲ一欲レ與ニ絹布綾羅ヲ一有ニ盜賊之恐一。欲レ與ニ米穀ノ類ヲ一所持不レ所レ任。所詮王頂ニ有ニ珍重寶一。與ヘテレ之自ニ冠内一取リ出テ此偈文ヲ一授レ之曰ク。只一心清淨誠ニ致テ可レ唱ニ此偈ノ文ヲ一。若爾ハ壽命長遠ニ衣食豐饒ナラン。十二時中ニ無レ解コト可ニ稱念一

「可ニ稱念ス。」慈童受ニ勅定ヲ申シテ云ク。縦雖レ被レ停ニ死罪ニ有待有爲ナレハ身ハ終ニ必ス可レ歸ニ無常ノ理ニ。縦雖レ不レ乏カラ衣食ニ不レ免ニ無常ノ責ヲハ。不レ如此度受ニ人身ヲ幸ニ王頂ノ重寶ヲ聽聞仕候。是併ラ依レ汚シ王位ヲ「也。依レ罪ニ」値ニ妙法ニ事宿習時至リ出離不レ可レ有レ疑。實ニ「開ニ喜悦肩ヲ」迎ニ彼路ニ。如ク王ノ敎ノ除ニ睡眠ヲ致ニ無二誠心ヲ唱ニ此偈ヲ。依ニ此偈功力ニ日月星宿光モ彌絜ク。狐狼野干モ低レ頭ヲ合テ手。山神「擁護ハ追レ」時次レ日ヲ恭敬供養シ送ニ衣食ヲ事無レ限。此則依テ此經ノ力ニ也。サテ至ニ配所ニ構レ菴ヲ閑ニ居住シテ不斷唱レ之。「因レ茲壽命於延ヘ」保ツ七百歳ヲ。成ニ仙人ト名テ曰ニ方祖ト。〔此仙人〕殖レ菊ヲ至ニ思愛ヲ。此時昔思出テ此菊ヲツミテ彼山ヨリ流ルル河ニ入レタリ之。此河ヲ南陽懸ト云フ。此河ヨリ流ルル水ヲ汲飲メル者ノ五百歳ノ延レ命ヲ三百歳ノ壽命ヲ持ツ。此則依テ此偈ノ力ニ也。自レ此事起テ于レ今不レ絶ヘ。九月九日ニ用ルハ菊水ト云事ヲ彼河ノ水ヲ汲シ日當ルニ九月九日ニ。追ニ此例ヲ今モ復如レ是。若爾ハ非ニ菊水ノ不思議ナルニ者慈眼「視衆生ノ句不レ顯。非ニ慈眼ノ句ニ者不レ顯ハレ菊水ノ德ニ。依正相順ノ妙用誠ニ殊勝也。」故ニ得レ傳ニ此偈ヲ人ハ九月九日ニハ折レ菊ヲ讀ニ誦觀音經ヲ勸レ酒可レ祈ニ現世後生ヲ也。此品ノ中ニ抽テ觀音一品ヲ世間出世讀レ之。不レ云ニ觀音品トハ云ニ觀音經ト事貴事也。凡此經ハ離ニ三毒七難ヲ滿ニ足二求兩願ヲ現世安穩後生善處ノ經也。又法華同體ノ經也。故別シテ經トモ云也。讀ルカ此一品ヲ法華經ヲ當ニ讀誦ルニ。故ニ別シテ號スル觀音經ト也。天台宗ノ職位法門トハ是ヲ云也。「能能可レ祕レ之」

10 提婆品中唯闕ニ觀心ヲ觀音品中唯無ニ觀心一事

尋云。於ニ兩品觀心ニ釋ニ闕無ノ二義ヲ者。經ニ觀心カ闕無スル耶。將釋ニ「無闕スル耶」

答。〔大師〕消ニ法華一部ヲタマフ用ニ因緣約敎本迹觀心ノ「四種ノ釋ヲ。」然ニ於ニ兩品ニ觀心ノ義ヲ不レ釋タマハ也。故ニ解釋ニ闕無セリト云事也

尋云。經ニハ觀心ノ義有レ之耶

答。經ニ觀心ノ義分明ナル故ニ大師ハ不レ釋タマハ也。所以ニ觀心者。煩惱卽菩提。生死卽涅槃。逆順不二。邪正一如。十界互具。一念三千是也。然ニ提婆達多ハ逆罪ノ人預ニ天王如

來ノ記ニ。五障婬貪ノ龍女無垢界ニ唱ニ成道一ヲ。是則逆順不二。邪正一如。煩惱卽菩提。生死卽涅槃ノ義也。又三千衆生ト云正報ノ三千也。住不退地トハ云ハ依報ノ「三千也。」三千衆生發菩提心ト云フ三千菩提心ヲ發スト見タリ。三千得授道記ト云フ。此卽三千衆生皆三千ノ佛也ト授記印定スル也。授記ト者印定ノ義ナル故也

尋云。一念三千ノ行者有ニ授記作佛義一耶

答。此尋ハ人不レ知事也。道理文證共ニ分明ニ有レト之可レ得レ意也。提婆品ノ文是也。可レ祕レ之。次。觀音品又十界互具也「三十三身ヲ現シ十九種ニ說法ス。是ヲ解釋ニハ十界互具ト釋シ給ヘリ。十界互具」非ニ觀心義一ニ耶。釋ノ家ハ經ニ幽奧ナル處ヲ消顯。然經文觀心分明ナル上ハ不レ及ニ再往一ナルニ也。サレハ當家ニ闕ハ不レ闕無ハ不レト無傳ル也。此義ノ意也。釋ハ闕無セリ。經ハ不闕不無也云云 經釋ノ二字ハ經ノ四字ノ口決可レ有也

（以上60行底本・對校イ本なし）
（以下對校ニ本なし）

11 四大成佛證據ノ事

尋云。一家天台ノ意四大成佛義ヲ許ス耶

「答云云」傳云。涌出品云。一名ニ上行一。二名ニ無邊行一。三名ニ淨行一。四名ニ安立行一矣（大正藏九、四〇上）意ハ上行ト者火大也。火焰向レ空ニ。理數咸滅スト釋スル也（天文二、九五六下。文句記）。登空ヲ上行トハ云也。無邊行者風大也。風ハ周遍法界ノ體ナルカ故也。淨行者水大也。水大ハ洗ニ垢染不淨一ヲ成ニ無染清淨一ト故也。是ヲ四大ノ成佛トハ云也。又妙法ノ四大ナルカ故ニ共ニ成佛ト云也。華嚴ノ時ハ是ヲ法惠功德林金剛幢金剛藏ノ四菩薩ト說也。焉知不是彼法惠等（天文五、二二六八上。文句記）釋スル此ノ意也

靜明仰云。安立行ハ風大也。其故ハ凡ソ地大ハ風輪ノ上ニ建立スル故ニ。風ニ有ニ安立ノ德一故ニ安立行風大ト云也云云 是一義也云云

（以上對校ニ本なし）

12 如成佛事

傳云。法華ニ說ニ二乘成佛一ヲ文ハ十如是ノ如ノ字ト習也。如名ニ不異一卽空義也矣（天玄一、五〇八。玄義）此ノ如ハ鹿苑ノ時キ二乘カ證スル處ノ空理也。此ノ如ヲ妙法ト說ク。此ノ妙法卽三諦也。然ニ三諦具足ノ如ト可レ得レ意也

13 假成佛事

傳云。法華ニ菩薩ノ成佛ヲ說ハ相ノ字是也。相ハ假用ナルカ故也。此ノ相ヲ妙法ト云ヘリ。三諦卽是ノ假也。卽爾前ノ「閒ニ出假利生セン菩薩ヲ」開會スル也云云

14 中成佛之事

傳云。法華ニ佛ト云說文ハ是ノ一字也。就レ是ニ論中ト釋スル故ニ。此ノ是ト者昔シ爾前ニ得ニ但中一ヲ中ヲ佛ト說也。(天玄一、五〇九。玄義)三諦卽是ノ「是ナル故也。」故ニ佛界ノ成佛ト云也。約如明空。點如明相。就是論中ノ釋ヲ可レ得レ意也。此ノ如是相ノ三字ヲ以テ開ニ爾前ノ三諦ヲ一也。是ヲ如是相ノ成佛ト可レ云也。爾前ノ偏空偏假但中ヲ。「今經時ハ一空一切空。一假一切假。一中一切中ト」釋スル也。此ノ三字成佛カ十界ノ成佛ニテ有ル也。所謂ル如ハ二乘成佛。相等ハ六道幷ニ菩薩成佛。是ハ佛界ノ成佛也。諸法實相十如是ナレハ十界成佛也。金錍論云。實相必諸法。諸法必十如。十如必十界。十界必身土矣(大正藏四六、七八五下)能能可レ「思ヒ合之一」「也云云」(以下對校㊁本)

15 法華流布地寂光土事

傳云。吾山ハ卽三國相傳ノ寂光土也。天竺靈山ハ上茅城丑ウシ寅トラ。唐土ノ天台山ハ長安城艮。日本ノ比叡山平安城ノ艮也。三國ハ卽日月星也。天竺名ニ月支國一。唐土ハ名ニ震旦一ト。本朝ハ號ニ大日本國一ト。委ハ不レ注也有ニ別紙一先比叡山者。法華流布ノ地。顯密戒記四家ノ法門具レ之。其中ニ日記家ノ大事トテ彼山カ習ニ不動體一ト。迹雖レ異不思議一也。本迹者。東西ノ二坂也。此山ハ不レ及ニ理寂光本土一。惣體ハ不動尊也。故自ニ王城一鴨河ヘ五十五丁。二十五有ノ生死ハ爰河ト定レ之。越ニ彼河一向ニ此河一。見ニ我身一者發菩提心ノ上レハ路ニ不動ノ尊御座ス。名石不動ハ坂ノ中閒ニ官主有ニ御所一。是名水飲上ル者蘇ヨ息之一。此ヲ名ニ三百由旬一ト。五十イ(位カ)ノ佛閣上リ極名ニ五百由旬ノ寶所一。此卽妙覺無垢ノ本土也。不動頂上ノ蓮華是東坂早尾權現御座本地不動也。大講堂ノ定燈火生三昧也。東水水火也。凡不動尊者。不者寂義也。死形卽堂當レ止ニ。動者散義。生形當レ觀。止觀者妙法一致ニ寂理不變也。此ヲ卽名ニ寂光一ト。寂者不變。光ト者隨緣。隨緣不變ハ(傳全五、三六〇。生死覺用鈔)一念寂照。生死涅槃ハ廣劫ノ妙用也。故生死二法ハ一心妙用。有無二道ハ本覺眞德矣水火二法兩眼之開明閉羂索

三昧耶青黑二色。黑白便者授子。仍可准知

（以上對校㊁本）

16 自證重之事

尋云。自證重說不說中何耶

答。餘流人自證不生重不思議不可說。言亡慮絕。離機根故離「教說故」矣「說義無定也」（大正藏三二、六〇一下。釋摩訶衍論）

傳云。余流不然。權教權門離機根故離教說故矣サレハ華嚴經因分可說。果分不可說矣是權機故也。法華隨自意密語也。說不說同時無相違也。自證不生處卽說卽示卽教也。體用不二無說外無說。說外無無說。終日說不說不違。夜竟無說說不違。當流家事理俱密顯密一同也。卽事而眞也。眞俗二諦一法二義云也此意也。只點一法二諦宛然釋二義不相違也。說默相諍去理彌遠釋タマヘル可思之云云（天玄二、一五五。釋籤）

17 止觀明靜前代未聞事

傳云。凡學匠淺深法門器量止觀觀道皆同也。先世間前代未聞止觀無相一重取入談之也。大旨如此云云「予流不然。凡止觀」寂照也。寂照色心也。於此寂照色心各有寂照各有色心。其故心有寂照常寂常照。一心寂照。一心止觀是也。色有寂照。六根寂時有。六根起動有也。故六根分明觀也。六根色法無起無分別寂也。又六根有定惠。一心有定惠。擧體遍身皆定惠矣兼美。不可分別事也。是止觀云境智云理惠相應云明靜止觀云也。地體理惠相應云有多義。眞實我等色法無法理也。心了智分別惠也。此色心三世不二相應「境智冥合理惠相應云也。五陰和合境智相應理惠相應可云也。」境智冥合義可思合也云云萬法境智二法定惠二義也。天有定惠日月是也。地有定惠萬法其相分明也。眼前有定惠晝夜是也。兩眼兩耳乃至鼻乃至兩足左右兩手。皆是定惠理智也。又定惠各具定惠。眼取智惠左右兩眼取行步有左右是又定

惠ノ二行也。男女善惡一切准レ之可ニ意得一也。皆是理惠相應。境智不二ノ體也。單ヘニ不レ可レ數レ之 云云

18 衆生三魂七魄佛神ノ事

傳云。諸佛諸神ト者。一切衆生ノ心神靈妙ノ體也。其ノ心ト者三魂也。〔三魂ト者。日月星宿ノ三光天子ヲ表スル也。〕其ノ神ト者七魄也。〔七魄ト者。衆生ノ本命七星ヲ指テ云也。〕亦本迹也。所以ニ三魂ト者。〔三世ノ諸佛〕「三諦三身」三觀也。又三佛性也。七魄ト者。七社明神ト顯タマフ也。尋レハ異朝ニ周ノ靈王ノ太子其ノ魂爲レ神ト。求ニ本朝ノ義ヲ以ニ靈骨ヲ爲ニ崇神ト。凡以八幡大菩薩ト者。〔應神天皇ノ王子。神宮皇后ノ御子也。旣ニ云ニ八幡大菩薩一ト。〕又本地阿彌陀佛ト云。此豈ニ非ニ神魂ニ耶。現ニ凡身ナルカ或ハ觀音勢至。或ハ文殊普賢「ナント」ト顯ルル皆是此ノ謂也。其ノ例多レ之委細ニ難ニ稱記一 云云 常ニ外法トテ行スル人ノ以ニ人ノ頭ヲ爲ニ本尊一ト。崇レ之ヲ恭ニ敬レハ之ヲ「現ニ大神變ヲ施ス」大威德ヲ。行者執心執情コソ「身タリ」爲レ利。邪見放逸ナレトモ能能案ニ道理ヲ一分有ニ其ノ謂一歟。心麁境妙ノ道理ナレハ本體ハ然トモ。行者ノ心麁「ナルカ」故ニ成ニ罪業ノ因緣一ト。流ニ來生死ニ感ニ地獄ノ依正ヲ也

19 依正相順ノ事

傳云。正報ハ能居ノ衆生也。依報ハ所居ノ國土也。所謂尋レハ衆生ノ因果ヲ。過去ノ二因。現在ノ五果。現在ノ三因。未來ノ兩果ニテ十二因緣有ル也。此ノ因果三世ニ輪轉相續シテ不レ絕也。故ニ依報ノ國土モ以ニ十二月ヲ爲ニ一年ト。以ニ十二時ヲ爲ニ一晝夜ト。依正不二ノ故也。此ノ依正ノ十二因緣ノ流轉ヲ爲レ留ンカ猒レ世ヲ欣レ道ヲ也。釋尊モ十二年ノ修行有レ之。此ノ法ヲ說タマフ也。阿含ノ時節ヲモ十二年ト說タマフ也。「此ノ依正ヲ爲レ令レ歸ニ空理ニ時十二年トモ云也。」無ニ所表一事ヲハ內外典籍ニハ不レ云也。十二因緣ヲ達シテ悟ハ。其ノ「十二因緣カ」十二光佛ト顯ルル也。藥師又現シ十二神將ヲ守ニ護タマフ依正ノ十二ヲ也。然ハ我等衆生深ク憑テ十二神將ヲ二六時中ノ誤リヲ翻シテ可レ顯ス十二光佛ノ知見ヲ也定ルニ給仕之勞ヲ十二年ト云皆有ル謂也 云云

20 以ニ境智二字ヲ收ニ一代ヲ事

傳云。慈覺ノ御釋「ヤラン。」五時ハ自レ境生シ。四敎ハ自レ智起ト云釋有ト覺ル也。此ノ心ヲ妙樂大師ノ御釋ニモ粗見タル也。一

(天玄四、三三二。釋籤)期縱橫不レ出ニ一念三千世間卽空假中一矣此ノ一念ヲ前念爲境後念爲智トテ境智ト釋スル也。以レ之思レ之。一代境智ノ二法也。五時ニハ無ニ門ノ義一故ニ境也。四教ニハ有ニ四門一約ルレ智ニ義也。惣シテ無量ノ境無量ノ智ナレハ境智分別自在也。無礙也。不レ可レ守ルニ一隅ヲ一。惠光院流以ニ境智冥合ヲ一成ニ一切ノ法門ヲ一可レ思ヒ合スレ之一事也。此ハ於レ釋可レ得レ意也。壽量品疏云。境既無量無邊常住不滅。智亦如レ是矣(天文五、二二五七上。文句)又籤ノ文ニハ。(天玄二、三三七五)智既是心。境亦是心。「既俱是心。」俱是法界心心相照有ニ何不可一矣(佛全24、一〇一上。一心三觀文)前唐院云。前念爲レ境。後念爲レ智矣

21　事相妙解妙行ノ事

傳云。常ニハ妙解妙行ハ。意地ノ得分トノミ思合セリ。不レ然互ニテ三業ニ可レ有レ之(也。先ツ)於テ二意地ニ一有ニ解行一事ハ知一切法皆是佛法ノ解了是也。依テ二此ノ解ニ一立テニ一心三觀ノ修行ヲ一此意地妙行也。次ニ事相ノ妙解妙行ト者。經云。唯佛與レ佛乃能究ニ盡諸法實相一。所謂諸法如是相。「如是性。如是體。如是力。『如是作。如是因。如是緣。如是果。如是報。』如是本末」究竟等矣(大正藏九、五下。方便品)(同、七上～中)舍利弗。汝等當レ信。佛之所說言不ニ虛妄一。「舍利弗。諸佛隨レ宜說レ法意趣難レ解。所以」者何。我以ニ無數方便種種因緣譬喩「言辭。」演ニ說諸法一。是法非ニ思量『分別之」所ニ能』解一。唯有ニ諸佛一乃能知レ之。所以者何。諸佛世尊。唯以ニ一大事因緣一故出ニ現於世一。舍利弗。云何名下諸佛世尊「唯以ニ一大事因緣一故出中現於世上。諸佛世尊。」欲下令ニ衆生開ニ佛知見一使レ得中清淨上「故出ニ現於世一。欲レ示ニ衆生佛知見一故出ニ現於世一。『欲レ令ニ衆生』悟ニ佛知見一故出ニ現於世一。』欲レ令ニ衆生入ニ佛知見道一故出ニ現於世一。舍利弗。是爲下諸佛唯以ニ一大事因緣一故出中現於世上。佛告ニ舍利弗一。諸佛如來。但教ニ化菩薩一。諸有所作常爲ニ一事一。「唯以ニ佛之知見一示ニ悟衆生一。舍利弗。如來但以ニ一佛乘一故爲ニ衆生一說レ法。無レ有ニ餘乘若二若三一。舍利弗。一切」十方諸佛法亦如レ是矣又云。(同、四二下。壽量品)如來如レ實知ニ見三界之相一。「無レ有ニ生死『若退若出一。亦無ニ在世及滅度者一。非レ實非レ虛。非レ如非レ異。不レ如ニ三界見ニ於三界一。(如レ斯之事)』如來明見」無レ有ニ錯謬一矣是卽口業妙解也。如レ此唱ルカ故ニ卽口業ノ行ニテ有ル也

次ニ事ノ妙行ト者。南無十方佛。南無十方法。南無十方僧。南無釋迦牟尼佛。南無多寶佛。南無十方分身釋迦牟尼佛。南無妙法蓮華經。南無文殊師利菩薩。南無普賢菩薩。南無觀世音菩薩矣是ヲ唱ヘ禮スヘシ。卽事ノ妙行也。是惠檀兩流ニ祕藏スル事也。不レ可レ口ニ外之一ヲ云云

22 禮佛一心三觀ノ事

傳云。顯密同ニテ有也。初ニ唱テ二𑖀字ヲ一堅實合掌ニテ禮レ佛ヲ空ノ禮也。𑖀字ハ一點不空ノ空ナルカ故也。次ニ唱ヘテ二𑖨字ヲ一虛心合掌ニテ禮佛スルハ假ノ禮也。具點𑖨字ナルカ故也。次ニ唱テ二𑖪字ヲ一八葉ノ印ニテ禮佛スルハ中道ノ禮也。此ノ𑖪字ハ具ニ空假ノ兩點ヲ一故ニ不二ナルカ故也。此又三種ノ法華也。一家ノ意ニテハ唱テ二三如是ヲ一三禮ス。是卽三諦ナルカ故也。可レ思ニ合之一也云云

〔私云。此𑖀𑖨𑖪三字ハ性相體三如是也云云〕

23 教行證ノ三重界畔ノ事

傳云。玄義文句ハ教ノ重也。止觀ハ行ノ重也。法華三昧儀ハ證ノ重也。而レトモ各具ニ可レ具ニ教行證ヲ一也。三大部ノ大旨ヲ分別スル事也。又玄文ハ教化ノ觀心。文句ハ受持ノ觀心。止觀ハ直達ノ觀心ト云也。觀法互ニ通ル心也。〔此等ノ三重能能可レ思ニ合之一〕

24 三重修行ノ事

傳云。觀心・觀法・觀道ノ三重也。是ニ有ニ二義一。普通ニハ觀心ハ空也。觀ニル心ノ空寂ヲ一故也。觀法ハ假也。觀法ハ法法塵塵ヲ「觀ル故也。」觀道ハ中也。道ハ能通ノ義也。中理不思議ニシテ而モ空假ニ通ル故也。祕傳ニハ心具心遍彼彼ノ三重ト習也。依レ之又復學者。(天止三、二〇七。弘決)縱知ニ內心「具ニ三千法一。不レ知ニ我心遍ニ彼ノ三千一。彼彼三千互遍」亦爾矣

25 金口相承今師相承事

傳云。金口相承ト者。一二正經也。一二正經ト者。法華涅槃ノ兩經也。義例云。散引ニ諸經一通ニ乎一代一。唯歸ニ二經一(大正藏四六、四四七上。取意)專判ニ正意一。一依ニ法華本迹顯實一。二依ニ涅槃扶律說常一矣又於ニ二經一有ニ肝要ノ句一。法華ニハ諸法實相。常住不滅ノ四文字也。涅槃經ニハ一切衆生悉有佛性。如來常住無有變易ノ文也。兩卷ノ祕要ト者。天台大師全肝ノ文也。大師以ニ此祕要ヲ一爲ニ尊師極一ト釋タマヘル〔有レ故〕也。一二兩卷「御在所ヲ」

佛在世ト可ニ崇敬一解釋ニ〔亦爾〕見タリ云云〔可レ見レ之也〕

26 桂木ノ爵白銀鸞鏡漢竹名荷事 （以下對校㊁本）

傳云。傳教大師於ニ大唐ニ奉レ値ニ道邃和尚一。一心三觀鏡像圓融ノ相承之時。桂木爵十二枚。圓形ノ白銀ノ鏡兩面。桂木爵十二枚ノ內。八枚 并ニ鸞鏡ハ在ニ御經藏一。二枚ハ西塔ノ延壽菩薩奉レ授レ之。二枚ハ不レ知ニ其在所一ヲ。是當流ノ實義也。但此二枚ハ三井寺在レ之云云 惠心流相承漢竹七本名荷ハ等傳受給。而歸朝之後漢竹名荷ヲハ植タマフニ中堂前一。漢竹名荷ハ同。當流桂木ハ八枚鸞鏡ハ一面ナリ。八枚ノ內ニ三枚ハ付ニ光定和尚一ニ。殘ノ五枚 并ニ 一面鸞鏡ハ在ニ中堂御經藏一ニ 云云 八枚ト云不レ知ニ法深祕ヲ歟。不レ可レ出ニ口外一ニ。可レ祕穴賢 云云 （以上對校㊁本）

27 一心三觀修行得益ノ相事

傳云。觀ニ空心一ヲ時離ニ三界ノ人天一ヲ。觀ニ假心一ヲ時無ニ方便土一。觀ニ中心一ヲ時離ニ實報土一ヲ「居ニ寂光土一ニ」也。依レ之疏第二云。能觀ニ卽空一〔故〕無ニ三界之人天一。卽假故無ニ方便土之義天一。卽中故無ニ實報土之義天一。（天文一、三七三下。文句記）一心三觀常住ニ寂光非人非天之人天一矣 此卽一心三觀得益也。又行ニ一心三觀一ヲ者ヲハ行ニ如來行一ヲ人ト云也。如來ト者。寂光土ノ敎主ナルカ故也。而レハ一心三觀ノ行者。寂光土ノ敎主ニテ有レル「之ナリケリカナヤ」

28 名別義通ノ事

傳云。此義ハ〔惠光院之〕獨一面授ニテ公私ノ書ニモ「不レ載也。」雖レ不レ可レ及ニ口外一ニ「爲ニ末代學者一」記レ之也。先敎相ノ義勢ハ本抄并ニ口傳抄等ニ見タリ。仍略レ之也。所詮ハ名別義通ハ大師道場所得ノ法。三世ノ諸佛ノ內證也。一代ノ諸敎モ止觀一部ノ大事モ只在ニ此ノ一箇一ニ習也。所謂ル天地ハ名別也。和合ハ義通也。日月衆星ハ名別也。安住スルハ一空界一ニ義通也。「諸法ハ名別也。實相ハ義通也。」修行門ハ名別也。所詮ハ體一ハ義通也。敎行證ハ名別也。一心ナルハ義通也。本迹ハ名別也。不二ハ義通也。在世滅後ハ名別也。無レハ異義通也。「十界ハ名別。互具ハ義通也。三千ハ名別也。一念ハ義通也。三觀ハ名別也。一心ハ義通也。」六根ハ名別也。一體ナルハ義通也。色心ハ名別也。色心不二ハ義通也。境智ハ名別也。理惠相應ハ義通也。六根ハ名別也。清淨ハ義通也。「五十二位ハ名別也。一心ニ立ルハ義通也。善惡順逆高下等ハ名別也。不二平等ハ義通也。」五陰ハ名別也。和合ハ義通也。一切諸法一切法門一切義理。准レ之可レ得レ意也。以レ一ヲ知ルト萬ヲ口傳スル也。不レ可レ及ニ口外ニ事也。不レ知ニ此ノ大事ヲ敎行證ノ觀「道義道」共ニ難レ成云云〔可レ祕レ之。穴賢穴賢〕

29 天照太神所持七佛所說ノ法華事

傳云。常在靈鷲山。及餘諸住處。衆生見劫盡。大火所燒時。我此土安穩 矣（大正藏九、四三下）澄豪律師被レ書抄ニハ天人常充滿ノ句ヲ加タリ。可レ入レ之ヲ歟。凡天照太神ノ顯テ天照太神ト國土ヲ安穩ニ照シタマフ依ニ此偈ノ功力ニ也。付レ中本門ハ諸佛ノ本懷開タル上ノ甚深至極ノ法ナレハ。諸神モ內證ノ持經トシタマフ也。尤可レ崇ニ敬之ヲ一也。〔可レ祕レ之云云〕

30 弘通法華ノ時以ニ問答ヲ一爲レ業ト事

尋云。弘通之時弘ニ通十二部經ヲ一耶

答云云 義云。論義經ヲ弘通スル也

疑云。法華經ハ十二部具足ノ妙法。大乘至極ノ經王也。若弘ニ通之ヲ一時。十二部共ニ可キ弘ニ通ス一也。付レ中說外道論義 矣（大正藏九、三六下）

好ニ論義ヲ一事ハ外道所以也。今何ソ同ニ外道ニ一耶

答云云 一義云。外道ノ論義ハ放逸邪見ノ論義也。不レ爲ニ生死解脫ノ一。今ノ論義ハ「以ニ論義ヲ一」「顯レ實也」以ニ生死出離ヲ爲レ本ト。論義ノ名ハ與ニ外道ノ一同ケレトモ其義遙ニ異ナルヲ耶。何ソ可レ爲ニ例難ト一「耶」

傳云。迦葉佛所說七日滅事ハ」不レ說ニ論義經ヲ一故也。故ニ十二部ノ惠命ハ以ニ論義ヲ一可ニ連持ス一也。故ニ以ニ論義ノ一經ヲ一可レ助ニ顯餘部ヲ一也。而ハ一家ノ學者以ニ論義ヲ一遂レ業事ハ併ラ論義經ヲ說也。故ニ三大部抄義科宗要幷ニ口傳書マテモ下レ算ヲ記レ之時キ論義ヲ顯ス也。無ニ論義一者不レ可レ顯ニ本迹不思議ヲ一故ニ用ニ論義ヲ一也云云

尋云。以ニ論義問答ヲ一可レ顯ニ本迹二門ヲ一云事何處ニ見タル耶

答。如キレ此大事ヲ世間ノ學匠知モ有リ「不モレ知有ル」也。大旨ハ不ニ存知セ一也。而ニ顯ハ此大事ヲ序正流通ノ三段是也。序品ハ文殊彌勒ノ問答伏疑伏難也。我見燈明佛。本光瑞如此。以是知今佛。欲說法華經ト答タリ。（大正藏九、五中）欲說法華經ト者。本迹二門ノ顯實也。以ニ此ノ問答ヲ一會ノ衆モ拂ニ疑滯ヲ一。說ニ法華ヲ一時ヲ

待開悟得脱也。故今問答二人文殊彌勒可有之也。而序品時二聖因位半跏坐ナルヘシ。正宗時結跏趺坐可佛座也。流通還迹因位相又還半跏坐也。今論義問答初重問答半跏坐問講共可有之也。落居時結跏趺坐スヘシ。下坐時尚可成半跏也。講說一座可具足序正流通三段也。如此甚深至極大事故。於諸寺諸社開論義講說天長地久萬民與樂現世安穩後生善處祈也。「尤貴事也。」サレハ慈恵大師御遺言。我門徒欲修追善可勤行八講被示。尤有深意也。所詮「講說作法儀式靈山說法華儀式有也。大通十六王子覆」講法華云如此事也。能能可思合也。又祕教修學人灌頂云事獨出自祕教顯宗無之云也。「是顯宗不知」人也。予所存不然。又非無先聞。顯教灌頂儀式講說作法也。登壇兩壇「讀講兩師」釋迦多寶也。讀師擧義名無說表多寶不說。講師論義義理釋迦說法儀式也。「壇下僧徒」樹下分身釋迦也。入來聽聞衆徒一會大衆人天雜衆等也。唄散華皆釋迦成佛相也。是即法華開會砌。寶塔一會儀式也。扨互爲問者主伴互爲主伴心也。入能所不二義也。如此義勢種種無量也。以一准萬可思合事也。密教灌頂有祕密義。知之不顯知之今灌頂儀式。諸人見之不知甚深。然閒密教灌頂密顯也。顯教灌頂顯密儀式也。法華事相勤行儀式也。諸佛納受之。諸神受法樂。是法華事相不思議故也。返返不可及口外也。一見之後可燒之。而者『予門弟存此義。沒後孝養可勤行八講也「云可祕之」』

31　始覺本覺釋迦體習事

仰云。始覺釋迦者。西天月氏堺靈山會上出世說一代教法佛是也。此佛具三十二相具八十種好「也。本覺釋迦如此無之歟。三十二相八十種好具」神通無礙起用自在是化他門釋迦也。本覺釋迦者。神僧古德是也。「神僧古德者。」山王權現本地著寶冠白色猿猴是也。其形僧形也。故云神僧

也。只今生シタレトモ其面老セリ。故ニ古德ト云也。古德ハ本地久遠ノ釋迦自證圓滿ノ形也。故ニ山林樹下ヲ爲シテレ栖ト陰ニ居スル山谷ニ也。サテ山王權現ト顯レ給フハ本高迹下ノ心也。又面ノ色赤色ナルハ〔菩提ヲ〕面ニ究竟スル心也。其ノ身薄墨ノ色ナレハ空色也。虚空ノ色薄墨也。離タル二五色ヲ色也。〔薄墨ノ中道ト云事ハ委細ニハ注セリ二鐵橛書ニ一。後代學者尋ニ求彼ノ書ヲ可レ披ニ覽之ヲ一云云又離ニ五色ヲ者〕又心性ノ色ハ今ノ聖道ノ所著ノ衣色。表ルニ空色ノ心性ノ體色ヲ也。又表ニ猿猴ノ色ヲ也。此ノ衣ヲ名ルハ猿衣ト此心也。又猿猴ハ「久遠久遠」ト鳴ク也。久遠實成ヲ顯シレ形ヲ唱ルレ言ニ也。習ニ此ノ宗ヲ學者何ニシテモ登山入路シテ可レ拜ニ見彼ノ猿猴ノ形相ヲ云也。生身ノ釋迦久遠實成ノ如來也。此事「穴賢穴賢不レ可レ及ニ口外ニ也云云」〔惠光院深祕也。口外猶有レ憚。況輒載レ筆哉。雖レ然依レ爲ニ成佛ノ種因ト恐恐註レ之。堅可レ祕也〕

32 妙法法妙ノ前後ノ事〔玄二〕

〔義云。〕示云。玄文ノ第一ニハ釋ニ妙法ト。第二ヨリ法妙ト釋也。是ヲ常ニハ文ノ便リ義ノ便リト釋ト云也。無ニ深意キ様ニ申合セリ。無念ノ事也。何ナレハ文ノ便リ義ノ便ハ出來セルト云處ヲサタスレハ大事ニ成ル也。「其ヲ或ハ人師ノ一義ニ。」文ノ便ハ約ニ迂迴道人鹿苑證果ノ聲聞ニ。義ノ便ハ約ニ直行ノ圓人ニ被レ云也。意ハ爾前ハ隔歷諸法ナレハ麁法也。對シテ此ノ麁法ニ今圓融ノ法ナレハ妙法ト麁法ト相對スルノ故也。「判麁妙ノ意是也。」法妙ハ義ノ便ト釋スル事ハ。直行ノ圓人カ萬法ヲ當體本有ト開覺スレハ法カ妙ニテ有ル也。開麁顯妙ノ心也。開ニ麁法ヲ顯レ妙ヲ故ニ法妙也。但約ルニ判麁妙開麁妙ニ事。予カ私ニ加ニ料簡ヲ也。サレハ題號ニハ置キ妙法ト。正說ニハ我法妙難思ト云ヘリ（大正藏九、六下）。法妙ノ義ヲ釋ニハ法既本妙。麁由ニ物情ニ。故知但開ニ其情ヲ理自覆（復カ）レ本ト云ヘリ（天玄一、四〇二。釋籤）。是ヲ能能思合テ可レ談ス也云云

（以下對校㊐㊇本奥書）

祕密獨聞鈔　上

惠光房流。隨二血脈一注レ之。唯授一人之相傳也。努努不レ可レ處二聊爾一。穴賢穴賢

御本云。右所傳甚深ノ義。隨二聽聞之次第一大概注レ之云云已上上下都合六十四箇條也。不レ可レ及二他見一者也云云

師仰云。願以二此書業一爲二順次往生之惠業一。後視（視㊇見）諸人可レ被レ迴二向十界念佛一者也

傳云。定テ此事祕祕中祕也。設ヒ雖レ望レ深自非ハ附弟弟子一不レ可レ授レ之。三寶依二信力一增二威光一。聖教ハ依二祕藏スルニ一繼二惠命一。一流相承之深祕也。可レ祕レ之

御本云
于レ時明德第四大歲（一三九三）癸酉十一月二十四日。於二大日本國近江國比叡山延曆寺首楞嚴院第三樺（樺㊐㊇權）尾谷花光房一任レ本寫レ之了（了㊇云云）

顯密大傳燈位能賢法印賜レ之

御本云（十不二門カ）
金錍論云（天玄四、三五九。釋籤）。平等大慧（慧㊐㊇會）常鑒二法界一。亦由二理性九（九㊇爲）權一實一矣此文意ハ。當時我等衆生ハ平等大惠照了分別ノ境界也。是ハ迷ノ九界ヲ常ニ攝メテ二悟ノ法（法㊇九）界ニ體內權ト法樂スル時キ。有二此等ノ益一也云云

御廟御釋云。玄ノ文三攝ハ。止觀ノ一攝ニ收レ之矣

妙樂大師八箇條大事

〔一〕一期大事住處。二日日大事食事。三貧窮大事巡促。四男子怨敵（〔一大事カ〕）。五女人大事產生。六富貴大事盜賊。七一年大事衣服。八後生大事地獄

（以上對校㊐㊇本奥書）

（以下對校㊐㊇本扉書）

師仰云。於二此書一者。七箇條之成二誓約一。不レ蒙二師許一而及二披見一者。山王大師冥罰可レ蒙者也云云

又云。條條算題如二上帖書レ之。可レ見レ之云云所謂第三十二ノ題。兼（兼㊐ナシ）知來報ヨリ乃至一代爲鹿苑證果聲聞ト云算題マテ。三十二此帖ニ算題在レ之云云上下都合六十四箇條ノ條目在レ之。何モ何モ甚深祕藏ノ事也云云

（以上對校㊐㊇本扉書）

〔祕密獨聞鈔　下　惠光房流。隨血脈注之。唯授一人〕

33　兼知來報事

傳云。以十界書孔子可取之也。凡以孔子定萬事事。顯密二道幷世俗等至通用義也。尋近證據律宗受戒好夢用孔子義有之。又山門竪義勸學講定問答時用孔子也。又聖德太子淨土雙六云事〔被作置。是又當吼字義。密教灌頂時指木投花云事〕有之。意當孔子義也。依是等道理今用此義也。先生處雖多不出十界。故書十界名可取之。若四惡趣可修罪業法。取四聖法可行增進佛道法也。若欲取之者。〔在家〕或百日或四十八日或三七日或二七日「一七日」清淨潔濟。於佛前供佛供燈明燒香散花。出家「或十二時」〔或六時〕或三時勤行六根懺悔法。閣餘事無他念可祈後生。在家人五體投地遍身流汗所持本尊禮拜供養。釋迦多寶分身諸佛妙法蓮華經。文殊普賢觀音彌勒地藏名號唱後。閑心六字名號可唱。何毎座發露涕泣不憚傍人聞行成限。サテ滿日數於佛前師向合掌過去現在未來罪業無覆藏可懺悔也。然後閉兩眼手背可取十界孔子。隨孔子所配可知來報也。雖然尚罪業難除懺悔不成就六道取當。彌起改轉心毛端計罪カクサス「可懺悔」。其日限如前。眞實大事口傳也。不可口外

尋云。以何度可限耶

答云云輕罪人初度。次二度也。重罪人三度也。不叶三度者無力只可閣之。業障年久惡行難轉歟。尤可恥尤可悲。生涯悲歎如何事乎。可思合

34　修行用心事

尋云。一心三觀云我等無道心口於身無益也。只引當己心用心處示「タマハン」事尤可本意如何

「答云云」傳云。一心者何物。我等出入息風是也。「此

息ヲ」三觀ト知ヲ一心三觀トハ云也。必ス一心三觀ト云「ヘハトテ」偏ニ非ニ深法ニ也。就レ中顯密ノ至極ハ淺位ニ安ニ深法ヲ。故ニ可レ用ニ數息觀ヲ也。所謂ル息ノ體ハ中道。出入スル方ハ假也。出入前後際斷シテ數ノ主無キハ空也。此ノ息自レ元此ノ三ヲ具足セリ。故ニ三諦也。此ヲ起シテ智ヲ三諦ソト見レハ三觀也。數息ノ方ハ智也。一心ノ息體ハ境也。〔無想境〕無相ノ智也。一二三ト數ル計ハ智ナレトモ非ニ妄念流轉ニ故ニ無想ノ智也。故ニ四種三昧ノ處ニハ數息觀ヲ一心三觀ト釋セリ。初心ノ時ハ一二三ト數ル方ハ似タリニ淺意ニ。漸漸ニ深觀ニ成レハ能所共ニ亡シテ無相ノ觀法也。有相無相互ニ具シ互ニ可レ顯也。妙證之時悉皆兩捨トテ有無共ニ可レ被レ捨也。凡ソ數息觀ト申ハ三藏也。一乘ト開會スレハ圓ノ一乘也。開會ト者許ニ其ノ權觀ヲ也。開者許也ト釋スル此ノ意也。判麁妙時コソ論シテ麁妙ノ觀法ヲ。開麁妙ノ時ハ權觀ノ外ニ不レ可レ有ニ妙觀一也。祕祕中深祕ハ同ニ淺略ニ云釋。又方便爲究竟ノ本意不レ可レ廢レ之。能能可レ思ニ合之一

35 何處ニ立ル法華經ヲ耶事

傳云。雖レ談ニ法華ヲ不レ知ニ所在ヲ也。而ル閑落居ノ處モ不ニ思入一也。只是無ニ子細一。智證〔大師〕〔御〕釋云。法界衆生常心地。故題ニ妙法蓮華經一矣（佛全28、一一九五上。阿字祕釋）常心地ト者。衆生ノ介爾半半恆（不カ）起スル欲心瞋心慢心貪心等ノ心地ニ此ノ妙法ヲ題スル也。衆生ノ心地ハ眞如ノ理ナレハ於レ之ニ立ル法華ヲ也

尋云。今妙法蓮華經ハ。在纏出纏〔兩種ノ〕眞如ノ中ニハ何ソ耶

答。常ニハ出纏ト云也。當流ニハ今經ニハ煩惱卽菩提生死卽涅槃ノ經ナレハ。在纏眞如ニ置レ之ト云也

36 依ニ妙法功力ニ信毀衆生共ニ一生ノ內ニ成佛スト可レ云耶

傳云。逆順不二ノ經王ナル故ニ。「順逆共ニ」成佛シ信毀共ニ究竟シテ座ニ心性ノ蓮台ニ可レ成ニ正覺ヲ也。信毀衆生モ八葉ノ蓮華ハ正圓ニシテ無ニ增減一也。何況ヤ信解修習ノ輩ヲヤ。依レ之釋云。（佛全28、一一九五上。阿字祕釋）信毀究竟坐ニ蓮台一。八葉正圓無ニ增減一。自受法樂而無得。南無妙法蓮華經 矣

37 止觀修行事

〔示云。常ニハ止觀ヲハ高尚重ニ立レ之。爲ニ劣機ノ不レ堪法ニ談シ成ス也。今ハ不レ然。極善最上法ヲ被ニ極下最初劣機ニ止觀眞言ノ本意トハ云也。兩宗ニ一同ニ以ニ淺略觀道ヲ談シ至極一ト。方

便究竟ヲ爲ニ本意ト一也。然レハ以ニ三藏析空數息觀ヲ一明靜止觀ト「可レ云也。」以レ淺己心所行ト可レ云也。如レ此淺觀「明靜止觀ト」云事ハ前代ニハ不レ云也。故ニ未聞書タマフ也。教彌ヨ實ナレハ位彌下ト釋スル。又從劣起勝ノ釋可レ「思ニ合之一」

38 〔天台大師釋迦如來ト云事〕

傳云。佛ト者覺者智者ノ義也。既ニ云ニ智者大師ト一。知ヌ佛也ト云事ヲ。翻シテニ自覺覺他ト一。大師又有リニ自覺覺他ノ義一。豈非レ佛ニ耶。雖レ似タリト劣ナリト是卽チ祖師信行ノ大事也。不レ可レ有ニ口外一。經ニ云ニ既ニ云亦無在世及滅度者ト一（大正藏九、四二下）無レ疑佛也ト云事。法華卽釋迦。釋迦卽「法華也。」悉ク除ニ衆病ヲ一邊ハ「藥師〔如來〕也。又」藥師如來ノ出世歟。本地藥王菩薩ト云。內證藥師ト聞タリ。藥師ノ利益ハ像法轉時度有情ト云フ。大師又像法轉時ニ出世シテ有情ヲ利益シタマヘリ。甚非ニ可レ疑事ニ也。是ハ〔惠光院〕隨分祕曲也。〔口外尚有レ憚ナリ。況筆跡ヲ乎。雖レ然爲ニ憶持ノ恐恐註レ之〕尋レ人ニ可レ聞レ之也。我レ發言シテ不レ可ニ披露ス一也 云云

39 一字收ニ法華ノ事

傳云。高野大師唱ニレハ[梵字]字ヲ當レ讀ニ誦法華一百部上釋タマヘリ。此字ハ四字合成ノ字也。是又觀音ノ「種子。又」阿彌陀ノ種子也。其ノ法華ヲ見レハ法華觀音阿彌陀如來一體ト聞「タリケリ」。或傳云。[梵字]字ト云也。以レ之三諦具足ト習也。此ノ[梵字]字カ三字合成ニテ有レル之也

（對校ニ本奥書この位置。後尾へ移動）
（以下對校ニ本なし）

40 法華本末二經事

傳教大師ノ御釋ニ於ニ法華ニ立ニ本末二經ヲ一。所以ニ一切衆生ノ心性ヲ爲ニ本經一ト。已說八軸ヲ爲ニ末經ト一也。當流ニ一心觀佛ノ四字ヲ以。佛トモ經トモ習フカ此謂也。（佛全28、一一九五上。阿字祕釋）法界衆生常心地。故題妙法蓮華經ト釋レハ。能題ノ經ハ末經也。所題ノ心經ハ本經也 云云

41 唯授一人相傳事

尋云。一家天台ノ意以レ何可レ爲ニ唯授一人ノ相傳ノ依文ト一耶 答云云 傳云。一三一文ヲ唯授一人ノ相傳トモ依文トモ可レ云也。一三一文ト者。圓頓者。初緣實相等ノ文也。此ノ文字ノ數ハ一百三十一字也。故ニ一三一ト云也。依レ之弘決ニハ。（天止一、九一）當レ知南

岳唯授二天台「圓頓之理一。約レ行須下以二漸」不定一助上矣於二此ノ一三一ノ文一有リ二四箇ノ大事一。現文ト相傳ト攝入ト顯密同ト云也。現文ト者料簡也。相傳ト者諸ノ相傳ヲ成也。攝入ト者。一切ノ諸法門ヲ此文ニ習入ルル也。顯密同致ヲ習也。又此ヲ諸佛〔內證〕密語トモ不改通傳法トモ云也。於二此ノ文一三種ノ義有レ之。內證ノ根本ナレハ根本止觀トモ根本法華トモ「被レ云也。」隱二密スレハ之一ヲ隱密法華トモ〔隱密止觀トモ〕被レ云也。〔顯ハレ之〕顯說止觀トモ顯說法華トモ可レ被レ云也。甚深甚深。〔可レ祕可レ祕〕

42 一家學者自二心底一眞實可レ存二破立ノ義一耶

示云。凡佛法ト者。爲二生死解脫一開二悟妙法一ヲ也。是非相諍フテ可レ有二何ノ益一カ耶。存ル二破立ノ義一ヲ事。破シテ二他師ノ偏執局情一ヲ爲レ令レ入二一乘開會ノ妙法一ニ也。以レ實得レ意之時ハ。且以二信心厚薄一ヲ知リ二宿習ノ淺深一ヲ。隨二何法一ニ有二所愛欲一可二所學一ス也。强ニ不レ可二自是非他一ス。自二心底一插テ二偏執一ヲ存二破立ノ義一ヲ。謗因謗緣謗法等罪自體增長シテ可レ流二轉ス六道一ニ也。文殊彌勒因位ノ時諍テ二二諦一ヲ墮二地獄一ニ。迦葉佛ノ時キ始テ從二地獄一出タリ。何況ヤ我等自宗尚暗シ。何ソ難ン二他宗一ヲ耶。豈ニ恣ニ存ン二破立ノ道一ヲ哉。只不レ叶ル迄モ出離ヲ懸テレ目ニ可キレ修二學佛道一ヲ也。就レ中此宗ヲハ開會ノ宗ト云也。開ト者許也。會ト者契カナフ之義也。何ソ有ン二偏執一耶。サレハ光宅ノ宗ノ義ニハ無キ二偏執ノ文一。家嫡相承トスル也。而ニ光宅ノ雲法師ト名ル事ハ。講ルニ二藥草喩品一ヲ時キ。至テ二一地所生一雨所潤ノ文一ニ（大正藏九、一九中）於二虛空一ニ雨フラシレ雲ヲ集起シテ天下ニ降二大雨一ヲ。因テレ之ニ號二雲師一ト也。又海士浮ルニ二海ノ上一ニ取ルニ二魚類一ヲ。其ノ時キ大海ニシテ得タリ二一篋一ヲ。此ノ篋ニ有リレ銘。奉二光宅寺ノ雲法師一ニ書タリ。依レ之奉二雲法師一ニ。法師取レ之ヲ披二見ス之一ヲ。內ニ有二一文一。所謂ル求那跋摩云。（大正藏五〇、三四二上。梁高僧傳）諸論各異レ端。修行理無レ二。偏執有二是非一。達者無二違諍一矣（天玄五、五〇。玄義）所謂光宅南三北七ノ諸師ノ中ニ偏執長セル人也。故ニ爲レ破二「此ノ執心一」自二龍宮寶藏一被ルル送文。我等モ如レ此「ナルヘシ」。予カ門徒ハ以二此ノ文一ヲ可レ破二偏執一者也。能能可レ思二合之一。

43 天台大師本地藥王菩薩ト云事

傳云。天台本地ヲ本地久成ノ釋迦ト習上ハ。藥王菩薩ト云事ハ强ニ非二珍事一ニ。而トモ世閒ノ人ノ申ス事ナレハ能能可レ知レ之ヲ也。

己心中記ニ。本地藥王菩薩矣其上ニ正ク法師品ニ見タリト傳スル也。所以經ニ云。佛告ニ藥王ニ。又如來滅度之後。若有レ人聞ニ妙法華經乃至一偈一句ニ一念隨喜者。我亦與ニ授阿耨菩提記ニ。若復有レ人。受ニ持讀ニ誦解ニ説書ニ寫妙法華經乃至一偈ニ。於ニ此經卷ニ敬視如レ佛矣〔又云。若是善男子善女人。我滅度後。能竊爲ニ一人ニ説ニ法華經乃至一句ニ。當レ知是人。則如來使如來所レ遣行ニ如來事ニ矣〕既云ニ佛告藥王ニト大師親靈山ニシテ受ニタリ如來ノ敕ヲ。爲ニ其ノ使ト末世ニ弘通シタマヘリ。知ヌ本地藥王ト云事ハ。只是ハ當教相ノ義立也。眞實ニハ釋迦ノ再誕也。或又天台ハ本地也。釋迦ハ迹也ト云事モ一ノ傳也云云可レ祕レ之云云

（大正藏九、三〇下）（〇カ」）（同前）

44 弘通ノ時キ待ニ多人雲集ニ可レ説レ經ヲ歟

示云。何條左樣ノ事有ン。誠ニ弘通ノ者有レ之時ハ。不レ可レ論ス人ノ多少ヲ。不レ可レ分ニ別ス利鈍ヲ。不レ可レ隔ニ善惡ノ人ヲ。受レ教者來ンニハ可レ授レ法ヲ也。凡一家ノ心ハ一モ非レ一ニ一卽多也。多非レ多ニ多卽一也。一多自在大小融通也。一非レ一ニ者一卽三千具足シテ一人ナルカ故ニ多也。多非レ多ニ云多ノ衆生モ一念ノ三千也。故ニ雖ニ一人也ト宿善有ンレ之ニ來入セリ何ソ不ニ法樂ニ耶。依テ爲ニ一人ノ不ニ法樂ニ者。豈ニ非レ墮ルニ法慳ノ罪ニ耶。サレハ略法華經云。流通宣説無ニ恪惜ニ矣 又經云。能竊爲ニ一人ニ説ニ法華經ニ矣 又何況於ニ大衆中ニ廣爲レ人説矣〔利益〕不レ論ニ多少ヲ也。「慈悲限ニ一子ニ諸佛ノ慈悲ハ不レ捨ニ一子ヲ也。可レ思レ之」

（同前）（大正藏九、三〇下）

45 臨終用心二種合相事

傳云。有ル種類相對ニ二種ニ也。種類種ノ臨終ト者。無想無念ニシテ住シ不生ノ心源ニ臨終セ者是法身如來ノ入滅也。最後ニ値ニ知識ニ隨聞一句シテ法門解了心ニシテ終ラハ報身如來ノ入滅也。付ニ有緣ニ付ニ無緣ニ慈悲饒益ノ心ニシテ終リナハ應身如來ノ入滅也。三身入滅如レ此云云 次相對種ノ入滅ト者。生老病死ノ四苦ヲ五蘊ノ依身ニ倶生セリ。故ニ「最後斷末ノ重苦遍レ身。一念ヨリ外ハ無シ他念」苦念ニシテ終リナハ苦道卽法身ノ入滅也。小乘滅緣滅行一時ニ於テ欲界ノ苦諦ノ下ニ有ル四行相ノ中ノ苦ノ一行ニシテ入ル苦諦ノ理ニ義有レ之。是卽大乘ノ苦道卽法身ノ調心ノ方便也。住シテ煩惱心ニ欲心瞋心慢心等ノ念ヲ以テ入滅スレハ

煩惱卽報身ノ入滅也。成ニ六道ノ因果ヲ六道二十五有ニ可キ二流轉一相ニテ終ラハ業卽解脱之應身ノ入滅也。三道卽三德ノ「入滅也。但シ二義中ニハ相對本意ノ」義モ有レ之。種類〔種ノ義〕本意ノ義モ有レ之。予所レ存者二種相論ハ何モ不レ可レ有ニ成佛ノ義一歟 云云

46 立ニ四箇大事一由事

傳云。不レ知ニ餘宗一ハ。當宗ノ學者ハ一切ノ法門ヲ大事トノミイヘル也。而トモ大事ト云口傳ノ興起ハ能モ不ニ存知一也。凡ソ大事ト云事ハ。自ニ經文一起レリ。所謂方便品ノ四重ノ大事是也。開示悟入是也。此ノ四字ヲ爲ニ地盤一ト。一切ノ法門ヲ習ヒ入レハ此ノ四箇ニサモ可レ被レ云也。只任ニ己カ心ニ恣ニ大事トノミ云ン事以ノ外ノ僻事也。所詮當宗ニモ四箇ヲ住行向地トモ釋シ。四種ア字トモ又傳法要偈ノ四箇トモ無ニ相違一可レ習ヒ合之一也。又此ノ外ニ兩卷ノ祕要ニ見ル事有レ之。可レ見ヒ合之一 云云

四箇大事

開―一心三觀／十住位―四句成道
示―心境義／十行位―證道八相
悟―止觀大旨／十廻向位―被接斷位
入―法華深義／十地之位―本迹同異

「以ニ此配立ヲ可レ案ヒ立之一」
〔私云。此四句證道ノ四ハ開示悟入ノ下ニ書テ有ツタレトモ。カミミシカサニ別ノクタリニ書也〕

47 三大部 幷 宗要義科等可レ談ニ意地一事

傳云。約ハ依報ノ處ニ天台宗也。約レハ法門ニ三千具足宗也。立レハ本有本性ノ義ヲ性宗トモ云也。談ハ隨緣眞如ヲ「相宗トモ可レ云。」此ノ宗ヲハ具足宗トモ可レ云也。就レ之有ニ五字ノ口傳一。所謂欲聞具足道ノ五字也。爰ニ無量義經ノ時。四十餘年未顯眞實ト云テ。今經ニ顯ヒ說ス眞實ヲ。其ノ顯說ト者諸法實相是也。身子聞ク諸法實相ノ十如是ヲ。尚ヲ不レ得レ旨ヲ故ニ欲聞具足道ト請ス。如來趣テ此ノ請ニ四箇ノ一大事因緣ヲ說タマヘリ。故ニ問答モ精義モ落居モ得略モ觀心モ皆三千具足ヲ「可ニ沙汰ス一云」也。檢ニ此ノ意ヲ可レ談ニ此ノ宗ヲ。不レ然終日ニ談シ。竟夜談ストモ無益ノ講談也。不レ可レ顯ニ宗ノ旨ヲ事也 云云

48 一心稱名念ノ事

傳云。於テ一心ニ有ニ事ノ一心一有ニ理ノ一心一。先ツ事ノ一心ト者。於ニ觀音ニ禮拜シ時。眼ニ「不レ見レ餘ヲ」更ニ見ニ觀音ヲ。口ニ

無二餘言一更唱二觀音ノ名號一。意ニ無二餘念一モ一念ニ觀音ヲ也。是ヲ事ノ一心ト云也。理ノ一心ト者。出入ノ息ヲ數ルニ至レ十ニ無二餘念一理ノ一心ト云也。惣シテ此ノ宗ノ學者ハ。圓佛圓禮ヲ可レ行ス也。一佛一菩薩ナレトモ三千具足ノ佛菩薩也。禮スル二此ノ佛菩薩ヲ「故ニ禮拜三千具足ノ圓禮也。如レ此禮佛禮菩薩ノ」時。二世悉地成就シ三世ノ「願滿モ所望モ」滿足スル也

49 成佛ト者成二阿彌陀佛一事

傳云。當流ニハ一切衆生成佛スト云ハ。成ルト二阿彌陀佛一ト云也。阿彌陀ト者無量壽也。無ト者空也。量ト者假也。壽ト者中也。萬法三諦ニ究竟ス。成佛ノ至極ヲ阿彌陀ト申也。〔サレハ〕雖レトモ非レ可ニ立ル二證據ヲ一得タルコト二法門ヲ一同キ也。小坂義ノ人師ハ。往生名號也ト云文段ヲ立テテ。一切衆生往生セハ皆ナ悉ク同ク可レ名ニ阿彌陀佛ト云也。能能可レ案レ之云云

50 漢竹七本茗荷事

傳云。漢竹ハ表二三觀ヲ一。茗荷ハ表二三諦ヲ一也。又定惠也。此ノ漢竹茗荷ハ。傳教大師自二唐朝一將來シテ我山根本中堂ノ庭前ニ殖ヘタマヘリ。漢竹七本ノ中ニ。茗荷ヲ殖タリ。是又表二定惠不二ノ義ヲ。然レハ竹ハ利也。茗荷ハ鈍也。所以ニ竹ハ餘ヨリ內ハ空也。節枝葉等假也。青色ニシテ不ルハレ變中道常住也。空ハ無常蕩ノ義。假ハ森羅宛然建立ノ義也。空假一色ニシテ常住ナルハ中道也。通ニル二邊ニ心也。以レ色ヲ見ニハ空モ假モ倶ニ本有常住也。又以レ心ヲ見レ之案ルニ之ヲ。我等カ身內ハ空也。手足六根ハ假也。空假一體ナルハ中道也。〔於ニ草木ニ雖レ非レ無ニ此義一。殊ニ竹體異ナリレ餘ニ」「於ニ餘ノ竹ニ心底ニ插サム此ノ義ヲ一歟。亙テ二四季ニ」三諦三觀常住ノ義也。又云ニ修德三諦一トモ。茗荷ハ在世ニ須梨盤特トテ有リ二佛弟子一。極鈍根ニシテ不レ知二己カ名ヲ一。故ニ佛爲レ之カ書テレ名ヲ令ムレ懸レ頸ニ。此ヲ名荷ト云也。是ヲ云ニ鈍根草一ト。而トモ三諦ノ義非レ無レ之。是モ表ル二定惠ヲ一計リ也。竹ト名荷ト殖ヘ交ヘタルハ。修性一如。定惠不二。利鈍一根ヲ表ル也云云〔又以レ之〕一家天台ノ一切法門ニ可ニ得レ心合ス一也。鏡ノ面ハ明也利也。譬ニ修德ノ三諦三觀ニ也。裏ハ闇也鈍也。譬ニ性德ノ三諦三觀ニ也。於ニ鏡ノ背面ニ明闇利鈍修性ヲ可レ得レ心也。漢竹茗荷譬レ鏡ニ。譬ヘ尤モ修性不二。明闇同時。利鈍一體。定惠一心ヲ得レ意。無ニ相違一事也。是事理不二ノ法門トモ。事事無礙

融通ノ法門トモ。卽事而眞ノ體體㋑談㋺㋩㋠トモ。隨緣不思議ノ體トモ云也（以上對校㊂本なし）

51 惠光院至極ノ相傳事

傳云。法門雖レ多ト兩箇ノ玄旨ヲ可可(底)㋠レ爲二至極一ト也。內院安置ト石塔安置ト「㋑云ヘトモノ血脈是也是也㊂㋠。敎相ノ重モ法門ノ深義口傳等雖雖㋑㋠レ多ト之。觀心ノ至極ハ不レ可レ出出㋺㋩過二此ノ兩箇一ヲ。能能可二口決ス一也。「㊂云付二此此㊂㋠ノ血脈ニ一入壇灌頂次第儀式有レ之。可レ「注「㋺㋩得和尚二別卷ニ一」也（以下對校㊂本）

52 山王二字口傳事

示云。但於レ鏡ニ明像譬者。具備二三諦一諦一諦三諦一三諦義門。謂非二口決一難レ悟。卽此意也

抑於二妙法院當座ニ一有二案土事一。此次ニ欲レ申サン。如何如ナレハ二弘法大師ノ遺釋ノ言一ノ。祕事莫レ令二露顯一。若不レ顯二祕事一則佛法ニ不レ久云云 然而古來學者。面面有二稽古之志一故ニ。雖二祕事一解二大事一ト皆求學。及二末代ニ一無二學人一無二教人一。爲レ人進テ而不レ弘者。佛法勿論祕事可レ絕。仍爲二三千徒ノ申ニ出ス名一。可レ爲ナル二因種一カ。縱ヒ又面面ニ雖レ不二修行一。於レ令二聽聞一者。可レ爲二無量結緣一也。是以妙樂大師釋。聞不レ修レ（習カ）（天止三、一〇。弘決）觀。尙得道ス。（遠カ）爲リ二行乘ノ種一（「信カ）云云 聞テモ二甚深法一ヲ必下種也。但顯ルル二祕事ヲ一大師先德等。以外被レ誡レ之ヲ。若有レ人不信者。則隨（墮カ）レ罪事也。惠光院永弁法印云。面面ニ有二欣求心一故ニ。縱有二御披露一。更ニ不レ可レ違二師遺一。謂妙法院宮ノ仰ニ云。今年相甲子大變。敕家殊有二御悼一。於二大宮權現御寶前ニ一露ニ顯祕事一ヲ。自可レ作二國家無爲之深妙一ヲ。如二彼不輕大士一禮二一切衆生ヲ一唱二皆當作佛一ト。今對シテ二三千徒ニ一顯二祕事一有二何難一哉。仰願ハ應レ被二大宮權現加一也

又示云。（天全九、三六八上、等海口傳抄。續天全口決1、四七八上、血脈相承私見聞A）夫山王ト者。大宮權現也。所謂以二橫ノ一點ヲ一加ニ豎ノ三點ニ一名爲レ山ト。以二豎ノ一點ヲ一加二橫ノ三點ニ一名爲レ王。故ニ山ト者。三諦一諦ノ意。王者。一諦三諦之意也。以二橫一點ヲ一消ハ二豎三點一ヲ顯ス二圓融不縱一ヲ。以二豎一點ヲ一點㊂諦消ハ二橫ノ三點一ヲ顯ス二圓不橫一ヲ。故ニ山王者。三諦圓融不縱不橫之義也 以上

而今大宮權現爲二法華圓家之正體一。字山王ハ赤山叡山林家ニ迹給。最有レ使レ爲レ護二天台宗一也。（天止四、四三。止觀）然則和光同塵結緣始。八相成道利物終。（以論其終カ）三千徒以二此結緣一預二八相之化事一無レ疑者也

私云。于レ時講聽以下見聞大衆等。不レ堪レ感ニ悉以令ニ

落涙ニ畢。誠是非ニ神明之加被ニ者。爭得レ識ニ山王之二字ニ哉。又始自ニ夫山王ニ終至ニ不縱不横之義ニ。首尾九十字捧ニ致ニ精誠ニヲ。調レ儀奉レ安ニ置山王御體母ニ。下ニ筆墨ニ任ニ圓頓ノ觀心ニ。每レ字三禮。後代學者宜(守カ)字ニ此誠ニ而已。是甚深祕藏之大事堅可レ祕レ之。努努不レ可ニ聊爾ニ。穴賢穴賢

53 常樂我淨四句口傳事

傳云。山王院釋云。常故ニハ不死。樂ノ故ニハ不病。我ノ故ニ不レ老。淨ノ故ニ不レ生所ノ以ヘ(ユ)可レ思。不レハ生不レ老不レ病不レ死。我カ身ハ卽チ是法身ノ如來也ト七作ニ應念ス。不レ可レ不レ信。謗シテ不レ信者墮ニ三惡道ニ矣

私云。常者常住不滅ノ義。樂者自受用法樂ノ義。我者無ニノ妄想染行ニ義也。可レ祕也（以上對校㊁本）

54 惠光院書奥書事（以下對校㊁本なし）

尋云。有ニテ何ノ故ニ義科宗要等ノ奥書ニ載ニ順次往生十界念佛ノ義ヲ耶

答。常ニハ無レ何ト奥書ノ法ナレハ如レ此被（被㋺㋩歟）レ書也（也㋺㋩ナシ）云云（云云㋑ナシ）

示云。是ニ有ニ深義（義㋑㋺㋩意）ニ也。於レ之（之㋺㋩此）ニ有ニ淺深ノ二義。一義ニハ我等衆生ハ現ニ罪業深重也。難レ成ニ無想（想㋑相）ノ觀ニ。而（而㋑㋺㋩然）レトモ依（依㋺㋩ナシ）ニテ受持法門ノ理（理㋺㋩功依）ニ順次ニ往生ヲ遂ニント西方極樂ニ願（願㋑㋺㋩ナシ）也。以ニ此（以此㋺㋩此以）ノ功德ヲ回（回㋺㋩廻）ニ向シテ法界ニ十界共ニ往生極樂セント五悔ノ中ノ發願ヲ書留タマヘル也。殊勝ニ貴キ事也。次約ニ深義ニ有ニ理ノ一心ト「(㋑云云)云（云㋺㋩ナシ）事ニ。故ニ一心ニ念レ佛顯ニ己心ノ三佛ヲ。己心ノ三佛ト者。三諦ノ阿彌陀也。此阿彌陀ハ亙ニテ十界三千ニ無ニ增減ニ。故ニ廻ニ向シテ十界念佛ニ順次ノ往生ト我カ一心一念ニ順次シテ心性（性㋺ナシ）八葉ノ中ノ阿彌陀院（院㊣ナシ）ニ往生セントト云也。一心三觀一念三千究竟圓滿スルヲ往生トモ「(㋺㋩也)云ヒ生極樂トモ云也。一家ノ心（心㋑㋺㋩意）ハ。萬法ハ究ニ竟三諦ニ。一心一念ハ三觀三千ニ落居スル也。於ニ順次ニ有ニ二義。此ノ娑婆ノ生ヨリ前生（前生㋺㋩ナシ）ヲ前生トシ。現生ヲ終テ次生ヲ順次往生ノ心ト取テ。二世ノ往生ヲ立ル也。二ニハ前念ヲ云（云㋑念）ヒ往（往㋺㋩此）生ト云（云㋺ナシ）ニ娑婆トモ。「(㋺云)後念ヲ極樂トモ淨土トモ西方トモ云テ順次ト云也。順トハ次ニ後念ニ歸ニ入ル心性ノ西方ニ處ヲ順次往生ト云也。法門雖レ多ト法界法門也。法界雖レ廣ト不レ出（出㋺㋩過）ニ十界ヲ也。言ニ法界ニ者。須レ云ニ十界卽空假中ニ。「初（初㋩諸）後不二」（「」㊣㋑ナシ）方異ニ諸教ニ矣（天止三、二七一。弘決）以ニ此辻ヲ可レ成ニ一切ヲ

也。可ニ思合一

55 鏡像圓融ノ事
（佛全32、一二二下〜三上。枕雙紙）

傳教大師御釋云。一乘ノ獨圓ハ動靜無礙ナリ。鏡像圓融ノ三諦ハ非ニハ口決ニ難レシ知。師資相承良ニ有ニ所以一哉

傳云。「就テニ此ノ口決ニ一」有リトニ六重ノ鏡像圓融一習也。所謂ル衆生ノ六根六面ノ明鏡也。其ノ故ハ眼根雖ニ少也一ト浮テニ大小一切ノ衆色ヲ一無礙自在也。耳根雖ニ少也一ト十界三千ノ聲無ニ不レト聞云事一也。乃至意根雖レ無レト形大小廣狹遠近高下內外中閒不ニ思惟一云事無レ之。此豈ニ非ミ方寸ノ明鏡ニ浮ニニ萬像ヲ一耶。鏡面浮ニ衆色ヲ一無レ形。與ニ六根一緣ニ六塵ヲ一更ニ六根無ニ形跡一。是卽六重ノ鏡像圓融也。三世ニ明鏡也。三世常住〔六根〕ナルカ故也。故ニ一乘ト者衆生也。一切衆生悉是一乘ト釋ルカ故也。「獨圓ト者。」六根ノ〔獨一〕當體圓滿ノ故也。而ルニ良ニ是六根動靜無礙也。如レ此知ルヲ口決ト云也。此等ノ口決ハ非ニ師資相承ニ一難レ解シ事也。所詮此六重鏡像圓融ハ法師功德品ノ六根清淨ノ義也。明鏡ヲ清淨トハ說也。鏡面闇ナル時ハ非ニ明鏡ニ一萬像ヲ不レ浮ス也。鏡面清淨ナレハ明鏡ニシテ浮フニ衆像ヲ一也。法師功德品ノ大事也云云

56 境智冥合文ノ事

傳云。互テニ迷悟因果善惡凡聖ニ一上冥下契境智冥合ノ義有レ之云云所謂天地上下也。天地中閒ニ有テレ之。天地和合タルハ人身也。「故ニ以ニ天地ヲ一父母トシテ惠定トモ云ヒ。天地」人ノ三義ヲ成ル也。約レ迷ニ得ルニレ意。於テニ男女ニ一境發智爲報。（天文五、二二五六下。文句）智冥境爲受ノ義有レ之。サレハ觀音品ノ求男求女ヲハ定惠ト章安大師ハ釋タマヘリ。凡臥シニ一莚ニ一臥ニ一念床下ニ一並ルニ一枕ヲ一皆ナ是境智冥合ノ心也。此等ハ性德境智冥合。理卽ノ上冥下契也。以レ一知レ萬ヲ云云「仍證ニ得」妙法ヲ一者虛空會ハ天也〔上也〕定也止也境也。靈山會ハ地也下也觀也智也（〔惠也カ〕）。於ニ上冥下契ニ一初靈山ノ會ノ昇ルハニ虛空會ニ一上冥法身ノ心也。第三ハ歸ルハニ靈山會ニ一下契物機ノ意也。世閒國土一切皆境智冥合義也。能能可レ思レ之

57 〔一家觀道事理不二體事〕

傳云。未念欲念念念已共ニ事理不二境智一體也。未念ト者未レ萌レ念ヲ前也。此處ニモ可レ起ル性天然不思議トシテ有レ之。

欲念ハ未念ヲ爲レ本ト起ル〔故也。〕故ニ一家ハ未念ノ前ニ用ルニ觀法ヲ一也。欲念念ニ用ニ觀法ヲ一事ハ流轉現起シテ現起ノ煩惱強盛ナル故也。念已又其劫ノ無念ナレトモ如クニ未念ノ一。是モ又可レ成ニ欲念ノ本トト故ニ可レ用ニ觀法ヲ一也。互テニ善惡ニ有レ之。先婬欲ノ心不ルレ起前ハ未念也。此ノ處ニモ境智冥合境智分別ノ性ハ有ル也。欲念ノ處ニモ男女和合シテ赤白ノ種子トト下リ。於レ之ニ有ニ相性一。相ハ色性ハ心也。相ニハ六根ノ相有。可レ緣ニ六塵ヲ一能有レ之。性ニ又十界三千ノ心性具足セリ。是又皆色心共ニ境智有ル也。體内ノ種子體内外ノ相性智皆是止觀也。常入常照也。未生ノ前ヨリ至テニ現生ニ一只止觀ニテ有也。胎内ニ「自證自行」ノ止觀也。出胎ハ化他利生ノ止觀ニテ有ル也。〔體分〕自證ト者胎内ノ事也。化他利物ノ止觀ハ出胎已後也。如レ此處ヲ「止觀明靜」トハ云也。此ノ止觀ヲハ前代未聞ト云也。〔可レ思ニ合之一〕云云

58 止觀者傳不傳中何耶

示云。止觀ハ不傳ノ法也。止觀ノ心要ト者不傳ノ妙旨也。三種ノ止觀共ニ自ニ南岳一傳ル故也。但於レ其ニ有ニ傍正一也。漸次不定ハ傍也助行也。圓頓ハ正也正行也。不レ限ニ大師ニ一三世ノ諸佛モ通シテ傳ニ一文ヲ一也。一文ト者。圓頓ノ一文也。然ハ字數モ定リ義理モ不改ニシテ無ニ增減一可ニ通傳一也。サテ心要ト者天然ノ心君也。天眞獨朗ノ體也。依レ之天台御自作ノ相傳「之誓規」云

止觀心要者　爲ニ天然心君一　佛祖不レ傳レ是
賢聖不レ傳レ是　西天二十三　祖祖傳ニ止觀一
我行無ニ師保一　獨朗自知レ是　部雖レ及ニ多通一
能知レ爲ニ法器一　一期授ニ一人一　餘所不レ許也
立レ雪非レ斷レ臂　莫レ傳ニ此口決一　多寶請ニ證明一
普賢乞ニ知見一

私云。止觀心要ト者天然ノ心君也。非ニ作意造作ノ法ニ一也。如レ此處ヲ心要ト云也。是ヲ知ヲ爲ニ法器。又能知ニ生死ノ大事ヲ一可レ爲ニ法器ト一也。煩惱生死菩提涅槃皆天然ノ法也。此ノ自在ナルヲ心君ト云也。君ハ自在ノ義ナル故也云云

59 天台位行同ニ釋尊位行一事

尋云。天台大師ハ八相成道ノ人師歟

答。常ニハ天台ハ居ニ五品ニ云テ釋尊ト同位行ナル事ヲハ努努「不レ

知事也。」不知高祖ノ位行ヲ不辨先祖ノ本意ヲ。「世間出世不覺也。」予流ニハ習天台ノ位行ヲ為宗ノ大事ト也。而ルニ釋尊天台共ニ教證二道ノ八相成道ノ佛也。不可有勝劣淺深也。所謂先釋尊ニモ生天ヨリ下生セン閻浮ニ已前ニ住都率天ニ也。大師モ又然也。故ニ傳法要偈ニハ大師ノ德行ヲ出スニ都率天說法ノ德ヲ擧タリ。是同釋尊ニ也。釋迦モ下生ハ自都率天下閻浮ニ也。大師モ又然也。故ニ妙樂大師ノ義例ニ。設ヒ（大正藏四六、四五二下。取意）雖來儀スト印土ノ一（度カ）聖。未若シカ都率二聖垂降ニハ判タマヘリ。釋迦ノ出胎ニモ以兩手ヲ指ス天地ヲ表上求菩提下化衆生ノ義ヲ也。大師モ自幼稚ノ時異シ常ノ人ニ。目ニ「有睡瞳（重カ）」臥合掌シ居ハ向西ニ。是卽上求」菩提ノ形也。同ニ凡俗ニ下化衆生ノ相也。サレハ惠心ノ〔大師〕和讚ニモ。眉ハ八字ニ相分レ（惠心全集二、六四九）。目ニハ睡瞳（重カ）相浮。妙惠深禪嚴リ身ヲ。佛ニ殆ト近カリキ。「嬰兒之」閒ノ瑞相モ。異（殊カ）ニ人ヨリ座テ。臥テハ必合掌シ。居テハ定テ向クレ西〔矣〕。又誕生ノ始メニ「瑞相ノ光ニ依テ」皇帝行幸產室ニ。故ニ童名ヲ號皇道ト。是出胎ノ相也。又釋尊モ有七歲出家ノ義。心ノ出家ト云テ非常ノ出家ニ。大師モ不依人教ニ。生年七歲ナリシ時。好テ詣スレ

寺ニ。諸僧授シニ口ニ。普門品ヲ以テ出シ也。是心ノ出家也（矣カ）。非形出家ニ也。形出家ヲ尋ルニ。釋迦十九出家也。十九踰城ト說是也。大師ハ年是十八ノ時。果願寺ニシテ出家シタマヘリ。十九十八ハ年歲ノ隣近也。是同出家也。釋迦モ出家ノ後降魔トテ六欲天ノ魔王降伏セリ。大師モ後夜ニ座禪シタマフニ天魔ハ種種惱セト降伏シタマヒ終リニキ矣。是非ニ「釋尊ニ同ニ」耶。釋尊モ寂滅道場ニシテ成道シタマヘリ。大師モ大蘇〔法華〕道場ニシテ發悟タマヘリ。是ヲ經ニハ。佛坐道場所得妙法ト述タリ（大正藏九、三下）。大師ノ開悟ヲモ道場開悟ノ妙法ニシテ。釋迦モ說法利生シテ無量衆生ヲ度タマヘリ。大師モ傳教學士三十人（惠心全集二、六五八）。修禪學士充滿テリ。凡ソ五十餘州ニ道俗其ノ數難知也。釋迦モ以說法華ヲ為本意ト。大師モ以說法華ヲ為己證ノ體ト也。又釋迦モ化道ノ後ニ入滅タマヘリ。大師モ歸タマヘリ圓寂ニ。サレハ大師ノ御入滅ヲハ不相劣如來ノ入滅ニ悲「タマヘリ。」故ニ和讚ニハ（惠心全集二、六五七）ソノ（其カ）當時風雲相ヒサワキ。草木低レ水ムセヒ。沙羅雙樹ノ昔ニモ。不相劣悲キ（矣カ）。是同釋迦ニ也。〔サテ〕為忍界ノ先同界內ノ凡俗ニ示具傳流轉ノ相ヲ。顯見思未斷ノ相ヲ漸ク引導凡俗ヲ也。大師モ未斷見

思ノ觀行「即ニ安住シテ」六道ノ衆生ヲ利益スル也。是即釋迦天台共ニ同也。是ヲ世間ニハ〔天台ノ〕凡師ナレバ凡位計リヲ思テ依ニ凡師所立ノ宗ニ所傳ノ衆生モ妻子眷屬ヲ帶シテ本ノ凡俗ニテモ不レ苦思フ。釋迦天台ノ出世ノ本意ヲ不レ知。出離得道モ難レ有見タリ。六道ノ凡夫。未斷見思ニシテ内外共ニ流轉ス。釋迦天台ハ外相ハ同ニ凡夫ニ未斷見思ノ相ナレトモ。内心出ニ離シテ娑婆ヲ證ニ解脱ノ空理ヲ也。如レ此道理ヲ「不シテ寄レ思雖レトモ」學スト佛法ヲ其氣分無レ之。眞ニ生死出離ノ念ヒ疎キ也。若然者只稱名念佛シテ直ニ可レキ期ニ順次往生ヲ也。サテコソ六即智斷一生可辨ノ釋モ有レ之。〔加レ之〕以ニ所説言語ヲ思レ之。出ニ離セヨト生死ヲ教タマヘル也。將又流轉モ不レト苦被レ示〔タル〕也。能能思入テ可レ有ニ用心一也云云 釋迦モ天台モ先ッ利益ノ初心ニハ出テ三界ノ火宅ヲ歸ニ無漏無生ノ理ニ本意トスル也。若雖ニ釋迦天台ノ兩師ノ説ヲ習學ストモ。無ク其ノ效驗モ不レ立信心モ者。只可レ欣ニ西方往生ヲ也。愁ニ號ニ智者トモ愚身愚人ヲ輕シテ慢トル餘人ヲ。自身ハ曾テ無ニ佛法ノ氣分モ也。先自ハ諸他人ノ色ヲ見テ可レ辨ニ自身ノ色ヲ也。徒ニ語ニ他ノ非ヲ不レ知ニ自ノ色ヲ甚タ疎也。大ニ可レ悲ム尤モ可レ痛。更ニ可レ思ヒ合ス之ヲ云云

60 三世ノ諸佛ノ用心何法耶

答。師云。止觀是也。解釋ニ既ニ止觀ハ是三世ノ諸佛ノ師。本佛行因之相矣禪門錄ノ中ニハ。我學佛智如佛用心。（大正藏四八、五一四中。宗鏡錄）即止觀明靜「前代未聞是」也矣止觀ハ大師ノ所説也。此ノ止觀諸佛ノ師也。能説ノ大師豈ニ非ニ諸佛ノ師ニ耶。此ノ時ハ大師ハ本覺也。諸佛ハ始覺也云云

61 大師本地本佛體事

傳云。釋迦彌陀藥師三尊也。其故ハ所説ノ法門皆叶ヘリ經旨ニ。約レハ所説ノ邊ニ能説ノ教主釋迦如來也。萬法皆歸レス本ニ。既ニ先ッ示ス阿彌陀教門ヲ教ニ淨土ノ相ヲ「觀經ノ疏」是也。又述ニ最後臨終ニハ觀音來迎ト。是即歸ニ西方ノ本土ニ意也。童形合レ掌向レ西ニ。四種三昧ノ中ノ正向西方專念彌陀ノ釋。先習後念前念後習ノ義。是ハ「本地阿彌陀ト釋也。佛菩薩ノ」本地本意ヲ宣説スル出世ノ本意トスル故也。又立テ一心三觀ヲ破ニ無明ノ煩縛ヲ。〔無明〕豈非ニ衆病ノ根本ニ耶。衆病悉除ノ大師豈非ニ藥師如來ニ耶。既ニ云ニ藥王菩薩ト。是即藥

師ハ自證也。藥王ハ化他ノ相也。凡ソ天台傳教慈覺智證慈惠惠心等モ皆一體也。四一開會豈ニ限ン在世ニ耶。滅後ニ可レ有レ之也。若爾者。人一開會豈ニ隔ニ三尊ト天台ヲ耶。衆名ハ隨ニ衆德衆義ニ。然トモ其ノ體ハ一體一身也。名別義通ノ大事可レ思レ之云云 帝釋ノ千名皆ナ隨レ德ニ隨レ義ニ也。然トモ不レ「兼ニ一體ニ」一體ナカラ豈ニ存ンニ隔異ヲ耶。(天止三、二〇七。弘決)苟順ニ凡情ニ生ニ內外見ヲ 矣可レ思ニ合之ヲ云云

62　宗之所立事

傳云。天台宗ト者乍ニ名乘ニ宗ノ立處ヲ不レ知也。如何ニモ不レシテ知レ之宗義ヲ立ル事無念ノ事也。所詮〔此宗〕ヲハ一心三觀一念三千ヲ「此ノ宗旨トシテ」法法不解ノ處ニ立レ之也。「サレハ」靜明ハ授ニ丹後供奉圓順ニ給ヒシ一心三觀ノ口傳ニハ法法不解ノ處ニ「立ニ此ノ經ノ宗ヲイヘリ。」天然性德不思議ノ處立ルニ此ノ宗ヲ也。向レ人ニ〔尋レ之〕可レ「知レ聞也云云」

63　宗要集大事

尋云。此ノ宗ノ字者。五重玄ノ中ノ宗字歟

答。師云。五重玄中ノ宗ノ字也。其ノ宗ト者因果也。此ノ因果ト者妙法ノ因果也。此ノ因果妙法ナレハ衆生ノ色心ヲ「爲レ顯レ之ヲ」。衆生ノ心性ハ妙法ノ因也。衆生ノ色ハ妙法ノ果也。是又境智二法也。所詮此宗要ト者。衆生ノ色心妙法ノ因果ナル事ヲ爲レ顯カ也。習ニ入ルヲ此ノ處ヲ宗要ノ大事トハ云也。可レ准ニ知諸ノ法門ニ也

64　就ニ宗要題ニ有ニ何重大事ニ耶

示云。其依レ下ニ算題ヲ有ニ其ノ本文所依ニ。所謂涅槃淨名華嚴法華乃至阿含等ニ付テ下レタル之依ニ其ノ文ニ可レ顯ス其大事ヲ也。就レ其有トモニ何條ノ大事ニ可レ云也。又三大部ノ中ニ有ルニ沙汰セン事ニ下レ之算題モ有レ之也。付ニ玄文ニ下タルハ題ヲ付ニ此算ニ七番共解五重各說ノ相ヲ「可レ沙ニ汰之ニ」也。付ニ文句ニ下レ之ヲ因緣約教本迹觀心ノ四重ヲ「沙汰スヘキ」也。付ニ止觀ニ下ニハ妙解妙行十章ノ相ヲ可レ談ス也

傳云。三大部一徹ニ可レ得レ意也。故ニ每ニ算題ニ七番共解五重各說。四種ノ釋。止觀ノ十章ノ心ヲ具足シテ可レ談ス也。三大部ト分別スルハ一往各別也。或ハ又三大部三法妙ト云時モ各別ニハ不レ可レ云也。能能插テ此ノ意ヲ可レ談ス也云云

65 今經ノ意以二人天開會ヲ一談二皆成佛道ヲ一事
尋云。〔今經心〕人開會ノ時ハ以二提婆成ヲ一明二一切ノ成佛義ヲ一
可レ云耶
答。今經ノ意ハ四一開會ヲ爲二本意一ト。故ニ以二提婆一人ノ成
佛ヲ一可レ明二一切ノ皆成佛道ヲ一也
疑云。惡人雖レ多ト提婆ハ惡ノ最頂也。故ニ三逆作レ之。衆生ハ
不レ作二三逆ヲ一。何ソ同ン二調達ノ成佛ニ一耶。若爾者。或人一開
會ヲ成者也如何
答。於二三逆ニ一有二修性一。隨テ調達ニモ有二修性一也。而ハ調達ハ
修惡ノ人也。故ニ修ニ造二五逆罪ヲ一。一切衆生ハ性德ノ三五逆ノ
罪人也。故ニ作ニ性德ノ三德五逆罪ヲ一也。尋レハ其相ヲ一調達ハ
約レ修ニ現ニ殺父殺母殺阿羅漢出佛身血破和合僧罪作レ之
也。外餘ノ衆生ハ性德ニ造レ之也。惣シテ云ニ之ヲ一切衆生互ニ
皆或ハ父母或ハ生生兄弟。或ハ知識或ハ同朋或妻子眷屬也。
不レ知二其義ヲ一犯ス二殺罪ヲ一。「是豈非二逆罪ニ一」耶。又此等ハ衆生
皆是本有ノ薩埵本有ノ本佛也。一切衆生悉有佛性ノ故也。
而レハ修德性逆罪ノ調達成佛セシカハ。性德ノ調達ノ惡ノ人モ成
佛スル也。今經ハ以二修性不二ノ開悟ヲ一爲スル二正意ト一故也。此ノ時ハ
調達ト云時ハ法界皆調達也。調達一人預ル二天王如來ノ記ニ一
時ハ。法界ノ衆生悉ク預二天王如來ノ記ニ一。調達一人作佛「セシ
カハ。」一切衆生同時ニ顯ニ逆順不二ノ理ヲ一迷悟一體ノ悟ヲ開
也。乃至龍女及邪見ノ嚴王。此等「皆一例シテ」可ニ思合ス也

66 顯密二宗習ニ入一字ニ一事
傳云。顯密ノ法門雖レ多ト不レ出二五形五色五體五輪五智五
佛ヲ一也。此等ノ諸義ヲ一字ニ習入ト云。一字ハ意ノ一字也

意一字如レ此。字義字相攝入等此心也
尋云。以二意ノ一字ヲ一明二大事ヲ一者有二證據一耶
答。觀音品ノ無盡意ノ意ノ字是也。依レ之章安大師兩卷ノ疏
云。無ト者空。盡ト者假。意ト者中ト釋リ。凡中道ハ通二空假ニ一。
空假ト者九界ノ諸法也。此ノ諸法究竟ノ中道ナルカ故ニ約レ理ニ一
心不生ナレハ萬法ニ無レ咎。無レ咎ヲ名ニ中道ト一。約ニ事相ニ一者諸ノ
五義ヲ不レ出也。一字五義ノ大事トハ是ヲ申也。三千十界此一
字ニ終ニ究竟スル也

67 一代爲ニ鹿苑證果聲聞ニ云事

傳云。一代開悟ノ機無量也。鹿苑證果ノ聲聞カ棟梁トシテ佛教可レ度ノ大將也。故ニ爲鹿苑證果聲聞ト云也。當流ニハ其モ不レ可レ遮レ之ヲ。鹿苑證果ノ聲聞ヲ爲ル棟梁ト條ハ勿論也。但其計ハ無念ニシテ尚可レ思レ之邊有也。凡ソ鹿苑證果ノ聲聞ハ何カ體ニ修行セン。所謂ル破ニ見思ノ兩惑ヲ離ニ三界ノ火宅ヲ但空無爲ノ涅槃ヲ證スル也。依レ之同類衆生皆被レ引。知レ苦斷レ集證レ滅修レ道セル也。先佛教ノ最頂最初ノ本意ハ〔二乘ヲシテ〕爲レ出ニ籠樊ヲ也。欲トモ聞ント妙法ヲ三界流轉ノ欲情ニテハ都テ不レ聞也。サレハ「方便品」（大正藏九、九下）若但讚セハ佛乘ヲノミ。衆生沒コ在シテ苦ニ。「不レ能レ信コト是ノ法ヲ。」破レリ法ヲ不カ信故ニ。墮ニ於三惡道ニ。「我寧ロ不トモ說レ法ヲ。疾ク入ラント於涅槃ニ。尋念テ過去ノ佛ノ所行ノ方便ノ力ヲ。我カ今所レ得道モ亦應シト說ニ三乘。作セン是ノ思惟ヲ時キ。十方ノ佛皆現シテ梵音ヲモテ慰コ喩シタマヒキ我ヲ。善哉ャ釋迦文。第一ノ之導師ナリ。得タマヘトモ是ノ無上ノ法ヲ。隨テ諸ノ一切ノ佛ニ而モ用タマフ方便力ヲ。我等モ亦皆得レトモ最妙第一法ヲ「爲ニ諸ノ衆生ノ類ノ分別シテ說クニ三乘ヲト」云ヘリ。此ノ文ノ意。三乘ノ「法ヲ說ク事ハ。」爲レ斷ンカ見思ヲ也。斷ル見思ヲ事ハ爲下出テ火宅ヲ得ンカ中空理ヲ上也。是ヲ生死解脫トハ云也。此後我等亦皆得最妙第一法ト云ヘル證果ノ後「妙法ヲ」得ト見タリ。〔滅後モ〕先ツ離ニ閒隔ノ見思ヲ出ニ火宅ヲ後。一心三觀モ一念三千モ可ニ顯滿ス也。不シテ離レ三界流轉ノ閒隔ヲ直入圓頓ノ機〔ナレハトテ〕。ヤカテ諸法實相一念三千ト「得レ意タラン事モ」甚難也。サル機モ可ケレトモ有ル非ニ佛教ノ正機ニ。前佛純熟ノ機カ俄ニ破シノクニテコソ有ルラメ。予カ流ニハ我コソ不トモ叶ニ述ニ教訓ノ義ヲ時キ。隨ニ佛教ニ不レ違可レ談ス也。然ラハ佛教ノ初メ知苦斷集證滅修道セシハ鹿苑證果ノ聲聞也。「此カ修行證果ノ如ク一代聖教乃至滅後モ先出コ離火宅ヲ得ニ空證ヲ。後ニ聞キ二法華ヲモ一心三觀一念三千不思議圓觀手本ニ出レ彼ニ計也。但佛教化儀威儀棟梁計リ忘タル所詮此門也。爲レ可レ談ニ教觀ヲ也云云

難云。在世コソ七字ノ口傳モ可シ有ル。滅後ハ鹿苑證果ノ義無レ之。何於ニ止觀等ニ用レ之耶

答。七字四字口傳也。七字ノ口傳ハ約ニ在世ニ。四字ノ口傳約ニ滅後ニ也。二字ニモツツメ入ル也。七字ハ爲鹿苑證果聲聞也。」「四字ハ證果聲聞也。」二字ハ聲聞也。滅後ニハ無ニ鹿苑

證果ノ義ニ故ニ。或時ハ爲鹿苑ノ三字ヲ略シ。又證果ノ義又無レンハ之略ニシテ五字(字イ乘)ヲ聲聞ノ二字ヲ取也。聲聞ヲ取ル事ハ何ニモ有レ。聞ニ佛教ヲ先(先ロハ者)離ニ三界ノ火宅ヲ「得ニ空理證得ヲ。」(「」ロハ爲空證)其(其底ナシ)上ニ十界互具一念三千モ可レ顯ス也。能能(能能ロハナシ)可レ思ニ合之ヲ也云云(也云云ロハ已上)

「已(已イ以)上六十二箇條畢」(「」ロハナシ)

(底本奥書)

御本云
右所傳甚深之義隨ニ聽聞ニ也。次第大概注レ之。尤最上ノ祕藏云云　已上六十二箇條深祕也。不レ可ニ口外ス

文安三年丙寅(一四四六)八月二十八日　上卷了ヌ

長南學頭行弁

山門　三教院上

(對校イ本奥書)

御本云(缺文)

(對校ロハ本奥書)

本云。右所傳甚深ノ義理隨ニ聞聽之次第ニ大概注レ之。已上上下六十四箇條也。不レ可レ及ニ他見ニ候云云

偈云。願以ニ此書業ニ爲ニ順次往生之惠業。後視諸人可レ被レ迴ニ向十界念佛ニ者也

傳云。凡此事祕之中祕也。設雖レ望レ深自非ニ附フ弟ニ不レ可レ授レ之。三寶依ニ信力ニ增レ威。聖教依レ祕繼レ家一流相承甚深也。可レ祕レ之

(誤卷號)

祕密獨聞鈔下　「ハ次　不レ可レ授ニ非器人ニ。唯授ニ一人ニ。千金莫傳抄也。穴賢穴賢不レ可レ爲ニ聊爾ニ。惠光房流最祕藏也云云

于レ時明德第四天歲癸酉(一三九三)十一月二十四日。於ニ大日本國近江國比叡山延曆寺首楞嚴院第三椛尾谷花光房ニ任レ本寫レ之傳レ之也

顯密大傳燈位能賢法印賜レ之

「(」ハナシ)文明第八壬酉(九丁酉カ)(一四七七カ)三月二十日書寫畢　日意」

ハ〔奉日能〕

ハ〔日續(花押)〕

（對校㊂本奥書）

于時寛永十九暦霜月上旬書ニ寫之一畢

已上墨付三十九丁

校合畢

嵯峨二尊院奉上

山門三執行探題大僧正様

少少册五通内

〔祕密獨聞鈔 上 終〕

祕密獨聞抄 下（下㋑㋺）

隨面授注之。唯授一人（「㋑下卷）（以下下卷對校㋺㋩本なし）

68 止觀修行儀記事

尋云。圓頓行者。三種止觀俱ニ用レ之耶

答。或ル學匠ハ圓頓行者ハ直入ノ機ナレハ直ニ初緣實相ト修行シテ不レ可レ用ニ漸次不定ヲハ一也（也㋑云云）

傳云。不定圓頓ノ二ノ止觀共（共㋑㋺）ニ以ニ漸次止觀ヲ一爲シテニ地盤一ト可レ立ニ修行ヲ一也。圓頓行者「ナレハトテ」（「」㋑ナレトモ）無ニ戒行一本體惡人ニテハ修行（修行㋑㋺）モ不レ可レ立ス也。但シ三種ノ止觀ノ異（異㋑意）ハ。漸次ハ歸戒・禪定・無漏・慈悲・實相ト漸次ニ修行ス。不定ハ於ニ漸次ノ五重ニ一。或前或後。或（「㋑或）淺深更互不定也。圓頓止觀モ初ヨリ緣ストニ實相ヲ一云ヘハ歸戒モ實相也。禪定モ實相也。無漏モ實相也。慈悲モ實相ニシテ（「㋑也）漸次雖レ立ニ初後ヲ一。圓頓ハ初緣實相ニテ有ル也

尋云。若爾（爾㋑然者）ハ不定圓頓ニ別ノ無（別無㋑無別）ニ階位一歟（歟㋑耶）

答。爾（爾㋑然）也

疑云。決ノ（「㋑弘）第一（天止一、八六）ニハ（「㋑云）。不定ニ無ニ階位一判セリ。本書（「法カ）（天止一、八三。止觀）ニハ。不定ト者

無二別階位一。約二前漸後頓一。更前更後。前淺(互カ)後深(互カ)矣如ハ此ノ釋二不定ノミ無二階位一。圓頓ニハ漸次ノ外ニ有二階位一見タリ如何

答。約二前漸後頓一(同前)矣前漸ハ第一乃至第五ト次第梯橙(隥カ)シテ此ノ五重圓頓ハ初ノ歸戒ヨリ實ニ緣ニシテ實相一ト實相ノ外ノ戒トハ不レ持也。此ノ實相ノ五重ト漸次次第ノ五重トハ不定ニ行スル故ニ。無ニ前階位一意不定ニモ有レ之。不定モ漸次ノ五重ヲハ爲ニ地體一ト圓頓ヲ爲ニ本意一ト立ニ不定修行一ヲ也。能能可レ思レ之。當流ニハ誠ニ無ニ漸次ノ五重一者。圓頓ノ行不レ可レ叶フ也。二十五方便ニモ五緣具足ヲ爲レ元持戒清淨ヲ立ル也。圓頓止觀方便ノ章也。更非レ捨ニ歸戒一耶。就レ中止觀ハ教行一致ヲ談スル也。諸佛通戒ノ教法ニハ諸惡「莫作。諸善奉」行矣諸惡莫作ハ歸戒也。諸善奉行者。禪定・無漏・慈悲・實相等ノ善根也。可ニ思合一。如レ此道理ヲ不レ知人ハ。止觀ニ無ニ戒相一ナント申合ル也云云

尋云。於ニ三種止觀一ニ顯密同ノ義有耶

答。可レ有レ之也

尋云。其相如何

答。傳云。於ニ祕教一ニ有ニ三種ノ機一。東院・西院・中院ノ機是也。如レ次ノ漸次・不定・圓頓ノ機也。然ニ東院ノ機ト者。發心修行菩提涅槃ノ四方順次廻入シテ第五ノ五點具足ノ𑖁𑖽𑖾字中臺ニ入ル也。𑖀𑖁𑖀𑖽𑖀𑖾𑖁𑖽𑖾是也。故ニ東方ハ發心ノ方也。南方ハ修行ノ方也。西方ハ菩提ノ方也。北方ハ涅槃ノ方也。中央ハ五點具足ノ大日如來也。是ヲ漸次ノ時ハ。歸戒・禪定・無漏・慈悲・實相ト廢立也。然ニ發心ト者出家受戒ノ相也。禪定ハ修行也。無漏ハ自證菩提也。慈悲ハ第五ノ佛心。實相ノ因分化他門也。故ニ自ニ慈悲一入ニ實相ノ衆德具足一ニ也。今ノ實相ヲハ諸法實相ト云故ニ𑖁𑖽𑖾字ニ成ル也。次ニ不定ハ當ニ西院一ニ。是ハ淺深不定ノ機ナル故ニ。菩提方ヨリ得入シ。或ハ修行ノ方ヨリ取寄リ。五字不定ニ立ニ修行一ヲ也。是ヲ西院ノ機ト云也。中院ノ機ト者。直入中臺ノ機也。今ノ初緣實相造境卽中ノ人也。直入中臺ノ機ト者。「發心卽到トモ」發心卽究竟トモ初心卽極トモ云テ。雖レ不レ違ニ當體一ヲ直ニ入ニ第五𑖁𑖽𑖾字一ニ也。圓教ニモ初發心住トテ談ニ初後不二一ヲ。今ノ止觀モ。然圓頓教本被凡夫トテ歸戒ノ初心ニ直ニ入ニ實相一。初後無二無別也。(天止三、七四。弘決)是ヲ中院ノ機トモ直達法界ノ圓頓行者トモ云也。サテ今モ三種共ニ。皆是大乘。俱緣ニ實相一。同(天止一、七七。止觀)

名止觀矣。彼爾也。彼此共於心地立之也。故彼宗於光明心殿立諸院。約五字時立五院。[illegible]等是也。合八葉中臺九院有也。但中何立院名耶云決有之。其故中臺所入體也。院名院爲入何立之耶云。能所不二門也。所卽門卽所能所別無之也云云。但顯密義勢委細可習尋也。大概如此云云

尋云。於圓頓文顯密同義如何

答云云。傳云。付此文四部三尊習也。所謂釋迦三尊・彌陀三尊・藥師三尊・大日三尊也。然緣法界者寂止也。普賢體也。一念法界者照觀也。文殊智也。一色一香無非中道止觀不二寂照一體釋迦也。此三句誦時。行者色心釋迦三尊成也。繫緣法界勢至也。是定也寂也止也。一念法界觀音也。照・觀・惠也。一色一香無非中道定惠不二報身阿彌陀如來也。又繫緣法界「月光菩薩也。定・止也。一念法界照・觀也。是日光菩薩也。無非中道日月不二藥師如來也。又繫緣法界」胎藏界大日也。

理曼荼羅故也。一念法界金剛界智曼荼羅故也。無非中道理智不二胎金一體蘇悉地大日如來也。但四部三尊云事。顯宗本意釋迦三尊也。又彌陀三尊云。一家心以彌陀爲法門主。(天止一、四四一。止觀)四種三昧中第四三昧正向西方專念彌陀。步步「聲聲念念唯在阿彌陀」佛云。(天止一、四四一。止觀)生存常願生都率(兜カ)。(天止一、六四。弘決)臨終乃云觀音來迎云。又法華修行儀軌行法次第。以五悔爲本意時。第五發願時面見彌陀被願故。是又大師本意也。藥師三尊云事。當宗本山靈地建立時以藥師爲本尊。但此藥師向東方持梵篋。卽法華經也。是卽彌陀藥師一體意也。又藥師持瑠璃壺。是持法華法華釋迦能所異。又釋迦法華一體也。故藥師三尊云也。又大日三尊云事。眞言止觀其旨一故。一山弘兩宗云故談顯密一致旨大日三尊云也。隨其尊可有印明也。止觀心或定印。或九箇印可用之云云

尋云。今圓頓止觀只限四部三尊不亙九界耶

答。既ニ云ニ圓融圓滿頓極頓足ノ止觀一ト。其ノ圓融圓滿ト者。十界三千也。可レ互ニ萬法ニ也。故ニ己界及佛界衆生界亦然矣於レ此ニ有ニ三重ノ三尊一。己界ノ時ハ心具ノ三尊也。佛界ノ時ハ遍具ノ三尊也。衆生界亦然ト者。彼彼圓融ノ三尊也。是又空假中トモ可レ云也

尋云。直悟ノ三尊。直入中臺ノ心如何

答。無苦可捨。無集可斷。無滅可證ト云。卽凡夫ノ所迷ノ苦集ヲ不レ動不レ離セ。直ニ悟ニ三尊一ヲ究ニ竟ス三尊一ヲ。是卽直入圓頓ノ心也。乃至雖言初後無二無別ト云フ此ノ意也

尋云。祕敎ノ心正ク於ニ事相一ニ。煩惱卽菩提。生死卽涅槃ナル意如何

答云云 傳云。二明王是也。愛染明王ハ煩惱卽菩提ノ體也。故ニ其體愛染煩惱ノ形也。其色赤ハ婬欲色。又二滴ノ中ノ赤渧也。師子冠ハ煩惱ノ相也。然トモ明王ト云フ。是卽煩惱卽菩提ナル心也。此愛染ノ體卽不動法性ナレハ愛染明王也。此愛染婬煩惱體坐ハ蓮華一ニ。煩惱卽本來清淨ノ心也。此愛染煩惱ハ明中無明也。我等カ愛染煩惱ハ闇ノ中ノ無明也。生死卽涅槃ハ不動明王也。生死ノ本際ヲ不動明王ト云ヘハ卽涅槃也。是レ明中ノ生死也。〔又果中ノ煩惱生死也。〕又不動生死本來清淨ノ生死也。故ニ頂上ニ戴ニ蓮華一ヲ也。是ハ上冥法身ノ生死ナレハ置ニ頂上一ニ也。愛染ハ下ヨ契ニ生死一ニ。故ニ坐ニ蓮華一ニ也。又二明王ハ男女也。頂上ノ蓮華ノ頂上ニ有ルハ男體ノ故也。愛染ノ座ハ蓮華ニ女體ナルカ故也。又定惠也。〔サテ座ニ盤石一ニ事ハ。界內嶮難ノ生死惡業不レ改不動心也。〕以ニ流水一ヲ染愛スレハ順ニル生死ノ流水ニ心也。此二明王ニ有ニ四重ノ釋一。淺略ノ時ハ中臺ヲ爲レ勝ト下位ヲ〔爲レ劣ト。深祕ノ〕時ハ下位ヲ爲レ本ト中臺ヲ爲レ劣ト。同ニ淺略一ニ心也云云

一家ノ心ハ馬頭觀音等愛染ノ形也。畜生ハ婬欲强盛故也。十一面觀音等十界互具ノ體ナレハ九界黑闇ノ生死ヲ具足スル故也。准胝觀音等ハ顯ニ修羅界一ヲ也。今經ニモ歡喜而愛敬トモ愛染ノ體卽法華也。生死卽涅槃ナレハ法華卽不動也。凡ッ顯密大概如レ此。委可ニ尋習一也云云 當流ニハ。三周ノ法體ニ三種ノ觀音ヲ出ス事有ニリ不次抄一ニ。可レ思レ之云云「妙音觀音調達龍女嚴王等皆此ノ心也。可レ思レ之云云」

又示云。繫緣法界ハ是止也。是ハ寂也。寂ナレハ空也。空ナレハ天也。一念法界ハ是觀。觀ナレハ照也。照ナレハ有也。有ナレハ地也。無非中道者。天地和合人體也。所詮理智用三點天地人法報應三身也。故繫緣法界ハ「天。一念法界ハ地。無非中道ハ人也。又繫緣法界」理也。一念法界ハ智也。無非中道ハ事也。又繫緣法界ハ法身也。〔一念ハ智也。無非中道ハ事也。又繫緣ハ法身也。〕一念ハ報身也。無非中道ハ應身也。法報和合シテ起用應物ルハ應身也。然ニ我等ハ天地和合ノ人身ナレハ應身如來ノ出世也。又𑖀𑖪𑖽三字也。此事相口傳也

又示云。一心三觀也。繫緣ハ空也。一念ハ假也。無非中道ハ中也。又數息觀也。出入息常無記繫緣也。出入不レ盡方ハ假也。出入立レ命ヲ故也。〔出入盡レハ死ス故ニ空也。〕出入不レ盡閒ハ存命スレハ立ニ身命ヲ故假也。出入盡モ一心也。不レ盡一心也。是ハ中道也。此ハ今ノ觀道ノ大事也。是又𑖀𑖪𑖽三字也。今止觀約ニ苦集滅道ニ直ニ談ス圓頓ヲ。〔サレハ約諦明頓トテ約ニ四諦ニ明ニ圓頓ヲ。〕當流ニハ無作三身ト云也。於ニ此文ニ有ニ四箇大事ニ。所謂一心三觀 一箇 繫緣法界一念法界無非中道ハ三觀也。本常寂光 二箇 一心寂照是也。無作三身 三箇 約諦明頓ト云ヘハ約ニ苦果ニ明ニ三身ヲ也。四諦ハ三諦也。是又三身也。故ニ無作三身ト云也。煩惱卽菩提生死卽涅槃ニシテ無苦無集純一實相ナレハ生死煩惱本來清淨也。故蓮華因果也。「煩惱生死ハ因華也。菩提涅槃ハ果ノ蓮也。」又妙法ノ因果也。又衆生ノ色心也。可レ思ニ合之ヲ。不レ可レ及ニ口外ニ事也。爲ニ眞弟ニ記レ之。縱雖ニ眞弟也ト無ニ器量ニ者不レ可レ附ニ門弟ニ。若又無ニ器量ニ者可レ燒ニ捨之ニ也 云云

又示云。圓教意ハ淺位卽深位。初心卽極。發心卽到ナルカ故ニ。且漸次ニ立還テ淺淺ト可ニ修行ス也。就レ中末世ノ凡夫濁亂ノ衆生ハ。以ニ有著有執ヲ爲レ體ト。以ニ閒隔ノ妄心ヲ爲レ德ト。若以ニ圓頓直入法ヲ擬レ之如レ打ニ惡狗ノ鼻ヲニテ彌彌惡ノ增長ル衆生モ可レ有也。必ス漸次ニ乍レ行シ圓頓ノ理ヲ可レ繫レ意ニ也。漸次不定ヲ助行ト釋モ此ノ意也。貴キ事也。サテ直入ノ機有ハ不レ可レ遮レ之ヲ。約ニ大旨ニ計也。只常ニ身ニハ持ニ戒行ヲ。口ニハ讀ニ誦法華ヲ。意ニハ安ニ住シテ實相ニ。生死一大事ヲ當レ胸ニ。日夜ニ可レ有ニ用心ニ也。不レ然者相似ノ道人ニテ同ニス惡

人ニ一也。誠ニ知二ント眞道人一ヲ思ハハ。先漸次ノ五重ヲ以テ擬見ルヘシ。不レ具二足此ノ五位一ヲ者ハ。不レ可レ云二道人一トモ。不レ可レ被レ云ニ止觀行人一ト也。當流ニハ如レ此可レ云也。世間ニハ加樣ニ談ルヲハ深義ヲ不レ知ナント嘲哢スレトモ。深義ヲ知ルト云人見レハ。全體無ニ佛法氣分一惡人也。其ヲハ名字相似ノ道人トハ可キレ云歟。淨土宗ナントノ尼ヤ入道カ信シ修行尚三心具足ト云テ若爾一心卽不得生ト談ルソカシ。何況ヤ難解難入ノ妙法。難信難知ノ止觀ヲヤ。人ハトモカクモ申セ。予流予門徒ハ。二十五方便ヲ受テレ地ニ漸次ノ法ヲ爲シテ二法則一ト可レ修二止觀一也。圓頓無レ外ニ漸次圓頓也。漸次無レ外ニ圓頓漸次也。能能可レ思二合之一ヲ云云

69 知二生死道理一事

示云。大小乘共ニ出離生死ノ相ヲ見レハ。離テ二欲界一ヲ生シ二色界一ニ。離テ二色界一ヲ生ニ無色界一ニ也。外道ハ下地麁苦障上地靜妙離ト觀シテ。下地ヲ離テ上地ニ生ルヲ名ニ欣上猒下ノ觀一ト也。小乘ノ心ハ修二十六行相一ヲ離二三界ノ苦集一ヲ生二上界一。「然後出二三界一ヲ也。」依テ二煩惱ノ盡未盡一ニ。欲界ノ往生ニ有二多少一也。大乘心ハ離ニ欲界ヲ移ニ上二界一ニ。然後離ニ三界ノ火宅一ヲ。界外ノ三土ニ生ヲ云也。以二此等ノ道理一ヲ見ルニ。外道ハ至マテ二圓教一ニ皆出離生死ノ相分明也。サテ大乘ニ有二橫竪ノ四土一。卽離ノ土トモ云也。卽ノ時ハ三界カ皆同居方便實報寂光ニテ有也。故ニ一切衆生ハ歸二虛空一ニ也。今經ノ時。虛空會ノ儀式ト云モ。所詮此等ニテ有也。虛空會トハ會ニ虛空一ニ心也。然ニ日月衆生ハ一切衆生ノ本分ニテ有ル也。能能可レ思二合之一ニ云云　於空法得證（大正藏九、十一上。譬喩品）トモ説キ。一切諸法皆悉空寂（同、十八中。信解品）トモ〔云ヒ終歸於空（同、十九下。藥草喩品）トモ〕説ク此心也。七字ノ口決可レ思二合之一。

「後示云。七字ト者。爲鹿苑證果聲聞ノ七字也。自證ノ極リハ聲聞也。化他ノ極ハ菩薩也。自他不二ハ佛界也。故ニ生死解脫ト云時ハ可レ同ル二大乘ノ自證一ニ也。佛モ二乘ノ自證ヲハ不レ斥ヒタマハ也。留ル二自證一ニ執著ヲ彈呵スル也」

70 二處三會事

示云。常ニハ華嚴等ニモ七處八會。般若ニハ四處十六會ト説ハ。法華ニ無ク何ニト二處三會一ニテ有リト計リ思ヘリ。是無相傳ノ故也。就レ中法華ハ諸佛出世ノ本懷皆成佛道ノ眞文ナレハ。一字一點一句一偈モアダナル事ハ不レ可レ有ル。加レ之諸佛ノ密語也。眞

如ノ言說也。不レ可レ有ニ假令僞（イ假）說一。正直捨方便但說無上ノ（┐イ道）故也。所以ニ二處三會ト者。初會ハ靈山會也。第二會ハ虛空會也。第三會ハ歸ニ靈山一也。此レ上冥（冥（底）无）下契ノ義ニテ有ル也。先初會ハ應身會。一切衆生ノ當體應身如來ナルカ故ヲ說也。虛空會ハ法身會。是一切衆生ハ皆法身ニテ住ニ虛空ニ說法利生スル義也。第三會ハ報身會也（也イ无）。凡報身ハ（┐イ者）上冥下契具足スル故也。此會ハ一切衆生ハ皆自受用報身ニテ境智冥合スル意（意イ心）也。此ノ三會カ天地人ノ三會ニテ有ル也（┐イ故）。然レハ虛空（虛空イ无）ハ一切衆生ノ本地界會法身ナル故ニ。日月星宿（星宿イ衆星）等住ニ虛空ニ皆（┐イ是）衆生ノ本分也。此本地本分日月衆星下テ地上ニ。衆生ニ應同シテ在家出家ニモ利益有（有イ无）ル事ヲ說也。此ヲ則（此則イ卽）本地日月衆星垂（垂イ會）迹ノ形也。上下冥（下冥イ冥下）合ル本迹上下（上下イ无）一體ノ報身我等人身也。故ニ經ニハ。接諸大衆皆在虛空（大正藏九、三三下。寶塔品）ニテ寶塔モ處ル虛空ニ也（也イ无）。釋迦モ（┐イ入）居（居イ无）ニ塔中ニ分身モ上ル虛空ニ。大衆モ接ヨ在虛空ニ。皆是歸ニ本地本分ニ意也。又歸ル靈山ニ下契應同ノ意（意イ故）也。故ニ日月衆星カ衆生三魂七魄ニテ有也。是又三諦也。日ハ釋迦報身空也。月ハ報身多寶中道也。衆星ハ分身釋迦諸佛ノ假諦也。故ニ一心三觀ノ行者ハ死ハ必ス可レ（可歸イ无）歸ル天ノ三諦ニ也（┐イ可歸）。サレハ世俗ノ言ニハ最後ニ天目ソラメトテ必死定業者ハ天（天イソラ）ヲ見ルト云（云イ无）也。是ハ歸ル本分ニ也（也イ云）心也。又虛目ソラメトモ云也。サテ虛空會ヲ法身ト云事。解釋ニ。住本顯本。此就ニ佛本意一（天玄五、三四二。玄義）。卽如下方菩薩（菩薩（底）イ无）於ニ空中一住。法身佛爲ニ法身菩薩（菩薩（底）无）一說法上矣（┌（底）今イ者）（┐イ報身）

住（住イ俱）本顯本トハ住ニ虛空會一也。日月衆星卽法身諸佛爲ニ法身ノ菩薩一說法也。又恆（恆イ常）ニ我等カ本分本地ハ虛空ニ顯テ無レ陰也。此等ヲ陰陽家ニ。一切衆生ノ本命元神諸宿曜等。當年屬星ヲ沙汰シテ。此等ヲ分テ木火土金水ニ。何日何時何方ヘ下ルナント（第三）（イ天文」）廢立シ。親（親（底）无）ク其ノ本地諸佛菩薩ナント顯タル也。止觀ニ外道典籍地理八卦陰陽醫方等迄（迄イマテ）モ取リ入タルハ。止觀ノ體ニテ有ル事ヲ顯ス也。又（又イ无）一心三觀ノ一言ニ天於一眼（眼イ言）ト云口傳モ有存ニ此ノ意ヲ也。天ニストニ於一眼ヲ可レ讀也（┐イ一眼者）。最後ノ一眼也。天ニストハ歸ニ虛空ニ心也。又歸ニ本分ニ義也。一切衆生ノ身體ハ日月衆星和合ノ義也。兩眼ハ日月ノ下タマヘル形也。眞言ニハ〔[梵字]（イ）〕ノ二字ト云フ。又一家ノ心（心イ意）ニテハ定惠兼備ノ止觀也。身毛ニ有ニ九億ノ穴（穴（底）无）一。衆星（星イ生）其數九億也。故（故イ无）ニ我等ノ毛孔ハ衆星ノ所在也。十界三千ノ依正ノ因果皆下ニ虛空ヨリ皆歸ニ虛空ニ也。說ニ此ノ道理ヲ（イ）〔虛空會ニハ云也。」如レ此得レ意指居タルハ一念刹那ニ經ニ三會儀式ヲ一須臾ニ得ニ三會ノ得益ヲ一也。二處三會ノ大事是也。二處三會ナラサル事ハ無レ之三身會ナル故也。其故ハ法應ハ其體別ニ有レ之。報身ハ上冥下契ノ二身和合ノ義也。故ニ法身會應身會ノ中閒ニ於テ報身會ヲ成ル也。可レ思レ之。天於一眼大事可レ入ニ眼之ヲ一云云

71 法華修行ノ人見ニ普賢色身ヲ一事

示云。普賢ハ境文殊ハ智也。釋迦ハ二菩薩不二ノ體也。而ニ文殊ハ序品ニシテ問ニ答シ彌勒ニ一。提婆品ニモ文殊ハ龍女ノ師トシテ入海敎化シタマヘハ。文殊ハ品品ニ出タマヘリ。然ニ普賢ハ經末ニ自ニ東方一來リ初テ出タマフ。付レ之有ニ習事一。智惠ハ顯滿ヲ爲レ義ト。故ニ序品ニモ提婆品ニモ妙音品ニモ遍ク出タマヘリ。普賢ハ眞如冥寂ノ理體ナルカ故ニ無ニ顯滿ノ義一。故ニ所至窮極ノ處ニ一タヒ顯明シテ。爲ニタル所詮ノ體一事ヲ成ル也。文殊ハ能趣ノ智ナレハ常恆ニ顯ルル也。普賢ハ理ナル故ニ所契所趣ニシテ冥寂不二ニシテ一ヒ顯ルル也。サテ止觀ニ習合スルニハ繋緣法界ハ是止ナレハ冥寂ノ理也。是普賢體也。一念法界ハ是觀ナレハ常恆顯滿ノ文殊ノ智體也。無非中道ハ不二體釋迦牟尼ノ[證]也。於ニ一心ニ內證ハ一心三觀。外相ハ三尊ト習ヲ塔中相承トハ云也。止觀無レ外ニ行者ノ心性也。三尊無レ他ニ我等カ色心體質也。如レ此知ルヲ傳授トモ相承トモ稟承トモ云也

72 事理普賢ノ事

傳云。法華修行ノ時。必以ニ普賢ヲ懺悔滅罪ノ敎主トシ。於ニ此尊ニ修ニ行法華ヲ一事。誠ニ有ル深キ子細一也。然ニ於レ事ニ有情非情異也。先約ニ有情ノ事ニ成ハ之ヲ。相好圓滿ノ釋迦ハ中道ノ尊體。乘ニ師子白象ニ左右ノ文殊普賢ハ事相體也。本朝慈覺大師ハ是事ノ普賢ヲ拜シ給ヘル。是則身ニ佛菩薩ヲ知見シタマフ也。應下以ニ佛身一得度上者。應下以ニ菩薩形一得度上人ニテ御座ス也云云（大正藏九、五六中。妙音品取意）サテ構ニ普賢道場ヲ。懺悔滅罪法華修行時キ。於ニ非情ノ體ニ事ニ見ニ普賢ノ體ヲ一也。所謂初夜後夜ノ普賢也。初夜ノ入道場ノ時キ供ニ燈明ヲ。此燈明火體普賢也。以ニ此火體ヲ行者幷ニ法界ノ衆生ノ業繩業縛骨燒ニ捨之一。顯ニ三德祕藏ノ妙體一也。後夜ニ立テ取ニ閼伽水ヲ入ニ華瓶幷閼伽器ニ佛ノ左ニ置レ之。是又普賢ノ體也。以ニ此ノ水體ヲ行者並ニ法界衆生界ノ三業不善ノ染垢ヲ洗除シ。惡業ノ依身ヲ令ニ淸淨ナラ一也。故ニ初夜ノ

普賢ハ智ノ普賢也。以ニ火體ヲ云ニ普賢ト云事ハ世間出世共ニ通ニ用之ヲ也。後夜ノ水體ハ理ノ普賢。三惡流轉ノ見思等ノ三惑ヲ令ニ洗除セ也。眞言祕教ニハ以ニ〔梵字〕〔梵字〕ノ二字ヲ普賢ト云此ノ心也。〔梵字〕〔梵字〕ノ二字ハ水火也。然ニ供養法ノ時ハ燈明燒香ハ以ニ〔梵字〕字ヲ加ニ持之ヲ。灑水等ヲハ以ニ〔梵字〕字ヲ加ニ持之ヲ。但眞言行者ニ可ニ尋聞ク也

73 生死本際一現事

傳云。是ハ惠光院最大事也。於レ之ニ有ニ三際。過去際・現在際・未來際也。其三際一現シテ都テ無ニ改變ニ也。然本際ト者。三世父母和合シテ赤白二滴ヲ下シ是カ本際ニテ有也。此赤白ノ一現カ生死ヲ具足シテ現シタル也。此ノ生死カ三諦トモ三觀トモ被レ云也。故ニ自然ニ由ニ出スト三諦ヲ釋シタル也。此ノ一現カ色心妙法因果トモ被レ云。此ノ一現カ止觀ノ境智ト被レ云。此一現カ本常寂光トモ無作三身トモ「被レ云也。」蓮華清淨ノ體トモ被レ云也。故ニ三四ノ流轉モ自ニ此ノ一現ニ生シ。百億ノ教門モ自ニ此ノ一現ニ起ル也。此カ諸佛ノ常光三昧ノ體トモ被レ云也。於ニ此ノ一現ニ有ニ相性ニ。赤白ノ色ハ相也。赤白ノ性ノ方ハ性也。此等ヲ妙法トモ止觀トモ云故ニ。同時ノ妙法倶時ノ止觀因果不二ノ蓮華トモ云也。能能可レ思レ之。又此ノ一現ノ依止スル處ハ際輪也。際輪ト者臍輪也。赤白成就ノ義也。故ニ是ヲ本際ト云也

傳云。於ニ本際ニ有ニ三處。第一ノ本際ハ日月星ト云也。第二ノ本際ハ赤白和合初際也。第三本際臍輪息ノ根本也。故ニ息ノ出入以レ臍ヲ爲ニ根本ト也。赤白以ニ日月ヲ本際トスル故ニ日ハ赤ク月ハ白キ也。又是陰陽也。男女也。星ハ兼タリ赤白ノ二色ヲ。後ヲ爲レ本ト故也。日月星ノ三體衆生ノ三魂ト成リ下ル也。日月星和合シテ衆生ノ身體ヲ感得スル也。虚空藏ヲ明星ト云ハ三體和合ノ形也。明ハ日月也。星ハ星也。所詮供ニ敬此ノ一菩薩ヲ日月星ノ三體ヲ恭敬スル也。尤可キ依寄ス菩薩也。能能可レ思フ也

74 一現一心三觀事「イ本ニハ白露一心三觀ト題セリ」

傳云。生死本際處赤白和合ノ形ニシテ白露トモ云也。此カ一心三觀無作三身ノ本常寂光土蓮華因果ノ根本ナル故ニ。白露ノ一心三觀乃至白露蓮華因果ト云事モ可レ有レ之也。出世世俗共ニ以ニ人命ヲ白露ト云ヘル此由也。安ニ住ル此ノ所ニ無量ノ觀法モ成就スル也

75 心法形其相如何

傳云。心法ヲハ毎レ人談トモレ之不レ知二其形一也。所謂心者息ニテ有也。息風カ心ノ形ニテ有ル也。風大ニ安三ノ德ヲ持ルモ息風出入スル時ハ五億重山モ存立ス。故ニ依正ノ二法皆風大ヲ以テ萬法ヲ安置スル也。息ト者自ノ心ト書ケル也。顯宗ニハ如レ此義不レ可レ有ナントイヘルハ顯密同ヲ不レ知故也。於二祕教一二字合三字合四字合等有リ。可レ思二合之一也。今ノ息ノ字ハ二字合也。「能能可レ思レ之」

76 三箇大事四箇口傳事

傳云。三四箇ノ大事モ諸箇ノ大事モ只一箇ニテ有ル也。一箇ト者一ノ色心也。隨テレ義ニ諸箇トモ立ル也。所以ニ一心ノ處ニ有二三觀一。身ニ有二三身一。故ニ此ノ一心ニ自レ本有二出入息一。是卽三觀也。出入盡ハ空 出入不空ハ假 出入一心ハ中 也。色ニ有二皮肉骨ノ三德一。是卽三身也。是無作三身也。此色心心身カ居シテ二精血處一似ニトモ不淨ナルニ無染淸淨也。是蓮華ノ體也。又八葉ノ形也。心ニ有二了智寂滅一。色ニ六根顯明シテ有二分別智德無礙眞寂義一。是寂照卽常寂光本也。故ニ本ノ寂光ト云也。此四箇ノ體非二父母ノ作一ニ。非二佛菩薩ノ作一ニ。非二人天ノ作一ニ。天然不思議ノ體分也。理非二造作一故曰二天眞一。證智圓明故云ニ獨朗一也。（天止一、三一。弘決）四箇ニ收二三箇一ヲ可レ具二足萬法一ヲ也。欲聞具足道ノ（大正藏九、六下。方便品）五字ヲ常恆ニ可二用心一也 云

77 本來成佛ノ事

傳云。今依ニ修行ノ力一ニ成佛スト云歟。「地體本來成佛スト云歟ト」云處ヲ可レ習フ也。眞言ニモ立二加持ノ成佛一ヲ有リ。又有二不加持ノ成佛一モ。是始覺本覺ノ不同也。顯宗ニモ爾也。迹門ノ心ナラハ始テ佛ナル「者ヲ修顯ス」也。此時觀ノ成佛ニテアル也。〔本門ノ本覺ノ時ハ。自レ元已來成佛スル也。事相ニ得レ意。一切衆〕生ハ五大所成也。地水火風空是也。是卽五智如來也。故ニ衆生ヲ五智ノ如來也ト云事。五大「具足ノ故也。無ハ二五大一」依ニ何ニ成ンニ五智ノ覺悟一ヲ。故ニ五形卽本來ナレハ本有ノ佛ト云也。本來五形ノ色カ不思議ナルヲ五智五輪ノ如來ト云也

（以下對校㊂本なし）

78 智者道人用意ノ事

示云。智者道人ナントハ「カナシウ」世事ヲハ不レ可レ耆タシナム。付テ

二六二

有無ニ任レ物可レ有也。サレハ智者見空トテ。世間ヲ無常苦空無我ト見ルヲ智者トハ云也。不レ然者非ニ智者一。況ヤ道人ヲヤ。凡衆生ノ依正ヲ尋ルニ天地人之體也。防非止惡シテ行レハ理ヲ任運生德也トハ是也。智者ノ所座ハ非ニ端嚴微妙ニ諸法空爲レ座也。サテ經文ニ說ニ衣座室ノ三法一ヲ。柔和忍辱衣。諸法空爲レ座。大慈悲爲レ室 矣 惣シテ萬法ハ空ノ造作也。心住レハ二空心ニ家宅資具衣服食物等任運生得也。能能可レ住ニ此ノ思念一ニ也

云云

（以上對校㊁本なし）

79 見寶塔ノ三字事

示云。常ノ義ニハ己心ヲ寶塔ト見ルヲ見寶塔ト云也申ス也

予相傳ニハ於ニ萬法ニ成ニ寶塔ノ義一ヲ有ニ三重ノ口傳一習也。所謂天地人是也。天モ寶塔也。日月星ノ所居ナルカ故也。日月衆星卽諸佛菩薩ナルカ故也。大地又寶塔也。其故ハ草木國土川河幽谷皆成佛ナルカ故ニ地是寶塔也。人是寶塔也。己心諸佛菩薩諸賢聖衆皆依ニ根識輪一ニ依止安立スル故ナリ。又是人身ハ五輪五形五智ノ「故也。天地人ノ三法ヲ諸佛ノ所居ト云ヘハ。皆寶塔也。天地人ノ三諸佛」體質安置ノ寶塔ヲ見ヲ見寶塔品トハ云也。祕教ニ法界塔婆ト云ル此意也

或人師被レシハ示。法說ノ實相ヲモ諸佛具足ト云ヒ。譬說ノ大白牛車ヲモ衆寶莊嚴ト云ヒ。寶塔ノ莊嚴ヲモ珠交露幔等云テ諸法ヲ莊嚴具トセリ。知ヌ一切ノ諸法皆佛也。皆寶塔也ト云事可ニ思合一也

（以下對校㊁本のみ）

80 龍女卽身成佛之事

口傳云。龍女ノ卽身成佛者。互ニ顯密一顯レ之。顯宗ノ心ナラハ。文殊於ニ海底一唯常宣ニ說妙法蓮華經一 乃至 諸根行業得ニ陀羅尼一 矣（大正藏九、三五中。取意） 知ヌ妙法蓮華經者。𑖀字本〔不〕生理ナルカ故ニ。𑖀字第一命遍於情非情 矣 又𑖀字第一義 乃至 故題妙法蓮華經 矣（佛全26、三八八上。授決集） 卽𑖀字ノ體令ニ妙法一也 云云 妙者少女ト書。法者去レ水ヲ云ヘリ。女者貪欲根本也。出ニ大海ヲ事ハ𑖀字不生本理ナリ。一分緣記（起カ）シテ爲レ生ニ𑖪𑖽字智水一ヲ。發心シテ記（起カ）修行故ニ。於剎那頃發菩提心ノ修行ノ體ヲ云トシテ。得ニ不退轉一辯才無礙。（大正藏九、三五中）慈ニ念衆生一猶如ニ赤子一。功德具足等坐ニ寶蓮華一詣ニ靈鷲（同前）

山ニ矣我獻ニ寶珠一世尊納受乃至卽往ニ南方無垢世界一矣(同、三五下)知ヌ龍女ノ成佛ハ南方ニ成道寶部之佛也。龍女ノ三毒ノ體ハ業體也。其業卽因業也。因業ハ修行シテ顯ニ果體一ヲ。因業三毒ノ體。果體ハ佛金蓮三部。顯密ノ差異ハ能化ノ差異也。能體(所カ)(化カ」)無ニ差異一也。果體ハ南方無垢成道坐ニ寶蓮華一成ニ等正覺一。(同、三五下)(世界カ)三十二相八十種好。普爲ニ十方一切衆生一演ニ說妙法一矣(續天全口決1、四上。取意)(「〇カ)是心要云。心起ニ三毒一卽名ニ衆生一。於ニ念念中一止觀現前。觀名ニ佛知一止名ニ佛見一矣佛智見ハ釋迦多寶也。(知カ)此事ハ當惠光院流隨分ノ祕曲也

81 圓頓戒事

傳云。圓頓戒者。於ニ此宗一隨分習事也。是ニ一口傳也。壽量品ニ說ニ父止メテ藥ヲ行ニ他國一ニ。見ニ父行ニ他國一者。釋尊入滅也。留レ藥ヲ云ハ。藥師瑠璃光如來也。惣於ニ法華一部ニ皆藥師如來ト習也。傳教大師中堂ノ本尊ハ藥師如來也。是釋尊入滅已後ノ藥ルカ故也。壽量二ノ疏云。於レ藥ニ有ニ色香味一。色ハ戒香ハ定味ハ惠ト釋シテ。藥師ハ戒也。藥ハ香味如レ次定惠ノ二法也。藥ト者法華經也。法華經ハ實相體也。以ニ實相中一ヲ釋スルニ於ノ事處ヲ釋中ニ見タリ。既ニ於レ藥ニ色香味ハ具足ス。戒定惠ノ三學本來トシテ具足セリ。經ニ定惠力莊嚴ト說ク。戒ハ所莊嚴也。惠能莊嚴也。壽量品所說以レ藥ヲ如レ是成義事大事ノ習也。此條聊爾ニ人ノ不習不知法門也矣故ニ傳教大師入唐時經也。法華之軸ニ以ニセリ水精一。此水精藥師如來建立也。此經ヲ移ニ比叡山ノ東塔遺機經室一名ニ實相院ト云(比カ)然止觀第四云。當レ知〔中道〕妙觀。戒之正體矣(天止二、五三九)(知㊂智)圓頓者法云也。法者無作戒體也。既ニ色香味戒定惠三字也。是一心三尊也。釋迦藥戒體也。眞言ニ釋迦三摩耶ヲ藥師ノ三摩耶形ニ全ク一ニストシテ見タリ。今天台宗意ヲ以見ハ最。謂ク所詮以ニ不生無戒無作念佛一戒ノ體ト可レ習也。其旨染テレ意ヲ可レ知。深祕之中深祕也

(以上對校㊂本のみ)

82 圓頓止觀事(云㊂ナシ)

示云。於ニ此ノ文一ニ。一心三觀・無作三身・本常寂光・當體蓮華ト云四箇ノ大事有レ之。(云㊂峯云云)是ハ當ニ祕密教ノ四字合成ノ字ニ(密㋑㊂ナシ)也。於ニ此ノ字ニ貪瞋癡淸淨ノ四義有レ之故也。凡於ニ此文一ニ

圓融ノ三諦モ三身相卽モ鏡 鏡㊁饒 像圓融モ明闇 闇㊁暗 倶時モ凡聖一體モ邪正不二モ背面一物モ「此ノ文ニ可ニ攝入一ス。 「」㊀㊁可攝入此文也 一佛二菩薩モ」一佛二明王モ可レ有也。 「㊀之 別別ニ 別別㊀㊁前前 注レ之「者也云云」 「㊀可思之 「」㊁可思也

83 三種法華 法㊅㊆ 一時禮拜顯密同事

傳云。　般若心經　根本法華經

　堅實合掌　一點不具

阿彌陀經　陰 陰㊁隱 密法華經

 𑖝㊀𑖝　虛心合掌

南無佛　顯說法華經 「㊀㊁法華經

 𑖝㊀㊁𑖝　八葉印　「法華⬚蓮」 「」㊀㊁法界開（開㊁皆）蓮

右法華經ハ開結合十卷ナルニ。 結合㊁悟今 傳教大師以ニ 以㊀㊁心 阿彌陀經ヲ 彌陀㊀㊁兩 合軸シテ爲ニ十卷一ト。 「㊀㊁一 是ヲ三種ノ法華ト習也。是ヲ口傳セハ。滅罪生善般若 般若㊅涅槃 心經。往生極樂阿彌陀經。頓證菩提法華經義也。 「㊁妙 一代聖教ノ肝心不レ可レ出ニ 出㊁於「㊀過 此ノ三義一。一部 部㊁期 要事也。能能可レ祕 祕 之㊀也㊁可祕 レ之。不レ可レ及ニ 及㊀爲 口外一事 事㊁㊅ 也 「㊀云云

（以下對校㊁本なし）

84 〔圓頓戒事〕 ㊀

示云。世間ノ人常ニ圓頓行者ノ前ニハ不レ可レ有ニ戒持犯一云テ。戒ノ盛儀無レ之也。所詮其ハ違ニ佛教ノ通旨一也。或依ニ七佛通戒一ニ。或依ニ梵網戒相一ニ。依ルニ律儀等一ニモ也。大師ハ最後ニ智朗禪師ニ遺言 遺言㊀㊅ シテ。我滅後ニハ波羅提木叉ヲ爲レ師ト。四種三昧ヲ明導トセリ。既ニ最後ノ御言也。豈存ニ似 似㊀假 說ヲ一耶 耶㊅㊆。能能可レ思レ之 「㊀云云

85 心體ハ空有ノ中ニ何哉 哉㊀耶

示云。以ニ有無一不レ可ニ思度一中道冷然矣 矣㊀㊅ 空トモ有トモ不レ可レ云歟。但是ハ心ノ不思議ヲ云時ノ事也。心ノ惣體ハ空ニテ有也。故ニ智者說ノ略法華經ニハ。說是菩薩悲解脫。顯現常住如幻空矣既ニ云ニ常住如幻空一ト。任テニ大師ノ說ニ心ノ本體ハ空也ト可レ定ム也

86 法華懺法口決 「㊀事

示云。於ニ此ノ行儀ニ有ニ唯識實相ノ兩種 種㊀人 ノ修行一。又有ニ六識九識ノ不同一。先唯識觀ノ人心外ニ置ニ三寶一敬ニ禮之一ヲ〔奉レ ㊀ 請シ云ヘルヲ〕。於ニ其ノ敬禮奉請諸佛ノ御 御㊀㊅ 前一ニ。自他各別ノ情念ニシテ懺悔修行スル也。六識ハ以レ 以可㊀心卽 可レ隔ニ分知一シテ 分知㊀別非 念慮ヲ懺悔スル

也。但其終ニハ實相ニ心ヲ可レ懸也。實相觀九識ノ行人ハ於ニ己心ニ敬ニ禮三寶一奉レ請レ之。懺悔修行シテ自他不二平等一心ノ處ニ修ニ行五悔一ヲ。サテ懺法ニハ發願爲體トテ第五ノ發願ヲ爲ニ本意一ト也。然レハ心不亂正念往生安樂國面奉彌陀〔値衆（聖カ）生〕矣（大正藏七七、二六七上）此往生安樂國ニ有ニ事理ノ二義一。事ノ時ハ四方各別ノ有（神カ）想ノ西方ニ往生スル也。サテ理ノ時ハ己心彌陀心性ノ三尊ヲ面奉スル也。惣シテ此ノ懺法ニハ有リ二一。三禮ヨリ普賢菩薩ニ至迄ハ事相ノ行相也。妙法蓮華經ヨリ至マテハ說法華經ニ者理ノ行儀也。常好ニ座禪一（坐カ）。修ニ攝其心一（大正藏九、三七中。安樂行品）。其ノ心也觀心一文。除ニ安樂行中修攝其心等一。餘皆義立。但壽量一文。正明ニ本迹一。餘亦義立ノ釋可レ思レ之（天文一、七一上。文句記）。於ニ此ノ懺法ニ有ニ除魔障ノ口傳一也。十方念佛是也。一家ノ行者臨終ノ時キ常恆ニ可レ習レ之。唱レ之者魔障退散シテ正念往生スル也

87 三變淨土ノ事

示云。三變淨土ヲハ解釋ニ。變シテ三惑ヲ顯スヲ三諦ノ理ヲ三變淨土トハ云也。如ニ問要幷ニ祕傳等一ノ。此ノ外ニ事相ニ習フ事アリ。入ニ如法道場ニ之時キ。外道場ヲ掃除スルハ除ニ見思ノ塵ヲ也。入ニ室內一初掃ニ治スルハ之ヲ除ニ塵沙ノ塵ヲ也。行法ノ終リニ掃ニ治スルハ之ヲ除ニ無明ノ塵ヲ也。以レ之ヲ思レ之ヲ。拾德（得カ）掃レ庭ヲ除レ塵ヲ。皆除ニ煩惱ノ塵ヲ故也。寒山指レ月ヲ見ニ月輪ノ心體ヲ意也

88 如法經本說事

示云。此法華會上ノ儀式。寶塔一會ノ粧ヒ也。サテ香華燈明幡蓋等ハ。大師法華三昧儀ニ釋リ。可レ見レ之

傳云。如法道場ノ本尊ハ世界ノ學匠達不レ知也。所詮發願爲體ナレハ所期彌陀覺悟也。故以ニ阿彌陀ヲ可レ爲ニ本尊ト也。四種三昧ノ時キ。隨自意三昧ハ法華首楞嚴王三昧也。然ニ第四ノ三昧ニ以ニ彌陀ヲ爲ニ本尊ト故ニ。予相傳ニハ以ニ阿彌陀ヲ爲ニ本尊一ト也云

89 四種三昧道場莊嚴事

傳云。解釋ノ心ハ。別別法華道場事ハ粗雖レ注レ之ヲ有ニ所存一煩重ヲ不レ顧也。然ルニ左右ノ花瓶ノ右ニハ楊ノ枝ヲ立也。智惠散動スル義ヲ顯ス也。亦是觀ノ義照ノ德也。左ハ瓶水ニシテ不レ立レ花ヲ。是ノ水ハ定體ニシテ冷冷湛然ニシテ無ニ動轉一心也。是ハ寂也

止也。行者ト本尊トハ。動靜不二・定惠不二・止觀不二・寂照一體ノ佛也。サテ手水ノ後ニ或ハ用沙ヲ或ハ用灰ヲ兩手ヲ淨ル。此ノ色心ヲ埋ハ成リ土燒ハ成ル灰ト。大地實相ニ歸シテ淸冷ノ德ヲ顯ス也。如此例可思合之

(以上對校㊁本なし)

90 二十八品體達大事

〔師云。〕傳云。惠心院流ニハ付テ經ニ有三重大事。其ノ三重ハ教行證也。初重ハ一代教門也。第二重ハ行體勝進スル相也。第三重ハ一向約ニ惣明歷餘ニ法華一部心地體達ノ相ナル事ヲ沙汰スル也。當流ニハ不可遮ニ其義ヲ。此ニハ二十八品五字ノ體達ヲ口決ル也。其ノ五字ト者。妙法蓮華經ノ五字是也。心ハ妙法蓮華經ノ序品ナレハ六瑞等皆妙法蓮華經三千具足ノ法也。五字方便品ナレハ其品ノ內ニ所有ユル字字句句皆三千具足也。乃至勸發品モ五字顯所ノ字字句句ナレハ忉利天上モ三千具足。都率天上ノ生モ三千具足也。品品說相ヲ不背カ一心三觀三千具足ト可云也。是モ開會ノ妙法トモ出世本懷トモ云也。引テ此筋ヲ可ニ入眼落居ス也。如此得レハ意六萬九千三百八十四字ハ六萬九千三百八十四重ノ一心三觀一念三千也。可思之〔也。可祕可祕〕云云

(以下對校㊁本なし)

91 品品之內咸具體等事

(天文一、十五上。文句記)

尋云。品品之內咸具體等者。品品五重玄ト可有ル釋セラルル也。句句之下通結妙名ト云ハ。如是我聞妙法蓮華經。一時佛住妙法蓮華經等可云也。地體ハ句頭句下ニ可有五字也。翻經三藏羅什巧辨智力ヲ以テ煩略シテ顯ニ此ノ義ヲ也。然ハ卷初ノ題名ハ句頭ノ五字也。卷末ノ是五字ハ句下ノ五字也。是ハ惣シテ句上下ノ五字也。品品五字ハ。品品義理ニ相應シテ序品ノ妙法ハ當品ノ句上也。方便品妙法ハ題ニ句頭ヲ。品ニ結前生後ノ義通シテ可有之也

惣頭下　妙法蓮華經　初經題
卷
別頭下　妙法蓮華經　經末題

妙法蓮華經　序品
品
妙法蓮華經　方便品

(イ)〔右注記云者。初心學者爲レ令ニ解易一也。非ニ後心ノ學者ノ爲一ニハ也。但又無ニ相傳一人如レ此不レ知レ之也。可レ祕レ之。不レ可ニ口外一也云云〕

92 三千在レ理同名ニ無明一。三千果成咸稱ニ常樂一事（天玄四、三四九。釋籤）

師尋云。一家意ニテハ萬法三諦・萬法三觀・萬法三千ト談スレハ。迷モ三諦三觀三千具足也。悟モ亦然也。取レ其ニ正ク三諦三觀カ佛ナル事ハ阿彌陀佛是也。阿彌陀卽三諦三觀ト釋ル也。サテ如レ此三千カ名字各別ノ佛ナル事可レ有ニ證據一哉云云

師云。尤モ可レ有ル也。人ノ不レ知事也。解釋ヲハ朝夕讀ニ誦之ヲ一不レ知ニ義理一也。三千ノ諸法カ各別各體ニシテ授記作佛シ。果成ノ三千ニテ有ル處ハ。一家ノ學者可レ有ニ存知一事也。是ヲハ予カ流ニハ三千佛名經是也ト習也。正ク三千佛ヲ說タル也

又尋云。依レ似タルニ其ノ數ニ對當スル事ヲハ餘宗ノ人嘲哢申事ニテ候也。三千佛トハ云ヘハトテ三千果成トハ如何カ候ヘキ。セメテハ先德ノ御釋等ニ見タル事候ハンニハ可レ信ニ用之ヲ一候。無レ力一流相傳ノ身コソ仰信仕候ヘ。不レ然者難ニ信用一候如何

師云。凡ソ一宗ノ法門ハ開ニ一代ノ諸教ヲ一時キ。何ノ法門カ三諦三觀三千ニ漏タル哉。是惣ノ道理也是一 又天台宗ハ無レ文有レ義智者所用ニテ義宗ニテ可レ有ル也。道場己證ノ義ノ至トシテ義宗ヲ建立スル也。（天玄四、三三二。釋籤）何尋ニ證據一ヲ。於ニ先德一ニ哉是二 又一家ハ。一期縱「横不レ出ニ一念三千世間卽空假」中一矣 覺大師ハ一念ノ觀佛「分明ナレハ通ニ達ス一切聖教一ニ」矣 三千卽空假中矣 知ヌ今ノ三千佛ト行者ノ一念也ト云事ヲ是三 所詮三千佛ト者。過去ノ千佛・現在千佛・未來千佛也。此ノ三世卽空假中也。若然者。豈ニ非ニ三千果成ノ佛一ニ哉是四 又一代ノ諸教ヲ入テ三千ノ法體ニ談スルハ今宗ノ本意也是五

93 一心三觀依文親疎ノ事

傳云。一心三觀依文雖レ多レ之。中論ノ四句ノ文カ尚親也。一心カ空トモ被レ云亦假トモ亦中道トモ被レ云也。（天止一、七五）因緣所生法。我說卽「是空。亦名爲假名。亦是中道」義矣 亦ノ字ハ空ヲ亦ハ假トモ空ヲ亦中トモ云也。是モ一心三觀圓融不次トハ云ヘトモ空ヲ以

爲本地也。一心ノ體ハ。出入ノ息キ盡ル方ハ因緣所生ノ空也。此空心出入息出入不盡ナルハ假也。盡不盡共ニ只一ノ息體ナレハ中道也。非造作ノ盡。非造作ノ不盡。非ル造作ノ息ニ故ニ。三諦共ニ不思議ノ一心也。不思議ノ三觀也。亦ノ字可思之

94 三大部外可崇敬聖教者何等哉

傳云。爲ニハ行法儀軌ノ法華懺法也。隨法華三昧儀也。此ノ儀軌ハ智者付テ南岳ノ懺法ニ加注釋タマヘリ。爲修證知見此ヲ云也。亦止觀修行ノ空ヲ得ント思ハハ禪門大師口決也。爲知邪正眞僞ヲ者禪門要略也。爲セハ知ント尊師ノ極最頂要ヲ全肝ノ祕要也。サテハ當流相承大綱ナレハ天台傳南岳心要也 云云

95 自宗モ同ク宗門ニ最後ノ時ハ可作辭世ノ頌事可有耶

師云。不可然ル。此ノ宗ハ教行證一致ノ宗旨ナレハ。若正念ニシテ無餘念者。妙經ノ文或ハ涅槃經肝要ヲ頌シテ可死ス也。サレハ三代祖師大和庄御臨終ニハ無有生死若退若出トテシハシ計シテ端座入滅也。若爾ハ。汲其餘流ヲ我等ナレハ若心念臨終義有時ハ。唱無有生死トモ。妙法蓮華經トモ諸法實相トモ常住不滅トモ可唱也。凡ソ一經始終皆妙法蓮華經ナレハ何ナリトモ不可苦也。又般若涅槃ノ相ナリ。如來常住無有變易トモ可唱也 云云〔努努辭世ナント世間ヲヘツラウ事不可有也 云云〕

96 臨終可勸何法ヲ哉

師云。任宗之置手ニ可勸之也。サテコソ其宗知識又行人ニテ有レ。不然者無念事也。其宗旨ナント云事マテモ無ンハ之沙汰ノ限也。然トモ予相傳ニハ最後勸進ノ法門ハ六字ノ名號也。其故ハ大師既ニ幼稚ノ御行相。臥テハ合掌。居テハ向西ニ行儀ノ時。正向西方專念彌陀 矣 （天止一、四〇四。弘決）諸教所讚多在彌陀。故以西方而爲一准 矣 （同、六四）臨終乃云觀音來迎 矣 既云而爲一准ト。乃云來迎 矣 如大師滅化打鐘ヲ可唱念佛ヲ也。（天止一、四四一。止觀）身ノ冷ルヲ可爲期ト也。步步聲聲念念唯在阿彌陀佛 矣 貴キ文也。哀哉。何年月日時ニ云入何重病ヲ如此雖記置之。最後ノ時亡然トシテ冥冥闇闇トシテヤ終ラン。悲哉。存日ノ時ハ走筆ヲ案義理ヲ。六根聾盲ニシテ不知三寶ヲモ臨終ニ仰願十方佛陀。伏乞三世諸佛。現在之間ノ修學之功不空カラ。心不錯亂。心不失念。身心無諸苦痛。身心快樂。

如ㇾ入ニ禪定一。聖衆現前。乘（乘イ祭）ニ佛本願一。往ニ生西方一。面ニ見彌陀一。生已卽得ニ無生忍一。（「イ法）六通具足。三明解脫。還來ニ娑婆一。度ニ有情類一。同生ニ佛國一。爲作ニ佛事一。世世發ニ四弘（弘底ナシ）願一。盡ニ未來際一利ニ益衆生一。無ニ（無善イ乗別）善知識一。後濟ニ二親及兄弟等一。順逆二緣。無差平等。乃至法界平等利益也而已

（以下底本のみ）

一代教主南無釋迦牟尼如來

一代證明南無多寶如來

十方分身南無釋迦牟尼如來

諸佛出世一大事因緣南無妙法蓮華經

南無文殊師利菩薩　南無普賢菩薩

南無觀世音菩薩　南無勢至菩薩

南無當來導師彌勒慈尊

南無三會値遇彌勒慈尊

南無六道能化地藏菩薩

（「以下對校㊁本上卷內題後にあり）

「南無十方常住一切三寶

南無三千果成覺滿如來

次（次㊁ナシ）四弘　廻向」

山門　三教院　上

（以上底本のみ）

祕密獨聞抄下卷畢ヌ

（底　本）叡山文庫毘沙門堂藏、書寫年不明二冊寫本（上下卷具備）

（對校本）㋑＝叡山文庫眞如藏、書寫年不明一冊寫本（上下卷具備）

＊本書下卷を缺く寫本および項目混在本がある。

㋺＝身延文庫藏、『北谷祕典』の內、文明九年（一四七七）日意書寫奧書日意本（缺下卷）

㋩＝身延文庫藏、『北谷祕典』の內、書寫年不明日朝本（缺下卷）

㊁＝日光天海藏、寛永十九年（一六四二）書寫奧書一冊本（缺下卷ただし項目混在）

〔十四、北谷祕典　祕密獨聞鈔　終〕

十五、北谷祕典

北三十六帖内

一心三觀祕要集　都合五帖〔三車光五帖〕

（對校㋑本『六、北谷祕典』「天台大師御制戒詞」この位置＊）

一心三觀祕要集第一　定仙　「此内都合五卷」

諸法雖多不過色心二法。「此二法性。」此二法中道者。從心生故心外無別法。色者緣生法。緣生法卽假。此假諦本空。只以心爲中實也若依此義未空心等復次心是雖實若細論之心有八種。所謂眼耳等乃至阿賴耶識等也。眼等七識皆是從阿賴耶外無七識。是故應言七識是假卽如幻故空。只八識爲中實未空八識亦於梨耶心有重重差別。彼諸心但是一念故。一念外無別諸心。是故應云一念所生諸心是假假故卽空唯以一念未空〔㋑一念〕一念者元初一念。元初一念者迷初一念也。此念元品無明云。此起信論云業識初一念也。又

彼雖實於一念有相有性。是中。中者。三千依正二法是云俗諦識。性者。沒理也。當知一念從無念生。是故一念是假。假故空明以無明爲實也。所具無念者。諸法性卽「得樂得眞差別」有法體也。是名眞如實相法對中道第一義諦所觀中道破無明惑諸惑自滅眞證菩提。弘決云。無明爲病淵源。中道爲藥府藏。文云。由無明與法性令生諸法。故名無明以爲根本。但破根本諸法不生云云求道者。善得意。亦以九界生死法爲空假。以佛界常住爲中道。上來一往分別畢。若細論之。此三諦亦各具三諦故名爲諦。今爲成實相觀且明中道者。以本有常住心性實體爲中道。此性卽十界三千性爲假。彼三千以一爲平等無二爲空。所云空者。畢竟等平等一如空也。不同如幻如化析體但空〔所言假者。不思議如來藏義。不同生死緣生法〕所具中道者。非一非三不縱不橫中道。不同隔歷不融但中。當知但點中道一體分別三義。實非三

諦ニハ也。譬如三一如意寶珠ノ有二三義一。珠ノ體中道珠ノ光ハ照徹無礙空諦雖空則諸寶性假諦此又非レ有ルニ二三法一。一珠ニ而有ニ三義一。即一而三即三而一。准レ之可レ知。約二相待門三諦一也云云亦約ニ絶待門一論ニ三諦ヲ。諸法悉ク究ニ竟一心一ニ。無ニ能所一當體一心也。止ニ云。（天止三、二七一）亦不レ言ニ一切在レ前一切法在レ後。〔亦不レ言ニ一切法在レ前一心在レ後。〕只心是一切法。一切法是心。（天止三、二九〇）非レ縦非レ横非レ一非レ異故。又云。（同前）若從ニ一心一生ニ一切法一者。此則是縦。若心一時含ニ一切法一者。此則是横。縦亦不可横亦不可。只心是一切法。一切法是心。不レ縦不レ横非レ一非レ異玄妙深絶。非ニ識所レ識。非ニ言所レ言。所以稱爲ニ不可思議境一意在ニ於茲一。此付ニ絶待不思議ノ一心ニ明ニ三諦一。萬法悉ク皆一心法ニシテ平等不二ノ處即具。雖ニ不二一而三千性相宛然。此即不思議ノ假。彼平等法界ノ一心ニ具足。雙非雙照ニシテ不二而二二而不二ノ處ハ是中道也直義也〔經一經分別也（也㊀耳）

問。宗家何依ニ經論一知ニ三諦ノ旨ヲ耶

答。中論。因縁所生法。「亦是中道義ト矣」此文一家觀教ノ誠證也。但シ又可レ論ニ實證一云云　已上

問。法華經何處ニ見タルニ三諦義一ソヤ

答。方便品云。（大正藏九、九中）諸佛兩足尊。知法常無性。佛種從縁起。是故說一乘。是法住法位。世間相常住　云云

尋云。此文意如何

答。我釋云。悟ニ諸法一故名ニ諸佛一ト。人天兩足師故曰ニ兩足尊ト。諸法無ニ自性一。但心法ヲ名ニ諸法ト。故名ニ諸法一不ニ自性ト也。空義也。佛種從縁起ト者心性也。性縁顯テ現ニ森羅萬像ヲ。故ニ曰フ從縁生ト假諦常住心性名ニ一乘一。心性常如ク一色一香皆是中道。萬法住ルニ萬法法位ニ也。世間ト者。三世間也。是則依ニ正源常住ニ也。處處釋住ニ法位ニ衆生正覺重テ出テ是法ヲ法不レ出レ如ヲ。皆如ヲ爲レ位ト。衆生即是佛ハ已證是故名ニ位住一ト。一如ナルカ故ニ「名爲レ位。」染淨法皆名ニ是法ト。染ハ謂九界衆生。體ハ謂ク正覺衆生。正是能住法。「淨ハ謂ク佛界眞善妙有也。十界」染淨一如所住ノ位也　云云

問。三諦具ニ三諦一。具名ニ九諦一者。其義如何

答。倶破倶立是法界。空蕩假立中絶待　矣　以ニ三義一ヲ〔得レ

意至九箇三諦無別事也。空家三諦者。空是破德。所謂亡泯三千立空義。」是乃空家空。空空假者。假是立術故雖亡泯三千而立假一法。所言畢竟空爲體也。空假中者。平等一實空而有雙非雙照德。呼之云中道也。假諦家三諦者。空元來有破德。故破空立假必以破德云空也。假諦家假雖亡而有。存所三千諸法也。假家中者。於不思議假有雙非雙照德。此卽假家中道也。中家三諦者。以絕待不思議中道雙非德爲空。以雙照德爲假。以不二平等體爲中道也云云 此九箇三諦中。二家三諦卽三諦共體。空假家三諦三諦俱用。此云俱體俱用三諦也

問。一家所談一心一念者如何

答。一念者。元初一念。卽第八識阿賴耶藏。一念者。一念無念性也。所云一心一念胸閒以德。此心卽是萬法惣體諸法根本也。此心非有非無畢竟可得故三諦宛然。(天玄一、二八四)爰本「釋玄文一。」適言不見三千色質等云云

問。一念三千者如何

答。一念三千者。「一家天台己證。十方三世諸佛如來成道一念三千。亦是一切衆生心性妙法蓮華是也。是卽三諦三觀也。惣衆生」一念本來具三千。所以心是十法界惣體。一心色法根本也。譬如如意寶珠最上最寶。狀如芥粟有大功能。淨妙五欲七寶琳瑯非內薰非外入。不謀前後。不擇多少。不作麁妙。稱意出生萬物。一念心亦爾。隨緣生萬像。無始本來十界三千依正二法法性體也。故止五云。(天止三、二七一)芥爾有心卽具三千。三千無明名爲是爲法。一念中道名爲法位云云 (天玄四、三四九)九界所具三千無明。佛界所具三千常樂法性也。籤六云。三千在理「同名無明」。〔三千無改無明卽明。〕三千並常俱體俱用 文「三千無改無明卽明三千並融俱體俱用」亦所言三千者。一界具十法界。各具九界故成百界。一界各亦具十如故成千如。三世閒各具千如故令云三千世閒也

問。止觀無上菩提其義如何

答。正ク等覺（身㊁佛）心也。決云。菩提名レ道ト宜ク立ニ智ノ名ヲ。所レ言（言㊁云）（天止一、三八四）
智ト者。報身平等智卽三智一心ノ覺體也。止云。一念心卽（天止一、三七一）
如來藏理○一切心亦復如レ是。是名理是（㊁卽）菩提心文所レ言（言㊁云）
如來藏理ト者。自性心卽（㊁清淨）祕密藏心。祕密藏心ト者。我等胸
中心性蓮華（蓮華㊁㋮）也。此心顯得ヌレハ法界。法界諸法悉菩提清淨（天止三、二七〇）
法三諦宛然ナリ。故決云。當レ知身土一念三千。故成道時
稱ニ此本理ニ一心（心㊁身）一念遍ニ於法界ニ文當レ知本有菩提於ニ心
中ニ求レ之。華嚴經云。惠光饒益開敷心蓮華（華㊁㋮）（㊁蓮發）。發心饒益究（大正藏九、六一六中。取意）
竟一（一㊁萬）行矣凡思ニ本覺法身大日ニ者不レ可レ求（㊁以）レ外ニ。住ニ我
及一切衆生ノ己心之城ニ。凡有レ心者必有ニ正因種ニ。此卽（卽㊁則）法
身種也。涅槃經云。一切衆生悉有ニ佛性ニ。覆（㊁煩惱）故不レ能レ得レ（大正藏十二、七六九上）
見。乃至凡有レ心者悉皆當レ得ニ阿耨菩提ニ已上胎卵濕化（同前）
之萬品昇沈。皆是遮那佛體。流流海海（流流海㊁沈沈）底。高高高（高㊁㋮）嶺山。悉
是法身遊戲栖矣（大正藏四六、七八一上）
金錍論云。阿鼻依正全處ニ極聖自身ニ。毘盧身土不レ逾ニ凡
下一念ニ文　無上依經云。卽此法身流ニ轉五道ニ名爲ニ
衆生ニ。卽此法身修ニ行六道（道㊁度者）ニ名爲ニ菩薩（菩薩㊁如來）ニ矣　華嚴經云。（佛全33、二〇一上。）

毘盧遮那性清淨。三界五趣體皆同。由ニ忘（忘㊁妄）念ニ故沈ニ生死ニ。（講演心經義參照）
由ニ實智ニ故證ニ菩提ニ文六道四聖（聖㊁生）昇沈迷悟差別只有ニ一（佛全31、一九七下。自行念佛問答參照）
念ニ　大悲三昧經云。法身遍滿諸衆生客塵（塵㊁立）煩惱所ニ覆
藏ニ。不レ知ニ自（自㊁我）身有ニ如來ニ流ニ轉五道ニ無ニ出期ニ文　普（大正藏九、三九二下）
賢經云。釋迦牟尼佛名ニ毘盧遮那遍一切處ニ。其佛住處名ニ（天玄四、四〇九）
常寂光ニ文　玄七云。或言道場以ニ虛空ニ爲レ座。一成一
切成。毘盧遮那遍一切處。舍那釋迦成亦遍ニ一切處ニ文（大正藏十一、一五〇上）
寶積經云。一切草木樹林無レ心可レ作ニ如來「身相具（「」㊁○悉皆說）
足ニ」文（法）　般若經云。住（住㊁信）シテニ一切法ニ皆是佛法。聞ニ一切ハ（大正藏七、九七二下）
空ト不ニ驚疑ニ由カニ此因ニ故疾證ニ無上大（大㊁㋮）菩提ニ文　大集
經云。我都テ不レ見レ離ニ涅槃ニ別ニ有ニ一法ニ見ニ一切法ニ悉ク
皆平等文由ルニ此等文理ニ内外ノ諸法皆是佛法也云云（云云㊁㋮）
問。十界皆（㊁法）云ニ卽空卽假卽中ト如何
答。緣生法ノ無自性其相如ニ虛空ニ。故云雖（㊁空）ニ無自性ニ而諸法
宛然ナリ。故云レ假ト。卽中ト者。一切諸法悉不レ出ニ法性ニ。自（大正藏十二、七六〇下）
常住本迹（迹㊁有）不レ改也。故涅槃經云。從緣生故名レ之爲レ有。無（來カ）
自性故名レ之爲レ無。是故如是從（從㋑說）言諸法非有非無文一心

本來三諦一諦非三非一。譬如「鏡像圓融」三諦無別法也。止一云。譬如明鏡。明喩卽空。像喩卽假。鏡喩卽中文（天止一、三三七）

問。天台所立實相中道與眞言所談心實相同異如何

答。教門似替其底全同也

難云。天台十界十如。百界千如。三千世閒。諸法實相皆其有相法。今眞言實相無相菩提也。何云同耶。答。天台釋諸法實相引般若經云。諸法實相名爲實相。亦云。三千諸法卽空卽假卽中文故知今天台所立實相實理也（大正藏七五、四五九下。菩提心義參照）

問。天台卽空卽假卽中。今一向云無相。何同云耶（同、四五九下～六〇上。菩提心義參照）

答。大日經云。心虛空顯菩提三種無二法。此等大悲爲根本。方便波羅蜜滿足文（大正藏十八、一下）義釋云。卽是究竟不思議中道義也文（續天全密敎1、一二八下）亦云。𑖀字有三義。謂不生義。空義。然義。（同、四六〇上）龍樹中論。因緣所生「法乃至亦是中道義」云云

答。眞言菩提實相亦卽空卽假卽中文問。若心實相卽空卽假卽中。如實知自心時亦知心卽空卽假卽中文當知同虛空耶。答。義釋云。心實相〔云。現在〕一念識依從緣生故卽空卽假卽中遠離一切戲論至本不生際者。卽是自性清淨心。自性清淨心者。卽是阿字門。以心入𑖀字門故。當知一切悉阿字門。故如實知自心者。知卽空卽假卽中也。（續天全密敎1、一二九下。取意）問。如實知自心時。心卽知卽空假中。何故云性同虛空。卽同於心。卽同〔菩提〕文心〕虛空等三種無二。此等爲根本方便波羅蜜耶。答。義釋此文。一法界法。離因緣畢竟不生然不壞因緣。實相〔以不生〕故則無能所之異。以不壞故亦得迷爲根本方便波羅蜜滿足。卽是究竟中道義文（續天全密敎1、一二八上。取意）故知猶具三義三義者。卽空假中義也。此義五大院義也。非私義云云

法華圓敎本迹兩門成道次第。迹門意明理理圓融之旨不談事事圓融之旨。故期所化之機發心修行令成佛。隨能化如來妙覺正覺佛。爰以「本有法身修成般若始滿解脫」旨談之。（天玄五、一四六參照）此乃約理時談十界十如權實

不二。約レ事ニ時ハ水中應化ノ成道ナレハ。能所凡聖各別ニシテ因果相順ノ道理顯然ナリ。本門壽量ノ砌ハ明ニ事成ノ久遠ヲ顯ニ極佛境界ヲ故。三千十界ノ佛菩薩。三界六道衆生。蠢動含靈。皆悉毘盧ノ一佛也。普賢觀經云。毘盧遮那遍一切處。（大正藏九、三九二下）其佛住處名常寂光 文 今事事圓融ノ大覺分證成道ト者。無始無明雲晴始テ見ニ空中ノ月ヲ。於ニ空中月ニ似レ有レ始。然ニ本覺顯照ノ空中月ニハ無始無終三世常恆也。本覺分證成道亦爾。無始生死ノ妄本時雖レ似ニ始覺ニ菩提本有ノ菩提也。故起信論云。若得ニ始覺ヲ還同ニ本覺ニ 文（大正藏三二、五七六中。取意）圓覺經云。始知ニ衆生本來成佛ヲ。（大正藏十七、九一五上）「生死涅槃猶如ニ昨夢ノ」 文（大正藏七五、四五四上。菩提心義參照）凡顯レハ無始煩惱業苦ノ三道卽法身般若解脫ノ三德ヲ。「無斷ヘキ樣モ無キ」故ニ止一云。陰入皆如ナレハ無ニ苦トシテ可レ捨ツ○等 文（天止一、一一二）是則非因非果凝然常住「不變眞如也」。亦約ニ本門壽量ニ日ハ。雖ニ因果ノ非ニ因果ニ。「非ニ離レ果因ニ。」所以阿鼻ノ依正。毘盧ノ身土。但是眞如緣起ノ用一體一法ノ故ニ。譬如ニ鏡〔內像ノ雖ニ萬〕像差別ナリ鏡ノ外ニ無レ存コト。只是一體不二也。約ニ本門壽量ニ一切皆等レシテ佛ニ非前非後ノ因果。是以羅什三藏以ニ面鏡ノ喩ヲ顯ニ大小一多ノ義ヲ分ル。誠非ニ凡下ノ境界ニ唯佛與佛ノ所レ知。釋云。眞俗不二カ故ニ俗諦一一事融シテ自他三世悉一時ニ具足ス。凡ソ八識心王轉顯ニ四智心品功德ヲ後ハ。一實「相中道」法界ノ第九識ノ鏡ニ所レ浮凝然不變ノ因果ナレハ。明暗相順ノ非レ有ニ前後ノ次第ニ。非前非後一體不二觀ニ六卽階級ヲ以如レ此

「私云。鏡ト者。表裏明徹團圓正等ナレハ。所ノ移ル十界色質モ皆悉ク本有ノ三諦三觀也云云」

「第一帖畢」

一心三觀秘要集第二　定仙

學匠者須ニ一心三觀ヲ。所謂一心者。自體法界凝然不變本理知ヌレハ。諸法悉ク實相眞如ノ妙理。萬法當體卽自體法身ノ法華三昧行儀云。（大正藏四六、九五三上）釋迦牟尼毘盧遮那遍ニ一切處ニ。當レ知一切諸法悉是佛法。妄想分別受ニ諸熱惱ヲ。是卽於ニ菩提中ニ見ニ不清淨ヲ。於ニ解脫中ニ而起ニ纏縛ヲ。佛所ニ成就ス第一希有難解之法。唯佛與レ佛乃能究ニ盡諸法實相ヲ等 文

示云。一心者。胸中方寸ノ心性。心即諸法ノ惣體萬法根本。密教ノ中ニハ此心ヲ呼テ云。𑖀字本不生不滅ノ薄墨法性中道也。阿字本不生ノ心ト者。心源自體自性清淨心。自性清淨心ト者。大日金剛不壞體。我等命根ノ體。瑜祇云。出入隨命息不見心與身 文（大正藏十八、二五八上） 眞言ニハ〔亦以ニ𑖀字一爲ニ諸法惣體一。明知諸法悉實相一心ニシテ心外無ニ別佛法一。天台云。〕亦不レ言ニ一「切故利」一切法在レ後。只心是一切法。一切法是心。非縱非横非一非異○等云。（天止三、二七一。止觀）（同、二九〇）安然ノ。心生スレハ諸法ノ名レ縱。心滅ニ（有カ）諸法一名レ横。（大正藏七五、四六〇下。菩提心義）心ハ諸法。諸法ノ一ナルヲ名ニ一心一ト。諸法ノ異ヲ名レ異ト。皆非故云レ非ト。如レ是一心ニ論ニ三觀ヲ。空ト者。諸法皆悉一如平等ニシテ不レ異。所謂本來一心ノ法ナルカ故ニ名レ空ト。雖ニ一如ニ三千諸佛例然即是眞善妙有ノ體。是名レ假。（宛カ）中道ト者。諸法自體即存シテ而不在。全非レ空全非レ假絕待不思議妙心是名ニ中道。上ニ所レ云十界惣體タル實相眞如妙體。𑖀字不生ノ命根體也。又眞言宗ニハ。諸法當體因果不可得ノ𑖀字也。然聞諸法悉ク有テ動性一出スレ聲成レ響ヲ。故知ヌ諸法悉ク實相常住ノ妙理。今天台宗ノ意ハ。三諦即是ノ故ニ諸法皆是實相也。經云。知法常無性。佛種從緣起。是故說一乘。是法住法位。世間相常住 文（大正藏九、九中） 中論云。因緣所生法○等 文（大正藏三〇、三三中） 今此一心三諦者實相。實相無相三諦非三非一不縱不横三諦也。決一（五カ）云。（天止三、二七一）一家圓義言ニ法界一者。須レ云ニ十界即空假中一。初後不二「方異ニ諸教ニ」文 又云。（同、二四三）三諦無レ形俱不レ可レ見。「然則假法可ニ寄レ事辨一。即此假法即空即中。空中二諦ニ無レ二也。心性不レ動假立ニ中名一。亡ニ泯三千一假立ニ空稱一。雖レ亡而存。」假立ニ假號一 文 亦此三諦法身般若解脫之德。即法報應三身也。法身ト者。諸法平等ノ理。𑖀字本不生妙理。大空周遍體是也。報身ト者。慮知任運ノ性。金剛不壞命根體是也。應身ト者。從緣生ノ諸法即眞善妙有ノ法體也。是名ニ「本地無作」三身ト。誠ニ知ヌ萬法皆悉已證遮那體相也。三世諸佛已證得ニシテ祕密三身是也。釋云。（天文五、二一八四下。文句）一身即三身名爲レ祕。三身即一身名爲レ密。又昔所レ不レ說名爲レ祕。唯佛自知名爲レ密 文 如レ是三身ハ法華圓經ノ實說終窮究竟ノ極事也。又一家所立報身ハ非レ被ニ常報身一ニ。窮源盡性妙智境智冥合ノ身也。亦是境智者。定惠二法也。止

觀二法是也。弘決云。（天止一、九六）中道卽法界。法界卽止觀。止觀不二境智冥一文（文㊐故也）止觀云。（天止一、三四三）常境無相常智無緣。「縁二無相境一」（以無緣智カ」）（「」㊐无）○故言二無作一（言㊐名）文所レ云無作境智ト者。實相寂滅一心。實相寂滅一心ト者。阿字大空金剛不壞ノ命根是也。決云。（天止三、一九〇）無始色心本是理性「妙境妙智。而隨レ妄轉不レ覺不レ知。今既聞レ名知二陰卽是一。（卽カ）則二四陰心一而能成レ觀」（「」㊐○）文所レ云境智ト者。我等カ色心ノ二法不動寂靜ニシテ卽淨妙法身體也。大日經疏云。（大正藏三九、五八五中）一切衆生色心實相。從二本際一已來。（已㊐无）常是毘盧遮那平等智身文。色心二法ト者。定惠二法。胎金兩部ノ大日（大日㊐无）是也。智力ト者。（力㊐身）胎金不二佛體。五智覺王大日卽我等カ當體是也。又空假中ト者。習二不動明王一ト事如二以前相傳等一（以㊐已）云云（惠全三、五三二。敎觀大綱參照）金剛頂經疏云。心性不動〔明王之體。亡泯三千卽大智劍。雖亡而存執大悲索。一見者其形三諦宛然〕（㊐）等（等㊐无）文如レ此人於二生死一（「㊐知　於㊐出）無レ畏三界自在。所以生死（生㊐去）二法一心妙用。有無二道本覺ノ眞德故。謂ク無來無生心性施二有用一ヲ名レ生。不生不滅心法ニ施二無ノ用一名レ死。然ニ盡（盡㊐愚）凡夫〔妄コ（㊐）計生二〕妄コ計死一。作二善惡業一故ニ生死無レ終コトヲ。生死從來

無知ニシテ不生不滅。心王（王㊐性）常住體。法界周遍ノ理。金剛不壞ノ惠命ニ還成スレハ。行住坐臥皆妙行（行㊐法）。何事モ無レ差者也。又眞言宗ニハ。六大和合ヲ名レ生。六大離散名レ死。生死ノ二法ハ二明王體也（如二自餘相傳一云云）謂六大和合ヲ〔名二生ノ始一ト。（㊐）六大離散ヲ名二死ノ終一ト〕所用也。但シ須ク一切ノ萬法一法妙體。本地不思議命風ノ體ト知ヨリ外ニ（「㊐之）無レ法大旨相傳也。（也㊐无）極レ之莫レ釋二（釋㊐見）異路一。此等文理一宗祕藏（藏㊐要）唯授二一人一。以レ之爲二閉眼一。閉眼於レ違二佛意內證一者定墮二惡道一二（惡道㊀㊐無間）矣

「第二帖畢」（「」㊐无）

一心三觀祕要集第三　定仙（定仙㊐无）

一心ト者。法性體。法性體ト者。不レ留レ本（本㊐有）不レ留レ無。而〔有（㊐）而無。〕有無倶以テ不レ留。不レ留ト者。一心卽無二一物一處也。此時ハ不レ留レ法不レ留レ機。地獄天宮常處本行（行㊐心）ノ自體。天眞獨朗ノ德用也。釋尊所說ノ敎法ハ隨（隨㊐施）テ與レ〔フニ機ニ〕。皆敎（敎㊐敢）不留ニ二字ヲ云（云㊐无）也。所以ニ三藏敎ハ卽戒定惠ヲ爲二根本一ト。以二與奪ノ義一調（調㊐捃）レ機。阿含說レキ空ヲ。機卽不レ留二六道一有ノ執捨レ

之。方等彈呵不レ留二假ノ法一ニ。迹門ノ無生モ本門ノ極説妙覺モ一向平等ニシテ不レ留二一位一ニ。打崩シテ釋レハ之。元來無レハ留在ノ法一三藏ノ時所見數息ナリ。不留ノ故ニ昇沈自在ニシテ苦樂無ニ一トシテ留法一。又不レ留二數息一ニ色心自在也。眞言ニハ𑖀字第一命遍提二情非情一文所レ言阿字命ト者。胸間ノ心性即出入息是也。此命體等ニシテ大虛空ニ元來無ヲ呼テ名レ空。雖レ然彼ノ常住不壞ノ命體爲二諸法根本一ト。隨緣生二萬法。所生ノ萬法ヲ名爲レ假。雖レ生二萬法一本來空寂ニシテ不レ留二一塵一ニ。雖レ不レ留二一塵一而生二萬法一。三千性相顯然非二有無一。而照レ有照レ無。諸法只無住ニシテ本有不改ナルヲ名二中道一ト。即萬法惣體𑖀字本不生ノ一心是也。是ハ此非三非一不縱不横ノ三諦（大正藏九、四二下）也。又云二祕密無作三身一トモ。壽量品所レ説。甚大久遠。壽命無量阿僧祇ト者。久遠ノ正覺ノ佛ハ是自受用身。自受用身ト者。本有菩提成就ノ佛。無量壽命決定如來。則我等本有ノ智體也。此佛ハ以二風大一ヲ爲レ體ト。本覺久成ノ彌陀ト者。一切衆生命「根命性」體。我等カ八分肉團宿住スル金剛不壞ノ命性命根。性德心蓮ノ上ニ所レ座𑖀字是也。非レ限二有情一ニ。一切諸法以二風大一爲レ命故ニ。建ニ立ル世間一時先風輪居レ初ニ此謂也。但修學者我等出入息風本心周ニ遍シテ虛空ニ。火ニモ不レ燒水ニモ不レ溺レ。得レ見二常住不壞ノ處一。不ハ滯ニ善惡ニ定入ニ密嚴華藏世界一坐ス無住臺一。密嚴國土ト者。寂光土。寂光土ト者。大虛空性是也。華藏世界ト者。所居器世間皆押テ云二華藏一ト。所以世間ハ皆風大所立也。風大ト者華藏。華藏ト者風大。謂自性清淨。故如レ此解了スレハ常住説法實相無相ノ説法也。〔此等法門ハ顯密一致故ニ密嚴ヲ爲ニ助證ト習傳法門也。〕彼此大乘ノ至極。諸佛出世ノ本懷其意同カ故。所以𑖀字空ト有ト不生ト三ノ義也。即三諦ハ三身也。爰以テ智證大師云。（佛全113、三二一上。唐房行履錄）南岳天台ノ三觀一心之理出ニ𑖀字大宮一ヨリ。無畏不變三密同體ノ教ハ。冥ニ扶二圓頓一實一ヲ「私云。此文ヲハ顯密ノ學者點ヲ兩方ヨムナリ」祕決集云。止觀明靜。止ト者體也。法性宛然ノ義也。即不變眞如ノ理ナリ。觀ト者用也。寂而常照ノ義。即本有ノ妙智。故止觀云。（天止一、一一三）法性寂然名レ止。寂而常照名レ觀。是則諸佛出世ノ要道。衆生成佛ノ直路也。即是大師己心ノ妙觀也。故云二止觀明靜先代未聞一。所レ云明靜ト者。其體如來一往平等一實ノ妙體。有(有㋑宿)人云。性體本覺謂ニ之明一ト。覺體本寂謂ニ之靜一ト。
所レ言明ト者。自性自爾ノ覺體(體㋺ナシ)。任運法爾ノ慮智(智㋑知)也。靜ト者。
法(法㋺寂)性法然ノ體。無住涅槃ノ妙理也。又此止(止㋑㋺ナシ)觀ト者。隨緣不
變ノ二種ノ眞如也。隨緣ハ是觀。不變ハ是止。止亦隨緣是心。
不變是性。傳教大師ノ云。不變隨緣名(故名カ)レ之爲レ心。隨緣不變(傳全一、六〇五。一心戒文)
名(故名カ)レ之爲レ性。止觀是中道法界ノ體。萬法莊嚴定惠。然則法
界悉止觀ナレハ都無ニ二法一。爰知我等行(行(底)巧)住坐臥語默動靜皆
是止觀。靜ハ是止也(也㋺ナシ)。動ハ是觀。亦止觀卽レシテ止〔而觀。〕(㋺)卽レ
觀而止故。止觀行者前ニハ卽レ觀而靜。卽レ昏而朗(朗㋺明)。是名爲ニ
圓頓止(止㋺ナシ)觀一ト。是則如來無作ノ妙行也云云。當レ知達レハ二止觀明
靜之旨一一切時處(時處㋺ナシ)ハ皆妙行ニシテ色香悉中道「(㋺也」)云云 矣(矣㋺ナシ)
「第三帖畢」(「」㋺付三軍。五帖内也)

一心三觀祕要集第四　定仙(定仙㋺ナシ)

妙莊嚴略(略㋺路)ト者。三世諸佛心身ノ常(常㋺道)。寂光不思議ノ本土也。
不ハレ留ニ凡聖(聖㋺地)一ニ登ニ妙覺一ニ。不レ留ニ高位一ニ還來ニ下地一ニ。一切
不ハレ留終日ニ流轉シ夜夜還滅シ。時時悟リ剋剋ニ迷故ニ。凡聖
倶ニ不レ留レ善ニ不レ留レ惡ニ。不レ留レ迷ニ不レ留レ悟ニ「不レ留レ
法」(「」㋺ナシ)故云ニ無法愛一。不レ留ニ止觀一ニ法尚應(應㋺可)レ捨。何況非法耶。
眞言ノ心王境界卽法界宮是也。此當宗門ノ所レ云向ニ上一
路一。一路ト者。法身本性理。所レ云理ト者。微塵(微塵㋺無立)法界性。出ルレ
路ニ者不レ留(不留㋺ナシ)。住寂(寂㋺家)ト者。終有期者是皆不レ留ノ義也。慈(慈㋺眞)覺
大師云。法身覺了無物。本源自性天眞佛。土(土㋺五)陰雖虛(雖虛㋑㋺浮雲)空去(大正藏四八、三九五下。永嘉證道歌)
來。三毒水除(除㋺泡)虛出「(㋺一)路。若入ニ此路(路㋺沒)一ニ。生滅去來皆悉如來藏
理ニシテ清淨本然ノ妙理。所以船行岸移リ空驗(空驗㋺雲驟)月運。見レ移ト
岸ノ外ニ無ニ不レ移岸一。見レ運(運(底)㋑岸)月外ニ無ニ不レ運月一。只見レ移岸ノ
居(居㋺有)不レ移レ岸。見レ運月ノ有不レ運レ月也。意識殆(殆㋺船)走レハ彼「(㋺菩提)岸
似レ移ニ。菩提岸ニハ本來無レ移ルコト。無明ノ雲高(高㋺驟)本覺朗月モ似レ
運。元來無レ運。然愚迷凡夫ハ生外ニ無レ生。息レテ念歸ニ無「(㋺求)
念一ニ。是謬「(㋺幾)耶(耶㋺乎)。但知ニハ〔一念不生ニ〕(㋺)前後(後㋺ナシ)際斷レ離ヲ。念ハ無念(念㋺ナシ)。

生無生。一法無實體住留法故。當處本妙無生。無可離生死。無可求涅槃者也。夫明一心有二。一妙明元心。二本命元心也。妙明元心者。金剛不壞妙命體。大日遍照尊是也。亦是一切衆生「命體。自性清淨本心自體也。相應經云。」命者。所謂風卽無量壽佛是也。此佛者住我等心蓮。三世常恆卽出入命息風體也。或云。赤肉團上一無値眞人。出入初門。大日經[梵字]字第（大正藏七四、三〇八下。授決集）一命遍於情非情文又云。極樂不遠眼前境界。彌陀在近我性心蓮彌陀云初門出入無位眞人。眞人者。本地風光。本地風光者。十法界惣體。萬法根本。是生佛倶一如性相應然佛也。輔大士云。夜夜抱佛眠。朝朝佛共起。行住「坐臥語默作作」鎭相隨。生外同居止纖毫不相離。如身影相似。欲佛在何處。只今言語音息是也。當知自性眞佛者。我等凝然不變眞理。而萬法惣體也。然則諸法悉佛法萬事無差別。花紅若錦（柳緑カ）。鷺白烏黑。加之無差只是一眞如法也。二本命元辰。本慮知體。四大五陰主也。前所云諸法命

體卽本地風光是也。圓（圜悟カ）語心要云。人人脚跟下本（未カ）有此段大光明。虛徹靈通。謂之本地風光生佛本具圓融無隆在自己方寸中。爲四大五陰主。初無汚染。本性凝然寂寂。（卍續二一一二五、三七〇左下）我等行住臥擧足下足皆是依本地風光。離之無成一法。元辰者。彼光用也。所云同者。一念也。依此一念萬法出生。故諸事相一念所生法也。故諸法皆是自本元辰也。只修學者明自上本命元辰。於無住中而是去所不留之。大惠理念自己本命元辰令去所分明。所以是周遍法界體。本來無住體全以無生滅處。此是大智門方也。普賢觀經云。（維摩詰經カ、大正十四、五四七下）從無住法（本カ）應一切法文金剛般若經云。應無所住而生其心文（大正藏八、七四九下）此皆不留一法。雖然從無住本隨緣起佛種說法。此是大悲門方也。大悲門者。萬法隨緣而生。卽是約元辰立之。當知學道人臨終時令一念淨。所言於無所中示生空中成閒。身得自在起初緣可利衆生。雖然無一切無一切心。如虛空而去非斷滅。故又生。陰陽二法一不出之。如

玄旨已前口傳等一云云　「第四帖畢」〔「」㊁付三車。五帖內也〕

一心三觀祕要集第五

定仙〔定仙㊁ナシ〕

宗家明ニ一心三觀一ヲ以ニ鏡像圓融喩一〔喩㊁譬〕。所以卽一而三卽三而一故ニ。明ヲハ譬ニ〔譬㊁喩〕卽空一（天止一、三二七。止觀）。像喩ニ卽假一。鏡喩ニ卽中一。不合不散而合散宛然タリ。一心亦爾ナリ。三諦一諦〔諦㊁體〕非三非一。不縱不横不可思議。非識非ニ言〔「㊁所識〕所レ言。無分別 文

問。何名具耶〔具㊀空㊁爲空〕

答。一切諸法悉究竟法界眞理。鏡ノ中ニ一如平等也。故呼レ之名レ空。起信論云。所レ云〔云㊁言〕空ト者。（大正藏三二、五七六上）從レ本已來一切染法ト不ニ相應一。謂ク離ニ一切法無差別之相一。以レ無ニ虚妄ノ心念一故。實知一空一切空ナレハ假中無〔無㊁ナシ〕レ非レ空。是則眞言宗所レ謂〔謂㊁明〕𑖀字大空是也〔也㊁ナシ〕。𑖀字大空ト者。實際理地。實際理地ト者。不立一塵妙處卽宗門所立向上一路也〔「㊁線〕

問。如何名爲ニ不思議假一耶

答。法界眞如ノ鏡ニ所レ浮像ハ非ニ鏡外ノ法一ニ。只是鏡一體也。

亦一心隨緣一切諸法亦爾。元來一切〔切㊁心法〕當位不改舍那實體ニシテ常恆不變。只是一心無心〔無心㊁ナシ〕妙德。謂之眞善妙有ノ故ニ當位卽妙本位〔位㊁有〕不レ改。然則不レ改ニ十界三千依正色體一ヲ〔「㊁心〕。各ニ遍ニシテ法界一ニ無妨無礙ニシテ常住。故云。是法住法位世間相常住 文 眞言宗ニハ諸法當體ヲ云ニ𑖀字一。𑖀字ト者。金剛不壞今明〔今明㊁命卽〕四大五陰ノ主也。所以四大卽風光者〔者㊁風光〕。卽四大五陰也。故云ニ色心實相一也。決云。（天止三、一九〇）無始色心本是理性妙境妙智等 文 所以ニ心全色色全心〔心㊀ナシ〕。本來一體不二。明知ヌ一假ナレハ一切假空中トシテ無レ非レ假ニ。亦此法界眞理鏡裏〔「㊁如〕ウチニ所レ浮萬像ハ從レ外來テ非ニ鏡ニ浮レ影ヲ。本來鏡ノ具德。所以我等カ一念ノ中ニ非レ具ニ萬法一。雖ニ萬鏡來一ト一念無念鏡ノ中ニ不レ可レ浮ニ萬像一ヲ。是〔是㊁止一云〕更ニ非ニ遠〔遠㊁ナシ〕物一ニ（天止一、三三七）不ニ餘處ヨリモ生一〔生㊁來〕。但一念心ニ普〔「㊁皆〕具足ス。此故ニ一切諸法無レ離ニ自性一心一謂也〔也㊁之〕。隨緣眞如法。眞如法ト者。因緣所〔所㊁ナシ〕生ノ法。此尋ニ隨緣所生ノ法一〔「㊁諸〕説〔説㊁從〕レ自不レ生不レ説〔説㊁從〕レ他。自他非〔非㊁共〕不レ生ニハ於レ求ニ四句一不レ可レ得。只是云ニ惣在一念別分色心一ト。故我等一念ノ心天然具ニ足萬法一。譬如ニ〔如㊁以〕水精一。臨レ日時火ヲ出シ。臨レ月時水出ス。我

等ヵ一念心亦爾。隨ㇾ緣ニ造ニ種種五陰一。華嚴經云。心如ニ工（大正藏九、四六五下）畫師一造ニ種種五陰一○等文故惣在一念ノ中ニ具ニ足ルニ十界三千依正二報ヲ。其體無ニ差別一。只是一心ノ法也。彼一念ト者。譬如ニ種子未ㇾ落ㇾ地時根莖枝葉花菓皆其內ニ具足ヵ。雖ㇾ然未ㇾ顯ニ體ノ相一。只是一體ノ種子也。此種子落ㇾ地時萌始テ根莖枝葉花菓生長。如ㇾ此惣在一念心ニ隨緣諸法云云

問。中道法界眞理鏡者如何

答。中道實相ト者。十法界ノ大惣體。𑖀字本不生ノ理。所ㇾ言不生理ト者。衆生ノ心法求ニ此心一非ㇾ有非ㇾ無非ㇾ一異故名ニ中道一。此中道ト者。其形薄墨色ニシテ三世常住名ニ阿那波那一ト。則出入息風也。大地精氣處遊ス中道第一義空。愚ハ見ㇾ之云ニ無明雲霧一。賢ハ達ス法性中道一。我等見ニ惣命體一ト具ニ雙非雙照ノ〔德一。謂雙非時ニハ一切諸法非ㇾ空非ㇾ假云ニ雙非一ト。雙照時照ㇾ〕空照ㇾ假ヲ故云ニ雙照一。玄文中ニ心法妙。（天玄一、二八四）適言ニ其有一不ㇾ見ニ色質一。適言ニ其無一復起ニ慮想一。不ㇾ可下以ニ有無一思度上。故名ㇾ心爲ㇾ妙文實知心法旣爾。又萬法以如ㇾ此

問。抑中道實相ノ體ト者其體如何

答。我等ヵ胸中ノ慮知性不壞金剛ノ可得シテ。所出入息利乃（大正藏九、十六下）遍他國文體他國ト者。實報土ノ三土下下來ノ處也。周給一（大正藏九、十二下）國ノ一國ト者。寂光土也。身土ト者。我等ヵ色心不二ノ名號。身ハ我等四大五陰之體。子土謂心法也。卽此心法薰ニ法界色法一ニ。色法ハ又發ス智ヲ。子息ト者。親命根相續ス。○故ニ生ニ中道ノ羅睺ヲ與ㇾ智智惠第一身子能能可ニ思合一。如ㇾ此此命者方寸而周遍シテ法界タリ萬法根本。又法界眞如鏡ト者。大日遍照ノ體。大日遍照ノ體ト者。六大四曼ノ惣體。阿字第一命空也命空也。此命體本來周ニ遍虛一無ニ分別一。呼ㇾ之謂ニ法界眞理ノ鏡一ト。如ㇾ此談コト顯密一致ノ意也

問。於下法界彼此ノ諸法ヲ云ニ一心法ト中上ニ。有情非情ノ心ノ替目如何分別耶

答。草木ノ心ヲ名ニ千栗多心一ト。此ハ梵語。此ニハ翻云ニ眞實心一ト。又云ニ賢實心一ト。此心有情非情無ニ差別一。眞實心ト者。自性自淸淨ノ命體。此云ニ本地無染第九識一。有情ハ於ニ此心上一ニ所ㇾ起心ヲ名爲ニ質多心一ト。「翻云ニ集起心一ト。又云ニ肉團

心一也。」無二迷心一。是則自覺性智任運慮智（智イ曰知）也。一切衆生凡ッ不レ知二眞實心（實心イ如）一。隨レ緣所（所曰ナシ）レ起慮知分別ノ心ヲ思テ二我心一ト。無レ由依二善惡ノ業一ニ流二轉シテ二十五有ノ生死一ニ。彼慮知ノ性（性イナシ）眞實如如不動ニシテ本來寂滅ノ處ヲ知レハ。情非情ノ心無二差別一。彼此共ニ三智（智曰世）常住ノ法也。亦現レ自（自曰見）二草木櫻梅桃李（李イ梨）ノ花輪一青黃赤白黑（黑曰ナシ）ノ五色。誰所二染作一耶（耶曰乎）。亦是天然トシテ眞實心ノ妙用慮念（念曰知）也。如レ此得レ意。不シテレ障（障曰改）二我等當體一遮（遮曰舍）那佛體也。亦有情心遍（遍曰慮）法界九界（九界曰ナシ）。非情心慮不二一心也。不レ知二此理一故ニ流二轉シテ六道一ニ。底下ノ凡夫知ル二此理ヲ一卽無爲眞佛（佛曰ナシ）也。華嚴經云。初發心時便成正覺 文（大正藏九、四四九下） 山王（「イ院曰院大師）云。釋迦牟尼佛名二毘盧遮那一。其土名二寂光一。尋二常懸レ眼ヲ何不レ會レ之。善（善曰若）不レ知レ之（之曰此）者。同（同底ナシイ自）ニ於質礙（礙曰互）ノ老病人一ニモ。予幸（「曰文）遇（遇曰愚）二天台相嫡高心理一者。「其珠不レ重」（「」イナシ）故以二前七重血脈一付二佛與法一敷ニ流。連（連底イ速）二蒼名於高祖累膚一名レ血。縱雖レ授（授曰役）二靈蛇珠一非レ明二揚之。今此血脈ハ不レ留（「イ不留）二佛法一。善心（心曰惡）〔（曰）因果。生死涅槃。邪正是非。煩惱菩提。全不レ知レ之。不レ知レ之者。全無レ所レ期。元來〕無用處。底人（「曰下）ニシテ無二上求下化之儀一モ。是當二於（於曰捨）二法門一未レ見二一心實體一ヲ實理爲レ本莫（莫曰草）レ晞（晞曰瞞）二筆端一矣（矣曰ナシ）

二八四

「一心三觀祕要集第五　都合五帖」（「」曰付三車。五帖內也）

〔定仙〕（曰）

（底本・對校イ本奧書）

不レ可レ授二非レ器人一。穴賢不レ可レ爲二聊爾一

御本云

右此書者。天台大師己證。一心三觀。一念三千。乃至初從二凡夫之色心一終テ至二極果ノ種智一ニ。三諦三觀一如三千ノ法法塵塵ノ當體。無作三身ノ全體ナル處アリノママニ注レ之。努努不レ可レ爲二聊爾一。若有二末代一於下輕二此書一輩上者。可レ恐冥〔（イ）照覽。可レ愼山王御罰。非レ爲レ空二今生一。來生ハ必〕墮二地獄一矣

穴賢穴賢。裏書キニ書レ之 云云

一御本云（云曰ナシ）。此鈔者。惠光院代代明匠以二此書一爲二生死之出沒之要路一御座也 云云

又御本云

于レ時康永二年（一三四三）癸未 七月十八日。於二四條ノ錦ノ小路東洞院御

宿所一申二談綾（アヤ）ノ小路殿御本一。不慮之外感二得之一。偏於二當宗

當流一者依二志深一。於二叡山東塔北谷八部尾惠光院之御坊

中一。雖レ宿二二十餘年一聞二名字一ノミ求レ之不レ得。雖レ然宿殖德（德㋑㋩）

深厚之故哉。不思議感二得之一。穴賢穴賢。可レ祕可レ祕

「文明第八天（一四七六）三月二十一日書畢」（「」㋑㋩）

（對校㋺本奥書）

長祿四年（一四六〇）庚辰卯月二日亥剋於二善勝院一遂寫功訖　　光盛

寛正貳年（一四六一）辛巳二月七日於二南榮院一寫レ之。今日亡父忌日也。

祈二往生於安養一。將又彼岸齋日也。施二功德於法界一

南無一念三千阿彌陀佛　　沙門繼憲 眞二十七 俗恥之

（別筆）江州栗太郡芦浦觀音寺舜興藏

正保三年八月吉日

（底　本）身延文庫藏、北谷三十六帖の內「一心三觀祕要集」文明八年（一四七六）書寫奥書日意本

（對校本）㋑＝身延文庫藏、『北谷祕典』の內、「一心三觀祕要集」日朝番外本

㋺＝西教寺正教藏、寛正二年（一四六一）繼憲書寫奥書一冊寫本

〔十五、北谷祕典　一心三觀祕要集　終〕

十六、北谷祕典

雜雜聞書鈔　亦云山中抄

（原本目次改訂）

1 妙法大意事

師云。凡ソ妙法蓮華經者。能詮ノ敎門ノ重ニテハ釋迦如來靈山ニシテ八箇年閒爲ニ萬二千ノ諸大聲聞乃至十界ノ衆生ノ所レ說タマフ敎法也。然トモ是ヲ實義ノ時得レニハ意。我等カ九道ノ色心ヲ全體妙法蓮華經ノ體也ト習フ也。所以ニ心法ハ微妙寂滅言語不可思議ニシテ本來不生ノ體也。是ヲハ以ニ言悟（語カ）一非レ可レ宣フ非ニ思惟ノ所レ及フ。是ノ故ニ指ニシテ此心法ヲ一名レ妙ト。次ニ我等カ色體本有ニシテ無作ノ色體三世常住不變ノ色ニシテ非レ善ニモ非レ惡ニモ指レ是ヲ爲レ法ト。此ノ色心自レ本自性清淨ノ體ニシテ煩惱妄染ニモ不ル被レ染故ニ名ニ蓮華一ト。而モ此色心諸法ノ差別次第ヲ宛然トシテ不レ亂經ノ義也。是卽妙ト者不可思議ノ言ト云ヒ。法ヲハ軌持軌則ト釋シ。蓮華ヲハ自性清淨ノ義ト云ヒ。經ヲハ名レ敎ト。敎ト者分コ別スト同異ヲ一云意也。然ハ則チ我等カ一心ノ全體妙法蓮華經ノ體也。釋尊ノ說キ置キタマヘルト云ハ。機緣ヲ引導スル敎門ノ筋也。然ハ則チ法華者。己心本有ノ無作本覺ノ三身ノ旨ナル事ヲ詮スル敎也。是ハ能詮。我等カ所詮ノ法本也。カカル殊勝ノ法體ヲ詮スル敎ナレハ。此經ノ一偈一句ニテモ乃至一字二字ニテモ是ヲ聞キ唱ヘ信心無二ナレハ成佛スル事モ速疾也。故ニ一偈一句ニテモ唱フ時ノ息風一度出テ。法界ノ衆生ノ毛孔ニ入テ成ル二成佛ノ種子ヲ一故ニ。於ニ此經ニ一受持讀誦等功德不可思議ニシテ無邊廣大ノ善根ニシテ有ル也

尋難云。行者心地開ケナハ何ノ經論ニモ有レ法華經ト同シ文字也。若爾者。法華ト同事ニテ可レ有。何ソ限テ二此經ニ一如レ此可レ云耶

答。其モ尤爾也。但シ行者ノ心地ノ開クト云ヲハ一心三觀無作ノ三身等ノ法華ノ心地ニ成ルヲ心地開クト云也。法華ノ意ヲ得テ見ル時ハ尤モ如ニ所難ノ一。然トモ不レ入ニ一佛乘ノ方等ニ一不レ得ニ法華心地ヲ一開ハ。同功德善根ニテハ有トモ有ニ方域分限一狹セハキ善根也。仍テ淺深差別如レ此可レ得レ意也

2 三種法華之事

師云。此事專ラ惠心流ノ大事ト云事也。其義勢ハ傳敎大師ノ御釋ニ。(傳全二、一七一。守護國界章)於一佛乘者根本法華敎也(也[乃シ]カ)。分別說三者隱密法華敎也(也[乃シ]カ)。唯有(有[乃シ]カ)一佛乘者顯說法華敎也(也[乃シ]カ)ト釋シタマヘリ。以ニ此釋ヲ一云也。此釋ノ意ハ。華嚴ノ內證佛意ノ一分モ不シテレ下ニ機情ニ一。法界朗然ノ心地指シテレ之根本法華ト云也。是佛意根源ナル故也。次ニ分別說三ヲ隱密法華ト者。是中間三味也。其故ハ。(天玄一、四二六。釋籤)佛意非レ適レ今也ト云テ。佛意ノ內證ニハイツモ法華也。是一佛乘也。然モ機緣時不ハレ至設テニ中間三味ヲ一漸漸ニ引コ入ス機ヲ一。是ノ面ハ自レ小傳レ大ニ漸敎ニシテ。然モ底ハ無キニ廢退一法華ノ體ナレハ隱密法華ト云也。唯有一佛乘者顯說法華者。是ハ今ノ第五時三乘五乘等ノ機ニ一分モ無ニ隱處一正直捨方便說ナレハ顯說法華ト云也。但シ當流ニハ。三種ノ法華ト云事ハ別ニ有レ之。

但シ當流ニハ未分法華已分法華ト習。未分法華ト者。佛意ノ內證ノ不レ向レ機ニ唯自證ノ法體也。已分者。向レ機所レ說法華ナレハ今ノ經ニシテモ此經ヲ說キタマフ。自證ノ方ハ未分ノ法華也。令レ蒙レ機ニ方ハ已分法華也。又於ニ法華ニ已分未分ト立ツハ在世ノ事也。滅後ノ於ニテ止觀ニ可レ有ニ已分未分二義一。所以ニ天台大師ノ己心（コシン）所解天眞獨朗ナルヲ所解ノママニ宣タマヘルヲハ未分止觀也。然ニ章安。爲ニメ將來ノ機ノ記ニ錄之一タマフ。文字言句ニ墮ヌレハ是レ已分ノ止觀也。仍此外ニ三種ノ法華ト云事ハ。當流ノ一大事。餘流ニ不レ知事也

3　當流三種之法華之事

師云。三種ノ法華ト者。心經ハ根本法華。阿彌陀ハ隱密法華。妙法華ハ顯說法華也。然ニ法華八軸ニ開結二經合スレハ十軸。其上ニ具ニレハ心經・阿彌陀經ヲ一十二卷也。是卽此三種ノ法華不老不死ノ良藥ニシテ。表ニル因位ヲ一時ハ東方ノ法身藥師如來ノ十二大願。至ニテハ果位ニ一阿彌陀ノ十二智光。然ヲ今ノ法華十二軸ハ。因果不二ノ體ニシテ一切衆生不老不死ノ良藥也。以ニ此心ヲ一妙法蓮華經ヲハ十二軸ニ定タリ云云　然ニ藥師如來ノ左右脇士日光・月光。是ハ以ニ定惠ノ二德ヲ一日光月光ト云ヒ。不二ノ法體ヲ藥師如來ト云フ。サレハ此三尊ニ一諦三諦・三諦一諦ノ義也。其上ニ使者眷屬十二神將七千夜叉也。是ハ三千ノ法體ノ事ニ顯タル形也。是レ卽チ藥師如來。一切衆生ノ守護ニ日夜ニ日光月光ト顯シ。守ニ護シ一切衆生ノ日夜十二ヲ一タマフニハ十二神將ト顯レ。一切衆生ノ念念ヲ守護シタマフニハ七千夜叉ト顯ル。サレハ法華一部ト云ヘル發心門ニ至ルニハ以ニ藥師如來ヲ一經ノ體トモ。法華ノ教主トモ是ヲ習フ。此經卽（則カ）爲ニ閻浮提人病之良藥一ト說キ（大正藏九、五四下。藥王品）。壽量品ニハ。譬如良醫ト云ヘル（同、四三上）此意也。妙法蓮華經。不老不死ノ良藥トシテ一切衆生ノ三惑ノ重病ヲ治ル意ニテ。此經ヲ皆藥師ト習フ也

4　本地三身・無作三身ノ不同之事

師云。本地三身ト者。實修實證ノ自證ノ重ニテ云事也。無作三身者。三世常恆應用不斷ナル重ニテ云事也。所以ニ本地ノ三身者。因圓果滿ノ時。自受用ノ智體顯ハル時。已成ナリト上冥下契ノ故ニ三身ノ內證自ラ具足ス。所以ニ本有ノ理ニ契當スル能冥ノ智體ハ報身也。所冥ノ理ハ法身也。此境智冥合ノ故ニ八相成

道等ノ化道ヲ極ニハ應身也。是レ卽チ三身共ニ久遠實修實報(證カ)ノ重ニテ云事也。次。無作三身者。化他方應身ノ重ニテ云事也。所以ニ三世常恆ニ應用不斷也。此ノ常住不變ノ體ハ法身也。而ニ此佛ノ智惠ハ報身。利益衆生ノ方ハ應身。是無作ノ三身ト云也。無作者。名レタリ無キニ(作イ)地用一。是レ卽チ本有無作ノ應用不斷ノ故也。解釋ニハ。應用不斷卽(則カ)無量ト云ヘリ(天文五、二二六三上)。經文ニハ。我實成佛已來矣(大正藏九、四二中)已來ノ重ノ三身本地ノ三身ト者。成佛ノ重ノ三身也。解釋ニハ。報身金剛前有量。金剛後無量矣(天文五、二二六三上)是ノ金剛後無量ノ重ノ三身也。取レテ要ヲ是ヲ云者。本地ノ三身ト者。實修實證ノ自證ノ顯本ノ重ノ三身也。無作ノ三身ト者。應身如來ノ重。今日ノ伽耶卽昔ノ伽耶。昔ノ伽耶卽今日ノ伽耶ト云ヘル應身ノ顯本ノ重ノ三身也

5 當知身土一念三千等事

師云。傳云。身土ト者。一念三千ト云ヘル重重ノ文點可レ有レ之。一ノ點ニハ云ク。身ト土ト一念トハ三千ナリ。此點ノ意ハ。五陰和合シテ依身所居ノ土。無起ノ一念以レ之三千ト云也。是卽チ衆生世閒・國土世閒・五陰世閒也。但此點ニテハ五陰世閒ト云ヘルニ心(身歟)法ノミ取ル故ニ不審ノ事也。一ノ點ヲ云ニ身モ土モ一念ニシテ三千也。此時ハ身ト云ニ五陰ノ色心此ニコモレリ。五陰世閒モ衆生世閒モ收レリ。土ハ國土世閒也。サレハ身土ト云言ハ陰生土ノ三種ノ世閒有レ之閒三千世閒也。此陰生土ノ三ハ。我等衆生ノ一念全體也。然トモ陰生土ノ三各各具二レハ百界千如一ヲ聽テ三千也。所レ詮ル此ノ釋ハ。一念全體乍當體三千也。三千ノ全體當體ナカラ一念也。不レ落二一念一ニモ。不レ落二三千一ニモ。而一念而三千宛然タリ。照二シテ一離ル一異並引一ヲ横竪同異絕レ之。カカル處ヲ本理一念三千ト云ヘル此意也。次。故成道時稱此本理等云ヘル本理者。今ノ三千事也

6 六雙一句四節ノ法門之事

師云。口傳云。是法門ハ當流ノ一大事。一心三觀一念三千皆此法門ニ收ル。所以ニ先ツ六雙ト者。色心不二。境智一體。本迹未分。生佛一如。自他平等。依正亡泯。從一出多。從多歸一也。是ヲ口傳ノ名目ニ六雙一句四節ノ法門ト云。又ハ牛頭頂戴ト云フ是也

尋云。六雙ト聞タリ。四節ト者如何

口傳云。煩惱卽菩提。生死卽涅槃。衆生卽法身。善惡不二者。以二テ不改一爲レ本ト故ニ。體不二故故名爲卽ト云ヘリ。(天止一、七五。弘決)又云。(同、四六九)無始ヨリ已來。如レ此三諦三觀一念三千ノ行者ニテ是有ケルヲ流轉ト思ケルハ凡夫妄執ノ僻見也。今六雙一句四節ノ法門。是ヲ受習ヌレハ我等本來無作ノ覺體ニテ有ケル也。一切法門ノ教行證。此法門ヲ不レ可レ過 云云

7 五時次第之事

師云。凡ソ此五時ノ敎法ト云トモ。我等衆生ハ經ニ胎內ノ五位一於二胎外一成レ人ト。五塵ニ耽テ起シ二五欲ノ著一ヲ。流二轉五道一ニ可レ受二多ノ苦一ヲ。故ニ如來是ヲ脫シテ爲二能治ノ說キタマヘル敎法ナルカ故ニ五時ノ次第ヲ云也。所以ニ華嚴ハ出世成道ノ最初根本。佛本(天玄一、一七〇。釋籤)意在レ大故遂レ本居レ初ト云テ。大乘ハ佛ノ本意ナルカ故ニ最初ニ是ヲ說タマフ。此時ノ爲ニ二周ノ聲聞一ノ有トモ二擬宜ノ冥益一ハ。未無二(未レ有ニカ)顯益一。次テ起二テ鹿苑一ニヨリ始テ有ル二顯益一ハ也。自レ是後四味ノ次第ヲ經登ル。是ハ三諦ノ益ノ意也。所以ニ鹿苑ニテ以テ二空無生ノ觀一ヲ蕩シ二實有ノ執情一ヲ出ル二籠焚一ヲ。是ヲ空ノ得益ト云也。然モ執シテ二此空一ヲ偏ニ空ニ沈ミ。不レ進マ二無上菩提ノ行願一ニ。故ニ方等ノ時被ニ彈呵一セ。般若ノ時冥機シ。進ミ二別人一ニ轉教付財セシ。是レ假諦ノ得益也。然ヲ空有等ヒトシク調法遍ノ時。此空假一體不二ナル中道ノ益ヲ蒙ル也。然シテ又涅槃經一日一夜ノ說出來ル。是ハ偏被末代トモ被レ云。又被レ云ニ捃拾ノ敎一トモ。是ヲ一代ノ流通トシテ。重テ四敎ヲ設テ一代ノ化儀漏タル機ヲ攝スル也。能能可レ思レ之

8 四土感見不同事

師云。凡ツ四種佛土ト云事ハ。離テ二此土一外ニ非ス可レ求レ之。直ニ付テ二行者ノ心地一ニ是ヲ可レ得レ意者也。豎ノ土ト者。行者ノ心地隨テ二觀行ノ進一ニ自レ麁轉シテレ細ニ行スル故ニ。四種佛土ノ不同ヲ出タル也。其故ハ。先界內ノ同居ト見ルト云ヘルハ。五塵六塵ニ耽テ自他彼此心外實道ノ心是也

次。方便土ノ見ト者。住シ二空不生ノ觀解一上所レノ云界內ノ見是ヲ捨テハテテ六道諸法ヲ一心全體ハ見ル也。其ニ取テ二乘ハ一向ニ此ノ界內麁强ノ心ヲ斷破シテ偏ニ沈レ空。只住モ二無相寂靜一ニ色心□是□方便土人□而利根ノ人斷ヨ破スル諸法ノ名相ヲ事。而ニ又不レ住セ二此名相一ニモ住ス二無執著ノ心一ニ。此時キ空不生ノ心地ニ落居ス。是則チ諸法一心ノ全體ニシテ而モ離ニ

心外實道ノ執一。我相人相ト云物ノ一分モ無レ之。證タル二此理ヲ一時キ生タル二方便土ニ一人ト被レ云歟。猶ヲ是ハ空ノ一邊ニ留タル者也

次。實報土者。此空無相ノ心地ノ上ニ。空モ又明ニ見二諸法離見ト諸法一不レ起二相見一。雖モ不レト起二相見一「雖モ不レト起二相見一」（「」重複記載カ）而モ又諸法ノ宛然トシテ照ス。仍不レ落レ空ニモ。不レ落レ有ニモ。此時ニ斷シテ二無明惑ヲ一證シテ二（實報カ）中道理ヲ一。而猶ヲ後。假ノ無明餘リ感ス二變易生死ノ報ヲ一。是ヲ名二寂光土ノ人一ト。於レ之四十二重ノ報土可レ有レ之。經ニ四十二位ヲ一故也

次。寂光土ト者。無ク二一分迷モ一坐二一實中道ノ心一ニ。一念無念ニシテ心源ノ自體ニ落居シ。盡シテ二法源底ヲ一。三世了達ノ智極マリ。一分ノ疵モ無キ。是妙覺ノ佛意。此ノ智ノ所居所攝ナルヲ常寂光土ト云也。故ニ仁王經云。唯佛一人居淨ト云也。（大正藏八、八二八上）但於レ之有リ二三品ノ寂光一。今所ノレ云上品ノ寂光也。中下ノ寂光ハ實報土ノ內ニテ斷無明證中道邊ニ名クル。釋云。教被二中下一不レ被二究竟一。（天止一、二三四。弘決）初住（已）以上名二下寂光一。等覺爲レ中。妙覺爲レ上矣

9　四教・三觀不同之事

師云。四教三觀共ニ中論ノ自リ二因緣所生法ノ句一起レリ。所以ニ此四句ヲ顯ニル四教ト一時ハ。因緣所生法ノ句ハ。三藏教所觀ノ境也。是卽チ三藏ノ意ハ。六道ノ諸法實有ト談シテ。析ニ滅シテ此實有ノ法ヲ一歸ニル空無ニ處ヲ至極ノ證果トス。故ニ因緣所生法ト云ヘリ。六道〔　〕二空有レ之。所レ謂我說卽是空ノ句是也。三藏ノ方ニテハ析滅シテ因緣所生法ヲ爲レ空ト。通教ノ方ニテハ當體卽空也。如幻ノ空也。次亦名爲假名ノ句ハ別教也。別教ハ假諦ノ教ナルカ故也。此ノ四句又三觀ナル事ヲ云者。因緣所生法ノ句ハ所觀ノ境體。後ノ三句ハ如ク レ次空假中ノ三觀。能觀ノ智也。故ニ四教三觀一物ニシテ開合ノ不同計リ也。釋云（天止一、九二。弘決）（天台）是故三觀惣攝二四教一矣　可レ思レ之。可レ祕レ之

10　當通教眞諦ニ含ニ中道ヲ一之事

師云。凡ソ一家ノ意。當通教ノ眞諦ニ含ニト中道ヲ一云事大ニ不審也。中道者。非有非無ノ體不變ノ理也。當通教ノ眞諦者。偏眞ノ理也。爭カ此理ニ可キレ含ニ中道不變ノ理ヲ一ハ。若含ト レ之云者。名ルニ偏眞ニ名言無レ謂難スル也。是ヲ可レ會樣ハ。當教ノ眞諦ト云ル事ハ。且ク令メテレ被ラ二當通ノ鈍根ノ菩薩二乘ニ一云事也。實事ハ此空中道ノ體也。其ヲ且ク對シテ二三乘ノ共ノ機ニ一偏空トハ說ケトモ。眞

實ニハ非ス偏空ニハ。中道雙非雙照ノ理也。其故ハ。如幻者有也。此如幻ノ有ヲ押テ卽空ト云フ智體是中道也ト云事ヲ。利根菩薩聞テ此如幻卽空ノ旨ヲ今云カ如ク如幻ハ有也。是ヲ聽テ卽空ト云空ニテヤ有ラント怪ミ思惟スル程ニ。此思惟深ク成リ行ケハ。所詮スル空有不二ノ一實中道ノ體也ケリト云フ覺リソト開クル時キ。蒙後敎ノ攝ヲ。是ヲ被攝ノ機トハ云フ。仍テ當通ノ眞諦含ストニ中道ヲ云ルハ此意也。若不含之者。自元無ラン中ヲハ爭カ被攝ノ時モ可キ見出ス。但シ偏眞ト名ハ。付テ當敎ノ鈍根ノ菩薩二乘ニ云事也。此機ハ。如幻ノ有ニハ不懸目モ。一邊ニ卽空ノ空ニ本付モトツク故ニ。是ニヲ(相カ)ヲセテ偏眞トモ但空トモ云事

11 通教三觀ト一心三觀不同事

師云。通相三觀者。爾前ノ圓ノ敎相。一心三觀者。法華ノ圓ノ修行證入ノ空說也。然ニ通相ト一心三觀ヲハ一家淨名疏七(大正藏三八、六六一下)行相(卍續二八、四一〇丁左上。維摩疏記)無殊ト釋給ヘリ。其故ハ。通相ノ三觀モ。一空一切空無假中不(而不空カ)具等矣 一心三觀モ如ク此釋スル故ニ。行相無殊トハ云也。然共但一心三觀ノミ正修行證入ノ機有之。通相ノ三觀ハ。但敎相計リニテ實ニ修行證入スル機ハ無之。何トナレハ者。一空一切空等云ル此ママニ修行スル者無之。只是同聽異聞ノ分齊也。所以ニ一空一切空。一假一切假。一中一切中「一切中」(「」重複記載カ)ヲ云其下ニテ得益不同也。所以ニ別敎ノ機ハ。一空一切空ト云ハ十住入空ノ時ノ空ニ得意。所以ニ一空者自身ノ當體。一空一切空ト者。六道依正一切ノ諸法ノ空ト得意。一假一切假等ヲ者。十行出假ノ時ノ一界ノ假ヲ一假ト得意。一切假ト者。十界ノ假ト得意。一中一切中ト者。十廻向十地等ノ但中法性ナレハ。而モ亦九界ノ機歸入スレハ一佛界ニ一切中ト得意。通相ハ一假一切假ト云ヲハ。如幻ノ假乃至八地出假ノ假ト得意。一空一切空ヲハ如幻卽空ノ空ト得意。一中一切中ノ中ヲハ。被攝ノ機ハ。後敎ノ中道ニ得意。當敎ノ機ハ。離斷常ノ中ト思イ。三藏ノ人ハ。六道賴緣ノ假。乃至三僧祇ノ出假以離斷常中一中一切中ト得意成ス。是モ內機ノ方ハ一心三觀ニ無相違。有此同ク聞クニ取テ智解不同ニシテ得益ニ有淺深。然間。是ハ同聽異聞ノ意ニテ非ス正キ圓融ニ。當流ニハ通相ノ三觀ニハ無クシテ斷惑證理ノ機但有リト敎ノミ習也。此ノ三觀ヲハ解釋(大正藏三八、六六二上)。信解虛通ト釋スル此意也。只一空一切空等云フ融卽ノ言ノミ有テ無實。信

解ノ方ハ。四教ノ機不同ニシテ非ルレ如クレ教ノ故ニ信解虚通トハ云也。
一心三觀ハ可レ知ヌ

12 定教不定教ト云事

師云。定教ト者。佛ノ本意。鹿苑證果ノ聲聞ヲ入ニ法華ニ五時次第シ。彼ノ聲聞等擬宜・誘引・彈呵・洮汰等經登ル筋也。不定教ト者。漏シテニ此次第ニ聞ニ生滅ヲ悟ニ無生滅ヲ聞テニ無上（生カ）滅ヲ悟ルニ生滅ヲ。又聞テニ小乘ノ無生ヲ小乘ノ無生ト悟ル。此等皆不定教ノ筋也

於レ之亦祕密不定・毒發不定ト云事有レ之。前ニ云フ不定ハ顯露不定也。祕密不定者。大小同座スレトモ。少人モ大人ヲ不レ見不レ知。大人モ少人ヲ不レ知不レ見。マシテ得益ヲ相互ニ一向ニ不レ知。是ヲハ釋ハ。互不相知者名爲祕密ト云ヘリ（天文五、二六四八上。文句記）。但シ顯露不定ノ時ハ。大乘ノ人モ小乘ノ人モ（者カ）。人與レ人互ニ相見レトモ。得益ノ相ヲハ互ニ不レ知。是ヲハ釋ハ。互相知者名爲不定ト矣（同前）次。毒發ノ不定ト者。聞ニ小乘ヲ發シ中道實相ノ毒ヲ。殺シ無明ノ人ヲ得益ス。昔シ結緣スル處ノ中道ノ宿習ヲ譬ヘ毒ニ無明ヲ譬ル人ニ也。亦聞ク通教ヲ時モ如レ此中道實相ノ毒ヲ發スル也。是ハ非ス交互ニ不定ニ一邊ニ不定也。顯露祕密ノ不定ハ大小交互ノ不定也

疑云。今ノ定教不定教等ハ。機ノ得益ノ筋也。然ニ能化說教ノ方ニテ如レ此可シレ有ニ定教不定教ノ義一耶

師云。於レ之有リニ異義一。所以ニ松井ノ法橋長耀竹林片カタ不定ト云義ヲ云給ヘリ。所以ニ能化ノ說教ノ方ハ。イツモ定教ニテ通ルヲ。所化ノ機不定ニ聞キナス也。是レ片不定ノ義也。當流ノ義ハ不レ然。能化ノ說教ニモ有ニ定不定一。其故ハ。佛自レ初三周ノ聲聞ヲ爲レ本ト爲ニ此機ノ說ニ教法一タマフハ定教也。然而ニ此四教五時ノ教法ノ意ニ被レ持方ニテハ。大小權實融通融卽シテ。大乘ニモ具レ小ヲ。小乘ニモ具レ大ヲ。終日卽セルレ權ニ實。卽セルレ實ニ權也。如レ此ノ不シテ偏墜セ融妙ナル故ニ。機緣モ其ノ一邊一邊ヲ悟ル時不定出來ル。是卽チ能化ノ教法ニ付テ定不定也。仍テ是ハ諸ニ不定也

師云。松井モ實因ハ彼不定ノ義也。上ノ片不定ノ義ハ一往ノ練磨ノ御義也

13 四教教主・五時教主事

當流ノ相傳ニハ。四教ノ教主ハ各別。五時教主ハ一也ト相傳スル也。其故ハ。五時ノ次第ハ化儀ヲ爲レ本ト故ニ。能化ノ化道ノ儀

式ヲ爲本ト。一佛ノ始終也ト云也。四教ノ教主ハ。化法ヲ爲本ト故ニ。機ノ各各ノ感見ニ任テ四佛各別ト云也。是卽チ化儀ノ時ハ。一佛ノ振舞ニテ五時ノ說教ヲ設ケ。始終振舞ヲ遂ト沙汰ス。化法ノ時ハ。各各ノ機緣ノ得益感見ヲ以テ爲本ト故ニ四佛各別也ト云也。是卽チ化儀ノ時ハ能化ノ儀式。化他ノ時ハ所化ノ得益也。是以テ山家大師。化儀四教ハ儀式ヲ能化ニ立。化法四教ハ得益ヲ所化ニ論ト釋シタマヘリ。(天止一、二六三)可思合也云云

14 三藏如來而爲境本於色相上四見不同之事 決一

師仰云。凡ソ雖後三大乘ト全ク不出三藏ノ域ヲハ。サレハ四教共ニ三藏教ノ置手ニテトヲル也。能化ノ如來モ至マテ涅槃ノ夕ヘニ鹿苑卑劣ノ形。所化モ同ク聲聞律儀ノ姿ニテトヲル此意也。惣シテ本門無作ノ三身ノ體ヲ顯シ得レハ。還テ小乘所談ノ威儀ヲ少シ不失。三千觀開發ノ德ニシテ己レト三千威儀・六萬ノ細行圓備スル者也。サレハ諸惡莫作諸善奉行。圓融至極ノ重ニハ顯サテ以不可廢ス。三藏如來而爲境本此本意也。付之當流至極ノ大事。前三教ヲハ習圓ニ歟。是卽チ圓教ト云ヘルハ前三藏(教カ)ヨリ圓融シテ一心ニ持ツ故也。又後三教ヲハ攝ス三藏ニ。是卽チ後三教ノ朽木書三藏教是也。定戒惠ト立ルハ如次後三教ニシテ卽三諦也。是卽チ空(定カ)ハ寂靜湛然空寂ノ體ナレハ空諦通教。戒ハ解(外歟)相威儀ナレハ假諦別教。惠ハ畢竟空寂ノ中智ノ一分ナレハ中道圓教也。但シ此法門ハ戒家ノ配立ノ時。戒ハ法身中道。定ハ應身解脫假諦。惠ハ報身空諦也。仍テ量量(重重カ)不同也。又三藏教ノ諸法門ハ。皆是攝ス五停心ニ。五停心ヲハ數息停心ニ攝ス。數息ノ肝要ナル事ハ薄墨ノ中道ノ義可習之。仍テ三藏如來而爲境本ニ此等ノ重重ノ大事有之。天台御釋ニ。(大正藏四六、五五二下。六妙法門)阿那波那(般カ)。是(是[ナシ]カ)三世諸佛入道之初門矣(天止一、二六三)可思之

私云。弘一云。又四教主未(此カ)開成別。只是一身。各見不(四見各異カ)同矣

15 一心五味四教之事

師仰云。凡ソ圓ノ意ハ。於テ所詮ノ法體ニ。一心ノ三諦分別之。隨テ於能契行ニ一心三觀有之。而ニ能詮ノ教法ハ五味四教也。此五味四教又可一心ノ本分ナル。所以ニ心源自體ノ分無起ノ當體。是華嚴是佛惠ノ根本機法未分ニシテ。於一佛乘者根本法華教也ト云ハルル處也。次ニ一分落テ起念ニ。是青是

黄ノ境ニ對スル最初ナリ。是ハ阿含是則及ニ起念一ニ。對ニスル機縁一ニ漸教ノ最初ト等キ也。次。是靑是黄起念ノ上ニ。於ニ境界一ニ及ニハ是非取捨一ニ。是方等ノ善惡相對彈呵處。此上於ニテ善惡物一ニ是ハ何物ニモ有ニケリト決斷無明ノ智一起ル處般若智德也。此決斷無明ナル物ヲ自在ニ用ヒ。全體我所有ニシテ非レ他ニ。無礙自在ニ用ル心地ハ是レ法華也。惣シテハ於ニ一代ノ教法一ニ序正流通有レ之。華嚴ハ一代ノ序分。自ニ阿含一至ニマテ法華一ニ正宗。涅槃ハ流通也。又於ニテモ一心五味一ニ序正流通如レ此。不起本心ノ當體ハ序也。自ニ是靑是黄等ノ最初一印持決定シテ。自在ノ所用ノ度量分別。是ハ正宗也。而モ致ニスハ未來ノ分別ヲ流通也。可レ祕レ之

次ニ一心四教事。是又准ニ五味一ニ可ニ分別一。但シ是ハ一心ノ當體非有非無ノ中道ナルハ圓。而モ此心無形無質ナルハ是レ空ナレハ。藏通攝レ之。而モ起ニスハ三千ノ慮惣(想)一ヲ當體假ナレハ別教也。凡ソ本地四教ト云事アリ。嚴樣ニ思習ヲセルハ釋尊久遠實成ノ時ノ於ニテノミ實修實證ノ所ニ得レト之思ヘリ。然トモ今ハ不レ然。於ニテ我等カ心源ノ自體本分ノ所ニ得レヲ之本地ノ四教ト云也。法身地ノ建立ノ四教ト云モ所ニ攝之一ニ者也

16 靈山之事

師仰云。是ハ三世ノ諸佛ノ所說法ノ住處也。前佛入滅ノ三聖ノ屍骨安置ノ處也。佛ノ出世ノ以前ニハ死陀林ト云フ。出世以後ニハ名ニ靈山一ト也。此處淸淨ノ靈地也。故ニ爲ニ諸佛出世ノ住處一ト。惣シテ佛ハ依正二報共ニ離念斷スルヲ量(重カ)爲ニ淸淨一ト。助レルニ命ヲ食事ハ乞食也。隱レス膚衣ハ人離レタル欲ヲ。死人ノ身ニ纏フ絹布。女人ノ月水具等也。糞雜衣ト云ルハ彼等ヲ綴リ名レ衣ト也。是無欲ノ衣ナレハ。諸佛ノ大法衣也。彼靈山一切ノ人ノ無欲無主ノ地也。故ニ此處ヲ靈山淨土ト云也。此等能能可ニ思合一也

17 一念心卽如來藏理之事

師口傳云。凡ソ此一念ハ落ニタル起念一ニ善惡相對有記ノ念ニモ不レ有レ之。無記本分ノ跨節ノ一念泯ニ終スル起不起一ニ三識同在理心ノ一念也。如レ此得レハ意。此念ノ八識トモ云ヘ。六識トモ云ヘ。共ニ無ニ相違一。雖ニ八識元初一ト不レ離ニ六識ノ當念一。雖ニ六識一ト不レ離ニ八識一。九識地體九識八識等云テ深ク遠ク置事ハ。教門權說ノ一往ノ筋也。(天玄三、六三〇。釋籤)三識同在理心。教門權說且立遠近ト云ヘル可レ思レ之。此一念當體不レ落ニ善惡凡聖一ニ。本理ノ三

千ノ當體也。次ニ止ト云ヘル事ハ如レ上。不起念ノ上ニ對スル二萬境一ニ時。最初ニ起ル念也。爾ト云テ正キ（「非ニ」カ）麁强ノ起念一ニ。（天止一、四九七。止觀）是ヲハ倶舍ニハ。集起名（「故」カ）心（大正藏二九、二二下）ト云ヒ。一家ノ釋ニハ。異ニ乎木石一名爲レ心ト釋シタマヘリ。所レ詮スル此心ハ上ノ一念トハ有レ同有レ異。體用分齊也。是卽チ不起本心ノ上作用ナルカ故也。小乘ノ正性ノ意ハ。不レ及ニ心ノ本源一ニ。故ニ此故ニ心王ト云ヒ體ト云テ。一念不起ノ所ヲ不ニ沙汰一也

次。如來者。如ハ不變ノ義。又ハ無礙ノ義。來ト者去來ナリ。其ノ故ハ。對ニ萬境一ニ時ハ不起本心ナレトモ。假リニ住スレハ二起念一ニ是レ來也。境謝スレハ共ニ謝ス。是レ去也。此心隨レ境ニ起不起無礙ニシテ不レ歸ニ諸法一ニ。而ニ三世不得ナルハ被レ云レ如ト所詮一ノ。如來ト者。遠ク不レ可レ置ニ功德一。我等カ念ノ當體是也。是又理非造作故（天止一、三二一。弘決）曰天眞ナルハ如也。是普賢。（同前）證智圓明故云獨朗ナルハ來。是文殊也

次。藏者。上件ノ心ニ含ニ藏スルモ理智ノ二一ヲ。證智圓明シ理非造作シ全體一心ナル處ヲ藏ト云。是則チ無緣ノ大悲覆ニ藏スル一切一ニ觀音是也。此ノ三ノ謂ニ。本有不改不亂執持非レ判。但中道理心ノ上ノ態也。故ニ理ト云。仍散亂卽假。理卽中等云ヘル此意ナルヘシ

18 陳如章觀心事（天文一、一九六下）

記一云。本觀ニ理是ニ不レ觀ニ染除一等云云 此釋尤モ一家ノ觀法ノ本體也。所以三千ノ妙境當體全體是ニシテ空無生ノ法也。空無生也ト云ヘハトテ除ニ滅シテ之一非レ空スルニ。諸法ノ當體無障無礙本來自爾ナル是也。卽空無生也。無障ナル處ニ與ハ空ノ名一ヲ。本來自爾ナル處ニ云フニ無生名一。故ニ不觀染除トモ不立障（除カ）名トモ（天文一、一九六下。文句記）不待轉除トモ釋也。是尤止觀ノ無生門ト一致也。付テ二陳如一ニ故ラニ如レ此賞翫シテ釋タマフ事ハ。一ニハ陳如於ニ佛教法一ニ最初得道ナル故ニ。是ヲ始トシテ令ル被レ諸ニ意也。一ニハ行者修行ノ本如レ此。以レ空爲ニ初門一ト陳如無生門得道也。天台座（坐カ）禪義ニ。令入佛道者深智（知）根本。本者卽是空也ト釋タマヘル此意也

19 本觀理是之事

師仰云。此文點ヲハ本トヨリ觀ストニ理ハリ是（カカリケリ）一ト讀也。理ト者中道カカリケリト[八]被ルルニハレ云。空假等ノ諸法當體全是ナル處ヲ是則中道ト云理ハリ。空假ノ當體也。故ニ空假ヲ押ヘテ中道ト觀スル處ヲ

理ハリカカリケリトハ云也。仍テ是ノ字ヲ中ト得レハ意。押ヘテ空ニ假ノ二法ヲ不レ動故也。若空假各別ノ相違ノ法ナラハ。カカリケリトハ不レ被レ云。仍テ陳如章ノ無生觀門。圓宗ノ大綱觀法ノ本意也ト可レ得レ意

20 天然任運之事

師仰云。此意ハツネサマナレトモ己己ナル義ニテ得タリ意。然トモ正キ義ヲハ不レ得レ意。然テ是ヲ可レ得レ意樣ハ。一切有情非情居スル國土ニ者。從レ地生スルモ天ノ德。生長スルモ天德。故ニ天ノ然ラシムルト云言也。此天ト者北斗七星。此星ノ精光ヲ蒙テ有情非情ノ萌芽生長スル故也。此星於テハ非情ニ五形ノ精氣ナリ。於テハ有情ニ成ル諸靈神ト。就レ中北斗ハ一字金輪。是ヲハ或ハ釋迦ト習イ。大日ト習フ。是ハ卽チ釋迦大日在レハ天北斗トナリ。又七星ト垂迹シ。加ニ護シ閻浮ノ衆生ヲ一。降レハ地五形精靈ト被レ云。五穀トナリ養ニ育ス有情ヲ一。無作ノ三身ノ如來　單ヒトヘニ存レ之。仍テ天然ト云事可シレ如レ此

次ニ任運ト云言ハ。是モ大旨同事也。手ニ取テモ是ヲハ任ママニ運ト云讀ナリ。是ハ隨テ四季ノ節ニ不レ亂セ天運ト成ト云意也。任ハ所運。四季ニハ運ト云讀アリ。是ハ運能運天也。又任レストモ運スルニ讀ハ。是ハ能任マカセハ四季等ノ能運ハ天。是則チ天ノ任レテ運ニ精レ光萬物生長スル也。天然ノ事。先地上ノ諸法自レ天有レ之也。住上ノ男女ハ天ノ日月ヲ爲レ本ト。日者火所成ノ故ニ有ニ熱氣一。是男ノ體也。月者水所成也。故ニ有ニ冷氣一是女體也。故ニ月(日カ)ハ男ノ體ナルカ故ニ萬物ノ父タリ。有テ熱力一千草萬木一切衆生怖ニ伏ス之一。月者萬物ノ母ナルカ故ニ。夜露置テ養ニ萬物一。母ノ慈悲彌彌深キ也。月ノ露ハ卽女體月水也。サレハ草木ハ天ノウルヲイヲ得テ地ヨリ生スレハ。天ハ父。地ハ母。天地和合シテ千草萬木ヲ生スル也。天清故非ニ赤色一。月水白露也。女人ハ濁レルカ故ニ月水赤色也。天ノ日月和合シテ有ニ衆生種子一。此種子ヲ下テ成ニ我等一ト。此卽チ天然ノ種子ノ分也。天然ノ種子ニ有ニ生老(死歟)一。所レ謂終日ニ日出日沒ノ日光。終夜黑白增咸(滅カ)ノ月輪。皆是生死也。此ハ約ニ日月ニ顯ニ生死一ヲ。而ル閒我等カ父母ニ有ニ生死一。我等ニ又有ニ生死一。是ヲ天然ノ生死ト云也。又一切衆生兩眼卽チ日月也。此日月カ死時。昇レ天歸スニ本日月ニ有ニ此道理一。死期ノ虛眼トテ必ス死時見ニ虛空一ヲ也。如レ此天ニ有ニ道理一者。地上ニ又

然也。外典等ニ天地和合シテ生スト二萬物一云モ此意也。一切ノ草木皆月ノ（七カ）露ヲ爲二種子一ト生長スル也

21 籤六（七カ）文口傳之事

師仰云。三千在レ理同名二無明一者。（天玄四、三四九。釋籤）性得ノ三千也。三千果（同前）成咸稱二常樂一者。修得三千。三千無レ改（同前）無明卽明ト者。「當（「」衍字カ）位卽明（妙カ）ト者」當位卽妙。（天玄一、六〇七。釋籤）不改本位ノ故ニ。在纏理性ノ當體ヲ法性ト開覺ス。此時ハ明無明共ニ（天玄二、二二五。釋籤）本有常住ノ妙理。倶體倶用ナル故ニ。三千並常倶體倶用ト云也。（天玄四、三四九。釋籤）但三千並常ト云ヘルハ新渡ノ本也。智證舊渡ノ本ニハ三身並常ト云ヘリ。此時ハ法體法爾ノ無作ノ三身也。又ハ三千在理云ヨリ三千果成マテハ迹門。三千無改シテハ本門三千也。穴賢可レ祕レ之

22 摩訶止觀修行ノ事

示云 永弁 摩訶止觀修行者。非ニ諸宗ニ所レ云修行一ニ也。無作ニシテ而修シ。無證ニシテ而證ス。其故ハ。摩訶止觀トテ離ニ諸法一ヲ外ニ如二國王大臣一ノ攀ヨチ登ハ全無レ之。陰生土ノ三千ノ諸法ハ。自體天然トシテ止觀明靜ノ妙體也。故ニ一塵トシテ捨レテテ之外ニ摩訶止觀トテハ不レ可レ求ム。所以ニ諸法ノ寂滅不生ノ體ハ是摩訶止

也。松ハ綠ノ色ニテ終日ニ照シ。黑ハ黑ク白ハ白ク自體天然トシテ照シ居タル是摩訶觀ト云云

諸法ハ。本來動成倶時ニ圓備セリ。故ニ終日ニ動シ終日ニ不動也。然ヲ我等カ妄情。僻テ待テ風ノ緣ヲ謝レハ。歸スト二寂靜ノ體一ニ見ル也。法ノ法體ハ。終日ニ動靜無礙ニシテ。動而不動。不動而動。寂而常照。常照而寂ト有ノママニ照ス也。動證興スレハ二一心一ニ。心性ノ妙山送ニ秋風一ヲ。於ニ大山一動緣謝スレハ二妄心一ヲ。己界峯嵐止シ。風體於ニ不生一世妄情ノ妄風ノ念慮ノ不生ハ。雖レ存ト二前後一ヲ法體微妙ニシテ鎭ニ寂ス。以ニ妄心ノ僻一全ク不レ可レ疑ニ天然ノ妙體一ヲ。是心ノ動轉ハ本來ノ摩訶ノ觀。不動ハ本來ノ摩訶ノ止ナル故ニ。千草萬木ノ動靜ヨリ外ニ摩訶止觀トテ不レ可レ有レ之。若シ心外ニ有ト レ之者。非ニ一家止觀一ニ可ニ外道ノ邪法一ナル云云 法體ハ無礙自在ニシテ當體理然ノ摩訶止觀也。故ニ離テ二諸法一ヲ別ニ止觀トテハ不レ可レ求レ之。喩ハ石金ト相交ル時コソ。捨テレ石取レラムトスレ金。坐一砂金ナル時ハ。捨テテレ何ヲ可レ取。三千ノ諸法。皆悉ク坐一砂金ノ摩訶止觀ナル故ニ。全ク捨テテ二境ノ前キノ境界一ヲ不レ可レ求レ之。仍テ無修而修ノ妙行也。諸宗ノ意ハ。有宗有證ニシテ捨テテレ彼ヲ

取ルヲレ此ヲ妙行トハ云也。台宗ノ妙行ト云者。法法塵塵自然トシテ。但本來梅櫻本來松竹ナルヲ修行トモ云也。穴賢可レ祕レ之

23 理事ノ一心三觀之事

師仰云。先ツ理ノ一心三觀者。一切衆生乃至非情等マテモ行住坐臥四季ノ轉變等。皆是一心三觀ノ行體也。其旨前ニ沙二汰之一畢

以(次カ)事ノ一心三觀ト者。沒後ニ顯スレ之也。所以ニ命塵(盡カ)ニハ閉レ眼時。彼苦自ラ除キ。心ハ同シニ大虛一ニ。色法ハ歸ルニ大地一ニ。顯スニ寂滅ノ體一ヲ時。大覺圓明ノ如來トモ是云。又ハ大安樂トモ被レ云。然レハ我等カ骨體ハ燒ケトモ不レ被レ燒。尙ヲ存ルニ白骨一處ハ。常卽應身如來也。如レ此照見レハ假觀也。五陰六根白骨ニ寂スレハ。無相寂滅ノ法身如來也。故ニ中道觀也。骨ノ體ハ或在ニ樹下一或在レ野ニ。口放ニ白光一ヲ照ニ無邊色法一ヲ。是卽チ報身如來ノ智光圓滿ノ形。自體顯照ノ宗也。自受用身ノ智體ハ空惠也ト照見レハ空觀也。依レ之道暹云。常卽應身。寂卽法身。光卽報身矣　如レ此佛法ノ大事顯アラハニ明ニ三如來ノ體一ヲ故ニ。人死レハ不(無カ)ニ皆善惡一聖靈ト云也。聖ト者三聖也。靈ト者一靈心性靈廟不思儀(議カ)也。至ヌレハニ此位一ニ値トモレ苦ニ不レ苦カラ。値トモレ樂ニ不レ樂カラ。無苦無樂大安樂也。涅槃ニ寂滅爲樂ト云ハ卽チ此意也。雪山童子ノ身ヲ施シニ鬼畜一ニ。聞テニ此理一ヲ爲レ證センカニ大安樂一ヲ。仍テ此ノ三聖ノ靈骨ヲ置カンレ之處ニ無キヲレ至ルヲニ淨土一ト云也。然則チ畫像木像ニモ自ラ致シニ供養一ヲ。可レ供二養有緣無緣ノ白骨一ヲモ。是ヲ事ノ一心三觀ト云也。成スルニ得脫一ヲ妙旨トモ云也。是ヲ天台ハ何(佛カ)祖不傳トモ被レ書也。於レ無ランニ道ノ覺一者。縱ヒ雖レ及トレ死ニ不レ可ニ口外一タマフ事也。是ヲハ斷惑證理ノ作法トモ云ヒ。來生所至ノ用心トモ云也。眞實ニハ極樂ト云ハ歸ルニ白骨一ニ處ヲ云也。往生ト者。至ルヲニ白骨ノ所一ニ任テニ凡夫ノ思一ニ。以テニ捨テレ此ヲ往レ彼ニ意一ヲ且云ニ往生一ト也

尋云。向テニ白骨ノ處一ニ作テカニ何ナル觀一ヲ可レ滅ニ三世流轉ノ生死ノ罪一ヲ耶

答云。於テニ此觀一有ニ知不知ノ別一。如レ此習得ン行者ハ。向ニ有緣ノ白骨一ニ時ハ。過去遠遠ヨリ以來。我生生世世。數數ノ迷死迷生ノ骨ネ是ナリ。其ノ迷生死ノ體體卽チ三如來ノ生死也。所詮。我我自今以後佛ノ生死也。古キハ前佛ノ生死也。前佛後佛心體一也ト作ニ思惟一ヲ時。三世ノ罪障忽ニ顯ニ果中勝用出

世利生ノ功德一ト也

24 普賢彌勒一體之事

師仰云。普賢彌勒ヲ一體ト云事ハ。同ク是等覺ノ菩薩ナルカ故ニ。是レ境也理也定也。故ニ序品ノ彌勒卽普賢ナリ。勸發ノ普賢卽彌勒也。理ト云ヒ定ト云ヒ無分別ノ體也。顯シテ二此義ヲ一序品ノ時示シ二鈍ノ相ヲ一。彌勒ト被レ云。起シレ問ヲ決シテレ疑ヲ請フ二文殊ニ一。サレハ序品ノ時ノ普賢ノ無キハ。彌勒卽其ノ人ナル故也。問二起シ一大事ヲ一一大事ヲ說タマヘハ。流通ニ出テテ又勸二發ス此經ヲ一。仍テ隱シ二彌勒ヲ一普賢ハ顯ツル。普ト云ヘルハ普滿ノ義也。是則チ一期ノ大事絕ヘ。能化所化共ニ大事極マリ。普遍ノ理圓滿スル心ニテ。最後ノ勸發出テ普賢ト被レ云也。仍テ一經ノ始末ニ俱ニ境。中間ハ斷智也。然ハ能所俱ニ安二住ス境智不二ノ本法ニ一。以レ之爲レ體ト。迹門ハ。卽セル境ニ智ナルカ故ニ。文殊疑ヲ決シ。少智ノ身子對告也。文殊入テ二海中ニ一化ニ龍衆ヲ一。本門ハ。卽セル智ニ境ナルカ故ニ。普賢勸二發ス此經ヲ一。惣シテ大ニ得レハ意。序品ニハ卽セル境ニ智。勸發ニハ卽セル智ニ境。中間二十六品ハ境智不二ト可レ得レ意也。此等可レ祕レ之

25 無作三身之事　門跡相傳ニ見タリ

既ニ本地ト者。本實成ノ所也。卽チ實修實證ノ所也。性ニアル所ヲ修ニ顯ス也。或云。何樣ニ修顯トハ可レ云耶

師云。先ッ法身者。九界ノ性法身理也。報身者。九界ノ形像。應身者。九界ノ衆生各各威現ヲ施ス是也。サレハ釋云。始覺滿。本覺修得。具ニ性得ヲ一者ヲ。是ヲ本地無作ノ三身ノ手本トスル也。又可レ思レ之

次ニ無作ト云者。應用ハ三世ニ遍ス。應用不レ斷卽（則カ）無量ト云テ（天文五、二二六三上。文句）盡コトカ無レハ起作ノ義無シ。三世有ト云ヘトモ實ニハ三世ニ異モ無モ悉ク前ノ事也。悟ノ前ニハ三世平等ニシテ無ニ差別一也。經云ク。常在ニ（大正藏九、四三下）靈鷲山。及餘諸住處ニ。衆生見ニ劫盡。大火所レ燒時。我此土安穩。天人常充滿矣サテ應用三世常住ニシテ利二益スル衆生ヲ一也。機緣ノ水澄メハ感應ノ月移シレ光ヲ。機緣ノ前ニコソ時節云事モアレ。三世常住ニシテ無ニ差別一衆生利益スル也。サレハ今日ノ說法モ卽チ昔ノ說法。昔ノ說法モ卽チ今日ノ說法ト云也。又今日伽耶卽昔伽耶ト云也。始覺卽本覺ナレハ。三世ノ化導無レ絕コトヲ。其故ハ。三世ノ別モ無ク應用三世ニ遍クシテ衆生利益ルカ故

也。無作ノ三身者。以二應用一爲レ本ト。法報又不レ及トト云也。爾前ニハ應用ハ隨緣卽有量ト云テ。法華ニ來テ應用ハ不斷卽無量ト說クト云也 云云

籤一(天玄一、五六)釋云。顯本爲二事圓一。開權爲二理圓一云。法華ノ仲(沖カ)微ト成ル事ハ。此如來ハ今成妙覺遍照尊ニテ。今日始成說法シタマフ歟ト思ニ。我卽古佛ニシテ。三世化導惠利無レ恆(天文五、二一四四下)(癰カ)。三世常住ニ利益スル事ヲ說タマフカ故ニ。聞テ增道損生ノ益ハ有也。故ニ尤仲(沖カ)微ト成也 云云 口傳 云云 或云。爾前帶權ノ莚ニ不レ說也。迹門何不レ說レ之耶

師云。迹門ハ明二理ノ相卽一ヲ。本門ニハ明二事ノ相卽一ヲ也。事ノ相卽ト者。今日ノ成道卽昔ノ成道ト說也。理ノ相卽者。三權一實開會也 云云 可レ思レ之。惣シテ不レ可レ及二他見一ニ。又アラアラ注レ之。穴賢穴賢。祕中之(┌祕カ)ト云ヒ 云云 不レ可二口外一 云云 相傳血脈在二別紙一 云云 口傳 云云 玄旨在レ別

私云。門跡相傳ノ祕藏ナリ。相傳血脈者。一心三觀ノ血脈ト一也。一心三觀ノ血脈モ。本地ノ三身ノ文也。一心三觀ノ至二果位一ニ三身也。一心三觀ハ卽三ノ相互ニ融シテ南岳大師釋有ル也。故ニ一心三觀・無作ノ三身倶ニ本地ノ功德也。此門跡ニハ證道ノ八相・草木成佛・無作三身ニ本門ノ意ヲ合スル也。可レ思レ之。定仙承レ之御坐也

26　印信血脈等事

師仰云。印信血脈等事。能能可レ習者也。此印信血脈ノ談無沙汰ニシテ師資相承不レニハ直カラ。佛法ノ惠命絕ヘ法燈不レ可レ談。三世ノ諸佛ノ化道ノ終窮利生ノ極ナリ。依レ之存スル者也。此師資相承ノ旨ハ。顯密兩宗禪律何レモ以レ之爲二詮朗一ト。然則チ先印信ト云ヘル事ハ。印ハ定。信ハ惠。印ハ師ノ印可ノ義也。信ハ弟子ノ信受ノ義也。是卽チ一切ノ佛法依テ二師ノ印可一ニ(天文五、二一二五六。文句)弟子信受ス。依テ二信受一スルニ惠命存ス。此ノ師資相承。境發レ智爲レ報。智冥レ境爲レ受ノ道理也。其故ハ。弟子ノ機緣熟シ時至ル。是始覺ノ智ノ本覺ノ境ヲ和ス義也。以二機緣時至一ヲ師ノ弟子ニ授ルニ境カ發ル智義也。如レ說ノ弟子信受シ無キハ二異途一ツ。智冥境爲受ノ道理也。如レ此三世ノ諸佛ノ法燈不レ可二斷絕一ス者也。又印ハ悲。信ハ智ナリ。密宗ノ意テハ。印ハ胎。信ハ金也

次。血脈ト云事。是又血者。法性無漏ノ定水。脈者。法性無

漏ノ智筋スチ。是卽チ法性無漏ノ定水ヲ灌二クニ無漏ノ智一ニ。此智受レテ潤ヲ會二コ入シ佛法ノ骨髓一ニ。三世常恆利益衆生ノ筋骨ヲ潤シ。隨緣ノ皮膚肥ハ。佛法ノ惠命無二廢退一事依二レリ血脈相承一ニ。血ハ卽當レレリ印ニ。脈ハ當レレリ信ニ。密宗ノ時ハ。智ノ法水ヲ灌二弟子ノ頂一ニ。心法ノ水不レ絕事。此謂ナル者歟

次。系圖ト云者。是又系ハ定。圖ハ惠。師弟ノ事可レ合レ思。師資相次テ法流不レ絕事ハ。如二シ數珠ノ糸筋一ノ。師資相承續ナニカシ等云テ。是ノ法弟ニ列レル事。如二ト數珠一ノ云フ糸モ無用也。珠ト糸イトト相從シ。數珠ト云者ヲ造リ出二シ念誦ノ功一ヲ積二コミ集ム萬行功德一ヲ。今ノ系圖モ又如レ此。其故ハ。以二師傳受ノ法ノ糸一ヲ列二ネ師資次第一ニ。存二シ佛法ノ惠命一爲二令法久住一ト。媒モトイトハカリコトナカタチ顯密兩宗禪教律教。律何(衍字カ)レモ印信血脈絕ヘ。師資ノ相承ハ不レハ直カラ。佛法ノ傳持難レ堪。承二此旨一ヲ疎ニセハ。佛法將來ニ墮落シナン。能能可レ執二此旨一ヲ。系ト云ヘル糸筋繫ノ義。繫緣法界ト云ヘルヲハ。繫緣是止ト釋シタマヘリ。以レ之玄義ニ可レ思二コ合之一。穴賢穴賢可レ祕レ之云云

山中鈔

御本云。東塔北谷八部尾惠光院書レ之云云

〔十六、北谷祕典　雜雜聞書鈔 亦云山中鈔　終〕

十七、北谷祕典

北三十六帖内

五兩一箇大事口傳

師曰。凡ソ五兩一箇ノ大事者。千雌百雄所レ歸也。一百十六二十八肝要併自二此流一出。以二此等旨一爲二宗大事一。以レ知レ之爲二宗學匠一

五箇大事者。一名別斷位。二四句成道。三證道八相。四一心三觀。五本地無作三身也

二箇大事者。名二兩箇大事一ト。兩箇大事者。一心三觀。無作三身也

一箇大事者。覺悟眞要是也

〔1 五箇大事〕

一ニ名別斷位ト者。凡ソ名別義通ト者。出レ自二帶權經論一。遠序二本迹二門一。近爲二同居淨土修因一云云 何故爾耶

夫名別義通ト者。出レ自二權經顯中修因一。中ト者淨土ノ體也。淨土ノ體依二權實二經一差別有レ之。權經所詮淨土ハ。安養淨瑠璃等十方淨土指方立相ノ極樂也。實教所詮ノ淨土ハ。寂光土是也。界内界外(界イ无)雖レ異ト淨土ハ皆以中道ノ所感ト云也。淨土ノ行可レ思レ之。然欲レ生二權教所詮淨土一者。可レ修二權教所詮顯中修因一ヲ也。權教所詮顯中修因ト者。名別義通是也。故ニ惠心且趣二隨情說一安養往生ヲ懸二御意一ニ給テ。安養ノ修因ハ名別義通ト得テ意。如レ此示シ給也。安養若寂光ノ樂方(邦カ)ナラハ。以二一心三觀一ヲ爲ニスト修因一可レ被レ仰セ。同居ノ淨土ト得給フ故ニ修因名別義通ト示ス也。安養ハ權教ノ淨土。名別並帶權ノ顯中ノ修因也。此一節ヲ能能可二思擇一ス。不レ可二忘失一者也。凡ソ重重ノ事如二門跡重書一ノ。次ニ序二本迹二

門一ヲ者。凡ソ名別義通ニ有ニ二箇一。一者三乘共令レ蒙ニ二乘一ニ序ニ迹門一ヲ。二者單菩薩令レ蒙ニ菩薩一序ニ本門一ヲ。三乘共ハ方等部ノ正旨。以ニ楞伽ヲ一爲ニ正證一ト。單菩薩ハ般若ノ本意。以ニ大品ヲ一爲ニ明證一ト。今安養修因ノ名別ハ殊ニハ三乘共也。所以者何レハ。安養ト者三乘共位ノ土。而モ二乘ハ久ク不レ住レ小ニ。必ス還テ入ルレ大ニ故也。以ニ此道理ヲ一惠心ハ誦シテニ楞伽ノ文ヲ一淨土ノ修因ト示シ給ヒシ者也。名別義通ト者。兩教合論シテ伏位ヲ合ニ斷位ニ一。上位ヲ對シ下位ニ一。凡位ヲ當ニ聖位ニ一廢立スル者也。此等所詮何事ソ思レ之。深ク有ニ所以一事也。鹿苑證果ノ二乘ハ權教菩薩等。至ニ法華ニ一可レ悟ニ入ス十界互具四土不二ノ玄旨ニ一處ヲ朽木書ニスル也。斷位對ニ未斷位ニ一者。斷未斷一如ノ法門也。凡ソ位ヲ對ニ聖位一者。九界ニ具ニ佛界ヲ一（「」イ无）「佛界ニ具ニ九界ヲ一」相也。然ニ單菩薩時佛地邊ニ建ニ立コトハ菩薩ノ義ヲ一。至テニ法華ノ本門ニ一所ノ可キレ悟ル十界互具也。彼佛地邊ト者。佛界所具ノ菩薩界。卽チ地涌千界菩薩等也。彼ノ地涌ノ菩薩ト者。釋尊所具ノ菩薩界也。此則チ眞實ノ佛地邊ノ菩薩也。不レ言シテハ具ト云イヘルコトハレ邊ト以ニ教權ナルヲ一故也。本門ニハ地涌。迹門ハ十界十如。皆是方等・般若ニ所レ說名別義通ノ所歸ノ本意也。如レ此得レハ意。名別義通ヲハ雖レ可シトレ攝ス無作ノ三身ニ一モ。且ク以テニ顯本ノ修因ト云フ方ヲ一。攝ニ修因海ノ一心三觀ニ一也

二ニ者四句成道ト者。自リニ三周ノ聲聞ノ當來ノ作佛一事起テ。遠符ニ合無作ノ應三世益物ニ一也。若不レ知ラハ此（イ无）四句ノ成道ノ口傳ヲ一。於ニ三周聲聞ノ當來作佛ニ一不審可レ難レ散シ者也。所以者何。正直迹門既入ニ二住已上ニ一。或ハ入ニ等覺ニ一了テ。所レ殘ル妙覺元品無明。定ンテ無量劫ノ八相ノ前ニ可レ斷ス者也。又縱ヒ不トモレ斷セ旣ニ今日叶ヘリニ等覺ニ一。若爾ハ當來ニハ自ニ此等覺ノ內證一可レ垂ル乎。若依レ之自ニ等覺一垂ト云者ハハ。迹門ノ說成リヌレ徒ラニ。如何故爲レ令レ散ニ此難ヲ一。以ニ此ノ四句ノ成道ヲ一爲ニ大事ノ隨一ト一也。習レ之樣ハ。三周聲聞必（イ盡）未來ノ八相以前ニ可レ入ルニ妙覺ニ一也。雖レ然ト成道ハ又可ニ初住一者也。謂ク本高迹下ノ成道可レ有也。意ハ妙覺所具初住ヨリト云凡ソ此法門ハ。以ニ因果互具不二ヲ一所以トシテ入眼スル也。若非スハニ因果不二ニ一何ソ妙覺果海ニ具ニ初住ヲ一乎。夫レ他門不レ知ニ是等ノ意ヲ一。初住・妙覺ノ二句中間四十位ハ。四句ト云ヘル無ニ下ニ無ニ

法氣ノ義也。門跡ニハ初住・妙覺各具四句ヲ 云云 他流ノ義勢ハ不ル思ヒ寄ラ四十二位ノ互具ヲ故歟。不覺事也。委クハ如重書幷一紙圖目ノ。付四句成道ニ。四句全體成道歟。四句上ヘノ成道歟ト云尋ネ有之。門跡ノ義ハ四句成道也 云云 寶地房ハ四句ノ上ヘノ成道ト私記ニ見タリ。無下ノ義也

三ニ證道八相ト者。經論中ニ一一相中皆八相故云。華嚴經ノ時說ケリ入涅槃等ノ相ヲ。此等說如何可得意耶。若不ハ知證道ノ八相ヲ此等ノ不審難散シ者也。故ニ以之ヲ爲宗大事隨一ト也。傳之ヲ樣ハ。華嚴見諸相ヲ乃至涅槃ニ感餘相ヲ（相イ无）者。證道ノ八相ナルカ故也。證道ノ八相ト者。中道ノ內證ノ前ヘニハ一切皆相卽ナル故ニ一一相ニ具諸相ヲ也。譬如一人持八人所作ヲ。可思合之ヲ。然ヲ機緣隨己コ分ニ見ル一相一相ヲ也。證道八相ハ互具歟相卽門歟ト云フニ。相卽ノ上ヘノ互具門ト傳也。如重書ノ。サテ內證ノママニ見ル之ヲ機ハ證中ノ人也。故ニ皇覺井坊ハ。證者ノ見實證ノ見ト被仰セ也。凡ソ判四句成道ヲ事ハ面ニ立外用ノ方ヲ。證道八相ハ內證ヲ爲正ト作タル法門ヲ也。凡ソ此法門ハ以教證一體ヲ爲シテ所以ト入眼也。教道ノ八相ト者。全ク自證道ノ八相起也。教外無證。證外無教也。爾前經ニ不ルコトハ云ハ立テテ因果不二ヲ爲四句證道ノ入眼ト也。因果ト教證トノ不二。諸教絕タリ分。今經ニ獨リ立テ之ヲ爲法華秀句ト也。能能思之。所詮。四句モ證道モ以中道相卽ノ法體ヲ。爲シテ所以ト所建立スル也。法華ニ此ノ法門ノ顯ルル事ハ。中道ヲ爲スル體ト經王ナレト。顯現シテ如此說キ給也。證道ノ八相又無作應身ノ妙體也。能能思之。加之卽身成佛。草木成佛。二乘成佛。一心三觀。無作三身。一念三千。皆中道ノ上ノ法門也

四ニ一心三觀ト者。迹門十四品ノ所詮。二乘成佛ノ方軌也。十界皆成ノ本意。一念成佛索（素カ）意○以之爲大旨ト也。約一念ノ動靜ニ立境智ノ本分ヲ心王心所建三千ノ性相ヲ也

五ニ無作三身ト者。本門十四品ノ正旨。草木成佛ノ法門也。不シテ動ハタラカサ我等カ色心ヲ全妙境妙智也。本來成佛ノ直道顯ルル此一言ニ者也 已上五箇大事。大旨如此

2 兩箇大事

凡ソ上來ノ五箇ハ惣ヲ括ス此二箇ニ。名別義通ハ一心三觀所

攝。四句ト證道（證道㋑與二證道一）トハ。無作ノ三身ノ振舞也

師曰。名別義通ヲ攝スルコトハ二一心三觀ニ一。一心三觀ト者能觀。一念三千ト者所觀也。三千名相雖二各別ナリト一於二三諦義理ニ一全體通同也。三千ハ名別。三諦ハ義通也。名別義通ハ凡聖二位合論只表二此深旨ヲ一者也。依レ之代代相傳云。名別義通ハ同居ノ淨土。一心三觀ハ寂光修因。一心三觀ハ出レ自二開顯一。名別義通ハ自二帶權一來也。淨土ト者中道也。十方淨土ハ皆中道氣分也。故ニ號スル二淨土ト一也。安養華池寶閣水鳥樹林。皆是彌陀變化ト云ヘルハ。卽チ彌陀如來ノ無始ノ一念三千顯レテ成二淨土依正ト一也。一念三千ハ中道體也。此體開ルカ故ニ名二淨土ト一。水鳥樹林ハ所具依正也。故ニ云二變化ト一。不ルコトハレ言ハ二所具ト一以二教權ナルヲ一故也。若得ハ二此意ヲ一。彌陀卽自受用境智冥合如來也。彌陀卽法華。法華卽彌陀也。能能思レ之

一心三觀ト者。雖レ互二本迹ニ一正ハ迹門也。所以者何レハ。一心三觀ト者。生死斷破ノ法。出生死ノ要道也。依二昏散二病ニ一墮スル二生死ニ一。知レハ二二病卽寂照ト一出生死佛也。九界ニ有二二病一。佛界ニ有二二藥一。流轉生死。昏卽止。散卽觀也。或又卽昏朗卽散而寂也。一念有二昏散二病一。是則チ一心中ノ境智也。若（天玄二、一二五）境若智同在一心。（同、三七五）智既是心。境亦是心。既俱是心。俱是法界。心心相照。有二何不可一。可レ思レ之。付レ之有二境ノ一心三觀一名字・觀行。有二智ノ一心三觀一相似・分眞也。有二境智不二ノ寂照一妙覺ノ理智冥合也。境ノ一心三觀ニ有二二ノ故一。一ニ託二境界ニ一修觀故。二ニ寄二境圓融ニ一立二一心稱ヲ一故。智ノ一心三觀有二二ノ故一。一ハ必シモ不レ待ス二境界緣ヲ一無功ノ用故ニ。一念心ニ三觀宛然也。二ハ能觀ノ心ニ三觀俱起スル故也。凡ソ何レモ以二第二ノ故ヲ一爲二正義ト一。凡ソ多寶塔中ノ一心三觀也。爾ハ土中ノ塔婆ハ九界在纏。多寶ハ無始本性ノ妙理也。自二土中一塔婆ハ多寶ノ居シ給ヘルコトハ。乍ラ二流轉生死一所ノレ提靈智也。釋迦此時無コト者。一切衆生ノ心中ニ本來雖レ有二理智一。墮二在セル生死ノ閒ニ一智力不レハレ能二起用ニ一。只以ノ二如ノ理ヲ一故ニ且ク多寶トノミ云也。涌出ノ塔婆ハ。佛界出纏也。出纏ノ功ハ由ル二智用ニ一。故ニ釋迦開テレ戸ヲ住スレ中カニ。戸ト者且一念ノ無明也。釋迦ハ始覺ノ智。多寶ハ本覺ノ理也。二佛並座ハ理智冥合也。凡ソ二佛在ス二生死ニ一時ハ昏散ノ二病ナリ。在二涅槃ノ眞際ニ一時ハ理智寂照ノ

體也。然土中理卽。涌出名字已上也。二佛在名字・觀行境之家（〔イ〕之）境智冥合。在相似・分眞智家境智冥合。在妙覺理智冥合體也。虛空名字已上理智寂光也。云本結大緣寂光爲土（天文三、一三五九下。文句記）。自名字居寂光之條無疑者歟。戶者在名字・觀行・相似。六識介爾一念也。在住上分眞四十一地無明也。在妙覺元品無明也（無明也〔イ〕ナシ）。指者又在名字・觀行。境一心三觀觀智。在相似・分眞。智一心三觀觀智。在妙覺。理智均等大智卽妙覺智也。擧右指右智門故也。五指中專可風指。サテ分身者。住前・住上所修萬行是也。本來雖有理。顯之由行勤修也。依行智體顯也。故召分身釋迦開戶。八方所住者。六波羅蜜惠願也。十方分身者。四弘・六度也

已上約迹門多寶塔中一心三觀深祕如此。然閒。塔婆在土中九界及流轉形。涌現者。佛界昇出質也。二佛並座（座〔イ〕坐）者。在土中。九界流轉昏散二病。涌出後佛界昇出今理智也。凡多寶四心昏寂。釋迦四陰散照也。分身何物耶。無始流轉迷用經理値遇妙用也。塔婆無始五大。今聖體也。甚祕（深カ）不可思議事也。聊不可出口外云云

若約本門當體照了。明迷悟出過本分三觀者。土中塔婆胎內形色。涌現聖體者。出胎色質也。從地涌現者。腰地產門ヨリ出生。二佛並座者。無始色心也。分身何物耶。我等起用。釋迦開戶者。識神和合精血相和合謂也。全不動父母所生色心本有妙境妙智也。多寶所出音聲。腰地出生言音也。付言有憚。向後可愼之。相構相構可收心腑也

無作三身者就之有三重

一者。約事成妙用無起作明無作三身。釋迦五百塵點昔。實修實證內證開。內證三身遍十方法界無起滅。然閒。彼昔釋迦昔伽耶。全今釋迦今伽耶也。譬如劫初日月全今日日月。於此遍法界十界三千所被機緣。己分己分所切取。名世世成道番番

出現ノ普現色身形狀ト一也

二者。約ニ始本冥一ニ明ニ無作ノ三身ヲ者。證シヌレハ佛界果滿ノ三身ヲ。還テ同ニ九界ニ入重玄門シ居ニ寂光土ニ。住前返住上ノ（住前㋑ナシ　迹歟）內證也

三者。約ニ唯事本覺ニ明ニ無作三身ヲ者。九界ノ形色ハ全體多寶法身也。九界ノ心慮ハ全ク釋迦報身ナリ。四威儀用ハ十方分身是也。凡ソ我等カ卽身成佛此ノ重ニ顯ルル也。本門ノ眞極ハ住前顯本ノ正意也。不シテレ動ニ我等カ色ト心ト用ト全ク多寶・釋迦ノ分身。又是普賢・文殊・彌勒也。妙經二十八品法門雖ニ無量ナリト。所詮。眼目只在ニ境智不二一實（實㋑言）ニ。境智不二何物乎。我等カ色心不二也。文殊ハ住ニ序品ニ。普賢ハ出ニ經末ニ。二佛ハ住ニ本迹中閒ニ。二佛全ク我等也。今問一切衆生二佛ナリト云事。何レノ處ニ見タル耶。觀音品ニ見タリ。彼品ニ云。（大正藏九、五七下）一分奉釋迦牟尼佛。一分奉多寶佛塔云云 既ニ哀ムテ一切衆生ヲ所レ受ウケタマフ瓔珞ヲ二ツニ分テ奉ルニ二佛ニ。二佛若非スハ二一切衆生ニ何ソ哀ニ愍スル衆生ヲ瓔珞ヲ供セム二佛ニ乎。能能思レ之。甚深不可思議ノ事也。凡ソ證道・四句ノ二ツノ大事ヲハ。攝スルニ無作三身ノ初重ノ應身如來ニ也。初重ハ多寶塔中ノ句。第二重ハ第二句。第三ノ今ハ初重ノ句也。三句ノ時ハ三重。三身ノ中ノ第三ハ當ルレ初ニ。第一ハ當ニ第三ニ。若當テハ三重三身ニ三句ヲハ逆ニ可レ取者也。第一ノ三身ハ出釋氏宮。第二ノ三身ハ然我實成佛已來。第三ノ三身ハ知見三界之相也。圓頓行者ノ前ヘニハ所居ノ土ハ常寂光土。能居ノ身ハ無作ノ三身。所說ノ法ハ一心三觀也。常寂光土何物耶。不二ハ常。色ハ寂。心ハ光。無作ノ三身何物耶。不二ハ法身。色ハ應身。心ハ報身。一心三觀何物耶。中道ハ不二。色陰假諦。心法ハ空諦也。妙法心源是也。無作ノ三身ハ義分通スニ迹門ニ。迹門理性無作ノ三身也。雖レ然迹門ハ猶同スルニ有爲ノ報佛ノ三身ニ邊有レ之。以レ引クヲ始覺ヲ故也。凡ソ一心三觀ヲ約スレハ一念成佛ニ。無作ノ三身ハ約ニ本來成佛ニ。一心三觀ハ始覺ノ心法ヲ爲ルレ主ト行相。無作ノ三身ハ本覺色法ヲ爲レ主ト證體也。付レ心有ニ九八七六。付レ之說ニ轉迷開悟ノ行相ヲ。色ハ只第九識ノ當體ニシテ。都テ不レ下ニ迷地ニ。既ニ無レ迷也。何ソ論ニ行相ヲ乎。迹門ハ有情成佛ノ龍女是也。本門ハ非情成佛ノ地涌千界是也。迹門ハ心。本門ハ色。本迹不

二ハ色心不二也。故ニ迹門ノ文殊・本門ノ普賢ハ。證前起後ノ二佛同座也。迹門ハ光。本門ハ寂。寶塔(塔㋑位)ハ常也。故ニ威儀形色經云。(大正藏十九、六〇三上。法華曼荼羅威儀形色法經取意)身相黃金色。定惠智拳印。常遊三摩地。證誠法華經(矣㋑云)常字思之。本迹二門雖廣シト。不出我等ノ(ノ㋑カ)一念ヲ。不出色心ヲ。能能思之。又迹門ハ自九界ノ理即登佛界五即ニ。本門ハ自佛界五即下理即ノ九界ニ也。迹門ハ住上ノ淨土。本門ハ住前ノ穢土。口傳能思之

3　一箇大事

師曰。一箇ノ大事ト者。只境智不二ノ一箇也。境ニ攝無作ノ三身ヲ。智ニ攝一心三觀ヲ也。若住スレハ境智不二ノ處ニ。三觀三身任運ニ具足ス。煩ク莫謂修三觀ヲ。一念ニ入妙覺ニ聞ク無作住ト故ニ成三身ヲ云云只己レト境智不二ナレハ。自然ニ三觀ハ天然ノ三身也。三觀三身ハ只自境智不二出生スル也。故ニ知ヌ森羅萬像併境智不二一法ノ所印也。凡ソ一心三觀ハ迹門。無作三身ハ本門。一箇ノ一大事覺悟ノ心要ハ本迹不二也。文殊ハ一心三觀ノ教主。無作ノ三身ハ普賢ノ所說。覺悟ノ眞要ハ座(座㋑坐)一兩佛ノ所說也。一心三觀ノ機ハ九界ヨリ入ルニ佛界ニ人也。無作ノ三身ハ爲本佛說也。性德圓滿海ハ。法爾羅列ノ聖衆也。覺悟ノ眞要者。修性出過ノ重。生佛不立ノ極地也。凡ソ法華一經天台一宗ノ骨目。境智不二ノ法是也。故ニ釋云。(天文五、二四一二下。文句記)故信解本地難思境智。又云。(天止三、一九〇。弘決)無始色心本是理性妙境妙智云云

已上五箇大事。惠光院ノ約束也。自古至今未顯筆跡ニ。先年師範見參ノ次ニ如形承之。爲向後憶持ノ記之。雖然精日之閑未清書。今月得時節任舊儀言跡ニ所記也。仍テ存憚只爲自見也

法界次第云。(大正藏四六、六六五中)今辨法界初門。先從名色而始者。至諸(〻論カ)法本源(原カ)清淨名離(〻絶カ)相。尚非是一。何曾有二。不二而辨其二者。以行者所(初カ)受一期妄報歌邏(〻羅カ)邏時。但有名色二法。當知。名色即是一切世間出世間法之根本。能生一切法。普攝一切法。即是一切法云云

法界次第總序云。(大正藏四六、六六四中)若於一念心中。通達一切佛法者。則三

觀自然了了分明也矣
「文明第八(一四七六)丙申卯月十一日書了　日意」(「」㋑无)
(對校㋑本奥書なし)

(西教寺正教藏本奥書)
于時應永七年(一四〇〇)於ニ比叡山麓心祥院一令ニ書寫一畢
比丘深照
于時文安五年(一四四八)九月晦日書訖
右此抄者　法門之深淵　得脫之良材矣
于時長祿參年(一四五九)卯卯月十日不慮之外感德矣
賢成(ママ)生廿二戒十
末學仙覺藏三十四戒二十一
此大事惠光院一流祕曲也。此本於今仁融豎者與進者也
探題法印仙覺(華押)
(別筆)右此抄者洛陽從ニ妙覺寺一求レ之畢
慶安貳(一六四九)己丑仲冬上旬　觀音寺　舜興藏

(底　本)身延文庫藏、『北谷祕典』の內、文明八年(一四七六)日意書寫奥書寫本
(對校本)㋑＝身延文庫藏、『北谷祕典』の內、書寫年不明日朝本
＊參考本＝西教寺正教藏、慶安二年(一六四九)追記奥書一冊寫本

〔十七、北谷祕典　五兩一箇大事口傳　終〕

(校訂者　利根川浩行)

北谷祕典　十七卷五册　終

紅葉　故有要 目次

一　紅葉　山王七社影響卷　澄豪記

（底本目次）

二　紅葉惣錄　宗滿集　澄豪撰

三　紅葉　赤山影響祕奧密記　澄豪記

1 妙法蓮華經首題密記
2 本迹二門密記
3 四要品密記
4 諸佛出世本懷密記
5 開示悟入四佛知見密記
6 十如實相密記
7 十眞如密記
8 十羅刹密記
9 提婆品文殊密記
10 壽量品如來名號幷尊形密記
11 天台一宗五字口決密記
12 序品卽身成佛密記
13 方便品卽身成佛密記
14 譬喩品卽身成佛密記
（目次新作）

四　紅葉　筥祕決

紅葉口決
紅葉疏事
（目次新作）

五　紅葉　手箱

紅葉手箱事
紅葉古口決
故有要箱
（目次新作）

（底本表紙）故有要　山王影響六之内

一　紅葉　山王七社影響卷

大日本國天台山東塔惠光院　澄豪記

宗旨部

第一。天台一家ノ宗旨ハ。本門壽量ノ果分ノ久遠ノ條

問。天台一家ノ宗旨ハ本迹二門ヤ否

答。山王天氣云。汝未レ知哉。天台一家ノ宗旨ハ。本門壽量ノ五百塵點劫ノ佛ノ上ニ。長遠無シテレ極出ヨ過三世ニ。無始無終湛然常住ナル自心ノ常寂光ノ本理ノ三千ノ大毘盧遮那ヲ爲ニ宗旨ト。除レ此ヲ外ニ悉ク宗教也焉（除㋑以）（「㋑皆）

澄豪白言（白㋑曰）。妙樂曰。若但只信セハ事中遠壽ヲノミ。何ソ能ク令シテ此ノ諸ノ菩薩等ヲ增道損生シ至ニ於極位ニ。故信ヨ解ス本地難思ノ境智ヲ○（㋭㋒）一念三千三諦具足（一心三觀）（「○カ）。自心常寂光ノ中ニ。遍ク見ル十方ノ一切身土ヲ○（「○カ）遮那タリ若了レハ（「於カ）心境ヲ自卽他カ故ニ。他卽自カ故ナリ（「○カ）。故聞ケハ長壽ヲ須レ了ル（サト）宗旨ヲ（須㋭㋑復）。故ニ本門ニ聞ケハ壽ヲ益倍テハ餘經ニ（倍㋭㋑信）。良トニ由カ所聞ヲ異ナルニ常ニ故也 已上（天文五、二四一一下。文句記）（同、二四二四下）

傳敎曰。本與レ迹俱泯シテ得テ止觀ノ微旨ヲ（旨㋑㋒）。廣メ法華ノ妙義ヲ 已上（傳全五、二四。天台傳法偈）（記カ）慈覺曰。三世ハ是レ妄情ノ所レ言（言㋑去）。遮那ノ依正ハ超タリ斯ノ境界ヲ 已上（大正藏六一、三一上。金剛頂經疏）智證曰。長壽無シテレ極出ヨ過三世ヲ（立カ）。無始無終湛然常住ハ唯有リ斯經ニ。自餘ハ同シ夢ニ 已上（佛全25、二七四下。法華論記）（同、二六二上。取意）（壽長遠カ）

然ハ則チ天台一家ノ宗旨。本門ノ長壽ナリ。本門ノ長壽ハ非ス事中ノ遠壽タル五百塵點ノ佛ニハ。本地難思ノ境智タル自心ノ常寂光ノ一念三千ノ遮那ハ本迹俱泯シテ。無始無終湛然常住タル本門（門㋑理）ノ毘盧遮那ノ長壽無レ極リ。五百塵點ノ如來モ不レ及ハ佛ヲ爲ニ天台一家ノ宗旨ト。三世ハ妄情ノ所塵ナル故。超ヨ過シテ三世内ノ五百塵點劫ヲ。長壽無極ニシテ。出ヨ過セル三世ニ無始無終湛然常住ノ佛ハ。前代未聞ナリ（不明）。故ニ妙樂云（云㋑曰）。還テ歸ス本理ノ一念三千ニ○無始無終（無終㋑㋒）ノ一念三千ノ本理ノ毘盧遮那 已上（天止三、二九二。弘決）天台ノ長壽ノ宗旨如レ斯。合スヤ佛意ニ否ヤ

山王天氣云。深ク合ヘリ佛意ニ云云（云㋭㋒）

第二。宗旨ノ四教ノ條

問。天台一家ノ宗旨ノ四教ノ本源ハ如何

答。山王天氣云。汝未レ知哉。天台一家ノ宗旨ノ四教ノ本源ハ。自心ノ常〔寂〕光ナリ焉

澄豪云。佛在シテ二圓彌城ノ北戸舍婆村一ニ。説キ二四大教ヲ一已上（天玄五、六二六）

傳教承曰。四教ノ之名ハ。具ニ唱フ二金口一ニ。靈山之聽傳二於震旦一ニ。内證之義ハ得タリ二於天台一ニ已上（傳全二、一八三）

天台曰。問。四教ハ從レ何ニ而起ル。答曰ク。四教ハ從二三觀一起ル。三觀ハ〇〔曰四教ハ從リ〕因縁所生ノ四句一而起ル。四句ハ卽是心。心卽是レ諸佛ノ不思議解脱ナリ。不思議解脱ハ不可得ナリ。故ニ淨名ハ杜口默然タリキ已上（大正藏四六、七二四上。四教義取意）又曰。一切衆生心中具二足一切法門一。如來明審照シテ二其ノ心法一ヲ。案シテ彼ノ心ヲ一得テ二無量ノ教法一ヲ從レ心而出已上（天止二、四〇七。止觀）又曰。一念三千ハ自心常〔寂〕光ナリ已上

然ハ則チ天台ハ宗旨ノ四教ノ源ハ三觀ナリ。三觀ノ源ハ〔四句ナリ。四句ノ源ハ〕自心ノ常寂光ナリ。自心ノ常寂光ハ諸佛ノ不思議解脱ノ内證ナリ。不思議解脱ノ内證ハ不可説ナリ。不可説ハ妙樂云。一期縱横不レ出二一念三千世間卽空假中一ヲ已上（天玄四、三三二）淨名杜口默然ノ内證ナリ。杜口默然ノ内證タル四教ノ名ハ。佛。圓彌城ノ北戸舍婆村ニシテ。四教ノ之名ノ具サニ唱ル二金口一ニ。此則チ一切衆生ノ心中ニ具二足セルヲ四教法門一ヲ釋迦如來明カニ照スカ。案シテ二彼ノ衆生ノ心中ノ四教ヲ一從リ二衆生ノ心一出シテ二四教ヲ一示タマフナリ二衆生ニ一。釋尊一期ノ縱ノ五味モ。橫ノ四教モ不レ出二一念三千・一心三觀ヲ一。一念三千・一心三觀ハ自心ノ常寂光ナリ。〔妙樂曰。一念三千ハ自心ノ常寂光ナリ〕已上（天文五、二四二四下）又曰。一心三觀常ニ住ス二寂光ニ一已上（同一、三七三下）自心ノ常寂光ノ中ニ有ニ一心三觀一。一心三觀ハ四教ナリ。一心三觀之無ハ藏通ナリ。一心三觀之分二別スルハ相貌ヲ一別教ナリ。一心三觀ノ卽レハ〔圓教ナリ〕。自心常寂光ノ體内ノ四教如レ斯。合スヤ二佛意ニ一否ヤ

山王天氣云。深ク合ヘリ二佛意ニ一云云

第三。宗旨ノ五時ノ條

問。天台之宗旨ノ五時ノ本源ハ如何

答。山王天氣〔云〕。汝未レ知耶。天台ノ宗旨ノ五時ノ本源ハ。自心ノ常寂光ナリ焉

澄豪云。妙樂曰。五味ノ本文ハ〇涅槃經ノ第十三ノ聖行品ノ末ニ。佛印シ二無垢藏王菩薩一ニ竟テ云。譬ヘハ如下從レ牛出レ乳ヲ。（天玄一、一七七。釋籤）

從レ乳出シ酪ヲ。從リ酪出ニ生蘇ヲ。從ニ生蘇一出ニ熟蘇ヲ。從ニ熟蘇一出スカ醍醐ヲ。「從ニ醍醐一出レ佛。」從レ佛出ニ十二部經ヲ。從ニ十二部經一出ニ修多羅ヲ。「從ニ修多羅一」出シ方等ヲ。從ニ方等一出シ般若ヲ。從ニ般若一出ス涅槃ヲ。涅槃法華ノ二部ハ同味ナリ○若不レ爾ラ者涅槃ニ不レ應ニ遙カニ指ス八千聲聞ハ於テ法華ノ中ニ得テ授コトヲ記莂ヲ見ニ如來ノ性ヲ。如シ秋キ收メ冬藏テ更ニ無カ所作 已上

天台曰。一切衆生心中具ニ足セリ一切法門ヲ。如來明審ニ照シキ其ノ心法ヲ。案ニ彼ノ心ニ說テ無量ノ教法ヲ從レ心而出リ 已上

妙樂云。一期縱横ハ不レ出テ一念ノ三千世間卽空假中ヲ 已上

又云。一念三千ハ自心ノ常寂光ナリ 已上

然ハ則チ天台一家ノ宗旨ノ五時ノ本文ハ。佛印ニ無垢藏王菩薩ニ竟テ說キ五味ヲ。五味ハ從リ佛出シ乳味ノ華嚴大乘ノ十二部經ヲ。從リ十二部經一出シ酪味ノ阿含ノ修多羅ヲ。從リ修多羅一出シ生蘇味ノ方等ヲ。從リ方等一出シ熟蘇味ノ般若ヲ。從リ般若一出スト醍醐涅槃ヲ矣 涅槃ハ法華同醍醐味ナリ。故ニ經ニ攝シ同ニト法華經ヲ。法相宗ニハ不レ知ラ五味ノ次第ヲ。般若方等ト次第セハ乖ニ雙林ノ極唱ニ。此ノ五味ハ本ト一切衆生ノ心中ニ具ニ足セル一切ノ五時ノ法門ヲ。釋迦如來明審カ照シテ一切衆生ノ心中ノ五時ヲ說ニ五時ノ教法ヲ。從リ衆生ノ心ニ而出シテ五時ノ法門ヲ。還テ〔教フナリ〕衆生ニ。是以テ釋尊一期ノ縱ノ五時ハ。不レ出ニ一念三千ヲ。一念三千ハ自心ノ常寂光矣〔自心ノ常寂光中ニ〕本來具ニ足ノ一念三千ノ心地ヲ。五時ヲ說示スルコトヲ號ルヤ開クト衆生ノ佛知見ヲ。天台ノ宗旨ノ五時如シ斯。合ヤ佛意ニ否ヤ

山王天氣云。深ク合ヘリ佛意ニ云云

第四。天台ノ宗旨ノ三大部ノ條

問。天台之宗旨ノ玄義・文句・止觀三大部ノ本源ハ如何

答。山王天氣云。汝未レ知耶。天台之宗旨ノ三大部ノ本源ハ自心ノ常寂光ナリ焉

澄豪白言。妙樂云ク。非ニ玄文ニ無ニ以テ導コト。非ハ止觀ニ無ム以テ達コト。非ハ此疏ニ無ム以テ持コト。非ニ一家ニ無ケム以テ進ス。縱ニ有トモ立破一爲レメナリ樹タテンカ圓乘ヲ。使メ同クスハ志ヲ者開カ佛知見ヲ。一句染ヌレハ神ニ咸ク資センニ彼岸ニ 已上 玄義四云。本眷屬○從リ本時ノ寂光ノ空中ニ出ツ今時ノ寂光ノ空中ニ 已上 文句記四云。

（生(底)ナシ）（最上カ）（「」㋑ナシ）（從㋑ナシカ）（「○入*其中上○カ）（華嚴大乘十二部經）（「」(底)ナシ）（阿含十二年說ニ修多羅一藏一）（「文カ）（法華涅槃同味）（於(底)出）（作(底)化㋑絡）（㋑一切四教ノ法門）（自心常寂光）（按カ）（味㋑ナシ）（味(底)ナシ）（攝㋑指）（味㋑時）（般(底)ナシ）（味㋑付）（說㋑ナシ）（白㋑曰）（云㋑曰）（空(底)宮）（契）

（天文三、一一二五下）今日ノ之前ハ從ニ寂光ノ本一垂ルニ三土ノ迹ヲ。至ンハ法華會ニ攝テ三土ノ迹ヲ一。歸スニ寂光ノ本ニ一已上 弘決五云（云イ曰）（天止三、二七一）。故ニ至テ二止觀ニ一正明スニ觀法ヲ一。並ニ以テニ三千ヲ一而爲ニ指南ト一。乃是レ終窮究竟極説ナリ。故序ノ中ニ云フニ説己心中所行法門ト一。良ニ有レ以也 矣（同、二九二）還歸ニ本理ノ一念三千ニ一已上 又妙樂曰（云イ曰）（天文一、三七三下。文句記）。（天文五、二四二四下）一念三千ハ（「〇カ）自心ノ常寂光ナリ 已上 又云。一心三觀常住ニ寂光一 已上

然ハ則チ天台宗ノ三大部ノ本源ハ。自心ノ常寂光ナリ。玄文ハ導キ。疏記ハ持。止觀（止イ正）ハ達ニシテ。玄義ハ引導シ（「イ矣）。文句ハ聞持シ。止觀ハ體達スルナリ。玄文ハ導テニ衆生ヲ一引キニ止觀ハ自心ノ常寂光ニ。文句ハ念力ノ故ニ持テ。不シテレ入ラニ禪三昧ニハ坐立行ニ一心ニ念スルニ法華ノ文字ヲ一。行若成就（就イ熟）スレハ者趣クニ止觀ニ一。爲タリ下體ニ達ハ自心ノ常寂光一呀（呀㊣算）引上。故ニ玄文ニモ明シニ本時ノ寂光（光イ㊣）ヲ一談スニ今時ノ寂光ヲ一。疏ニハ從リニ寂光ノ本一垂（垂イ乘）ルトニ三土ノ迹ヲ一 矣 雖トモレ然（然イ爾）ナリト 玄義・文句ハ。明シニ教門ノ寂光ヲノミ。未タスレ明ニ自心ノ常寂光ノ一念三千ヲ。故ニ爲メニ止觀ノ體達ノ自心ノ常寂光ノ一念三千ノ爲タリニ引導聞持ノ方便一

凡ソ下品ノ寂光モ教門ナリ。中品ノ寂光モ教門ナリ。上品ノ寂光モ教門ナリ。終窮究竟ノ極説タル天台ノ己心所行ノ寂光ハ。自心ノ常寂光ナリ。自心ノ常寂光ハ。本理ノ一念三千ナリ。〔本理ノ一心三觀ナリ。〕（イ）爲レ令ンレ達サトラ此ノ止觀ノ自心ノ常寂光ノ本理ノ一念三千毘盧遮那ヲ一。玄義ノ十巻ニハ明シテニ本迹二門ノ五重玄義ヲ一。引ニ導シ於止觀（止イ正）ノ自心ノ常寂光ニ。文句ノ十巻ニハ明シテニ本迹二門ノ因緣・約教・本迹・觀心ノ四種ノ釋ヲ一。衆生ニ令下持ニ法華ヲ一達サトラ中止觀自心常（「イ寂）光上ヲ。玄義・文句ハ止觀之前方便ナリ。如レク是玄義ニ導レヒテ之ヲ。文句ニ持レテ之ヲ。止觀ニシテ正ク達サトテニ自心ノ常寂光ノ本理ノ一念三千ノ毘盧遮那ヲ一成道ルカ故ニ。止觀ノ第五記曰（曰イ㊣）（天止三、二七〇。弘決）。當レ知。身土ハ一念三千ナリ。故ニ成道スル時キ稱テニ此ノ本理ニ一。一身一念遍ムニ於法界ニ一（〇カ」）。還歸ニ本理一念三千ニ一已上（同、二九二。弘決） 妙樂又云（天文五、二四二四下）。一念三千ハ自心ノ常寂光（光㊣㊣）ナリ 云云 擧レ要言レ之。三大部ハ三字ノ相傳ナリ。玄義一部ノ一字ノ相傳ハ。導ノ一字ナリ。文句一部ノ一字ノ相傳ハ。持ノ一字ナリ。止觀一部ノ一字ノ相傳ハ。達ノ一字ナリ。以テニ導持達ノ三字ヲ一入リニ自心ノ常寂光（光㊣㊣）ニ一成道スルヲ爲コトニ三大部ノ宗旨ト一如シレ斯。合ヤニ佛意ニ一否ヤ

山王天氣云。深ク合ヘリニ佛意ニ一云云

第五。天台ノ宗旨ノ教相義ノ條

問。天台〔之〕宗旨ノ教相義ノ本源ハ如何

答。山王天氣云。汝未レ知レ之。天台ノ宗旨ノ教相〔義〕ノ本源ハ。自心ノ常寂光焉

澄豪白言。天台曰。教相爲レ三ト。（天玄一、一五三〜）一ハ根性ノ融不融ノ相。二ハ化導始終不始終相。三ハ師弟遠近不遠近相ナリ已上 妙樂云。（天玄一、一五四）前之兩意ハ約ニ迹門ニ。後之一意約ニ本門ニ已上 第一ニ根性ノ融ハ圓融ノ三諦ナリ。圓融ノ三諦ハ圓融ノ一心三觀ニシテ自心ノ寂光ナリ。故ニ妙樂曰。（天文一、三七三下）一心三觀ハ常住ニ寂光ニ已上 第二ニ化導始終ハ。且ク指シテ迹中ノ大通ヲ爲スト首ト。布教元始ハ。本結シテ大緣ニ寂光ヲ爲レ土ト矣 又曰。今日之前キハ從リ寂光本ニ垂タル三土ノ迹ヲ。至ニ法華會ニ攝テ三土ノ迹ヲ。歸ニ寂光ノ本ニ矣 第三ニ師弟遠近ハ。師ノ遠ハ歸ス命ツル本地ノ三身ノ佛ニ。本來常ニ住ス常寂光ニ矣 弟子ノ遠ハ本眷屬 ○ 從リ本時ノ寂光ノ空中ニ出ス今時ノ寂光ノ空中ニ矣

一念三千ハ自心ノ寂光ナリ ○ 故聞テ長壽ヲ須レ了ル宗旨ヲ故ニ。迹本二門ノ教相ハ。從リ寂光ノ本ニ垂シテ歸ヘルナリ寂〔光〕ノ本ニ。寂光ノ本ノ極說ハ自心ノ常寂光ヲ爲ニスルコト宗旨ト如シレ斯。合ニ佛意ニ否ヤ

山王天氣云。深ク合ニ佛意ニ云云

第六。天台ノ宗旨ノ十如是義ノ條

問。天台ノ宗旨ノ十如是義ノ本源ハ如何

答。山王天氣云。汝未レ知耶。天台ノ宗旨ノ十如是義ノ本源ハ自心ノ常寂光ナリ焉

澄豪白言。法華經曰。（大正藏九、五下）唯佛ト與レ佛乃シ能究ニ盡諸法實相ヲ。所謂ル諸法ハ如是相。乃至如是本末究竟等ト云ハ。（天文二、七一〇上。文句記）是レ佛界カ家ノ之諸法實相ナリ。於テ彼ノ譬說ニ。卽至タル道場ニ之莊嚴ノ大車ナリ。於ニ彼ノ宿世ニ。卽チ極果ノ佛之開權ノ實渚ナリ。於ハ彼ノ本門ニ。卽チ久成佛ノ之所契ノ妙法ナリ。若シ正宗可レ識ヌ豈迷テヲヤ流通ニ一句一偈ノ之言彌ヨ可レ信ス也。三德三軌ノ之說皎コト若シ目前ノ。若得ハ此ノ意ヲ廣ク演トモ於八年ト。不レ出テ乎一念ヲ。經トモ五十小劫ヲ。詎カ動セン於刹那ニ。例知一代ノ逗レ機居シ于心性ニ。十方ノ佛事宛然トシテ矚ミ目ル已上（天止三、二三一〜）

天台曰ク。此ノ十重ノ觀法ハ ○ 將送テ行者ヲ到ンハ彼薩雲ニ。非ヨ闍證禪師・誦文ノ法師ノ所ニ能ク知ル也。蓋シ由ルヲ如來積劫之

所ニ勤求ー。道場之所ニ妙悟ー。身子ヵ之所ニ三ヒ請ル。法譬ノ之所ニ三ヒ說ー。正ク在ㇳ茲乎。此ノ三千ハ在リ一念ノ心ニ已上（天文五、二四二〜四下）（同、二七二） 妙樂曰。一念三千ハ自心ノ常寂光ナリ已上 傳敎曰。周ニ遍シテ法界ニ。（傳全三、五八三。註無量義經）居ス常寂光ニ。三千世間。依正宛然トシテ。自受法樂ス已上 又妙樂曰。一念三千ハ指ニ的妙境ヲ出リ自ニ法華ー。故ニ方便品初。（大正藏四六、七八五下。金剛錍）所謂諸法實相如是 云云 已上

然ハ則チ十如是義ノ本源ナリ。唯佛與佛トシテ乃シ能ク究メ盡シテ自心ノ常寂光ノ一念三千ナリ。三世十方ノ諸佛ハ。入リ唯佛與佛ノ內證タル自心ノ常寂光ノ十如實相ノ一念三千ノ宮ニ自受法樂ナリ。法華八箇年ノ說モ不レ出テ一念十如實相ヲ乎。釋尊一代逗機モ居テ心性ノ十如實相ニ。佛界ヵ家十如實相ナリ。譬說ニシテハ十如實相ノ寶所ナリ。〔本門ニシテハ十如實相ノ本地ナリ。凡ソ送テ行者ヲ到シムル彼ノ薩雲ニ。自心ノ〕常寂光ノ十如三千ナリ。自心ノ常寂光ノ十如三千ハ。非ル闇證ノ禪師・誦文ノ法師ノ所ロ勤求ー。自心ノ常寂光ノ十如三千ナリ。道場ニ之所ニ妙悟モ自心ノ常寂光ノ〔十如三千ナリ。〕十如實相ノ宗旨如レ斯。合ヤ佛意ニ否ヤ

山王天氣云。深ク合ヘリ佛意ニ云云

第七。天台ノ宗旨ノ十二因緣義ノ條

問。天台ノ宗旨ノ十二因緣義ノ本源ハ如何

答。山王天氣云。汝未レ知哉。天台ノ宗旨ノ十二因緣義ノ本源ニハ自心ノ常寂光ナリ焉

澄豪白言。涅槃經曰。（大正藏三八、五五三上。維摩玄疏）十二因緣ヲ名テ爲ニ佛性ト。佛性ハ大般涅槃ナリ。大般涅槃ハ常寂光ナリ已上 天台曰。（天玄二、五五〜）不思議不生不滅ノ十二因緣ト者。大經云。十二因緣ヲ名テ爲ニ佛性ト。無明愛取ハ既ニ是煩惱道ナリ。煩惱道ハ即チ是レ菩提ナリ。了因佛性ナリ。行有ハ是レ業道ナリ。即チ是レ解脫ナリ。緣因佛性ナリ。名色老死ハ是レ苦道ナリ。苦ハ即法身ナリ。正因佛性ナリ。觀スル此因緣ヲ（同、七二）恆ニ作ス常樂我淨ノ之觀ヲ已上 十二因緣ハ煩惱業苦ノ三。餘七道ナリ。煩惱ハ即チ業ナリ。即チ業ハ了因佛性ナリ。了因佛性ハ自受用身如來ナリ。業道ハ即チ解脫ナリ。解脫ハ緣因佛性ナリ。緣因佛性ハ應身如來ナリ。苦道ハ即チ法身ナリ。法身ハ正因佛性ナリ。正因佛性ハ法身如來ナリ。然ハ則チ十二因緣ハ佛性ナリ。佛性ハ大般涅槃ナリ。大般涅槃ハ常寂滅光ナリ。常寂滅光ノ無作ノ三身ヲ謂ナリ十二因緣ト。迷ハ則チ三道ノ流轉。悟ハ則チ果中ノ勝用ニシテ。迷ハ

則チ十二因緣。悟ハ則チ無作ノ三身ナリ。無作ノ三身ハ常寂光ノ古佛ナリ。常寂光ノ古佛ハ自心ノ常寂光ノ本理ノ三千ノ如來ナリ。本理ノ三千ノ如來ハ。常樂我淨ノ四德波羅蜜ノ毘盧遮那如來ナリ。十二因緣ノ宗旨如レ斯。合ニ佛意ニ否ヤ

〔㋑山王天氣云。深合ニ佛意ニ云云〕

第八。天台ノ宗旨ノ二諦義ノ本源ノ條

問。天台ノ宗旨ノ二諦義ノ本源ハ如何

答。山王天氣云。天台ノ宗旨ノ二諦義ノ本源ハ自心ノ常寂光ナリ焉

澄豪白言。法華曰。知ニ法常無性一 ○世間相常住ナリ 已上 又云。如來ハ如ク實知ニ見ハ三界之相一 無レ有ニ生死一 已上 天台曰。但點シテ法性一爲ニ眞諦ト一。無明十二因緣ヲ爲ニ俗諦ト一 已上 妙樂曰。只點スルニ一法ヲ二諦宛然ナリ。俗ハ卽百界千如。眞ハ卽同居ス一念ニ。其如キハ麁淺ノ聞レ之ヲ墮シナムレ苦ニ。故ニ佛於テ一代ニ曲テ開セリ七重二十一重ヲ。以テ赴テ物情ニ。使シテ佛本懷ヲ暢ヘノ一 已上

然ハ則チ跨節ノ二諦ハ。本理ノ一念三千ナリ。本理ノ一念ハ眞諦ナリ。本理ノ三千ハ俗諦ナリ。一念三千ハ自心ノ常寂光ナリ。常寂光ノ一念三千ハ。跨節ノ二諦ナリ。本理ノ一念ハ眞諦ノ法性ナリ。本理ノ三千ハ俗諦ノ無明ナリ。俗諦ノ無明ハ。佛界ノ性惡ノ法門ナリ。常寂光ノ眞諦ハ法性ノ一念ナリ。常寂光ノ俗諦ハ本理ノ三千ナリ。常寂光ノ眞諦ハ知法常無性ナリ。常寂光ノ〔㋑俗諦ハ世間相常住ナリ。常寂光ノ三界〕之相ハ。無シ有コト生死一。麁淺衆生聞カハニ此ノ常寂光ノ一念三千ノ眞俗ノ二諦ヲ一。不シテレ信セ墮ナンレ苦ニ。故ニ不レ暢ヘタマハニ本懷ヲ一宗旨ノ〔㋑二諦〕如レ斯。合ニ佛意ニ否ヤ

山王天氣云。深合ニ佛意ニ云云

第九。天台ノ宗旨ノ眷屬妙儀ノ條

問。天台ノ宗旨ノ眷屬妙義ノ本源ハ如何

答。山王天氣云。迹門ノ眷屬ニ有リ五種一。一ニハ理性ノ眷屬ナリ。二ハ業生ノ眷屬ナリ。三ハ願生ノ眷屬。四ハ神通生ノ眷屬。五ハ應生ノ眷屬ナリ。應生ノ眷屬ハ在リ寂光土ニ一。寂光土ハ中下ノ寂光ナリ。中下ノ寂光ノ本源ハ上品ノ寂光ナリ。上品ノ寂光ノ本源ハ自心ノ常光ナリ焉

澄豪白言。天台曰。第九眷屬妙者。應生ノ眷屬ハ下モノ涌出ノ

菩薩ナリ。(「イ○)業生ハ在リ分段ニ。願生通生ハ在リ方便ニ。應生ハ在リ寂(同、二〇六)
光ニ已上　妙樂承曰ク(承曰イ四)。二自熟中(天玄四、一九八)(二底ナシ　熟底然イ就)。卽迹本二門ノ意也。本門二
文ハ。下土此土ナリ已上　玄七曰(○底ナシ)。本眷屬妙者(天玄四、四四〇)。經云(云底イナシ)。此諸菩
薩下方空中住○從リ本時寂光ノ空中出今時ノ寂光ノ空(妙底イナシ)
中ニ已上
疏九曰。下方ノ涌出ノ○住處ト者(天文五、二一五四下)。常寂光土也。常ハ卽常德。
寂ハ卽樂德(卽底則)。光ハ卽淨我ナリ。是ヲ爲ス四德祕密之藏ト(密底ナシ)○下方ト
者。法性之淵底(之底也)。玄宗ノ之極地ナリ。故ニ言フ下方ト已上　妙樂云(云イ曰)。
住處下○毘盧遮那身土之相(天文五、二一五五上)○(○底ナシ)若不スハ了ニ此一旨ヲ誰カ曉ニ
十方法界ニ唯有コトヲ一佛○此ノ諸ノ菩薩ハ分ニ到レハ所期ニ。
且ク云フ極地ト已上　又曰(天文五、二四二四下)。一念三千ハ○自心ノ常寂光ナリ○(○底ナシ)故ニ
聞テ長壽ヲ須レ了ル宗旨ヲ(須底イ復)已上　善無畏三藏曰(大日經義釋)。衆生ノ一念心(續天全密教1、九〇上。)
中ニ。有ト如來ノ壽量長遠ノ之身寂光海會(「乃至カ)。不退菩薩モ。亦復
不ス能知。此ノ法(此法底イ是此マスマス)(「○カ)倍(「復カ)難信シ(故法華中カ)。是故。補處三ヒ請シ(「諸カ)。如來四ヒ
誡メテ。然ル後ニ演說已上
然ハ則チ眷屬妙義ノ中。應生ノ眷屬ハ。地涌ノ菩薩ナリ。地涌ノ菩
薩ハ。在リキ寂光ニ。從リ本時ノ〔(イ)寂光ノ〕空中出テリキ今時ノ寂光

空中ニ。地涌ノ住處ハ(天文五、二一五四下)。寂光土ナリ。寂光ノ土ハ法性ノ之淵底(之底ナシ)。玄
宗之極地ナリ(之底也)。此ノ諸菩薩ハ。分ニ到レハ所期ニ且ク云フト極地ト矣
分ニ到レハ所期ニ分ノ寂光ナリ。分ノ寂光ハ中下ノ寂光ナリ。但シ此ハ
尚ヲ教門ナリ。實義ハ本眷屬ノ地涌ハ。本門壽量。十方法界唯(天文五、二一五五上)
有一佛ノ毘盧遮那ノ同體ノ眷屬ナリ(同イ法)。同體ノ眷屬ハ(同イ法)一切衆生ノ
一念ノ心中ナル如來ノ壽量長遠ノ之身。寂光ノ海會ノ諸尊。則チ
是自心ノ常寂光ノ一念三千ノ本理ノ毘盧遮那ノ同體ノ眷屬
妙ナリ。不退ノ菩薩モ不キ能知コト。是(是イ故)補處ノ彌勒ハ三ヒ請シ。釋迦
如來四ヒ誡メテ。然後(後底ナシ)演說シ。宗旨ノ眷屬如シ斯。合佛意ニ否ヤ
〔(イ)山王天氣云。深合佛意ニ云云〕

第十。天台ノ宗旨ノ十妙義ノ條

問。天台ノ宗旨ノ十妙義ノ本源ハ如何
答。山王天氣云。本門ノ十妙ニ有リ因分有リ果分。果分ノ本
源ハ自心ノ常寂光ナリ矣
澄豪白(白イ曰)言。天台ノ曰ク。本ノ十妙ト者(天玄四、三七九)。一ハ本因妙。二ハ本果
妙(妙底ナシ)。三ハ本國土(土イナシ)妙。四ハ本感應妙。五ハ本神通妙。六ハ本說法
妙。七ハ本眷屬妙。八ハ本涅槃妙。九ハ本壽命妙(妙底ナシ)。十ハ本利益

妙ナリ已上此ハ因分ノ久遠ナリ。此ノ上ヘニ果分ノ久遠ハ。自心ノ常寂光ノ十妙ナル故ニ。(「イ也)妙樂ノ曰。(天文五、二四二四下)一念三千ハ自心ノ常寂光ノ中ニ。遍ク見ルナリ二十方ノ一切ノ身土ノ遮那一ヲ(「イ○)○故ニ聞ニ長壽ヲ一須レ了ルニ宗(「○カ)(壽須底復イ壽復)旨ヲ一已上自心ノ常寂光ノ中ニ遍ク見ルナリ二十妙ノ身土一ヲ。宗旨如レ斯。合ニ佛意一否ヤ

山王天氣云。深合ニ佛意一ニ云云

第十一。五味義ノ條

問。天台ノ宗旨ノ五味義ノ本源ハ如何

答。山王天氣云。天台ノ宗旨ノ五味ノ義ノ本源ハ自心ノ常寂光ナリ焉

澄豪白言。(白イ曰)妙樂曰。(天玄一、一七七。釋籤)五味ノ本文ハ涅槃經ノ第十三ノ聖行品ノ末ニ佛印シニ無垢藏王菩薩一ニ竟テ云。(教相生之文カ)譬如下シ從レ牛出レ乳。「從レ(「乃至カ)乳出レ酪。從レ酪出ニ生蘇一。從ニ生蘇一出ニ熟蘇一。從ニ熟蘇一(熟蘇イナシ)出スカニ二」醍醐ヲ一。(「乃至カ)「從ニ醍醐一出レ佛。」(「譬カ)(最上カ)(「○入其中○カ)從レ佛出ニ「華嚴經」(「ナシカ)十二部經一。「從ニ十二部經一出ニ修多羅一ヲ。(阿含經)從ニ修多羅一出ニ方等一。(「○カ)從ニ方等一出ニ般若一。從ニ般若一出ニ」涅槃一ヲ。涅槃ト法華ノ二部ハ同味ナリ已上涅槃經ニ(イ曰」)(大正藏十二、六九八中十七行)大般涅槃常寂光ナリ(微妙光明カ)已上法華結經(大正藏九、三九二下十六行)曰。釋迦牟尼佛ヲ名クニ毘盧遮那ト一遍スニ一切處ニ一。其ノ佛ノ住處ヲ名クニ常寂光ト一已上五味終窮ハ醍醐味ナリ。醍醐味ニハ有リレ二。前番ノ醍醐ハ法華ナリ。後番ノ醍醐ハ涅槃ナリ。前番ノ醍醐ノ法華ハ一乘ナリ。一乘ハ毘盧遮那寂光ナリ。後番ノ醍醐ノ涅槃モ常寂光ニシテ。常寂光ノ至極ハ自心ノ寂光ナリ。故ニ五味義ノ本源ハ自心ノ常寂光タル宗旨如レ斯。合ニ佛意一否ヤ

山王天氣云。深合ニ佛意一ニ云云

第十二。一乘義ノ條

問。天台ノ宗旨ノ一乘義ノ本源ハ如何

答。山王天氣云。天台ノ宗旨ノ一乘義ノ本源ハ自心ノ常寂光ナリ焉(焉イ矣)

澄豪白言。(白イ曰)法華經曰ク。(大正藏九、八上十七行。方便品)十方佛土ノ中ニハ唯有リニ一乘ノ法一ノミ已上法華結經云。(大正藏九、三九二下十六行)釋迦牟尼佛名ニ毘盧遮那一遍ニ一切處一。其佛住處名ニ常寂光一已上涅槃經曰。(大正藏十二、七六九上取意)一乘ト者佛性ナリ。佛性ト者涅槃ナリ。(一乘カ)(「矣カ)大般涅槃ハ(微妙カ)常寂光ナリ「已上(「重複カ)一乘ト者佛性ナリ。佛性ト者大涅槃ナリ。(同、六九八中十七行)大涅槃ト者常寂光」矣常寂光ノ至極ハ。自心ノ常寂光ノ本理ノ三千ノ毘盧遮那如來タル宗旨如レ斯。

合二佛意一否ヤ

山王天氣云。源(源㋑深)合二佛意一云云

第十三。三周義(義底ナシ)ノ條

問。天台ノ宗旨ノ三周義ノ本源ハ如何

答。山王天氣云ク。天台ノ宗旨ノ三周義ノ本源ハ自心ノ常寂光ナリ焉(焉㋑也矣)

澄豪白(白㋑曰)言。妙樂曰ク。本末究竟等ハ(天文二、七一〇上。文句記)○(○底ナシ)究竟ノ佛乘○(○底ナシ)此則於二今品文一。是佛果家之諸法實相ナリ。於二彼ノ譬說(說㋑彼)一ニ。即至ル二道(法イ)場一ニ之莊嚴ノ大車ナリ。於ハ二彼ノ宿世一ニ。即チ極果ノ佛之(之底也)開權ノ寶渚ナリ(渚底所)。於ハ二彼ノ本門一ニ。即チ久成ノ佛之所契ノ妙法○(○底ナシ)廣ク演レトモ二於八年一ニ。不レ出テ二乎(乎底ナシ)一念一ニ。(「○カ)一代ノ逗レ機居テ二于(于底ナシ)心性一ニ已上(天文五、二四二四下)又曰。一念三千○方便品諸法實相已上又曰。一念三千○自心ノ常寂光ナリ已上然ハ則チ三周義ハ三周(ミメクリ)說クナリ二諸法實相一ト。法說周ニシテハ名ク二究竟ノ佛乘一ト。譬說周ニシテハ名ケ二大車一ト。因緣說(周カ)ヲハ名ク二寶所一ト。本門ヲハ久成ノ佛ノ所契ノ妙法ナリ。三周ノ一乘實相ハ一念ノ心性ナリ。一念ノ心性ハ自心ノ常寂光ノ一念三千ノ本理ノ毘盧遮那タル宗旨如レ斯。合二佛意一否ヤ

山王天氣云。深合二佛意一云云

第十四。卽身成佛義ノ條

問。天台ノ宗旨ノ卽身成佛義ノ本源ハ如何

答。山王天氣云。天台ノ宗旨ノ卽身成佛ノ(「義カ)本源ハ自心ノ常寂光ナリ焉

澄豪白(白㋑曰)言。法華曰。(「㋑經(大正藏九、三五中。提婆品))文殊師利謂テ二智積一ニ曰。於レ海教化ニ○演ニ暢シ實相義一。開ニ闡シ一乘ノ法一ヲ。廣ク導テ二諸ノ群生(衆カ)一ヲ。令メ三速ニ成セ二菩提(提底薩)一ヲ。時キニ(同、三五中二八行)(「○カ)龍王(王底ナシ)女○以レ偈ヲ讚曰。深ク達(サト)ツテ二罪福ノ相一ヲ。遍ク照ス二於十方一ヲ。微妙淨法身ニ。具レコト相ヲ三十二ナリ已上

天台曰(曰底ナシ)(天止二、五九二)。觀二罪性空一者。了二達スレハ貪欲瞋癡之心一ヲ皆是レ寂靜ノ門(門底一)ナリ。(「○カ)我レ見ルニ則無シ二住處一。十方ニ諦カニ求ケルニ我不可得ナリ。我心自空カ罪福ニ無シレ主(主㋑識)。深ク達(サト)ツテ二罪福ノ相一ヲ遍ク照セハ二於十方一ヲ○(「底光)一切ノ諸(諸底㋑說)心皆是レ寂靜ノ門ナリ○(○底ナシ)(天止二、六一二)如ミ鏡有レ像。瓦礫ニハ不レ現セ中ニハ具ス二諸相(相底法)一ヲ。但空ニハ則無シ。故ニ云フ下深達ニ罪福相一遍照ニ於十方。微妙淨法身具レ相三十二上ト已上(天止二、六一二。弘決)妙樂承曰。圓ノ中ハ如シレ鏡ノ故ニ「能ク遍照ス。名テ爲ス二深達一ト。」(「」底重復)以テ二深達スルヲ一故ニ具ス二一切ノ相一ヲ。空假ハ不レ爾(爾底然)カラ。如シ二磨(トク)カ瓦礫一ヲ已上

天台曰。（天玄一、三五一）一切ノ國土ハ依正卽是常寂光ナリ○（○底ナシ）皆是レ寂靜ノ門
已上 卽身成佛ト者。龍女ノ成佛ナリ。龍女ノ成佛ハ。達（サト）ツテ二實相ニ一一乘ヲ一速ニ成ス二菩提ヲ一。達ニ二實相ニ一者。深ク達ニ二罪福ノ相ニ一。「（「」底ナシ）深ク達レバ二罪福ノ相ヲ一」達ナリ二罪性ノ空ナルコトニ一。罪性ノ空ナレバ寂靜ナリ。寂靜ナルハ寂光ナリ。寂光ナルハ中道ノ鏡ナリ。中道ノ鏡ハ磨（ト）ケバ遍ク照ス二於（於底ナシ）十方ヲ一。遍ク照スレバ二於十方ヲ一十方ノ影像現スルナリ二於自心ノ常寂光ノ鏡ニ一。卽身成佛ノ障リハ我見ナリ。我見ハ非ス二神我ニ一ハ。但是レ無始ヨリ妄リニ許ス二假名ヲ一。計レバ我ヲ有リ二貪瞋癡一。有レバ二貪瞋癡一輪廻ス。我心自空ナレバ罪性本ヨリ無ク。罪性本ヨリ無ナレバ第一義空ナリ。第一義空ハ自心ノ寂光ナリ。自心ノ寂光ノ鏡ニハ有テ二一念三千ノ影像一。自受法樂スルヲ名（名イ號）ク二龍女內證ノ卽身成佛ト一。宗旨如レ斯。合ニ二佛意ニ一否ヤ（イ）

〔山王天氣云。深合ニ二佛意ニ一云云〕

第（第底ナシ）十五。三身義ノ條

問。天台ノ宗旨ノ三身義ノ本源ハ如何

答。山王天氣云。天台ノ宗旨ノ三身義ノ本源ハ自心ノ常寂光ナリ焉

澄豪白（白イ日）言。法華曰。「（「イ經）（大正藏九、四二下十三行～。壽量品）如來ハ如レ實知二見ス三界之相（相イ教）ヲ一。無レ有コト二生死若ハ退若ハ出一。亦無シ二在世及ヒ滅度スル者一ノ（自受用身法身如來）。非スハ實ニ非ス虛ニ。非ス如ニ非レ異ニ。不レ如ナラ三三界ノ見ルカ二於三界ヲ一 已上 天台曰。（天文五、二二四九下）圓ノ如ハ。卽法身如來ナリ○（○底ナシ）如實知見ハ○云云（云云イナシ）一切種智ナリ知見卽佛眼（如底妙）ナリ。此ハ是レ報身如來ナリ。（同、二三一七下）（「○カ）此ノ中ノ六句ハ顯ス二於應身不ルコトヲレ離レ二法身ヲ一。法身ハ無形ナリ。亦無シ二起滅一。衆生ニ有レハ「（「」イナシ）起滅之（之底世）機一感ス二於法身ニ一。如來ノ願力應ス二同ス」起滅ニ一。起滅ノ之（之底ナシ）見ハ出タリ二自リ衆生一（「○カ） 已上 妙樂云。（云イ日）（同、二四二四下）故於（於底知）二自心ノ常寂光中ニ一遮（○カ」）那ハ長壽ノ宗旨ナリ 已上

慈覺大師（大師イナシ）云。無作三身ハ住ス二寂光土ニ一 已上 本門壽（壽底遠）量ノ三身ニ有リ二因分ノ久遠ノ三身一。〔（イ）有ニ二果分ノ久遠三身一。〕因分ノ久遠ノ三身ハ。三身隨テレ應ニ居ス二四種佛土ニ一。果分ノ久遠ノ三身ハ。三身俱（俱底ナシ）ニ住ス二寂光土ニ一。故ニ無作ノ三身ハ住スト二寂光土ニ一〔文〕（イ）無作三身ハ三界之相ナリ。三界ノ之相ノ圓ノ如ハ三界ノ法身如來ナリ。三界ノ知見ハ三界ノ自受用報身如來ナリ。三界ノ形ノ應ス二同スルハ起滅ニ一。三界ノ應身如來ナリ。無（無イナシ）ニ三界ニ起滅。「（「イ無）（「底三界之ナシ）起滅ノ之見ハ出タレ自ニ衆生一。佛（佛イ何）ト者。三界ハ本來毘盧遮那ナリ。虛妄ニ見テレ之ヲ爲スト二

苦ノ境ト矣（矣イ文）三界ハ本來常寂光ナリ。常寂光ハ自心ノ常寂光ナリ。
一念三千（千イ界）ハ於テ自心ノ常寂光ノ中ニ遍ク見ルナリ三界（界底ナシ）之相ヲ。故ニ
妙樂云。（天文五、二四二四下）一念三千ハ於ニ自心ノ常寂光ノ中ニ遍ク見ニ十方ノ一
切身土ヲ○（○底ナシ）（〔〇カ）長壽ノ宗旨ナリ 已上
山王天氣云。深合ニ佛意ニ云云

第十六。屬累義ノ條

問。天台ノ宗旨ノ屬累義ノ本源ハ如何。又屬累經中ノ義（義底ナシ）合スヤ
佛意ニ否ヤ
答。山王天氣云。天台ノ宗旨ノ屬累經中（經中イナシ）義ノ本源ハ。自心ノ常
寂光也（也底ナシ）。又天台ノ屬累經中ノ義ハ深ク合ス佛（佛底ナシ）意ニ
澄豪白（白イ曰）言。屬累品（品底ナシ）經云ク。（大正藏九、五二下二六行～）爾時釋迦牟尼佛。令ム十方ヨリ來
諸分身佛各還ニ本土ニ。而作ニ是言ニ。諸佛各隨ニ所安ニ。多寶
佛塔（塔底ナシ）ハ還テ可シ如レ故ノ 已上 天台曰（曰イ云）。（天文五、二五六九上。文句）多寶ハ爲メノ證カ經ヲ故ニ來ル。
今ハ迹本二門已訖（訖底德）。故ニ須ク敬遣如シ故ノ。分身ハ爲レ開カン塔ヲ
故ニ集マル。開ク塔ヲ事了レハ。故ニ令ム分身ヲ還ラ本ニ。塔ヲ不レ可ニ
重テ開ク。故ニ分身ハ去（去底云）テ而不レ現セ。塔猶ヲ聽テ法ヲ閉テ（〔故カ）而尚（尚イナシ）在リ。
問。塔若聽レ法亦應ン不レ閉チ。答。證シ正ヲ已カ故ニ閉ツ。聽カ流

通（通底迦）ヲ故ニ在リ 已上 妙樂云。（同、二五四一下～二上）寶塔ハ爲メニ聽カ經ヲ故ニ來ル。分身ハ
爲メニ開カン塔ヲ故ニ集ル。塔既（既底ナシ）已ニ閉ツ。分身須ク散ス。經猶（猶イ尚）ヲ未タ
畢ラ。故ニ塔未タ還ラ。分身既散レハ。土合ヘシ復ス常ニ。問（問底ナシ）（〔〇カ）。釋迦
出シ塔（塔底云）ヲ塔何ソ須ク閉ツ。塔閉トハ分身何必シモ須ク散ス。答。多寶ノ
本願ニハ但云ク以テ塔ヲ聽ト經ヲ。若以ニ我身ヲ示サ四衆ニ者（者底ナシ）。令（令底ナシイ之）レ
集メ分身ヲ。當ニ知ル。分身ハ開カン塔ヲ故ニ集マル。釋迦亦爲メニ
開カン塔ヲ住ス空ニ。住カ空ニ故ニ開ク塔ヲ。塔ヲ開カ故ニ命（命底今）坐ト。屬
累ノ故ニ出ツ塔ヲ。出カ塔ヲ故ニ塔閉ツ。塔カ閉ツ故ニ分身ノ事訖（訖底設）ル。
事訖（訖底設）カ故ニ須ク散ス。故ニ塔ノ開閉。分身ノ聚散。各有リ因縁ニ（天文四、一九二八下。
已上「又曰。（天止一、二八六。弘決）（「」イナシ）寶塔在空。此見常寂光 已上」又曰。時衆已聞ニ
迹門開權（權イ終）ニ（文句記）。初入ニ寂光之土ニ。故以テ居ルハ空ニ表レハ之ヲ。分身
示シテ迹ヲ各有ニ所化之土ニ。故居レ地ニ以テ表レ之。又釋迦不レ
久顯レ本。亦先（先底見）ツ居シテ空ニ以テ表レ之ヲ 已上
天台ノ宗旨ノ屬累義ノ本源ハ常寂光ナリ。何トテ屬累品（〔イ者）ヨリ釋尊
出テ常（常底ナシ）寂光ノ塔中ヲ虚空爲座ノ常寂光土ヨリ下ニハ前（前イ落）ツ同居ノ穢
土ニ。此則從リ寶塔品ニ至マテハ神力品ニ虚空會ナリ。虚空會ハ虚
空ヲ爲レ座ト常寂光ノ儀式ナリ。迹本二門ノ正意ナルカ故ニ上ル寂

光ノ空ニ。迹門ノ時ノ衆ハ。聞テ開權ヲ入カ初住ノ寂光ニ故ニ。自リ寶塔品居ルハ空ニ表ス之ヲ。自リ屬累品歸ヘルカ穢土ノ屬累ニ故ニ。釋尊辭シテ虚空會ヲ下ルナリ靈山會ニ。故ニ屬累ハ經中ナリ。又屬累義ノ本源ハ常寂光ナリ。屬累品ノ時ハ。諸分身ノ佛ハ各還ヘリ本土ニ。多寶佛塔ハ在クナル如故ノ事ハ。分身ハ爲メノ開ンカ塔ヲ故ニ集マル。而多寶佛ノ塔閉カ故ニ分身ハ各還ルナリ本土ニ。又多寶佛塔ハ證正ヲ已ルカ故ニ還テ閉ニ塔戸ヲ。取要言ハ之。屬累經中ニハ法華二處三會ノ中ニハ虚空會ノ終リナルカ故ニ在ニ經中ニ。虚空會ニ有リ三品ノ寂光。三周ノ聲聞ノ入ハ初住ノ寂光ニ下品ノ寂光ナリ。本門ニシテ二住已上乃至等覺迄マテ增道損生セン寂光ハ中品ノ寂光ナリ。塔中ノ釋迦・多寶ハ。唯佛與佛乃能究盡ノ上品ノ寂光ナリ。上品ノ寂光ノ至極ハ。自心ノ常寂光ナリ。故ニ妙樂云。（天文五、二四二四下）於テ自心ノ常寂光ノ中ニ。遍ク見ル十方ノ一切身土ヲ○故ニ聞テ長壽ヲ須了ル宗旨ヲ。（「矣カ）宗旨ノ屬累ノ之義如斯。合ニ佛意ニ否ヤ

山王天氣云。深合ニ佛意ニ云云

第十七。六卽義ノ條

問。天台ノ宗旨ノ六卽義ノ本源ハ如何

答。山王天氣云。宗旨ノ六卽義ノ本源ハ自心常寂光ナリ

澄豪白言。法華曰。諸佛兩足尊。知ニ法ハ常ニハ無性ニ。「佛種ハ從リ縁」起。是故說ニ一乘ヲ。是ノ法住シテ法位ニ。世間相常住ナリ。於ニ道場ニ知メシ已テ。導師方便說 已上（大正藏九、九中） 妙樂承曰。一ノ無性ノ言ニ具ス二ノ無性ヲ（非ニ自他等ニ○カ）○知ト者照也。具ハ如シ止觀第五ノ不思議境ノ中ノ一念三千。「境中一念三千」一念亦無シ。卽是性空ナリ○無念亦無シ。卽是相空ナリ 已上（天文二、九七七下。文句記）

天台曰。當聞ク六卽ヲ。世間相常住ハ理卽也。於ニ諸ノ過去佛ニ。若有ルハ聞テ一句ヲ名字卽也。深信隨喜スルハ觀行卽也。六根清淨相似卽也。安住實智ノ中ニ分眞卽也。唯佛與佛究盡ト實相ヲ。（○カ」）究竟卽也 矣已上（天玄一、二九三。玄義） 妙樂曰。衆生理ノ是ナリ。佛ハ已證ナリ。佛依ニ世閒ニ修生ス極理ヲ。（成カ）驗シ知ヌ世閒ニ「本ヨリ有リ斯ノ」理ヲ。（「是カ）故云ニ常住ト 已上（同、九八三下） 又云。還歸ニ本理一念三千ニ 已上（天止三、二九一。弘決）

慈覺大師云。本師釋迦如來ノ迷眞以前ハ。性德ノ理卽也 已上（佛全24、七五下。法華本門觀心カ）

傳教曰。六卽ハ性海緣起ノ次位ナリ。（傳全二、二七九。守護章取意）又曰。念念ニ剋シテ六卽ニ。自然ニ流カ性海ニ 已上（傳全四、二五九。長講法華式） 六卽ハ妙覺ノ性海緣起ノ本理ノ一念三千ノ自心ノ寂光ノ上ヘニ立ツルナリ。然ハ則チ理卽ハ釋迦「ノ妙覺ノ道」

場所得ノ內證ナリ。知法常無性ノ一念三千ハ。一念本ヨリ無ク。無念モ亦タ無キ世間相常住ノ法位ヲ號ニ理卽ト。此理卽釋迦如來ノ迷眞以前(以㋑已)ノ性德ノ理卽ナリ。絕ツ生佛ノ假名ヲ理卽ナリ。衆生ハ理ノ是ナリ。佛ハ已證ナリ。(〔是カ)佛依テ世間ニ修シ成スレハ極理ヲ。世間ニ本ヨリ有リ(有㋣若㋑在)斯理ニ。故云ニ世間相常住ト。世間相常住ハ妙覺ノ性海果分ノ本理ノ一念三千ナリ。本理ノ一念三千ハ自心常寂光故ニ。六卽義ノ本源ハ。自心ノ常寂光ナル宗旨如レ斯。合ニ佛意ニ否ヤ

山王天氣云。深合ニ佛意ニ云云

第十八。四種三昧義ノ條

問。天台ノ宗旨ノ四種三昧ノ義ノ本源ハ如何

答。山王天氣云。宗旨ノ四種三昧義ノ本源ハ自心ノ常(常㋣ナシ)寂光ナリ焉(焉㋑矣)

澄豪白(白㋑曰)言。天台曰。四種三昧。(天止一、三九八。止觀)一ニハ常坐。二ニハ常行。三ニハ半行半坐。四ハ非行非坐ナリ 已上 妙樂云(云㋑曰)(同、四〇〇。弘決)。四行莫レ不ミ皆緣ニ實相ヲ○(○㋣矣)(同、四一〇)下モノ文ノ十乘觀法ト。(〔○カ)四種三昧 無ニ四行相ニ。則チ下ノ文成スレ略ヲ 已上 四種三昧ハ下モノ止觀ノ第五ノ文。十乘ノ觀法ノ不思議境ノ一念三千ノ自心ノ常(常㋑ナシ)寂光ノ上ニ立ツト四種三昧ノ行(行㋣ナシ)ヲ云云 故ニ自心ノ寂光ノ常坐三昧ハ觀スレ自心ノ寂光ノ實相ヲ。又自心ノ寂光ノ常行三昧ハ觀ニ自心ノ寂光ノ阿彌陀ヲ。自心ノ寂光ノ半行半座(坐カ)ハ觀ス自心ノ寂光ノ法華ノ文字實相ヲ。自心ノ寂光ノ非行非坐三昧ハ觀ス自心ノ寂光ノ行住坐臥語默作作ノ實相ヲ。然ハ則チ止觀ノ第五ノ觀(㋑クハン)不思議境(境㋣ナシ)ノ常行三昧ハ觀ルナリ一念三千ノ阿彌陀ヲ。一念三千ノ阿彌陀ハ。衆生ノ自心ノ常寂光ノ阿彌陀ナル宗旨如レ斯。合ニ佛意ニ否ヤ

山王天氣云。深合ニ佛意ニ云云

第十九。三觀義ノ條

問。天台ノ宗旨ノ三觀義ノ本源ハ如何

答。山王天氣云ク。(天止二、一六九～)宗旨ノ三觀義ノ本源ハ自心常寂光ナリ焉(焉㋑矣)

澄豪曰。天台曰。止觀ノ體(〔相カ)者。體理淵玄タリ。粗寄セテ四意ニ顯サンレ體ヲ。一ニハ教相。二ニハ眼智。三ハ境界。四ニハ得失ナリ(同、一八三)○(○㋣ナシ 不次第三觀)教相顯ト者。(〔○カ〕次第觀。空觀○㋣ナシ 假觀)二諦觀○平等觀ト(同、二二六)(二㋣三)中道第一義諦觀ナリ○(○㋣ナシ)圓頓止觀○(〔相者カ)一止而三止○(同、二二四)一觀而三觀○(○㋣ナシ)不レ權ナラ不レ實ナラ不レ優不レ劣(劣㋣出)。卽是(〔○カ)(卽㋣ナシカ)圓頓ノ教相モ顯ス止觀ノ體ヲ也 已上 妙樂云(云㋑曰)(天文一、。一心

（三七三下）三觀ハ常ニ住ス寂光ニ○一念三千三諦具足レハ。（天文四、二四二四下）自心ノ常寂光ナリ已上三觀義ハ。爲メニ顯サンカ自心ノ常寂光ノ一心三觀ノ體ヲ。教相ヲモテ顯ス次第三觀ヲ。次第ノ三觀ハ。圓頓止觀ノ序引ナリ。圓頓止觀ハ。顯ス自心ノ常寂光ノ一心三觀ノ體理ノ淵玄ヲ。宗旨如シ斯。合フ佛意ニ否ヤ

山王天氣云。深ク合ス佛意ニ云云

第二十。被接義ノ條

問。天台ノ宗旨ノ被接義ノ本源ハ如何

答。山王天氣云。宗旨ノ被接義ノ本源ハ自心ノ常寂光ナリ焉

澄豪白言。天台曰。（天止二、一六九。止觀）止觀體ト者○體理淵玄タル。境界○諦智合辨。（同、二九九）別接通者。俗諦ハ發シ一眼一智ヲ。眞諦モ發ス一眼一智ヲ。開キ眞ヲ出テ中ヲ發ス一眼一智ヲ。破ス無明ヲ。（同、三〇三）能ク八相作佛ス已上妙樂云。（天止二、三〇〇。弘決）開眞出中トハ者。若已被レ接得レ入ニ證道ニ。乃成ス三諦ヲ已上又曰。（天止三、一〇九。弘決）顯體四段ハ名既開顯スレハ體亦隨フ名ニ。用テ所開體ヲ遍攝ス諸法ヲ。通ス界內界外ニ○方ニ曉ル體內ノ所レ攝互融セルコトヲ○事理融卽スルヲ乃名ク妙解ト。依テ此妙解ニ以テ立ツ正行ヲ○曉シテ前ノ諸ノ大「章ノ鉤鎖」冠帶ヲ。收ニ攝シテ文旨ヲ攬テ入レハ一心ニ。仍須シ十法和合シテ成ス乘ヲ已上又曰。（天玄四、三三二。釋籤）一期縱橫不レ出ニ一念三千世間卽空假中ニ已上又曰。（天文五、二四二四下。文句記）一念三千三諦具足レハ○自心ノ常寂光ナリ已上被接義ハ。止觀ノ體理ノ淵玄タル諦智合辨ハ三諦三智和合ナリ。成辨スル時ハ。俗諦ノ假智。眞諦ノ空智。開眞出中ノ中智互融ス。若已被接ニシテ得レハ入ルコトヲ證道ニ。乃成スレトモ一心三諦・一心三觀ヲ。此レ開ニ顯體內ノ被接ヲ。體內ノ被接ハ法華ノ開顯ナリ。法華ノ開顯ハ一念本ヨリ無ク。無念亦無キヲ名ク開ト。開顯實相ノ體內ニ三諦互融ス。互融レハ〔事理融スルヲ〕稱ス妙解ノ被接ト。妙解ノ被接ハ收ニ攝シテ被接ノ文旨ヲ。攬テ入ルニ一心ニ。止觀行者ノ十法成乘ノ心地カ被接ナリ。心地ノ被接ハ釋尊一期ノ假。五時ノ被接ハ不レ出テ一念三千・一心三觀ヲ。一念三千・一心三觀ハ自心ノ常寂光ナリ。自心ノ常寂光ノ中ニ一心三觀互融シテ。能ク八相作佛スルヲ爲ス止觀ノ被接ヲ宗旨ト。合フ佛意ニ否ヤ

〔山王天氣云。深合ス佛意ニ云云〕

第二十一。名別義通ノ條

問。天台ノ宗旨ノ名別義通ノ本源ハ如何

答。山王天氣云。宗旨ノ名別義通ノ本源ハ自心常寂光ナリ焉

澄豪白言。天台曰。破法遍ト者（天止三、三八九。止觀）○文字爲レ門ト。大品ニ明ス四十二字門ヲ是也（同、三九二）○今ハ但說ニ教門ヲ○不思議ノ一境一切境。一心「一切心」（同、三九四）○一切皆破ス。故ニ言レ遍ト也○今ハ且ク置テ三門ヲ。且ク依テハ空無生門ニ（同、四五〇）○大品明ス阿字門ヲ。所レ謂諸法ハ初不生ナリ（同、三九六）○無生門ノ破法遍ト者。又爲レ三ト。一ニハ從假入空ノ破法遍ナリ。二ニハ從空入假ノ破法遍ナリ。三ハ兩觀ヲ爲シテ方便ト得レ入ルコトヲ中道第一議諦ニ破法遍ナリ。如レ此ノ三觀ハ實ニハ在レトモ一心ニ。法妙ニシテ難レハ解リ寄テ三ニ以テ顯ス一ヲ耳○從假（同、四五三）入空ノ破法遍ニ。又爲ス三ト。先ツハ從リ見假入ル空。次ニ從リ思假ニ入ル空ニ。後ニハ四門料簡ス（同、六〇四）○破ニ思假ヲ入ル空位ニ亦爲ス四ト（者カ）。一ニハ三藏カ家ノ破ト思ノ位ヲ。二ニハ通カ家ノ破ニ思ノ位ヲ。三別ノ名名ニ通カ家共ノ位ニ。四ハ別名名ニ通カ家ノ菩薩ノ位ニ已上

名別義通ハ。破法遍ノ破思假入空ナリ。破思假入空ノ「名別義通ハ。」名別ノ邊ハ中道ナリ。義通ノ邊ハ空觀ナリ。明ニ名別義通ノ空中ヲ。三觀ハ實ニハ在レトモ一心ニ。三觀ノ法妙ニシテ難ケレハ解リ寄テ次第三觀ニ顯ス一心三觀ヲ耳。然ハ則チ名別義通ノ源ハ阿字門ナリ。阿字門ハ諸法ノ初不生ナリ。諸法ノ初不生ハ觀不思議境ノ一念三千ナリ。「思議境ノ」一念三千ハ（天文五、二四二四下。取意）自心ノ常寂光矣。故ニ名別義通ノ本源ハ。自心ノ常寂光タル宗旨如レ斯。合ニ佛意ニ否ヤ

山王天氣云。深合ニ佛意ニ云云

第二十二。佛土義ノ條

問。天台ノ宗旨ノ佛土義ノ本源ハ如何

答。山王天氣云。宗旨ト者。佛土義ノ本源ハ自心ノ常寂光ナリ焉

澄豪白言。天台曰。諸佛ノ利物ノ差別之相無量無邊ナレトモ（大正藏三八、五六四上～中。維摩略疏）。今略シテ爲レ四ト。一ハ染淨ノ國ナリ。凡聖共ニ居ス。二有餘ナリ。方便ノ人住ス。三ハ果報ナリ。純ニ法身ノミ居ス。卽チ因陀羅網無障礙ノ土也。四ハ常寂光。卽チ妙覺ノ所居也○仁王經云（經カ）。唯佛一人ノミ居ス淨土ニ。此經云心淨ハ則チ佛土淨シト。心淨之極レハ極マル於佛ニ也。普賢觀云。釋迦牟尼ヲ名テ毘盧遮那ト遍ニ一切處ニ。其ノ佛住處ヲハ名ク常寂光ト已上妙樂曰。一念三千ハ（天文五、二四二四下。）○自心ノ常寂光中ニ遍ク見ニ十方ノ一切身土ヲ已上又曰。土土

互ニ生スレトモ不レ出ニ寂光ヲ一 已上
佛土義者。四種佛土ナリ。四種佛土ノ本源ハ常寂光ナリ。常寂光ハ妙覺ノ佛一人ノミ居タマフ淨土ナリ。心淨レハ佛土淨シ。心淨之極ハ佛ナレハ。佛ノ常寂光土ハ淨土之極ナリ。釋迦牟尼佛ハ毘盧遮那ナリ。毘盧遮那ノ住處ハ常寂光ナリ。常寂光土ハ三土ノ鏡ナリ。影像ハ不レ浮ルナリ（浮イ出）ニ寂光ノ鏡一ニ。寂光ノ鏡ノ極ハ自心ノ常寂光ナリ。自心ノ常寂光ハ本理一念三千矣 本理ノ一念三千ノ中ニ遍ク見カ二十方ノ身土ヲ一故。佛土義ノ本源ハ自心ノ常寂光。宗旨如レ斯。合ニ佛意ニ一否ヤ

山王天氣云。深合ニ佛意ニ一云云

第二十三。佛性義ノ條

問。天台ノ宗旨ノ佛性義ノ本源ハ如何

答。山王天氣云。宗旨ノ佛性義ノ本源ハ自心ノ常寂光ナリ矣

澄豪白（自イ日）言。涅槃經曰（大正藏十二、七三三下二七行カ）。佛性ト者。大般涅槃ナリ。大般涅槃ハ常寂滅（滅イ底ナシ）光ナリ（大正藏十二、九〇四下十九行カ） 已上 佛性ハ大般涅槃ナリ。佛性大般涅槃常寂滅光。常寂滅光ノ極ハ自心ノ常寂光ニ遍ク見（見底ナシ）ニ十方ノ一切身土ヲ一文故ニ佛性義ノ本源ハ。自心ノ常寂光ノ本理ノ三千ノ毘盧遮那ノ佛性タル宗旨如レ斯。合ニ佛意ニ一否ヤ

山王天氣云。深合ニ佛意ニ一云云

第二十四。九品往生義ノ條

問。天台ノ宗旨ノ九品往生義ノ本源ハ如何

答。山王天氣云。宗旨ノ九品往生義ノ本源ハ自心ノ常寂光ナリ焉（焉イ矣）

澄豪白（自イ日）言。淨土三部經曰。上（イ品上生）ト者。究ニ竟ナリ一乘ノ（大正藏十二、二七四上十三行。無量壽經）至ニ于彼岸ニ一 已上 又曰。諸佛如來ハ是レ法界身ナリ。住スニ衆（衆底故）生ノ（大正藏十二、三四三上十九行。觀無量壽經）心想ノ中ニ一（「遍入一切カ） 已上 止觀曰。歩歩聲聲念念唯在シ阿彌陀佛ニ一（天止一、四四一） ○心自見ルレ心ヲ。佛心ノ是レ我心ナリ（同、四四八）（「見佛心。是カ） ○（○底ナシ）心ニ有ルヲ「想（想底惣）爲レ癡スト。」（「底惣疾）心無キハレ想是レ泥洹ナリ 已上 法華經云（云イ日）（大正藏九、五四下。藥王品）。如クレ説修行シテ。於レ此ニ命終シテ。卽往テ安樂世界阿彌陀佛ノ大菩薩衆圍遶タマヘル住處ニ一ニ。生ニ蓮華ノ中ノ寶座ノ之（之底ナシ）上ニ一ニ ○（○底ナシ）諸佛遙ニ共ニ讃テ言。善哉善哉。（「○カ）於テ二一切世間天人（人底ナシ）之中ニ一無シ二如クナル汝カ者ノ一ハ。唯タ除ニ如來ヲ一ハ。其ノ諸聲聞辟支佛乃至菩薩ノ智惠禪定ハ。無ケンレ有ニ與レ汝ト等シキ者ノ一 已上 妙樂承曰（天文五、二五九四下。文句記）。此ノ中ニ只云フ下得レ聞ニ是經ヲ一如クレ説修行スル上。卽淨土ノ因ナリ。問如何カ修行セン（「○カ）。答既云ニ如説修行ト一。

即依經立行具如分別功德品中直觀此土。四土具足已上分別功德品記曰。（天文五、二四二四下）一念三千。於自心常寂光中。遍見十方一切身土。故聞長壽須了宗旨已上又曰。（天文四、一九七九上）假使一切經論所列。生蓮華緣並爲今文聞品功德之所超過。故華生雖同本緣各別已上

九品往生義本源。上品上生究竟一乘。究竟一乘阿彌陀法界身。法界身住衆生心中矣衆生心中自心常寂光。然則法華往生人。如說修行。如說修行如分別品矣如分別品於自心常寂光中遍見西方阿彌陀身土。阿彌陀心衆生心。阿彌陀身衆生身。心有想名衆生心。心無想阿彌陀泥洹心。觀自心常寂光中安樂世界。自心阿彌陀人。往生自心常寂光極樂淨土。成本理一念三千毘盧遮那阿彌陀如來故。唯除阿彌陀如來外無有與法華往生人等者說。一切經論往生人。法華往生人所超過有也。九品往生義宗旨如斯。合佛意否

山王天氣云。深合佛意云云

第二十五。菩薩義條

問。天台宗旨菩薩義本源如何

答。山王天氣云。宗旨菩薩義本源自心常寂光矣

澄豪白言。天台。約三藏教明菩薩位。（大正藏四六、七三二下。四教義取意）以釋淨無垢稱義○如釋迦牟尼菩薩。（同、七四四上）三阿彌陀僧祇百大劫已上（天止一、一四五。弘決）大思惟經曰。維摩詰金粟如來已上妙樂曰。淨名空室表常寂光已上又曰。（卍續二八、四〇三丁左上）法華會上。皆爲淨名。（同、三八一丁右上）我即淨名已上善無畏曰。（續天全密教1、九〇上。大日經義釋）衆生一念心中。有如來壽命長遠之身寂光海會已上妙樂云。（天文五、二四二四下。文句記）自心常寂光中。遍見十方一切身土。故聞長壽須了宗旨已上【慈覺曰。（大正藏七五、三七六下。安然教時義カ）其菩薩界常修常證。報佛如來常顯常滿已上】

菩薩義。三藏菩薩。三藏菩薩淨無垢稱。淨無垢稱。常寂光菩薩。法華會上皆淨名大士矣又菩薩義如釋迦菩薩。釋迦菩薩寂光海會菩薩界常乘三藏菩薩迹。三世利衆生。此則一切衆生自

心ノ常寂光ナリ。顯ニ釋迦菩薩ト現シテ維摩詰菩薩ト度スルヲ三藏ノ穢ヲ云ニ菩薩義ト。故ニ菩薩義ノ本源ハ。自心ノ常寂光ナル宗旨如レ斯。合スヤ佛意ニ否ヤ

山王天氣云。深ク合ニ佛意ニ云云

山王七社影響卷

（底イ本奥書）

大治三年（一一二八）戊申九月二十五日ノ夜。臨テ深更ニ燈ノ邊リニ如ニシテ影ノ有リキ現ルコト。見レハ是レ山王七社ナリ。于レ時澄豪胡跪合掌シテ白言。幸哉宿緣多厚シテ〔親タリ〕拜ルコト神代ヲ。山王告言。感シテ汝カ弘經ヲ故爲ニ無情ノ友ト有ラハ疑ヒ恣ニ問ヘト。喜悦之餘リ奉ル問ニ天台ノ宗旨幷ニ義科ノ本源ヲ。如シ向カ明鏡ニ。誠ニ滅後ノ釋尊ナリ。仍記錄畢

大日本國江州比叡山東塔惠光院大律師澄豪。惠光院ノ影響ノ閒ニ。山王七社現シテ形ヲ授ニ故律師ニ。紅葉ノ之中ノ影響ノ卷ト云。〔是レ〕依テ無キニ傳燈ノ器ニ。堅ク封シテ納メ德大寺ノ寶藏ニ訖

法印權大僧都永弁

惠光院ノ律師澄豪ノ紅葉ノ手箱ノ祕書ハ。天下聞テ名ノミ未タ見ニ其ノ體ヲ。何ナレハ此ノ書ヲハ。澄豪律師。「寧予ニ授耶ト乞。三請四止シテ聽テ」傳ヲ永弁法印ニ。永弁法印依テ無キニ傳燈ノ器量ニ。亦タ納メシ德大寺ノ寶藏ニ故ニ山門ニ永絕タリ。但シ澄豪律師及ニ深更ニ後以テ紅葉ノ書ヲ唯傳フニ永弁一人ニ。三箇年之閒タ。松井法橋長耀陰シテ板敷ノ下タニ。密カニ聞テ書キ集メ。其ノ書ヲ亦名クニ紅葉ト云 雖レ然リト隔テテ板敷ヲ幽ニ聽シカハ。義モ不レ連ナ。文モ不レ續カ。故ニ似テ紅葉ニ如ニ落葉ノ。彼ノ落葉ハ處處ニ散在「スレハ聊不レ見故」號ニ紅葉書ト云云

爰ニ德大寺ノ寶藏ハ。代代將タル公家官領ニ閒。西薗寺太政大臣實急。竹薗院ノ禪師。若爲ラハ天台座主ト持明院殿ニ〔密ニ〕奏聞シテ。開ニク德大寺ノ寶藏ヲ處ニ。扉ニ苔蒸蔦懸テ藏ノ內ハ朽損セリ。入テ見レハ重重ノ棚ニ有リ種種ノ箱。幷ニ有リ舞將衣束鬼〔ノ面〕等。有ル箱ニ疊メリ木ノ繪ヲ。其ノ形色〔似タリ〕秋ノ紅葉ニ。紅葉ノ箱トハ是レナラント驚テ欲レハ啓カント昔ノ封ノ跡ト密ニ箱有リ。三合中ニ云ニ五十餘帖ト。與ニ敕使ニ倶ニ歸リ竹薗院ニ。分テ手ヲ頓寫シテ。不日ニ納メ寶藏ニ畢ヌ。而太政太臣ノ禪師。早逝之剋ニ。西薗寺付ニ屬シ予ニ畢ヌ。予ハ稱シテ故〔將〕軍家宗尊親王謀反之跡ナリト。關東遠ク被レ遷ニ外ノ濱ニ迗テ五

十餘年星生（生イ忘）霜ヲ令（令イ今）レ被ニ赦免一之（之イ忘）日。從ニ座主ノ宮一此ノ箱ヲ被レ送
畢ヌ。唯一本計リニテハ恐ニ失墜一故ニ。又一本令ニ寫一並（並イ置）ニ
所（所イ處）也。但シ旅所之閒。料紙不レ調レ之。麁（「イ能）彼付墨可レ「恥可レ恥」（「」底所云云）。
努努深ク封シテ可レ守（「イ令）ニ壁宿一者也（者也イ忘）矣
（以下イ本なし）兵部卿親王　迹（道カ）尊雅公
觀應元年（一三五〇）十一月二十八日。多武峯優婆塞尊雅本名少將內
供奉。依ニ觀音示現一送タマヘリレ之。仍挑ニ同法一書寫畢
法印經禪
宗尊親王　兵部卿御尊親王
優婆塞尊雅
本云　永正三年（一五〇六）七月二十二日。以ニ件祕傳一奉レ授ニ舜海法印一訖
台嶺沙門存海
天文四年（一五三五）乙未二月二十三日。法印春耀八十二歳ニテ寫ニ此書一。
於ニ一流相承上一深撰ニ器量一重書懇志可レ授ニ與之一。若聊爾
者。師弟倶可レ蒙ニ山王大師之御罰一ヲ者也。仍所レ定如レ斯

〔紅葉　山王七社影響卷　終〕

（底本表紙）故有要　山王影響六之內　（對校イ本表紙）紅葉惣錄　宗滿抄檀那流

二　紅葉惣錄　（底本尾題）宗滿集

惠光院　澄豪撰　イ〔永弁注〕

（九十二箇條目次を移轉）

青苔　祖師傳　夢枕
紅葉手箱　宗旨（旨イ師）傳　無題
三種傳　探抄
未再治　論疏　小草（ザウ）子

〔四教四門算〕

論疏末云。若三藏中。亦有亦空理。非有非空理者。是隨ニ機カ緣ニ
故也 已上
又云。所ノ言事者。是權（權底機）也。亦是假也。所レ言理者。亦是實也 已上
三種傳云 山家大師。邃和尚ニ面授口決自筆御書也
一家ノ教意雖ニ多ノ四教一アリト。常ニハ以ニ方等一ヲ爲ニ四教ノ本一ト也 已上

安然釋ナリ
御廟大師云（未再治ノ本ノ題ノ下ノ注也）不相應ノ上ノ（迷）相應也。相應ノ上ノ（悟）不相應也（教外）已上
五大院云。凡ソ佛教ハ相應不相應不可說故ニ不ニ相應一。有ニ因緣一故相應也已上

1 一。住上壽命算
五大部ノ中ニハ。三身義也。自受用算合
五字ノ口決ハ。有ト無ト無相違ト也
御廟大師云。或ハ有リ。或ハ無シ。或ハ無ニ相違一也已上

2 二。通教教主算
五大部ニハ。疏記一也
三種傳云。別教地前地上ノ兩機ノ所見ノ佛。共ニ座ニスル蓮華臺一ニ（㋑藏）。但シ有ニリ優劣一已上
慈覺大師云。凡ソ言フニ通教ヲ〔有リト〕（㋑）多種ノ義一。一ニハ約ニ所化一ニ。二ハ約ニ所說一ニ。三ニハ約ニス同時一ニ已上　祖師傳同レ之レ
山王院云。通教ハ當通。被攝ノ兩機ナリ。故ニ云レ通也已上

三種傳云。一家處處ニ明ニ於通教ノ教主一ヲ。或ハ云ニ帶比丘像現尊特身一ト（天文一、一〇九上）（特㋑持）。或ハ云ニ丈六尊特合身佛一ト（大正藏三九、四八上十七行。金光明疏）。或ハ云ニ大身小身一ト（天文一、一一七上）。或ハ云ニ一劫減一劫等一ト（天玄四、四五一）。皆是以レ說顯ナリレ身ヲ（以㊦佛）也已上　四字口決。以レ說顯レ身也

3 三。兼但對帶算　四字口決。影略互顯也
山家大師云。立ルコトニ五時一ヲ法華涅槃ノ中ニ以ニ涅槃一ヲ爲ニ正語一ト（語㋑說）已上
五大院云。兼但對帶ハ影略互顯也已上　通論ノ五味ト竝フ故也云云
同釋云。凡ソ言ニ五時一ヲ（時㋑味）有ニリ多種ノ別一。所レ謂十種也。横ニ三。竪三。教ト行ト人ト理ト也已上　横ノ三ト者。一ニハ横ノ五味也。通論ノ五味ハ横ニ竝フ也。二横ノ横ノ五味也。當分ノ五時ノ（時㋑味）得益竝フ也。三竪ノ五味也。五味竝フ中ニ（五味㋑无）一一ニ又有ルハニ五味一竪ノ横也。竪ノ三ト者。一竪ノ五味也。如レ常。二竪ノ竪五味也。華嚴ノ中ニモ有ニリ五味一。故ニ（故㋑而）有ニリ得益淺深一。三ニハ横ノ竪ノ五味也。五味竝フハ横也。而ニ前四味ハ醍醐ノ方便ナルハ竪也。又五時ニ（時㋑味）有ニ二十二種ノ五味一。前番ノ十種ト。後番ノ十種ト。方便ト。實報ト也（矣）
祖師傳云。非但界內有ニレハ五味一。方便實報ニモ亦有ニ五味一。

但シ是ハ次第次位ニ淺深ノ義也已上

御廟大師云。兼但對帶ノ四字ハ。永ク別ニシテ永ク不レ別ナラ已上

五字ノ口決。永別永不別也

澄豪。靑苔同レ之

4 **四**。授記初住算

五大院ノ本迹二門。皆有リニ法身八相一。一家ノ解釋ニハ且ク從ニ大旨ニ分ニ於二途一ヲ已上

八字口決ハ。以レ迹ヲ推レ本ヲ。以レ本ヲ推レトモ迹ヲ也

五大院云。易カフルレ面ヲ已上五大部ノ中ニハ。以レ後形レ前。知是初住也矣（天文二、七八八下。文句記）八相ト者。破ルレ有ヲ法王已上所破モ有ニ八相一。能破モ亦有リニ〔八相一〕。又迹門ニハ授ルレ記ヲ。本門ニシテハ授記也。毛詩ノ注云。授ト者元モト也已上

又生死結緣ト者。衆生輪廻生ルニ六道一ニ。或ハ爲ナリニ父母一ト爲サハニ男女一ト。中ニ一人成佛シテ凝スニ煩惱卽菩提。菩提卽解脫ノ說ヲ一時。昔ノ惡緣飜シテ成リニ所化一ト也四

四字口決ハ。因果一體也。六ノ故ニハ因果各別也。卽ノ故ニハ因果一體也

5 **五**。四教證據算

五大部ニハ。玄十也。又四教義也矣

六字ノ口決ハ。難ハ他師。答ハ今家也豪小雙紙山家爲セリニ大事一ト

五大院云。以ニ化法ヲ一攝スニ化儀一ヲ已上

四字口決ハ。以レ法ヲ攝スルナリレ化ヲ豪小雙紙四教證據ハ。於ニ一佛乘一分別說レ三已上

6 **六**。住上超次算

山家大師云。不輕行ニ有ニ三世ノ行一已上

〔御廟〕大師云。或ハ有リ。或ハ無。或ハ無ニ相違一已上

三字口決ハ。無ニ相違一也豪小雙紙

同大師云。迹門ニハ無ニ超次一。本門ニハ有ニ超次一已上

四字口決ハ。本迹有無也

7 **七**。有教無人算

五大部ニハ。記五ノ必無實行也矣（天文三、一二〇七上）不レ出スニ四句一ヲ。第一ノ句ハ前三教ノ斷位有リニ菩薩一。謂ク三藏ニハ無知ノ斷位ニ有ニ菩薩一。通教ニハ見思ノ斷位ニ有リニ菩薩一。別教亦爾也。第二ノ句ハ。無シニ菩薩一。謂ク三藏ハ正使ノ斷位ニハ無ニ菩薩一。通教ニハ無知ノ斷位ニハ

無二菩薩(薩(イ)提)一。別教無明ノ斷位ニハ無二菩薩一。第三句ハ亦有亦無也
合スル也。初(初(底)物)ノ二ノ句ノ第四句ハ非有非無也。謂ク三藏ハ見思
斷ノ故ニ非有也。無知斷ノ故ニ非無也。通別ニハ准知
三字ノ口決ハ。不レ出レ四ヲ 矣 豪 小雙紙

8 八。三教地位算

山家大師云。六卽ノ次位ハ出タリ二十如實相一ヨリ 已上 五大部ニハ。
（天玄三、四一八。玄義）經文次比三義宛然也 矣
御廟大師云。此算ノ下ニハ有リ二三ノ尋一。別教ノ地前斷惑ト。圓
教ノ十信ハ斷惑ト。初住斷無明ト也 已上 青苔。無題同レ之

9 九。不定毒發算

御廟大師〔云〕(イ)。有リ二七種ノ差別一。不定・被攝ハ通ニ前四味一。毒
發ハ通ニ五味一ニ。開會ハ在リ二法華一ニ。一 約レ時 不定・毒發ハ通ニ四
教一ニ。被攝ハ局リ二別圓一ニ。開會ハ唯タ在リ二圓一ニ。二 約レ教 不定ハ了リ二
四教一ヲ。毒發ハ了レ圓ヲ。被攝ハ了リ二別圓一ヲ。開會ハ了ル二純圓一ヲ。三
約二不定一 〔不定〕(イ)依テ二不定教一ニ了リ。毒發ハ定不定共ニ〔了リ〕(イ)。被
攝・開會ハ唯依テ二定教一ニ了。四 約二〔定〕(イ)不定一 不定・被攝・開會ハ聞
教ノ時發シ。毒發ハ理教行證ノ四時ニ發。五 約二時節一 不定・開會ハ
約レ發ニ。被攝・毒發ハ約レ機ニ。六 約二機發一 不定・毒發ハ通ニ顯
密一ニ。被攝・開會ハ唯タ顯露也。七 約二顯密一 已上 開トケテ會カナウ也
周易云。開ト者解ケル也。謂ク解レ結ヘルヲ之義也 已上 局ムスフ情ココロ也
易云。局ト者。是(是(イ)ナシ)レ結ノ義也 已上
又左傳云(云(イ)者)ク。開ト者廣スル也。局レ物ヲ也 已上
論疏云 未再定名 云(云(イ)言)ニ局情ト者。是狹セマキ情也。云(云(イ)言)ニハ開會ト者是廣レル
狹ヲ也 已上 小雙紙ハ紅葉ノ爲ニ祕曲一矣
五大部ニハ。玄一也。又ハ玄ノ十也
四字ノ口決ハ。爲メ二辨ンカ相似一スルヲ 矣 無題 「(底)疑 矣(イ)ナシ

10 十。入住時節算

論疏云。若於テ二名字觀行ノ人一ニ初テ下ニスハ成佛ノ之下種一ヲ。是レ
生死ノ儀(儀(イ)緣)也 已上
又云。「與レ退不レ云レ退」(「」(イ)退與不退)同シ。生死結緣シテ故也 已上
四字ノ口決ハ。隨ニ緣(緣(イ)ナシ)機一 不定也 矣 豪 小雙 御廟ノ兩字ノ口決ハ。機
教也 矣 豪ノ無題「機教也」（「」(イ)探抄ニアリ）
三種傳云。祖師ノ云。凡ソ圓教ハ教談スレトモ二速疾ヲ一機ニ有二二種一。
一機(「(イ)者)教相應スルハ是ノ人卽時ニ取ルコトレ證(證(底)語)如シレ反レ掌ヲ。二鈍根ノ教

退スルハ經ニ（經底住）ルナリ於多劫ヲ已上

豪精云。山家代代ノ相承ノ祕曲アリ。陰（陰イ臆）カクシ言ヲ顯ハニシテ意ヲ。入門計リ申セト責シニ。立（豎）者不レ立テ處ニ略題ニ。御廟ノ相承トハ是也（イ矣」）

五大院ノ三千塵點ハ。「イ云三妄執也。五百塵點ハ表ス五住ノ惑ヲ已上

論疏云。若蒙ルニ圓教ノ下種ヲ者モノハ。不レ久スニ於在ニ生死ニ下種増進スルカ故也已上山家ニ貴（貴底責）キ文也云云

五大院云。若蒙レハ圓乘ノ下種ヲ。念念ニ増進シ。步步ニ増長ス已上

11 十一。補處住天事（算カ）

彌勒（彌勒底勸彌）菩薩經疏云。憬興時節（節底卽）ノ不思議也。不レ可レ尋ヌニ其ノ所以ヲ已上阿含經ニ出ス四ノ不思議ヲ中ニ此事ヲ云云（云云底云）

五大部ニハ。菩薩義也。佛法滅盡經云。佛法若興盛スレハ日月隨テ長シ。佛法破滅レハ日月ハ隨テ短シ已上

二字ノ口決ハ。延促也（豪小雙）三字ノ口決ハ。足延促也（不書傳一）難不盡ノ算ハ是也。時節不思議ニ二ノ證（證底語）也

法蘊足論云。一生補處菩薩生ルコトニ於兜率ニ法爾自然故也已上

識身足論云。兜率ハ是補處住處。是法爾故也已上

12 十二。十地虎狼算

宗（道邃釋）義云。若シ圓ノ大乘ハ。譬ハ如クシテ大海ノ而（而イ故）不レ可レ積。若シ前三教ハ。譬ハ如シ小水ノ。故ニ積テ爲ルレ大ナト已上觀智未熟ノ祕傳ハ。燒タリトニ於吉田ニ矣

五大部ニハ。玄（玄底立）ノ三也

御廟相承ノ云。觀智未熟也。五大部等ノ章疏ニハ無シ。但シ論疏云。一者次第也。二者超登也。無超登ト者。四十一位ノ智惠同時ニ發ルカ故卽昇ルナリ十地等覺ニ已上

御堂ノ立（豎）義ニ。寺朝賢。聖寂坊（坊イ房）觀智未熟ハ在リ一家ノ釋ニ。立シカ澄豪九（相イ）體ノ丈六モ照罰（賞カ）（罰イ之）全ク無シ。始テ今マ事ナレトモ。寺（寺底本）門ノ者ハ。此レ體ノ事ヲ申ストテ處ニ略類（題カ）ニ。彼寺ノ者稱（稱底積）美シケリ。言ハ不レ顯祕文トハ是也矣

13 十三。四依供佛算（二カ）（天文一、三五九上）

記四云。二二増。半半増スル也

左傳云。無（無イ言）二二ト者是半也已上

道邃釋宗義云。修性ハ者是陰顯也已上 修ウカツ也。〔㋑性也スカタ〕文選云。言「㋑言修ト者。是浮ウカフ也已上 左傳云。言修シュト者。智ノ影ケ也

春秋云。修ト者質スカタ也已上

御廟相承ハ隨レ時ニ小雙無題

五大部ニハ。涅槃ノ疏也。〔㋑又〕疏記ノ四也矣

14 十四。一生入妙覺算

五大部ニハ。記七也

論疏云。圓教ノ菩薩ハ。不レ同ニ前三ニ一ニハ。緣スレハ二無作ノ境ヲ一造タルニ境ニ卽中也。六卽智斷ハ一生ニ究竟シテ。虛空ヲ爲シレ座ト成ルニ聖覺ヲ一也。驗知ルニ二宗旨ヲ一。六卽ノ智斷ハ卽生ニ能ク辨ス。所謂。最初發心ヨリ緣シテ二實相境ヲ一。斷ヨ除シ窮メテ微細ノ無明ヲ一成スニ妙覺ノ位ヲ一。此ノ義ハ絕タリニ於諸教之說ニ一已上

御廟相承云。有トニ云モ。無トニ云トモ。無ニ相違一已上

三種傳云。祖師ノ云。凡ソ圓機ニ有リニ二種一。一者利根ノ衆生ハ入ニ極果ニ一。二者鈍根ナルハ多生ニ入ニ妙覺ニ一。若依ラハ鈍根ニ經ニ於多時ヲ一。若依レハ利根ニ取レ證如レ反カ掌ヲ。經教常途ニ不レ過ニ此ノ二ノ意一ヲハ已上 小雙。此上無レ此云㋑物イ

15 十五。二經勝劣算

五大部ニハ。玄一也

御廟ノ相承曰。有ニ勝劣一。無ニ勝劣一。或ハ無ニ相違一已上 豪小雙ニモ。或ハ有。或ハ無。或ハ無ニ相違ニ〔㋑也〕

16 兜率㋑卒ノ二字ノ口決ハ同差也矣

十六。名別義通算

御廟相承ノ名別義通ノ機ハ。有リ或ハ無シ已上 但名別ハ教也。被攝ハ機也矣 當通ノ名別義通ハ出タリニ玄四ニ一。又通ノ十地ハ佛也。不レ可レ云ニ如佛ト一ハ。「㋑无別教ノ十地不レ可レ云レ佛ト。」仍テ名別義通ノ證據ハ如佛ノ二字也矣

慈覺大師ノ名別義通ノ時。不レルコトハ借ニ妙覺ヲ一通教果頭ニハ無レ人故也已上

〔㋑御廟云。名別義通ニ借ルニ等覺ヲ一。名別義通五十一位也已上〕

又云。名別義通ノ證據ハ楞伽經也已上

五大部ハ。止ノ六也。名別義通ノ有無ノ口決ハ。御廟御〔㋑相〕傳也

祖師傳云。於ニ名別義通ニ一有ニ二種ノ義一。一者有也。二者無也。無也ト者。無カニ說機一故也已上 此上ニハ無レ物矣

17 十七。二十空算（初分二十空）
五大部ニハ。安樂行ノ疏也
御廟相承ニハ。雜阿含毘論（毘曇心カ）云。一切衆生ニ通別アルカ故ニ不レ可レ限ニ二十空ニ一也已上
南岳大師云。作ニ空ノ想ヲ一時ハ。三惑分ニ去ル。既ニ知ニ敵ノ名ヲ一豈ニ爲タメニレ敵所レ伺カハ已上 入ニ菩薩ノ初メ也。無題

18 十八。應身八相算
山王院。五大院云。寂光土ニ八相成道ス已上
祖師傳云。一乘妙典ハ隨レ聞テニ成佛ス已上 又云。功讓レハニ祖師ニ一靈山得道也已上
三種傳云。三身ハ俱ニ名ニ應身ト一已上 三身俱ニ契レ機カ故ニ皆應。又不レ具ニ一相ヲ一モ應身ハ無相ノ應身也。出シテレ言コトハニ不レ言（言イ云）ハ矣
應カナウ身アキラカナリ
漢書云。應ト者明カ也已上

19 十九。淨〔穢〕土涅槃算
前唐院云。寂光ノ淨穢ハ假立也已上（已上イナシ） 安然同レ之
山家大師〔云〕（イ）。變易土ハ限ルニ方便土ニ一也已上

五大部ニハ。涅槃疏ノ九也
御廟ノ御相承〔云〕（相イナシ）（イ）。法華ハ智也。涅槃ハ理也已上
二字ノ〔口〕（イ）決ハ。易レ面フヲ。無題矣

20 二十。第九識算（九識證據）
五大部ニハ。玄ノ五也。一家ノ修行ハ果海ノ上ニ立ツル也。止觀ノ大意ニ無明卽明シテ（イ文」） 大ヒラクル覺（覺イ意）
漢云。開クル也。春秋之大（之イ云）ト者覺サトル也已上
御廟大師〔云〕（イ）。迹門ハ。始覺ノ九識也。本門ハ。本覺ノ九識也已上
前唐院云。九識自受用ハ。名異體同也已上

21 二十一。果頭無人算
御廟相承云。迹門ノ意ハ。果頭無人〔也〕（イ）。本門ノ意ハ。果頭有人也已上
御廟云。不レ言上言。言上不レ言也已上矣（亂文カ）
八字ノ口決。「爾前ノ圓ハ。不レ云ニ果頭無人ト一。迹門ニハ〔言ニ〕（イ）無人ト一」（「」イ傍註）本門ニハ不レ言（言イ云）ニ果頭無人ト一。此算ハ說ニ此ノ元旨ヲ一（說此イ諸法）也。
於テニ一佛乘ニ〔分〕（イ）別シテ說レ三ト。三教ノ教主ハ圓佛ノ示現也矣

[22]二十二。四教八相算

五大院云。有ニ始終證道ノ別教一已上

覺大師相承云。證道ノ上ノ教道ナリ。教道ノ上ノ證道ナリ已上十信ニ知ルハ有ト二深法一。但中實ニハ不但中ナレハ證道也。地上ニ斷ルハ二十二品ノ無明ヲ一教道也。故ニ證道ノ上ノ教道也

五大部ニハ。籤ノ五也。又決五也

御廟大師云。互ニ讓ル也已上謂ク別教ニモ有レトモ二證道一讓ル二圓教ニ一也(也㋑无)矣

[23]二十三。自受用一算(前後自受用)

山王院云。自受法樂スルヲ名テ曰ニ自受用一(「㋑用)已上

祖師傳云。祖師云。修因感果ハ在リ二等覺已還ニ一不レ用ニ妙覺ヲ一已上

三種傳云。夢ノ中ニハ有リ二前後一。覺ノ前ニハ無ニ前後一。自受用身モ亦復如レ是已上

論疏(疏㋑流)云。覺疏。夢ハ有ニ差別一萬差之緣アル。是ヲ名ニク修因ノ差別一ト。還リヌレハ二於本覺一無ニ修因ノ差別一已上

又(又㋑无)五大部ニハ。三身義也

三箇口決。一體ノ證ト。異體ノ證ト。無ニ相違一證ト也

四字ノ口決ハ。同ニ二ツ。異ニ二ツアリ(ア㋑ナ)云云本迹同(「㋑之)。本迹ノ異也。

無作ノ三身。無始ノ色心ハ本ト是レ理性ノ妙境妙智也。色ハ法身也。心ハ(心㊄或)報身也。和合スレハ應身也矣

[24]二十四。無性有情算(「㋑事)

一乘要決云。涅槃ノ七種ノ性ハ。於テ二皆成ノ衆生ニ一〔且ク〕(㋑)辨ス二七種ノ差別ヲ一已上五大院ノ釋同レ之

五大部ニハ。方便品ノ疏也(「㋑矣)

御廟相承云。權(權㊄於)實也已上難ハ權教。答ハ實教也。易ヤスキ論義ノ大事ノ論義也(無題)易大事也(豪小雙)天台ノ十界互具。一念三千ハ是龜鏡也。天親ノ佛性論ニ五性各別ニシテ不了義也已上山家此ヲ爲レ證ト定ムルナリ二權實ヲ一矣草木成佛佛(佛佛㋑佛)定性等ト合ハセリ矣

[25]二十五。二教相卽算(通圓相卽)

五大院云。以テ〔相ヲ〕(㋑)顯スナリ性ヲ已上不シテレ云ニ性卽ト一云ヘシ二相卽ト一矣二教ノ相卽ニ有リ二五種ノ異一。一ニハ一諦三諦也。二ニハ具不具也。三ニハ寬狹也。四ニハ界內界外。五ニハ斷不斷也。此中ニハ具不具ヲ爲レ正ト自餘ハ皆助也(豪小雙)有空ノ(「㋑云)異也已上(已上㋑无)

御廟傳云。圓教ハ有也「豪小雙云。」三千卽スル故ニ也。通教ハ空也已上

五大部ニハ。決一也

御廟ノ大師。源信ニハ授ニケ具不具一ト矣覺運ニハ授ニト有空一ヲ矣

五大院〔云〕。通圓二教ハ有空ノ異也已上

祖師傳云。有空ノ異也已上

三種傳云。具不具ノ異也云云惠心檀那ハ本迹二門ト云云

[26]二十六。二乘成佛算

山家大師〔云〕。勝鬘經ノ聲聞緣覺。皆入大乘未入位ノ二乘也已上

前唐院大師云。祕密矣已上覺大師ノ祕密ハ指ニシ重說ノ時一ヲ。山家ノ未入位ト部屬方等ハ被レナリ斥ニ偏ノ三一ヲ矣

五大院云。二乘成佛ニ有ニ二種一。案位・昇進也。於レ中ニ以ニテ案位一ヲ爲ニ本意一ト也已上爾前ニモ有ニリ二乘成佛一ハ。但不レルナリ明矣

有ニルハ孤調ノ情一皆是二乘也。一代ノ經教ニ談ニルハ二乘一ト我等也矣

記小ハ長壽ノ初門也

御傳云。記小久成ハ。成佛ノ始終也。記小ハ。始覺也。久成ハ。本覺也已上

三種傳云。螻蟻蚊虻モ一ヒ聞ニケハ法音一ヲ。彼レ初メテ覺ニマス生死ノ眠一ヲ。五大院ノ眞實ノ始覺也已上

五大部ノ中ニハ。決六也矣

山家大師云。皆成ノ上ニハ無ニ五性一已上

覺大師有ニリ二ノ意一已上迹門ニ有ニリ二種ノ二乘成佛一。本門ニ一種ノ二乘成佛ヲ悟ル也。〔本地ノ〕二乘ト。一種ノ不成佛ハ。二乘ハ本來二乘界也矣

[27]二十七。提謂經算

五大部ニハ。四教義也惠心玄十也檀那

五字ノ口決ハ。三時ニ無ニ相違一已上華嚴ノ攝也。阿含ノ攝也。方等攝也。定教ノ一音異解ト者。擬宜・誘引・彈呵・洮汰ヲ爲ニ定教一ト。華嚴ノ擬宜ハ一音也。別圓ハ異解也。薰クンシモトツク許本モトツク擬宜也。薰ハ一音含ニ衆音一ヲ也。不定教ノ一音異解ト者。佛以ニ一音一演ニ說法一ヲ。衆生隨レ類各得レ解已上

[28]二十八。草木成佛算

五大院云。草木成佛ハ。文ハ在ニリ爾前一ニ。義ハ屬ニス今經一ニ已上四

重ト者。一草木成佛（爾前）二成ニ佛ス法華一ニ。三草木亦成佛シ亦ハ不ニ成佛一。攝ニ屬スレハ心一ニ成佛シ。攝ニ屬レハ色一ニ不ニ成佛一。四非ニ成佛一非ニ不成佛一（本門意）不成佛三。爾前・迹門・本門也。成佛ニ二本迹（迹㊦門）各一也（矣）起レリ自ニ十如三千一也。

御廟相承〔云〕㋑。無ニ相違一。三字口決也。二重ノ無ニ相違一也（豪小雙）

五大院云。我カ家ノ學者ニ。談シテニ萬法一心一トヲ而モ言ハ三世ノ佛ハ心外也。自語相違（語㊦證）「也」云云（「」㋑已上）

山王院云。三世十方ノ諸佛ハ己心ノ顯ルル也（已上）

二十九。[29]六根淨算

五大部ニハ。觀音品ノ疏ノ六根淨者（者㊦ナシ）卽（則カ）不レ如レ是（天文五、二四七八下。文句記）

三種傳云。若法華經ノ六根淨ノ人ハ。於ニ三千界ノ外境一ニ。若奪テ言ハハレ之。不レ可レ緣レ之。若與テ言ハハレ之。必定シテ可レ緣ス（已上）

祖師傳云。六根淨ノ人。於テニ三千外一緣及不レ緣有リニ與奪之義一（已上）惠檀同ク傳ヘニ於御廟一ニ。二字ノ口決ハ與奪也（豪小雙矣）

三十。[30]定性二乘算

五大部ニハ。疏記ノ四也

御廟相承曰（曰㋑云）。此算ハ爲タメレ破ナリニ權宗一ヲ（已上）

四字ノ口決ハ。爲レ破ニ權宗一也（矣）

三十一。[31]大悲闡提算

五大部ニハ觀音玄也。成佛ニ二ツ。迹門ハ大智（智㊦旨）門ノ故ニ成佛ス。本門ハ本來佛ナル故ニ成佛スル也。不成佛ノ故ニ二ツ。迹門ハ大悲門ノ故ニ不ニ成佛一。本門ハ本有ノ菩薩界ノ故ニ不ニ成佛一（矣）

御廟相承ノ三種傳云。若論セハニ化迹一ヲ大悲闡提永ク不ニ成佛一セ。若論セハニ內證一ヲ大悲闡提成佛スルコト無レ疑（已上）

四字口決ハ。內證外用ナリ云云（云云㋑矣）

祖師傳云。凡ソ有レ心者モノハ。至ルマテレ下ニ愛スルニニ妻子等一ヲ是我等カ本有ノ大悲〔也〕㋑。是ノ愛ハ。設ヒ愛ニ成佛ノ位一ニ不レ盡ルカ故也。此卽大悲闡提也（已上）〔大悲闡提ハ己心ノ生死ノ結緣也（豪小雙）〕㋑

三十二。[32]爾前久成算（爾前久遠）

三種ノ久遠成道ハ。三身共ニ本覺ノ成道也。本門ノ上ノ迹門ナリ（ナ㋑ア）。迹門ノ上（上㊦ナシ）本門アリ。迹門ノ中ノ迹門アリ。本門ノ中ノ本門アリ。本門（本門㋑ナシ）ノ迹門ハ五百塵點ノ始覺也。迹門ノ上ノ本門ハ世間相常住也。迹門ノ迹門ト。本門ノ迹門トハ。假〔實〕㋑之差別也四字ノ口決ハ。事理ノ假實也矣本地ノ四佛（佛イ教）ハ。皆是本也。所被ノ機縁ニ亦有リ二四教一已上未再治ノ算題ニハ。有通ノ兩字アリ。通ト者。留ルナリ二法華一ニ。有ト者。不レ然矣

三種傳云。久遠成道モ有リ二事理ノ不同一。所謂六種七種四十二等（六即　イ〔七位〕　四十二位）也已上久遠モトノママウコカス

漢書（頌カ）云。天氣久遠也　注（注イ註）云。久遠ト者。元直モトノママ也已上

蒼詁（詰イ結）注云。久遠ト者不動也已上

博物志云。不レ嚴ツクロハ也已上正ク在リ二報身一ニ已上

五大部ノ中ニハ。（天止四、二九。弘決）遍尋法華等。惠心ハ此品詮（詮イ注）量。檀那ハ御釋

33 三十三。二佛並出算

山家大師云。二佛不ルコトハ二並出一セ出タリ二本門壽量一ニ已上三世常恆ノ應體也矣

五大院云。以テ二一心三觀ヲ一觀ス二一念三千ヲ一。仍以テ二三千世界ヲ一爲ス二佛ノ所居ト一已上

三種傳云。一大三千界ノ中ニ三千ノ佛並出ス已上一念三千ノ佛也

山家大師云。一大三千界ノ中ニ不可說。不可說ノ佛出世ス已上

祖師傳云。無ノ上ノ有也。有ノ上ノ無也已上

六字ノ口決ハ。無ノ上ノ有。有ノ上ノ無也矣豪小雙

御廟相承云。無作ノ三身也已上

五大部ノ中ニハ。疏記ノ（大正藏三八、六九七下二一行。維摩略疏）一世無二佛也已上

34 三十四。三（爾前身土）身四土算

五大部ニハ。三身義也

御廟相承云。爾前ハ不ルレ明サ上ニ明シ。今ノ經ニハ明スカ上ニ不ルナリレ明サ

五大院云。爾前ニハ不レ明サ二三身相即ヲ一。不ルナリレ言（言イ云）ハ二四教ノ教主一體ヲ一。又明ス圓機ノ前ヘニ明セル也已上不レ聞爲レ勝已上

御廟相承云。三身四土共ニ不レ明。又共ニ明ス。又有無〔無二〕（イ）相違一已上

35 四字口決。何レモ無ニ相違一矣（矣イ云云）

三十五。別教二乘成佛算

御廟相承云。別教ハ明ニ五住二死ヲ一。權教ハ不レハ須ニ苦窮ニシテ不ルナリレ明ニ二乘成佛ヲ一已上

四字ノ口決ハ。不レ須ニ苦窮一也矣
祖師傳云。何ナルヲカ名ニ權敎一ト。答。於ニ諸法(法㋑説)中一ニ不レ須ニ苦ロニ窮一已上

36 三十六。二土在處算(四土卽離)
御廟傳云。迹門ノ而二ノ上ノ不二ハ四土相卽シ。本門ノ不二ノ上ノ而二ハ四土各別也
四字ノ口決ハ。一異無レ異(異㋑違 豪 小雙)
祖師傳云。若從ニヘハ感見一ニ四土各別也。若從ニヘハ土ノ體一ニ四土全一也。若從ニ感見一ニ四土一體也(也㋑ナシ)。若從ニヘハ土ノ體一ニ四土各別也已上
五大部ノ中ニハ。玄ノ七也。又ハ玄六也矣

37 三十七。定性在座算(決定在座)
八種ノ定性ト者。一者方等滅種定性。二者迹門ノ定性也。三者本門ノ定性也(本來ノ二乘〔㋑也〕) 四者(者㋩ナシ)法華論ノ決定性也。「㋑五者五性宗ノ定性也。六七八ハ山家ノ三世ノ定性也矣
五大部ニハ。三周義也
四字ノ口決ハ。有ニ三。無ニ二ツ也矣有ニ三ト者。爾前ニ一ツ。迹門ニ一ツ。本門ニ一ツ也。無ノ二ト者。迹門ニ一ツ。本門ニ一ツ也矣
御廟傳云。或ハ在レ座ニ。身子・迦葉是也。或ハ無レ座ニ。法華論ノ定性是也。仍有モ無モ無ニ相違一矣已上源信・覺運同ク傳レ此(此㋩云)
三種傳云。若決(決㋑又)定性ニ有リ二種ノ類一。一者於ニ此土一ニ廻心シ。所謂身子・迦葉等也。二者於ニ此土一ニ未ニ廻心一。所謂彼土得聞ノ者也。先ノ類(類㋩疑)ハ在リ座ニ。後ノ類ハ不レ在レ座ニ已上
澄豪探題時。寺ノ朝賢五重ヲ立畢シカハ。題者ハ八重ニ精畢テ。題者(豎)此ノ立者ハ。善(善思㋩差里)シト思テ第九重ニ精曰。此ノ算ノ下ニ陰(陰㋑隱)シ言ヲ顯ニシテ〔㋑意〕義ヲ立ル大事アリ。若シ傳タラハ音ニ「㋑指申セ。立者三度タヒマテ申シモ。九體ノ丈六モ御照(貫カ)罰アレ。無ニトテ斯カカル事一ハ處ショニス略題一ニ。寺ニ云フハ無ト知ルコト大事ヲ。人(人㋑ナシ)ノ是カカル事ソトヨ。後ニ寺門ニ聞レ之不レ始ニ于今一事ナレトモ。目出度(度㋑ナシ)キ題者ニテ座(座㋑坐)ケリト云云
祖師傳云。於ニ法華三周ノ座一ニ有ニ決定性一身子等是也。無キレ座ニ決定性ト云者。所謂ル天親所立(立㋑造)ノ未廻心ノ類也已上法華論ノ定性ト與ニ一家ノ定性一廣略ノ二字也(論ハ略 一家ハ廣)廻(廻㋩向)未廻ノ三字也キ(「㋑矣)。都率ハ寛狹ノ二字也矣

38 **三十八。元品智斷算**

五大部ニハ。玄ノ五也 惠〔心〕(イ) 又四教義也 檀那 明闇倶時ヲ爲ニ
正義一ト。又光用先タテ斷一 云云
三字ノ口決ハ。無ニ相違一。二字ノ口決(口決イ㊄青苔)無レ物也 矣
三種傳云。若依下レハ附ニ傍スル別教一意上ニ。元品ノ無明ハ等覺智ノ
〔所レ〕(イ)斷也。若依ニレハ圓實ノ斷惑ノ〔次〕(イ)位一ニ。元品ノ無明ハ妙覺
智斷也 已上
祖師傳云。若依ニレハ六ノ邊一ニ等覺智斷也。若依ニレハ卽ノ邊一ニ妙覺
智斷也 已上 六ハ附ニシ別教一ニ。卽ハ依ニ圓實一ニ
二字ノ口決ハ。六卽也 矣

39 **三十九。三土三道算**

五大部ノ中ニハ。止觀ノ三也
御廟相承云。祖師傳云。若依ニラハ別教附傍ノ意一ニ。塵沙ハ全ニ
不レ潤セレ生ヲ。若依ニラハ三惑同體ナルニ一。塵沙ハ潤レサン生ヲ有ニル何ノ妨一カ
已上 三惑ノ中分ヲ名ニル塵沙一ト。中ノ無明潤レスルナリ生ニ 矣
三字ノ口決ハ。無ニ相違一也〔矣〕(イ) 此ハ未再治ニハ除ノ算也。再治ノ
時入也(也イレリ) 矣

---

40 **四十。三惑同時斷算** (天止二、二五三)

止三云。若入ニ初住一破ニ無明一見ニ佛性一。雙(雙㊄イ得)照ニ二(二㊄三)諦一方稱
爲レ智。亦具ニレトモ三諦一ヲ但束ネテ爲ニス中道第一義諦一ト 已上 准ルニレ
之束ネテニ三惑一ヲ爲ニスルナリ無明一ト 矣
五大部ノ中ニハ。玄ノ五也 檀那 止ノ六也 惠心
御廟傳云。或ハ同時也。或ハ異時也。或ハ無ニ相違一 矣
未再治云。若別教ノ意。三惑各別也。若圓教ノ意ハ三惑同時(時イ體)
也。然附ニシテ別教一束テハ前(前イ於)三惑ノ麁分一ヲ爲ニシ見思一ト。乃至細分ヲ
爲ニ無明(明イ㊄)一ト 已上 三分ノ三惑ノ祕證也。智海法印探題セル法城
寺ニシテ。寺ノ立(〔竪〕)者。五重ノ精ノ後。此算ノ下タニ有ニリ(「イ申)深祕ノ證一。
寺ナントニハ不レ聞カ名ヲモ有ラン。聞キニ及ハ義勢許リ也。時ニ立者
有ニレトモ祕藏御釋一 云云 全ク無ニシ御釋一。寺ノ立者ハ。代代爲ニスルトテ是カカル
不覺一ヲ處ニ略題一ニ。哀(哀イ若)ハレ山門ノ立者ナラハ不レ有ラ斯カクハ 云云

41 **四十一。三佛性算** (三因佛性)

修性カケスカタ也。春秋〔云〕(イ)。言レ性者是體也。亦ハ是質也。言レ修者
用也。亦是像也。亦是影也 已上
五大部ノ中ニハ。彈(彈㊄浮)指散華等也 矣

山家大師曰。全修在性ハ迹門也。全性起修（起㋑成）ハ本門也。或ハ全修在性ハ本門也。全性起修ハ迹門也已上〔㋑修性各三ハ本門也。〕修二性一ハ迹門也矣

42 四十二。超前三果算

未再治ニハ。宗ノ意ト問ヘリ。再治ノ本ニハ。無ニ宗（宗㋹字）意ノ兩字一

五大部ニハ。止（「㋑觀）六也

御廟云。超前三果ハ。有モ無モ無シ二相違一已上矣

43 四十三。大悲受苦算

五大部ニハ。菩薩義也

御廟相承云。受不レ受。代不レ代。無ニ相違一已上暫ハ代ル又示現也。而（而㋑故）無ニ相違一矣

44 四十四。超中二果算

御廟相承云。聖後超ニ有ニ二種一。一ニハ速疾爲レ超。二類聚〔㋑斷〕也

祖師傳云。若依レハニ一家ノ意ニ三界ノ九品ヲ合シテ爲スニ一九一ト已上

類聚斷ト。觀智未熟ト。聖後超（七㋹者）トノ祕證也矣

五大部ノ中ニハ。止ノ六也。又ハ七聖義也（「㋑文）

45 四十五。實業大悲算

五大部ノ中ニハ。維摩ノ帶結願生也（大正藏三八、五七九中九行。略疏）

二字ノ口決ハ。作業也。探抄。善惡ノ兩業ハ四字ノ口決也無題

46 四十六。羅漢果退算

涅槃經ノ不解我意ハ。佛意ハ四門ニ不レ欣ルヲ。毘曇ハ墮シテニ有門一ニ執シテレ退ト。成論ハ墮シテニ空門一ニ執ルカニ不退一ト云（云㋑㋹）故ニ。不レ解ニ我意一ト（「㋑共云）

覺大師云。毘曇ノ性相ト。與ニ一家ノ性相一。各別也已上

山王院ノ云。用ルニ毘曇ヲ一已上

祖師傳云。毘曇ノ性相ノ所談ハ。全ニ同シニ本門ノ所談一ニ已上

五大部ノ中ニハ。涅槃疏ノ十三也。又四教義也矣

47 四十七。別教生身得忍算

御廟相承云。教ノ談ト實ジツノ證ト也已上

四字ノ口決也。教ノ所談ト。行人ノ宿習ノ發トヲ明ムルヲ爲ニ大事一ト。

又二字ノ口決ハ。機教也無題。探抄。夢枕同レ之

五大部ノ中ニハ。玄ノ一也惠心又疏ノ一也檀那矣

48 四十八。通教劫數算

御廟傳云。自行入空ノ三根ニハ有リニ不同一。出假ノ三根ハ同ク動

逾ニ塵劫一 已上

祖師傳云。若通教ノ菩薩ハ自行ハ不定也。化他ハ定也 已上

三字ノ口決ハ。定不定 矣

山王院「云。五大院」同レ之〈「」(イ)ナシ〉 無題。探抄。夢枕。青苔ト同レ之

五大部ノ中ニハ。金句ノ非ニ止一世修行一等也 矣〈金句(底)全同、止(底)上、修(底)(イ)作〉（大正藏三九、八〇中。金光文句）

49 四十九。三祇供佛算〈祇(イ)企〉

御廟相承云。祖師傳云。若三藏菩薩ノ修行ノ劫數ハ從ヘリ多分ニ。說クニ三祇ト無レ失。〔若〕從ヘハ少分ニ。少少ハ不定也 已上〈祇(イ)企、トカ(イ)〉

五大部ノ中ニハ。菩薩義也 矣〈菩薩(イ)教〉

四字ノ口決ハ。多分少分也 無題

50 五十。不增不減算

御廟ニ有リ二ノ傳ヘ。一者生佛共ニ無邊ノ故也。二者性德ノ十界ニ成ルカ始起ノ有情ト故也。三者離レタル悟不悟ヲ是レ眞實ノ佛也〈共(底)才、離(底)雖〉

祖師傳云。無レ違スルコト無レ覺ルコト。佛已來等 已上 傳ヘリ〈「(イ)云、悟イ〉

二字ノ口決ハ。離テ談ス 探抄。夢枕。無題同レ之 一字ノ口決ハ。離也 豪 小雙〈離(底)雖〉（卍續二八、三八〇丁右下十二行。維摩疏記）

五大部ノ中ニハ。九界常投等 矣〈道カ〉

51 五十一。惡人記算〈惡人授記〉

山王院云。爾前ニハ不レ明ニ惡人等ノ授記ヲハ 已上 五大院同レ之

御廟相承云。爾前ニハ明セトモ不レ明ニ開會ノ記ヲハ。故ニ明シ不レ明カ無ニ相違一 已上

祖師傳云。若不ンハ開權セ不レ明ニ達多權者也トハ。局情未レ拂タ故也 已上〈「(イ)於應〉

覺大師云。明不レ明。記不レ記。無ニ相違一 已上〈(イ)〉

四字ノ口決ハ。何レモ無ニ相違一 已上〔豪 小雙〕

五大部ノ中ニハ。玄ノ六也

代代ノ探題。理一ツ。文二ツ。陰シ言ヲ顯シテ義ヲ申セト精レハ。開不開ノ道理一ツ。文二ツト者。祖師傳ト覺大師トノ御釋也 矣〈陰(イ)隱〉

52 五十二。涅槃四教算

御廟相承云。知ルニ有リ淺深。聞クニ有リ遠近 已上

覺大師云。從ヘハ初ニ權機也。從ヘハ後ニ圓機也 已上 離テ方等四教ノ情ヲ可レ談ス涅槃四教ヲ〈離(底)雖〉

二字ノ口決ハ。離談ノ兩字也 矣〈離(底)雖〉（天止二、四〇一。弘決）

五大部ノ中ニハ。麁心若息還依ニ頓觀一也 矣〈也(底)カ〉 無量義經ノ權果ハ

聞クナリ二所生（生㊥無）ノ法ヲ一。涅槃ハ佛正ク說ヘリ二權敎ヲ一。斯等暫時也。安養ノ二乘ハ常恆ニ樹說ケ二苦空ヲ一。人開クナリ二羅漢ヲ一 已上（卍續二八、三六四丁右下。維摩疏記）

御廟傳云。權機ニシテ而モ非ニ權機ニ一。圓機ニシテ而モ非スニ圓機ニ一。涅槃ノ四敎ハ。異ルカニ餘ノ四敎ニ一故也 已上 廢不レ廢無ニ相違一 矣

53 五十三。分身說法算

御廟相承云。十方ノ諸佛ハ。皆悉ク釋尊ノ分身也。有リニ本迹二門ノ不同一。譬如シ二周遍法界ニ敷（敷金㊥散念）カ金ヲ一彼カシコニハ顯ル金ヲ（金㊥念）此ココニハ顯スカレ金ヲ（金㊥念）。覺大師。山王院。五大院釋同（「㋑之）云云 應體應用是也

覺大師云。三世十方ノ佛ハ。唯說ルナリ二一乘ヲ一（「㋑法）已上 或ハ同。或ハ異。或ハ無ニ相違一 矣

54 五大部ノ中ニハ。記ノ十ノ各於ニ其土ニ一利益亦爾也 矣（天文五、二五三〇上。文句記）

五十四。三惑同體算（算㋑无）

未再治ノ時ハ。除ノ算〔㋑也〕

御廟ノ相承云。或ハ同體也。或ハ異體也。或ハ無ニ相違一。同體有レ二一（本迹）〔㋑異體有レ二一（本迹）〕無ニ相違一有レ二一（本迹）（「㋑已上）

三字ノ口決ハ。無ニ相違一也（豪 小雙）

祖師傳云。若依レハニ迹〔㋑門〕ニ一三惑同體也。若依レハニ本門ニ一三惑別體也。或ハ各各ニ有リニ同體一 已上

覺大師。五大院祕ヘリニ此ノ意ヲ一 已上（已上㋑无）

五大部ノ中ニハ。見思卽是無明也 矣

55 五十五。通敎出假算

御廟相承云。三根ノ菩薩倶ニ從リレ始メ至ルマテレ終リニ出假利生ス。而レトモ入空出假ハ論ルニ大旨ヲ一也。只是自行化他ヲ立テテ出（出㋑於）（於カ）レ面ヲ立ツルレ裏ニ（「㋑于）不同也

二字ノ口決ハ。裏面テ也 已上（「㋑文）

祖師傳云。通敎〔㋑利根ノ〕菩薩ノ入空出假ニ各各（各各㋑各）有ニ自行化他。從ヘテニ多分ニ說テ分テ爲スニ入空出假ト一 已上

五大部ノ中ニハ。止ノ六ノ謂二乘等也 矣（弘カ）（天止四、二一。弘決）

56 五十六。通敎被接算（云㊥无）

五大院云。攝引ハ約シニ斷惑ノ位ニ一。引攝ハ約スニ未斷惑ノ位ニ一 已上

攝引ハ攝ルヲ引カ故ニ斷惑ノ位也。引攝ハ引攝カ故ニ未斷惑也。此卽斷惑ノ位ニ開眞出中スルハ被攝也。又當敎ノ悟ハ。極テ必シモ不レトモニ開眞出中セ一自然ニ成ルヲニ後敎ノ人ト一云ニ攝引ト一 矣

御廟相承ハ有リニ九地ノ攝者一 已上

山家傳テ二遂和尚ニ一曰。通教ノ第十地ニ亦有二被攝一〔(イ)已上〕況ヤ(況(底)訖)
於テ二九地一ニ乎 矣
四字ノ口決ハ。機萬差故也 豪小雙
五大部ノ中ニハ。四地已上等也 矣
57 五十七。四依別圓算
御廟相承ハ。山家大師云。四依ノ弘經ハ。雖レ通二四教一ニ。若(若(底)一)
據ルレハ二本意一ニ正ク(正(イ)ナシ)在二別教一ニ 已上
覺大師。五大院同レ之 已上
四字ノ口決ハ。通シテ四ナリ別シテハ一也
58 五十八。二土弘經算
御廟相承ハ。或ハ往キ。或ハ不レ往。無二相違一。往クト者。得忍ノ邊
也。不往ト者。生身ノ邊也。無キハ二相違一兩邊アル(アル(底)ナシ)也。觀智未
熟ニ有リレ二ツ。一ニハ超越證也。二次第證也
覺大師云(云(イ)ナシ)。觀智未熟ニ凡ソ有リ二二義一。一者次第證也。所謂ル
始心中心一(一(イ)之)體也。二者超越證也。所謂ル四十二位ノ智惠同
時ニ倶起シテ斷ル二始心中心ヲ一時キナリ(「(イ)也) 已上
六字ノ口決ハ。往不レ往無二相違一 豪小雙

五大部ノ中ニハ。籤ノ六也 矣(矣(底)ナシ)
59 五十九。補處智力算
久遠成道ノ脇ノ算ニシテ除ノ算也。御廟相承ノ分ニテハ知ル也
祖師傳云。補處ノ智力ハ。分ニハ知ル二久遠成道ノ之事一ヲ。若言ハ二
究竟ヲ一不レ得スレ知ルコト 已上(「(イ)也)
五大部ノ中ニハ。涌出品ノ(品(イ)ナシ)疏 矣
60 六十。五品退不退算
覺大師云。或ハ從ヒ二知識一ニ。或ハ從ヒ二經卷一ニ。慥(慥(イ)境)知ル二前生ノ智解一ヲ
也(也(イ)ナシ) 已上
涅槃經云。忘ヨ失スレハ菩提(提(底)薩)心一ヲ。〔(イ)佛菩薩〕ハ現シテ二鬼神ノ形一ヲ
令メテレ怖ムル二發菩提心一ヲ 云云
覺大師云。問。判攝ノ五品ニ有リレ機耶。答。有リ。所以ニ顯スナリ二
於(於(底)前)因果不二一ヲ。此ハ是此宗ノ大綱也 已上
御廟云。判攝ノ影略ニ有リ二二種ノ義一。一者五品六根也。二者
而二不二也 已上 五種判攝ト者。教ノ判攝ハ。就テ二如來ノ說教一ニ
判。人ノ判攝ハ五品ノ因人卽至ニ二六根ノ果一ニ。理(理(イ)現)ノ判攝ハ。五品
六根ノ所「現ノ一理」(說イ)(「」(イ)觀理一)也。行ノ判攝ハ。十乘ノ行互ニルナリ二五品六

根一ニ。此外ニ五大院ハ立ニヘリ解智ノ判攝一ヲ。所謂五品ノ解智。六根ノ解智一ナル故也 矣

御廟相承曰（曰イ云）。或退。或ハ不退。或ハ無ニ相違一 已上

祖師傳云。若五品ノ位ハ依ニテ念退ニ者。一向ニ不退也。若依ラハニ隔生ニ一向ニ退位也 已上 五大院。御廟同レ之

五大部ノ中ニハ。玄ノ五 惠心 止ノ一也 檀那 （「イ文）

61 六十一。法華二乘益算

御廟ノ相承ハ不レ可レ得。但シ有ニ待絕一（倶イ 有㊁所） 已上

祖師傳云。若依レハニ絕待ニ一代ノ八萬。皆是レ法華ノ諸佛得益（佛イ行）也人也（也イ之）。皆是レ純圓一實ノ機也。若依ラハニ相待ニ月與ニ衆星一（星㊁生）其相天隔レリ 已上 覺大師。五大院寫レ之（與イ 寫イ聞）

四字ノ口決ハ。不得ノ上ノ不得也（不イ㊁） 豪 小雙

五大部ノ中ニハ。嚴王ノ疏也 矣

62 六十二。住果緣覺算

毛詩云。生ト者東也（東イ來（來カ）） 已上

未再治疏云。聲聞・緣覺其ノ數カス不レ同レ之ニ（之イ也）。無シレ非ニトイフコト佛敎ノ聞薰增長一ニ。但シ得ルコトレ名ヲ者。且ク准ルニ現量一ニ也（也イ㊁） 已上 麟喩ニ有ルニ微細ノ利鈍一也 法蘊足論

御廟相承ハ。或ハ來リ。或ハ不レ來。或ハ無ニ相違一 已上

未再治疏〔云〕（イ）。機類萬差ニシテ或ハ有リレ來ル。或ハ〔有リレ〕（イ）不レ來 已上

覺大師云。住果ノ緣覺ニ或ハ有レ來ルモ。或ハ有リレ不ルモレ來ラ。倶ニ無ニ相違一 已上

四字ノ口決ハ。機類萬差也。三字ノ口決ハ。無ニ相違一 夢〔イ探〕 （「イ文）

五大部ノ中ニハ。三周義也 矣

63 六十三。三教不退算

所所ノ釋不定也（所所イ處處） 豪 小雙 四種ノ不退ハ三企ギ百劫也（企イ祇）

覺大師云。初僧企ニ既ニ得ルコトハニ五種ノ功德一ヲ。以レ之准知シヌ。第二僧企（企イ祇）ニ得ルコトニ〔不退ヲ〕（イ）者不レ可レ疑レ之（之イ也） 已上

二字ノ口決ハ。准知也　御廟相承云。有リニ四種ノ不退一

祖師傳云。若三藏敎ニハ。有リニ四種ノ不退一。所謂三祇（祇イ企）百劫〔是ノ〕（イ）四ニ得ルナリニ三不退一ヲ〔也〕（イ） 已上 通敎ノ三不退ハ從初地ト者。斷惑ノ初地也

覺大師云。從初地ト者。是斷惑ノ初地也〔已上〕（イ）

御廟大師云。言フ二斷惑ノ初地一ト者。八人見地是レ也 已上
二字ノ口決ハ。斷惑也（豪小雙）別教ノ三不退ハ身子カ六位也（位也イ住退）。一ニハ
欲怖地前菩薩。二ハ仰學ノ十信也。三ハ呼信爲レ住也。四信ヲ
住ニ切リ繼ク（繼イ續）。五ニハ五部合斷也（部合㊦那含）
祖師傳云。別ノ義多途也。趣テ機ニ異說シテ附傍ルコト有漏。欣上（部合㊦那含）（位退イ本）
猒下ノ五部合斷ノ故ニ〔云〕（イ）六位退住退ト也 已上 別教ニ非ス二五
〔部〕（イ）合斷スルニハ。附傍シテ說ク也（含歟）
三字口決ハ。有漏斷也（豪小雙）
五大部ノ中ニハ。疏記二也（二イ本）〔文〕（イ）

六十四。二聖發心算

御廟相承云。或ハ同時也。或ハ異時也。或ハ無シ二相違一。所謂ル
異時ト者。不決定ノ發心也。同時ト者。決定ノ發心也。故ニ偏ノ
疏云。〔決定ハ同時也。不決定ハ異時也 已上（イ）
未再治疏云。〕若依レハ二有部一ニ決定ハ異時也。不決定ハ同時
也。若依ラハ二佛口ノ三藏一ニ決定ハ同時也。不決定ハ異時也 已上
仍能破ハ同時也。所破ハ異時也
三字ノ口決ハ。能所ノ異也。二字ノ口決ハ。能所也（豪小雙）無題。

探抄同レ之。
「五大部ノ中ニハ。菩薩義也 矣」（「」イ本）

六十五。諸佛五時次第算

山家大師云。華嚴ハ已說ノ法華也。法華ハ未說ノ法華也 已上（也イ本）
一所釋云（所イ處）。三世ノ諸〔佛〕（イ）ハ皆於テ二靈山一ニ說ク二於妙法一ヲ也 已上
御廟相承曰（曰イ云）。祖師傳云。若依レハ二五佛ノ章門一ニ諸佛道同ニシテ
說ク二五時一ヲ。次第諸佛令レム同セ（令イ全）（全同カ）。若依ラハ二不同ノ佛一ニ不二必シモ全
同一 已上
慈覺大師云。於テハ下說ニ二五時一佛上ニ一同半同也トモ其次第同
ナルヘシ（ナイカ） 已上 五大院同レ之
御廟大師〔云〕（イ）。依レハ二機ノ五時一ニ一切ノ佛皆同シ。依ラハ二說ノ五
時一ニ有リ二同異一 已上
覺大師云。一家ノ所立ハ於テ二五時一ニ凡ソ有リ二二種一。一者說教ノ
次第也。二ニ者機緣ノ次第也 已上 御廟ハ此御釋ヲ爲シテレ本ト
立テ（遍救）。無キレ止コト祖師傳（傳イ本）ノ相承也
二字ノ口決ハ。機緣也
五大部ノ中ニハ。疏記四也

66 六十六。自受用有爲算（有㋑無）

山家大師云。性緣起ノ有爲ニシテ非ス二理外ノ法ニ一已上

御廟相承云。有爲ノ上ノ無爲也。無爲ノ上ノ有爲也已上迹門ハ破シテ二權門ノ有爲ヲ一立ルカ二無爲ヲ一故ニ有爲ノ上ノ無爲也。本門ハ迹門ノ無爲ノ上ニ立ルカ二性緣起ノ有爲ヲ一故ニ。無爲ノ上ノ有爲也

覺大師云。若得ルコトハ二一家ノ敎意ヲ一。自受用ノ智體。或ハ言ニ有爲ト一。或ハ言ハンカ二無爲ト一。何レモ無レ煩也〔㋑已上〕

二字ノ口決ハ。無レ煩〔㋑也〕

五大部ニハ。「㋑中三身義也〔㋑文〕

67 六十七。二乘相應算（二乘心心）

從ニ藏通一來レル菩薩ニ附シテ二藏通ニ一建立スル故ニ異途ノ敎門也。此ハ除ノ算也。別敎敎門ニ有リ二二種一。常途ノ別〔㋑敎〕敎門ト異途ノ別敎敎門ト敎門ノ上ノ敎門トハ。慈覺大師云。別敎ノ地上ニ多クハ說クト二二乘ノ心心所ヲ一。是レ異途ノ別敎也已上

祖師傳云。別敎敎門ハ多ク於テ二地上ニ一說クハ二於二乘ノ心心ノ所法ヲ一。是レ敎門ノ上ノ敎門〔㋑也〕已上

五大部ノ中ニハ。弘決ノ六也〔㋑文〕

68 六十八。爾前分身算

無始ノ色心ハ本是理性ノ妙境妙智也。色ハ法身〔㋑也〕。心ハ自受用身也。色心和合ノ成ニスルハ所作（作㋘化）ヲ一應身也。是レ無作ノ三身也。我等本來分身也。又本佛ハ山家大師云。以レ不ルヲ知ニ此ノ理ヲ流ニ轉セリ生死ニ一。以レ悟ニ此理ヲ一不レ流ニ轉セ生死ニ一。卽同ク處シテ二生死ニ一儀（儀㋑伐）ル二根源ニ一已上有リ二爾前當分ノ分身一。有リ二今經ノ局情開會ノ分身一。有ニ本門ノ分身一。三世常恆ノ應體也。卽是我等衆生也（「㋘生）

四字ノ口決ハ。不レ如ニ法華ニ一也（檀那 小雙アリ）

五大部ニハ。三身義也云云（云云㋑文）

69 六十九。葉上千釋迦算（千㋑丈）

御廟相承云。不ルカ明ニ方便土ニ故ニ合スルナリ二二乘成佛ノ算ニ一道理別緣機ノ兩字（字㋑學）也。文證ハ顯密ノ兩經也。別シテ爲タメニ二一緣ノ作ニ如ノ此說（說㋑記）ヲ已上華嚴ハ直入報土ノ機ナルカ故ニ不ルナリ現ニ方便土ヲハ。顯密ノ兩經ト〔㋑者。〕大般若經ト眞實經ト也。大般若經云。大須彌山頂ノ成道アリ已上法華ノ彌樓山。摩訶彌樓山ト。玄贊ニハ須彌山。大須彌山已上（已㋑也）大須彌山ハ。南ノ大四天

下ノ大菩提樹下ニシテ大釋迦ハ成道シキ。眞實經云。於ニ大迷盧山ノ南ノ菩提樹下ニ大釋迦ハ成道シキ 已上
五大部ニハ。（「イ中）梵網ノ義記也 云云（云云底ナシ）

70 七十。新成顯本算

御廟相承云。有リ二二種ノ顯本一。有リ二二種ノ不顯本一。所謂「二種ノ顯本ト」（「」イ）者。最初ノ不顯本ト今日ノ不顯本ト也。（顯本二種）最初ノ顯本ハ。無作ノ三身也。不顯本ハ。始覺及ヒ八相成道スル也。今日モ准レセヨ之。此卽（卽イ則）不顯本ノ上ノ顯本也。顯本ノ上ノ不顯本也
三種傳云。若最初成道ニハ。或ハ有リ二顯本一。或ハ無ニ顯本一。〔或〕（イ）有リト二顯本一者。謂ク本地無作三身也。若（若イ或）無シト二顯本一者。謂ク始覺及以ヒ自（自イナシ）受用應化身也 已上
五大部ノ中ニハ。三身義也。本ナリ迹ナリ（ママ）（クセ）
左傳云。迹ト者曲クセ也 已上　　春秋云。本ト者已ママ也 已上〔文〕（イ）

71 七十一。唯人天機算（人天感佛）

御廟相承云。正クハ不レ感セ。傍ニハ感ル也
三種傳云。若依レハ二傍意一ニ人天ノ機モ感ス二佛ノ出世一ヲ。若依レハ二正意一ニ無レ有ルコト二是所（所イ處）一 已上

二字ノ口決ハ。傍正也 豪小雙 無題。探抄
五大部ニハ。疏記ノ一也 矣

72 七十二。住果聲聞算

御廟相承云。於レ過有リ二道理文證一。道理ハ不定也。文證ハ大旨也。不ルハレ過有リ（有イ背）二道理文證一。道理ハ調熟也。文證ハ一類也
四字ノ口決ノ道理・文證也。無題。探抄。夢枕也
慈覺大師云。就ニ住果ノ聲聞ノ過不過一各有ニ二（二底三）種ノ義一。過ノ二種ノ義ト者。文證・道理也。不過ノ二種ノ義ト者。亦復如レ是 已上 是ハ寫スニ祖師傳一ヲ。此算ニハ無シレ物ノ 豪小雙。小雙（小雙イナシ）
五大部中（中イナシ）ニハ。籤ノ〔第〕（イ）十也〔文〕（イ）

73 七十三。五時證據算

慈覺大師。一家所立ノ五時ト者。正クハ依リ二四大聲聞ノ領解一ニ。傍ニハ依ル二涅槃ノ五味一ニ也 已上 又云。一家所立ノ五時ニ有リ二二種一。一者横（横底權）。二者通別。惣シテハ依ニ諸經一ニ。別シテハ在リ二三經一ニ。所謂無量義ト。（「イ經）法華ト。涅槃ト也。而於テ二其ノ中一ニ法華最勝也。説教ノ多少分明ナルカ故也 已上
御廟相承云。四字口決ハ。惣別傍正。（「イ也）方等ニハ無ニ説時一。明

證ハ金剛般若疏也
五大部ニハ。玄第十也
74 七十四。三種四教算
御廟祕記(祕記㋑相承)(㋑私記)云。大經ニ說ク二次第五行一ヲ。具ニ明テ二四種四諦一ヲ是
非ノ於テ二別圓ノ修行一ニ。亦有ル二四教ノ不同一「也云云」(「」㋑耶已上)又有リ二三ノ
意。不レ授ケ二圓教ノ四門一ヲ。一者受ケテ二機ヲ於權機一ニ機教不ルカ二相
順セ一故ニ。二者知テレ勝タリト授ケハ即可レ成ル二圓人一ト故ニ。三者知レ劣
云云(云云㋑也)授テ違ラレ十行出假ノ菩薩ノ知リレ病ヲ識レ藥ヲ已上
三字ノ口決ハ。機勝劣也矣
御廟相承。此算ニハ習ヘ二別〔相〕(㋑)・通相・一心ノ三種ノ三觀一ヲ。
別シテ尋ヨ二通相ノ三觀一ヲ
五大部ニハ。玄〔第〕(㋑)十也矣
75 七十五。十界互具算
御廟相承云。一家談ルニ二世間相常住一ヲ有リ二本迹ノ別一。修性ト不
輕ノ往事トヲ可ニ習ヒ窮一。性ハ本質也。修ハ影像(像㊦僧)也
76 五大部ニハ。止觀(觀㋑決)ノ第五也矣
七十六。後番五味算

御廟相承云。法華ノ後更ニ建ニ立ス五味一ヲ。此則(則㋑判)爲ニ未了(了㊦分)ノ機一
已上
五大院云。經ニ於前四味ヲ者ノ有リ二一類ノ人一。至ニ涅槃會一ニ得
悟スル名テレ之ヲ爲ル二後(後㊦五)番ノ五味一ト云云(云云㋑也已上)山王院ノ御釋同レ之
覺大師云。於ニ法華ノ後一ニ更ニ有リ二五味ノ濃淡(濃淡㊦法談)一。是ヲ名ニ後番ノ
五味一ト已上
祖師傳云。於テ二法華ノ後一ニ建ニ立スル五味一ヲ。是名ニ後番ノ五味ノ
相一ト也已上
二字ノ口決ハ。前後也
五大部ニハ。玄ノ第十也矣施惠門(門㋑江)邊ノ一向說主(主㋑文)ノ般若ハ五百
問論ニ般若ノ攝(攝㊦指)ト云云矣
77 七十七。人天小善算
御廟相承云。種類種ノ開(開㊦同)會ハ開ク二無始ノ善一ヲ也(也㋑㊦)。相待(待㋑對)種ノ開
會ハ開ク二無始ノ惡一ヲ
祖師傳云。法華ノ開會ニ凡ソ有リ二二種一。一者種類也。會シテ二衆
善ノ小(小㊦少)行一ヲ歸ス二廣大ノ一乘一ニ。二者相待(待㋑對)也。所謂ル煩惱業苦ノ
三道。皆是三千互具スル相(相㋑故)也已上

未再治疏云。衆生ハ障タリ二一分ノ羅ウスモノ一ヲ。慈覺・智證・安然・御廟ノ傳ヘ也

78 五大部ニハ。疏記四也 矣

七十八。五果廻心算

御廟相承云。實ニハ無レ經レ劫ヲ。然トモ教門ノ日ハ前キニ可レ經也

慈覺大師云。若依レハ二教門ノ施設一ニ必定シテ經（經㊄住）コ生シテ多劫ヲ方ニ乃チ發心ス。若依レハ二實義一ニ不レ可三經二生ヲ一。不レ可レ談（談㊀論）二前後ヲ一也

已上

四字ノ口決ハ。教門實義也

五大部ニハ。疏六。記ノ七也 已上

79 七十九。遍法界算（三身法界）

御廟相承云。八字ノ口決。不遍ノ上ノ遍ナリ。遍ノ上ノ不遍也

已上

慈覺大師云。若依二迹門一ニ不遍ノ上（上㊀之）ノ遍也。若依二本門一遍ノ上ノ不遍也 已上 迹門ハ。拂テ二迷悟ノ不遍ヲ一立二周遍法界ヲ一。本門ハ捨（捨㊀於）テ二周遍ノ情ヲ一還歸ス二不遍ニ一。然トモ不レ似二凡見一ニハ。或（或㊀仍）二字ノ口決也。不レ似也。此算ハ不レシテ動二問答ヲ一而ニ立ル二問答ヲ一

五大部ニハ。三身義也 矣

80 八十。三教初炎算

宗旨傳云 妙樂釋 大品等ノ經ニ所レ説修治地業者ハ。皆是非ル二眞實一ニ也 已上 教門ニ口決スル也

慈覺大師云。若義通ノ時ハ。以テレ伏ヲ爲レ斷。若小事ハ聞ク者モノ（「㊀通）ニ不レ可レ有レ失〔已上〕㊀

宗旨傳云。（十地對判口決）若通教ト者。逗ス二多途ノ根性一ニ。通教ノ十地ノ上ニ借テ二別教ノ觀（歡カ）喜等ノ十地ヲ一（「㊀於）兩教ノ十地一一ニ相對スル也 已上

四字ノ口決ハ。一一相對也 矣

三種傳云。祖師傳云。通教ノ乾惠ハ是伏位也。故（故㊀而）爲ルコト二初炎ト一者。借ルカ二別教ノ初地ヲ一故也 已上 申含容別ハ一家ノ意也ト〔云フ〕㊀祕證（證㊀語）也 矣

御廟傳云。有コト（㊄イナシ）乾惠斷惑二借ル二別教ノ初地ヲ一也（也㊀たし）。或ハ無シ通教ノ伏位トナス（「㊀也）。仍無二相違一 已上

三字ノ口決ハ。無二相違一也

81 五大部ニハ。止觀ノ六也 矣

八十一。分段捨（捨㊀たし）不捨算

慈覺大師云。圓教ノ實證ハ自レ聞ニ一句ヲ一報陰轉ル也已上五大院同レ之

三種傳云。若依ニ迹門ニ煩惱卽菩提。生死卽涅槃也。若依ニ本門ニ煩惱卽煩惱。生死卽生死也。此ハ是一家相承ノ義也已上分段捨不捨ノ八字ノ口決也。捨ノ上ノ不捨。不捨ノ上ノ捨也。不捨ノ上ノ捨ハ本門ニハ捨レトモ無レ煩ヒ

慈覺大師云。不ルニレ(イ)〔捨〕有ニ兩決一。一ニハ（天止三、一九〇。弘決）無始色心ハ本是理性ノ妙境妙智也已上二ハ（天止五、一二〇。弘決）當レ知色法皆隨ニ人感一。色無ニ定體一。隨ニ心ノ所變一ニ。觀法若成皆能轉レ色已上此兩文ハ邃和尙傳ヘニ於山家一ニ。山家傳ニキ於慈覺一ニ

四字ノ口決ハ。迷ヘハ迷ヒ。悟レハ悟ル也 豪小雙

五大部ニハ。決五也。又決ノ九也矣

82 八十二。自受用（用(イ)内）所居算

慈覺大師云。不レ分ニスケ自他受用一ヲ。但立ニツ報身一ヲ已上非垢非淨ノ邊ヲ名ニク理ノ寂光一ト。諸土ハ垢。寂光ハ淨ナル邊ヲ名ニク事ノ寂光一ト。檀那一往ノ分也

御廟相承ニハ。理土也矣本ノモト覺ウツツ也。自受用ニ有レ二。一者。久修レ業所レ得也。二(イ)〔者。〕境發レ智爲（爲(イ)以）レ報也。冥合カナイアウ(イ)〔也〕

慈覺大師云。新譯ノ經論ニ不（不(イ)所）レ明。皆是他受用ノ對機說法ノ身ナルカ故也已上

宗旨傳云。寂ハ卽法身。光ハ卽自受用也（「(イ)也）已上

覺大師云（云(イ)曰）。天台ノ一宗ハ。收レリニ自受用ノ算一ニ

御廟相承云。或ハ居ニ實報土一ニ。或ハ居ルニ寂光土（土(イ)内）一ニ。無ニ相違一已上

二字ノ口決ハ。無キレ違也。青苔。探抄。無題

五大部ニハ。三身義也矣

83 八十三。三佛算（三佛出世）

發智論云。弗沙佛ノ所ニシテ讚歎シテ超ニ越シキ九劫一ヲ。亦名ニク毘婆尸一ト已上

大論云。於ニテ弗沙佛ノ所ニ七日七夜以テ一偈ヲ一歎（「(イ)讚）シテ。超ニ越シキ九劫一ヲ已上三佛同時（時(イ)體）ノ證也矣

御廟相承云。三佛ハ同體也。故ニ於ニテ三企（企(イ)祇）ノ末ヘ百劫ノ始ニ名ハ三ツ。體ハ一也

二字ノ口決ハ。三一也 豪小雙

慈覺大師云。若依ニレハ迹門ニ三佛同體也。若依ニレハ本門ニ三佛各各（各各㊦名）也 已上 三世常恆ノ應體ハ一ツトシテ而用ユウハ別也

五大部ニハ。疏記ノ第二也 矣

84 八十四。三周證入算

未再治ノ〔本ニハ〕㋑除ノ算也。貫抄ニハ貫ケリ二一乘成佛ノ算ニ（大正藏九、十八下）

御廟相承云。邃和尙〔傳ニ〕㋑於山家ニ經文ニ云。今得ニ無漏無上大果ニ 已上

山家授タマヘリ二覺大師ニ。相似卽ヲハ雖スイ未ミ得無漏ト說カ故也

四字ノ口決ハ。今得無漏也 豪 小雙 「㋑（後出＊）

五大部ニハ。「無題同。」（十界眞實）「」㋑（前出＊）三周義也 矣

85 八十五。十界性算

御廟大師云。以（以㊦山）レ陰（陰㋑隱）彰スレ顯ヲ 已上 云（云㊦其）レ性トテ不ルレ云レ相ヲ謂（謂㊦論）レ也 矣

御廟相承云。權實ノ上ノ眞實也。眞實ノ上ノ權實也 已上

三字ノ口決ハ。無ニ相違一也 豪 小雙。夢枕 ㋑

三種傳云。若依ニレハ迹門ニ九界ヲ〔爲レ權ト。佛界ヲ〕㋑爲レ實ト。若依ニレハ本門ニ十界俱ニ是レ眞實法也。若依ニレハ迹門ニ十界性相眞實也。若依ニレハ本門ニ九權一實也 已上

慈覺・智證・御廟ノ大師。斯文云（云㋑无）。相承シテ深ク祕ヒキ

五大部ニハ。十如是義也 云云（云云㋑文）

86 八十六。地上空假算

名疏七曰。若入ニレハ中道ニ方得ニ雙照スルコトヲ一 已上（大正藏三八、六六一下）

智海相承。籤四〔云〕㋑。（天玄三、三四六）若入テニ初地ニ「（㊦云）雙照ヲハ二諦ヲ爲ニ果上（上㊦ト一）ノ別ト 已上

永辨相承。三種傳云。別教ノ地上ハ唯シ有リ中道ノミ無ニ空假一也 已上

知（知㊦智）禮ノ說（說㋑記）云ク。唯有ト驗知スルニ。地上ニハ無ニ微ミ細ノ空假モ一也 已上

論疏云。既ニ得タリ念不退ニ。何ゾ有ランニ空假一 已上

祖師傳云。〔無クハ〕㋑空假一。或（或㋑仍）無ニ微細ノ之（細之㋑微）空假スラ。況有ランヤ麁强ナル。

道邃座主。一家天台ノ別教ノ地上ニ有ト空假ノ二觀一「㋑已上者。或ハ云ク證道同圓（圓㊦同）也。或ハ謂ク圓滿スル也。以レ之會スルニ諸文一爲ニ祕事ト一也（也㋑无）矣

宗ノ釋ノ中ニ。證道同圓ノ證ハ玄六云（天玄四、五八）。初地初住三觀現前 已上

籤云。亦約（約㊦得）ニ證道同（同前）一故合說 已上

行滿座主云。別教ノ地上ニ無ニ空假一。只（只㋑者）是麁强也。細論スレハ

必有㆓微細空假㆒已上智度和尚(イ)〔云〕。祖師云。別教ノ地上(イ)〔有㆓〕微細空假㆒此亦一意也。以㆓兩所(所イ處)ノ釋ヲ㆒所所(所所イ處處)ノ釋ヲ一ツニ會スル也已上

御廟相承云。(イ)〔或有〕或ハ無。無㆓相違㆒已上

二字ノ口決ハ。無ㇾ煩也。無(イ)〔題〕。探抄同シ

五大部ニハ。三觀義也「イ文

87 八十七。二乘智斷算

於㆓一佛乘㆒分別説ㇾ三已上故ニ第一義空ノ一分也。種類相對ヲ以テ爲セ㆓兩眼ト㆒

三種傳云。若約レハ㆓執情ニ㆒是レ顚倒無明也。若約レハ㆓智斷ノ實體ニ㆒是レ第一義空ノ一分也已上

御廟相承云。二乘ノ智斷ハ自受用智ノ一分也已上或ハ顚倒無明也。或ハ第一(イ)〔義〕空ノ一分也。或ハ何レモ無㆓相違㆒

四字ノ口決ハ。實體執情也。無題。探抄。夢枕同シ。貫ナリ㆓自受用ノ算ニ㆒

五大部ニハ。化城ノ疏矣

88 八十八。(十二品斷)別教法界(イ)〔品〕無明算

仁王私記下云。別ノ佛ニハ(「猶カ)有リ㆓三(「二カ)十品ノ無明㆒(大正藏三三、二八四中。取意)。通佛ニハ(「卽カ)有リ㆓四十二品ノ無明㆒已上不ハレ盡サ龜鏡也

前唐院云。若據ニ㆓跨節㆒三藏佛盡ニ㆓法界(イ)〔品〕無明㆒已上又云。若別教何(何イ佛)如ニ㆓圓佛㆒所ㇾ斷四十二品無明「耶(「」イ已上耶)已上」斷ニ㆓元品無明㆒耶(佛カ)「已上」(「」イナシ)斷シトノ㆓元品無明㆒云「云」盡ニ㆓法界(イ)〔品〕ノ無明ヲ㆒耶ト。是ハ(イ)〔再治〕未再治ノ異也

山王院云。若別教佛ハ盡ニハ㆓無明ノ惑㆒與ㇾ圓無ㇾ異。且ク據テ㆓品數ニ㆒齊シムル㆓第二行㆒也(也イナシ)已上

四字口決ハ。教諸(諸イ談)品數也

御廟相承云。或ハ盡シ。或ハ不ㇾ盡。或ハ無㆓相違㆒

三種傳云。若依ニ㆓教門㆒ニ別教ノ果頭ニ盡ス㆓法界ノ惑ヲ㆒。若依レハ㆓實義ニ㆒。但斷ニ㆓十二品㆒齊シ㆓十二行㆒ニ已上

山家已來(已來イ將來)ノ四字ノ口決ハ。教門ノ實義也(豪 小雙)

五大部ニハ。止觀ノ五也「イ文

89 八十九。(決定業轉)定業轉(轉イ滅)算

涅槃經三十九云。一切ノ諸業ハ不ㇾ名ケ㆓決定㆒(大正藏十二、七九六上)已上

慈覺大師云。若據ニ㆓迹門㆒ニ定(定イ實)業能轉ス。若依ニ㆓本門㆒ニ不ㇾ可ㇾ

轉ス也。轉重輕受卽〔其〕(イ)義也。若依ニ迹門ニ諸業不レ轉。或ハ有レ轉スルコト隨レテ業ニ不定也。若依レハ本門ニ諸業必轉ス已上轉ニ三ツ。不轉ニ三ツト云ヘリ。祕事是也

御廟相承云。三種傳云。一切諸業必定シテ可レ轉ス業ヲ無レキ定。而(イ故)一切ノ諸業ハ必定シテ受レク之。業ニ有ニリ定順ニ(定(底)意)。故ニ業ノ體ハ不定也。隨レ機ニ有レハナリ定不定ニ(イ也已上」)。(云(イ)ナシ)慈覺・智證・御廟傳ニ云。深ク祕シテ

四字ノ口決ハ。隨レテ機ニ不定也(豪小雙)轉不轉無レ煩。夢枕ノ

五大部ニハ。四種三昧義也矣

90 九十。塵沙證據算

御廟相承云。三種傳云。三諦本有ナルカ故ニ三惑本有也。故ニ法華ニ云。一大事等。是卽能治ノ三觀也。所治ノ三惑ハ准レシテ之可レ知ヌ已上。此卽法華ニ說ク本有三諦ヲ爲シ證據ト立ニ本有ノ三惑ヲ。此ハ除ク算也。三惑同時斷ノ脇算トシテ第四番ノ再治定(定(底)空)ノ時キ始テ被レ入「云ヘリ」(「」(イ)畢)

五大部ニハ。玄籤ノ三也矣

91 九十一。二乘通力算

支佛緣ルコト百佛世界ヲ。今經ノ兩所(所(イ)處)ノ文ニ合シテ於正經ヲ爲ルナリ證誠ト矣(矣(イ)ナシ)一家ノ釋ニ指スコト誠證ヲ

未再治疏云。若依レハ大論ニ支佛ノ天眼ハ緣ス百佛世界ヲ已上

御廟相承〔云〕(イ)。緣ルモ百佛世界ヲ不レ緣セ。無シ相違

三種傳云。若辟支佛ノ天眼ハ。緣ル百佛世界ヲ者。是ハ約ス分知スルニ。若約セハ(約(イ)依)分明ニ知ル大千ヲ也(也(イ)ナシ)已上夢枕。〔無題。〕(イ)小雙。

此上ヘニ無シト物云云

92 五大部ニハ。功德品ノ下也。檀那。觀音品下也。惠心矣

〔九十二〕(イ)。自受用有爲無爲事(「(イ)智)(卷尾より移轉)

御廟大師ノ十字ノ口決事。有爲ノ上ノ無爲。無爲ノ上ノ有爲也。又山家大師ノ四字口決ハ。理內有爲(「(イ)矣)

青苔　紅葉　蕭颯

西蘭寺入道太政大臣(「(イ)前)實兼爲ニ左大臣禪師并愚身ニ奉レ直ニ奏(奏(底)美)持明院殿ニ。密申ニ出德大寺經藏之正本ヲ。〔義〕(イ)科十六帖。宗要一帖抽レ要寫畢ヌ

西蘭寺風竹蘭院中將內供奉奝賀。傳ニ玉(玉(底)王)泉沙門權律師良信ニ

宗滿集

（對校㋑本奥書）
寫本奥書

應永三十四（一四二七）年十一月八日。於ニ金峯山學頭房文殊院東向學窓所一令ニ書寫一畢

[梵字]杳 年四十三

于時康正第二（一四五六）天丙子十一月日。於ニ本院北谷虚空藏尾杉井之草庵一。以ニ衆力之助筆一。片時令ニ書寫一訖。爲ニ淺智之眼一。拜ニ深理之鈔一條。冥鑒雖ㇾ多愼偏悦ニ結緣得節一而已

求法沙門賢成 年三十 臘十八

文明二（一四七〇）年庚寅七月十二日。於ニ西塔北尾花王房一令ニ書寫一訖

去五月三日。南尾經藏立義。豎者予 纉憲 題者惣持房 東北谷 叡全法印義目。新成顯本。長時華嚴別坐。後日之禮參之時。預ニ稱歎一。被ㇾ傳ニ授此祕抄一訖。是者宗滿之口決ト見タリ。唯授一人大事。深可ㇾ祕ㇾ之由重重被ㇾ誡訖

阿闍梨纉憲

（裏表紙）
八魔退散

紅葉惣録 宗滿抄 檀那流

神佛加護

（別本『宗滿集』〈日光天海藏〉奥書を参考記載）

宗滿集 本ハ卷本ニ在ㇾ之 云云

件算題天台一宗相承之後。尚守ㇾ器可ㇾ傳ニ受之一。若與ニ非器一者。必背ニ高祖大師遺誡一定漏ニ山王權現擁護一。若不ㇾ授ニ法器一亦是罪妄（業カ）也。佛法修學所詮何事哉。深守ニ此旨一重執ニ此趣一不ㇾ可ㇾ有ニ等閑之儀一也 云云

師本云　良源注ㇾ之

以ニ御廟大僧正御自筆一書寫之後。給ニ經海僧正一御本交（校カ）ニ合之一了。彼經海御本。覺運贈僧正自筆也。勤（勸カ）實。此ハ覺運御自筆經海御本奥書也

御廟授ニ覺運一御書云

宗滿算題遣ㇾ之。源信之題置ニキ圓ノ字ヲ一。覺運之題置ニ滿字一。此則

因圓果滿之義歟
迹門遺二源信之許一ヘ。本門與二覺運一畢。仍兩人合力。如レ形本迹二門弘二通我朝一。可レ利二ス末代學者一也。恐恐謹言

此ハ經海御自筆。彼ハ奥書ニ被レ書二釋之一

御廟與二源信一御書云

宗圓算題遺レ之。覺運之題置二滿字一。源信之題置二圓ノ字一。是批二本迹二門一者也。兩人申談可レ弘二通我宗一者也。此ハ經海僧正御自筆御消息ヲ師匠ニ申テ書二寫之一

經海僧正御本云。算題進レ之。無二止事一御自筆候上無二子細一候へ共。强所望候間。借二進之一。但是も檀那僧正御自筆ニテ候ヘハ。尤可レ被二拜見一歟。一大事・義科之大事借進候上ハとて此をも進候。相構相構深可レ被二隱密一者也。法器ニ於て候間。加樣大事不レ殘進候。經海死去之後。探題之位をも被レ許候ハハ悅入存候。自餘大事も殘ましく候。恐恐謹言

六月五日　　經海 在判

極樂坊兵部阿闍梨御坊

經海僧正書レ之

紅葉惣錄宗滿集

（底　本）＝日光天海藏（No.一三四四）、五册寫本内一册、書寫年不明權律師良信奥書寫本

（對校本）㋑＝叡山眞如藏、文明二年（一四七〇）繕憲書寫奥書一册寫本

（參考奥書別本）＝日光天海藏（No.二五一）、經海書寫奥書一册寫本

〔紅葉惣錄　宗滿集　終〕

（底本表紙）故有要　赤山影響 六之内

三　紅葉

赤山影響祕奥密記

比叡山恵光院　澄豪記

1　妙法蓮華經首題密記

澄豪白言。妙法蓮華經ノ首題奥藏如何

赤山告言。昔シ薄伽梵告曰。妙法蓮華ト者。阿彌陀如來ノ密號タリ已上

澄豪曰（白カ）言。阿彌陀如來亦マタハ名ク觀自在如來ト。亦ハ名ク妙法蓮華ト。蓮華部本尊ナリ。是故ニ觀自在尊ノ手ニ持ルハ蓮華ヲ（如カ）妙法蓮華ナリ。極樂九品蓮臺モ妙法蓮華ノ八葉ノ中臺ナリ。具ニハ妙ニ大樂金剛々々々々々々經ノ

神明許言。善哉善哉。誠ニ如ニ所言ノ

2　本迹二門密記

澄豪白言フ。本迹二門ノ奥源如何

神明告言。昔シ薄伽梵言タマヒキ。本佛五百塵點劫ノ本初ハ三世十方ノ諸佛ノ覺母ナリ。右ニハ執リ利劍ヲ。左ニハ持コト梵篋ヲ云云

右ノ利劍ハ本佛自受用ノ智劍ナリ。左梵篋ハ迹佛ノ三乘一乘ノ篋ナリ已上

澄豪白言。本佛ハ。三世十方ノ諸佛ノ覺母ナリ。右執ハ金剛界。利劍ハ。自受用ノ智劍ナリ。自受用ノ智劍ハ。本門壽量ノ正意ナリ。是故ニ天台智者禪師曰。此品ノ詮量ハ通テ明スニ三身ヲ。若從ヘハ別意ニ正在ニ報身ニ已上 左ノ梵篋ハ。開テ三乘ノ蓋フタヲ感ニ一乘實相ノ寶ヲ。「自受用身」

神明印言。善哉善哉

3　四要品密記

澄豪白言。妙樂寺ノ湛然〔阿〕闍利（梨カ）立ル四要品ヲ意如何

神明告言。法華ノ方便・安樂・壽量・普門ヲ爲スルコト四要品ト。發心・修行・〔菩提〕・涅槃ナリ已上

澄豪白言。方便品ニハ聞テ諸法實相ヲ初テ發心ス。安樂行品ニハ立ニ實相安樂ノ修行ヲ。「壽量品ニハ依ニ實相安樂修行ニ」得タリ自受用菩提ヲ。普門品ニハ涅槃常住ノ上ニ三世常恆ニ出ニ普門示現ノ利生ヲ。又方便品ノ發ホツ心ハ向ニナリ安樂行ニ。安樂ノ行ハ入ニ

本門壽量ノ無量壽佛ノ安樂ノ內證宮ニ。觀音品ハ無量壽佛カ觀自在如來トシテ遊ナリニ觀自在菩薩ノ三摩地ニ（天文一、一五上）妙樂曰。方便安樂壽量普門。並是本迹之根源。斯經ノ樞鍵ナリ已上 道暹曰。五重玄意ナリ云云 方便品ハ明レ體ヲ。安樂・壽量ハ明レ宗ヲ。普門ハ明レ用ヲ。此則チ方便品ハ明ニ實相ノ體ヲ一。安樂・壽量ハ明レ宗ヲ。宗ハ因果ナリ。安樂ノ行ハ因。壽量ノ自受用ノ菩提ハ果ナリ。普門品ノ現身說法ハ斷疑生信ノ用ナリ。是以テ發心・修行・菩提・涅槃ノ次第ト。與ニ體宗用一ト。生起ト宛如ニ符契ノ一矣

神明曰。善哉善哉

4　諸佛出世本懷在ニ迹門一密記

澄豪白言。大事因緣ハ在ニ迹門一矣 意如何

神明告言。迹門經云。諸佛世尊唯以ニ一大事因緣ヲ一故出ニ現於世一ニ。（大正藏九、七上取意）欲レ令ミ衆生開ニ佛知見ヲ一已上 又本門經云。如來ハ。（同、四二下）如レ實ノ知ニ見三界之相ヲ一。無レ有ニ生死若ハ退若ハ出。亦無ニ在世及滅度スル者ノ一已上 本佛ハ常ニ在ニテ靈鷲山ニ自受法樂スルカ故ニ無ニ出世成道スルコト一。出世成道スルコトハ在ニ迹門ノ中ニ一。故ニ佛ノ出世ハ。正ク在ニ迹門ニ一已上

澄豪白言 記一 妙樂曰。大事因緣雖レトモ在ト迹門ニ一。（天文一、五三下）據ラハレ理ニ應ミ須ク雙テ指ス本迹ヲ一。但佛ノ出世ハ正ク爲ナリ顯ニ實ノ一。故ニ且ク從レ迹ニ。又復讓ニ下モ本迹ニ一故也已上 實ニ佛ノ出世ハ正クハ爲レタリ顯ニ迹門ノ實相ヲ一。故ニ從フ迹門ニ一。據ラハレ理ニ應ミレハ須ク雙テ指ス本迹ヲ一（天玄四、五四一）矣 本迹倶ニ大事ノ因緣ナリ。本門ノ大事ト者。天台。開ニ迹ノ中佛界ノ十如ヲ一顯ニ出ス本ノ中ノ佛界ノ十如ヲ一已上 妙樂云（天文五、二四二四下取意）。一念三千ハ。自心常寂光ノ中ノ遮那ナリ。故ニ聞ケハ長壽ヲ。須レ了スニ宗旨ヲ。故本門ニ聞レテ壽ヲ益倍スルコトハ餘經ニ良ニ由ルカ所レ聞異ナルレ常ニ故也已上 開ニ迹門ノ中ノ佛ヲ顯セハ本門ノ中ノ佛ヲ。自心ノ常寂光ノ中ノ毘盧遮那ナリ。本門ニ聞テ長壽ヲ增道損生セシ益倍セシ餘經ニ。本門是本懷カ中ノ本懷ナリ。故傳教大師釋シテ本門ヲ云。（守護章）（傳全二、三五三）大果圓ニ開ケテ。本懷此ニ盡シテ矣

神明印宣曰。善哉善哉

5　開示悟入四佛知見密記

澄豪白言。方便品ノ四佛知見ノ奧藏如何

神明告言。昔シ薄伽梵言。法華開示悟入四佛知見ハ。四方

四佛ノ知見ナリ。法華肝心極祕密ノ眞言是レ也 已上
澄豪白言。法華經ハ五佛ノ知見ナリ。然則チ妙法蓮華ハ中臺ヲ爲シレ蓮ト。八葉爲スレ華ト。八葉ハ四方四佛ノ知見ト。四隅ノ四菩薩ノ知見ハ。中臺ノ毘盧遮那如來ノ知見トナリ。八葉中臺ノ中ニ。四方四佛ノ知見ヲ以テ爲ニ四佛知見ノ祕法一ト。所以者何。四方四佛ハ如レ次發心・修行・菩提・涅槃ナリ。衆生成佛ノ祕要ハ。先ツ發心シテ。發心スレハ修行ス。修行スレハ證ニ菩提ヲ一。證シテニ菩提ヲ一入ルナリニ涅槃ニ一。而中臺ノ毘盧遮那ハ非ニ發心ニモ一。非ニ修行ニモ一。非ニ菩提ニモ一。非ニ涅槃ニモ一。不レ說ナリニ五佛知見ヲ一
神明許可言。善哉善哉

6 十如實相ノ密記

澄豪白言。十如實相ノ深祕如何
神明告言。十如是トハ九尊幷ニ本末究竟等ノ惣體カ故ニ毘盧遮那ノ種子也 已上
澄豪白言。如是相ハ阿閦。如是性ハ寶性。如是體ハ彌陀。如是力ハ不空。如是作ハ普賢。如是因ハ文殊。如是緣ハ觀音。如是果ハ彌勒。如是報ハ大日。如是本末究竟等ハ惣體ノ大日ナリ。然則チ妙法蓮華ハ。中臺八葉ノ上ニ有ル惣體ノ大日號スニ十如是ト一云云
神明印可云。善哉善哉

7 十眞如密記

澄豪白言。有ニ十眞如一云云 意如何
神明告言。十眞如ハ十法界ナリ。十如來地ナリ 已上 然則チ妙覺ノ上ノ十如來地ハ十法界ナリ。地獄如來地。餓鬼如來地。乃至佛界如來地 已上
神明印言。〔善哉善哉〕

8 十羅刹密記

澄豪白言。法華經十羅刹ノ本地如何
神明告言。十羅刹ニ有リニ三覺ノ本一。一者等覺。二者妙覺。三者妙覺ノ上ノ本ナリ。第一ニ等覺ノ本ト者。初ノ四ノ羅刹者。上行等ノ四大菩薩ナリ。第五ハ釋迦牟尼如來ナリ。中ノ四ハ普賢等四大菩薩ナリ。多寶如來ナリ。又五大尊大威怒ノ示現ナリ。第二ノ妙覺ノ本ト者。八葉九尊是ナリ。第十ハ中臺ノ變化ナリト。第三ニシテ妙覺ノ上ノ本ト者。十如是現シテ成ニ十羅刹一ト。還テ守ゴ護ナリ持經

者ヲ一。八羅刹ハ八葉ナリ。第九ノ皐諦カウタイハ有ニリ阿闍利(梨カ)口傳一。第十ノ羅刹ハ如是(如イ无)本末究竟等ナリ。該ネニ中臺ノ八葉ヲ一已上

澄豪白言。叡山ノ相承云。一ハ名ニク藍婆ト一。東方ノ阿閦佛ナリ。形ハ夜叉女ナリ。右ノ手ニ持チニ獨古ヲ一當ニツ左ア(右カ)ノ肩ニ一。左ノ手ニ持ニ念誦ヲ一(珠イ)(誦イ殊)卽立ニツ左右膝ヲ一。面ノ色ハ紅色ナリ。二。名ニ毘藍婆ト一。南方ノ寶性佛ナリ。形ハ如ニ龍女ノ一向ニ大海ニ一。左手ニ把ニ風雲ヲ一。右手ニ括ニ人衣ヲ一。持衣ノ色ハ碧像(碧イ珀道)(錄イ)ナリ。面ノ色ハ白シ。前ニ立ニタリ鏡臺ヲ一。三ハ名ニ曲齒ト一。西方ノ無量壽佛ナリ。形ハ如ニ天女ノ一。衣ノ色ハ靑シ。面テ小シ低レタリ。前ニ捧ニテ香花ヲ一長跪居ス半跏坐ナリ。四ハ名ニク華齒(華イ花)ト一。北方ノ不空成就佛ナリ。形ハ如ニ尼女ノ一。衣〔ノ色〕(イ)ハ紫シ雲ナリ。右ノ手ニハ抱ニリ華戲ヲ一。左ノ手ニハ抱ニテ花盤ヲ一。右方(右イ左)ノ面テ小シ(小イ少)低テ居タリ。五。名ニ黑齒。大日如來ナリ。亦ハ不動明王ナリ。形ハ如ニ陳女(陳イ神)ノ一。衣ノ色ハ都テ妙ナリ。右ノ手ニハ持レ刃ヲ。左ノ手ニハ軍持ナリ。守護スル形ナリ半跏坐ナリ。六。名ニ多髮ト一。東方ノ普賢菩薩ナリ。形ハ如ニ童女(女イ子)ノ一滿月ナリ。色ハ如ニ乾達女ノ一。左手ニハ取ニル銅拔(鈸カ)ヲ一。右ノ手ニハ未レ儛カ。長跪シテ居セリ。七。名ニ無厭足(無イ厭无)ト一。無能勝(彌勒)菩薩。形ハ如ニ頂女ノ一。恆ハ守ニ護ス經ヲ一蘇利花鎖。衣ノ色ハ淺アサ緑ミトリナリ。八ッ名ニ持瓔珞ト一。觀世音菩薩ナリ。形如ニシ妙吉祥天女ノ一。左右ノ手ニ持ニテ瓔珞ヲ一。九。名ニク皐諦ト一。大聖文殊ナリ。形ハ如ニ須鳥女ノ一。衣ノ色ハ紅ニ靑シ。右ノ手ニハ抱レ褁(褁イ囊)。左手ニハ持ニテ獨古ヲ一如レニシテ打レツカ物(物イ惣)。立テレ膝ヲ居ス。十。名ニク奪ニ一切衆生精氣ト一。大自在天ナリ。形ハ如ニ梵天帝釋女ノ一。帶ニシテ鎧甲ヲ一忿ナル形。右ノ手ニ持ニリ三古ヲ一。衣ノ色ハ推採アリ。奪一切衆生精氣。荼吉尼變化ナリ。鬼子母ハ諸佛惣體(〔イ佛)ナリ已上

然ハ則チ法華經守護神ハ十羅刹ナリ。十羅刹ノ本地ニモ有ニリ三重一。第一重等覺ノ本十羅刹ナリ。第二重ハ妙覺ノ本十羅刹ナリ。第三重ハ妙覺ノ上ノ本ノ十羅刹ナリ。妙覺ノ上ノ本ト者。十如是ノ本ヨリ垂ニレ十羅刹女迹ヲ一。十如是ノ本ト者。八葉九尊ノ本ナリ。是以超ニテ妙覺ヲ一超ニタル八葉九尊十尊ヲ一十羅刹ノ本タル十如是也ト云事ハ。澄豪自ヨリレニハ非ニ神明ノ告ニ安ソ得レム知レコトヲ之ヲ

神明印(印イ卽)シテ言。善哉善哉

9　提婆品ノ文殊密記

澄豪白〔言〕(イ)。提婆品ノ時。出レ海文殊相如何

神明告言。法華前ノ十四品ト者。以ニ文殊師利菩薩ヲ一爲ニ其

本尊ト。所以者何。燈明佛ノ昔シ授テ二八相ノ記ヲ一在レ持コト二法藏ヲ一。釋迦佛ノ今ハ入ニ龍宮ニ一說ニ妙法ヲ一。爲タメニ二滅後修行ノ一結ンテ二四安樂行ヲ一。今此文殊尊ノ海中ノ形相ハ。最モ祕也。若顯露ニ說カハ。淺識聞テレ之。迷惑シテ不レ解。應レ知ル。首ヘニ戴シハ二八葉ノ寶冠ヲ一表セシナリ二妙法蓮華ヲ一。抑モ文殊獨リ往テ二龍宮ニ一（『說ニ』カ）妙法ヲ一者。文殊師利大聖尊ハ三世諸佛ノ智母ナリ。龍宮ハ畜生ナリ。畜生ハ愚癡ナリ。是故ニ世尊遣シテ二智德ヲ一破タマフ二愚癡ヲ一意ハ在ニ於此一　已上

澄豪白言。法華經ノ時入海セシ文殊ハ。文殊ノ八大童子ノ中ノ不思議童子ナリ。不思議童子ハ首コウベニ戴セ（戴㋑載）二八葉ノ寶冠ヲ一。坐シテ二千葉ノ蓮華ニ一。化シテ二八葉ノ龍女ヲ一令ナリニ二卽身成佛セ一

10 本門壽量ノ五百塵點ノ如來ノ名號・尊形密記

澄豪白言。法華經ノ本門壽量五百塵點ノ如來ノ名號幷ニ尊形如何

神明告言。妙法蓮華經開迹顯本ノ久遠實成ノ如來ハ。其名ヲハ號シ二無量壽命（命㊦㋑今）明（明㊦カ）決定王如來ト一。其佛ノ手ニ結テ二定印ヲ一。首カシラニ戴ニ寶冠ヲ一。寶冠ハ非スニ常ノ五佛ノ寶冠ニ一。是レ二佛ノ寶冠ナリ。二佛ノ寶冠ト者。左ハ戴クニ釋迦如來ヲ一是ハ胎藏界ノ毘盧遮那如來ナリ。故ニ結ナリ二定印ヲ一。在テ二寶塔中ニ一集ニ無量ノ分身ノ諸佛ヲ一。是諸佛ノ一體法身ナリ。妙法蓮華ノ八葉ハ深祕ノ八葉ニシテ。非スニ常ノ八葉ニ一ハ。是ノ故ニ。多寶ノ東門（『右』カ）ニハ置ニ上行菩薩ヲ一。南門ニハ置ニ無邊行菩薩ヲ一。西門ニハ置ニ淨行菩薩ヲ一。北門ニハ置クニ安立行菩薩ヲ一。是（㋑）〔卽〕四方四佛ノ示現ナリ。是以雖トモニ菩薩ノ形ナリト一結リニ四佛菩薩ヲ一。次ニ塔ノ東南ノ角ニ置ニ普賢菩薩ヲ一。西南ノ角置ニ文殊師利菩薩ヲ一。西北ノ角ニ置ニ觀音菩薩ヲ一。東北角置ニ彌勒菩薩ヲ一。是レ則（則㋑卽）法華ノ八葉九尊ノ別立ノ曼荼羅ナリ。依テニ金剛薩埵ノ敎示ニ一密ニ傳ヘレ汝ニ一已ヌ

次。眞言ノ八葉ノ句義者。曩謨者。歸命ノ句ナリ。阿跛路哩弭アハロリミ路タト者。東方ノ句ナリ。欲枳孃曩ヨクキシヤナト云者。南方ノ句。尾（尾㊦尼）顊室ヒニツシヤ者西門句也。羅逝捺羅ラセイタラヤ也ハ北方ノ句也。怛他蘗（蘗㋑薩）路タタキヤタヤ也ト者中臺ノ句ナリ。唵ト者三身ノ義ナリ。眞言ノ中間ニ置テ二此字ヲ一薩縛僧塞迦羅サルハシサイト者。東（東㋑㊦）南方ノ句。跛里縛隷ハリハレイト者。彌勒ノ句。娑（娑㋑㊦）婆呵ト者。決定成就ノ句ナリ。此ニ有ニ深祕一。欲スレハレ示ント有レ輕（『憚』カ）ク妙法蓮華最深祕密ナリ。可レ須ニ面授ヲ一　已上

澄豪白言。五百塵點ノ如來ハ。無量壽命決定王如來ナリト云ハ

無(無[ナシ]カ)古ヘ未レ知ラ。故ニ唐坊先德云。無量壽命決定王(王(イ)[ナシ])如來ト者普賢也矣山王院ノ私記ノ中ニ。普賢延命眞言ノ時。用ニタリ無量壽命決定王如來ノ眞言一ヲ。〔(イ)此ニハ在ニテ山王院ノ御經藏眞言ノ中ニ一。都率〕先德云。無量壽命決定王如來ト者。亦釋迦報身ナリ云云有傳云。無量壽命決定如來者。阿彌陀如來ナリ云云

勝範座主云。無量壽命決定如來ト者。非ニ釋迦報身一ニ亦非ニ阿彌陀如來一ニモ。別ノ佛ナリ。故ニ無量壽命決定如來經ニ別ニ有ニト所居ノ國土一云云如レ斯重重相論シ。未タレ知ニ實正一ヲ。今マ承テ釋迦如來ノ五百塵點(點(イ)[ナシ])ノ最初成道ノ密號ナリ。神恩爭カ生生世世ニモ奉レ報シ乎

澄豪白言。釋迦ノ五百塵點ノ本初成道ヲ。奉ルハレ號シニ無量壽命決定王如來一ト。三身ノ如來ノ中ニハ何ノ如來ソ耶

神明告言。我レ前ニ已ニ說ク。久遠實成如來ト云者。無量壽命決定如來是ナリ。此本佛ト者。手ニ結ニ定印一ヲ首ニ戴ニク二佛ノ寶冠一ヲ。二佛者。左リハ釋迦如來ナリ。是ハ胎藏界毘盧遮那如來ナリ。右(右(イ)[ナシ])ハ多寶如來ナリ。是レ金剛界毘盧遮那如來。戴ニ胎金兩部ノ大日一ヲ。無量壽命決定王如來ト者。胎金不二ノ大日法身ナリ云云

澄豪再拜シテ白言。無量壽命決定王如來ハ。非ニ應身ノ釋迦一ニモ。非ニ法身ノ多寶一ニモ。亦非ニ西方ノ十劫成道阿彌陀一ニモ。亦非ニ普賢菩薩一ニモ。只是三世十方ノ諸佛ノ本〔(イ)(5行)初毘盧遮那ノ化身ナリケリ

神明印可シテ言。善哉善哉

澄豪白言。若爾ハ。無量壽命決定王如來ハ。三世十方ノ諸佛ノ本〕初ナルコト者。言ハンニハ釋迦一ト不レ違カハ。亦言ハンニモ多寶一ト不レ違カハ。亦言ハンニモ彌陀一ト不レ違。亦言ンニモ普賢一ト不レ違如何

神明告言。我レハ是本初世(世(イ)也)所依ナリト。我レト者本初ノ如來ナリ。本初ノ如來ハ世ノ諸佛ノ所依ナリ。一切世間ノ所依ナリ。所依ト者〔(イ)惣神ナリ。惣神ト者〕。遍テ二一切ノ處一ニ。毘盧遮那ナレハ說クトモ二何佛一ト不レ可レ違。亦言フトモ二何ノ菩薩一ト不レ可レ乖ク已上(大日經ノ釋)(續天全密教1、二〇二上取意)

澄豪白言。善無畏三藏曰ク。妙法蓮華ノ最深祕處ハ。此ノ宗ノ瑜伽ノ意也。故ニ說ク我淨土不レ毀已上此ノ壽量品ノ最深祕ノ處。瑜伽大日五百塵點ノ本初一佛ノ無量壽命決定王如

來ナリヤ否ヤ

神明告言。如レ是

澄豪白言。若爾ハ。五百塵點本初ノ一佛ノ上ニ有リ二尚勝タル佛敎一乎（乎㋑ナシ）

神明告言。我前サキニ已ニ說妙法蓮華等有二三學（覺カ）ノ本一。一者等覺ナリ。二者妙「覺ナリ。三者妙」覺ノ本ナリ（「」㋑ナシ）。第一等覺ト者。普賢・文殊・觀音・彌勒等ノ諸菩薩ナリ。第二ニ妙覺ト者。八葉中臺ノ內ノ阿閦・寶性・彌陀・不空・大日等ノ諸如來ナリ。第三妙覺ノ上ノ本ト者。削リ二地位ノ漸階一ヲハ絕ツ二等妙（妙㋑ナシ）頓首十如實相ナリ。十如實相ハ無始無終超過セリ。五百塵點ノ本初ノ一佛ノ上一ヘニ　已上

澄豪白言。天台宗ハ。妙樂曰。頓（不明）ニ超テ二等妙覺一ヲ正ク覺サトリスルハ二心實相一ヲ三千在二一念一ニ（十如三千）　已上（大正藏七五、四三九下。敎時義取意）安然和尚曰。妙法蓮華最深祕處。斯宗ノ瑜伽意也（三密如二大日加一）。故ニ說テ常在靈鷲山我淨土不毀ト者。因分ノ久遠矣未ダ二果分ノ久遠一ニハ。果分ノ久遠ト者。天台ノ無始ノ一念三千ノ本理ノ毘盧遮那　已上　是以テ天台本門壽量ノ。果分ノ久遠ノ。無始無終ノ。本理一念三千ノ毘盧遮那ハ。超ニ本初ノ大日一ヲ秀ニ妙覺ノ果上一ニタリ

神明印言（印言㋑印）。善哉善哉

11　天台一宗ノ五字口決密記

澄豪白言。天台一宗ノ妙（妙㋑ナシ）如何

神明告言。一念三千。一心三觀ナリ　已上

澄豪白言。妙樂四人ノ弟子ノ中ノ道暹（不明）ノ云。即釋（釋㋑見）ニ一心一百界千如而空假中ナリ。只此三千空假中ノ五字ハ接スニ一切佛法一ヲ。大師ノ觀心及ヒ釋義之妙。專ラ在リレ此ニ。人少シレ知ルコトレ之ヲ　已上　然ハ則チ五字ノ口決ト者。三千空假中　已上　此五字ニ接ニ一切ノ佛法一ヲ接ニ天台ノ妙一ヲ。上代モ人少スクナシ

澄豪白言。三千空假中ノ五字ニ接ニ一切佛法ノ妙一ヲ意如何

神明告言。三千ノ諸法實相見ルハ二三千空一ナリト自受用身ノ惠眼ナリ。見ルハ二三千假一ナリト〔㋑應身ノ法眼ナリ。見ルハ二三千中一ナリト法身ノ佛眼ナリ。一心三觀ハ〕一體三身ノ不縱不橫ノ知（知㋑智）見ナリ。若住ハ二一心三觀一即是レ衆生開クナリ二佛知見一　已上

澄豪白言。一念三千ノ鏡ヲ見レハ空ト。無二見思ノ陰クモ一リ。又一念三千ノ鏡ヲ見レハ假ト。無二塵沙ノ陰一リ。一念三千ノ鏡ヲ見レハ中ト。無二無明ノ陰一リ。若住スレハ二一心三觀一ニ三惑同時ニ破シテ。三身一

時顯證菩提五道無如一心三觀。三觀常住寂光矣又云。一念三千自心寂光已上「又云。一念三千自心寂光已上」

神明印言。善哉善哉

12 序品卽身成佛密記

澄豪白言。序品卽身成佛如何

神明告言。法華序品曰。佛說此經已。結跏趺座。入於無量義處三昧。身心不動已上森羅三千無量義歸處。法性一念三昧身虛空不動。心虛空不動。衆生若住斯三昧不起于座卽身成佛已上

澄豪白言。身心不動者。身之本源湛若虛空。心之理性畢竟常寂。寂而常照能知。世間從此一法出無量法已上天台然則虛空不動心出無量法。無量法歸入虛空不動心。號一念三千三千三昧稱三千一念三昧

神明印言。善哉善哉

13 方便品卽身成佛密記

澄豪白言。方便品卽身成佛如何

神明告言。法華經方便品曰。諸佛智惠甚深無量。其智惠門難解難入〔○〕唯佛與佛乃能究盡諸法實相。所謂諸法如是相。乃至如是本末究竟等〔○〕是法不可示。言辭相寂滅〔○〕衆生處處著。引之令得出〔○〕是法非思量分別之所能解○衆生開佛知見○諸佛兩足尊知法常無性。佛種從緣起。是故說一乘。是法住法位。世間相常住。自知。當〔作佛〕諸佛之知常無性。知〔無〕一念性知無無念性。衆生處處著。著有。以空引之令得出有。著空以假引之令得出空。著中破中令得出中。言辭相寂滅。非思量分別之所能解。不思量假中。不分別一心三觀衆生開佛知見。知見甚深無量其智惠門。難解難入。若解若入世間相常住自知。當作佛已上

澄豪白言。妙樂云。經中一。無性言具二無性。

卽是無性性無相性。本自有之故曰常。知云照也。具如止觀第五不思議境中一念三千。一念無卽是性空。無念亦無卽是相空。若本自空卽是性德。若推檢入空卽是修德。少有曉此○一念三千自心常寂光中遍見十方一切身土遮那已上　然則無性者。無一念性。無無念性。入自心常寂光中。見靈知一念三千不思議。不思議不當有。不當空（空㋑有）。不當中。如鏡中影解處處無著。如月遊。號自心常寂光中靈知三千諸法實相毘盧遮那如來。爾（爾㋑今）時。顯世間相常住遮那爲方便品卽身成佛也（矣㋑㐅）矣

神明印（印㋑卽）言。善哉善哉

14　譬喩品卽身成佛密記

澄豪白言。譬喩品卽身成佛如何

神明告言。法華經譬喩品曰。（大正藏九、十四下～）有大白牛車○乘是寶車。遊於四方。直至道場（「○カ）已上　白牛自受用身牛。寶車者。十如實相車。然則乘自受〔用〕（㋑）身一念三千車。遊於住行向地四方。直至中央妙覺道場。其疾如風。是譬喩品卽身成佛已上

澄豪白言。天台智者。（天文三、一二三下文句。）諸法實相正是車體已上　妙樂曰。（同、一一二〇下文句記。）譬說委明輪廻相。（「矣カ）法住法位世間相常住。三界尚如。何引之有已上　又法華經云（「㋑云）。如來。（大正藏九、四二下十三行。壽量品）如實知見三界之相。無有生死已上　智證大師云。（同、二六五中）（佛全25、三一九上。法華論記）諸教之中斷惑成佛。只是遣於遍計所執○（○カ」）三界本來毘盧遮那。虚空（空㋑妄）（妄見カ）見之爲八苦境已上　然則三界見火宅憂悲苦惱衆生偏（遍カ）計所執相。若遣偏（遍カ）計所執三界本來毘盧遮那常寂光宮。爾時處自心常寂光靈知一念三千車。嬉戲快樂卽身成佛。

羅什所譯經云。牛頭天王是藥師如來。頂上牛頭妙法蓮華大白牛也已上　藥師如來頂上牛頭妙法蓮華大白牛也。藥師尚敬頂戴大白牛。況菩薩乎。況凡夫耶

神明許可言。善哉善哉。誠如所言

紅葉　赤山影響祕奥密記　畢（畢④ナシ）

事濫觴如二山王影向密記一

兵部卿親王道尊雅

應永（一四一七）二十四年十月（十④七）二十七日。於二吉野山一令二書寫一

證祐年四十三

康正（一四五六）二（二④三）年十月五日。於二東谷阿彌陀坊一令二書寫一

賢存〔七〕（④）十三歳

永正（一五〇六）三年七月二十二日。台嶺沙門存海書寫畢

（以下對校④本追記奥書）

寛永（一六三七）十四年中秋晦夕

願以二書寫力一學文增進祈所也

祐憲

（④本裏表紙）

山王鎮護之所

〔紅葉　赤山影響祕奥密記　終〕

四　紅葉　筥祕決

(底本表紙)
故有要　筥祕決 六之内
(イ別紙折本)

イ〔紅葉口決〕

師云。紅葉書トテ多ク世間ニ有リ流布ルコト之ヲ。此ノ書ハ實不實不レ知レ之。眞實相傳云。澄豪法印御房制作ノ大事ヲハ「イ之」納タリト方寸ノ筥ニ云云其ノ筥ハ方寸ニシテ四重ナリ。「イ也」四重ト者。地水火風ノ四大イ〔也〕。方寸ト者。萬法一心不離故也。紅葉ト者。イ〔四大皆〕色法也。其中ニ収タリ一心三觀ノ祕典ヲ。但是色心不二表示カ故ニ暫造ニ此箱ヲ云云可レ祕云云(云云イ可祕)

(空風火水地および罫線は朱書)

故四大ヲ箱ト指テ云也。必ス紅葉筥ト云者。四大ノ相貌(貌イ妙)約ニシテ形色ニ如ク此ノ名ヲ付ル也。青黄赤白ノ各ノ色有レ之。故ニ紅葉ノ色(色イナシ)ヲ四大ニ具足ト「イ色」者。初ハ青。次黄。次赤。次白。如レ此四色具スル故ニ。四大最(最イ尤)各別ノ色ヲモチタリ。故ニ一葉ニシテ如レ此而(而イ句)モ色各別也。故ニ我等カ色法モ即一體ニシテ四大トツカサトル。彼ノ四大ノ色即如ニ紅イ〔葉筥〕。彼色ニ約シテ如レ此紅〕葉ト云也。箱ノ名字ヲ付ル事ハ。止觀ノ八巻ニ。四大ヲ指テ四蛇ノ筥ト釋タマヘリ。「イ給」故ニ四大ノ各別ナルニ約シテ紅葉ト云ヒ。四大ヲ指テ箱ト云也。故ニイ〔箱ハ身。紅葉ハ色ニ約シテ。如レ此色身不二和合ノ所ヲ紅葉ノ箱ト云也。彼ノ箱ノ内ニハ一心三觀ヲイ〔具足ト云也。故ニ紅葉ノ箱ノ内ニ一心三觀ヲ〕入タリト云也。方寸ノ箱ト云(云イナシ)者。實(實底異)ニハ四大ノ中ニハ火ヲ可レ云也。故ニ玄文ニモ妙法蓮華經一部ハ方イ〔寸可レ知。故ニ〕寸ノ箱ニハ萬法納ト釋タマヘリ。故ニ且ク箱ヲ作テ如レ此一心三觀ノ祕決ヲ入ト見タリ。「異本云。(「5行」イナシ)依ニ四大各別ナルニ掌ル四箱ノ内ニハ。納ト一心三觀ヲ云也。只大様ニハ。紅葉ノ箱ト云箱ニ有レ四。彼ノ箱ノ内ニ一心三觀ヲ入タリト云也。而ルニ方寸ノ箱ト者。殊四大ノ中ニハ可ニ火大ナル。火大ト者心也。心者智惠也。此ノ智者。方寸ノ一心也」

紅葉疏事〔惠光院〕亦云ニ故有要疏ト云云
一。得名正說事　二。法喩合論事
三。因緣由來事 已上三四十二字口決也 云云
問。於ニ此紅葉疏ニ別有ニ口決一耶如何
答 云云 更問
一義云。紅葉者。專注〔ニ口決一故見ニ此ノ衆外一ニ無レ云ニ別口決一也 云云〕
一義云。別有ニ口決一。一ニハ〔三四〕十二字如レ前 云云 又云。玄義口決有レ之。所謂ル一云。二云。三云 云云
一ニハ秋始事。二ニハ秋終事。三ニハ秋中事 以上
問。有ニ何故一名ニ紅葉書一耶
答。紅葉云者。隱顯也。實ニハ故有要也 云云 此書殊天台ノ要ヲ集也
又云。於ニ此書ニ惣有ニ始中終ノ三名一。其中ニハ紅葉者。第二重名也。或ハ又第三重ニハ置ト云也。所謂始ヲハ名ニ黃葉ト。終ヲハ名ニ落葉ト。中ヲハ名ニ紅葉ト也。黃葉ト者。秋始ニハ有レ枝青キ葉ト伴ナル。是レ表ニ假諦ヲ假觀也。落葉ト云者。秋終落レ地無レ枝。是表ニ空諦一空觀也。紅葉ト云者。秋中ニ山皆紅也。以レ中表ニ中道一也。顯ニ中道一故名ニ紅葉ト也
又云。此書ノ本意。專被レ述ニ檀那ノ己證一ヲ。檀那ノ己證ト者。以ニ中道一爲レ本。故ニ別シテ名ニ紅葉ノ書ト也 云云
又云。秋ハ是レ菩提ノ方。菩提ト者智惠。智惠ト者。光明熾燃ノ德也。是象ニレル赤色ニ。惠光院ノ〔上ノ〕二字並澄字所レ表最附合ト 云云
又云。此書ノ由來。忝赤山明神。惠光院ニ御影向有テ。澄師ニ傳受シタマヘル處ノ法門也。山ノ赤キハ何ノ比ソ哉。秋ノ中ナカハ紅葉盛故也
或云。紅葉ト云者。隱顯也。本意如レ前。故有要名也。所以當山者。鎭護國家靈場。以ニ法華圓融弘行一取レ別奉レ祈ニ聖朝安穩ヲ御願處也。此書專載ニ圓融祕曲一。故爲ニ公要一意也。能能可レ思可レ思
又云。秋始ニ黃葉青葉相伴事ハ。此書次第ニ。始ハ他人義ノ己證ト。我義初重トヲ並テ沙汰シ。格ラフル淺深一故ニ。黃ト青ト相交シ喩タルレ也。次。秋中ハ專紅葉ニシテ不レ交ニ青黃一事ハ。是專我己

證ノ義述テ。不レ交ニ他義一故ニ。喩ニ紅葉ニ也。次。秋終專ラ洛葉ナル事ハ。始ニハ擧ニ自他兩義一。中ニハ專ラ己證義ヲ述ス意ハ。所詮。文義共ニ精詮ニシテ己心ノ大地ニ還テ令レ會ニ入三千三觀ノ本意一意也。故紅葉早ニ去ヌレハ枝ヲ本ノ根ニ歸スル道理ニテ。終ニ喩ニ落葉ニハ可レ思レ之

問。有ニ何故一〔以こ〕紅葉ノ書一於レ中又置レ終ニ耶

答。置レ中ニ者。約ニ不次第ノ意一也。置レ終ニ者。約ニ義意一也。又圓融ノ三諦三觀。不縱不横不前不後ノ道理カ故ニ。置レ中ニ置レ終ニ不ニ相違一也

問。此書ノ卷數幾耶

答。更問。口決云。卷數不定。廣略任意 云云

問。此書始中終如何可レ得レ意耶

「答。更問。口決云。如レ前

問。此書傳授專爲ニ誰人一耶」

答。更問

一義云。永弁ハ入室御弟子故傳ニ受シタマフ之一。餘人只聞レテ名ヲ不レ傳ニ受書一ヲハ也 云云

三七四

一義云。澄師御下ニ三人碩學有レ之。永弁・智海・長耀法橋是也。長耀者。別ニ無ニ此書相傳一。大方ノ法門許也。永弁ハ正ク傳ニ此書ヲ。智海ハ此書ノ相傳委細傳受タマフ

又云。此書ノ大事ト者。專義科・宗要ノ法門也

又云。無量義經ノ從一出多ト。法華經ノ從多歸一ト一而無亦無也 云云 以ニ此重一紅葉ノ書ノ爲ニ所詮一口決也 云云

已上林師以來。此事一言モ不レ載レ筆。只密ニ耳ニササヤキテ心中ニ領納スル計也。爲龍禪院ノ御代ニ任ニ高祖ノ遺屬ニ少少ノ事ヲ書被レ載タリ。予雖ニ不肖身一。以ニ海師相傳一受レ之畢

公海詠曰

ミル人モ。ナクテヤミナハ。ヲチノコル

モミチヤヨルノ。錦ナルヘキ

（以下12行奥書イ後出）

嘉曆元年（一三二六）丙寅六月十四日。叡山神藏寺方丈以ニ海師相傳一傳受口決畢

天台沙門菩薩比丘光乘

天台沙門菩薩比丘叡椧（叡椧㋑穎扠）
天台沙門菩薩比丘興禪（以下㋑追加）
天台沙門菩薩比丘實助
天台沙門菩薩比丘公助
天台沙門菩薩比丘助圓
天台沙門菩薩比丘賢盛
天台沙門菩薩比丘盛憲
天台沙門菩薩比丘堯憲
天台沙門菩薩比丘堯恕（以上奥書㋑追加）

御詠曰（御詠曰㋑ナシ）

神山ハ夏ノ時雨ノヌルヤラン（夏ノ㋑ナツモ）（ヌ㋑ス）（ン㋑ム）
青葉ヲナカス谷川ノ水（青葉㋑モミチ）

〔是ハ〕（㋑）智海。神藏寺御住之時。深雨（甚カ）降テ（降㋑フリ）谷川ヲビタタシ（ビ㋑ヒ）〔ソ〕（㋑）出ル時。紅葉其ノ外御聖教多ク御流有リ（流有㋑ナカシアリシ）時遊「多日御」（「」㋑タル）歌也。是ニ（是㋑其）御悲歎（歎㊗類）アリテ後ニ。永弁ニ彼ノ紅葉ノ箱ヲ御所望アリテ（アリ㋑有）又遊寫タマフ也

（前出12行奥書、㋑この位置に有り）

（以下底本奥書）
永正三年（一五〇六）丙寅七月二十三日。於二山門本院檀那院一傳受了
舜海

永正十三年（一五一六）小春天。於二月山寺一寫レ之
傳祐在判

大永五天（一五二五）乙酉十一月晦日。於二下總國大須賀群（郡カ）奈土昌福寺一蒙二傳祐法印免許一拜領之諒
山王赤山之御照覽也。努努不レ可二露顯一旨覃
誓詞處　舜海

天文十九年（一五五〇）庚戌三月二十日。於二千妙寺一亮珍法印之御免許
皇舜

天正十四年（一五八六）丙戌卯月吉日。於二粉河寺一皇舜法印之免許
舜祐

〔紅葉口決〕（㋑）

〔紅葉　筥祕決　終〕

五　紅葉　手箱

㋑紅葉口決

㋑朱葉箱口決　（㋑妙法院門跡藏一紙表記）

㋑紅葉箱圖　（同右別紙）

たかさ

なかさ

ひろさ

紅葉箱圖

㋑紅葉手箱事

故有要（底本表紙）手箱六之内

（㋑別紙折本）

（㋑圖）

一（一㋑ナシ）。紅葉手箱事　（底本圖）

寂云。依レ山門訴詔（訟カ）ノ張本ニ澄豪配ニ流遠江國名越ニ。自ニ彼所一永弁ノ許。ウチノリヲイクラモ被レ遣中ニ。義科・宗要祕義書載テ〔㋑被レ〕遣ニ永弁ノ許一。箱ノシルシニ〔㋑紅葉スミニテ。三ツカカルル也。二ハカケ。一ハヒナタ也。其ヲ〕紅葉ノ手箱トハ云也。祕藏〔㋑事也。人不レ知レ之〕

私云。寂云ト者。寂圓坊（靈山（靈山㋑ナシ）坊㋑房）ト云人歟

遁世已前北谷住侶。幡摩（播磨カ）（摩㋑磨）阿闍梨圓榮ト云也。喜樂坊（坊㋑房）圓勝法印ノ直（直㋑眞）弟也

一。(一イ无) 紅葉古口決　(イ別紙折紙)

帶青黃葉　(①この行イ後出)

(圖はイ本のもの)

初(アキノハシメ)秋　華〔嚴〕(イ)　阿含

文云。於一佛乘(根本〔イ也〕)　分別說三(枝葉〔イ也〕)矣(矣イ文)

(①前出行イこの位置)

口決云。三乘當分ハ顯說(說イ露)(露カ)也。一乘跨節ハ佛意也云云

帶黃紅葉　(②この行イ後出)

(圖はイ本のもの)

中(アキノナカハ)秋　方等　般若

文云。於一佛乘(根本〔イ也〕)　分別說三(枝葉〔イ也〕)〔イ文〕

(②前出行イこの位置)

「口決云。二乘冥機逗二佛意」也」(「」イ无)

純一落葉（③この行㋑後出）

（圖は㋑本のもの）

終（アキノヲハリ）秋　法華　涅槃

文云。汝等所行　是菩薩道〔㋑文〕枝末（末㋑葉）歸本

（③前出行㋑この位置）

口決云。三乘卽一乘。一乘卽三乘。一體不二云云

文云。秋始 困三藏　秋中 困通別　秋後 困唯圓 ㋑〔已上〕

∴一心 ― 因縁所生法 ― 四教／五時

我說卽是空／亦名爲假名／亦是中道義 ― 三觀

・師資相承 困傳而不傳　塔中相〔承〕㋑ 困不傳而傳

・天眞法爾 困不傳而傳 而㋑非不　一言記 ㋑大師釋 亦云二智眼記一「㋑〇」云云

故有要箱 箱㋑相 亦名〔㋑困紅葉相〕亦名〔㋑困朱葉相〕　口傳更問

一 一㋑ナシ 帶靑黃葉　三藏教

（圖は㋑本のもの）

初秋　華嚴　阿含

文云。於一佛乘 ㋑困根本也　分別說三 ㋑困枝葉也

口決云。三乘之當分〔者〕㋑ 之㋑ナシ 顯露也。一乘跨節者佛意也

帶黃紅葉　通別教 別㋑ナシ

（圖は㋑本のもの）

中秋 中㋑仲　方等　般若

文云。於一佛乘 ㋑困根本也　分別說三 ㋑困枝葉也

口決云。二乘〔之〕㋑ 冥機逗二佛意一也

・師資相承　傳而不傳

・塔中相承　不傳而傳

一心
- 因緣所生法 ㋑（四教五時）
- 我說卽是空
- 亦名爲假名
- 亦是中道義
- 三觀

純一落葉　唯圓教

（圖は㋑本のもの）

暮〔秋〕㋑　法華　涅槃

文云。汝等所行　是菩薩道

口決云。三乘卽一乘。一乘卽三乘。一體不二

紅葉篋祕決
（底　本）日光天海藏（№一三四四）、五册寫本內一册、天正十四年（一五八六）免許舜祐奧書寫本

（對校本）㋑＝妙法院門跡藏、五種一包（一册四紙）內一册、比丘堯恕署名奧書寫本

紅葉手箱
（底　本）日光天海藏（№一三四四）、五册寫本內一册、書寫年不明朱書圖寫本

（對校本）㋑＝妙法院門跡藏、五種一包（一册四紙）內三紙、書寫年不明彩色圖寫本

〔**紅葉手箱　終**〕

紅葉全體
(底　本)日光天海藏(№一三四四)、五册寫本(各卷尾個別記載)
(對校本)㋑　山王七社影響卷＝叡山文庫毘沙門堂藏一册寫本
紅葉惣錄宗滿集＝叡山眞如藏一册寫本
赤山影響祕奥密記＝叡山眞如藏四種合一册寫本
紅葉筥祕決・紅葉口決＝妙法院門跡藏、五種一包
寫本
(校訂者　利根川浩行)

〔**紅葉**　故有要　終〕

宗要口決　目次

（以上目次新作）

宗要口決

㋑表紙「宗要類題口決集　惠光一流相承之」
㋑內題「類題口決」

1 三惑同斷

圓教ノ意。見思塵沙無明ハ爲ニセム前後斷一ナリトヤ。爲ニム同時斷一トヤ耶

義目八箇

三種三觀　二乘證入　案位昇進（案㋑安　昇㋭精）　相待絶待
易解得意　附文元意　四箇教證　三箇道同

〔㋑示云。此ノ八箇條ノ義可レ得レ意也〕

2 十二品斷

何意ソ別教ニハ斷ニ十二品ノ無明一ヲ。圓教ニハ斷スル二四十二品一ヲ耶

義目四箇

權實廢立　教證施設　隔歷圓〔㋑融〕　三惑同體

本云（本㋑示）。此算ハ爲レ知ニセン前ノ同時斷・異時斷ノ義一ヲ（時㋑已）被レ下也。十（拾㋑十）二品斷ハ。見思ノ外ニ立ニカ無明一ヲ故ニ十二品ト施設スル也。四拾二品ハ。見思卽無明ナレハ不レ動ニハタラカサ別教ノ斷位一ヲ施ニ設スル四十二品一ト也。仍十二品ハ異時斷。四十二品ハ同時斷ト可ニ心得一（心得㋑得心）

也。仍爲顯此義立權實敎證。隔歷圓融也。其實義三惑同體。十二品・四十二品俱時故。三惑同體結也

3 塵沙證據

問。有何證據見思無明外立塵沙惑耶

義目四箇

塵沙正體　塵沙覆說　開權顯實　次卽不次

示云。此算三惑相貌上算顯。塵沙證據不審故。顯此義上算次置此算也。塵沙正體者。卽沈空心也。有沈空思程無出假利生心根故。卽沈空心成出假障也。又塵沙覆說者。爾前能治三智盛明故。所治三惑尤可有。爾前諸敎無證據事。陰覆不說故也。不說事二乘成佛可顯故也。實說有法華可知也。其說增道損生說等是也。二乘未來無數劫閒。修淨土行說與物結緣等故。塵沙正體自度心壞。廣大利他道趣義云云仍此二箇條大堂精不尋也。若此尋此算落居顯故也。至法華如此說顯事。開權顯實故也。次卽不次也。是又結上二算也

4 三土三道

問。同居・有餘・實報三土中。判煩惱業三道方何

義目四箇

因果通別　斷惑階位　三道卽離　塵沙潤生

示云。三惑體成立故。以三惑三土三道對判方顯此算置也。通云時三惑同體。三土不二故唯可一種因果。別云時三惑各別故。三土對判又可不同也。如此通別依斷惑階位也。三道卽離又以同之。三土對判時塵沙潤生也。其潤生者。聲聞從無漏理是也。此又上塵沙證據結也

5 二種相卽

問。圓敎意。煩惱卽菩提。生死卽涅槃。二相卽爲同爲異耶

義目四箇

色心卽離　觀智熟不　依正相順　三道配當

示云。色心定體隨心所變ナレハ。心法ハ既ニ煩惱卽菩提ニ達セン時。何轉ニ生死卽涅槃ト耶。仍テ二相卽ノ同異。色心ノ卽離ニテ可レ得レ意義也。又苦道卽法身ト轉シ不レ轉セ。可レ依ニ觀智ノ熟不一ニ也。觀智熟レハ依正相順スル也。又依正ノ相順ハ可レ互ルニ三土ニ。是又結ニ上算ヲ一也

6　別教生身得忍

問。別教有ニ生身得忍ノ菩薩一耶

義目四箇

教證前後　卽離廢立　四土圓融　色心相卽

示云。上算ハ顯ニ圓融所談ヲ一。此算ハ爲レ顯ニサンカ別教ノ義門ヲ一也。教證前後シテ別圓各別ナル事ハ。唯卽離ノ廢立ノ不同ト可レ得レ意也。實ニハ教證俱時ニシテ斷惑同時ナレハ。四土圓融スル也。如レ此顯ルル事ハ有心相ノ故也。是又結ニ上算一

7　二土弘經

問。生身得忍ノ菩薩。遍シテニ方便實報土ニ利ニ益ス衆生ヲ一耶

義目四箇

生法卽離　淨穢益同　善惡更互　別圓理一

十方起（起イ化）應可レ攝ニ此算一（イ也）

示云。因テ上算ニ置ニ此算一也。內證ハ法身ノ菩薩ナレトモ。凡夫ハ生身ト見也。所詮。生法二身ハ凡聖卽離ノ不同也。又實報ヨリ來ル菩薩ハ。當體ハ生身ナレトモ。云ニ法身菩薩一ト也。此菩薩ノ穢土ノ利益ト。生身ノ菩薩ノ利益ト。全ク無ニ不同一方ヲ云ニフ淨穢益同一トハ也。內證ハ可ニ不同一ナル。其ハ非ニ所化ノ境界ニ一。是則チ同スルニ外用ノ方ニ也。是則チ善惡更互ノ故也。別圓理一ハ又結ニ上ノ算ヲ一也

8　四土卽離

問。有餘・實報ノ二土ハ。離ニ同居ヲ一別ニ有ニ其處一耶

義目四箇

四土卽離　迷悟感見　斷惑階位　生法同體

示云。爲レ顯ニ上ノ算ノ義ヲ一置ニ此算ヲ一也。界外土ノ有無。四土ノ卽離ニテ可ニ心得一也。卽離ハ又迷悟感見ノ不同也。悟ハ依ニ斷惑ノ階位ニ也。生法同體又結ニ上ノ算ヲ一也

9　廻心前後

問。四果支佛經ニコト八六四二萬十千劫ヲ一者。廻心ノ前歟。廻心ノ後歟

義目四箇

教證一道　妄轉前後　大小開會（開㋑圓）　四土同居

示云。八六等ノ劫數ハ唯教道ノ施設也。開顯ノ後全教證一道也。（天文三、一三七一上。文句記）彼判ニ八六等教道。須レ廢法華開顯方堪ニ此聞一（矣）可レ思レ之。妄ノ時ハ廻心ノ前ニ經ニ劫數一ヲ。悟ノ後（後㋑內）廻心ノ後ニ經ニ劫數一ヲ也。妄ノ劫數ハ。賴緣ノ假テ爾前ノ妄執也。悟ノ後ハ施設ノ假。卽法華ノ悟入也。賴緣ハ全ク施設也。爾前卽法華ナルカ故ニ。又未開會ノ時ハ大小教門各別（㋑各）也。開會ノ後ハ大小共ニ一圓教也。四土同居又結ニ上算一ヲ也

10 入住時節

問（問㋑內）。經ニ幾ノ時節ヲ證ニ入スル圓教ノ初住ニ耶

義目四箇

悉檀長短　一念三世　開權入位　五果同證

示云。設ニ長短ノ說一ヲ事ハ。悉（悉〈底〉迷）檀ノ方便也。實（㋑夫）ニハ三世一念也。開權入位ノ後達ニ此旨一ヲ也。五果不同ナレトモ。入位ノ時ハ至ニ初住一ニ。案位昇（昇〈底〉精）進可レ思レ之

11 住上壽命

問（問㋑內）。初住已（已㋑以）上壽命ニ有ニ齊限一耶

義目四箇

法性理同　證智體同　三世一覺　諸位初住

示云。法性ノ理一カ故ニ。壽命齊限不レ可レ有レ之。理一ナレハ證（證〈底〉歟）智又體同也。三世ハ各別ナレトモ所レハ從初住ノ一覺也。諸位不同ナレトモ又初住ノ一位ニ極マル也

12 住上超次

問（問㋑內）。圓教ノ住上ニ有（有㋑內）ニ利鈍超次ノ不同一耶

義目四箇

教證開位　迷悟會機　三世無礙　一壽量同

示云。證位ニハ無ニ利鈍超次ノ不同一。教道ノ日附ニ教前（㋑地）一且ク論ニ利鈍超次ノ不同一ヲ也。住上ノ行相ハ。皆歸ニ住前ニ故也。是則（則㋑卽）迷悟一機ハ會スルカ故ニ三世無礙也。一壽量同又可レ思レ之

13 超前三果

問（問㋑內）。宗ノ意。立ツルニ超中二果。超前三果ノ者ヲ耶

義目四箇

入眞一證　凡位卽極　諸根一理　諸位一超

示云。初住妙全一理故。入眞唯一證也。小乘初果卽初住故聖後超也。必先入初住故也。凡位卽極前超前也。三果也。不證初果故。如此諸根不同理唯一理也。又超次種種。自證只初住一超也

14 一生入妙覺

問。圓教意。一生得入妙覺位耶

義目四箇

教證立位　三世一生　理卽究竟　證理無別

示云。教道時。雖有位位階級。證道時理卽則妙覺也。本有無作故三世一生也。此理顯理卽卽究竟也。故又大小權實不同證理全無別也。歸同初住一理故也

15 元品能治

問。斷最後品無明。爲用等覺智。爲用妙覺智耶

義目四箇

元品卽理　無明卽明　等覺一極　本位一生

示云。元品無明者。理卽也。是又妙覺究竟理也。惑智分別付無明名也。如此體達無明卽明也。位淺深。智明昧。迷悟差別皆是等覺位也。於位位不變理方皆妙覺也。等覺故位位各別也。是則六邊妙覺故初後不二也。是卽云邊也。等妙二位全非別位。一位上隨緣不變也。南岳釋云。始終不變名爲妙覺。權現出沒名爲等覺矣可思之。又理卽當體本位一生云也

16 羅漢果退不

問。宗師意。許羅漢果退耶

義目四箇

施權卽實　大小一品　流通卽差　元品法界

示云。於一佛乘分別說三故。施權全一實也。仍四果卽四教佛果也。小乘羅漢果卽大乘極果大小一果也。仍凡情感見流通見。覺悟知見從本垂迹。（大正藏四六、四五〇下。止觀義例）良醫毒用用藥等此謂也。是卽性惡若斷普現色

身等ノ釋ノ意也。可レ思レ之。已上上ノ意。皆依ル二元品法界ノ理一ニ也 云云

17 四信五品退不

問。（問イ本）五品四信共ニ不退ナリ耶

義目四箇

四五同異　判接五品（五イ位）　教相准望　羅漢即極

示云。約ニ頓機一ニ四信五品同位也。判ニ接シテ經位一ヲ故也。約ニ鈍機一ニ時ハ四五各別也。五品悉經カ故也。又五品ヨリ至ニ三十信一ニ。種種ノ不同在レ之。二品乃至三四品等ノ判接是也。以ニ教相一ヲ准望スルニ四教皆同可ニ判接一ス也。又相似斷惑ヲ極レハ羅漢即極也「イ云云

18 前三教菩薩

問。（問イ本）前三教ノ菩薩。於ニ何レノ位一ニ得ル二三不退一ヲ耶

義目四箇

諸乘分別　一實圓會　三觀判位　退即不退

示云。一佛乘ヨリ分別スル處ノ諸乘ナルカ故ニ。約ニ三觀一ニ判シ二三不退一ヲ。謂ル解釋ノ趣此謂也。開會シテ見タレハ唯一圓ノ三即（即イ本）不退也。故ニ以ニ三觀一ヲ判レ位ヲ也。分別說三ハ從本垂迹ハ退即不（不イ本）退也「イ云云

19 前三教菩薩斷惑

問。（問イ本）前三教ノ斷惑ノ位有ニ實行ノ菩薩一耶

義目四箇

圓乘三根　義開三惑　諸教位同　一三不退

示云。一佛乘ヲ分別シテ說レ三ト時。隨レ機ニ三根不同也。故ニ以レ義ヲ開スル二三惑一ヲ也。實ニ斷惑スレハ諸教一位也。仍云ニ一三不退一ト也

20 果頭無人

問。（問イ本）何カ故ソ前三教ノ果頭ニ無レ人耶

義目四箇

三身一果　三權一實　教開行證　斷惑入實

示云。三教ノ佛果ハ。皆圓佛ノ不作（不イ示）カ故ニ實ニハ三身一果也。三權一實又以（又以イ又ハ）如レ此。教教ハ開ニ行證一ヲ。斷惑スレハ皆入ニ圓位一ニ也

21 三身即一四土不二

「問（「」㋑ナシ）。法華ノ前教ニ明㆓三身卽一四土不二ノ理ヲ㆒耶」

義目四箇

一身現三　三佛歸一　身土圓融　果頭一成

示云。一佛ノ機ノ前ニ現シ㆑三ト給フ。開㆓會スレハ三佛ヲ㆒歸㆓一佛ニ㆒。身土不二ニシテ會スル㆓一圓ニ㆒也。果頭一成又結（結㋑次）㆑上ニ云云

22 葉上千釋迦

問（問㋑ナシ）。葉上ノ千釋迦ハ何ノ土ノ教主ソ耶

義目四箇

本迹一成　機見卽離　三變淨土　四土不二

示云。三重本末成道ハ。則三身卽一ノ成道也。權機ハ離テ見。圓機ハ卽シテ見也。法華ノ三變淨土ハ華嚴ノ三重ノ成道ヲ開也。爾前ニハ不㆑明㆓寂光土ヲ㆒。華嚴ハ猶ナヲ報土ノ儀式也。法華ニハ明㆓寂光土ヲ㆒故ニ。三變淨土寂光儀式也。仍三周ハ開㆓鹿苑ヲ㆒。三變ハ開㆓華嚴ヲ㆒習也。四土不二又可㆑知。道暹釋云。若開權顯實。華嚴（嚴㊦卽）他受用身。卽法華自受用身矣

23 四教八相

問（問㋑ナシ）。四教八相ニ有㆓何ノ差別カ㆒耶

義目四箇

一通含異　四見一相　無作成道　臺葉倶時

示云。通教ヨリシテ證道ノ八相ノ相貌ヲ含タル事ヲ粗顯ス也。四見各別ナレトモ唯一佛ノ八相也。是證道ノ八相ナルカ故也。臺葉倶時是其ノ義也

24 通教教主

問（問㋑ナシ）。通教ノ教主ノ身相云何ソ耶

義目四箇

一佛含三　四教一果　内外卽離　八相本有

示云。通教ノ一佛ニ含ル㆓三身ヲ㆒也。仍四教一果。通佛ノ本體也。依㆓機見不同ニ㆒非㆓其體各別ナルニハ㆒。内ハ三身卽一ノ佛カ故ニ卽也。外ハ約㆓機見ニ㆒離也。通佛ハ卽。圓佛本ナレハ八相又本有也

25 通教劫數

問（問㋑ナシ）。通教ノ菩薩經テ㆓幾ノ劫數ヲ㆒成佛（佛㋑道）スル耶

義目四箇

含中動逾　一通權實　本迹塵劫　通佛巧相

示云。通教ハ機教共ニ含中ナレハ。劫數モ又含中ノ劫數也。卽動ヨ逾ス後教ノ劫數ヲ。仍當教ノ劫數不定（定イ同）也。是則（則イ卽）通ノ一教含ニ權實ヲ故也。本迹塵劫例レ上可レ知。通佛ノ巧相ト者。帶比丘像現尊特身是也

26 通教出假

問（問イナシ）。通教ノ菩薩。於ニ何位ニ出假シ（假シイ假也）。於ニ何レノ位ニ被接スル耶

義目四箇

於一開三　三觀卽離　自他前後　一通成道

示云。出假被接共ニ一乘開出ノ實體也。當（「イ又）教ノ面ハ如幻卽空。裏卽一心三觀也。被接ノ下根ハ出假ノ上根。出假ノ下根ハ被接ノ上根等云義也云云 以ニ自他ノ前後ヲ可ニ分別ス也。一通成又（「イ道）結レ上云云

27 不定毒發被接

問（問イナシ）。不定毒發。被接開會ニ有ニ何ノ差別カ耶

義目四箇

圓乘冥通　當權卽實　開會義通　接（接底被）入圓位

示云。圓乘冥ニ通ルカ故ニ得益不定也。當權卽實毒發ノ義也。開會義通ルカ故ニ被接等ノ義立スル也。實ニハ接ヨ入圓位ニ也

28 後三教初炎

問（問イナシ）。就ニ後三教ニ判スルニ初炎ヲ方如何

義目四箇

佛惠炎相　含容智果　一通諸位　四義理一（理一イ一理）

示云。佛惠漸次ヲ云ニ炎相ト也。是自レ元含容ノ智品カ改（品改イ果故）也。教モ又含容ノ教ナレハ含ニ諸位ヲ也。仍不定等四義皆一理也

29 名別義通

問（問イナシ）。何ナルカ名ニ名別義通ノ地位ト耶

義目四箇

教別理通　諸教位同　諸乘一佛　諸炎佛惠

示云。智（智イ教）ハ各各差別シテ理同融通。諸教（教イ乘）位ハ不同ナレトモ皆名別義通ノ一位ニ可レ收也。又所成一地（地イ理）ハ如佛ノ一佛也

30 二種相卽

問（問イナシ）。通圓二教ノ相卽。爲レ同トヤ爲レ異リトヤ耶

義目四箇

通理含圓　權實卽離　理圓不異　通別圓位

示云。含中也。通圓卽權實卽離。可レ知通理ト圓ト不レ異。名別義通ノ地位ト卽圓位也 云云（云云イナシ）

31　三教地位

問（問イナシ）。有テカ二何ル證據一立ルヲ二後三教ノ地位ノ名義ヲ一耶

義目四箇

一乘分位　含容教理（理イ道）　逗緣名義　通圓四教

示云。三教地位ハ皆一乘ノ斷位也。仍含容ノ教理ナル大品大論ニ依テ建二立之一ヲ。又名義ハ隨レ緣ニ立レ之也。通圓二教ハ四教ニ收タル也。是又結レ上

32　四教證據

問（問イナシ）。有テカ二何ノ證據一立二四教ヲ一耶

義目四箇

佛惠實證　開悟圓據　三權（イ種イ）引文　調小三教

示云。大師ノ自解ハ云二佛惠一ヲ。自解幸ニ合（合云イ合ァ）云二修多羅一。釋テレ之四教ノ證據經論ニ在レ之。三種（種イ權）又ハ如二四教義一。立二四教ヲ一事。本意ハ爲レ令レ知二三藏ノ實義一ヲ。後三教ヲハ三藏ノ方便ニ設ル也

33　四門實理

問（問イナシ）。四教四門ノ說。皆與二實理一相應ス耶

義目四箇

義開判教　門理一體　同入一實　四教一證

示云。以レ義（義イ之）ヲ開二四教四門ヲ一門卽レ理也。是多分相應ノ義也。同入一實ハ後教相應ノ意也。必二ノ義邊可レ有レ之。四教ハ皆如來內證ノ一理ヲ證スル也

34　九識證據

問（問イナシ）。依テ二何ナル教理ニ一立ル二第九識ヲ一耶

義目四箇

諸論分識　約教義立　諸識一理　四實相應

示云。諸論ハ皆各各ニ識ヲ明シ不レ明二九識ノ本分ヲ一也。一家是ヲハ約教ノ四教ノ分濟（濟イ齊）ニテ判給（給イタマフ）也。今家ノ實義。諸識同在理心也。四實相應又結レ上 云云

35　地上空假

問（問イナシ）。別教ノ地上ニ有二空假二觀一耶

義目四箇

約說別位　約行證位　兩地含說（含イ合）　遠近威儀

示云。約說ト者。依ニ仁王・瓔珞等一ニ立ル處ノ常途ノ別教是也。約教ト者。又互ニ地前地上一ニ。當教ニ不ニ相應一異途ノ別教也。是則（則イ卽）圓ノ實義ヲ粗顯カ故ニ。不レ相ニ應當教一ニ事ノ有也。身子六住退地上ノ三觀等是也。論ニ其實義ヲ一時ハ。別圓ノ十信十住同ク對判スル也。又上三箇ノ皆且ク立ニ遠近ノ重一ヲ。（「イ也）是又結レ上（イ也云云」）

36 三種四教

問。（問イ尋）方等別教（教イ尋）涅槃ノ三種ノ四教。有ニ何ノ差別一カ耶

義目四箇

「建立等三　佛惠機法　開會四教　登地三觀」（「」イ无）

示云。建立四教ト別教四教也。是則（則イ卽）華嚴ノ四教也。開漸ノ四教。是ハ方等四教也。佛性四教ハ是ハ涅槃四教也。又云ニ開會ノ四教一トモ也。此ノ三種ノ四教ハ。山王院ノ御釋ニ有レ之。佛（華嚴）惠（方等）・機（涅槃）・法。如レ次ノ三種ノ四教ノ次第也。華嚴四教ハ頓。方等ハ漸。是ハ收ニ般若一ヲ。頓漸不二ト開會スルカ涅槃ノ四教ニテハ有ル也。是又功由法華ナレハ。開會ノ四教ハ法華ヨリ起トモ可レ云也。登地ノ三觀ハ。顯ス圓ノ實義ヲ一也。又二乘相應ノ心心所ハ至ニ別教ノ地上一ニ事勿論也

37 兼但對帶

問。（問イ尋）有テカ何ノ所以一約シテ五時ニ釋ス兼但對帶ノ差別ヲ一耶

義目四箇

漸次調頂（頂イ次）　設教多少　會漸歸頓　三種四教

私云。（私イ示）其ノ義分明也。不レ能レ注 云云（「イ也）

38 五時證據

問。（問イ尋）有ニ何證據一以ニ華嚴ヲ一爲ニ初地一ト。乃（乃イ及）以ニ法華涅槃ヲ一爲ニ第五時一ト耶

義目四箇

佛惠實證　開機圓據　三種引入　五時次第

示云。准ニ四教證據一ヲ可レ知 云云

39 提謂經接屬

問。（問イ尋）提謂經者。五時ノ中ニハ何レノ教ノ接ソ耶

義目四箇

漸頓冥會　不定發起　方等部首　五時證據

示云。佛惠兼（兼イ意）シテ華嚴・鹿苑ノ中間ニシテ顯ス頓漸不二ノ旨ヲ一又不定教ノ起リハ此經ニ在リ。何成ニ方等部ノ始一ト也。又一代ノ終極

收ニ此經一故ニ成ニル五時ノ證據一トモ也

40 後番五味

(「」イナシ)「問。何ナルカ名ニ後番ノ五味一ト耶」

義目四箇

一代開會　通横説次　流通五時(時イ味)　提謂含旨(含イ合)

示云。一代開會ノ後。後番ノ五味ハ立也。其故ハ横ノ五味開會ノ後。修ニ顯タルヲ(云底ナシ)云ニ後番ノ五味一トハ也。是則(則イ卽)法華ノ後ナレハ。云ニ流通ノ五味一トモ也

41 住果聲聞

(問イナシ)問。住果聲聞過ニクニ法華ヲ一耶

義目四箇

果後調停　證位開會　案位勝進(勝イ昇)　五味前後

示云。證果ノ調停ノ時ヨリ佛惠漸開テ入ニ開會ノ傍示ニ一也。案位ハ不レ過。勝(勝イ昇)進ハ過也。又案位ハ前番。勝(勝イ昇)進ハ後番也

42 二經勝劣

(問イナシ)問。法華涅槃ニ有ニ何ノ勝劣一カ耶

義目四箇

凡聖開會　修性成佛　智理同異(智理イ理智)　聲聞闡提

示云。法華ハ聲聞卽(卽イナシ)爲レ本ト故ニ聖ノ開會也。佛惠開テ後ハ救(救底殊)ニ一切衆生ヲ一故ニ涅槃經ハ直ニ開レ凡ヲ也

43 惡人授記

(問イナシ)問。法華ノ前ノ教ニ記ニスル惡人等一ニ耶

義目四箇

二乘作佛　十界皆成　性惡性善　二經開會

示云。爾前ニ不レ明ニ二乘作佛ヲ一。記セハニ惡人等ニ一可レ顯。二乘成佛十界皆成ナルカ故也。實ノ成佛ハ必十界皆成ナルカ故也。又性惡性善ハ二經ノ開會ノ相也

44 帶權二乘

(問イナシ)問。帶權教ノ中ニ明ニ二乘作佛一ヲ耶

義目四箇

帶權覆説　法華開顯　權實成佛　善惡更互

示云。爾前ハ覆説トモ。法華ハ開顯ス。爾前ニハ雖レ有ニ二乘成佛ノ意一皆權説也。非ニ實ノ成佛ニ一ハ也。法華ノ十界皆成ハ。善惡共ニ互具スル也

45 定性二乘

問〔イ无〕。依二何カナル教理一ニ立二ル定性ノ二乘成佛ノ義一ヲ耶

義目四箇

眞如隨緣　十界互具　四土開顯　二乘成佛

示云。眞如ノ理遍二法界一ニ。何有二定性ノ義一。眞如緣起ハ起信論分明也。又十界互具ノ故ニ定性成不レ成。四土開顯ノ後ハ灰身入寂ノ聲聞。皆於二方便一ニ〔「イ土〕思心カ故ニ不レ可レ有二定性一ヲ云云

46 住果緣覺

問〔イ无〕。住果ノ緣覺來二佛世一ニ耶

義目四箇

三世佛化　三周開權〔權イ悟〕　二乘一性　定性廻心

示云。以二始覺ノ邊一ヲ論スル時。且ク二乘各別也。顯本以後三世ノ佛化ハ知二ヌレハ無窮ナル事一ヲ。一切皆無レ非二アラサルコト佛弟子一ニ。何云二ヘルモ緣覺一ト皆前世ノ聲聞ノ人也。サレハ三周開會ノ時ハ。緣覺ヲハ接二聲聞一ニ列不レ擧レ之也。二乘卽一性也。此旨山家大師等御釋分明也

47 通力寛狹

問〔イ无〕。聲聞緣覺所得ノ神通寛狹如何

義目四箇

二乘權用　始本卽離　諸乘一佛　支佛一道

示云。二乘自レ元一往也。論二道理一ヲ事ハ。且論二假用一ヲ也。始本ノ卽離ハ。以二上〔上イ釋〕ノ義一ヲ可レ知也。若〔「イ又支〕終ニ各別ナレハ。諸乘一乘ノ義終ニ不レ可レ成也。佛ハ本覺ノ佛ニシテ不レ從二始覺ノ化儀一ニ謂ル〔「イ也深〕可レ思レ之

48 六根淨外境

問〔イ无〕。六根淨ノ人緣二ル三千界ノ外境一ニ耶

義目四箇

六根卽極〔色イ无〕　四土同居　三惑一惑　二乘一乘

示云。外用ノ色相。六根淨ノ位ニ窮レリ。內證又三惑同斷ニシテ無明已ニ盡ス。今日釋迦卽此位也。四土自レリ元一土也。同居ノ中ニ建二立三土一ヲ。二乘卽チ案二位スレハ相似一ニ三惑一惑ノ故也。仍テ二乘卽一乘也〔「イ云云〕

49 法華小益

問〈イ无〉。聞ニ法華一乘ヲ一有レ得コトニ二乘ノ益ヲ一耶

義目四箇

權實一乘　聞法一理　案位昇進　相似依正

示云。於一佛乘分別說三ナレハ。一代ノ證〈證イ得〉益ハ皆法華ノ得益也。不レ限ニ二乘ニ一有ニト人天ノ得益モ一可レ得レ意〈意イ心〉也。三乘ノ不同ハ。各執本習ノ方也。而入圓乘ナレハ。聞法一理也。案位昇進ハ。且入位ノ不同也。三惑一惑相似ノ依正。如レ上〈「イ云云〉

50　三周證入

問〈イ无〉。三周得益ノ聲聞證ニ入スル何ノ位ニ一耶

義目四箇

開佛知見　見如來性　證眞得證　二乘益通〈通イ道〉

示云。初住ニ開佛知見シ。見ニ如來ノ性ヲ一。得記スルハ必ス證眞ノ後也。實ニハ二乘ノ得益ヨリ外ハ初住ノ悟無レ之云云

51　法華授記

問〈イ无〉。法華ノ授記ハ。爲ニ初住ナリトヤ一〈「イ是〉爲ニ妙覺ナリトヤ一耶

義目四箇

今昔同體　遠近一成　大小同會〈會イ異〉　眞極一理

示云。今日ノ成道ヨリ外ハ全無ニ遠成一也。仍遠近一成云云〈云云イ云〉此理顯ヌレハ大小同會スル也。又初住〈初住イ云云」〉妙覺ハ。一理ノ上ノ不同也。眞〈妙覺〉極一理云云

52　爾前久遠

問〈イ无〉。久遠成道ノ說通ス法華已前ニ一耶

義目四箇

開三顯遠　三世道同　本迹一佛　分極一記

示云。開三ノ後必顯遠〈イ久イ〉ハ立スル也。十界皆成ノ義不レ立者。全ク顯本〈遠イ本〉ノ義不レ可レ顯者也。顯本ノ後者。三世道同ニシテ本迹一佛也。分極一記ニシテ初後不二也云云

53　補處智力

問〈イ无〉。補處ノ智力知ルニ久遠實成ノ事ヲ一耶

義目四箇

本迹權巧　實證通達　事理階差　通會久遠

示云。本迹ヲ施設スル面ニテハ不レ可レ知ル。既猶〈猶イ无〉在ニ迹中ニ一。豈可レ云レ知矣（天文五、二一八三上。文句記）此意也。內證通達ノ方ニテハ可レ知也。等妙二覺ノ差別ハ。且ク約〈約イ无〉ニ事理ノ階差ニ一也。如レ此斥ニ迹ノ情ヲ一事ハ。皆爲ニ通

會久遠機一ト也。仍テ知ト云ヘルハ皆成二ヲ久遠ノ機一ト知也

54 爾前身土

問〔問イ无〕。法華ノ前ノ敎ニ明二三身即一・四土不二ノ理一ヲ耶

義目四箇

新舊一證　三身相即　自他同體　遠近通事

示云。證同ノ方ハ無二新舊ノ別一也。三身相即・自他同體ナレハ。三世ノ諸佛皆釋迦ノ分身也。非二「外用ノ外用」〔「」イ分身分身〕一此意也。是皆法華ノ分身ノ相貌也。爾前ハ皆體用ノ分身也。遠近通事被〔「イカ〕〔被イ〕緣〔對（隨イ）〕長短ノ方也云云

55 新成顯本

問〔問イ无〕。開三顯一。開近顯遠。一切ノ諸佛皆悉同等ナリ耶

義目四箇

開三即本　新久一佛　自他證同　一切分身

〔「イ示云〕准二例上一可レ得レ意也〔「イ云云〕

56 分身儀式

問〔問イ无〕。十方分身ノ諸佛說法ノ儀〔儀イ義〕式。悉ク同シ二釋尊一ニ耶

義目四箇

諸乘一乘　五佛道同　能所歸一〔一底无〕　本迹會異

〔「示云〕可二准知一云云

57 說五時次第

問〔問イ无〕。十方三世ノ諸佛說二五時ノ敎一ヲ次第皆與二釋尊一同シ耶

義目四箇

三世一佛　十方同體　化導不異　五時皆同

示云。諸佛覺故會成一佛ノ意也云云

58 淨穢土涅槃

問〔問イ无〕。淨土ノ〔「イ穢〕一切ノ諸佛皆說二涅槃經一ヲ耶

義目四箇

同居四土　諸佛一身　同一涅槃　一切分身

59 四敎差別

問〔問イ无〕。四敎ノ八相ニ有ル二何ノ差別一カ耶

義目四箇

隨緣存沒〔沒イ設〕　證道具足　本有相成　淨穢同入

示云。淨穢同入二涅槃一ニ也云云

60 二佛並出

問〔イナシ〕。大小ノ中〔イ乘〕ニ許ス二一世界ニ二佛並出ノ道理ヲ一耶

義目四箇

因果勝〔イ發〕物　特尊爲佛　諸聖一身　八相一成

示云。佛ト者。勝〔イ發〕レテ二一切ニ一無二同侶一也。若二佛並テ有ラハ尚可二菩薩一不レ云レ佛〔イ可〕トハ。特尊ヲ爲レ佛ト也。諸聖ヲ皆束テ持タルカ二一身ニ一尤〔イ故〕也。一世界ニハ一佛カ本〔イ故〕ニ云二八相一成ト一也〔イ云云〕

61 前後自受用

問〔イナシ〕。前佛後佛ノ自受用身ハ。爲レ異ナリトヤ爲レ一ナリトヤ耶

義目四箇

古土〔イ今〕（今カ）一佛　三身相卽　一異無礙　獨一爲尊

62 自受用有爲

問〔イナシ〕。自受用如來〔イ身〕ノ智惠ハ。有爲〔イ解〕歟。無爲歟

義目四箇

始本冥一　事理究竟　無常卽常　新久同體

63 自受用所居

問〔イナシ〕。自受用身ノ佛ハ居ルヲ二何土一耶

義目四箇

理智同體　依正一如　色心寂光　無爲常住

64 三身遍法界

問〔イナシ〕。如三遍〔イナシ〕自受用身遍カ二法界一ニ。他受用應化身亦遍ス二法界一ニ耶

義目四箇

三身卽一　一塵法界　本迹體同　依正不二

示云。體用本迹也〔イ云云〕

65 三因佛性

問〔イナシ〕。約シテ二正縁了〔イ了縁〕ノ三佛性ニ一判ル二性德修德〔イ得〕ヲ一方如何

義目四箇

修一〔イ二〕性一　修性各三　三一同體　三身互遍

示云。第三ハ上ノ二ヲ結ス也云云

66 十界性眞實

問〔イナシ〕。十界性共ニ是眞實歟

義目四箇

縁起卽性　一性三千　修性同體　三周成果

示云。色無定體隨心所變ナレハ。縁起ノ體ハ皆無記也。無記ノ

當體卽性也。此性ニ自ラ三千具足シタル也

67 十界互具

問（問㋑无）。十界ノ依正更（更㋑无）互ニ具スルコトハ。事歟理歟

義目四箇

修性階級　住上事理（理㋑具）　初後究竟　修性不二

示云。約レ位ニ互具ノ義ヲハ可レ知也。凡夫ハ迷ヘルカ故ニ性ニ互具シ。相似ノ位ヨリハ漸事ニ可ニ互具一也。住上ハ唯事ノママニテ可ニ互具一。（天止三、二〇四。弘決）佛果已滿從レ事而說等釋（釋㋑无）可ニ此意一ナル。又理卽卽（卽卽㋑卽ヲ）究竟卽ナレハ事具卽可（可㋑无）ニ理具一ナル。極果ノ悟ヲ歸ルニ理卽ニ本（本㋑故）也

68 二界增減

問（問㋑无）。說佛界衆生不增不減者。出ルヲニ何ナル經論一ニ耶

義目四箇

迷悟所見　修性更互　生佛無妨（妨㋑始）　事理十界

示云。凡見ニハ有レ增有レ減。佛知見ニハ無ニ增減一。仍テ凡夫ハ性（性㋑修）善性惡也。佛ハ性惡性（性㋑修）善也。生佛無妨ノ時。又修性善惡可ニ更互一云云

69 無性有情

問（問㋑无）。依テカニ何ナル教理一ニ立ルニ無性有情成佛ノ義一ヲ耶

義目四箇

（偈文缺）

示云。無性ト云ヘル方等彈呵（「㋑ハ）ノ時付タル名也。實ニハ眞如隨緣ルカ故ニ無性ニテ終ハル者ハ無キ也。修性本有カ故ニ生界互轉スル也

70 大悲闡提

問（問㋑无）。何ナルヲカ名ルニ大悲闡提ト一耶

義目四箇

性惡性善　自他同體　惑業卽益　無性卽性

示云。普現色身ハ。依ニ性惡性善一ニ也。又菩薩無ニ自行一（也㋑无）。以ニ化他一爲ニ自行ト一云ヘルハ。自他同體ナレハ也。大悲ノ上ニハ惑業ナレトモ皆利生門也。仍テ無性卽佛性也。全ク非ニ別ノ物一ニハ云云

71 大悲受苦

問（問㋑无）。大悲ノ菩薩墮シテニ惡趣一ニ實（實㋑更）ニ受クニ其苦一ヲ耶

義目四箇

行證階差　普門大用　理卽究竟　業卽大悲

示云。大悲ノ菩薩ノ受苦不ヲハ以ニ位ノ階級一ヲ可キレ知也。縦ヒ大悲ノ菩薩也トモ淺位未證ナラハ可レ受レ苦ヲ也。又普門示現ノ時ハ。(天文四、一五七四下。文句記)受苦トモ不受苦トモ可レ示歟。理卽究竟シテ業卽大悲也。迷ハ卽チ(則三道流轉カ)流轉ノ三道。悟ハ卽(則カ)果中ノ勝用可レ思レ之(「イ矣)

72 三藏墮惡

問。(問イ尤)三藏ノ菩薩墮ルコト二惡趣一ニ實業歟(「イカ)大悲力歟

義目四箇

悲心結業　小行卽實　善惡利他　大悲卽業

示云。以ニ悲心一ヲ作ニ實業一ヲ也(也イ尤)。小行卽實行ナレハ業卽解脫ト轉スル也。仍テ善惡ノ事トモニ(事トモニイ事共ニ)有ニ利他ノ益一也。大悲卽業ハ同レ上ニ。唯タ能所ノ不同計也

73 決定業轉

問。(問イ尤)決定應受ノ業。爲レ轉トヤ爲レ不レ轉トヤ(不トヤ轉イ不轉トヤ)耶

義目四箇

隨緣作業　眞如薰物　定卽不定　實業卽利

示云。善惡ノ業共ニ隨レ緣ニ不定也。眞如薰ルカレ物ニ故ニ在ニ轉不轉一也。仍テ定卽不定也

74 人天小善

問。(問イ尤)人天ノ小善法成ルニ佛因一ト耶

義目四箇

人天居中(天イ道)　天報感上　因果俱極　定業卽實

示云。人道ハ居ニ善惡ノ中間一ニ。修レハ善生レ天ニ。修レハ惡ヲ墮ニ惡趣一ニ。善惡昇進界(界イ開)也。以ニ天眼(眼イ報)一感レ上ヲ兼タリ二惡趣ノ感報一ヲハ。又人天少(小カ)善ノ因ハ卽チ佛因佛果ト開スレハ因果俱極也云云

75 人天感佛

問。(問イ尤)唯有ニ人天ノ機ミ一感ニ佛ノ出世一ヲ耶

義目四箇

人天八相　人天感佛　十界通用(用イ開)　一佛開會(開イ同)

示云。佛ノ八相ハ人天合テ成レ之。仍テ人天ノ機カ感佛機ニテ有ル也。又人天合テヨリコソ十界モ成スレ云云又佛ノ出世ハ天ト人トモ在レ之云云

76 補處住天

問。(問イ尤)一生補處ノ菩薩。何カ故ソ定テ生ルニ都率天一ニ耶

義目四箇

後身現相　天理會事　四土冥感　一佛人界

示云。八相皆後身ノ菩薩ノ現相也。天ト者。第一義天ノ理契ニ當ス法界ノ事ニ。天ハ寂光。下界ハ三土也。寂光ハ含ニ「三土」ヲ。天ハ兼ニタリ下界ヲ。仍居スルハ天ニ居ニ四土不二ノ處ニ事ヲ表ル也

77 二聖發心

問。釋迦ト彌勒トハ同時ニ發心スル歟。異時ニ發心スル歟

義目四箇

道同三世　同發菩提　心性一理　寂光義天

示云。眞道ナレハ通ニ三世ニ也。眞道ト者。菩提也。卽チ心性ノ一理ナレハ發心又不レ可ニ前後一 云云

78 三佛並出

問。弗沙・底沙・毘婆尸ノ三佛ハ。三祇百劫ノ中ニハ。何レノ劫ニ出ルヲ耶

義目四箇

惑智同體　三身相卽　十種類通　法身卽極

示云。三佛ハ三智。三劫ハ三惑也。劫數ハ妄執ナルカ故也。十種類通ハ三道卽三德也

79 三藏劫數

問。一切三藏ノ菩薩。修行ノ劫數。供佛ノ多少。皆齊等ナリ耶

義目四箇

迷悟同體　本具塵勞　轉妄爲供　三劫三佛

示云。劫數ハ迷ヒ。供佛ハ悟也。悟ヲ見レハ本有具足ノ煩惱菩提也。無明塵勞卽是菩提ト云ヘル可レ思レ之。（天止一、一二二。止觀）妄ノ轉スルヲ云ニ供佛一トハ云也

80 四依供佛

問。四依菩薩供ニ養スル幾ノ佛ヲ耶

義目四箇

開悟階級　法性量同　證理益他　本有眞供

示云。依レ悟ニ位ノ淺深有レ之。法性ハ量同ナレトモ依ニ悟ノ淺深ニ分ニ十六分ヲ也。極ニ自性ノ分ニ利益ノ寛狹モ有レ之也。第四ハ大般若云。自利利他心平等。是卽名眞供養佛 云云（大正藏七、九五七中）

81 草木成佛

問。依ニ何ナル教理ニ立ニル草木成佛ノ義ヲ耶

義目四箇

依正量同　發心稱理　身土不二　境智冥一
示云。一念實相。法界了同(了イ量)云云但シ發心稱理ハ限ニ有情ニ也

宗要類題抄 (尾題イ缺)

右件御抄。惠光一流骨目(「イ之)。法門精髓。家嫡相承之祕曲也。生
生世世不レ聽ニ圓乘之種子一者。何得ニ此等之奧書一。隨喜
(イ)〔動ニ〕心符一感涙歸レ袖ニ而已。仍雖ニ一句一偈一莫レ令ニ披露一(「イ輒)。
冥陰ニ心藏(藏イ體)一可レ愼。(「イ之)穴賢穴賢

(底本奧書)貞和四年(一三四八)戊子九月二十二日。於ニ息心廣護(閑カ)一書ニ寫之一畢
我願既滿。元望兼足。留ニ贈後見一。共被ニ佛惠一
求法沙門運海記レ之
文龜貳年(一五〇二)九月日。以ニ心能上人御本一書寫畢　存海
(底本異筆)無量壽院元重

(對校イ本奧書)于時元和貳天(一六一六)丙辰年八月四日。山門西塔東谷竪者快雲
南無三七加護所 (イ裏見返)

(底　本)叡山文庫密嚴閣藏、文龜二年(一五〇二)書寫奧書一冊寫本
(對校本)イ＝叡山文庫眞如藏、元和二年(一六一六)奧書一冊寫本
(校訂者　末廣照純)

宗要口決　終

惠光院流口決集　目次

巻上

巻下〔摩訶止觀口決〕

（既存目次改訂）

恵光院流口決集〔巻上〕　道存僧都記

（底表紙）口決　道存
（イ扉書）相傳鈔　恵光坊　道存作
（イ内題）私聞書　道存僧都

1 念佛宗與二法華宗一他力勝劣事

示云。浄土宗ノ他力ト者。至心信樂。乃至十念 ○ 不取正覺ト（大正蔵十二、二六八上。無量壽經）矣 此ノ文ヲ常ノ料簡ニハ。至心信樂シ信心ヲ發シテ〔念佛シ〕。乃至臨終ノ十念ヲ唱ヘキニ。不ニ引攝一者不レ取ニ正覺一ヲ云ソト心得タリ。當流ニハ至心信樂ト者。常住不退ニ念佛スル者也。乃至十念ト云ハ。「臨終ニ不レ限ラ。」且ク十念計ヲ申タラン者ヲモト料簡スル也。乃至ノ言ニ依ル也。サレハ此ノ他力ハ能念所念カ相應シテ他力引攝シタマフ也。而ルニ法華普門品ノ心ハ。其中一念モ稱スレハ觀世音〔菩薩〕ヲ。其ノ舟ニ乘スル者。皆得脱ストト説ケリ。一念モ不念ノ者ヲモ助ケタマフコソ正シキ他力ナレハ。彼ノ阿彌陀ハ正シキ如レ此ノ他力ニハ非スト云云 是ハ山家ノ大師ノ戒礙往生傳ト云文ニ見タリ。又道宣律師ハ戒守往生傳ト云文ヲ造タマヘリ

2 五大ノ中地大勝事

示云ク。地大ハ〔五大ノ〕大王也。萬法地ヨリ出生スル故ニ。土臺トモ地體トモ云モ地ハ體也。餘ノ四大ハ用也。用ハ起ル時モ有リ。不起ノ時モ有ル也。是以テ地涌ノ菩薩モ大地ヨリ涌出セリ。四大ノ菩薩ハ如レ次〔四大也。〕法性ノ大地ヨリ四大出生スル義也。釋ヲ可レ見。草木成佛ノ大事也

3 元初一念事

示云。元初ノ一念ト者ハ。本覺眞如ノ都ヲ迷出シ時ノ一念ニ名ケ。或ハ念念ノ元初ト云事在レ之。念念ノ元初ト者ハ。我等三世常住ニ八識ヨリ業轉現。智相續シテ念念ニ三細六麁ト相續スル也。故ニ業ノ位ヲ以テ元初ノ一念トス。元初ノ一念ト者。本覺ノ都ヲ迷出セシ時ノ只ノ一念ヲ云也。共ニ同シク第八識ノ位也

4 本覺眞如ノ都ノ事

示云。本覺眞如ノ都ト者。煩惱業苦ノ三道也。此ノ三道卽チ三德ナルヲ不レ知處ヲ元初ノ一念ト云也。三道卽三德ト悟ル處ヲ本覺ノ都ト云也。故ニ生死ニ順流逆流ノ二ヲ立タマヘリ。逆流生死ノ時本覺ノ都ニ在ンカ。又生死ニ還入セントス云ヘハ。本覺眞如ノ都ヲ迷出ストス云ニ付テ。還作衆生ノ失カ在レ之。然ハ佛ニ成「ト乍レ云。」

又流轉ノ衆生ト可レ成ル也ト云テ難レ有レ之。而ルヲ三道カ即チ本覺ノ三德ニテ有ルヲ。迷時ハ且ク三道ト見ル。三道ヲ離テ悟ル時ハ。ヤカテ三道カ即チ無始本有ノ妙體ニテ有ケリト覺悟スル時。迷理ノ當體ニ立歸ルヲ本覺ノ都ニ還ルト云也。可レ祕

5 識分法門ノ事

示云。一家ハ識分ノ沙汰ヲ必シモ規模トセサル也。何ト者。八識九識。乃至十識トモト云ヘハ。皆教門ノ權說ニシテ非ニ實義一也。只覺悟ノ階級ヲ定ル時ノ約束也。一家ノ九識ト者。六識ノ上ニ迷情ヲ改メテ八識ニテ心性ヲスマシヲヲセテ。又六識ノ迷理ニ投コム處ヲ九識ト云也。又三識同在理心ト云此ノ心也。(天玄三、六三〇。釋籤) サレハ九識トテ。キラキラト有ル物ニテハ不レ可レ有ル。六識ノ迷理ニ立歸レハ。サルカラ本ノ「迷妄ノ六識ニテハ」不レ可レ有也。喩ヘハ澄味噌ノ如シ。スマスハ。味噌ノクサミヲ失ンカ為也。サレトモ本ノ味噌ニテ有レ之也。其ノ如クニ本ノ六識ノ迷ツラヲ澄シヲヲセテ悟ノ上ノ六識ニ立歸ル也。故ニ識ノ沙汰ヲ必シモ規模トセス。サレハ義科ニモ一科ノ沙汰ニハ不レ可レ被レ下也 云云

6 系圖ノ事

清朝惠光院門跡ハ公性・尊惠ニテ止ヌ。定仙ハ住侶也。此ノ師一心三觀ノ口決ヲ作ル也。是迄ハ面授口決ニテ筆跡ヲセス。經祐ハ御弟子也。彼ノ經祐ハ「有テ事ノ子細ニ」關東ヘ下向ス。山門碩德等請上テ山門ニテ談義ス。宗要初度此ノ時キ也。又關東ニ下向シテ惠光院ヲ興行ス。定嚴ハ眞弟子也。不レ上ニ山上ニ其ノ法門ヲ康覺ニ授ケ。山門ニ返答ト云云 戒上坊康覺ニ直ニ相傳ス。了豪ニモ○門相傳ス。故ニ經祐當流ヲ山上幷ニ關東ニ弘タマフト云ヘトモ。深祕ノ法門ヲ輒ク人ニ不レ授ケトテ定嚴・康覺ニ相傳シテ山上ニ法門ヲ返シ奉ル。其ヲ予ニ付スト云。大事多シト云ヘトモ。當流ノカサシルシニハ。被攝ノ法門。名別義通。判攝ノ五品。正修止觀ノ三種之止觀也。三悟ヲ三止觀ト云迄ハ文ニ明ラカ也。陰入界境マテ漸次不定等ノ三觀ヲ立ル事。都テ人ノ沙汰「無キ法門」也。此等ヲ以テ當流ヲ習タル人ノ規模ト知ル也 云云

7 安然ノ事

安然ハ七地ノ菩薩。弘法大師ハ三地ノ菩薩ト云云 大師ハ十住心論ヲ作テ。天台ヲ華嚴眞言ノ前ニ置ク。安然。空海ハ佛ニ非ス。何判ニ教教ノ次ヲ一云云 大師云ク。安然トイハハ。サコソアラメト御

承伏云云十住心論ヲ破スル文(破文㊄造又)教時義也(義㊄儀)。慈覺(覺㊄惠)大師讃嘆云。密教ハ同シ二金剛薩埵ニ一。顯教ハ如シ二孩(カイ)兒ノ一云云

8 慈惠大師ト申事

大師ト號スル事ハ。後嵯峨院ノ御時キ。御帳ヲ進セサセタマフ(タマ㋑給)ニ。御手筆(手㋑自)ニ慈惠大師ノ御寶前ト云云依テレ之大師ト號ス。但シ餘ノ大師號ハ官人ノ執筆也。此ハ帝ノ御自筆也。仍テ尚(尚㋑猶)ヲ「規模トスヘキ」(「」㋑可爲規模)歟

9 四重興廢ノ事

示云。廢ノ字ハ「多ノヨミ有リ。」(「」㋑付多讀アリ)玄ノ二。(天玄一、六六五。取意カ)爾前ノ大教興レハ外道ノ典籍廢ス。迹門ノ大教興レハ爾前ノ大教廢スト云云 廢ノ字ヲ當流ニハヒサシト可レ讀也。ヒサシト云義ハ本門ノ意。本有常住ノ權實ナル故ニ久ト云義ヲ談(談㋑讀)也。ヤムトモ。スツトモ云義(義㋑事)ハ迹門ノ意也ト云云

又義ニ云。久ト云心(ココロ)(心㋑意)ハ。爾前ヨリ會シ來ル間。次第ニクサリ來ル也。サテコソ法華ノ諸法實相ヘハ本付ケ。仍テ(「㊄仍)爾前ヲ不シテレ捨長(長㋑ナカ)引テ法華ニ至ル心(心㋑意)也

10 文字實相ノ事

勝天王般若經ニ云ク。(大正藏八、七二〇下)惣持無シ二文字一。文字顯ス二惣持ヲ一云云

示云ク。色ノ經卷ヲ以テ色心不二。境智冥合ノ大事トス。何者ハ白紙ノ上ノ墨(墨㊄黑)字ハ無シ二念想(想㊄惣)一モ無シ二分別一モ湛然寂靜也。而モ又文字ノ相(相㋑性)ニ無邊ノ義理ヲフクム(フク㋑含)。故ニ我等モ此ノ經卷ノ如クニ(「㋑也)無念寂靜ニシテ。而モ森羅ノ萬境ヲ心上ニ浮ル。尤モ文字ノ體相ヲ可レ觀也。是以テ我等カ直體卽經卷也。此ノ經ヲ以テ法身ノ舍利ト云テ。衆生利益ノ新ナル事此ノ義也。故ニ普賢ノ體ヲ此ノ經王也ト云是也。今ノ色ノ經卷ヲ以テ普賢トス。白象ニ乘ト者(「㋑者)。白象ハ白紙也。文字ハ普賢ノ御體也。勸發品ノ心(心㋑意)可シ二思合ス一「也(「」㋑之)云云」

11 佛果ノ空不空ノ事(「㋑又九箇ノ三諦ノ事 一箇ノ三諦ノ事(大カ))

示云。遍(遍㊄偏)救ト與ニ都率ト小原ニテ論義也。都率ハ不空。何「トナレハ」(「」㋑者)亡泯三千ヲ以テ空ト云。泯ト云(云㋑者)ハ。ヒタタクル義ニテ諸法無執ニシテ住スル處ニ。萬法無レ隔一往(往㋑性)ニ打ヒタタクルヲ空ト云。必ス「萬物ヲ非レ失スル」(「」㋑非失萬物)故ニ不空ト云云 遍救ハ空スト云(云㋑者)。何「トナレハ」(「」㋑者)(天止三、二四三。弘決)三諦無形倶不可見ノ空ハ一物ヲ不レ見。此ノ時キ何佛果(果㋑界)ヲ不レシャ空。(大正藏九、三九二下。觀普賢經)我心自空。罪福無レ主矣 但シ亡泯三千ト云(云㋑者)ハ假諦ノ日ノ空諦也ト云云

九(九底五)箇三諦ノ事

物語ニ云。都率ハ靜慮院ト佛界ノ空不空ヲ論ル時モ。炎魔王宮失ツ。出現シツシケリト云云論シケル事ハ。遍救空ト云事ハ。一切ノ諸法ヲ空ル時キ。十界三千ノ皆亡泯セン時。佛界何ソ不ル可空ス道理アランヤト云云不空ト云道理ハ。諸法ヲ空スト云ハ執ヲコソ空スレ。體ヲ空スル事無之。故ニ佛界ノ功德ハ可有之云云

遍救難云ク。夫レトモ云也。假諦ノ日也。空諦ノ日ハ諸法皆無ト云云此ノ義ハ今ノ九箇三諦ニ似タリ。空ノ空ト假ノ空ト中ノ空ト。此ノ三ノ空ヲ作リ替コソ九箇ノ三諦ニテハ可有之也。常ノ人不知之ヲ

又云。決五ニ云ク。倶破倶立倶是法界ト矣(天止三、二四〇)倶破ハ空。倶立ハ假。倶是法界ハ中道也。就中倶破ノ空ニモ三諦。倶立ノ假ニモ三諦。法界ノ中ニモ三諦也。倶破ノ三諦ト云ハ。圓頓行者一心法ノ上ノ三諦。三諦共ニ皆空也。一空一切空ナレハ假中トシテ不空ト云事無ト云心也。解釋ニハ。三諦無形倶不可見ト矣(天止三、二四三。弘決)是卽チ空カ家ノ三諦也。倶立ノ三諦ト者。假カ家ノ三諦也。然卽假法可寄事辨ト矣三諦共ニ假也。事法ノ境ニ於テ三諦宛然ト令ム見。一假一切假無空中而不假矣(天止三、三一四。止觀)倶是法界ノ三諦ト者。中道カ家ノ三諦也。一中一切中無空假而不中ノ心也(同前)

又示云ク。三諦卽是ト云事ハ。先ツ一物ニ於テ其ノ體ハ假也。泯ルニ空也。諸法ハ空所成ノ法ナルカ故ニ。一法ニ二ノ謂ヲ具スレハ中道也。故ニ一體也ト云ヘトモ三ノ謂レ有リ。雖三而一物ニシテ三無差別。三諦一諦「一諦三諦」非三非一也(天止一、三七一。止觀)云云

又示テ云ク。圓融ノ三諦ニ勝劣有ト云義ハ。此等ニテ可思合。倶是法界ノ三諦也。先ツ空假ノ二諦ハ猶觀ノ上ニ沙汰スル事也。中ノ三諦不顯ホトハ中ノ三諦トハ法ノ法體也

又示テ云ク。諸法ヲ皆體用ニ約シテ可心得也。先ツ地ハ體。雨露霜雪三草二木等ハ用也。體モ用ヲ不離。用モ體ヲ不離。所詮ハ相性體ノ三如是此也。可思之ヲ

又示云ク。空假ハ中ヲ荷事無之。中ハ三諦ヲ荷也。其ノ證據ハ。圓頓者。初緣實相ノ文是也(天止一、九五。止觀)此レ無非中道ト釋シテ(同、九六)中計リハ聞タレトモ。三諦ヲ中ニ籠タル釋也云云

12 圓融三諦ノ事

示云。圓融ノ三諦ノ取樣。自他流ノ相違也。當流ニハ可有勝

劣一云也。「如何トナレハ」。相性體ノ三如是ヲ圓融ノ三諦ト云也。相ハ假。性ハ空。是ハ尚ヲ空トモ假トモ片落スル方有リ。是カ均等ナルヲ以テ體ト名クル也。故ニ中勝タリ。又中ヲ以テハ空假ヲカラメトモ。空假ヲ以テ中ヲカラム事更ニ不レ可レ有レ之。解釋何ノ處ニ有レ之耶。但シ空假ヲ以テ中ヲカラムト云事ハ。止五ニ云ク。一色一香無レ非ニ中道一

13 三菩提ノ事

示云。實智菩提。方便菩提。實相ノ菩提也。實相ノ菩提ト云ハ法ノ法體也。方便ノ菩提ト云ハ法體ニ令レ叶方便ノ菩提也。藏通等ノ教。皆方便菩提ノ所攝也。實智菩提ト者ハ。既ニ法體ニ契當スル報身ノ智也

14 師子吼事

示云。師子吼ト者ハ。師子ハホユレハ畜類皆滅ス。如來轉法輪シタマヘハ惡業悉ク消ス。此ノ譬ニテ說教ヲ師子吼ト云也

15 事理ノ事

示云。事理ニ付有ニ三ノ不同一。一ニハ性德ノ理不レ見レ目ニ不レ及ニ思量一法ヲ理ト云ヒ。事ト云ハ眼前ノ諸法也。次ニ心法ヲ理ト云ヒ。色法ヲ以テ事ト云。華嚴經等此ノ心也。次ニハ色法ヲ理ト云ヒ。心法ヲ事トス。何者ハ色法ハ無念寂靜ニシテ十界圓融ス。故ニ理ノ無礙也。理體本性ノ心也。心ハ凡聖十界ノ隔情有障礙ノ法ナル故ニ事ト云也

尋云ク。三ノ中ニハ何ノ義カ一家ノ實義ト思召耶

示云ク。苦果ノ依身ヲ法身ノ理ト云故ニ。色法ヲ理ト云事ハ勝タリト云云

16 三身唯佛與佛ノ事

示云。先ニハ我等カ當體ニテ云リ。今ハ覺ニテハ何ト有ソト問歟。付テ之。所詮我等カ今ノ肉身等ハ法身ニ冥合ス。苦道卽法身ナル故也。此ノ肉身等ハ法身ニ冥合ス。心智ハ報身ニ冥合ス。是ハ別ノ義無レ之。此ノ二身冥合シテ趣ニ化他門一ニ。衆生利益スル方ハ應〔身也。但化他門ノ時ハ三身ヲ現スレトモ應〕身カ利益ノ本ニテ有ル也。次ニ法身ノ如ンハ應卽法身ノ義也

17 一向別教近レ圓ニ事

示云ク。自レ元云樣ハ。今ノ三周ノ聲聞ハ別教ノ行人ニテ有也。大方佛ニ成ルト云ハ。別教ニテ可レ有レ之也。此ノ壹筋ハ更ニ非ニ當機

益物ノ四教ノ中ノ別教ニ。別教四教法四人一ノ意也。例ノ一代別教ノ一筋ノ法門也。阿含・方等・般若・法華ハ。如レ次ノ藏通別圓ノ四教也。仍テ法華ニテ二乘成佛ヲ明ヲモ此約束ニテハ別教ニテ可レ有也。若シ超八ノ圓ノ心（心(イ)意）ナラハ更ニ二乘成佛等ノ義（義(イ)儀）ハ不レ可レ有レ之。十界三千ノ法法位ニ住シテ進（進(イ)刷）ム處無レ之。當位卽妙。不改本有（有(イ)意）（位カ）ナル故ニ。二乘モ闡提モ全不レ可レ成ニ善キ物ニ也

示云ク。圓教ハ中道觀（觀(底)ナシ）ヲ以テ爲レ本ト。此ノ觀ヲ圓ト云。然ル閒十住入空。十行出假。十廻向修中シテ十地ニテ但中ヲ得ル也。但中ト云（云(イ)ナシ）ハヤカテ不但中ニテ有ル閒。圓教ヘハ不ニシテ行付一。別教ニテ色身（シン）三昧（マイ）ヲ得ル也。色身三昧ト云（云(イ)者）ハ中道觀也。此ノ中道觀ヲハ空假ヲ用トシテ顯ス也。故ニ〔別教ハ〕（(イ)）圓ニ近シト云（云(イ)者）ハ。空假カ圓（圓(イ)中）ニ近ヲ云也 云云（云云(イ)ナシ）

18 但中ノ事

示云ク。十地ニテ但中トハ云ヘトモ。但中顯レハ。ヤカテ不但中ナル閒。於レ此（此(イ)爰）ニ色身三昧ヲ得ル也。圓教ヘハ不レ行 云云（云云(イ)ナシ）

19 名教纔ニ殘ノ事（「(イ)云）

示云ク。一代ノ聖教ハ皆ナ生死ノ本際ヲ切ル觀心ノ法門也。（「(イ)有）學者徒（徒(底)流）ニ名字計ヲ沙汰シテ不レ觀ニ自身一ヲ。雖レ然ト慈覺ノ御時迄（迄(イ)マテ）ハ教ノ名計リ有リケリト見タリ。當時（時(底)流）ハ佛法トテハ名ヲタニモ耳ニ不レ聞トテ御ナケキ（ナケキ(イ)歎）有リ。此慈覺ノ御時ヨリ無ニ行證一見タリ

20 萬法一心ノ事

示云ク。決一ニ云ク。如者。如ハ妙也心（「(イ)心者）也。法ハ色也。金錍（錍(イ)剛）論ニ云ク（大正藏四六、七八二下）。不レ立ニ唯心一（〇カ）一切大教 矣 若不レ許ニ心具一圓頓之理乃（乃(底)(イ)卽）成ニ徒施一 矣 凡ソ一家ノ法門ハ森羅三千ノ法。一心具足シテ此ノ一心ヲ沙汰（沙汰(底)サタ）スレハコソ有レ。一物ニテモ闕（闕(底)聞）タラハ圓教ノ意ニテハ不レ可レ有レ之（「(イ)耶）

又示云。法ト者色法也。諸法ノ體ヲ云也。サレハ御釋ニモ（天玄一、三一。玄義）法者。十界十如權實之法也（之(イ)ナシ）ト 矣 如ニ華嚴ニ云カ者。法界唯心ト（知カ）云事ヲハ華嚴經ヲ爲レ本ト（大正藏三七、二二九中。妙宗鈔）。此ノ經カ事ノ相卽ヲハ明ス也（「〇カ）。智禮釋ニ云ク。萬法唯心。尙兼ニ權實一（敎カ）（「他師皆說カ）。一切唯色獨在ニ吾祖一 矣（從カ）

21 複疎三諦ノ事

示云（示云(底)ナシ）。所詮迹門ハ一心三觀ヲ明（明(底)ナシ）シ。本門ハ一念三千ヲ明シ。安樂行品ハ複（複(底)復）疎ノ觀也。破（破(底)造）立法界ノ中ニシテ倶破（破(底)造）ノ三諦ハ複疎也

又示云ク。境智一心三觀ハ互ニ互ニ因果ニ云フ事ハ。境ヲ觀スレハ

智ニ元付キ。智ヲ観スレハ境ニ元付也。其ノ故ハ一念起ル處ノ境ヲヤカテ不可得ト観シテ居タル時ハ。何ナル念モ不レ起。又一念ノ心ヲ観スル時ハ。何ナル境ニモ不レ被レ犯也

又示云ク。フクソノ三観ト可レ云也。「然ト云ヘトモ」圓融ノ三諦ノ上ニ立ル間。複疎ノ三諦ト被レ云也。サハ有レトモ尚ヲ観ニテ有レ之也。サテ他流ノ五箇ノ三諦ト立テテ。上ニ本性ノ三諦ヲ立テテ惠心流ノ祕事トハスル也。夫モ無ニ別事一。我等カ當體三諦ソト云也。不思議ノ三諦ナント云ヘトモ。猶悟ヌキタル也。本性ノ三諦ニテ我等カ當體マテ不レ動。本有トシテ有ル處ノ三諦ト習也

又示云ク。當流ノ意。依文ハ。観一切法空如實相ノ文（大正藏九、三七中）。釋ハ十八空也。可レ祕レ之

22 六卽ノ事

示云ク。六ノ故ニ別也。卽ノ故ニ圓融也ト云云

23 凡下一念ノ事

示云ク。凡下ノ一念ト者。後念不レ續カ處ノ一念也。全ク同物也

24 観心口決ノ事

示云ク。常ノ人ノ観心ハ。敎ヲ離テ別ニ可レ云思タリ。予カ義ニハサハ無レ之也。敎卽観ト云ハ。敎ノ外ニ観無レト之云云

25 理門ノ事

示云ク。二義也。一義ニハ能依ヲ門トスル間。所依モ門ト云也。一義ニハ理トシテ何物モ無レ之。サレトモ此ノ理ヲ立テテ置タル間。此ノ理ニ元付シト修行スル程ニ。本有ノ謂ハレヲ知ル間為レ之門トナル也

26 五佛性與ニ十六分佛性一不同ノ事

「示云ク。是ハ」玄旨聞書也

27 境ノ一心三観ノ事〔山家意〕

示云ク。先法華讀誦等ニ於テ文字ハ假諦也。讀誦スル時。妄心速失シテ無自性不可得ナルハ空也。是卽境カ家ノ空也。而ルニ此ノ二ノ理相卽不二ナル處ハ文字。實相ナル方ハ中道也。此ノ一心三観ヲ境カ家ノ智ノ一心三観ト云也

28 智一心三観ノ事

示云ク。而モ三千慮相起ル處ハ假諦也。心源ヲ尋ルニ無自性不可得ナルハ空諦也。此ノ有無ノ二念一念ニ均等ナルハ中道也。此ハ智カ家ノ一心三観也。此ノ二カ家ニハ覺大師ノ三観ハ尚モ勝タル様ニ見ヘタリ。「何トナレハ智ヲ以テ」一心三観ヲ顯スカ故ニ。サレトモ又

深ク案ルニ。山家ノ御釋カ尚モ深ク見ヘタリ。何「トナレハ」（「」イ者）機情ニ不レシテ對法ノ法體トシテ本有ノ三觀ヲ釋成セリ。互ニ勝劣有ルニ似タレトモ。智カ家ノ境。境カ家ノ智ナル故ニ其ノ心（心イ意）一致也。覺大師。前念爲境後念爲智ノ一心三觀ト釋セリ（佛全24、一〇一上。天台法華宗境智一心三觀文）。前（前イ先）念一念ハ八識ヨリ不ニ落下一。二念不レ起八識修行一心三觀也

29 境智不二一心三觀ノ事〔妙樂御意（イ）〕

釋云ク。若境若智同在ニ一心一云云（天玄二、一二五。釋籤）

有ル人ノ云ク。覺超ノ釋ニ云ク。可欣三諦。可猒三諦ト云フ事有リ

30 一心三觀ノ事

示云ク。天台ハ依ニ安樂行品ニ一心三觀ヲ明シ（シイナシ）タマヘリ（ヘリイフ也）。依文ハ。一心安樂行ト矣（大正藏九、三八下）安樂行者。身口意誓ヲ四安樂行ト（「イ云）云（云イナシ）也。其ノ中ニ誓安樂行ハ化他也。身口意ノ三ハ自行也。身口意ノ三密ハ三身・三觀・三業・三德也。身密ハ中。口密ハ假。意密ハ空。此ノ空假中三安樂行ト釋シタマヘリ

御廟ノ御釋（御釋イ大師）ハ。今ノ經ニ正ク三觀ヲ說ク事トハ。普門品ノ眞觀清淨觀ハ空（大正藏九、五八上）。廣大智惠觀ハ中（同前）。悲觀及慈觀ハ假（同前）。此ノ文ヲ引キタマヘリ

次ニ正キ一心三觀ヲ說ク事ハ。觀一切法空如實相ノ文ヲ引キタマヘリ（大正藏九、三七中）。宗師。今ノ經ノ五處ニ觀門ノ文ヲ引タマヘリ（ヘリイフニ）。此ノ文ノ中ニモ（「イ其）勝タリト釋シ（シイナシ）タマフ也。此ノ意ハ（「イ文）。只空ノ一觀ヲ成觀シヌレハ三諦自然ニ顯ルル也。以ニ空觀一萬法ヲ（「イ空）空ルニ（空イナシ）諸法ニ無レ隔レ情（隔情イ情隔）。無レ隔レ情（隔情イ情隔）故ニ萬法一如也。眞空冥寂ノ處ニ而モ（而イ然）三千森羅ノ諸法（法イナシ）。無惱無際ニシテ而モ宛然也。卽假也。此ノ空假不ニ相離一。一心ニ相卽不二ナル處ハ中道觀也。故ニ三諦ノ中ニ空觀ノ外ニ無シト云義。當流ニハ申ス也云云　故ニ阿含ノ時空理ヲ證スルホトナレハ（ホトイ樣）。法華實相ノ機トハ自然ニ可レ成也（也底ナシ）（天止二、四四一。弘決）。是ヲ機索ト云。又經王（王底有）本說ニ未開（開底聞）之前一トモ釋ル也（大正藏九、三二上）。諸法空爲座トモ云テ（云底ナシ）（「イ云云）。先空ヲ「爲レ座ト此ノ意ナルヘシ」（「」イ座トス可得意也）

尋云ク。法華ニ一心三觀ヲ明スト耶（耶イ哉）云論義。當流ニ有レ之。凡ソ一心三觀ハ安樂行品。修攝（攝イ接）其心。觀一切法等ノ文ヨリ起ル也（大正藏九、三七下）（「〇カ）。餘流ノ人ハ一心三觀ハ此ノ經ニ明ストシテ治定シテ。爾前ニ一心三觀ヲ可レ明ス耶ト云論（論イ問）題ヲ難スル也。當流ニハ法華ニモ明スカ（カイ歟）ト取替ル也。答レ之ヲ。法華ニ不レ明云也。難スルニ此ノ品ヲ以テ（「イ以）（以イナシ）。新得記ノ菩薩（薩底提）ノ爲ニ。觀一切法空如實相等ノ文ニ（大正藏九、三七中）複（複底復）疏ノ三諦ヲ說テ。事

觀ヲ令レ成セ爲ニ滅後ノ也。修攝其心ト云文ヨリ一心三觀ヲ證スル也。何ゾ不レ說ト云耶ト云ニ。答ルニ之有レ義。一心三觀今ノ品ニ說ク事ハ共ニ許ス。但不レ說ト云事ハ。法華ト云ハ三周ノ聲聞ノ梯橙也。然者一心三觀ヲ說ク事ハ。此ノ品ノ意ハ。滅後ノ我等ガ爲也。非レ爲ニ當機ノ。仍テ非ニ三周ノ聲聞ノ得益ノ正意ニ。故ニ法華ノ正意ニ非ストモ難シ取ル也。一心三觀ト云テ。觀ト云ハ行也。仍テ諸觀皆爾前ニ明レ之ヲ云也。玄ノ十ニ云ク。大小觀法。皆所（天玄五、三六九。玄義）（〇カ」）不論ト矣

31 圓教事理不二ノ事

示云ク。覺大師取意〔於レ圓ニ〕事理而二ノ義ヲ存シタマヘリ。而二ノ義ハ學者ハ別教ト思ヘリ。一家ノ心ハ。何ニモ教ヲ立ルニハ而二ノ義ヲ以テ不二ノ義ヲ顯ス。諸佛出世只此ノ事也。サレハ止觀ノ五ニ。（天止三、一三〇〜。取意）陰界入境即法界ニテ。サテヤメトモ又十境互發ト立テテ。正觀修行ノ方軌ヲ盡シ手ヲタマヘリ。サレハ當流ノ法門ニハ別圓ノハキ合セトテ。別教獨リ無シ。圓教獨リ無ト云〔教相ヲ以圓ノ法門ヲ顯ス。是ヲ別教獨リ無ト云〕圓ノ法體ヲ顯ス事ハ。教相ニ依ル開圓獨リ無ナリ。必ス依ニ別教ニ云云 他流ニハ始メヨリ圓融互具ノ法門ヲ云也

32 境智ノ事

寶塔品ニ云ク。釋迦ハ智。多寶ハ境 一重 釋迦多寶ハ智。寶塔ハ境 二重 寶塔ハ智。虛空ハ境 三重

33 悟事

示云。釋迦如來久遠成道ト云

悟性論ニ云ク。（卍續二一五、四一〇丁右下。取意）衆生導ニ諸佛ヲ。諸佛導ニ衆生ヲ。迷時導ニ衆生ヲ。悟ル時導ニ諸佛ヲ矣 此ノ釋ハ本迹二門ノ心也。諸佛導ニ衆生ヲ者迹門ノ意也。諸佛出世シテ衆生ヲ引導シテ。九界ノ迷情ヲ斷シテ佛界ニ令レ入。初住無生ノ覺位ニ登ル則ハ是諸佛ノ衆生ヲ導也。衆生諸佛ヲ導ハ本門ノ意也。十界皆成ノ妙理顯ヌレハ。佛見ヲ斷シテ迷理ノ當體ニ立歸ル處ヲ衆生諸佛ヲ導ト云也

34 三句血脈ノ事

示云ク。三句ト者。（傳全一、二一五）土 常寂光土 智 第一義諦 土 靈山淨土 智 久遠實成 土 多寶塔中 智 大牟尼尊 矣

示云ク。此ノ三句ヲ相傳スルヲ血脈ヲ取ルトハ云也。傳教大師ヨリ相傳セリ。此ノ三句ト者。依法正法ヲ寄セ合テ云也。常寂光土ハ寂光依報

第一義諦ハ（報イ法）正報法身此等ノ三ヲ三身ニ分ル也。又各一身ニ三身ヲ具足ス。又如レ次ノ法報應ノ三身也
經ニ云ク。時空中聲卽說（㊂脫）ニ是語（㊂悟）一。（大正藏九、三九二下）釋迦牟尼佛應身名（イ㊁）ニ毘盧遮那報身遍一切處〔法身〕一其佛住處名ニ常寂光一矣是（イ此）ハ三身相卽ストト云ヘトモ。法身ヲ面トシテ二（㊂三）身ニ相卽ス。是又常寂光土ニ三身共ニ居スト云祕文ニ出ス也。是以テ寶塔品ノ疏ニ本地無作ノ三身ヲ釋スルニ。他宗ハ寶塔品ノ三身ト云（イ者）ハ。多寶ハ法身。釋迦ハ報身。分身ハ應身ト釋スルヲ。一家ノ破レ之ヲタマフニ。表ノ一字ヲ皆三身ノ上ニ付タマヘリ。此ノ表ノ字ヲ他流ハ表ノ義（イ字）ト云。當流ハ此ノ表ノ字ト者ヲモテト可レ讀（可讀イヨムヘキ）也。表示ノ表ニ非ス。多寶ハ三身相卽スト云ヘトモ。法身ヲモテ（ヲモテイ表）トスト 云云 餘准レ之（㊂矣）。（傳全一、二一五）靈山淨土久遠實成ト者。三身相卽ノ報身也。論云ク。（同前）報佛如來眞實淨土ト釋タマヘリ（「イ等 タマヘ㊁）。（〔一〇カ〕）多寶塔中大牟尼尊 矣（イ㊁）（同前）是ハ應身ヲ面トシテ又三身相卽ス。論文ニ云ク。（同前）同一 ○ 化佛報佛 矣（〔一〇カ〕）此ノ三身ノ文。空假中ノ三觀也
後日〔示云〕（イ）。此ノ三句ハ傳敎大師。內證血脈ノ圖ト云文ニ有リ（有イア）。彼ノ山家ノ御釋ハ大師ノ御釋也（也イ歟）

又云ク。普（㊂香）賢經ノ文ハ證據ノ文也。正ク內證ニハ三身共ニ寂光ニ居スト云事ハ。我（イ吾）等カ內證也。寂光ト云（イ者）ハ阿含ノ時ハ空觀ヲ以テ有ノ執ヲ盡テ。其ノ上ニ萬法ヲ照ス處ヲ寂光ト名付（㊁）タリ。此ヲ所依トシテ應身ノ釋尊。既ニ寂光ニ居スト說カ應卽法身ニテ。法身居スル條勿論也。法身居セハ心法ヲ報身トス。何ソ三身共ニ不レ居耶
又示云ク。道暹ノ釋有リ。佛者十界ト 云云 有師ハ有佛ト者。九界ト思付タリト 云云 大方意（㊂有）。佛ト者九界ノ迷情也。實相ノ眼ニハ諸法皆實相ナルカ故ニ。實相ニハ無ニ差別一無ニ高下一也。故ニ〔佛全〕（イ）不レ可レ尊カル也
又云ク。法華ノ觀法ト者。常在靈山也。草木モ國土モ自他彼此モ。遠近モ古今モ常在靈山ニテ有ル時ハ無ニ差別一也。只天台ノ法門ハ何トモ問ハハ。常在靈山ト可レ答。何事ソト云ハハ。常在靈山トハ常在靈山ヨト可レ答也 云云
又示云ク。淨土ト者。常寂光土也。常ノ物ハ極樂ト云ト思タリ。極樂ヲハ世界ト云也。同居ノ淨土也。サハアレトモ同居ニ卽スル寂光カ一分「アラワレ」（「」イ顯）タル也。其ヲ念佛者等ハ報土ト云也。此等ハ我等カ義ニ同居土ト云ニハ尚（イ猶）ヲ劣也（イタリ）。彼カ云ハ有爲ノ報土也。

實ニハ自宗ノ意ニテハ一分ノ寂光ト云也。是[是イ此]ヲハ不レ知シテ同居ノ淨土ト云ヘル[ルイ无]ハ腹立スル也

又示云ク。多寶塔中大牟尼[尼底无]尊等[等底无]者。多寶ハ法身。釋迦ハ報身。分身ハ應身也。如ニ先度一云云

35 鏡像圓融ノ事

示云ク。凡ソ鏡像圓融ノ譬ト云事。祕カ中ノ極祕也。以レ之テ生死ノ本際[際底源]ヲ切ル也。付レ之ニ惠心流[流イ院]ニハ。一面ト云事ハ。文句ノ一ニ阿若ノ鏡ヲ明セリ。此レハ空ノ鏡也。〔イ〕〔阿若ト者。法華ノ同聞衆ノ最初ニ列タリ。〕阿[阿イ无]若[若イ字]ハ本不生ノ阿也。阿ト者則無也。無ノ故ニ空也。法界平等ノ阿字ナル[「イ無]開一番ニ列レ之ヲ。亡泯三千ノ空理ハ無[無イ无]ニ二法一一面也。當流ハ則境智二面ノ鏡也。二面ト者[者イ云サレハ]ハ。中臺ニ二面ノ鏡ヲ重テ被レ懸タリ。八葉・眞圓也。假諦ノ鏡也。日記ノ流[流イ家]ニハヤツ葉ノ鏡ト云ハ智也。赤色也。眞圓ノ鏡ハママトノ鏡ト云。白色也。中臺ニ二面ヲ懸ト云ハ。一切衆生ノ心ノ閒ニアリ。サレハ眞言ニハ。八葉ノ白蓮一肘閒。炳ニ現[現阿底鏡カ]阿字素光色一。禪智倶[倶底供]入ニ金剛縛一。召ニ入如來寂靜智一矣(大正藏三二、五七四中。菩提心論)[「イ之] 八葉ハ肉蓮赤色。母ノ質也。(光カ)白蓮ハ團圓白色。父ノ質也。素ト者ハ白色。黃ト者赤色也

東寺ノ傳ニ云ク。素光ト色ト者[者イ云]ハ。光モ赤。智ノ義也云云

又常ニハ八葉ノ白蓮ト云ト心[心イ意]得タリ。不レ然。上ヨリ皆赤白理智ヲ釋シ下ス也。是卽[卽イ則]境智二面ノ鏡。我カ心ノ閒ニ有ト云云(傳全五、二七七)

示云ク。法華宗傳。山家ノ御釋ニ云。境智二面ノ鏡。不レ求自得。鏡像圓融ノ譬[譬イ喩]。豈ニ可(可无カ)レ待ニ口決一哉(乎カ) 矣[矣底无]

次ニ守護[護イ无]章ニ云ク。鏡像ノ圓融ノ三諦[三諦イ喩](傳全二、二六六)ハ。非ニ口決一難[難イ不可]レ知リ(義カ)(解カ)。師師[師底質イ資]ノ相承。有レ由哉(良有以也カ) 矣 相違如何。不審之[之イ也]云也。守護[護イ无]章ハ他宗破文也。他宗カ一家ニハ無ニ相傳一云處ヲ爲レ破也

次ニ不求自得ノ釋ハ。證不由他ノ閒如レ此釋シ[シイ无]タマフ也。此ノ兩處[處イ所]ノ釋。止觀有師無師ノ意也。此ノ不求自得ト云意ハ。我等カ當體サナカラ鏡像圓融ノ法ナルカ故ニ口決ヲ待ニ不レ及也[「イ云]

又示云ク。此ノ二面ノ鏡ハ卽我等カ方寸胸ノ閒ニ有リ。八葉ノ肉團ニ有レ之。二ヲ重タル[タイヌ]ハ境智不二ヲ表ス。而モ二ナルハ境智宛然ノ義也。是ヲ境智二面ノ鏡トス。此ノ二面ノ八葉眞圓ノ鏡ハ。道邃和尙ニ御相承在[在イ有]テ將來シテ中臺[臺イ堂]佛壇ニ被レ懸タリ。二面ノ中ニ八葉ハ下ニ有[有イア]リ。眞圓ハ是卽[卽イ則]我等カ無始ノ色心也。胸ノ閒ニ赤白ノ二ノ[「イ並]色並[並イ无]タリ也。菩提心論ニ云ク。亦[亦底イ赤]八葉白蓮ト云(大正藏三二、五七四中) 如レ示一肘閒ト

者ハ。此ノ二ヵ一ノ胸ノ間ニ有ト云也。此卽境智ト顯レ。禪智ハ定惠則寂照不思議ノ止觀也。倶入ノ金剛縛ノ時。境智冥合シテ一體ニ成ルヲ。如來ノ寂靜ノ智ト成ル間。二ノ鏡無テハ不レ可レ叶歟。是卽（卽イ則）顯密一致ニ習合テ自身（自イ分）卽佛ト知ル處ニ生死ノ本際（際底源）ヲ切ル也」

次ニ此ノ八葉白蓮ノ二ヵ一體ニ卽スル時ヲ十六佛性ト云也。然モ涅槃經ノ月愛三昧ノ說ニ。此ノ十六佛性ヲ白月黑月ノ智斷二德ニ對シテ。三十二菩薩ト成ル。此ニ於テ（於イ亡）加ヘテ二五佛性ヲ一三十七尊ト云也。此ノ三十七尊ヵ金剛界ノ五百餘尊トモ。胎藏界ノ七百三十（餘尊トモカ」）七尊住心城ト其心一也。サレハ十方三世一切諸佛菩薩賢聖モ。皆我ヵ己心ノ胸ノ間ノ「白蓮八葉」（「」イ八葉白蓮）ヵ二ヵ所具也

〔又示云。二面一面ハ往テハ二流。其意一ニ成ル也。二面ハ鏡智（境カ）而二ノ意。一面ハ不二ノ意也。但空ノ鏡ハ一面云云〕（イ）

又五佛性ト（「イ與）十六佛性不同如何

示云。五佛性ハ十六大菩薩ノ所具ノ功德也。故ニ十六能具ノ本。五佛性ハ所具ノ用也（「イ云云）

付レ之ニ十六佛性ヲ黑白ノ月ニ配（配イ宛）ル時キ。爾者三十（三十底此）日ヲ以テ〔如何〕（イ）三十二菩薩ヲ可レ顯耶

答。白月ノ半夜。黑月ノ半夜分出ス如ニ先先ノ。而（而小イ爾者少）ヲハ小ノ月如何」（「イ云云）

示云ク。小ノ月ノ日ハ餘三年讀テ十五日也。此ノ五佛性（「底十）ハ三年ニハ三五十五ニテ。前ノ十五日ニ合シテ一月ト成ル也ト云云　涅槃經ノ說。全ク眞言經（經イ教）ニ同レ之

36　八葉十六佛性ト成ル事

示云ク。汎萬法本ト成ル　根本等（泊神 炼神 無分別事事當念也。事此）

又示云ク。迹門ノ心ハ一面ノ鏡。本門ノ心（心イ意）ハ二面ノ鏡也。二面ハ互具ノ鏡ト習。一面ハ相卽ノ鏡ト傳ル事在レ之。一面二面ト得レ（天玄四、三五五。釋籤）意ヲ出ス事ハ。十不二門ノ下ノ若一形對等ノ文ニ依ル。是又一箇ノ祕決也

又示云。鏡ノ懸樣。北ニ本尊ヲ立。南ヲ行者ノ座トス。西ニ〔一面〕（イ）是ヲ本法ノ鏡ト名ケ。是ヲ菩提ノ方ニ置ク。東ニ一面ヲ懸リ。是ヲ機情ノ鏡ト名付ク（付イ亡）。發心ノ方ニ置レ之ヲ。二面互ニ寫ル時キ生佛一如ヲ顯ス也。行者南ニ座スルハ修行ノ方也。木佛北ニ御座ス涅槃也。是ヲ三種ノ世間ニアツ。東西ノ二面ヲ五陰世間トセリ。南ノ行者ハ衆生世間。北ノ木佛ハ國土世間ニ宛ツ。如レ此一心三觀ハ不思議ノ事用ヲ施ヵ故ニ。戒壇院ハ事相ノ堂舍ヲ以テ一心三觀ヲ

成ル也。受者ハ南ニ居ル。木佛ハ東西(西イ北)ニ廻心向大シテ自レ東入。是機情ノ方也。直入ノ圓人ハ西ヨリ入。是(是底元)本法ノ方也。今ノ鏡像ノ懸様ヲ以テ戒壇ヲハ作ル也。故ニ是壇ヲ踏(踏底跡)ム者。圓頓戒壇ヲ得ル也」

抑我等如レ此故(故底ナシ)ニ居ニ佛位一者。妙覺ノ位也。是卽(卽イ則)常寂光土ノ釋迦如來。本地無作ノ三身也。此ノ妙覺ト者。觀行卽ノ位ト習フ當流(流イ位)ノ至極トス。其ノ觀行卽ト者。天台ノ位居ニ五品一ニ。釋迦如來久遠成道。只同位也。以ニ觀行卽一ヲ爲ニ妙覺一ト也。證據ニハ地涌觀行卽ト云文ヲ出ス。地涌モ卽釋迦ト同位也。玄文ノ第九。住本(本底ナシ)顯本ノ下ノ文也。此ノ一文ヲ書傳ル外ニ別ニ血脈無キ也(也イ之)

又云。一家一心三觀ニ二ノ所依アリ。一ニハ大論ノ三智一心中得ノ文ニ依ル也。二ニハ中論ノ因緣所生法等ノ四句ニ依ル。中論ノ文(文カ)ハ。惠門禪師。ヌキ出シテ相承ス。大論ノ文ハ滅後ノ論(論底ナシ)ナレトモ。三智一心ノ文。南岳天台直ニ靈山(靈山底虛空)淨土ニシテ釋迦如來ニ御相承ス有ン(ンイリシ)。靈山一會儼然未散ノ儀式ノ昔シ聞召ス法門ニ。大論ノ今ノ文同レ之聞。大師引合タマヒ(ヒイフ)テ爲ニ證據一タマヘリ(ヘリイフ耶)。此ノ二ノ一心三觀。根本大師。邃和尚ニ謁シテ御傳受ト云云御歸朝ノ時(「イ之)。覺大師ニ被レ授。覺大師。大論ニ依ル一心三觀ヲハ惠亮(亮底慮)和尚ニ授タマフ。依(依底ナシ)ニ中論一ニ一心三觀ヲハ相應和尚ニ授ケタマヘリ

又示云ク。鏡像圓融ノ譬(譬イ喩)ヲ全喩ト云事有ニル深祕一也。是ヲ譬ト思フ者ハ不レ聞ニ口決ヲ(「イ此)一者也。本來本有ノ己心ノ鏡也。八葉眞圓ノ二面ノ鏡。方寸胸ノ內ノ鏡也。如レ此ノ我カ心中ノ心鏡ヲ能ク可(「イ能)レ磨也

又示云ク。於レ中鏡喩其意最親ト者(天止一、三二七。弘決)。伊字ノ三點。面上ノ三目等(等底相)ハ分喩也。鏡像ハ全喩(喩底譬)也。故ニ其意最親也

37 宗大事

示云ク。宗ノ大事ニ「有ニ二種一」(「」イ三種有)。一ニハ弘仁三箇口傳。山家ノ大師。寂(イ)〔光大師ニ御相承。蓮華因果。常寂〕光土義。圓教ノ三身。是ハ惠心流相傳ノ三箇也。覺大師ノ御相承ハ四箇ノ大事也。蓮華因果。自受用身。常寂光土。被攝(攝イ接)ノ斷位也。是ハ檀那流(流イナシ)御相傳(傳イ承之)ノ法門也

示云ク。付ニ此(此底ナシ)蓮華因果一ニ。惠心流ニハ蓮華因果ト云云(云云イ云)當流ニハ蓮華ノ因果ト名付ク。付レ之(「イ之)ニ其ノ字假名ヲ付不レ付不同如何

示云ク。蓮華因果ト云心ハ。玄ノ七云。廣釋ノ意也。蓮華ノ因果ヲ以テ當體ノ我等カ因果トスル義也。故ニ引合テ蓮華因果ト云也

次ニ蓮華ノ因果。之ノ字ヲ付ル事。華ノ草ノ蓮華ノ因果ト云事也。蓮華ノ因果ヲ能能識知シテ當體ノ因果ヲ顯サント云也。其ノ蓮華ノ因果ト者。華ヲ因トシ蓮ヲ果トス。而ルニ蓮華必ス三重ニ因果顯露ニ見ル也。水ノ上ニ敷ク蓮華ニ一ノ因果。此華ノ本ナルハスニ又蓮華アリ。其ノワキニ又蓮華アリ。故ニ一時ニ三重ノ蓮華ヲ顯ス。是卽我等カ人界ノ因果ヲ表スト云ヘトモ。佛界ノ因果ヲウラニ俱時ニ具足シ。乃至九界ノ因果ヲモ具足シテ持スル也。故ニ此ノ三重ノ華菓ノ蓮華歷然ナルニ依テ。一卷ニハ爲蓮故華等ノ三重ヲ釋シ。七卷ニハ迹門ニ三重。本門ニ三重ヲ釋シタマフ也ト云云所詮檀那流ノ之ノ字ヲ付ル事ハ。華菓ノ蓮華ニ習在ト云テ。三重ノ謂レ分明ナル間。是ヲ以テ法ノ因果ヲ顯サント云心也。玄義ノ序ノ心也。惠心流ノ引讀ル心ハ。蓮華因果カ卽當體ノ因果ナル心也。七卷ノ六重ノ因果ノ心也

次ニ七卷ノ六重ト者。佛界ノ十如ヨリ九界ノ十如ヲ施シ出シ。次ニ九界ノ十如卽チ佛界ノ十如ナル事ヲ成ス。次ニハ九界ノ十如ヲ廢シテ佛界ノ十如ヲ顯ス。是卽第三ハ九界ノ迷情ヲ皆悉ク捨ハテテ。佛界獨リ存スル重。一切衆生ノ本性清淨ニシテ唯一佛界也。唯佛與佛ノ境界ト云重也。〔是則眞言宗ノ法界大日ト云重ナリ。〕大方悟ニ澄ミ返ル重也。此ノ上ニ本門ノ三重立テタマヘリ。一ニハ本佛界ノ十如ヨリ迹佛界ノ十如ヲ施出シ。次ニハ迹佛界ノ十如ヲ開シテ。本佛界ノ十如ヲ顯ス。次ニハ迹佛界ノ十如ヲ廢シテ。本佛界ノ十如ヲ立ツ。是卽迷理ノ當體立歸テ本法ノ三道ニ案ル也。悟ト云重ヲ捨ツル重也

次ニ三箇ノ口決ノ時ハ。圓教ノ三身ト傳タマフ。慈覺ノ御相承ノ御時。自受用身ト引替タマヘル御意據如何

示云。其ノ故ハ常寂光土ノ時。寂光ト者。色心二法也。色法ト云ハ理也。苦果ノ依身也。卽法身也。故ニ法身ハ寂光土義ニ顯シヌレハ。別シテ自受用ノ智體ト引替タマフ也

次ニ被攝ノ斷位ト者。見思斷也。一分ノ智ヲ顯シテ見思ヲ斷シヌレハ。假中ハ任運ニ具足スル故ニ。斷惑ト者ハ見思斷計也ト云云當流ノ相承此也。見思ヲ斷シヌレハ。只本法ニ住シテ可レ座ト也。自

受用智ト云モ即（即㋑則）空智也。被（「㋑云云）攝（攝㋑接）ノ斷位ヲ以テ自受用智顯スト云云

38 玄旨聞書ノ事（事㋑ナシ）。〔幷 戒壇戒法事〕

示云ク。一心三觀ノ口決。（前出、玄旨五箇血脈（三）一心三觀參照）顯戒論ニ云ク。和尚憐ニ愍我一一心三觀傳ニ於一言一。菩薩圓戒授ニ於至（至底此）心一云云

示云。山家大師。道邃和尚ニ奉レ逢。菩薩ノ圓戒幷（幷底菩薩）一心三觀ヲ御相承アリキ。其ノ中ノ圓頓戒ト者。一得永不失ノ戒トモ云ヒ。又ハ未分ノ一心戒トモ云也。未分ノ一心戒ト者。未レ分ニ戒定惠一處ノ戒體也。小乘ノ戒ハ三學ノ分タル戒也。故ニ盡形壽ノ戒ノ機教ヲモ不レ分。能所ヲモ不レ分。三千ノ威儀。八萬ノ戒〔㋑戒。其當體カサナカラ圓戒ノ戒〕體ナル故ニ。未分ノ一心戒トシテ（シテ㋑云レテ）何ニ振舞トモ戒體ナラスト云事無（無㋑ナ）シ。故ニ隨緣眞如ノ戒也。而ルニ（而㋑然）今聞ニ此圓頓戒一ヲ本有性德ノ戒也ト覺知スレハ。更ニ一法トシテ無レ不ニ戒體一故ニ。諸法皆實相也。解釋ニハ。（傳全一、四八二。戒體祕決取意）但有ニ授法一而無ニ犯法一矣此ヲ一得永不失ノ戒ト云也。通曼（優カ）ニハ人戒ヲ持ツ。圓戒ハ戒カ人ヲ持ツト云（云㋑云云）。戒定惠カ則（則㋑即）本體トシテ。十界ノ體ナル故ニ戒カ人ヲ持ツト云也。定惠力莊〔㋑嚴ト說テ。此戒體ヲハ定惠カ莊〕嚴（ゴン）シタル（タ㋑ヌ）也

サテ山門ニ圓頓戒ヲ立ントスルニ（立ント㋑被立）。南都ニセキ申ス。其ノ故ハ月氏震（震底辰）旦ノ境ニ未レ立ニ此戒壇一ヲ。何ソ我朝ニ可レ立耶（「㋑云云）（耶㋑哉）。就（就㋑付）レ中圓頓戒ト云事無ニ其ノ據一。小乘戒ヲ本トスヘキ也。而（而㋑爾）ルニ山家ノ大師。顯戒論ヲ造テ圓頓戒ノ義ヲ述シ（シ㋑ナシ）タマヘ（マヘ㋑ナシ）リ。又唐土天竺ニ戒壇ハ雖レ無ト。戒體ハ相承分明也。サテ山門ニ戒壇ヲ造ルハ七（七底一）重ニ結界セリ。凡聖同居ハ理即。邪正一如ハ名字。冥薰密益ハ觀行。好世淨土ハ相似。開方便門（門㋑ナシ）ハ分眞。示眞實相ハ究竟也。其上ニ心（性カ）上中臺常寂光土トテ圓頓戒壇（壇底ナシ）ヲ立タマヘリ。是即（即㋑則）色心不二ノ常住本有ノ戒壇ナル故ニ。戒法ヲ不レ聞底下ノ者モ其ノ功德ヲ證得スル也。サテ六即ノ上ニ（「㋑ハ）猶位可レ有心歟

示云。戒ノ今ノ結界ニハ可レ有也。サレトモ宗ノ意（意㋑心）ニテ。（天文五、二一五五上。文句記）本有四德爲ニ所依一。修得（得底㋑德）四德爲ニ能依一等ト云也。是即（即㋑則）我等カ當體（當體㋑ナシ）色心ヲ以テ常寂光土（土底ナシ）トスル故ニ。究竟ノ上（上㋑外）ニ重テ位有ル事不レ可レ有レ之云云（云云㋑ナシ）

一。鳥居ノ岡ト戒壇トヲ習合ル事有レ之。其ノ故ハ此鳥居ト者。產（產底彥）門ヲ表ス。萬法出生（生底土）ノ表示也。戒壇ニ色心ノ冥合シテ萬法ノ本トナル鳥居。又萬法出生ノ法也

一。鑑眞和尚。我朝ニ四箇處ニ戒壇ヲ立タマヘリ。筑前國ニ觀世音寺。備前靈山寺。クマ山ニ云云下野國ニ藥師寺。大和ニ戒壇院也

一。山門ニ戒壇ハ先小乘戒壇ヲツキテ破テ圓頓戒ヲ立テタマヘリ。是卽三乘卽一乘ノ開會ノ心也

法華長講ニ云ク。「一心三諦境。」（傳全四、二五八）一心三觀智。一行一切行。恆修四三昧ト矣智ノ一心三觀。境ノ一心三諦ト者。倶破倶立ノ三觀也。一行一切行ト者ハ。常ニハ圓教ノ意ナル開一行卽一切ノ行ソト云。是ヲハ難ノ有ル樣ハ。圓教ナレハトテ一行一切行ナルラン道理ニシテ何事ソト。〔ミタリカハシ。ミタリカハシ。加レ之扨ハ恆修四三昧ト〕云事不レ被レ得レ意 云云

示云ク。當流ノ義ニハ。此ノ一心三觀ヲ修スルハ一心ニ三觀歷然タリ。而ルニ行ト者。諸惡莫作諸善奉行ヲ爲レ本ト。而ニ一心寂然ナレハ諸惡悉ク去テ一切ノ善根此ヲ納ル故ニ。一心三觀ニ諸惡ヲ除キ萬善ヲ備レハ。一行ト者。一心三觀也。故ニ一行カ一切行ト被レ云也。恆修四三昧ト者。起ル時モ一心三觀ヲ修シ。臥ル時モ修レ之ヲ。行住座臥ノ四威儀ニ一心三觀ヲ修セヨト云事也。四三昧ト者。四種三昧也。境智相應ノ一言ノ一心三觀ト者。境智不二也。境ハ智ニ冥シ。智ハ境ノ如クナル是ヲ一言ノ一心三觀ト云也。法界次第ト云ハ御釋ノ名也

示云ク。故ニ爾前ニ一心三觀ヲ明ストト云事分明也。此ノ釋ハ爾前ヲ釋スル釋也。次ニ無緣智ト者。智ノ一心三觀ナル故ニ無緣ト云。境モ一心三觀ナル故ニ無緣ノ境ト云也。是ハ境智相對シテ能所ヲ分ツ境ノ一心三觀ノ心也。次ニ前念爲境後念爲智ト者。一心ニ於テ境智ヲ分ル也

第二度談

示云。玄ノ序ヲハ始ニハ不レ談 云云

示云。一言ノ三諦トハ山家御相承ニ。和尚憐コ愍我ニ。菩薩圓戒ヲ授ニ於至心ニ。一心三觀ヲ傳ニ於一言ニ云ヘル一言也

刹那ノ成道ト者。法華ノ須臾聞之。（大正藏九、三一上）卽得究竟ノ文也。半偈ノ成道ト者ハ。多分ハ涅槃經ノ生滅滅已。寂滅爲樂ノ（大正藏十二、六九三上）半偈也。而トモ云ヘトモ今所レ云諸惡莫作。諸善奉行ノ半偈ノ成道也

夫一言妙法ト云ハ。四教圓畢ヌト也。此ノ一現三諦ハ妙法ノ體也。此ノ三諦ハ四教ノ教相ヲ離絕ル法門也。教學ト云モ。無爲ト

云ヘルモ。名字ヲ離ルル處ヲ一言ノ三諦ト云也

定光三昧ト者。諸佛內證ノ功德也。十方聖衆同ク覺悟ル法門也。百億等ト者ハ。一切如來ノ教行モ此一現ノ三諦ノ妙用也。三四ト者。十二因緣也。生死ノ輪廻十二因緣モ卽此ノ一現ノ三諦ノ外用也

示云ク。當レ知見與二不見一中際等ニ者二義也。一ニハ見ト者假諦也。不見ト者眞空冥寂ノ空體也。空假一體ナル處ヲ中際ト云也。是卽本來〔所具ノ三諦ト云也。二ニハ見ト者。迹門ノ佛界高〕處トテ。九界ノ末ニ有ル處ノ佛界也。不見ト者。本門ノ意。佛見ヲ絕テ九界ノ末ナル佛ヲ不レ見。十界卽三身ノ妙法也ト云也

云云

示云。眼前ノ一現ヲ等ト者ハ。此ノ三諦ト者。我等カ迷情ノ所見ノ五塵六欲ノ現前ノ法カ。サナカラ一現ノ三諦ト示ス也。此現前ノ諸法ニ三諦法爾トシテ具足セリ。是又而モ內證ノ上ノ法ナレハ。妄情ノ見聞覺知ヲハ離タリ

只在一肘ト云者。肘タケナトニハ非ス。心ノ閒ト云事也。八葉ノ白蓮一肘閒ト云ヘル其心同レ之。故ニ如レ此知タレハ。權教ノ多劫ノ劫數ヲモ不シテレ責サ。我等カ當位ニ則刹那ニ究竟ノ極位ニ登ル也。釋尊ノ成道モ又一切諸佛ノ正覺モ卽此ノ覺體也ト云云　如レ此能一現三諦ヲ得ル時。我等カ全體ニ於テ色心不二ニシテ境智冥合ノ體也。サレハ我心直遍ニ迷悟ニ者。如ナルレ此時。諸佛ノ果海ニモ遍シ。三途ノ衆生ノ迷情ニモ遍シテ。同ク一現ノ三諦ト知ル閒。我心直遍迷悟ト云也。五體全ク收三千ト者。五體ニ卽テ十界ノ依正ヲ備ツレハ。十方諸佛モ五道ノ衆生ノ我等モ則全無二差別一也。是卽諸佛ノ正覺ヲ成スルト。我カ此ノ法門ヲ知ルト同ク一體也。廣狹ト者ハ善惡ト云事也。此ノ善惡迷悟ノ法ニ對シテ同ク一現三諦ノ法體ニ可レ住也。開兩眼ト云ヨリ下ハ教相ニテ下ス也。開兩眼覠五塵ノ境ト者。方等ノ時也。是卽隨緣眞如也。「如何トナレハ」鹿苑ヨリ沈空ノ心ニ住シテ。萬法ヲ不レ存畢竟不生ニテ有シカ。方等ニテ沈空ノ心ヲ彈呵セラレテ。如幻ノ有ニ出ル也。空心ノ上ニ存スル處ノ有ナル故ニ。有ト云ナカラ萬法無レ煩シテ有ル處カ卽隨緣眞如也

閉ニ五眼ヲ等云者。般若ノ時。方等ノ有ヲ又空シテ第一義空トナス。此時キ萬法ノ執情ヲ悉ク打捨テ一念不生ノ當體ニ住スル此卽

不變眞如也。而ルニ爾前帶權ト者。機ヲ調ンカ爲也。機調ヌレハ只境智不二ノ一言也。此ノ一言ト者。法華ノ十如ノ法門也。故ニ此一言ヲ萬法ヲ達シ。一代ノ修多羅モ含スル也 云云

又談ニ云ク

示云ク。一言ト者。一心三觀ヲ一言ニ傳ト云一言也。四教圓畢云者。超八ノ圓也。諸佛定光三昧ト者。一切諸佛モ依テ此ニ一言ニ。聲聞賢聖等モ依レ之ニ書タマフ也。定光ト者。所居ノ寂光ト云意。三昧ト者ハ内證ノ「三身三德」也。依正不二。境智一如ノ故ニ定光三昧ト云也。三四流轉ト者ハ十二因緣也。見與不見ト者。二義有リ。一義ニハ譬ヲ云ニ紙ト見ル處ハ見也。而無執ノ處ハ不見也。此ノ中際ニ本來有ル處ノ三諦也。今ノ一義ニハ迹門ハ見。本門ハ不見。此ノ中際ト云ハ。本迹不二ナル處ニ本來ノ三諦ナルヲ一現ノ三諦ト云也

〔示。眼前一現ヲ云ヨリ宜レク住ニ一現ニ云マテハ。〕法ノ法體。我カ身ノ上ニテ云也。廣狹ト者善惡也。開兩眼ト者。目ハ此ノ教相也。兩眼ト者。是方等也。隨緣眞如也。閉ニ五眼ヲ者。般若ノ時也。畢竟第一義空ヲ明ス。不變眞如也。刹那ノ成道ト者。法華也。指ニ須臾聞之。卽得究竟ノ文ヲ也。半偈成道ト者ハ。涅槃經ノ諸行無常ノ文ヲ云也

一心三觀傳　慈覺大師

菩薩圓戒者。餘戒ニ替タル事ハ。普通ノ戒ハ人カ戒ヲ持ツ。此ノ戒ハ戒カ人ヲ持ツ也。其ノ故ハ此ノ戒體ハ十界ノ戒也。故ニ本有具足ナル性德無作ノ戒也。サレハ己心ニ具足スル處ノ戒ヲ今聞マテノ事ニテコソ有レ。戒ヲ持ツ事ハ無キ也。是以此ノ戒一得永不失ノ戒ト云事ハ。不レ持閒不レ破也。本有具德ノ戒ト知テ後ハ不レ失戒也。凡ソ此戒ハ傳教大師。御入唐ノ時。道邃ニ受タマヒテ。我朝ニテハ歸テ當山ニ〔戒壇ヲ被レ立。〕此ニ法相ノ德一嘲テ云。小乘戒ニモ不レ似。又大乘戒ハ梵網經ニ說ケリ。此ノ戒壇ニモ不レ似。何トシタル戒ソト云云 而ニ此ノ戒始ニハ小乘戒壇ヲ立テテ。聽テ破テ今ノ圓頓戒壇ヲ被レ立。小乘戒體ヲ後ニハ一乘ト開會スル表示也

一。我山ノ建立ハ七重結界シテ四土ヲ表セリ。六卽ノ階級。凡聖同居 理卽 邪正一如 名字卽 冥薰密益 觀行 好世淨土 相似 開方便門 分眞卽 示眞實相 究竟 心上中臺常寂光土 矣前ノ六句ハ六卽。次心上中臺ハ結ノ文也。是卽戒壇是也。仍テ此ノ戒壇ヲ

踏ム輩ハ。本有無作ノ虚空不動戒ヲ修德傳受シテ。常寂光土ニ無作ノ三身トシテ居タル戒也。本有性德之戒ヲ今修德顯了スルハ一得永不失ト被レ云。始覺冥ニ本覺ニ無作ノ戒體。無ニ能持所持一無ニ持戒毀戒一也

一。正依法華。傍依梵網 矣 此ノ戒ハ付テ圓頓戒ニ三義有リ。依ニ法華ニ時ハ今ノ圓戒本有ノ戒ト云戒也。依ニ梵網ニ時ハ分ニテ戒定惠等ヲ後ニ所レノ云戒也。此ノ時ハ戒體ヲモ守リ。威儀ヲモ可レ守也。圓戒ノ時ハ可レ持戒モ無ク。破ルヘキ事モ無シ。本有常住ノ戒體也。自成ニシテ殺生ヲモセヨ。邪婬ヲモ犯セヨ。不レ可レ有ニ怖畏一。サレハトテ此ノ戒ヲ憑テ不レ可レ墮ニ惡見一ニ。付ニ圓頓戒一ニ。正依法華。傍依梵網ノ二ノ心有リ

一。戒定惠ノ中ニハ戒勝タリト云事ハ戒ハ本體也。定惠ハ其ノ上ノ莊嚴也。此ノ定惠力莊嚴ト者。體ハ所莊嚴ト成ル也

一。一言ト者。本有ノ戒ヲ聞ク處ヲ云也。聞畢テ悟ヲ得ル處ヲ一現ト云也。一心三觀智。（傳全四、二五八）一心三觀。一行一切行。恆修四三昧也。一行一切行ト者。他流ニ云樣ハ圓ノ行ナル故ニ融卽シテ一行一切行ト云也 云云 當流ノ心ハ。一行ト者。一心三觀也。此ノ一心三觀ヲタニモ行スレハ一切ノ行體カ攝スル也。一心三觀ト云モ諸惡莫作衆善奉行也。一行一切行モ如レ此恆修シ行住座臥卽チ一心三觀也

示云。境ト者色。智ト者心也。色心不二ノ一心三觀也

又云。一如ト者。不二ナリ聞ク耳也。深重也。相應者。心法カ色ト相應シ。色法カ心法ト相應ス。境モ自然ト有リ。此ノ重ハ大旨同物也。又以テ無緣智ヲ緣ニ無相境ヲ一ト者。觀トモ行ナリトモ不レ思

39 觀經ニ明ニ一心三觀一歟事

義云。爾前ニ一心三觀ヲ明歟。不レ明歟ト云論義有リレ之。他流ニ不レ明ト云。當流ニハ有ト云。其ノ故ハ三智ノ一心ニ在ル樣ヲ。大品經等ニ盛リニ明セリ。是以釋ニモ爾前ニ可レ有ト見タリ。但シ法華ニ在ル一心三觀トハ替ル也。其ノ故ハ一心三觀ヲ以テ一心三諦ヲ顯トスル三觀也。法華ハ三諦卽三觀也。サレハ爾前ニテハ相卽ノ三觀。通相ノ三觀ト云ヘトモ。法華ニテハ圓融ノ三諦ト云テ觀ノ字無レ之。所詮只何物ニテモ有レ之。於ニ一境ニ境ノ體ハ假ナリ。無執ノ處ハ空也。於レ之心性不動ナレハ中也。是ヲ三觀三諦三身トモ云也。凡色法ノ身威儀正ク不レ動。如レ此心ヲモ又不レ動住ニ無念ニ

時ハ心ヵ色ノ如クナル也。其ノ後又心ノ自在ナル樣ニ。色ヲモ自在ニ成ヵ極ノ極ニテ有ル也。而ルニ智ヲハ悟ノ極トハ不レ可レ云歟

一。慈覺大師ハ。一心三觀ハ智ヲ爲レ面ト。傳教ハ一心三觀ハ境ヲ爲レ面ト也

示云ク。少シ替ル心有トモ。根本大師ハ爲ニ初心ノ行者一也。初心ハ現境ヲ見テ觀ヲ起スハ爾也。一念ノ心ヲ微細ニ觀スルハ大事ナル故ニ。如レ此境ヲ爲レ本ト一心三觀ヲ建立スル也。覺大師ハ觀行蘭タル人ノ爲ニ心ヲ面トシテ釋シタマフ。但傳教大師ノ境ノ一心三觀ヲ深シト云義有レ之。其ノ故ハ境ハ色也。然閒我等ヵ自ラ境ヲ以テ終日一心三觀ヲコラセハ。止觀ニモ色ヲ爲レ本ト。又心法ヲ如ニク色法一ノナスカ大事也。是レヲ以テ思フニ。境ノ一心三觀ハ勝タリト云云師資ノ釋。各別ナルニ似タレトモ。智ヵ家ノ境。境ヵ家ノ智ナル故ニ。智モ不レ離レ境ヲ。境モ不レ離レ智ヲ。色心ト二ニ各別スルマテノ事也

一。若境若智同在ニ一心一者。境智不二ノ一心三觀也（天玄三、六三〇。釋籤）

示云ク。本ニハ。同在理心ト書タマヘリ。理卽ノ我等ヵ當體ニテ一心三觀ヲ作タリ

一。此ノ三觀於ニ一心ノ中ニ有ニ兩種ノ三觀一者。慈覺ノ智ノ一心三觀ノ中ニモ。又境智ノ三觀ヲ分テリ。前念ノ起ルヲ境假也。是ヲ無自性不可得ト觀スルハ空也。空假不ニハ相離一中也。是レヲ以テ三觀ヲ作ル也。此ノ三觀終日ニ照スヲ後ノ三觀ト云也。念觀空ヲハ無自性不可得也

一。杉生流ニ一言ヲ祕事ト云ハ。傳ノ一言トテ名字ヲタニモ祕スル閒。是一言計リ覺タリ。當流ニハサシモ不レ祕。其ノ故ハ一言ト者。尙觀ノ上ニ持ッ處也。體ヲ召ス名也。智已ニ體ト者一現也。一言ト云ヘハ。法ノ本體ヲ現ス。此ヲ一現ト云故ニ一言ヨリ入現ハ勝タル也

40　三句血脈ノ事

（以下41行㋢本なし）

定嚴法印

師示云。一心三觀血脈與ニ無作三身ノ血脈一別無レ之。只此三句ノ血脈ヲ無作ノ三身ノ血脈トハ云也。是一心三觀ヲ得處ヲ無作三身トハ云也。サルテハ今ノ三句者。如レ次法報應ノ三身。又中空假三諦也。初ニ常寂光土第一義諦者。中道法身體也。下ニ和スル時。釋迦牟尼名毘盧遮那等者。法報二身之

得名無レ之。諸得名ハ於二應身一所レ施レ之八相成道。授記作佛ノ時。機緣ノ前ニ論二如來ノ十號ヲ一也。サルテハ淨土穢土ノ諸佛ノ內證ヲハ皆名二法身自受用一ト也。別ニ內證ノ身ニ得名無レ之。此內證ノ法身ハ居二寂光一時法身ト被レレ云。從本垂迹スル時ハ應土ト被レ云。是九界應同身也。サルテハ觀音ノ三十三身等。皆九界依身也。是九界ハ卽應身如來也

爰以三身義本文ニ釋スルニ二法身一ヲ。(天文五、二二三六上。文句)有佛無佛性相常然ト一云ヘルヲハ。道暹師釋云。有佛者九界(正報)無佛者(依報森羅)釋セリ。十界依正法身ノ妙體也。法身ト應身トハ只一體異名也。是則我等衆生ノ五陰ノ色質是也。釋ルニ二妙法ノ二字一時。玄文ノ第一。法者(天玄一、三二)十界十如權實ノ法ト云此意也。如二口傳抄一ノ

此法應二身ヲ覺知スル處ヲ自受用報身トハ名也。下タニ和スル時。釋迦牟尼名毘盧遮那(矣)應卽法身ノ意也(云云)可レ思レ之

次靈山淨土久遠實成者。報身空體也。空諦ト者。非二但空一只我等カ心法ヲ空ト習也。其故ハ我等カ心法。長短方圓等ノ形ニモ非ス。不可思議不生法體ナル處ハ空諦ナリ。如二口傳抄一故ニ下ニ和時。報佛如來○第一義諦等(矣)第一義諦者。上句ノ第一義諦ト一也。是第一義者。卽衆生也。不增不減經ノ文ニ有リ。可レ合レ之故ニ。此句報身ヲ主トシテ法應ヲ具スル也。然レハ三世一念ニ居シ。伽耶卽久遠ノ伽耶。久遠ノ伽耶卽今日伽耶トモ云ルモ。心法ノ一理ニテ云事也(能能可レ令レ案二立之一)

次多寶塔中大牟尼尊者。謂牟尼ト者。應身也。此句ハ應身ヲ爲レ主ト具二三身一ヲ也。故ニ下タニ和スル時。常在靈山(鷲カ)ト云。或ハ同ク一塔ニ座ソト云也。示現化佛(分身)法佛(多寶)報佛(塔中報身)等(矣)此レ應身所具ノ三身也。然則此三句卽三身ヲ相卽スレハ九箇三身也。三諦亦九箇三諦義也。然ニ空假之外ニ中道無レ之。報應二身之外ニ無二法身一。只我等色質。是則應身如來也。心法ハ報身如來ナリ。色心一體ナルハ是則法身也。皮肉筋骨云ハ是卽應身色質也

三句口傳云。付二系圖一師云。五辻僧正觀圓(寛カ)去テ於二山門一論二經祐付弟一時。弁眞僧都ハ我コソ付弟ニナラメト論ス。然ニ定嚴律師ハ自二十歳計一入二經祐之室一ニ。二十一之時被レ打二渡血脈等一畢。爾ル閒定嚴可レ爲二付弟一也。故ニ血脈次第。定嚴ニ正ニ列ヘキ也。サルテハ圓勝僧正。自他體隱便ノ人ナルカ

故ニ無レ力。三位殿ノ先有ニ傳授一上ハ不レ可レ及レ論云云サレトモ山門テ論前ノ事也云云

三句血脈事

（以上41行底本なし）

師云ク。三句血脈ト者。傳教大師ノ天台ノ奥旨。內證佛法ノ血脈ト云文ノ初ニ有レ之也。今ハ此ノ三句計ヲ取リタル也。大卷アレトモ此ノ三句ヲハ不レ過法門也。天台宗ノ血脈トハ此ノ文ヲ云也。應身攝ニ法身一者。應身ハ法身ヲハ利益スヘキ用有ハ法身ニ如スル也。又法身ヲ攝スルニ應身一ニ義ハ對機說法ハ應身也。三十二相。八十種好。法身也。說法ノ智ハ報身也。智體也

師云ク。第三句ニ。又案法華論ト者。爲ニ無作三身一ト也。別ニ非レ引ニハ也。又實報土ト云ヘル事ハ。純諸菩薩ノ境界ニテ有ル也。面ヲ實報土ト云也。寂光無レ隔實報土也。寶塔品本門遠由ト云フ。披レ彼可ニ見合一云フハ口傳書ヲモ指ス。又本書ヲモ可レ見ト云事也。迹門ハ弟子カ無作ノ三身ヲ顯シ。本門ニハ師弟〔一體ノ無作三身ヲ顯スナリ。今ノ品ハ迹門時師弟〕分ニ無作ノ三身ヲ證シタル事ヲ「爲レ令レ知ラ」此ノ三身ヲ集ル也。又能化佛塔ニ居シタマフハ本門顯本スヘキ事ヲ爰ニ示ス也。分身既ニ多シ。當レ知成佛久矣ト（天玄五、三三六。玄義）釋ル此ノ心也。如ニ「口傳抄ノ云ニ」遠由ト云也

口授。應永六己卯（一三九九）三月二十一日。始レ之ヲ

41　臨終ノ大事

示云ク。凡ソ於テ自身用心ニ者。一代經論幷一宗判釋。乃至本朝大師御釋ニ至ルマテ專ラ是ヲ大事ト被ニ沙汰セ。付レ之ニ口傳等重重在レ之。雖レ然ト他人ノ終焉等ヲハ何ニト可レ化ニ度之一耶。縱ヒ存日ニ行學兼備ノ聖人タリト云ヘトモ。先世ノ依テ宿業ニ被レ障レ魔ニ。忘レ兼日ノ安心ヲ空スル臨終ノ大事ヲ人不レ可レ有レ之。爾ハ日頃ノ解行徒也。故ニ同梵行者モ忽ニ成ニ輕易ノ思ヲ。屋眼ヨリタモ判ニ是非ヲ可レ歎レ之。則當時眼前ノ境界也。返返無念ノ至極也。大方終焉ノ化儀ハ不レ依ニ智者ニ不レ依ニ愚者ニ。善惡ノ現スル事ハ依ニ先世ノ業ノ薰發ニ者也。敢テ以テ凡慮ヲ不レ可ニ是非思量一スル事也。所詮有智無智ノ人共ニ望テ死期ニ被レ逼ニ斷抹磨ノ苦ニ。稱名觀念共ニ永ク忘レハテン病人ニハ如何往生直因ヲ可ニ勸進一ス耶。爰元一大事也。深祕口傳有レ之

其ノ故ハ只先住シテ自他不二ノ觀ニ終焉ノ人ト自心ト全ク一致ニ

觀シ成シテ。六大無礙。常瑜伽ノ一心ニ住スル時。我カ六大苦受ノ人ヲ六大不二ニシテ無障礙ノ法界ノ六大トナル也。如レ此觀シ畢テ。病者ノ息キ内ヘ入時。我口ヲ病者ノ口ノソハヘヨセテ。病者日頃ノ信仰ノ經文ニテモ。眞言ニテモ。少音ニ唱ヘシ。如レ此スル時。病者ノ心中ニ遍在シテ納種在性シ。法界同體ノ六大ト成ル生死卽涅槃ノ悟ヲ速ニ開ク也。若シ無智ノ人ナラハ。知識ノ付テ顯密ニ殊勝ナランスル文ヲ可レ誦也。乃至禽獸野干ノ終焉等ヲモ如レ此化度スヘキ也。何ニ況ヤ於テ親類骨肉同朋等侶ニ耶。更ニ無ニ惡愛偏頗一可レ勸レ之ヲ者也。今此ノ儀式人ノ知ル樣ニハスヘカラス。又自身終焉ノ時失ニ正念一ヲ樣ノ事有レシト之思ハハ。我カ大切ト思ハン人ニ此ノ一大事ヲ授ケ。既ニ及ニ命終一ニ時。如レ此勸メヨトモ可ニ云置一也。乃至獨身ナラン物ハ。童子法師原等ニモ「是ヲ可レ置レ云」事也。甚深祕藏ノ事也。鐵撅ノ重ノ事也。〔云云 不レ可ニ口外一〕云云

42 論談決擇儀式ノ事

示云ク。直授ノ相承ト習也。講師ハ釋尊。讀師ハ多寶。證明ノ義也。問者ハ分身。樹下ニ聚テ問訊シタル姿也。問者・講師ト者。所詮分身ノ問ヲ受テ塔中ノ釋尊ノ答タマフ儀式也。更ニ不ニ聊爾ナラ一事也。一座ノ講演ニモ住シテ此ノ觀ニ卽身成佛ノ姿ナルヘシ。又會ニ列ナル所ノ人人ハ。虛空會ノ衆天龍八部等ヲ表スル也。誠ニ甚深殊勝ノ事也。可レ祕レ之ヲ。眞言ノ灌頂ハ密ニシテ顯ナリ。天台ノ灌頂ハ顯ニシテ密也ト云ヘルモ此ノ心也。其ハ眞言ハ祕密ノ法門也。而トモ構ニ一ノ道場一ヲ別シテ灌頂ノ儀式ヲ取行也。サレハ人人別シテ授職シキ灌頂ノ室ニ入ル。是ハ歸テ顯ト被ルレ云也。サテ顯宗ハ不レ構ニ道場一ヲ。只一座論場ノ所カハタラカサテ虛空會ノ儀式。多寶塔中ノ直授ノ姿也。講師問者ト云テ問答スル處ハ顯也ト云ヘトモ。實ニ其ノ不ハレ知ラニ深義一ヲ密也ト云云 穴賢穴賢。可レ祕レ之

43 法華經心阿副口傳ノ事

示云ク。此ノ事祕曲也。山家ノ大師御相「承ノ極上」也。所詮三種ノ法華ト習ウ也。阿彌陀經ハ隱密法華。心經ハ根本法華也。其ノ故ハ阿彌陀經ハ安養莊嚴ノ相ヲ說ク。是ハ安養世界ト者。法華ノ事ニ顯タル姿也。故ニ阿彌陀經ハアサアサト淨土ノ儀式ヲ說ク處カ隱密法華也。面ハ淨土ノ莊嚴ト云ヘトモ。下地ハ法華ノ事ニ顯レタル姿ヲ說ク也。仍テ名ニ隱密法華一ト也。心經ト

云。或弘法大師作祕鍵眞言肝心云。又山家大師一代肝心。般若經肝心云。而今日如來始說顯經非。其故釋尊成道夜。魔障競奉障之。初夜成道。後夜成道成タマフ時。一人老翁。今此心經持參釋尊奉授。此時成道速成タマフ也。鼻端唵字觀ナント云。此等一致成事也。三世諸佛成道此心經力依也。仍根本法華被云事。誠有由事也

心經者。諸佛心源云事。般若智體卽佛心也。以之稱心經。凡三種法華付重重習。血脈相承等有之。「實明等」雖有之。眞實當流相傳祕曲云此事也。付三種法華此上不可有之。山家大師〔御傳授分明。御歸朝〕時。始書寫經心阿副タマフ事也。故必可副之事也。穴賢穴賢。可祕之。可祕之定賢律師。圓頓法印對此法門述タマフ時。如此殊勝事未能聽聞。信心銘肝檀那流渇仰異他也。殊勝云云又心經事。草木成佛付習合事有之。祕曲也云云

44 一心三觀重重不同事

異國對治一心三觀。鎭護國家一心三觀。遮難一心三觀。天子本命一心三觀。其外重重有之。鎭護國家一心三觀天子本命同之也云云

45 前後自受用事

一義云。心王云時。一心品時異也申子細有之。則無始色心本是理性(天止三、一九〇。弘決)文付成也。都餘流不申事也。又無始色心文付分身習事有之。可祕之

46 略法華事

天台宗生死一大事惣所依略法華經(是塔中相承釋迦大師說 又名穆王相承經也)

大惣持妙法蓮華經。諸法實相。所謂諸法如是相。如是性。如是體。如是力。如是作。如是因。如是緣。如是果。如是報。如是本末究竟等。諸法空爲座。柔和忍辱衣。大慈悲爲室。非如非異。不如三界見於三界。如斯之事。如來明見無有錯謬。慈眼視衆生。福聚海無量。妙法蓮華經。永斷生死必證天悟矣

（以下㋑本なし）

右一巻ハ恵光坊流祕曲ノ類聚畢。戒上坊道存僧都ノ御筆記也。可レ祕レ之ヲ

檀那流相承祕傳抄ニハ種種雖レ有レ之。宗要ノ最極ニハ宗滿集一巻。明鏡抄。戒談抄此等也。智光抄同流ノ祕書也。其ノ内戒談抄ト云ハ。南尾之戒上坊道存法印ノ談。恵光坊流ノ祖師ノ中ニモ殊ニ勝レタマヘリ。心地發明越タリレ他ニ。（鎌倉寶戒寺カ）鎗藏ノ法界寺ノ開山惟賢法印。取テレ要ヲ略シテ記置タマフ抄ニ戒談挺要抄ト云物有レ之。挺ハヌキワタル。別本歟。同本歟。不レ知レ之ヲ

（以上㋑本なし）

（底　本）叡山天海藏、書寫年不明一册寫本
（對校本）㋑＝叡山文庫眞如藏、書寫年不明一册寫本
（校訂者　末廣照純）

〔恵光院流口決集　巻上　終〕

惠光院流口決集〔巻〕下

(底本表題)祕曲深深鈔　惠光院
(イハ內題)摩訶止觀口決　惠光坊流
(ロ本內題)止觀口決鈔　惠光院流

「道存僧都記」

1 止觀序之六段事

所聞。時。所。祖承。人。法

雜雜口傳抄云。(續天全口決2、十上)一ニ所聞ト者。我等「資師相對シテ」相ヒ寄テ聞ニ止觀明靜一ト。(天止一、三二)當體卽實ニシテ不レ起レ座ヲ大用現前スル處。卽靈山一會儼然未散ト開ル也。仍テ理非ニ造作一〔故曰ニ天眞一〕

○矣　卽聞卽悟シテ心海ノ徹レ底ニ處也。二ニ時ト者。只今卽聞卽悟スル時也。三ニ處ト者。當處卽靈山會場儼然未散ノ自解佛乘ノ處也。四ニ祖承ト者。我等カ聞テ止觀明靜一ト。言下ニ三國ノ祖師。過去ノ七佛迄モ某カ天眞獨朗ノ開悟ノ處ニ一致スル故ニ。心外ニ不レ置ニ佛祖一ヲ也。諸佛覺故「會成ニ一佛一」(大正藏七五、三七七上。教時義)矣此意也。五ニ人ト者。內機外機無ニ自他ノ差別ノ異一處也。六ニ法ト者。止觀明靜ノ法體。金口今師ノ所說全無レ別 已上 如レ此開悟スルヲ云ニ道場所說ノ法一ト也。故ニ某ヲ元旨トシテ諸佛諸祖ノ方ヘ內證出泯スレハ十世古今歸ニシテ當念一ニ。(天止三、二七〇)當念ノ外ニ無ニ寂光海會ノ聖衆一モ也。故ニ當知身土○矣是卽今師ノ祖承ノ祕曲也。

〔不レ可ニ聊爾一ニス云云〕

〔私云。當流ニ〕金口ノ祖承高ト習フ深旨可レ思レ之。如ニ小雙紙一ノ

2 一、止觀ノ事　私ニ圖レ之

止・空・定・眞・寂・不起念・色・理・天眞・不二・平等・不變・境・一念・三諦・妙

觀・假・惠・俗・照・起念・心・智・獨朗・而二・差別・隨緣・智・三千・三觀・法

3 一、止觀明靜。前代未聞ノ事(天止一、二〇～二一)

祕密獨聞抄云。(續天全口決2、二二七上～八上)傳云。世閒ニハ無相之一重ニ取入テ談レ之。予カ流ニハ不レ然。凡止觀ト者寂照也。寂照ト者色心也。而ルニ於ニテ色心ニ又各有ニ寂照一。謂ル心ニ有ニ寂照一。常ニ寂シ常ニ照ス。一心ノ寂照。一心ノ止觀是也。色ニ有リ寂照一。所以ニ六根分明

ナルハ觀也。六根ハ色法ニシテ無説無分別ナルハ寂也。是ヲ云ニヒ止觀ト云ニ境智ト云フ理智相應ト。前代未聞ノ明靜ノ止觀トハ云也。「如レ此云地體ハ」就ニ理惠相應ニ雖レ有ニ多ノ義一。實ニハ我等カ色法ハ無相ナレハ理也。心法ハ了知分別スレハ惠也。此色心三世ニ不二相應スレハ是ヲ云ニ境智冥合ト也。五陰和合ヲ可レ云ニ境智相應ト也。惣シテ萬法ハ境智ノ二法。定惠ノ二義也。謂ル天地・日月・晝夜・兩眼・兩手・兩足・男女・善惡等是也。皆是理智相應。境智不二ノ體也云云

私云。無起ノ心卽止觀不二ノ體也。昏散ニ片落。善惡ニ偏墜スル時ハ。非ニ止觀不二ト。境智冥一ノ義ニ云云深ク可レ思レ之云云

4　一、天眞獨朗ノ止觀事

顯兪僧都ノ口決云　五箇ノ第一　此事ハ於ニ開章已前ニ止觀明靜。前代未聞ノ一句ノ下ニテ口傳スル大事也。今此ノ止觀ハ惣シテ以ニ一切衆生ヲ爲ニ正機ト也。謂ル我等カ出入ノ命息ノ當體ヲ押ヘテ云フニ止觀不二ト也。故ニ有レハ息悉ク止觀具足ノ體ニシテ（天止一、三二）本來法爾ノ止觀也。依レ之止觀ニハ天眞獨朗ト釋シ（天止一、三〇）。弘決ニハ理非ニ造作ニ○獨朗ト判ル也。故ニ開章已前ハ有ニ教門ヨリ前ニ〔云〕也。仍今此ノ止觀ハ未レ知ニ佛法ヲ前ヨリ取ニ圓頓行者ト也。此意ニテハ止觀明靜ナルコト前代ニモ未レ聞カ可レ讀也。意ハ前代モ當體モ未レ聞云也。法爾ノ止觀ナルカ故ニ今始故聞トモ不レ可レ云也　委ハ如ニ上ノ第三卷ノ云云

又光義存信抄云。天眞獨朗本性ノ止觀ト者。不レ修ニ三千ヲ「三觀ヲモ不レ修。」只平生ノ心是也

5　一、就ニ付文元意ニ習事

溪嵐云　六處元意卷　仰云。常ノ人ハ。元意ト者。法元止觀ノ不思議實相ノ理觀。付文ト者。四味三教ノ歷別ノ教相ト思ヘリ。當流ノ相傳ハ不レ然。一往ハ前六重ハ元意。迹門ノ意。正修已後ハ付文。本門ノ心也。再往ハ始終元意。初後付文也。元意ヲモ束ネテ付文ト云心ハ。不生ノ理心ノ上ノ三千ノ性相ニシテ。法法悉ク本法有ノ儘タル處也。但弘ノ五ニ別シテ出スコトハ六處ノ元意ヲ爲ニ後學ノ有レ由事也

「私云。當流ト者。黑谷再興上人堯師ノ御義歟」

6　一、四重ノ機事

明靜抄云（續天全口決2、一〇三下）。於止觀有四筋。一。迹機（心爲門惠多定少）二。本機（色爲門定多惠少）三。本迹機（向色心不二定惠均（均㋑權）等機也）四。本迹未分機已上前三機達色心不二處雖同。尙是本迹分二法分別修行故。非止觀本意故斥。縱亦不可横亦不可（天止三、二九〇。止觀）也。本迹未分機者。直達己心所行行者故。只（同前）所向皆法界心外無別法無義味無思量。只心（秖カ）是一切法。一切法是心打向作手有處止觀本意。大師己證有之也

溪嵐云（七箇大事下 顯部）止觀逗衆機故。始終共約上根。始終共約中根。始終共約下根。又始終共約迹門。始終共約本門。始終共約不二。始終共約未分也。所詮如此不同依六八九發心也。略注之。是惠光院（院㋑坊㋺㋩房）義也（也㋑㋺㋩歟）

7 一、止觀修行心地事

口傳抄云（續天全口決2、二〇一下）。尋云（尋云㋺ナシ）。止觀行者常用心。眞實如何可心得（心得㋩得意）耶

傳云。止觀修行非智得智非行行行。向非向處云（「㋩之）止觀行者也。是卽（卽㋑㋩則）非智智者。非始覺智本覺智故也。向非向處者。十方法界「イツクヲ」（「」㋑㋩何）カ定東西南北向其方。乃至閣本覺佛別非可向之處（處㋩ナシ）。法界皆道場也打向故向非向處云也。非行行行云（云㋩者）。始事相等行事新作非云行。行住座臥語嘿作作任有指居云（云㋑㋩者）也。有眼見色有耳聞聲。是非造作（作㋬ナシ）見聞。有口語。有心知是青是黃。是非念想分別思惟（惟㋩量）。己己「ママニ」（「」㋑㋩任㋺儘）テ有本覺行貌也。實捨生佛見云云（云云㋑㋺ナシ）

8 一、三種止觀機事

光義存讀（讀㋩談）抄云。序下立三種。圓頓爾前圓也。正修止觀時。阿那波那卽法界達故法華圓也。三種止觀中漸次勝云義也。其機三周聲聞也。大通時聞法華解（解㋑圓）頓也。今日修行漸也。サテ行相雖三種修行異也（也㋩ナシ）。機只一人修行也。三種共傳南岳也。三種共法華修行也。去（去㋑㋺㋩サレ）序下三種（三種㋩釋）漸次三種分別也。以（以㋑ナシ）漸次爲體故也。是卽心（㋑身歟）中十界發故。二乘

云漸次。佛界發名圓頓機發
傳信和尚仰云。圓頓妙解（解㋩縁）不變眞如理爲本故迹門修行也。漸次五番（番㋑差）顯本門（門㋩地）十界修行故本門隨縁眞如。縁起常住而二門修行也。仍漸次高（高㋑〔太〕）習也云云

9　一、止觀機。漸次機事
同抄云。於名字中通達解了處開（開㋑用）當位即妙悟圓頓機也。此上立五品行漸次行也。天台大師其始也（也㋑之）。聲聞等是也。但非次第禪門等漸次。即名別義通機也。仍別攝通一生破無明也

10　一、一代不定教習事
三千互具故十界互發也。又小乘座發實相毒也（也㋩〔太〕）。大乘座得小乘益皆互具故不定發也。法華雖一地所生（地㋑切）（大正藏九、十九中）○文。不定教證據也云云（云云㋑㋺㋩〔太〕）

11　一、圓頓者口決　圓頓止觀相貌題（題㋑起）小（小㊦爾）雙紙分拔書畢
〔㋩一〕初縁實相造境即中無不眞實（天止一、九五）〔㋩事〕左點聖一和尚之點也
實相者。三千萬法當體本有。體分不生義也。即中者。萬法圓備境智未分。體分不生處云中也。眞實者。是本來本法不生不滅。體分不生重也　又造衆生。境佛。即中凡聖一如也。仍此文凡聖一如中道習也

12　一、繫縁法界一念法界事
此文第二卷有之。常座（座㋺坐）〔㋑㋩三昧〕下　而妙樂第一卷。繫縁○觀（○㋑〔太〕）。一念○止也釋也（也㋩ナリ　也㋑㋺㋩シ）。第二卷繫縁是止。一念是觀判（天止一、四一一。止觀）。意寂照同時顯止觀不二也。仍繫縁一念共止觀二法不可相離。付之當家傳。第一卷體分不生無念一念。佛果知見少不違得之故第九識也。第二卷修大行下故。從因至果置能念所念也（也㋩〔太〕）。是自六識傳故第六識也。サテ止觀貌繫縁是止者。止書縁也。萬法雖其體各別也。同一法性也照之云繫縁法界。又一念是觀者。觀書念也。念者。照了（〔底了）分別觀德也。同一法性諸法無亂相應「當體當體」（「」㋑㋺（重複記載））照云一念法界（〔㋩之）也
已下肝心也
又繫縁法界者。實心繫實境等釋意也（「此釋心上澄豪御抄甚深也」（「」㋑〔太〕））（大正藏四六、五八一下。禪門口訣）。謂實心者。（意㋑㋺心）萬法圓備一心不生心也。實境者。所縁萬境也（也底㋑㋺〔太〕）。智既是心。境亦是心是也（天玄二、三七五。釋籤）。萬法一念全體也。一心遍備（備㋑㋩滿）

法界ニ「ウチムカウ」處ヲ云ニ繫緣法界ト也。一念法界ト者。繫緣法界ニテ一心不生ナル一念ノ心ノ内ニ三千ノ萬法歷歷タル義也
又普圓上人仰云。繫緣法界ト者。初緣實相ニテ取ニ向法界實相ノ理ニ也。サテ安ニ住シヌレハ中道實相ノ理ニ起ル處ノ念念法界ノ全體ナル故ニ云ニ一念法界ト也。雖ニ念念相續ストモ更ニ無ニ不同一故ニ。必スシモ不レ可レ云ニ一念三念ト。只一念ノ全體ニテサテ有ル〔處ヲ云ニ一念法界ト〕也
又惠鎭上人ノ仰云。萬法ノ當體觀ヲ一心ノ全體也ト云ニ一念法界トハ也云云 繫緣法界 如レ上ノ
惠心流ノ抄ニ云。止テ著相ヲ如ク松竹等ノ意ノ。於レ物ニ善ニモ惡ニモ不ルヲ偏墜セ云。繫ケ緣ヲ法界ニナリ 一念ヲモ法界ニナリ。詮ハ諸法ト無レ隔テ心地也

13 一、一色一香「無非中道」〇〔衆生界〕亦然ノ事（天止一、九六～一一二）
是ハ先ツ擧テ色法ヲ己界等ヲ例ルナリ色法ニ云云

14 一、陰入皆如無苦可捨ノ事（天止一、一一二）
是生佛ノ根源ノ自體也

15 一、無明塵勞卽是菩提ノ事（同前）
凡ソ執ルハ有リト苦無明等一悉ク邊也。佛智ノ方ハ本ヨリ無ニ迷悟一。何ヲカ云レ迷ト。何ヲカ云レ悟ト。故ニ無明塵勞〇菩提トハ云也。又迷者カ迷法ト思タル不シテ動ニ無明等ヲ見ニ本有ノ覺體ト也。全ク不レ懸ケ目ニ迷ヲ。正是レ己心所行ノ法門。自受法樂ノ止觀也。是ハ元ニ付タル體分ニ行者ノ心地也

16 一、煩惱卽菩提。生死卽涅槃ノ事
苦道ハ有體質礙ノ色身也。於ニ此ノ色身ニ我等無始ヨリ横計シテ謂フ有トニ生死。而ニ其體無染清淨ニシテ全ク無ニ分別。無分別ノ故ニ「是ヲ名ク無記ト。無記ノ」故ニ色法ノ全體ト與ニ平等法身ノ理ト無二無別也。故ニ中道ノ理ヲ名クル無記化化禪ト也。仍同ク無分別ニシテ平等法界ノ全體ナレハ。云ニ生死卽涅槃。苦道卽法界ト也。云ニモ煩惱卽菩提ト。迷ノ方ヨリ付レ名タル名ヲ也。煩惱ノ體ハ本來不生ニシテ其ノ實體無レ之故ニ云ニモ菩提涅槃ト。指ニ萬法未分ノ中道法界ヲ也

17 一、〔付ニ無明卽明相待絶待不同事〕
今ノ無明塵勞卽是菩提ノ釋ト。與ニ相對止觀ノ無明卽法性ト云。其不同如何ト云ニ。彼ハ共ニ一心法ヨリ起ル故ニ等ク立レ之。

今ハ萬法ノ體己己ニシテ。無明ハ無明。法性ハ法性。三千ノ諸法當體寂然ニシテ無クレ難モ（㋑底無）無レ疵モ處ヲ云ニ絶待不思議ノ觀ト也。而ニ邊邪皆中正ト者。全「非ニ改レ迷ヲ」（「」㋩迷非改）悟ト云（㋑㋩ナシ）義ニ。當體本有ナレトモ寄テレ言ニ云（㋩ナシ）時。當體全是ナル無明邊邪等ヲ且ク云ニ中正ト也

18　一、本法幷不變隨緣ノ事

迷悟ノ二法（㋩性）共ニ本有ナラハ。本有ノ迷法ヲハ可レ云ニ本迷ト。何云テニ本覺ト成ニ覺ノ義ヲ耶ト云ニ。本有ノ迷法ハ九界。本有ノ悟ハ佛界也。物理本來〇（天玄四、三三六〇。釋籤）或實或權ノ處ヲ。體分ノ十法界ヲ云フニ眞如ノ十界ト。是本有ノ十界也。此十界共（㋑㋺㋩俱）ニ金ニテ作ルレ之故ニ。雖レ有ニト十ノ質一共（㋑㋩俱）ニ金ニシテ非ニ可キレ捨法ニ。心性本來實相ナレハ云ニ本覺ト無レ失。サテ體分不生ノ十界各各（㋩別）ノ體。己己皆ナ一ノ金ノ體ナル方ヲ云ニ不變眞如ト。一ノ金體ノ上ノ形（㋑質㋩十質）チ宛然ナルヲ云ニ隨緣眞如ト。只是一物（㋑㋺㋩法）ノ兩（㋺理）義也。此ノ二ハ迂回道ノ機ノ迹門本門ト昇進スル次第也。迹門ノ時。十界三千ノ事事ノ惡シキ物ヲ。皆歸ニ入シテ實相ノ一理ニ談スニ常住ト也。是法住法位（㋑ナシ）〇（大正藏九、九中）矣 住ト法位ニ者。歸ニ入ル一理ニ意也。是ハ十界ノ一ノ金ナル處也

次ニ本門ノ意（㋑㋺㋩心）ハ事新ク萬法不レ云レ住ニトモ法位ニ。只萬法己己ト隨緣シテ有ニ十ノ質一。其ノ當體。金ノ地獄。金ノ佛界ナルカ故ニ。事事ノ當體不（㋑底ナシ）レシテ動金體ナレハ云ニ常住眞如ト云ニ隨緣眞如ト也。是ハ付ニ迂回道ノ機ニ立テニ二眞如ヲ分ツニ本迹ヲ也。止觀行者ハ全ク不レ然。行ニ無作ノ本體ヲ故ニ二法未分ノ重也。於ニ一法ニ立ルコトニ二義ヲ爲レ機ノ也。本體金ノ十界ニテ無クレ難モ無キレ疵法ナレハ。是ヲ云フニ二法未分ト也。云ニ本迹雖レ殊不思議一トモ（㋩ナシ）也。惣シテ一家ノ己證ノ法門ヲハ。一切未分ノ重ニテ可ニ心得（㋑㋩得意）一也。但爲（㋩約）レ機ノ時モ本門ノ內證顯テ。立歸（㋩還）テ見（㋑釋）レハ之。只體（「㋑體㋺本體㋩分）ハ不生ノ全（㋑分）體也

19　一、雖言初後無二無別（㋑分）ノ事（天止一、一一四）

塔中ノ口傳ト者。此ノ一文也。就（㋑㋩付）レ云ニ初後ト有ニトモ多ノ義一略レ之。檀那ノ止觀ノ勘文（底又）ニ委悉也。當流ノ本意ハ習ニ十界ノ初後ト也。是卽（㋑㋩則）今違スニ漸次止觀ノ次第ニ（五番階級ハ卽十界也）故也。圓頓行者ハ阿鼻ノ依（大正藏四六、七八一上。）正ハ全（㋑㋩ナシ）〇（金剛錍取意）〔不レ逾ニ凡下（㋑㋺㋩ナシ）ノ〕（㋑㋺ハ）一念ヲ故也（㋩ナシ）。向テニ初後不二ト一身一念遍於法界ニテ作手有ル處也。故ニ傳ニ初後不二ト時ハ。三千三觀十界（「㋑十界）互具皆顯ルル也（可レ祕。不レ可ニ口外ス〔㋑㋩也〕）

又一義云。一切ノ法ノ初後也。惣シテ萬法ハ皆一法ノ二義也。

故ニ一法モ不レ漏サ互ルトニ諸法ニ可ニ心得一也

私入 靜明法印モ十界ノ初後ト被レ成也。其姿ハ圓頓止觀ト者。萬法圓滿シテ直達法界ノ觀心也。一心卽十界。十界卽一心ノ故ニ云ニ無二無別一ト。若然者於ニ己心ニ一心ノ何ナル處ヲ云ヒレ初ト。何ナル處ヲ云レン後ト云云 彼ノ義全今ノ傳ト同レ之 止ノ第七卷ニモ注レ之

20 一、發大心。修大行。感大果ノ事

私云。寶地坊ニハ就レ之甚深ノ相傳有レ之。詮ハ彼ノ傳ノ心ハ。發大心ハ無發ノ發ト。修大行ハ無修ノ修ト。感大果ハ無證ノ證ト云云 今此ノ無ト者。非ニ但ノ無心無念ニ。只說無分別法ノ心地ニテ。不レ見レ迷ヲモ不レ見レ悟ヲモ意也

サテ向ニ眞妄ニ忘ニレ眞妄一ヲ。向ニ言說ニ忘ニ言說一ヲト云云 付レ之無發ノ發ト云證據ハ。此心亦名中實理心ノ釋。三識同在ニ理心一等ノ文也。次ニ無修無證ノ證據ハ。人師。實修實證ヲハ無修ノ修。無證ノ證ト釋リ。又無レ道無滅等ノ文是也 云云 此義努努不レ可ニ口外一。師師相傳ノ深祕モ行者開悟ノ淵源也。最祕最祕

（當念其儘(儘㋩任)ノ心地也）（卍續一一四、十四丁右下。禪門章）（天玄三、六三〇。釋籤）（「道カ」）（已上口傳 如ニ別紙一）

21 一、一念心卽如來藏理ノ文ノ事 （天止一、三七一）

豪性記

惠光院祕決云。一心三觀ノ相貎如何。答。初テ聞ニ本理一ヲ如レ理ノ信解シ。如レ理ノ修行修觀スル是ヲ云ニ一心三觀一ト。本理如レ前ノ 私。中道本有ノ理心也。卽一念ノ慮知也

（天止一、三七一）

釋云。理卽者。一念心卽 ○ 亦復如レ是 矣 詮ハ今此ノ一念ヲハ無念ト傳ル也。迷悟未分ノ故也

22 一、六卽。三卽。一卽ノ習ノ事

溪嵐云。相似已後ハ付ニ斷位ニ明レ之故ニ附ルニ七位ニ敎門ノ位也。故ニ以ニ初ノ三卽一ヲ無作ノ次位ト習也。就レ之又一卽ヲ爲レ本ト時。惠心流ニハ觀行ノ一卽ト習故ニ。一宗ノ大事ハ。皆於ニ觀行卽ニ極ム之。檀那流ニハ理卽ノ一卽ト習フ故ニ。一心三觀ノ依文モ理卽ノ下ノ籤三若境若智同在一心ノ文ヲ爲レ本ト也。今此ノ境智ハ色心也。仍テ此釋ハ我等カ色心合行シテ成ニ一身一ヲ。無始色心 ○ 妙境妙智ノ本意ヲ釋ル也。如レ此ノ我等既ニ生具任運トシテ得タリニ境智冥合ノ色體一ヲ。是卽天台本分ノ覺體也。故ニ不レ待ニ觀境一ヲモ不レ假ニ修治ノ物一ヲモ本覺顯照ノ如來也。觀行卽ハ猶是立ルニ境智ノ行一ヲ故ニ不レ及ニ理卽ニハ也。理卽ハ不レ向レ迷トモ不レ向レ悟トモ。顯ニ無始無終無近無遠ノ本覺ノ己體一ヲ也。

（天玄二、一二五）（天止三、一九〇。弘決）

依之天台釋。一極至理非凡小之近非佛果之遠矣（妙樂カ）。深可思之故。四句成道。證道八相相似已上（天玄一、六三。釋籤）非論限。名字卽猶知一切法皆是佛法解了在之聞。當是疵付八相也。於理卽無聞非法位唱證道八相圓家實義有。去一流義迷悟名字起習祕事有之。依之名字卽判理卽位。日用不知釋。如牛羊眼不解方隅判（天止一、三七四）（同前）。是始覺智爲本故。理卽爲迷也

サテ本覺時理卽當體卽佛故。不向迷悟不向邪正也。依之一念心卽如來藏理釋（天止一、三七一）（同前）。又此理具未曾聞名。此理與佛無毫差也トモ釋也。是釋本覺顯照當體也。故決理卽是佛釋也（天止一、三七〇。弘決）。佛字可思之

私云。三卽。一卽習專惠心流義也。理卽爲本事。惠檀更無不同歟。今大段也云云

23 一、等覺一轉入于理卽習事

溪嵐云。圓意替別教以遍應法界名入重玄門號倒修凡事也。又以之名妙覺益也。是卽以歸理卽凡地入玄門云故。我等當體習妙覺如來也」

依之黑谷一流有二十重三觀。云其相貌。迹門理卽本門妙覺也。是卽不忘始覺智名等覺。忘始覺智名妙覺也。故佛法氣ハナレハテタル理卽衆生以習妙覺如來也。仍歸理卽斷元品無明云也。此事一流大事也。努努不可口外云云

私云。上一流云黑谷相傳也。迹十重理卽至妙覺。本覺。本門十重迹門妙覺爲理卽。迹門理卽爲妙覺也

或禪師云。悟道之人者。聞佛字之日洗耳云云

又或禪師云。百忘百不知爲始而有趣向分云云

又云。三世諸佛不會此法。狸怒白狐會此法云云

已上〔非常情分域云云〕

24 一、等覺一轉入于妙覺事（天止一、三八四）

仰云。一轉云一字可懸意也。所以一轉者。元品一念云事也。意云所翻妙覺一智也。能斷所斷共

無二ナル故ニ云レ一トハ也。轉ト者。「カハル」義也。意ハ等覺ノ人ニテ有シカ。妙覺ノ智起テ元品卽妙覺智ト解合テ。等覺ノ人モ頓而妙覺ノ人也。仍等覺カ「カハリテ」成ニ妙覺ト云レ轉トハ也 已上惠光院ノ口傳抄

己心修行抄拔書

25 一、止觀ニ解行共ニ明歟ノ事

傳云。此事有ニ子細一可ニ存知一事也。凡解行ノ廢立非レ一ニ。玄義文句ノ觀心ハ。同ク雖ニ一家所立ノ觀心一ナリト。彼ハ猶且ク立ツニ心外ニ法ヲ歟。其ノ故ニ釋ニルニ今經ノ首題ヲ一時。令一一文入心成觀トテ攝テ法華一一ノ法門ヲ一入ニ行者ノ一念ニ也。又文句ハ自ニ如是一至ニテ而去ニ一一ニ皆作ニ四重ノ釋ヲ一時。一一ノ文句皆入ニ行者ノ一念ニ也。仍此兩大部ノ意ハ。且ク置ニ心外ニ法華ノ文句ヲ一入ニ行者ノ己心ニ也。仍テ猶己心ノ立行ニハウトキ也。止觀ハ自ニ一念一直ニ付ニ己心ニ立ニ觀法ヲ一也。故ニ同ク緣了ト云ヘトモ心外ニ立レ法ヲ談ス。望テハ止觀ノ觀法ニ下レス之也。此ノ時ハ止觀所立ノ解行ハ皆「己心ノ上ノ解行也。故ニ望ルニ彼ノ兩部ノ觀法ニ時。止觀ノ解行ハ皆」行ノ重ニ取ル也。凡〔止觀ノ〕大旨。行者ノ所期自レ始全心外ニ一微塵計ノ法ヲモ不レ立也。以レ此大旨委細ニ可レ見レ之（天止一、二〇～二一）

26 一、止觀明靜。前代未聞ノ事

問。此ノ八字ハ何樣ナル深意有レ之耶。保胤禪門對シテ惠心ノ先德ニ落涙云云 其ノ意如何ッ耶

傳云。一部ノ肝心也。所以ニ此ノ止觀ノ本意ハ。此生身ノ色心全三身ノ正體也。此外ニ不レ求ニ一法ヲモ一也。十方三世ノ諸佛モ。八萬十二ノ敎法モ。更ニ不レ尋ニ他處ニ一者也。サレハ卽身成佛ノ宗致モ起レ自ニ此八字一也。成佛ノ言モ始而非レ成ニハ本來ノ成佛也。指レ之止觀明靜。前代未聞トハ書給ヘル也。我等カ一念天眞トシテ寂照之德用也。非ニ行者ノ修行ノ力ニ一。非ニ諸佛敎令ノ功ニ一。乍レ生如レ此也。常途ノ經論ニハ衆生雖レ具ニスト佛性ヲ一。爲ニ煩惱生死ノ被テ縛セ不ト顯說ケリ。一家ノ意ハ不レ然。已ニ法華ノ敎起テ後ハサ樣ノ法門無レ之。無レ裏モ無レ面モ。只我等カ色心ノ全體也。妙法也ト信解スル也。仍妙覺ノ如來ト一分モ不同不レ見レ之也。如ノ此法門ハ前代ニ誰カ說レ之耶ト。前代未聞ノ言ハ銘レ肝ニ者也。六卽ノ卽ノ方ニテハ只衆生モ佛モ無レハ不同一

一卽ト習也。凡聖ノ不同ハ六ノ邊也。故ニ信スレハ卽ノ邊ヲ如クニ文字ノ法師ノ不レ推ニ功於上聖ヲ。我等カ色心卽究竟ノ全體也。而ニ又鎭ニ知ルニ六ノ邊ヲ故ニ。如ニ闇證上慢ノ法師ノ不レ住ニ謂己均佛ノ思ニ。依レ之故和尚ノ御持言ニハ。懸ニ心ヲ於妙覺ニ。行ハ還ヘル初心ニ云云（大正藏七五、三七六下。教時義參照）報佛如來常滿常顯。其菩薩界常修常證モ此意也。能能可キ留トム心ニ者也。止觀ノ修行ハ如來果德ノ法門ヲモ凡心ニ置レ之。尤甚深。甚深

依レ之止觀明靜ハ寂照妙覺 照寂覺等 次第也ト習也。可ヲ云ニ止觀靜明ト。止觀明靜ト云ヘル此意也。所詮本來果地果德ノ等覺也。深可レ思レ之。如來果地ノ法門ヲ凡夫ノ心地ニ置レ之。甚深哉。甚深哉。瓔珞經ニ等覺照寂。妙覺寂照矣（天玄四、四。釋籤參照）可レ合レ之。又弘決ニ此ノ八字ヲ釋ル時。語現及往ト者（天止一、二一）。一ノ意ニテ前代モ末レ聞ヨム時ハ。此ノ法體ノ精妙ハ當代ニモ不レ聞（前代ニモ不レ聞）云也。其ノ故ハ法體ハ本來也。聞不聞ナント不レ可レ云事也。仍三世自他全ク不聞ノ法ト云意ヲ顯ス也云云　此義無ニ左右ニ不レ可レ用レ之云云　或ハ又他宗ノ人ハ前代モ當代モ不レ聞也

又溪嵐云。此ノ八字ハ別シテ有ニ指處一歟ト云ニ。惣シテハ雖レ互ニトニ一部ニ。傳信和尚ハ（別シテハ）三處ノ文ヲ指ト被レ仰云云　謂ル天眞獨朗○圓頓「者。初緣」實相○不思議境ノ十一字○云云

27 一、一切ノ圓人。三種ノ止觀共ニ可レ用レ之事

傳云。惠光坊流ノ口傳ニテ。圓頓止觀ハ行者解了ノ體。不定止觀ハ修行ノ體。漸次止觀ハ階位ト習也。此段ハイカナル圓頓行者ニモ可ト有レ之覺ル也。又ハ三觀トモ習也。圓頓ハ中道觀。不定ハ空觀。漸次ハ假觀也。若然者。一念ニモ可レ具レ之也。可レ思レ之云云

28 一、圓頓者初緣實相ノ文ノ事（天止一、九五）

傳云。此圓頓止觀ノ下ノ釋ハ。大師ノ內證。行者ノ己證也。一切ノ行者如レ此解了シ非下可ニ心得一事上ニハ。是ハ正ク圓頓行者對シテ萬境ニ。不下ル爲ニ有緣ノ不レ動セ。無邊ノ「タメニモ」被レ寂セ。不動不寂直入中道ノ形也。實相ト云名モ不レ可レ入。中道ト云名モ不レ可レ入。只直ニ向ニ萬境ニ體也。其ノ文字ヲ書顯ス時如レ此釋ル也。サレハ初緣實相ト云モ。非ニ能緣ノ緣ニ。非ニ所緣ノ緣ニ也。可レ思レ之

第一ノ點ハ初テ緣ニスル實相ヲ。始覺ノ點也。第二ノ點ハ初ヨリ緣ニス實

相一ヲ。本覺ノ點也。第三ノ點ハ初メ緣スニ實相一ヲ。始本不二ノ點也。此初緣ノ初ノ字ハ。一經（經㋩往）ノ中ニ說タル初心ノ菩薩（薩㋺㋩提）ノ分也。大瓔珞經ノ第四云。（大正藏十六、三九下）過去成佛ニ有ニ三事ノ行一。云何ナルヲカ爲レ三ト。有ニ初心一。有ニ生心一。有ニ衆生心一。云何カ爲ニ初心一。無畏ノ菩薩（薩㋺提）ト當レ知。本ヨリ無ニ如來一至ニ眞等正覺一。卽於レ彼（於彼（底）～㋩得）而敎ニ化之一。同日同時ニ盡（盡（底）（亡）㋑㋺㋩悉）成ニ佛道一矣　生心菩提ト者。轉迷開悟ノ菩提心也。初心ノ菩提ト者。生死卽涅槃ノ菩提未タルレ萌サ（キサ）時ノ菩提心也。惣シテ三（三㋺二）種ノ菩提心ト者。妄心ノ菩提心（衆生心）ハ六識ニ下リ。生心ノ菩提心ハ八識ニ下リ。初心ノ菩提心ハ未レ下ニ諸識一ニ也。止觀ノ三根ニモ談合スルコト也。仍初緣ト云ヘルヲ只初メトヨムハ。始本ノ心モ無レ之也。可レ思ニ合之一。故和尙祕藏ノ法門也

所詮此ノ下ノ肝心ハ。只行者ノ心地ノ體ニシテ。全ク非ス解知（知㋑㋩智）解了ノ分ニ。我（我㋩吾）等カ直達法界スル心根ノ樣ソト習也。止五ニ。問。念ノ性（「十六番ノ問答ノ答（答㋑（亡））中也」（「㋺㋩（亡）））離シ緣ノ性亦タ離セリ矣（矣㋑（亡））　問ノ文ナレトモ實義也。又云（又云㋩（亡））。（天止三、一九七）弘五云。（同、一九八）雖レ曰ニ能所ト緣念本ヨリ無（本無㋑㋺㋩（亡））矣　繫緣法界。一念法界モ（法㋩（亡））今此緣（㋑㋺㋩本無」）念本無也。初緣實相ノ緣又同（同㋩（亡））レ之

29　一、無明塵勞（勞（底）身）卽是菩提等ノ文ノ事（天止一、一一二）

問。無作四諦ノ意（意㋑㋺㋩心）ナラハ。煩惱卽煩惱。生死卽生死ニテ可レ有レ之也。今ノ釋猶（猶㋑㋺㋩尙）下ルレ樣也如何

傳云。不レ可レ有ニ相違一。所詮此ノ下ノ法門ハ如レ常ノ不レ可ニ心得（心得）一得（㋩得意）一。只初緣實相ノ心根ノ樣ヲ書（書㋑云）下也。煩惱ヲモ菩提ヲモ不ルレ見行者也。可レ思レ之

師（師㋑㋺㋩仰）云。止觀ハ隨ニ根性ニ可レ談也。爲ニハ上根ノ一部皆迷悟未分ノ重（重（底）（亡））也ト可レ談レ之。〔爲（㋩）ニハ中根ノ下リ八識ニ。爲ニ下根ノ下ニ（也㋩ニテ）六識ニ談レ之也〕云云　三根ノ止觀ノ相承可レ思レ之

（「㋺（亡））「上根 九識 初心　中（根㋑㋩（亡）） 八識 生心　下 六識 妄心」（聞（底）（亡））（「㋑㋩云云）

30　一、云何聞圓法。聞生死卽法身等ノ事（天止一、一一七）

問。如ニ此ノ釋ノ圓頓行者ノ發心ハ。對ニ生死煩惱ニ可（可㋩（亡））レ論レ之歟。然者起信論ノ生滅門ノ法門ニ可レ同ス歟（歟（底）也）如何

傳云。此入門能能可ニ心得（心得㋩得意）一事也。所詮心ニ得（心得㋑㋺㋩得意）テ可レ談（談㋑㋩讀）文ヲ者（者（底）㋺（亡））是等也。所以ニ我人ニ令レ聞ニ圓頓ノ法一之時。我等衆生ニ本來ヨリ法身般若解脫ノ三德アリ。其苦道ノ依身ハ法身也。煩惱ノ心ハ般若也。業因（因（底）㋩用）ハ解脫也（也㋩ナリ）ト說也。全非（非㋩（亡））ニ轉シテ苦ヲ成ニハ法（「㋩非）身ヲ一。只具ニスル苦道一ヲ卽法身也。非（非㋩（亡））下轉シテ煩惱ヲ成中ニハ般若ヲ上（「㋩非）。只

具ニ煩惱ヲ一卽般若也。業モ又如レ此ノ。仍具ル二三道ヲ一故ニ三德ナリト談スル也。依レ之妙樂大師。（祇カ）（天止一、一一七）只聞二三障一卽是三德ト釋タマヘリ。只ノ字ノ所レ顯ス尤甚深「哉云云」當體ニテモ惣シテ無ニ義理一ノ事ヲ釋スルニ只ノ字ヲヲク也。（紙カ）只心是一切法。「一切法是心ノ」（天止三、二九〇。止觀）釋可レ思レ之

サレハ一家ノ意ハ。從レ初不レ向ニ迷悟一トハ也。但シサラハ只三道ニテアレカシ。何ソ「カナラスシモ」三德ト令レ聞耶ナト云不審有レンレ之。夫ハ僻難也。入ニ佛法一時ハ。佛法ノ名字ニテ得ル法ヲ也。就レ之轉シテ二生死煩惱ヲ一得レト之談スルト。押ヘテ二彼ノ三道ヲ一談レトノ之不同也。如レ此甚深ノ法門也。凡圓家ノ心ハ。惣シテ不レ下ニ迷悟一ニ也。凡ソ法華開會之說ノ上ニハ。大小權實「染淨迷悟」等ノ沙（天文四、一五七九上。文句記）汰不レ可レ有レ之事也。衆生無始恆居二三道ノ釋。居ス二三道一ニ故ニ可レ有ル二結緣一釋セリ。殊勝「ナル哉。」殊勝「ナルヤ」

31　一、指歸章大意ノ事

傳云。自行ノ因果。化他ノ能所ニ悉ク歸ニ入スル我等カ本來ノ三德ニ也。是卽修因感果事ト終テ見レハ。只衆生ノ本來ノ妙法也。此妙法ト者。卽色心業也。色心業ト者。我等衆生任運ノ法也。故ニ行シ行シテ後ハ歸ニ無行無發ノ法一ニ。法モ猶無レ法。況ヤ非法ヲヤ

覺大師ノ御相承ニ。涅槃三德ノ義トテ甚深ノ趣有リレ之。一代ノ教法モ又如シレ此ノ。說キ說テハ歸ス二無說無得一ニ也。等覺一轉入ニ于妙覺一可レ思レ之。會シテ二九界ヲ一歸ニ佛界一ニ此ノ意也。衆生ノ外ニ一法トシテモ不レ可レ求レ之。有章モ歸ニ無章一ニナント云相承モ自然ニ相叶者也。諸法從本來。常自寂滅相（大正藏九、八中）

32　一、十章破立ノ事

傳云。依テ只爲レニ不カレ達ニ無生無起一ニ。是故ニ說ニ無生無起一ヲ等ノ釋上ニ。止觀ノ十章ハ爲レ破ンカ立レト之云一義モ出來スル也。是ハ東福寺聖一和尚ノ被レ申ケル義ノ由所ニ傳ヘ聞ラ一也。一分有ニ其ノ謂レ事歟。〔妙樂モ〕（天止一、一六三）若契レ理已ヌレハ無シ復十章一。旨歸尚亡ス。況復前ノ九ヲヤ等釋セリ。相ニ叶此ノ義ニ歟。サレトモ彼流ニハ加樣ニ談シテ十章モ徒ラ事ナト云歟。不レ可レ然事也。十章鎭ニ立レ之。而モ不レ被レ對セニ十章一ニ。是ヲ止觀ノ己證ト習也

凡一家ノ法門ハ每事如レ此ノ心得也。鎭ニ立鎭ニ亡スル也。文非文等ノ（天止一、一五七。止觀）釋モ如レ此心得也。十章ト者。自行ノ因果。化他ノ能所

也。大途ハ六卽ノ次第也。六卽一念ニ卽セリ。十章刹那ニ可亡ス者也。六故簡藍〇不二矣可心之。又云。凡開章トテ一向ニ非可下之。章段ヲモ於心地ノ上ニ開ク之也。意ハ開テ行者ノ心地ヲ爲十章ト也

33　一、因緣生ノ一心三觀ノ事

傳云。一家ノ意ハ。立ハ圓融ノ三諦ヲ只因緣ノ法也ト習也。其故ハ大般若ノ中ニ「諸法因緣。」「因緣故無自性。無自性故」卽是空等說ケリ。一切ノ法自一因一緣不生セ。「かならす」和合シテ生ト談ルノ故也。見之ヲ諸法無自性也。無レハ自性空也。而ルニ又諸法宛然ナレハ假也。卽中也。因緣ト云一句ニ圓融ノ三諦ハ聞タリ。「サテコソ」無自性ノ空ヲ一家ノ空觀トハ意得也。是ハ萬法立スル當體也。仍此ノ空觀ハ諸法「イヨイヨ」存スレハ空觀頻リニ顯レ。空觀鎭ニ顯レハ諸法恆ニ成スル也。故ニ空觀ノ前ニ萬法立スト習也。(天止一、二四一。弘決)何ニモ無キヲ之空觀ト云ハ非一家ノ空ニハ也

今ノ決。又復因緣爲諸法本ノ釋。尤殊勝也。仍中論ノ三觀ハ只因緣ノ一句也ト習也。一處ノ釋ニ。因緣所生法ノ一句ヲ雙照ノ中ト「被釋タリ。」殊勝ノ事也。第九卷ノ因緣禪(天止五、一四三)ノ下能能可思之。如此ノ習ヘハ一家ノ圓融ノ三觀ハ。俱舍ノ六因四緣ノ所談ニ顯ルル也ト習「也。近比」殊勝。殊勝

五卷抄云。中論ハ因緣所生法ノ上ニ卽空卽假卽中トテ別ニ立假諦ヲ也。(天止三、二四三)三諦無形等ノ釋ハ。假法ヲハ卽假諦ニテ(同前)卽此假法等ヲ釋セリ。隨緣眞如ノ意也云云

34　一、圓人修觀ノ一念ノ姿ノ事

問。圓ノ弘誓ノ下ニ。(天止一、三三四)根塵相對一念心起ト云ヘルハ第六識歟。一(同前。弘決)念心起與前不別ト云故如何

傳云。行者觀境ノ一念ハ只同物也。而レトモ藏通ハ觀六識ノ心ト。(天玄三、六三〇。釋籤)別教ハ思第八識ト。圓頓行者ハ只三識同在理心ノ法界ノ一念也。サレハ今ノ弘ノ釋殊勝也

尋云。(天止一、三三四。弘決)能觀ノ觀智ヲコソ與前永異トハ釋スレ。所觀ノ境ヲハ。(同前)一念心起與前不別ト釋セリ如何

傳云。〔此釋コソ〕深深ナレ。依ル能觀ノ觀智ニ只我等カ一念ヲ心得替ル也。仍能觀ノ觀智與前永ク異ナリ。(同前)卽此一念卽是三諦ナリ

〇若根若塵並是法界ナリ。(秖カ)法界只是三諦ノ異名ト釋セリ。返返得タマヘル宗ノ家ノ內證ヲ者也。大方圓頓行者ノ觀境。六八九ノ諸

識有ニル異義一事也。然ルニ故和尚ハ止觀ノ元意ノ重ハ只第九識也。此ノ九識ハ常ノ非ニ九識一ニ。三識相卽ノ九識也ト被レ傳也。授決集ニ云フ尤相叶歟

弘下ノ文云。此ノ四ノ四弘ニ一一ニ皆云レ觀ニ一念心一ト者。只是根塵相對シテ所レ起之心ナリ。分ニツ四ノ別一ヲ〔者ハ。前之二教ハ巧ト拙ト雖レ殊ナリト皆爲レ滅ルコトヲ心ヲ以テ爲ニ極果一ト。別〕人ハ乃爲ニ迷解之本一ト。圓人ハ卽知ル心是レ法界ナリト。緣シテ此ヲ發心宛然トシテ可レ見ツ。世人何事アテカ固ク執ル一途一ヲ矣　此釋可レ思ニ合之一

又云　止常境無相。常智無緣等ノ事（天止一、三四三）

傳云。以テ此釋一ヲ可レ知ル圓頓ノ行體一ヲ也。初緣實相ノ緣モ。今ノ無緣ノ緣ニテ可レ得レ意也。甚深。甚深。凡今此境智ハ一念ノ境智也。全非ニ前念後念ノ境智一ニハ。仍而妙樂ハ境智冥合ニテ釋シタマヘリ。殊勝。殊勝

又云　弘問。觀心之人ノ心智如何ッ名ク與レ境ト一ナリト。任テレ彼ニ自ラ答ヨ矣（天止一、三四四）

傳云。是ハ上ノ指ト無緣無相ノ境智一ヲ云也。而ルニ自答ノ詞ノ所レ顯ス同事ナレトモ。只指ス行者ノ自證一ヲ也ト可レ云也。義ハ無緣無相ノ境智勿論也。今ハ觀心之心智與レ境一體ノ義ヲ問シ顯ス也。仍正ク就テ行者ノ己證一ニ境智一體ノ義ヲ可レ答ス也。夫ハ只一念ノ境智也。如ク第五卷ノ『不思議境智卽陰是觀ノ可ニ心得一也。（天止三、一九〇。止觀）山家ノ大師ノ一言ノ相承豈ニ非レ之哉。入門計注レ之。或ハ不レ及ニ筆端一ニ智也。甚深哉。甚深哉

又云。一念心卽如來藏理ノ一念。六識八識ノ事

傳云。常ニ有ニ異義一事也。檀那流ニハ第六識ト云　但愚存ハ此一念ハ如レ例。生佛未分ノ一念ト存ル也。上ノ四弘ノ中ノ圓ノ弘誓ノ時ノ沙汰不レ可ニ相替一ル。六識八識ナトノ沙汰ハ。返返無念ノ次第也。一念三千ノ一念モ不レ可ニ相替一ル也。此ノ一念ヲ妄情ヘ下サハ理卽ト云事モ不レ可レ貴カル事也。但シ我等カ扨有ル一念ノ條ハ勿論也。仍爰元ヲ六識ナトトハ被レ談也。若サル邊ハ可レ有レ之也。而ルニ今ノ理卽トテ沙汰セン日ハ。我等カ一念なれハトテ六識ナトヘハ「沙汰すべからサル」こと也。能能此入門を可ニ思案一ス也。前ニモ云樣ニ一家ノ六卽ノ前ニハ迷悟ノ沙汰不レ可レ入也。只就ニ本覺本分ノ心體一ニ談スルニ六卽一ヲ也。仍深深ノ入門

也。可レ思也。此邊ヲ不レ得レ意。都テ一家ノ法門ハ不ニ落居一セ事也ト習傳タル也。一大事ノ』法門也。穴賢穴賢。不レ可ニ聊爾一。「不レ可ニ聊爾一」云云

已上一念ノ姿。四條共ニ一巻ニ有レ之

下ノ五　止　夫一心具十法界ノ一心ハ觀行卽也。（天止三、二七一）然トモ理卽ノ一念ヲ三千ト談スルカ觀行ナルカ故ニ共ニ不思議ノ理心也

又云。已下五巻下

傳云。止觀ノ觀境ニ六八九ノ異義有レ之。但愚存ト重重有ニ子細一。凡一家ノ觀境ハ只是不思議ノ理心也。其理心ト者。只根塵相對ノ一念ノ心也。指レ之三識同在ニ理心一也ト云。サレハ但觀識陰ノ識陰ハ。不レ限ニ第六識一廣ク互テ三識ニ釋レ之ヲ見タリ。但シ五識五意識定是今境ノ釋ハ。（天止三、一二三。弘決）一切非レ定ニハ觀境ヲ一也。先就ニ五識五意識幷ニ第六識一用捨スル時。今ノ陰境ハ報陰ノ無記ナルカ故ニ。五識五意識ヲハ無レハ分別一悉ク取ニ今ノ陰境一ニ也。指レ之定是今境トハ釋ル也。（同前）於テハ第六識一ニ不定ナルカ故也。必シモ依ニ此釋一ニ五識五意識ヲ爲トハ觀境一ト不レ可レ定。サレハ今ノ一段ヲハ八識所觀ト云人モ有レ之。深義其樣ノ釋ニテ如レ此成ル也

心如工畫師ノ文ヲモ第二ニハ第八識ノ無明ヲ爲ニ畫師一ト釋セリ。今また可レ然耶。然者三識同在理心ノ識心ト心得タル殊勝也。殊ニ深義相ニ叶フ其ノ樣ノ釋ニ也。返返止觀ノ意ハ。指ニ我等カ根塵相對ノ一念ヲ一也。是ヲ爲ニ觀境一ト也。仍六識ト云宗ニテハ六識也。八識ト云宗「ニては」八識也。九識ト云宗ニテハ九識也。一家ノ意ハ不二ノ一心也。全不レ可レ同ニ常途ノ説一ニハ。可レ思レ之云云

又云。介爾有心卽具ノ三千ノ一念。又六八九ノ異義重重也

一義云。第六識也。指ニ凡夫ノ一念一ヲ三千具足ノ念心得ル故也。仍今ノ釋。（天止三、二七一）若無レハ心而已ヤミナン。介爾ニモ有レハ心卽具トニ三千一ヲイヘリ。介爾ノ心豈非ニ六識一ニ耶。無レ心而已ト者。心ノ不レ起時ハ無トレ力云也。弘決ニ（同前）言ニ介爾一者○未ニ曾斷絶一等釋セリ。第六識ト聞タリ

又一義云。第八識也。止觀一部ノ起リハ無明卽明ノ故也。但今ノ釋ハ者。若シ無ニ心ノ而已ハマクノミ一ト如レ此ノ「ヨムヘキ」也。第八識ハ微細ノ心ニテ如ニ無心一ノ也。依レ之仁王經ニハ。（大正藏八、八二八下）異木石ト說ケリ。宗鏡ノ

錄ノ中ニ。第八識ヲ名ニ介爾ト釋セリ。但故和尚ノ御相傳ニハ。只不思議ノ理心也。是ヲ一家ハ云フ二第九識ト一也。三識同在理心ノ九識也。論家ノ九識ハ。六八九相對ノ九識也。猶是思議ノ第九識也。一家ノ九識ハ染淨一如ノ不思議ノ九識也。今ノ一念三千ノ一念モ此心也。無レ疑哉。仍介爾ト者。第九識微細ノ心也

止云「巧安止觀下」（天止三、三四二）介爾念起ノ所念モ念者モ無レ不ニ卽空一矣

決云。言二介爾一者。非下緣ルニ二妄境ヲ一但シ生中一念上ヲ。謂二我カ觀成ルヲ一名テ爲二介爾ト一等釋セリ（天止三、二七一）。是其證據也

35　一、又云。此三千在一念心ノ事

傳云。人師等ハ只數ヲ沙汰スルカ目出度事ナト申事也。ケニモ生佛互具シ。凡聖一如ナル程ニ深深ナル事有ニ何事一カ耶。但故和尚常ニ人被シハ二尋仰一。一念三千ノ觀法ヲハ何樣ニ修シ給耶ト被レキ尋タリ。分明ニ申人無カリキ。所詮三千ノ觀法ト者。全其數ヲ要トスルニテハ無レ之也。只法ノ法體圓ニシテ一法モ不レ滅。是ヲ云ニ一念三千ト一也。サテ其ノ不滅ト者。只一念ノ當體無クシテ癖モサテ有ルノ重也。一分モ不レ繕ハ也。佛界衆生界ノ情無レ之也。無クニ一分ノ昇進モ一無ニ一分ノ卑下ノ心モ一也。此時三千ノ性相。當位卽妙ニテ一法モ不レ滅也。境智泯絕ノ位也。仍不レ可トレ叶ニ解ノ位ニモ云モ此意也。解ノ位ニハ猶存スル二境智ヲ一故ニ境猶向レ智ニ也。仍何カニモ九界ハ可レ歸ニ佛界ニ一。此時ハ三千ノ性相不レ立也。以レ意知ンレ之。以レ言莫レ述ルコトレ之

「第一畢ヌ」

「一。止觀口決。第」二卷

36　一、可レ觀ニ無念ヲモ一事

傳云。弘決云。又爲下世人多謂ニ生心一爲モ妄。須レ觀等 矣（天止一、五二六）

此釋殊勝也。常ニ生心ヲハ觀レシテ之爲ニ妄境ト一。於ニテハ滅心ニ謂テ二無生ト一不レ觀也。是ヲ被レタリ破セ。尤有ニ其ノ理一リ哉。此僻見世閒ニ多レ之。爲レ之カ如何。一家ノ意ハ。念念卽無生ト體達スル也。更ニ無キヲレ念不レ謂ニ無生トハ一也。無念ト云モ實ニハ未念欲念也。未タルヲレ至ニ正念ニ一「ソムイテ」無生ト云歟。不便。不便。一念不生モ此等ノ意ニテ可レ思レ之。根塵相對ノ一念自レ元離タリ二四句百非ヲ一。故ニ無生ト云也。一切非レ簡ニハ念ヲ也。能能可レ思レ之。サテまた只無性ト解知テ有重ニハ非ス。此重ヲ能能苦勞シテ可レ思レ之「哉云云」

「第二畢ヌ」

「一。止觀口決。第」三卷

37

一、滅絕絕滅故名絕待ノ事（天止二、一二六）

傳云。此絕滅ノ止觀ハ。迹門ノ破情ト被レ云此等也。絕滅ト云上ニハ不レ可レ有ニ子細一。而ルニ猶簡ニテ絕滅一ヲ云ニヒ滅絕一ト。簡ニテ滅絕一ヲ猶云ニ絕滅一ト故ニ情執トニカクニ轉スル也。如レ此云立ナハ都テ以レ血洗レ血ヲ「コトク。」情想惣シテ不レ可レ盡ク也。本門ノ意ハ自レ元不レ見ニ生佛迷悟一ヲ故ニ。只一重ノ絕待ニテ可レ止ム也。凡絕待觀ノ意ハ。一念モ云レ有ト所レ止マル者。如下立ニテ虛空一ヲ執カ中虛空上ヲ。不思議モ中中只一重ハヨキ也。不思議モ猶不思議トイヘハ。不思議カ不レ「盡ト也。」此等ノ入門觀門一大事也。能能可レ令レ沈ニ思之一哉。不レ可ニ聊爾一也云云

38

一、化他絕待ノ事（天止三、三〇三）

問。有因緣故亦可得說ノ日ハ。只如レ元ノ可ニ相對一ナル。何ソ化他ノ絕待ト云事有レ之耶。不審。不審哉

傳云。此事難モ實ニ來レリ。而ルニ可ニ心得一樣ハ。絕待ノ化他ト者。自ラ明ニル絕待ノ理一ヲ故ニ。自在ニ向レ人ニ說レ之。法華ノ開權ノ妙法可レ思レ之。無說ノ上ノ說也。無相ノ上ノ相也。更ニ不レ可レ同ニ相對判麁ノ義一ニハ也。得意爲言ノ三諦モ同事也。法界實相ノ理顯タル歟ハ終日雖レ說。終日不レ說。常雖レ不レ說又終日說レ之也。惣持無文字。文字顯惣持ノ文可レ思レ之（大正藏八、七二〇下。勝天王般若經）。扨自行化他ノ中ニハ以ニ化他ノ絕待一ヲ爲レ本ト云義モ有レ之（天止一、一五三。止觀）。所詮自他ノ言說分別無レ煩者也。一念三千モ化他ノ妙境ヲ爲レ本ト樣在レ之云云

39

一、假諦ノ理ノ事

傳云。假ノ理ト者。處處ノ釋有レ之。而ルニ照假名理分別無謬ノ（天止二、二二四）今ノ釋殊勝也云云 次下ニハ假理常然ト釋セリ（同前）。只森羅萬品ノ當位不改ニシテ常住ナルヲ云ニ假理一ト也。以レ事ヲ云レ理ト也。能能可レ思レ之。深深ナル「哉ヲ云」

40

一、被接所詮之事

傳云。被接ヲ約ニ證道一ニ故但約レ觀故ト心得ル時ハ（天止二、三二五。弘決）。被接卽爲ニ末代行者ノ一云也。其ノ故ハ一切ノ行者。一念ノ修行ハ皆向ニ空觀一ニ也。何カニモ捨邪歸正ノ邊有レ之故也。サテ於ニ此空觀一ニ開クニ中道一ヲ開當ニル被接一ニ也。是ヲ云ニフ別接通一ト事ハ斷迷開悟ノ方也。

仍一生破無明モ實ニハ圓ナレトモ。斷迷開悟ノ方ニテ是ヲ云ニ別攝通ト也。此入門尤殊勝也。可レ令ニ思案一也。「深深哉。深深哉。」不レ可ニ聊爾一

「第三卷畢ヌ」

「止觀口決。第」四卷

41 一、能使一行一切行事（天止二、四八五。弘決）

傳云。一行一切行ト者。圓頓行者。獨一法界ノ修行ノ相也。尤深深ナル歟。山家云。一行一切行。恆修四三昧ノ釋可レ思レ之。（傳全四、二五八）只一念三千ノ修行也。不レ可レ有ニ別ノ樣一也

尋云。獨一法界ノ修行ヲ云ハハ一行一切行ト。我等ラ讀ニ法華經ヲ時ハ一切ノ人可レ讀レ之ヲ。而ルニ無ニ其義一也。如何可ニ心得一耶

傳云。此難不レ被レ云事也。一念三千ノ修行ト者。云フ只心是一切法。一切法是心一ト。（天止三、二九〇）故ニ萬行萬善全ク一念ノ體性也。非ン何レカ我行ニ耶。風聲水音「まても」此行體也。勿論勿論 云云

42 一、一心三觀以照ニ持犯一事（天止二、五四八。弘決）

傳云。此釋一心三觀卽圓頓行者ノ持相義。返返神妙 云云

所詮戒家ノ意ハ。一心三觀。一念三千ノ修行ト者。只事相ニ持チ三衣ヲ守ニ戒相ヲ外ニハ無レ之也。今ノ釋卽此意也。卽事而眞分明哉 云云

尋云。如ニ此ノ釋一者。只雖レ不レ受レ戒ヲ修ニ三觀ノ行ヲ一卽可ニ持戒一歟

傳云。不レ爾。今ハ於ニ事ノ持戒ニ勸レ觀ヲ也。依レ之次上ニ是則於レ事ニ勸ム更ニ加ヘスルコトヲ觀ヲ。（天止二、五四八）不レハ聞レ有リト觀而忽ニスレハナリ於事ヲ釋セリ。不レ受レ戒ヲ只修ニ一心三觀ヲ一。全不レ可レ名ニ持戒一トハ也。能能可レ見ニ前後ヲ一也

43 一、乘戒四句并ニ三學必可ニ兼備一事

問。戒急ノ力ニテ何不レ得レ道ヲ耶。又乘ノ急ナル故ニ何不レ生ニ善處ニ耶

傳云。此四句ハ有ニ相傳一事也。如ニ所難ノ戒急乘緩ノ者モ。戒行至テ急ナラハ得道不レ可レ疑。乘急戒緩ノ者モ。乘至テ急ナラハ生ニ善處ニ云條無レ疑者也。今ノ緩急ノ四句ハ約ニ中庸ノ者ニ也。隨分ノ口傳也。其上於ニ乘緩ニ者。不ニ名テ爲レ緩ト。於ニ此中ニ猶有ニ子細一釋リ。就レ中此四句ハ乘戒各別ノ時ノ沙汰也。

乘戒不二ノ意ニテハ不レ可レ談レ之哉

予請ラク。見ニ乘戒緩急ノ四句ヲ知ニ諸道ノ昇沈。得道ノ遲速ヲ畢。實ニ如下向テ明鏡ニ見中影像上ヲ。幸ニ得ニ難レ得之人身ヲ。遇テ難レ逢妙法ニ。鎮ニ守リ大乘圓頓之妙戒ヲ。常ニ修ニ一心三觀ノ妙行ヲ。宿殖可レ貴。來報可レ憑ム者也

止云。事理無レ瑕。觀念相續シテ。今生ニ即應シ得道ヲ矣（天止二、五六五）

决云ク。事ハ即前ノ四ナリ。理ハ即後ノ六。圓人ハ一生ニ有リ超登スル十地ニ之義。故ニ云ニ一生可獲ト矣可レ憑可レ憑。何況極大遲者不出三生ト云耶。後見必ス莫レ倦レ之。幸於ニ人中ニ受レ道。何還ニ生死ニ哉。可レ思レ之云云（同、五六六）（同前）

44　一、無常觀念即常住ノ觀念ノ事

下第七卷抄事。用ニ無常ヲ時全不レ尋ニ二念ヲ。只當位即妙ノ觀也。全不レ可レ同ニ權教ニ（天止二、五八五）

傳云。今ノ人命無常。一息不追等ノ釋。天台ノ御釋ノ無常ノ詞ノ明句也。能能可レ思レ之

故和尚常ニ被レ仰キ。一家ノ無常ハ即常住也。只當位即妙ノ修行也。每事念念歩歩ニ都テ不レ期レ後ヲ。故ニ成スル直達法界ノ觀ヲ面白キ事也。依レ之第七卷ニハ。以ニ此觀ヲ云ニリ道心ト。可レ思レ之。小乘等ハ自レ元不レ知ニ常住ヲ故ニ但ノ無常也。一家ノ學者ハ知テ常住ヲ。其上ニ凝ス無常ノ觀ヲ也。故ニ還テ成スル常住ノ觀ヲ也。能能還レ源ニ復レ本ニ可レ廻ニ思慮ヲ哉。斟酌。斟酌

「第四ノ心地畢ヌ」

「止觀口決。」「第五卷ノ下タ」

45　一、以レ觀觀レ昏即レ昏而朗等ノ事（天止三、一一七）

傳云。此一段ノ御釋。殊勝貴ノ御事也。大律師ノ御坊被レ誦ニ此文ヲ時。赤山御影向有レ之云云故ニ此文ハ能能ノ深深ナル事也。其ノ故ハ止觀行者三毒等起リ來ラン時キ除クモレ之違ス。又タ隨モ不レ叶。進退是レ盡ル。其觀相ヲ當以レ觀觀レ昏等書ケリ。是又一切我等カ非ニ習事ニハ非ニ知ル事ニモ。只正ク行體ノ心根也。如ニ圓頓者ノ下ノ料簡ノ。所詮只一念三千ノ觀法也。更ニ非ニ對治病ノ止觀ニハ。止觀自ラ明了ナレハ昏散モ又寂照也。指レ之如レ此釋タマフ也。隨テ昏散ニ止觀「イヨイヨ」明了也。只任テ行者ノ觀力ニ知レ之。更ニ勿レ難ルコトレ之。勿論。勿論。『其便。其「便云云」』

46　一、圓人ノ觀境色心ノ事

傳云。惠心流ニハ一義ニ圓頓行者ハ從レ色入ト被レ申ケル也。止
(天止三、一六九)諸經ニ說レクコト觀ヲ多ク從レリ色起レリ。故ニ以レテ陰ヲ爲レ初ト耳矣。今ノ釋
然見タリ。道理ハ自ニ無相ノ境ニ入ル故ニ。色法ハ無相ナレハ先觀レ之
云歟。就レ中以ニ色心ヲ辨ニ境智ヲ時ハ色法カ成レ境ト也。サテ
(天止三、一二二)去レ尺就レ寸等ノ釋ハ。其モ陰入ノ中ノ識也。陰入ヲハ皆色ト心
得ル也。煩惱境ヲハ皆心法ト取ル也。陰境ト與ニ煩惱境ト相對シテ
分ニ色心ノ釋有レ之歟　云云

但惠光坊ニハ去尺就寸ノ釋ヲ爲レ本ト。自ニ心地ニ向ト申ス也。
故ニ云ニ一念三千ト也。(大正藏四六、四五二上。止觀義例)修觀次第必先內心等釋分明也。今ノ
釋ハ陰境ヲ付レ爲レルニ初ト有ニ依經現前ノ二義ノ中ノ一義也。弘
決ニ會レト之見タリ。可レ思レ之

47　一、闇證ノ禪師非ニ達磨宗ニ事

傳云。異朝ニ如レ此ノ惡見ノ人有レ之歟。而ルニ常ニ指ス佛心宗ヲ
由被レ談歟。愚存ハ頗ル不レ可レ爾ル歟。佛心宗ト者。山家大師
御相承ノ宗也。〔慈覺大師又同ク相傳タマヘリ。〕若一家ノ所
破ナラハ爭カ可レ被レ載ニ相承ノ內ニ耶。就レ中彼ノ宗ハ一切謂己
均佛ノ思無レ之。不知安內ノ人如レ此云歟。但當世禪門ノ徒
僧ノ中ニ有ル相似ノ人ニ歟。其ハ只人ノ失也。全非ニ彼ノ宗ノ正
體ニハ也。能能可レ思レ之。傳聞ク彼ノ宗ノ爲レ體。均レトモ佛ニ均トモニ
何物ニ不レ談也。相合處ニ成レ宗ヲ云云可レ尋也

48　一、只心是一切法。一切法是心ノ事(天止三、二九〇)

問。此相貌遁ルルニ縱橫等ノ見ヲ樣如何

傳云。此十一字正顯ニ一念三千ノ正體ヲ也。一心生ニスト一切ヲ
云モ縱ノ見也。一心ニ含ニスト一切法ヲ云モ橫ノ見也。是皆一心ト
與ニ諸法ト各別ニテ沙汰スル也。仍以レ之屬スル縱橫ノ見ニ也。扨只
心是一切法ト者。一心卽一切法。一切法卽一心也。全ニ
物ニテハ「沙汰セサル」也。只ノ字ノ顯處是也。大方一家ノ釋ニハ。
只ノ字ト直ノ字トヲ可ニ心得ニ也。當體ヲ押ヘテ談ル義也。一念只三
千。(天止三、一九八。弘決)三千只一念也。簡ヒ生ヲハ具ヲハ用ルモ是也。能能可レ思レ之
哉。緣念本無ノ上ノ觀法也。深深。深深　已上　一念三千ノ法
門ハ理性ノ妙境也。妙樂ハ理ノ境ト釋セリ。人師ハ性德ノ妙境ト矣
云云

又惠鎮ノ仰云。夫一心具十法界ト者。今此ノ具ハ更ニ非レ論ニ
能具所具ヲ。只是一心カ卽十法界ノ體ニテ有ト云心也。心外無

別法ノ義也。具ノ字可レ思レ之

49　一、三種ノ妙境ノ大綱ノ事

尋云。性徳ノ妙境ト云。修徳ノ妙境ト云不審也。上ノ一念三千ノ法門モ行者修観ノ體也。何ソ是ヲ云ニ性徳ト一耶。彼若又修徳ノ観境ナラハ。何ソ事新ク別ニ修徳ノ妙境ヲ立ル耶。惣シテ三種ノ妙境ノ様如何

傳云。大切ノ習也。第五巻ノ肝要也。所詮十乗ノ中ニハ實ニ第一ノ観不思議境カ一大事也。サレハ上根唯一法ニテハ。此一種ニテ無ニ相違一者也。於ニ此不思議ノ境ニ。又雖レ有ニ種種ノ釋一。肝心ハ只三種ノ妙境ヲ習也。大概愚存ノ分可レ述レ之。所以ニ理性ノ妙境モ。行者ノ修観ノ境ナル條勿論也。而ルニ是ハ只如ク（天文五、二二五六下）境發レ智ヲ也。境發智爲報ノ分也。仍是ヲ云ニ理性ノ境ト一也（境。法身）當レ知身土一念三千（是ハ性徳ノ妙境也）「故成道時」稱ニ此本理一（天止三、二七〇）徳ノ妙境也　一身一念遍ニ於法界一（是ハ化他ノ妙境也）已上此文ニテ今ノ一段可レ習レ之哉

修徳ト者。從ニテ能観ノ邊ニ自レ本無ニ四性一邊ヲ談レ之。是ハ智冥（天文五、二二五六下）境爲受ノ心也。仍以レ智爲レ本ト也。妙樂ハ。所以將理對修料（天止三、二九二）簡。令識修具全是理具ト釋セリ。能能可レ見ニ妙樂ノ釋ヲ一也。所詮以レ境ヲ爲レ本ト。以レ智ヲ爲レ本ト面ヲ釋ル也。化他ノ妙境ハ又隨レ他ニ。有ニ因縁一故ニ。不レ簡ニ義味ヲ一鎮ニ説レ之也。是ハ冥合ノ邊也。サレハ此ノ三段ノ様ヲハ性徳ハ法身。修徳ハ報身。化他ハ境智冥合ノ應身ト習也。行者ノ一念ニハ只境智冥合ニテ有ル也。此口傳深深哉。深深哉

無作三身ノ倶體倶用モ此三段ニテ可レ習也。若但只信事中遠（天文五、二四一下。文句記）壽 ○ 難思境智　矣　此本地難思境智モ。今ノ一念三千ノ様ニテ被ニ心得一。深深。深深

私云。理境ハ法體ノ儘ニテ三千具足ノ姿ヲ釋ル也。十一字ノ文是也。介爾ノ念ヲ爲ルコトハ本ト。無記ナレハ不レ落ニ一法ニ三千自ラ具足スル故也。修境ハ上ノ本理ノ四句ヲ求ニ不可得ナル方ヲ釋也。情亡スレハ己レト互具スル也。化他ハ對シテレ機ニ本理ノ三「千ヲ有ノ儘ニ」説也。仍四句共ニ具ニ三千ヲ相ヲ釋スル也。文ニ見タリ

50　一、自行ハ不可説。化他ハ可説　幷　化他ノ妙境勝事

傳云。若得ニテハ斯ノ意ヲ一類ニシテ一切ニ成ニ法門ヲ一。種種ノ味勿レ

嫌フコトレ煩シク等ノ釋（釋イ見）。尤深深ナル哉（深深哉イロハ甚深也）。自行ノ邊ハ言語道斷心行所（所イロ處）滅ナトト云也。化他ノ妙境ノ時ハ（時ハ意）左樣ノ（左樣イサヤウロハサ樣）煩ヲモ不レ持也。任マカセテレ言ニ談シレ之。隨レ義ニ談レ之。自レ元（元イハ在ロ本）無窮ノ（窮ハ量）重也。但見テ二此ノ釋ヲ一（釋イ見）全ク不レ本ニ付二玄妙ノ理體ニ一人。恣ニシテ二義理ヲ一不レ向カ二幽玄ノ體ニ一。不便。不便云云（云云イロハナシ）此條一切ニ非レ嫌ニ義味ヲ一也。「サレハ」（「」イ去トモロハサレトモ）不レ付ニ（「ハ本）本理ニ元ニ（元ハナシ）程ハ。向ヘハ二義理ニ一一念ノ法ニウトキ處有レ之（有イロハ在）。無思無念ノ重位ニテ念念ノ法體自然ニ顯ルル也。法性自爾非作所成ノ樣可ニ心得一也。一念ノ閒隔ハ天地玄隔ル也（「イロハ者）。爰元ヲ（元ハ本）能能可ニ心得一（心ハ意）也。進退難レ治也。十カ之（之ロナシ）八九ハ有レ言ノミ無レ實也（也ハナシ）。爲レ之如何

51 一、又仰云（仰イハ傳）。三種ノ妙境ノ勝劣ノ事

如ク二前ニ云カ一三種ヲハ只行者ノ一念ノ具德ト習也。其ノ上ハ不レ可レ有ル二傍正一者也。但一流ノ習ニハ。以テ二化他妙境ヲ一爲ト二本意一ト習也。念念不レ住ニ（住イ任）一法ニモ。不レ簡ニ言語分別ヲモ一者也。無相ノ上ノ相。無念ノ上ノ念也（念底ナシ）。能能可レ思レ之哉（之底ナシロ思）

起慈悲心ノ（心ハナシ）下ニハ無ニ殊ナル事一故ニ不レ注レ之

「第五畢ヌ」（「」イロハナシ）

「止觀口決。第六卷」（「」イロハナシ）

52 一、〔破法遍下。前之四法用無前後事〕

破法遍ノ下ニ。前之四法用無前後ト者（天止三、二二九。弘決）。上ノ三乘ハ境ト智ト冥合ト也。此時無明昏闇晴ルル（「イロ矣）故ニ爾云也。無明ノ去ルハ（去イハ玄ロ晴）卽破遍也

53 一、六處元意ノ事（「イロハ同）

弘決云。一破見位（天止三、四五二）（「後カ）。二破思位（「ハ後）。三四門料簡中。四出假利益（「位カ）。五結ニ破法遍一文後（後底從ロ段）。六修ニ中觀一初矣（「文カ）（矣イ文）此元（元イ之）意ト者。萬法ハ一心ノ具德也。而ニ破法遍ノ文廣シテ可レ忘ニ此ノ元意ヲ一。故ニ爲ニ令ンカレ（令イハ念）不レ忘レ本意ヲ一處處ニ示ニ元意ヲ一也。被接（接イロハ攝）名別モ皆顯ニ己心ノ具德ナル事ヲ一也。畢（畢イロハナシ）

「止觀口決。第」七卷（「」イロハ同）

54 一、識通塞ノ心地ノ事

仰云。今ノ塞ハ雖レ異リト二常ノ煩惱ニ一ハ。煩惱ニ成レハ同物也。是ハ能觀還テ成レ塞ト治也。常ノ塞ヲ破遍ニテ治ル（助底イロ除）也

55 一、修道品正觀助觀ノ事

仰云（仰云イ依之）。道品ハ念處ヨリ起レリ。念處ハ正觀也。不思議境等ハ直ニ

觀スル二諸法ノ體一ヲ。今ハ約シテ二道品一ニ觀ル二三千三諦ノ妙法一ヲ也。雖二道品一ト無作ノ道品也。下ノ對治ノ下ニハ。（道品㋑㋩无）此卽前六名爲二正行一矣（天止四、二五〇。弘決）今ノ念處等モ不思議ノ念處也。仍道品ハ無作ノ道品也

56　一、助道對治ノ事

仰云。今ハ爲二根鈍遮重者一以レ事ヲ助レ理ヲ。實ニハ事理不二也。〔（ハ）六度モ無作ノ六度也。卽事而眞也。〕無常數息等ノ觀モ異レ權ニ也。委ハ如レ上ノ（如㊄无）。不定止觀等ハ猶（猶㋑㋺㋩尚）以二體外ノ權一ヲ對レ頓ニ也。於二此下一ニ對轉兼具ノ沙汰在レ之。如レ此煩（法歟）ハ敷事也。

又無常殺鬼等云ヘル（天止四、三〇一）釋（釋㊄見）正ク道心ト者。無常ノ觀ト見タリ（如此㋑卽法㋺㋩如法）

57　一、知次位之事（之㋑㋺㋩无）

仰云。正助ノ觀法ハ第七マテ也。今行者ニ令テ知二次位一ヲ爲レ不レンカ（「㋩爲）令メ起二慢心一ヲ故ニ（「㋩也）。知次位已下（已㋑㋩以）ハ判ル二上ノ七ノ是非一ヲ事（事㋩計）也

58　一、第九能安忍事

仰云。既ニ圓人ノ出假ニ有二三根一。不レ可レ斥フ二相似以前ノ說法一ヲ。今ハ不レ叶二前ノ八法一ニ人。至二第九一ニ故ニ釋二其ノ意一ヲ也。依レ之一切不レ可レ廢ス二初心ノ利益一ヲ。但隨分ニハ加ヨ二斟酌一ヲ。大切大切ノ後輩鏡之耳（耳㋑東）。南岳ノ四擇。天台ノ三術（三㋺无）。豈ニ不レン軌ナラ耶（「㋑㋩云云）（耶㋩哉）

59　一、入住功德今無所論ノ事（天止四、四一二）

仰云。所詮住上ハ化他也。五品モ第五品已後（已㋑以）ハ化他也。セメテハ第二品マテ也。實ニモ衆生ノ出離ハ初品迄（迄㋩マテ）也。分別・隨喜・法師・不輕ノ次第皆爾也。又六卽ノ中ノ初ノ三卽三身覺備ナル（備㋑㋩滿）義。實ニ貴哉。貴哉　已上（已上㋩无）

60　一、前六重依修多羅（多㋩无）○以立正行釋ノ事（天止三、一〇八）（以立㊄无）

己心立行抄令二拔書一畢（「㋩已上）

（義科）惠殘抄云。以開妙解ト者。前六重也。此ヲ普通ニハ雖二名字ノ妙解一ト。當流ニハ依二修多羅一ニ開カントスルテ二妙覺ノ悟一ヲ云二妙解一トハ也。今依妙解ト者。理卽是ノ菩提心ヲ指（「㋩指）（指㋩无）也。サテコソ一念心卽如來藏理ト妙解セシヲ不レ動カサ以立正行ト一徹スル也

私云。妙解妙行（行㋩解）ノ二段ハ。檀那ノ諦觀用心抄ニ深深（深深㋑㋺㋩甚深）也。所以ニ不レ著二一法一名爲（爲㋑无）二妙解一○云云（云云㋑㋩矣）

61　一、十境ノ中ニ不レ擧二佛界一ヲ事

同抄云。普通ニハ十境ハ所非（非㋑作）ナルカ故ニ不レ擧二佛界一ヲハ云也。當流ニハ不レ爾。今ノ十境ハ陰入等ノ當體卽法界寂照ノ止觀ナル樣

釋ル聞タ。陰等ノ外ニ別ニ佛界無レ之故ニ不レ擧ニ佛界ヲハ一也。十乘以下ニ佛界ヲ沙汰スルハ。一重下テ談ル故也云云

62 一、陰入境發不發ノ事

同抄云。陰入一境常自現前ト者。（天止三、一四二。止觀）森羅ノ諸法モ五陰ノ當體ニテ止觀寂照也ト聞マテハ不發也。此假和合シテ我等衆生ノ體質也。是卽寂照同時ノ止觀也ト云フ觀解ヲ凝ヲ云レ發ト也。仍テ十境ノ中ニハ陰境ヲ爲ニ正體一ト。餘ハ非ニ本體一ニ也云云

63 一、四更口決ノ事

仰云。更更更更ト者。（天止三、一六六）十境互ニサラニカハリ。カハリ起ルトモ陰入境ヲ取返シ取返シ觀レ之云也

64 一、五識五意識ノ事

仰云。眼根ヲ對ルニ色法ニ初一念ハ眼識也。白シ黑シト分別スルハ意識也。可レ准ニ「餘根此一ニ。」詮ハ初一念ハ五識。第二念ハ五意識也。サテ白シ黑シト分別スルハ。是迄ハ報陰無記ノ當體ナル故ニ。非ニレハ猛利一ニ未レ屬ニ煩惱一矣

65 一、正修止觀ノ心地ノ事

光義存談抄云。大智律師ノ釋云。法性ヲ爲レハ體ト。唯寂唯照モ背クハレ之ニ唯昏唯散故ニ曰ニ無明一矣　陰入境ノ己レ成ナルハ止觀ノ當體也。一念モ立レハ昏散也。觀レ心ヲ時ハ令レ成ニ澄淨ノ無記一ニ也。不レ離ニ善惡一ヲ止觀均等ナルヲ名ニ無記一ト也。正修止觀ハ色心不二ノ重也。三識同在ニ理心一此意也。理ハ色法也。心ハ心法也。仍色心不二也云云

又云。口傳云　小雙紙　對治病ノ時ハ。止ルヲニ昏散一ヲ爲ニ止觀一ト。サテ不レ存ニ機法一ヲ絕ルニ能所一ヲ時ハ昏散卽寂照也。只茫然トシテ指シ居タル處也。忘レ情ヲ當處本妙ナレハ。指テレ之自リレ外カ名ニ止觀行者一ト也　兩眼開閉。卽寂照止觀也　毫釐モ云フニ止觀一ト有ルニ義味一非ニ止觀一ニ。離テニ止觀一ヲ止觀。離テニ寂照一ヲ寂照也。爰元ハ玄妙深絕ニシテ非識〔諸識〕。非言所言ノ重也云云

66 一、觀不思議境ノ事

普圓上人仰云。觀不思議境ト者。不レ辨ヘニ能觀所觀一ヲモ。不レ立ニ二法一ヲモ處ニ論レ之也。若辨ヘニ能所一ヲ論ニ迷悟一ヲ。只是相對思議ノ法ニシテ非ニ絕待不思議ノ法一ニ。仍テ二法不レ立セ情執ニ一分モ不レ起處ニ。三諦三千宛然トシテ。法體ノ自爾ナル處ヲ名ニ不思議境一ト也

問。二法不レ立テ其意(意イロ心)如何

義(「ハ者)云。報陰無記ノ心ハ。刹那刹那ニ生滅スル也。此刹那ノ心生シテ未レ移ニ第二念一ニ處ヲ二法不立トハ云也。是即(即イハ則)前念後念相望スル時論ル二能所迷悟ノ異一ヲ也。生ル處ノ當念ハ離ニテ能觀所觀一ヲ情執一分モ無レ之也(也ハナシ)。故ニ於レ此ニ論ニ陰境(陰イ～ハ觀)一ヲ。謂ル此心ノ體性ハ虛無ニシテ無ニ自性一。無自性ノ故ニ不可得也。無自性ト「イヘ(「イロハ雖　」イロハナシ)トモ」一念ノ心有レ之(有イロハ在)。故ニ無自性モ亦不可得(不ロナシ)ニシテ不レ可レ留ニ無自性一ニモ。故ニ有トモ云モ無トモ云モ並ニ不可得也。如レ此ノ心得レハ(心得ハ得意)三諦宛然也矣。仍テ不待觀境ノ重ニハ可レ懸レ意ヲ也云云

承(イハ頂輪坊(坊ハ房))教法印仰云 就(就イロハ付)ニ簡境用觀一ニ 不思議境ノ正意ハ。除テ二善惡ノ二念一ヲ用ニ無記ノ心一ヲ也。是即(即イハ則)能觀絶待ノ觀ナルカ(ナルハナシ)故也。但能觀モ絶待。所觀モ無記(「イハ境)ナラハ可ニ境智ノ異無(無イハナシ)カル一云ニ至テハ。無記ノ心即達ニ三觀一ト故ニ觀境ノ異宛然也。仍一心三觀ト絶待觀ト斯莫(莫ロ眞)レ思ニ量同事一也

67　一、不思議境智即陰是觀ノ事(「イハ釋ロ見)(天止三、一九〇)

光宗仰云 觀心溪嵐 去レ尺(尺ハ丈)就レ寸(寸ハ尺)等ノ文ハ。去テ根境ヲ就(就イロハ付)ニ無記陰心一ニ修ニ觀法一ヲ也。是即(即イハ則)小乘ノ意ハ(「ハ云)。不レ明ニ二心並起一ヲ故ニ境智各別也。大乘ノ意(意イロハ心)ハ。三識同在ノ故ニ不思議境智即陰是(是イ亡)觀ト釋ル也。文ノ意(意ハ心)ハ境ノ外ニ無レ智キ。智ノ外ニ無レ境ノ境即是觀。(イ～ハ也」)所以ニ只(紙カ)心是一切法。一切法是心。此意也。前念爲レ境後(後イ得)念爲レ智釋モ。無記ノ陰心ヲ境トシ(「イ～ハ爲)。三諦即是ヲ爲レ智ト也(「ハ云)。全ク非ニ能所一ニ也云云(云云イロハナシ)

68　一、於念念中止觀現前ノ事(天止四、一二九)

口決云 寶地坊(坊ハ房) 隨ニ心起ヲ念(念イ心)止觀具足(足イ之)。觀名ニ佛智(知カ)一 止名ニ佛見一等ト者。念念悉ク法性ナルカ故ニ。我等朝夕向テ萬境一ニ「サテ(」イロ)居(ハナシ)。」當體ヨリ外ニ止觀ノ修行トテ無レ之「當體當體也(」イハナシ)。」當流ニハ打向タル心ノ外ニ不レ辨ニ三世ノ心一ヲ。無明トモ法性トモ不レ分ル處ノ修行ヲ云ニ止觀ノ妙行一トハ也。是ヲ云フニ六即ノ座(座ハ坐)道場一トモ。云ニ修行ノ三不退一トモ也「已上(」ハナシ) 畢ヌ(畢イナシ)」

（底本奥書）

右此抄者。恵光院一流之極意。深深祕事相傳也。不ㇾ可ㇾ他見ㇾ。不ㇾ可ㇾ口外ㇾ。誠哉檀那一流之所存。以ㇾ此抄ㇾ可ㇾ爲ㇾ正相傳ㇾ也云云

明暦四年（一六五八）暮春四日　　四明沙彌堯恕（花押）

（對校㋑本奥書）

于時寛永十四（一六三七）丁午（丑カ）四月下旬　寫

行光坊內三位寫ㇾ之

今正保二曆（一六四五）乙酉五月下旬

上京於ㇾ西陣姥可懷ㇾ寫ㇾ之

江州栗太郡蘆浦　觀音寺　舜興藏

（對校㋺本奥書）

御本云

右檀那一流ノ分別。以ㇾ此鈔ㇾ可ㇾ爲ㇾ正流ㇾ。可ㇾ祕可ㇾ祕。不ㇾ可ㇾ口外ㇾ云云

寛永十六年（一六三九）極月十五日書ㇾ之畢

山門止觀院西溪

密嚴院ヨリ西塔南谷正光院等譽法印樣ヘ令ㇾ進上ㇾ畢

寛永十八年（一六四一）七月二十六日

大君幕下家綱公御武運長久。比叡蘆浦興隆。佛法繁昌。利益人天。國土安全祈所

萬治二（一六五九）己亥年卯月二十三日。以ㇾ民部卿所持本ㇾ書ㇾ寫之ㇾ

畢

江州栗大（太カ）郡蘆浦　觀音寺舜興藏

（對校㋩本奥書なし）

〔恵光院流口決集　卷下　終〕

（底　本）妙法院門跡藏、明曆四年（一六五八）堯恕書寫奥書一册本
（對校本）㋑＝西教寺正教藏、正保二年（一六四五）書寫奥書一册本
㋺＝西教寺正教藏、萬治二年（一六五九）書寫奥書一册本
㋩＝叡山眞如藏、書寫年不明一册寫本
（校訂者　末廣照純）

〔惠光院流口決集　終〕

惠光房雜雜（二四四箇條）　全十巻　目次

第一

第二

19本迹佛事
20天台觀心修行久成ノ行ナル事
21檀那流本迹不二シテ無ニ別體一云ヘル證據事
22惠心流本迹ノ體有ニ不同一事
23本迹二門共モ如來出世ノ本懷ナル事
24法華所談成佛正文證事
25一切一心識・一心一心識開合事
26境智不二事
27判攝五品事
28華嚴經・無量義經・迹門・本門四重ノ隨緣不變不同事
29今經ノ譬ノ蓮華ハ五色ノ中ニハ何ソ耶
30圓人不斷惑事
31普賢行布二門事
32宗要集傳授口決偈
33眞如俗如不同事
34忍界同居衆生墮ニ有ノ法塵一事
35圓實發菩提心六識九識事
36一身卽三身等料簡事
37方等說時事
38衆生開悟得脫從ニ一佛ノ始終一歟事
39陰入境發不發事
40三千三觀不同事
41三種法華事
42本門約教釋事
43記一云。卽迹而本壽量方談ノ料簡事
44照機事
45魔卽法界事
46最初無教事
*47久遠下種王城得脫事
48四大聲聞領解久遠歟事
49(條目のみ)*三身義口傳事
50智惠常住事
*51具ハ三諦ノ中ニハ假諦事
*52理境・修境・化他境ノ三重ノ不同事
*53以ニ心有一ルヲ爲ニ假諦一事
*54本具三千事
*55釋境智事

第三

1理境・修境・化他境三重不同習事
2發大心下化他菩提心ト不思議境ノ下ノ化他境ノ菩提心ト起慈悲心ノ下ノ菩提心不同事
3圓頓行者所觀觀ニ法性一歟觀ニ無明ヲ一歟事
4空假中ノ三千ノ不同事
5止觀妙行ハ始覺歟本覺歟事
6不レ託シテレ緣ニ論ニ起心一歟事
7同體境智事
8事理不二而二事
9依經立行事
10六卽共爲ニ佛子一ト事
11圓頓菩薩戒師ト相傳事
12本門二乘成佛事
13三箇大事三大部習合事
14鏡像七處口決事

15三大部二乘成佛事
16智者大師得悟事
17從因至果從本垂迹聲聞事
18今八方作佛唯在極果事
19二十八品十界互具事
20圓人初心事理共ニ十界互具事
21佛乘一乘不同事
22不變眞如論二成佛不成佛一歟事
23大經法華相對約シテ二純帶ニ明二勝劣一事
24六卽觀位事
25於二究竟卽一論二修觀一歟事
26玄文止觀被接不同事
27龍女調機事
28別圓二教眞善妙有不同事
29一心三觀・三觀一心ノ不同事
30修德性德十界十如證據事
31阿彌陀三字。一心三觀一念三千證據事
32宗旨宗教事
33大乘果者亦諸法實相事
34爾前法華實相幷ニ色心實相不同事
35天台教意離レ教不レ可レ爲二得道一事
36開廢前後事

第四

1三業卽身成佛事
2三處卽身成佛證據事
3地獄界衆生唱ル二四句成道一事
4山家大師遇テ二邃和尚ニ一三觀傳授事
5證明法華願因位果位事
6南岳天台顯二弘經ノ人師ト一時位事
7多寶佛說二法華ヲ一事
8法華教主事
9一心三觀圓頓戒法門塔中ヨリ立二相承ヲ一事
10佛寺有レ三事
11一體三寶事
12中論所說一心三觀塔中相承一心三觀不同事
13三惑同時斷異時斷處處釋不同事
14止觀第一卷ノ鏡像ノ譬第三卷ノ面上三目第五卷如意珠ノ不同事

第五

1智者大師三箇度ノ直授如來事
2今師金口祖承事
3發迹顯本事
4以二一念三千ヲ一止觀一部ノ生起次第口傳スル事
5慈覺大師以二一心三觀ヲ一惠亮和尚付法タマフハ法華一文事

第六

第七

1教門至極本門起事
2調直定事
3三種法華口傳事
4於二等覺位一用二妙覺智一事
5三種止觀卽身成佛事
6一念三千法門。十如爲レ本ト成レ之歟。爲二世間本一ト成ルレ之歟事
7十境中ノ見境ハ必約二得禪後一歟事
8執持刀杖事
9發大心ノ下ニ簡二フ汗栗駄心・矣栗駄心一ヲ取二質多心一ヲ事
10顯密發大心同異事
11天台眞言兩宗大綱不同事
12五重一心三觀事
13天台中道・眞言天部一體習事
14眞言祕敎ニ所レ明堂莊嚴ヨリ始テ一座行行法ノ始中終。天台所立ノ相ニ對スル六卽ノ位一ニ事
15草木敎化本尊事
16方顯本地三身神通事
17三大部大綱不同ノ釋事
18三種意生身事
19卽身成佛者。約ルニ時頃ノ卽一ニ歟事
20團圓鏡口傳事
21以二鏡像ノ喩一顯密一致ト習合事
22二乘成佛久遠壽量印眞言事

第八

1法華教主事
2山王亙二三國一ニ法華鎭守事
3山王御名號卽不縱不横一心三觀事
4境智不二能所一體ナルヲ亦爲二戒體一ト亦ハ爲二一心三觀一ト事
5一山三塔卽一心戒藏ナル事
6受戒道場事
7戒門卽身成佛事
8三聚淨戒事

9 入ニ祕密藏一機不同事
10 於レ戒有ニ法體行相ノ不同一事
11 四句成佛・證道八相事
12 一心三觀相承口決一紙事
13 被接斷位事
14 灌頂戒口決事
15 新成佛ノ顯本有無事
16 惣別旨歸習事　畢

第九

1 非情說法證據事
2 鏡像圓融事
3 正觀妙觀事
4 體用一心三觀事
5 三菩提事
6 蓮華因果事〔天台宗ハ祕密無作三身爲ニ本意一。必ス成佛不レ爲レ本ト事〕
7 第三重惣付屬事
8 一時禮拜行事
9 諸宗淺深次第不同事
10 玄文一部內證大師本懷事
11 四句成道・證道八相事
12 以前念爲所緣境事
13 三重三身事
14 二重三身事
15 三種世間證據事
16 爾前圓融三諦事
17 圓發菩提心六九事〔第一義空ノ得名ハ。中道觀ノ得名歟。三諦ノ中ノ空諦ノ得名歟事〕
18 義科注文事
19 不思議三惑事　以上題畢

第十

1 自浮自影事
2 一期縱橫不出一念事
3 惣明歷餘觀境事
4 以ニ無作理一ヲ顯本爲レ正ト事
5 元品無明體相事
6 前三教因果共ニ攝ニ理卽位一事
7 必須心觀明了事
8 智斷二德事

9一念三千・一心三観不同事　　10一言卽法界事
11以二文殊一名二妙音一事　　12鹿苑聲聞大通佛時位名字卽事
13龍女詣二靈山一時天女形ナル事　　14俗諦常住證據事
15草木發心修行證據事　　16略傳三德習事
17當得作佛二十四字事　　18還作衆生俗難事
19凡位聖位成佛事　　20理祕密事理俱密事
21天台眞言兩宗不同事　　22釋尊成道・東北方成道歟事　　以上題畢

（奥書）第一　享祿三年（一五三〇）五月二十四日令書寫之訖
（奥書）第四　明應四年（一四九五）卯月十三日書之　執筆　城源之
（奥書）第五　明應四年卯月中旬正當　執筆　城源之
（奥書）第七　明應四年卯月十七日夜中書　執（以下缺字）

惠光房雜雜

雜雜抄　第一

雜雜口傳　惠光院

1 三諦中以レ何爲二佛法根本一耶事

師云。是ニハ有二異義一也。其故ハ以二假諦ヲ一爲レ本ト云義。又ハ以レ空ヲ爲レ本ト云義。以レ中ヲ爲レ本ト云義。如レ此ノ三義不同者。以レ假ヲ爲レ本ト云一義ノ意ハ。隨緣眞如本門ノ法門ト云テ是假諦門也。隨緣眞如ヲ高ト云意也。雖レ然當流ニハ以レ空ヲ爲レ本ト云義也。其故ハ空ト云者。智者此則自受用身ノ智惠也。三身ノ中ニハ以二自受用身ヲ一爲レ本ト。是卽チ上冥下契ノ身也。佛ノ字ヲ釋ニハ佛者覺者智者ト云云サレハ智ト云ヘルハ空也。是自受用身也。尤以レ空可レ爲レ本ト也。故ニ天台ノ五方便門云。欲レ知二諸法一須レ知レ本。其本者空是也。若不レ知レ本ヲ者。諸法難レ得釋也。能能可レ習レ之也

2 本迹實相ノ同異事

師云。先迹門ノ意ハ。見二テ鏡ノ面ニ浮ヘル像一ヲ。此像ハ卽チ虛妄也。正キ銅ノ體コソ正體ノ鏡ナレハ。サレハ像ハ除テ得二ト鏡ノ正體一ヲ思也。如レ此思テ顯二得鏡一ヲ研也。是卽チ從因至果ノ分也。本門ノ機ハ。直ニ安二住シテ鏡ノ正體一ニ。其上ニ浮像ヲハ是卽ヤカテ鏡也鏡ノ德用ニテ有。離レ鏡無レ像。サレハ像ヤカテ鏡也ト見テ有ル也。是卽チ全無二取向ノ念一モ。其時ノ事ハサニハ只衆生利益ヨリ外ニハ又無レ事ハサ也。故此ヲハ從本垂迹ト云也。何ニモ迹門ノ機ハ。鏡ノ中ニ浮像ヨリシテ正鏡ノ正體ニハ取向也。本門ノ機ハ。鏡ノ體ヨリノ像ハ緣起シ向也。サレハ傳教大師釋シ二三身ノ遍ノ義ヲ一給フニモ。迹門三身相卽遍故。本門三身自體遍故等云ヘル。此道理ニテ可二得レ意合一也。迹門ハ從レ用體ニ取入ル。故ニ法身得分ニテ報應モ遍ト云也。本門ハ體ヨリ用ニ緣起シ出ル也。サテ本門ノ三身ナレハトテ非下報應ノ離レ理ニ遍スル故ニ自體遍ト云上ニハ。從レ體緣二起用一ニ出レトモ只是一ノ銅ノ師子像ニテ有ル也。サレハ何モ銅師子ナレハ三身共ニ遍スル也。自體遍故ト云ヘル此意也。迹門菩薩本門佛ト云モ。從レ用取二向體一ニ故ニ從因至果者。本門ハ從本垂迹ニシテ從レ體

縁ヲ起用ニ也。故ニ本門佛ト云也。サレハ倶體倶用ト云事モ本迹二門ノ事也。本門倶體。果分ノ法門ノ故ニ。迹門ハ倶用。因分ノ法門カ故也云云

3 元品無明ト云事

師云。元品無明ハ者。但跨節ノ一念ト習事也。サレハ元品ノ無明ト云テ。遠ク置キ迷者ノ初ニ。見思ハ枝葉等云テ立ル遠近ヲ事。皆附文ト同シ事也。跨節ノ一念ノ時ハ當念元初ニテ。我等カ當時。最初介爾ノ念。是即チ元初也。全ク見思即元初ニテ無ニ別物一也。見思尚乃即是無明等云ヘル此意也。三識同在ニ理（天玄三、六三〇。釋籤）心一。教門權說且立ニ遠近一等云ヘル。是レ跨節ノ一念也。凡夫起トニ障中微細ノ無明一ヲ云モ此意也。サレハ六識所觀。八識所觀ト云ニ。附文ノ日如レ此論スル也。實事ハ六識所觀ト習也。イタ（板）タ（疊）タミト起ル念。是即チ當念元初ナルヲ故也。雖レ然除惑ノ時ハ。先麁强惑カ除キ。次ニ細惑カ除也。其時機ノ進邊ニテ六即ノ次位ヲモ立テ。六識八識等ノ遠近モ立也。三惑ノ同時異時斷等モ。此心テ可ニ得レ心合一事也云云

4 等覺一轉入于妙覺事

師云。一轉ト云ヘル一ノ字ニ可レ懸レ心ヲ也。元品ノ一念ト云意ハ云ク。所繫云ヘハ元品ノ一念。能繫ヲ云ヘハ妙覺ノ一智也。能斷所斷共ニ無二ナル故一トハ云也。轉ト者替ル義也。意ハ等覺ノ人ニテ有ルカ。妙覺智カ起テ元品ノ無明即妙覺智ト解合テ。人モヤカテ妙覺ノ人也。サレハ等覺カカハテ妙覺ト成ル處ヲ轉ト云也。凡ソ此法門ハ元品ノ無明ヲ斷シ。智ハ等覺妙覺ト沙汰スル也。此遍（邊カ）ニハ妙覺智斷ト云也。竹林房邊ニハ。等覺ノ人妙覺智ニテ斷スト云也。其故ハ人等覺ノ人ナレトモ。妙覺ノ智カ起テサテ斷スル也。惣テ障ル妙覺一ヲ無明無量無遍（邊カ）也。斷レ之智モ無遍（邊カ）也。サレトモ其ノ最後ノ細之中ノ細念ハ。只一念ナレハ元品ト云也。サレハ一念モ元品モ一トハ云也。サテ妙覺智起テ斷ニスレハ此惑一ヲ。等覺ノ人也ツレトモ。妙覺ノ人トナル也。故ニ轉トハ云也。等覺智斷ナルヘシト云義ニテハ。元品ハ與レ智解合處ヲハ等覺ト云ヒ。妙覺ハ只一向無所作也。斷惑ト云義モ不レ可レ有レ之也云云當流ノ御義ニハ。轉ト云モ妙覺智タニ起ラハ可レ有ニ妙覺一ニテ。等覺一轉ト云モ。妙覺智起テ惑智不二ト解合テ。ヤカテ妙覺人也ト云云但シ障ニル妙覺一ヲ無明多品有ルニ。前前ノ多品ハ等覺智ニテ斷スル也。最後ノ一品ヲハ妙

覺智斷也。是卽チ惑智不二ト解合テ始終不變ナルヲ妙覺ト云也。サテ前前ノ無明斷ルヲ等覺ト云意ハ。權現出沒名爲等覺。始終不變名爲妙覺ノ意也。何モ一轉ト云ヘル處ヲハ當流ニテハ替ル義ニ可レ得レ心者也云云

5 付二三周ノ開會ニ一理開會・事開會ト云事

師云。方便品ハ是理ノ開會也。不變眞如也。譬喩品ハ事ノ開會也。隨緣眞如也云云 方便品理開會ト者。會シテ二諸乘ヲ一歸ル二一佛乘ニ一者。是卽チ萬法歸シテ入ルハ眞如ノ一理ニ全同也。故ニ不變眞如也。理開會也。サテ譬喩品ハ經文。各賜諸子等一大車ト云テ。（大正藏九、十二下）釋ニハ各稱ニ本習ニ而入ニ圓乘ニ。（天玄二、二二五。釋籤）本習不レ同圓乘非レ一ニシテ。此卽諸子ノ□□（缺字）當體。當體ニソ卽與ニ大車ヲ給フ也。諸子ハ隨ニ其ノ本習ニ證ル圓乘ヲ故ニ隨緣眞如也。事開會也云云

6 序ノ六段ト云事

師云。於ニ止觀一部ニ可レ習レ之事也。一品（所歟）聞。二時。三處。四祖承。五人。六法也。一所聞者。今師ノ祖承ハ自レ後向レ前ニ云テ。弁鎭・圓吽相對シテ止觀明靜ト所レ聞。當體卽實ニシテ

不レ立レ座。淨用現落スル處。靈山一會儼然未散ト開ル也。天眞獨朗者。普賢ハ理ノ非造作天眞ノ妙體。文殊ハ證智圓明獨朗法體ト云云 サレハ理非造作故曰天眞。證智圓明故云獨朗ト。（天止一、三三一。弘決）卽聞卽悟シテ心殿廣海徹底ル義也。二時者。建武四年（一三三七）只今ノ時。卽聞卽悟シ時也。三處者。相州當所卽靈山會上儼然未散。自解佛乘ノ處也。四祖承者。弁鎭止觀明靜ト開ル言下ニ。唐土ノ八祖西天二十三。乃至過去七佛等マテ弁鎭カ所レ開天眞獨朗ノ開悟ニ內證一致ル故ニ。心外ニ全ク諸佛諸（佛カ）祖ト云テ不レ隔レ之。諸佛覺悟會成一體。（大正藏七五、三七七上。教時義）此意也。五人者。內（故カ）本ノ如機外機無ニ自他ノ差異ニ處也。六法者。所說法體者。止觀明靜ノ法體。全金口今師ノ所說之體無ニ差別ニ。是卽序ノ六段ト云フ。如レ是開悟スル處ヲ。道場所詮ノ法トモ。自解佛乘ノ得解トモ（亡カ）治定スル故ニ。弁鎭カ元有トシテ過去遠遠ノ諸佛諸祖ノ方ヘ內證融泯スレハ。十世取今歸ニ當念ニ。弁鎭カ從ニ當念ニ外ニ全無ニ寂光海會ノ聖衆モ。諸佛內證ノ祕法モ無レ之。當知身土一念三千。（天止三、二七〇。弘決）故成道時等云云 是卽今師ノ祖承ハ自レ後向レ前ニ。義勢當流全分ノ祕曲不レ可ニ聊爾ニ云云 サテ於ニ禪門ニ如來禪祖師禪

云。全一致也。祖師禪者。機法未分ノ重ヲ不レ及ニ攝機ノ沙汰一ニ處也。是天台宗ノ一致處也。サテ如來禪者。法體ハ祖師禪ト全ク同シケレトモ。以ニ此法一ヲ爲レ治レ機志ス處也。法華宗ト云同物也

7 止觀一部修行事

師云。餘ノ止觀者。有師ノ止觀也。是名ニ雙立ノ止觀一トモ也。又是對治病止觀也。皆是二法待對ノ上ノ觀也。今ノ止觀ハ天眞獨朗ノ止觀。無師止觀也。云レヘハ機ヲ天機秀發ノ機也。云レヘハ法ヲ明靜ノ止觀也。三世諸佛但獨悟佛トモ云ヒ。當知止觀諸(天止一、一四七。止觀)佛之師。以法常故諸佛者(亦カ)常等云テ。一心三觀ノ觀成ノ上ノ得名也。非ニ二法相對ノ止觀一ニハ。故ニ獨立ノ止觀ト云也。此ノ獨立ノ止觀ヲハ祖師禪ト云ト同也。又ハ天台宗トモ云ヒ。天眞獨朗無師獨悟ノ止觀トモ云ヒ。未分法華トモ被レ云也。不レ及ニ迷悟ノ沙汰一ニ可ト治レ機ヲ云事無レ之。奉レ云ニ天氣秀發一ト。天台大師從レ以レ之云ニ天台宗一ト也。サテ有師ノ止觀ト者。如來禪ト同也。以ニ同法一ヲ治レ機志ス。是如來禪。有師止觀也。又ハ已分法華トモ云也。是今ノ法華ト者。攝ニ在安樂以前ノ時一ニ雖レ本ト。

治ニハ迹ノ情一ヲ本三周ノ聲聞爲レ本ト說ク教カ故。應病受藥ノ分域也。以レ之名ニ法華宗一トモ。此分ハ禪宗ニテハ何ニモ第二頭ニ下ル分。眞言ニテハ𑖀字ノ教法起ル重。今已分法華ト被レ云也。又於ニ禪宗一ニ仙波函鼓云事有レ之。仙波者不レ落ニ義味思量一ニ處如ニ祖師禪一ノ。函鼓者。應病受藥ノ邊如ニ如來禪一也 云云

8 天台大師御得法事

師云。凡天台大師者。於テ華頂峯・大蘇ノ法華道場・多寶塔中ノ三處一ニ御得法也。然ヲ餘宗難云。既ニ付法藏血脈絶ト 云云 然ヲ血脈絶ト被レ云條。尤以レ之爲ニ觀模(規カ)一ト。其故ハ三世諸佛但獨悟佛ト云テ。我カ大師內證既ニ天機秀發タマヘリ。是證不由他ニシテ超ニ過ス諸宗一ニ。就レ中云レ機ヲ時ハ天機秀發ヲ爲レ本。云レ法ヲ時キハ天眞獨朗タリ。當レ知ル以ニ本覺ノ教一ヲ顯リ本覺ノ佛體一ヲ。全不レ借ニ修持一ヲ不レ由ニ他知識一ニ。如來內證眞實ノ本覺無作ノ三身本住法ナレハ。何依テ外護ノ知識一ニ可レ尋レ之耶。故古人モ。不レ離ニ當處一常湛然。求(覓カ)則知君不レ可レ見 矣(大正藏四八、三九六中。永嘉證道歌)全內證ノ開覺。不レ可レ由ニ前代一ニ歟。何ニモ他宗ノ難破ル。生佛迷悟大小權實相望シテ二法已分ノ時。三乘分教ノ邊也。仍テ非ニ沙

汰ノ限一歟

師云。抑傳教大師。以二八舌ノ鎰ヲ一自二唐朝一何ル開二寶藏ヲ一。彼三通ノ血脈者。是ハ正ク天台ノ御自筆也。餘流等ニハ此ノ無ニ脈譜一故不レ知レ之。但世流布ニ申傳ル樣ニ。草繼ノ本ト云テ。止觀ノ未再治ノ本ト云云是所詮何事ソ。不審不審云云傳聞餘流ノ人難云惠心流傳法要偈ノ四箇大事。檀那流ノ無レ之云云

會云。傳法要偈ハ。傳教大師於二唐朝一御相承於二自他宗一十二箇條也。如レ此ノ御相承ノ目錄也。然ニ四箇ノ大事ハ十二箇ノ內ノ四箇也。此四箇ハ卽內證安置ノ血脈ニ皆見。所以ニ一心三觀ノ法門ノ下ニ既ニ此奧義盡シ畢。心鏡(境カ)義ト者。卽一念三千ノ法門。是又無レ所レ殘也。止觀ノ大旨。法華深義。彼ノ脈譜ニテ分明也。惣テ此脈譜等ハ以二凡慮ヲ一難レ察。此等ノ相傳等ヲ不レ知者。彼ノ深義不レ可レ知ル。何不レ得レ破二轉法輪ノ失ヲ一耶云云

9　案位勝進一人事

師云。非二別ノ事一ニハ。鹿苑證果ノ聲聞經ニテ四味調停一得ニ聞テ開權顯實ノ妙法ヲ一。相ニ應シ心源ノ自體ニ一立返テ見レハ。我等自ニ曠劫一已來流ニ轉六道生死ニ一處カ。眞實ニハ法性眞如ノ妙理ニシテ。十界融通融妙ノ體ニシテ所レ達不トレ可レ消ニ十界三千ノ各用ヲ一云。案位開也。眞實ニハ不レ相ニ應衆生一念ノ心中ノ法然自覺不思義ノ妙理ニ一以前ニハ。迷悟遙ニ隔。凡聖實ニ各別也。六道ノ凡心。有ノ法塵ニカタフキタル衆生魔計ニテ。教ヘレ元ト給ヘハ。打ニ捨有ノ執情ヲ一取ルニ但空ノ證ヲ一偏ニ治レ空ニ也。然閒佛ハ平等法界海シテ自體自體中道ノ妙理ニ本付ケントト思召故ニ。方等彈呵破ニ空執一ヲ。聲聞ノ內證進ミ被レ云ニ冥成通人ト一萌ニ中道ノ妙理一也。般若冥成別人又以如レ此。終ニ法華迹門ノ說ニ不レ隔ニ諸法實相理一說キ給時ニ。三重無明盡レ之。雖レ達ニ心性中道ノ妙融一ニ。未レ窮ニ色體常住妙用一ヲ。第三ノ本門時。開迹顯本三如來者永異諸經ニシテ。(天文五、一二三五一下。文句)無作ノ顯本ノ時廢シ二爾前迹門ノ執情ヲ一歸ニ久遠ノ本理一ニ。尚雖レ云ニ發迹顯本三如來者永異諸經一ト。本迹待對教相ノ重ニシテ未レ達ニ本迹不二心源一ニ。然ル閒說ニクヲ發迹顯本ノ三如來ヲ一聞テ。言下ニ相應ル處ハ觀心ノ重也。何ニモ爾前迹門本門ト三重タモ擧ルル未レ出ニ迷悟對判ノ重ヲ一也。サテ相ニ應シ心源自體本迹不二ノ法體ニ一念クツト開

發時。立返思廣劫多生閒流轉六道生死。妄體卽本心至極妙用也。生死二法一心妙用。(傳全五、五五九。天台法華宗牛頭法門要纂參照)有無二道本覺眞德也。然閒雖受十善帝王生不可喜。廣下我等父母生不可猒。又朝生春花下夕死雖交色深秋紅葉。猒捨之不可喜取。朝生生不思議心源自體也。故不可取喜之。夕死死不思議死不可猒捨之。是心源自體也。サレハ施一念無窮妙用時現生顯死也。サテ所生生不生生者(也カ)。所死死不死死也。故施隨緣眞如妙用。三世不絶顯心源自體三千妙用又以如此。サレハ生雖受大日覺王身不可喜之。死雖受阿鼻無閒炎身不可猒之。生死自體心源本分。不思議妙用故也。三世之諸佛出世成道本意者。只是生死二法一心妙用爲令知一切衆生也。天台一宗一大事因緣法門。證道八相。四句成道。蓮華因果。常寂光土義等。種種口傳相承法門。只所詮此法門也。此心源自體爲令知衆生說華嚴。或說阿含。或說方等・般若・法華・涅槃等儀式。只是偏爲辨爰本也。所以十界三千依正二報。當體一心自體也覺悟。草木樹林等只一心上浮也

10　一念三千習事

師云。傳云。一念三千修行者。但具遍彼三字習也。所以弘五云。(天止三、二〇七)又復學者縱知內心(心具)具三千法不知我心遍(心遍)彼三千彼(彼彼遍)彼三千互遍亦爾云

11　一心三觀・一念三千同異事

師云。一心三觀者。尋其依文。今經文廣開三開(天止一、三七六)佛知見也。此則一心三觀也。釋止觀一必須心觀明了文也。其取一心三觀・一念三千。全一習也。檀那流相傳。今經略開三一念三千。廣開三一心三觀也。故全一也。略開三時。十如實相法門。是卽一念三千也。此十如卽三諦有也。如者空。〔是〕者中。相者假也。如此得意十如卽三千三諦有也。如此一念三千・一心三觀一所謂有故。一念三千釋卽空假中釋也。一念三千三諦中假諦法門也。是ヤカテ空

中ニテ有也。サレハ釋ニモ空卽是假。假卽空中ト釋ル也。廣開三ノ一大事因緣者。五ニハ一心三諦ヲ以テ一大事ト釋ル也。開佛知見ト云者。卽佛眼佛知ト釋ル也。サテ止觀ノ二字ヲハ止名佛知觀名佛見ト釋ス。觀ト者三觀也。サレハ開佛知見佛眼佛知故。一心三觀ト云也。九卽ノ三諦ト云ニモ略開三ノ初ノ三如是カ先如ト者空。是ト者中。相ト者假也。如レ此三如是カ卽九卽ノ三諦ニテ有ル也。此則性德ノ三身卽無作ノ三身也。釋ニモ西(初歟)ノ三如是ハ是性德。終ノ六如是ハ修德ノ三身也。如是本末究竟等ハ是修性不二ト云也。竹林房ノ相傳ニハ。無作ノ三身ト者。一心三諦ト相傳シタマフ也。其ニ慈覺大師ノ御釋。速證佛位集ニハ。ヤカテ無作三身一心三諦ト釋シタマフ故ニ。見レテ之後殊更ニ此御相傳被ニ仰信一也。證道ノ八相ト云事モ卽無作ノ三身也。縱カ造ト云事無レ之。只是本地無作ノ體也。此證道ノ八相ハ三字ノ口傳等也云云

12 薄墨中道諸神ヲ習合ル事

師云。薄墨者如二前義一。鐵橛在レ之故略レ之云云 又諸神本白色也。出世成道ノ諸佛ハ迹墨色是諸色ノ末カ故也。然ニ神官等ノ白キ淨衣ナント云ヘルハ本地ノ色也。墨衣等ハ迹ノ色也。今ノ薄墨ノ衣ハ本迹不二一體ノ色也。而ニ山王ノ御身ニハ召ニス薄墨ノ衣一ヲ。是ハ俗諦也。御一身モ二ノ御裝束ハ眞俗不二ノ御姿也。サレハ山門ノ聖道ノ衣薄墨ナル事ハ此心也。猿ノ色ノ薄墨ル事。皆以如レ此故ニ。モツケ衣ヲ猿衣ト云事。可レ思レ之。可レ思レ之

13 無作三身事

師云。竹林房ノ御義ニハ。只是圓融ノ三諦也。意云。無作三身云者。法法塵塵併是三身也。全不レ動ニ其體一ヲ。法法只己レナリニテ。水ハ潤レ物ヲ火ハ燒レ物ヲ能有カ故。無作ノ三身ニテ有ル也。然ニ圓融ノ三諦ヲ無作ノ三身ト云事。妙樂大師ノ御釋ニ云。(大正藏四六、四七三中。始終心要) 三諦者。天然性德ノ理ト釋タマヘリ。天然性德者。只是法法塵塵ノ上ニ己レナリニテ有ル處ヲ。性德ト云ヒ天然ト云也。無作ノ三身モ法法塵塵ノ上ニ天然トシテアリノママニテ有ル處ヲ云故ニ。三諦卽無作ノ三身ト云事也。サテ迹門ニテ圓融ノ三諦ト云モ。所依ノ理ニ寄テレ事ヲ云也。性德ト云モ本門ノ意モ法法天然トシテ己レ成ナルヲ云也。迹門ハ理內ニコトハリニテモツヲ性德ト云也。只是法ハ

一法ナルヲ迹門ノ機。本門機如レ此各各得レ心取ル也。意ハ云。是法住法位ノ文ヲハ。本門ニモ引用シ迹門ニモ引用也。迹門ニハ位(依カ)據理性云テ。住法位所詮ト用ル也。本門ニハ用ニ智(世カ)閒相常住一ヲ也

師云。今ノ無作ノ三身者。十重顯本ノ中ニハ廢迹顯本ニテ云也。開迹顯本ニテハ不レ云ト云云意ハ云ク。開迹顯本ノ時ハ猶迹ノ名ヲヒカヘテ與ルカ二開ノ名ヲ一故也云云サテ是ニ不審ナル事ハ。廢迹立本ト云ヘルモ。迹ヲ廢スト云ヘハ。只是同事也ト云ハハ。可レ云レ之樣ハ。廢迹立本ト云ヘルハ。開已テ全迹ノ名モ無キ處也。開ト云ヘルハ。我レヲ(對カ)迹ニ開シ始ル方也。廢者。開已有ル處也。其ノ時ハ俱是本也。迹門ニシテ開ヲ釋時キ。(天玄一、四二。釋籤)開已俱實無權可論。義當於廢ト云ヘル。與ニ此心一同事也。可レ思レ之。可レ思レ之

14 一念心卽如來藏理事

師云。凡此一念者落ル二起念ニ一非ニ善惡相對ノ有起念ニ一。無起本分ノ跨節ノ一念ニシテ泯ニ絕スル起不起一ヲ。三識同在理心ノ一念也。如レ是得レハ意。此ノ一念ヲ八識トモ云ヘ六識トモ云ヘ共ニ無ニ相違一。雖ニ八識元初一ト不レ離ニ六識ノ當念一ヲ。雖ニ六識一ト不レ離ニ八識九識一ヲ。地體九識八識等云テ。源ヲ遠ク置ク事ハ教門權說ノ一往筋也。(天玄三、六三〇。釋籤)三識同在理心教門權說且立遠近ト云ヘルハ可レ思レ之。此ノ一念ノ當體ハ不レ落ニ善惡凡聖ニ本理ノ三千當體也。次ニ心ト云ヘル事ハ。如レ上ノ不起念ノ上ニ我ニ(對イ)萬境ニ時キ最初ニ起ル心也。然ト云テ正キ非ニ麁强ノ起心ニ一。是ヲハ俱舍ニハ集起名心ト云ヒ。一家ノ釋ニハ。(天止一、四九七。止觀)異乎木石名爲心ト釋タマヘリ。所詮此心ハ上ノ一念トハ有同有異ニシテ當ニ用ノ分齊也。是卽不起本心ノ上ノ作用カ故也。小乘性相ノ意ハ不レ及ニ心本源ニ故ニ。此心ヲ心王ト云ヒ體ト云テ。一念不起ノ處ヲ不ニ沙汰一也。次如來者。如ハ不變ノ義也。又無礙義也。來者。去來ナリ。其故ハ對スル二萬境ニ一時。不起ノ本心ナレトモ假ニ住ニ起念ニ是來也。曉謝スレハ共ニ謝ス是去也。此心隨テレ境ニ起不起無礙ニシテ不レ隔ニ諸法ヲ而ニ三世不改ナレハ被レ云レ如ト。所詮如來者遠ク不レ可レ置ニ果德ニ。我等カ念念ノ當體是也。是又(天止一、三一。弘決)理非造作故曰天眞ナルハ如也。是普賢也。(同前)證智圓明故云獨朗ナルハ來。是文殊也。次藏者。上件ノ心含ニ藏ナリ理智ノ二一ヲ。證智圓明也。理非造作モ全體一心ナル處ヲ藏ト云フ。是卽無緣ノ大悲覆ニ藏ナリ一切ニ。觀音是也。此ノ

三ノ謂レ本有不改ニシテ不レ亂ニ軌持軌則ヲ。但中道理心ノ上ノ爲ハサ也。故ニ理トフ云。(天止一、三七一。止觀)藏故卽假。理故卽中等云ヘル此意也

15　一心ノ五味四教事

師云。凡圓ノ意ハ於ニ所詮ノ法體ニ一心三諦分ニ別スレ之。隨テ於ニ能契ノ行ニ一心ノ三觀有レ之。然ニ能詮ノ教法。五味四教也。此五味四教又可ニ心ノ本分ナル所。心ニ心源自體ノ本分。無起ノ當體。是ハ華嚴。是佛惠ノ根本。機法未分ニテ於一佛乘者根本法華教也ト被レ云處也。次一分落ニ起念ニ。是青是黃ノ境ニ對スル。最初是ハ阿含。是卽及ヒ起念ニ對ニ機緣ニ。漸教ノ最初ト齊キ也。次ニ是青是黃ノ起念ノ上ニ於テ境界ニ及ハ是非取捨ニ。是方於(等カ)ノ善惡相對ノ彈呵ノ義。此上ニ於テ善惡ノ物ニ是ハ何ニ物ニテアリケリト決斷分明ノ智ノ起ル處ハ般若ノ智德也。此決斷分明ル物ヲ自在ニ用ヒ。全體我所有ニシテ非スレ起ニ(化歟)。無礙自在ニ用ル心地ハ是法華也。惣シテハ於ニ一代ノ教法ニ序正流通有レ之。華嚴ハ一代ノ序分。從ニ阿含ニ至ニ法華ニ正宗。涅槃ハ流通也。又於ニモ一心ノ五味ニ序正流通如レ是。卽起(不歟)本心ノ當體ハ序也。自ニ是青是黃等ノ起念ノ最初ニ印持決定セシ自在ノ所用ノ度量分別。是ハ正宗也。然トモ又致ハニ未來ノ分別ヲ流通也。次一心ノ四教者。是又准ニ五味ニ可ニ分別ス。但是ハ一心ノ當體非有非無ノ通道ルハ圓。然モ此心無期無替是空ナレハ藏通ニ指スレ之。然モ起ルニ三千ノ慮想ヲ當體假ナレハ別教也。凡本地ノ四教ト云事有リ。常恆ニ思習セルハ於ニ釋尊久遠實成ノ時ノ實修實證ノ所ニ論トレ之思ヘリ。然レトモ今ハ不レ然。我等カ心源ノ自體本分ノ處シテ論レ之。本地四教ト云也。法身地ノ建立ノ四教ト云可レ指レ之ニ者也 云云

16　三種法華事

師云。根本法華ト者。常ニハ指トレ華ト云ヘトモ。實義ハ不レ然事也。其ノ故ハ法身地ノ御內證。機教未分ノ處指レ之根本法華ト云也。於一佛乘等釋タマフ佛乘者。指ニ未分法華ヲ也。サテ此法華ノ體內ヨリシテ分ニ別ル華嚴等ノ諸經ヲ處カ陰(隱カ)密法華也。顯說可レ知レ之 云云

私云。於ニ三種ノ法華ニ雖レ有ニ多義。今ノ御義當流ノ至極也。不レ可レ過レ此ニハ也ト 云云 根本ト者。佛意ノ內證。機教未分ノ處。是根本也。此根本ヲ陰(隱カ)密シテ對機說法。華嚴阿含

等說下タル閒。爾前ノ閒ヲ陰(隱カ)密法華ト云也。次顯說ト云ヘルハ。根本ヲ爾前ノ閒ハ陰(隱カ)密シツルヲ。今ハハヤ機モ一圓ナレハ無レク憚リ顯說シテ。全ク機教未分ノ御內證ノ法體ヲ顯也云云

17 當體ノ蓮華ノ云事

師云。當體ノ蓮華ト者。法界寂光土也。是卽。豈離伽耶別求常寂光(天文五、二二九一下。文句記)ノ意也。周遍法界ノ體卽寂光ノ蓮華ニテ有ル。サレハ以ニ法ノ蓮華ヲ顯スニ華果ノ蓮華ヲ也。劫初大海ニ千葉ノ蓮華出來セリ。人不レ知レ之。然ニ天仙來テ此華ハ似カニ實相ノ蓮華ニ故ニ。名ニ蓮華ト云ヨリ蓮華トハ云也。又以ニ此蓮華ヲ還テ顯ニ實相ノ蓮華ヲ也。是ハ始覺歸ニトモ本覺ニ可シレ云。地體劫初ニハ萬物名無レ之。從テニ實相ニ立レ名ヲ也。故ニ蓮華ヲハ寂光體ト可レ得レ意也云云

18 無作三身事

凡無作ノ三身ト者。又云ニ本地ノ三身トモ。但本地ト云言ニ少ノ故可レ有。然レトモ惣シテ本地ト云時ハ。實修實證本實成處也。是モ性德ノ三身ノ修ニ顯レタル也。云ハ其ノ相ヲ。先法身ト者。九界ノ性。隨緣生ノ體。非情草本ニテモ悉ク皆當體卽法身也。是以三身義ニ云。有佛無佛性相常然ト云云(天文五、二二三六上。二二五五上。文句)道遲消レ之。有佛者十界。無佛者森羅ト云云故ニ無作ト者。此法身體應用遍ルニ三世ニ法然常恆ノ理ニテ非リニ起作ノ法ニ。無始無終ノ體ナル故ニ稱ニ無作ト。是以經ニハ。常在靈(鷲)山○天人常充滿ト云云(大正藏九、四三下)故ニ法身ノ體卽應身也。然卽九界應同ノ利生。是ヲ名ニク應身ニ。此理三千周遍ノ體ナル是ヲ稱スニ法身ト。故ニ釋ニハ。三世化道惠利無レ疆ト云云(卍續四三、一〇三丁左下。法華大意)然ニ今日ノ說法卽皆ノ說法也。是卽利ルトニ我所具ノ九界ヲ云ヘル自受法樂ノ觀法是也。仍約レハニ內證ノ見ニ法身。約レハニ對機ノ見ニ應身也。故ニ法應相卽炳然ナル者也。是以宗師釋スルハニ爾前ヲ。應用隨緣卽有量ト云ヒ(天文五、二二六三上。文句)。來(身カ)ヲハ法華ニ應用不斷卽無量ト云ヘリ(同前)。深可レ存ニ此旨ヲ。是以於テハニ今經ノ本迹二門ニ。爲ニ凡夫未熟機ノ唱ヘ始成正覺ヲ說法シ。出テニ迹門ニ令レ證ニ無生忍ヲ證スルニ三世了達ノ悟ヲ時。顯ニ如來無作ノ身ヲ。弟子本有レ之レ性德三身ニ。卽與ニ師ノ三身ト一如ニ互具スル也。增道損生ノ益在リニ一座ノ中ニ。自然流入薩婆若河(海カ)ノ無作ノ悟ヲ成スレ之已上是ハ法應三身。相卽互具也於ニ報身ニ智惠ノ性體也。悟ルニ彼ノ法應ノ本源ヲ事。只在ニ此報身ニ。此ノ報身ハ卽觀法ノ了智所成ノ壽命也。此智

惠本ノ實成以來ノ三世常住ノ壽命ニシテ。衆生ノ心性ニ全ク如ニ三身相卽ノ如來一也。然則一心三觀ト者。顯ニス此ノ三身ノ體ヲ一。是迹門因分也。彼三身至テハ本門ニ無作ノ果德也。然卽迹門卽本門。本門卽迹門。本迹只不思議一也。一花開レハ天下皆春也。如來ノ三身顯レハ三世ノ衆生悉ク悟ル也。是以弘五云（二カ）。（天止一、四五〇）一切衆生（諸佛カ）由レ觀ニ己心不レ異ニ佛心一。故得ニ成佛一ト云云（大正藏十二、三四三上）觀（之図カ）無量壽經云。諸佛如來是法界身。入ニ一切衆生心想之中一ト云云

19　一體三寶事 惠心流

或傳云。先佛寶ト者。阿彌陀。法寶ト者。法華經。僧寶ト者。觀音。於ニ此三寶一一體ノ義重重有レ之。謂ク十方三世ノ諸佛ノ正覺ノ智體ハ阿彌陀ノ一佛也。是ハ一體ノ佛寶。次於一佛乘分別說三トテ。八萬十二ノ教法雖レ多レ之。歸ニス法華ノ一體ニ一故一體ノ法寶也。次十方三世菩薩ノ大悲。併ラ觀音ノ一體。又六道ノ凡夫ノ思フ親子ヲ慈悲ニテモ一切慈悲ト云。慈悲悉ク觀音ノ大悲ノ全體遍スル法界ニ故也。二乘孤調ノ空ナレトモ無シ邪ジャ見ノ聲聞一無ニ放逸ノ緣覺一。此等ハ皆觀音ノ大悲ノ分分ニ八萬十二ノ教法皆歸ス阿彌陀ノ一體ニ。謂ク阿ト者空ノ義。是ニハ二乘所證ノ空ヨリ始テ。十法界ノ空無障ノ德歸ス此ノ一字ニ。是ハ一體ノ法寶也。彌字ハ假ノ義。菩薩界ヨリ始テ十界ノ假法收テ此ヲ大慈悲ノ體ト被ルレ云。是一體ノ僧寶也。次ニ陀字ハ中ノ義。是佛法ナル事可レ知ヌ。十方三世佛。八萬諸聖教皆是阿彌陀 矣（卍續三、四一四丁左下。取意）可レ思ヒ合之一。又法華卽阿彌陀ノ體。觀音又阿彌陀ノ體也。昔在ニ靈山一名ニ法華一。今在ニ西方一名ニ阿彌陀一。獨（在カ）世末代名ニ觀音一。三世利益同一體云フモ可レ思ヒ合之一。此時ハ佛寶等ノ諸三寶歸スル彌陀ノ一體一故ニ一體三寶ト被レ云也。法華觀音等例レ之可レ知 云云

私云 注 是ハ雖ニ他流ノ義也一ト。當家ノ法門ニモ無ニ相違一名目ノ替目計也。其故ハ彌陀觀音法華ヲ以テ當ニ三諦ニ一成ルカニ倶體倶用ノ義ヲ一故也

享祿三年（一五三〇）五月二十四日令レ書ニ寫之一訖

〔雜雜抄　第一　終〕

雜雜抄　第二

1　一、長壽只是證ㇾ體之用。未三是親證二實相體一也事（天玄一、一一四。釋籤）

口傳仰云。五百塵點ノ遠壽ト者。迹中之本ノ壽也。而ニ望二本佛ノ壽量一ニ時ハ用也。證體ト云ヘルハ眞實本佛ノ體ヲ釋也。故ニ迹中之本ノ長壽ハ證體ノ用也ト釋也。夫（未カ）是親證實相體也ト釋セルハ。迹中之本ノ長壽ノ用ナル所談ニテハ。實修實證ノ體ヲハ不ㇾ證釋也。若爾者。迹中之本。本迹ノ實相ノ體ハ新說舊說ノ不同ハ有ㇾ之トモ。所證ノ實相ノ體ハ同ㇾ之トレ習也。玄文一部ノ大旨所ㇾ明實相ハ迹中之本ノ上ノ實相也。當流ニ本迹不同ト云ヘル習ハ前段ノ事也云云

記九云。今正應下以二本地之長一ヲ用開ス迹ノ短上ヲ。曉リ二長本一ヲ已ヌレハ。方ニ達ス二本[理]一ニ無二復長短一矣（同前）（天文五、二三一七下～八上）

口傳仰云。（天玄一、一一四。釋籤）迹門正意在顯實相。本門正意顯壽長遠ノ釋ニ可二習合一［　］［　］（云云カ）先以二用ノ長キ事一顯二サント眞實ノ本地一ヲ釋也。長ノ方ハ迹ノ行ノ久也

蓮實坊和尚云。森羅諸法本佛壽命也。五百塵點成佛之本佛者迹門也。本佛遠壽只是證體也。釋ㇾセルハ用ヲ迹中ノ遠壽ハ用也。諸法無盡ナレトモ本佛壽命常住也。是法住法位世間相（大正藏九、九中）常住也矣

輔釋云。以二本佛三身一爲ㇾ體。迹門三身是用也矣（卍續四五、一五四丁左下）（地カ）

皇覺義云。籤一云。本迹二體其理不ㇾ殊。昔日因果名爲二本宗一。中間今日所ㇾ論因果名爲二迹宗一。本迹二用所ㇾ論二（不カ）麁妙及以廣狹一。但據二近遠一以判。本迹等矣（天玄一、一五七）以二此釋意一ヲ可ㇾ得ㇾ意也。本迹ノ體ハ同ㇾ之故ニ。用ノ一向異ナル邊ニテ不同ヲ釋スル也。若爾者。證體之用ノ不同ナル方ヲ取テ實相ノ體ノ方ヲハ未是親證等釋スル也

2　一、四土卽離事

口傳仰云。卽土ハ直觀此土。四土具足。故此佛身卽三身也ノ義也。（天文五、二五九四下。文句記）此時ハ於二此ノ土一ニ於二斷惑淺深一ニ四土ヲ分別スル也。離ノ土ノ時ハ竪ニ立テテ四土ヲ論スルニ受生ノ不同ヲ也。四土ノ廢立一家處處ノ釋義。以二此分別一ヲ可ㇾ思ㇾ之云云

3　一、本覺修行圓人斷道ノ事

口傳仰云。直行ノ圓人ハ不斷而斷ト向ヒ。迂廻道ノ漸機ハ斷而

不斷ト入ル也

名疏三云。圓教但以三不レ斷顯二法身一爲レ實（異カ） 矣（大正藏三八、六〇六下）

四念處釋云。圓具二二義一。〔若〕教道明レ斷。證道不レ斷 矣（大正藏四六、五七四上）

兩卷疏釋云。必須別用。智斷惑者智還成（〔矣カ）（大正藏三四、九二九中。觀音義疏取意カ）

尋云。智證大師。圓人不斷決ノ意如何（佛全26、三四二上～。授決集）

口傳仰云（缺文）

4　一、以二觀心ヲ一爲二出離要道一ト事

心地觀經云。能觀レ心者究竟解脫。不レ能レ觀者究竟沈輪（淪カ） 矣（大正藏三、三二七上）

5　一、猶是大品次第意ト云事

口傳仰云。天台大師ノ初隨喜ノ得法ヲ。大品次第ノ意也ト云也 云云

尋云。天台智者大師。講二大品經ヲ一時。以二一心具萬行ノ文ヲ一問二南岳ニ一。南岳言ク。猶是大品次第ノ意也ト云ヘルハ。只是レ大品經ノ講レ文ヲ。大品次第ノ意也ト印加ストト聞タリ。何必ス初隨喜得法ヲ大品次第ノ意ト云フトモ可レ得レ意耶

口傳仰云。他流ノ料簡ハ如二爾ノ傳ノ文他流ニ申一カ見タル也。然トモ當流習ニハ二七日ノ妙悟ハ迹門也。若爾者。本門ノ得法ナラハ於二爾前迹門ノ觀ニ一不レ可レ有二不審一者也。而ヲ大品等ノ經ニ所ノ說ク一心三觀ヲ不シテレ得レ意不審ストハ。未タルレ得二本門ノ妙悟ヲ一故ニ。迹門ハ帶ル二性眞如觀ヲ一義ニテ。猶是大品次第意也ト云也

6　一、雖レ言二初後一無レ二無レ別。是名二圓頓止觀一事（天止二、一一四。止觀）

口傳仰云。重重ノ義勢多レ之歟。然トモ都率先德。自行略記ニ釋云。理卽究竟ヲ爲二初後一ト。初後無二無別ト釋セリ取意六卽義ノ下ノ釋可レ思レ之歟

但蓮實坊御義ハ十界初後ト成タマヘリ。如レ下 云云

7　一、南岳心要ト者。直行ノ觀門ナル事

尋云。心要云。問。諸法ハ寂滅ノ相ナリ。不レ可ニ以テレ言ヲ宣一フ。（續天全口決1、一上）有テカニ何所以一而說ニヤ止觀一ト。（〔耶カ）答。一切ノ諸法ハ本是佛法ナリ。今ノ人意鈍ニシテ玄覽則難シ。眼依テレ色ニ入ル。假レ文則易等 矣

文意分明也。非ニ直行觀門ニ一云事。約ニ鈍機ニ一心要ナルカ故也如何

口傳仰云。此事一流ノ習此事也。心要ト者。直ニ正行ヲ沙汰スル文ト習也。而ルヲ今不審スル文ヲ會通スルニ習カ有レ之也。今ノ

釋ノ問答ニ。今人意鈍釋セルハ。解行ト次第スル機ナレトモ鈍機トスル廢立ニハ異也。只是望メテニ本覺佛一ニ直行ナレトモ。初縁實相ト行スル機ヲ且ク鈍ト釋也。是モ初縁實相ト行スレハ卽本覺ナレトモ。未タルレ向ニ實相ト一前ヲ望ニメテ本覺一ニ今人意鈍ト釋也。如レ此不シテレ云。更ニ心要ヲ明ニセル直行一ヲ文トハ不レ云事也

8　一、雖レ言ニ初後一無レ二無レ別事

口傳仰云。圓頓行人初縁實相ト行スレハ。十界ノ初後皆一實相ニテ無二無別也ト釋スル也。(天止三、二七一。弘決)一家圓義。言法界者。(天止一、一一二)須云十界卽空假中。初後不二ト釋スル意也。今ノ己界及佛界衆生界亦然ノ釋。可レ思レ之云云

尋云。行初後ト云事如何

口傳仰云。ソレハ大部ノ止觀ニテハ行初後ト云ヘル義ハ文ニ相叶ヘルニ似タレトモ。今ノ心要ニテハ文ニ不レ叶故ニ。圓頓行人初縁實相ト釋スレハ。十界初後共ニ一實相ニテ無二無別也ト釋スト料簡ハ正義也。故ニ當流ノ義ニテハ大部ノ止觀モ心要モ同ク十界初後ト可ニ料簡一也

私云。都率自行略記ト云ヘル御釋ニハ。理卽究竟トノ初後ト釋セリ云云

尋云。於ニ大部ノ止觀一ニ漸次不定ノ止觀カ。漸次ノ始ハ淺ク後ハ深ク。不定止觀カ前後更互ルニ望テ。圓頓止觀初後共ニ實相ヲ行スルハ。初後無二無別ト釋スト料簡スレハ尤モ相叶ヘリ如何

口傳仰云。大部止觀ニテハ如レ此料簡スレハ尤モ文ニ相叶タレトモ不レ爾事也。其ノ故ハ心要ニテ三種止觀ヲ不ニ分別一故ニ。圓頓行人ヲ沙汰スル文ニテ。對シテニ何物一ニ可レ爲ニ料簡一耶。故ニ十界ノ初後ト云ヘル義ハ。何處ニテモ無ニ相違一義也

蓮實坊和尚云。一家圓義。言ニ法界一者。須レ云ニ十界卽空假中一。初後不二方異ニ諸教一矣　初後ト者。初ハ謂地獄。後ハ謂佛果　矣

9　一、淨名經空立事

淨名經三卷
- 上卷
  - 佛國品・方便品
  - 弟子品・菩薩品
  - 已上室外四品
- 中卷
  - 問疾品・不思議品
  - 觀衆生品・佛道品
  - 不二法門品・香積品
  - 已上室内六品

- 下卷
  - 菩薩行品
  - 見阿國品（閦イ）
  - 法供養品
  - 屬累品
  - 已上室外四品

已上十四品

疏十卷。小卷二十八卷

- 疏一
  - 一卷・二卷
  - 三卷・四卷
- 疏二
  - 五卷・六卷
  - 七卷・八卷
- 疏三
  - 九卷・十卷。方便品
  - 十一卷。舍利弗
- 疏四
  - 十二卷
  - 十三卷
  - 十四卷
    - 目連
    - 迦葉
- 疏五
  - 十五卷
  - 十六卷
    - 富樓那
    - 迦旃延
    - 僧那律
- 疏六
  - 十七卷
  - 十八卷
    - 優婆利
    - 羅睺羅
    - 阿難
    - 三大菩薩
    - 光發童子
    - 持世菩薩
    - 善聽長者
    - 菩薩品
  - 已上室外

- 疏七
  - 十九卷
  - 二十卷・二一卷
    - 問疾品
  - 二十二卷
  - 二十三卷
    - 不思議品
- 疏八
  - 二十四卷。觀衆生品
- 疏九
  - 二十五卷─佛道品
  - 二十六卷─不二法門
  - 二十七卷
    - 香積品
    - 菩薩行品
  - 已上室内六品
- 疏十
  - 二十八卷
    - 見阿國品（閦カ）
    - 法供養品・屬累品
  - 已上室出

10　一、須彌芥子相入事　授決集

口傳仰云。智證大師釋云。（佛全26、三四五上）心爲₂芥子₁十界如ㇾ山。隨緣不變故不₂增減₁。不變隨緣故₂現₂大小₁等釋セリ。芥子須彌相入ハ圓融相卽ノ法門。隨緣不變ノ於₂法門₁可ㇾ爲₂沙汰₁法門也。於₂法華₁₂隨緣眞如ノ前₂芥子須彌相入ヲ談シ。淨名經等₂ハ不變眞如ノ前₂於ㇾ性₂可ㇾ論₂相入ヲ₁也。然芥子須彌相

入ハ。淨名經ニハ問疾・不思議ノ兩品ヨリ出タリ。於ニ止觀ニ者。於ニ正觀ノ重ニ可レ明レ之也。淨名經ニハ室內方丈ノ一室ニ立ニ三萬六千ノ座一ヲ顯ニ圓融無礙ノ義一。卽須彌芥子ノ相入ヲ顯スト習也。空室ノ上ノ相入也。止觀ニテハ一念三千ノ法門カ卽芥子須彌相入ニテハ有レ之云也。法華意又可レ思レ之云云

11 一、本所通達門事

教時問答第一云。（大正藏七五、三八四中）一切諸佛菩薩證ニ入シテ大日如來ノ身中一ニ。還テ從リ本所通達門一出ツ矣

12 一、因分果分ノ久遠事

教時義一云。（同前。取意）此經本地心（之身カ）卽是妙法蓮華經（經㊁カ）最深祕密處。此宗ノ同ニ（與カ）因分ノ久遠（近カ）一ニ○釋迦久遠壽量皆在ニ衆生一念心中一。此宗同ニ果分一矣

教時問答第一（同前）。天台ノ本迹ノ釋ハ今宗ノ因分久遠ノ意ト同シ。故ニ大日ノ疏ニ云。此經本地之身ハ卽是妙法蓮華最深祕密處ナリ。觀心釋ハ與ニ今宗ノ果分ノ一體一意同シ。故ニ大日疏云。釋尊久遠壽量在リ衆生一念心中一矣

口傳語云。因分ノ久遠猶以不レ說レ之。況ヤ於テヲヤ果分本等之久遠一ニ矣

記一云。（天文一、四三下）無ニ第四意一將何以辨ニ能詮教功一。將何以爲ニ久成行本一等釋。可レ思レ之

私云。本迹ノ上ノ第四觀心卽果分ノ久遠ナルカ故ニ。此觀心ヲ行スルヲハ久遠行ト釋ル也

口傳仰云。久遠行本ト者。一念三千也。止觀一佛ハ本佛行因ノ相ト云ヘル卽久成ノ行ノ本也云云

記九云。（天文五、二四二四下）唯圓卽觀一念三千等釋。可レ思レ之云云

13 一、顯密擬宜事

教時問答第一云。（大正藏七五、三八八下）眞言宗ノ意ハ本來一佛一乘ナリ。天台宗ノ意ハ初觀（現カ）ニシテ四佛五乘一ヲ後ニ爲ニ一佛乘（ト一カ）一ト。何カ故ソ言ハン同ト。答。天台宗云。佛在シテ法身地ニ唯以ニ圓教ヲ而モ擬ニ宜（宜㊁カ）スル衆生ヲ。衆生不レハ堪出ニ次（次 出カ）ニ別教ニ次ニ出ニ通教ニ〔次出ニ三藏。〕望レハ佛ノ本懷ニ皆是圓教ナリ。而ルヲ諸衆生隨レ分ニ受レ教ヲ。或ハ爲ニ小乘ト或ハ爲ニ通教ト或ハ爲ニ別教ト或ハ爲ニ圓教ト。後ニ至テ法華ニ暢テ佛ノ本懷ヲ皆爲ニ一乘ト。今眞言宗其ノ意亦タ爾ナリ矣

14 一、於ニ三身ニ各別分身一事

教時問答二云。眞言（如カ）法身ハ一（一カ）切ヲ爲レ體ト。（大正藏七五、三八四上～中）三身一一ニ現ス二一切身ヲ一。顯教ハ任レ縁ニ未タ二開顯一。故ニ三身差別シテ主伴不同ナリ。若約ハ二法華ニ一切開顯シテ三身一體師弟本成矣

15 一、如我昔所願事

妙義集
覺大師御釋云。（日藏四〇、五八七上）問曰。方便品。如我昔所願矣意如何。答曰。一切衆生ニ在二佛性一。故ニ必可トレ成佛一説也矣

守護章釋。破二麁食者ヲ一下釋也（傳全二、四二三）
山家御釋云。非三但闇二迹門一。亦不レ知二本門一。我本立誓願。經論共〔説。〕不レ可レ疑惑一矣

覺大師御釋
己心中記云。大旨如二妙義集一ノ見タリ

16 一、法華已前ニ明二本地久成ノ旨一歟事

妙義集
覺大師御釋云。（日藏四〇、五八八下）問。法華前〔説〕ニ明二本地久成ノ旨一ヲ耶。答曰。一行ノ曰。化法化儀ノ八教是也。問曰。其意如何。答曰。八教ハ是從二阿字不生ノ一理一出ニ生ス八葉九尊一。其八教也矣

私云。此釋ハ本覺説顯テ後ニ釋レ之。悉ク爾前ノ四教五時。本地久成ノ説也ト釋也。妙義集ノ釋ハ必ス不ニ依用一スル文歟

17 一、一念三千成數事

檀那御釋云。又依二大經大論等一ニ。（佛全24、三四七下。一實菩提偈）有二三世間陰生土界如依正皆一實一○是故互融成二三千一。十界互融成二百界一○十如互融成二千如一。十界各有二三世間一○是故千如成二三千一。是則（故カ）天台己心中○所行之法圓頓理矣

18 一、十如是三諦歟事

同レ上ニ
檀那御釋云。（同、三四九上）是故天台十如是○凡有二三轉一空假中。心性一實中（丁是カ）道○無二三千相一是空諦。雖レ空而是諸法相（性カ）。是故亦是假諦義矣

19 一、本迹佛事

同レ上ニ
檀那御釋云。（同、三四九下）迹門實相迹佛體○是則猶如二水中月一。本門實相本佛體。諸佛之本如空月矣

20 一、天台觀心修行久成ノ行ナル事

檀那御釋云。（佛全24、三四二上。念佛寶號）是故天台觀心説。久遠實成行因相。卽是心性寂光中。遍見二一切諸佛一故矣

21 一、檀那流本迹不二ニシテ無二別體一云ヘル證據事

同レ上
檀那御釋云。（同、三四二下）天台大師觀門説。本迹雖レ殊〔體〕無レ別。教門本迹雖レ有レ殊○觀門心性平等故矣

22 一、惠心流本迹ノ體有ニ不同一事

杉生口傳云。爾前別教迹門圓教。迹門別教本門圓教。本門別教觀心圓教。觀心別教元意圓ト口傳ルカ故ニ。觀心ノ上ニ於ニ元意一ニ本迹本有ノ重ニシテ。此流ニハ本迹不同ヲハ口傳スル可レ祕

尋云。惠心流ニ本迹二門ニ有ニト不同一習タル正口傳義ノ意如何

口傳仰云。此事當流ノ祕事。只此事也。於ニ法華ニ三種法華有レ之。檀那一流ニ本迹無ニ不同一云ヘル義ハ。顯説法華ノ大旨也。我流ニ有ニ不同一習タルハ根本法華ノ重也

（佛全24、三四九下。一實菩提偈）檀那御釋。迹門實相迹佛體。是則猶如ニ水中月一。本門實相本佛ノ體。諸佛ノ本（〔之カ〕）猶（猶〔之〕カ）如空月ト釋セルハ。以ニテ本迹ノ實相一ヲ水中天月異ニシテ。於ハニ實相ノ體一ニ無ニト不同一云ヘトモ。顯説法華ノ迹ノ上ノ法門也。我家ハ習フ本迹不同ハ。根本法華ノ內證ヲ以テ無始本有ノ本迹ヲ習也。無始本有ノ本迹ハ。如來果地ノ內證ヨリ有レト之習フ事ハ。源惠心御釋觀心略要集釋云。（佛全31、一六二下～三上）佛施（陀カ）之（〔也カ〕）垂ニルコトハ九界ノ妙應一ヲ。非ニ本無今有一ニ。衆生ノ得道（〔之カ〕）爲ニ妙機一也。是無始理具ナリ。但十界互具。誰カ機誰カ應。三諦圓融セリ。何カ體何カ用。然而（〔二而カ〕）二不二之故ニハ實雖〔レ無〕ニ彼此差別一。不二而二故（〔之カ〕）ニハ亦論ニ機感（應カ）一ヲ。辨ヘニ體用一ヲ○彌陀普賢（現カ）三昧（〔之カ〕）ノ應用ハ。體內ノ三千法性性（法性〔之〕カ）相外ニ顯（〔之カ〕）タル也。〔止觀云。〕若シ內ニ無ハニ此（是カ）ノ德一則外ニ無ニケン大用一。寄テレ外ニ顯レ內ヲ。其故（相カ）如レ是（〔云云カ〕）ヲハ。弘決云。當レ知。身土一念三千。故成道時稱ニ此本理一。一身一念遍ニ於法界一（〔矣カ〕）。此惠心ノ御釋ニテ當流ニハ本迹ノ不同ヲハ口傳スル也。無始本有ヨリ機應ノ迹ヲハ論ル故ニ。根本法華內證ヨリ本迹不同有レ之習也

私云。此惠心御釋モ。果地ノ內證ニ本迹ノ不同有レ之云ハン事ハ。體用ニテ不同ヲ釋シテ。全ク於テレ體ニ本迹不同有レトハ之不レ見者ヲ耶

尋云。以ニ觀心一ヲ爲ニ果分ノ久遠一ト。深祕ノ上ニ約ル元意也トモ。何ソ此上ニ可レ有レ之耶

口傳仰云。實ニ爾也。然トモ觀心ヲ猶別教ト下シテ立ニ元意一ヲ時。此上ニ可レ立ニ深祕ノ久遠一ヲ云事ハ根本法華ヲ云也。觀心ヲ猶ヲ顯説法華ノ迹ノ上ノ本迹ニ立ニ機法一論ニ修行門一ヲ上ノ事也。今ハ能修行所修行無ニトモ不同一。本來是佛ノ久遠ヲ猶ヲ深祕ノ

重ト成セン料也。然トモ法體性相ハ無ニ不同一也云云

23 問。本迹二門共ニ如來出世ノ本懷ナル事

迹門觀心釋 覺大師御釋云。（佛全24、六三下）夫寂滅道場。始成正覺釋迦如來。出世ノ本懷。說ニク今法華迹門本門一ヲ矣

24 一、法華所談ノ成佛正文證事

惠心御釋 眞如觀云。（佛全33、五六下。取意）八歲ノ龍女ハ畜生ノ身ナリシカトモ。聞テ法華經ノ諸法實相ノ一句一ヲ。我身思（悟カ）ニ眞如也一ト。智惠殊ニ深クシテ卽時ニ成佛シキ矣

兜率御釋。愚心雜用集ニハ。其智惠門難解難入ノ文ヲ出セリ。山家ノ御釋ニ。三軌ノ旨歸ト云ヘル文有レ之。其中ニ沙汰ル旨有レ之也。二枚計文也

25 一、一切一心識（第九識）・一心一心識（第十識）開合事

教時問答釋云。（大正藏七五、三七四下）開シテ第九第十ノ二識一ヲ足シテ爲ルナリ二十識一ト矣

26 一、境智不二事

藥王菩薩燒身供養釋也 藥王品疏云。（天文五、二五七八下）內ニ運テ二智觀一觀シテ二煩惱因果一ヲ。皆用ニ空惠一ヲ蕩カスレ之。故ニ言ニ眞法一ト矣

記云。（同前）境智不二能所斯ニ亡ス。以ニ不二觀一觀スニ不二境一ヲ。成ニ不二行一會スニ不二ノ空一ニ。作ニ是觀一時共（苦カ）ニ爲ニ法界一ト矣

27 一、判接五品事

守護章 山家釋云。（傳全二、二七四）若依ニ普賢行法經一。影略攝ニ在初信位一耳（耳ナシカ）。若依ニ妙法蓮華經一。六根淸（淸ナシカ）淨前立ニ五品一矣

私云。此釋ハ普賢ニハ判攝ノ五品明シレ之。十信ノ中カ初信ニ攝レ之。法華ニハ五品六根ノ功德各別ニ說レ之。故ニ不ニト判攝一釋タマヘリ

止七云。（天止四、三九六）若依ニ普賢觀一。卽以ニ五品一爲ニ十信五心一矣

私云。此釋ハ以テ十信ノ中ノ五信一ヲ對ストニ五品一ニ聞タリ

分別品云（疏カ）。（天文五、二四三三上）分ニ一品一〔爲ニ〕兩心一。〔五品〕卽十信等矣

私云。此釋ハ十信ノ始終ニ可レ互聞タリ

口傳仰云。於ニ判攝ノ五品一ニ。判ニ攝位一ヲ判ニ攝行一ヲ二ノ習有レ之。故ニ判ニ攝位一ヲ時ハ。初信ニ判攝シ。行ヲ判攝ル時ハ。發ノ不定有レ之故ニ。依テ行人ノ利鈍ニ不定ナル故ニ。互ルニ十信ノ始終ニ事モ有レ之也

法師功德品疏云。（天文五、二四六三上）讀誦既ニ爾四種亦然。初品既爾四品加然矣

記云。四品加然等ト者（同、二四六三下）。明ニ發不レ定。始自ニ初（初㋣カ）隨喜一終至ニ正行一皆發ニ六根一矣（等㋣カ）

菩提心義云（大正藏七五、五二五上）。此前天台更有ニ五品一。惑（或假カ）收ニ初信ニ惑（或カ）〔約ニ〕超入ニ豎收（假カ）ニ十信一矣

私云。此等ノ釋分明也。約レ行ニ發ノ不定有レ之故ニ可レ亙ニ始終ニ云事

普賢經云（大正藏九、三八九下）。不レ斷ニ煩惱一不レ離ニ五欲一得レ淨ニ諸根一矣　又淨ニ眼根一已（同、三九一下）。復（更カ）經讀ニ誦大乘經典一矣

私云。判攝ノ心ヲ説經ノ證據也

28　一、華嚴經・無量義經・迹門・本門四重ノ隨緣不變不同事

口傳仰云。華嚴所レ明隨緣眞如ノ法門ハ。約レシテ佛ニ十方臺葉互イ示爲レ主伴ノ義ヲ以テ隨緣眞如ノ義トスル也。無量義經隨緣眞如ハ。爲ニ合經ノ開經ナル故ニ。廣ク經テ萬法ニ開出スル從一出多ノ分ヲ隨緣眞如トル讀（談カ）也。而モ未ニ開會一也。迹門隨緣眞如ハ。開會ノ上ノ教相ナレトモ。不變眞如ノ常住ヲ爲シテレ本ト爲ニ此常住ノ上ノ隨緣眞如ト一也。本門隨緣眞如。自力自生ノ隨緣眞如也。此則隨緣眞如至極也

蓮實坊和尚御義云（缺文）

29　一、今經ノ譬ノ蓮華五色ノ中ニハ何ソ耶

口傳仰云。法華ト者。三身一體形也。故ニ以ニ五色ヲ一三身ニ配當スルニ。法身色ハ白色。種色ノ本ナルカ故也。報身色ハ青色。報身智惠ノ體也。以レテ明ヲ爲ル本ト故也。應身ノ色ハ赤色。赤色ハ大悲ノ色ナルカ故也。若爾者智論ノ文ニ（大正藏二五、二六〇上。取意）。蓮華ノ中ニハ青蓮華第一。觀ノ中ニハ空觀殊ニ勝タリ矣　章安大師御釋云。赤色蓮華ト釋セリ。菩提心論中ニハ（大正藏三二、五七四中）。八葉白蓮ト判セリ。如レ此不同出來ルハ三身ノ所表ノ色不同ルカ故也。妙法蓮華ノ首題自レ元三身具足ノ體ルカ故ニ。依テ義分ニ白色トモ青色トモ釋セリ。更ニ非ニ違文ニ習也云云

30　一、圓人不斷惑事

教時問答云（大正藏七五、三八二上）。一切染虛（惡カ）諸佛已ニ斷シタマヘリ。何ソ得（了云カ）レムヤ具ニルコトヲ九界ノ因果ヲ一。答。維摩經云。但除ニ其執一不レ除ニ其法ヲ一。天台宗ニ云。別教教道ニハ説レキ斷ト煩惱一。圓教ニハ二義アリ。教道ニハ説レ斷ト證道ニハ不レ斷。涅槃卽生死ナレハ無ニ苦可レ離ル。

菩提卽煩惱ナレハ無二[集]可キ斷ス。生死卽涅槃ナレハ無二滅トシテ可レキ證ス。煩惱卽菩提ナレハ無二道可レキ修。此自行修證[之]（〔是カ〕）義也（也ナシカ）。無行經云。貪欲卽是道ナリ。恚（恚カ）癡亦復然ナリ。如レ是三法ノ中ニ具セリ二無量ノ佛法一ヲ。若斷シテ二貪瞋癡一ヲ欲レ求二ト諸佛ノ法一ヲ。是人ハ去ルコト二佛道一ヲ如二（〔譬カ〕）天與一レ地。天台宗云。約レ性ニ不レ斷。闡（現カ）提不レ斷二性ノ善一ヲ諸佛ハ不レ斷二性惡一ヲ。性惡若斷セハ普賢色身由レテ何ニ而立 矣

31 一、普賢行布二門事

教時問答（大正藏七五、三九三下）。天台判シテ云。華嚴ニ二門アリ。若約二普賢門一ニ。初發心時便成正覺。四十二位皆是華臺。是圓佛也。若約二行布門一ニ。初勸（歡カ）喜地ニ始座（坐カ）二華臺一ニ。一十二位シテ居ス二華藏界一ニ。是別佛也 矣

32 宗要集傳授口決偈　　皇覺

天台所立本尊部　　所説五時教相部
所被機縁三乘部　　大綱雜雜口決部
衆生一念爲二分別一　　所レ明法門皆本來
故知三觀在二一心一　　是名二一體三寶一也

---

33 一、眞如俗如不同事

教時問答釋云（大正藏七五、三八〇中～下）。今眞言宗ノ眞ノ如ノ俗ノ如ノ觀シテレ何ヲ爲ルレ門ト。答。占察經云。觀ニ有二二種一。一者唯心。謂觀ルナリ二唯識一ナリト。二者實觀。謂ク觀ナリ二眞如一。觀ス二眞如一ヲ者卽今ノ宗意。眞如言説ヲ爲シテレ門ト悟入ル也（也ナシカ）○天台宗ハ實相ヲ爲レ門ト。并[是眞]如觀行ノ異名ナリ。今眞言宗一切ノ俗如ヲ皆攝ス二眞如一ニ。眞如ヲ爲シテレ門ト直ニ達ス二眞如一ニ 矣

私云。眞如外ニ俗如トト云ヘル上ノ地持論ノ（同、三八〇上）實法性。事法性。乃至佛性論（同、三八〇中）ニ所レ説如理如量等イヘル引テ。眞如俗如ノ不同ヲハ釋出シタマヘリ

34 一、忍界同居ノ衆生ハ悉ク墮ルニ二有ノ法塵一ニ事

藥草喩品經云（大正藏九、十九下）。破レ有法王。出二現世間一。隨二衆生欲一。種種説レ法 矣

私云。忍界同居ノ衆生ハ墮シテ二有ノ法塵一ニ迷フ二空理一ニ。住シテ二寂滅法界無主卽空ナル無所住一ニ破ル二有ノ情一ヲ時。正出離生死ル也。如來出世成道ノ本意。併先爲レ破センカ二有ノ情念一ヲ。一代五時ノ説教始テ趣テ二鹿苑一ニ空理不生ノ法門説レ之可レ思レ之

云云

35 一、圓發菩提心六識九識事
口傳仰云。當流ニ六識トモ九識トモ云ヘルハ約束ノ不同ナルヘシ。六識菩提心ト云ヘル隨緣眞如ノ日。假諦三千ノ法法悉ク當體本有ト談ル時。凡心ニ所レ起邪邪ノ起心。六識心外ノ當體ヲ本有ト談ヲ六識菩提心ト云也。五大院ノ本有ノ質多心ト云ヘル是也。サテ九識菩提心ト云ヘル時ハ不變眞如日。十界悉ク本覺無作ノ一佛ト妙解ル時。本覺菩提心ノ外ニ全ク無ニ一法ト談ル時。圓實菩提心ハ佛知見ノ菩提心ナレハ。佛識ナル九識菩提心ヲ本覺修行ノ圓人モ發レ之云也。故ニ當體本有ノ菩提心ノ時。六識本有ト談ルヲ六識ノ菩提心ト名テレ之。本覺無作ノ一佛ト談ル時。圓人立ニテテ本覺ノ行ヲ一佛無作ノ體ニ無レ別ト談ル邊ニテハ九識ノ菩提心ト云也。常同常別隨緣不變一念シテ全ク不レ可ニ相離一ス。故ニ全ク無ニ相違一習也
尋云。菩提心ハ九識圓備ノ菩提心ナレトモ。於レ行ニ者能所ノ行有レ之。機モ可レ有レ之歟如何
口傳仰云。爾也

36 一、一身卽三身等ノ文料簡事(天文五、二二八四下。參照)
皇覺義云。一身卽三身名爲レ祕(同、二二八五上)。三身卽一身名爲レ密 矣
妙樂受レ之。亦可前釋通諸味ト釋ルハ。本地無作ノ三身ノ法體。諸味ニ祕シテ更ニ不レ說レ之故ニ。法華ニモ不レ說。於ニ法體ニ不レ可レ有ニ說不說一故也。涅槃經中ニ不レ說ニ一字ヲモ(天文五、二二八四下。參照)云ヘル此意也。次ニ又昔所不說名爲祕(同、二二八五上)。唯佛自知名爲密ト釋セルヲハ。妙樂大師。後釋斥他經。唯在今經故也ト釋セリ。是ハ別シテ爾前ニ不レ說レ之故ニ釋ル也。而ルヲ今ノ本門壽量ニ始テ說レ之事ハ。神通之力ノ作用ノ時。法體ノ三身ヲハ說キ顯也。萬法皆ナ法(諸カ)體ル時不レ說ニ法華ニモ故ニ。亦可前釋通諸味ト釋シテ。廣ク互テニ讀味ニ不レ說レ之故ニ。釋モ神通之力ノ時始テ本門ニ說レ之故ニ。別シテ斥フニ爾前ヲ一也

37 一、方等時ハ觀學ニハ有ニ說時一(卍續二一四、三三丁右上)。教學ニハ無ニ說時一事
禪門章云。卽是大品教未レ興時。但用ニ三藏一逗ニ諸聲聞一。聲聞爾時不レ聞ニ通教一(天止一、二三四) 矣
弘一云。如ニ諸聲聞一至ニ方等會一被ニ彈斥一已皆習ニ通門一 矣

口傳仰云。爲ニハ二鹿苑證果聲聞一ノ。方等ノ通敎ハ爲ニ二觀學一ノ。般若ノ通敎ハ爲ニ二敎學一ノ也云云 此等ノ文分明也云云

38 一、衆生開悟得脫。必ス從二一佛ノ始終一歟事

口傳仰云。藏通二敎不レ從二一佛一。別敎一敎有無兩邊。圓敎實敎始終一佛矣

仰云。藏通二敎ハ衆生開悟得脫。必ス從ト二一佛ノ始終一ニ云事不レ可レ有レ之事歟。兩敎入滅無未來化ト談ルカ故ニ。灰斷入滅ノ佛也。爭カ未來ノ化道常住シテ可レ隨二一佛一ニ耶。別敎ハ界外ノ敎ニシテ常住ヲ談ルカ故ニ。法身常住ノ邊ハ隨ト二一佛一ニ云ヘトモ。報應二身ハ無常ノ佛ニテ非ス二三世常恆ノ佛一ニ。故ニ互ニ有二無兩邊一ニ也。圓敎ノ心ハ三身共ニ常住ヲ談ルカ故ニ。必ス可レ隨二一佛ノ始終一ニ也

39 一、陰境發不發事

口傳仰云。陰入境ハ第八識惣無明ノ體也。是ハ一念黑白ノ念ノ。白ケレハ白ク黑ケレハ黑思斯也。至テ二第二念一ニ分二別善惡一ヲ也。是ハ惣明ノ分齊也。第二念ニ善惡□(分カ)別ノ上ニ欲心瞋心慢心等ノ念ノ起ルコソ歷餘ノ一心ト可レ名レ之也。然トモ是ハ正ク欲心瞋心慢心ヲ起トモ。任テ二起心一ニ犯シテレ之盜レ財ヲ犯ス二貪瞋等一ヲ事無レ之也。正ク犯レ之程ニ成ヌレハ煩惱境ト名也。隆成ノ煩惱ト名也。如レ此成レ業ヲ論二感果一也。是則生死流轉ノ形也。故ニ惣明歷餘ノ分ニテハ攝ル二陰入境一ニ也。一家ノ釋。先德ノ御釋分明也。夫ヲ解釋。餘ノ九境ハ發セハ可レ觀レ之。不レ發者不レ可レ論。陰入一境一不レ論二發不發一ヲ可レ觀レ之取意(天止四、一三八。止觀)(更カ)釋ルハ。發ト者歷餘。不發ト者惣明ナルヘシ。歷餘ハ。未二必是宜一。經二歷餘心一。或欲心瞋心慢心。此等心起等釋ルカ故也。若爾者。陰入ノ一境ハ本體ハ惣明カ本ナレトモ。歷餘ニモ攝レ之故ニ。陰入ノ一境ハ互ニ發不發一也。故ニ是ヲハ必ス可レ觀レ之釋也。生死ノ根源ナルカ故也

40 一、三千三觀不同事

記一云。(天文一、一五二上)心境俱心ニシテ各攝二一切一。一切ハ不レ出二三千一故也。具如二止觀第五文一。若非二三千一ニ攝ストハ則不レ遍。若非二圓心一ニ者(者ヲシカ)不レ攝二三千一。故ニ三千ノ惣別咸ク空假中矣

口傳仰云。三千ト者。萬法ノ數量也。三觀ト者。此三千ヲ圓融シテ一心ニ持スルレ之法相也。於レ之三千ノ萬法惣シテ空假中ノ三觀ナル相。又一一ノ法。面面ニ空假中ノ三觀ナル相。惣別ノ二ノ三

觀ノ形可レ有レ之也

尋云。但是三千三觀ト分別セン時。尤如レ此可二分別一也。若一念三千ト云ハン時如何分別耶

口傳仰云。一念三千ト云時ハ。一念ハ無礙ノ圓融ノ一念。是則三觀也。此一念ハ無礙無妨ナルカ故ニ三千萬法有レ之。故ニ一念三千トハ被レ云也

口傳仰云。何ナレハ一念ニ具コ足スルソト三千ノ萬法ヲ一云フニ。此一念カ空假中ノ三觀ノ圓融無礙ノ一念ナルカ故ニ萬法ヲハ具足ル也

尋云。一心三觀。一念三千ト云ヘル時。一心ト云ヒ一念ト云ニ可レ有二不同一歟如何

口傳仰云。一心一念ニ聊カ不同ヲ分別セン。一心ト者。體分ノ本心。一念ト者。本心ノ上ノ起念付タリト可レ得レ意也云云

41 一、三種法華事

守護章上云。破二三時敎ヲ下也。全ク文ヲハ引釋テ釋レタル之也 (敎カ)

山家御釋云。於一佛乘者。根本法華經也。分別說三者。隱密法華敎也。唯有一乘者。顯說法華敎也。妙法之外。更無二一句餘經一矣 (傳全二、一七一。惠心全集三、五三七)

尋云。三種ノ法華ノ不同ヲ習ニ。以テ二合掌ノ印一ヲ口傳スル當流ノ習ヒ有レ之云云何樣ニ云事ソ耶

口傳仰云。深祕口傳也。根本法華ハ賢實合掌。權實不二ニシテ無二別體一相也。陰密法華ハ未敷蓮華合掌也。未開會ノ相也。顯說法華ハ開敷蓮華合掌也。是ハ開權顯實ノ相也。譬喩品ノ踊躍歡喜卽起合掌ノ文ヲ。疏云。敍二外信一者。卽起合掌名ニ爲二領解一。昔權實爲レ二如ニ掌不レ合。今解ニ權卽實一如二二掌合一矣今ノ經ノ合掌ノ印ハ。權實不二。十界互具ノ印也。以ニ此外一顯ニ卽身成佛ノ義一也
(堅カ)(隱カ)(大正藏九、一〇中)(天文三、一〇七六上)(身カ)(儀カ)

尋云。此三種法華ヲ合掌ノ印ニハ以ニ嚴王品經文一ヲ相承ノ義ト習也。何樣ニ云ソ耶

口傳仰云。爾也。彼經文ヲ出シテ可レ習也。經云。爾時彼佛欲レ引コ導妙莊嚴王一。及愍コ念衆生一故。說ニ是法華經一。淨藏淨眼二子。到ニ其母所一合ニ十指爪掌一矣是淨藏淨眼ノ二子。母ノ向テニ淨德夫人一ニ合掌スルハ隱密法華ノ合掌也。經云。心大歡喜得ニ未曾有一。合レ掌向レ子言等矣妙莊嚴王向レ子ニ合掌スル相也。根本法華ノ合掌也。賢實合掌也。經云。爾時妙莊嚴。讚コ歎佛如レ是等無量方便功德一已。於ニ如來前一
(大正藏九、五九下)(「時カ)(同、六〇上)(同、六〇下)(堅カ)(「王カ)(百千萬億カ)

一心合掌等矣此顯說法華ノ合掌也。是ハ妙莊嚴王向レ佛ニ正ク合掌スル相也矣

42　一、本門約教釋事

記一云。(天文一、五八下)本中ノ約教ハ則不ニ從レ教ニ判セ。但點ルニ遠本ヲ遠妙自ラ彰ル。解ニ斯文ヲ(「若カ)則一部ノ經ノ心如レ觀ルカ指レ掌ヲ日ノ(四カ)意ヲ以テ(以功カ)消釋スルニ無レ勞ニ再ヒ思ヒ矣

輔云。(卍續四五、七丁左下)但點遠本ト者。借使ヒ本ノ時聞(用カ)ニ於三教ニ助ニ顯於實ニ。以ヨ是成無キカレ(「本カ)非ニト云コト(云功カ)眞實ニ故也矣

口傳仰云。本門壽量意ハ。從因至果ノ約教ニハ異ニ。法法塵塵悉ク本覺ナルカ故ニ。教ノ當體卽[ ]自體ナルカ故ニ。常途ノ修多羅ノ教ハ指レ月如レ指ノ等云ヘルニハ異也。本門ノ意ハ教ノ外ノ無レ月。教ノ當體卽月ト談ルカ故ニ。顯ニトシテ此心ヲ本中約教則不從教トハ釋也。又但點遠本遠妙自彰釋ニテ可レ得レ意也。本門壽量ノ心ハ。先ツ顯ニト久遠實成ノ遠本ヲ。最初實成ノ說教自カラ顯ルルカ故ニ。但點遠本遠妙自彰トハ釋也。解釋又其意分明也。心ハ不レ從レ教ニ依ニ遠本ニ教ヲ顯ストト云事也。尤叶ヘルレ文ニ義也

43　一、記一云。(天文一、一四下)卽レスル迹ニ而本ハ壽量ニ方ニ談(譚カ)。卽レ本ニ而(之カ)迹ハ具ハ在ニ今說ニ矣此釋料簡事

口傳仰云。卽迹而本壽量方ニ談ハ。住本顯本ノ心也。卽本而迹具在今說ノ釋ハ。住本用迹ノ意也

私云。記云。(天文五、二二七六下)從ハ於本地ノ本迹之中ニ(本カ)。垂ルニ於中閒迹日(今カ)本迹之迹ヲ(「如カ)。是本迹ハ近相(「久カ)ヒ顯ス。方ニ知ヌ本是迹カ家之本。迹是本カ家之迹矣此意也。無ニ別子細ニ事也

44　一、照機事

教時問答釋云。(大正藏七五、三八八下)天台宗云。佛在ニ法身地ニ唯以ニ圓教ヲ而モ擬スルニ衆生ニ。〔衆生〕不レハ堪次ニ出ニ別教ヲ次出ニ通教ヲ次出ニ三藏ヲ。望レハ佛ノ本懷ニ皆是圓教ナリ。而モ諸ノ衆生隨レ分ニ受レ教。或ハ爲ニ小乘ニ或爲ニ通教ニ惑ハ(或カ)爲ニ別教ニト。或爲ニ圓教ニト。後至ニ法華ニ暢テ佛ノ本懷ヲ皆爲ニ一乘ト矣

45　一、魔卽法界事

疏一云。(天文一、一五四下)若卽テ生死ニ求ルニ實相味ヲ名ニ乞士ト。達ル煩惱卽菩提ナリト名ニ破惡ト。魔界卽佛界ト(「是カ)者。圓教ノ義也(也功カ)。若未レハ發レ迹但明ス前ノ二義ヲ。若已顯ツレハ本ヲ具ニ後ノ意ヲ也矣

尋云。此釋煩惱卽菩提。生死卽涅槃ノ義約ニ迹門一ニ。魔卽法界義ハ限ニ本門一ニ見タリ如何

口傳仰云。何ニモ可レ互ニ本迹一ニ也。而ヲ今ノ釋カ如レ此分別スル處ヲ習也。上ノ二釋皆ナ始覺始成ノ轉迷開悟ノ義ハ聞タリ。然而卽魔卽法界ト談シテ。正ク第六天ノ魔王等佛界也ト云ハン事ハ。本門事圓教相ニ叶ルカ故ニ。付テ當文ニ先如レ此轉釋也。而トモ共ニ在ラン事。全ク不レ可レ遮レ之[ ]也

尋云。本迹二門ノ魔卽法界ノ不同如何

口傳仰云。約シテ迹門一ニ魔卽法界[ ]（ナリトカ談カ）本門卽スルレ魔ニ佛界ト談ル也。所詮文點ヲ讀ミ替ル也。魔ニ卽ル佛界ト讀テ約スル本門一ニ心ハ。互具ノ魔卽佛界共本有ナル義也。尤トモ可ニ本門一ナル。魔卽佛界ト[ ]（談カ）テハ迹門也。迹門ハ爲ニ理圓ノ相卽一ノ邊也

46 一、最初無教ノ佛ノ有無事（天文一、六七下）

記一云。無教之時卽內薫（熏カ）自悟矣

口傳仰云。一家ノ意ハ。最初無教ノ佛ハ不レ可レ有ル談ル也。故ニ今釋ヲハ覺大師一往假設ノ問答ト釋タマヘリ

尋云。何ナル故ソ耶

口傳仰云。一家天台ノ意ハ。說教互ニ六塵一ニ。何ナル佛カ無教也（之カ）佛可レ有レ之耶。今且ク所以下ノ約教ノ釋カ。今論娑婆國土。（天文一、四八上）音聲爲（爲ヲカ）佛事トモ釋シ。妙樂大師。今論娑婆唯稟聲教（同前）トモ釋シテ。聲教ヲ爲レ本ト釋ルカ。下ノ今ノ示相釋ニテモ其心不レ失。無教之時ト云ヘル教ハ聲教ヲ本ト釋ル也。聲教ナラスシテ依テ餘塵ノ說教ニ開悟スル機更ニ不レ可レ遮事也。何ニ況ヤ天台家ノ佛ハ本覺無始無終本覺ノ佛也。今ノ釋ハ旣無教之時卽內薫自悟等（同、六七下）釋セルハ覺始有レ之聞タルカ故ニ。一家ノ非ニ本意一ニ。尤トモ假設ノ問答トハ覺タリ。其上ニ三因佛性ハ三身相卽ノ佛ト顯ルル也。三因五佛性無レ之衆生不レ可レ有レ之一家ハ定カ故ニ。若然ハ彈指散華隨聞一句等ノ義[ ][ ]（無之カ）佛不レ可レ有レ之故ニ。一向無教佛有トハ更ニ以テ不レ可レ談ス。故ニ方方假設ノ問答ニテ有レ之也

47 一、久遠下種王城得脫事（天文一、五九上）

疏一云。衆生久遠ヨリ蒙レハ佛善巧一ヲ。令レ修ニ佛道ノ因緣一ニ。中（種カ）閒相ヒ値テ。更以ニ異ノ方便一ヲ助ニ顯第一義一ヲ。而成ニ就[之]（熟カ）一ニ。今日雨華動地。以ニ如來滅度一ヲ而度ニ脫之（滅度カ）一ニ矣

記云。（同、五九下）初之一節本因種。果（丁果カ）後方熟王城乃脫矣

口傳仰云。四節釋能能可レ習事也。惣體三世。別體ノ三世ヲ先可ニ分別一也□□(缺字)惣體ノ三世者。四節□(釋也カ)別體ノ三世ト者。三世九世一念ノ上ノ種熟脱ノ義也。惣シテ三世ハ約ニ機情ニ。別體ノ三世ハ約ニ佛智ニ□□(缺字)惣體ノ三世ハ對スル機情ニ故ニ。時節自レ元妄執ナリ。對シテ佛智ニ見レハ之。假說ニシテ非ニ實義一。可レ云也。機情ノ前ハ實義ナリトモ又可ニ沙汰一事也。而ニ□(當流久カ)遠下□(種王城得カ)脱者可レ有レ之云ヘルハ本體。約スル別體三世ニ三世九世一念ノ上成レ之時。久遠下種王城得脱ノ者可レ有レ之習也。此久遠ハ□□(缺字)久遠不生一念名爲久遠ノココロナルヘシ云云

48 一、四大聲聞領解領ニ久遠ヲ一歟事

輔釋云。故玄文中。(卍續四五、一〇三丁左上)別教四大意中中(云〇カ)。如レ是等意皆法身地。寂而常照。非ニ始道樹逗(第十判カ)レ大逗(初カ)レ小。佛智見(照カ)スル機其來久矣(矣カ」)

(以下本文缺)

〔雜雜抄　第二　終〕

雜雜抄　第三

1 一、理境・修境・化他境三重不同事

口傳仰云。理境ノ三千互具ト者。本覺本有ノ互具也。依レ之弘決云。(天止三、二九一)其レ實ニハ但推ニ本具ノ理心一等矣　又云。(同、二九二)還歸本理一念三千トモ釋セリ。此等ハ修境ノ下ノ釋ナレトモ。理境ノ本具ノ三千ヲ釋也。修境下ノ法門ハ。一念起心ノ有トモ無トモ起ル念ヲ四句ニ推檢シテ本理ノ三千ニ歸入ル也。故ニ指シテ起心ヲ爲ル修境ト也。此理境修境ヲ約シテ一人ノ得入ニ得レ意時ハ。理境ノ三千ニ不レ達機カ。至テ修境ニ四句ニ推檢シテ還歸本理一念三千スル也。爲ニハ此機ノ理境ハ可レ屬ス妙解ニ也。修ノ境正キ成ルカ自行ノ所修ト故也。理境ノ處ニテ聽テ直體スル機ハ不シテレ至ニ修境ニ□(本カ)具ノ理心ヲ開覺スル也。化他境ト者。今ノ修境ノ行者カ起念ニ化他念カ起ル也。起念ノ化他ノ起心ヲ卽不思議ノ三千ト達スル也。此起念ノ菩提心也云云

2 一、發大心ノ下化他菩提心ト。不思議境下ノ化他境ノ菩提心ト。起慈悲心ノ下ノ菩提心ト三重不同事

口傳仰云。發大心ノ下ノ化他ハ。爲ニメ妙解ノ菩提心也。不思議境ノ下ノ化他ハ。付テ行者ノ起念ニ化他ノ念カ起ル菩提(「心カ)也。起慈悲心ノ下菩提心ハ。止云。無縁無念普ク覆テ一切ニ。任運ニ拔レ苦ヲ自然與レ樂ヲ等ヲ釋セリ(天止三、三三三)。又既ニ(同、三二九)自達スレハ妙境ニ卽起シテ誓ヲ悲レ他矣弘云。問。應三先ツ起シテ誓ヲ後ニ觀ス(天止三、三二三)妙境ヲ。何ノ故ソ(境カ」)後ニ方ニ云ヤ發心ト。答。境ノ前ニ非レス不ルニハ發心セ。具ニハ如シ五略ノ中ノ意。今ノ發ハ重テ爲ナリ(「成カ)觀ンカ。故ニ須ク證レ(縁カ)理益レス他ヲ等矣

所詮起慈悲心ノ下ノ菩提心。行者ノ起念沙汰スル非ニ化他ニハ。無縁ノ慈悲ニシテ一念遍照ノ形。法法塵塵宛然トシテ面面各各ニ無レ縁無レキ念處ニ。法爾法然トシテ利益スル慈悲菩提ナルヲ起慈悲心ノ菩提心トハ習也

3 一、圓頓行者ノ所觀ハ法性ヲ觀歟。將タ觀ル無明ヲ歟事

口傳仰云。理ノ境修境ノ法門ニテ習事也。理ノ境ノ下ニテ直達スル行人ハ觀ル法性ヲ也。觀シテ本法自證ヲ全ク不ル起念セ觀ル法性ノ全體ヲ也。故ニ理境ニ不レル達セ機カ至ル修ノ境ニ機ハ觀ル妄法ヲ也。既ニ起念ヲ爲シテ所觀ト四句ニ推檢シテ達ルカ本理ノ三千ニ故也。此口傳ヲ習トシテ種種ニ相論スル事也。異朝ノ大師モ以ノ外ニ諍論スル法門也

尋云。修ノ境ハ正キ行者用心自行ノ相也。故ニ妙樂大師モ修境自行ト釋シ。サテ理ノ境ハ只是本理不可得ノ重ヲ釋顯タル形ニテ。行者ノ正キ非ニ用心ニハ。故ニ非ニ觀不思議境ニハ云ヘル義如何

口傳仰云。此事又能能可レ有ニ沙汰ニ事共也。至テ修境ニ開悟スル機ノ［　］(缺字)タメニ理ノ境ハ被レテ屬ニ妙解ニ正キ非ニ自行ニ。故ニ妙樂大師。修境ヲ自［　］(行トカ)釋シタマヘル。尤モ其ノ謂レ有レ之。理ノ境ノ處ニテ聽テ直達スル機ノ前ニハ。何不レ成ニ自［　］(行カ)耶

慈覺大師釋 己心中記云(佛全24、九八下)。今有教時知識經卷以爲ニ本縁ニ。內(內歟)薫ニ自心ヲ以爲ニ圓因ニ。發ニ大道心ヲ。緣理發心者。觀ス迷(眞カ)心ノ前ヲ(「此カ)今我身法身シテ般若アリ解脫アリ。妙理常住シテ安樂自在淸淨ナリ。寂靜(云云照明ナリ。唯願我顯ニ本覺ノ理ヲ(迷眞カ)一切衆生ヲシテ如レ我無レ異 云云

緣事(發事[ナシ]カ)發事發心者。我眞迷後妄因妄果恆ニ相續ルカ(續カ」)故ニ報障アリ○唯願我速ニ離ニ生死憂苦ヲ得ニ佛界樂ヲ矣

私云。此釋ニテ可ニ口傳ス事也 云云

4 一、空假中ノ三千有ニ其不同事

口傳仰云。萬法圓融トシテ三千ナルハ空ノ三千。萬法具足シテ三千

宛然ナルハ假諦ノ三千也

尋云。於ニ中道ノ三千一有ニ不同一耶

口傳仰云。互具圓融共ニ無レシテ隔テ論レハ之中道ノ三千也。所詮。互具・圓融・相即ノ不同ヲ以テ三諦ノ三千ノ不同ヲ聊カ分別スル也 云云

耶

(尋云カ)[　](天止三、二四三。弘決)亡泯三千假立空稱トモ一家ハ釋レ之。檀那ノ先德ハ。(佛全24、三四九上。一實菩提偈)無三千相是空[諦]トモ成リ。若爾者。爭カ空觀ノ時ニ可レ論ス三千ヲ一

口傳仰云。亡泯三千トハ釋スルモ。萬法ヲ圓融スル故ニ如レ此釋也。然トモ萬法豈ニ空觀ノ時可レ闕 云云 檀那先德御釋モ。圓融シテ非ニ互具一ニハ故ニ無ニ三千相一トハ釋ル也 云云

5 一、止觀行ハ本覺行歟。始覺ノ行歟事

口傳仰云。止觀ノ妙行ハ本覺ノ修行也。是名行如來行ノ修行。如來內[　](證カ)本理ノ三千ヲ修行スル相ヲ明ス故也

尋云。弘決第十ニ釋ルニ不思議境一ヲ。今始覺知等釋セリ。如ニ解釋一ノ者。始覺ノ修行相也ト聞タリ如何

口傳仰云。於ニ此ヲ料簡スルニ重重ノ義有レ之。一義ニハ十章ヲ悉ク經ル機ハ解行ノ機ナルカ故ニ。經テ妙解ノ位ヲ入ルカ妙行ニ故ニ。六識能所ノ重ヨリ入ル機ナレハ始覺ノ機ト釋ル也。次ニ本覺修行ノ相ナレトモ。本覺トモ不レ知機カ。本覺ト知ル始ヲ今始覺知ト釋ル也。此ノ行ノ本覺ノ行ナル條ハ勿論ノ事也。非ス始覺ノ相ヲ釋ルニハ。本覺行相釋レトモ。初緣實相造境即中等釋ルカ定也 云云

6 一、不レシテ詑(託カ)レ緣ニ論ニ起心ヲ一歟事

(天止一、三〇三)止一云。心不ニヒトリ孤生セ一必ス詑(託カ)シテレ緣ニ起ル等 矣

7 一、同體境智事

(天止一、一二八)弘一云。法體只是同體境智 矣

8 一、事理不二不二而二事

(天止二、九六)弘二云。事理不二ナリ。不(無カ)二ニシテ而二ナリ 矣

9 一、依レ經立レ行事

(天止二、一〇二)弘三云。五重ハ則玄ハルカニ談(譚カ)ス教旨一ヲ。今此ココニ則依レ經ニ起レ行ヲ 矣

私云。學生式ハ八巻ノ文也。然トモ八巻內ニ第三第七カ無レ之也。自レ是不レ造タマハ歟。不審也 云云

10 一、六即共ニ爲ニ佛子一ト事

(傳全一、三三八～九)學生式一云。又云。今此三界皆是我有。其中衆生悉是吾

子［已上經文］當㆑知。三界之中一切衆生。悉是佛子○是故理卽佛子。名字佛子。觀行佛子。相似佛子。分證佛子。究竟佛子。卽爲㆓圓佛㆒矣

尋云。學生式ニ所㆑談ル。正依法華・傍依梵網等云ヘル戒法門ト。止觀ニ所㆑明ス戒法門ト全ク同㆑之可㆑習歟如何（傳全一、三三五）

口傳仰云。不同也ト習ナリ。彼學生式ハ首題ニ天台法華宗學生式問答卷第一等題シテ。戒ノ法門ヲ釋ルカ故ニ。天台宗法華宗ヲ習替ル不同ト可㆑習也。學生式ハ菩薩戒ヲ爲㆑本ト釋㆑ス之。止觀ハ佛果ヲ爲㆓本意㆒ト沙汰スルソト可㆑得㆑意也。學生式ハ專ラ付テ㆓十如是義ノ因如是㆒ニ。戒法門釋㆑之。止觀ハ十如是ノ中ノ果如是ヲ爲㆑本ト釋㆑之也云云

11 一、圓頓菩薩戒。師資相傳事

學生式第五文也（傳全一、三六九～七〇）

第一菩薩戒師多寶塔中釋迦如來

第二戒師大唐ノ南岳惠（惠ナシカ）思大師

第三戒師大唐ノ天台智者大師

第四戒師大唐章安灌頂大師

第五戒師縉雲智威大師

第六戒師東陽惠威大師

第七戒師左溪玄朗大師

第八戒師荆溪湛然大師

第九戒師琅瑘道邃大師

已上九戒。師（ㇾ師カ）師相傳。授㆓圓（ㇾ敎カ）三學㆒。去延暦二十四年大歳乙酉（當㆓大唐國貞元二十一年乙酉㆒）春三月二日。初夜［時］。最澄義眞等。與㆓大唐國釋氏沙門二十七人㆒。於㆓大唐台州臨［海］縣州（州ナシカ）裏。龍興寺西廂ヒサシ。極樂淨土院（敎カ）㆒ニ。授㆓菩薩戒㆒現前［和上］道邃大德邊。受㆓菩薩圓頓佛乘戒㆒。師師相傳。自㆓靈山法華會㆒。至テ㆓弘（ㇾ于カ）仁九年㆒。相續不㆑絶。有㆑心智者。於㆑此無㆑疑。但除㆓嫉妬（ㇾ者カ）惡見者㆒耳矣（矣ナシカ）問曰。其第一戒（ㇾ菩薩カ）本師塔中釋迦傳戒相如何（如ナシカ）。答曰。塔中釋迦者。集㆓分身㆒脫㆓垢衣㆒（ㇾ以カ）。召㆓地涌㆒以示㆓常住㆒。靈山報土。劫火不㆑壞。常寂嚴土。無明豈汙哉。三變土田。不㆑變㆓娑（迮カ）婆㆒矣（同、三七〇～一）

又云。虛空不動戒。虛空不動定。虛空不動惠。三學俱傳名曰㆓妙法㆒。故見寶塔品言ユハク（云カ）。此經難㆑持。若暫持者。我卽歡喜。諸佛亦然。如是之人。諸佛所歎。是則勇猛。是則精進。

是名持戒行頭陀者(同、三七五)矣 已上第五文也

學生式第六云。言二佛法一者。以二天台一爲二指南一(司カ)(〆矣カ)

第六文也 又云。我只是五品弟子位圓(同、三七九)(耳カ)。案五品卽是法華三昧前方便之位。宛與二思師昔悟一(唯カ)(「口傳有レ之)冥一(語カ)矣

第六(八カ)文也 又云。釋尊ハ住二靈山一(同、四一二)(鷲カ)。文殊居二臺山一。況乎末代學生。誰不レ住二山林一哉○問曰。何故限二一十二年一耶。答曰。謹ミ案二蘇悉地羯羅經中卷一云(同、四〇一)。若作時念誦有(者イ)。經二十二年一。縱有二重罪一。亦皆成就。假使ヒ法不二具足一。皆得二成就一矣

〔山家〕學生式云(傳一、十四)。一十二年不レ出二山門一。令二勸修學一(勤カ)。初六年聞惠爲レ正。思修爲レ傍。一日之中二分內學。一分外學。長講爲レ行。法施爲レ業。後[六]年思修爲レ正。聞惠爲レ傍ト。止觀業具令レ修二四種三昧一。遮那[業]具令レ修二習三部念誦一(〆習カ)矣

12 一、本門二乘成佛事

尋云。本門二乘成佛。經文ニ何文可レ爲二證據一ト耶

口傳仰云。壽量品ノ每自作是念等ノ文出レ之。疏九釋シテレ之(天文五、二三八五下)。開三顯一。開近顯遠。欲レ令三衆生速入二佛道一釋セリ。本迹二乘成佛ハ此ノ一文ニテ沙汰シ習也。唐土ノ人師北峯ト云物。此ノ本書ノ文ニ亦一乘妙法蓮華經ト書キ付。注ニ法華一部無レ過レ之書タリ云云

尋云。一家釋ニハ今ノ文モ。本門二乘成佛ハ聞タレトモ。正ク何處ニカ釋スト見タル耶

口傳仰云。玄文第九云(天玄五、三一二～四)。如三涅槃ニ能ク治カ二闡提一ヲ。此則爲レ易ト。闡提ハ心智不レ滅セ。夫有ル心者ハ皆ナ當シニ作佛ス。非レハ二定死人一ニ(二カ)治コト則不レ難カタカラ。一乘ハ灰シ身ヲ滅レ智ヲ。灰セハレ身ヲ則必(色カ)非二常住一ニ。滅レ智ヲ則心慮已ニ盡ヌ。燋芽敗種。復在二高原ノ陸地一ニ。既ニ聾啞ナリ(〆且カ)。永ク無二反覆一(復カ)。諸ノ教主ニ所レ棄ステラル。諸經ノ方藥不レ行ヲコナハ。今則本佛智大妙法ノ良藥ナリ(藥良カ)。色身不レ灰シテ如二淨琉璃一ノ。內外ノ色像悉ク於レ中ニ現ス。令四心智ヲ不レ滅セ開三示悟三入佛之知見一矣

義云。以テ二本佛智ヲ一爲セリ二二乘成佛良藥一。本佛智豈ニ非二本門ニ二乘成佛一ニ耶

玄九云(天玄五、二六七～八)。今ノ經聲聞受レ記ヲ。菩薩疑除同ク開二佛知見一。俱ニ入二一圓ノ因一ニ。發迹顯本シテ同ク悟二實果一ヲ。因圓果實ナリ不レ

帶二方便一ヲ。永ク異ナリ二餘經一ニ。〔故〕稱シテ爲レ如（妙カ）ト也矣

私云。此文ヲモ可レ出レ之歟云云

尋云。惠心先德。二乘成佛。非ト二論義者ノ所知一ニ釋シタマフ

何ナル子細ソ耶

口傳云。本門ノ二乘成佛ヲ習ヒ極ル時キ。依正ノ萬法悉ク顯ルニ二無作一佛一ト。而二乘成佛ヲ沙汰スル時ハ。不レ可レ有ル二能問所問一。故ニ非二論義者ノ所知一ニ習也云云

尋云。本迹二乘成佛。大段分別如何

口傳云。付二本迹一ニ案位昇進ノ法門共ニ可レ有レ之也。迹門ノ時ハ昇進開ノ時キ論二二乘成佛ヲ一也。初住眞因ノ位ニ開入スル相也。本門ノ時ハ案位開ノ時。本有ノ二乘界ニテ二乘成佛ヲ沙汰シ。昇進ノ時ハ成ルニ二無作ノ一佛乘一ト。本門ノ昇進開ノ二乘成佛ト習也

口傳云。二乘作佛始自今經（教カ）（天文二、七八三下。文句）ト釋ル本文ノ料簡モ。當流ニハ二乘作佛ハ始ニレリト今ノ教一ヲヨミテ。二乘成佛正キ至極ハ本門ト習也。故知二乘兩處得益（天文二、七八八下。文句記）ト釋ルモ。本迹ノ二乘成佛ヲ沙汰スル文ト習也

13　一、三箇大事。三大部ニ習合事

口傳仰云。圓教三身ハ。文句三身義ニ付テ習レ之。常寂光土ノ法門ハ。摩訶止觀第五。十種國土ヲ釋ル下ニテ沙汰スル也。蓮華因果ノ法門ハ。玄文一部大旨ナル故ニ。玄義ニテ相承スル者也

尋云。常寂光土法門ハ。尤モ佛土義ニテ可レ習レ之。何ソ佛土義ニテ不二沙汰一。止觀ニテ可レ習レ之耶

口傳云。惣シテ常寂光土ノ法門ヲ沙汰セン時ハ。佛土義ノ本文ノ習モ雖レ有リト之。圓教ノ三身正キ無作三身ノ所居ノ土ヲ習ハン時ハ。摩訶止觀ニテ所レ釋ル十種國土ノ下ニテ可二沙汰一スル法門也

尋云。教圓（圓教カ）三身ハ能居。常寂光土ハ所居土ナル故ニ一雙ノ法門也。〔　〕（何カ）蓮華因果必ス一箇大事トテ。三箇大事ト可レ成ス耶。習合子細〔　〕（可カ）レ有レ之歟如何

口傳云。大ナル習事也。當レ知依正因果悉是蓮華之法ナルカ（天玄四、五三三五。玄義）故ニ。萬法悉ク非二蓮華一ニ法無レ之。諸法皆因果ノ理ナリ。不レ歸レ之塵塵法法不レ可レ有レ之。故ニ依正悉ク因果ヲ具ルレ之故。圓教ノ三身正法（報カ）。常寂光土ハ依報也。此ノ依正萬法悉ク因果一念シテ當體ノ蓮華ナル故ヲ顯スヲ。蓮華因果ト云ヘル一箇條ノ法

門相傳者也

14　一、鏡像七處口決事

尋云。鏡像圓融法門都率先德釋之。七處有依文釋指何文耶

口傳仰云。凡於鏡像圓融法門。文口傳。義口傳隨分習有之事也

止觀第一。顯是菩提心下。四重三諦鏡像圓融法門習合事

次。同第五卷破法遍下。鏡像釋。像現事約四句推檢釋之。所詮。所現像非自他共無因四句不可得相釋處也。是以一家鏡像本意可習合事也

次。同第七。對治助開下。二乘開示悟入宛然具一相事釋。鏡像釋下有之云云

次同第八。業境下。修止觀善惡諸業悉一心現相釋處鏡像有之云云

次。釋籤第五。引唯識論（天玄四、三五五）釋大圓鏡智等下云云

次同第六。自他不二門下。若一形對不能現像等釋下釋云云

次。文句第一卷。團圓鏡釋陳如章下。鏡像是約無生觀釋也云云

已上七箇處是。委細旨如彼云云

15　一、三大部二乘成佛事

口傳云。文句未來八相二乘成佛爲本沙汰也。玄文今日二乘［　］（情カ）執改。眞因開發位入爲二乘成佛也。止觀三世常住二乘成佛爲本意也

尋云。惠心一乘要決。二乘非論義者所知釋其相如何

口傳云。萬法悉顯本覺無作三身後。無疑不可有論義者。唯佛與佛境界故也。正二乘成佛者。萬法悉本覺無作三身顯上沙汰法門故如此釋也云云

16　一、天台大師御內證褒美事（大正藏四七、九〇七上）

大惠云。天台智者大師。悟法華三昧以空假中三觀該攝一大藏教。無少無剩（丁〇カ）。得此（斯カ）旨者獲

旋陀羅尼。是從上諸教諸佛諸祖莫不皆取此內。證入上。大師證入時。因讀法華經至是眞精進是名眞法供養如來。乃釋迦老子在靈山說此經儼然不散。碑文云。靈山一會儼然未散矣

17 一、應化等四大聲聞事

觀智 法華儀軌云。應化聲聞從本垂迹在此中。決定聲聞從因至果故或在此中矣

18 一、八方作佛唯在極果事

教時問答釋云（大正藏七五、三八九中～下）。問。大乘同性經說。四乘各有十地。其佛十地文云。我今釋迦如來。開敷華王如來。阿彌陀如來等證初地。其二地已上不可說示云云。若爾爾者八葉中東方寶幢佛。南方開敷。西方阿彌陀佛。北方天鼓雷音及釋迦佛爲是妙覺菩薩。爲當妙覺如來耶。答。法華經云。釋迦言。我實成佛。亦云。十六王子八方作佛。東方阿閦。西方阿彌陀。故知此釋迦等妙覺如來。現他受用十地云唯證初地耳矣

19 一、法華二十八品共廣明十界互具法門歟事

義云。山家御釋云 守護章 （傳全二、三五九）又各具十如是義者。法華論云。自此以下。示現所謂諸法因果相應知 已上論文 解云。方便品以下二十七品。說此因果。其法者。謂諸法。經云云云此釋除序品餘二十七品明之聞。而除序品故如何可精耶云云

義云。必非可除序品。方便品十如實相十界互具釋時。且方便品已下二十七品釋也。別非可除序品也云云

20 一、圓頓行者。初心十界事理共具足事

教時問答釋云（大正藏七五、三八一下）。天台宗。佛果已滿從事而說。初地初住分具十界。乃至凡夫但是理具。又云。圓人初心事具足。此義的與此宗意同矣

又云。問。眞如十界其相如何。答。凡夫心性理具十界。隨起一因隨感一果○諸佛果海事具十界矣

尋云。慈覺大師。第五代代付法慶增僧都云。十界十如依

正宛然トシテ雖レ在ニ一心ニ其事猶別ナリト。事理雖レ卽スト事尚
不レ卽等云テ。事事相卽ノ法門ヲハ不ニ相卽一セ成タマヘリ。若爾者。
十界事事互具ノ義如何可レ得レ意耶。古キ［　］（論カ）義也如何
私云。全ク終ニ非レ遮ルニ事事相卽ヲ。十界依正宛然トシテ自居
當［　］（位不カ）寄セニ相卽一ニ而モ一心ノ上ニ本來ナル處ニ迷フ。學者ノ
且ク斥フ事也。偏ニ［　］（執ニ相卽一ッカ）而二門ノ法門ヲ一向屬ニ別門一ニ
處ヲ斥フ時。不シテニ相卽セ一本來ナル相ヲ談タマヘル也云云

21　一、佛乘一乘不同事

教時問答釋云（大正藏七五、三八八下）。天台宗ノ意ハ法華已前ニハ應シテニ四教ノ機ニ一現ス
四教ノ佛ヲ。隨說ニ三乘五乘ノ差別一ヲ。後ニ至ヌレハニ法華ニ一會シテニ前ノ
四佛ヲ一爲ニ今ノ一佛一ト。會シテニ前ノ五乘ヲ一爲ニ今ノ一乘一ト矣

22　一、不變眞如ノ時。論ニ成佛不成佛一歟事

教時義問答云（大正藏、三七八中～下）。問。眞如本成ノ之佛ハ應ニ是不變一ナル。何言ニ
隨緣一ト。答。若約ニハ眞如不變之義ニ更無ニ成佛及不成佛一。今
約シテニ眞如隨緣之義ニ且ク說ニ衆生本成之佛一ヲ。所以者何。若
約ニハ一心一心識ノ義ニ則亦一心一眞如ノ法ハ此中ニハ都テ無ニ（「〇カ）
煩惱菩提生死涅槃凡夫諸佛一。故作ニ是ノ說一若約ニハ一切一
心識ノ義ニ則亦一切一眞如法ハ此中ニハ具ニ有ニ煩惱菩提生
死涅槃凡夫諸佛一矣

23　一、大經法華相對シテ論ニ純帶一ヲ事

記六云。大經法華相對シテ判ルニ十六異ヲ時。第四番ニ約セハレ法ニ
存セリニ彼ハ三權ヲ一釋セリ

24　一、六卽ヲ名ニ觀位一ト事

章安御釋
法華大意云。因果究竟理趣非レ遠キニ。凡夫聞名理卽三觀。
三身三德圓名不レ昧クラカラ名字三觀云云　三觀妙解而誦觀心
無因ナレハ觀行ノ三觀也云云　獲ヨ（得カ）淨六根淸淨ヲ相似三觀云云
初住已上從至ニ等覺ニ分證三觀云云　一位智斷俱圓ナルハ究竟
三觀云云

四教問答釋云。問言ク。以ニ此五十二位一爲ニ圓教ノ正位一
不レ可レ爾ル。所以者何［　］（〇七位カ）是名別義圓ノ意ナリ。專ラ非ニ
圓教ノ正位一ニ。又圓教十法成乘中。善知次位所以ニ。六
卽ヲモテ爲ニ圓教ノ正位一ト。而ルニ何ソ此七位ヲ爲ニ圓教ノ正位一ト乎。
答。以ニ七位一判ニ正位一意。還テ以ニ名別位一隨レ義爲ニ圓位一。
又六卽位約レ觀故。十法成乘中。善知次位所レ明レ之。但今

約レ敎知次位故以ニ名別七位還位一隨レ義爲ニ圓敎之正位一也。卽七位中住行向地ハ是開示悟入故。今文意。散中不ニ分明一也 矣

25 一、於ニ究竟卽一ニ論ニ修觀一歟事

問。一家圓宗ノ意。於ニ妙覺ノ位一ニ有トニ修觀ノ義一可レ云耶

若有トニ修觀ノ義一云者。論ルニ修觀ノ義ヲ一事ハ。迷心起惑ノ位シテ約シテニ能治所治ニ一論ニ修觀ノ義ヲ一也。爭カ妙覺無所作ノ位ニ可レ論ニ修觀ノ義一耶

若依レ之爾也ト云者。章安大師御釋云。法華大意 妙覺一位智斷俱圓究竟三觀 矣 可レ知ル有レト之云事

義云。因ノ三觀。果ノ三身ト配立スル時キ。妙覺究竟ノ位ハ。證シテニ無累ノ解脫ヲ一無所作ノ位ト沙汰スル時ハ。妙覺ノ位ニハ無ニ修觀ノ義一也。是修ノ佛果ノ次第也。サテ是名行如來行ト談シテ修德ノ佛果ハ。必ス非ニ一家ノ本意一ニ。名字妙解ノ位ヨリ妙覺ヲ妙解シテ觀行修行スル位ヨリ名ルニ妙覺ノ行一トハ也。是ヲ爲ニ本意一ト。妙覺ノ位ニ有トニ修觀ノ義一云ヘル義モ可レ有レ之也(喜カ) 云云

記五云。(天文三、一〇七六上) 應云一心三觀六卽之起 矣

籤二云。(天玄一、四八六～八) 約ニ六卽一是觀心之位。位(乛〇カ)邊(由カ)レ觀ニ此經一成ニ於妙行一。始修(終カ)六卽 矣

四敎問答釋云（缺文）

26 一、玄文止觀被攝不同事

御廟大師私記云。(佛全22、三四七上～下。止觀私記參照) 玄文ハ約ニ敎道ニ明ニ別攝通ヲ一。故能攝中道卽是但中ナリ。故ニ初地ナリ不レ入ニ圓ノ初住乃至妙覺ニ一ニ。皆但知ニ但中一ヲ。故ニ云ニ權敎攝權一ヲ。止觀ハ約ニ證道一明ニ別攝通一ヲ。故ニ能攝中理卽是不但中ナリ。故ニ入ニ初地ニ一卽入ニ初住ニ一。故ニ權理被ルニ實理ノ攝一也 矣

27 一、龍女調機事

口傳御義云。聲聞コソ無ニ淨土ノ行一故ニ。今經ノ時キ預ニ記莂ニ一後ニ。調ヘテレ機ヲ未來八相成道ヲハ論シレ之。龍女ハ菩薩ナレハ先習方便ノ時調ルトニ機緣ヲ一云ヘル一義モ有レ之也 云云

又云。龍女於ニ龍宮一ニ調ルレ機ヲ也。文殊五時說敎有レ之故ニ。前四味ノ間ニ調ルレ機也。聲聞タニモ正ク爾前ニテ調レ機ヲ也。般若ノ時轉敎シテ斷シテニ塵沙ヲ一調機スル也。而ルヲ無トニ淨土行一云テ。未來無數劫ノ記莂ハ猶是聲聞面ニテ云事也

尋云。山家大師。（傳全三、二六六。法華秀句）能化所化倶無歴劫。妙法經力卽身成佛ト釋タマヘリ。若爾者。龍宮ニテモ調機ノ姿タ有ラハレ之。能化所化倶無歴劫ノ義如何カ可レ得レ意耶

私云。夫ハ今日ノ聲聞カ無ニ淨土行一故ニ。預ニ記莂ニ後調ニ機緣ヲ一未來無數劫ニ成佛ストモ云事コソ歴劫トハ被レレ云。其レタニモ正ク於ニ爾前般若ノ時ニ調機スル者也。故ニ於ニ龍宮ニ前四味ノ閒調機シテ卽。（天文四、二〇〇八下。文句）南方緣熟宜下以ニ八相一成道上スヘ。何ソ歴劫ト可レ被レ云耶。故ニ能化所化倶無歴劫ト云ハン可レ有ニ何ノ相違一耶

28　一、別圓二教ノ眞善妙有ノ不同事

玄九云。（天玄五、一三九）二卽法不卽法者。若說テレ有爲ハ門ト。此有ハ非ニ生死ノ有ニ一。出テニ生死ノ外ニ一。論ニ（〔別カ〕）眞善妙有一。空門ト者出ニ二乘眞（〔別カ〕）外ニ一。論ニ畢竟空ニ一。乃至非有非（無カ）空門モ亦如レ此。（是 是カ）此ヲ爲ニ別ノ四門相一ト矣

私云。是ハ別教ヲ釋ル下ノ眞善妙有也。生死ノ有ノ外ニ論ニ眞善妙有ヲ一

又云。（同、一四〇）若有ヲ爲レ門ト。卽ニ生死之有一是實相有ナリ。（〔之カ〕）一切法趣レ有ニ。有卽法界ハ。[出]ニ法界ヲ一外ニ更ニ無ニ法トシテ可レ論。生死卽涅槃ナリ。涅槃卽生死。無レ二無レ別。擧テレ有爲ニ門ノ（門カ）端一ト耳。實ニ具ニ一切ノ法一圓通無礙ナリ。是名ニ有門一。三諦モ亦タ如シレ是ノ。此卽ニ生死之法一是圓四門ノ相也矣

私云。是ハ圓教ヲ釋ル下也。圓教ハ生死ノ有。卽眞善妙有ト談ル也。此釋ハ別圓二教相對シテ十ノ不同ヲ釋ル時キ。第一ニハ融不融ノ不同。第二ニハ卽法不卽法ノ不同ヲ釋也。第二ノ卽法不卽法ノ下ノ釋ニ。別圓二教ノ眞善妙有ノ不同ヲハ釋也

私云。所レ詮。別教ハ生死ノ妄法ノ外ニ。眞善妙有ノ出世ノ要道ハ有レト之談ルレ之也。圓教ハ生死妄法ノ當體卽出世ノ要道ナルカ故ニ。生死眞善妙有ト談ル也

29　一、一心三觀・三觀一心事

口傳仰云。一心三觀ハ隨緣眞如ノ一心三觀也。三觀一心ハ不變眞如ノ三觀一心ト習也

觀心略要集
惠心先德御釋云。（佛全31、一六四中）只心是一切法者。隨緣眞如。一切法是心者。不變眞如。金錍論云。萬法是眞如。由ニ不變一故。眞如是萬法。由ニ隨緣一故矣

止九云(天止五、二一八〜九)。爲レ破ニ次第三止三觀一(名カ)無ニ三觀一心一。實無ニ中圓一心實相(定カ)一○一心三觀通(遍カ)破ニ横竪一切迷亂一矣

蓮實坊和尚云(大正藏四六、四五六下。義例參照)。一心三觀ハ卽是假ナリ。三觀一心ハ卽是空ナリ。非三非一ハ卽是中ナリト矣

教時義云(大正藏七五、三七八中〜下。取意)。若約ニ一心一心識義一。卽約ニ眞如不變之義一。此中都無ニ煩惱菩提生死涅槃一。本無ニ成佛及不成佛一。若約ニ一切一心識義一。卽約ニ眞如隨緣之義一。亦(且カ)說ニ衆生本成之佛一。此中具有ニ煩惱菩提生死涅槃一矣

教時問答釋云 如レ上

30 一、修德十如・性德十如。修德十界・性德十界ノ證據事

籤(二カ)三云(天玄一、五三九)。十如一(一因カ)十界皆有ニ修性一。此中但以レ修爲レ性耳矣

31 〔阿彌陀三字。一心三觀一念三千證據事〕

阿彌陀經略記云(大正藏五七、六七六下)。無者卽空。量者卽假。壽者卽中。佛者三智卽一心具。應レ知圓融三觀之智。冥ニ於圓融三諦之境一。萬德自然圓(滿イ)融(融因カ)。名ニ阿彌陀佛一矣

又云。阿者卽空(佛全31、一五七上。觀心略要集)。彌者卽假。陀者卽中矣

觀心略要集云。惠心釋

正行最略攝(抄カ)云。一念三千卽空假中。寂而常照阿彌陀佛矣

32 一、宗旨宗教事

分別功德品記云(天文五、二四二四下)。聞ニ於(於因カ)長壽ヲ(須カ)一復了ニ宗旨ヲ一矣

弘(三カ)二云(天止二、一〇二)。五重ハ則玄(譚カ)ハルカニ談スニ教旨ヲ一矣

尋云。當流ノ名目ニ。常ニ宗旨宗教ト名目ニツカヘリ如何

師仰云。爾也。弘決ノ釋ハ教旨ヲ釋セリ。然トモ常ニハ宗教ト申。當流ノ名目也 云云

33 一、引ニ普賢經一。大乘因者諸法實相(大正藏九、三九二中)。大乘果者亦諸法實相釋事

口傳仰云。此事相生法橋。隨分意據被レ存法門也。普賢經ニハ大乘因者諸法實相ト云ヘル因ノ實相ヲ說キ。今ノ法華經ニハ果ノ實相ヲ說也(同、五。方便品)。唯佛與佛乃能究盡諸法實相等說ケリ。果ノ實相ノ形也。而ルヲ普賢經ニ因果ノ實相共ニ無ニ前後一。因ノ外無レ果。果ノ外ニ無レ因也。蓮華因果ノ法門可レ思レ之。因果一念ナレハ大乘因者ト云處ニ果ノ實相有レ之義ヲ顯トシテ處處ニ如レ此引釋也。依レ之金錍論云(大正藏四六、七八五下。取意)。實相必諸法。諸法必十如。十如(一〇カ)必十界。十界必身土。故知。因果具三千世閒三諦之理矣

能能可レ思レ之云云

34 一、色心ノ實相不同事

口傳仰云。色心ノ實相ト云事ハ。眞言祕敎ノ法門也。心實相ト者。大日經ノ住心品ノ所談也。色實相ト者。祕密品ノ法門也。而ニ今經ノ本迹二門ニ對シテ得レ意レ之時ハ。迹門ハ心ノ實相。本門ハ色實相ト習也

尋云。何ナルヲ心實相ト名レ之。何ナルヲ色ノ實相ト名レ之耶

口傳仰云。迹門ノ機ハ觀シテ二念相ヲ一欲心瞋心等ノ妄念ヲ靜テ理ノ不生ヨリ入ル故ニ。迹門所談ハ心實相ヨリ入。本門機ハ欲心瞋心等念相ニワツラワスシテ。初緣實相造境卽中ノ修行シテ。六塵六境悉ク眞如實相ト談ル也。是ヲ色ノ實相ヨリ入ト習也。念相ニモチワツラハサル機也。色法全體ヨリ直達スル也。迹門爲理圓。本門爲事圓等釋可レ思レ之也云云所詮。迹門機ハ念相ヲモチアツカウテ欲心瞋心等ノ妄念ヲシツメテ。存ニテ心源ヲ一顯カ二實相ヲ一故ニ。心法ヨリ入機ト名レ之。本門機ハ念相ニワツラハス。色心全體無レ隔。事事全體實相ト直達スル也

尋云。爾前法華幷ニ色心實相ノ不同ノ事

口決云。爾前ノ實相ト者。占察經等ニ所レ談ル實相是也。彼經ニ所レ明實相眞如ノ觀ト者。空無生觀ノ分齊也。妄想妄念等ノ念ヲウチハナレテ。不可見ノ理。不可得ナル處ヲ名ニ實相ト一也。此上ニ法華ノ實相ト者。先ツ迹門ハ十如實相ト談シテ。廣ク亙ニテ十界ニ十如實相ノ旨談レ之。明ニ開會ヲ一上ノ法門ナルカ故也。十界ヲ不レ隔テ共ニ十如實相ニ十界互ニ具足シテ實相也。然トモ妄想妄念ヲ止メテ見ニ實相ヲ一處ハ爾前也。法華モ迹門ハ同タル分有レ之也。本門ノ實相ハ一心三觀一念三千ノ妙[ ]諸佛內證全ク不レ迁セ二妄想妄念等ヲ一不レ改レ體ヲ。內證眞實ノ實相也ト

次。色心實相ノ分別如レ上ノ云云

35 一、天台敎ノ意。離レ敎不レ可レ有ニ得道一事

口傳仰云。一家ノ心ハ立テ二四敎四門ヲ一萬機ヲ是ニ攝シ盡ス故ニ。先ツ離テレ敎不レ可レ有ニ得道一云事。一家大綱也。諸宗ノ得道。悉ク一家ノ四敎ノ門戶ノ下ニ攝レ之者耶

禪宗等カ敎外別傳不立文字ト配立スル。猶以テ一家ハ攝ニル敎下ニ一也。依レ之五大院先德御釋云（教時諍論云）（大正藏七五、三六八下～九上。取意）。通敎ニ攝ニ三論宗ヲ一。別敎ニ攝ニ法相宗ヲ一。圓敎ノ四門ノ中ノ有門ニ攝ニ眞言宗ヲ一。空門ニ攝ニト

禪宗釋（取意）如此諸宗得道悉我家教下攝之。若爾者。萬機得入皆離教得道機一人不可有之事也

尋云。摩訶止觀第五卷。教門・觀門・智門・理門四門立所入門不同事釋。若爾者。萬機悉教門入ナラハ。何惣四門不同可分別耶

口傳仰云。惣四門先付諸經論門不同事釋。如此不同有之。一家意離教機不可有之故。四門中取教門一門。摩訶止觀得道門釋也。說法互六塵悉可教故也（天文一、一〇上。文句記）

尋云。稟承南岳證不由他釋。於證位者不依教可云歟

口傳仰云。夫稟承南岳上依教條無疑。而證不由他釋。自證惠顯自他不二理顯。自身本覺悟有之故證不由他釋也。而是稟承南岳上法門也云云

36 一、開廢前後事

口傳仰云。玄文第一卷略釋處開廢次第。第九廣釋處破廢開會等列之。付之重重習有之事也。隨分口傳也。先約譬約法不同□（有カ）習也。依之弘三云。問云。（天止二、四六四）玄文諸義。並先開後廢。如向所引[何故]（云□カ）[先]廢後開。答。玄文約喩。如世蓮華必開後落。此從法便故先廢後開。既廢權已實則可釋（見カ）矣此□（釋ハか）玄文止觀相對釋。玄文有之。廢開次第方約法習也。故廣略釋不同約法約譬不同也

尋云。略釋下造本迹六譬釋時。一者爲蓮故華（爲實施權）。二者華敷蓮現（開權顯實）。三者華落蓮成等釋。開權顯實。廢權立實（廢權立實）（開カ）次第。喩者。譬法次第也。若爾者。法次第開權廢權次第無之。爭喩開權廢權不同有之耶。抑又何約譬開廢次第。約法可次第耶。其故尤不審也如何

口傳仰云。此事尤可有沙汰事也。約譬開廢次第。約法廢開次第云事。廣略釋大旨也。機根萬

差ナレハ開廢トモ入。廢開トモ入事ハ。全ク再往不レ可レ有レ之事也。順二シテ譬ノ次第一ニ開廢ト得入ル機等有レ之也。所詮。開權廢權止觀ノ二法ト習也。若爾者。機ノ中ニ止・觀ト入ル機モ有レ之。故ニ凡付二機ノ得入一ニ開廢ノ前後ハ可二不同一ナル。而ルヲ世ノ蓮華ノ華敷(開カ)蓮華(現カ)。華落蓮成スルニ順シテ開廢ト入機ヲハ譬ノ次第ト名レ之。非二シテ譬ノ次第一ニ破廢開會ト入ル機ヲモ約レ法ニ釋也。開廢カ同時ナルソト云ヘル習也。止觀ノ二法ナルカ故ニ。止觀ハ一念ナル同時也。而モ機ノ得入。止ヲ爲レ面ト。觀ヲ爲レ面ト入ル不同有レ之。故ニ開廢ハ同時ナレトモ。機得入ニ且ク前後ノ不同ヲ存ル也

私云。蓮華因果法門ヲ習フ下ニテ。此等ノ次第モ能能習也

口傳仰云。破廢開會ノ次第。以二心地一ヲ能能可二沙汰一ス事也。破三顯一(天玄五、三三二。玄義)ハ正ク破二三權(權ナシカ)情一ヲ而顯ナリ二一ノ智一ヲ等矣。廢三顯一ト者。廢スルレ教ヲ也。破三顯一ノ時キ[缺字]教ノ名ヲモ存スル生テ二執教一ヲ可レ生レ惑。教ノ名ヲモ不レシテ存廢[缺字]依レ之玄九。廢三(天玄五、三三四)顯一ト者。此正ク廢ルレ教ヲ。雖レ破二其情一若不レ廢レ教。樹想還生。執レ教生レ惑。是故廢レ教ヲ等矣所詮。破三[缺字]破スレトモ。存セハレ教ヲ依テレ教ニ可キレ生レ執ヲ失有レ之。故ニ又教[缺字]廢ル也。此上ニ開三顯一ト者。破廢ノ二ノ開會ノ時キ。行者執情執教等ヲ絶斷シテ三教ノ方便無シ二一物一モ。而ルヲ開三顯一ノ時ハ又悉ク斥フトモ二執情ノ教一ヲハ。三教ノ方便又實相ノ妙理ニシテ體理功德法門ナレハ。當體不レ改一實也ト開ク也。依レ之玄九云。只是二乘眞空。(同、三三五)自有實相ト釋セリ。會三顯一ト者。開三顯一ノ三教ノ當體不レ改而一實也ト談ル處カ。卽事相ニ心地自在ニシテ。觀音・妙音・普賢色身ノ宮ニ可キ二振舞一相也(天文二、六六七上)

尋云。文句ノ第三卷ノ釋。玄文十住(重カ)顯一ヲ(天玄五、三三〇)引テ釋ルレ之。廢會開覆等次第セリ。此釋又大ニ不審也。玄文ノ釋ヲハ乍レ引。彼ノ破廢開會ノ次第ニ相違シテ廢會開覆ト釋セハ大ニ背ケリ如何(以下本文缺)

〔雜雜抄　第三　終〕

雜雜抄　第四

1 一、三業卽身成佛事

口傳云。仰云。三業卽身成佛ト云事ヲ。山家御釋。界章ニ見タリ。於二ンテ三身一ニ各各ニ論二三業一ヲ時ハ。先ツ應身ニ意業ト者。一念ノ心。慮智ヲ分別スル法門ノ方ハ意業ノ卽身成佛也。此ヲ口ニ宣說スルハ口業ノ卽身成佛也。身ニ唱二八相一ヲ方ハ卽チ身業ノ卽身成佛也。法報二身順レシテ之ニ可レ知。又以二三業一ヲ三身ニ分別スル事ハ。身業ハ法身ノ卽身成佛。意業ハ報身ノ卽身成佛。口業ハ應身ノ卽身成佛也。經二テ位位一ヲ三業ノ卽身成佛雖レ有レ之。付二テ淺深一ニ沙汰スル時ハ。口業卽身成佛ハ名字觀行ニテモ有レ之也。意業卽身成佛ハ正ク觀行［　］(卽ノ位ヨリカ)論レ之也。身業ノ卽身成佛ハ。正クハ住上眞因ノ位ヨリ可二沙汰一ス事也

尋云。於二理卽ノ凡夫一ニ。三業一心ノ卽身成佛ハ不レ可レ有レ之歟如何

口傳仰云。三業自レ本本覺ノ三身ナレハ。理卽凡夫ノ不レ改二當體一ヲ。三業一心ノ卽身成佛ト被レ云勿論事也

尋云。山家ノ御釋ニハ如レ此重重ノ分別有レ之歟

仰云。ソレマテハ不レ見歟云云 但是三業卽身成佛ト云事ヲ釋スル也云云 付二應身一ニ三業ヲ分別スル邊ハ。山家御釋ニ見タル歟ト覺也云云

尋云。山家大師ノ御釋ニ。三業卽身成佛ヲ釋シタマヘルト。又弘法大師三密卽身成佛ヲ釋シタマヘル。全ク顯密同レト之可レ得レ意歟如何

口傳仰云(缺文)

尋云。三業卽身成佛ノ不同ヲハ何樣ニ可レ得レ意耶

口傳仰云。提婆品ノ龍女卽身成佛ハ。內證外用相應ノ卽身成佛也。三周ノ卽身成佛ハ。內證眞身ノ卽身成佛也。是ハ共ニ於二初住已上一ニ論レ之。止觀ノ卽身成佛ハ住前凡位ヨリ論二ル卽身成佛一ヲ也云云

2 一、三處卽身成佛證據事

安然卽身成佛義私記釋云。(佛全24、一七九下)上ニ謹案ニ(了經カ)法華提婆達多品一云。文殊師利言。我於二ン海中一唯常宣二說妙法華經一等(佛全24、一九一上)釋シテ。提婆品ノ卽身成佛義ヲ釋畢テ。又次ニ當レ知。三根聲

聞。三周聞法。三重無明。皆是斷盡(已カ)。一分中道皆已(皆ナシカ)證得トク。(同、一九六下)又卽入ニ正位一。卽身成佛ト釋シテ。三周ノ卽身成佛ヲ釋畢テ。又次ニ問。的チヤク就マサシクテニ何位一立(立ナシカ)ニ卽成佛(〔身カ)一耶。答。初後皆是止觀。初後皆佛也。但理卽理佛。不レ論ニ成不成(成ナシカ)一。名字已去皆得三名爲(〔是カ)ニ卽身[成佛]一。[故]文云。理卽者。一念心卽如來藏理(乃至カ」)。三智宛然。一心中具不可思議。[是名ニ理]卽菩提心一。亦名ニ理卽止觀一也矣(同、一九七上)弘決云。理性(性ナシカ)尚乃得レ名ニ菩提乃(及カ)[以止]觀一。況復名字(名字ナシカ)乃至究竟矣。當レ知。理卽則理性(性ナシカ)卽是如來。名字卽名字卽如來(〔是カ)。乃至究竟卽是究竟(究竟卽ナシカ)卽如來也矣

私云。提婆品ノ卽身成佛。次ニ三周卽身成佛。次ニ止觀卽身成佛。已上三處ノ卽身成佛。皆以テ釋シ替タリ

尋云。三處ノ卽身成佛ト云事。當流ニ申何樣ノ事ソ耶

口傳云。仰云。一ニハ提婆品卽身成佛。二ニハ三周卽身成佛。三ニハ止觀卽身成佛也云云

金龍寺千觀卽身成佛義私記云。凡論ニ卽身成佛一必モ具ニ二義一云。於ニ法華三周得益ノ人一ニ。若約ニシテ眞身一ニ論レ之同可レ云ニ卽身成佛一ト。而今以ニ龍女一ヲ爲ニ卽身成佛一ト者。非ニ但眞身成佛一。是卽身限應ニシ八相一。亦是卽身故ニ依ニ眞應相俱卽身成佛一論スレハレ之唯龍女一人也矣

3　一、地獄界衆生唱ニ四句成道一事

口傳仰云。地獄界ノ衆生。唱ニ四句ノ成道一ヲ云事。淨名玄第四ニ見タリ。但彼ノ處ノ釋ニハ。(大正藏三八、五四六中。參照)地獄界ノ衆生ハ本下迹高ト本迹俱下ト二句有レ之見タリ。然トモ任ニセハ一家ノ正意一ニ。經ニテ十界一ニ各各可レ唱ニ四句成道一ヲ也。淨名玄四云(以下缺文)

4　一、山家大師。遇ニテ邃和尚一ニ一心三觀傳受事

顯戒論上云。(〔緣起カ)(傳全一、二七六。顯戒論緣起)遠ハ求ニ天台妙旨一。又遇ニ龍象邃公一。惣ニ萬行(〔於カ)一心一。了ニ殊途三觀(〔於カ)一ニ矣

5　一、多寶佛證明法華願ハ。因位果位中ニハ何ソ耶

口傳仰云。互ニル因位果位一。今ノ經ニハ。其佛本行菩薩道時。作大誓[　](願カ)說テ因位ノ願ト聞タリ。寶塔品妙樂大師御釋ハ。後(天文四、一九二八下)方發願亦是鑒[　](物釋シテ釋ノカ)見ルニ證據ヲ果位ノ願ト見タリ。此相違ヲ可レ得レ意也。經文ハ因位ト見タリ。釋カ果位ノ願ト見タル。本書ノ文。釋論ノ文ヲ爲レシテ本ト問答スト見タリ。故ニ彼ノ釋論ノ文。果位ノ願ヲ爲レ本判スト見ルカ故ニ。今釋ハ釋論ノ任ニテ本意一後方發

願トハ釋也。若爾者。自レ是證明法華ノ願互ルカ因位果位ニ故ニ。今ノ經文ハ因願ノ相ヲ說キ（「位カ）。釋論ノ文ハ果位ノ願ノ相ヲ判ル也。又釋論ノ文問答スル下ナレハ後方發願トハ釋スル也

尋云。證明法華ノ願ハ不レ說ニ法華一ヲ故ニ。於ニ果位ニ願ヲ發スト見タリ。今ノ寶塔品妙樂御釋モ（已イ）。豈成佛意不レシテ（竟カ）得ニ開悟スルコト（顯カ）一（天文四、一九二八下）。方ニ始テ發シャト願ヲ等問テ。答レ之ニ。同與ニ不同一（同前）。開與ニ不開一。有願ト無願ト。皆是隨レ緣。若宜テレ有レ願皆悉ク盡シテ來ラン。何ヲモハカ慮テ不レ集コトヲ（アツマル）。後方發願亦是レ鑒タルレ物ヲ等釋シテ。釋ノ始終ヲ見ルニ。於ニ果位ニ不レ說ニ法華一故ニ發レスト之見タリ。玄文ノ第七（天玄四、四六二）（故カ）云。不說法華者發大誓願トモ釋セリ。大論第七ノ文云。如法華（大正藏二五、一〇九中）中多寶如來（世尊カ）。無人德（請カ）故便入涅槃。後化佛身具（及カ）七寶塔。證說法華經。一時出現矣（「故カ）義疏云。引ニ大論一云。相傳云。多（大正藏三四、五八九中）寶成道時無ニ大機（「感カ）一不レ得レ說ニ此經一ヲ。故ニ願滅度後說カンニ此（而　取カ）（故カ）經ヲ處ニ（皆）七寶塔證明セン（出カ）矣　此等所判。一家ノ釋ニ不レ限。大論ノ文モ人師ノ所判。證明法華ノ願ハ。不レ說ニ法華一ヲ故ニ果位ニ發願ストト見タリ。何況ャ正法華ノ文ヲ見ルニ。本門菩薩道ノ相ヲ說トシテ。爲ニ諸十方一講ニ說此經（經法カ）一開化一切皆令ニ得道一等說テ（大正藏九、一〇二下）。於ニ因位ノ發願ニ可レ說ニ法華ヲ見タルカ故ニ。於ニ因位ニ不レ說ニ法華ヲ故ニ。證明法華ノ願有レトレ之云者。相違スル者ヲヤ。方方不審也

口傳仰云。證明法華願互ルニ因果ニ取テ。因位願ハ說トスル法華ヲ［　　］（於十方界カ）證ニ明法華ヲ事。不レ可レ爲ニ相違一ス。依レ之正妙二本共ニ。別本行菩薩［　　］（道時願カ）證明法華ストハ見タレトモ。必ス不レ說ニ法華ヲ故ニ。證明法華ストハ不レ見歟。於ニ果位願ニ者。無人請故ニ便入涅槃ノ故ニ爲ニ證明法華ノ可レ得レ意也。所詮。證明法華願ハ互ルニ因果ニ取テ。因果ノ意趣カ聊カ不同ナルヘシ習ヌレハ。無ニ相違一歟。若爾者。不レ說ニ法華ヲ故ニ。證明法華見タル釋義等ハ。皆果位證明法華願ト可レ得レ意也

6　一、南岳天台顯ニ弘經人師ト時位事

顯戒論下云。南岳天台超登難レ測。證南僧傳云。南岳思位居鐵［　　］（輪カ）（圓教六根相似位也）天台智者位者五品（圓教第五品之位也）

7　一、多寶佛說法華事

口傳仰云。解釋。亦得開三不得顯實トモ釋シ（天文四、一九二八上。文句）。不レ得ニ法華經ヲ故ニ。發大誓願トモ釋スルハ不レ說ニ法華ヲ聞タリ。然トモ正法華

文見ルニ。爲諸十方講説此經(大正藏九、一〇二下)(經法カ)ト説タマヘル文ハ可レ説ニ法華ヲ一聞タリ。所詮。此相違ヲ可レ得レ意也。因位ノ方ハ説ニ法華ヲ一。果位ノ邊ハ不レ説ニ法華ヲ一習ヌレハ。不説法華經(經〇カ)。故發大誓願等釋スルニ。果願ノ邊ヲ釋スル也。正法華ノ爲諸十方講説此經(經法カ)ノ文ハ。又因位邊ト可レ得レ意也。サテ東陽御房。此等ノ邊目ニテハ無レ之。法華ノ説不説ノ二義有レ之。能能可レ習レ之事也。法華説法ノ有無可レ思レ之 云云

黑谷僧都御義云。正法華ノ爲諸十方講説此經(經法カ)ノ文ハ説ニ法華ヲ非也。證明法華ノ願ヲ爲諸十方講説此經ト云ナルヘシ。正妙二經ヲ比校スルニ爲諸十方講説此經ノ文ハ。妙經ノ證明法華ノ願ニ相當レリ 云云

尋云。此義不レ至也(不審カ)。爲諸十方講説此經ノ文ヲ説キ畢テ。次下ニ證明□(法華カ)願ヲ兩重ニ説レ之可レ得レ意如何

正經云(大正藏九、一〇二。取意)。本行菩薩道時故自發レ願。吾今當以ニ法華中ニ常ニ自ラ證。常シテ使シテ諸菩薩ヲ皆得ニ聽聞一コト。然後乃座ニ於佛樹下ニ。達成(還カ)ニ無上正眞之道ヲ佛所者。果如レ所レ言。爲ニ諸十方ニ講ニ説此經(經法カ)ヲ開化一切皆令ニ得道一 矣

證明願也

又十方世界其有講(〔此カ)ニ説法華經ニ(大正藏九、一〇二下)吾七寶塔。涌ニ現諸佛所説經處ニ。其舍利身在ニ七寶塔ニ。讃言善哉 矣

大論第七云(大正藏二五、一〇九中)。如ニ法華中多寶世尊ニ。無ニ人情(請カ)ニ故便入ニ涅槃ニ。後化佛身及七寶塔。講(證カ)ニ説法華經ニ。一時出現(〔故カ) 矣

義疏云(大正藏三四、五八九。取意)。引ニ大論ニ云。多寶成道無ニ大機ニ不レ得レ説ニ此經ヲ。而願滅度説カン此經ヲ處ニ七寶塔證明セン 矣　玄七(〔記カ)(天玄四、四六二)云。不説法華經(經〇カ)。故發□(大カ)誓願 矣　藥草喩品釋(釋〇カ)(天文四、一五九九下)云。多寶不説義如下文 矣　□(授決集カ)云(大正藏七四、二九三中)。不得顯實者。且爲ニ釋(釋カ)成ニ人論文意ニ(〔〇カ)。亦非ニ正解ニ。經無レ文。故須レ依ニ□正本□ニ。持(特カ)有ニ本願ニ。爲ニ諸菩薩ニ開化稱説(講カ)。故後成レ覺(然カ)及臨ニ滅後ニ(將滅カ)遺ニ屬□現證□ニ有ニ何妨難ニ(下。取意) 矣　圓多羅義宗(集カ)(佛全28、一一五一)云。釋迦因位相應説法。多寶於ニ因位ニ有ニ所化ニ。故於ニ因位ニ説ニ法華ヲ畢。於ニ果位ニ無レ機故ニ後方發願ニテ證ニ明法華ヲ 矣

仰云。圓多義集(〔羅カ)ハ智證ノ御釋ト云。然トモ古中納言法印御房ハ謀(ホウ)書ト云云

私云。授決集ノ文ハ。因位ノ邊ハ説ト法華ヲ云ヘトモ。果位シテ無ニ人請ニ□(故不レ説ニカ)法華ヲ故ニ發スト願ヲ釋スト見タリ 云云

(佛全28、二五三上)良和尚決云。多寶說法ノ文。以ニ妙本ヲ可レ爲ニ指南ト。證明法華[說故耳上巳]林行疏云。多寶ハ亙ニ三世ニ證ニ明法華ヲ。多寶ハ亙ニ三世ニ說ニ法華ヲ耳矣

私云。多寶佛ハ以ニ證明法華ノ願ヲ爲レ說ニ法華ト也。證ニ明スルカ法華ヲ卽チ說法華ニテ有レ之故ニ。別シテ此外ニ多寶說法華不レ可レ有レ之事也云云

8 一、法華敎主事(第八、1法華敎主事。參照)

(五カ)記四云。(天文二、一〇二四上)當知法華報佛所說矣

口傳仰云。於ニ法華ノ敎主ノ事ニ重重習有レ之云云

一。迹門ハ應身。本門ハ報身云云

義云。迹門ニテハ今成妙覺ノ敎主ト談ル故ニ應身也。本門ハ正在報身ノ敎主。尤モ報身也

一。爾前應身。法華報身云云

義云。從勝起劣卽是施權。從劣起勝卽是開權ノ故ニ。爾前ノ大旨ハ應身也。法華報身也

一。迹門ハ應身。本門三身卽一法身云云

義云。是ハ法中論三ノ三身。以ニ法身ヲ爲レ本ト住本顯本ノ下ノ釋ヲ可レ見也。住本顯本ノ正意ハ。(天玄五、三四二。玄義)法身佛「爲ニ法身ノ佛ニ」(ㇾ之カ)爲ニ法身ノ菩薩ヲ爲ニ正意ト釋セリ。(天文五、二二二四上。文句)其上ニ事理ノ顯本有レ之。無作ノ理顯本ノ時キ。故知寄無始無終。(ㇾ〇カ)顯法身常住ト談スルヲハ[三身卽一ノ][法身ヲ爲カ]敎主ノ爲ニ本意ト也。眞言敎ニ能說ノ敎主ニ重重ノ不同ハ出來トモ。終ニ歸スル正意ニ處ヲ以ニ自性法身ヲ爲ル敎主ト也。顯密一致成ル處ノ重ニ。俱體俱用ナル處ノ無作三身ノ重也。顯ニ法身常住ノ處也

一。本迹二門俱ニ始中終應身ト云義アリ云云

義云。三身卽一ノ應身也。顯說法華ノ敎主。忍界同居ノ敎主ハ[本迹共ニ何ニモ以カ]應身成ルヘシ。處處ノ異文三身卽一ノ應身也ト云ヘトモ。依レテ所ニ報身ト釋シ[法身トモ釋レトモカ]本意ハ可ニ應身ナル云云

一。陰密法華ノ敎主ハ應身。顯說法華ノ敎主ハ報身。根本法華ノ敎[主ハ法中カ]論三ノ法身ト云義云云

一。虛空會已前ハ應身。已後ハ報身云云

一。迹門應身。本門モ十重顯本ノ中ノ(天玄五、三三三以下參照)前四重ハ機情ノ昇進也。住本顯本已後ハ能化ノ敎主ノ顯本也。住本顯本ハ法身ヲ爲ニ敎主ト。住迹顯本已後ハ又應身ヲ爲ニ敎主ト也

(尋云。七種ノ義中ニハ。以何義カ)可レ爲ニ正意一ト耶

(口傳仰云カ)何義モ皆一分一分有リ。其謂レ然トモ。當流モ三周ノ聲聞ノ約ニレハ大旨ニ。迹門ハ應身。本門ハ報身ト云義正意也。然トモ本迹ノ機ヲ各別ニ分別スル時キ。爲ニ本門ノ機ノ三身卽一ノ以ニ法身ヲ爲ニルト敎主一ト習也

私云。法華敎主依文等。後日ニ可レ注レ之也

9〔一心三觀圓頓戒法門塔中立ニ相承一事〕

一。一心三觀乃至圓頓戒ノ法門ヲ。何必ス多寶塔中大牟尼尊ヨリ爲ニルト相承一可レ定ム耶。法華ノ品品多レ之。故ニ何品ヨリモ可レ相ニ承之一也如何

口傳仰云。此事以ノ外ノ習事也。必ス寶塔品ヨリ相傳スト云ヘル義カ深祕シテ可レ有レ之事也。於ニ一心三觀ニ者。釋迦多寶境智冥合義可レ思レ之也。圓頓戒事。又是名持戒。行頭陀者ノ文ニ可レ得レ意事也。山家學生式云(缺文)

10〔佛寺有レ三事〕

顯戒論上云。凡寺有レ三。(傳全一、九一。取意)一者一向大乘寺。二者一向小乘寺。三者大小兼行寺 矣　又云。凡佛寺置ニ大小二座。(「上座カ)一者一向大乘。(「寺カ)文殊師利等(等囚カ)以爲ニ上座一。二者一向少(小カ)乘寺。(兩カ)置ニ(和上カ」)(「置カ)賓頭盧以爲ニ上座一。三者大小兼行寺。文殊賓頭(「置カ)(「與カ)盧以爲ニ上座一ト者(矣カ)

11 一、一體三寶事

迹門觀心云。(佛全24、七四下)仰願ハ本尊常寂光土。一諦(體カ)三寶。三土隨緣。別敎(相カ)三寶。滅後利生。住持ノ三寶。己心三諦。寂照三寶アテ。大慈大悲。內護外護テ。(決定カ)順次ニ往ニ生シテ極樂一ニ。成ニ正覺一(「等カ)利ニ益セシメン衆生ヲ 矣

口傳仰云。覺大師御釋ノ中ニ。(惠全三、五三二。敎觀大綱參照)心性不動明王之體。妄泯(亡カ)三千卽大智○是名一體三寶 矣　空假中ノ(三諦三觀カ)三身當體卽一體三寶也。而ルニ此ノ一體三寶居ニト寂光土一云(事何處ニカ)有ニ證據一耶ト云ヘルハ。今ノ覺大師ノ迹門觀心ノ釋ヲ出シテ爲ニ證據一ト也(サテ寂光カ)土ノ所住ノ一體三寶ハ。今ノ經ノ中ニ。何品ニカ有ニルト證據一(塔カ)云ヘルニ。寶塔(品説相也。寶塔カ)空中ニ現ルハ常寂光土ノ所表也。提婆ニ釋迦多寶二佛並座シテ境智冥合ヲ表スル處ヲ一體三寶ト習也。多寶ハ法寶。釋迦ハ佛寶。境智冥合スルハ僧寶也。以レ之一體三寶ト習也。多寶ヲ(法寶トスルか)事ハ。今ノ寶塔品ノ釋ニ

見タリ。法身舍利ヲ爲ニスト色經卷ト一見タルカ故ニ[　](何況ャ法カ)身ト者。本法ノ體ト云事也。サテ境智冥合スルヲ爲ニスル僧寶ト一事證[　](據分明カ)也。名疏ノ九道暹ノ釋云。法佛ハ以レ境稱ニ於智一云云爲レ僧ト。報佛ハ即以レ智ヲ稱レ境ヲ爲レ僧ト釋セリ。常寂光ニ一諦(體カ)三寶居シテ常住ニシテ宛然ナル事ハ。事相ニ正ク表示スル事。今ノ寶塔品ニ分明也。此即一心妙法ノ提婆(塔カ)ナルカ故ニ。圓頓案ニ住スル寂然法界ニ義相也。今ノ寶塔ト者。諸佛ノ內證。行者ノ心源ナルカ故ニ。東陽ノ和尙。一卷ノ書ノ中ニ一心妙法ノ塔ト被レ仰タリ云云

法華義軌云。(大正藏十九、五九八中)虛空爲道(「場カ)。菩提虛空相。亦無等覺者者

學生式云。(傳全一、三七〇。學生式問答)虛空不動戒。虛空不動定。虛空不動惠。三學俱傳。名曰ニ妙法一。故見寶塔品云。此經難レ持。若暫持者。我則歡喜。諸佛亦然。如是之人。諸佛所レ歎。是則勇猛。是則精進。是名下持レ戒行ニ頭陀一者上矣

覺大師迹門觀心釋云。(佛全24、65下)記九云。三身法體。法爾相即者(者ア シカ)。己心ノ三身從本垂迹シテ。引ニ入寂光ニ一本迹不二ナリ矣

名疏九暹云。境智相稱者。問。法身及報身。皆境智相稱爲ニ增(僧カ)相一如何。前是法佛即以レ境稱ニ於智一爲レ僧。報佛即以レ智稱ニ於境一爲レ僧者

尋云。經カ前佛カ前カト云テ俗難スル事。一體三寶ニ習合テ落居スル分可レ有レ之歟如何

口傳仰云。尤モ可ニ習合一事也。隨機ノ前ニハ經成ル前ト事モ可レ有レ之。又佛カ成ル前ト事モ可レ有レ之也。末代ノ我等カ佛ノ出世ニ不レ合故ニ。只付ニ經卷ニ一分信解ヲモ立ル故ニ。此機ノ前ニハ經カ成レ前ト也。在世ノ機ハ先ツ佛ヲ拜見シ奉テ後ニ說法ヲ聞義ハ。又佛カ前ナル故ニト云分モ可レ有レ之也。故ニ隨機ノ邊ハ前後不レ可ニ治定一事也。去實(眞カ)本法ノ體ハ一體三寶ナレハ不レ可レ有ニ前後一事。而論ニルハ前後ヲ機前沙汰也ト得レ意。更以テ非ニ難義一也

尋云。今ノ寶塔品ニテ云。虛空不動戒。虛空不動定。虛空不動惠等。山家御釋ニ釋シ畢テ。寶塔品ノ是名持戒等ノ文ヲ引テ三學ノ義ヲ釋シタマヘル意據何事ソ耶

口傳仰云。殊勝ニ目出度法門也。今ノ寶塔品ニハ一體三寶ヲ顯[　](即カ)戒定惠ノ三學一體ノ義也。法報ノ二ツハ定惠也。定惠和合[　](僧寶也カ)僧衆和合スルヲ以テ爲ニ威儀ト一。即チ戒ノ儀ナル

故ニ。今ノ寶塔（品ノ時事カ）相ニ戒定惠ノ三學一體ノ義ヲ顯ス故ニ如レ此釋タル也

尋云。一心三觀ノ相承口傳。寶塔品ヨリ習レ之何ナル口傳ソ耶

口傳仰云。返返深祕也云云不レ可ニ口外ス者ニ可レ授ク云云一海申シテ云。更ニ一人ノ外ハ不レ可レ有ニ口外一申畢テ。其時師示シテ云。一心三觀ト者。境智ノ二法ヲ能能得テ意。境智不二シテ無ニ能所一處卽一心三觀ト得ルヲ以テ相承爲スルニ口傳ト也。返返以テ心地一可レ得レ意事也。山家大師。傳於一言ノ口傳。此流ニ境智ト習祕事。且此一大事也。依レ之龍樹ノ御釋中ニ。法華ニハ深行ノ境智明ス一乘一種ノ義ヲ故ニ超ニ過諸教一矣此深行ノ境智ト者。可ニ三觀一也。此ノ境智ノ法門ハ。寶塔品ノ境智冥合ノ表示是也。故ニ一體三寶卽一心三觀也。一心三觀卽一體三寶也ト口傳ル也。此事一家ノ大事。我流ノ祕傳也。最後口傳ト者此事ヲヤ

尋云。於ニ寶塔一ニ。理ノ寶塔。事ノ寶塔ト云事。當流ニ習事有レ之如何

口傳仰云。理寶塔ト者。一心妙法ノ塔ト被レ云ハ寶塔也。行者ノ心ノ本源ノ顯ルル處ニテハ。何レ等ニテモ顯見スル也。事ノ寶塔ト者。寶塔品ノ時キ事ニ正ク涌現スル寶塔也。本門事圓ノ心。若ハ應レ機ニ形タ也

口傳仰云。方便品ニ唯佛與佛ト說ケル。釋迦寶塔ト習也。唯佛與佛ノ所說ハ諸法實相ノ法門也。多寶所說ノ法門。何樣ナル法門ソト云ヘルニ。諸法實相ト習也云云

12 一、中論所說ノ因緣所生ノ一心三觀ト。塔中相承ノ一心三觀ハ〔不〕同〔事〕

口傳仰云。覺大師祕記云。（天全九、九二上。參照）北齊惠文禪師久ク慮ルニ大［乘］法要［二］無シ人トシテ爲ルコト師ト。乃於ニ大藏經前一發願シテ。若抽シテ得テハ經解シテ（拜カ）［佛］爲レ師ト。抽テ得ハ論ヲ拜シテニ菩薩ヲ爲レ師ト。焚スレ香ヲ散レ花ヲ背ウシロサマニシテ手ヲ於ニ大藏經ノ中ニ抽得タリニ中觀論（論カ）ヲ。是龍樹菩薩ノ所造ナリ。讀ムニ至テ因緣所生法卽空卽假卽中一ニ。（「於ニ文字中」カ）入ニ不二門ニ用ニ此悟道ヲ以授ニ南岳惠思禪師一。禪師告テ隋朝ノ智者禪師ニ曰。昔於ニ靈山一聽聞不レ違。是故ニ授レ汝ニ。智者禪師受レ之。開ニ止觀兩門ヲ授ニ國淸寺ノ灌頂法師ニ。（「矣カ」）已來相傳造テ先師ニ。先師以ニ所承ヲ於ニ止觀院ニ示レ予ニ。此御

釋ノ心ハ。中論所説ノ一心三觀ト。塔中所傳ノ一心三觀ト全
同レ之聞タリ。然トモ可レ得レ意事ハ。中論所説ノ一心三觀ヲハ。因
緣所生ノ一心三觀ト名レ之。是ハ歷餘ノ一心三觀ト習也。因緣
所生ノ法ヲ卽空卽假卽中ト觀ルカ故也。惣明ノ一心ニ不レ及。一
念未タ二緣生一觀ルヲ二心王一ヲ惣明一心三觀也。而此因緣生ノ歷
餘ノ一心三觀ハ。專ラ爲ニ二解行ノ機一ノ用トレ之覺タル也。塔中相傳ノ
一心三觀ハ直行ノ機修行ト習也。大段或從經卷。或從知識
相承各別也。塔中ノ相承ハ或從知識ノ相承也。中論ノ一心三
觀ハ或從經卷ノ分也。但シ卽中論所説不思議一心三觀ナレハ。
正行一心三觀。天台己心中所行ノ三觀全ク同トレ之見タリ。
而ルヲ可レ得レ意事ハ。正行ノ眼開テ見ルニレ之同トレ之云事ナルカ故ニ
引テ同レ之也。今ノ覺大師ノ御釋モ。於ニ當分ニ者。可レ有ニ不
同一云ヘトモ。得法ノ上ニテ見レハ之無レ所レ違スル云事也

13 一、三惑同時斷。異時斷。處處ノ釋不同事

口傳仰云。附スルニ七位門ニ日ハ異時斷。六卽門ノ本意ハ同時[斷]
(或カ)[　]六識所觀八識所觀ノ不同ニテ。同時斷異時斷ノ不同有レ之

14 〔止觀第一卷鏡像譬。第三卷面上三目。第五卷如意珠不同事〕

一。止觀第一卷ニ顯スニ一心三觀ヲ以ニ鏡像ヲ一爲シレ本ト。第三卷ニ以テ二面上ノ三目一ヲ爲レ本ト。第五卷ニハ以ニ如意珠ヲ一爲レ本ト意如何

口決云。第一卷ニハ以ニ鏡像ヲ一顯スニ三觀ヲ一事ハ。三觀相卽圓融セル事ヲ以テ二鏡像ヲ一顯レ之。第一卷ノ鏡像ノ譬ヘヲハ相卽ノ鏡ト習也。第三卷ノ以ニ面上ノ三目ヲ一爲レ本ト顯スレ之事ハ。不縱不橫ノ一心三觀ヲ表示スル也。次ニ第五卷ニ以ニ如意珠ヲ一爲シテレ喩ト顯ス之事ハ。是既ニ行人ノ內證。止觀明了ニシテ理惠相應スル重ナル故ニ。行者ノ內證既ニ衣內繫珠顯タル重ノ一心三觀故ニ。於ニ第五卷ニ以ニ如意珠ヲ爲レ正ト也 云云 行滿六卽義云。名字卽(卍續二一五、四〇三丁右上)者。或因ニ經卷一或因ニ善知識一聞ニ此名字ヲ一深信ニ此理ヲ。隨ニ順三諦一法華名爲ニ初隨喜人一。大經云。時有ニ異人一善知ニ方便一卽其義也。三觀行卽ト者。從ニ初隨喜一深觀ニ三諦一言行相應法華名爲ニ第五品弟子位一。自行化他事理具足。經云。我今雇レ汝汝可ニ爲レ我耘ニ除草穢一卽其義也 矣 (佛全25、二一四上)
山王院論記六云。爲ニ信樂一(了心カ)卽是內衣納レ種在レ心。非レ無ニ

其善一名爲二繫珠一。雖レ有二是事一不レ能二相續一○無明醉酒(深カ)。業障重故。夫(未カ)レ得二修行一矣(佛全25、二二八下)　又云。大通佛生(「時カ)二疑惑一者。今成二當機一入二初住位一後(彼日カ)已入二於相似觀行一。則皆信受入二分眞位一。始在二名字一未レ入二堅信一。心生二疑惑一未レ能二教(敬カ)受一。今日生レ信入二佛惠一耳矣　菩薩戒義軌(疏カ)云(大正藏四〇、五六九中)。華嚴二(「云カ)乘在レ座不レ知不レ覺矣

明應四年(一四九五)卯月十三日書レ之　　執筆城源之

〔雜雜抄　第四　終〕

雜雜抄　第五

1　一、智者大師。三箇度直授如來事

口傳仰云。一ニハ昔於二靈山一聽二法華ヲ一時。爲シテ二藥王菩薩一ト直ニ如來ヲ拜見直授ス。二ニハ第一ノ自解佛乘ノ時キ一箇度。三ニハ第九ノ玄悟法華圓意ノ時キ一箇度。都合三箇度也

尋云。本地藥王ニテ内證ノ邊ハ無レ疑云ヘトモ。只今震旦ノ人師ト顯テ位居テ二五品一ニ。直ニ如來ヲ拜見シテ。天台智者大師。大牟尼尊ニ直授タマハン事。大ニ不審ニ覺ル也。此事今師ノ祖承ノ時キ。或從知識ノ相承ヲ當流沙汰スル時キ。實ニ直授法門ヲ不レ談者。知識相承ハ絶タルニ成ル故。能能可レ爲二口傳一法門也。如何可レ得レ意耶

口傳仰云。此事山家大師。内證相承血脈ノ譜ニ四種ノ相承ヲ成立シタマヘリ。其中ニ佛直授二南岳一ニ次第。佛直ニ授二天台一ニ次第有レ之。是ハ皆ナ今(金カ)口相承ノ法門也。此時ハ實ニ直授法門。昔在靈山ノ義ニハ非スシテ。滅後ノ弘經位五品ノ行人也ト云トモ。如來直ニ面授口決スル處ヲ。文義ヲ出シテ習ヲ口傳祕事スル

也
尋云。證據尤モ大切也如何
口傳仰云。此事他師カ天台ノ知識相承ノ法門分絕タリト難破スル處ヲハ。天台宗トシテハ經文ニ分明ノ證據ヲ出シテ會通スルヲ習トモ祕事トモスル也。彼證據。今經ノ分別功德品ノ經文ヲ出也　分別功德品云。(大正藏九、四五中)若善男子善如(女カ)人。聞三我說二壽命長遠一深心信解。則爲見下佛常在二耆闍崛山一共二大菩薩諸聲聞衆一圍遶說法上(同、四五中)○又復如來滅後。若聞二是經一而不二毀呰(訾カ)一起二隨喜心一。當レ知已爲深心(心ナシカ)信解相。何況讀誦受持之者。斯人則爲頂二戴如來一矣
仰云。此文ヲ出ス事ハ。在世ノ四信ノ機カ常在靈山ノ敎主ヲ拜見セン定ニ。又滅後ノ五品ノ機モ如來ヲ頂戴ストカ說故ニ。天台旣ニ位居シテ二五品一ニ天眞獨朗開悟シタマヘル時キ。直ニ如來ニ傳授シタマヘル事不レ可レ疑レ之云云
尋云。直授南岳。直授天台シタマヘル時ノ如來ハ。色身ノ如來ヲ拜見スル歟如何
口傳仰云。サテハ天眞獨朗ノ得法ト云事ヲ。能能可二口傳一事

也。天眞獨朗得法ト者。諸佛內證心源。三千三觀ノ開悟也。此ノ一念開悟スルヲ爲二得法一也。此時ハ何必ス一佛一菩薩ノ色身ノ佛ヲ可レ爲二感見一耶。天眞獨朗ノ開レ悟ヲ前ニハ。內證本覺ノ佛ノ外ニハ全ク無二別佛一。止觀ニ有師無師ノ相承習有レ之者也。內證ノ本佛被レ顯外ニ無二別佛一。故ニ無師獨悟トモ名レ之也。依レ之分別功德品ノ釋云。(天文五、二四二四下。文句記)唯圓卽觀二一念三千一三諦具足。是則一心一切心。一身一切身。一土一切土。一念倶觀。若身心土若空假中。更無二前後一。故觀成時一心見二一切心一。一身見二一切身一。一土見二一切土一。十方諸佛身中現故。故於二自心常寂光土(土ナシカ)中一。遍見二十方一切身土一矣此ノ釋ハ現在ノ四信中ノ深心觀成ノ重ヲ釋歟ト覺ル也。內證三千ノ開悟有レ之。未斷惑ノ位ナレトモ十方諸佛身中現故ニ。於自身常寂光土中。遍見十方一切身土スル故ニ。常在靈山ノ敎主ニ滅後ノ五品也ト云ヘトモ。三千三觀ノ得法有リトレ之。如來ニ直授セル事勿論也。故ニ當流ノ口傳ニハ。分別功德品ノ經文解釋ヲ出シテ直授天台ノ法門ヲ成立スル也(天止一、六一)
口傳仰云。弘一云。金口祖承ハ從レ前向レ後ニ。今師ノ祖承ハ

從レ後向レ前ニ者。爲下指スニ聞（文カ）師ヲ以レ承タルヲ龍樹ニ文便上ナルカ故也矣於ニ此釋一金口今師相承ノ法門ヲ能能可レ習也云云

2 一、金口祖承。今師祖承事

口傳仰云。弘一ノ釋ヲ出シテ先可ニ沙汰一也。弘一云。金口ノ祖（天止一、六一）承ハ從レ前向レ後ニ。今師祖承ハ從レ後向レ前ニ者。爲下指スニ聞（文カ）師一以レ承ニ龍樹ニ文（文カ）便上ナルカ故也矣始大牟尼尊ヨリ大迦葉次第次第ニ。惠聞・南岳・天台等。前大牟尼尊ヨリ後ニ向テ相承シ下リタル次第ルカ故ニ從レ前向レ後ニ釋スル也。加レ之於ニ金口祖承ニ知識經卷ノ相承ノ不同有レ之。金口ノ知識相承ノ邊ハ。第二十三師ノ義ハ斷絕シ畢。而閒金口經卷ノ方ノ相承ヲ教學相承血脈時モ口傳相承スル也。是カ從レ前向レ後ニ次第ニテ有レ之也。次ニ今師祖承ハ從レ後向レ前者。今師ト者。天台師也。此ノ天台宗ヲ爲レ本ト相承義ヲ成立ル。金（今カ）師相承源ヲ從レ後向レ前ニ沙汰スルヲハ金（今カ）師祖承釋スル也。是モ金（今カ）師祖承ニ知識經卷ノ不同有レ之。中ニ金（今カ）師ノ經卷ノ方ノ祖承ノ相ヲ釋スル也

尋云。今師祖承。知識・經卷ノ不同有レソト之習時ニ。經卷ノ邊ハ如レ上ノ。知識方ヲ沙汰スル時キ。佛直授ルニ天台一次第ハ分明ノ證據無ト者。如何可レ得レ意耶

口傳仰云。尤モ習ヒ極テ可レ置法門也。可ニ口傳一事ハ。先山家大師。四重ノ相承［　］（立給ヘルカ）御釋爲レ本ト（釋歟）。此上ニ可レ成ニ文義一也。經文ハ分別功德品ノ經文如レ前ノ。卽分別功德品ノ。十方諸佛身中現故。故於自心常寂光土中。遍見十方一切身土等ノ解釋。（天全九、三八七。等海口傳抄參照）金山鉀（碑カ）文。靈山一會儼（然カ）前未散ノ文。此等ヲ出シテ可ニ成立一事也

3 一、發本顯迹事（天玄四、四六〇）

玄七云。發迹顯本者。還指ニ最初一爲レ本。中閒（示現カ）文限發迹顯本。亦指ニ最初一爲レ本。今日發迹顯本。亦指ニ最初一爲レ本。未來發本顯迹。亦指ニ最初一爲レ本。三世乃殊。毘盧遮那一本不レ異。如三百千枝葉同趣ニ一根一矣

4 一、以ニ一念三千ヲ止觀一部ノ生起次第ヲ口傳相承スル事

蓮實坊和尚御義云。或從ニ知識一。或從ニ經卷一。見ニ聞シテ一念三千ノ法門ヲ。於ニ名字位ニ起ニ一念三千菩提心一。於ニ觀行卽ニ修スルヲ一念三千ヲ云ニ修大行ト。於ニ相似四信之位ニ顯ニ一念三千卽空假中ノ理ヲ。而已ニ感スルニ一念三千依正二法ヲ

名二感大果一。觀二一念三千ノ法門一ヲ爲二衆生一令二開示悟入一
以テ爲二起敎一ト。是三軌卽以テ歸二妙法祕藏ノ一念三千理性一ニ
云二旨歸一也 矣

5 一、慈覺大師。以テ二一心三觀一ヲ惠亮和尙ニ付二法タマヘル法華
一文一ヲ事

口傳仰云。此事以外ノ祕事也。法華付屬ノ一文ト者。方便品ノ。(大正藏九、九中)諸佛兩足尊。知法常無性。佛種從緣起。是故說一乘。是法住法位。世閒相常住文也。此文ハ深祕中深祕ヲ說タル文也。依レ之一行阿闍梨ノ釋モ。引二此文一ヲ阿字本不生ノ義ヲ成ストシテ。法華一部甘(肝カ)心有二此一偈一ニ釋セリ。顯密奧旨。此ノ一文ニ明也。自受用智ノ常住無爲ナル事也。此一文ニテ(缺文)

6 一、終窮究竟一心三觀事

章安大師御釋云。(法華大意)(大正藏四六、七七二下。八敎大意)妙覺一位智斷俱圓究竟三觀 矣 記二云。(天文一、三七三下)一心三觀常住寂光 矣

口傳仰云。不レ寄二機情一ニモ。不レ附二次第ノ三諦一ニモ。本有本來本法ノ三諦ヲ習時キ。三諦ニ無二勝劣一事。此重ノ口傳也

一。(卷四の12番參照)中論所說一心三觀。塔中相傳一心三觀ノ不同事

口傳仰云。中論所說ノ一心三觀ノ時ハ。因三觀。果ノ三身ト談シテ。三觀ノ修行一向ニ置二クコト因位一ニ。塔中相傳ノ一心三觀ノ時ハ。本覺ノ修行ナルカ故ニ。於二本覺位一ニ論二ル一心三觀一ヲ也。一心三觀常住寂光ノ釋可レ思レ之。中論所說ノ三觀ノ時ハ。三觀三身ヲ因果ニ分別スル也。依レ之天台宗法門大意云。(行滿釋也)(佛全24、四四五下)言二三觀一者。依二中論四句偈一云。因緣所生法。我說卽是空。亦名爲假名。亦是中道義。三觀一心中論故(得カ)云二一心三觀一耳。因中用レ止(心カ)名爲二三觀一。果時觀得(證カ)名爲二三德一入二祕密藏一 矣

私云。因位ノ一心三觀ハ。因緣ノ萬法ヲ卽空卽假卽中ト觀シテ究竟シテ入二ル三德一ニ。本覺修行時ハ直ニ如來ノ心源ヲ觀シテ別ニ不レ求二三德一ヲ也

一。妙解時ハ觀二三諦一ヲ。妙行時ハ修二三觀一ヲ事

天台宗法門大意釋云。(佛全24、四四五下)初心之人一心三觀。觀二於三諦一。三諦是境名爲二所說一。(觀。是觀カ)一心三觀名爲二能觀一。境觀具足證二三智理一初後不二 矣

7 一、本有三諦事

疏七云。(天文四、一六六七下)是中道。無分別智光。照二シテ本有三諦一ヲ洞朗(明カ)也ト 矣

涅槃疏第六云。(大正藏三八、一一七上)一諦卽三諦故言本有。三諦矣迹門觀心釋云。(佛全24、六三下)獨リ我カ自心ノ性德。本住シテ無始無終。本有常住。空假(謂カ)中道ナリ。三諦ノ體內三諦ノ理內。止觀明靜(心觀。眼智カ)根本慈悲アテ。圓融圓滿シ。無障無礙ナリ矣

8　一、本迹十妙同異事

本門觀心妙云。(佛全24、八一上)迹門ノ十妙十用(十住顯一也)。本門十妙十用(十住顯本也)。從カ二妄情一故ニハ迹本時異ナリ。從二佛惠(意カ)一故ニ迹本(昔カ)不二ナリ矣

9　一、本門。迹門。觀心ノ三重十妙不同事

本門觀心妙釋云。(佛全24、七六上)今法華經迹門ノ十妙ハ。妙ナラシムニ衆生法一。本門十妙ハ。妙シムニ佛法ヲ一也。觀心十妙ハ。妙ナラシムニ心法ヲ一也。開ツルハ二迹十妙ヲ一成ス二本ノ十妙ヲ一。本迹ノ十妙ヲ入ニ觀心妙ニ一矣

10　一、大法者通指(小カ)ニ佛教一事

義云。玄文心ハ大少乘共ニ大法ト釋スル故有レ之也。其ノ故ハ玄文ハ開會ノ上ノ敎相ナルカ故ニ。大少不同ハ雖レ有トレ之。通シテ大法ト可レ云釋スル也

11　一、三重無明事

口傳仰云。學者異義不同也。當流ニハ三惑ト習也。依レ之唐土人師。卽約三惑障三諦理ト釋スルカ故ニ。此文ヲ證據トシテ三惑ト習也

又御義云。於ニ煩惱業苦ノ三道ニ一各各有ニ三惑一。煩惱道ノ三惑ハ於テ心法ニ一迷ルカ故ニ斷スル事易シ。苦道ノ三惑ハ色法ノ體分ノ迷ナルカ故ニ斷スル事難シ。故ニ觀智未熟ノ機斷スル事難キ故ニ。等妙二覺マテモ殘ノコセルハレ之。苦道所具ノ三惑ナルヘシ。三重無明ト云ヘルハ。煩惱業苦ノ三道トモ三惑トモ。於ニ無明ノ一惑一論ストニ始中終ヲ一云ヘルハ異ナルニ似タレトモ。只約束ノ不同ニテ有レ之也

12　一、圓頓行者一念生起事

口傳仰云。寂照二法カ卽生死ノ二法ニテ有レ之也。寂ナル時ハ死也。照ナル時ハ生也。一念ノ寂照ノ體カ卽生死ノ二法ト被レ云也。起是法性起。滅是法性滅ノ釋可レ思レ之。此ノ一念ノ生死カ卽是レ一念三觀ニテハ有レ之。故ニ蓮實坊和尚。甚深御義有レ之云云

尋云。彼ノ御義ノ心如何

蓮實坊和尚云。萬法隨緣轉變スレトモ卽空卽假卽中ナルカ故ニ。生ルル時モ卽空卽假卽中也。死スル時モ卽空卽假卽中也。無始

無終三世常住ノ自受用身。境智不二ノ重也。依レ之經云。諸(大正藏九、八中～九中)法從本來。常自寂滅相。(〔〇カ)是法住法位。世間相常住矣
生死覺用抄云。(傳全五、三六〇)夫生死ノ二法ハ。(〔者カ)一心之(之〔ヲ〕カ)妙用。有無ノ二道ハ。(〔之カ)本覺(之〔ヲ〕カ)之眞德也。所以ニ心者。無來無去法(〔之カ)也。(〔〇カ)生スル時モ(者カ」)無レ來ルコト。死スル時モ無レシ去矣

13 一、十行出假ノ菩薩。圓無作習不レ習事

口傳仰云。般若經ニ所レ説圓。卽十行出假菩薩ノ所學ノ圓也。而ヲ不レ習見タル釋ハ。爾前當分ノ敎相ヲ爲レル本ト一ノ意也

14 一、十方三世諸佛顯本。皆顯ニ塵點本一事

籤(天玄一、一四一)云。久遠。(〔者カ)必指ニ壽量塵點一方顯ニ實本一矣

15 一、蓮華六譬事

玄一(七カ)云。(天玄四、五四一)六譬各別レ(有カ)所レ擬スル。初重約ニ佛界十如一施ニ出ス九界十如一ヲ。次重ハ開ニ九界十如一ヲ顯ニ佛界十如一ヲ。三重ニハ廢ニ九界十如一ヲ成ニ佛界ノ十如一ヲ。三譬攝ニ得迹門始終一盡矣已上迹門
又第四重ニハ約ニ本佛界十如ヨリ施ニ出スルニ迹中ノ佛界十如一ヲ。第五重ニハ開ニ迹中佛界十如一ヲ。顯ニ出本中佛界十如一ヲ矣已上本門
口傳仰云(缺文)

16 一、識分法門事

口傳仰云。攝論ニ所レ立第九識。天台ニ所レ立第九識不同能可レ習フ也。先攝論ニ所レ立第九識ハ。第八識ニ染淨ノ二法有レ之中ノ以ニ淨法一爲ニ第九識一ト也。天台所立ノ第九識ハ不レ然事也。惣シテ諸經論ハ識轉爲智ト談スル也。一家ハ識ノ外全ク不レ立レ智ヲ也。妄想分別識カ全體智シテ。第九識ノ自受用智ト沙汰スル也。依レ之凡三識ノ外ニ不レ立ニ第九識一ヲ也。三識同(天玄三、六三〇。釋籤)在ニ理心一。敎門權說且立ニ遠近一。奄摩羅識ト云テ。三識ノ外ニ全ク不レ立ニ第九識一ヲ也。三識卽第九識也。染淨一體ナルカ故ニ第九識ト談スル也

17 一、六重本迹事

一。理事本迹　玄七云。(天玄四、三七七)指レ事ヲ爲レ迹○指レ理爲レ本矣
二。理敎本迹　又指レ理爲レ本。指レ敎爲レ迹ト矣(同前)
三。敎行本迹　又指レ行爲レ迹。指レ敎爲レ本矣(同前)
四。體用本迹　又云。指レ用爲レ迹。指レ體爲レ本矣(同前)又云。證ニ於法身一爲レ本。初得ニ法身本一故卽レ體。起ニ應身之用一ヲ矣
五。權實本迹　又指レ權爲レ迹○指レ實爲レ本ト矣(同、三七七)(同、三七一)又云。實者最初久遠實得法應二身。皆名爲レ本。中閒數數唱レ生唱レ滅。種種權施ニ法應二身一ヲ。故〔名〕爲レ迹ト矣

六。已今本迹 又云。若約シテ二已今ニ一論二本迹一者。指レ已爲レ迹。指レ今爲レ本。指（攝カ）ニ得釋迦方寂滅道場已來ノ十麁十妙一。悉ク名爲レ迹。指レ今爲レ本。惣遠攝二最初本時諸麁諸妙一。皆名爲レ本ト矣（同、三七七）

玄七云。第六ノ已今ハ。已ハ卽是迹。卽指二迹門及諸迹敎一ナリ。今ハ卽是本。卽指二本門一。本門已前皆名爲レ已。涌出已後方ニ名テ爲レ今ト。故ニ云二已說事理乃至權實名一レ之爲レ迹。今說ノ事理乃至權實皆名爲レ本ト矣（同、三七二）

又云。法華已前諸經已今ヲハ仍屬二於迹一。今ノ經ニ所レ明ス乃是眞明二久遠之本一ヲ。卽是已說已今ヲ爲レ迹ト。今說之已今ヲ爲レ本 矣（同前）（籤カ）

口傳仰云。六重本迹一一ニ不思議一ト釋セリ。一念ノ上ノ理事敎乃至權實已今等ノ本迹ナルカ故ニ。本迹雖レ殊ナリト不思議一也ト釋スル也

18 一、義科目錄事 千觀

玄義七科。敎相義 玄一 十如是義 玄二業義 十二因緣 玄二副義 二諦義 玄三業義 眷屬妙義 玄六副義 十妙義 玄七業義 五味義 玄十副義

文句四科。三周義 文句四業義 卽身成佛義 文句八業義 三身義 文句九業義 屬累義 文句十業義

止觀五科。六卽義 止一業義 四種三昧義 止二業義 三觀義 止三業義 被攝義 止三業義 名別義通義 止六副義

淨名疏。佛土義 名疏一業義

已上十六義科也。但除二敎相義一ヲ也。中比敎相義ヲ立ケル立者。高座ニテ死去シタリケル間。禁忌ニ不レ立也

一算ハ宗大事。二算ハ經論ノ證據。三算ハ本文ノ料簡。四算ハ一科ノ中ノ難相違ノ算也。進ノ釋慥ナル算ヲ下シテ不シテレ爲レ尋ヲ。尋ノ進ノ釋ヲ下シテ令ルニレ［ ］（答カ）押テ難スル也。五算ハ一算ニ通ル也。若一算ニ不レ留ニ竪者一ヲ。又第五［ ］（算ニか）一算ヲ下シテ精シテトトメント。シツラヒタル形也

19 一、三處卽身成佛事

口傳仰云。當流ニ三處ノ卽身成佛ト者。一ニ三周ノ卽身成佛。二ニ提婆品ノ卽身成佛。三ハ止觀卽身成佛ヲ以テ三處ノ卽身成佛ヲハ習也 云云

尋云。抑。三處ノ卽身成佛。其不同如何

口傳仰云。三周ノ卽身成佛ト者。迹門所談ノ法門也。提婆品ノ卽身成佛ト者。證前起後ノ品ナルカ故ニ。廣ク互ニ本迹二門ノ卽身成佛一也。是其ノ不同也。然トモ共ニ聖位卽身成佛也。止

觀卽身成佛ト者。凡位ノ卽身成佛。我等衆生カ未斷惑ノ位ニシテ。生死無常ノ果縛依身ノ當體。止觀ノ二法ニシテ生死ノ二法カ寂照ノ止觀ト達スルヲ止觀ノ卽身成佛ト習也。六卽義ノ理卽是ノ菩提是也。約レハ二迷情ニ一生死ノ二法也。約スレハ二覺悟ニ一寂照ノ二法也。起是法性起。滅是法性滅ノ法門也。可レ思レ之也

尋云。凡位聖位ノ成佛ト者。是大師蘇悉地經ノ疏ニ釋シタマヘリ。眞言祕敎ノ意也。何約ル二顯敎ニ一御義可レ有レ之耶

口傳仰云。爾也。然トモ眞言止觀自レ元一體ナレハ。約シテ二三處ノ卽身成佛ニ一口傳スルニ全ク可レ同レ之故ニ如レ此成立也云云

私云。三處ノ卽身成佛事。安然御釋ニ見タリ。今ノ御義ノ意趣ニハ聊カ不同也

20 一、九地攝者事

涅槃疏十一。行滿釋云 師子吼品 (卍續一-五七、四八五丁左上) 此是別攝通義者。通敎九地斷見思盡。下根之人攝入別敎初地故也矣　同處ノ行滿釋云。(同、四八六左下) 以別攝通是一種破煩惱得見佛性者。通敎中根至七地攝入初地。破一品無明見佛性也矣

私云。此釋。中根初地ニ入ルト釋スル故ニ。此則不定義ニテ可レ得レ意也

21 一、爾前法華卽身成佛不同事

東陽和尚云。爾前卽身成佛ハ一人出過卽身成佛。法華卽身成佛ハ法界體性卽身成佛矣

22 一、龍女ハ頓悟漸悟二類ノ中ニハ何耶

口傳仰云。弘決第六卷ニ問答シテ頓悟ヲ出セリ。任テレ釋ニ頓悟類ト可レ云歟。其ソノ上ニ卽身成佛ノ頓機ナルカ故也云云

尋云。尤モ可ニ頓悟ノ義ナル一也。然トモ解釋。記五釋 (天文三、一一〇三下) 龍女雖レ畜ナリト以ニ乘急一故ニ。先習ニ方便一ト釋セリ。如レ此釋スル上ハ漸機ト見ヘタリ如何

私云。料簡ニ云。龍女ハ頓機ト云ヘル事ハ。今日ノ開悟ニ付テ云ヘル一筋スチ也。經文ニ年始八歲智惠利根ト說テ。八歲ノ龍女卽身成佛ノ妙機ト說ク。於ニ過去ニ一方便敎ヲモ習ヒナントセム事ハサモヤアリツラン。今日ノ開悟ノ一面ヲ云ヘル事也。能能可レ尋ネ事也云云

尋云。此事未レ散ニ不審一事也。妙樂大師。(同前) 龍女雖畜以乘急故。先習方便ト云ヘルヲ。道暹師ハ。(卍續一-四五、八三丁右下) 先於龍宮已曾習前三敎ト

釋セリ。此等釋。今日龍宮ノ事ト覺タリ如何

一義云。今日モ末師ノ釋ハ先於龍宮已曾習三教ノ釋ハ。文殊入海教化ノ時キ習ニ權教ヲ見タルカ故ニ。直行ノ非ストニ頓悟ノ機ニハ聞タリ。然而トモ如クンハ三周ノ聲聞ノ。四十餘年調養調熟ノ法譬因緣次第シテ不レ似ニ開悟スルニハ。到ニ法華ニ八歲龍女速疾ニ即身成佛スルカ故ニ頓悟被レ云分モ釋義見タル也

23 一、約シテ二觀心ニ一本迹不二ナル事

籤二云。若緣スルニ(語カ)心性ヲ一迹ト本ト俱ニ絕シヌ。故云ニ本迹雖レ殊不思議一ナリト。一ナルカ二彼ノ殊ヲ一故ニ。(「故カ)知ヌ徒行ニ(引カ)遠近一未レ了ラ二觀心ヲ一矣(天玄一、六六五)

「一。約シテ二觀心ニ一本迹不二ナル事」(「二(衍字か))

24 〔別シテ不レ釋二觀心ノ十妙ヲ一事〕(目次)

籤二云。若觀心ノ十ハ並ニ皆附二在セリ諸文之末ニ一。或ハ存シ或ハ沒シ不二別開一レ章。既ニ其ノ観心ハ寄二在セリ諸ノ(「之カ)文下ニ一。今ハ但約シテ二迹ト本ト兩門ニ一各具二十妙ヲ一矣(天玄一、六六七)

五藏		六腑			
肝臟	眼	膽腑	酸	春	木
心臟	口	小腸腑	苦	夏	火
脾臟	舌	胃腑	甘	土用	土
肺臟	鼻	大腸〔腑〕	辛	秋	金
腎臟	耳	肪胱腑	鹹	冬	水

右。肝。大腸。參膲腑。脾。命門

左。心。少腸。肝。膽。腎。肪胱。命根

明應四天卯月中旬正當　　執筆城源之

〔雜雜抄　第五　終〕

雑雑抄　第六

1 一、三重ノ中道ノ習事

口傳仰云。三重ノ中道ノ口傳ト者。圓頓者。初縁實相造境卽(天止一、九五)中等ノ付ニテ一文ニ沙汰ル也。三重ト者。造境卽中ノ中道ト。一色一香無非中道ノ中道ト。邊邪皆中正ノ中道トノ三重ヲ習也。圓頓者。初縁實相造境卽中無不眞實。繫縁法界一念法界ト釋ルハ。先圓頓行者ノ一念ノ當體ヲ釋也。此ノ中道ハ三諦分別ノ中ノ非ニ中道ニ。只是萬法ノ惣名ヲ名ニ中道トニ也。依レ之六祖大(天止一、九六)師。中道卽法界。法界卽止觀。止觀不二境智冥一ト釋セリ。只是萬法異名。次一色一香無非中道ノ中道ト者。萬法不レ離ニ依正ニ。此依正ノ萬法卽中道法界沙汰也。次邊邪皆中正ノ中道ト者。邪正一如ノ中道也。是ハ行者ノ［　］(起念ニ付テか)沙汰也。所詮三重ノ中道共ニ三諦分別ノ非ニ中道ニハ也

口傳仰云。初ノ中道ハ一念法界ノ中道也。次依正不二ノ中道也。次邪正一如ノ中道ト習也。先圓頓者云ヨリ繫縁法界一念法界ト釋ルマテハ。圓頓行者ノ一念ノ遍照法界ル相ヲ釋。一色一香無非中道已下ノ釋ハ。圓頓行者一念ノ心内ニ萬法形宛(然カ」)トシテ依正色心善悪ノ諸法歴歴トシテ有レ之相ヲ釋也

口傳仰云。於ニ一文ニ正行ノ重。理境修境法門習也。上ノ二重ノ中道ハ理境ノ法門也。次ニ邊邪皆中正ノ中道ハ。修觀ノ法門也ト口傳也

尋云。三諦分別門ノ中道。三諦無分別門ノ中道ト云事。何ノ處ノ釋ニテカ正可レ得レ意耶

口傳仰云。先今ノ三重ノ中道ニテ沙汰スル也。然トモ文句ニ云。一(天文一、二六六上)心中道。卽空卽假卽中ト釋文。並ニ疏七云。是中道。無分別(心性カ)(天文四、一六六七下)智光。照ニ本有三諦ニ洞朗(明カ)也ノ釋可レ思レ之也。其上ニ山家御釋。觀心遊心口決云。一心不生ニシテ無レ過ニ萬法ニ。無レ過名ニ中道觀ニ釋ル。中道三諦無分別中道ト習也。次ニ慈覺大師傳云。大師(傳教)云。汝往ニ大唐ニ於ニ眞言門ニ先(先カ)問ニ天部ニ。就ニ(續天全史傳2、四七上。六二上)天台ニ先應レ問ニ中道ニ釋ル中道ハ。顯密一致ノ法門。是又三諦無分別ノ上ノ中道ト習也。後ノ傳ニ天部(ア門カ)於レ義(彼イ)當ニ中道ニ釋リ。眞言門ノ天部ノ法。方便爲究竟法門ト。天台邪正一如ノ法門カ。全ク一同ニシテ無レ別重ヲ御入唐時御相承有レ之也

口傳仰云。圓頓者ノ一文カ天台一家ノ至極。一宗ノ大事ヲ悉ク此一文ニ納ト習也。相生皇覺ノ口傳ノ言有レ之也 云云

（皇覺御口傳也）四箇口決ヲ　收ニ一文閒一ニ

一文ノ肝要　亦惣ニ一念一ニ

口傳仰云。圓頓者ノ一文ト。三世諸佛內證。終窮究竟ノ極說カ故ニ。誦ルニ此一文一三世諸佛モ應護シ（擁カ）。神明佛陀モ納受タマフソト。深ク信受シテ可レ向ニ明靜止觀一ニ可レ授也ト。祖師先師モ共共被レ仰。尤モ甚深也トイカン 云云

私云。此法門傳授時。更ニ無ニ同聽ノ人一。且一人ニ可レ受レ之也。以心傳心ノ相傳此一文也。此ヨリ外ニ無ニ別ノ子細一也。如如目出度事也 云云

口傳仰云。如レ此終窮究竟極說。本地本覺ノ內證ヲ深ク信解妙解シテ。成ニ本覺ノ內證一イテ向レハ明靜止觀一ニ。文文句句。悉本地本覺ノ法門ト成セリ。自心ノ內證又本覺ノ敎主ト顯テ。心外ニ無ニ別佛一心深ク顯ス也 云云

口傳仰云。本覺ノ修行ト云事ハ。傳教大師。最後臨終ノ日授ニ寂光大師一タマヘル略傳ノ以ニ三箇ノ大事一爲ニ相承一ト也

私云。以ニ彼ノ心要一口傳也

2　一、三周聲聞卽身成佛事

惠心卽身成佛義私記云。夫約ニ法身一ニ則有ニ二種一。一法身。二應身。約ニ其成佛一ニ亦有ニ二種一。一自行。二化他ナリ。若依ニ自行ノ邊一ニ故ニ必得ニ卽身成佛一。若依ニ化他邊一ニ故ニ感ニ應身ノ佛一遲速不定ナリ。今彼ノ諸ノ授記ノ文且ク指ニ化他邊一也。遲ク成ルコトヲ故ニ不ニ相違一。若依ニ自行ノ邊一ニ。彼諸ノ聲聞於ニ法華（大正藏九、十一中）中一ニ皆得ニ卽身成佛一故。何者。身子領解文云ニ疑悔永已（大正藏十二、六六一中。取意）盡。安住實智中一。又大經云。八千聲聞○於ニ法華中一得レ授ニ記莂一ヲ見如來性（缺字）無ニ所作一。又法師品云。須臾聞（大正藏九、三一上）之。卽得究竟阿耨菩提者。其意也（爲化カ）他故卽身成ニ應佛一者。是龍女也 矣

千觀御釋云。或品ニハ（本カ）惠心御釋注セリ
卽身成佛義私記云。凡論ニ卽身成佛一必應レ具ニ二義一。如ニ法華三周得益ノ人一。若約ニ眞身一論レ之。同ク可レ云ニ卽身成佛一。而今以ニ龍女一爲ニ卽身成佛一者。非ニ但眞身成佛。是卽身現應ニ八相一。亦是二身故依ニ眞應相一。倶卽身成佛論レ之唯龍女一人也 矣

安然御釋
即身成佛私記云。（佛全24、一九一上）當レ知。三根聲聞三周聞法。三重無明皆已斷盡。一分中道皆已證得。即入二正位一即身成佛 矣

3 一、爾前圓機事

口傳仰云。一代ハ爲鹿苑證果聲聞ノ七字ト云ヘル當流ノ口傳ニテ沙汰ル時キ。爾前ニ所ノ說ク圓教モ爲ナル二鹿苑證果ノ聲聞一ノ故ニ。圓機ト被レ云者ノモ今日ノ聲聞ナルヘシト當流ニハ習也 云云

尋云。鹿苑證果ノ聲聞ヲ。爭カ可レ云二圓機一ト耶

口傳仰云。此事通相三觀ノ法門ニテ可レ得レ意也。方等般若ニ所レ說圓教。一空一切空。一假一切假。一中一切中ノ法門。悉ク爲ニ證果ノ聲聞一ノ也。方等彈呵ノ後ハ證果ノ聲聞モ一空一切空。一假一切假。一中一切中ノ法門ヲハ聞也。既ニ聞ニケハ此法門ヲ一圓機ニテ有レ之也。然トモ本教ノ執カ有レ之故ニ。信解虛通シテ一空一切空ノ處ヲハ。如幻即空ノ本執ノ空ニ入テ聞成也。何ニモ權機カ故ニ。方等時ハ成ニ冥成通人一。般若時ハ成ニ冥別（成カ」）人一處カ雖レ有レ之。方等時モ般若時モ一空一切空ノ圓融ノ分ヲハ一分信解スレトモ。猶兼テ二本教ノ執ヲ一覺信解虛通スル也。名疏（大正藏三八、六六二上）七云。通相約レ通シテ論ルニ。恐ハ是レ方等帶方便圓（「圓カ）ナリ。不レ同ニ法華一矣

遲云。信解虛通者。此ハ是方等教ノ機緣未純故ニ有ニ一分ノ機緣ニ□（修ニカ）於三觀一信解シテ入不レ等カラ 矣

迹門觀心云。彼淨名疏云。（佛全24、六六上）明ニコト三觀一者。（云□カ）別相ノ三觀ハ。別人ノ所用也。（也□カ）通相ノ三觀ハ。惣攝ス二昔時ノ帶權所生ノ圓一。別攝通。圓攝通。圓攝別ノ三觀ナリ。然ニ（就カ）三攝ノ人ハ。未レ得ニ念不退一時ハ。猶ヲ帶カ二本教ノ習ヲ。故ニ云ニ解心通ト一矣

口傳仰云。覺大師。猶帶ニ本教習一故ニ云ニ解心通一ト釋ル故ニ。只是信解ハ一空一切空。一假一切假。一中一切中ト信解レトモ。猶本教習ニ通ルヲ即通相ト云也。於ニ通相ニ法ノ通相。機ノ通相トテ隨分習有レ之也。如ニ彼抄一云云

記一云。（天文一、十下）問。諸經中ノ圓與レ此何別ル。而必須レ云ニ開テ方ニ是佛惠ナリト一。答。圓實不レ異。但未ニ開顯一。初心之人謂ニク圓隔レ偏。須レ聞ニ開顯諸法實相一ヲ。若已ニ入レハ實ニ但論ニ增進一。權人至レ此一向ニ須シレ開 矣（卍續一―四五、二丁左下）

輔云。初心之人謂者。（者。謂カ）法華前圓修之人在ニ名字位一。雖レ信ニ一色一香無非中道一。而於ニ方等般若座席一猶屬ニ同聽異

聞一。以二隨喜等但觀(位カ)常(道カ)未レ成。猶謂二偏圓相隔一。如レ此之人。須レ聞二今教開顯之說一故。淨名疏釋菩薩品云。圓人失意。尚須二彈呵(斥カ)一即其相也。隨喜已去不レ須レ云レ開。若入初住已上但論二增進一而已(故也カ)矣

4　一、一心三諦境。一心三觀智事

口傳仰云。重重ノ習有レリ之。共ニ付二一心一分別ル境智也。本不生ニシテ本來空假中ナル故ニ。心ノ本源ノ體分ル處ハ一心三諦也。是ヲ持テ二能觀ニ一空假中カ經レ境觀ニ即空即假即中一處カ一心三觀智也。正行位也云云

口傳仰云。一心三諦ト不レ云。只三諦ト云時ハ萬法自レ本空假中ル處ハ三諦也。而□(行者カ)是ヲ持ハ能觀三觀也ト云分モ可レ有レ之也。又以二住前一名二一心三諦境一。以二住上一一心三觀智ト被レ云分モ有レ之也。住前モ境智共有レ之。又住上ニモ境智一心共ニ有レ之被レ云分別モ可レ有レ之也。前六重ノ妙解ノ分ヲ爲二三諦一。正行重ヲ爲二三觀一習モ可レ有レ之也云云

5　一、境ノ一心三觀。智一心三觀ト云事

口傳仰云。於二當流一兩義有レリ之。住前ハ境ノ一心三觀。住上智一心三觀共ニ有レ之云義アリ。於二住前一境智ノ一心三觀ト云ヘル習又可レ有レ之也云云

又住前ヲ境ノ一心三觀ト云事。案ルニ二止觀修行ノ大旨一ヲ。立テテ二十乘十境(天止四、一三八參照)。惣明(ㇾ無カ)歷餘ノ觀門一ヲ。悉ク對レ境觀ル二即空即假即中一ト也。止觀一部ノ配立也。是豈ニ非ヤ二境ノ一心三觀一。智ノ一心三觀ハ住上眞因分ニ自受用智顯テ自然流入シテ。於テ下談ニ二境智一如一ト證位上ニ可レ顯ス也。何ソ歷餘對境ル住前ハ境ノ一心三觀ニテ可レ有レ之也

口傳仰云。是ヲ住前ヨリ智一心三觀有レ之云ヘル六即門ノ時キ。六即共ニ本覺ノ位ニシテ。自受用智ノ上ノ從本垂迹次位ト沙汰スル時。理即位自受用智本覺位也ト定テ。此上名字觀行等ノ次位ヲ立也。故ニ自受用ノ上ノ觀行ル時キ。豈ニ智ノ一心三觀無レ之耶。歷緣(餘カ)對境ト談シテ。住前ハ智ノ一心三觀不ニ現前一云ヘルハ。何ニモ七位門ノ配立ナルヘシ云云

口傳仰云。一家所立ノ六即ハ。本覺ノ上ノ次位也ト習事ハ。本文下並玄文第一ノ六即ニテ口傳ル也云云

私云。此事如二彼抄一云云

蓮實坊和尚云。問。爾者何歷緣(餘カ)對境無ニ心外一乎。答。元初一念之外更無ニ別ノ法一。故必不レ可レ云ニ歷緣(餘カ)對境一。但惣無明一心。歷餘一心在[　](レ之カ)今難者。惣明(ヿ無カ)歷餘各別シテ存ルカ故ニ不可也。元初一念卽歷餘ノ一心。歷餘ノ一心卽元初一念也。然對境ノ義ハ境智各別談也。境智一如之前ニハ全ク不レ可レ存ニ對境之義一ヲ。仍對境義ハ尚是初心行者觀。前六重妙解ノ分齊也。正修止觀非ニ正意一。以ニ一心一如ニ正修爲ニ本意一也

(範源)大納言法印御房云。於ニ一心三觀一。有ニ境一心一有ニ智一心一。約ニ智一心一ニ住前ニ不レ論レ之。約ハ境一心一觀行ニ專可レ論ニ一心三觀一也云云

(俊範)佐法印御房仰云。元初無明ノ一念ヲ爲ニ所觀ノ境一ト。境ノ一心三觀ノ義分明ナル歟。止三云。(天止三、一二八)以レ觀觀ニ於境一ヲ則一境而三境ナリ。以レ境發レハ於觀ヲ則一觀シテ而三觀ナリ。慈覺大師己心中記云。(佛全24、九八下)以ニ前念心一爲ニ所緣境一。以ニ後念ノ心一爲ニ能緣ノ觀一矣

6 一、中道ノ得名卽三諦ナル事

(安樂行品)記四云。(天文四、二〇八一上)中ハ必ス三諦ナリ。三ニシテ而不ルヲ二ナラ名レ無ニ一異一矣

口傳仰云。一家處處ノ釋中ニ。於モ圓教ニ只中道ノ見ルヲハ限ニ中道一ニ。定テ爲ル論義一事可レ有レ之。然トモ中必三諦ナレハ。中道ト云ヘル卽三諦カ宛然トシテ有レ之習口傳スル文證ナルヘシ云云 文句二云。(天文一、一二六六上)一心(心性カ)中道。卽空卽假卽中矣 此釋可レ思レ之云云

7 一、六種四教事　御廟大師御釋ニ三種ノ四教釋タマヘリ。三種ト者。建立四教・開漸四教・同見佛性ノ四教也

尋云。六種ノ四教ノ大綱如何

口決云。建立ノ四教ト(ヿ者カ)。法身地ノ照機。四種佛土ノ照機可レ思レ之。開漸四教ト者。今正ク出世シテ口ニ所レ說ク一代ノ四教ノ惣體也。サテ方等別教涅槃等ノ四教ハ。開漸[　](缺字)內ニ品ナ品ノ四教ヲ委ク分別ル也

一。建立四教

二。開漸四教

(五大院)手草(教時義カ)釋云下卷(大正藏七五、四一九上。教時義カ) 天台以ニ法身地一安ニ立四教一名ニ建立四教一。出現世閒開ニ說四教一名ニ開漸四教一與ニ此意一同。又(乘イ)至缺(義決カ)引ニ信解品文ニ建ニ立四教一。其信解文云。亦是法身地缺(具カ)機(觀カ)沒出教(說教出カ)現世卽開(閒カ)說乘乘(五カ)文矣已上 建立開漸ノ四教名言證據云云

三。方等四教
四。別教四教
五。涅槃四教
六。觀心四教

玄十(天玄五、五九一)(追カ)。問。涅槃ニ通テ説レ四ヲ。方等正ク開レ四ヲ。別教ニ復有レ四。若爲ニ分別一説(説カ)。答。涅槃ハ當レ四ニ通入ニ佛性一ニ。別教次第シテ後ニ見ニ佛性一。方等ハ保レトシ證ヲ而不レ見ニ佛(佛カ)性一ヲ(二カ)矣　已上證據云云

弘一云(天止一、九二)。是故三觀惣攝四教矣　四教義一云(大正藏四六、七二四上)。問。四教從レ何而起ル。答曰(「曰カ)ク。今ハ明ニ四教一。還テ從レ前所レ明ニ三觀一而起テ。爲レスレ成ニントニ三觀一矣　已上觀心四教ノ證據也

云云

8　一、觀行卽一心三觀並起事

深信觀成　記九云(天文五、二四二四下)。唯圓卽觀ニ一念三千三諦具足一。是則一心一切心。五陰世間　一身一切身。衆生世間　一土一切土。國土世間　一念俱觀若心身(身心カ)土若空假中。更無ニ前後一。故觀成時一心見ニ一切心一。一身見ニ一切身一。一土見ニ一切土一。十方諸佛身中現故。故於ニ自心常寂光中一遍見ニ十方一切身土一矣

修止觀下　止九云(天止五、二一八)。三止三觀在ニ一(心カ」)念一。

止云(天止一、三七六)。必須下心觀明了理惠相應。所行如ニ所言一。所言如中所行上矣

法華大意　章安御釋　云。三觀如レ解而誦。觀心無閒ナレハ觀行ノ三觀ナリ矣

9　一、見ルニ諸經論一事

華嚴經　説ニ三諦思惟一　意輪
阿含經　説ニ空諦一　出ニ口輪一
方等經　説ニ假諦一　出ニ意輪一
般若經　説ニ中道第一義空觀一　出ニ口輪一　已上隔歷三諦ナリ

玄一云(天玄一、八六)。若隔歷三諦麁法也。圓融三諦妙法也矣　釋籤六云(天玄四、三三二)。一期縱橫不レ出ニ一念三千世閒卽空假中一矣　(天玄二、一九二。釋籤)云。次第卽已方成ニ今卽一矣

10　一、果地四弘誓願有無事

口傳仰云。四弘願ハ菩薩ノ惣願ルカ故ニ。因ニ可レ有レ之條勿論事ナレトモ。於ニ佛果一又有レ之被レ云分可レ有レ之也。佛果ノ四弘願ト者。約ニ化他一論レ之也。果位ノ四弘願ハ又互ニ自行化他一ニ也

11　一、常住寂滅事

藥草品　疏七云(天文四、一五八九下)。非ニ是小乘寂滅一ニハ。乃是常住寂滅ナリ。上ノ文ニ云ニヨク

諸法從本來常自寂滅相一ト。卽此義也云云
尋云。常住寂滅ト云事如何
口傳仰云。隨緣眞如緣起常住ノ法門カ常住ノ寂滅ニテハ有レ之。起是法性起。滅是法性滅テ。是法性起滅是也。無始本有ノ起滅。隨緣眞如ノ相也。
一義云。常住ノ寂滅ト者。至ヌレハ二佛果圓滿位一ニ煩惱滅盡シテ因位ノ所作極テ□（成ルカ）處ヲ常住ノ寂滅トハ云也
私云。俗諦常住ト談時。九界爲權。佛界爲實ト談ル。九界ハ爲レ權ト而常住可レ云也。無始本來ノ權ニテ可レ有レ之也。無始無終ノ緣起緣滅ト可レ得レ意也。滅ハ滅ノ位ニテ常住。生ハ生ノ位ニテ常住也ト可レ云也。非レ無ニ生滅一無始本有ノ生滅也ト可レ談也云云常住寂滅是也

12 一、以テ二法華一（天文二、五四七上）卽權而實。以二涅槃一卽實而權トスル證據事
記云。須レ說二贖命一爲二捃拾一故ニ。扶レ律說レ常令二久住一故。遍（法華經）レ權明レ實助ニ發實一故。帶（涅槃經）レ實開レ權顯二權力（用カ）一故。滅（過カ）常末（兼カ）常始末一故矣
私云。卽權而實。卽實而權ノ事。兩經ノ習。先德ノ御釋ニ沙汰有レ之也云云

13 一、本有三諦事（天文四、一六六七下）
記（疏カ）七云。中道。無分別智光。照二本有三諦一洞朗（明カ）也矣

14 一、大通智勝習事
口傳仰云。大通佛ト者。法界體性智。萬法惣體也。一切衆生悉ク大通結緣ノ者也ト習事可レ有レ之。大通ト者。不生ノ一理通二諸法一義。法界融通ノ名也。智勝ト者。智惠也。是四智形也。大通ハ法界體性智ナリ。智勝ハ四智也。故ニ大通智勝ノ名言カ五智ノ萬法ニテ有レ之也。此四智互ニ具ル相ヲ顯ス時キ。四智互具レハ成二十六王（庄カ）子一也。深祕云云
師物語云。大和尙法印御房。後鳥羽院ノ御前ニテ說法シタマヒケルニ。大通佛ト者。理性ノ名也。我等衆生悉ク大通結緣也ト被レ仰タリナリト云云其時被レ下二院宣一云。今日聞二食シ此說法一種ニ解脫分ノ善根一ヲ云云目出度云云
口傳仰云。以二大通佛一顯密一致ノ本尊ト習也。目出事也。不レ可二口外一ス云云
覺大師奏狀云。先師志期シテ二傳法一ニ駐トトムニ跡於叡峯一ニ○眞言□（敎カ）

法。天台ノ止觀。義理知テ冥二符セルコトヲ一隨レ縁ニ宣傳矣

15　一、法華二處三會事

一。靈山會―有二十品一―序品。方便。譬喩。信解品。藥草喩品。授記品。化城品。五百品。人記品。法師品

二。虛空會―三變淨土―有二十一品一―寶塔品。提婆品。勸持品。安樂行品。涌出品。壽量品。分別功德品。隨喜品。法師功德品。不輕品。神力品

三。靈山會―有二七品一―屬累品。藥王品。妙音品。觀音品。陀羅尼品。嚴王品。勸發品

口傳仰云。二處三會ノ說ハ。從因至果。從本垂迹意也。始メ靈山會ハ。同居ノ所說。從因至果ノ化主也。三變淨土ノ說。虛空會法門ハ界外土ノ儀式。實報土中說ノ行相也。重テ靈山會ノ說ハ從本垂迹ノ化道流通ノ妙益也。所所赴機ノ說ハ隨レ時ニ替レトモ思ヒ。妙理所レ詮何モ皆觀シテニ自身所具ノ三千三觀一顯ニ境智不二ノ本覺一習也云云

私云。殊勝也。目出目出

16　一、三寶事

大般若云十四袟佛寶法寶僧寶。一切世閒歸依供養矣（大正藏五、七一〇中）

17　一、三身相好事

口決云。三身相好ヲ可ニ分別一也。三身形音義不同ル故。法身ニモ可［有相好也カ］法身ノ相好ハ無相相好也。依レ之名玄第二記云。無相之相ハ諸相ノ中［ノ上ナリ文か］（卍續一-二八、三六九丁右上）同記云。尋テ二有相ノ相一見ニ無相相一矣取意所詮。有相ノ相好ハ應身如來相好也。無相ノ相好ハ法身相好也。自受法樂ノ相好ハ報身相好也。無相相好ハ本有ノ妙境也。自受法樂相好ト者。居シテニ自己ノ當位ニ因果宛然ナルヲ爲ニ相好一也。有相ノ相ハ凡夫迷見ニモ感見ル應身相好也。此法報二身無ニ相好一等見タル違文ハ。不レ及ニ凡夫ノ見一ニ處ヲ云也。三身形音義尤モ可レ得レ意也云云

〔雜雜抄　第六　終〕

雜雜抄　第七

1 一、教門至極自ニ本門一起事

尋云。於ニ本門一ニ者。何品何文ヨリ起ソ耶

口傳仰云。壽量ノ方便現涅槃ノ文ヨリ起ルト習也

私云。方便爲究竟ノ法門可レ思レ之云云

或人云。心法ノ至極ハ色法ニ極マリ。色法ノ至極ハ心法ニ窮ルト習也云云

2 一、調直定事

止ニ云。（天止一、三九八）通稱ニ三昧一者。調直定也。大論云。善心一處ニ住（同、三九九）不レ動。是ヲ名ニ三昧一ト。法界ハ是一處ナリ矣　弘云。法界下解ニ釋論ノ文ヲ。四行通シテ依ルニ法界ノ一處ニ

口傳仰云。法界是一處ノ文ニテ。一家調直定ヲハ口傳スル也。法界ヲ筒ニシテ蛇形（行カ）［　］（入ルルニか）曲レルハ曲ルナカラ法界也。端直ナルハ端直ニシテ法界也。蛇形（行カ）ノ卽法界ナルヲ爲ニ調直定一ト也。法界觀ト者。一念ノ三千ノ妙觀ナルヘシ云云　諸經論ノ調直定ハ大ニ不同ナルヘシ。引トモニ大論ヲ心大ニ異ナリト云云

尋云。弘決云。（同、三九八）是心無始ヨリ常曲ニシテ不レ端ナヲカラ。入レハ正行ノ處ニ心則チ端直ナリ。如ニ蛇行常曲ヲ入レテ筒ニ則直一矣　此釋ハ曲レル蛇形ヲ入レテ筒ニ令ニ端直一ナラ釋ニ非ヤ

口傳仰云。實ニ文言如レ疑ノ。然トモ蛇行ヲ改ルニ非スト云ヘトモ。蛇行ノ當體ヲ法界達ルヲ入レテ筒ニ令ニ端直一ナラ釋スル也。諸經論ノ意ハ如レ疑ノ可レ得レ意歟。文言同レト之云ヘトモ。一家ノ心ハ大ニ（了異カ）也習也云云

3 一、三種法華事

守護章上。破三時教下　山家大師御釋云。（傳全二、一七一）於一（佛カ）佛乘者。根本法華敎（敎カ）也。（也ヵカ）分別說三者。隱密法華經也。唯有一乘者。顯說法華經（敎カ）也。妙法之（華カ」）外。更無一句餘經（餘ヵカ）矣　南無開三顯一開近顯遠。心佛衆生一乘妙法蓮華經　根本法華　南無佛　隱密法華　南無妙法蓮華經　顯說法華

身　一印　法界道場

口　一名號　法界聲塵以レ風爲レ體

意　一心三觀　法界心性。天眞獨朗爲レ體ト

尋云。三種法華。以テ合掌ノ一印ヲ相承スル口傳如何

口傳云。深祕也。根本法華ハ堅實合掌ノ印也。權實不二ニシテ全ク無ニ別體一相也。次隱密法華ハ未敷蓮華ノ合掌ノ印也。虚心合掌未開會ノ相也。次顯説法華ハ開敷蓮華合掌印也。八葉是ハ開權顯實ノ相也。依レ之。譬喩品ノ踊躍歡喜卽起合掌（大正藏九、十中）ノ經文ヲ疏五釋ニ云。敍フ二少儀ノ外歟一者。（天文三、一〇七六上）卽起合掌名ニ身領解一。昔權實爲レ二如ニ掌不一レ合。今解ニ權卽實一如ニ二掌合一矣合掌ノ一印ハ始メ根本法華ノ內證ヨリ。隱密顯説ノ一代五時ノ法門。權實不二十界互具ノ深祕。卽身成佛ノ奧旨以テ二此一印一ヲ顯レ之云云

尋云。山家大師御誕生ノ本尊持經。捧ケレ手ニ誕生シタマヘリト云事有レ之如何

口傳云。山家大師御誕生ノ時キ。左手ニハ捧レ經ヲ。右手ニハ捧ケ二本尊一ヲ誕生シタマヘリ。本尊者。三寸ノ金ノ藥師如來也。經ト者。紺紙金泥ノ御經也。但非ニ六萬九千ノ妙文一ニハ。南無開三顯一開近顯遠。心佛衆生一乘妙法蓮華經。南無佛。南無妙法蓮華經ト計リ紺紙ニ以レ泥ヲ書付タル御經也。是則三種法華也。此ノ三種法華ト者。諸佛內證ノ本源。千經萬論ノ全體也。妙法之外更無一句餘經ト釋シタマヘル。尤トモ可レ思レ之也云云

尋云。南無佛ノ三字。皆成道ト被レ云事如何

口傳仰云。根本法華ハ諸佛未タルニ出世一。天眞獨朗ノ法位ニシテ未タルレ下ニ佛意一ニ重也。隱密法華ハ佛祖出興シテ自リニ法位一出タリニ佛位一。一代ノ教法悉ク法華也ト云ヘトモ。機根未熟ノ故ニ隱密シテ不レ云ニ妙法一ト。只云ニ南無佛一三字也。次顯説法華ト者。靈山八年妙經也。師弟共ニ顯ス二本懷一ヲ妙文也。方便品ノ偈ニ。（大正藏九、九上）五乘開會ノ中ノ人乘開會文云。若人散亂心。入於塔廟中。一稱南無佛。皆爲（已カ）成佛道矣有相散亂ノ名號也ト云ヘトモ。靜散無妨ニシテ寂照同時也。雖レ止雖レ觀寂照同時法門可レ思レ之云云

尋云。分別説三隱密法華ナル事如何

口傳仰云。法譬因緣ノ三周ノ説分明ナル歟。（如囘カ）所以ニ法説文云（大正藏九、七中～下）方便品 諸佛以方便力。於一佛乘分別説三○如諸佛如來言無虛妄。無有餘乘唯一佛乘矣 譬喩品文云 譬説段 無有虛（大正藏九、十三下）妄。初説三乘。引導衆生。然後但以大乘而度脫之○當知

諸佛方便力故。於一佛乘分別說三矣信解品云。於一乘（大正藏九、十九上）道。隨宜說三矣因緣說文云。但是如來方便之力。於一佛（大正藏九、二六上）乘分別說三矣此等ノ經文分明ナル故ニ。妙法之外更無一句餘經ト釋スル可レ思レ之

尋云。口。一名。（號カ）是法界ノ聲以レ風爲レ體ト云事如何

口傳仰云。法界聲塵ト者。風大也。獨一法界ノ惚ノ五塵。此命風萬物ニ當ル時キ成ル二別ノ風大一ト也。當レハ松ニ松ノ風也。當レハ水ニ浪風也。命風當レ舌時キ妙法蓮華經等ノ事相ノ名號文字等モ出來スル也

一。居シテ二法界道場一ニ誦スト二一偈文一ヲ云ヘル當流深祕ノ口傳事

口傳仰云。此事嫡流一人ノ外ハ更ニ無二口外一塔中相傳ノ一偈也。慈覺大師續入唐記ニ見タリ。一偈文ト者。壽量品ノ常在（大正藏九、四三下）靈鷲山。及餘諸住處。我此土安穩。天人常充滿ノ文是也（〔ㇳ〕〇カ）又云。中間ノ衆生見劫盡。大火所燒時ノ文ヲハ略シテレ之相承傳來シタマヘリ云云 塔中相傳ノ一偈以テ山家大師。天照大神ニ奉レ授云云

尋云。以二天台宗一ヲ諸宗中ニハ持（治カ）國利民ノ宗。守ル二王法一ヲ最頂也ト云事如何

口傳仰云。三種世間常住シテ一念三千法門ヲ談スル時キ。萬法無二闕減一（宗カ）□故也。依正相順スル故ニ。又國土安穩也。居ニ法界道場一ニ誦スル二一偈文一ヲ。塔中相承ノ一偈ノ文。又國土安穩義也。一偈ノ文如レ上。穴賢穴賢可レ祕レ之

皇居ナムトニ此宗ヲ奉レ授時ハ。此分法門可レ思レ之。非ニ嫡流一ニ者不レ可レ聞ス事共也

一傳云（慈覺大師）　根本法華 本有不變　印堅實合掌　明曰。𑖀 胎寂

隱密法華 緣起諸法　印虛心合掌　明曰。 金照

顯說法華 不二法性法界皆蓮　印八葉　明曰。 寂照俱時

私云。此事。相稱云云能能可レ尋レ之云云

尋云。祖師ノ中ニ誰人カ。三種法華對レ帝ニ奉ル授事有レ之耶

仰云。上東門院ニハ長豪。嘉陽門院ニハ俊範云云

口傳仰云。自身無作三身ナル故ニ。六塵六作擧手動足悉無作印也。一身ハ一印ナリ。無作ノ四威儀也。一口ハ無始息風也。一意ハ本有ノ心性也

根本法華 胎金不二寂照同時　印堅實合掌　明曰𑖀。本有清淨阿字也

隱密法華 胎藏寂 因曼陀羅 印虛心合掌　明曰𑖀。妄想顚倒阿字也
顯說法華 金剛界照 果曼陀羅 印八葉　明曰𑖮
尋云。顯說法華ヲ對ルニ𑖮字ニ心如何
俊範法印御義云。以レ字燒レ字云ヘル習。祕教ニ有レ之。於ニ𑖀字ニ妄想顚倒ノ阿字。修德性德ノ阿字トテ有レ之也。凡夫所具ノ阿字ハ妄想顚倒ノ阿字也。𑖮字ハ以レ風爲レ體。風火因業不可得ノ法也。火ノ生長スルハ離レテ風ヲ生長スルコト無レ之故ニ。本有清淨ノ智惠。妄想顚倒ノ中ニ隱レテ有レ之處ヲ。𑖮字ノ風。妄想顚倒ノ阿字ヲヤキテ本有清淨ノ阿字ヲ顯ス也。故ニ顯說法華ニ對ル也。天台大師。於ニ大蘇法華道場ニ三昧開發シテ一乘悟解シタマヘル事ハ。藥王品ノ是名眞法供養如來ノ文ヨリ起レリ。此卽一乘ノ智火。煩惱妄想ノ法ヲ燒キ捨テ。本有清淨ノ本覺ノ內證ヲ顯ス。燒身供養ノ法門。顯密全ク無ニ不同一云云 密教ニ所ノ談スル一字三句ノ法門可レ思レ之云云
一ノ傳云。普門品ノ慈眼視ミルニ衆生ヲ一。福聚海無量ナリノ文ヲ以テ持(治カ)國利民ノ文ト口決スル也。只今ノ我等カ觀音全體也ト談シテ。我等又慈眼ヲ以テ法界衆生ヲ見レハ。福聚無量ナルヘキ也云云

4 一、於ニ等覺位ニ用ニ妙覺智一事
德王品七卷 涅槃疏道暹釋云。佛菩提者。(卍續五八、一二六丁右上)等覺用佛菩提。(了智カ)斷最後品入(了智カ)妙覺。例如住前修觀斷一品無明。卽入初住矣
私云。此釋ハ斷惑入位ノ相ヲ釋スル也

5 一、三種止觀卽身成佛事
安然卽身成佛義私記云。(佛全24、一九六下)依ニ圓理一立ニ此三觀一。當レ知三種卽身成佛之(之カ)止觀也矣
私云。三觀ト者。漸次不定圓頓ノ三種ノ止觀ヲ三觀ト安然ノ御釋ハ釋セリ云云

6 一、一念三千ハ十如ヲ爲レ本ト成レ之歟。將ハタ世間ヲ爲レ本ト成レ之歟事
口傳仰云。玄文。十如是義ノ本文ノ下ニテハ。十如ヲ爲レ本ト成レ之。止觀第五ノ廢立ハ。國土世間ヲ爲レ本ト成レ之習也

7 一、十境ノ中ノ見境ハ必ス論ニ得禪ノ後ニ歟事
止十云。(天止五、二一二六)如見已得禪(如カ)ト釋ナリ
疑云。此釋ハ得禪ノ前ニモ可レ有ニ見境一聞タリ如何
口傳仰云。約セハニ十境次第一ニ必ス禪境ノ後ニ可レ立ニ見境ヲ一也。

此卽得禪上ノ見ヵ故也。但今ノ釋ハ只是惣シテ釋ハ發ニ多事ヲ一釋スル也。別シテ非ニ十境次第ニハ一也云云

一義云。十境ノ次第ハ得禪上ノ見境也ト云ヘトモ。機根萬差ナレハ見後發禪ノ者モ何ソ無レ之耶。依レ之止十釋云。(天止五、二六二)或禪見俱發。或禪後見發等矣機類不定ノ義分明ナルニ非耶

8　一、執持刀杖事　大經文也

弘十云。(天止五、三三〇)有レ受ニ持スル五戒ヲ一不レ得ニ名ケ爲ルコトヲ大乘人ト一也。不レ受ケ二五戒ヲ一執ニ持テ刀杖ヲ一爲レ獲(護カ)コトヲ二正法ヲ(「乃カ)一。名クニ大乘ト一矣

私云。弘決釋云。引キニ大經ヲ一釋スル也。大經ニ折伏攝受ノ二門ヲ說ケリ。折伏ノ相ヲ引釋也。法華大經ノ兩部。折伏攝受ノ二門也

師物語云。山門ニハ一向ノ佛法ト者。無クシテハ下執ニ持ルコト刀杖ヲ一義ヲ上我山ハ不レ可レ有レ之事也。但惡僧モ內ニハ大慈悲ニ住シテ。爲メニ佛法守護ノ一執ニ持刀杖ヲ一義有ランレ之。惡僧ハ至極甚深法門ニテ可レ有レ之也。眞言祕教深祕可レ思レ之云云

9　一、發大心下ニ簡ニテ汗栗駄心。矣栗駄心ヲ一取ルニ質多心ヲ一事

覺超ノ記　成身私記云。(大正藏七五、七八九中)問。汗栗駄心。亦是同(月カ)不ヤ。答。彼等何(設爾カ)失アラム。

問。若是同(月カ)ナラ者違ナンニ前ノ所言ニ。前ニハ以ニ質多心(心ヲカ)ヲ一爲ニ月輪(「合カ)ト一故。若非レ月ニ者。菩提心論云。今凡夫心如ニ蓮華ノ一。佛心如ニ滿月ノ一云云豈非ニ汗栗爲ニ月輪ト一(「耶カ)。答。理者(實應言カ)意二(應イ)俱ニ(云イ)是月。問。若爾天台云何釋ニ菩提心ヲ一簡ニ汗栗駄心。「矣栗駄心」(「ヲカ)ヲ一取ニ質多心ヲ一耶。答。於ニ顯教中ノ一諸ノ宗意(意ヲカ)ノ異說乎(況カ)。顯密何ソ一向同ランヤ(「〇カ)。天台云。汗栗多草木心也。今祕教中ニハ以ニ衆生八葉心ヲ一分爲ニ汗栗駄心(以ヲカ)ト一。以テ爲ニ蓮華三昧(之カ)ト一也。因今二觀(亦カ)此爲ニ月輪ト一也。問。何以ニ肉團ヲ一爲ルヤニ菩提ノ體ト。答。私ニ會(云カ)云。此非下偏以ニ肉團心ヲ一爲中菩提體上也。彼ノ八葉心(心カ」)。是慮知依詑(託カ)處也〇問。天台不レ許ニ肉(內カ)心汗栗駄ヲ一乎。此宗不レ許ニ草木汗栗駄ヲ一乎。答。何必互(斥カ)ニ不レ許レ之。天台ニハ不レ云ニ唯草木ヲ一。此宗ニハ不レ云ニ唯肉心ト一。今謂汗栗駄。只是尊(本ノ如ク)(處カ)中者實(眞カ)義也矣又云。(同、七八九上。取意)今言徹心ト者。一一以ニ行者質多心智月ヲ一徹ニ入行者汗栗ヲ一〇又云。(同前)若以ニ佛質多智月ヲ一徹ニ入門(行カ)者質多ヲ一矣

私云。止觀大意ノ下ニ。發大心ヲ釋トシテ。專在慮知心ト釋シテ。第六識ノ菩提心ト釋タルヲ。當流ニ口傳スルニ。心外實有非ニス六

識ニハ也。本有清淨自受用智ノ發ルヲ慮知心トハ釋スト習也。本覺ノ上ニ所ノ論スル質多心ノ智月ト者。自受用智ノ照了ノ智體ナルヘシ。我等カ念念ニ所レ起六識ヲ卽不レ改レ體ヲ。自受用慮智ノ當體ト發心スル也。是ハ止觀ノ大意ノ下。發菩提心習也。本有質多ト談スレハ圓實菩提心。第六識ノ發心ト無ニ相違一處也。常途非ニ六識ニハ一也 云云

五大院 菩提心義一云。（大正藏七五、四五五上）自性淨心ナルヲ名ニ質多一ト是性德ノ菩提心ナリト。（得カ）發スヲニ菩提心一名ニ質多一ト是修德菩提心ナリ。（得カ）此卽以ニテ第六質（識カ」）多ノ菩提心ヲ於ニテ九識汙（干カ）栗駄淨心處ニ求ニム本有ノ質多菩提心ヲ。汙（干カ）栗多（多カ）心ハ是本體質ナリ。本體質ノ中ノ萬德相奧（貌カ）ヲ名ニ質（「〇カ）多心一ト。故今開ニ發シテ本有ノ菩提心質（心因カ）多ノ相一ヲ令レ顯ニサ果位ノ（「菩提カ）質多德ノ相一ヲ（「德カ）矣

10 一、顯密菩提心ノ同不同事

覺超釋 成身私記云。（大正藏七五、七八七下）釋ニ菩提心一者。案ルニ密教（願カ」）一釋。菩提心ニ且ク有ニ三ノ義一。一者ニハ求ニ菩提心一名ニ菩提心一。二者上求下他（化カ）ノ心名ニ菩提心一ト。三者菩提卽名ニ菩提心一。（初カ）四者求ニ菩提心一（名菩提心カ」）者。菩提心論ニ有ニ此義一。又大日經疏云。菩提心名爲一向志求一切智（「智カ） 云云 次ニ上求下他（化カ）菩提心者。（「名菩提心カ）如ニ天台摩訶止觀等一ノ。問。上求菩提心道理可レ爾ル。（「名菩提カ）下化衆生名ニ菩提心一名與レ義異。是私ニ（答カ）案シテ云。依レ化ルニ衆生一ヲ自成ニ菩提一故ニ。爲レ化ニ衆生一自成ニ菩提一故ニ。令ミル諸衆生ヲシテ求ニ菩提一故ニ。依ニ如ノ是義一ニ（爲因カ）名爲ニ菩提心一歟。淨土論云。發菩提心ト者。正是願作ニ佛心一。願作ニ佛心一者。卽是度ルニ衆生ヲ心ナリ。度ニル衆生一心ト者。卽是攝ニ取衆生一。生ニ有佛國土ノ心一 云云 又（經カ）仰云。爲ニ衆生ノ故ニ證ニ菩提一也（者カ） 云云 以レ之可レ思。第三ニ菩提ヲ名ニ菩提心一ト者。前ニ言ニ求菩提心一名ニ菩提心一者。菩提（之カ）境心名ニ菩提心一也。（「〇カ）今引ニ一兩ノ文一以示ニ菩提卽心之ノ義一也。大日經ノ住心品ノ疏ニ釋シテ顯レ名（品カ）ヲ云。衆生自心。卽是一切智智。如實了（知カ）智。名爲一切智者 乃至 自心發。（「菩提カ）卽心具萬行。卽心正等覺（見カ）。證心大涅槃 矣

尋云。三種ノ菩提心ノ中ノ第二上求下化ノ菩提心ヲ以テ。天台ノ發菩提心ト釋ト見カ故ニ。第三ノ菩提卽菩提ノ菩提心ハ。天台ニハ不レ可レ明レ之歟如何

口傳仰云。發大心ノ下ニ三
方言―四諦
簡非―四弘
顯是―六卽
天台家ノ心モ。四弘ノ下ノ

菩提心コソ。上求下化ノ菩提心ニテハ有レ之。六卽顯是ノ菩提心ハ。卽菩薩ノ菩提心ニ全ク同レ之 云云

私云。六卽顯是ノ菩提心ノ中ニモ。理卽是ノ菩提心ヲ釋ル。一念心卽如來藏理ノ菩提心。衆生自心卽是一切智ノ菩提心ナルヘシ 云云 委細有ニ卽身成記ニ可レ思レ之 云云

11 一、天台眞言兩宗ノ大綱ノ不同事

口傳仰云。心法ノ至極ハ顯ハレ二色法一ニ。色法ノ至極ハ有リ二心法一ニ。東陽和尚口傳□（相承ト給（ルか））故ニ眞言ハ心法ノ至極。色法ニアラハレタル有相ヲ爲シテレ本ト立タリレ宗ヲ。天台宗色法ノ至極。心法ニアラハレタル心ノ無相ナル處ニ立タリレ宗ヲ。是大ナル不同ト口傳スル也 云云

眞言教ノ香華燈明等ノ事相法法。悉ク心法ノ至極色ニ顯ハレタル形也。天台教ノ心ハ。一色一香無非中道ト談ル。色法ノ心法ト顯タル形也。然トモ又只心是一切法。一切法是心ト談ル時。（大正藏四六、七八二下）萬法是眞如。由不變故。眞如是萬法。由隨緣故 矣 金錍論等ニハ沙汰スル故ニ。萬法ノ眞如不變ニ至極スル重モ有レ之。又眞如カ萬法ト顯レテ。隨緣眞如ト至極スル重モ有レ之。若爾者。天台眞言ノ大綱ハ。大意前ニ分別スル定ナレトモ。又互ニ通セン事全ク不レ可レ遮レ之。其ノ上本門事圓ノ邊ハ。專ラ實相ヲ爲レ本故ニ。心法ノ色法ト顯タル重ヲ爲レ本ト云ヘル處有レ之也。然トモ三密色相ノ修得ニ望メハ猶ヲ無相トモ可レ云也 云云

尋云。天台ノ意。三密法門明レ之者如何ソ耶

仰云。是ハ理ノ三密也 云云 三密相海ノ文心歟。然トモ依レ之兩宗勝劣ハ不レ可レ有レ之歟。理密ハ同也。教相ハ又宗各別ナル故ニ。互ニ不レ談處可レ有レ之也 云云

12 一、五重一心三觀事

一。方便品云。經云。如是本末究竟（空・假・中）

二。安樂行品 經云。觀一切法空。如實相ノ文ヨリ起レリ。名ニ修行ノ一心三觀ト也。已上延引分

三。寶塔品 經云。二佛並出。境智不二ノ一心三觀。名ニ諸佛同體ノ一心三觀ト也。本迹不二觀

四。壽量品 經ノ非如非異。不如三界等ノ文ヨリ起レリ。名ニ本覺一心三觀ト也

五。普門品 經ノ有（若カ）有衆生多於婬欲等ノ文ヨリ論スニ一心三觀ヲ。修行門ノ名ニ一心三觀ト也。止六云。心起三毒卽名衆生云云

13 一、天台ノ中道。眞言ノ天部ト一體ト習事

口傳仰云。天部法ト者。熾盛光法也。天部ト者。是卽方便爲究竟ノ義也。方便爲究竟ノ義。又天台ノ色香中道ノ法門ニ全

思レ之。加レ之覺大師。顯密ノ奧旨ヲ爲メ極メタマハンカ。御入唐時キ。山家大師夢裏ニ告テ云ク。汝往ニ大唐ニ。於ハ眞言門ニ先問ヘ天部ニ。就テハ天台門ニ先應シト問ニ中道ニ云云（同前）此即顯密ノ奧旨。此ノ二箇條也。依レ之慈覺大師傳云。夢裏大師云。汝往ニ大唐ニ。於ニ眞言門ニ先（先ナシカ）問ニ先天部ニ。就ニ天台門ニ問ニ中（「先應カ）道ニ云云（同、五〇上）　又云。和尚於ニ一旨（夏イ）中ニ。道（隨カ）ニ遂（遠カ）和尚ニ順遂（順遂ナシカ）救（被授カ）レ概ニ一心三觀妙義ヲ

口傳云。熾盛光ノ根本種ト者。（梵字）（ホロヲン）字也。一字金輪佛順（頂カ）ト云ヘル是也。彼熾盛光ノ種子（梵字）字說。五佛頂經云。諸經所說一乘中道實相法界。皆是一字佛頂之異名也矣（大正藏七五、五五三中。菩提心義抄）熾盛光ノ根本種子ヲ說經說ヨリ事起テ。中道ト根本種子ト一體異名也ト釋タル故ニ。天台眞言ノ一體ナル事。天部ノ法ト中道ノ法門習合。方便爲究竟ノ法門ヲ極タル也云云

（梵字）私云。天部ヲ弁才天ト習ハ寶（法カ）曼流ノ習也。梨本相傳也。天部ヲ熾盛光ノ大法ト習ハ三昧流ノ青蓮院相傳也

口傳云。熾盛光ト曼荼羅形ト專ラ星宿ノ形也。是則天部也。熾盛光ノ曼陀羅ハ天版（ハン）ト習也。中臺ニ（梵字）字ヲ置テ其ノ外ハ星ヲ宿等也云云

尋云。天部義當レリ中道ニ。覺大師釋シタマヘル義心如何

口決云。方便爲究竟ノ義也。慈覺ノ御釋ニ。此ノ見ルニ一字ヲ三諦宛然也ト釋タマヘリ。一［　］（字者カ）（梵字）也。（梵字）字釋云（覺大師御釋）。此釋ルニ一字ヲ三諦宛然也矣

口決云。弁才天等ノ天部ハ。常ノ我等釋ルニ。朝夕眼見ニ不レ及義也。星宿等ハ我等見ニモ見ヘタマヘル故ニ天部ノ至極也。尤モ方便爲究竟ノ至極ナルカ故ニ。天台ノ色香中道ノ法門ニ一致ト習レ辻ヲ也云云

一字頂輪王經疏第三云（大正藏六一、五三六中。菩提場經略義釋）。若以ニ三身ヲ配ニ此ノ三字ニ。阿ハ即法身ナリ。羅ハ即（是カ）報身ナリ。婆ハ（「是カ）應化身ナリ。表ス三身一體ヲ故ニ三字合テ爲ニ一字ト。天台所說一身即三身。三身即一身。不三而三。三而不三。三道三識乃至三德一切三寶合（法含カ）ス此ノ眞言ニ。一體三身意在ニ於此ニ○此眞言能爲ニ一切眞言之王ト。是則一字佛頂眞言第一尊勝之ノ義也矣

義云。以ニ（梵字）字ヲ表ス三身一體ノ義ヲ。三身宛然ノ義ヲ成ルカ故ニ一字ノ大事也云云　顯密一致ノ法門極（穎カ）レ之云云（佛全24、三六五下。圓頓章見聞參照）

在唐所餘ノ決
覺大師御釋云。顯教旨歸受テ於至（志遠カ）圓宗榮ニ。密宗ノ大道傳フ

於源(元)清(政カ)法詮(全カ)一ニ。顯教ノ旨歸ト者。中道實相。密宗ノ大道ト者。(「義也カ)天部教輪法。大黒弁才在ニ其最頂一ニ。彼此冥符シテ事理倶密也。先師靈告良有レ以哉

14 一、眞言祕教所レ明。堂莊嚴ヨリ始テ一座ノ行法ノ始中終。天台所立ノ六卽位ニ相對スル事

堂莊嚴。理卽位

加持衣 乃至 三部被甲。名字卽

入堂禮佛 乃至 三部護身。觀行卽

法界道場。曼陀羅ハ相似卽

勸請 乃至 加持珠。分眞卽

本尊 乃至 入三摩地。究竟卽 已上修因向果

根本印

部母奉送(達イ)。分眞　三部奉送。相似

五悔出堂。觀行　堂外。名字　脫衣。理卽

私云。此對ヨ當修行相貌一。從因至果。從本垂迹ノ修行ト見タリ。此對當智泉坊ノ自筆ニテ如レ此相對シタマヘリ。如レ次相對迹門ノ義ト覺也 云云

口決云。理卽ハ不變眞如ノ體。不レ論セ成不成一ヲ。名字已去ハ隨緣眞如ノ形也。依レ之先德釋云。理卽理佛不レ論ニ成不成一。名字已去ハ皆得レ名爲ニ卽身成佛一

口決云。不變眞如ノ時キ不レ論ニ成不成一ヲ。論スル二成佛得道一ヲ事ハ隨緣眞如時 云云

15 一、草木教化本尊事

一(「不カ)空智吉三藏經云。大毘盧遮那於ニ使者ノ不動尊ニ勅シテ(佛全28、一一九〇上。圓多羅義集參照)曰ク。世ニ我カ有ニ分身一。名テ曰ニ非情草木一ト。汝於レ彼ニ應シレ致スニ教化一。時不動勅(「蒙カ)ヲ教ヨ化草木一ヲ草木卽成佛 矣

圓多羅義集云。林和尚決云。(佛全28、一一八九下)草木成佛從リ金剛界・〔梵字〕字一出ナリ。〔梵字〕字ニ在リ大智大悲ノ二ノ旨一。大悲門ノ故ニハ不レ許ニ草木成佛一。大智門ノ故ニハ說ニ草木成佛ノ義ヲ 矣

私云。此等經文ハ爲ニ才覺ノ出スレ之。便宜ニ可レ尋レ之也。圓多羅義集ハ。又非ス智證ノ御釋ニ。然トモ是モ爲メニ才覺ノ也

16 一、方ニ顯ニ本地三身神通一事

口傳云。本門壽量ノ顯本ハ。事成ノ遠本ヨリ本地無作ノ三身ノ神通之力ノ用ヲ顯本スル也。我實成佛已來等說ケル。本地無

作ノ作用ヲ顯本スル也。長壽只是證體之用ノ釋可レ思レ之

17 一、三大部大綱ノ不同ヲ釋事

記十云。（天文五、二六九一）所以ニ非ハ玄文ニ無ケン以テ導クコト。非ハ止觀ニ無ケン以テ（不カ」）達ルコト。非ニ此疏ニ無ケン以テ持コト。非ニ一家ニ無ケン以テ進コト。若爾者。用ニ是教ヲ爲ンヤ。用ニ講演ヲ（宣カ）（「爲カ）矣

尋云。非ニ玄文ニ（等カ」）者。意ハ（玄歟）談ニ教旨ヲ無ン非ニ妙心ニ卽導ノ義也。止觀ハ乃チ依レ經ニ修觀ス。（卍續一－四五、一八四丁左上。文句輔正記）悟ハ則チ（軌カ）行人分ニ至ル（到カ）寶所ニ故ニ名レ達ト也。此ノ疏ハ卽分ニ節ス文句ヲ。軌範弘讚（和歟）ニ觀誦ニ合スル理ニ方ニ得レ名レ持コトヲ。雖ニ三不同ト意ハ存ス修入ヲ。故ニ云下非ハ二一家ニ無中トヲ以テ進ルコト上也矣

18 一、三種意生身事（一入三昧樂意生身　二覺法自性意生身　三種相（類カ）俱生無作意生身）

私云。三種意生身ハ楞伽經ニ出タリ。廣可レ互ル後三教ニ云ヘトモ。專ラ通教ノ意ニテ可ニ沙汰一事也。位ハ歡喜等ノ十地ニテ說レ之歟。然トモ是ハ名別義通［缺字］（可カ」）得レ意也。通教多途ノ根性不定ナルカ故ニ。以テ三種意生身ヲ次位ニ對判スル釋義種種異釋出來スル也。界內惑盡テ生ニ界外ニ就テ機ニ意生身ノ沙汰有レ之也。三昧樂意生身ハ入空ノ義。覺法自性意生身ハ專ラ出假ノ義。無作意生身ハ佛果義也

19 一、卽身成佛ト者。約スル時頃ノ卽ニ歟。約ル肉身卽法性身ニ歟事

蓮實坊 口傳仰云。時頃ノ卽ハ瓔珞經等ノ頓悟如來等。爾前ニ明レ之故ニ非ニ元意ニ也。一家ノ本意ハ。肉身法性身ノ卽身成佛ナルヘシ云云

蓮實坊云。肉身卽佛果ノ色身ト談スル時。卽身成佛ノ深祕ヲ沙汰スル也。卽スル畜生ニ佛色ハ龍女顯レ之。卽スル聲聞ニ佛色ハ三周顯レト之云云

口決云。時頃ノ卽身成佛ハ明ス爾前ニ。當體不改ノ卽身成佛ハ明ニ法華ニ云云

又云。一人出過ノ卽身成佛ハ有リ爾前ニ。法界體性智ノ卽身成佛ハ有ニ法華ニ云云

20 一、團圓鏡ノ口傳事（天文一、一九四下）

陳如章下約教釋 疏七云。對ニ圓教ニ觀ル（一カ）（約カ）無生ヲ智者。觀ニ鏡ノ團圓ヲ（闇カ）。不レ觀セ背面ヲ不レ觀ニ形像ヲ。非レ背ニ非レ團非レ面ニ非レ明。不レ取ニ種種ノ形容ヲ矣　記云（缺文）

口傳仰云。是ハ陳如章下。約教ノ釋中ノ對スル二圓教一時。無生觀ヲ釋スル時。釋二團圓鏡ヲ一圓形ニテ釋ルハ空鏡ルカ故也。祕教ノ意モ空輪ノ相ヲ沙汰スルニハ空輪ハ圓形也ト云也。空ノ形カ圓形ナル故ニ。今釋モ團圓ニテ釋スル也。サテ今釋。不取種種形容等釋スルモ。專ラ空鏡ナル故也。依レ之眞言祕教ノ心モ。義釋ノ十一卷祕密曼陀羅品ニ空輪ノ相ヲ釋シテ云。此虛空輪者只用二心念一作（續天全密教1、四九九下）（者カ）者（之カ）。不レ以二形相ヲ一故ニ等釋セリ。團圓鏡ハ惠心御弟子太子御ハカノ願蓮坊。殊更ニ口傳シタマヘル法門也云云

金剛智釋
我變身印軌云。空輪色ハ雜ハラ形チ圓ナリ。見字ヲ爲二種子一ト矣

義釋十一卷云（祕密曼陀羅品）此ノ虛空輪ト者只用二心念一作レ之。不ルレ以二形相ヲ一故ニ矣

私云。此等文ニテ團圓鏡ノ陳如章ノ空鏡ノ法門可レ思レ之ヲ也云云

尋云。止觀第一卷ヲハ以二鏡像ノ譬ヲ一釋レ之。第三卷ニハ面上三目。伊字三點ニテ釋レ之故如何

口決云。第一卷ハ以テ二鏡明像ヲ一對二空假中ニ一釋ルヲレ之爲レ本ト釋シレ之。第三卷又三觀ニ無二優劣等一相ヲ釋スル時キ。不縱不橫三觀ノ相ヲ釋スル爲ニ釋ルノ本意ニ故ニ。伊字三點。面上三目ヲ爲レ本ト釋スル也

21 一、以二鏡像喩ヲ一顯密一致ノ爲ニ口傳ト一事

口傳仰云。覺大師。顯密一致ノ法門ヲ習タマヘル深祕ノ口傳ニハ。喩祇經ノ中ニ。觀音ノ三摩耶形ヲ以テスト鏡ヲ見タリ。一家ハ觀音法華一體ト沙汰スル也。法華ニ又タ鏡喩ヲ說ケリ。鏡卽法華也。法華卽チ鏡ナリ。觀音卽鏡也。鏡卽觀音也。一心三觀卽觀世音也。鏡像圓融ノ口決ト者。法華ノ自正體ヲ口傳スル也

又云。仁壽殿ノ御本尊ハ。何ナル佛ヲ可ニ案（安カ）置ソト一云ヘル評定有レ之時キ。慈覺大師。十一面ニテ可ト御座ス二被ニ奏聞ニ畢。其ノ故ハ天照大神。日天也。卽十一面觀音也。此觀音ノ三摩耶形ハ鏡也。此ノスカタヲウツサレテアルヲ內侍所ノ御鏡トハ申也。サテコソ內侍所ノ御鏡ヲハ天照大神申セ。智證大師御開眼シ奉畢。無ニ別ノ三摩耶一彼ノ御鏡也。喩祇經云。觀自在菩薩。以ニ手ノ中鏡ヲ擲二於虛空ニ一ヲ。寂然一體ニシテ還住ス二手ノ中ニ一矣（大正藏十八、二五四下）

祕密曼陀羅品
義釋第六云。（續天全密教1、二三三上）當レ知ル（了知カ）卽チ像ニ是鏡ナリ。卽シテレ鏡是像ナリ。若能如レ是解スル時キ。卽見二諸法實相ヲ一心ノ自性本ト無二染汚一也。

以テ二此ノ如鏡之心ヲ一照(鑒カ)ス二如心之鏡ヲ一故ニ。觀(說カ)ニ心自ノ見レ心ヲ。心自ラ知(智カ)ルレ心ヲ。知之與レ鏡無二無別矣　義疏ノ第二ノ釋云。(同、七五下)今此眞言門ノ中。以テ二如來ノ三密ノ淨身ヲ一爲レ鏡。自身三密ノ門ヲ爲レ像○(本ノ如ク)初見(面カ)ニ十方ノ國土ヲ一遊テ二諸佛ノ刹一ニ。皆以テ二此喩ヲ一觀○(音歟)(クサリ不レ見)

私云。三世ノ諸佛悉ク乃至一切行人。必ス可レ用ニ鏡像ノ譬ヲ一釋スル歟云云

(不空譯)聖觀音儀軌云。(大正藏二〇、六中)自身與ニ本尊觀自在菩薩身一等無ニ差別一。如ニ彼鏡像不レ一不レ異矣　喩祇經疏云。(大正藏六一、四八九中)又妙法(三昧カ)蓮華門以テ二薩字ヲ一爲ニ種子一。是亦觀自在之種子矣

(一家御釋)釋云。一品之中不云妙法。故知觀音妙法體同矣

私云。觀音法華一體ノ證據也云云　觀音品ニ不レ說ニ法華事ヲ一。只觀音事許也。依レ之。眼目異名ト云釋モ出來シ。行者ニ爲レ令レンカ開カ二此悟一如レ此說タマフ也

口傳云。觀音ト者。以ニ音聲ヲ一爲レ體ト。依正二法ノ音聲悉ク慈悲ノ聲也

慈鎭和尚御義云。仁壽殿ノ御本尊十一面等申義ハ。東寺邊ノ義也。三昧流ノ習ニハ如意輪觀音ト習也。然トモ觀音ハ何レノ觀音ニテモ有レレ之。以レ鏡ヲ爲ル二三摩耶一ヲ事ハ無ニ子細一事也。故ニ以レ鏡ヲ爲ル二三摩耶形一ト。觀音法華眼目ノ異名ト沙汰スル也

又仰云。密宗ノ本意ハ。如レ此蓮華ノ蓮華ハ。蓮華部ノ蓮華也。蓮華部ト者。則觀音也。仍蓮華經ノ體ハ觀音也。以ニ蓮華ヲ一爲ニ三摩耶形一ト時モ。觀音法華ハ一體也云云

22 一、二乘成佛。久遠壽量。印眞言事

口傳云。本迹二門ノ印眞言等云ヘル是也。迹門ノ印眞言ト者。懷(ママ)二乘ノ印眞言是也。本門ノ印眞言ト者。延命ノ印眞言也ト口傳スル也。異印可(立カ)レ祕レ之

口傳云。懷(ママ)二乘印明喩(瑜カ)祇。久遠壽量印明延命印。以レ之本迹二門ノ印ト矣

許印可了

境智不二妙解
寂照同時解了
源當佛祖一言
仍許印可處也

明應四年（一四九五）卯月十七日夜中書

執

〔雜雜抄　第七　終〕

雜雜抄　第八

1　一、法華教主事

口傳仰云。於ニ法華教主ニ一重重ノ習。流流ノ相承不同也。隨テ二釋義ノ意趣ニ一又處處ノ釋。本朝大師。先德ノ御釋モ不同有レ之見タリ

一。迹門ハ應身。本門ハ報身

義云。此ノ義ノ心ハ。迹門ハ今成妙覺遍照尊ト（大正藏十、二六下。八十華嚴）談ル故也。所化ノ機モ正クハ開迹顯本皆入初住スル故ニ。正クハ至テ二本門ニ一初住眞因ノ位ニ入ル也。故ニ於ニ本門ニ一所化モ皆入初住シ。能化ノ教主モ久成遠本顯シテ。自受用報身ト成テ正在報身ト談スル故ニ。迹門ハ應身。本門ハ報身ト習也

一。爾前ハ應身。法華ハ報身

義云。此ノ義ノ心ハ。華嚴ハ報身報土ナレトモ聲聞ノ不□（レ及二感カ）見一故ニ。約ニ所化ノ機ニ一正キ感見ノ教主ハ鹿苑已後事也。故ニ釋云。（天止四、五〇四。弘決）從勝起劣卽是施權。從劣起勝卽是開權ナル故ニ。鹿苑已（ㇾ道カ）後般若マテハ應身。於ニ法華ニ一所化既ニ斷無明證中上ノ感見ノ

教主ナレハ。報身ヲ爲二教主一ト也云云

一。迹門ハ三身卽一ノ應身。本門ハ三身卽一法身

義云。此義意ハ。迹門ハ三身卽一ト談スレトモ。猶忍界ノ化道ヲ爲レ本ト故ニ。應身ヲ爲レ面ト爲スル教主一ト也。本門ハ開迹顯本ノ理顯ハレ畢テ。法體法爾ノ三身。法中論三ノ教主ヲ爲ルレ本也。住本顯本下ノ釋云。（天玄五、三四二）住本顯本者。（者闕カ）此就二佛本意一。卽如二下方菩薩ノ。於二空中一住セハ。法身佛爲二法身菩薩ノ說レ法。法身修レ道純說二一乘ヲ○常ニ住シテ此本ニ恆（紙カ）顯二於本一。文云。我成佛已來甚大久遠。壽命無量阿僧企劫。常住不滅ト。豈非二住本顯本一也矣 壽量品 疏九云。（天文五、二二二四上～下）故知寄二無始無終一（了○カ）。顯二法身常住一矣

於二顯本一事理ノ顯本有レ之。於二無作理本一者。三身卽一ノ法身ヲ爲ルヲ二教主一ト爲ル二本意一ト也。祕教所談モ能說教主ニ重重不同出來セリ。然トモ終ニハ正意ニ歸スル處以テ二自性法身ヲ一爲スル二教主一ト也。顯密一致所レ談スル。天台ノ倶體倶用教主ノ重ニ同スル也

一。本迹二門共ニ始中終應身ト云義

義云。三身卽一ノ應身也。顯說法華ノ教主。忍界同居ノ教主。本迹共ニ何ニモ以二應身ヲ一可レ爲レ本ト也。處處ノ異文ハ三身卽一ノ應身也ト云トモ。從レ所二依レ義ニ報身トモ法身トモ釋レトモ。本意ハ應身ナルヘシ云云

一。三種法華ノ教主不同可レ有レ之。隱密法華ハ應身。顯說法華ハ報身。根本法華ハ法中論三法身ヲ可レ爲二教主一ト也

一。虛空會已前ハ應身。虛空會已後ハ報身

義云。山家釋云。學生式ノ文（傳全一、三七〇。學生式問答）塔中釋迦者。集二分身一以脫二垢衣一。召二地涌一示二常住一（了以カ）。靈山ノ報土。劫火不レ壞。常寂嚴土。無明豈二汚哉。三變土田不變（迮娑婆ヲカ）［此閒クサリ］此文分明也云云

一。迹門ハ應身。本門ハ十重顯本ノ中ノ。前四重ハ機情ノ昇進ヲ爲シテレ本ト。內證自受用ノ遠智ヲ顯ス也。住本顯本。以二法身ノ佛ヲ一爲シテ二教主一。爲二法身ノ菩薩一純ニ說二一乘ヲ一也。住迹顯本已後ハ應身ヲ爲ルレ本ト也。然トモ從ヘハ二本意ニ一法中論三ノ以二法身ヲ一爲テ二教主一ト爲ルレ正ト也

尋云。七種ノ義中ニハ。以二何義一可レ爲ス二相承ノ義一ト耶

口傳仰云。何ノ義モ皆一分一分有リ二其謂一。然トモ當流ノ相承ノ義ニハ約二三周ノ大旨一ニ。迹門ハ應身。本門ハ報身ヲ爲二教主一ト也。本迹二門ノ機ヲ各別ニ分別スル時ハ。本門ノ機ハ三身卽一ノ

以二法身一ヲ爲シ二教主一ト。迹門ノ機ハ應身。本門ニ移レハ報身也 小雲法師。法華應身說レト之云ヘル破シテ報佛所說ト釋也 記云。當レ知法華報土所レ說。（天文二、一〇二四上～下）如二論云一。一者報佛菩提。如二經（ᄀ我カ）成佛已來一（ᄀ等カ）矣 名疏云。卽是法華現二尊特身一爲二諸聲聞一授レ記時也矣（大正藏三八、五八二下）又云。若說二法華一但現二尊特一ト矣（同、五七〇中）傳法要偈 山家御釋云。吾此法華宗。久遠實成道。釋迦牟尼佛。實報土中說矣（傳全五、二）

義云。此釋ハ釋迦牟尼佛ト云ヘルハ應身也ト見タレトモ。實報土中說ノ釋ハ。實報土ノ說ナラハ報身ノ說ト聞タリ。若爾者。釋迦ノ言ハ且ク今日忍界教主ナレハ從本立名シテ釋スルナルヘシ云云（傳全五、三七一。止觀院本尊）山家御釋云。歸命毘盧遮那佛。妙法教主亦名釋迦矣

義云。此釋ノ心ハ。以二法身一ヲ法華爲ト二教主一ト釋レトモ。又。亦名釋迦ノ釋ハ應身［此聞クサリ］事モ可レ有レ之聞タリ（卍續四五、七九丁左上）輔云。當知法華報佛所（ᄀ說カ）者。應レ知若開近顯遠已此他受用［報卽本地］自受用報也（ᄀ佛カ）矣（續天全神道1、一三四下～五上）

2 一、山王三國法華宗鎭守事 山王院御釋

顯密內證義云。傳聞。日吉山王ト者。西天靈山地主明神。卽金毘羅神也。隨二一乘妙法東漸一顯二三國應化靈神一乃至祕密灌頂之庭［奉レ勸二］（此聞クサリ）請山王一。顯密雖レ異大道一味也矣 五大院口決云。金毘羅神者○釋迦垂迹矣 一行口決云。〔宮毘羅神。〕彌勒垂迹也云云

3 一、山王御名號卽不縱不橫一心三觀事 前唐院御釋

三寶輔行記云。下竪（山）三點加二橫ノ一點一。下橫ノ三（王）點加二竪ノ一點一矣（日藏四〇、六〇九上）

口傳仰云。縱亦不可。橫亦不可。只心是一切法。一切法是心ノ一心三觀ノ全體ヲ御名號ニ顯シタマヘリ。南無山王ト申カ卽言說ノ一心三觀ヲ修行スルニテ有レ之也

4 一、境智不二能所一體ナルヲ爲二戒體一ト。又爲ル二一心三觀一ト事 別當大師（傳全一、六三二）

一心戒下云。境智俱心能所冥一（ᄀ一カ）。而不レ一一念ノ戒體ナリ。實無レ有レ相謂レ之空。無二法不一レ備ヘ謂レ之假ト。不レ一不レ異謂レ之中ト矣（同、六三六）又云。我具二定惠一ヲ。含二藏ス三德一ヲ（戒カ）。名爲二戒藏一矣

5 一、一山三塔卽一心戒藏ナル事（續天全神道1、一二二下。山家要略記）

惠心（ᄀ先德カ）御記云。吾山者。一山ニシテ而分二三塔一ヲ（ᄀ〇カ）。一山則一心戒

藏也。三塔ハ亦三聚淨戒也。九院者。三三九聚之戒場也。
三千ノ衆徒ト者。一念三千戒體・三威儀（ㇾ千カ）僧律也矣　又云（同前）。峯ニ
有ニ戒壇一。表ニ佛果之高高一。麓フモトニ在ニ山王一。等覺一轉入于妙
覺ニシテ歸ニ凡地之戒體一ニ也矣

6　一、受戒道場事

口傳仰云。受戒道場ニ有レ二。一ニハ外道場。二ニハ内道場ナリ。
外道場ト者。釋迦如來。華藏世界ヲ爲ニ道場一ト。爲ニ諸菩薩ノ
說ニ十重四十八輕戒一ヲ。又靈山虛空ヲ爲ニシテ道場一ト。爲ニ本迹
兩門機ノ說ニ法華一乘ノ妙戒一ヲ。是外道場也。內道場ト者。
以ニ自身一ヲ爲ニ內道場一ト也。八葉肉團ヲ爲ニ所座一ト。十方諸佛
來集シテ說ニ金剛寶戒一ヲ也

廣釋云（大正藏七四、七六一上）。行者自身卽是道場。一切如來五分法身。皆來住レ
中ニ（菩薩カ）。當レ（ㇾ之カ）知（ㇾ是カ）。受ニ佛戒一ヲ身。卽金剛道場。一切諸佛。集ニ會此
中一ニ矣

7　一、戒門卽身成佛事

廣釋云（大正藏七四、七六四中～下）。前三戒論。歷ニ無量劫一。最後現身成佛。圓乘戒論（證カ）。
受戒之日。卽身六卽（證カ）成佛矣

梵網經云（大正藏二四、一〇〇四上）。一切有レ心者。皆應レ接（攝カ）ニ佛戒一。衆生受ニ佛戒一。卽
入ニ諸佛位一。位同ニ大覺一位（已カ）。眞是諸佛子矣

8　一、三聚淨戒事

一。接律儀戒　義云。律儀戒ト者。持テ一切律儀ヲ大小事理戒法悉持レ之歟
二。接善法戒　義云。接善法戒ト者。滅罪生善。以テ善心ヲ爲レ心ト。以ニ善法ヲ爲レ法ト。大小權實善法也
三。饒益有情戒　義云。饒益有情戒ト者。一切有情ノ利益安樂也。三聚淨戒ニ必可レ有ニ戒體戒行戒相一也

義云。接律義戒ハ法身ノ因也。接善法戒ハ報身因也。饒益有
情戒ハ應身ノ因也

義云。正因佛性ハ卽接律義戒。緣因佛性ハ卽饒益有情
戒ナリ。了因佛性ハ卽接善法戒也

義記上云（大正藏四〇、五六三中～下）。此三聚ノ名（ㇾ戒カ）。出ニ方等地持一不レ通ニ三藏一。大士律（小歟）
儀通（止カ）心ニ三業一。今從ニ身口相顯一皆名ニ律儀一也。攝善ト者。
於ニ律儀上一（止カ）起ニ大乘心一（菩提歟）。能心ヨ一切不レ修ニ善事一○菩薩
利ヨ益衆生一。有ニ十一事一。皆是益レ物廣利ニ衆生一也矣

尋云。普通廣釋。三藏ニ有ニ三聚名一釋リ。而ルニ義記幷ニ明
廣（曠カ）ニハ無レ之釋ヲセリ如何

義云。梵網義記上云（大正藏四〇、五六七上）。聲聞七種（衆カ）戒ハ皆是律儀戒（ㇾ體カ）ナリ。但止ニ

身口ノ二惡一ヲ。菩薩ノ律儀備サニ防ニ三業一ヲ。後申レ之前レ(至カ)佛ニ長
短活(闊カ)狹クワツケウヲ爲レ異 矣

9 一、入ル二祕密藏一ニ機ノ不同事
受戒機事也
山王院御釋云。(佛全27、九三二上〜下。講演法華儀)入ニ祕密(密ナシカ)藏一ニ有ニ二機人一。一以テ二智惠(惠ナシカ)一ヲ入。二以レ信入。今爲レ信者(「入カ)示(所カ)ニ小信之處一故云ニ祕藏一。非ニ己智分一ニ故云レ滅ニ化城一。當レ知祕藏義通ニ權實一ニ。文云。汝(如イ)舍利弗ノ以レ信得レ入。況餘聲聞。其餘聲聞。信ニ佛悟(語カ)一故。隨ニ順此經一。非ニ己智分一。卽此義也。當レ知祕藏其性廣薄(博カ)。體ニ含ニ權實一ヲ用ニ分ニ華果一ヲ 矣
義云。此悟(語カ)者受レ戒卽成レ佛ト云悟(語カ)ヲ信スル也
義云。信深受戒ヲ以テ爲ルニ成佛一ト故ニ。戒家ノ心ハ一度ヒ信深受戒スル外ニハ不レ論ニ成佛一ヲ也。此故ニ信入ノ機ヲ爲レ本ト歟。止觀等ノ心ハ。妙解ノ上ニ立ニ妙行一ヲ斷惑ノ論スル二成佛一ヲ也。戒家ノ心ハ一度ヒ信深受戒シテ外ハ全別不レ論ニ成佛一ヲ 此次二字計リクサリ
私云(缺文)
尋云。戒家所說ノ法門ト。止觀所談ノ戒法門ト。全ク同レ之可レ云歟如何

義云。不同也ト習也。戒家所談ノ義ハ。一度信深受戒ノ外ニハ全ク別ノ不レ論ニ成佛一ヲ也。五大院御釋云。(大正藏七四、七七四中。廣釋)諦信此語是名成佛ト釋スル此也。止觀ノ意。妙解妙行等ヲ立テ。(天止三、二二八。弘決)近期初住遠在極果等廢立シテ。妙行ノ方便ニ戒法門ヲ立タルカ故ニ。不同也ト沙汰スル也 云云
口傳仰云。一家佛戒菩薩戒ノ不同ヲ釋セリ。菩薩戒ハ成佛ノ因ナルカ故ニ因分ニ置レ之。佛果法門ハ自受用智。三千萬法宛然ト自居ノ當位ナル條カ全體法門ナル時ニ。更ニ非ニ方便一ニ。此ノ重ハ又戒家ノ戒ハ不同也ト可レ云歟。イカニモ戒法門ハ法華ノ十如是ノ中ノ因如是ヨリ出タリト云ヘルト 云云

10 一、於レ戒ニ法・體・行・相ノ四重不同事
(天全九、九五下。河田谷十九通參照)決五(文カ)云。付ニ念(合カ)菩薩戒一ニ。在ニ意地一ニ此云ニ三觀一ト。三觀出ニ身口一ニ此云ニ菩薩戒一ト。又三觀在ニ意地一ニ是卽戒體ナリ。三觀出ニ身口一ニ是其戒相。三業相應是卽戒法。三業起用是其戒行也 矣
口傳云。此文隨分祕文也ト 云云
尋云。戒法門十如是ノ中ノ因如是ヨリ口傳スルト云ヘル義ノ心如何

口傳仰云。戒法ト者。一切ノ萬法ノ成佛ノ成ルト種子ニ沙汰スル也。依法(報カ)正法(報カ)共ニ成佛ノ種子ハ戒法門也。依之梵網經云。(大正藏二四、一〇〇三下)金剛寶戒一切佛菩薩源(本カ)。一切菩薩本源。佛性種子ト矣故ニ一切菩薩ノ成佛因種子ト成ルト談スル故ニ。十如是ノ中ノ因如是(「是カ)。又一切萬法ノ成佛ノ因ナルカ故ニ。十如是ノ中ノ因如是ト習ハ此意也

止五云(缺文)　弘五云(缺文)

11　一、四句成道・證道八相事

口傳仰云。法中論三ノ中ノ應佛八相。是ヲ名ニ證道ノ八相ト。論記云。(佛全25、二五六上)藏通〔應身又名〕(化カ)報身故圓三身法中論三ト釋セリ。圓機ハ一一相中皆八相故。(天玄三、四八八。釋籤)〔□〕(感見ル藏カ)通ハ。釋ニ八中皆劣ノ八相ヲ也。別教ハ釋ニ教道八相ト理具萬德ノ上ノ八相〔□〕(ヲ名ニカ)證道八相ト。本爲法身內證理具重ニ。法中論三ノ應佛ノ八相ヲ證道ノ八相ト名ル也。迹爲八相ノ時ノ。乃至本門位登無垢。(天文一、三九五下。文句記)不差毫末稱其往因ト談シ。各稱本習而入圓乘。本習不同圓乘非一ト云時キ。(天玄二、二二五。釋籤)四句成道不同ハ出來セリ。所詮ル。不變眞如ノ一理ニ具ル處ノ法中論三ノ三身ノ中ノ八相ハ證道ノ八相也。隨緣眞如ノ時キ。森羅三千萬像(象カ)宛然ナル時キ。宿習本緣ノ不同ヲ沙汰スル日。十地十波羅密(蜜カ)ノ不同。地位高下宛然ト有之時。於ニ八相成道ト論ニ四句差別ヲ也

又云。約ニ一心一心識佛ト論ル本爲法身義ヲ時キ。法中論三ノ於ニ應身ニ。證道ノ八相ヲ習ヒ。約シテ一心一切識ノ佛ニ。迹爲八相ノ義ヲ習フ日。四句成道ノ義沙汰スル也

口傳仰云。於ニ不變眞如理內ニ論シ證道ノ八相ヲ。於ニ隨緣眞如萬法ニ習フ四句成道ヲ口傳スル也。是皆行者ノ一念也。久遠成道ノ比翼ト沙汰ル口決可思之 云云

又云。證道八相ハ理具萬德ノ法門也。四句成道ハ修行宿習ノ本緣也ト。先師祖師口決有之。無ニ四句成道者。我等衆生カ出離生死甚難シト 云云

尋云。四句成道ノ法門。祕教ノ四重壇ノ法門ニ習合事如何

口傳仰云(缺文)

又山家ノ秀句ノ釋ニ。四句成道。證道八相之不同ニテ釋之也

云云

12　一、一心三觀相承口傳ノ一紙事

山家御釋一心三觀者。不起ノ念ノ位云也。體（〔本カ）雖レ無二名義一而三諦
歷歷也（天全九、一〇二上。河田谷十九通參照）。所謂一法不生ナレハ。一法當體中也。一法ノ外ニ更ニ
無レ餘。無レハ餘空也。一法卽法界ノ全體ナリ。法界ナレハ假也。
法法體無二敵對一。無レハ敵對一性也。一心非レ異。今止觀ハ
雖レ無二所向一而顯二言上一ニ而授ク。達磨ノ法是異ナリ向ニハ諺ノ
下。故ニ超二捧唱（喝カ）一。言上ニモ有二所向一觀也。但不レ墮二思
念一ニハ而已。境智冥一ニシテ無二二三ノ所向（〔形カ）一。皆法界ナレハ一心遍
照法界。只法法心心ノ外ニ全ク無二別ノ佛法一也。一心三諦
境（〔事カ）。一心三觀智。一行一切行。恆修四三昧此觀也。無作三
身。寂光。當體蓮華亦復如レ是矣

私云。今ノ相傳ノ言ハ。傳教大師御釋ト申傳ル學者モ有レ之。
又不レ爾只是資（ママ）師相傳ノ口傳ノ語也トイヘル義有レ之云云
傳聞。成蓮（運カ）法印ノ相傳義。此重ヲ祕藏シテ傳授スト云云
永享二年三月日（一四三〇）

尋云。一心三觀ヲ境智ノ一言ト口決スル義如何（樣カ）
口傳云。空假中。境智不二三觀ハ無レ緒モ。境智不二ノ法
門トテ有レ之也。中道ノ一言トモ。境智一言トモ云ヘルハ全同事也。
一心三觀ヲ修行スレハ境智不二ノ法門ヲ成就スル也。所詮我カ心
地ニ引アテテ修行シテ此重ヲ可二落居一スル也

13 一、被接斷位口傳事

口傳云。被接機於二止觀一名字妙解ノ位ニシテ。一生破無明
義。論スル之處ヲ被接ノ斷位ト習也。斷ト者。斷二無明一ヲ。位ト者。
名字位也。非ハ被接ノ機一於二名字卽ノ位一斷無明ノ義不レ可レ
有レ之口傳スル。隨分祕事ニテ有レ之也云云
尋云。其故如何可レ得レ意耶
口傳仰云。止觀被接ト者。前六重妙解ノ位ニシテ（天止二、四七〇。弘決）。三諦卽是ノ
名字ヲ聞ク時キ。宿習忽開發テ。令深觀空卽見不空ノ一念ノ
處ニ忽ニ一生破無明スル也。是卽卽身成佛トモ被レ云也。惠心
先德御釋中ニ。被接名別ハ往生（〔淨土カ）ノ直因釋シ。蓮實坊ノ和尚ハ。
夫被接ト者。一家天台ノ己證。開悟得脫ノ至要［　］（也トモか）口
傳タマフ此事也。此法門ヲハ閉眼ノ口決ト當流ニハ習也。最後入
滅ノ［　］（キサミか）但一人ニ授ル法門也
尋云。依二何經論一成二此義一耶
口傳云。大論大經（品カ）。十地菩薩爲如佛ノ文出テ沙汰スル事也
云云

尋云。如來出世元意。以二被接ノ機一ヲ爲二本意一ト事如何

口傳云。界內ノ機ハ必ス墮二有ノ法塵一ニ。有ノ情破事ハ說レ空ヲ破スレ之。依レ之法華ニ云。破有法王。出現世間。隨衆生欲。種種說法ト說ケル是也。（大正藏九、十九下）界內同居ノ機所入ノ次第。必ス有空中ト入也。此意ニ論ニ被接ヲ故也 云云

尋云。以ニ被接ノ法門一ヲ。界內界外同時一念ノ法門也ト習口傳如何

口傳云。籤三云。（天玄二、一五八）若止觀中爲レ成ニ理觀一。但以ニ界外理一以接ニ界內理一。故藏通兩教明ニ界內理一。別圓二教明ニ界外理一。通別兩教是明ニ兩理之交際一。是故但明ニ別接通一耳ト釋セリ。止觀ノ妙觀。界內界外同時一念ノ法門。一念三千ノ深理。兩理交際ノ法門。尤トモ甚深也 云云

尋云。止觀被接ハ圓頓行者ノ一念ニシテ沙汰スル習有レ之。今ハ正別類機ニテ沙汰スル定ニテ可レ成レ之歟如何

口傳云。今ノ止觀ノ章段建立ノ次第ハ。漸次止觀ハ次第禪門ニユツリ畢テ。圓頓止觀釋ル時キ。十章ヲ建立故ニ。體相ノ文段下ノ境界ノ文段ヨリ被接法門出來ル故ニ。凡ソ圓頓行人一念ニ付テ可レ爲ニ沙汰一條ハ勿論也。彼一念十界三千萬法有ルレ之中ノ。權教ノ宿習機ハ被接スル相ニテ可レ有レ之。故ニ圓頓行者一念ノ上ノ被接ト習ヘハ。尤トモ甚深也。然モ又萬機無盡也。止觀ハ互ル[　]（衆機カ）習フ故ニ。別類機ノ來テ三諦卽是ノ名字ヲ聞ク時キ。（天止二、四七〇。弘決）令深觀空[卽見不空]。被接又不レ遮レ之者也

尋云。第六卷破法遍ノ下ニ沙汰スル名別義通法門如何

口傳云。如ニ止觀第六見聞一 云云 如ニ次下一 云云

尋云。止觀次第禪門ト漸次止觀不同事如何

蓮實坊和尚云。顯體章下別接通ト者。漸次止觀行者移ウツルニ圓位ニ人也。彼漸次止觀行者。別接通止觀也。行相皆開權妙解也。（經歟）從ニ本習一ニ行ニ權果一ヲ卽實相也。禪門中。（「次第カ）漸次止觀行者住ニ權果一 矣

止三云。（天止二、三〇二～三）問。云何以レ別接レ通。答。初空假二觀。破ニ眞俗上惑一。盡方聞ニ中道。仍須下修レ觀破ニ無明一。能八相作佛上 矣

弘云。（天止二、三〇三）方聞ニ中道。聞已修レ觀進破ニ無明一。得ニ法身本一。八相作佛 矣 又云。（同、三〇〇）若已被レ接得レ入ニ證道一。乃成ニ三諦一 矣

尋云。被接ハ約ニシテ宿習發ニ習レ之歟如何

蓮實坊和尚云。無始宿習忽ニ開發シテ。一生ニ破ニ無明一顯ス二
中道一。叶ニ妙覺ノ位一ニ一生入妙覺也矣
尋云。被接ハ機。名別義通ハ地位ト習義如何
口傳仰云。玄文迹門十妙ノ中ノ位妙ヲ釋ル文段ニ。名別義通ヲ
沙汰シ。止觀又破法遍下ノ體思假入空。破法遍ノ下ニ有ル三ノ
文段ノ中ノ。明其位下ヨリ名別義通□（ノ法門ヲハカ）釋シ出タリ。故ニ名
別義通ハ地位ト習也。被接又玄文ハ迹門十妙中ノ境妙□（文段ヨリカ）
□（天止二、四七〇。弘決）起レリ。止觀モ又體相ノ下ノ境界文段ヨリ出タリ。被接體理付。
令深觀空卽見不空。兩理交際ナルカ故ニ。尤モ就レ機ニ可ニ沙
汰一法門也。被接名別□（ハ地位トカ）機トナルカ故ニ。一文ノ法門トテ
全不レ可ニ相離一ス。而ヲ釋ハ被接名別ヲ兩處ニ釋シテ□（レ之云ヘトモ但カ）是地
位ト機トヲ各別ニ釋レ之也。全ク不レ可レ爲ニ各別一事也。名別義
通□（大品經ヨリカ）起レリ。被接ノ機モ大品經ヨリ起ル也云云
蓮實坊和尚云。止觀第三明ニ被接機一ヲ。正修止觀已後至ニ
第六卷一明ニ名別義通一。深ク可レ案レ之。凡名別義通者。教門
之極也。其ノ故ハ。教ト者聖人被下之言矣爲ニ實道一方便地
位也。故ニ教門之至極也○圓教者。不思議言語道斷ニシテ

無ニ次位階級一。不レ辨ニ斷惑ノ高下一。故ニ可レ授無レ人。可レ教
無レ類。故ニ且ク（借カ）備テ二別教ノ次位一ヲ辨ニ斷惑高下一ヲ。分ニ別シテ凡
聖一ヲ教ニ斷迷開悟一ヲ矣
尋云。被接名別共ニ往生ノ直因ト成ル義如何
口傳仰云。被接如レ上。名別ハ又地位ナレハ離ニ被接一ヲ無ニ名
別一。離ニ名別一無ニ被接一故ニ。一具ニシテ往生ノ直因トハ。惠心先
德ハ釋タマヘリ
私云。於ニ第三卷一ニ者。被接機ヲ釋レトモ未レ釋ニ其地位一ヲ。
故ニ破法遍ノ明其位ノ下ニテ名別義通ヲ釋ル也。玄文モ先ツ境
妙下ニテ被接ヲ釋シ。次ニ位妙下ニ名別義通ヲハ釋ル也。先機ヲ
アケテ次ニ此機地位ヲ沙汰スル意也
尋云。玄文止觀。被接ノ不同事如何
口傳仰云。大旨（天止二、三二一五）如ニ止觀第六卷見聞一。委細如レ彼云云
弘三云。玄文明レ（以カ）圓接ニ通別一ヲ者。分ツニ（〔於カ）（〔位カ）教證行ノ別一ヲ故ナリ。今
不レ云コト者。約スニ證道一故。但約レ觀故ナリ矣
尋云。玄文止觀被接名別。四箇大事中ノ何ノ法門ヨリ起ルヤト
可ニ口傳一ス耶

口傳仰云。祕事也。大事也。玄文被接名別ハ。四箇大事ノ中ノ法華深義ヨリ起リ。止觀ノ被接名別ハ。第三ノ被接ハ一心三觀法門ヨリ起リ。第六卷ノ名別義通ハ心境義ノ法門ヨリ起ルト習也」

尋云。上ノ義ニ大段止觀被接。圓頓行人一念ニ十界三千萬法有レ之中ノ［　］（就權機カ）沙汰スル被接トハ乍ニ成立一シ。而モ止觀衆機ニ逗スル故ニ。又別類ノ機［　］（ヲモ不レ可レ廢レ之カ）云ヘル義如何。於ニ止觀一圓頓行人ノ一念ノ外ニ。別類ト者何ナル機ソ耶［　］（一念カ）十界離タル別類ノ機ハ尤トモ不審也如何

口傳云。一念外ノ別類機ト非レ云ニハ。一念ノ內モ就ニ權機一ニ沙汰スル法門也ト云事［　］（也。圓頓カ）行者界內界外同時ナル中ニ。界內迂廻機。界外ニ移ル被接ノ相也。我等衆［　］（生等カ）界內同居ノ衆生ノ卽身成佛ヲ沙汰セン事。以テ二被接斷位一ヲ尤トモ可ニ口決一ス事也

14　一、灌頂戒口決事

口傳云。受戒傳授次第。如ニ別紙一云云

三觀─三觀義

法華經　口傳云。三觀義ト三身義并ニ法華トヲカキテ。行者足ノ下ニフマセテ灌頂戒ヲ授ル也。正ク卽身成佛ノ義式也

三身─三身義（ア性カ）　口傳云。依テ因ノ三觀一ニ持ニ得法華一ヲ得ル果ノ三身ヲ義也云云

一。授佛戒儀

夫十號三明尊（天全九、一〇九上。河田谷十九通參照）（ア世カ）。以レ戒爲ニ恆居ノ眞城一ト。住ル二菩提心殿一ニ薩埵。以テレ戒ヲ爲ニ養育ノ父母一。故ニ佛子等シク可レ受ニ持此戒一ヲ。受ル者ハ是傳ヘ。傳ヘル者ハ是學ル。（覺カ）衆生悟ニ入佛知見一ニ莫レ不ト具ニ足一切戒善一ヲ。（品歟）是名ニ眞受戒一。居ル二己心實相之地一。是爲レ踏ムト二眞戒壇一ヲ。故ニ持者卽持ニ己心一ヲ。破者是破ニ己心一ヲ。設ヒ雖ニ白衣ノ婬女一ナリト。受ニ持スレハ之一。非ニ輪廻人一ニ也。故ニ一度得レハ見ニ心戒一ヲ。止作二持犯モ莫シレ違ニ菩提一。止作二（二犯カ）犯不レ毀ニ毫釐一ヲ。嗟呼アア行者欲レ修ニ得本有ノ性戒一ヲ。金剛寶地ノ上ニ建ニ立多寶ノ妙塔一ヲ（ア塔カ）。中ニ瘞シテ二經本迹祕法一ヲ以築ツクニ戒壇一ヲ。寶塔ハ是大慈悲ヲ爲レ室ト。繫ニ幢相一ヲ。袈裟是柔和忍［辱衣］（ア衣カ）敷ニ尼師壇一ヲ。尼師壇是諸法空爲レ座ト矣。兩經所在卽常寂光土ナルソ耶。於ニ此ノ妙土一ニ傳ニ受ス性戒一ヲ。是名ニ虛空不動戒一ト。有ニ［受法］一（捨カ）無ニ權法。故云ニ金剛寶戒一ト。不信毀シテ落ニ墮上慢一（ア增カ）ニ沈ニ泥梨一ニ外トテ。而受持ル者ハ二死ノ大夜忽ニ明テ。三聖ノ傳一モツハラ在レ斯ニ耳ノミ

尋云。三聖ト者如何

義云。釋迦・彌勒・文殊ノ三聖也云云

口傳仰云。三聖ノ傳ト者云云

15 一、新成ノ顯本有無事

口決云。顯本ト者。事圓ノ上ノ教相也。眞實過去久遠ニ無クン究竟極果成道者。事圓日爭カ有顯本義耶。又歸モ妙覺ノ果海ニ始覺本覺一如ノ義ナラハ又不可有久近ノ不同。不可機法分別一法不生ノ故也。今辨久遠ヲ日不可有顯本義云義也。(天文五、二二二四下。文句記)若初住中本下迹高。被物說遠。卽其事也。(了矣カ)釋ハ假令ノ釋也

尋云。於顯本ニ。因分ノ久遠。果分ノ久遠ノ不同有之。何顯本不可有之耶如何

口決云。因分ノ久遠ハ四種ノ釋ノ中ノ本迹重ノ久遠也。此時ハ以事成ノ顯本ヲ爲本ト。五百塵點遠本是也。此重眞實事成唱コト覺(本ノ如ク)無之。然不可有顯本義。果分久遠ハ又四種ノ釋ノ中ノ第四ノ觀心重□(也。此時ハ又一カ)切衆生悉ク本覺無作如來也ト談スル故ニ。不可有新久ノ不同□(故ニ無機法カ)成不成不可立不同。故ニ別シテ不及顯本ノ沙汰者也

尋云。事成ノ顯本ノ時。必ス五百塵點ヲ顯本スル義如何

口決云。五百塵點ノ顯本ト者。本地難思ノ境智。出過スル五住煩惱ヲ表示□(也カ)出テ五濁國ヲ於一佛處ニ分別說三ノ後。(天文五、二三五五。文句取意)寄テ塵點遠本ニ顯ス無始本成ヲ也。依之一處ノ釋ノ中ニ。諸佛出五濁世必ス前近後遠ト釋セリ。惑ハ(或歟)又籤一云。久遠者。(天玄一、一四一)必指壽量塵點方顯實本矣此等釋ニテ可思之云云

一義云。住本顯本ノ任ニ本意ニ。新成妙覺不可有顯本ノ義。住本顯本ノ任セハ大旨ニ可有顯本也云云

私云。此等不可有疑意趣。眞實ノ新成ノ佛ニテ沙汰スル事也。今住本顯本ハ。解釋既ニ釋迦住シテ生身ニ而顯ス本ト一ラ等ラ釋シテ。專ラ約シテ釋尊ニ是ハ眞實ノ非新成ニ云云

16 一、惣別指歸ノ不同ノ事

口傳云。惣指歸ト者。十方三世ノ諸佛出世成道シテ引入機ヲ利益ノ道ニ趣ク時。今ノ止觀行者ノ自行ノ因果。化他ノ能所ト進登ル故ニ。發大心・修大行。依テ自行ノ因ニ得自行感大果ヲ。此大果ハ。三感大果顯己心三佛ト先德釋タマフカ故ニ。己心ノ三

佛顯テ後。自證ノ三身化道ニ趣ク。四裂大網起心應用ト先德又釋タマヘリ。裂大網ハ大果自證ノ上化儀利益也。此ノ自行ノ因果。化他ノ能所共ニ顯テ三身卽一ト同ク住ニ祕密藏中ニ。無ニ能所ノ別一歸寂スル處ヲ名ニ惣指歸ト也。是ヲ先德。五歸大處引他還寂ト釋タマヘリ。約ルニ隨緣不變ニ時。不變眞如ノ體ヲ爲レ面ト也。是專ラ機昇進シテ自行化他ノ利益滿足シテ。能所共ニ歸寂スルヲ名トニ惣指歸一見タリ。次別旨歸ト者。無シテニ能所一顯シニ惣指歸ヲ一畢。三身體用各各宛然トシテ無ニ能所別一處ニ。而モ立テニ能所〔共ニカ〕 體用歷歷トシテ能所同ク祕密藏中ニ同住スルヲ名ルニ別旨歸ト一〔也。是又〕〔隨カ〕緣不變ノ中ニハ。別旨歸ハ隨緣眞如ヲ爲レ面ト也云云 以ニ此重ヲ一諸宗〔超過シ諸教ニモか〕分絕タリト沙汰スル也

以上第八畢

〔雜雜抄 第八 終〕

雜雜抄 第九

1 一、非情說法證據事

口傳云。顯密二教ノ經論ノ中ニ。正ク非情說法ノ證據ハ。今法華ノ外ニ全ク不レ見レ之習也。慥ニ今經ノ一品大旨カ說タルニ非情說法ノ相一ヲ也ト口傳スル也

尋云。何品何說ヲ可レ出耶

口傳云。此事ハ草木成佛ノ口傳。祕事カ中ノ祕事也。先一品ト者。寶塔品也。而ニ多寶佛ハ全身舍利也。舍利豈ニ非ニ非情ニ耶。而ニ多寶佛旣ニ。歎言。善哉善哉。釋迦牟尼世尊。能以（大正藏九、三二中）平等大會（慧カ）等宣タリ。豈ニ非ニ說法ニ耶。多寶全身舍利ト云事。經文分明也。依レ之。此寶塔中有如來全身ト說ケリ。（同、三二下）解釋多寶ハ境。釋迦ハ智。表スニ境智冥合ヲ等釋スルニアラス耶。境又非情ナルニ非耶

2 一、鏡像圓融事

山家御釋（傳全五、二七七）法華宗傳記云。私事也 白銀眞圓マコト（面カ）ノ鏡一面 面六寸。徑ワタリ一尺八寸 隋陽（煬カ）帝鏡也。

昔隋開皇年中。帝於ニ金城ニ設ク千僧會ヲ。屈ニ天台山顗（智カ）禪

師ヲ受ニ菩薩戒ヲ時(〔之カ〕)。帝自用テ皇鑒(カン)ノ鏡ヲ。彰(アラハ)シテ剛璽(カウシ)誠(コト)ヲ獻ス
師ニ。今鏡是也。赤銅八葉ノ鏡一面 面八寸。徑リ一尺四寸 白道猷カ(〔也カ〕)鏡。昔
晉ノ大(〔太カ〕)元年中。有ニ沙門一白道猷。獨リ住シテ天台山ニ。懸テ鏡ヲ
禪居ニ。晝夜ニ修シ道ヲ焉。猷ノ去テ後。鏡尚在ニ舊居ニ。山神藏(ヲサム)(〔緘カ〕)レ
之。陳ノ大(〔太カ〕)建年中ニ。智者大師登テ天台山ニ宿ニ華頂峯(テイホウ)ニ。山
神現ニ禽(ケタモノ)形ヲ。戴(イタダイ)テ來テ上(タテマツル)ニ大師ニ。今ノ鏡是也。境智
二面(イナシ)ノ鏡。不ルニ求メ自得タリ。鏡像圓融ノ譬ヘ。豈ニ待(タン)ニ口決一乎
矣

口決云。禽ト者。獼猴也 云云

尋云。境智二ノ鏡ト者如何

口決云。眞圓ノ鏡ト者。空鏡。以テ明ヲ爲レ本ト故ニ智ノ鏡也。八
葉ノ鏡ト者。事事差別以テ萬境ヲ爲レ本ト故ニ境ノ鏡也。而ニ以テ
左(空足歟)ノ手ヲ持テ八葉ノ鏡ヲ。以テ右(惠)ノ手ヲ持ニ眞圓ノ鏡ヲ。互ニ移ス影ヲ。
境智圓融シテ無キ角(〔隔カ〕)事ヲ顯ス。境智二法無レハ(〔隔カ〕)中道宛然也。三
諦卽是ノ法門可レ思レ之 云云

口決云。止觀第一卷。乃至第三卷ノ釋ハ。鏡像ノ譬ヘ三目ノ
譬ヘ共ニ以テ一卷(〔面カ〕)ヲ爲レ本ト習也。是顯ス相卽ノ法門ヲ。以テハ境
智ノ二鏡ヲ顯ス圓融ヲ。兜率ノ釋。兩卷(〔面カ〕)ノ鏡ニテハ顯ス互具ノ法門ヲ
也 云云

3　一、正觀妙觀事

口傳仰云。正觀ト妙觀ト有ニ不同一云ヘル一義モ有レ之也。是當
流ノ一義也。天台御釋ノ中ニ。觀心誦十二部經法ト云ヘル文ニ。
正觀妙觀ノ不同ヲ釋シ分タマフ也。而ニ未タ見ス正文ヲ。故ニ雖モ不ト
治定セ。以テ此文ヲ其不同ヲ成ル義有レ之也。彼ノ文ハ如何ト見タル
ラン。雖レ不レ見レ之先ッ且ク其不同ヲ分別セン。正觀ト者。理觀ヲ
事ニシテ未タス事理和融ノ觀ニ。妙觀ト者。事理和融ノ位ニシテ深位ニ
置ク之中義有レ之也 云云 或ハ又煩惱卽菩提ノ止觀ヲハ名ニ正
觀ト。法性天然ノ止觀ヲハ名クト妙觀ト云ヘル義モ有レ之歟(行歟)
尋云。事理和融ノ位ト者。正觀六度第五品ノ位ナルヘシ。而ニ天台
菩薩戒ノ義記ノ上卷ニハ。正五品ノ位ヲ次第シテ釋ストシテ(大正藏四〇、五六五上〜中。取意)。兼行六
度ノ位ヲハ正觀稍明。卽(融卽)傍ニ兼タリ利物ヲ。理觀爲レ正ト(〔〇カ〕)。事行ヲ
爲レ傍ト。故ニ言ニ兼行ト(〔〇カ〕)。〔五〕正行六度。圓觀稍熟事理欲レ
融ト。事不レ妨レ理。理不レ角(隔歟)テ事ヲ。具ニ行シテ六度ヲ(〔〇カ〕)。而於ニ正
觀ニ如ニ火益(マサム)レ薪(タキギ)ヲ力用光猛(サカンナルカ)也 矣 此釋ハ正ク第五品ノ事

理和融ノ位ニテ與ニテ正觀ノ名ヲ釋セリ如何
義云。サレハ一義如レ此申義習也。正キ當流ノ義トシテ非レ成ルニ
此義ヲ云云
天台菩薩戒義記上云。稱ルコトニ梵網ト者（大正藏四〇、五六三上）。欲レ明ニ諸佛教法旨ヲ（不同カ）。
須ク將ニ養ス（同、五六五上～中）。渉レ事ニ紛動レハ令ム道ノ芽ヲシテ（牙カ）破一。唯得レハ内ニ修ルコトヲ（〇カ」）
理觀ヲ。外ニ則讀誦シテ大乘ヲ有ニ助ルレ觀ヲ之力一。内外相ヒ藉テ
圓信轉（ウタタ）明ナリ。十心堅固ナルコト如シ日光ノ種種ノ色一也。三説法
者。内觀轉（ウタタ）強ク外資シ又著（アラハ）レ。圓ノ解在レ懷（ココロ）ニ弘誓薫動ス。更ニ
加ニ説法ヲ如レ實ノ演布ス。但以ニ大乘ヲ（〔法カ〕）答フ。設ヒ以テ方便ヲ。
終ニ令レ悟レ人ヲ（大カ）。隨ニ説法淨ニ則智惠淨シ。説法開導レハ是前
人得道ノ全ノ因縁。化ノ功歸レ己ニ（〔十心カ〕）。三信轉明也。四兼行六
度。上來前熟ニ觀心一未タレ遑レ事ニ（〔渉カ〕）（倍カ）。今止觀稍（ヤヤ）明ニシテ卽傍ニ（正カ）
兼（タリ）ニ利物ヲ。能以ニ少施ヲ與ニ虚空ニ等クシテ。使メ一切法ヲ中趣ク（中㐂カ）
檀。檀ニ爲ニ法界ト事。須ク雖レ少星壞甚大ナリ（運懐カ）（相カ）。理觀ヲ爲レ正ト
事行ヲ爲レ傍ト。故ニ言ニ兼行ト。事移資テレ理十心彌ヨ盛ナリ（福カ）。五
正行六度。圓觀稍熟シテ事理欲レ融ト。事不レ妨レ理理不レ角（隔カ）
事。具ニ行シテ六度ヲ權實二智究了通達ス。治生產業皆與ニ實
相ニ不ニ相ヒ違セ（〔背カ〕）。具足シテ解釋ス佛之知見ヲ。而モ於ニ止觀ニ（正カ）
如ニ火ニ益（マサ）レム薪力用光猛（マウ）ナルカ也矣　天台御釋觀心誦十二部經法云（缺文）

4　一、體用一心三觀事

心地教行決云。問。何故圓頓觀立ル一心三觀名ヲ乎。答。
斯（ココ）ニ有ニ二義。觀體無作一心三觀。觀用作意一心三觀。體
一心三觀者。惣在眞心（〔一心者カ〕）。三觀者實相三智也。用一心三觀
者。一心者惣在起心。三觀者能用矣

5　一、三菩提事

金光明玄云（大正藏三九、三下）。何三菩提。所謂眞性菩提。亦名ニ無上菩提一。
以レ理爲レ道也（〔此菩提カ〕）。二者實智菩提（〔云カ〕）（者㐂カ）。亦名ニ清淨菩提一（此カ）（〔菩提カ〕）。是以ニ智
惠ヲ爲レ道也（也㐂カ）。三者方便菩提（者㐂カ）。亦名ニ究竟一（〔菩提カ〕）。此菩提以ニ善巧
逗會ヲ爲レ道。當レ知。三菩提一一皆常樂我淨。與ニ三德一
無レ二無レ別矣

6　一、蓮華因果法門事

玄七云（天玄四、五二〇）。今蓮華之稱非ニ是假喩一。乃是法華法門ナリ。法華ノ
法門[清淨]。因果微妙。名ニ此法門一爲ニ蓮華一。卽是法華三
昧當體[之名]。非ニ譬喩一也矣

又云。(同、五四一)六譬各有レ所レ擬スル。四重(初カ)約ニ佛界十如施ニ出九界十
如一。次重開ニ九界十如一顯ニ佛界十如一。第(第三カ)三重ハ廢ニ九界十
如一成ニ佛界十如一。三譬攝ニ得迹門始終一盡。第四重(「○カ)約ニ本
佛界十如施ニ出迹中佛界十如一。第五重開ニ迹中佛界十如一
顯ニ出本中佛界十如ヲ一。第六重廢ニ迹中ノ佛界十如一。成ニ本
佛界十如ヲ一(「中カ)矣
口傳云。本迹ノ因果不同也。佛眼種智ノ前ニハ唯一佛界。不
變眞如ノ一理也。四眼二智ノ照見ニハ隨縁眞如萬法宛
然ナレハ。九界十如又宛然也。卽是果中ノ十界也。當レ知。依
正因果悉ク當體ノ蓮華也。當體蓮華ナレハ我等一念ノ因果豈ニ
非ニ法華ニ耶。萬法ノ因果蓮華也。萬法ノ蓮華又因果也
私云。入テハ佛教ニ必ス先ッ可レ知ル因果ノ理コトハリヲ也。不レ知ニ因
果ノ道理ヲ違シ出世本懷ニ可レ輪ニ廻ス生死ニ故也
尋云。圓敎三身。常寂光土。蓮華因果。三箇大事大綱口決
如何
口傳云。圓敎三身 正報 常寂光土 依報 蓮華因果ト者。此依報
正(報カ)法ノ因果ノ相貌ヲ悉ク顯ス心也。此等圓敎三身ト者。我等カ
本覺內證三身也。此ノ本覺ノ內證ノ三身ノ所居ノ土ヲ名ニ常寂
光土ト一也。此ノ依正ノ二法悉ク因果宛然トシテ。一念遍照ノ形
也ト習入ルヲ。此ノ法門爲ル口決ト一也
口傳云。佛眼種智眞空冥寂ノ日。不變眞如ノ一理ノ前ニハ。唯
一佛界ニシテ不レ立ニ因果ノ差別ヲ一。四眼二智萬像森然ノ時。果
中ノ十界十如宛然トシテ有レ之時。蓮華因果ノ法門ヲハ談ル也。我
等衆生モ悉ク四眼照用(缺字)□所具衆生界ニシテ果中ノ一念ニ
有リト之談ル時。蓮華因果ノ法門ハ出來スル也
一、天台宗ハ祕密無作三身ヲ爲ニ本意一ト。必ス成佛ヲ不レ爲レ
本ト事
口傳云。天台宗ニ以テ本覺無作ノ三身ヲ爲ニ本覺一ト。必ス談ルハ
成不成ヲ非ニ本意ニ也。依レ之ニ。壽量品ノ以ニ祕密無作三
身ヲ。祕之不傳ノ法トハ談ル也。成不成ノ重ハ何ニモ可キレ成ル有爲報
佛ト也。以ニ無作三身ヲ覺ノ前ノ實佛ト可レ談ス也。山家御釋
可レ思レ之也

7 一、第三重惣付屬事 (續天全口決1、五四一上～下。相傳祕決鈔參照)
常寂(「光カ)土第一義諦。靈山淨土久遠實成。多寶塔中大牟尼

尊。以二內證傳持法門一直授二心賀法印一海阿闍梨一。心賀法印。以二一乘玄旨一付二屬一海阿闍梨一。能流轉(傳　傳カ)セヨ矣燈無(不カ)レ絕而已

(同前)口傳云。此第三重ノ惣付屬ハ以外ニ有二口傳一事也。觀學ノ上ノ惣付屬ハ。我等マテモ直ニ大牟尊(了尼カ)ヨリ面授口決スル義也。而ニ先師ノ相承ヲ立ル事ハ。今ノ師ノ又慥ナル義ヲ顯ス也。天台大師モ位五品ニシテ直ニ常在靈山大牟尼尊ニ面授シタマフ故ニ。今我等モ觀學ノ惣付屬ハ。如來面授ノ法門也云云所詮。成テ二能弘師ト一流通利益セヨト付屬スル也云云

8　一、一時禮拜行事

尋云。一時禮拜行儀次第如何

義云。一人ノ行人中臺ニ座シテ住シテ二一念三千三觀ノ觀念ニ一有レ之也。サテ六人シテ六觀音ノ行法ヲ同時ニシテ。六人ハ雙ニ三人宛ツツ座シテ行法スレハ。中臺ニ惣[缺字]導師ハ住シテ二觀念ニ一座ル也。惣講師トテ導師ノ後ウシロニテ此導師ノ[缺字]樣ヲ法美說經スル也。サテ三十人ハ又行道シテ同音ニ觀音經ヲ三十三卷讀ム也。此卽持(治カ)國利民ノ行儀法成就ノ形也。已上四十一人シテ行レル之也

9　一、諸宗淺深次第不同事

教時諍論下(論下㊀カ)云。(大正藏七五、三六二上～中)依二教理ノ淺深ニ一。初ハ眞言宗。大日如來常住不變。一切時處說(施カ)二一圓理諸佛祕密ヲ一。故爲二第(最カ)一ト一。次ニ佛心宗。一代釋尊多絕二筌蹄ヲ一。最後傳レ心。不レ滯二教文ニ一。諸佛心處故爲二第二ト一。次法華宗。一代教跡權實偏圓教雙(觀カ」)明二共(共明カ)一實ヲ一。諸佛祕藏爲(了故カ)二第三ト一。次華嚴宗。獨顯二頓教主伴具足性相圓融ヲ一。終達二本源ニ一。舍那因果故爲二第四ト一。次無相宗。眞性空寂終無二住著一。八不破法一如無處勝義皆空故爲二第五ト一。次法相宗。三變流轉萬(百カ)法分別性本別(明界カ)。眞如二不變一依二圓是有一故爲二第六ト一。次毘尼宗。唐三藏中通二三乘ニ一行(有カ」)ス。人言。大乘法本小律。佛說教律故爲(先カ)二第七ト一。次成實宗。立二見空道ヲ一破二見有執ヲ一。遣二蕩シテ著見ヲ一成(成㊀カ)二立(了立カ)實義ヲ一。能破爲(對カ)レ勝爲(了故カ)二第八ト一。次成俱舍宗。符二法藏ニ一毘曇義。小乘有門世閒眞道所破爲負。故爲二第九ト一。今者依二法次第ニ一。辨二彼宗粗(此カ)(祖カ)ヲ一。但恐ハ聖意難レ測取(敢カ)致レ酌(了斟カ)ヲ。只是仰馮二心(心㊀カ)教文ヲ一。不レ擅二情見ヲ一者也矣

尋云。見二此淺深次第ヲ一。天台宗ハ眞言宗・佛心宗ノ下ニシテ華

嚴宗ノ上ニ有レ之。若爾者。天台宗ハ佛心宗ヨリ下ニ有レトレ之可レ定事歟如何

口傳云。此事宗論セハ大ニ難レキ定事也。然トモ可レ得レ意事ハ。天台宗・法華宗有ニトレ不同一云事ハ。覺大師御釋分明ナルカ故ニ。今釋モ眞言宗・佛心〔缺字〕下ニ置レ之時ハ。既ニ法相宗(華歟)釋ルカ故ニ。全ク正キ非ニ天台宗ノ事ニハ。常ニ本朝大師先德ノ御釋中ニ。天台法華等立ル。今ハ就テニ顯說法華ニ造タマヘル玄文文句等ノ釋ヲ一分明也。故ニ先代未聞ノ止觀。大師己證ノ天台宗ノ事ニハ非ス。依レ之ニ今ノ教時諍論ノ上卷ニ。以ニ天台宗ヲ一諸宗ノ最頂トシテ釋タマヘル時ハ。結句眞言ノ上ニ立トニ天台宗ヲ一見タリ。故ニ上卷ニハ法華宗トハ不レ釋。正ク天台宗ト云テ。諸宗ヲ天台宗ノ攝屬ト釋ト見タリ

教時諍論(ママ)上云(大正藏七五、三六八下～九上)。天台四教。開ニ十六門一。一切諸宗皆攝。三藏有攝(〔門カ〕)ニ倶舍論(〔論カ〕)一。三藏空門(〔攝カ〕)成實論。藏通毘尼攝ニ四分律一。通教有門(〔攝カ〕)唯識(〔論カ〕)。別教有門攝ニ華嚴十地(〔十地カ〕)一。別教空門攝ニ三論計一。圓教ノ空門攝ニ禪門傳一。圓教有門攝ニ眞言教一。宗宗義理。門門各會。而言天台與ニ諸宗一諍モ〔其八〕諸宗學徒。各執ニ一門一。天台教說(跡歟)破ニ其偏執(〔偏執カ〕)一。凡執(〔執カ〕)在ニ義門一。永異ニ諸宗一矣

(覺大師)迹門觀心釋云(缺文)

(智證大師)諸宗教相同異集云(缺文)

有義云。此次第淺深ハ。且ク同スルニ他宗ノ意ニ一義也。故ニ正キ非ニ實義ニ一。不レ可レ用レ之云云

私云。此義アラク覺ル也云云

教時諍論(ママ)上云(大正藏七五、三六四上)。禪門唯傳ニ大乘理觀一。天台唯行ニ顯教定惠ヲ一。眞言〔修ニ〕祕密事理ヲ一。備ニ此三法一。唯我一山ナリ。印度斯那。未レ聞ニ斯盛一者也矣

(山家御釋)傳法要偈云(缺文)

尋云。以ニ天台宗ヲ一爲ニ諸宗ノ最頂一ト。眞言宗ノ上ニ立ルニ天台宗ヲ一分明證據如何

口傳仰云。大日經供養法卷ノ文等ヲ出シテ成レル之也。教時諍論ノ釋。天台[四教。開](大正藏七五、三六八下～九上。取意)ニ十六門一ヲ。攝ルニ諸宗ヲ一時。圓教有門ニ攝シニ眞言ヲ一畢ヌ。諸宗ノ學徒。[各執ニ]一門一ヲ。天台教跡破ニ其執ヲ一○永異ニ諸宗ニ一云ヘリ。此釋是レ眞言ノ上ニ非下スニ立ツト天台ヲ一釋上ルニ耶

私云。供養法卷ノ文等如レ彼ノ云云（本カ）

10　一、玄文一部ノ内證。大師顯ニ大懷（章カ）ヲ一歟事

玄十云（天玄五、六五二）。師ノ云。我以ニ五重ヲ一略シテ談ニスル玄義ヲ一。非ミ能申ルニ文外ノ之妙ヲ一。特（マコト）ニ是粗述タリ所懷ヲ一。常ニ恨（ウラムラク）ハ言不ルコトヲレ能レ暢ルコト意ヲ一。況ヤ復記ルニ能ク盡サンヤレ言ヲ矣

口傳云。此釋ハ玄文一部ノ法門以テ五重玄義ヲ一釋シ畢テ。第十卷ノ終リニ至テ述ルニ章安大師ノ意ヲ一時。如レ此釋也。惣シテ大師御内證ノ法門ヲ。止觀等ニモ非ニ不トレ申ヘ云ニハ。於ニ玄文ニ正ク大師御己證ノ法門ヲ不レ顯レ之故ニ如レ此釋ストモ云トモ。正キ大師己心中所行法門ヲハ。於ニ摩訶止觀ニ一。前六重ニハ不レ釋レ之。第七正觀ノ處ニテ顯カレ之故ニ。正クハ於テ止觀ニ顯レ之故ニ。於ニ玄文ニ者如レ此釋也。大師己心中所行ノ法門ト者。一念三千ノ法門也。大師ノ御釋中ニモ。全ク玄義文句ニハ不レ釋レ之。至テ止觀ニ始テ釋レ之。故ニ先代未聞ノ止觀トモ。終窮究竟ノ法門トモ名レ之也。故ニ不レ能レ暢レ意ヲ釋ルハ。玄文一部乃至文句等ノ事ナルヘシ。於テ止觀ニ顯レ之申ヘシレ之事。勿論事也云云

11　一、四句成道・證道八相事

口傳仰云。圓教ノ三身ハ互ニテ爾前・迹門・本門・觀心ノ三身ニ重重ニ可キ習ヒ極ム也。而ニ其ノ中ニ四句成道・證道八相ヲ開出シテ殊更ニ久遠成道ノ比翼ト［缺字］口傳スル事ハ。三世諸佛化道。塵塵法法皆四句成道。證道ノ八相［缺字］（天文五、二二五一下。文句記）證道ノ八相ハイツモ佛果功德也。四句ノ成道ハ。初從此佛菩薩結緣。還於此佛菩薩成就（熟カ）ナルカ故ニ有ニ能所不同一。イツモ以テレ機ヲ爲レ本ト。四句ノ不同ヲ沙汰スル也。證道ノ八相ハ能化ノ功德。四句ノ成道ハ所化ノ利益ト口傳ル也。故ニ在テ四句成道ニ無ク證道ノ八相ハ。有テ證道ノ八相ハ無キ四句成道ノ事ハ。不レ可レ有レ之如ニ鳥ノ二ノツハサ。車ノ兩輪ノ定也。依レ之東陽和尚ハ。夫四句ノ成道。證道ノ八相ハ久遠實成ノ比翼也トハ口傳シタマヘル此事也

又云。四句成道ハ互ニトモ報應ニ。本意ハ可レ約スニ應身ニ也。三世諸佛ノ化道利益ハ皆以テ四句ノ成道・證道八相ヲ離タル利益ハ不レ可レ有レ之者也

12　一、以ニ前念心ヲ爲ニ所縁境ト事

慈覺大師。己心中記（佛全24、九八下）

口傳仰云。他流ニハ一心三觀付法ノ文トテ口傳スル也。當流ニハ六識修行ノ重ナルカ故ニ以外ニ下ス釋也

又云。必須心觀明了理惠相應等ノ文ハ。（天止一、三七六。止觀）本體ハ解行ノアワイヲ釋スル文ナレトモ。境智ヲ云ヒ出時。此文ニテ卽境智ノ一言ヲモ口傳スル也云云

私云。此文尤トモ境智ノ一言ノ口傳相承ノ明文也。何樣ニ境智ノ一言ト云ヘル事ヲモ。心地ニ引向テ可ニ口傳一ス。心地ニウトクシテハ。ツヤツヤ不レ可レ叶事也。一家ノ大事ヲハイカニモ當流ノ學者ノ中ニモ學劫長（マヽ）タケカラン人ニ可レ授ク。淺學ノ輩（ヤカラ）ハ大事ナレトモ不レ入ニ心地一ニ。アサアサト得レテ意無ニキ正體一事也。且ハ又法滅ノ因緣也云云

止五云。（天止三、五三五）因緣所生法。卽空卽假卽中。卽空故不生。卽假故不滅。不生不滅卽是中道矣

13　一、三重三身事

口傳仰云。當分三身。爾前跨節三身。迹門本地三身。本門此事山家大師。本理大綱集ニ見タリ。本迹三身無ニト不同一云ヘル他流ノ義ヲハ。此等ノ釋ニテ可レ破レ之。他流ニハ無作三身トイヘルモ無ニ本迹不同一共ニ可レ有レ之申也云云本理大綱集云。（傳全五、一九九）私（私衍カ）迹門意。以ニ三權一爲ニ一實（一衍カ）一施レ之時。當分三身。隨ニ機緣一ニ有ニ四教不同一。開レ權顯レ實之時。跨節三身超ニ（「於カ）八教一一大圓佛也。故（是カ」）

妙樂記云。（「大師カ）若法華已前。三佛離明。隔ニ偏小一故ニ。來ニ至此經一。從レ劣辨レ勝。卽レ三而一已上矣

14　一、二重三身事

口傳仰云。隨機ノ三身。理内ノ三佛也。隨機ノ三身ノ時ハ。應身ハ不レ遍セ法界一ニ。理内ノ三佛ノ時ハ。三身共ニ遍ニル法界一ニ也。此事慈覺大師ノ御釋。法身說法ト云ヘル釋ニ見タリ

法身說法文云。（眞言所立三身問答カ）問。若爾。（大正藏七五、五三中～下）隨機三身。理内三佛。其異如何。答。若就ニ隨機三身一者。法身遍ニ法界一。報佛（身カ）遍不遍。應化但一世界矣

15　一、三種世間證據事

大智度論七十云佛母品下（大正藏二五、五四六中～下）世間有ニ三種一者。（者衍カ）一者五陰（衆カ）世間。二者衆生世界（間カ）。三者國土世間矣

16　一、於ニ爾前一圓融ノ三諦明レ之歟事

口決云。於ニ一圓機一ニ雖レ明ニト圓融一ヲ。廣大圓融ハ獨リ在ニ法華一ニ（缺文）

口傳云。爾前ノ圓教ハ名字卽位。同聽異聞ノ分齊也。十界

(缺字)□十界ヲ不レ可レ隔ッ處也。既ニ同聽異聞セリ。隔歷三諦(缺字)□然トモ爲ニ圓機一人カ所レ明三諦ヲ分ニ信解セン分ハ可レ有レ之也。故(缺字)□一心三觀ハ不レ可レ明レ之。於ニ圓融三諦ニ明レ之云ヘル義モ此(缺字)□字卽ニ三諦分ニ可レ信コ解之一故也。正キ廣大開會圓融(缺字)□明ハ之。二乘成佛久遠成道モ可レ顯ル故ニ。正ク不レ可レ明レ之イヘル（缺文）

17 一、圓實發菩提心。第九識證據事

禪門章云。(卍續二ー四、十四丁右下)緣ニ中道一發ニ菩提心(〔者カ)一。此心亦名ニ中實理心(〔道カ)第一義空菴摩羅識。佛性如如實際實相無住無生(〔等カ)一（缺文）

一、第一義空ノ得名ハ。中道觀ノ得名歟。三諦ノ中ノ空諦ノ得名歟事

口決云。第一義空ト者。三諦分別門ノ中ノ空ニハ非ス。萬法ヲ空假中ノ三諦ニ分別ル時ハ。一空一切空ナレトモ。假中ノ形ヲ置テ三諦ノ形ヲ分別セリ。第一義空ノ時ハ。三諦無分別ノ處ニ法界無障礙ノ重ニ名レ之。一心不生ニシテ萬法ニ無シレ過。無レ過キヲ名ニクト中道一ト云ヘル重カ故ニ。是ハ中道ノ得名也

18 一、義科注文

六卽義 止一　四種三昧義 止二　三觀義 止三始
被接義 止三中　三惡(〔惑カ)義 止三　名別義通義 止六
敎相義 玄一　三寶(〔法カ)妙義 玄二　十如是義 玄二
十二因緣義 玄三　善知識義 玄四　賢聖義 玄四
眷屬妙義　十不二門義 籤六　十妙義 玄七
五味義　三周義 疏四　一乘義 疏四
三車四車義 疏五譬喩　卽身成佛義 疏八提婆品　三身義 疏九
屬累義　十神力義 神力品　十無上義 法華論
佛土義 名疏一　佛性義 イ本大經二十五涅槃疏 四教義六卷　菩薩義 四教義六卷

19 一、不思議三惑事

弘五云。(天止三、四三三)今釋(〔見カ)ルニ一念ニ具セリ三惑(〔卽カ)一ヲ。名ニ不思議ノ惑一ト矣

私云。此釋ニテ三惑同時斷ノ義ヲ可レ成也

以上第九畢

〔雜雜抄　第九　終〕

雜雜抄　第十

1 一、自浮自影鏡事

道宣律師釋 靈應傳第二云。(傳全四、二二一) 茲ノ文理會シテ二無生(宗カ)字ヲ一歸ルニ一極ニ一者ノ也。禪門止觀及法華玄。但約シテニ觀心ニ一敷演ス。可レ謂ニ行人ノ觀鏡。巨夜之明燈ト一。自レ古觀未タスニ之加マサ一矣

口傳云。心鏡ト者。鏡像圓融也。我等衆生カ心本源也。自浮自影ノ鏡ト者。我等カ心ノ本源ヲ爲レ鏡ト。本來具德ノ三千ノ依正ノ萬法。一心ノ上ニ宛然ナルヲ爲レ像ト。自浮自影ト口傳ル也。法鏡ト云ヘル事。本朝大師釋レ之[　](同事也カ) 法ト者心法也。彼ノ人師ノ釋ハ寺門ニ以ノ外ニ祕藏シテ習レ之文也[　](缺字) 而ヲ愚身又所持スル意。子細有レ之也。鏡像圓融ノ法門[　](缺字) 一家ノ大事ナル故ニ隨分ノ深祕也。於ニ愚身ニ一者。能能習ヒ極[　](覺也云云カ) 禪イ 注金錍論云。(傳全四、二) 性相圓融シ。(理　事カ) 事理具足セハ。(覺カ) 學者ニハ明師ナリ。證者心鏡ナリ矣

私云。心鏡ノ證據。山家ノ御釋又分明也

2 一、一期縱橫不出一念事

覺超釋 菩提集云。妙樂大師云。一期縱橫不出一念三千世間卽空假中。豈ニ非ヤ諸佛之本懷一家大事ニ一矣

3 一、惣明歷餘一心事

覺超 菩薩(提カ)集云。此等文。是心觀觀(止カ)心要也。學ニ圓頓觀ヲ一者。須ミ先知ニ此旨ヲ一。決ニ云。以レ別望レ惣故名爲レ餘。不レ出ニ無明一故云ニ一心ト一云云 此十六字妙得ニ文意ヲ一矣

私云。箇境用觀時。陰境一念。惣無明ノ一心ヲ觀スル也。歷餘ノ一心時キ。餘心瞋等念ト起レトモ。妙解妙行ノ上ノ貪瞋等ハ皆一念無明ニ攝シテ觀レ之也

菩提集云。一切色心無レ非コト二中道ニ一。何云ミ一念非ニ一切心ト一。答。雖レ知ニ一切皆是佛法界ト一。以ニ一念無明ヲ爲ニ觀心之要ト一也矣

4 一、以ニ無作ノ理本ヲ一爲ニ顯本ノ正意ト一事

分別功德品 記九云。(天文五、二四一二下) 若但只信セハ二事ノ中ノ遠壽ヲ一。何ソ能ク令ムミ此ノ諸菩薩等ヲ增道損生シテ至ニ於極位ニ一。故ニ信ニ解本地難思境智ヲ一矣

私云。此釋分明也。事ノ顯本ハ不レ及ニ增道損生ノ益ニモ一。理顯本ハ成ル二本意ト一事。今ノ釋明文也

5 一、元品無明體事

一切如來大勝金剛〔心〕瑜伽成就品第七

瑜祇經云。時會中忽有一障者(大正藏十八、二五八上)。不從空生。亦從(ヿ不カ)他方而來。又(亦カ)不從地出。忽然而現。諸菩薩各如酔不知所從(來カ)本處。時薄伽梵面門微笑。告金剛手及諸菩薩等言。此障從何而來。從一切衆生本有障無如(始カ)無覺中來。本有倶生障。自我所生障。○時障者。忽然現身作金剛薩埵形。○時金剛手白佛言。遍照薄伽梵。我今欲說此自生障金剛頂法。唯願許我解脫(說カ)。時金剛手承佛聖旨。說(ヿ而カ)頌言(曰カ)。若得(諸カ)眞言師持誦眞言法。於一散亂心。此障卽爲便。能奪眞言師所修功德業。若持愛染(ヿ○カ)王。根本一字心。此障速除滅。不待少(得カ)親近。時自生(深カ)障聞此語已。忽然不見矣。覺源障理論云。諸佛在體同名無明。是名愛染。諸法在相同名常樂。是名愛染。諸法在用同名不二。是名彌陀。諸法並用成倶體倶用。是名等流矣。尋云。瑜祇經說。無明體金剛薩埵愛染能治人見。今龍猛釋。正以愛染爲無明體見如何。口決云。實爾也。然歸深理時。能障所障成一體忽然不見云云。兜率先德釋云。菩薩期佛果愛心。卽元品體是也。傳聞祕敎心。愛染王卽元品無明體也云云。

6 一、前三敎因果共攝理卽位事

惠心・兜率淸書

六卽義私記云(佛全32、一九五下。六卽詮要記)。問。四敎位中。何等位人。爲今理卽。答。以(ヿ○カ)前三敎。悉爲理卽。問。理卽凡(ヿ是カ)下具縛者也。云何(云云カ)理卽攝三(凡矣カ)敎聖。答。約自敎雖是聖人。而未聞圓敎(理カ)攝理卽無失矣

7 一、必須心觀明了事

六卽義私記云(佛全32、一九八下。六卽詮要記)。何名觀行卽耶。答。文云。必須心觀明了。理惠相應。所行如所言(云カ)。所言如所行矣。問。是(其カ)所行如所言等者。意如何。答。決云。所行是依理起觀。所言是依行而說(觀カ)(ヿ矣カ)矣

8 一、智斷二德事

六卽義私記云。問(佛全32、二二二上～下。六卽詮要記)。文云。等覺一轉入于妙覺矣。顯何事

耶。答。顯(顯ナシカ)㆓究竟卽位㆒也。問。此究竟卽位具㆓何等ノ功德㆒耶。答。此位具㆓菩提涅槃二果㆒也。故文云。智光圓滿不㆓復可㆑增。名㆓菩提果㆒ト。大涅槃斷更無㆑可㆑斷。名㆓果果㆒。問。菩提有㆑三。「(「ナシカ)雖㆑三而一。」(「名カ)如㆓伊字三點㆒。如㆓天三目㆒。涅槃三德亦復如㆑是。是圓教菩提涅槃。故此教(敎ナシカ)菩提涅槃(涅槃菩提カ)數(相カ)等體同。都無㆑有㆑異。何以爲㆓差別㆒。取(分カ)爲㆓二果㆒耶。答。究竟而論。雖㆑無㆓菩提之(之ナシカ)涅槃㆒。(「之異カ)一雖(往)言(論カ)㆑之。猶有㆓智德斷德之殊㆒。故決云。(「矣)菩提名㆑道。宜㆑立㆓智名㆒。涅槃寂滅。宜㆑立㆓斷名㆒ヲ。問。前難未㆑被(破遮之カ)㆑云。計㆑數閇(相尋カ)㆑體。全無㆓差別㆒。依㆑何分爲㆓二(二ナシカ)名智名斷㆒耶。答。如來巧智。赴㆓悉檀機㆒。於㆓一法上ニ㆒立㆓種種名㆒(「〇カ)○故菩提涅槃是(是ナシカ)體雖㆑一。約㆑智約㆑斷。以立㆓二名㆒。亦(只カ)爲㆑教㆑人也。(「故カ)決云。究竟而論。三菩提滿卽三德滿。果及果果。仍成㆓教道㆒矣

9　一、一念三千・一心三觀不同事

注金錍論云。一念具足ノ妙心ハ。(傳全四、二八)三千ノ所具ヲ爲㆑境ト。三千ノ能了ヲ名㆑之爲㆑境(觀カ)ト矣

口決云。一念三千ト者。一念ノ全體ニ不㆑隔テ㆓事ノ萬法㆒ヲ宛然トシテ有㆑之處□(缺字)名ル㆓心境義㆒ト也。此心境義ノ三千ノ萬法卽空卽假卽中ノ三觀□(能能カ)了ルヲ名ル㆓一心三觀㆒ト也。正ク事ニ一念ノ全體ニ三千ノ萬法ヲ具足スト云事□(始テカ)至テ㆓正觀㆒ニ談ル㆑之也。依㆑之。一家觀門永異諸說(天止三、二〇六～七。弘決)○良由觀具具卽是假ト釋スル諸教超過ノ法門。天台己心中所行ノ深奧ト被㆑云ハ是也。只一心三觀ノ觀門ヲハ一家モ處處ニ釋㆑之。爾前等ノ諸教ノ中ニモ其ノ名言雖㆑有ト㆑之。正ク事事諸法不㆑改㆑體ヲ。一念ノ全體ト云事ハ。別シテ始メテ至テ㆓正觀㆒ニ釋㆑之也。只法法カ空假中ノ三觀ナルソト云分ハ處處ノ釋義也

五大院
斟定私記云。一念ノ妙心三千ノ所具ヲ爲㆑境ト。三千ノ能了ヲ名㆑觀ト觀境心也。心ニ無㆓能所㆒矣

私云。此ノ五大院御釋ハ引テ㆓金剛論㆒ヲ釋㆑之也云云

10　一、一言卽法界事

黑谷僧都御釋
觀心要記云。謹テ案ルニ㆓圓宗之心㆒ヲ。三諦三觀圓融無礙ナリ。一念三千依正宛然ナリ。一色一香無㆑非㆓中道㆒ニ。一言一念モ無㆑非㆓法界㆒矣

口決云。何ノ一言也ト云トモ。隨テ㆓得法ノ機㆒ニ可㆓不同㆒ナル云ヘトモ。

殊更ニ傳於一言ノ口傳ト者。一言ノ下ニ萬法無ニ闕減一。以レ言ヲ一心三觀・一念三千ヲ口決スルヲ一言ノ口傳トスル也

尋云。萬法無ニ闕減一一言相如何

口決云。四重ノ一言可レ思レ之。然トモ境智ノ一言。又天台獨(眞カ)朗ノ一言。深祕ノ口決也

11　一、以ニ文殊ヲ一名ニ妙音ト一證據事

金剛頂經疏第五云。(大正藏六一、六九中)室利ヲハ翻シテ爲ニ吉祥ト一。即是具ニ衆德ヲ一義ナリ。或ハ云ニ妙德ト一。亦ハ云ニ妙音ト一。以ニ慈悲ノ力ヲ一(「大カ)開ニ演シテ妙法ノ音ヲ一。令ルレ聞カ(「一切カ)故ニ矣

山王院論記第六云。(七カ)(佛全25、二二五下)智積問テ妙音ニ一(德カ)曰ク。仁キミ往テ龍宮ニ所レ化幾何。

妙德答曰ク。其ノ數無量ナリ矣

私云。妙音海來ノ釋可レ思レ之云云

12　一、鹿苑證果聲聞ノ大通佛ノ時。位名字卽ナル證據事

論記第六云。(七カ)(佛全25、二二八下)大智(通カ)佛ノ時キ生ル疑惑ヲ者ノ。今成テ當機ト入ル初住位ニ。彼日入ニ於相似觀行ニ。卽皆信受シテ入ニ分眞ノ位ニ。始メ在ニ名字ニ未タルレ入ニ堅(堅カ)信ニ。心ニ生シテ疑惑ヲ未タスレ能ハ敬受スルコト。今日生レ信ヲ入ニ佛惠ノ分ニ。所以ニ昔ハ名ニ決定上慢ト。今ハ爲ニ退大應化ト。當シレ知ル論ノ文ハ約シテ於今昔ニ令(合カ)シテ爲ニ四權(種カ)ト。三世諸佛悉ク皆如レ此矣

13　一、龍如(女カ)ハ詣シ靈山ニ時ハ天女ノ形ナル證據事

論記第六云。(七カ)(佛全25、二二四下)論ニ與ニ比丘尼及ヒ諸天女ノ記ヲ。與ルヲハ(「者者カ)學無學比丘尼ノ記ヲ如ニ勸持品ノ也。諸天女記者。且ク指(示カ)ニ龍女ヲ。何故指テ彼龍ヲ。詣シテ佛處ニ變ルコトレ形ヲ如シ天女(女囚カ)ノ。論ハ據リ變形ニ云ニ天女ト耳。若ハ(「〇カ)俗若道修ニ菩薩ノ行ヲ。皆當(證カ)シレ作ルレ佛ニ矣

14　一、俗諦常住證據事

發起宿善 惠心釋云。漸漸ニ成長シテ爲ニ五尺ノ身ト。本ト無今ハ有リ。已ニ有還レ無ニ。卽空卽假ニシテ以テ成ス中道ヲ。復次ニ例ハ境レ唯非ニ正報ノミ。如レ此依報國土草木等モ一切皆爾ナリ。遂ケレ季トヲ待キレ節ヲ開レ花結レ菓ヲ。欲レハ其レ言ハント有ト。去冬之天ニ枝條蕭策セウサクトシテ無樹ノ貌カタチナリ。欲ニ其レ無ト來ル春天朝ニハ花色燦爛サンラントシテ而嚴カサルニ樹ノ粧ヨソヲイ。一寸之體冬ト春ト懸ハルカニ(邈カ)殊ナリ。義同ニ空有ニ如シ前ニ所ノ云フ。無ニ還テ成レ有ト。有更ニ歸レ無ニ。中道ノ法體不レ可ニ外求ム。止タタ此樹是遍ス［　］(於ニカ)法界ニ耳矣

私云。此文ヲ爲ニ俗諦常住ノ證據ト事ハ。依報草木國土等モ

卽空假中ノ全體ナルカ故ニ。四季ノ轉變悉ク示ニス空假中ノ形一（也カ）□春開クルハレ花ノ卽假ノ形也。冬枝條蕭索トシテ無キハニ樹ノ形一チ卽空□（義也。無ニカ）還テ成レ有ト。有更ニ歸レ無ニ。空假無キハレ隔テ中道ノ相貌也。若爾者。四季ノ轉變ハ三諦卽是ノ形也。起是法性起。滅是法性滅ノ釋モ此心也。其ノ無ハ空法也。其有ハ假法也。有無一法ナレハ中道也。三諦既ニ常住也。是森羅ノ萬法無常ナラン耶

15　一、草木發心修行證據事

惠心發起宿善釋云。問。道心ト者何ソ耶。答。梵ニハ云ニ菩提薩埵ト一。（佛全24、三一四下～五上。取意カ）此ニハ有ニ多義一。今須ク略シテ（置カ）出ニス最要ヲ一。止觀ニ（弘決カ）菩提ヲハ名レ道ト。宜クヲ立ツ智ノ名ヲ一。故ニ知ヌ成ルレ佛ニ智惠無上菩提心ヲ名爲ニ道心ト一。問。其相如何。答。止觀云。一念心卽如來藏ノ理ナリ。如ノ故ニ卽空ナリ。藏故ニ卽假ナリ。理ノ故ニ卽中ナリ。三智一心中ニ具ニ不可思議ナリ。三諦一諦ニシテ非三非一ナリ。一色一香具ニセハ一切法ヲ。一切ノ心モ亦復如レ是ノ。是レヲ名ニ理卽是ノ菩提心ト一○言ハレハ有ト卽無ナリ。（有カ）未タ遇ハレ縁ニ時以ノ不ルヲレ生故ニ。言ハレハ無ト卽無ナリ。縁合レハ卽生シテ體相宛然也。不レ可レ謂レ有ト。不レ可レ謂レ無ト。而有而無ニシテ不可思議之心性也。指ニ是ノ心一是菩提心ナリト云ヘリ。有ト謂ヘハ假也。無ト謂空也。中ハ謂非有非無ナリ。故ニ云ニ如故卽空。藏故卽假。理故卽中一ト○圓融無礙ニシテ一多自在ナリ。是名ニ一念心卽三藏（如來カ）藏理一ト（本ノ如ク）。自他ノ諸心モ如ニ一念ノ心一ノ故ニ云ニ一切亦復如是一ト。佛法衆生法及國土草木等モ皆亦如レ此。故ニ云ニ一色一香具一切法一ト。是ノ故ニ行者可レ思。我心ノ如來藏□（理ニ具シカ）一切法一無レ有ニ闕減一。以テノニ諸法皆ナ悉ク三諦ナルヲ一故ニ矣

私云。此惠心ノ御釋既ニ釋ニトシテ發心修行ノ相一ヲ。成ルレ佛ニ智惠無上□（菩提カ）心ヲ名爲ニ道心ト一等釋シテ。止觀ノ六卽義ノ引テ一念心卽如來藏理□（等ノカ）釋ニトシテ三諦卽是ノ發菩提心ノ相一ヲ。佛法衆生法及國土草木等皆ナ亦如レ此。故云ニ一色一香具一切法一。乃至以ニ諸法皆悉三諦一故等釋タマヘリ。可レ知衆生世間ノ如ク發心修行スルカ。草木國土等モ三諦卽是ノ發心修行ノ義可トレ有レ之云事云云

16　一、略傳三德事

口決云。以テ略傳ノ三德ヲ天台一宗ノ至極。爲ニ諸宗ノ最頂ト一

也。塔中口决。三祖相承ノ深祕ト者是也。其ノ故ハ煩惱業苦ノ三道不レ改レ體ヲ。法身般若解脫ノ三德ト直達修行スル形也。諸宗ハ皆斷惑成佛也。而ニ此宗ノ本意略傳ノ三德ノ口决ハ。我等衆生ハ。煩惱業苦ノ三道本有不改ノ法身般若解脫ノ本覺ノ三身也ト直達スル形ナルカ故ニ。諸宗超過ノ法門也 云云

心要釋。(續天全口決1、一下)云何ヲカ名二聞圓法一ト。聞クナリ二生死卽法身。煩惱卽般若。結業卽解脫一ナリト。雖レ有ト二三ノ名一而無二三ノ體一。雖二是一體一ナリト而立二三ノ名一ヲ。是ノ三卽一相ナリ。其實ニ無レ有ルレ異。法身究竟レハ般若解脫モ亦究竟ス。般若清淨ナレハ餘モ亦清淨ナリ。解脫自在ナレハ餘亦自在ナリ。歷テ二六塵境六作ノ緣一ニ。並ニ是因緣生ノ心。常ニ用二一心三觀一ヲ觀レ之。卽是行二如來ノ(「名カ)行一ヲ 矣

師云。略傳三德以二此釋一ヲ可レ思レ之 云云

17　一、當得作佛二十四字事　不輕品

不輕品云。(大正藏九、五〇下)我深敎(敬カ)二汝等一ヲ不二敢テ輕慢一セ。所以者何。汝等皆行ス二菩薩道一ヲ當ニ得レ作レ佛ニ 矣

口决云。唱レハ二二十四字一ヲ。迹門ノ心歟。本門ノ心歟。此事習有レ之。互テ二本迹(缺文)

山王院御釋

本佛事釋云。(佛全24、一五八上。顯密一如本佛)釋迦如來久遠實成之時。三界衆生悉成二本地法身一也。釋迦如來以二如實知見一令三三界衆生成二本地法身一ト者。是妙中甚妙。極中極說也。天台大師釋云。本極法身微妙深(甚カ)遠ナリ。佛若不レ說彌勒尚闇。何況下地已上不輕大士深ク信二此旨一禮二拜一切衆生一ヲ也。可レ唱二二十四字一。雖二迹門一皆當作佛之意。遠住亦蜜(密カ)信二久成法身一強テ尙禮レ之也 矣

18　一、還作衆生ノ俗難事

口决云。思議境ノ佛界ノ時。正ク斷二無明一ヲ顯ス二法性一ヲ證スル二無累ノ解脫一ヲ。無上佛果還テ作ル二實迷衆生一ト事。更更不レ可レ有レ之也。第九識ノ圓備。第八識第七識第六識ト迷出スト云事ハ。圓頓行人第九識菩提心ヲ發スル圓人。廢シテ二九識ノ發心一ヲ成リ二八識ニモ七識ニモ下一ルト云事也。本結大緣寂光爲土等云ヘルハ(天文三、一三五九下。文句記)大通結緣ノ者也。是ハ第九識ノ發菩提心者ナレトモ。退大ノ後ハ八識七識六識ト迷出スル定也。所詮思議境ノ佛界ノ時ハ。不レ可レ有二還作衆生ノ義一。不思議境ノ佛界ノ時ハ。還作衆生ノ義可レト有レ之習フ也。不思議境ノ佛界。天台正キ本意也 云云

口決云。始起有情者。隨緣眞如緣起常住上所談。故。諸教超過法門也。法性無住時。法性緣起論始起有情也。（天文二、九七九上）證據經（無カ）佛種從緣起文釋。疏四云。佛種從緣起者。中道法性卽是佛種。迷此理者。由無明爲緣。則有衆生生起（生⿴カ）等云云 記云。而起法界。（天文二、九七九下）界界三千事（九カ）緣起也。卽是性種從迷緣。起於（「故カ）衆生。卽是眞如隨於緣（「染カ）矣

五大院釋云。若約眞如不變之義更無成佛及不成佛。（大正藏七五、三七八中～下。敎時義）今約眞如隨緣之義。且說衆生本成佛。所以者何。若約一心一心識義。則亦一心一眞如法。此中都無煩惱菩提・生死涅槃・凡夫諸佛。故作是說。本無成佛及不成佛。若約一切一心識義。則亦一切一眞如法。此中具有煩惱菩提・生死涅槃・凡夫諸佛。然以體是一眞如法。約迷說縛。約悟說脫。不說成矣

19 一、凡位成佛。果位成佛事

慈覺御釋
蘇悉地經疏第一云。（大正藏六一、四〇一中～下）於成佛有二種義。謂凡位成佛。聖位成佛。言凡位成佛者。若得如來智惠。雖未斷惑。依正二報。隨緣（解カ）融通。於一一微塵。具見十方三世。於一一身分。具見法界相好。凡夫依報。從本以來如來遍（如來⿴カ）法界依。愚縛正報。法然道理等虛空之正。未（「由カ）遇緣不得顯現。今依如來三密加持。此身法界依正始漸顯現。將似聖位毘盧遮那。但以凡情麁劣不能相見。（覩カ）唯佛能見。此爲凡位成佛也。故大興善寺和尙云。諸法無定相。（性カ）爲識所轉。若三密緣起。（解カ）此凡夫之身。轉爲如來身。此身之外無別佛身。故五字陀羅尼云。卽於凡夫身現成就佛身。應以爲緣。（證カ）次精進無懈。晝夜修習。斷除惑障。彌增顯現。（「也カ）依正二報。互相融通。神力自在。上聖下凡。亦同得見。是爲聖位成佛也矣

私云。凡位成佛者。望天台名字觀行位。聖位成佛［　］（者。初住カ）已上覺悟也云云 二種成佛中。凡位成佛。祕敎本意也

尋云。聖位ノ成佛ノ下ノ文。斷ニ除シテ惑障一ヲ從因至果ノ斷惑成佛ト見タリ如何

口決云。於ニテモ祕教ニ從果向因。從因至果ノ二ノ廢立可レ有レ之也。但雖ニトモ從因至果ト我教（等イ）ノ因果シテ非ニル他ノ家ノ因果ニハ也。本有ノ毘盧遮那顯テ後。本因本果ノ上ノ修行見ニレハ行人修證ヲ一。座座ノ行法悉ク從因至果也。依レ之義釋第一ノ文。從因至果ノ義分明也云云

20 一、理祕密事理俱密事

蘇悉地經疏第一（大正藏六一、三九三中）云。問。何等ヲカ名テ爲ルニ顯教ト耶。答。諸ノ三乘教是（爲カ）ヲ名ク顯教一ト。問。何故ソ以テニ彼ノ三乘教ヲ爲ニルヤ顯教一ト。答。未タルレ說ニ理事俱密一ヲ故也。問。所レ云（言カ）理事俱密ト者。其趣キ如何。世俗勝義圓融不二ナリ。是ヲ爲ニ理密一ト。若三世ノ如來ノ身悟（語カ）意（密カ）。即是ヲ爲ニ事密一ト。問。華嚴・維摩・般若・法華等ノ諸大乘教。於ニ此顯密ニ何等ヲカ攝ル耶。答。如キハ（〻者カ）ニ華嚴維摩等ノ諸大乘教ノ皆是密教也。問。如レ（〻若カ）云カ皆是密ナラハ是與ニ今ノ所立ノ眞言祕教一ト何等有レヤ異カ。答。彼ノ華嚴等ノ經ハ雖ニ俱ニ爲レト密ト。而モ未レ盡サ二ツク如來祕密之旨一ヲ。故ニ與ニト今ノ所立ノ眞言教一別ナリ。假令雖レ說ニト少ノ密言等一ヲ。未タスレ爲下究竟盡（竟カ）中祕密之意上。今ノ所立ノ毘盧遮那金剛頂等ノ經ハ。咸コトゴトク皆ナ究竟（竟カ）盡ニ如來理事俱密意一ナリ。是故ニ爲レ別也（〻矣カ）

尋云。三業相應ノ行ハ事理俱密ノ行ト可レ云也。而ヲ今ノ釋。理祕密ヲ（缺字）世俗勝義圓融不二是爲理密ト釋シ。身口意三業ノ相ヲ（判ニカ）若三世如來身語意。即是爲事密ト釋シテ。理祕密ハ世俗勝義圓融不二ナルヲ爲ニシ理祕密一ト。何ソ此外ニ三業相應ノ行ヲハ一向事祕密ト釋ル耶。三業相應ノ行外ニ。何ナルヲ事理俱密ノ行ト可レ名レ之耶。尤トモ不審也如何

口決云。惣シテ不ニ三業相應一華嚴維摩法華等ノ圓頓行ヲ皆名ニケ理祕密行一ト。身口意三業相應ノ行ヲ名ニル事祕密一ト。眞言教ノ大綱也。印契眞言既ニ手ニ結ニヒ印契一ヲ。口ニ誦ニル眞言一ヲ。事祕密ナル條勿論也。而ルニ顯教ハ不レ明ニ三密相應ノ行一ヲ限ニ理祕密一ニ。眞言ハ明ニカ三密相應ノ行一ヲ故ニ。事モ祕密也ト明レシ之。理ニハ祕密也ト談ルレ之故ニ。事理俱密ノ宗ト云也。別ニ三密ノ外ニ別ノ行非ルレ有ルニハレ之也云云

21 一、天台眞言ノ兩宗ノ不同事

山王院御釋本佛事云。故法華本佛。（佛全24、一五七上。顯密一如本佛）是理祕密（祕因カ）非₂事祕密₁ニ。眞言教ノ佛ハ事理倶密之佛也。是故ニ法華圓頓ノ行ハ（〔者カ〕）。思₂惟シ一實ノ境界ヲ₁雖レ修₂ト（〔之カ〕）一念三千ノ妙觀₁ヲ。手ニ不レ能ハ結レ印ヲ（〔密カ〕）。口ニ不レ誦₂セ眞言₁ヲ。意ニ（觀カ）不レ念₂セ本尊₁ヲ。至₂テ眞言行人₁ニ者。纔ニ結ヒ₂一印₁ヲ以テ供₂ス法界ノ諸佛₁ニ。暫モ誦₂ルニ眞言₁ヲ利ス₂一切衆生₁ヲ。（呪得カ）觀ルニ₂法界ノ調寂₁ヲ忽爾ナリ。（〔同カ〕）得レ見₂於眞佛₁ヲ乎。故ニ三密ノ結要ハ諸經ニ所レ無キ。五智ノ奧源ハ唯有₂祕密教₁ノミニ。身ノ密印。口ノ眞言。（〔意カ〕）所觀。雖レ似₂事相₁ニ。皆是レ佛界表（法カ）ニ極（專カ）佛境界₁也。是其ノ顯密二教ノ差別也（〔矣カ〕）

22　一、釋尊成道。東北方成道歟事（大正藏九、二五中～下）

仰云。其圖如レ此

義云。釋尊成道ハ娑婆世界也。此娑婆世界ハ大通佛東北方ニ當テ有レ之也。付テハ₂十六王子ノ八方ノ成道₁ニ大通佛ハ中央也。十六王子ノ成道ヲ八方ニ論レ之事ハ。大通佛ヲ爲シテレ本ト八方ヲ分ツカ故也。惣シテ付テ₂國土ノ中央₁ニ論セハレ之。釋尊成道ノ在處。娑婆世界ハ中央也ト習也。忍界同居ノ中ニハ。娑婆世界ハ中央也 云云

尋云。大通佛成道ノ處ヲ中央ト云ハ。非₂同居土ノ中央₁ニ。十六

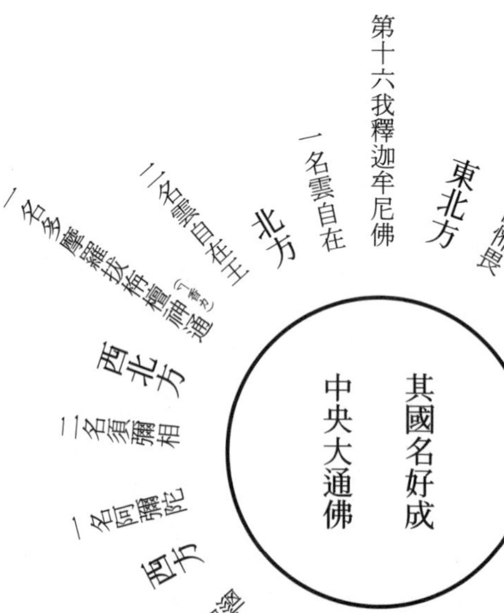

王子ノ中央ト云ヘル事如何

義云。於ハ₂國土ニ₁惣シテ忍界同居ノ中ニハ。娑婆ハ中央ノ土也。故ニ約シテ₂國土ノ中央₁ニ。釋尊ノ成道ハ中央ノ成道トモ可レ云也。然トモ

約ニシテ大通佛ニ十六王子ノ八方ノ佛佛ヲ分別セン時ハ。今ノ娑婆世界ハ大通佛ノ當ニテ東北方ニ有レ之。大通佛ノ國土ハ。其國土ヲ名ニ好成ト既ニ說カ故ニ非ニ娑婆ニ。國土ノ名［　］(異カ)故也。此國土ハ忍界同居非ニトモ中央ニハ。對シテ十六王子ニ八方ヲ［　］(分ツか)時ハ中央ニテ有レ之故ニ。如レ此得レ意時。釋尊ノ成道ヲ中央［　］(トキ)［　］(東北カ)方トモ云ヘルハ無ニ相違ニ。大通佛ヲ又中央成道ト云ヘルモ無ニ相違ニ習也 云云

尋云。東北方ノ成道ト云ヘル證據如何

義云。正ク正法華ノ中ニ說テ東北成道ニトモ。又今ノ妙經ノ說モ。上ニ東北方佛ト擧下ニ名ニ懷(壞カ)一切世界怖畏ニト說テ。又第十六我釋迦牟尼佛ト說カ故ニ。是モ東北ノ成道ト說也。加之。五大院先德。又教時義ニ引テ妙經說ヲ東北方ノ成道ト釋タマヘリ。他宗人(要集)師ノ釋中ニ。娑婆世界ハ在ト大通佛ノ東北方ニ釋タマヘリ。方方證據分明也

尋云。約ニ祕教ニ。胎藏界ニテハ東北方。金剛界ニハ中央ノ成道ト云ヘル義心如何　義云。胎藏界

義云。胎藏界ノ中臺八葉ノ時ハ如レ此。此時ハ北方佛ニテ有レ

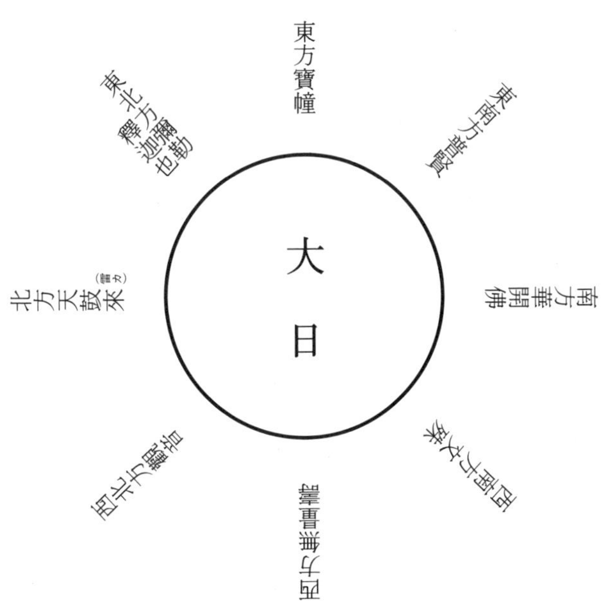

之。東北方佛トモ不レ見レ之如何。又惣シテ胎藏界ノ曼陀羅ノ時ハ。釋迦院。東方ニテ御座ス。故ニ上ノ義尤モ不審也 云云

金剛界

義云。金剛界時［此閒クサリ］(釋迦ハ北右ノ佛ニテカ)非ニ東北方ニ也。胎藏界［此閒クサリ］(時モ北方也カ)

［　］如何

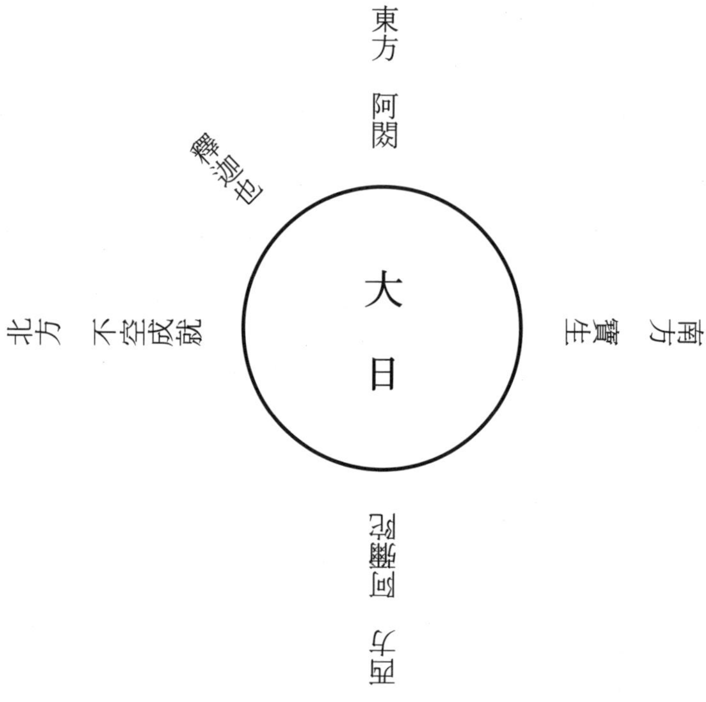

以上第十畢

（底　本）叡山文庫眞如藏、享祿三年（一五三〇）書寫奥書（卷一）三冊寫本

＊參考本＝叡山天海藏、書寫年不明二冊（第一・第九缺）寫本

（校訂者　清原惠光）

惠光房雜雜　終

闢邪編

目次

（目次新加）

闢邪編

闢邪編序

浩浩大哉河之爲二流源一乎。崑崙而東二漸乎海一矣。其閒旁派出而支流分焉。亦必然之勢也。然水之有二本支一。宗派無二邪正一焉。無二是非一焉。則各得二其益一而弗レ見二其害一。若夫吾法則與レ此異旁派支流。或邪而害レ正。故今古之閒邪說屢起而淆亂。正宗則辨而闢レ之者力焉。在二異域一則智者大師正レ之。於レ初法智尊者辨レ之。於レ後在二本邦一則傳教大師明レ之。於二昔時一妙立和尙闢レ之。於二今日一皆所以破レ邪而顯レ正也。妙立既逝矣。善繼者誰乎。其門高弟（光謙）靈空也。蓋自修レ之暇率二其徒一而教レ之。述二其說一而明レ之。此其言レ之所以下レ墜也。故予竊謂。妙立之有二靈空一。猶三智者之有二章安一。於二乎靈空之功一亦可レ崇哉。嘗編二一書一。命以二闢邪一。取而讀レ之。邪正之辨如二炳日之懸一レ天。雖二昏惑者一亦無レ難見焉。然邪說之來既成故矣。學道之

徒拘於舊習而疑於可否。則又有祖訓不可如何也。詎必慕於先達而輕於後進乎哉。請愼擇焉

元祿癸酉（六年。一六九三）歲冬十月。天台座主一品親王公辨書

（角印三箇）

闢邪編幷序

菩薩沙彌光謙撰

敍曰。闢邪者。闢玄旨歸命壇之邪說也。蓋本邦台教。中古大亂。惡見者。私造玄旨歸命壇灌頂。以立公案密相授受。愈久愈熾。迺至今時。無擇法眼者。往往莫不尊信而服膺焉。甚至於謂法華止觀猶方便說未明斯元意。余初傳其說。後悟其妄。豈可惜口業而不闢之乎

蓋其壇場軌式。固不見乎經論。不載乎疏鈔。則實出于牽合附會之說。而其爲杜撰不待辨論而明矣。其案目。乃雖或出於經疏。然其義意全非正旨。故今一一論之以辨其非集成一書。凡十三篇

或問於予曰。子師妙立。嘗爲之作頌則似有取焉。而今勉闢之何哉

予カ曰。是レ師ノ之意ナリ也。譬ハ若下シ善キ醫ニ者ノ揀二ヒ去ルト毒藥一ヲ。與ニ用レテ毒ヲ醫スル人ヲ均ク是レ益スルカ人ヲ。予カ之闢ハ玄旨一ヲ。如レ揀二ヒ去ルカ毒藥一ヲ。師ノ之頌スルハ玄旨一ヲ。如シ用レテ毒ヲ醫スルカ人ヲ。良ニ以ノ開下スレハ其ノ情執一ヲ則チ邪道モ亦タ成中ヲ佛道上ト故ナリ也。然ハ則チ。頌ヤ也闢ヤ也。要レスルニ之ヲ共ニ在ルニ于正シテ道ヲ以テ益スルニ人ヲ而已矣。古人ノ曰。善ク學ニ下惠ヲ者ハ。豈ニ步ハ亦步ミ。趨ハ亦タ趨ランヤト哉。何ソ必モ以テ跡ヲ論センレ之ヲ乎

時

元祿二年（一六八九）春二月佛涅槃日下スカ筆ヲ故ニ序ス

七佛通戒偈　第一

師問テ曰。如何ナルカ是レ諸惡莫作衆善奉行ノ意旨（玄義。天玄一、六一一）

學者答テ曰。無下シ思ニ量スルノ善惡ヲ之心上

辨シテ曰。所謂ル無トハ思コト善惡一ヲ。彼レ以カ何ヲ爲ルレ義ト。謂ル理ハ離ル諸相一ヲ故ニ無中以ニ善惡ヲ思上コト耶。則チ甚タ非ニ通戒ノ意旨一ニ。蓋シ佛戒雖レ多ト要レスルニ之ヲ止作ノ二持而已矣。止持ト者。息ルノ惡ヲ之謂ナリ也。作持ト者。修レスルノ善ヲ之謂ナリ也。諸惡莫作ハ卽チ止持ナリ也。衆善奉行ハ卽チ作持ナリ也。此レ其ノ所ヨ以ナリ爲ル通戒ト也。故ニ二ノ者。皆ナ事ニシテ也非レ理ニ也。修ニシテ也非レ性ニ也。何ソ得下ン直ニ以ニ理性ヲ解上スルコトヲ之ヲ乎。謂ル稱レテ理ニ而觀スレハ卽シテ止作ニ而無ニ止作一。故ニ無中以ニ善惡ヲ思上コト耶。則チ甚タ非ニ彼カ之本意一ニ。彼レ本ト斥キラテ立行修觀ノ之說一ヲ以テ爲ニ有作一ト。偏ニ貴トキハ無修無證一ヲ則チ今遽タチマチ欲ニストモ約シテ智ニ而說一ント亦不レ可レ得也。蓋シ六轉識除テ五位一ヲ外無ニ時トシテ不ルコト起。不レハ思レハ善ヲ則チ惡。不レハ思レハ惡ヲ則チ善。不レハ思ニハ善惡一ヲ則チ無記。故ニ所謂ル無レト思コト善惡一ヲ者。既ニ非トキハ理智ニ則チ其レ必ス無記ナラン

若シ以ニ無記惛懵ヲ一爲ハ佛戒ノ深旨一ト。則チ愚夫愚婦卽チ是レ眞ノ道人ナリ。醒セル朝。疲タル夕。卽チ是レ眞ノ證悟ノ時ナラン。若シ執テ二七八二識ヲ一而言ハ。則チ其ノ行相雖ニ甚タ幽微一ナリト。而實ニ爲ニ無始輪廻ノ本一。（智旭撰楞嚴經文句。卍續二〇、二三六丁右上）古人ノ曰。無量劫來生死ノ本。癡人認テ爲ス二本來ノ人一ト是ナリ也

或ヒトノ曰。所謂ル無トレ思コト二善惡ヲ一者。非ニ直タ就テレ理ニ以テレ言ニ。非ニ專ラ約シテレ智ニ而說ニ。亦非ニ無記惛懵ノ之謂一ニ。諸法本ト空ニシテ無レ善モ無レ惡モ。一ヒ了シテ二此ノ旨ヲ一無トキハ二復タ取捨一。則チ頓ニ脫シテ二業果ヲ一不ニ爲ニ繫縛セラレ一。譬ハ如シ下廣客ノ悟テ二是レ弓影ナルコトヲ一。沈痾頓ニ愈ルカ上。豈ニ不ニ佛戒ノ玄ノ之又玄ノ之旨一ニ乎。曰ク三界ノ空華ハ唯心ノ所レ變。學佛ノ之徒。誰カ不ンレ言ハレ之ヲ。而シテ善ク得ルニ其ノ旨ヲ一者。古今無シレ幾モ

若シ夫レ玄旨。廢シニ於解行ヲ一蔑スルトキハ二於修證ヲ一。則チ言雖ニ稍ミ近一ト。其ノ實ハ。豁達ノ空見・斷滅ノ戲論也已矣。故ニ信シテ二此ノ說ヲ一而無レ疑モ者ハ。放僻邪侈無シ不ルコトレ爲セ已。佛教ノ之要ハ唯タ在ニ解行一ニ。解ハ不ニ虛ク立一。將ニ以テ成ントレ行ヲ。行シテ而不トキハレ已マ。則チ業果滅シテ而眞性顯ル矣。若シ一ヒ了シテ二本空ヲ一頓ニ脫セハ二繫縛ヲ一者。吾カ祖何ヲ以カ慇懃ニ垂ル二解行相資ルノ之訓ヲ一乎。今汝。果シテ了セハ二諸法本空ナルコトヲ一。何ソ有ル下苦ミレ暑ヲ苦ミレ寒ヲ。燒レ於火ニ一溺レ二於水一ニ。飢渴疾病不レ堪ヘ二其ノ憂一ニ。一言ノ讚毀終マテレ身不ルノレ忘之妄上耶。何ソ不ミ下自ラ省ニ心行一ヲ。而妄ニ謂ニ知リレ空ヲ脫ストレ苦ヲ。古人ノ曰。業モ亦空ニシテ而能ク招キレ苦ヲ。苦モ亦空ニシテ而只麼ニ難トレ忍ヒ。（羯磨疏濟緣記。卍續六四、二九一丁左上）又曰。妙有ハ則チ一毫モ不レ立セ。眞空ハ乃チ因果歷然ナリト。請フ深ク思ヘレ之ヲ

或ヒトノ曰。六祖ノ曰。不レ思レ善。不レ思レ惡。正恁麼ノ時。那箇カ是明ニ上座一。爾カ本來ノ面目ト。玄旨ノ所トレ傳ル。不ミ深ク符ハ二佛心宗ノ旨一ニ乎。曰ク否ナ。六祖ノ所レ示ス。固ニ非ス下指テ二無記惛懵ヲ一爲ル中本來ノ面目上ト。亦非下認テ二空寂ヲ一爲ル中眞ノ面目上ト。只タ要スレ使ンヲ下人ヲシテ絕シ二一切ノ意識情想ヲ一頓ニ契テ二靈機ニ一而語默動靜莫ラレ非ルコト中其ノ全體大用上ニ。只是レ別教但中ノ意ニシテ。而非ニ圓頓ノ正旨一ニ焉

矧イハンヤ玄旨。曾テ無シテ下到テ二身心俱ニ亡シ境智雙ヘ絕スルノ地一ニ更ニ進テ二一步ヲ一投スルノ二於圓滿眞實ノ靈性一ニ之說上。而淪胥スルトキハ二于豁達ノ空見・斷滅ノ戲論一ニ。則チ不レ可下與ニ禪門但中ノ之說一

同レシテ日ヲ而語ル上。安ソ稱セン二圓頓ノ玄旨一ト乎

雪山偈　第二

問。如何ナルカ是レ諸行無常

答テ曰。諸法本モト無

又問。如何ナルカ是レ是生滅法

答テ曰。由レ見ルニ二其ノ生ヲ一故ニ有二其ノ滅一

又問。如何ナルカ是レ生滅滅已寂滅爲樂

答テ曰。生滅ノ見モ也マタ無シ

辨シテ曰。妙玄ニ（天玄一、六一〇～）引二テ此ノ偈ヲ一以テ二四教ヲ一判スレ之ヲ。章安ノ疏釋亦言二其ノ幽妙ヲ一。故ニ藕益ノ曰。（教觀綱宗釋義。卍續一〇一、四八八丁右上）此ノ四句ノ偈。亦能ク横竪ニ該二攝スト一代時教ヲ一。是ノ言得タリレ之ヲ矣。若ハ二玄旨ノ所ノレ說。則チ與テ而言ハレ之ヲ。止タ彷二佛タリ通教無生ノ片義ニ一。而シテ自ラ謂フ圓頓更ニ無シトレ過タル焉。謬レルカナ哉

問。不生不滅ハ。實ニ衍教ノ通說。何ソ止タ通教ノ片義ナラン耶

答。什師・肇公ハ。古ノ之善ク說ニ無生ヲ一者ナリ也。而シテ天台・章安ハ。判シテ爲レ不トレ出二通意ヲ一。具ニ見タリ二妙玄幷ニ涅槃玄ニ一。玄旨ノ此ノ說不コトレ及二什肇ニ一又甚タ遠シ矣。安イヅクンソ可ンヨ以テ爲ニ別圓ノ深旨一ト乎。夫レ通教ノ詮理ハ。非レ有ニ非レ數ニ。而シテ用テ二有無ノ四句ヲ一以テ爲ニ通道ノ門一ト。故ニ涅槃經ニ曰。生不生不可說。有ルカ二因緣一故ニ亦可トレ得レ說コトヲ。玄旨ノ所謂ル諸法ハ本モト無ニシテ。而妄ニ見ルトハ二生滅ヲ一斷滅スルニ。偏ニ是レ無ノ句ノ意ニシテ而尚ヲ昧シニ乎餘ノ三句ノ義ニ一。又安ソ知ンヨ是レ能通ニシテ非コトヲ二所通ニ一耶。吾故ニ曰フ。彷二佛タリト通教無生ノ片義ニ一

若シ夫レ以テ二其ノ不ヲレ明二正因緣ノ理ヲ一。奪テ而論セハレ之ヲ。則チ曰ニ本無ト一曰ニ不生滅一ト。皆歸スル二于外道ノ邪計ニ一而已。其ノ詳ナルコトハ則チ三重ノ辨カ存ス焉

南嶽偈　第三

問。如何カ是レ實心繫ニ實境一（止觀義例。大正藏四六、四五三上）

答テ曰。心境本モト無

又問。如何ナルカ是レ實緣次第生（同前）

答テ曰。無ニシテ而忽チ有

又問。如何ナルカ是レ實實迭相注。自然入ニ實理一（同前）

答曰。著衣喫飯平常無事

辨曰。此說非惟不合其文意。抑又大亂於綱宗作玄旨者。欲誑惑世人之心肝斯可見矣。此之一偈。蓋南嶽大師。所教誡大衆。而天台大師。精釋其文曰。（大正藏四六、四五三上）心若繫境。境必繫心。心境相繫名爲實縁。復由後心後心相續。心心相繫名迭相注。卽是心注於境。境注於心。心心境境念念相注。如是次第剎那無閒。自然從於觀行・相似以入分證。故云入實 已上天台釋文 是則南岳・天台。欲人立於圓修而尅於圓果。故其叮嚀告誡如此。玄旨。則示本無忽有以撥修德。但貴平常心爲自然之道。其相反祖宗如此之甚矣何哉。意者。波旬入於人心說相似法。欲使衆生謗破佛法恣乎三業永墮在於阿鼻獄裏。苟有菩提心者。見作是說不能無三百矛刺心之患矣

噫傳玄旨者。身無戒檢。心無禪那。喫酒圍碁。夜以繼日。愛色貪財。不知紀極。吾未見一人慚愧於此者。良由深信其所傳邪說也。大佛頂經明天魔附人說法曰。（大正藏十九、一五〇上）將佛涅槃菩提法身。卽是現前我肉身上。父父子子遞代相生。卽是法身常住不絕。都指現在卽爲佛國。無別淨居及金色相。又曰。（同前）破佛律儀潜行貪欲。口中好言眼耳鼻舌皆爲淨土。男女二根卽菩提涅槃眞處 已上經文 玄旨所傳實不異此。非魔說而何。已失本心者。不可復諫。其未失者。審乎佛祖明訓。庶幾一悟

夫圓頓教人。知修卽性全性起修。故終日修諸行未嘗有造作。終日斷衆惑未嘗損一毫。熾然顯理理無所顯。熾然成德德無所成。是名無修無證眞大道人。其與玄旨所謂平常無事人不同。雖以塗漢之相遠。山毫之相絕。未得爲喻。經曰。（智旭撰四十二章經解。卍續五九、四五丁右上）念無念之念。行無行之行。言無言之言。修無修之修。

豈以不念爲無念。以不修爲無修哉。故迷修性不二之理。則不入于偏權必墮于外邪。可不慎乎

起滅再岸　第四

問。如何是破能所還歸能所

答曰。前念後念中間

辨曰。起滅再岸。破能所還歸能所之語。本出於玄旨者所謂天台親筆之書。余嘗閲其書。其文字往往不成意義。無足觀焉。本邦人暗于漢字習于國語者。不自知其非而妄偽大師。實可笑之甚也。此語中。再岸等字不知何義。今以大意推而察之。前念後念中間者。意示本空理。凡不解眞空理者。必貴無物無念地。不獨玄旨也。認驢鞍橋喚作阿爺下(頷カ)領斯之謂也

鏡像圓融三諦　第五

問。如何是鏡像圓融三諦

答曰。燈火也無心。鏡光也無心（壇カ）檀場置鏡燈表三諦圓融。故有此答

辨曰。三諦妙理者。萬法之根本而佛祖之心要也。不可以不深探而苦窮之。故天台・章安之所示。判溪・四明之所發。且詳且明無可疑者。學者善得其意而不滯其言。庶乎有相應之分矣。何必待托事指點然後得之哉。判溪曰(始終心要。大正藏四六、四七三中)。夫三諦者。天然之性德也。章安曰。法性(弘決。天止三、二九二)自爾非作所成。三諦之所以圓融如是而已矣蓋天然之覺性。固有無之所不存。中邊之所不立。而玄旨以無心無念(弘決。天止一、三三七)說圓融義。不亦謬乎。判溪又曰(「矣カ)。以事喩法皆是分喩。於中鏡喩其意最親。雖曰最親。仍是分喩。學者能知其爲分喩。則依稀識圓融。何得向譬喩下死却

忽現一燈 第六

問。相傳宿植深厚者。入于道場必感壇上燈外別有一燈現于鏡中。試著一句

答曰。無而忽有

辨曰。此同三重行位說。此不復辨

花水說法 第七

問。天台曰。落花流水自直說。知音獨聽厥玄旨（此又出所謂天台親筆之書）知音是阿誰

答曰。能爲落花流水者是知音

辨曰。原夫非情說法本出自金口。而諸家皆演焉。能盡其理無復餘蘊者。其惟今宗歟。判溪嘗斥宗華嚴人曰。讀者但云剎說衆生說。（文句記。天文二、八八八上）而不思剎及衆生。皆爲能說。（「矣カ）所被者誰。良由不思衆生剎性。故欲辨其說之當否。則不可依語而定。必須就義以論焉。所謂義者。在於窮性與不窮耳。性者。何也。具三千之性而非但中之性也。華嚴宗師。尙未達於此性故。於塵說剎說能被所被義。不能盡其蘊矣

況玄旨者。但中之性尙昧。則花水說法唯有其言都無實義。其言能爲花水者是知音者。知是錯解於淨名（大正藏十四、五四〇上。維摩詰所說經）所謂其聽法者無聞無得之義以爲無記頑鈍之謂耳

或曰。性具之說。固今宗之極則而祖訓是詳悉。故雖初學識其梗概。然謂玄旨者不知之而可乎。曰。凡有其理則不能無其言。無其言則無其理可知。故玄旨歸命。苟知性具之說。何以多著本無無念等語。無有一言及性具者耶。嗚呼。耳雖聞性具言教。心不達其旨趣。而徒貴無相空寂爲萬法本源。遂撥因無果。自誤誤他。悲夫

觀無生懺悔 第八 （前並玄旨公案。此下歸命公案）

問。如何ナルカ是レ我心自空罪福無主（普賢經。大正藏九、三九二下）

答テ曰。心本ト無シレ主。因テカレ何ニ獲ンレ罪ヲ

辨シテ曰。凡ソ大小ノ經論ニ明ス二懺悔ノ法ヲ一。其ノ品尤モ夥シ。要シテ而言レハ之ヲ不レ出二事理ノ二懺ヲ一而已。歸命ノ所謂ル心本モト無レ主者。略ホボ似タリ二小乘ノ理懺ニ一。南山明シテ二三種ノ理懺ヲ一曰。（弘決。天止二、五七七）一ニ者諸法ノ性空無我。此ノ理照レ心ヲ名テ爲ニ小乘ト一。二ニ者諸法ノ本相是レ空。唯タ情妄ニ見ル。此ノ理照用スルヲ屬ス二小菩薩ニ一。三ニ者諸法外塵。本來無シレ實。此ノ理深妙。唯タ意ヲモテ縁知ス。是レ大菩薩佛果ノ證行ナリト 已上文畢 我ハ名クトキハ二主宰ト一則チ知ヌ。心本モト無レハ主卽チ性空無我ノ之謂ナリ也。相空唯識ノ二懺。尚ヲ非ニ彼カ所知ニ一。安ソ得ン知コトヲ乙圓頓ノ妙懺達シテ二修惡卽チ性惡ト一滅スルコト中無始ノ重罪ヲ一。如ナル下翻スニ二大地ヲ一艸木皆ナ枯ルカ上者ヲ甲哉

三大五小。往往ニ明ス二斯ノ妙懺ヲ一。乃チ約シテ二三諦ニ一釋シ二自空ヲ一。遍シテ二十界ニ一辨ス二罪福ヲ一。可レ謂ツ開ニ發スト蘊奧ヲ一也。彼レ不レ能領スルコト二斯ノ深旨ヲ一。偏ニ貴ム二空無我ノ理ヲ一。且ツ以ヨ徒ニ辨スルヲ二其ノ理ヲ一名テ爲スヲ二懺悔ト一。而無トキハ二觀照ノ之實一則チ無主ノ之語。一往似トモ二小懺ニ一其ノ實ハ卽チ惡取空而已

鼓三觀　第九

問。神相擊ツハレ鼓ヲ表ス二於一心三觀ヲ一。爾ナンジ試ニ道オシヘ看ン

答テ曰。心本モト無ナルカ故ニ通ニ貫ス十方ニ一

辨シテ曰。此ノ說甚タ粗鹵ニシテ不レ成二三觀ノ之義ヲ一。夫レ空諦ハ卽チ性量竪ニ窮メ。横ニ遍スルノ之謂ナリ也。假諦ハ卽チ性具無ノ法トシテ不ルコトレ備ラ之謂ナリ也。中諦ハ卽チ性體不レ一ナラ不レ異ナラ待絕滅絕ノ之謂ナリ也。三ニシテ而常ニ一。一ニシテ而常ニ三。三一泯絕不レ可ニ思議ス一。在テハレ性ニ名ケニ之ヲ三諦ト一。在テハレ修ニ名クニ之ヲ三觀ト一。能所不二。境觀雙ヘ亡ス。是レ吾カ宗ノ之極談ナリ也

歸命ノ所謂ル心本モト無ナルカ故ニ。通ニ貫スト十方ニ者。僅ニ似タルレ言ニ性量ノ一分ヲ而已。性具性體猶ヲ不ニ復タ知ラ一。一心三觀豈ニ足ンレ言ニ乎

四明ノ曰。（四明十義書。大正藏四六、八三六上）若シ非トキハ二此ノ假ニ一。則チ空中モ亦淺シ。全ク非ト二圓觀ニ一（矣カ」）。彼レ昧トキハ二乎性具ニ一則チ苟モ言ヒ得タルモ二性量ノ全分ヲ一尚ヲ非ニ圓空ニ一也。而シテ彼カ所レ言フ本モト出二禪錄ニ一。曰ク。（鎭州臨濟慧照禪師語錄。大正藏四七、四九七下）心法無シテレ形通ニ貫ス十方ニ一。在テハレ眼ニ曰レ見ト。在テハレ耳ニ曰レ聞ト。在テハレ鼻ニ嗅キレ

香ヲ。在テハレ口ニ談論シ。在テハレ手ニ執捉シ。在テハレ足ニ運奔ス。本モト是一精明ナルヲ。分テ爲ニ六和合一ト。一心既ニ無ナレハ隨レ處ニ解脱スト已上録文

此レ亦終ニ不レ出ニ通別ノ意ヲ一。學者須ク精ク揀フ一焉

生死本際　第十

問。如何ナルカ是レ生死ノ本際

答テ曰。生ハ來リ自ニ本無一。死ハ復ニ歸ス本無ニ一

辨シテ曰。嗚呼。此ハ是レ外道ノ説ニシテ而全ク非ニ佛ノ正教ニ一。若シ一切ノ衆生自然ニ由テレ無而生シ。自然ニ復ニ歸セハ於無ニ一。則チ流轉昇沈ノ之説。盡ク成ニ妄語一ト。革凡成聖ノ之教。都テ歸シ無用ニ一。事理福智ノ之業。了ツヒニ同シ乎無益ノ苦行ニ一。加之シカノミナラズ佛祖ハ。終ニ是レ誑ニ惑スルノ群生ヲ一之大罪人ナラン也。嗚呼。吾以テレ此ヲ發シレ口ニ措クレ辭ニ。猶ヲ且ツ畏ルレ之ヲ。彼レ何ソ違ニ亂シ綱宗ヲ一。僻ニ解シテ教觀ヲ一。以テ孤ニ負シ佛祖ニ一。欺ニ罔スルコト後生ヲ一。一ニ至ル於此ニ一耶

或ヒトノ曰。宗鏡録ニ引ニ寶性論ヲ一曰。衆生ノ之源ヲ（原カ）。名テ曰ニ本際一ト（「〇カ）。生死ノ之本ヲ爲ニ衆生ノ源一ト（原カ）。虚空ノ之本ヲ爲ニト生死ノ源一ト（原カ）。（大正藏四八、八四五中）（「〇カ）

歸命（「矣カ）ノ所レ説ハ本ツク乎是ノ論ニ一。何ソ妄ニ加ニ毀破ヲ一耶

曰ク。本際實際無住ノ本。迷悟ノ源等ノ説。經論甚タ多シ。此レ乃チ示ス下即スルノレ修ニ之性。即スルノレ俗ニ之眞。全スルノレ事ヲ之理。隨縁不變ノ之體上ヲ也耳。蓋シ以ニ諸佛ノ説法ハ常ニ依ニ二諦ニ一故ニ。善ク得ニ佛意ヲ一者ハ。必ス即シテレ事ニ解シレ理ヲ。即シテレ理ニ了スレ事ヲ。全ク非下生死迷悟ノ外別ニ有テ無物ノ處一爲ルニ本際等上トナルニ也

夫レ據テニ眞性ニ一而論トキハ。則チ法界一相ニシテ尚ヲ無シ實法ノ可レ得。況ヤ衆生ヲヤ乎。況ヤ生死去來ヲヤ乎。彼レ不シテレ明ニ乎去來生死衆生五蘊皆ナ不コトヲレ可レ得。而別ニ指トキハ本無ヲ一。則チ是非シテ頑空ニ一而爲ンニ何物一トカ耶

至不至二境　第十一

問。如何ナルカ是レ不至ノ境（境ノ字無ニ意義一）

答テ曰。才ワズカニ思ハ西方ヲ。便チ不レ得レ至コトヲ

又問。如何ナルカ是レ至ノ境

答テ曰。無思無念

辨シテ曰。此レ又タ無知妄作ノ之甚ナリ也。至不至ノ境ノ之言ハ。

出於倶舍論。卽判六塵境之名也。不知。何書復有約淨土論至不至境之說耶。凡往生淨土。以信願爲本。信願不牢。則往生甚難。故佛祖苦口叮嚀示繫念送想之法。萬萬無心無念得生淨土之理。觀經曰。（大正藏十二、三四三上）汝等心想佛時。是心卽是三十二相八十隨形好。例此可云心想西刹時。是心卽是寶池寶地。蓋以心性無外無物不具造也。奈何大悖佛祖曰。才思西方便不得至乎。彼所以執無心無念便至西刹。無他祇由視佛說西方有淨土以爲方便說。却指現在爲眞西方淨土而已。正是楞嚴所明天魔之說也

不現像鏡　第十二

問。如何是不現像鏡

答曰。對花不思花。對月不思月

辨曰。大凡經論疏鈔作明鏡譬者。只取其能現萬像之義而已。而今欲疑殺學者使有所省發。以不現像鏡爲問。則是好箇話頭。又可以爲無方之問足以扣大法師縱橫之答。但其答之。以不思花月。則吾不知其爲何義。以爲根對塵而識不生耶。則使根失照發之用。塵無執持之能。豈可也乎。將五識雖生不帶名言。無籌度心之義耶。則五識雖固無隨念計度分別。然有自性分別明了前境。豈可爲不現之義乎

抑對花月了其虛耶。則大乘空觀。蕩情顯德。實有逾空妙有逾彰。亦不可謂之不現。且彼固斥修觀之義。何遽約觀以說之乎。如是推之。則不思花月之語。全無義理也。若吾師嘗約絕待法界而言。則不現之義成而圓妙之理顯矣。自非深明教理有縱橫之辨者。則轉邪爲正。烏能如此耶

題號如來 第十三

問。如何是題號如來 依如來壽量品而示是故云耳

答曰。如如而來

辨曰。此說語則雖是。然意則甚非。彼謂一切群生。莫不皆如如而來。則所謂久遠實佛者。亦卽我肉身是也。此彼之所以尙理蔑事。執性撥修。以爲習定習觀盡有作行。論凡論聖皆方便說也。邪見之害莫此爲甚

大乘止觀曰。（大正藏四六、六四三下）問曰。若就本無不覺名爲佛（覺カ）者。凡夫卽是佛何用修道爲。答曰。若就心體平等。卽無修與不修。成與不成。亦無覺與不覺。但爲明如如佛故。擬對說爲覺也。又復若據心體平等。亦無衆生諸佛與此心體有異。故經偈云。心佛及衆生是三無差別。然復。心性緣起法界法門法爾不壞。故常平等。常差別。常平等故。心佛及衆生是三無差別。常差別故流轉五道說名衆生。反流盡源說名爲佛。以有此平等義故。無佛無衆生。爲此緣起差別義故。衆生須修道 已上文畢

明訓如此。何爲迷執。嗚呼邪見實落迦種子。若不改悔陷墮非遙。願速悔過。勿使噬臍。吾雖不敏。深悲邪說壞亂本宗誤惑初學。故屢屢興言。非好辨也

教行證辨 附

教行證者。佛化之大體也。苟不明於斯。不足與語吾道。祖詰既詳。不待辨論。然今時淺識往往傳邪說以混其眞。是余所以不能緘默也

說而示之之謂教。學而修之之謂行。修而成之之謂證。藉教以起行。藉行以得證。教行謂之因。證謂之果。義（教行）關四教淺深永殊。藏通則三種俱權。別則二權。證實。圓則三種皆

實。今置三教且就圓論。教以示乎圓融三諦。行以修乎圓融三諦。證以成乎圓融三諦。故妙玄(天玄三、五七一)曰。乘有三種。謂教行證云云　釋籤(同前)曰。五品乘教至六根。六根乘行至初住。初住乘證至妙覺。(了矣カ)此教行證之綱格也

而近古有邪解者別作妄說。至今承襲齒牙潛傳。其說謂。一念本無謂之教。無而忽有謂之行。四病頓去。百非永絕。無一字可說。無一法可得。强名之證位。大覺世尊以是傳之迦葉。迦葉以是傳之阿難。迺至今日。某以是傳之某。余初傳是說自謂。佛法的意莫過焉。後聞吾和尚唱圓宗正旨。兼讀一家諸部始知其妄謬矣。若據前說則似乎以爲教空。行假。證當中道。然則。空何以名爲教。假何以名爲行。中何以名爲證。將謂教其空。修其假。證其中耶。則在四教中屬于何義。藏通未嘗修假而證中。別則聞教之時。亦知中道。何但教空而已。位位理別次第分張。固非圓頓相。且四教行人雖利鈍不同。莫不皆所解而行之所行而證之。何有所解者不修而不修者證之哉。是知。斯說乃非藏非通非別非圓。細覈其旨。是外道之所計而屬三藏之所破

何則其所謂本無。卽斷見也。良以其執念念落謝。死則歸空還天也。所謂無而忽有。卽常見也。計天地山河以至人畜艸芥無狀而生。自空而有。是名世閒相常住。亦呼爲本地風光故也。所謂證位。與夫絕言見相似。實非無漏親證之眞理。此三種者。並不明正因緣理而曰本無。曰忽有。曰不可說。正是外計一分豈非三藏所破

故四教義明三藏四門各有十乘已。乃曰。今(大正藏四六、七三一中)佛法中義學坐禪。若不深得此意。但言見有

見空得道。與外人有何殊也。又曰。中論云(同前)。非有非無卽是愚癡論也(了矣カ)。然則。彼說。尚非三藏之教行證。衍門之三種未夢見。而謂之佛祖正傳心印。則誣之甚矣

近世台徒本無求道之志。亦暗漢字之義。雖讀三大四書。不能深究祖意。而爲邪見人所惑。遂至於妄謂祖訓不如我所傳口訣。良可笑也。亦可傷也

荊溪大師曰。(弘決。天止一、六〇)他云三外別傳心要者(了〇カ)。則三部之文便爲無用。安心觀門此文自足(了矣カ)。而今亦別傳妄說以爲心要。圓頓之教觀於是乎永墜。豈可不爲之痛心疾首哉

闢邪編跋

佛之爲教大小權實雖有不同。莫非皆爲使人離生死到涅槃而設也。故有眞正菩提心而學焉。則未嘗難明而其功必成。然世遠而乏其人。人亡而失其傳。則各執異見邪說作矣。若本邦玄旨歸命之說。則其尤甚者。而妄作無狀無足論焉。然一唱而衆和。久習而深信。近古以來吾宗所據一在于斯矣 余亦嘗傳之得之許可。決然自信無復餘道。固無辨邪正之才。安得出其闉闍乎。幸有宿因遇善知識。一聞明說遂悟其非悵。然自謂。前日之所執何。若斯之妄既畏一乖祖意之有罪。又喜得聞正教之値緣也

自此而後。蔽錮不深。去邪就正者亦衆矣。然邪說之徒視之不大怒。則大笑。使其怯弱者有所畏避焉。

而挺然特起確乎無動者。其唯靈空大士乎。嗚乎大士之學之行。日進一日猶恐不及。可謂方袍中之賁育也。近所著有闢邪

編。辨析論斷。彰然明白。如二炳日之麗天一。其於二今日一醫二膏肓之沈痾一。扶二眞元之正陽一。使三一家學人有二以甦一レ息。實在二此編一矣。吾東叡一品大王去歳在レ洛。一閲二是書一稱嘆無已。遂出二若干言一弁二其篇首一。乃足以見。其欲レ使三宗風向二正之素志一。不二亦美一乎

又以余一陷二邪説一得二其祕訣一。欲レ繋レ之一辭以爲二左劵一。非下但有二大士之請一之弗上レ已。又加以二大王之命之難一レ辭於レ是述二正道一。將レ興レ之由レ著二大士有功之實一。以附二諸書尾一云

時

元祿七年(一六九四)歳次甲戌冬十月

沙門 義道 書二於東叡凌雲精舍一

(角印二箇)

(刊記)

元祿十一(一六九八)戊寅歳正月吉日

台宗書堂　長谷川市良兵衞義陳梓

(底　本)叡山文庫池田史宗藏、元祿十一(一六九四)正月長谷川刊木版一册本

(校訂者　利根川浩行)

〔闢邪編　終〕

口決　2

校訂者：天台宗典編纂所　編纂委員：清原恵光　利根川浩行
末廣照純

天台宗典編纂所

（初版）〈編輯長〉荒槇純隆　〈編輯員〉藤平寛田・成田教道
〈嘱　託〉小川晃洋

不許複製

天台宗開宗一千二百年記念

續天台宗全書　口決2　檀那流Ⅰ

平成二十三年（二〇一一）三月十七日　第一刷発行

編　纂　天台宗典編纂所
滋賀県大津市坂本四－六－二（〒五二〇－〇一一三）
電話〇七七－五七八－五一九〇

刊　行
代表者　理事長　阿　純孝
天台宗教学振興事業団©
滋賀県大津市坂本四－六－二（〒五二〇－〇一一三）

発行者　神田　明

発行所　株式会社　春秋社
東京都千代田区外神田二－十八－六（〒一〇一－〇〇二一）
電話〇三－三二五五－九六一一

印刷所　図書印刷株式会社
東京都北区東十条三－十－三十六

製本所　株式会社　三水舎
東京都文京区白山二－十八－十

装丁者　河合博一

定価：函等に表示

本文組版：電算写植　本文用紙：中性紙

ISBN978-4-393-17126-4

第6回配本（第Ⅱ期全10巻）